ÉTUDES DE DROIT PUBLIC COMPARÉ

Allan R. BREWER-CARÍAS
Professeur émérite à l'*Universidad Central de Venezuela*
Vice Président de l'Académie international de droit comparé

ÉTUDES DE DROIT PUBLIC COMPARÉ

Préface par le
Professeur ***Roland DRAGO***
Membre de l'Institut de France
Secrétaire général de l'Académie
internationale de droit comparé

ACADÉMIE INTERNATIONAL DE DROIT COMPARÉ

2 0 0 1

http://www.allanbrewercarias.com
Email: allan@brewercarias.com
ISBN: 2-8027-1499-6

Primera edición:
2001 Etablissements Emile Bruylant, S.A.
Rue de la Régence 67, 1000 Bruxelles.
Belgica

Reimpresión:
Impreso por: Lightning Source, an INGRAM Content company
para Editorial Jurídica Venezolana International Inc.
Panamá, República de Panamá.
Email: editorialjuridicainternational@gmail.com

SOMMAIRE

IV. JUSTICE CONSTITUTIONNELLE COMPARÉ

PAGES

PRÉFACE

Le Professeur Allan R. Brewer-Carías est considéré depuis longtemps comme un des comparatistes les plus distingués de son époque. Il faut avoir vu son immense bureau dans sa maison sur les hauteurs qui dominent Caracas et les bibliothèques contenant des ouvrages juridiques de toutes époques et de toutes origines pour mesurer la qualité de son information, son ardeur au travail et la valeur de son activité scientifique.

Le comparatisme est souvent considéré comme une discipline attirant surtout des spécialistes du droit privé. Il est vrai que le droit privé présente dans tous les pays, même ceux de Common Law, *une relative unité qui facilite quelque peu la comparaison, au moins au départ du raisonnement. Le droit public, au contraire, quand son existence est reconnue, comporte une réelle spécificité selon les pays ou les systèmes. La comparaison est donc plus difficile mais les diversités excitent l'esprit et suscitent la curiosité. Les grands comparatistes publicistes furent donc moins nombreux, même si l'on pense aux magnifiques constitutionnalistes américains et, pour l'Europe, en ne citant que les disparus, toute l'école allemande de la fin du XIXème siècle et encore Adhémar Esmein (qui était d'ailleurs un esprit universel), Edouard Lambert ou Walter Ganshof Van Der Meersch.*

C'est dans cette lignée que se situe Allan R. Brewer-Carías. Il faut lui savoir gré d'avoir voulu publier ensemble, sous le titre Etudes de droit public comparé *et en les coordonnant, des travaux qu'il a entrepris depuis plus de trente ans en langue française et anglais, et qui sont, soit des rapports généraux présentés aux Congrès de l'Académie internationale de droit comparé, sous l'égide de laquelle est publié l'ouvrage, soit des rapports rédigés à l'occasion d'autres rencontres internationales, soit des cours donnés dans des universités françaises (Paris II et Aix-en-Provence) et britanniques (Cambridge), soit à la Faculté internationale de droit comparé (Strasbourg). Le juriste français se félicitera de constater que la plupart de ces études ont été écrites dans sa langue. On parle souvent de déclin de la langue française dans les travaux scientifiques à portée internationale. Allan R. Brewer-Carías nous montre que ce déclin est très relatif car il a choisi de publier son livre en donnant la prédominance à la langue française et chez un éditeur prestigieux de langue française.*

Les études sont regroupées en quatre parties. La première est intitulée «Droit administratif comparé». Elle concerne d'abord les activités industrielles de l'Etat, thème que l'auteur a traité plus complètement dans un livre paru en 1967 à Caracas, Las empresas públicas en el derecho comparado. *Viennent ensuite des chapitres sur la liberté d'information, le régionalisme économique et la procédure administrative non contentieuse (celle qu'appliquent les autorités administratives).*

Les trois autres parties sont relatives au droit constitutionnel comparé, même si l'auteur sait, à l'occasion, revenir sur des questions de droit administratif, par exemple celles relatives à l'administration locale. « Droit constitutionnel comparé » est le titre de la deuxième partie. Elle contient les chapitres sur la protection des droits de l'homme et la décentralisation territoriale et le régionalisme. On soulignera spécialement celui qui concerne les protections constitutionnelles et légales contre les impositions confiscatoires, d'autant plus que, comme le montre l'auteur, ce sont les juridictions constitutionnelles des Etats d'Amérique latine qui ont, les premiers, condamné ce type d'imposition.

Le «droit constitutionnel de l'intégration» est le titre de la 3ème partie. Ici, le droit public comparé est étudié par rapport aux systèmes superétatiques. On se réjouira de voir qu'un juriste d'Amérique latine tente de procéder à des comparaisons entre les systèmes, notamment entre le système de l'Union européenne et l'intégration andine.

Les cinquante dernières années du XXème siècle ont été celles de l'expansion de la justice constitutionnelle dans presque tous les Etats du monde. Allan R. Brewer-Carías consacre à cette question la quatrième partie de son livre. Cette partie contient deux chapitres, tant la question d'un point de vue théorique que les relations entre le juge constitutionnel et le pouvoir judiciaire. On remarque l'examen spécial qu'il fait du système britannique pour savoir si le Royaume-Uni connaît, même sous des formes implicites, une justice constitutionnelle.

Avec le livre d'Allan R. Brewer-Carías, le droit public comparé gagne ses lettres de noblesse. En 1.182 pages, c'est un véritable Traité manifestant l'universalité de la culture et la puissance d'analyse d'un grand juriste.

Professeur Roland DRAGO
Membre de l'Institut de France
Secrétaire général de l'Académie internationale de droit comparé

I. — DROIT ADMINISTRATIF COMPARÉ

§ 1. LE RÉGIME DES ACTIVITÉS INDUSTRIELLES ET COMMERCIALES DES POUVOIRS PUBLICS EN DROIT COMPARÉ

Rapport Général au *VIIème Congrès international de droit comparé*, Académie Internationale de Droit Comparé, Uppsala, août 1966 [*]

Cours sur *Les Entreprises Publiques en Droit Comparé,* donné a la *Faculté Internationale pour l'enseignement de droit comparé* (Deuxième cycle, Diplôme de Droit Comparé), Institut d'Etudes Judiciaires, Beyrouth, 24-28 septembre 1973

INTRODUCTION

1. Le sujet relatif au régime des activités industrielles et commerciales des pouvoirs publics,[1] bien qu'examiné sous un angle plus réduit, a déjà fait, en partie, l'objet de discussions au *IVème Congrès international de droit comparé,* qui s'est tenu à Paris en août 1954.

A cette occasion, il y avait eu débat sur «le régime juridique des services industriels et commerciaux» probablement parce que, sous cet angle, la doctrine et la jurisprudence, trouvaient justification au sein du droit administratif, pour certains secteurs du phénomène de l'intervention de l'Etat dans la réalité économique; entre autres, il avait été conclu que:

(*) Publié in *Rapports Généraux au VIIème Congrès International de Droit Comparé* Uppsala 6-13 août 1966, Acta Instituti Upsalensis Jurisprudentiae Comparative IX, Stockholm 1968, pp. 484-565. Le texte du Rapport à été aussi publié comme livre: *Les Entreprises Publiques en Droit Comparé* (Préface de Roland DRAGO), Association Internationale de Droit Comparé, Faculté pour l'enseignement du Droit Comparé, Faculté de Droit, Université Centrale du Vénézuéla, Paris 1968, 120 pp.; et *Las empresas públicas en el derecho comparado* (Prólogo de John N. HAZARD), Universidad Central de Venezuela, Facultad de Derecho, Caracas 1967, 202 pp.

(1) Dans les notes, les abréviations suivantes ont été utilisées: *ICE, Información Comercial Española,* publiée par le Ministerio de Comercio (Servicio de Estudios), Madrid; *RAP, Revista de Administración Pública,* publiée par l'Institut d'Etudes Politiques, Madrid; *RDP, Revue de droit public et de science politique en France et à l'étranger,* éditée par la Librairie Générale de Droit et de Jurisprudence, Paris; *RFD, Revista de la Facultad de Derecho,* Université Centrale du Vénézuéla, Caracas; *RIDC, Revue internationale de droit comparé,* éditée par la Société de Législation Comparé et la Librairie Générale de Droit et de Jurisprudence, Paris; *RISA, Revue internationale des sciences administratives,* éditée par l'Institut International des Sciences Administratives, Bruxelles; *IV CICFP, Compte rendu du IV Congrès International des Institutions Supérieures de Contrôle des Finances Publiques,* qui s'est tenu à Vienne en 1962, publié en cinq volumes et en quatre langues (allemand, anglais, français, espagnol).

Les rapports nationaux (*V.* n° 5) reçu d'Allemagne, d'Autriche, de Belgique, d'Espagne, des Etats-Unis, de Finlande, de France, et de Pologne, sont cités par le nom de leur auteur et l'indication du pays respectif.

Il n'est pas possible de soumettre totalement et dans tous les cas les dits services (publics industriels et commerciaux) au droit commun, sans le moindre règlement de droit public, et de les écarter complètement du droit privé. Leur régime est obligatoirement mixte. Dés maintenant, il va exister, et il en existe déjà, en effet, non seulement d'un pays à l'autre, mais dans le pays lui-même, d'une époque à l'autre ou d'une matière à l'autre, maintes catégories de formules diverses dans lesquelles, la proportion respective des éléments de droit privé et de droit public, et les points sur lesquels retombe leur application, sont variables. De ce fait, il se présente, inévitablement un grand danger d'incertitude et de manque de cohérence, et partant, pour ces raisons, ce problème s'avère encore plus obscur dans la mise en pratique(2).

2. Or, si face à face avec la réalité juridique des services industriels et commerciaux, dénommés ainsi services à gestion privée(3), lesquels actuellement constituent seulement une partie de l'activité industrielle et commerciale de l'Etat, les conclusions du IVème Congrès parlaient de régime mixte, de variabilité, d'incertitude, et d'obscurité, en présence d'un sujet comme celui que nous voulons maintenant étudier comparativement, embrassant toutes les activités industrielles et commerciales des Pouvoirs Publics, c'est à dire, toutes celles dans lesquelles l'Etat assume une entreprise économique, et qui peuvent être ou non considérées comme services publics, la position initiale est certainement décourageante.

3. En effet, l'ampliation progressive et toujours plus rapide de la tâche des entreprises de l'Etat, en vue de satisfaire les besoins d'intérêt général, est un phénomène universel.

Dans le domaine des activités économiques particulièrement, la réaction contre le concept individualiste du 19ème siècle, s'est fait sentir de façon appréciable, surtout dès la fin de la seconde décennie du siècle actuel, et, en forme plus accentuée, après la deuxième guerre mondiale; le dogme du libéralisme économique est en régression devant l'avance décisive des idées interventionnistes. Aujourd'hui donc, l'Etat se mêle plus ou moins intensivement aux activités de production et de distribution de biens; il réglemente l'économie, la dirige et la contrôle, stimule par des moyens divers l'initiative privée, l'aide financièrement, plus particulièrement en ce qui concerne certains aspects de la vie économique, dont le développement est d'intérêt public.

Mis à part les divers instruments légaux au moyen desquels l'Etat dirige et contrôle l'activité économique des particuliers, les formes d'ingérence concrète, plus ou moins immédiate, par lesquelles l'Etat se charge des activités industrielles et commerciales qu'il a décidé d'assumer, se montrent actuellement très importantes étant donné leur amplitude. Cette ingérence réalisée actuellement systématiquement, remplace totalement l'activité traditionnelle de l'Etat à ce sujet, laquelle se réduisait à des actes d'intromission isolés, sporadiques ou occasionnels(4).

---

(2) *V.* in *Información Jurídica* (Ministerio de Justicia, Comisión de Legislación Extranjera) nº 138, Madrid, Nov. 1964, p. 938.

(3) *Cf.* R. E. CHARLIER, «Les services publics industriels ou commerciaux en France», in *Etudes de droit contemporain,* Paris 1959, Vol. IV, p. 119.

(4) *Cf.* J. L. VILLAR PALASÍ, «La actividad industrial del Estado en el derecho administrativo», *RAP,* nº 3, 1950, p. 54; *Doctrina de la Procuraduría General de la República 1964,* Caracas 1965, p. 18.

En présence de cette situation, ainsi que l'observe Katzarov, la question de savoir si l'Etat doit ou non se dédier aux activités économiques, peut être considérée, dans l'état actuel des choses, comme prescrite. A l'époque actuelle, quels que soient les arguments d'ordre théorique ou pratique présentés en faveur de l'une ou de l'autre thèse, l'Etat se considère comme ayant le droit, et même, dans certains cas, l'obligation d'intervenir en matière d'économie [(5)].

Avec l'apparition de l'activité administrative dans le domaine économique, toute la structure classique du droit administratif, s'est avérée insuffisante et il est ainsi devenu nécessaire d'introduire et d'ajouter aux activités administratives de police, d'aide de l'administration aux activités privées et de service public, une nouvelle catégorie conceptuelle: la notion de gestion économique proposée en Espagne par Villar Palasí et García de Enterría [(6)].

A ce sujet, Langrod a signalé très exactement qu'il:

> Est bien connu que les classifications classiques, dans l'admiration desquelles toute une génération a été élevée, éclatent par suite de la pression des faits. Le bouleversement récent de la structure cellulaire traditionnelle des administrations publiques, bouleversement dont l'entreprise publique est une des manifestations capitales, transforme de fond en comble les formes anciennes en fonction des changements de la mission administrative et en particulier de l'essor de la fonction prestataire, les formes nouvelles, hétérogènes, manquent d'esprit de symétrie et de sens des proportions, troublent l'ordre traditionnel en le désintégrant et en le décomposant; elles restent in coordonnées, portent les noms les plus divers, parfois trompeurs et ne correspondent à aucune catégorie conceptuelle préétablie [(7)].

Devant cette nouvelle réalité, comme le dit Villar Palasi, n'importe quelle solution qui prétende l'examiner sous la forme des catégories classiques, conduit inexorablement à l'une de ces deux voies

Ou bien déformer les anciens concepts, en leur enlevant importance et fécondité, ou encore, en refusant que le fait nouveau ne s'insère dans le cadre des notions anciennes, les laisser en dehors du droit administratif[(8)]. De là, la déformation du concept classique de service public et établissement public et en même temps l'essor du dénommé droit économique[(9)].

4. Dans le présent Rapport général, nous désirons, en restant toujours dans le domaine du droit administratif, montrer les linéaments fondamentaux du régime des activités commerciales et industrielles de l'état au sein du droit comparé, mais afin de traiter un tel sujet, il est nécessaire de signaler expressément qu'il existe

---

(5) *V.* Konstantin KATZAROV, *Teoría de la nacionalización (El Estado y la propiedad)*, México 1963, p. 299.

(6) *V.* J. L. VILLAR PALASÍ, «La actividad ... », *loc. cit.* p. 60; E. GARCÍA ENTERRÍA, «La actividad industrial y mercantil de los municipios», *RAP*, nº 17, 1955 p. 118; au contraire *V.* F. GARRIDO FALLA, *Las transformaciones del régimen administrativo*, Madrid 1954, pp. 140 et ss.

(7) *V.* Georges LANGROD, «L'entreprise publique en droit administratif comparé», *RIDC*, 1956, p. 217.

(8) *Cf.* J. L. VILLAR PALASÍ, «La actividad industrial ... », *loc. cit.*, p. 61.

(9) *V.* P. ex. J. L. de CORAIL, *La crise de la notion juridique de service public en droit administratif français*, Paris 1954; R. DRAGO, *Les crises de la notion d'établissement public*, Paris 1950; Daniel MOORE MERINO, *Derecho económico*, Santiago de Chile 1962, pp. 45 et ss.

deux dangers principaux auxquels nous tenterons d'éviter: D'une part, la tendance à s'éloigner du droit positif en voulant résoudre le problème selon des perspectives purement sociologiques, économiques ou politiques, et d'autre part, celle de résoudre le problème juridique selon une perspective partielle, c'est à dire en défendant une position déterminée[10].

5. Mais, la systématisation de cette nouvelle réalité, du point de vue du droit administratif comparé, c'est à dire l'élaboration du régime juridique des activités industrielles et commerciales des pouvoirs publics au sein du droit comparé, se heurte à d'innombrables difficultés et dangers.

Tout d'abord, bien que le sujet dont est l'objet ce rapport général soit des plus intéressants en ce qui concerne le droit administratif contemporain, et bien qu'il ait donné lieu à divers travaux collectifs et comparatifs [11] ainsi qu'à des conférences et réunions internationales [12], en vue du *VII Congrès international de droit comparé,* le Rapporteur général n'a malheureusement reçu que les rapports nationaux, indiqués ci-après par ordre alphabétique des auteurs

Manuel Broseta Pont (Espagne), *La Société Anonyme Publique unipersonnelle comme instrument de l'activité économique de l'Etat* (25 pages).

Roland Drago (France), *Le régime des activités commerciales et industrielles des pouvoirs publics* (18 pages).

Maurice-André Flamme (Belgique), *Le régime des activités commerciales et industrielles des pouvoirs publics en Belgique* (132 pages).

John N. Hazard (Etats-Unis), *Law Regulating the Commercial and Industrial Activity of Public Authorities in the United States of America* (10 pages).

Tore Modeen (Finlande), *Le régime des activités commerciales et industrielles des pouvoirs publics en Finlande* (29 pages).

Gerhardt Plöchl (Autriche), *Die ôffentliche Hand als Unternehmer* (20 pages).

---

(10) *Cf.* Manuel MEDINA ORTEGA, «Nacionalizaciones y acuerdos globales de indemnización», *RAP,* nº 40, 1963, p. 61.

(11) *V.* W. FRIEDMANN, (ed.), *The Public Corporation: a Comparative Symposium*, Londres 1954; W. A. ROBSON (ed.), édition monographique de *ICE,* mars 1964, sur l'entreprise publique; *Administration,* Vol. II, nº I, 1954, (Irlande) édition monographique consacrée a quelques problèmes de l'entreprise publique; Georges LANGROD, «L'entreprise publique en droit administratif comparé», *RIDC,* 1956, pp. 213 et ss.; Elis HÅSTAD, «Tipos de industrias nacionalizadas», *ICE,* mars 1964, pp. 64 et ss.

(12) *V.* A. H. HANSON (ed.), *Public Enterprise; a Study of its Organisation and Management in Varions Countries*, Bruxelles 1955, (fondé sur les informations et rapports rédigés pour la réunion sur L'organisation et l'administration des entreprises publiques de caractère industriel, qui s'est tenu a Rangoon, 1954); ONU, *Some Problems in the Organisation and Administration of Public Enterprise in the Industrial Field* (Documents selected from the material prepared for a United Nations Seminar held in Rangoon from March 15th to March 26th, 1954), (54. ILH. I) New York 1954; Nikola BALOG, *L'organisation administrative des entreprises publiques*, Rapport pour la Table Ronde organisée a Varsovie par l'Institut International des Sciences Administratives, 22-27 juin 1964.

Zygmunt Rybicki (Pologne), *Le régime des activités commerciales et industrielles des Pouvoirs Publics* (36 pages).

Klaus Vogel (Allemagne), *Die wirtschaftliche Betätigung tiffentlicher Vèrwaltungsträger in Handel und Industrie und ihre rechtliche Regelung* (19 pages).

Le Rapporteur général a reçu également le rapport de M. S. *Giannini* (Italie), *Le régime des activités commerciales et industrielles des pouvoirs publics en Italie* (18 pages), quand ce Rapport général avait déjà été envoyé à Uppsala. Cependant, en ce qui concerne l'Italie, nous nous sommes référés à un travail du même auteur, publié à Caracas et ayant trait aux entreprises publiques.

Etant donné qu'il ne nous est parvenu qu'un rapport sur le régime juridique des activités industrielles et commerciales dans les pays socialistes (Pologne), il a été indispensable, afin de pouvoir réaliser le Rapport général comparatif, d'en combler les lacunes dans la mesure du possible. D'autre part, aucun rapport de pays d'Amérique Latine n'ayant été envoyé, les références qui en seront données se limiteront fondamentalement au Vénézuéla.

De plus, en ce qui concerne les rapports reçus, quelques-uns ont trait à un aspect partiel du sujet (Espagne) ou bien, n'étudient pas tous les points signalés dans les indications sommaires demandées au Rapporteur général et qui, évidemment, rendent d'autant plus difficile le travail comparatif (Pologne, Etats-Unis, Finlande).

6. Mais en plus de ces inconvénients de forme, le sujet qui va être étudié présente la grande difficulté de se trouver en présence d'une réalité dont l'amplitude et la dispersion sont considérables[13]. En se basant sur ce qui s'observe actuellement, Katzarov[14] a signalé que, du point de vue du droit comparé, on ne peut dire que le législateur ait fait preuve de sens de continuité concernant la solution apportée au problème des formes des nouvelles entreprises qui réalisent des activités économiques au nom de l'Etat. Pour cela, il a été dit que les formes utilisées par l'Etat pour développer ces activités présentent «un cadre varié et étendu»[15]. De même, aux Etats-Unis on parle du «chaos», de la «jungle» dans l'organisation administrative, de «l'anarchie» administrative[16]. En France, le Professeur Langrod signale que «notre pensée est, en effet, tellement attachée à la tradition structurelle qu'elle éprouve de grandes difficultés à s'accoutumer à l'existence de ces francs-tireurs, a caractère mi officiel et mi privé, sans affectation régulière et avec une certaine liberté d'action». Ainsi, ces diverses formes «bénéficiant de statuts légaux les plus différents et établis a *casu ad casum*, souvent à titre temporaire seulement, disposent de toute une gamme de

---

(13) *Cf.* R. DRAGO, *Rapport français*, pp. 1 et 16; KATZAROV, *op. cit.*, p. 32.

(14) *V.* K. KATZAROV. *op. cit.*, p. 311.

(15) *V.* Antonio BROCHADE DA ROCHA, «Rapport du Brésil», in *IV CICFP*, Vol. 4, p. 99; *Cf.* A. H. HANSON (ed.), *Public Enterprise; a Study of its Organization and Management in Various Countries*, *cit.*; *V.* commentaire bibliographique de M. ALONSO OLEA, *RAP*, n° 19, 1956, p. 355.

(16) *Cf.* Georges LANGROD, «L'entreprise publique ...», *loc. cit.*, p. 217.

degrés d'autonomie quant à leur gestion et leurs finances et ne se laissent que difficilement insérer dans un cadre schématique»[17].

7. Mais, jointe à toutes ces difficultés, l'étude des activités industrielles et commerciales des pouvoirs publics se heurte à celle qui se rapporte à l'inévitable décentralisation des dites activités, en relation avec la décentralisation des activités de l'Etat. Sous cette forme, on doit, non seulement étudier les activités économiques réalisées par l'Administration centrale ou parfois fédérale, mais encore les activités effectués par les autorités locales et régionales.

Cette situation se rencontre fréquemment en droit comparé.

En Pologne, par exemple, on distingue, en examinant la position des entreprises de l'Etat, au sein de sa structure, les «entreprises clés» et les «entreprises locales». Les premières sont dirigées par les organes supérieurs de l'Administration d'Etat, et elles règlent leurs comptes avec le budget central de l'Etat. Les entreprises régionales (communales, industrielles, de bâtiment et de construction, de transport, commerciales, produisant des services, etc.) sont subordonnées directement aux organes locaux du pouvoir d'Etat (aux conseils populaires) et, par conséquent, règlent leurs comptes avec les budgets des conseils populaires respectifs. Le critère de classification en entreprises clés et entreprises locales n'est pas strictement défini. Les entreprises clés, ce sont en principe les unités qui représentent un potentiel économique considérable et dont le but est de satisfaire les besoins sociaux dépassant le cadre régional. En déterminant leur situation en tant qu'entreprises clés, l'on prend en considération la nature et le volume de la production, le nombre de personnel, l'équipement technique, etc.[18]

En France, pour les collectivités locales, la possibilité de développer des activités commerciales et industrielles n'a pas toujours été définitive. En effet, la Loi des 2-17 mars 1791, telle que l'interprétait le Conseil d'Etat, interdisait aux collectivités locales de créer des entreprises économiques sauf lorsque la Loi les y obligeait ou les y autorisait (abattoirs, par exemple), ou en cas de circonstances exceptionnelles, lorsque la carence de l'initiative privée risquait d'avoir ou avait de graves conséquences, préjudiciables à la vie de la commune[19]. Jusqu'aux environs de 1930, le Conseil d'Etat français se fit ainsi le défenseur du libéralisme économique dans son acceptation la plus étroite. Sans doute les décrets-lois de 1926, avaient ils autorisé les communes à créer des services économiques dans divers domaines, mais ces textes n'avaient pas empêché le juge administratif de maintenir son ancienne jurisprudence. Mais l'évolution des idées et les nécessités nées de la crise de 1930 conduisirent le juge à admettre progressivement la création, par les autorités locales, de services concurrençant directement les entreprises privées à la seule condition qu'un intérêt public fût en cause. La jurisprudence, plus récente, va très loin dans ce domaine et admet la création d'un cinéma, d'une station-service, d'un terrain de camping, etc.[20]

---

(17) *V.* Georges LANGROD, «L'entreprise publique...», *loc. cit.*, p. 217.
(18) *V.* Zygmunt RYBICKI, *Rapport polonais*, pp. 8 et 9.
(19) *Cf.* M. A. FLAMME, *Rapport belge*, p. 92; R. DRAGO, *Rapport français*, p. 3.
(20) *V.* Roland DRAGO, *Rapport français*, p. 4.

En Belgique, au contraire, l'absence d'un Conseil d'Etat jusqu'en 1946, n'a peut-être pas favorisé la formation d'une jurisprudence protectrice de l'initiative privée face au dynamisme parfois agressif des entreprises publiques; et quant au développement des activités commerciales et industrielles des collectivités locales, ceci a été admis, bien que sous la forme d'associations intercommunales autorisées expressément par le Parlement depuis 1921[21].

D'autre part, dans les pays d'organisation fédérale comme les Etats-Unis[22], La République Fédérale d'Allemagne[23], Autriche[24] et Vénézuéla, il est admis que les Etats ou pays fédéraux et même les communes, sont autorisés à développer des activités économiques au même titre que le pouvoir central ou la fédération.

De même en Espagne, les corporations locales peuvent, en parallèle avec l'Etat, développer des activités commerciales et industrielles[25].

Au contraire, dans certains pays comme la Finlande, l'activité commerciale et industrielle des communes n'est pas admise. A ce sujet, on a estimé que la loi municipale devait mettre obstacle à l'engagement des communes dans les entreprises commerciales et industrielles à but lucratif. La loi établit par exemple, que les recettes de la commune doivent être employées à couvrir ces dépenses. Les dépenses en question sont, outre celles prévues pour la commune par la loi, celles qui ont trait «aux besoins d'économie générale, d'ordre public, etc., de la commune». On a interprété l'expression «besoins» dans le sens de besoins d'intérêt général pour la commune en sa qualité d'unité administrative. L'utilisation des ressources communales dans un but lucratif, n'a donc pas été admise en Finlande, et la Cour suprême administrative a déclaré nulles, à maintes reprises, des décisions municipales par lesquelles la commune avait souscrit des actions d'entreprises industrielles et commerciales[26].

8. D'autre part, cette diversité et cette dispersion des formes selon lesquelles les pouvoirs publics développent leurs activités industrielles et commerciales provient, en grande partie, des origines diverses présentées par cette activité de l'Etat.

Généralement la prise en charge par les autorités publiques, des activités industrielles et commerciales, dépend de la façon dont en conçoit l'Etat, c'est à dire qu'elle repose sur des motifs politiques. A partir de ce point de vue, la première origine fondamentale qui s'est manifestée ces derniers temps, est la nationalisation, celle-ci s'entendant comme l'opération par laquelle la propriété d'une entreprise ou d'un groupe d'entreprises est transférée à la collectivité afin de les soustraire, dans l'intérêt général, à la direction capitaliste[27].

---

(21) *V.* M. A. FLAMME, *Rapport belge*, pp. 10 et 93.

(22) *V.* J. N. HAZARD, *Rapport des Etats-Unis*, p. 1; Albert ABEL, «La corporación pública en los E.E.U.U.», *ICE*, mars 1964, p. 135.

(23) *V.* Klaus VOGEL, *Rapport allemand*, pp. 1 et 8.

(24) *V.* Gerhardt PLÖCHL, *Rapport autrichien*, p. 1; J. N. HAZARD, «Soviet Governement Corporation», *Michigan Law Review*, April 1943, Vol. 41, n° 5, p. 852.

(25) *Cf.* Fernando ALBI, *Tratado de los modos de gestión de las corporaciones locales*, Madrid 1960.

(26) *V.* Tore MODEEN, *Rapport finlandais*, pp. 5 et 6.

(27) *V.* Jean RIVERO, «Le régime des nationalisations», (Extrait du *Jurisclasseur Civil Annexes*), (2° Cahier), Paris, p. I.

Bien qu'en droit compare des signes très clairs de nationalisation, tels que ceux de Russie et de Mexico[28] apparaissent à partir de la deuxième décennie du siècle actuel, la véritable vague de nationalisation se présente *partiellement* et surtout dans les pays européens, entre les deux guerres, et principalement durant les années qui suivirent la deuxième guerre mondiale, même dans les pays qui, comme la France et l'Angleterre, avaient conservé, en principe, leur structure libérale[29]; ceci probablement parce que cette guerre, qui fut sans aucun doute le plus grave bouleversement social survenu jusqu'alors, posa aux pays européens de sérieux problèmes sociaux, économiques et politiques qui ne pouvaient être résolus sans l'intervention directe de l'Etat.

En ce qui concerne les pays d'Europe centrale, tels que la Bulgarie, la Hongrie, la Pologne, la Roumanie, la Tchécoslovaquie et la Yougoslavie, il faut signaler que ce sont ceux qui offrent la caractéristique d'un développement relativement lent dans le passé et qui ont souffert le plus durement au cours des guerres mondiales. Tout ceci, ajouté aux événements politiques sont les motifs principaux qui, après 1944, ont conduit ces pays à réaliser, de façon logique et radicale et par idéologie, une nationalisation presque intégrale de leur vie économique[30].

En Amérique latine, en dehors de l'exemple de Mexico à partir de 1917 et en 1938[31], celui de l'Argentine[32], et récemment celui de Cuba[33] où les nationalisations se sont opérées plus ou moins intensément et comme conséquence d'actions politiques, cette expropriation d'entreprises se présente plutôt comme un fait isolé. En plus, dans certains pays comme les Etats-Unis, bien que sans rejeter la participation de l'Etat aux affaires économiques, son origine ne provient pas de processus politiques et idéologiques. Pour cela, dit Hazard, aucune *Public Corporation* créée par le Congrès fédéral ou par les législatures des Etats, ne doit son existence aux idées socialistes des législateurs, bien que certains rapporteurs individuels de la *Tennessee Valley Authority* aient été accusés de s'orienter vers le socialisme, durant la décennie de 1930[34]. Brochado da Rocha, au Brésil[35], soutient une position similaire. De toute façon, aux Etats-Unis, avec la première guerre mondiale a commencé une époque de plus grande participation de l'Etat à l'activité économique, mais toujours sur la base exceptionnelle des besoins du moment[36].

En Italie, par ailleurs, on ne peut que rarement parler de nationalisation résultant d'une intervention d'Etat pour des raisons politiques. L'action de l'Etat s'est manifestée le plus souvent, comme une nécessité d'agir à la suite de la

---

(28) *Cf.* K. KATZAROV, *op. cit.*, pp. 58 et 61

(29) *Cf.* K. KATZAROV, *op. cit.*, p. 70.

(30) *Cf.* K. KATZAROV, *op. cit.*, p. 80.

(31) *V.* Héctor CUADRA MORENO, *Teoría de la nacionalización* (Apéndice de Derecho Mexicano), en K. KATZAROV, *op. cit.*, pp. 626 et 660.

(32) *V.* K. KATZAROV, *op. cit.*, p. 96.

(33) *Cf.* Leo HUBERMAN et Paul SWEEZY, «Cuba revisitada», in *Economía Cubana, Boletín bibliográfico*, Facultad de Economía, Année III, nº 14, Caracas, Avril 1961, p. 134.

(34) *V.* J. N. HAZARD, *Rapport des Etats-Unis*, p. 1.

(35) *V.* Antonio BROCHADO DA ROCHA, «Rapport brésilien» in *IV CICFP*, Vol. 4, p. 97.

(36) *Cf.* J. N. HAZARD, *Rapport des Etats-Unis*, pp. 2 et 3.

situation économique difficile du pays qui a mis l'Etat dans l'obligation d'intervenir à l'égard d'entreprises privées en difficulté[37]. Cette intervention de l'Etat s'est parfois manifestée en vue d'éviter la faillite de grosses entreprises, en vue donc de parer aux effets d'une situation lourde de conséquences, et ce, non seulement dans le domaine économique, mais encore et surtout sur le plan social et politique. Dans d'autres cas l'intervention a été suggérée par des motifs de politique économique, afin, par exemple de renforcer certains secteurs de l'économie. Dans d'autres cas encore les mobiles de l'intervention sont à rechercher dans des besoins fondamentaux mettant en jeu la sécurité même de la nation[38]. Une situation semblable se présente au Vénézuéla, en Belgique[39], et en Irak[40].

De même, en Finlande, on ne trouve pas d'exemple de nationalisation d'entreprise qui soit une mesure d'autorité prise par l'Etat; en revanche, celui-ci s'est procuré une place importante dans la vie économique, soit en achetant pour son compte des entreprises, existantes, soit en en fondant de nouvelles[41].

Ceci dit, en présence de ce phénomène des nationalisations, il est nécessaire de signaler que si celui-ci, en Pologne par exemple, a eu une très grande importance, voire décisive, il ne constitue cependant pas de condition suffisante pour la socialisation des principaux moyens de production étant donné que l'autre élément indispensable est l'organisation de la gestion de ces moyens afin qu'ils puissent servir directement le progrès social. Au début du régime socialiste, la nationalisation avait, sans doute, une importance politique et économique décisive; mais pourtant aux étapes suivantes du développement de l'Etat socialiste, l'importance essentielle passe aux autres procédés menant à la socialisation des moyens de production et à l'augmentation de la base économique du système socio-politique socialiste[42].

Ceci se présente en droit compare sous une forme généralisée et pour cette raison on a dit que le temps des nationalisations est déjà passé, et aujourd'hui, l'expansion du secteur public se réalise par d'autres voies, et fondamentalement par la création d'entreprises isolées[43]. Dans ce sens, les entreprises publiques, ainsi que l'a signalé justement Delion, sont entrées dans las mœurs[44] ce qui, joint au déclin des nationalisations, a permis que le phénomène de l'intervention de l'Etat dans la vie économique, sont libéré de toute influence politique et idéologique qui, en général, les avait rendues possibles[45].

---

(37) *Cf.* Natalia GAJL, «Les entreprises d'Etat en France, en Italie et en Pologne», *RISA,* 1961, n° 2, p. 158.

(38) *V.* Flaminio FRANCHINI, «Aspects juridiques de l'intervention de l'Etat dans l'organisation économique italienne», *RDP,* 1957, n° 2, p. 231.

(39) *V.* M. A. FLAMME, *Rapport belge,* p. 1 à 5.

(40) *V.* A. K. SAID, «Rapport du l'Irak» *in IV CICFP,* Vol. 4, p. 193.

(41) *V.* Tore MODEEN, *Rapport finlandais,* p. 3.

(42) *V.* Zygmunt RYBICKI, *Rapport polonais,* pp. 4 et 5.

(43) *Cf.* Tomás Ramón FERNÁNDEZ RODRÍGUEZ, «Notas para un planteamiento de los problemas de la empresa pública», *RAP,* n° 46, 1965, p. 113; R. DRAGO, *Rapport français,* p. 2; Fernando GARRIDO FALLA, «Las empresas públicas», in *La administración pública y el Estado contemporáneo,* Instituto Estudios Políticos, Madrid 1961, p. 142 et ss.; Tore MODEEN, *Rapport finlandais,* p. 3.

(44) *V.* Andre G. DELION, *L'Etat et les entreprises publiques,* Paris 1959, p. 7.

(45) *Cf.* Tomás R. FERNÁNDEZ RODRÍGUEZ, «Notas para un planteamiento ... », *loc. cit.,* p. 96.

Donc, actuellement, la création *ex nihilo* d'entreprises de l'Etat, et plus fréquemment encore, la participation directe ou indirecte de l'Etat dans les entreprises privées, est un fait commun(46). D'autre part, peut-être, est il nécessaire de faire ressortir ici, l'importance, principalement dans les pays en voie de développement, de la participation de l'Etat aux activités industrielles et commerciales comme un moyen de développement économique; c'est un phénomène tellement important qu'il pourrait presque caractériser l'activité de gestion économique de l'Administration, si l'on tient compte que fondamentalement, celle-ci ne se réalise généralement pas à des fins lucratives, mais plutôt en vue du développement de l'économie nationale(47).

En effet, comme le fait remarquer Franchini en ce qui concerne l'Italie, l'Etat a souvent eu pour objectif, en intervenant dans la vie économique, de donner une impulsion et une orientation directes à certaines branches de l'activité économique qui traversaient une crise, ou bien d'exercer lui-même une activité non rémunératrice qui, comme telle se trouvait fort négligée par l'initiative privée, ou encore de protéger par l'effet de tarifs appliqués par des entreprises dont il avait la direction, le développement de certaines branches délicates de l'économie(48). En Finlande, T. Modeen signale de même que le motif économique de l'activité industrielle et commerciale de l'Etat est la pénurie de capitaux plus ou moins constante de ce pays. La masse des capitaux privés n'était pas en mesure de porter le poids de l'industrialisation du pays et cela explique l'intervention de l'Etat. Au lieu de donner des subventions aux entreprises privées, l'Etat a préféré, le plus souvent, fonder lui-même des industries. Sur ce point, des motifs de politique sociale et surtout de politique d'emploi se sont ajoutés aux raisons économiques, par exemple, lorsque l'Etat a fondé des entreprises manifestement peu avantageuses dans des régions sous-développées avec un surplus de main-d'œuvre, en dépit d'autres conditions d'exploitation défavorables(49).

Mais, si nous avons signalé que l'intervention de l'Etat dans l'activité économique a, dans les pays en voie de développement, une importance décisive, par exemple au Vénézuéla(50), ceci n'empêche pas que dans les pays hautement développés et industrialisés, cette intervention se pratique également assez fréquemment, surtout comme moyen de développement régional. Tel est le cas,

---

(46) *Cf.* Roland DRAGO, *Rapport français*, p. S; Tore MODEEN, *Rapport finlandais*, p. 3.

(47) *Cf.* J. L. VILLAR PALASÍ, «La actividad industrial ... », *loc. cit.*, p. 72.

(48) *V.* Flaminio FRANCHINI, «Aspects juridiques de l'intervention ... », *loc. cit.*, p. 232.

(49) *V.* Tore MODEEN, *Rapport finlandais*, p. 4.

(50) En effet, p. ex. la *Corporación Venezolana del Petróleo* a pour objet essentiel de promouvoir les entreprises dans le but de développer des activités industrielles ou commerciales d'hydrocarbures; L'*Instituto Venezolano de Petroquimica*, a pour objet le développement d'industries destinées au profit des minéraux et hydrocarbures; La *Corporación Venezolana de Fomento*, a pour objet «D'accroître la production nationale par la promotion de nouvelles entreprises et l'amélioration des existantes, de varier et systématise les activités économiques du pays»; y la *Corporación Venezolana de Guayana* a pour objet principal «d'étudier, développer et organiser le profit du potentiel hydroélectrique du fleuve Caroni, programmer le développement intégral de la région, conformément aux normes et aux mesures du plan de la Nation, et promouvoir le développement industriel de la région, tant dans le secteur public que dans le secteur privé ».

par exemple, des Etats-Unis, avec la *Tennessee Valley Authority*, qui s'est établie dans le but de fomenter le développement dans la vallée d'un fleuve, où l'érosion avait provoqué des désastres et avait conduit à la pauvreté des communautés entières[(51)].

En France, et dans ce sens, la politique d'aménagement du territoire entreprise à partie de 1950, qui prévoit le développement intégral d'une région et qui s'effectue par l'intermédiaire de sociétés d'économie mixte, au premier degré (participations de l'Etat ou des collectivités publiques) ou au second degré (participations d'entreprises publiques), a acquis une importance particulière. Il s'agit, dit R. Drago, sur le plan national, de sociétés d'économie mixte constituées par la Caisse des Dépôts et Consignations, d'établissements publics administratifs, jouant ici le rôle de «banque du plan», société d'études pour le développement économique et social. D'autre part, sur le plan local, des sociétés mixtes ont été constituées avec la participation des sociétés nationales précitées et des collectivités publiques: sociétés d'aménagement ou pour la mise en valeur des régions, sociétés de constructions immobilières, sociétés pour la création et la gestion de marchés d'intérêt national, etc.[(52)]

De même, en Belgique, c'est une loi de 1959 «instaurant des mesures spéciales en vue de combattre les difficultés économiques et sociales de certaines régions» qui a introduit pour la première fois des discriminations entre régions en prévoyant l'octroi d'avantages spéciaux à certaines parties du pays, ou plutôt aux entreprises dont les opérations d'investissements sont de nature à favoriser l'expansion ou la reconversion économique des «régions de développement». Ainsi, la loi précitée autorise l'Etat, les provinces, les communes et toute personne physique ou morale, tant de droit privé que de droit public, à constituer dans n'importe quelle région du pays «des sociétés d'équipement économique régional» dont l'objet est d'affecter des terrains à des fins industrielles, de les aménager et de les équiper, d'y construire des bâtiments industriels ou artisanaux, et de vendre, concéder ou louer ces terrains ou bâtiments à des personnes physiques ou morales de droit privé, avec la charge de les utiliser aux fins pour lesquelles ils ont été aménagés[(53)].

En Allemagne, par exemple, l'Institut de crédit pour la reconstruction (*Die Kreditanstalt für Wiederaufbau*), la Banque allemande immobilière et de construction (*Die Deutsche Bauund Bodenbank A.G.*) ainsi que d'autres banques[(54)], réalisent une politique similaire de développement industriel.

Enfin, et concernant l'importance, dans les pays socialistes, du développement économique comme objectif de l'intervention de l'Etat dans la vie économique, il est nécessaire de signaler, conformément aux principes généraux du régime socialiste, que la tâche principale de l'Etat, qui concentre les attributions du propriétaire des moyens fondamentaux de production, celles qui concernent la

(51) *Cf.* J. N. HAZARD, *Rapport des Etats-Unis*, p. 3.
(52) *V.* R. DRAGO, *Rapport français*, p. 16.
(53) *V.* M. A. FLAMME, *Rapport belge*, pp. 86 et 87.
(54) *V.* Klaus VOGEL, *Rapport allemand*, pp. 15 et ss.

gestion de ces moyens et celles de la direction des processus économiques, consiste à assurer le développement économique du pays et à créer les bases économiques appropriées pour développer et promouvoir la culture et l'instruction de toute la société[55].

Donc, à côté de tout ce qui a été dit antérieurement, il faut observer que la diversité de formes et facettes sous lesquelles, en droit comparé, l'Etat développe son activité industrielle et commerciale, n'est évidemment pas le résultat du caprice des Législateurs, mais répond plutôt, en général, à différents objectifs, à diverses traditions d'un pays ou d'un autre, à la supériorité distincte des buts publics ou des intérêts privés au moment de leur création, qui n'a pas été simultanée dans le monde, ni pour tous les organismes, ou entreprises de chaque pays[56]. Ou bien, considérant la question sous un autre angle, comme le note Katzarov, les initiatives en matière de nationalisation ont été prises en des lieux tellement contraires, quant au facteur géographique, social et politique, (URSS, Europe centrale, Amérique du Sud, Iran), en des domaines d'application si divers (industrie, commerce, agriculture) et finalement sous des formes si différentes (nationalisation totale, parallèle à l'initiative privée ou complémentaire à celle-ci), qu'il est réellement très difficile aujourd'hui d'établir clairement et concrètement les grandes lignes du droit en vigueur[57] en forme comparative.

9. Mais l'étude comparative des entreprises publiques s'aggrave encore plus si nous constatons en droit comparé, l'existence d'une réalité qui pour notre analyse, a une répercussion essentielle: le fait, qu'en lignes générales le système économique et juridique actuel puisse se diviser en deux grandes catégories: système de structure libérale et système d'économie planifiée ou socialiste, bien qu'il existe entre elles différents stades. Théoriquement, les positions qui tentent d'expliquer l'attitude initiale que l'Etat doit adopter, en vue de satisfaire les nécessités du groupe social, sont fondamentalement au nombre de trois: l'individualiste, la socialiste, l'interventionniste. L'individualisme part de la croyance que l'Etat doit se limiter exclusivement au maintien de l'ordre public, condition indispensable pour que puissent se développer librement les relations économiques et sociales. En contrepartie, la position socialiste tend à confondre les buts de la société et les buts de l'Etat, ce qui n'est qu'une conséquence de l'intégration de l'une avec l'autre. Finalement comme position intermédiaire on peut citer l'interventionnisme qui, plus qu'une formule est la conséquence des corrections successives que les exigences de la réalité ont imposées à l'Etat abstentionniste et libéral du 19ème siècle. L'interventionnisme admet donc des degrés: un interventionnisme très accentué peut être socialisme, tandis que le libéralisme n'est autre que le manque de mesures d'intervention[58].

De cette manière dans les pays de structure libérale, l'action de l'Etat s'étend généralement, et sauf les nationalisations signalées plus haut, en forme

---

(55) *V.* Zygmunt RYBICKI, *Rapport polonais,* p. 2.

(56) *Cf.* Francisco LABADIE OTERMIN, «Problemática de la empresa pública», in *La empresa,* Instituto de Estudios Políticos, Madrid 1961, p. 158.

(57) *V.* K. KATZAROV, *loc. cit.,* p. 45.

(58) *Cf.* Fernando GARRIDO FALLA, «Las empresas públicas», *loc. cit.,* pp. 115 et 116.

subsidiaire, ce qui a comme cause l'insuffisance ou le défaut de l'initiative privée qui, avec les corrections de rigueur est la pierre angulaire du système[(59)]. Dans ce sens, Hazard a indiqué qu'aux Etats-Unis le gouvernement est entré dans l'activité économique parce qu'il fallait le faire, dans un but économique dans certains cas où l'entreprise ne voulait pas ou ne pouvait pas exercer une tâche cependant nécessaire[(60)]. Au contraire, dans un Etat socialiste, on peut considérer que les principes communs pour tout le système de la gestion de l'économie nationale sont les suivants: la socialisation des principaux moyens de production, permettant d'organiser les formes sociales de gestion de ces moyens; le système de la gestion de l'économie nationale fondée sur le principe de la direction planifiée de l'ensemble des processus économiques par l'Etat employant des méthodes d'action directe aussi bien qu'indirecte; l'adoption de telles méthodes d'action qui assureraient la participation des producteurs aux décisions essentielles concernant la fixation des tâches économiques et des manières de leur réalisation; l'emploi des profits et des surplus de production; les conditions de travail, etc. Afin de réaliser les tâches fondamentales de l'Etat socialiste, il est indispensable que les moyens fondamentaux de production soient socialisés. Ces moyens fondamentaux sont ceux dont la propriété influe d'une manière décisive sur l'ensemble du régime socio-politique[(61)]. Ainsi, la différence essentielle qui existe, par exemple, entre l'organisation et les formes juridiques du secteur public en France et en Italie en comparaison avec celles qui sont établies en Pologne résulte alors des différences entre les structures politiques de ces pays. La structure de la Pologne est basée sur la socialisation des moyens de production, d'échange, de consommation et de crédit. Toutes les richesses du sous-sol, eaux, forêts domaniales, mines, routes, établissements industriels d'Etat, exploitations agricoles d'Etat et centre d'Etat de machines agricoles et entreprises commerciales d'Etat appartiennent à la Nation. En France et en Italie, au contraire, le gros des entreprises reste entre les mains des particuliers; dans ces pays, le secteur public est créé spécialement pour des raisons d'intérêt général et, en comparaison avec les entreprises privées, son domaine reste assez restreint. En Pologne, la situation est contraire. Les entreprises privées sont peu nombreuses et ne jouent pas de rôle dans l'économie du pays; et les seules entreprises à ne pas être touchées sont celles qui n'occupent pas plus de cinquante travailleurs et qui n'ont pas d'importance économique[(62)].

Pourtant, et ceci est certain, le régime économique de type purement libéral a été abandonné par la plupart des états occidentaux, ce qui n'empêche pas, malgré que l'économie planifiée soit caractéristique des états socialistes, que les pays non socialistes ne connaissent aussi la planification économique. Mais évidemment, il y a une différence essentielle, entre la planification dans une politique interventionniste et le système de l'économie planifiée: l'interventionnisme reste

---

(59) *Cf.* Tomás R. FERNÁNDEZ RODRÍGUEZ, «Notas para un planteamiento ... », *loc. cit.*, pp. 111 et 112; Francisco LABADIE OTERMIN, «Problemática de la empresa pública», *loc. cit.*, p. 172.

(60) *V.* J. N. HAZARD, *Rapport des Etats-Unis*, p. I.

(61) *Cf.* Zygmunt RYBICKI, *Rapport polonais*, pp. 3 et 4.

(62) *Cf.* Natalia GAJL, «Les entreprises d'Etat...», *loc. cit.*, p. 163.

toujours un moyen auxiliaire, complémentaire dans la gestion économique, où l'influence des droits du marché joue le rôle prépondérant; en revanche, l'économie planifiée, grâce à la propriété sociale des moyens de production offre de plus grandes possibilités de direction et de gestion économique réelles, effectives et complètes[(63)].

En tout cas, même quand nous accentuons notre neutralité technique, ceci nous situe, comme le dit Garrido Falla, en face «d'une des plus grandes controverses idéologiques dans laquelle se trouve engagée la société de notre temps»[(64)]: ainsi, une bonne partie de la défense du libéralisme économique se fonde sur l'accusation «d'ineffecience productive» qui s'observe dans beaucoup d'entreprises publiques, qui, ces derniers temps, ont été créées par des gouvernements socialistes, tandis que les défenseurs du principe de la politique de nationalisation, méprisant cet argument «matérialiste» défendent leurs positions en attaquant les injustices du régime capitaliste fondé sur des entreprises privées[(65)]. En tout cas, la constatation de ces différentes réalités et structures des systèmes politiques et économiques contemporains, nous fait penser, avec Lorenzo Martín-Retortillo, que les différences existant dans les divers pays concernant l'énoncé constitutionnel de l'économie, compliquent énormément l'adoption de critères unitaires en la matière[(66)].

10. Pourtant, et malgré toutes ces différences et ces difficultés signalées précédemment touchant la précision d'un régime plus ou moins unitaire des activités industrielles et commerciales de l'Etat, il faut signaler qu'en général les problèmes et les difficultés qui s'en dégagent sont communs malgré les différences de structure politique et économique des pays respectifs[(67)] et si effectivement toutes ces activités d'Etat présentent la particularité d'être soumises, plus ou moins, au droit privé et commercial[(68)] on ne peut dire que leur régime juridique soit unitaire. Pour cette raison, il a été dit que tout essai dirigé vers une étude unitaire de tous les problèmes des entreprises publiques est voué à l'échec et il est nécessaire, de ce fait, de laisser de côté la rigueur conceptuelle et de s'occuper des diverses réalités englobées sous l'expression «entreprises publiques»[(69)]. Et en effet, ce qui représente le premier élément d'intérêt pour une étude comparative, c'est l'existence de diverses formes juridiques par l'intermédiaire desquelles l'Etat développe ces activités, formes qui varient depuis la gestion directe par l'Etat des activités économiques, jusqu'à la création de sociétés commerciales à cet effet. Pour cela Natalia Gajl a signalé que parmi les entreprises créées par les Etats, on peut partout distinguer d'une part, celles qui

---

(63) *Cf.* Zygmunt RYBICKI, «L'entreprise publique dans le système polonais de l'économie planifiée», *RISA,* 1962, nº 3, p. 313.

(64) *V.* Fernando GARRIDO FALLA, «Las empresas públicas», *loc. cit.,* p. 125.

(65) *Cf.* Fernando GARRIDO FALLA, «Las empresas públicas», *loc. cit.,* p. 125.

(66) *V.* Lorenzo MARTÍN-RETORTILLO BAQUER, «La *Table Ronde* de Varsovia del Instituto Internacional de Ciencias Administrativas», en *RAP,* nº 44, 1964, p. 326.

(67) *Cf.* Natalia GAJL, «Les entreprises d'Etat en France, en Italie et en Pologne», *loc. cit.,* p. 153.

(68) *Cf.* M. S. GIANNINI, «Sobre las empresas públicas», *RFD,* nº 28, 1964, p. 16; G. LANGROD, «L'Entreprise Publique...», *loc. cit.,* p. 226; R. DRAGO, *Rapport français,* p. 10.

(69) *V.* Tomás R. FERNÁNDEZ RODRÍGUEZ, «Notas para un planteamiento ... », *loc. cit.,* p. 100.

sont régies directement par l'administration publique d'après les mêmes méthodes traditionnelles qui étaient employées avant la guerre et, d'autre part, les entreprises d'Etat qui sont gérées comme des organismes juridiquement distincts de l'Administration publique, ayant une personnalité morale, leurs propres fonds de financement, leur propre gestion, etc.[70]

Par conséquent, la première partie de notre étude comparative sera réalisée en analysant les diverses formes juridiques utilisées par l'Etat pour développer des activités industrielles et commerciales et ceci parce que nous considérons que pour l'étude de ces activités, deux critères peuvent être suivis: ou bien l'analyse *ex re* de telle activité sous sa forme matérielle, ou bien l'examen structural de l'organisation par laquelle s'effectue la gestion elle-même.

Donc, nous considérons, d'accord avec Villar Palasi que ce second critère centré autour des formes des entreprises est tout indiqué pour le droit administratif le premier étant approprié aux économistes[71].

Mais l'existence de diverses formes juridiques autonomes, en relation avec l'Etat, touchant soit à la personnalité, au patrimoine ou au Trésor[72], et donnant origine à des organismes plus ou moins séparés de l'activité administrative ordinaire, donne lieu à un second élément, très utile pour l'analyse comparative, qui est celui du *contrôle* que l'Etat effectue sur ces diverses formes juridiques, puisque leur degré d'autonomie et de liberté plus ou moins grand, va dépendre en réalité de l'importance du contrôle que l'Etat réalise vis-à-vis de ces entreprises[73].

Par conséquent, la seconde partie de notre étude comparative versera sur les diverses formes de contrôle qu'exerce l'Etat ou la communauté sur les diverses formes juridiques que l'administration utilise pour développer ses activités commerciales et industrielles.

Ceci fait, nous terminerons cette étude comparative par les diverses conclusions qui en découleront.

I. LES DIVERSES FORMES JURIDIQUES UTILISÉES PAR LES POUVOIRS PUBLICS POUR DÉVELOPPER LEURS ACTIVITÉS COMMERCIALES ET INDUSTRIELLES

11. Santiago Marín Marín, mentionnant les diverses formes autonomes qui existent dans l'Etat concentre l'abrégé de ses multiples hypothèses sur un point principal: la personnalité. On peut facilement constater, signale t-il, que dans l'immense champ d'action des autonomies, il y a quelque chose de commun concernant son existence ou sa non-existence. Ce quelque chose, positif ou négatif, se réfère à l'essence subjective ou acéphale du phénomène, de telle sorte

---

(70) *V.* Natalia GAJL, «Les entreprises d'Etat en France, en Italie et en Pologne», *loc. cit.*, p. 153.

(71) *V.* J. L. VILLAR PALASÍ, «La actividad industrial del Estado ... », *loc. cit.*, p. 74

(72) *Cf.* Santiago MARÍN MARÍN, *Aspectos de la administración pública autonómica* (Separata), Madrid, p. 253.

(73) *Cf.* Ernst FORSTHOFF, *Tratado de derecho administrativo*, Madrid 1958, p. 667.

que, logiquement, une classification primordiale et inéluctable s'impose: autonomies personnalisées ou autonomies non personnalisées[(74)].

Mutatis mutandis, la même classification, également primordiale et inéluctable, s'impose dans l'étude du régime des activités industrielles et commerciales de l'Etat, intimement liée, d'autre part, au problème des autonomies. Il en résulte donc que notre analyse des diverses formes par lesquelles les pouvoirs publics développent leurs activités industrielles et commerciales, doit être faite en deux parties nettement délimitées: activités industrielles et commerciales réalisées directement par l'Etat et activités similaires réalisées par les pouvoirs publics par l'intermédiaire d'organismes doués de personnalité juridique propre, distincte de celle de l'Etat.

12. Ceci est, d'autre part, la tendance générale en droit comparé. En effet, Katzarov mentionnant comparativement les solutions qui ont été mises en pratique concernant la participation de l'Etat à la production, signale les suivantes: en premier lieu, l'Etat comme tel, c'est à dire comme personne juridique de droit public, peut se dédier à une activité économique; dans ce cas, les différents départements ministériels ou leurs services usent de cette faculté constamment dans le cadre de leurs activités normales. L'Etat peut aussi se dédier à une activité économique conférant autonomie administrative et budgétaire à l'un ou à l'autre secteur de son activité économique, en le transformant en un service public indépendant, mais sans personnalité séparée. En second lieu, l'activité économique de l'Etat peut être développée au moyen de personnes juridiques spéciales, indépendantes de la personne juridique de l'Etat, auxquelles il confie l'exercice d'une de ses activités économiques. En troisième lieu, l'Etat peut aussi créer des entreprises mixtes, en leur donnant une forme de sociétés de droit privé[(75)].

En France, bien que les diverses formes juridiques utilisées par l'Etat pour développer ses activités industrielles et commerciales atteignent aujourd'hui une extrême diversité, on doit distinguer quatre formes principales: la régie industrielle, l'établissement public industriel et commercial, la société nationale et la société d'économie mixte. Concernant ces formes, R. Drago signale que les trois dernières catégories sont souvent regroupées dans une catégorie unique, celles des entreprises publiques, mais cette notion est plus économique que juridique bien que, peu à peu, apparaissent des éléments communs qui donneront un jour naissance à une catégorie juridique nouvelle[(76)]. En tout cas, l'élément principal qui caractérise ces trois dernières catégories vis-à-vis de la régie industrielle est leur dotation de personnalité juridique, de droit public ou de droit privé, qui diffère de la personnalité de l'Etat.

---

(74) *V.* Santiago MARÍN MARÍN, *Aspectos de la administración pública autonómica, cit.*, p. 270; *Cf.* M. A. FLAMME, *Rapport belge*, p. 6.

(75) *V.* KATZAROV, *loc. cit.*, p. 300; *Cf.* comme nous l'avons vu, Natalia GAJL, «Les entreprises d'Etat en France, en Italie et en Pologne», *loc. cit.*, p. 153; de même, ONU, *Manual de administración pública* (61-ILH.-2), Nueva York 1962, pp. 87 et 88.

(76) *Cf.* R. DRAGO, *Rapport français*, p. 5; Natalia GAJL, «Les entreprises d'Etat en France, en Italie et en Pologne», *loc. cit.*, p. 156, Pierre DU PONT, *L'Etat industrial,* Paris 1961, p. 59

En Autriche et en Allemagne, on parle d'entreprise publique quand celle-ci est soutenue par l'Administration publique et ceci est possible sous trois formes distinctes comme entreprise fiscale ou de gestion directe sans personnalité juridique propre, comme institution publique capacité en droit sous tutelle d'un organisme administratif, et comme société capacité en droit privé(77).

De même, en Belgique on fait la distinction entre les services non personnalisés, par l'intermédiaire desquels l'Etat développe ses activités industrielles et commerciales directement, et les services personnalisés (régies d'état, établissements publics étatiques, associations ou sociétés de droit public) doués de personnalité juridique différant de celle de l'Etat(78).

En Angleterre, l'usage du terme entreprise publique au sens large, comprend trois catégories principales par l'intermédiaire desquelles l'Etat développe ses activités économiques: en premier lieu, l'administration directe de l'entreprise par un département gouvernemental; en second lieu, la société commerciale (*Company Law*) contrôlée par un organisme public reconnu comme actionnaire principal, et enfin la *Public Corporation* proprement dite qui, bien que récente, est sans doute, le plus important genre d'entreprise publique qui se soit développé dans les pays de l'Empire Britannique(79). La même situation se présente, en général, dans les pays d'Asie et d'Extrême-Orient(80).

De même en Italie, la situation est semblable. Giannini distingue trois catégories fondamentales: la première catégorie d'entreprises publiques, chronologiquement la plus ancienne, est constituée par des organismes publics à fonctions essentiellement administratives qui sont considérées par la loi comme des organismes administrateurs d'entreprises; la seconde catégorie est celle des organismes publics économiques lesquels, quant à la structure, ne se différencient pas d'un organisme public commun; la troisième catégorie est constituée par les entreprises, dénommées aujourd'hui, «en participation publique», parce qu'elles peuvent être aussi bien des société commerciales dans lesquelles l'organisme public participe en caractère d'associé, et des organismes de droit privé sans participation aux actions mais participation quotes-parts, c'est à dire n'ayant pas d'actionnaires mais des titulaires de quote-part(81).

---

(77) *Cf.* Gerhardt PLÖCHL, *Rapport autrichien,* p. 2; Klaus VOGEL, *Rapport allemand,* pp. 2, 3 et 4; Ernst FORSTHOFF, *op. cit.,* p. 662; Wilhelm GERLOFF et Fritz NEWMARK, *Tratado de finanzas,* Vol. II, Buenos Aires 1961, pp. 153-164; Piero VERRUCOLI, «Consideraciones jurídico mercantiles sobre empresas en mano pública», *RAP*, n° 3, 1950, p. 162; «Rapport de la République Fédérale d'Allemagne» au *IVCICFP* (Vienne 1962), *loc. cit.,* Vol. IV, p. 137.

(78) *V.* M. A. FLAMME, *Rapport belge,* pp. 6 a 11.

(79) *Cf.* W. FRIEDMAN, «A Theory of Public Industrial Enterprises», in A. H. HANSON (ed.), *Public Entreprise, A Study of its Organization and Management in Various Countries*, *op. cit.*, 1955, pp. 15 et 16, *cit.* par F. GARRIDO FALLA, «Las empresas públicas», *loc. cit.,* p. 128; Laureano LOPEZ RODO, «Las empresas nacionalizadas en Inglaterra», *RAP.* n° 3, 1950, p. 380.

(80) *V.* ONU, *Some Problems in the Organization and Administration of Public Enterprises in the Industrial Field,* United Nation (54.ILH.1), New York 1954.

(81) *V.* M. S. GIANNINI, «Sobre las empresas públicas», *loc. cit.*, pp. 17 à 20; *Cf.* Natalia GAJL, «Les entreprises d'Etat en France, en Italie, et en Pologne», *loc. cit.,* pp. 158 et 159, Piero VERRUCOLI, «Consideraciones jurídico-mercantiles sobre las empresas en mano pública», *loc. cit.,* p. 163.

En Espagne, les diverses formes juridiques de gestion ou exploitation des entreprises publiques sont classées comme suit: gestion d'un organisme public de nature politique territoriale; gestion d'un organisme public créé expressément pour l'exercice de l'entreprise, et gestion d'une société commerciale dans laquelle l'Etat ou tout autre organisme de droit public a une participation(82). Cette classification correspond, en lignes générales, à celle des organismes autonomes, donnée par la loi sur le régime juridique des organismes autonomes d'Etat du 26 décembre 1958, comme suit: en premier lieu, les organismes autonomes de personnalité juridique propre et patrimoine indépendant de l'Etat; en second lieu les services administratifs sans personnalité juridique ayant à leur charge l'administration et distribution de fonds, lesquels, bien que provenant des budgets généraux de l'Etat, ne sont pas spécifiés et classés par chapitres, articles et concepts dans ceux-ci; en troisième lieu, les entreprises nationales(83).

D'autre part, une situation similaire à celle décrite plus haut, existant spécialement dans les droits d'Europe continentale (France, Allemagne, Italie et Espagne) se présente en République Arabe Unie(84), en Indonésie(85), en Irak(86) et dans les pays d'Amérique latine, par exemple au Brésil(87), en Argentine(88), en Uruguay et au Vénézuéla(89).

En Finlande, les régimes juridiques des entreprises commerciales et industrielles de l'Etat sont approximativement de trois types différents: a) d'après la loi du 13 mai 1931, services publics industriels d'Etat, sans personnalité juridique ou doués de personnalité; b) d'après la loi sur les sociétés par actions du 2 mai 1895, des sociétés dans lesquelles l'Etat est majoritaire, soit d'un type étatique spécial, soit selon le type tout à fait courant; c) régime juridique de droit public des entreprises d'Etat(90).

Enfin, un rapport estimable en cette matière a été réalisé avec les travaux de la Commission désignée par le gouvernement suédois en 1954 pour l'étude de la systématisation économique qui à dû faire des recherches sur le *status* national des pays suivants: Suède, Norvège, Danemark, Yougoslavie, Pays-Bas, Grande-Bretagne, Etats-Unis et URSS. Le compte-rendu de cette enquête a été publié par Elis Håstad, professeur à l'Université de Stockholm(91) qui détache les figures

---

(82) *V.* Manuel BROSETA PONT, *Rapport espagnol*, p. 5.

(83) *V.* Fernando GARRIDO FALLA, *Tratado de derecho administrativo,* Vol. II, Madrid 1962, p. 318, note nº 19.

(84) *V.* Mohammed TAWFIK YOUNES, «Rapport de la RAU» in *IV CICFP,* Vol. 4, pp. 15 et 17.

(85) *V.* «Rapport de la General Auditing Court» in *IV CICFP,*, Vol. 4, p. 189.

(86) *V.* A. K. SAID, «Rapport du Irak», in *IV CICFP,* Vol. 4, p. 193.

(87) *V.* Rogerio de FREITAS, «Rapport brésilien» in *IV CICFP,* Vol. 4, pp. 61 et 77; Antonio BROCHADO DA ROCHA, «Rapport brésilien» in *IV CICFP,* Vol. 4, pp. 101 et 125.

(88) *V.* Miguel S. MARIENHOFF, *Tratado de derecho administrativo,* Vol. I, Buenos Aires 1965, pp. 429 et ss.

(89) *V.* Eloy LARES MARTÍNEZ, *Manual de derecho administrativo*, Caracas 1963, pp. 184, 186, 264 et 437.

(90) *V.* Tore MODEEN, *Rapport finlandais,* p. 7.

(91) *V. Swedish State Research*, 1 et 24, 1956, sous le titre de: Statsâgda ftiretag i Utlandet (State Enterprise Abroad), *cit.* par S. MARIN MARIN, *Aspectos de la administración pública autonómica*, *cit.* pp.

suivantes: a) Départements gouvernementaux d'activité commerciale (par exemple, postes-télégraphes, chemins de fer); b) Administrations d'Etat instituées en vue de l'activité économique (par exemple, la *Tennessee Valley Authority*, la *Panama Canal*); c) *Public Corporation*; d) *State Company*, parmi lesquelles figurent celles qui sont propriété absolue de l'Etat, celles dans lesquelles l'Etat possède une partie des actions ou exerce son contrôle, et celles qui se constituent pour acquérir, diriger ou administrer des sociétés contrôlées.

13. Donc, en s'appuyant sur la base de ce panorama de la situation en droit comparé, il faut, comme nous l'avons signalé, pour étudier les diverses formes juridiques utilisées par les pouvoirs publics pour développer leurs activités industrielles ou commerciales, concentrer le problème sur la personnalité et ainsi analyser, d'une part, le régime de ces activités lorsqu'elles sont réalisées directement par l'Administration, et d'autre part, le régime de ces activités économiques lorsqu'elles sont réalisées par des organismes doués de personnalité juridique, en distinguant ici les divers types d'organismes autonomes utilisés.

1. Le régime juridique des activités industrielles et commerciales directement développées par l'Etat

14. Quand les organismes publics firent leurs premiers pas dans le domaine de l'activité économique, celle-ci se fit évidemment par l'entremise des organes traditionnels de la bureaucratie. C'est ainsi qu'apparurent dans le droit français l'exploitation en régie, c'est à dire les régies industrielles et commerciales[(92)], dans le droit allemand et autrichien, les *Regiebetreib* ou les *Eigenbetrieb* [(93)], dans le droit espagnol les «entreprises propres» ou «services administratifs chargés de l'administration et de la distribution de fonds dépourvus de personnalité juridique»[(94)] et dans le droit vénézuélien les «établissements industriels de la Nation»[(95)].

Il s'agit de services publics industriels et commerciaux gérés directement par l'Etat ou les collectivités publiques et dépourvus de personnalité morale[(96)].

Or, on a fait remarquer avec insistance que lorsque le service concret présente un caractère économique, la formule de la gestion directe est inadéquate, ceci parce qu'en général l'organisation bureaucratique, dans l'Etat moderne, n'est pas faite pour réaliser des activités de cette sorte, étant donné que généralement, dans ce domaine, elle se montre maladroite et lente[(97)]. Il semble alors admis, de façon unanime -et nous nous référons aux formes de nationalisation- qu'il y ait tendance

---

269 et 270. *V.* le même en Elis HÅSTAD, «Tipos de industrias nacionalizadas», *ICE*, Madrid, marzo 1949, pp. 63 et ss.

(92) *Cf.* Roland DRAGO, *Rapport français*, p. 5.

(93) *Cf.* Klaus VOGEL, *Rapport allemand*, p. 3; Gerhardt PLÖCHL, *Rapport autrichien*, p. 3.

(94) *Cf.* Fernando GARRIDO FALLA, «Las empresas públicas», *loc. cit.*, p. 133.

(95) *V.* Loi organique des finances publiques nationales du Vénézuéla, Art. 42 ordinal 2°.

(96) *Cf.* R. DRAGO, *Rapport français*, p. 5; Gerhardt PLÖCHL, *Rapport autrichien*, p. 3.

(97) *Cf.* Fernando GARRIDO FALLA, *Tratado ...*, *cit.*, Vol. II, p. 313.

à éviter la transformation des entreprises nationalisées en subdivisions immédiates de l'Administration de l'Etat[(98)].

En tout cas et même quand cette forme de réalisation par l'Etat des activités économiques tend à être évitée et présente aujourd'hui une importance relative moins grande que les autres formes d'action de l'Etat[(99)], sa présence au sein du Droit comparé nous oblige à analyser sommairement, son régime juridique interne et externe.

A. Régime juridique interne

15. En tant que corps intégrés dans l'organisation administrative, les régies possèdent, le plus souvent, une structure administrative classique et hiérarchisée[(100)]. En conséquence, du point de vue de droit administratif, la confusion organique de cette forme indéterminée de gestion, oblige à un renvoi en bloc aux régulations de cette branche juridique pour l'étude de sa régulation essentielle[(101)]. Pourtant, il est nécessaire d'insister sur quelques-unes de ses particularités.

16. En premier lieu, et bien qu'il existe des exceptions comme en Suède où, par suite de l'absence de la direction ministérielle, elles dépendent du chef de département[(102)], elles sont généralement soumises à l'autorité immédiate du ministre respectif[(103)] et, de ce fait, à tous les mécanismes et instances ordinaires des organismes administratifs[(104)], ceci à tel point que par exemple en Belgique il est impossible pour les personnes administratives compétentes de renoncer à leur autorité hiérarchique sur les entreprises publiques non personnalisées[(105)]. Ainsi Theo Keller a signalé que l'efficacité de l'effort réalisé en vue d'obtenir l'économie maxime est en danger, pour autant que cet effort soit sérieux, à cause de la coordination de l'institution non autonome dans l'engrenage très souvent échelonné et gênant des instances administratives, et par suite de la limitation fréquemment trop rigoureuse de l'attribution de ces charges directives, qui jouissent, dans le secteur privé, des plus amples facultés leur permettant de prendre des décisions selon leur propre initiative et de répondre ainsi rapidement aux

(98) *Cf.* K. KATZAROV, *op. cit.*, p. 331.

(99) *Cf.* R. DRAGO, *Rapport français*, p. 5; Tore MODEEN, *Rapport finlandais*, pp. 28 et 29; Elis HÅSTAD, «Tipos de industrias nacionalizadas», *loc. cit.*, p. 64.

(100) *Cf.* Elis HÅSTAD, «Tipos de Industrias ...», *loc. cit.*, p. 64, R. DRAGO, *Rapport français*, p. 8; M. A. FLAMME, *Rapport belge*, p. 2; Tore MODEEN, *Rapport finlandais*, p. 7.

(101) *Cf.* F. GARRIDO FALLA, *Tratado ... cit.*, Vol. II, p. 314; Klaus VOGEL, *Rapport allemand*, p. 5.

(102) *V.* Elis HÅSTAD, «Tipos de industrias nacionalizadas», *loc. cit.*, p. 64.

(103) *Cf.* M. S. GIANNINI, «Sobre las empresas públicas», *loc. cit.*, p. 17; MARÍN MARÍN, *Aspectos de la administración pública autonómica, cit.* p. 280; Klaus VOGEL, *Rapport allemand*, p. 13, M. A. FLAMME, *Rapport belge*, p. 6; ONU, *Some Problems in the ... cit.* p. 6.

(104) *Cf.* Josef MARSCHALL, «Rapport autrichien» in *IV CICFP*, Vol. 4, p. 237.

(105) *V.* M. A. FLAMME, *Rapport belge*, p. 11.

exigences qui peuvent se présenter avec chaque nouvelle situation[106]. Ceci a peut-être conduit au fait que ces entreprises possèdent la caractéristique d'être par priorité et en forme exclusive au service des besoins propres des organismes publics, comme par exemple les Ateliers généraux des Chemins de Fer et l'Imprimerie de l'Etat[107], en Finlande. Cette situation se retrouve en Allemagne et au Vénézuéla en ce qui concerne l'Imprimerie du *Bund*[108] et l'Imprimerie nationale.

17. D'autre part, le service économique non autonome ne dispose pas de patrimoine propre. Par conséquent pour obtenir ses crédits d'inversion et ses moyens d'exploitation, il dépend entièrement de la collectivité publique à laquelle il appartient. Ceci signifie qu'il ne dispose pas de crédits lui-même[109] et que, par exemple, il n'est pas en mesure de subvenir à ses besoins d'inversion au moyen de placement d'emprunts propres sur le marché des capitaux[110]. En d'autres termes, le titre juridique d'un service économique non autonome ou entreprise de gestion directe est uniquement l'organisme public auquel il appartient et le dit organisme ou collectivité publique est le sujet de tous les droits et répond de toutes les obligations qui sont nés dans le cadre de l'entreprise[111].

18. Le manque d'autonomie, quant au droit patrimonial, conduit l'entreprise propre ou régie industrielle à l'obligation budgétaire. Ceci a pour conséquence que l'entreprise organisée sous forme de régie doive présenter un budget partiel dans le projet budgétaire général de l'Etat ou de l'organisme local respectif. Son approbation par le Parlement signifie alors la fixation d'objectifs déterminés d'inversion pour les fonds disponibles et l'obligation restrictive d'employer pour chacun des buts poursuivis la quantité fixée par le budget[112]. D'autre part, la respective remise des comptes qui doit présenter une information sur l'accomplissement des finalités d'inversion que le budget a établi en est une autre conséquence. Tout ceci signifie donc une forte restriction à la liberté de maniement financier et peut affecter de ce fait l'économie d'une entreprise d'Etat ou locale[113].

Ceci a eu pour effet, et c'est une manifestation qui s'observe clairement en Droit comparé, que l'Etat ait voulu parfois doter ces services à caractère industriel et commercial d'un statut plus ample au point de vue des règles budgétaires et comptables et de la gestion, sans passer par la technique de la décentralisation organique qui implique la création de personnes juridiques distinctes de l'Etat[114],

---

(106) *V.* Theo KELLER, «La economía propia de las comunidades públicas», en W. GERLOFF et F. NEWMARK, op., *cit.*, p. 154; Gerhardt PLÖCHL, *Rapport autrichien,* p. 7.

(107) *V.* Tore MODEEN, *Rapport finlandais,* p. 11.

(108) *V.* Wolfgang ZETZSCHKE, «Las empresas públicas en la República Federal Alemana», en *ICE,* mars 1964, p. 95; MISION SHOUP, *Informe sobre el sistema fiscal de Venezuela,* Vol. II, Caracas 1960, p. 160.

(109) *Cf.* Klaus VOGEL, *Rapport allemand,* pp. 7 et 8; Gerhardt PLÖCHL, *Rapport autrichien,* p. 13.

(110) *Cf.* Theo KELLER, «La economía propia de las comunidades públicas», *loc. cit.,* p. 154; Klaus VOGEL, *Rapport allemand,* p. 8; Tore MODEEN, *Rapport finlandais,* p. 8.

(111) *Cf.* Klaus VOGEL, *Rapport allemand,* p. 8.

(112) *Cf.* Tore MODEEN, *Rapport finlandais,* pp. 8 et 9; Gerhardt PLÖCHL, *Rapport autrichien,* p. 13.

(113) *Cf.* Theo KELLER, «La economía propia de las comunidades públicas», *loc. cit.,* p. 154

(114) *Cf.* M. A. FLAMME, *Rapport belge,* p. 75

comme c'est le cas par exemple en Espagne[(115)], en Italie[(116)], en France[(117)], et en Belgique[(118)].

Par ailleurs, en principe, les recettes de ces services économiques non autonomes sont considérées rentes de l'Etat et partant, doivent entrer au Trésor, comme en Suède et au Vénézuéla[(119)]. Concernant ceci cependant, le droit comparé présente des exceptions du fait de l'existence des dénommées Caisse spéciales, auquel cas les recettes n'entrent pas au Trésor général[(120)],

19. Quant au régime des biens, ceux qui appartiennent aux régies ou services économiques non autonomes relèvent intégralement de la domanialité publique, c'est à dire qu'ils sont inaliénables et insaisissables[(121)] et de ce fait, du point de vue économique, les biens investis dans l'entreprise, n'étant pas séparés du patrimoine de l'Etat, ni juridiquement, ni en matière de comptabilité, il n'est pas possible de les inclure dans un compte d'inversion, ni de les faire figurer dans un bilan[(122)].

20. Finalement, du fait de l'incorporation de ces services économiques non autonomes dans l'Administration de l'Etat ou d'une collectivité publique, le régime du personnel est le même que celui en vigueur pour les agents de l'Etat et en conséquence, régit le statut de la fonction publique, comme c'est le cas en Belgique, en Allemagne, en Suède, en France et en Espagne[(123)]. Evidemment, ceci implique inévitablement une rigidité dans l'activité de l'entreprise, et rend difficile, tant l'adaptation du champ d'action au fonctionnaire, que la possibilité d'intéresser les personnes les plus aptes pour la tâche concrète. Y contribue aussi le rigide échelon de rémunération qui en fixe les limites maximum, et il arrive fréquemment que les salaires des cadres soient inférieurs à ceux établis pour le même échelon dans l'économie privée[(124)].

Dans d'autres pays cependant, le personnel de ces services non autonomes est placé sous le régime du droit privé, tel le cas de la Finlande[(125)].

---

(115) *V.* F. GARRIDO FALLA, «Las empresas públicas», *loc. cit.*, p. 134.

(116) *V.* M. S. GIANNINI, «Sobre las empresas públicas», *loc. cit.*, p. 18.

(117) *V.* R. DRAGO, *Rapport français*, p. 6; *Cf.* S. MARÍN MARÍN, *Aspectos de la administración pública autonómica, cit.* p. 281.

(118) M. A. FLAMME, *Rapport belge*, pp. 7, 29, 76 et 97.

(119) *V.* Art. 42, 2° de la Loi organique des finances publiques national du Venezuela; Elis HÅSTAD, «Tipos de industrias nacionalizadas», *loc. cit.*, p. 64.

(120) *Cf.* S. MARÍN MARÍN, *Aspectos de la administración pública autonómica, cit.* pp. 225 et 282.

(121) *Cf.* R. DRAGO, *Rapport français*, pp. 9 et 10; M. A. FLAMME, *Rapport belge*, p. 42; Gerhard PLÖCHL, *Rapport autrichien*.

(122) *V.* Klaus VOGEL, *Rapport allemand*, p. 12.

(123) *V.* M. A. FLAMME, *Rapport belge*, p. 36; Klaus VOGEL, *Rapport allemand*, p. 6. En France, *V.* S. MARÍN MARÍN, *Aspectos de la administración pública autonómica, cit.*, p. 280. *V.* de même, ONU, *Some Problems in the Organisation ..., cit.*, p. 6; Elis HÅSTAD, «Tipos de industrias nacionalizadas», *loc. cit.*, p. 64; Gerhard PLÖCHL, *Rapport autrichien*, p. 7.

(124) *Cf.* Theo KELLER, «La economía propia de las comunidades públicas», *loc. cit.*, p. 155; Klaus VOGEL, *Rapport allemand*, p. 6.

(125) *V.* Tore MODEEN, *Rapport finlandais*, p. 10.

B. Régime juridique externe

21. En principe, et étant donné la nature de l'activité que développent les régies ou entreprises propres, concernant toute leur activité externe, l'état est soumis aux normes du droit privé et spécialement à celles du droit commercial, surtout pour les contrats avec ses clients et ses fournisseurs[126]. Par conséquent et en principe, dans les pays où il existe une dualité de compétence juridictionnelle, administrative et ordinaire, établie selon la nature de l'activité développée par l'organisme public, comme par exemple en France, en Autriche, en Belgique et au Vénézuéla, le droit de juger les litiges qui surviendraient au cours de la réalisation de ces activités commerciales, revient à la juridiction commerciale ordinaire[127], sauf quand les entreprises en régie gèrent un service public; dans cette circonstance, elles bénéficient de toutes les prérogatives de la personne publique avec laquelle elles se confondent, comme c'est le cas en France[128].

Dans certains systèmes, comme au Vénézuéla, l'entreprise industrielle non autonome, bien qu'elle soit subordonnée en principe au droit commercial concernant le déroulement de son activité, jouit de toutes les prérogatives du pouvoir public, car l'absence de personnalité séparée l'assimile à l'Etat. Dans ce sens, elle jouit de tous les privilèges de l'Administration qui se rapportent à la procédure et ne peut être grevée d'impôts. Quelque chose de semblable existe en Belgique où, entre autres situations spéciales, les biens des régies ne peuvent être astreints à voie d'exécution forcée[129].

22. Par ailleurs, et même si en principe l'Etat développe par l'intermédiaire des régies une activité industrielle ou commerciale soumise normalement au droit commercial, en ce qui concerne son aspect externe, il n'en a pas pour autant le caractère de commerçant conformément à la solution générale du droit comparé[130]. Dans ce sens, par exemple au Vénézuéla, le Code de commerce signale que les entités publiques territoriales «ne peuvent assumer la qualité de commerçants, mais peuvent exécuter des actes de commerce; dans ce cas, elles restent assujetties aux lois commerciales»[131].

En Autriche, au contraire les entreprises de gestion directe sont considérées comme commerçantes si elles exploitent une affaire commerciale. Cependant, signale Plöchl, quand l'entreprise dépasse le cadre de petit commerce, elle n'est pas dans l'obligation de s'inscrire sur le registre commercial en tant que personne privée, mais autorisée à le faire[132].

---

(126) *Cf.* R. DRAGO *Rapport français*, p. 10; M. S. GIANNINI, «Sobre las empresas públicas», *loc. cit.*, pp. 16-18; M. A. FLAMME, *Rapport belge*, p. 52 et ss.

(127) *V.* R. DRAGO, *Rapport français*, p. 10; Gerhardt PLÖCHL, *Rapport autrichien*, p. 16; M. A. FLAMME, *Rapport belge*, p. 54; Allan R. BREWER-CARIAS, *Las instituciones fundamentales del derecho administrativo y la jurisprudencia venezolana*, Caracas 1964, p. 327.

(128) *V.* R. DRAGO, *Rapport français*, p. 12.

(129) *V.* M. A. FLAMME, *Rapport belge*, p. 70; Gerhardt PLÖCHL, *Rapport autrichien*, p. 12.

(130) *Cf.* M. A. FLAMME, *Rapport belge*, p. 56; S. MARÍN MARÍN, *Aspectos de la administración pública autonómica. cit.*, p. 281: F. GARRIDO FALLA. *Tratado de derecho administrativo, cit.*, Vol. II, p. 314

(131) Art. 7 du Code de commerce du Vénézuéla.

(132) *V.* Gerhardt PLÖCHL, *Rapport autrichien*, p. 11.

2. Le régime juridique des activités industrielles et commerciales développées par l'Etat par l'intermédiaire d'organismes doués de personnalité propre et séparée

23. Il est certain que l'étude du régime juridique des activités industrielles et commerciales de l'Etat rencontre de sérieux obstacles au moment d'analyser les diverses formes juridiques douées de personnalité propre séparée de celle de l'Etat, par l'intermédiaire desquelles les Pouvoirs publics développent les dites activités, étant donné par ailleurs qu'il existe une tendance générale en droit comparé à créer ces organismes. En effet, quant à ceux qui trouvent leur origine dans les nationalisations, Katzarov a indiqué que l'analyse des structures que revêt la nationalisation permet de constater partout une tendance très nette à séparer juridiquement les sujets qui animent la vie économique nationalisée de la personne juridique de l'Etat. Cette tendance, par ailleurs, ne provient pas tant du fait que l'Etat, lorsqu'il a réalisé la nationalisation, s'est trouvé en présence de sujets de droit existants -les entreprises privées- qu'il a nationalisés, mais plutôt de causes qu'il faudrait rechercher dans l'instinct de conservation: quand il y a nationalisation il est évident que le budget de l'Etat peut se trouver menacé par des secousses imputables à la période transitoire précédant la normalisation de l'économie nationalisée(133).

Mais en tout cas, si la tendance à créer des organismes séparés de l'Administration en forme juridique et patrimoniale a été généralisée, le législateur, normalement, n'a pas eu recours aux diverses formes juridiques suivant des critères uniformes; au contraire, comme le signale Langrod, il a plutôt recouru à l'une ou l'autre forme d'action pour des besoins passagers, par opportunisme, par habitude ou tout simplement par hasard, par respect pour la symétrie des administrations «régulières» qu'il pensait ainsi sauvegarder ou enfin pour mieux déguiser l'Etat en commerçant «véritable»(134)

Ceci a donné lieu en maintes occasions à ce que la différence entre la réalité de l'organisme et la forme juridique choisie soit évidente(135), et c'est la raison pour laquelle on a dit que ces formes, bien souvent, surtout si c'est la commerciale qui a été choisie, ne sont rien d'autres qu'une façade(136), un déguisement externe(137) ou simplement une fiction(138).

24. Mais le problème fondamental qui se pose au juriste pour sa tâche comparative, au moment d'étudier ces aspects est l'impossibilité de classer, de manière absolue, toutes ces figures juridiques possédant une personnalité juridique propre, dans la catégorie des personnes de droit public (par exemple, conformément aux linéaments de l'établissement public) ou dans la catégorie des personnes de droit privé (par exemple la société anonyme de capital public).

(133) *V.* K. KATZAROV, *op. cit.*, p. 326.
(134) *V.* G. LANGROD, «L'entreprise publique en droit administratif comparé», *loc. cit.*, p. 22.
(135) *Cf.* K. KATZAROV, *op. cit.*, p. 332.
(136) *V.* G. LANGROD, «L'entreprise publique ...», *loc. cit.*, p. 219.
(137) *V.* J. L. VILLAR PALASÍ, «La actividad industrial del Estado... », *loc. cit.*, p. 90.
(138) Antonio BROCHADO DA ROCHA, «Rapport brésilien» in *IV CICFP*, Vol. 4, p. 105.

En effet, quand l'entreprise publique se place pleinement dans le domaine public, bien que douée de personnalité et autonomie financière, elle relève encore du concept *d'imperium,* en accord avec les normes propres de l'Administration, le doute évidemment, penche en faveur du régime de droit administratif. Au contraire quand l'Etat, dans sa gestion économique, a choisi la forme de droit privé, soumise aux règles de l'activité privée et aux préceptes de droit civil et commercial, la décision n'est pas difficile non plus[(139)]. Mais ce ne sont pas les cas extrêmes, mais plutôt les intermédiaires, qui créent de difficiles problèmes.

En effet, dans les systèmes qui ne suivent pas les linéaments du droit d'Europe continentale et dans lesquels on ne peut recourir en forme absolue à la classification en personnes publiques ou privées, la catégorie intermédiaire de ces figures juridiques se multiplie. Ainsi, par exemple au sujet des pays anglo-saxons, où, comme en Angleterre, «n'est pas établie très clairement la distinction entre sujets publics et privés»[(140)] il n'est pas possible d'insérer la *Public Corporation* dans le schéma rigide du droit continental car celle-ci, par sa nature même, se présente comme un organisme de caractère «semi-public»[(141)].

Par ailleurs, concernant les pays de régime socialiste et d'économie planifiée, les entreprises nationalisées se présentent généralement telle une synthèse entre la personne de droit public et la personne de droit privé. A cet effet, Katzarov a signalé que si l'on prend comme critère de la différenciation entre personnes juridiques de droit public et personnes juridiques de droit privé la manière dont elles ont été constituées et subsistent, c'est à dire en d'autres termes, si nous admettons que la personne juridique de droit public est celle qui est constituée et qui existe de droit, en vertu d'une loi, tandis que la personne juridique de droit privé résulte d'une transaction juridique, nous devons reconnaître que l'entreprise d'Etat ne trouve sa place ni dans l'une, ni dans l'autre catégorie[(142)]. Nous ne sommes pas, ajoute Katzarov, en présence de quelque chose de nouveau en substance sinon en présence d'une nouvelle combinaison à laquelle nous pourrions appliquer l'expression «parastatale», «semi-public», etc. . ... si nous voulons absolument lui donner une qualification propre; cette combinaison nous conduit en droit général public et privé à des complication ou innovations importantes qui posent de graves problèmes[(143)].

25. En présence de cette situation, l'étude des formes juridiques personnalisées par l'Etat pour développer ses activités économiques, ne peuvent évidemment se limiter à l'analyse des établissements publics (personnes publiques) et des sociétés commerciales (personnes privées) de capital public ou mixte; cette étude doit embrasser les catégories ou formes juridiques intermédiaires entre les personnes publiques et les personnes privées, telles que les *Public Corporation* anglaises, les *Government Corporation* américaines, et les entreprises d'Etat des pays socialistes. De plus, le droit comparé présente d'autres catégories intermédiaires

---

(139) *Cf.* F. LABADIE OTERMIN, «Problemática de la empresa pública», *loc. cit.*, p. 173.
(140) *V.* Laureano LÓPEZ RODÓ, «Las empresas nacionalizadas en Inglaterra», *RAP,* nº 3, 1950, p. 393.
(141) *Cf.* L. LÓPEZ RODÓ, «Las empresas nacionalizadas ... », *loc. cit.*, p. 395.
(142) *V.* K. KATZAROV, *op. cit.*, p. 337.
(143) *V.* K. KATZAROV, *op. cit.*, p. 339.

entre la personne publique (établissement public) et la régie industrielle étudiée précédemment, comme la dénommée Régie d'Etat en Belgique qu'il est nécessaire d'étudier séparément.

Donc, notre étude comparative des formes juridiques personnalisés utilisées par l'Etat pour développer ses activités industrielles ou commerciales et leurs divers régimes juridiques sera faite -sans oublier la véracité de l'affirmation de R. Drago de ce que toute classification en la matière comporte nécessairement un aspect artificiel(144)- au moyen de l'analyse séparée de la régie d'Etat ou des Administrations d'Etat instituées à des fins commerciales, de l'établissement public industriel et commercial, des formes juridiques intermédiaires (*Public* et *Government Corporation* et entreprises d'Etat des pays socialistes) et des sociétés commerciales de capital public ou mixte suivant le degré d'application des normes du droit public à leurs activités.

A. Les régies d'Etat

26. Dans cette première catégorie intermédiaire entre la régie industrielle et l'établissement public, nous pouvons inclure les régies d'Etat belges et les Administrations d'Etat instituées à des fins commerciales en Norvège et en Finlande(145). Les régies d'Etat, telles que les définit M. A. Flamme sont des services publics nationaux centralisés et personnalisés, gérés directement par le ministre et donc dépourvus de toute autonomie organique. Ces régies jouissent d'une autonomie technique, ont une comptabilité commerciale et un patrimoine distinct et font l'objet d'une gestion industrielle basée sur la considération du prix de revient, ce qui est impossible à l'Etat(146). Il existe en Belgique trois régies d'Etat dont l'activité est indiscutablement commerciale: la Régie des services Frigorifiques de l'Etat; la Régie des Télégraphes et Téléphones (R.T.T.); la Régies des Voies Aériennes

Donc ce qui distingue les régies d'Etat belges des services économiques non autonomes (régies industrielles françaises) est le fait d'être pourvues de personnalité. En effet, dans ce cas, l'octroi de la personnalité juridique au service ne lui fait pas perdre le caractère d'administration centralisée lorsque l'objectif est essentiellement celui de permettre à certaines entreprises étatiques à caractères industriel ou commercial d'échapper aux règles de gestion financière et comptable traditionnellement en vigueur dans l'Etat, puisque les administrations ainsi personnalisées demeurent sous l'autorité hiérarchique directe d'un ministre(147).

Dans cette catégorie des régies d'Etat on peut inclure les entreprises industrielles d'Etat de la Finlande; elles sont dotées d'un comité de direction propre et de même ne se distinguent des entreprises gérées directement par l'Etat

(144) *V.* R. DRAGO, *Rapport français*, p. 5.

(145) *V.* Elis HÅSTAD, «Tipos de industrias nacionalizadas», *loc. cit.*, p. 64.

(146) *V.* M. A. FLAMME, *Rapport belge*, p. 8.

(147) *Cf.* M. A. FLAMME, *Rapport belge*, p. 30; Victor CRABBE, «La empresa pública en Bélgica», *ICE*, marzo 1.964, p. 115.

que par l'octroi de personnalité, bien qu'elles soient soumises à l'autorité directe du ministre[(148)].

D'autre part, les régies d'Etat ainsi conçues se distinguent des établissements publics que nous verrons plus loin, bien que les deux soient pourvus de personnalité juridique, ceci pour le fait signalé que le ministre exerce sur les premières un pouvoir hiérarchique et sur les autres une tutelle qui ne lui donne généralement pas le droit de prendre des décisions, mais seulement celui d'approuver ou de rejeter des résolutions[(149)].

27. Comme dit précédemment, en Belgique toutes ces administrations personnalisées demeurent centralisées car elles sont gérées, non pas par des autorités distinctes de l'Etat, mais par des représentants du pouvoir central soumis au contrôle hiérarchique du ministre sous lequel chacune de ces administrations se trouve placée. Ainsi, aux termes de sa loi organique, la Régie des Télégraphes et des Téléphones est représentée et gérée par le ministre qui a les télégraphes et les téléphones dans ses attributions, cependant qu'un comité de surveillance est chargé du contrôle de la comptabilité[(150)]. Au contraire et ainsi que nous l'avions déjà dit, ces entreprises, en Finlande, sont soumises à un comité spécial de direction bien que dépendant d'un contrôle considérable du gouvernement[(151)].

28. En ce qui concerne leur budget, ces entreprises sont considérées comme département du gouvernement[(152)] et de ce fait, en Finlande, elles ne disposent pas d'un capital propre et dépendant totalement du budget de l'Etat dans lequel on fait l'estimation de dépenses d'investissements et des dépenses[(153)]. Quant aux biens des régies d'Etat belges, ils sont soumis au régime de la domanialité, tout comme les biens des services administratifs non personnalisés; et du fait que la Régie d'Etat jouit de personnalité séparée, on a considéré que l'Etat a cédé ces biens en propriété aux dites régies, réserve faite que cette cession de propriété ne soit considérée qu'à la façon d'un «artifice juridique» qui, loin d'entraîner une diminution de l'avoir de l'Etat, réservait au gouvernement l'exercice de droits, mitigeant singulièrement le caractère à première vue absolu de la cession[(154)].

29. D'autre part, étant donné la nature spécifique de ces régies d'état belges, le personnel qui leur prête ses services est soumis au statut réglementaire des gens de l'Etat tout comme l'est celui des régies françaises ou des services non personnifiés[(155)]. En Finlande et en Norvège au contraire, les administrations d'Etat instituées en vue d'activités commerciales ont un système de salaire plus

---

(148) *V.* Tore MODEEN, *Rapport finlandais,* pp. 7 et 12; Elis HÅSTAD, «Tipos de industrias nacionalizadas», *loc. cit.,* p. 64.

(149) *Cf.* Antonio BROCHADO DA ROCHA, «Rapport brésilien» in *VI CICFP*, Vol. 4, p. 103.

(150) *V.* M. A. FLAMME, *Rapport belge,* p. 30.

(151) *Cf.* Tore MODEEN, *Rapport finlandais,* p. 7; Elis HÅSTAD, «Tipos de industrias nacionalizadas», *loc. cit.,* p. 64.

(152) *Cf.* Elis HÅSTAD, «Tipos de industrias nacionalizadas», *loc. cit.,* p. 64.

(153) *V.* Tore MODEEN, *Rapport finlandais,* p. 8.

(154) *Cf.* M. A. FLAMME, *Rapport belge,* p. 42.

(155) *Cf.* M. A. FLAMME, *Rapport belge,* p. 36.

libre et, quant aux conditions d'emploi des ouvriers, il existe certaines différences en relation avec la fonction publique(156).

Enfin, touchant au régime juridique externe de ces entreprises publiques, il est semblable à celui des services dépourvus de personnalité; bien qu'elles réalisent des activités commerciales, elles ne possèdent pas la qualité de commerçants, elles ne peuvent compromettre et leurs biens ne peuvent être l'objet d'exécution forcée(157).

B. Les établissements publics industriels et commerciaux

30. Sans qu'il soit nécessaire d'entrer dans la polémique à laquelle a donné lieu la crise de la notion d'établissement public en France, causée par la multiplication des établissements publics industriels et commerciaux(158), il faut signaler qu'en droit comparé, et encore actuellement en France,(159) lorsqu'on parle d'établissement public, on veut au moins signifier l'existence d'un organisme d'Etat décentralisé pourvu de personnalité de droit public(160).

Dans ce sens, J. Rivero, constatant l'évolution qu'a eue en France la notion d'établissement public -laquelle a perdu toute valeur juridique puisqu'elle n'implique plus nécessairement une activité de service public ni une distinction fondamental avec les personnes territoriales, et qu'elle ne fournit aucune précision sur le régime juridique de l'organisme- en arrive cependant à la conclusion que la seule chose sûre qui puisse être déduite de cette notion, est le caractère de *personne publique* de l'organisme concret, d'où découle un contrôle exercé sur lui par une autorité de tutelle et sa subordination à certaines règles de droit public(161).

Donc et dans ce même sens, quand nous parlerons d'établissements publics industriels et commerciaux dans cette étude, nous nous référerons à ces *personnes publiques* par l'intermédiaire desquelles l'Etat développe des activités économiques et qui sont ainsi dénommées en France, en Belgique, en Espagne, en Uruguay et au Brésil(162); on les nomme institutions publiques autonomes en Allemagne et en Autriche(163), Instituts officiels autonomes au Vénézuéla(164) ou

---

(156) *Cf.* Elis HÅSTAD, «Tipos de industrias nacionalizadas», *loc. cit.*, p. 65.

(157) *Cf.* M. A. FLAMME, *Rapport belge*, pp. 56, 62 et 72,

(158) *V.* R. DRAGO, *La crise de la notion d'établissement public*, Paris 1950.

(159) *Cf.* M. WALINE, *Droit administratif*, 9 édition, Paris 1963, p. 383.

(160) *V.* les références au droit comparé (France, Allemagne, Belgique, Italie, Espagne, Amérique Latine) faites dans le nº 12.

(161) *V.* Jean RIVERO, *Droit administratif*, 2° édition, Paris 1962, p. 404.

(162) *V.* R. DRAGO, *Rapport français*, p. 6; M. A. FLAMME, *Rapport belge*, pp. 9 et 30; F. GARRIDO FALLA, «Las empresas públicas», *loc. cit.*, p. 135; Enrique SAYAGUES LASO, «Les établissements publics économiques en Uruguay», *RISA*, 1956, nº I, pp. 5-I5; Antonio BROCHADO DA ROCHA, «Rapport brésilien» in IV CICFP, Vol. 4, p. 101

(163) *V.* Gerhardt PLÖCHL, *Rapport autrichien*, p. 4; Klaus VOGEL, *Rapport allemand*, p. 2; *Cf.* Theo KELLER, «La economía propia de las corporaciones públicas, *loc. cit.*, p. 156.

organismes autarchiques en Argentine[(165)], et *ente pubblici* en Italie[(166)]. En quelque sorte aussi, la catégorie de *Public Authorities* américaines et anglaises pourrait entrer dans la liste des personnes publiques et être inclue dans cette catégorie générique des établissements publics puisque par *authority* les américains entendent un type d'organisme *public* administratif doué de pouvoirs spéciaux de gouvernement[(167)]. Cependant, nous avons préféré, a cause de leurs particularités, les traiter à part, comme une forme juridique intermédiaire.

(a) Régime juridique interne

31. L'existence d'organismes publics économiques, doués de personnalité juridique propre n'est rien d'autre qu'une manifestation de la dénommée Administration indirecte ou médiate de l'Etat[(168)] réalisée par l'intermédiaire d'organismes fonctionnellement décentralisés de l'Administration centrale de celui-ci[(169)]. Donc, en principe, le régime juridique interne des établissements publics économiques est déterminé par le droit public, surtout pour ce qui se réfère aux relations entre l'organisme décentralisé et l'Administration centrale[(170)]. Pourtant Forsthoff a dit que malgré les liens étroits qui unissent à l'Etat les organes administratifs groupés dans l'administration médiate de l'Etat, la distinction entre celle-ci et l'administration directe de l'Etat revêt une importance pratique considérable: fondamentalement l'administration médiate d'Etat se trouve hors de la série des autorités directes de l'Etat auxquelles elle n'est pas assujettie par une subordination officielle[(171)].

32. Le régime interne de droit public qui caractérise, en principe, les établissements publics économiques, se reflète, en premier lieu, parce que généralement la création de ces personnes publiques requiert une loi spéciale comme en France, en Allemagne, en Belgique, et au Vénézuéla[(172)].

33. D'autre part le régime interne de droit public des établissements publics industriels et commerciaux répercute sur son organisation qui se caractérise par le degré d'autonomie dont ils disposent, vis-à-vis de l'Administration centrale. C'est peut-être l'aspect le plus important du régime des établissements publics économiques, dans lesquels les décisions rapides sont nécessaires, les

---

(164) *V.* Tomás POLANCO, «La administración pública», in *Anales de la Facultad de Derecho*, Universidad Central de Venezuela, Caracas 1951, pp. 315 et ss.

(165) *V.* Miguel S. MARIENHOFF, *Tratado de derecho administrativo*, *cit.*, Vol. I, p. 433

(166) *V.* M. S. GIANNINI, «Sobre las empresas públicas», *loc. cit.*, p. 18.

(167) *Cf.* Fernando GARRIDO FALLA, «La intervención administrativa en materia económica y las corporaciones de gobierno en Norteamérica», *RAP*, n° 3, 1950, p. 424.

(168) *V.* Fernando GARRIDO FALLA, *Administración indirecta del Estado y descentralización funcional*, Madrid 1950; Ernst FORSTHOFF, *op. cit.*, pp. 598 et 607.

(169) *Cf.* Mariano BAENA DEL ALCÁZAR, «Los entes funcionalmente descentralizados y su relación con la administración central», *RAP*, n° 44, 1964, p. 62.

(170) *V.* Natalia GAJL, «Les entreprises d'Etat en France, en Italie et en Pologne», *loc. cit.*, p. 156.

(171) *V.* Ernst FORSTHOFF, *op. cit.*, p. 610.

(172) *Cf.* J. RIVERO, *op. cit.*, Vol. II, p. 404, Ernst FORSTHOFF, *op. cit.*, pp. 644 et 652; Klaus VOGEL, *Rapport allemand*, p. 6. Au Venezuela, Art. 230 de la Constitution de 1961.

interventions directes des organes politiques et de l'Administration centrale étant exceptionnelles et la direction de l'entreprise en forme indépendante revenant à un organe spécial de gestion.

En effet, dans le schéma habituel de cette décentralisation des entreprises publiques, leur direction correspond à un conseil d'administration sous les ordres duquel se trouve un directeur ou un directeur général en tant qu'organe exécutif.

En présentant le schéma français, R. Drago signale que le Conseil d'administration est constitué sur la base du système représentatif selon les règles de la gestion tripartite (Etat, employés, consommateurs) utilisée pour les entreprises issues des lois de nationalisation. Ce schéma comporte de nombreuses variantes encore que les conseils d'administration comportent toujours des représentants de l'Etat et des représentants des employés de l'entreprise. Les pouvoirs du conseil d'administration sont extrêmement étendus puisqu'il a compétence pour déterminer l'activité générale de l'entreprise, décider les opérations en capital, voter l'Etat des prévisions et le compte des profits et pertes[(173)].

La même situation se présente en Belgique, en Allemagne, en Autriche, au Vénézuéla[(174)]. Par ailleurs, les membres des Conseils d'Administration des organismes publics ainsi que leurs directeurs sont nommés et déplacés par l'Administration[(175)].

34. La création par l'Etat d'organismes ou d'institutions autonomes à des fins industrielles et commerciales a pour objet principal de doter ceux-ci d'une certaine autonomie et flexibilité pour réaliser leurs activités, lesquelles ne pourraient être développées dans le cadre rigide du budget national. Ainsi, les établissements publics qui développent des activités industrielles et commerciales ne doivent pas soumettre leur budget à l'approbation du Parlement, mais seulement à l'approbation du ministre de tutelle respectif[(176)]. Donc, ils ne sont pas soumis à l'obligation budgétaire, ce qui les met en condition, non seulement de procéder à n'importe quel moment à des inversions imprévisibles mais indispensables, mais aussi d'accumuler des fonds de réserve et de pratiquer l'autofinancement. Theo Keller signale que c'est précisément cet autofinancement qui, suivant l'expérience, confère aussi à l'entreprise privée une agilité particulièrement grande dans sa politique d'inversions; cette agilité augmente encore dans le cas de l'entreprise publique parce que la plupart du temps, celle-ci ne se verra pas empêchée, à cause des pressions impositives de mettre les gains en sûreté au moyen d'amortissements et de formation de fonds de réserve[(177)].

Or, le fait que le budget de l'établissement public ne soit généralement pas soumis, joint à la loi de budget de l'Etat, à l'approbation du Parlement, ne signifie

---

(173) *V.* R. DRAGO, *Rapport français*, p. 8.

(174) *V.* M. A. FLAMME, *Rapport belge,* p. 30; Klaus VOGEL, *Rapport allemand,* p. 13; Gerhard PLÖCHL, *Rapport autrichien,* p. 7; Tomás POLANCO, «La administración pública», *loc. cit.*, p. 334.

(175) *Cf.* R. DRAGO, *Rapport français*, p. 9; M. A. FLAMME, *Rapport belge,* p. 30; Tomás POLANCO «La administración pública», *loc. cit.*, p. 336.

(176) *Cf.* M. A. FLAMME, *Rapport belge,* p. 79.

(177) *V.* Theo KELLER, «La economía propia de las comunidades públicas», *loc. cit.*, p. 157; *Cf.* Gerhardt PLÖCHL, *Rapport autrichien,* p. 14.

pas que ce dernier n'ait aucune intervention budgétaire. Effectivement, on peut dire que le Parlement possède des moyens financiers sur les entreprises publiques constituées en établissements publics, dans la mesure où l'Etat leur remet généralement à titre d'apport ou de subventions certaines sommes que le Parlement doit approuver en vertu de sa compétente budgétaire générale[(178)]. En France, d'autre part, selon la loi du 18 juillet 1949, la nomenclature des établissements publics industriels et commerciaux doit être déposée chaque année en même temps que le projet de loi de finances et, conformément à un décret du 19 juin 1956, qui détermine le mode de présentation du budget de l'Etat, le rapport économique qui préface le projet de budget doit contenir une annexe relative aux entreprises publiques qui comporte, classées par le ministère de tutelle, les prévisions budgétaires de tous les organismes du secteur public pour lesquels il est prévu dans le projet de budget un concours financier ou une garantie de l'Etat, ainsi que les comptes qui leur correspondent pour l'année précédente et l'année en course[(179)].

35. En ce qui concerne les biens des établissements publics industriels et commerciaux, ils sont assujettis en principe au régime de la domanialité publique. En effet, ainsi que l'indique M. A. Flamme, si l'établissement public dispose de biens et de droits, c'est que par l'artifice de la personnalité juridique l'Etat a affecté à un service public déterminé certaines parties de son patrimoine et des pouvoirs de gestion sur celui-ci. Il s'ensuit que tout en constituant une entité distincte, le patrimoine de l'établissement public est et reste un patrimoine de l'Etat, soumis au contrôle de la Cour des Comptes[(180)]. En lignes générales c'est le même principe qui est en vigueur en France, bien que R. Drago signale qu'actuellement il semble que les établissements publics industriels et commerciaux aient tendance à se laisser assimiler à des entreprises ayant la forme de sociétés -et qui ont leurs biens «dans le commerce»- et que dans l'intérêt même de leurs relations commerciales, ils acceptent que leurs biens puissent être saisis[(181)]. Au Vénézuéla, par ailleurs, on a signalé que si effectivement les biens appartenant aux Instituts ou Etablissement officiels autonomes ne sont pas soumis au régime fiscal ordinaire prévu pour les biens nationaux, il est nécessaire de faire remarquer que le patrimoine net de ces Instituts autonomes appartient aussi à la Nation. En effet, l'autonomie concédée par la loi à de telles entités quant à l'administration et disposition des revenus dont ils jouissent pour développer les activités qui ont motivé leur création, n'enlève pas à la Nation son droit de propriété[(182)].

---

(178) *Cf.* André DELION, *op. cit.*, p. 71; Contraloría General de la República, *La fiscalización superior y el presupuesto national*, Rapport vénézuélien au V Congrès International des Organismes Supérieurs de Contrôle des Finances Publiques (Israel 1965), Caracas 1964, p. 6.

(179) *V.* André DELION, *op. cit.*, p. 57.

(180) *V.* M. A. FLAMME, *Rapport belge*, p. 43.

(181) *V.* R. DRAGO, *Rapport français*, p. 10.

(182) *V.* Contraloría General de la República, *La contabilización y el control del patrimonio estatal*, Rapport Vénézuélien au II Congrès Latino-américain des Organismes Supérieurs de Contrôle des Finances Publiques, (Chili 1965), Caracas 1965, p. 10

Cependant, concernant les biens utilisés par les établissements publics économiques il convient de distinguer deux catégories. En premier l'eu, les biens simplement mis à la disposition de l'établissement et qui demeurent la propriété du pouvoir public. Tel est le cas, en Belgique, du Port Autonome de Liège auquel l'Etat et la ville de Liège ont apporté en jouissance des voies navigables et leurs dépendances, biens qui continuent à appartenir au domaine public de l'Etat ou de la commune[(183)]. En second lieu, les biens possédés dès l'origine ou acquis en propriété sur ses fonds propres par l'établissement et qui relèveront de son domaine public ou privé, selon les critères traditionnels. Dans ce dernier cas, il faut indiquer que chaque établissement est évidemment libre d'acquérir, d'aliéner, d'emprunter, d'accepter des dons et legs, sous le contrôle toutefois de l'autorité de tutelle, mais tous ces biens lui appartiennent concrètement.

36. Par ailleurs et quant au régime du personnel des établissements publics industriels et commerciaux, les solutions du droit comparé ne sont pas uniformes. En effet, en Belgique et en Autriche le personnel des établissements publics se trouve normalement dans une situation légale et réglementaire et ce, parce que le régime de droit public pour le personnel, permet de réaliser le but de service public poursuivi puisque l'autorité compétente peut modifier unilatéralement le statut réglementaire selon les besoins du service. En tout cas cette situation existe fondamentalement pour les employés, les ouvriers pouvant être embauchés conformément aux normes générales du contrat de travail, comme en Belgique, en Espagne, au Vénézuéla[(184)].

Cependant, une autre grande partie du droit comparé refuse le statut de fonctionnaires au personnel des établissements publics industriels et commerciaux. En ce qui concerne la France, R. Drago mentionne que ce personnel est soumis, dans son intégralité à un statut de droit privé, même si dans certaines entreprises il existe des statuts résultant d'actes réglementaires (électricité et gaz). De toute manière, même dans ces derniers cas, les rapports entre le personnel et l'entreprise relèvent intégralement du droit privé[(185)].

Quant au directeur de l'établissement, son statut est un statut de droit public; il assure la direction générale de l'entreprise, ayant, en fait le plus souvent un pouvoir de décision extrêmement étendu et exerce son autorité sur l'ensemble du personnel[(186)].

Mais, bien que dans ces systèmes le régime du personnel soit, en général, le régime du travail de droit privé, il existe une limitation concrète au droit de grève. En France, ce droit se trouve limité par l'institution de préavis de cinq jours et l'interdiction des grèves «tournantes» instituées par la loi du 31 juillet 1963. D'autre part, lorsqu'il s'agit de services destinés à satisfaire des besoins

(183) *V.* M. A. FLAMME, *Rapport belge*, p. 44.

(184) *V.* M. A. FLAMME, *Rapport belge*, p. 37; Gerhardt PLÖCHL, *Rapport autrichien*, p. 7; J. L. VILLAR PALASI, «La actividad industrial del Estado ...», *loc. cit.*, p. 82.

(185) *V.* R. DRAGO, *Rapport français*, p. 9; *Cf.* G. LANGROD, «L'entreprise publique en droit administratif comparé», *loc. cit.*, p. 227; P. DUPONT, *op. cit.*, p. 119.

(186) *Cf.* R. DRAGO, *Rapport français*, p. 9.

fondamentaux et lorsque la grève porte atteinte à ces besoins de façon suffisamment grave, le gouvernement peut procéder à la réquisition du personnel[(187)], cette situation se rencontre au Vénézuéla[(188)].

(b) Régime juridique externe

37. Le principe général, concernant le régime juridique extérieur des établissements publics industriels et commerciaux qui est peut-être ce qui le caractérise par rapport à l'établissement public classique, est celui d'être régi par le droit privé et concrètement par le droit commercial[(189)]. Ainsi les contrats signés avec leurs clients, leurs fournisseurs et les tiers, sont soumis au droit privé.

38. Par ailleurs, l'objet des établissements publics industriels et commerciaux étant incontestablement commercial, c'est le tribunal de commerce qui est compétent pour juger des litiges provenant de leurs rapports contractuels ou quasi délictuels avec le public en général, fournisseurs ou usagers[(190)].

39. Bien que la situation précédente soit généralisée en droit comparé, il est nécessaire de faire une distinction entre les établissements économiques qui gèrent un service public et celle qui n'en gèrent pas. Généralement quand il s'agit d'un service public industriel ou commercial, les relations avec les usagers peuvent être réglées quelquefois par des normes de droit public. Effectivement, en Allemagne, K. Vogel signale que la relation avec les usagers est réglementée, dans toutes les institutions publiques par les statuts de chacune d'elles; ainsi par exemple la relation d'usage avec les Postes fédérales est considérée par l'opinion dominante comme une relation de droit public, et la relation avec les Chemins de fer fédéraux, comme de droit civil. En conséquence, pour les litiges qui surviennent entre les institutions publiques et leurs usagers, les tribunaux administratifs sont compétents en ce qui concerne la configuration juridique publique de la relation d'usage et dans les autres cas -sur la base d'une disposition légale spéciale, et également pour les relations juridiques publiques d'usage dans le secteur des Postes fédérales- les tribunaux civils[(191)].

40. Par ailleurs, étant donné que l'établissement public possède le caractère de personne publique, il jouit, en diverses occasions, de quelques prérogatives d'Etat et de bénéfices spéciaux.

En premier lieu, en Belgique par exemple, il est interdit aux établissements publics, ainsi qu'à toute personne publique territoriale, d'être partie à une

(187) *Cf.* R. DRAGO, *Rapport français*, p. 9.

(188) *V.* A. R. BREWER-CARÍAS, «El derecho de huelga en el concepto de libertad en el Estado moderno», *RFD*, nº 21, 1961, p. 280.

(189) *Cf.* R. DRAGO, *Rapport français*, pp. 6, 10 et 12; M. A. FLAMME, *Rapport belge*, p. 53; M. S. GIANNINI, «Sobre las empresas públicas», *loc. cit.*, p. 16; Gerhardt PLÖCHL, *Rapport autrichien*, p. 4.

(190) *Cf.* M. A. FLAMME, *Rapport belge*, p. 54; P. DU PONT, *op. cit.*, p. 64; Gerhardt PLÖCHL, *Rapport autrichien*, p. 16; F. FRANCHINI, «Aspects juridiques de l'intervention de l'Etat ...», *loc. cit.*, p. 239.

(191) *V.* Klaus VOGEL, *Rapport allemand*, pp. 8 et 15.

procédure arbitrale. Cette situation, contraire à celle en vigueur en Italie, en Allemagne et aux Pays-Bas, a été critiquée par M. A. Flamme[(192)].

En second lieu, de nombreux établissements de caractère industriel et commercial jouissent de prérogatives déterminées de la puissance publique, par exemple, le pouvoir d'expropriation en Belgique et au Vénézuéla[(193)] et l'impossibilité d'exercer contre eux des voies d'exécution forcée. En Belgique, les établissements publics jouissent de cette dernière prérogative en forme généralisée[(194)] et au Vénézuéla seulement quand une loi spéciale la leur octroie[(195)]. En France, bien que les établissements publics soient en principe insaisissables, il semble que parfois, ainsi qu'il a été dit précédemment, ces établissements, dans l'intérêt de leurs rapports commerciaux, acceptent que leurs biens puissent être saisis[(196)].

Par ailleurs, certains établissements publics industriels et commerciaux, en vertu de la nature de leur activité jouissent de certains monopoles d'importation, comme le Magasin d'Etat des céréales en Finlande[(197)].

Quant au régime fiscal, étant donné l'activité que développent ces établissements, c'est celui de droit commun qui est appliqué[(198)]; cependant en maintes occasions l'Etat exonère de tous ou certains de leurs impôts des établissements déterminés pour aider leur développement, comme c'est le cas en Belgique, en Allemagne et au Vénézuéla[(199)].

41. Enfin, en relation avec le régime juridique extérieur des établissements publics industriels et commerciaux, il est nécessaire de préciser, en droit comparé, si ceux-ci ont ou n'ont pas la qualité de commerçants.

Le même problème a été posé au moment d'analyser l'action de l'Etat par l'intermédiaire de ses services non décentralisés et dépourvus de personnalité. Dans ces cas, quand le service public commercial et industriel est exploité directement par l'Etat, ses activités sont imputables à l'Etat. La personne morale qui agit par l'intermédiaire du service public industriel et commercial c'est l'Etat et celui-ci, comme nous l'avons vu, ne peut acquérir la qualité de commerçant, car un commerçant est une personne qui se dédie habituellement au commerce en tant que profession et l'Etat ne peut faire du commerce une profession. Il peut être amené à faire du commerce dans tel ou tel secteur par l'intermédiaire des services économiques non personnalisés, mais il ne peut pas être a commerçant » car son objectif fondamental est la défense des intérêts nationaux et non pas la réalisation d'un profit quelconque. Sans doute, comme nous l'avons vu, le service

---

(192) *V.* M. A. FLAMME, *Rapport belge,* gags. 62-65.

(193) *V.* M. A. FLAMME, *Rapport belge,* p. 66; Eloy LARES MARTINEZ, *Manual de derecho administrativo, cit.,* p. 447.

(194) *V.* M. A. FLAMME, *Rapport belge,* p. 70.

(195) *V.* Art. 74 de la Loi organique des finances publiques nationales du Vénézuéla.

(196) *V.* R. DRAGO, *Rapport français,* p. 10.

(197) *V.* Tore MODEEN, *Rapport finlandais,* p. 26.

(198) *Cf.* R. DRAGO, *Rapport français,* p. 13.

(199) *V.* M. A. FLAMME, *Rapport belge,* pp. 66-69 et 128; Klaus VOGEL, *Rapport allemand,* p. 11; au Vénézuéla, *V.* art. 74 de la loi organique des finances publiques nationales.

économique en régie se verra appliquer certaines règles de droit privé, comme d'ailleurs tous les services publics à gestion privée, mais il ne sera pas commerçant, il ne sera pas soumis par là même au Code du commerce.

Supposons maintenant, dit le doyen G. Vedel, qu'un service public industriel et commercial reçoive la personnalité morale et se trouve ainsi érigé en établissement public industriel et commercial; quelle va être la conséquence? C'est que désormais il existe une personne morale dont la raison d'être est de faire le commerce; et la situation est alors profondément changée puisque désormais l'on n'a pas affaire à l'Etat qui, accessoirement, fait du commerce, mais à une personne morale dont la raison d'être est de faire le commerce(200).

En présence de ce problème qui est encore posé, puisque les opinions sont contradictoires, G. Vedel conclut en se demandant si l'établissement public à caractère industriel et commercial n'est pas une catégorie du droit administratif français, une personne publique commerçante ou d'un terme plus bref, «un commerçant public»(201).

De même en droit comparé la situation n'est pas uniforme. En effet, en Autriche, les institutions publiques indépendantes sont considérées comme commerçantes, selon le droit commercial, parce qu'elles exploitent une affaire et sont inscrites au Registre du commerce(202). En France, malgré qu'on ait discuté sur la qualité de commerçant des établissements publics industriels et commerciaux, R. Drago signale qu'aujourd'hui les entreprises publiques ont la qualité de commerçants et sont inscrites au Registre du commerce. A ce sujet, le décret du 9 août 1953, portant réforme du registre du commerce a exigé l'inscription de «toute entreprise publique française constituée sous la forme d'un établissement public de caractère industriel ou commercial ayant la personnalité civile et l'autonomie financière», formule reprise par le Décret du 27 décembre 1958 sur le registre du commerce(203).

En Belgique, au contraire, comme solution au problème, la jurisprudence a estimé que les établissements publics, bien que réalisant habituellement des opérations commerciales, ne peuvent être considérés commerçants et cette solution a une importance pratique évidente: les organismes en cause n'étant pas commerçants, ils ne sont dans l'obligation ni de tenir des livres de commerce, ni de prendre une inscription au Registre du commerce, cependant que la procédure de la faillite leur est inapplicable(204).

En Italie, selon T. Ascarelli, l'article 7 du Code de commerce, en sanctionnant que l'Etat, les provinces et les communes bien que pouvant exécuter des actes de commerce ne se convertissent pas en commerçants, n'énonce qu'un cas particulier d'une règle plus générale: en effet, toutes les personnes publiques, précisément du

---

(200) *V.* G. VEDEL, *Droit administratif, cit.,* Vol. II, p. 470.

(201) *V.* G. VEDEL, *op. cit.,* Vol. II, p. 471.

(202) *Cf.* Gerhardt PLÖCHL, *Rapport autrichien,* p. 11.

(203) *V.* R. DRAGO, *Rapport français,* p. 11; A. de LAUBADERE, *Cours de grands services publics et entreprises nationales* (1962-1963), (polycopié), Paris, p. 320.

(204) *Cf.* M. A. FLAMME, *Rapport belge,* p. 57.

fait de leur condition, se proposent nécessairement un but public et non pas celui de réaliser professionnellement des actes de commerce; l'exécution professionnelle d'actes de commerce ne peut constituer qu'un moyen pour mieux obtenir le but public pour lequel elles sont créées[(205)]. Au Vénézuéla et du fait que l'article 7 du Code du commerce est rédigé en forme similaire à l'article cité plus haut, on pourrait faire valoir le même raisonnement, bien que sur la base d'une vieille jurisprudence, le Professeur Goldschmid ait soutenu que si leurs normes régulatrices ne le leur interdisent pas, les instituts autonomes peuvent acquérir la qualité de commerçant[(206)].

Enfin, selon l'opinion de la doctrine espagnole, ni l'Etat, ni les autres corporations de droit public, ne peuvent recevoir le titre de commerçants, puisque le but des corporations publiques n'est jamais l'exercice du commerce et si l'activité commerciale intervient dans leurs fonctions, c'est toujours accessoirement et précisément pour la défense d'un intérêt public[(207)].

(c) Formes juridiques spéciales

42. En dehors de la configuration de l'établissement public industriel et commercial que nous avons vue plus haut comme personne juridico-publique, le droit comparé nous montre quelques organismes qui réalisent aussi des activités commerciales et industrielles, et auxquels, bien qu'étant des personnes publiques, étant donné leurs fonctions et leurs caractéristiques particulières, la loi a assigné une forme typique de droit privé. Tel est le cas des établissements publics de forme sociétaire, en Belgique (Banque Nationale) [(208)] en Finlande (*Alkoholihike*: Société des alcools; *Ileisradio:* Société de radiodiffusion) [(209)], et de la Banque Centrale du Vénézuéla, qui tout en «étant personne publique a la forme de société anonyme par attribution de sa loi de création[(210)].

43. Ces établissements ou personnes publiques dotés de forme sociétaire sont régis, en lignes générales, par quelques-uns des principes qui ont été signalés précédemment au sujet des établissements publics.

Cependant, si en Belgique, il ne leur est pas attribué le titre de commerçants[(211)] au Vénézuéla, le fait d'avoir la forme de société anonyme et l'inexistence de disposition légale contraire, oblige à leur conférer ce titre conformément aux préceptes du Code de commerce[(212)].

44. Par ailleurs, et également comme forme spéciale utilisée par l'Etat pour développer ces activités industrielles et commerciales, le droit allemand nous

(205) *V.* Tulio ASCARELLI, *Introducción al derecho comercial*, Buenos Aires 1947, p. 73.

(206) *V.* Roberto GOLDSCHMIDT, *Curso de derecho mercantil*, Caracas 1964, p. 77; Oscar LAZO, *Código de comercio de Venezuela*, Caracas 1963, p. 76.

(207) *V.* J. GARRIGUES, *Curso de derecho mercantil*, Vol. I, Madrid 1955, p. 250.

(208) *V.* M. A. FLAMME, *Rapport belge*, p. 31.

(209) *V.* Tore MODEEN, *Rapport finlandais*, pp. 16 et 17.

(210) *V.* Eloy LARES MARTÍNEZ, *Manual de derecho administrativo*, *cit.* pp. 264 et 265.

(211) *V.* M. A. FLAMME, *Rapport belge*, p. 57.

(212) *V.* Art. 10 du Code du commerce du Vénézuéla.

présente les corporations de droit public, peu importantes et d'utilisation peu fréquente[213]. Ce sont des associations de droit public capacités juridiquement, organisées sur la base de la qualité d'associés de leurs membres et qui garantissent l'exécution d'objectifs de l'Etat sous la surveillance de celui-ci[214],Ainsi la corporation de droit public se distingue avant tout des autres organismes administratifs autonomes, parce que c'est une association dont l'édifice repose sur la base de la qualité d'associé.

45. Dans cette même catégorie des corporations de droit public, nous pouvons inclure quelques-unes des figures qu'en Belgique M. A. Flamme appelle associations de droit public, c'est à dire services publics personnalisés, institués par le procédé de l'association de personnes publiques exclusivement. Ces associations de droit public comprennent des coopératives de pouvoirs publics (associations de personnes publiques qui se caractérisent par la considération du principe coopératif: Crédit communal de Belgique, Société nationale du logement) et des associations intercommunales pures groupant exclusivement avec n'importe quelle forme juridique des personnes publiques (communes, provinces, Etat), soit en vue d'un objet d'intérêt communal bien déterminé, soit en vue de promouvoir l'équipement économique régional[215]. Ces associations de droit public appliquent les principes coopératifs quant à leur fonctionnement interne, et bien que leur personnel soit soumis généralement à un régime statutaire ou réglementaire, leurs biens peuvent être soumis au régime de la domanialité publique et elles ne sont pas considérées commerçantes[216].

C. Formes juridiques intermédiaires

46. A part la catégorie juridique étudiée précédemment, c'est à dire les établissements publics industriels et commerciaux dont les particularités varient d'un pays à l'autre, mais qui se présentent toujours comme *personnes publiques* non territoriales, il existe aussi en droit comparé, sans que par ailleurs, elles puissent être intégralement placées sur la liste des personnes juridiques avec des formes de droit privé, deux sortes d'entreprises d'Etat semi-publiques qu'il faut étudier comme des catégories juridiques intermédiaires.

47. En effet, dans les pays anglo-saxons et plus précisément dans le droit anglais, la distinction entre sujets publics et privés n'est pas très claire. López Rodó dit que ceci est dû au fait que dans leur régime traditionnel il n'existait pas de personnes de droit public puisqu'il n'y avait pas de *jus singulare* pour l'Administration et tous les sujets étaient soumis aux tribunaux ordinaires[217].

(213) *Cf.* Klaus VOGEL, *Rapport allemand,* p. 3; Theo KELLER, «La economía propia de las comunidades públicas», *loc. cit.,* p. 157.

(214) *V.* Ernst FORSTHOFF, *op. cit.,* p. 628.

(215) *V.* M. A. FLAMME, *Rapport belge,* p. 10.

(216) *Cf.* M. A. FLAMME, *Rapport belge,* pp. 32, 39, 45 et 56.

(217) *V.* Laureano LÓPEZ RODÓ, «Las empresas nacionalizadas en Inglaterra», *loc. cit.,* p. 393.

D'autre part, c'est seulement pendant la première moitié de ce siècle que l'Administration a conquis des prérogatives et s'est vue soumise à un régime juridique spécial, et qu'il a été créé des tribunaux administratifs envahissant le domaine de la Justice. Bien qu'ainsi il soit possible maintenant de commencer à parler de sujets publics et privés, selon le statut légal auquel ils sont soumis ou selon le degré de parenté qu'ils gardent avec les sujets de l'un ou l'autre type, les *Public Corporation*s ne peuvent être placées dans l'une ou l'autre catégorie du fait qu'elles présentent un caractère semi-public et même si l'on peut dire qu'il existe en elles une tendance en faveur de leur caractère public[(218)].

48. D'autre part, dans les pays d'économie planifiée où le processus des nationalisations s'est fait en appliquant les réformes nécessaires, sans perdre de temps à réaliser des études profondes, il s'est présenté des formes hétérogènes qui sont venues s'intercaler d'une part entre la réalisation, directement par l'Etat en sa qualité de personne juridique de droit public, d'une activité économique, et d'autre part, le maintien apparent des sujets de droit existant antérieurement. Ainsi sont nées les entreprises d'Etat; le double désir du législateur de soumettre, au moyen des nationalisations, l'ensemble de la vie économique à ses directives et d'établir une séparation entre l'Etat et le patrimoine ainsi que la personnalité des sujets chargés d'animer la vie économique suivant les linéaments de l'Etat, a donné comme résultat, comme l'affirme Katzarov, la création d'un droit matériel particulier -mélange de droit administratif et de droit public[(219)]- sous le régime duquel ces sujets doivent agir.

En Pologne par exemple on les considère comme une institution complexe; ainsi les rapports dans lesquels l'entreprise entre en participant aux relations économiques avec les autres organismes, en nouant des contacts avec d'autres sujets économiques, sont réglés avant tout par les normes du droit civil. Les rapports juridiques entre l'entreprise et les organes supérieurs sont réglés principalement par les normes du droit administratif et financier mais aussi, dans une mesure de plus en plus grande, par celles du *droit civil*[(220)].

Donc, puisqu'il n'est pas possible de classer en forme rigide les entreprises d'Etat des pays socialistes, ni dans la catégorie des personnes publiques, ni dans celle des personnes privées[(221)] il est nécessaire de les étudier également comme formes juridiques intermédiaires.

*(a) Les «*Public *et les* Government Corporations*»*

49. Au sujet de la *Public Corporation* anglaise il faut signaler qu'il n'est pas facile de la définir avec précision car en plus d'être un terme très ample qui comprend non seulement les organismes régissant des entreprises nationalisées de

(218) *Cf.* Laureano LÓPEZ RODÓ, «Las empresas nacionalizadas en Inglaterra», *loc. cit.*, p. 394.
(219) *V.* K. KATZAROV, *op. cit.*, pp. 311, 12, 328 et 329.
(220) *Cf.* Zygmundt RYBICKI, *Rapport polonais*, pp. 9 et 10.
(221) *Cf.* K. KATZAROV. *op. cit.*, p. 337.

caractère économique, mais aussi ceux qui poursuivent d'autres buts (de type politique, social, culturel, etc.), de même pour ceux qui sont de type économique uniquement, il n'existe pas en Angleterre une législation uniforme puisqu'elles adoptent différentes formes et modalités(222). Cependant et avant tout, comme l'a dit W. A. Robson, la *Public Corporation* est une personne juridique ou légale qui peut comparaître en justice et être poursuivie devant les tribunaux en matière contractuelle et délictuelle; elle est soumise à la loi nationale ordinaire, sauf pour des exceptions expressément établies dans la loi de création(223).

Ceci d'ailleurs a été clairement établi par la *Court of Appeal* qui s'est chargée, dans l'affaire *Tamlin-Haunaford* en 1950, du *status* légal de la *British Transport Commission* en déclarant que «devant la loi la *Corporation* est maîtresse d'elle-même et en conséquence, totalement responsable comme n'importe quelle personne ou corporation; elle n'est pas la Couronne et n'a aucun de ses privilèges et immunités. Ses fonctionnaires ne sont pas des fonctionnaires publics et ses biens ne sont pas ceux de la Couronne. Elle est soumise aux lois (*acts*) du Parlement comme n'importe quel sujet du roi. C'est du reste une autorité publique et ses buts sont sans aucun doute des buts publics mais ce n'est pas un Département gouvernemental en forme absolue et ses pouvoirs ne sont pas les pouvoirs du gouvernement»(224). Il est donc absolument clair qu'une *Public Corporation* n'est ni serviteur ni agent de la couronne, qu'elle est assujettie au droit commun du pays plus ou moins dans la même mesure qu'une compagnie commerciale ou une personne privée, exception faite seulement des immunités spéciales concédées par la loi de création(225). Pourtant elles sont considérées, d'autre part, comme des organismes administratifs autonomes chargés de diriger et contrôler un secteur déterminé de l'économie(226), et c'est ainsi. que A. Marin Marin les classe entre l'établissement public et les sociétés de l'Etat en forme de droit privé(227).

Donc et étant donné le caractère semi-public des *Public Corporations* anglaises, elles demandent à être étudiées séparément, conjointement avec les *Government Corporations* américaines.

50. En effet, les *Government Corporations* américaines ont été considérées également comme des entreprises de propriété publique qui ont été incorporées au droit fédéral, droit des Etats ou au droit local pour une affaire particulière ou dans un but financier. Elles sont calquées sur les corporations privées et jouissent généralement de la faculté de réaliser des emprunts, retenir des bénéfices et opérer, libres des contrôles ordinaires fiscaux et personnels du gouvernement; de ce fait, elles sont aussi capacités pour intenter une action et peuvent être

---

(222) *Cf.* Laureano LÓPEZ RODÓ, «Las empresas nacionalizadas en Inglaterra», *loc. cit.*, p. 388.

(223) *V.* W. A. ROBSON, «Les nationalisations en Grande-Bretagne», in *Les nationalisations en France et à l'étranger*, Paris 1958, p. 28; du même auteur, «La *Public Corporation* en Gran Bretaña», *RAP*, nº 22, 1957, p. 115.

(224) *V.* William A. ROBSON, *Industria Nacionalizada y Propiedad Pública*, Madrid 1964, p. 71.

(225) *Cf.* W. A. ROBSON, «La *Public Corporation* en Gran Bretaña», *loc. cit.*, p. 115.

(226) *Cf.* F. GARRIDO FALLA, «Las empresas públicas», *loc. cit.*, p. 137.

(227) *V.* S. MARÍN MARÍN, *Aspectos de la administración pública autonómica*, *cit.*, p. 274.

demandées en justice[228]. Il faut cependant signaler qu'il manque aussi aux *Gouvernment Corporation* un statut juridique uniforme et pour cette raison l'énumération de leurs caractéristiques ne pourra se faire qu'en termes généraux. De plus, ce manque d'uniformité se reflète fondamentalement dans les notes qui marquent son degré de connexité avec l'Administration fédérale américaine[229] et rend plus difficile encore sa configuration juridique générale comme personne publique ou privée. Il est nécessaire de signaler pourtant que Pfiffner, constatant dans le droit européen la pratique de la création du personnes juridiques publiques dotées d'une certaine autonomie, mais plus ou moins dépendantes de l'Etat, conclut en signalant que les *Corporations* américaines du Gouvernement pourraient occuper leur place en parallèle avec les «établissements publics» français et les *enti parastatali* italiens[230].

En tout cas, il faut indiquer que les *Government Corporations*, qui ont eu pour modèle les *Public Corporations* britanniques, se sont éloignées progressivement des avantages de ces dernières, surtout depuis le *Government Corporation Control Act* de 1945 qui a matériellement converti les *Corporations* du Gouvernement en agences similaires aux départements usuels de celui-ci, par suite de la fiscalité établie[231]. Ceci, joint aux dispositions de la *Ranspeck Act* de 1940 a conduit A. Abel à indiquer que ces normes ont éliminé globalement et systématiquement les traits distinctifs qui donnaient un caractère utile à ces corporations à tel point que sans une modification de la législation il est difficile d'imaginer dans quel but elles peuvent servir actuellement aux Etats-Unis[232].

Au contraire J. N. Hazard a dit que si effectivement par les *Acts* de 1940 et 1945 on a essayé de réaffirmer le contrôle du Congrès sur les *Government Corporations* comme si elles étaient des agences gouvernementales normales, ceci n'a pas supprimé la flexibilité de quelques-unes de ces institutions conformes au modèle britannique, et si en effet, dans le secteur national en tout cas, la situation est discutée, dans le secteur des Etats, il n'y a aucun doute que les Government corporations fonctionnent selon le modèle britannique[233].

51. En tout cas, dans les pays anglo-saxons on considère que la *Public Corporation* est la forme juridique la plus moderne et la plus commune[234] en ce

---

(228) *Cf.* F. GARRIDO FALLA, «La intervención Administrativa en materia económica y las corporaciones del gobierno en Norteamérica» *loc. cit.*, p. 417, J. N. HAZARD, *Rapport des Etats-Unis*, p. 7; Albert S. ABEL, «La corporación pública en los Estados Unidos», *ICE*, marzo, 1964, p. 143.

(229) *Cf.* F. GARRIDO FALLA, «La intervención administrativa ... », *loc. cit.*, p. 423.

(230) *V.* PFIFFNER, *Public Administration*, New York 1946, p. 114 *cit.* par F. GARRIDO FALLA, «La intervención administrativa... », *loc. cit.*, p. 422, note 26.

(231) *V.* Herman PRITCHETT, «The Governement Corporation Control Act of 1945», 70 *American Political Science Review* (1946) p. 495, *cit.* par J. N. HAZARD, *Rapport des Etats-Unis*, p. 5; *Cf.* Harold SEIDMAN, «The Governement Corporation in the United States», *Public Administration*, Vol. XXXVII, Summer 1959, *V.* commentaire bibliographique de M. TEJERINA PODZUELO, *RAP*, n° 30, 1959, p. 362.

(232) *V.* Albert ABEL, «La corporación pública en los Estados Unidos», *loc. cit.*, p. 142.

(233) *V.* J. N. HAZARD, *Rapport des Etats-Unis*, p. 9.

(234) *V.* ONU, *Manual de administración pública*, New York 1962, (61. 11. H. 2), p. 88; *V.* ONU. *Some Problems in The Organization and Administration of Public Enterprises in the Industrial Field*, *cit.*, p. 9.

qui concerne la gestion des entreprises économiques au nom de l'Etat puisque par cet intermédiaire cette gestion des entreprises d'Etat de caractère industriel et commercial, y gagne en liberté, agilité, décision et audace par le fait qu'elle se trouve libérée de l'obligation d'agir avec précaution et circonspection, obligation qui va inévitablement associée aux dépendances gouvernementales[235]. C'est ainsi que W. A. Robson décrit la moderne *Public Corporation* comme une innovation constitutionnelle qui révèle la tendance à élargir l'unité administrative jusqu'à lui faire prendre des proportions régionales ou nationales, à séparer l'administration des entreprises de caractère économique, entreprises industrielles ou d'utilité publique des activités gouvernementales ordinaires, à séparer aussi l'économie de ces entités du budget national et à éliminer le stimulant du gain en le substituant par le service public[236].

52. Dans les paragraphes suivants et sous le titre générique de *Public Corporations*, nous essaierons de signaler sommairement les traits essentiels du régime juridique interne et externe de ces institutions en Grande-Bretagne, aux Etats-Unis et dans les pays qui, d'une manière ou d'une autre, ont reçu l'influence directe du système juridique de ceux-ci, comme c'est le cas dans certains Etats d'Asie et d'Extrême-Orient[237].

a. **Régime juridique interne**: 53. Avant tout il faut indiquer que, généralement, les *Public Corporations* sont créées ou réglées par un acte législatif qui établit leurs pouvoirs, leurs devoirs, leurs immunités et qui prescrit la forme de leur gestion et direction et surtout la régulation de leurs relations avec les départements ministériels[238]. Ceci est évident dans le cas des nationalisations anglaises, ou la plupart des Actes de nationalisations sont des lois étendues et détaillées, qui réglementent telle ou telle entreprise ou industrie[239].

Dans ce sens, et étant donné la réglementation par la loi de la personne juridique, les *Public Corporations* sont semblables aux personnes publiques du droit européen continental, par exemple, les Institutions publiques allemandes[240], les établissements publics français[241] et également semblables aux Instituts officiels autonomes du droit vénézuélien[242].

54. Généralement, la direction de la corporation publique est assurée par un Conseil de direction ou d'administration dont la nomination et le déplacement revient au pouvoir exécutif[243].

---

(235) *Cf.* W. A. ROBSON, «La *Public Corporation* en Gran Bretaña» *loc. cit.*, pp. 111 et 114.

(236) *V.* W. A. ROBSON, «La *Public Corporation* en Gran Bretaña» *loc. cit.*, p. 124.

(237) *V.* ONU. *Some Problems in the Organization and Administration of Public Enterprises in the Industrial Field*, *cit.*, p. 9.

(238) *Cf.* ONU, *Some Problems in the Organization ... cit.*,, p. 9; S. MARÍN MARÍN, *Aspectos de la administración pública autonómica*, *cit.*, p. 290.

(239) *Cf.* W. A. ROBSON, «La *Public Corporation* en Gran Bretaña» *loc. cit.*, p. 112.

(240) *V.* E. FORSTHOFF, *op. cit.*, p. 644.

(241) *V.* J. RIVERO, *op. cit.*, p. 404.

(242) Art. 230 de la Constitution du Vénézuéla de 1.961.

(243) *Cf.* W. A. ROBSON, *Industria nacionalizada y propiedad pública*, *cit.*, p. 69; L. LÓPEZ RODÓ, «Las empresas nacionalizadas en Inglaterra», *loc. cit.*, p. 391; J. N. HAZARD, *Rapport des Etats-Unis*, p. 4.

Le Conseil de Direction possède la liberté de gestion de l'entreprise tout en restant sous la dépendance du Ministre correspondant laquelle s'accentue de jour en jour[(244)]. Ainsi, en Angleterre, la faculté ministérielle de donner des instructions est sans limite et le Conseil d'administration de l'entreprise est dans l'obligation absolue d'exécuter les dites instructions[(245)]. Cependant, en principe, la responsabilité totale du Ministre vis-à-vis du Parlement touchant l'administration de l'entreprise n'est pas généralisée;[(246)] elle se réduit exclusivement aux matières dans lesquelles le Ministre peut contrôler l'entreprise[(247)].

Aux Etats-Unis on a observé également un processus de diminution de l'autonomie du conseil de direction dans la gestion des *Government Corporations*. A ce propos, J. N. Hazard indique que le modèle britannique de la Corporation publique sur lequel s'est fondé l'établissement de la *Tennessee Valley Authority* représentait une forme juridique qui permettait à la direction de la *Corporation* d'agir de façon plus autonome que le directeur d'une agence du gouvernement dans les Etats. Selon la forme du modèle britannique, le président des Etats-Unis exerçait un contrôle très limité sur la direction des *Corporations*, mais pourtant, cette forme telle que l'avait appliquée le Président Roosevelt avait été légèrement modifiée car les *Corporations* n'étaient pas exemptes de tout contrôle; par exemple, lorsque le directeur de la *Tennessee Valley Authority* refusa de donner un renseignement qui lui avait été demandé il fut destitué[(248)]. Cependant, il faut en tout cas convenir que la qualité principale de la *Public Corporation* réside dans son autonomie, c'est à dire dans son droit de diriger ses propres affaires; autonomie signifie la concentration des pouvoirs de direction sur des personnes compétentes auxquelles on donne «main libre» pour arriver aux fins désirées. Par le fait qu'il s'agit d'un organisme séparé et distinct, conduit par ses propres directeurs, la *Corporation* est intrinsèquement mieux placée pour triompher dans certains domaines que le département ordinaire de l'Administration[(249)]. En tout cas, en suivant l'évolution de l'autonomie des *Government Corporations* des Etats-Unis, on peut voir une nette tendance vers l'intégration de ces entreprises dans d'Administration centrale, telle que l'a proposée en 1949 la *Hoover Commission*[(250)].

Enfin, et au sujet du conseil de direction des *Public Corporations*, il est nécessaire de signaler qu'en Angleterre, celui-ci est un organisme essentiellement non politique et ses membres ne sont pas obligés de prêter serment de fidélité au

---

(244) *Cf.* L. LÓPEZ RODÓ, «Las empresas nacionalizadas ... », *loc. cit.*, p. 390.

(245) *V.* W. A. ROBSON, *Industria nacionalizada ... cit.*, p. 73.

(246) *Cf.* W. A. ROBSON, *Industria nacionalizada ... cit.*, p. 61.

(247) *Cf.* W. A. ROBSON, *Industria nacionalizada ... cit.*, p. 65; W. A. ROBSON, «La *Public Corporation* en Gran Bretaña», *loc. cit.*, p. 121; L. LÓPEZ RODÓ, «Las empresas nacionalizadas en Inglaterra», *loc. cit.*, p. 400.

(248) *V.* J. N. HAZARD, *Rapport des Etats-Unis*, p. 4.

(249) *Cf.* M. E. DIMOCK, «Government Corporation; A Focus of Policy and Administration», *The American Political Science Review* n° 5, 1949, p. 913, *cit.* par F. GARRIDO FALLA, «La intervención administrativa... », *loc. cit.*, p. 422.

(250) *V.* F. GARRIDO FALLA, «La intervención administrativa ... », *loc. cit.*, pp. 428 et 429.

parti qui se trouve au pouvoir. En aucun cas les membres du Parlement ne peuvent être désignés pour faire partie des conseils, ce qui constitue, sans doute, un principe d'auto restriction de valeur considérable dont le but est de conserver l'intégrité de la vie politique. Les fonctionnaires sont aussi exclus des conseils d'administration et si toutefois ils sont désignés pour en faire partie, ils sont tenus d'abandonner le *Civil Service*(251).

55. Quant à leur régime financier les *Public Corporations* se caractérisent par l'indépendance de leur économie. En Angleterre, cette économie est séparée du budget national bien qu'il existe un considérable contrôle fiscal de la part du Trésor sur certains aspects des opérations financières des *Corporations*(252). Bien que l'on puisse considérer les *Public Corporations* comme des organismes indépendants financièrement, elles se procurent pourtant fréquemment tout ou partie du capital dont elles ont besoin au moyen d'emprunts sur le Trésor ou en émettant des obligations pour obtenir leurs fonds des biens et services qu'elles produisent. La loi fixe généralement un chiffre maximum des disponibilités financières et des emprunts des entreprises(253).

Grâce à cette autonomie financière le maniement des fonds des Corporations publiques se fait en marge du budget de l'Etat, et le résultat des différents exercices économiques n'a aucune répercussion sur le Trésor; au contraire, en cas de bénéfices, ceux-ci sont destinés à l'amélioration du service, à la baisse des tarifs ou à l'augmentation des salaires des employés, et non à venir augmenter les fonds publics(254). Naturellement l'Etat peut cependant intervenir et en cas de besoin couvrir les pertes des *Public Corporations* (255).

Aux Etats-Unis, avant 1945, les *Public Corporations* suivaient, en matière financière, les mêmes principes décrits précédemment pour le modèle britannique, surtout en ce qui concernait le privilège d'investir leurs bénéfices sans être dans l'obligation, d'autre part, de requérir annuellement des fonds du Congrès ou Parlement pour financer leur développement(256).

A partir du *Government Corporation Control Act* de 1945, les corporations du gouvernement ont perdu progressivement leur autonomie financière et comptable. En effet, la loi élimine l'exemption d'affectation des corporations au budget national et le contrôle des comptes caractéristiques des *Public Corporations*(257) en accord avec le modèle britannique. Selon Pritchett, ceci a transformé les corporations du gouvernement en agences semblables aux départements habituels du gouvernement(258).

---

(251) *Cf.* W. A. ROBSON, «La *Public Corporation* en Gran Bretaña» *loc. cit.*, p. 125.

(252) *Cf.* W. A. ROBSON, *Industria nacionalizada ... cit.*, p. 68; W. A. ROBSON, «La *Public Corporation* en Gran Bretaña», *loc. cit.*, p. 124.

(253) *Cf.* S. MARÍN MARÍN, *Aspectos de la Administración Pública Autonómica, cit.*, p. 291.

(254) *Cf.* L. LÓPEZ RODÓ, «Las empresas nacionalizadas en Inglaterra», *loc. cit.*, p. 398; Elis HÅSTAD, «Tipos de industrias nacionalizadas», *loc. cit.*, p. 65.

(255) *Cf.* Elis HÅSTAD, «Tipos de industrias nacionalizadas», *loc. cit.*, p. 65.

(256) *Cf.* J. N. HAZARD, *Rapport des Etats-Unis*, p. 5.

(257) *Cf.* Albert ABEL, «La corporación pública en los Estados Unidos», *loc. cit.*, p. 142.

(258) *V.* H. PRITCHETT, «The Governement Corporation Control Act of 1.945», *The American Political Science Review*, 1946, n° 3, p. 495, *cit.* par J. N. HAZARD, *Rapport des Etats-Unis*, p. 5.

Aux Etats-Unis l'importance de la loi de 1945 sur le contrôle des corporations du gouvernement s'observe au moyen de l'évaluation de deux méthodes habituellement en rapport avec l'activité des départements de gouvernement: a) les subsides annuels apportés par le Congrès; b) le contrôle fiscal exercé par le vérificateur général des Etats-Unis. En ce qui concerne la perte de l'autonomie financière des *Corporations*, nous étudierons ici le premier de ces deux aspects en laissant pour une étude ultérieure(259) le contrôle des *Corporations*.

La définition des subsides ou assignations annuelles mis à disposition des agences du gouvernement s'avère essentielle pour comprendre l'attitude du corps législatif vis-à-vis du budget. En effet, aux Etats-Unis les opérations gouvernementales dépendent, en général, des assignations ou crédits budgétaires annuels courants(260). Ainsi, chaque année, le Congrès demande que le directeur de chaque agence de gouvernement se présente devant ses comités afin de justifier, en personne et par un rigoureux examen, chaque partie du budget pour l'année suivante. Ce procédé, présente évidemment le gros avantage de servir de frein aux administrateurs ambitieux, mais cependant, lorsqu'il est appliqué aux entreprises économiques de l'Etat, il influe défavorablement sur les projets de longue durée, quand ceux-ci sont nécessaires; en effet, selon les règlements légaux en vigueur, ils ne peuvent être exécutés puisque la conclusion de contrats dont la réalisation demande plus d'un an, ne peut être admise(261). Donc, la limitation des assignations budgétaires sur la base d'exercices annuels nuit évidemment au développement approprié de l'activité économique principalement lorsqu'il s'agit de réalisations demandant des transformations et pour lesquels l'expansion des activités doit être planifiée par des projets de longue durée(262).

La loi de 1945 tend fondamentalement à préserver l'autorité de programmation mais elle le fait dans un cadre très sévère. La section 847 contenait le règlement suivant sur l'exercice annuel: «Toutes les *Corporations* exclusivement en main du Gouvernement prépareront un budget annuel qui devra être soumis à l'approbation du Président par l'intermédiaire du bureau budgétaire, au plus tard le 15 septembre de chaque année». Afin de donner un peu d'élasticité à ce règlement, le statut a été révisé en 1950 et il a été institué un budget dit de «type commercial» selon lequel le budget correspondant à chaque année doit contenir *d'estimation* des conditions financières et des opérations de la *Corporation* pour l'année suivante, ainsi que l'indication des dépenses effectuées l'année précédente. Ces estimations, lorsque le budget était soumis au Congrès, lui apportaient connaissance des projets de la *Corporation* et laissaient envisager la possibilité d'approbation des budgets dans les années suivantes s'il ne s'était pas présenté d'objections aux estimations remises antérieurement(263).

---

(259) *V.* nº 86 et ss.

(260) *Cf.* Albert ABEL, «La corporación pública en los Estados Unidos», *loc. cit.*, p. 141.

(261) *Cf.* J. N. HAZARD, *Rapport des Etats-Unis*, p. 5.

(262) *Cf.* J. N. HAZARD, *Rapport des Etats-Unis*, p. 5; Albert ABEL, «La corporación pública en los Estados Unidos», *loc. cit.*, p. 141.

(263) *V.* J. N. HAZARD, *Rapport des Etats-Unis*, pp.. 5 et 6.

Mais en plus du contrôle effectué par le bureau budgétaire et le Congrès sur le budget de la *Corporation*, la loi de 1945 a établi le contrôle du Trésor surtout pour ce qui touche à la garde de ses fonds, de ses obligations et de ses bons. Jusqu'à cette époque la *Corporation* avait joui d'une grande liberté à ce sujet puisque chacune d'elle déposait ses fonds dans n'importe quelle Banque selon le système qui lui convenait le mieux. Suivant le *Control Act* de 1945, les fonds doivent âtre déposés au Trésor des Etats-Unis[264]. De plus ce *Control Act* demande que la Corporation remette toute recette au Trésor des Etats-Unis, à la fin de chaque année, étant donné qu'elle peut seulement effectuer les dépenses qui correspondent aux fonds remis par le Congrès[265].

56. Une autre caractéristique fondamentale du régime interne des Corporations publiques est celle de ne pas considérer généralement ses employés comme des fonctionnaires de l'Etat.

En Grande-Bretagne, sans exception, le personnel des *Public Corporations* ne fait pas partie du *Civil Service*. Ceci s'applique non seulement au président, aux membres du conseil et au directeur, mais aussi à tous les employés à salaire mensuel ou journalier. Les fonctionnaires publics ne peuvent être en même temps membres d'un conseil d'administration d'une *Corporation* et s'ils sont désignés à cet effet, ils doivent abandonner le *Civil Service*[266], Ce principe par lequel le personnel de la *Corporation* n'entre pas dans la catégorie des fonctionnaires publics est fondé sur le fait qu'il n'y a pas de contrôle du Trésor sur la rémunération, les conditions de travail, le recrutement, les pensions, les démissions, etc. Il peut se présenter naturellement que le gouvernement règle les questions de personnel les plus importantes au moyen de dispositions ministérielles et, en effet, un document officiel sur la politique radiophonique, publié en 1952, déclarait «qu'en fixant les salaires et les conditions du personnel, la BBC devra tenir compte de la politique générale du gouvernement concernant les salaires et matières analogues», mais ceci est une orientation générale incontestablement moins onéreuse que l'assujettissement aux instructions détaillées du Trésor sur le *Civil Service*[267].

Quant aux personnes chargées de tâches administratives subalternes, elles sont comparées aux ouvriers et le lien qui les unit à la *Corporation* est de caractère labora1[268].

Aux Etats-Unis, conformément au modèle britannique, la *Government Corporation* offrait aussi l'avantage d'éviter les difficultés que pouvait apporter le *Civil Service* à son activité. Au sujet de ces problèmes Albert Abel signale qu'en ce qui concerne le gouvernement fédéral, les difficultés du personnel sont la

(264) *Cf.* F. GARRIDO FALLA, «La intervención administrativa en materia económica y las corporaciones de gobierno en Norteamérica», *loc. cit.*, p. 432.

(265) *Cf.* J. N. HAZARD, *Rapport des Etats-Unis*, p. 6.

(266) *Cf.* W. A. ROBSON, «La *Public Corporation* en Gran Bretaña», *loc. cit.*, p. 125; W. A. ROBSON, «La empresa pública en Gran Bretaña», *ICE*, marzo 1964, p. 74.

(267) *V.* W. A. ROBSON, «La *Public Corporation* en Gran Bretaña» *loc. cit.*, p. 123; *Cf.* W. A. ROBSON, *Industria nacionalizada ... cit.*, p. 68.

(268) *Cf.* L. LÓPEZ RODÓ, «Las empresas nacionalizadas en Inglaterra», *loc. cit.*, p. 391.

conséquence des lois et règlements excessivement formalistes; sans qu'il soit nécessaire de s'étendre beaucoup on peut observer que ces normes ont élevé le facteur de stabilité à un degré pratiquement inconciliable avec l'efficacité fonctionnelle. Les Etats souffrent peut-être d'un mal contraire car l'influence politique et personnelle prédomine dans leurs manœuvres administratives(269). La *Government Corporation* américaine offrait la perspective d'éviter considérablement ces difficultés; son caractère autonome, en la séparant de la hiérarchie gouvernementale lui conférait le pouvoir d'agir librement, loin de la rigidité du service civil. D'une certaine façon elle était protégée des pressions annexes du dénommé «système de butin» tant par ses fonctions, très spécialisées et tant soit peu isolées, qui la maintenait en dehors du courant principal de l'attention politique, que par sa condition d'entreprise publique dont le symbole l'identifiait avec la compagnie industrielle ou commerciale et par conséquent, avec les caractéristiques d'efficacité et de neutralité politique de celle-ci(270).

Cependant en 1940, le *Ramspeck Act* avait autorisé le Président des Etats-Unis à appliquer avec faculté discrétionnaire la législation de fonctionnaires publics aux employés des corporations publiques sous contrôle fédéral, affectant ainsi un des principaux intérêts de la corporation publique. Cette faculté exercée par un ordre exécutif N° 8743 du 23 avril 1941, selon lequel les normes du statut du service civil, dans le service fédéral a été appliquées aux *Corporations* afin de déterminer l'échelon et la rémunération, régir l'emploi et l'avancement au moyen d'examens, contrôler les causes de licenciement et appliquer le procédé légal à suivre dans les cas justifiés(271).

L'influence du *Ramspeck Act* a été fortement critiquée car, entre autres aspects, il a consolidé la stabilité des postes en les rendant ainsi inconciliables avec la bonne marche des opérations(272) et l'on a même affirmé, ainsi que nous l'avons déjà signalé, que, conjointement avec le *Government Corporation Control Act* ces normes ont diminué systématiquement et globalement les traits distinctifs qui donnaient aux *Corporations* leur utilité, à tel point que, sans une modification de la législation, il devient difficile d'imaginer dans quel but elles peuvent exister actuellement aux Etats-Unis(273).

b. **Régime juridique externe**: 57. Le principe général qui régit les *Public Corporation*s est leur soumission au droit commun. «Les lois du Parlement -dit Denning- les obligent comme n'importe quel sujet de Sa Majesté» (274). Par conséquent, en Angleterre, les normes du droit civil, commercial, pénal, de procédure et même fiscal leur sont totalement applicables. Elles ne sont pas protégées par la *Public Authorities Protection Act* de 1893, sur elles pèsent les mêmes obligations tributaires que celles qui affectent les entreprises privées et

(269) *V.* Albert ABEL, «La corporación pública en los Estados Unidos», *loc. cit.*, p. 140.

(270) *Cf.* Albert ABEL, «La corporación pública en los Estados Unidos», *loc. cit.*, p. 140.

(271) *V.* J. N. HAZARD, *Rapport des Etats-Unis*, p. 44.

(272) *Cf.* Albert ABEL, «The Public Corporation in the United States», en W. FRIEDMANN, (ed.), *The Public Corporation*, 1954, p. 338, a 353, *cit.* par J. N. HAZARD, *Rapport des Etats-Unis*, p. 5.

(273) *V.* Albert ABEL, «La corporación pública en los Estados Unidos», *loc. cit.*, p. 142.

(274) *Cit.* par F. LÓPEZ RODÓ, «Las empresas nacionalizadas en Inglaterra», *loc. cit.*, p. 391.

leurs biens peuvent être frappés de saisie[(275)]. Cependant, comme il n'existe plus d'actionnaire dans les *Public Corporations*, la plupart des préceptes du moderne droit commercial demeurent de ce fait inopérants[(276)].

Nonobstant, il faut reconnaître que les propres lois créatrices des distinctes corporations leur ont conféré de singulières prérogatives; ainsi par exemple, bien que le délai d'un an qu'établit la *Limitation Act* de 1939 pour la prescription d'actions contre l'Administration ne leur soit pas favorable, les actions qui peuvent être dirigées contre elles ne sont pas non plus soumises au délai de trois ans[(277)]. Par ailleurs, elles jouissent du droit d'expropriation forcée et de si amples facultés pour atteindre leur but, qu'il est difficile, pour ne pas dire impossible, que les tribunaux puissent leur appliquer la doctrine de *ultra vires*, et c'est ainsi que les tentatives effectuées demandant l'aide des juges pour définir ou limiter les attributions des corporations publiques ne donnent en général aucun résultat positif[(278)].

Aux Etats-Unis, la situation n'est pas aussi absolue; en effet la capacité pour intenter une action ou être demandée en justice, laquelle caractérise la personnalité d'une entreprise, a été considérée sous une forme un peu différente quant aux corporations du gouvernement dans le secteur des Etats ou dans le secteur fédéral. Ainsi, les lettres ou cédules de constitution, au moyen desquelles les corporations du gouvernement fédéral acquièrent une personnalité juridique[(279)], spécifient de façon caractéristique cette capacité qui va de pair avec l'existence de la corporation et un certain nombre de cas démontrent qu'elles possèdent ces attributs en étant placées dans la juridiction de la «question fédérale». En termes généraux, la mise au point semble être analogue à celle dans laquelle les activités de dépendances administratives normales sont en jeu[(280)].

Selon la doctrine de la *common law*, héritée de l'Angleterre, le souverain est doué d'immunité, de telle façon que, sauf disposition légale spéciale, aucune demande en dommages et intérêts ou pour rupture de contrat ne peut être admise contre lui. Malgré cela, le gouvernement fédéral des Etats-Unis, a rejeté son immunité en présence de demandes touchant des matières contractuelles par le *Tucker Act* de 1887 et c'est ainsi qu'actuellement il n'y a aucun doute sur la capacité d'obligation contractuelle et celle d'être demandées en justice des corporations du gouvernement fédéral. Quant aux demandes en dommages et intérêts contre les dites corporations, elles ont reçu une solution plus ou moins normale. En 1946, le Congrès a édicté une loi appelée *Federal Claims Act* par laquelle a été établie la responsabilité des agences du gouvernement fédéral en cas de dommages et intérêts et déclarant à cet effet que les corporations du

---

(275) *Cf.* LÓPEZ RODÓ, «Las empresas nacionalizadas en Inglaterra», *loc. cit.*, p. 395. *Cf.* W. A. ROBSON, «La *Public Corporation* en Gran Bretaña» *loc. cit.*, p. 115.

(276) *Cf.* L. LÓPEZ RODÓ «Las empresas nacionalizadas en Inglaterra», *loc. cit.*, p. 404.

(277) *Cf.* L. LÓPEZ RODÓ, «Las empresas nacionalizadas en Inglaterra», *loc. cit.*, p. 391.

(278) *Cf.* W. A. ROBSON, *Industria nacionalizada ... cit.*, p. 72; L. LÓPEZ RODÓ. «Las empresas nacionalizadas en Inglaterra», *loc. cit.*, pp. 391 et 392.

(279) *Cf.* J. N. HAZARD, *Rapport des Etats-Unis*, p. 7.

(280) *Cf.* Albert ABEL, «La corporación pública en los Estados Unidos», *loc. cit.*, p. 143.

gouvernement se classaient comme ces agences. En tout cas, cette loi les exemptait de toute responsabilité en cas de dommages intentionnels ou de responsabilité dérivant de l'obligation d'exercer une fonction discrétionnaire ou de s'abstenir de l'exécuter. Par l'intermédiaire d'un certain nombre de décisions judiciaires l'on est parvenu à considérer que les corporations du gouvernement fédéral sont responsables des dommages survenus en cas de négligence, actes ou omissions de nature *ultra-vires* dans lesquelles la faute doit toujours être prouvée[(281)].

En ce qui concerne les Etats fédéraux l'opinion générale semble être contraire à ce qui a été établi au sujet des corporations du gouvernement fédéral. En effet, l'on a enregistré une tendance marquée, de la part des Etats, à attribuer à leurs corporations publiques la condition juridique des dépendances de l'Etat plutôt que celle des corporations orthodoxes concernant la capacité pour comparaître en jugement en leur évitant de cette manière la possibilité d'être amenées à comparaître pour dommages et intérêts et peut-être, à un degré moindre, pour rupture de contrat[(282)].

58. En matière impositive il a été signalé qu'en Angleterre, les *Public Corporations* sont soumises en général au même régime fiscal et tributaire que les entreprises particulières[(283)]. Aux Etats-Unis le système d'impôts des corporations publiques a été traité comme une phase du droit tributaire des organismes gouvernementaux et ainsi on ne peut mettre en doute le pouvoir, rarement exercé, du gouvernement fédéral pour grever les propriétés, les opérations ou la rente des corporations publiques et en même temps celui des états pour grever leurs *Corporations*[(284)]. Pourtant, le problème s'est posé au sujet du système d'impôts fédéral sur les corporations publiques des Etats et du système d'impôts des états sur les corporations publiques fédérales. Si effectivement avant 1946 le principe général était que le gouvernement fédéral ne pouvait grever les états, ni ceux-ci le gouvernement fédéral, après cette date et pour le affaire *New York* v. *United States* la Cour Suprême des Etats-Unis a adopté une doctrine dont l'origine se trouve dans le droit romain et selon laquelle le gouvernement fédéral ne pouvait charger d'impôts un Etat pour des opérations effectuées *in iure imperii,* mais en revanche, il pouvait le faire pour des opérations effectuées *in iure gestionis.* Ceci signifie pratiquement que toute activité des Etats dans le cadre du système corporatif, étant donné son caractère économique, pouvait et devait être grevée par le gouvernement fédéral[(285)]. En échange, la distinction n'a pas été acceptée au sujet des activités fédérales, du fait qu'on estime que toute activité du gouvernement fédéral est par définition «de caractère gouvernemental»[(286)] et en

---

(281) *Cf.* J. N. HAZARD, *Rapport des Etats-Unis*, p. 7.

(282 *Cf.* Albert ABEL, «La corporación pública en los Estados Unidos», loc. *cit.*, p. 143.

(283) *Cf.* Laureano LÓPEZ RODÓ, «Las empresas nacionalizadas en Inglaterra», *loc. cit.*, p. 395.

(284) *V.* Albert ABEL, «La corporación pública en los Estados Unidos», *loc. cit.*, p. 142.

(285) *V.* J. N. HAZARD, *Rapport des Etats-Unis,* p. 6; *Cf.* Albert ABEL, «La corporación pública en los Estados Unidos», *loc. cit.*, p. 143.

(286) *V.* J. N. HAZARD, *Rapport des Etats-Unis*, p. 7; *Cf.* Albert ABEL, «La corporación pública en los Estados Unidos», *loc. cit.*, p. 143.

conséquence exempte de la contribution au gouvernement, car le gouvernement fédéral est doté de pouvoirs illimités et délégués. Bien que cette analyse paraisse absurde de nos jours, dit Abel, elle n'a pas été rejetée et, au contraire, paraît avoir consolidé le principe selon lequel les Etats ne grèvent pas les activités des corporations fédérales[287].

59. Enfin, quant a leur régime juridique externe et bien qu'en lignes générales les *Public Corporations* soient régies d'après les normes ordinaires du droit commun auquel sont soumises les compagnies commerciales et les personnes privées[288], l'on ne peut dire que leur but principal soit le gain car au contraire, l'un des principes de base de la corporation publique est le désintéressement et, de là, qu'elles ne diffèrent, quant à leurs intentions (but de gouvernement) des autres types d'activité gouvernementale qui normalement sont qualifiés de «politique»[289].

Cependant le principe de désintéressement ne peut être considéré indépendamment de l'obtention de bénéfices et du système financier suivi. Les compagnies commerciales peuvent aussi alléguer qu'elles procurent des biens et des services qui servent l'intérêt public, sans qu'on puisse dire pour autant qu'elles sont désintéressés, étant donné que leur principal objectif est l'obtention d'un bénéfice pour leurs propriétaires. C'est précisément ce qui se présente dans les *Public Corporations*, signale W. A. Robson, et c'est là où nous nous heurtons avec la différence fondamentale entre elles et les sociétés par actions[290]. II faut indiquer toutefois que si par le fait ou principe de désintéressement aucune corporation publique n'est tenue de réaliser des bénéfices, rien cependant ne les empêche de le faire et il n'existe aucune restriction légale à ce sujet[291].

(b) L'entreprise d'Etat des pays socialistes

60. Le régime communiste, a dit G. Langrod, vit dans le cadre d'un système d'économie planifiée[292] et c'est ainsi qu'en Pologne, par exemple, l'économie planifiée constitue un système de direction et de gestion basée, cela va sans dire, sur la propriété des moyens de production; il n'est donc pas exagéré de signaler que la réalisation de cette économie planifiée ne devient possible que grâce aux rapports économiques et sociaux fondés sur cette propriété sociale des moyens fondamentaux de production[293].

(287) *V.* Albert ABEL, «La corporación pública ... », *loc. cit.*, p. 143.

(288) *Cf.* W. A. ROBSON, «La *Public Corporation* en Gran Bretaña» *loc. cit.*, p. 115.

(289) *Cf.* M. E. DIMOCK, «Government Corporation; A Focus of Policy ... », *cit.* par F. GARRIDO FALLA, «La intervención administrativa ... », *loc. cit.*, p. 421.

(290) *V.* W. A. ROBSON, «La *Public Corporation* en Gran Bretaña», *loc. cit.*, p. 122.

(291) *Cf.* E. A. ROBSON, *Industria nacionalizada ...*, *cit.*, p. 67.

(292) *V.* Georges LANGROD, «Quelques récentes tendances administratives en régime communiste», *RISA*, 1962 n° I, p. 28.

(293) *Cf.* Zygmunt RYBICKI, «L'entreprise publique dans le système Polonais de l'économie planifiée», *RISA*, 1962, n° 3, pp. 312 et 314.

Généralement cette appropriation des moyens de production dans les pays socialistes s'est opérée par la nationalisation[(294)] ou ultérieurement par la création d'entreprises et d'établissements nouveaux[(295)]; il faut signaler cependant qu'en ce qui concerne notre analyse des entreprises publiques, la nationalisation est d'une importance décisive dans l'étude du régime socialiste.

En effet, en Russie et dans tous les pays d'Europe orientale, les entreprises économiques se trouvant aux mains des particuliers ont été nationalisées, converties en propriété publique et organisées spécialement en «entreprises de l'Etat». Cette organisation, en ce qui touchait à sa structure; n'offrait rien de commun avec les entreprises existant avant l'opération de nationalisation. De cette manière, tous les Etats d'Europe centrale (Tchécoslovaquie, Yougoslavie, Hongrie, Bulgarie, Roumanie et Pologne) où furent réalisées les nationalisations et promulguées des lois spéciales ont créé sans exception un nouveau sujet de droit, «l'entreprise d'Etat», sans tenir compte de la structure existant auparavant[(296)]. En ce qui concerne l'URSS, le caractère radical et absolu des nationalisations effectuées ne donne lieu à aucun doute au sujet de cette suppression totale des entreprises antérieures. Cette structure de l'économie de l'URSS qui exclut toute attache avec la situation antérieure à la nationalisation a reçu une définition catégorique dans la loi fondamentale qui indique que «la base économique de l'URSS est constituée par le système socialiste de l'économie et la propriété socialiste des instruments et des moyens de production, fermement établis comme résultat de la liquidation du système capitaliste, de l'abolition de la propriété privée sur ces instruments et moyens de production et de la suppression de l'exploitation de l'homme par l'homme»[(297)]

61. Dans tout le phénomène des nationalisations, l'Etat s'est appliqué surtout à effectuer rapidement les réformes nécessaires étant donné les urgences sociales et politiques, sans perdre de temps à réaliser des études approfondies et réfléchies sur la nature de l'institution juridique qui allait naître. Ainsi, a dit K. Katzarov, un certain nombre de formes juridiques hétérogènes sont intercalées entre la prise en charge directe par l'Etat en sa qualité de personne juridique de droit public, d'une activité économique d'une part, et le maintien apparent des sujets de droit existant précédemment, d'autre part, lesquelles formes ne correspondent pas toujours à celles que nous avons l'habitude de rencontrer dans l'ensemble des institutions juridiques[(298)]. De cette manière donc, l'entreprise d'Etat ou entreprise publique avec ses propres caractéristiques, semi-publique, prend son origine et se convertit en une institution complexe[(299)] ou plutôt, en une forme juridique intermédiaire entre la personne publique et la personne privée du droit européen continental. A ce sujet, K. Katzarov a signalé que ces entreprises ont un caractère spécial qui

(294) *Cf.* K. KATZAROV, *op. cit.*, pp. 315 et ss.

(295) *Cf.* Zygmunt RYBICKI, *Rapport polonais*, pp. 4 et 5.

(296) *V.* K. KATZAROV, *op. cit.*, pp. 306 et 307.

(297) Art. 4 de la *Constitution (Loi fondamentale) de l'URSS*, Ediciones en lenguas extranjeras, (espagnol) Moscou; 1960, p. 10.

(298) *V.* K. KATZAROV, *op. cit.*, pp. 311 et 312.

(299) *Cf.* Z. RYBICKI, *Rapport polonais*, p. 9.

découle à la fois du droit public et du droit privé, car bien que dotées par la loi du titre de personnes juridiques différentes de l'Etat, elles se présentent comme rattachées organiquement à ce dernier, et sont dans l'obligation de se conformer à sa politique économique. Il s'agit ainsi d'une forme juridique de caractère mixte, puisqu'elle est instituée et liquidée, dirigée et orientée par l'Etat, mais avec l'intention d'être en même temps séparée largement de celui-ci et se trouve placée sous le régime de droit privé et non sous celui de droit public[(300)].

62. Ainsi en URSS les nationalisations reposant sur la négation totale de la propriété privée des moyens de production et de l'initiative privée, les échanges économiques nationalisés sont réalisés exclusivement par des entreprises indépendantes de la personne de droit public de l'Etat dont l'un des principaux représentants est «l'entreprise de l'Etat» (*Gospredpriatia*); ces entreprises économiques sont dotées de personnalité juridique, ont un patrimoine séparé et jouissent de capacité juridique et d'autonomie d'action[(301)]. Le second type fondamental assurant la vie économique en URSS comprend les organismes dénommés trusts (*trusti*), c'est à dire la réunion de plusieurs entreprises d'Etat de caractère semblable, immédiatement destinées à être sujets centraux de direction et de représentation, auxquelles il a été reconnu une personnalité juridique distincte. Le décret du 10 avril 1923 entendait par «trusts de l'Etat» les entreprises industrielles de l'Etat auxquelles celui-ci a concédé l'indépendance pour la réalisation de leurs opérations en accord avec les statuts approuvés pour chacune d'elles, en agissant conformément au principe du calcul commercial dans le but d'obtenir des bénéfices[(302)]. Cependant, au sujet de ces trusts, il faut éclaircir expressément le point suivant: du fait de l'implantation ultérieure du régime d'économie planifiée le but lucratif ne put évidemment être poursuivi puisque l'administration centrale de planification correspondante non seulement se chargea de fixer les prix de production des entreprises et décida de remettre des marchandises à des prix parfois inférieurs à ceux du marché, mais elle dut encore élaborer des projets productifs[(303)]. De plus, en raison de l'élimination, à partir de 1929, de la «nouvelle politique économique» (N.E.P.) qui était survenue immédiatement après les nationalisations et dont les principales caractéristiques avaient été le rétablissement de la liberté de commerce, le développement du marché, le retour à l'économie monétaire, la tolérance pour la petite et moyenne industrie, etc.[(304)], les trusts avaient été convertis en organes de direction technique des entreprises qu'ils réunissaient, privés de fonction directe de vente et d'approvisionnement[(305)]. Au sujet de ces organismes, la loi n'a pas remarqué la

(300) *V.* K. KATZAROV, *loc. cit.*, pp. 329 et 330.

(301) *Cf.* LANGROD, «L'entreprise publique en droit administratif comparé», *loc. cit.*, p. 227; K. KATZAROV, *op. cit.*, pp. 315 et 316.

(302) *V.* Alexander BAYKOV, *The Development of the Soviet Economic System: an essay on the experience of Planning in the U.S.S.R.*, Cambridge, New York 1947, p. 110, *cit.* par Rodrigo FERNÁNDEZ CARVAJAL, «Las empresas públicas en Rusia», *RAP, n°* 3, 1950, p. 443.

(303) *Cf.* R. FERNÁNDEZ CARVAJAL, «Las empresas públicas en Rusia», *loc. cit.*, p. 445.

(304) *Cf.* Charles BETTELHEIM, *La planification soviétique*, Paris 1945, p. 9, *cit.* par R. FERNÁNDEZ CARVAJAL, «Las empresas públicas en Rusia», *loc. cit.*, p. 442.

(305) *Cf.* R. FERNÁNDEZ CARVAJAL, «Las empresas públicas en Rusia», *loc. cit.*, p. 447.

similitude entre entreprise d'Etat et l'entreprise privée, mais a plutôt rendu propice l'introduction d'un régime spécial[(306)] intermédiaire.

63. Les nationalisations effectuées dans les pays d'Europe centrale après la deuxième guerre mondiale ont été influencées et inspirées idéologiquement par celles de l'URSS, bien qu'elles présentent en particulier le trait commun de ne pas rejeter, en principe, la propriété et l'initiative privée de l'économie, mais plutôt celui de les reconnaître expressément[(307)]. Dans tous ces pays cependant, les entreprises de l'Etat se rencontrent aussi et répondent aux mêmes principes signalés précédemment.

En effet, en Bulgarie, la nationalisation de la vie économique est réalisée par des personnes juridiques dénommées «entreprises d'Etat», différentes de la personne juridiques de l'Etat, avec patrimoine propre et capacité de jouissance et d'exercice. En parallèle avec ces entreprises existent les «Unions d'entreprises d'Etat» qui représentent des groupements d'entreprises d'Etat de caractère semblable, chargées de diriger, planifier et contrôler l'activité des entreprises qui en font partie[(308)]. On peut dire que la caractéristique commune la plus importante de ces différents sujets chargés des échanges économiques en Bulgarie réside dans le fait qu'ils possèdent capacité de droit et d'action non limitée mais plus ou moins dirigée par le plan économique national d'Etat, élaboré par une commission du plan d'Etat[(309)].

En Tchécoslovaquie, ou la plus grande partie de l'économie est également nationalisée, les échanges commerciaux nationalisés sont réalisés par différents types de nouveaux sujets dont les plus importants sont les «entreprises nationales» (*narodni podniky*) établies originalement par le statut des entreprises nationales du 1er janvier 1946. Selon les termes de ce statut, bien que ces entreprises soient propriétés de l'Etat et soient rattachées à son plan économique, elles sont constituées en tant que personnes juridiques indépendantes et l'Etat ne peut répondre de leurs engagements et de leurs obligations[(310)]. En Roumanie et en Hongrie, on trouve les entreprises nationalisées dont les caractéristiques sont similaires, avec statut légal propre et personnalité et patrimoine distincts de ceux de l'Etat[(311)].

En Yougoslavie, la nationalisation de l'économie a été, dès son origine, assurée par des organismes dénommés «entreprises économiques d'Etat», créés en vertu de la loi fondamentale relative aux entreprises économiques d'Etat du 2 août 1946, constitués en tant que personnes juridiques indépendantes de la personne de l'Etat et agissant parallèlement aussi aux «unions d'entreprises» [(312)] Cependant ce

(306) *Cf.* J. N. HAZARD, «Soviet Governement Corporation», *Michigan Law Review*, April 1943, Vol. 41, n° 5, p. 852.

(307) *Cf.* K. KATZAROV, *op. cit.*, p. 318.

(308) *V.* art. 11 de la Loi relative aux entreprises d'Etat du 12 Octobre 1951, *cit.* par K. KATZAROV, *op. cit.*, pp. 318 et 319.

(309) *Cf.* K. KATZAROV, *op. cit.*, p. 319.

(310) *V.* K. KATZAROV, *op. cit.*, p. 320.

(311) *Cf.* K. KATZAROV, *op. cit.*, pp. 322 et 323.

(312) *Cf.* K. KATZAROV, *op. cit.*, p. 321.

système a été considéré préjudiciable pour le développement de la propriété socialiste du fait qu'il permettait la formation d'une nouvelle bureaucratie à l'intérieur du socialisme laquelle pourrait avoir tendance à se placer au-dessus des producteurs, qui deviendraient indifférents à la marche de la production en perdant tout intérêt actif dans les affaires générales de la communauté[(313)]. Ces dangers qui se sont particulièrement fait sentir en 1948-1949, ainsi que le signale D. Djordjevich, ont été observés à temps et des mesures ont été prises pour transformer le système de gestion des entreprises d'Etat, donnant naissance à la loi fondamentale de 1950 sur la gestion des entreprises économiques de l'Etat par les collectivités ouvrières et d'où provient le dénommé auto gouvernement des producteurs[(314)]. Cette forme d'entreprise constitue peut-être une catégorie spéciale que nous étudierons séparément du reste des entreprises d'Etat des pays socialistes[(315)].

En Pologne, enfin, les entreprises de l'Etat constituent l'unité d'organisation de base par laquelle l'Etat réalise ses tâches économiques et a été définie comme un organisme appelé à satisfaire des besoins sociaux dans le domaine indiqué dans l'acte portant sa création et doté d'une personnalité juridique distincte de celle de l'Etat[(316)]. La particularité de ces entreprises polonaises est le mécanisme de l'autogestion ouvrière, c'est à dire que leur personnel possède le droit de participer à la gestion de l'entreprise[(317)]. Par ailleurs en Pologne, il existe aussi les unions des entreprises d'Etat dont le but principal est la coordination, la surveillance et le contrôle de l'activité des entreprises d'Etat. Ces organismes sont à la fois des unités économiques et des organes de l'Administration d'Etat[(318)] dotés de personnalité et possédant leur autonomie financière[(319)].

64. En présence de cette vision plus ou moins générale des pays ayant une économie planifiée, nous essaierons d'étudier comparativement le régime juridique des activités industrielles et commerciales de l'Etat en analysant séparément le régime interne et le régime externe qui revêt une certaine uniformité, contrairement aux régimes des systèmes occidentaux. En effet, on peut affirmer avec K. Katzarov que dans les pays d'Europe centrale, le régime des entreprises d'Etat a été, dés l'instant même de la nationalisation, unique et commun à l'ensemble des entreprises et c'est seulement plus tard qu'il a dû être perfectionné; en échange, dans des pays comme l'Angleterre et la France où ont été réalisées de grandes nationalisations sur des bases multiples et hétérogènes, au besoin de les perfectionner s'ajoute le problème de leur unification[(320)]. De là le concept générique d'entreprise publique qui, bien que plus économique que juridique peut un jour constituer certainement une nouvelle catégorie[(321)].

---

(313) *Cf.* Jôvan DJORDJEVICH, *Yugoslavia, democracia socialista*, México 1961, p. 59.
(314) *V.* J. DJORDJEVICH, *op. cit.*, pp. 60 et 65.
(315) *V.* n° 72.
(316) *V.* Z. RYBICKI, *Rapport polonais*, p. 7.
(317) *V.* Z. RYBICKI, *Rapport polonais*, p. 11.
(318) *Cf.* Z. RYBICKI, *Rapport polonais*, p. 15.
(319) *Cf.* K. KATZAROV, *op. cit.*, p. 321.
(320) *V.* K. KATZAROV, *op. cit.*, p. 327.
(321) *Cf.* R. DRAGO, *Rapport français*, p. 5.

En tout cas il faut dire expressément que, dans les pays socialistes, malgré l'uniformité, il s'agit d'un régime complexe[(322)] car ainsi que l'a signalé Sigmunt Rybicki, l'économie planifiée ne peut être bien gérée sans avoir recours aux formes économiques, aux formes de droit civil et à celles de droit administratif. Ces formes doivent varier selon chaque situation et chaque cas. En même temps, il y a lieu de remarquer que le rôle essentiel des formes de droit administratif est surtout celui de fixer le cadre et d'assurer les possibilités du fonctionnement normal d'une entreprise et que dans la gestion courante, les formes économiques et les formes de droit civil semblent plus adéquates[(323)].

a. **Régime juridique interne:** 65. Le régime juridique interne des entreprises publiques dans les pays socialistes est déterminé généralement par les lois régulatrices de ces entreprises[(324)] dans chacun des pays auxquels nous nous sommes référés précédemment.

Ainsi, la création des entreprises se fait au moyen d'actes administratifs individuels conditionnés en général par les plans économiques[(325)] auxquels un caractère normatif a été reconnu[(326)]. En effet, la décision de créer une entreprise d'Etat revient, soit au Ministre respectif comme c'est le cas de la Pologne et de la Tchécoslovaquie[(327)], soit au Conseil des Ministres, comme en Roumanie et en Bulgarie[(328)], soit en vertu d'un décret du Conseil des Ministres et selon un acte du Ministre intéressé, comme en Hongrie[(329)]. En ce qui concerne les unions d'entreprises, elles sont généralement créées selon un acte du Conseil des Ministres, comme en Pologne, en Bulgarie et en Hongrie[(330)].

Cependant, et même si les entreprises sont créées par décisions administratives, elles n'acquirent généralement pas la personnalité a ce moment, mais ultérieurement par un acte d'enregistrement ou d'inscription. En Pologne, par exemple, les entreprises étant soumises aux formalités d'enregistrement, celles-ci s'effectuent par l'entremise du Ministère des Finances pour les entreprises clés, ou par celles des organes financiers des présidium des conseils populaires. L'enregistrement confère à l'entreprise la personnalité juridique et dès ce moment elle devient un sujet à part entière des rapports relevant du droit civil[(331)]. Dans d'autres pays, comme en Roumanie, les entreprises doivent être enregistrées sur

---

(322) *Cf.* Z. RYBICKI, *Rapport polonais,* p. 9.

(323) *V.* Z. RYBICKI, «L'entreprise publique dans le système polonais de l'économie planifiée», *loc. cit.*, p. 317.

(324) *Cf.* Z. RYBICKI, *Rapport polonais,* p. 9.

(325) *Cf.* Z. RYBICKI, *Rapport polonais,* p. 27; du même auteur: «L'entreprise publique dans le système ...», *loc. cit.*, pp. 314 et 316.

(326) *Cf.* G. LANGROD, «Quelques récentes tendances administratives en régime communiste», *loc. cit.*, p. 29.

(327) *V.* Z. RYBICKI, *Rapport polonais,* p. 10; L. KATZAROV, *op. cit.*, pp. 320 et 321.

(328) *V.* K. KATZAROV, *op. cit.*, pp. 318 et 319.

(329) *V.* K. KATZAROV, *op. cit.*, p. 323.

(330) *V.* Z. RYBICKI, *Rapport polonais,* p. 16; K. KATZAROV, *op. cit.*, pp. 319 et 324.

(331) *V.* Z. RYBICKI, *Rapport polonais,* p. I I; *Cf.* N. GAJL, «Les entreprises d'Etat en France, en Italie et en Pologne», *loc. cit.*, p. 164.

des registres spéciaux pour acquérir la capacité de droit et d'action[332]; en Bulgarie et en Tchécoslovaquie l'inscription de l'entreprise se réalise sur le registre du commerce habituel des entreprises commerciales[333].

66. En ce qui concerne la direction des entreprises, c'est le principe de la gestion unipersonnelle qui régit dans certains pays socialistes. En Pologne par exemple les entreprises de l'Etat sont dirigées par un directeur qui représente l'entreprise à l'extérieur et qui dirige ses activités courantes sous sa propre responsabilité. Le directeur possède des pouvoirs étendus: il engage et licencie le personnel, détermine ses fonctions et exécute les autres tâches réservées à sa compétence[334].

En Hongrie, la situation est similaire, car les entreprises sont administrées par un directeur général nommé par le Ministre[335]. En Russie, le principe est aussi celui de la gestion personnelle de l'entreprise par un directeur nommé par le ministre correspondant[336].

En Tchécoslovaquie, l'organisation des entreprises nationales est basée également sur le principe d'un seul chef, lequel, en tant que directeur organise et dirige l'activité de l'entreprise et agit en son nom et exerce son autorité sur les travailleurs[337].

Toutefois, bien que l'entreprise possède ses propres organes de direction, ceux-ci sont assujettis, par différentes voies, à des directives provenant d'autres organes qui font prédominer en cette matière la sujétion au droit administratif[338]. En effet, dans la plupart des cas, la direction de l'entreprise revient en dernier lieu au Ministre respectif, soit directement, comme c'est le cas en Bulgarie et en Hongrie, soit par l'intermédiaire des unions d'entreprises comme en Pologne[339]. En URSS, cette direction revient au conseil des commissaires du peuple qui est l'organe d'Etat le plus élevé dans la branche exécutive et administrative, par l'intermédiaire des *trusti* ou unions d'entreprises[340], bien que depuis la réforme introduite par le Premier ministre soviétique Alexei Kosygin en septembre 1965, le processus de décentralisation dans la direction des entreprises d'Etat se soit accentué[341]. En tout cas la raison d'être de cet assujettissement, réside dans l'existence de plans économiques nationaux dont le développement se fait fondamentalement par l'intermédiaire des entreprises d'Etat.

---

(332) *V.* K. KATZAROV, *op, cit.,* p. 322.

(333) *V.* K. KATZAROV, *op. cit.,* pp. 319 et 320.

(334) *V.* Z. RYBICKI, *Rapport polonais,* p. 11.

(335) *V.* K. KATZAROV, *op. cit.,* p. 323.

(336) *V.* R. FERNÁNDEZ CARVAJAL, «Las empresas públicas en Rusia», *loc. cit.,* p. 453; *Cf.* A. DENISOV et M. KIRICHENKO, *Derecho constitucional soviético*, Ediciones en lenguas extranjeras (espagnol), Moscou 1959, p. 104.

(337) *V.* K. KATZAROV, *op. cit.,* p. 320.

(338) *Cf.* Natalia GAJL, «Les entreprises d'Etat en France, en Italie et en Pologne», *loc. cit.,* p. 167.

(339) *V.* K. KATZAROV, *op. cit.,* pp. 319 et 323; *Cf.* Z. RYBICKI, «L'entreprise publique dans le système polonais de l'économie planifiée», *loc. cit.,* p. 317.

(340) *Cf.* J. N. HAZARD, «Soviet Governement Corporation», *loc. cit.,* p. 853.

(341) *Cf.* A. W. RUDZINSKI, *Industrial Management in Poland,* (polycopié), 10-12-65, pp. 1 et 2.

Dans certains pays, comme en Pologne, le personnel des entreprises d'Etat a aussi le droit de participer directement à la gestion de l'entreprise. Les travailleurs de l'entreprise peuvent élire à la majorité des voix un conseil ouvrier lequel, s'il constitue effectivement la base de l'institution de l'autogestion ouvrière, n'est pas l'unique organe qui réalise cette fonction[(342)]. L'autogestion ouvrière, a signalé Z. Rybicki, est une des formes du développement et de l'élargissement de la démocratie socialiste. Elle constitue une base pour coordonner l'activité des différentes organisations ouvrières qui fonctionnent à l'intérieur de l'entreprise. Les organes de l'autogestion ouvrière représentent les intérêts du personnel en matière de production et en matière sociale. Elle joue aussi un rôle de jonction entre les intérêts particuliers de l'entreprise et les intérêts nationaux[(343)].

En Pologne, les organes de l'autogestion ouvrière fonctionnent en vertu de la loi, des directives établies par le conseil central des syndicats et du statut voté par la conférence d'autogestion ouvrière. Conformément à ces actes, les tâches de l'autogestion ouvrière consistent notamment à décider dans les affaires les plus importantes concernant l'entreprise, à exercer le contrôle et le surveillance de l'activité du directeur de l'entreprise et à organiser la réalisation de tâches économiques et socioculturelles. Les organes de l'autogestion ouvrière votent les plans annuels et a long terme de l'entreprise en se fondant sur les directives et les indices établis par l'organe supérieur (unions d'entreprises); ils déterminent les principes de la répartition de la partie du profit destinée au personnel, ils votent aussi les règlements intérieurs du travail. Les organes de l'autogestion sont également compétents pour se prononcer en matière de nomination et de révocation du directeur de l'entreprise[(344)].

Toutes les décisions des organes de l'autogestion ouvrière concernant le fonctionnement de l'entreprise sont adressées au directeur qui est tenu d'assurer leur réalisation. Le directeur peut refuser l'exécution d'une décision lorsqu'il estime qu'elle a été prise en violation des dispositions juridiques en vigueur ou qu'elle est contraire aux plans de l'entreprise. Dans ce cas la question est alors tranchée définitivement par un organe supérieur (*Zjednoczenie*) ou par une commission constituée spécialement à cet effet, (*komisja rozjemcza*) à laquelle participent les représentants des syndicats[(345)].

En tout cas, c'est en se fondant sur les dispositions juridiques en vigueur, les directives émanant des organes supérieurs, les résolutions de l'autogestion ouvrière et sur sa connaissance des besoins économiques, que le directeur de l'entreprise publique polonaise organise le processus de production de celle-ci[(346)].

67. En ce qui concerne leur régime financier, les entreprises publiques des pays socialistes possèdent un patrimoine propre, distinct de celui de l'Etat, bien qu'elles

(342) *Cf.* Z. RYBICKI, *Rapport polonais,* pp. 11 et 12.

(343) *V.* Z. RYBICKI, «L'entreprise publique dans le système ...», *loc. cit.,* p. 318.

(344) *V.* Z. RYBICKI, *Rapport polonais,* p. 12.

(345) *Cf.* Z. RYBICKI, *Rapport polonais,* p. 13; Natalia GAJL. «Les entreprises d'Etat en...», *loc. cit.,* p. 165.

(346) *Cf.* Z. RYBICKI, *Rapport polonais,* p. 13.

soient considérées généralement comme propriété nationale[347]. Mais malgré l'existence de ce patrimoine propre, il arrive fréquemment que la propriété de celui-ci ne revienne pas totalement à ces entreprises en tant que personnes juridiques et qu'une partie appartienne à l'Etat. Il en résulte fréquemment que l'entreprise d'Etat en tant que personne juridique a seulement l'usufruit de l'entreprise économique ou commerciale ou le droit de l'exploiter[348]. De là que l'on distingue un patrimoine sur lequel l'entreprise a seulement droit d'usage d'un patrimoine circulant qui constitue le véritable patrimoine de l'entreprise.

En URSS, les entreprises d'Etat et leurs *trusti* (unions) réalisent leur propre financement, ne reçoivent pas de crédits de l'Etat et sont considérées séparées du fisc. Elles répondent de leurs dettes puisqu'elles disposent de leur patrimoine; l'Etat n'est pas garant de leurs engagements et il s'ensuit donc qu'il existe une nette différence entre le patrimoine de l'Etat et celui de l'entreprise. Cependant, en ce qui concerne l'URSS, seul l'Etat à le droit de posséder les moyens de production incluant les biens des personnes juridiques -entreprises d'état- et ceci crée un dualisme dans leur patrimoine. En effet, les entreprises d'Etat possèdent un patrimoine uniquement apparent: il s'agit de l'équipement que l'Etat leur a confié et dont il leur a seulement conféré droit d'usage en en gardant lui-même la propriété, bien qu'elles diffèrent de ce dernier en tant que sujets de droit; mais par ailleurs, elles possèdent un second patrimoine qui comprend le matériel qu'elles ont acquis pour les besoins de la production, les produits fabriquées, l'argent en caisse et les profits mis en réserve. Cet avoir représente leur véritable patrimoine par lequel elles se portent garant devant les tiers[349].

En Pologne, on rencontre une situation semblable; les biens que possède l'entreprise lui sont conférés par l'Etat à titre administratif et «pour usage» et restent toujours propriété inaliénable de l'Etat[350]. En Bulgarie, les entreprises d'Etat reçoivent aussi de l'Etat des fonds d'opération suffisants ainsi que l'équipement; celui-ci reste propriété de l'Etat, l'entreprise en ayant seulement droit d'usage. Elle se porte garant devant les tiers avec son patrimoine circulant constitué par le matériel et les produits fabriqués, les fonds pour frais d'opération et les profits. Ce «patrimoine circulant» constitue aussi son véritable patrimoine[351].

D'autre part, les entreprises des pays socialistes doivent généralement transférer à l'Etat une partie de leurs profits, probablement en contrepartie de l'usufruit que l'Etat leur cède en ce qui concerne les biens[352].

En Pologne par exemple, les bénéfices perçus par les entreprises se divisent en plusieurs parts qui sont destinées à des fins différentes; l'une de ces parts passe au Trésor d'Etat[353].

---

(347) *Cf.* K. KATZAROV, *op. cit.*, p. 327.
(348) *Cf.* K. KATZAROV, *op. cit.*, p. 327.
(349) *Cf.* K. KATZAROV, *op. cit.*, p. 317.
(350) *V.* Z. RYBICKI, *Rapport polonais,* p. 7; N.GAJL, «Les entreprises d'Etat en...», *loc. cit.*, p. 164.
(351) *V.* K. KATZAROV, *op. cit.*, p. 319.
(352) *Cf.* K. KATZAROV, *op. cit.*, p. 327.

68. Enfin, au sujet des rapports internes des entreprises avec leur personnel ceux-ci ne tombent pas dans le domaine d'action du droit public et par conséquent sont soumis au régime ordinaire du droit du travail, comme c'est le cas en URSS, en Roumanie et en Pologne[(354)].

b. **Régime juridique externe:** 69. Le régime juridique externe des entreprises publiques dans les pays socialistes est réglé par les dispositions du droit civil en URSS, en Yougoslavie, en Pologne[(355)] en Tchécoslovaquie et en Roumanie[(356)]. Comme conséquence, les actes de ces entreprises d'Etat n'ont pas le caractère d'actes administratifs mais celui de transactions dérivées du droit privé reposant sur l'autonomie de la volonté et sur la liberté de contracter[(357)]; de ce fait, les controverses qui pourraient en naître ne sont pas jugées par des fonctionnaires d'Etat mais par les tribunaux civils ordinaires[(358)],

70. Comme conséquence de ce qui vient d'être signalé, l'on peut généralement observer que les entreprises d'Etat des pays socialistes possèdent la qualité de commerçants. Par exemple en Tchécoslovaquie où l'inscription des entreprises sur le Registre de commerce est exigé, elles acquièrent le caractère de commerçants[(359)]. K. Katzarov dit qu'en général, on peut en déduire que, dans la mesure où l'on conserve la distinction entre «particuliers» et «commerçants», les entreprises d'Etat créées en vertu de lois spéciales comme personnes juridiques différentes de l'Etat, peuvent acquérir et posséder la qualité de commerçants puisqu'elles exercent des actes de commerce en leur nom et à titre de profession; cependant elles ne peuvent être considérées comme des sociétés commerciales ou des personnes juridiques commerciales étant donné que la loi ne les a pas déclarées comme telles[(360)].

71. Enfin, au sujet du régime fiscal des entreprises publiques des pays socialistes, celui-ci est, en général, le même que celui qui est établi pour n'importe quelle autre activité privée[(361)]. Cependant, dans certains pays, comme la Russie, il a été prévu un impôt sur les ventes ou sur le chiffre d'affaires des entreprises publiques; cet impôt, très élevé[(362)], est en outre un des principaux contrecoups financiers de la socialisation. En effet, il incarne l'idée par laquelle le Budget de l'Etat doit garder la différence entre le coût de production d'une marchandise et son prix de vente, ce dernier étant déterminé, non pas par le libre jeu du marché,

(353) *V.* Z. RYBICKI, «L'entreprise publique dans le système ...», *loc. cit.*, p. 317.

(354) *V.* G. LANGROD, «L'entreprise publique en droit...», *loc. cit.*, pp. 227; K. KATZAROV, *op. cit.*, p. 321 et 322; Z. RYBICKI, *Rapport polonais*, p. 11.

(355) *V.* Elis HÅSTAD, «Tipos de industrias nacionalizadas», *loc. cit.*, p. 67; J. N. HAZARD, «Soviet Government Corporation», *loc. cit.*, pp. 860 et 861; Z. RYBICKI, *Rapport polonais*, p. 9.

(356) *V.* K. KATZAROV, *op. cit.*, pp. 320 et 322.

(357) *Cf.* K. KATZAROV, *op. cit.*, p. 378.

(358) *Cf.* Elis HÅSTAD, «Tipos de industrias nacionalizadas», *loc. cit.*, p. 67.

(359) *Cf.* K. KATZAROV, *loc. cit.*, p. 320.

(360) *V.* K. KATZAROV, *loc. cit.*, p. 363.

(361) *Cf.* K. KATZAROV, *loc. cit.*, pp. 329 et 330.

(362) *V.* R. FERNANDEZ CARVAJAL, «Las empresas públicas en Rusia», *loc. cit.*, p. 459; J. N. HAZARD, «Soviet Government Corporation», *loc. cit.*, p. 867 dénomme cet impôt *turnover tax*.

mais selon l'appréciation concrète de l'auteur du plan[363]. En parallèle avec cet impôt il a été prévu également un impôt sur les bénéfices obtenus par les entreprises publiques, au moyen duquel ces dernières sont dépouillées de tout bénéfice qui dépasse leur besoin d'élargir la production (inversions de capital, augmentation du capital d'exploitation) et celui de remplir les fonds destinés aux services sociaux et culturels des employés et ouvriers[364].

(c) Formes juridiques spéciales

72. Dans les paragraphes précédents nous avons étudié les traits caractéristiques des entreprises d'Etat des pays socialistes, lesquelles, bien que possédant une personnalité juridique distincte de l'Etat et un patrimoine propre, sont cependant considérées propriété nationale. Cette situation s'est aussi présentée en Yougoslavie, mais à partie de 1950, par suite de la loi fondamentale sur la gestion des entreprises économiques de l'Etat par les collectivités ouvrières, a commencé l'évolution vers une véritable propriété socialiste par la reconnaissance de certains droits aux producteurs (à la classe ouvrière) dans les entreprises et par l'implantation du dénommé auto gouvernement des producteurs.

La loi constitutionnelle yougoslave généralise et constitutionnalise les droits des producteurs et ses collectivités de travail dans les entreprises économiques; selon cette loi, l'auto gouvernement économique des producteurs se fonde sur les droits suivants: a) Droit d'administration de l'entreprise ou de la coopérative par la collectivité de travail, soit directement ou par l'intermédiaire des Conseils ouvriers élus et révoqués par les producteurs; b) Eligibilité des producteurs par les corps représentatifs des entreprises économiques; c) Droit de l'entreprise économique de disposer de ses recettes, après avoir rempli ses obligations sociales; d) Droit de l'entreprise pour fixer la rémunération de ses travailleurs selon leurs capacités; e) Droit de l'entreprise pour fixer en forme autonome ses propres plans économiques; f) Droit de participation des producteurs aux nouvelles chambres des Assemblées populaires -Conseil de producteurs- par l'intermédiaire de leurs représentants, pour déterminer les ressources matérielles consacrées à satisfaire les besoins et à leur forme d'emploi[365].

Sans doute, les droits d'auto gouvernement ainsi définis en forme générale ne sont actuellement exercés intégralement par les producteurs yougoslaves. Nonobstant et comme le signale Djordjevich, dans les conditions actuelles de l'évolution économique, culturelle et sociale du pays, l'auto gouvernement des producteurs remplit déjà deux fonctions sociales fondamentales: la première consiste à éloigner le capitalisme d'Etat; l'auto gouvernement interdit l'identification de l'organisation de l'Etat; empêche la bureaucratie d'établir sa tutelle sur la vie économique et de mettre des obstacles à la libre action des lois

(363) *Cf.* A. BAYKOV, *The Developpement of the Soviet Economic System..., cit.*, p. 367, *cit.* par R. FERNANDEZ CARVAJAL, «Las empresas públicas en Rusia», *loc. cit.*, p. 459.

(364) *Cf.* R. FERNÁNDEZ CARVAJAL, «Las empresas públicas en Rusia», *loc. cit.*, p. 460.

(365) *V.* in Jovan DJORDJEVICH, *Yugoslavia, democracia socialista, cit.*, p. 63.

économiques et au marché libre; elle montre l'abandon de «la planification totale de l'Etat» dans la vie économique, la planification qui freine le développement des forces de production, l'amélioration de la productivité, l'initiative créatrice des producteurs et l'autonomie des unités économiques[366].

La seconde fonction de l'autogouverner est de donner impulsion au transfert des moyens de production des mains de l'Etat à celles des producteurs; l'Etat cesse graduellement d'être propriétaire et le droit individuel du producteur sur les produits de son travail est progressivement reconnu. Ceci, selon Djordjevich, représente une garantie essentielle pour la liberté de l'initiative créatrice, pour la reconnaissance de la dignité de l'homme créateur; c'est le commencement d'une véritable démocratie économique qui étend à l'économie la souveraineté du peuple travailleur et lie ainsi la souveraineté économique à la souveraineté politique[367].

Pourtant et bien que sans aucun doute, la Yougoslavie poursuive son programme de planification de l'économie, en même temps, tant l'initiative comme la responsabilité de l'activité industrielle sont affaire propre des autorités politiques locales comme reflet du mouvement de décentralisation. De ce fait, la moderne économie yougoslave dans sa forme la plus accentuée peut être considérée comme basée sur la libre concurrence entre les entreprises communales qui jouissent en général d'autonomie en ce qui concerne la détermination des prix, ou dit d'une autre manière, les Yougoslaves sont arrivés à réunir les principes de l'entreprise libre et de la propriété collective[368].

En dernier lieu, il faut signaler que c'est en Yougoslavie où, pour la première fois dans l'histoire, a été institué le système d'auto gouvernement des producteurs qui donne à la notion de propriété sociale -«propriété» qui n'appartient à aucun groupe, ni à l'Etat- son véritable sens. Celle-ci, d'autre part, est le cadre dans lequel se réalisent deux droits contradictoires: le droit d'administration par les producteurs des moyens de production, celui d'obtenir une part du produit social et le droit de la communauté de déterminer, par l'intermédiaire des corps représentatifs, le montant des ressources à déduire du produit social pour satisfaire les besoin de la société[369].

D. Sociétés commerciales de capital public

73. En dehors du développement par l'Etat d'activités industrielles et commerciales par l'intermédiaire d'organismes doués de personnalité juridique, de caractère public ou semi-public, il est fréquent de rencontrer, en droit comparé, des exemples de recours à la forme sociétaire commerciale pour le développement de ces activités, bien que dans des pays comme l'Angleterre ce

(366) *V.* J. DJORDJEVICH, *Yugoslavia, democracia socialista, cit.*, p. 64.
(367) *V.* J. DJORDJEVICH, *Yugoslavia, democracia socialista, cit.*, pp. 64 et 65.
(368) *V.* Elis HÅSTAD, «Tipos de industrias nacionalizadas», *loc. cit.*, p. 67.
(369) *V.* J. DJORDJEVICH, *Yugoslavia, democracia socialista, cit.*, p. 71.

phénomène ne se produise qu'exceptionnellement[370]. Dans la plupart des cas, le recours à la forme sociétaire de droit privé pour la réalisation d'activités économiques par l'Etat, s'effectue en parallèle avec l'utilisation de formes juridiques de droit public comme cela se produit dans tous les pays d'Europe occidentale et en Amérique latine[371]. Au contraire, dans d'autres systèmes, l'Etat développe généralement ses activités industrielles et commerciales par l'intermédiaire de ces sociétés, l'utilisation de figures de droit public étant exceptionnelle, comme c'est le cas en Autriche[372], en Grèce[373], en Suède [374] et en Finlande[375].

74. Dans tous ces cas, l'utilisation par l'Etat de la forme juridico-commerciale poursuit des objectifs plus ou moins concrets: doter de personnalité juridico-privée un patrimoine rattaché à un but en obtenant, en outre, le bénéfice de la responsabilité, se soumettre aux lois et usages du commerce, échapper à l'application du droit administratif en résolvant par ce procédé pratique le problème des relations entre l'organisme public et l'entreprise, fomenter son crédit devant des tiers et la doter d'une gestion souple, tant du point du vue juridique que du point de vue économique[376]. En présence de ces objectifs, il est évident que l'Etat n'a pas hésité à recourir aux formes de droit privé avant de recourir à la forme de l'établissement public soumis fonctionnellement au droit administratif, bien que l'utilisation de la forme sociétaire soit considérée dans certains cas comme fictive[377].

Par ailleurs, l'objectif primordial qui a amené l'Etat à utiliser la forme sociétaire est peut-être la limitation de la responsabilité au capital apporté dans l'entreprise[378], à tel point que dans certains pays, par exemple en Allemagne, il

---

(370) *V.* G. LANGROD, «L'entreprise publique en droit administratif comparé», *loc. cit.*, p. 219; *Cf.* W. A. ROBSON, «La empresa pública en Gran Bretaña», *loc. cit.*, p. 74.

(371) *V.* Allemagne: Klaus VOGEL, *Rapport allemand*, pp. 2 et 4; E. FORSTHOFF, *op. cit.*, p. 660; Wolfgang ZETZSCHKE, «Las empresas públicas en la República Federal Alemana», *loc. cit.*, p. 97; France R. DRAGO, *Rapport français*, pp. 6 et 7; Belgique: M. A. FLAMME, *Rapport belge*, p. 10; Finlande: Tore MODEEN, *Rapport finlandais*, pp. 13-29; Italie: M. S. GIANNINI, «Sobre las empresas públicas», *loc. cit.*, p. 20; Espagne: Manuel BROSETA PONT, *Rapport espagnol*, p. 5; J. L. VILLAR PALASÍ, «La actividad industrial del Estado ... », *loc. cit.*, pp. 94 et 100; F. GARRIDO FALLA, «Las empresas públicas», *loc. cit.*, p. 138; Brésil: Antonio BROCHADO DA ROCHA, «Rapport brésilien» in *IV CICFP*, Vol. 4, pp. 105, 107 et 109; Argentine: R. BIELSA, «Las sociedades de economía mixta, los servicios públicos y las industrias de interés nacional», in *Estudios de derecho administrativo*, Vol. I, Buenos Aires 1950, p. 593; Vénézuéla: Eloy LARES MARTÍNEZ, *Manual de derecho administrativo*, Caracas 1963, p. 186; Chile: Enrique SILVA CIMMA, *derecho administrativo chileno y comparado*, Santiago de Chile 1961, Vol. II, p. 295.

(372) *V.* Gerhardt PLÖCHL, *Rapport autrichien*, p. 498; M. BAENA DEL ALCÁZAR, «La intervención de la administración en la economía austríaca», *RAP*, n° 42, 1963, p. 450; W. WEBER, «State Controlled Entreprise in Austria», *RISA*, 1962, n° 2, p. 196.

(373) *V.* Pella LENOUDIA, «La empresa pública en Grecia», *ICE*, marzo de 1964, p. 152.

(374) *V.* Håkan STRÖMBERG, «La empresa pública en Suecia», *ICE*, marzo de 1964, pp. 145, 147 y 149.

(375) *V.* Tore MODEEN, *Rapport finlandais*, pp. 13, 18 et 29.

(376) *Cf.* Manuel BROSETA PONT, *Rapport espagnol*, p. 24.

(377) *V.* Manuel BROSETA PONT, *Rapport espagnol*, pp. 19 et 20; M. A. FLAMME, *Rapport belge*, p. 12.

(378) *Cf.* T. R. FERNÁNDEZ RODRÍGUEZ, «Notas para un planteamiento de los problemas actuales de la empresa pública», *loc. cit.*, p. 119; K. KATZAROV, *op. cit.*, p. 314; Håkan STRÖMBERG, «La empresa pública en Suecia», *loc. cit.*, p. 148; K. KATZAROV, *op. cit.*, p. 323.

est interdit à l'Etat de recourir ou de participer aux formes sociétaires dans lesquelles la responsabilité des associés n'est pas limitée à une quantité déterminée[(379)].

En dernier lieu, nous devons signaler que les pouvoirs publics sont en général libres d'utiliser la forme sociétaire de droit privé pour développer leurs activités commerciales bien qu'en Allemagne par exemple, cette participation soit conditionnée aux exigences d'un intérêt d'Etat important, et à l'impossibilité de toucher au but poursuivi par d'autres moyens que l'utilisation de la forme de droit privé et si celle-ci ne porte pas préjudice aux fonds publics[(380)].

75. Dans tous les cas déjà signalés et sans que l'utilisation normale ou exceptionnelle de la forme sociétaire influe sur le régime juridique qui s'applique à ces personnes juridiques, c'est le régime de droit privé concrètement de droit commercial qui régit normalement ces formes juridiques lorsqu'elles sont constituées par des particuliers. La participation de l'Etat en tant qu'unique actionnaire ou en régime d'économie mixte dans les dites sociétés, ne devrait, en principe, faire varier le régime juridique applicable. Cependant, dans les systèmes juridiques contemporains, on observe l'existence de nombreuses dérogations au régime commun des sociétés, qui sont provoquées par la présence de l'Etat et qu'il est nécessaire d'analyser.

Dans ce but, nous étudierons séparément la société commerciale publique unipersonnelle et la société commerciale d'économie mixte, selon que l'Etat soit l'unique actionnaire de l'entreprise ou qu'il participe conjointement avec d'autres personnes privées au capital de celle-ci.

(a) La société commerciale publique unipersonnelle

76. Etant donné leur soumission au respectif Code du commerce, le régime juridique de ces sociétés commerciales publiques dans lesquelles l'Etat est le seul actionnaire est, en principe, déterminé par le droit commercial, civil et du travail, et par les dispositions spéciales qui leur sont applicables. Cependant, le fait de la présence de l'Etat dans ces sociétés, entraîne un certain nombre de dérogations au régime et à la structure des sociétés commerciales, conduisant à l'impossibilité d'appliquer intégralement les normes de droit commercial, en premier lieu, parce que quelques dispositions spéciales réglant ces sociétés établissent de nombreuses dérogations précises au régime des sociétés anonymes, par exemple et entre autres, la pluralité d'associés disparaît, les actions de l'Etat sont souvent intransmissibles, il est prévu un contrôle externe sur la société anonyme. Mais en outre, le fait d'être un organisme public actionnaire et que celui-ci soit le seul associé, rend inapplicable dans de nombreux cas le régime juridique des sociétés anonymes ou à responsabilité limitée, étant donné que quelques organes

(379) *V.* Klaus VOGEL, *Rapport allemand,* p. 4.

(380) *V.* Klaus VOGEL, *Rapport allemand,* p. 9; *Cf.* «Rapport de la Republique Féderale d'Allemagne» in *IV CICFP,* Vol. 4, p. 137.

disparaissent et qu'il manque quelques conditions essentielles; nous verrons par exemple, qu'il manque généralement l'assemblée générale et que le régime des actions perd son sens en quelque sorte[381].

L'on a essayé de remédier à nombre de ces inconvénients en faisant participer l'Etat avec une autre personne publique au capital de l'entreprise, par exemple des Instituts autonomes ou des établissements publics. Dans ces cas, même s'il existe plus d'un actionnaire, le capital reste totalement de caractère public.

77. En présence du type de société commerciale publique unipersonnelle, le premier problème qui surgit est celui de la possibilité même de la société unipersonnelle ou à actionnaire unique, dont le sujet fera aussi l'objet de discussion au VII Congrès International de Droit Comparé, section de droit commercial[382]. En effet, partant de l'idée générale selon laquelle la société est un contrat «Par lequel deux personnes ou plus conviennent de contribuer, chacune avec la propriété ou l'usage des biens ou avec sa propre industrie, à la réalisation d'un but économique commun», suivant cette définition prise dans le Code civil vénézuélien[383] qui provient du projet franco-italien des obligations et qui a été gardée par la Code civil italien[384], il faut convenir qu'en général, l'acte constitutif de la société doit avoir une base collective initiale. Nous n'ignorons pas que quelques droits positifs permettent la création de sociétés à actionnaire unique, mais il s'agit en tout cas de quelque chose d'exceptionnel. En face de cette position la doctrine admit sans difficulté l'existence de la société unipersonnelle survenue, laquelle présuppose, qu'ayant été constituée régulièrement avec pluralité de fondateurs, les actions se concentrent ultérieurement en une seule main[385]. L'on peut dire que c'est la position générale relative à l'admissibilité des sociétés dans lesquelles l'Etat est le seul actionnaire[386]. En effet, en général et même en présence de la participation de l'Etat, il se présente l'impossibilité de créer des sociétés unipersonnelles sans le concours d'autres personnes juridiques, même si l'on admet la société unipersonnelle survenue. C'est par exemple, la position du droit allemand, selon lequel une société anonyme ou à responsabilité limitée peut seulement être fondée au moins par cinq et deux personnes respectivement; ainsi les sujets de l'Administration publique ne peuvent fonder juridiquement une société propre sans la participation d'autres sujets. Cependant, admet K. Vogel, cette condition peut être éludée si les employés ou fonctionnaires de l'organisme public correspondent agissent en tant que particuliers dans la constitution de la société et transfèrent plus tard leurs actions à l'organisme public[387].

---

(381) *Cf.* Manuel BROSETA PONT, *Rapport espagnol*, p. 11.

(382) *V.* Section III, A, 2. Le rapport vénézuélien rédigé par le Professeur Roberto GOLDSCHMIDT.

(383) *V.* Arts. 1649 du *Code civil* vénézuélien.

(384) *V.* art. 531 du Projet Franco-italien des obligations; et art. 521 du *Code civil* italien.

(385) *Cf.* Manuel BROSETA PONT, *Rapport espagnol*, p. 20.

(386) *V.* Gerhardt PLÖCHL, *Rapport autrichien*, p. 8; R. DRAGO, *Rapport français*, p. 6; K. KATZAROV, *op. cit.*, p. 309; Pella LENOUDIA, «La empresa pública en Grecia», *loc. cit.*, p. 153.

(387) *V.* Klaus VOGEL, *Rapport allemand*, p. 4.

En face de cette situation générale, le droit espagnol montre, dans la loi sur les sociétés anonymes, une norme réellement exceptionnelle concernant le droit des sociétés dans lequel il n'existe pas de précepte analogue, et qui après avoir décidé que le nombre des fondateurs d'une société anonyme ne peut être inférieur à trois, ajoute qu'il fait exception au principe établi des sociétés constituées par des organismes d'Etat, provinciaux ou municipaux, en application des dispositions en vigueur[(388)].

78. Or, soit que l'Etat se constitue en actionnaire unique depuis le début ou soit qu'il le fasse ultérieurement, la forme juridique commerciale de l'entreprise détermine qu'elle soit considérée commerçante[(389)] et par conséquent, qu'elle soit considérée juridiquement en tant que personne privée soumise au droit commun et aux tribunaux ordinaires. Donc, les sociétés de capital public, en général n'exercent aucune faculté publique, à l'exception de celles de quelques pays, comme la Suède, dans lesquels elles doivent recouvrer des impôts indirects (par exemple les impôts sur le tabac, l'alcool et la loterie)[(390)].

D'autre part, le personnel qui leur prête ses services n'est pas considéré comme appartenant à la fonction publique et au contraire, se trouve soumis au droit du travail[(391)]. De même et quant au régime fiscal ces entreprises se trouvent généralement soumises au même régime ordinaire qui régit les sociétés commerciales, même si elles peuvent jouir d'exemptions et d'exonérations spéciales[(392)]. Cependant, en Grèce, il est prévu une exemption générale de toute obligation d'impôts et contributions, ce qui suppose en réalité un éloignement du principe du fonctionnement «commercial» des entreprises de l'Etat[(393)].

79. Quand l'Etat est l'unique actionnaire d'une société commerciale, son influence dans l'activité de celle-ci s'effectue en formes indirectes: en exerçant, par l'intermédiaire du Ministre respectif ses droits en tant qu'actionnaire ou en donnant des instructions aux membres du conseil d'administration nommés par lui[(394)]. C'est pour cela que l'on dit que ces entreprises, bien que virtuellement dirigées par leurs organes statutaires, se trouvent sous la supervision et le contrôle du Ministre correspondant[(395)].

80. En conséquence, tout ceci provoque l'existence d'anomalies concernant le régime normal des sociétés. En effet, dans toute société commerciale publique unipersonnelle, il manque réellement l'assemblée générale en tant qu'organe délibérant, puisque l'actionnaire unique ne peut délibérer avec lui-même.

---

(388) *V.* Manuel BROSETA PONT, *Rapport espagnol*, p. 9.

(389) *Cf.* Gerhardt PLÖCHL, *Rapport autrichien*, p. 11; R. DRAGO, *Rapport français*, p. 11.

(390) *V.* Håkan STRÖMBERG, «La empresa pública en Suecia», *loc. cit.*, p. 149.

(391) *Cf.* G. LANGROD, «L'entreprise publique en droit administratif comparé», *loc. cit.*, p. 227; R. DRAGO, *Rapport français*, p. 9; Håkan STRÖMBERG, «La empresa pública en Suecia», *loc. cit.*, p. 149.

(392) *Cf.* R. DRAGO, *Rapport français*, p. 13; P. DU PONT, L'Etat industriel, *cit.*, p. 110; Gerhardt PLÖCHL, *Rapport autrichien* p. 10; Tore MODEEN, *Rapport finlandais*, pp. 17 et 21; Håkan STRÖMBERG, «La empresa pública en Suecia», *loc. cit.*, p. 149.

(393) *V.* Pella LENOUDIA, «La empresa pública en Grecia», *loc. cit.*, pp. 157 et 158.

(394) *Cf.* Håkan STRÖMBERG, «La empresa pública en Suecia», *loc. cit.*, p. 149.

(395) *Cf.* Pella LENOUDIA, «La empresa pública en Grecia», loc. *cit.*, p. 153.

Pourtant, l'assemblée étant un organe nécessaire dont la composition, les facultés et le fonctionnement se règlent par les normes commerciales des sociétés, l'on a prétendu formellement dans certains cas la substituer en attribuant ses fonctions à un organisme ou à une corporation publique qui, substantiellement ne peut être considérée comme la véritable assemblée générale, car sa constitution, son fonctionnement et ses facultés sont régis par ses propres normes qui ne sont précisément pas celles que contiennent les lois commerciales. Ainsi par exemple, en Espagne, en ce qui concerne les sociétés créées par des organismes locaux, l'on dit que le conseil municipal ou la corporation locale en plein agira en tant qu'assemblée générale[(396)]. Par ailleurs, en ce qui concerne les organes directifs de la société il surgit des anomalies; ainsi le conseil directif dans les sociétés publique unipersonnelles, n'est nommé ni révoqué pas l'assemblée générale, car celle-ci n'existe pas au sens strict, mais par l'unique actionnaire. En cette forme, ces actes de nomination ou de révocation constituent de véritables actes administratifs soumis au droit public et non au droit privé[(397)].

81. D'autre part, même si la forme normale d'exercer le contrôle et la direction sur l'entreprise est, de la part de l'Etat, celle de l'exercice de ses droits en tant que titulaire d'actions, il est nécessaire de signaler que dans ces sociétés unipersonnelles il n'existe matériellement pas de régime d'actions, considéré pourtant essentiel dans toute société anonyme. En effet, il faut convenir que dans les sociétés publiques unipersonnelles, les actions ne sont pas vraiment partie aliquote du capital lorsqu'elles rie sont utilisées comme instrument de financement, ni comme moyen pour mesurer l'intensité dans l'exercice des droits sociaux car, les deux supposent la pluralité d'associés. Par ailleurs, il ne peut être dit qu'en général ces actions constituent des titres valeurs puisque fréquemment la loi ordonne qu'elles soient intransféribles, comme dans quelques cas que l'on trouve en Autriche et en Finlande[(398)] et, quand leur légitimation pour assister à leurs prétendues assemblées générales est attribuée non en tant qu'actionnaire mais par le fait d'être conseiller comme en Espagne dans quelques cas[(399)].

82. En dernier lieu, et bien qu'en principe ces entreprises soient régies par le droit des sociétés commerciales il est invraisemblable de penser pouvoir leur appliquer les causes de liquidation prévues par les lois commerciales.

En effet, dans certains pays comme l'Autriche, ceci est clairement établi en forme générale et il est exigé que la dissolution ou la liquidation de l'entreprise soit effectuée au moyen d'une loi spéciale[(400)].

Au contraire, dans la plupart des pays, il n'existe aucune réglementation générale à ce sujet et si théoriquement, étant donne la qualité de commerçants de ces entreprises, il était instauré une procédure de faillite contre elles, celle-ci

(396) *V.* Manuel BROSETA PONT, *Rapport espagnol*, p. 17.

(397) *Cf.* Manuel BROSETA PONT, *Rapport espagnol*, p. 18; Gerhardt PLÖCHL, *Rapport autrichien*, p. 16 et 17.

(398) *V.* Gerhardt PLÖCHL, *Rapport autrichien*, p. 11; Tore MODEEN, *Rapport finlandais*, p. 14.

(399) *V.* Manuel BROSETA PONT, *Rapport espagnol*, p. 16.

(400) *V.* Gerhardt PLÖCHL, *Rapport autrichien*, p. 10; spécialement en Belgique: M. A. FLAMME, *Rapport belge*, p. 12.

serait difficilement réalisable car l'Etat, pour des motifs d'intérêt général, viendrait certainement en aide aux entreprises en difficulté[401]. Cependant, il est nécessaire d'observer à ce sujet, que la gestion déficiente d'une entreprise publique n'entraîne pas pour ses directeurs de sanction semblable à celle dont est passible, en cas de faillite, le directeur privé, car les directeurs et administrateurs de la société publique sont moins affectés que ce dernier par la crise de l'entreprise. En effet pour le directeur privé, l'entreprise constitue sa profession et sa vie, mais pour le responsable de l'entreprise publique, celle-ci n'a généralement pas pour lui un tel caractère; s'il est fonctionnaire, comme c'est le cas fréquemment, et échoue dans sa gestion, il peut revenir à son propre poste dans la carrière administrative. C'est dans ce sens que T. R. Fernández Rodríguez considère, à juste raison, qu'il est nécessaire d'effectuer à ce sujet une assimilation du caractère des directeurs privés et publics qui sera le motif préalable pour obtenir l'intérêt de ceux-ci pour l'entreprise[402]. Tant que ceci ne se fera pas, la célèbre phrase formulée par Ripert observant l'apparition du phénomène économique de l'Etat sera toujours valable: «S'emparer des propriétés privées est chose qui, juridiquement, est relativement facile; les exploiter selon les formes privées est plus difficile»[403].

(b) La société d'économie mixte

83. En général le terme d'entreprise ou société d'économie mixte s'applique aux sociétés dans lesquelles se trouvent associés des capitaux publics et des capitaux privés, en vue d'une exploitation industrielle ou commerciale[404]. Cependant ce terme, dont le caractère est moins juridique qu'économique demande à être précisé. En premier lieu, l'association du capital public avec le capital privé peut survenir dés le début de la vie juridique de l'entreprise ou lors d'un fait ultérieur quand une personne publique territoriale acquiert une partie du capital d'une société commerciale unipersonnelle de l'Etat, comme cela s'est produit fréquemment en Autriche[405]. Par ailleurs, pour pouvoir être en présence d'une société d'économie mixte il faut que l'organisme qui participe au capital soit l'Etat ou tout autre collectivité publique. De là que la présence de capitaux apportés par des établissements publics ou autres sociétés publiques ne soient pas suffisants pour la qualification d'économie mixte. Ainsi l'exigeait par exemple la loi cubaine sur les sociétés d'économie mixte laquelle les définissait comme «entreprises dans lesquelles l'Etat apporte un capital et participe à leur gestion ou à leur

(401) *Cf.* R. DRAGO, *Rapport français*, p. 11; A. DELION, *L'Etat et les entreprises publiques*, *cit.*, p. 22; Klaus VOGEL, *Rapport allemand*, p. 8; M. A. FLAMME, *Rapport belge*, pp. 57 et 59; M. S. GIANNINI, «Sobre las empresas públicas», *loc. cit.*, pp. 12 et 15; K. KATZAROV *op. cit.*, p. 323.

(402) T. R. FERNÁNDEZ RODRÍGUEZ, «Notas para un planteamiento de los problemas actuales de la empresa pública», *loc. cit.*, p. 121.

(403) *V.* G. RIPERT, *Le régime démocratique et le droit civil moderne*, Paris 1948, p. 246, *cit.* par K. KATZAROV, *op. cit.*, p. 291; *cit.*, de même par T. R. FERNANDEZ RODRIGUEZ, «Notas para un planteamiento ... », *loc. cit.*, p. 121.

(404) *Cf.* P. DU PONT, *L'Etat industriel*, *cit.*, p. 65.

(405) *V.* Gerhardt PLÖCHL, *Rapport autrichien*, p. 2.

administration conjointement avec le capital privé»[406]. En outre, dans la qualification d'économie mixte d'une société, entrent aussi en jeu les proportions du capital public et du capital privé et il est généralement exigé une participation telle que les capitaux publics et privés se partagent la direction de l'entreprise[407]. Par conséquent l'existence d'une proportion minime de capital privé dans l'entreprise et, de ce fait, d'une influence totale de l'Etat, fera plutôt penser que l'on se trouve en présence d'une société commerciale publique[408]. Au contraire si le capital de l'Etat représente une proportion minime, l'on se trouvera en présence du dénommé actionnariat de l'Etat plutôt qu'en présence d'une entreprise d'économie mixte[409]. C'est ainsi que l'entreprise d'économie mixte est caractérisée par la présence des secteurs public et privé dans la direction de la société bien que généralement ce soit avec une certaine prépondérance des intérêts publics[410], ce qui, par ailleurs, est exigé en Allemagne[411].

84. La grande importance de l'entreprise d'économie mixte est celle d'avoir été le moyen initial d'intervention de l'Etat dans l'économie, car ses origines remontent aux timides essais réalisés dans divers pays afin de rendre compatible le dogme économique du «laisser-faire» avec le besoin de voir l'Etat stimuler certaines oeuvres et entreprises d'intérêt public[412]. Ainsi, dans des pays comme l'Angleterre[413] et la plupart des pays socialistes, sauf la Hongrie[414], ou la vague de nationalisations a permis une solide intervention de l'Etat dans l'économie avec des figures juridiques comme les *Public Corporation*s et les entreprises d'Etat, les entreprises mixtes ne sont pas fréquentes. Au contraire, dans des pays comme le Luxembourg où il n'existe pas d'institutions publiques économiques, l'unique forme utilisée par l'Etat, pour réaliser des activités industrielles et commerciales, est l'entreprise d'économie mixte[415].

85. Pour ces entreprises d'économie mixte gouvernent les mêmes principes que pour les sociétés commerciales unipersonnelles; elles sont donc soumises totalement aux régulations du droit civil, commercial et du travail, avec la possibilité de leur appliquer certaines des dérogations du régime ordinaire analysées. Dans ce sens, il faut souligner que M. A. Flamme, même en ce qui concerne les entreprises d'économie mixte, trouve inconcevable que leur soit appliquée la procédure de faillite, étant donné qu'il existe en elles un intérêt public qui exige le concours de l'Etat pour éviter toute cessation des paiements de leur part[416].

---

(406) *V. Información Jurídica,* n° 138, Madrid 1951, p. 923.

(407) *V.* Theo KELLER, «La economía propia de las comunidades públicas», *loc. cit.,* p. 163.

(408) *Cf.* Theo KELLER, «La economía propia de las comunidades públicas», *loc. cit.,* p. 163.

(409) *V.* J. L. VILLAR PALASÍ, «La actividad industrial del Estado en el derecho administrativo», *loc. cit.,* p. 97.

(410) *Cf.* M. A. FLAMME, *Rapport belge,* p. 33.

(411) *V.* Klaus VOGEL, *Rapport allemand,* p. 5.

(412) *Cf.* F. GARRIDO FALLA, «Las empresas públicas», *loc. cit.,* p. 141.

(413) *V.* W. A. ROBSON, «La empresa pública en Gran Bretaña», *loc. cit.,* p. 74.

(414) *V.* K. KATZAROV, *op. cit.,* pp. 341 et 342.

(415) *V.* «Rapport de la Chambre des Comptes du Luxemburg», au *IV CICFP* (Vienne 1962), *loc. cit.,* Vol. IV, p. 217.

(416) *V.* M. A. FLAMME, *Rapport belge,* p. 59.

II. LE CONTRÔLE SUR LES ACTIVITÉS INDUSTRIELLES ET COMMERCIALES DE L'ETAT

86. Flaminio Franchini en parlant de l'intervention de l'Etat dans l'organisation économique italienne signale à juste titre que les problèmes qui se sont posés, avec une clarté et une urgence de plus en plus grande, à l'égard des entreprises publiques, sont nombreux et peuvent prendre différents aspects, suivant qu'ils ont trait: à la propre raison d'être de certaines entreprises (survivances historiques de nécessités économiques ou politiques désormais dépassées); à la question de l'opportunité de l'intervention de l'Etat; à la nécessité d'établir des liens organiques entre les principes juridiques et économiques régissant des entreprises faisant partie de la même branche de l'activité économique ou de branches différentes mais liées entre elles; et surtout à la réorganisation des contrôles. Il conclut, que c'est ce dernier problème qui, en fait, du point de vue juridique apparaît comme le plus délicat et celui dont la solution, est le plus urgente(417).

En effet, et ceci se rencontre comme une tendance du droit comparé, l'intervention de l'Etat dans la vie économique par la réalisation d'activités industrielles et commerciales, a donné lieu, comme nous l'avons vu, à la création et constitution de diverses formes juridiques d'action qui vont de la dénommée régie industrielle française et de la régie d'Etat belge à la société commerciale de capital public ou mixte, selon le degré de décentralisation. Or, cette plus ou moins importante décentralisation, surtout quand elle se fait au moyen de la constitution de formes juridiques autonomes, a donné lieu, dans les différents droits positifs, à la prévision de certains mécanismes de contrôle exercé par l'Etat ou la communauté sur ces divers organismes. Il s'agit, en effet, de contrôles différents qui, parfois, s'entrecroisent et s'enchevêtrent, arrivant à faire naître, dans certains cas, des doutes très sérieux quant à la portée et aux limites de la compétence des organes qui les élaborent. Généralement, aux contrôles normaux effectués par les Ministères techniques qui exercent sur les entreprises publiques la surveillance et la tutelle, s'ajoutent en effet, des contrôles spéciaux intérieurs et extérieurs, lesquels s'appliquent plus particulièrement aux entreprises subventionnées par l'Etat. Par ailleurs, au nombre de ces derniers, se trouve un type de contrôle très particulier qui est celui qu'exerce le Parlement. Il se fonde sur le principe par lequel, puisqu'il s'agit des fonds de l'Etat, ce dernier a le droit, lors de l'examen et de la discussion de son propre budget, de savoir comment les fonds en question sont administrés(418). En outre, dans les pays où le contrôle financier s'exerce non seulement par le Parlement, mais aussi par des institutions supérieures de contrôle des finances publiques, l'intervention de ceux-ci est chaque fois plus accentuée dans la disposition des fonds publics pour la réalisation par l'Etat d'activités commerciales et industrielles. Ces trois formes: contrôle administratif, contrôle par le Parlement, contrôle par les institutions supérieures de contrôle des finances

---

(417) *V.* Flamminio FRANCHINI, «Aspects juridiques de l'intervention de l'etat dans l'organisation économique italienne», *loc. cit.*, p. 233.

(418) *Cf.* F. FRANCHINI, «Aspects juridiques de l'intervention de l'Etat dans l'organisation économique italienne», *loc. cit.*, p. 233.

publiques sur les dites activités nous les analyserons dans les paragraphes suivants en forme comparative. Il faut ajouter en outre, que particulièrement dans les pays où l'intervention de l'Etat dans l'économie a pris son origine avec les phénomènes de la nationalisation, les divers mécanismes de contrôle mis à la disposition des consommateurs, des ouvriers et des producteurs feront également l'objet de notre étude comparative.

Nous devons signaler au préalable que nous traiterons le sujet de ces mécanismes de contrôle au sens large du terme, du fait qu'ils comprennent souvent implicitement, surtout en ce qui concerne le contrôle administratif, non seulement des tâches de contrôle au sens strict du mot, mais aussi des tâches de coordination, de planification et même de direction(419).

En tous cas, il faut convenir avec R. Drago, ainsi que nous le verrons, que les systèmes de contrôle sur les entreprises publiques montrés par le droit comparé sont si nombreux, que s'ils intervenaient tous réellement ils les paralyseraient et leur enlèveraient toute la souplesse commerciale qui doit être leur règle essentielle de fonctionnement(420).

1. Le contrôle administratif

87. Le premier et peut-être le plus important des contrôles sur les entreprises publiques est celui qu'exercent sur elles les organes de l'Administration de laquelle elles dépendent en définitive. Par sa nature même, ce contrôle est dans certains cas si intense et si étendu, qu'il devient nettement difficile de le distinguer de l'activité de gestion ou de direction ou même de l'influence que l'organe administratif respectif exerce sur les entreprises d'Etat.

En lignes générales, ce contrôle, réalisé par la propre administration ou par les organes auxquels sont affiliées les entreprises économiques d'Etat, revêt deux modalités fondamentales qu'il est nécessaire d'étudier séparément. En premier lieu, ce contrôle peut être exercé directement par l'Administration par l'intermédiaire du Ministre respectif, en tant que contrôle hiérarchique ou de tutelle; ou par l'intermédiaire d'organes administratifs de coordination ou de planification des activités d'Etat. En second lieu, ce contrôle peut être exercé par l'Administration en forme indirecte, par l'intermédiaire d'organismes doués de personnalité qui agissent en tant que trusts ou holdings d'entreprises économiques. Ainsi, nous étudierons, non seulement un contrôle administratif direct, mais aussi un contrôle administratif indirect.

A. Contrôle administratif direct

88. La forme et l'intensité du contrôle administratif direct sur les entreprises publiques dépend de la forme juridique concrète qui leur a été attribuée(421). Il

(419) *Cf.* Georges LESCUYER, *Le contrôle de l'Etat sur les entreprises nationalisées*, Paris 1962, p. 36.
(420) *V.* R. DRAGO, *Rapport français*, p. 14.
(421) *Cf.* Wolfgang ZETZSCHKE, «Las empresas públicas en la República Federal Alemana», *loc. cit.*, p. 95.

peut s'agir d'un contrôle hiérarchique, d'un contrôle de tutelle ou d'un contrôle effectué par l'intermédiaire d'organes administratifs de coordination et de planification, selon le degré d'autonomie dont jouissent les entreprises publiques.

En effet, le contrôle hiérarchique est intimement lié au pouvoir hiérarchique exercé par un chef par rapport à ses subordonnés: le Ministre exerce un pouvoir hiérarchique sur l'ensemble des agents de ses services. Ainsi, ce pouvoir est inconditionné; sous réserve de ne pas prescrire ou commettre d'illégalités, le supérieur a le droit de donner à ses inférieurs les ordres qu'il juge nécessaires; il a toujours, sauf texte contraire, le pouvoir de réformer ou d'annuler les décisions de ses subordonnés(422). Au contraire, le pouvoir de tutelle qui implique le contrôle respectif, ne met pas en rapport un supérieur et des inférieurs, mais un contrôleur, (l'autorité de tutelle) et des contrôlés (les organes de la personne publique sous tutelle). C'est ainsi un pouvoir conditionné: le contrôle ne se présume pas, puisqu'il ne s'exerce que dans les cas et sous les formes prévus par la loi. De plus, signale G. Vedel, il ne comporte pas la possibilité de donner des ordres: en effet, les organes de la personne publique sous tutelle ont la responsabilité des intérêts de celle-ci et ne sont tenus en droit que par les lois et règlements. L'autorité de tutelle peut faire respecter ceux-ci, mais ne peut y ajouter de son propre chef des prescriptions complémentaires(423). C'est ainsi que Maspetiol et Laroque ont défini la tutelle administrative comme l'ensemble des pouvoirs limités concédés par la loi à une autorité supérieure sur les agents décentralisés et sur leurs actes, afin de protéger l'intérêt général(424).

En résumé l'on peut dire avec G. Vedel, qu'en général, le pouvoir et le contrôle hiérarchique se déploient au sein d'une personne morale unique et mettent en oeuvre des relations de chef à subordonné. Le pouvoir et contrôle de tutelle mettent en rapport l'Etat et d'autres personnes publiques et mettent en oeuvre des relations entre l'Etat, gardien de l'intérêt général le plus large, à ce titre contrôleur, et des personnes publiques ayant des intérêts propres, et à ce titre contrôlées(425). Pour cela, G. Langrod a signalé comme une des raisons de création des entreprises publiques personnifiées, la nécessité d'éluder le contrôle hiérarchique(426).

Mais en plus du contrôle hiérarchique et du contrôle de tutelle sur les organismes d'Etat ou parastatales qui développent des activités industrielles et commerciales, l'Etat peut exercer un troisième type de contrôle administratif qui est celui qui s'exerce par l'intermédiaire d'organes de coordination ou de planification, créés spécialement par l'Etat pour effectuer ces tâches dans le domaine des participations de l'Etat à l'économie et qui ne peut être inclus dans les deux autres types analysés précédemment; c'est celui qu'exerce en Italie par

(422) *V.* Georges VEDEL, *Droit administratif, cit.*, Vol. II, p. 419.

(423) *V.* G. VEDEL *op. cit.*, Vol. II, p. 419.

(424) *V.* MASPETIOL et LAROCQUE, *La tutelle administrative*, Paris 1930, p. 10, *cit.* par M. BAENA DEL ALCÁZAR, «Los entes funcionalmente descentralizados y su relación con la administración central», *RAP*, n° 44, 1964, p. 100.

(425) *V.* G. VEDEL, *op. cit.*, Vol. II, p. 419.

(426) *V.* G. LANGROD, «L'entreprise publique en droit administratif comparé», *loc. cit.*, p. 228.

exemple, le *Ministero delle Participazioni Statali* ou dans les pays socialistes les organes centraux de planification.

Nous allons étudier séparément ces trois types de contrôle administratif exercé par l'Etat sur le développement de ses activités industrielles et commerciales.

(a) Le contrôle hiérarchique

89. L'administration exerce un contrôle hiérarchique sur les activités industrielles et commerciales lorsque celles-ci sont développées directement par elle-même[(427)]. Dans ce cas, les directeurs de ces entreprises sont des fonctionnaires fortement engagés avec l'administration publique, et en conséquence, obligés de se soumettre aux dispositions de leurs organes ou instances supérieurs. Le contrôle effectué sur la réalisation des dites activités est alors généralement lié à l'ingérence directe de la gestion et de la direction de l'entreprise.

De plus, dans certaines circonstances, quand les organes administratifs directeurs de l'entreprise jouissent d'une certaine autonomie, sans que pour autant celle-ci soit douée de personnalité, le contrôle hiérarchique se reflète à travers le droit de veto qui revient au Ministre respectif pour ce qui touche les décisions des organes directeurs. Ainsi, par exemple en Allemagne, le Ministre des Postes a droit de veto absolu sur les décisions du conseil d'administration de la *Deutsche Bundespost* qui pourraient provoquer des répercussions financières; il peut, en outre présenter devant le gouvernement fédéral pour décision finale, les résolutions qui, selon lui, lèsent les intérêts du *Bund*[(428)].

Par ailleurs, l'on peut de même parler de contrôle hiérarchique en ce qui concerne celui qui est exercé par l'Administration belge sur les régies d'Etat, qui, bien que douées de personnalité juridique, sont dépourvues de toute autonomie organique et par conséquent soumises à l'autorité hiérarchique du Ministre respectif[(429)]. En effet, dans ce cas, l'octroi de la personnalité juridique au service ne lui fait pas perdre le caractère d'administration centralisée, car l'objectif poursuivi est essentiellement de permettre à certaines entreprises étatiques à caractère industriel ou commercial d'échapper aux règles de gestion financière et comptable traditionnellement en vigueur dans l'Etat. Pour cela, les administrations ainsi personnalisées demeurent sous l'autorité hiérarchique directe du Ministre.

(b) Le contrôle de tutelle

90. Le contrôle de tutelle dans les activités industrielles et commerciales de l'Etat apparaît dès le moment où il existe une décentralisation fonctionnelle dans l'Administration, et l'on parle de décentralisation fonctionnelle quand celle-ci est réalisée par l'intermédiaire d'organes qui se détachent de l'Administration directe

(427) *V.* n° 14 et ss.
(428) *V.* Wolfgang ZETZSCHKE, «Las empresas públicas en la República Federal Alemana», *loc. cit.*, p. 96.
(429) *Cf.* M. A. FLAMME, *Rapport belge*, pp. 8 et 30.

de l'Etat au moyen du procédé technique juridique de la concession de la personnalité juridique à des entités institutionnelles[430].

De ce fait, la tutelle administrative sur les organismes décentralisés qui développent des activités économiques, a pour but essentiel de garantir l'unité et la bonne exécution de la politique générale de l'Etat en matière économique, car elle permet à l'Administration centrale de surveiller directement, mais non en tant que supérieur hiérarchique, l'activité des organes qui intègrent l'administration indirecte de l'Etat.

Parmi les pouvoirs de l'autorité de tutelle qui sont généralement ceux du Ministre respectif, il y a lieu de faire une distinction entre les pouvoirs de tutelle sur les personnes et les pouvoirs de tutelle sur les actes.

91. En règle générale, dans la tutelle sur les personnes les Directeurs et les membres des conseils d'administration des organes fonctionnellement décentralisés sont désignés par l'Administration centrale. Ceci se produit dans les pays où l'établissement public industriel ou commercial est de règle dans la décentralisation fonctionnelle, comme par exemple en France[431] en Belgique[432] et au Vénézuéla[433], ainsi que dans les pays où sont de règle les *Public Corporations*[434] ou les entreprises publiques des pays socialistes[435]. La révocation des désignations revient aussi, en général, à l'Administration centrale bien que dans certains cas l'initiative revienne aux organes d'autogestion ouvrière, comme en Pologne[436].

92. Quant à la tutelle sur la gestion, les Ministres disposent généralement, en relation avec les organismes décentralisés qui réalisent des activités industrielles et commerciales, de certains pouvoirs de contrôle a priori ou a posteriori, selon qu'ils aient lieu avant ou après que la décision ait été prise. Ainsi, le contrôle a posteriori juge des actes déjà exécutés, ce qui prouve par conséquent que la gestion et le contrôle sont deux actes nettement séparés. Au contraire, en ce qui concerne le contrôle a priori tel que l'indique J. Rivero, il y a, entre les organes de gestion et ceux de contrôle, un dialogue permanent la volonté du premier ne peut produire d'effet que si elle rencontre celle du second. En réalité, il y a dans ce cas une véritable co-gestion[437]. Nous allons en tout cas étudier ces deux types de contrôle.

---

(430) *V.* F. GARRIDO FALLA, *Administración indirecta del Estado y descentralización funcional*, Madrid 1950, p. 189 *cit.* par M. BAENA DEL ALCÁZAR, «Los entes funcionalmente descentralizados ... », *loc. cit.*, p. 81.

(431) *V.* Roland DRAGO, *Rapport français*, pp. 8 et 9.

(432) *V.* M. A. FLAMME, *Rapport belge*, p. 30.

(433) *V.* Eloy LARES MARTÍNEZ, *Manual de derecho administrativo*, *cit.*, p. 445.

(434) *V.* W. A. ROBSON, «La *Public Corporation* en Gran Bretaña», *loc. cit.*, p. 125, J. E. HODGETTS, «La empresa pública en Canadá», *ICE*, mars 1964, p. 131.

(435) *V.* En relation avec la Bulgarie, la Tchécoslovaquie, la Hongrie et la Pologne, K. KATZAROV, *op. cit.*, pp. 319, 320 et 323; Zygmunt RYBICKI, *Rapport polonais*, pp. 10 et 19.

(436) *V.* Zygmunt RYBICKI, *Rapport polonais*, p. 12.

(437) *V.* Jean RIVERO, «Le fonctionnement des entreprises nationalisées», *Droit Social*, nov. 1955, p. 66 *cit.* par G. LESCUYER, *Le contrôle de l'Etat sur les entreprises nationalisées*, *cit.*, p. 180; *Cf.* P. BAUCHET, «Las empresas públicas en Francia», *ICE*, mars 1964, p. 87.

Le contrôle à priori peut revêtir différentes formes. En premier lieu, il peut consister en la possibilité, pour les organes de tutelle ministérielle, de préciser, en relation avec les entreprises publiques, les directives ou l'orientation générale de l'activité de celles-ci, qui ne se réfèrent pas à des actes concrets des dites entreprises; c'est le cas de l'Angleterre(438), et de l'Italie. Ainsi, en Italie par exemple, l'article 1 de la loi de 1948 précise expressément à l'égard de l'Institut pour la Reconstruction Industrielle, «qu'il appartient au Conseil des Ministres de décider, dans l'intérêt de la collectivité, de l'orientation générale à donner à l'Institut», tant en matière politique qu'en matière économique(439). Ainsi par exemple, *l'Air Corporation Act* de 1949 prévoit que le Ministre des Transports et de l'Aviation civile, après avoir préalablement consulté la Corporation affectée, peut donner à n'importe quelle corporation aéronautique «des instructions de caractère général sur l'exercice et la réalisation de ses fonctions relatives à des matières d'intérêt national». La corporation intéressée devra suivre ces instructions, et cette formule du pouvoir ministériel est le modèle standard en vigueur dans la législation anglaise(440).

Par ailleurs, le mécanisme des approbations préalables en relation avec certains actes ou décisions des entreprises publiques est très répandu comme moyen de tutelle sur les actes et sur la gestion des entreprises. En France par exemple, la liste des décisions soumises à approbation est spécifiée dans les textes propres à chaque entreprise, mais il y existe un minimum en vertu des décrets des 26 août 1957 et 22 juin 1960 et de l'article 163 de l'ordonnance du 30 décembre 1958: les budgets et états des prévisions d'exploitation et d'équipement, les bilans, les comptes de résultats, les affectations des bénéfices, les quitus aux administrateurs, les prises ou extensions de participation financière, le montant des jetons de présence des administrateurs et les traitements des présidents et directeurs généraux, les mesures relatives aux éléments de rémunération ainsi qu'aux statuts et aux régimes de retraite(441). Des situations semblables se rencontrent dans les pays qui suivent le schéma français de l'établissement public, tels que la Belgique(442) et le Vénézuéla(443).

Par ailleurs, en maintes occasions, les Ministres de tutelle assurent leurs pouvoirs de contrôle par la désignation de représentants au sein des entreprises, dénommés Commissaires de Gouvernement, comme c'est la cas en France et en Belgique(444). Ceux-ci ont le droit d'assister aux sessions des conseils d'administration et d'user du droit de veto au sujet de certaines décisions, en

(438) *Cf.* G. LESCUYER, *Le contrôle de l'Etat ... cit.*, p. 65; A. DELION, *L'Etat et les entreprises publiques*, *cit.*, p. 160.

(439) *V.* F. FRANCHINI, «Aspects juridiques de l'intervention de l'Etat ...», *loc. cit.*, p. 240.

(440) *V.* W. A. ROBSON, «La P*ublic Corporation* en Gran Bretaña» *loc. cit.*, pp. 116 et 117; *Cf.* W. A. ROBSON, «La empresa pública en Gran Bretaña», *loc. cit.*, p. 75.

(441) *V.* André C. DELION, «Rapport français» in *IV CICFP*, Vol. 4, p. 159.

(442) *V.* M. A. FLAMME, *Rapport belge*, pp. 78-82.

(443) *V.* Eloy LARES MARTÍNEZ, *Manual de derecho administrativo*, *cit.*, p. 443.

(444) *V.* R. DRAGO, *Rapport français*, p. 14; M. A. FLAMME, *Rapport belge*, pp. 79, 82 et 84; «Rapport de la Cour des Comptes belge» in *IV CICFP*, Vol. IV, p. 39.

recourant au Ministre respectif afin qu'il décide, la décision se trouvant suspendue durant ce temps[(445)].

Dans le droit anglais, comme nous l'avons dit, bien que la règle générale du contrôle ministériel sur les *Publics Corporations* soit celle de la fixation, par le Ministre, de «directives de caractère général quant à l'exercice de ses fonctions en relation avec les affaires qui lui semblent affecter l'intérêt national», celui-ci jouit également de certains pouvoirs d'approbation. En effet, son approbation est nécessaire pour tout programme de réorganisation ou développement de l'entreprise qui demande une dépense importante de capital. Une obligation semblable d'obtention de l'approbation ministérielle s'applique aux plans d'instruction, d'éducation et d'investigation que les entreprises nationalisées doivent formuler et exécuter[(446)]. Par ailleurs, il est nécessaire d'observer que c'est précisément cette intervention du Ministre dans les entreprises nationales qui a permis leur contrôle indirect par le Parlement, car le Ministre est responsable devant celui-ci et peut être interpellé seulement pour les matières dans lesquelles il a droit de contrôle[(447)]. Dans les *Government Corporations* américaines, et également en matière budgétaire, l'on observe les pouvoirs de tutelle du gouvernement dans l'approbation préalable par le Président du budget de celles-ci, par l'intermédiaire de le *Budget Bureau*, lequel budget sera ensuite soumis au Congrès[(448)].

En dernier lieu il faut indiquer que le contrôle de tutelle effectué au moyen d'approbations, se présente aussi dans certains cas concernant les entreprises publiques constituées sous la forme de droit privé. En Grèce par exemple, celles-ci sont sous contrôle d'un Ministre. Bien que les statuts n'incluent pas des dispositions spécifiques quant à la mesure dans laquelle le Ministre doit intervenir, le contrôle est cependant très strict et détaillé, dans la pratique, et en général les entreprises n'ont pas la souplesse industrielle qu'elles devraient avoir. Ainsi, par exemple, les finances des entreprises publiques grecques sont étroitement contrôlées: le budget de chacune d'elles doit être soumis au Ministre contrôleur pour approbation tandis que toutes les affaires économiques sont assujetties au contrôle constant du gouvernement[(449)].

En Belgique, au contraire, s'il est exigé que le budget des entreprises de formes juridiques privées soit remis au Ministre de tutelle, il n'est cependant pas soumis à son approbation[(450)].

93. Mais nous avons vu que les pouvoirs de tutelle sur les actes peuvent être aussi réalisés par l'Administration centrale sur les organismes fonctionnellement décentralisés, ultérieurement à la réalisation des actes contrôlés; il s'agit dans ce

---

(445) *Cf.* P. BAUCHET, «Las empresas públicas en Francia», *loc. cit.*, p. 88; R. DRAGO, *Rapport français*, p. 14; M. A. FLAMME, *Rapport belge*, p. 79.

(446) *V.* W. A. ROBSON, «La empresa pública en Gran Bretaña», *loc. cit.*, p. 75; Cfr, L. LÓPEZ RODÓ, «Las empresas nacionalizadas en Inglaterra», *loc. cit.*, p. 339.

(447) *Cf.* W. A. ROBSON, *Industria nacionalizada ... cit.*, p. 65.

(448) *V.* J. N. HAZARD, *Rapport des Etats-Unis*, p. 5.

(449) *V.* Pella LENOUDIA, «La empresa pública en Grecia», *loc. cit.*, p. 153,

(450) M, A. FLAMME, *Rapport belge*, p. 80.

cas d'une intervention *a posteriori.* Ainsi, au Vénézuéla par exemple, les établissements industriels et commerciaux doivent présenter annuellement au Ministre de tutelle un rapport sur l'activité de l'entreprise ainsi que son bilan général afin que celui-ci donne ou refuse son approbation[(451)]. De même, en Italie, l'organe administratif de contrôle doit procéder à examiner le bilan des entreprises sous tutelle[(452)].

En droit comparé, l'on observe en outre assez fréquemment la tendance à réaliser ce contrôle exécutif *a posteriori* de la gestion des entreprises publiques, lequel est totalement différent du contrôle *a posteriori* effectué par les Institutions supérieures de contrôle des finances publiques, par des experts-comptables, et dont le modèle provient des structures du droit privé. Par exemple, en Belgique, les entreprises publiques sont soumises au contrôle comptable *a posteriori* par des «réviseurs comptables» qui sont désignés par le Ministre des Finances et le Ministre intéresse. Leur rôle est de vérifier les comptes et d'en certifier la sincérité. Ils sont dotés de pouvoirs de contrôle sur place de tous les documents comptables, la correspondance et, de façon générale, «toutes les écritures». Par ailleurs, ils adressent aux deux Ministres qui les ont nommés et aux organes directeurs de l'établissement contrôlé, un rapport sur la situation de celui-ci et sur les résultats de l'exploitation. Ce rapport est dressé une fois par an à l'occasion du compte de pertes et profits et du bilan. Ils doivent signaler en outre, toute négligence, toute irrégularité et toute situation susceptible de compromettre la solvabilité de l'organisme[(453)]. Une situation semblable se présente en Finlande où les comptes sont examinés par des experts comptables spéciaux nommés par le Conseil des Ministres, en plus de la vérification effectuée par l'Inspection des Finances et le Parlement[(454)].

De la même manière, en Suède, la vérification des comptes est effectuée en général par des comptables particuliers. Du fait qu'il s'agit d'entreprises publiques en forme sociétaire -celles qui sont habituellement utilisées par l'Etat pour réaliser ses activités économiques- ces comptables sont élus par les actionnaires, cependant, dans de nombreux cas, Gouvernement s'est réservé le droit de nommer la plupart d'entre eux auxquels il donne ses ordres sans qu'ils ne demeurent pour autant des fonctionnaires de l'entreprise et non par des fonctionnaires de l'Etat[(455)].

Enfin, en Grande-Bretagne, le contrôle *a posteriori* est effectué par. des entreprises indépendantes des experts comptables. Les vérificateurs sont désignés par le ministre et lui adressent un rapport qu'il doit déposer devant la Chambre des Communes[(456)].

(451) *V.* T. POLANCO, «La Administración Pública», *loc. cit.*, p. 338.
(452) *V.* F. FRANCHINI, «Aspects juridiques de l'intervention ...», *loc. cit.*, p. 253.
(453) *V.* M. A. FLAMME, *Rapport belge*, p. 78; G. LESCUYER, *Le contrôle de l'Etat ... cit.*, p. 90.
(454) *V.* Tore MODEEN, *Rapport finlandais*, p. 11.
(455) *V.* Håkan STRÖMBERG, «La empresa pública en Suecia»,, *loc. cit.*, p. 148.
(456) *V.* G. LESCUYER, *Le contrôle de L'etat ... cit.*, p. 90.

(c) Le contrôle exercé par l'intermédiaire d'organes administratifs de planification et de coordination

94. Il est incontestablement vrai que dans la plupart des pays occidentaux contemporains le régime classique d'économie de type libéral a disparu depuis un certain temps.

L'Etat, en face des échanges économiques internationaux, d'une nécessité de développement des régions retardées ou des conflits sociaux, est obligé d'intervenir dans le domaine économique. Et même, il ne s'agit plus actuellement d'une simple intervention sporadique. Il faut recourir de plus en plus fréquemment à tout un système d'interventionnisme de l'Etat en matière économique, lequel implique évidemment la nécessité de tracer un programme des moyens de ces interventions(457). De là, l'existence de certains plans ou programmes d'action de l'Etat qui poursuivent avant toute autre chose un but de coordination.

Comme nous l'avons signalé, il est évident qu'il existe une différence essentielle entre l'établissement de programme d'action, comme résultat d'une politique interventionniste ou comme conséquence de l'existence d'un régime d'économie planifiée, différence qui provient non seulement du caractère et volume de la propriété des moyens de production concentrés entre les mains de l'Etat, mais aussi de son caractère intégral et complexe.

En effet, l'interventionnisme reste toujours un moyen auxiliaire complémentaire dans la gestion économique, où l'influence des droits du marché joue le rôle prépondérant. En revanche, l'économie planifiée, grâce à la propriété sociale des moyens de production, offre des possibilités de direction et de gestion économique réelles et complètes(458).

Nous avons dit par ailleurs que la planification, dans un régime d'économie planifiée, est intégrale et complexe. L'intégralité résulte de la possibilité de considérer l'économie nationale dans son ensemble, indépendamment des types et des formes de la propriété, en incluant dans la planification intégrale la totalité des particuliers et de leurs activités comme le seul moyen d'atteindre les buts sociaux poursuivis par l'Etat socialiste(459). Ainsi, l'Etat gère directement les unités de l'économie d'Etat qui embrassent les domaines dont l'importance est décisive du point de vue économique et social. L'Etat exerce aussi une influence indirecte sur tous les autres organismes économiques, en utilisant ses pouvoirs et ses moyens d'action organisatrice sous toutes leurs formes. Le caractère complexe de la direction planifiée des activités de l'Etat consiste en ce qu'elle embrasse tous les domaines de l'activité sociale. Par conséquent, sont soumises à la planification, non seulement les activités économiques, mais aussi les moyens financiers et réels servant au développement des institutions culturelles, sociales et d'instruction publique(460).

---

(457) *Cf.* Z. RYBICKI, «L'entreprise publique dans le système polonais de l'économie planifiée», *loc. cit.*, p. 313.

(458) *Cf.* Z. RYBICKI, «Lentreprise publique dans ...» *loc. cit.*, p. 313; K. KATZAROV, *op. cit.*, p. 415.

(459) *V.* K. KATZAROV, *op. cit.*, p. 416.

(460) *V.* Z. RYBICKI *Rapport polonais,* pp. 5 et 6.

Or, tant dans un système d'économie dirigée que dans les systèmes d'économie capitaliste où sont utilisés des moyens de programmation, l'Etat intervient dans la direction et le contrôle de ces activités industrielles et commerciales par l'intermédiaire des organes administratifs chargés de mettre en marche le plan respectif ou d'effectuer la coordination nécessaire. Il s'agit en effet d'un contrôle administratif direct exercé par l'Administration elle-même, c'est à dire par des organes d'Etat[(461)].

Effectivement, l'exécution du plan d'Etat, ou des respectifs programmes correspond en dernier lieu à l'Etat, c'est à dire au Conseil des Ministres respectifs. Cependant si l'on considère l'importance extraordinaire attribuée de nos jours au plan économique d'Etat, surtout dans les pays dont le système est plus éloigné du libéralisme classique, il devient donc naturel et habituel de charger un organisme administratif spécial de l'élaboration, de l'utilisation et du contrôle de l'exécution de ce plan, même si cet organisme est généralement associé en forme directe au Conseil des Ministres. Nous sommes ici en présence des dénommés commission ou conseil du plan ou de la planification d'Etat[(462)].

95. Ainsi, la Commission de planification d'Etat de l'URSS (*Gosplan*) est l'organisme administratif par l'intermédiaire duquel le Conseil des Ministres dirige la planification à l'échelle nationale[(463)] et qui est chargé de la coordination des activités des Conseils économiques des Républiques, dénommés *souvarkhoz* pour l'élaboration des plans régionaux[(464)]. Théoriquement, il s'agit d'un organisme consultatif et d'exécution, sans pouvoir particulier. Cependant, dans la pratique, son Président étant Vice-président du Conseil des Ministres et, à ce titre, membre du Conseil économique, le *Gosplan* est le véritable cerveau moteur du système économique[(465)].

A partir de la réorganisation de l'administration de l'industrie et de la Construction, effectuée en 1957, et avec l'élimination des Ministères de l'Industrie et le transfert de leurs responsabilités aux Conseils économiques, (*sovnarkhoz*), il a été donné aux Républiques de l'Union une plus importante participation au développement économique. Les *sovnarkhoz* dépendent du Conseil des Ministres de chaque République, et leurs suggestions et recommandations sont étudiées par celui-ci et les *Gosplan* de chaque république[(466)]. Antérieurement, la Commission de planification de l'Etat, en dehors sa fonction spécifique de tracer les plans économiques généraux et de veiller â leur exécution, exerçait son contrôle sur l'entreprise individuelle pour ce qui concernait l'exécution des dits plans [(467)];

---

(461) *Cf.* K. KATZAROV, *op. cit.*, pp. 336 et 381.

(462) *Cf.* K. KATZAROV, *op. cit.*, p. 447.

(463) *Cf.* A. DENISOV et M. KIRICHENKO, *Derecho constitucional soviético*, *cit.*, p. 243; J. N. HAZARD, «Soviet Governement Corporation», *loc. cit.*, p. 853.

(464) *Cf.* G. LESCUYER, *Le contrôle de l'Etat ... cit.*, p. 77.

(465) *Cf.* Lorenzo RODRÍGUEZ DURANTEZ, «La planificación francesa», *RAP*, n° 38, 1962, p. 397.

(466) *V.* Informe General para el 12° Congreso International de Ciencias Administrativas (Vienne, 18-20 de juillet 1962) sur le sujet *Organización gubernamental para el desarrollo económico* traduit en espagnol par la Commission d'Administration publique, Caracas 1964, p. 61.

(467) *Cf.* L. FERNÁNDEZ CARVAJAL, «Las empresas públicas en Rusia», *loc. cit.*, p. 454.

cependant, actuellement le *Gosplan* est plutôt le centre scientifique de la planification, car il a perdu ses pouvoirs d'intervention dans la direction administrative des régions économiques. II a donc cessé d'être l'organe suprême du contrôle des entreprises, dans la mesure même où les *sovnarkhoz* sont chargés de l'élaboration des plans. En tout cas, cette décentralisation de la gestion est contrebalancée par une centralisation du contrôle propre à la planification. Les services de l'office central des statistiques de l'URSS sont chargés de grouper et d'analyser les résultats du travail des *sovnarkhoz* et, par leur intermédiaire, celui des entreprises[(468)]. Il faut signaler enfin qu'en novembre 1962, les organismes centraux de planification de l'URSS ont été réorganisés, le *Gosplan* de l'union a été constitué sur la base de l'ancien *Goseconomsoviet* pour la réalisation des tâches de planification à long terme et il a été établi un nouvel organisme de direction économique, le Conseil Economique National de l'URSS (*Soviet Noroduogo Khoziastva SSSR*); certaines obligations relatives à la planification, précédemment réalisée par le *Gosplan* lui ont été transférées[(469)].

En Pologne, la commission de planification auprès du Conseil des Ministres constitue l'organe collégial suprême, chargé d'élaborer et de soumettre au Conseil des Ministres des propositions concernant les lignes générales de la politique économique, d'élaborer des projets de plans économiques dits de perspective, les projets des plans de plusieurs années et des plans annuels, d'examiner la réalisation courante des plans et de soumettre au Conseil des Ministres des propositions en cette matière, et d'élaborer les méthodes et le mode d'établissement des plans économiques[(470)]. En tout cas, le plan constitue la base des activités des entreprises d'Etat, il détermine le volume de la production (des services ou des transactions), son assortiment, la répartition des tâches, il fixe les stocks indispensables des matières premières, l'emploi, les besoins d'investissements et de réparation, les besoins de moyens financiers, il prévoit les perfectionnements techniques et d'organisation à réaliser, etc. [(471)]. Pour cela, et étant donné la forme que revêt en Pologne la planification économique, en tant qu'une des méthodes de base de l'administration de l'économie, il apparaît aussi des méthodes de supervision et de contrôle en ce domaine. Le principal contrôle est celui qu'exerce la commission de planification affectée au Conseil des Ministres et les commissions de planification affectées aux conseils populaires; elles supervisent l'exécution des plans dans leurs régions respectives et présentent les recommandations sur la matière aux autorités dont elles dépendent[(472)].

D'autre part, en Hongrie, le travail des organismes subordonnés est soumis au contrôle hiérarchique des organes supérieurs, y compris tout ce qui se réfère à l'exécution des plans et, le problème est de déterminer si l'entreprise respective a

(468) *Cf.* G. LESCUYER, *Le contrôle de l'Etat ... cit.*, p. 77.

(469) *Cf.* Informe General para el 12° Congreso International de Ciencias Administrativas (Vienne, 16-20 Juillet de 1962), sur le sujet *Organización gubernamental para el desarrollo económico, cit.*, p. 61

(470) *Cf.* Z. RYBICKI, *Rapport polonais,* p. 32.

(471) *Cf.* Z. RYBICKI *Rapport polonais,* p. 29.

(472) *Cf.* Informe General al 12° Congreso International de Ciencias Administrativas (Vienne 16-20 juillet 1962) sur le sujet *Organización gubernamental para el desarrollo económico, cit.*, p. 78.

réalisé ou non les étapes prévues par le plan. Ainsi, il existe des organes spéciaux qui exercent leur contrôle sur l'exécution des plans, particulièrement le Bureau National de Planification qui est responsable du contrôle sur l'accomplissement des données de plan national d'économie[(473)].

Par ailleurs, et même s'ils ne suivent pas le modèle des régimes d'économie planifiée; certains pays, comme la France, ont établi, dés la fin de la deuxième guerre mondiale, une planification indirecte, sans système central dans lequel toute la direction de l'économie est confiée aux organismes publics de planification. Comme conséquence, la planification française, contrairement à celle en vigueur dans les pays socialistes, n'est pas impérative mais indicative, du fait qu'elle ne fixe pour le pays que des buts économiques. Cependant, ceux-ci sont toujours obligatoires pour le gouvernement quant à son propre domaine économique[(474)]. Par conséquent, dans le domaine des activités industrielles et commerciales de l'Etat les buts du plan sont impératifs.

En France, à l'origine, le plan est élaboré par le Commissaire général au plan et soumis par le gouvernement à l'approbation du Parlement. En principe, il est réalisé par les ministres correspondant aux activités qui y sont inclues, et le contrôle administratif est, par conséquent, de type financier. Cependant, en vue de l'établissement d'un contrôle général, le décret du 16 janvier 1947 charge le Commissaire au Plan de surveiller l'exécution du plan. Si le Commissaire juge que cette exécution peut être compromise pour n'importe quelle raison, il informe les Ministères compétents de la difficulté, laquelle sera éventuellement présentée au Premier ministre ou au Comité économique interministériel. Le résultat du travail de contrôle du Commissaire est consigné dans un rapport annuel d'exécution du plan[(475)].

96. En tout cas, dans la plupart des pays occidentaux, la présence de l'Etat dans la vie économique, comme producteur de biens et services, sans être propriétaire des principaux moyens de production, a provoqué la nécessité d'établir une coordination entre les diverses entreprises d'Etat. Cette coordination s'est réalisée, soit en établissant un contrôle direct par l'intermédiaire d'un organe administratif de coordination, soit en créant des organismes économiques séparés de la personnalité de l'Etat, destinés à effectuer cette tâche. Dans le second cas, ceci donne lieu à un contrôle administratif indirect que nous analyserons plus loin. Nous allons voir maintenant les systèmes directs de coordination que nous propose le droit comparé.

Aux Philippines par exemple, le contrôle administratif de la plupart des corporations qui sont propriété de l'Etat ou soumises à son contrôle, appartient à un organisme central, nommé bureau de coordination économique, dont le directeur, le coordinateur, a le rang de Ministre. Dans l'exercice de ses fonctions, le coordinateur peut promulguer des lignes directives d'importance concernant les

(473) *Cf.* Informe General al 12° Congreso Internacional de Ciencias Administrativas, (Vienne 16-20 juillet 1962) sur le sujet *Organización gubernamental para el desarrollo económico*, *cit.*, p. 78.

(474) *Idem*, p. 14.

(475) *Cf.* Lorenzo RODRÍGUEZ DURANTEZ, «La planificación francesa», *RAP*, n° 38, 1962, p. 420.

corporations, il peut prendre des décisions pour ce qui touche à l'orientation de l'entreprise, il peut contrôler le budget et les rapports des corporations et peut intervenir au sujet de l'embauchage du personnel[476]. Un organisme semblable existe en République Arabe-Unie, mais il est présidé par le Président de la République[477].

Dans d'autres pays, comme le Vénézuéla où il existe un Bureau Central de Coordination et Planification[478], cet organisme a avant tout un caractère consultatif. Ceci se rencontre également en Finlande[479].

Dans les pays occidentaux qui ont réalisé le développement d'organismes administratifs de coordination, il est nécessaire de souligner le rôle de l'Italie. En effet, dans ce pays, il y a encore quelques années, la participation de l'Etat dans l'activité économique portait la trace d'un développement organique et fragmentaire. De cette manière, la gestion des entreprises incombait à divers organes et administrations, sans coordination politique systématique. Pourtant, à partir de la période de reconstruction d'après-guerre, le pays s'est vu dans la nécessité de procéder à une réorganisation du secteur public, non seulement afin de permettre un contrôle public plus important sur celui-ci, mais aussi et surtout pour effectuer une coordination plus importante des participations de l'Etat dans le cadre de la politique du gouvernement. C'est ainsi qu'est né le *Ministero delle Participazioni Statali* créé par la loi du 22 décembre 1956,[480] sur lequel retombe la responsabilité politique de la conduite de tout l'ensemble des activités qui lui incombent, mais ne peut se mêler à la gestion des entreprises. Son activité est orientée principalement vers l'élaboration des directives générales, touchant aux lignes de développement des activités productives contrôlées et la prédisposition des mesures nécessaires à une orientation plus efficace de secteurs déterminés[481], mais les entreprises propres ou en régies sont exclues de toute façon de son champ d'action[482]. Le ministère des participations d'Etat -étant entendus comme telles, tous les établissements et entreprises, tant publics que privés et seulement ces établissements et entreprises auxquels l'Etat apporte sa contribution directement ou indirectement, par l'apport de capitaux ou de biens[483] ainsi que nous l'avons dit, ne gère pas directement les entreprises, car cette tâche revient à des organismes autonomes de gestion. En conséquence, ont été transférées sous l'autorité du ministère en question toutes les entreprises et participations qui étaient auparavant gérées par l'I.R.I. (*Instituto per la Recostuzione Industriale*), l'E.N.I. (*Ente Nazionale Idrocarburi*) et les autre ministères, faisant désormais place à une politique commune et coordonnée. Pour cela, l'on a dit à juste raison

---

(476) *V.* «Rapport de la *General Auditing Office* des Philippines» in *IV CICFP,* Vol. 3. p. 153.

(477) *V.* Mohammed TAWFIK YOUNES, «Rapport de la RAU» in *IV CICFP,* Vol. 4, p. 17.

(478) *Manual de organización*, Comisión de Administración Pública, Caracas 1963, p. 48.

(479) *V.* Tore MODEEN, *Rapport finlandais,* pp. 22 et 23.

(480) *V.* F. FRANCHINI, «Aspects juridiques de l'intervention de l'Etat dans l'organisation économique italienne», *loc. cit.*, p. 231.

(481) *Cf.* Gaetano STAMMATI, «La empresa pública en la teoría económica y en la experiencia italiana», *ICE,* mars 1964, p. 107.

(482) *Cf.* F. FRANCHINI, «Aspects juridiques de l'intervention ...», *loc. cit.,* p. 236.

(483) *V.* F. FRANCHINI, «Aspects juridiques de l'intervention ...», *loc. cit.,* pp. 234 et 235.

que la constitution de ce ministère a donné pour la première fois la possibilité d'exercer, en Italie, une politique plus complète et mieux conçue, ce qui auparavant était presque impossible[484].

B. Contrôle administratif indirect

97. Nous avons signalé précédemment que le contrôle administratif qui était exercé sur les entreprises publiques pouvait être direct ou indirect. Nous avons analysé les cas du droit comparé dans lesquels le contrôle direct est exercé par l'administration elle-même, soit par l'intermédiaire du ministère respectif, par voie de contrôle hiérarchique ou de tutelle, soit par l'intermédiaire d'organes administratifs de coordination ou de planification.

Nous étudierons maintenant les cas de contrôle administratif indirect exercé sur les diverses activités industrielles et commerciales de l'Etat, et qui présente la particularité d'être effectué, non pas par l'Administration ou un de ses organes hiérarchisés, mais par des organismes autonomes doués de personnalité juridique distincte de celle de l'Etat, et qui, par conséquent, sont soumis au contrôle direct de celui-ci.

Ce phénomène s'observe, non seulement dans les pays de régime d'économie planifiée où il s'assemble avec les contrôles propres de l'exécution du plan, mais aussi, dans les pays de régime capitaliste, bien qu'il ne s'y élabore pas de programmes, ni s'y développent de systèmes de planification.

98. En Grande-Bretagne par exemple, le terme de planification économique n'est plus aujourd'hui utilisé pour décrire les politiques formulées par le gouvernement pour contrôler et ajuster l'économie nationale, ce qui ne peut être interprété comme libéralisme économique, puisque le Gouvernement a des facultés directes et indirectes sur le montant et la composition du revenu national et n'hésite pas à les utiliser[485]. En outre, ainsi que nous l'avons vu, l'Angleterre a été l'un des pays occidentaux où il y a eu, peut-être à cause des nationalisations, une intervention décisive de l'Etat dans l'économie. Donc, s'il ne s'est pas développé de mécanismes de planification, il a été prévu en tout cas des mécanismes de coordination qui représentent certainement un contrôle indirect exercé par l'Etat sur les entreprises publiques. En effet, les mêmes lois de nationalisation ont créé divers bureaux locaux nommés *Regional Board*, *Area Board*, *Control Board*, *National Board*, essentiellement destinés à unifier, orienter et surveiller l'activité des différentes entreprises nationales. Dans tous ces cas, même si le principe de la centralisation sous l'égide du ministre intéressé, est respecté partout, l'on peut trouver dans la coordination et la subordination des entreprises nationalisées anglaises, plusieurs solutions. En premier lieu, dans certains cas, il est prévu une coordination en deux degrés: la *Coal Industry*

---

(484) *V.* Natalia GAJL, «Les entreprises d'Etat en France, en Italie et en Pologne», *loc. cit.* p. 160.

(485) *V.* Informe General al 12° Congreso Internacional de Ciencias Administrativas (Vienne 16-20 juillet 1962) sur le sujet *Organización gubernamental para el desarrollo económico*, *cit.* p. 12.

Nationalisation Act de 1946 stipule ainsi la création du *National Coal Board* auquel est assignée la tâche de diriger l'ensemble de l'activité de l'industrie nationalisée du charbon. Ce conseil est une personne juridique autonome avec capacité de droit et d'action, bien qu'elle soit placée sous le contrôle et la direction immédiate du Ministre intéressé qui nomme le Président et huit des membres du Conseil d'Administration. C'est d'une manière semblable qu'a été résolu le problème de la coordination et de la subordination dans le *Iron and Steel Act*, qui prévoyait la création de la *Iron and Steel Corporation of Great Britain* dont les fonctions sont de diriger et orienter l'activité des entreprises nationalisées[(486)]. Par ailleurs, certains systèmes britanniques de coordination se réalisent en trois degrés, surtout quand la nationalisation comprend un grand nombre d'entreprises, dont l'activité concerne plus directement les catégories les plus nombreuses de la population. Par exemple, c'est le cas de l'*Electricity Act de 1947* qui a établi, entre les différentes entreprises nationalisées et la direction suprême personnifiée par le Ministre compétent, deux instances intermédiaires: la *British Electricity Authority ou Central Authority* et *l'Area Board*, formées de Conseils d'Administration nommés par le Ministre; leurs fonctions respectives consistent à coordonner, diriger, et contrôler les entreprises nationalisées, tout en étant hiérarchiquement distribuées. Les grandes lignes de l'orientation et de la direction, ainsi que le contact direct avec le Ministre intéressé ont été laissés au *British Electricity Board*, tandis que la tâche de coordonner l'application des lignes générales d'orientation et de direction, ainsi que le contact direct avec les entreprises nationalisées étaient laissés à l'*Area Board*[(487)].

Dans tous ces cas, les organes de coordination dépendent hiérarchiquement du Ministre respectif[(488)] et cependant, du fait qu'ils possèdent une organisation et une personnalité distincte de celle de l'Etat, leur activité est considérée comme étant de contrôle administratif indirect.

99. Dans cette catégorie d'organismes de coordination, bien que nombre d'entre eux aient aussi des fonctions de gestion, il faut aussi inclure les *ente publici economici* du droit italien[(489)] et principalement *l'Instituto per la Recostruzione Industriale*. En effet, le *I.R.I*, qui a été fondé à la suite de la crise économique de 1929, par le décret-loi N° 5 du 23 janvier 1933, constitue un véritable instrument d'administration et de contrôle à l'égard des participations souscrites par l'Etat dans le secteur des affaires économiques et il se présente comme un très puissant instrument de politique économique entre les mains de l'Etat. L'*I.R.I.* prévoit la coordination ou développement et la direction des diverses entreprises où il possède des intérêts et son action s'exerce principalement par l'intermédiaire de cinq grands *holdings* qu'il a constitués dans les secteurs de l'énergie électrique (*Finelettrica*), des téléphones (*Stet*), des constructions navales et des messageries maritimes (*Finmare*), de la mécanique (*Finmeccanica*) et de la sidérurgie

(486) *V.* en K. KATZAROV, *op. cit.*, p. 369.
(487) *V.* en K. KATZAROV, *op. cit.*, p. 370.
(488) *Cf.* K. KATZAROV, *op. cit.*, p. 369.
(489) *Cf.* Piero VERRUCOLI, «Consideraciones jurídico-mercantiles sobre las empresas en mano pública», *loc. cit.*, pp. 160 et 161.

(*Finsider*), Grâce à l'ensemble des actions qu'il détient, L'*I.R.I.* en arrive donc à exercer un contrôle total dans plusieurs des secteurs essentiels de l'économie italienne[(490)]. Il est nécessaire en tout cas de préciser que, si effectivement L'*I.R.I.* est un institut financier de droit public et par conséquent peut être classé dans la catégorie des établissements publics industriels et commerciaux[(491)] toutes les autres sociétés dépendant de lui sont des sociétés anonymes soumises aux règles habituelles du droit privé.

En Espagne, *l'Instituto Nacional de Industrias* présente aussi les caractéristiques d'une organisme de coordination économique car si effectivement, il ne produit généralement pas directement, il agit comme un trust d'entreprises productrices, au sens économique et légal. L'*INI* a été créé par loi du 25 septembre 1941, en tant qu'entité de droit public et afin de promouvoir et de financer, dans l'intérêt de la Nation, la création et la réapparition des industries espagnoles, plus spécialement celles qui se sont proposées comme but principal de résoudre les problèmes apportés par les exigences de la défense du pays ou qui se dédient au développement de son autarchie économique, en offrant à l'épargne espagnole une inversion sûre et attrayante[(492)].

En France, ont le caractère d'organisme de coordination, par exemple les Charbonnages de France, qui ont été constitués comme établissement public. En effet, en France, deux catégories d'organismes assurent la gestion des mines: les Charbonnages de France et les établissements publics constitués dans les divers bassins houillers, dénommés «Houillères du bassin ...» avec l'indication géographique correspondante. Si effectivement, les houillères ont le caractère d'organismes de production, d'exploitation et de vente, les Charbonnages de France, pour l'ensemble du territoire, dirigent, contrôlent et coordonnent leur action, tant dans le domaine technique que dans le domaine commercial et financier[(493)].

Il faut dire enfin, qu'en général ces organismes de coordination ont été créés fondamentalement dans les pays en voie de développement, comme moyen pour promouvoir l'industrialisation ou de développement d'une branche de l'économie ou d'une région déterminée, bien que leur présence, surtout pour cette dernière raison, soit maintenant considérée comme normale dans les pays hautement développés[(494)]. Tel est le cas par exemple, de la *Corporación Venezolana de Fomento* et de la *Corporación Venezolana de Guayana* au Vénézuéla, qui ont respectivement pour objet de promouvoir et fomenter l'industrialisation du pays et le développement de la région de Guayana[(495)].

---

(490) *Cf.* F. FRANCHINI, «Aspects juridiques de l'intervention ...», *loc. cit.*, pp. 232 et ss. N.GAJL, «Les entreprises d'Etat en France, en Italie et en Pologne», *loc. cit.*, pp. 160 et 161.

(491) *Cf.* F. FRANCHINI, «Aspects juridiques de l'intervention ...», *loc. cit.*, p. 239.

(492) *Cf.* J. L. VILLAR PALASÍ, «La actividad industrial del Estado en el derecho administrativo», *loc. cit.*, pp. 85 et 86.

(493) *Cf.* J. RIVERO, «Le régime des nationalisations», *loc. cit.*, (3e cahier), p. 43.

(494) *V.* n° 8.

(495) *V.* renvoi n° 50.

100. En relation aux organismes de coordination de personnalité juridique distincte de celle de l'Etat, par l'intermédiaire desquels celui-ci exerce un contrôle administratif indirect, les dénommées «unions» d'entreprises qui se sont multipliées dans les pays socialistes et dont le régime renferme une certaine unité, méritent une attention toute particulière.

Si effectivement nous avons vu qu'en URSS, l'unité économique de base est constituée par les entreprises d'Etat (*Gospredpriatia*), celles-ci sont regroupées en trusts (trusti), c'est à dire en unions de plusieurs entreprises d'Etat de caractère semblable, immédiatement destinées à être sujets centraux de direction et de représentation et qui ont une fonction de contrôle(496). Il revient aux *trusti*, qui se présentent comme des organismes dotés de personnalité juridique indépendants de l'Etat, de coordonner la production et le travail de ces diverses usines ou entreprises, d'assurer leur ravitaillement en matières premières et de surveiller l'écoulement de leurs produits. Le trust constitue ainsi l'organe de contrôle à la fois administratif et technique de l'entreprise(497). Mais ce n'est pas un organe de contrôle indépendant, puisque le directeur qui le dirige, et qui possède sans doute un pouvoir important, est nommé et peut être révoqué par les instances administratives supérieures(498).

De même en Pologne, une des méthodes de coordination des activités des entreprises publiques consiste à grouper certaines entreprises -soit des entreprises clés ou des entreprises locales- et à les soumettre ainsi à la surveillance et à la direction des organismes qui sont à la fois des unités économiques et des organes de l'administration d'Etat, appelés aussi unions des entreprises d'Etat. De façon générale, ainsi que le signale Rybicki, les tâches des unions en Pologne concernent la planification économique, la coordination des activités des entreprises ainsi que l'exercice du contrôle et de la surveillance. Dans le domaine de la planification économique, l'union détermine l'orientation du développement des entreprises groupées, conformément aux principes de la politique de l'Etat énoncés dans les plans économiques à long terme et dans les plans dits de perspective, elle détermine les indices obligatoires des plans des entreprises sur lesquels les entreprises se fondent en établissant leurs plans, elle élabore les plans économiques d'ensemble de toutes les entreprises groupées dans l'union et elle fournit, en cas de besoin, des directives concernant la réalisation des plans économiques par les entreprises. Dans le domaine de la coordination des activités des entreprises, les unions sont notamment compétentes à déterminer le cadre de la spécialisation des entreprises particulières, à répartir les tâches de production et à organiser la coopération à l'intérieur de la branche économique en question, à créer des bureaux d'études et des laboratoires communs et à prendre d'autres mesures pouvant assurer un progrès technique et économique, à organiser l'approvisionnement en matières premières et l'écoulement des produits finis et à organiser les échanges d'expériences et d'information scientifiques et techniques.

(496) *Cf.* K. KATZAROV, *op. cit.*, pp. 316 et 376; Rodrigo FERNANDEZ CARVAJAL, «Las empresas públicas en Rusia», *loc. cit.*, p. 454; J. N. HAZARD, «Soviet Government Corporation», *loc. cit.*, pp. 853 et ss.

(497) *Cf.* G. LESCUYER, *Le contrôle de l'Etat... cit.*, p. 15.

(498) *Cf.* K. KATZAROV, *op. cit.*, p. 376, G. LESCUYER, *Le contrôle de l'Etat ..., cit.*, p. 376.

Enfin, dans le domaine du contrôle et de la surveillance, l'union effectue le contrôle de la réalisation des plans et d'autres obligations acceptées par les entreprises, elle surveille l'état technique et d'organisation des entreprises ainsi que les conditions de sécurité et d'hygiène du travail, et elle contrôle si la discipline financière, celle des investissements, etc., est respectée[(499)].

Or, ces unions, bien que dotées de personnalité juridique propre en tant qu'organismes autonomes[(500)] sont subordonnées, en ce qui concerne leur organisation et leur fonctionnement, au Ministre compétent (unions des entreprises clés) ou au présidium du conseil populaire de *voivodie* (unions des entreprises locales), de sorte que le Ministre et le présidium constituent des organes hiérarchiquement supérieurs par rapport aux unions[(501)] Ceci confirme leur caractère de moyen de contrôle administratif indirect.

Il faut signaler enfin, que les unions d'entreprises, en tant qu'organes de coordination et de contrôle, dont les caractéristiques générales ont été signalées plus haut, sont également régularisées en Tchécoslovaquie, en Hongrie, en Roumanie, en Bulgarie[(502)].

2. Le contrôle parlementaire

101. Directement ou indirectement, selon leur degré d'autonomie et d'indépendance par rapport à l'Etat, sous une forme ou une autre, il est reconnu, de fait ou de droit, aux représentants du peuple, un droit de contrôle sur les entreprises économiques de l'Etat, c'est à dire qu'il est reconnu au Parlement la faculté de contrôler et d'examiner les activités industrielles et commerciales des pouvoirs publics.

102. Quant aux activités industrielles et commerciales réalisées directement par les organes de l'Administration, celles-ci sont soumises au contrôle parlementaire au même titre que toute autre activité administrative. En ce qui concerne l'aspect financier, ce contrôle est peut-être le plus accentué, puisque les organes administratifs qui développent ces activités sont assujettis à l'obligation budgétaire, et ils doivent présenter un budget partiel dans le projet général de budget de dépenses de l'Etat[(503)]. Il s'agit ici d'un contrôle à priori. En outre, le Parlement exerce aussi un contrôle à posteriori par la vérification annuelle de la gestion du Ministre respectif, sous la compétence et la direction hiérarchique duquel se trouve le service économique non autonome.

103. D'autre part, et bien que doté de personnalité juridique distincte et d'autonomie financière, le Parlement exerce aussi un contrôle sur les activités développées par les établissements publics industriels et commerciaux. En

(499) *V.* Z. RYBICKI, *Rapport polonais,* pp. 16 et ss.

(500) *Cf.* Z. RYBICKI, «L'entreprise publique dans le système polonais ... *loc. cit.,* p. 316; Z. RYBICKI, *Rapport polonais,* p. 21.

(501) *Cf.* Z. RYBICKI, *Rapport polonais,* p. 21.

(502) *V.* K. KATZAROV, *op. cit.,* pp. 373-376.

(503) *Cf.* Tore MODEEN, *Rapport finlandais,* pp. 8 et 9; Gerhardt PLÖCHL, *Rapport autrichien,* p. 13.

premier lieu, et si effectivement ces organismes ne sont pas assujettis à l'obligation budgétaire, du fait qu'ils n'ont pas à soumettre leur budget à l'approbation du Parlement mais seulement à celle du Ministre de tutelle[(504)], dés qu'il existe, dans le budget de l'Etat, une quantité destinée au patrimoine des dits organismes à titre de subvention, celle-ci doit obtenir l'approbation du Parlement au moment de la sanction du budget respectif, ce qui permet un contrôle financier indirect préalables[(505)]; cependant, dans quelques pays, comme l'Italie par exemple, il est exigé, du moins théoriquement, que les budgets reçoivent l'approbation parlementaire[(506)]. Par ailleurs, dans d'autres pays comme la France, même si, en cette matière, le Parlement n'a jamais énoncé les problèmes politiques fondamentaux que suscite la gestion des entreprises publiques[(507)], le plus souvent par suite d'un manque d'information suffisante, celui-ci possède un moyen de contrôle à priori qui consiste à faire soumettre au Parlement, en même temps que le projet de loi de finances, la nomenclature des entreprises publiques[(508)]. D'autre part, le Parlement possède aussi la faculté de suivre et de juger le déroulement des activités des établissements publics industriels et commerciaux, au moyen des commissions parlementaires, charge qui revenait aux sous-commissions permanentes du Parlement français avant 1958[(509)]. Cependant, pour la réorganisation des commissions parlementaires après l'entrée en vigueur de la Constitution du 4 octobre 1958, ce contrôle permanent a disparu. Seules peuvent être constituées pourtant, des commissions d'enquête destinées à étudier tel ou tel aspect particulier des entreprises mais leurs rapports ne sont pas publics[(510)]. Une situation semblable se présente au Vénézuéla où le Congrès peut désigner des commissions d'investigation pour certaines matières[(511)].

En ce qui concerne les établissements publics, le Parlement possède en tout cas des moyens de contrôle indirect a posteriori pour le règlement des comptes du respectif Ministre de tutelle, sur ses actes édictés en relation aux établissements publics industriels et commerciaux, lequel peut être dans ce cas interpellé et soumis au vote de censure[(512)]. Par ailleurs concernant les pays dans lesquels, comme nous le verrons, le Parlement a un organe de vérification des comptes dont les fonctions s'étendent aux établissements publics, le résultat de cette activité de contrôle est généralement porté à la connaissance du Parlement. C'est dans ce cas un caractéristique contrôle financier a posteriori, tel qu'il existe en Italie et au Vénézuéla[(513)].

---

(504) *Cf.* M. A. FLAMME, *Rapport belge*, p. 79.

(505) *Cf.* A. DELION, *L'Etat et les entreprises publiques*, *cit.*, p. 71.

(506) *V.* F. FRANCHINI, «Aspects juridiques de l'intervention de l'Etat ...», *loc. cit.*, pp. 243 et 244.

(507) *V.* P. BAUCHET, «Las empresas públicas en Francia», *loc. cit.*, pp. 87 et 88.

(508) *Cf.* R. DRAGO, *Rapport français*, p. 15; André DELION, *L'Etat et les entreprises publiques*, *cit.*, p. 57.

(509) *Cf.* P. BAUCHET, «Las empresas públicas en Francia», *loc. cit.*, p. 88.

(510) *Cf.* R. DRAGO, *Rapport français*, p. 15.

(511) *V.* Articule 160 de la Constitution de 1961.

(512) *Cf.* A. DELION, «Rapport français» in *IV CICFP*, Vol. IV, p. 155; Gerhardt PLÖCHL, *Rapport autrichien*, p. 12.

(513) *V.* F. FRANCHINI, «Aspects juridiques de l'intervention de l'Etat ...», *loc. cit.*, p. 243; Arts. 234 et ss. de la Constitution du Vénézuéla de 1961.

Enfin, en Italie, il existe une forme spéciale de contrôle financier a posteriori réalisé par le Parlement sur le bilan des établissements publics industriels et commerciaux qui reçoivent des subventions de l'Etat et qui consiste à constater que les deniers publics ont bien été dépensés en vue de satisfaire à l'objectif que l'établissement bénéficiaire se propose d'atteindre au moyen de la dite subvention[(514)].

104. En tout cas, si effectivement le droit comparé nous montre diverses formes de contrôle sur les entreprises publiques lorsque celles-ci sont développées par des personnes de droit public, ce contrôle s'affaiblit généralement vis-à-vis des sociétés commerciales de capital public.

En effet, sauf dans certains cas, lorsque les entreprises publiques sont constituées en tant que sociétés commerciales subventionnées par l'Etat, sur lesquelles le Parlement exerce un contrôle a priori par l'approbation de la respective subvention, les mécanismes dont il dispose sont insuffisants puisque ces sociétés ne sont dans l'obligation d'envoyer aux chambres législatives ni information, ni rapport annuel[(515)]. Et même, dans quelques pays comme la Finlande, il n'a été établi aucun type de contrôle direct sur les sociétés commerciales de l'Etat[(516)]; seul est autorisé un contrôle indirect effectué par l'intermédiaire des résultats de la vérification réalisée par l'Inspection des Finances[(517)].

Dans d'autres pays cependant, par exemple en Italie, le Parlement est autorisé à exercer un contrôle direct sur les sociétés commerciales dans lesquelles l'Etat a une participation, et dont elles reçoivent une subvention, contrôle qui consiste à examiner leur bilan. Dans ce cas, le contrôle du Parlement a pour objet d'examiner la manière dont il a été fait usage des deniers publics attribués en vue d'un objectif qui, dans le cas de ces sociétés, n'a besoin d'être lié qu'indirectement à des fins de caractère public[(518)].

105. Quant au contrôle parlementaire sur les activités industrielles et commerciales de l'Etat, il est nécessaire de souligner plus spécialement les particularités de ce contrôle dans les *Public* et *Government Corporations*.

En ce qui concerne les *Public Corporation*s britanniques, une de leurs caractéristiques essentielles et fondamentales est celle de n'être pas soumises à l'inspection parlementaire pour ce qui est de la gestion ordinaire de l'affaire, laquelle est différente du plan général de cette dernière[(519)]. Cependant, comme le précise W. A. Robson, ceci ne signifie pas que la *Public Corporation* soit libre totalement de l'intervention politique du Parlement du fait qu'elle est sujette à un considérable contrôle ministériel. Ceci implique, comme nous l'avons vu, une responsabilité du Ministre face au Parlement au moins pour ce qui touche à des

(514) *V.* F. FRANCHINI, «Aspects juridiques del l'intervention ...», *loc. cit.*, p. 251.
(515) *Cf.* Pella LENOUDIA, «Las empresas públicas en Grecia», *loc. cit.*, p. 153.
(516) *V.* Tore MODEEN, *Rapport finlandais*, p. 20.
(517) *Cf.* «Rapport du Valtiontalouden Tarkastusvirasto» au *IV CICFP*, *loc. cit.*, Vol. 4, p. 147.
(518) *V.* F. FRANCHINI, «Aspects juridiques de l'intervention de l'etat ...», *loc. cit.*, p. 251.
(519) *Cf.* W. A. ROBSON, *Industria nacionalizada ... cit.*, pp. 65 et 163; W. A. ROBSON, «La *Public Corporation* en Gran Bretaña», *loc. cit.*, p. 117.

matières sur lesquelles le contrôle de tutelle peut être effectué[520]. En tout cas, il faut signaler que le sujet ayant rapport à la mesure dans laquelle le Ministre peut être sujet à des interpellations parlementaires pour des matières concernant les *Public Corporation*s a été très discuté. Dans ce sens, W. A. Robson fait encore remarquer que les membres de tous les partis ont demandé à la Chambre des Communes des droits plus larges permettant de requérir des Ministres une information relative aux industries nationalisées; nonobstant, le Parlement a adhéré, en substance, au principe préconisé par Mr. Herbert Morrison en 1947, lorsqu'il a dit qu'il serait contraire à l'intention clairement manifestée par le Parlement quand il a fondé les *Public Corporation*s et leur a donné une large indépendance pour ce qui touche aux questions d'administration, que les Ministres donnent information sur les matière ordinaires, ceci pouvant provoquer une intervention ministérielle excessive dans la liberté d'action des conseils d'administration[521].

En tout cas il est nécessaire d'indiquer que durant chaque période parlementaire, à l'occasion des débats qui ont lieu au sujet des rapports et des règlements des comptes annuels que les *Public Corporation*s doivent remettre au Parlement par l'intermédiaire du ministre respectif, il se présente une importante occasion de réaliser une critique et une révision générale des industries nationalisées qui vont au-delà des seules possibilités qu'octroie l'interpellation[522].

Or, les moyens de contrôle parlementaire cités ont été jugés insuffisants par la Chambre des Communes, en raison notamment de l'exclusion des sujets dits de détail dans le domaine des questions qui peuvent être exposées aux Ministres et dont la définition reste vague[523]. Pour cela, il a été créé en 1955, en tant que moyen complémentaire de contrôle du Parlement, un comité de surveillance (*Select Commitee*) qui est une commission permanente chargée du contrôle a posteriori des entreprises nationalisées, en même temps que de leur surveillance permanente. Le comité. pouvait examiner les rapports et comptes de gestion des industries nationales et obtenir sur cette gestion une information supplémentaire[524]. Les pouvoirs de cette commission étaient cependant insuffisants et en 1956, une nouvelle commission spéciale a été créée pour examiner les rapports et les comptes des industries nationales; celle-ci, contrairement à la précédente, n'a pas rencontré d'obstacles ni de prohibitions au cours de sa tâche[525].

---

(520) *V.* W. A. ROBSON, *Industria nacionalizada ... cit.*, p. 65.

(521) *V.* W. A. ROBSON, «La Public Corporation en Gran Bretaña» *loc. cit.*, p. 118.

(522) *Cf.* W. A. ROBSON, *Industria nacionalizada ... cit.*, pp. 74 et 178; W. A. ROBSON, «La empresa pública en Gran Bretaña», *loc. cit.*, p. 76; W. A. ROBSON, «La Public Corporation en Gran Bretaña» *loc. cit.*, p. 119; G. LESCUYER, *Le contrôle de L'etat ...*, *cit.*, p. 56; L. LÓPEZ RODÓ, «Las empresas nacionalizadas ... », *loc. cit.*, p. 400.

(523) *V.* G. LESCUYER, *Le contrôle de L'etat ... cit.*, p. 66; *Cf.* W. A. ROBSON, *Industria nacionalizada ... cit.*, pp. 164 et ss.; LORD REITH, «Public Enterprises: Necessity to Examine their Control and Structure», *Public Administration,* Vol. XXXIV, Winter 1956, pp. 351-355, *V.* un commentaire bibliographique de F. RUBIO LLORENTE et M. PEREZ OLEA en *RAP,* nº 21, 1956, p. 569.

(524) *Cf.* W. A. ROBSON, *Industria nacionalizada ... cit.*, p. 182 et ss., G. LESCUYER, *Le contrôle de L'etat ... cit.*, pp. 66 et 135.

(525) *Cf.* S. MARÍN MARÍN, *Aspectos de la Administración Pública Autonómica*, *cit.*, pp. 291 et 292; W. A. ROBSON, *Industria nacionalizada ... cit.*, p. 187.

Aux Etats-Unis, tel que nous l'avons indiqué[(526)], les *Government Corporations* ont fait leur apparition, en ce qui concerne les aspects du contrôle, selon le modèle britannique et demeurèrent ainsi jusqu'en 1945, date à laquelle le système a été modifié substantiellement par la *Government Corporation Control Act*, qui les a converties, comme le signale Pritchett, en agences semblables aux départements habituels du gouvernement[(527)]. En premier lieu, nous avons vu que la loi mentionnée a éliminé l'exemption d'inscription des corporations du gouvernement au budget de l'Etat, et actuellement, de ce fait, leur budget dépend du Budget National et doit être soumis tant à l'approbation du budget bureau comme à celle du Congrès[(528)]. Ceci implique donc l'existence d'un contrôle parlementaire a priori qui ne se différencie pas du contrôle proprement dit de la procédure budgétaire ordinaire[(529)]. Ainsi les deux Chambres sont amenées à consentir annuellement des crédits aux entreprises et, en fait, à surveiller toute leur politique. Le programme de budget qui leur est soumis doit comprendre les estimations relatives aux conditions financières et opérations de la *Corporation* pour l'année fiscale courante et la suivante, de même que les conditions actuelles et les résultats de la dernière année fiscale totalement connus[(530)]. De plus, le Congrès dispose du *général audit* des Etats-Unis pour être informé chaque année de toutes les opérations financières effectuées[(531)].

Enfin, et concernant également le contrôle parlementaire des *Government Corporations* aux Etats-Unis, le Congrès peut désigner des comités d'enquête entre les deux Chambres pour surveiller les activités des industries gouvernementales[(532)].

3. Le contrôle réalisé par les institutions supérieures de contrôle des finances publiques

106. Il existe une tendance généralisée dans les systèmes financiers vus par l'intermédiaire du droit comparé, par laquelle les Etats, dans le but de développer et amplifier leurs finances publiques, créent des organismes spéciaux, presque toujours auxiliaires du Parlement ou de catégorie juridictionnelle, mais, en tout cas, séparés du pouvoir exécutif, dont les fonctions spécifiques sont de réaliser le contrôle fiscal ou celui des finances publiques[(533)].

---

(526) *V.* n° 55.

(527) *V.* Herman PRITCHETT, «The Government Corporation Control Act. of 1945», 40 *American Political Science Review*, 1946, p. 495, *cit.* par J. N. HAZARD, *Rapport des Etats-Unis*, p. 5.

(528) *Cf.* G. LESCUYER, *Le contrôle de l'Etat ... cit.*, p. 63; *V.* n° 55.

(529) *Cf.* G. LESCUYER, *Le contrôle de l'Etat ... cit.*, p. 64.

(530) *Cf.* J. N. HAZARD, *Rapport des Etats-Unis*, pp. 5 et 6.

(531) *V.* Leonard D. WITHE, *Introducción al estudio de la administración pública*, *cit.*, pp. 3-9.

(532) *Cf.* G. LESCUYER, *Le contrôle de l'etat ... cit.*, pp. 13 et 135.

(533) Pour une étude comparative de ces institutions voir les travaux présentés au Vème Congrès Internationaux des Institutions Supérieures de Contrôle des Finances Publiques, dont le dernier a eu lieu en Israël en 1965; entre autres *v.* les actes du IV Congrès édités a Vienne; de même *v.* les travaux présentés

Généralement, ces organismes supérieurs de contrôle, dans l'exercice de leurs fonctions spécifiques, réalisent un contrôle a posteriori sur les activités industrielles et commerciales de l'Etat, lorsque celles-ci sont en relation avec les motifs ordinaires de contrôle fiscal, donc, sauf de rares exceptions, comme en France, il n'est pas prévu l'existence d'organismes destinés spécialement à contrôler les dites activités.

En effet, en Italie par exemple, la Cour de Comptes qui est, quant à la gestion financière, l'organisme de surveillance du Parlement, s'est vu attribuer, selon une norme constitutionnelle, la faculté de contrôler la gestion financière des organismes qui jouissent ordinairement d'une aide de l'Etat et doit soumettre directement aux Chambres les résultats de son contrôle(534). Donc, toutes les personnes juridiques, publiques ou privées subventionnées par l'Etat, doivent présenter à la Cour des Comptes les résultats de leur comptes et budgets, leurs comptes de pertes et profits, ainsi que les rapports de leurs organes administratifs et de contrôle. La Cour des Comptes exerce alors sur les bilans des organismes subventionnés un contrôle qui a pour but de préparer la voie au Parlement. Il s'agit en définitive d'une action consistant à étudier la gestion financière des organismes contrôlés grâce à l'examen de leurs propres bilans et donnant la possibilité de solliciter les informations et documents que la Cour juge nécessaires.

En tout cas, il faut observer qu'à l'égard des bilans des établissements et entreprises subventionnés, la Cour des Comptes italienne observe une attitude bien différente de celle qu'elle adopte à l'égard du budget de l'Etat. En effet, à l'égard de ce dernier, l'action de contrôle de la Cour des Comptes s'exerce, en premier lieu, au cours de l'exécution du budget préalablement adopté, par l'examen relatif à la légitimité des engagements pris et des dépenses effectuées. A ce contrôle financier préalable en succède un autre, opéré par la Cour des Comptes au moment où elle procède à la confrontation de ses propres écritures et de celles qui résultent du budget lui-même: contrôle qui se conclut par une déclaration spéciale d'égalisation, laquelle vient prendre place en même temps qu'un résumé des résultats de l'examen effectué par la Cour des Comptes, dans le rapport présenté au Parlement en même temps que le budget. Au contraire, à l'égard des bilans des entreprises subventionnées, la Cour des Comptes n'est pas habilitée à procéder à une délibération formelle qui, même de loin, puisse être assimilée à celle qui intervient pour le budget de l'Etat, et elle ne peut évidemment pas formuler de déclaration de conformité à ses propres écritures, ni même une approbation des bilans(535).

Il est important en tout cas de souligner que la Cour des Comptes, malgré les restrictions mentionnées, peut contrôler tous les organismes subventionnés par

---

aux IIème Congrès d'Amérique Latine des organismes de contrôle, dont le dernier s'est célébré au Chili en 1965. Entre autres, *v.* les mémoires du 1er Congrès célébré à Caracas et publiés à Caracas en 1963.

(534) *V.* «Rapport de la *Corte dei Conti* italienne» in *IV CICFP,* Vol. 3, pp. 93 et 95

(535) *Cf.* F. FRANCHINI, «Aspects juridiques de l'intervention ...», *loc. cit.,* p. 255; «Rapport de la *Corte dei Conti* italienne» in *IV CICFP,* Vol. 3, pp. 93 et ss.; S. MARIN MARIN, *Aspectos de la administracidn pública autonómica, cit.,* pp. 296 et 297.

l'Etat, même s'il s'agit de sociétés commerciales dans lesquelles ce dernier a participation ou auxquelles il accorde une subvention. Suivant cette même orientation, nous citerons l'exemple de l'Inspection des Finances de Finlande, organisme chargé du contrôle du Budget National[(536)], qui a également dans ses attributions le contrôle des sociétés commerciales dans lesquelles l'Etat a une participation[(537)]. Cependant, il ne peut donner ni instructions, ni ordres aux organismes de la société selon la forme dont il les donne aux autorités et institutions de l'Etat; les observations faites au cours du contrôle doivent toujours être présentées au Ministère dont dépend l'entreprise[(538)].

De même, les organismes spéciaux de contrôle des Finances publiques d'Autriche (*Rechnungshof*)[(539)] et d'Israël (*State Comptroller*)[(540)], peuvent étendre leur fonction de contrôle sur les sociétés commerciales dans lesquelles l'Etat a participation, même si dans quelque cas, comme en Espagne, il est exigé que la participation de l'Etat soit supérieure à 75% du capital social[(541)]. En Allemagne, par ailleurs, si effectivement les dites entreprises ne sont pas directement soumises au contrôle de la Cour des Comptes (*Bundesrechnungshof*), les instructions pour le contrôle réalisé par un expert technique désigné à cet effet sont données par celle-ci[(542)], bien que soit admise la possibilité d'un contrôle direct par la Cour si l'Etat accorde une subvention à l'entreprise en question[(543)].

Ceci se présente aussi en Suède où les *Riksdagens* qui n'examinent généralement pas les affaires des compagnies contrôlées par l'Etat, peuvent cependant le faire si ces compagnies reçoivent une subvention[(544)].

D'autre part, en Belgique, la Cour des Comptes, bien qu'ayant faculté pour contrôler les activités développées par les établissements publics industriels et commerciaux[(545)], ne peut étendre son contrôle sur les sociétés commerciales dans lesquelles l'Etat a participation[(546)]. En ce sens, les organismes supérieurs de contrôle des finances publiques du Brésil (Tribunal des comptes)[(547)], d'Irak (*Comptroller* and *Auditor General*)[(548)], des Pays-Bas (Chambre des Comptes)[(549)] ne peuvent étendre leur fonction de contrôle sur les sociétés commerciales dans lesquelles l'Etat a participation.

---

(536) *Cf.* «Rapport du *Valtionatalouden Tarkastusvirasto* de Finlande» in *IV CICFP,* Vol. 4, p. 145.

(537) *Cf.* Tore MODEEN, *Rapport finlandais,* pp. 11 et 18.

(538) *V.* «Rapport du *Valtiontalouden Trakastrusvirasto* de Finlande», in *IV CICFP,* Vol. 4, p. 147.

(539) *V.* Gerhardt PLÖCHL, *Rapport autrichien,* p. 16; Josef MARSCHALL, «Rapport autrichien» au *IV CICFP, loc. cit.,* Vol. 4, pp. 239 et 249.

(540) *V.* «Rapport du *State Comptroller's Office*» in *IV CICFP,* Vol. 4, p. 199.

(541) *V.* «Rapport du *Tribunal de Cuentas* espagnol» in *IV CICFP,* Vol. 4, p. 271.

(542) *Cf.* Klaus VOGEL, *Rapport Allemagne*, p. 14; «Rapport du *Bundesrechnunghof*» in *IV CICFP,* Vol. 4, pp. 137 et 139.

(543) *V.* «Rapport du *Bundesrechnunghof* de la Republique Fédérale d'Allemagne» in *IV CICFP,* Vol. 3, p. 45.

(544) *V.* Hâkan STRÖMBERG, «La empresa pública en Suecia», *loc. cit.,* p. 149.

(545) *V.* M. A. FLAMME, *Rapport belge,* pp. 43; *Cf.* G. LESCUYER, *Le contrôle de l'Etat ... cit.,* p. 122.

(546) *V.* M. A. FLAMME, *Rapport belge,* p. 80.

(547) *V.* A. BROCHADO DA ROCHA, «Rapport brésilien» in *IV CICFP,* Vol. 4, p. 123.

(548) *V.* A. K. SAID, «Rapport d'Irak», in *IV CICFP,* Vol. 4, p. 145.

(549) *V.* «Rapport du *Algememe Rekenkamesrides* Pays-Bas» in *IV CICFP,* Vol. 4, p. 229.

107. Quant au contrôle que peuvent exercer les organismes de contrôle des finances publiques sur les organismes d'Etat qui développent des activités industrielles et commerciales, il est nécessaire du souligner le système français dans lequel il a été créé par la loi du 6 janvier 1958 un organisme satellite de la Cour des Comptes destiné spécialement à contrôler les comptes des entreprises publiques et dénommé «Commission de vérification des Comptes des entreprises publiques». Les pouvoirs de la Commission sont de caractère général: «elle procède annuellement à l'examen des comptes de gestion, bilans et comptes de pertes et profits des entreprises susvisées et en tire toutes les conclusions sur les résultats financiers de celle-ci». «elle exprime son avis sur la régularité et la sincérité des comptes, elle propose, le cas échéant, les redressements qu'elle estime devoir être apportés à ces comptes et porte un avis sur la qualité de la gestion commerciale et financière de l'entreprise»; la loi précitée ajoute enfin que «dans les rapports d'ensemble sur l'activité et les résultats des entreprises contrôlées par elle, elle signale, le cas échéant, les modifications qui lui paraissent devoir être apportées à la structure ou à l'organisation de ces entreprises, et donne son avis sur ses perspectives d'avenir»(550).

Or, la compétence de la Commission de Vérification s'étend aux établissements publics industriels et commerciaux, aux entreprises nationalisées et sociétés d'économie mixte dans lesquelles l'Etat possède au moins la majorité du capital social(551), et le rapport général est adressé chaque année au Parlement, au Premier Ministre et à la Cour des Comptes(552).

108. Enfin, dans les pays anglo-saxons, les comptes des entreprises publiques sont contrôlés ou examinés par les organismes de contrôle des dépenses publiques. En effet, en Angleterre, la Commission des Comptes publics de la Chambre des Communes, puissant instrument parlementaire pour contrôler les dépenses des départements gouvernementaux, a procédé aussi à examiner les comptes des entreprises nationalisées, mais le dit contrôle est fait surtout sur les entreprises qui dépendent économiquement de l'Etat(553).

Aux Etats-Unis, depuis le *Government Corporation Control Act* de 1945, «les transactions commerciales des *Corporations* qui sont totalement aux mains du Gouvernement sont contrôlées par le *General Accounting Office*, en accord avec les principes et procédés appliqués aux transactions commerciales et avec les normes et régulations qui sont signalées par le Contrôleur Général des Etats-Unis»(554). Cependant, bien que cette prévision légale paraisse indiquer que le *General Accounting Office* ne peut exercer qu'un contrôle de type commercial,

---

(550) *V.* A. DELION, «Rapport français» in *IV CICFP,* Vol. 4, p. 16; *Cf.* R. DRAGO, *Rapport français*, p. 14.

(551) *Cf.* F. J. FABRE et R. MORIN. «A propos d'une décision du Tribunal des Conflits. Quelques aspects actuels du contrôle des sociétés d'économie mixte», *RDP,* París 1964, nº I, p. 789; A. DELION, «Rapport français» in *IV CICFP,* Vol. 4, p. 163; P. DU PONT, *L'Etat industriel*, *cit.*, p. 136.

(552) *Cf.* G. LESCUYER, *Le contrôle de l'Etat ... cit.*, p. 121; A. BAUCHET, «Las empresas públicas en Francia», *loc. cit.*, p. 89.

(553) *Cf.* W. A. ROBSON, *Industria nacionalizada y propiedad pública*, *cit.*, p. 190.

(554) *V.* J. N. HAZARD, *Rapport des Etats-Unis*, p. 6.

ceci n'a jamais été fait. En effet, le Bureau Général de Comptabilité, non seulement a procédé à vérifier les comptes des Corporations, mais encore a voulu décider de leur approbation, réviser les dépenses et les engagements non résolus de celles-ci pour déterminer si elles étaient ou non autorisées conformément aux dispositions réglementaires du *General Controller*[(555)]. Ainsi, le Bureau Général de Comptabilité peut, dans un certain sens, compromettre en forme rétrospective la validité des transactions des corporations, ce qui, selon A. Abel, est fortement préjudiciable aux opérations de l'entreprise[(556)].

109. Enfin, il faut signaler que, dans les pays d'Europe orientale, l'institution des organismes supérieurs de contrôle des Finances publiques n'a généralement pas connu d'essor, excepté cependant la Pologne où il existe une Chambre de contrôle qui est directement responsable devant la Diète et est indépendante de l'Exécutif; elle a pour objet de contrôler les activités des organismes de l'Etat en ce qui concerne leur légalité, leurs inversions et leur économie. Cette entité présente ses observations chaque année à la Diète en relation avec l'exécution du budget et du plan national d'économie[(557)] en incluant dans ce dernier domaine les activités développées conformément à celui-ci par les entreprises de l'Etat.

4. Le contrôle réalisé par des groupements d'intérêts de la collectivité

110. Ainsi que l'a défini J. Rivero, la nationalisation est l'opération par laquelle la propriété d'une entreprise ou d'un groupe d'entreprises est transférée à la collectivité afin de les soustraire, dans l'intérêt général, à la direction capitaliste[(558)]. Donc, il s'agit en principe d'une opération dont l'objet est de substituer la direction capitaliste de l'entreprise par une direction sociale de la collectivité et non directement de l'Etat. Ainsi le terme de nationalisation doit être identifié avec celui de socialisation, entendue comme telle, selon M. García Pelayo, la gestion des entreprises par des groupes de catégories intéressées dans la production: représentants des ouvriers et des techniciens, des consommateurs et de l'Etat[(559)]. La présence de ce dernier est nécessaire ajoute García Pelayo, non seulement en sa qualité de représentant des intérêts généraux de la société, mais aussi du fait que toute socialisation doit reposer sur un plan économique général dont la surveillance revient normalement à l'Etat. La socialisation suppose donc la propriété collective, la gestion combinée, l'autonomie et non l'indépendance en ce qui concerne l'Etat[(560)].

---

(555) *V.* Albert S. Abel, «La corporación pública en los Estados Unidos», *loc. cit.*, p. 141.

(556) *V.* A. S. Abel, «La corporación pública en los Estados Unidos», *loc. cit.*, p. 141; *Cf.* J. N. Hazard, *Rapport des Etats-Unis*, p. 6.

(557) *V.* Informe General al 12° Congreso Internacional de Ciencias Administrativas (Vienne, 16-20 juillet 1962) sur le sujet *Organización gubernamental para el desarrollo económico*, *cit.*, p. 78.

(558) *V.* J. Rivero, «Le régime des nationalisations», (Extrait du *Juris-Classeur Civil*-Annexes) *cit.*, (28 cahier), p. 1.

(559) *V.* M. García Pelayo, «Sobre los presupuestos y consecuencias de la socialización», *RAP*, n° 3, 1950, p. 14.

(560) *V.* N. García Pelayo, «Sobre los presupuestos y consecuencias de la socialización», *loc. cit.*, p. 14.

Cette idée va accompagner à un degré plus ou moins grand, quelques-uns des processus importants de nationalisation, tant dans les pays occidentaux que dans les pays de l'Est européen, et va permettre l'ingérence de certains groupes de la collectivité intéressés dans la gestion et le contrôle des entreprises publiques; cependant il faut dire que la plupart des nationalisations ne subissent qu'un contrôle public et ignorent le contrôle direct du consommateur bien qu'en définitive celui-ci supporte les conséquences du mauvais fonctionnement des entreprises, soit parce que leurs produits ne lui parviennent pas à temps, soit parce qu'ils sont de mauvaise qualité ou trop coûteux[561].

111. En effet, en France, le programme établi sous l'occupation le 15 mars 1944, par le Conseil national de la Résistance comprenant dix-sept membres représentant les mouvements de résistance, les organisations ouvrières et les partis politiques, demandait «l'instauration d'une véritable démocratie économique et sociale, impliquant l'éviction des grandes féodalités économiques et financières de la direction de l'économie» et le «retour à la nation des grands moyens de production monopolisés, fruit du travail commun, des sources d'énergie, des richesses du sous-sol, des compagnies d'assurances et des grandes banques». De même à Alger, devant l'Assemblée consultative, le 25 juillet 1946, le général de Gaulle annonçait «la nécessité de mettre, avant qu'il ne soit trop tard, à la disposition de la Nation, la direction et l'exploitation des grandes sources de la richesse commune et de suspendre le jeu de ces vastes conjonctions et combinaisons d'intérêts qui n'ont que trop pesé sur l'Etat et sur les citoyens» [562]. Suivant cette même orientation, dans l'alinéa 9 du préambule de la Constitution du 27 octobre 1946 il est signalé que «tout bien, toute entreprise dont l'exploitation a ou acquiert les caractères d'un service public national ou d'un monopole de fait, doit devenir la propriété de la collectivité», norme qui est toujours en vigueur en vertu de la Constitution française de 1958.

Or, cette orientation constitutionnelle reposait sur l'idée selon laquelle les entreprises monopolisées ou qui présentaient les caractéristiques d'un service public, devaient être soustraites à la direction capitaliste, mais cependant ne devaient pas être laissées à la gestion de l'Etat. En effet, étant donné que l'Etat personnifie la Nation laquelle est considérée comme une somme d'individus semblables, anonymes, l'entreprise va être considérée alors comme une personnification de la Nation concrète, réelle, de la Nation qui travaille, de la Nation qui consomme. C'est la raison pour laquelle l'Etat -représentation impersonnelle de la Nation, selon J. J. Rousseau-, ne doit pas réaliser la gestion des entreprises et celle-ci doit revenir aux producteurs et aux consommateurs. Mais ces forces sociales ne seront pas considérées comme des sommes d'individus pour le choix de leurs représentants, mais comme des ensembles organisés. Ce n'est pas de la volonté des individus travailleurs ou consommateurs que résultera le choix de la direction des entreprises nationalisées, mais des

(561) *Cf.* K. KATZAROV, *op. cit.*, p. 384.

(562) *V.* Suzanne BASTID, «Les nationalisations et la propriété privée», in *Etudes de Droit Contemporain*, Paris 1959, Vol. IV, p. 100.

organisations représentatives. Les membres des conseils d'administration des entreprises publiques seront donc désignés par les organisations les plus représentatives et non élus par les travailleurs. Les syndicats professionnels, les organismes des consommateurs, désigneront eux-mêmes leurs représentants, en nombre égal dans les conseils d'administration(563).

Ainsi se constituera l'idée en France, de la gestion tripartite des entreprises publiques qui fut appliquée dans toutes les entreprises nationalisées après la libération: Charbonnages de France, Electricité de France, Gaz de France, les banques, les assurances, la Régie Nationale des Usines Renault, etc.(564). Comme mesure de socialisation, le système de représentation des intérêts de la collectivité dans les entreprises publiques françaises possède des caractéristiques particulières que l'on ne rencontre pas, dans d'autres pays puisque la représentation a lieu au sein même de l'Organisation de l'entreprise. En ce sens, M. Robin a signalé que, ni les *Publics Corporations* anglaises, américaines et des pays du Commonwealth, ni l'*Öffentliche Anstalt*, la société d'économie mixte ou le *Sondervermögen* allemand, ni les offices et instituts italiens, ni les entreprises soviétiques, ne connaissent rien d'approchant de cette représentation des intérêts. Certes, toutes ces entreprises connaissent bien la nécessité de concilier certains intérêts opposés. Elles ont même organisé souvent une représentation des intérêts, mais cette représentation est à l'extérieur de l'entreprise et ne fait pas partie de leur organisation(565).

En tout cas, la gestion tripartite des entreprises publiques en France a été sévèrement critiquée car les incessants conflits d'intérêts qui naissent dans les conseils d'administration s'opposent à l'harmonie qui doit indispensablement y régner(566). C'est ainsi que M. Robin a dit que la gestion de ces conseils était catastrophique(567) et que la Commission de vérification des comptes des entreprises a formulé le vœu que «soit amélioré la composition des conseils d'administration en renonçant à la formule strictement tripartite de répartition des sièges entre les représentants de l'Etat, des utilisateurs et du personnel» et celui de voir «la nomination d'un plus grand nombre d'Administrateurs représentant l'Etat ou choisis seulement en raison de leur compétence générale»(568).

112. Suivant l'orientation générale du droit comparé au Vénézuéla, les groupes d'intérêts de la communauté n'avaient pas de représentation au sein des entreprises publiques. Récemment, cependant, une loi sur la représentation des

(563) *Cf.* Maurice ROBIN, «Essai sur la représentation des intérêts dans l'organisation des entreprises publiques», *RDP,* 1957, n° 5, pp. 834 et ss.; R. DRAGO, *Rapport français*, p. 8; D. DU PONT, *L'Etat industriel, cit.,* pp. 86 et ss.

(564) *Cf.* M. ROBIN, «Essai sur la représentation des intérêts ... », *loc. cit.,* p. 836; A. DELION, *L'Etat et les entreprises publiques, cit.,* p. 151.

(565) *Cf.* M. ROBIN, «Essai sur la représentation des intérêts ... », *loc.* cit. p. 831.

(566) *Cf.* R. DRAGO, «The Public Corporation in France», in W. FRIEDMAN (ed.), *The Public Corporation, a Comparative Symposium, cit.,* p. 108 et ss.; *cit.* par G. LANGROD, «L'entreprise publique ...» *loc. cit., p.* 225; T. R. FERNANDEZ RODRIGUEZ, «Notas para uno de los problemas actuales de la empresa pública », *loc. cit.,* p. 119.

(567) *V.* M. ROBIN, «Essai sur la représentation des intérêts... », *loc. cit.,* p. 838.

(568) *V.* en A. G. DELION, *L'Etat et les entreprises publiques, cit.,* p. 154.

travailleurs dans les instituts, organismes de développement économique et entreprises de l'Etat[569] a été votée, ce qui établit définitivement une représentation ouvrière dans toutes les entreprises publiques.

En tout cas, cette récente loi vénézuélienne sur la représentation des travailleurs dans les instituts, organismes de développement économique et entreprises d'Etat, ne prévoit pas la représentation paritaire des ouvriers; l'article 7 établit que: «Dans la direction, les conseils de direction ou d'administration des Instituts autonomes, organismes de développement économique et entreprises d'Etat, dans lesquels l'Etat possède la totalité ou la majorité des actions, il y aura une représentation des travailleurs organisés». Il faut signaler que les prévisions de cette loi incluent, non seulement les établissements ou entreprises existant au moment de son entrée en vigueur, mais aussi ceux qui seront créés par la suite pour la réalisation d'activités économiques et sociales, la loi qui les organise devant prévoir ce qui convient à ce sujet[570].

De plus, la représentation des travailleurs que prévoit la loi, sera exercée par la confédération, la fédération ou le syndicat le plus qualifié ou de majeure importance dans la branche industrielle correspondante et, en cas de doute sur le choix de l'organisme qui doit l'exercer, le Ministère du Travail établira, par résolution spéciale, à quelle confédération ou fédération, ou à quel syndicat revient cette représentation[571]. Aux fins de désignation du représentant des travailleurs, l'organe exécutif duquel dépend l'Institut, sollicitera par l'intermédiaire du Ministère du Travail de la confédération, fédération ou du syndicat correspondants, une liste de cinq citoyens, vénézuéliens de naissance ou par naturalisation et majeurs; parmi ceux-ci seront désignés un principal et un suppléant. Ladite liste pourra être formée par des travailleurs ou autres personnes aptes qui jouissent de la confiance des respectifs organismes syndicaux[572]. En tout cas, la loi donne faculté au chef de l'Etat pour exiger la présentation d'une nouvelle liste, quand il lui semble que la première ne réunit pas toutes les conditions demandées par cette loi.

Le représentant des travailleurs désigné fera partie de l'organe de direction dans les mêmes conditions que les autres membres de cet organisme[573].

Il faut indiquer, enfin que la loi ne fixe pas de délai quant à la durée des fonctions du représentant des travailleurs. Cependant, elle signale qu'en cas de changement total ou en partie de la direction, des conseils de direction ou d'administration des établissements publics et entreprises dans lesquels existe une

---

(569) Parue au *Journal Officiel de la République du Vénézuéla,* n° spécial 1032 du 18 juillet 1966.

(570) Article 7 de la loi.

(571) Article 2 de la loi.

(572) Article 3 de la loi. En accord avec le 2ème paragraphe de cet article 3, l'organe exécutif disposera d'un délai maximum de trois mois pour solliciter ces listes et, la désignation du représentant se fera dans un délai de 30 jours à partir de la date de réception de la liste correspondante. Bien que la loi ne mentionne pas quand commence le délai de trois mois, il est supposé que c'est à partir de la promulgation de celle-ci, étant donné le délai total de 6 mois auquel se réfèrent les articles 6, 10 et 11.

(573) Article 5 de la loi.

représentation des travailleurs, il devra être procédé au changement du représentant[574].

113. En Angleterre, bien qu'il n'existe pas de représentation des intéressés au sein des *Public Corporations* telle qu'elle existait dans la *Port of London Authority*, il a cependant été créé des commissions conseillères des consommateurs dont le but est de conseiller, rédiger des plans généraux, présenter des réclamations, des propositions et remettre un mémoire annuel au Parlement, pour défendre les intérêts des consommateurs et renforcer le contrôle sur ces *Corporations*[575]. Cette forme de représentation n'affecte pas, comme en France, la gestion de la *Corporation*; elle permet au contraire un contrôle direct du consommateur, assez satisfaisant en comparaison avec d'autres pays[576], bien que les comptes-rendus de ces comités ou commissions conseillères n'aient pas de force obligatoire pour la *Corporation* et qu'elles soient dépourvues de personnalité juridique[577].

Par exemple, dans l'industrie du charbon, il existe un comité des utilisateurs de charbon dans l'industrie et un comité des utilisateurs de charbon dans l'usage domestique, composés tous deux par des représentants des utilisateurs et du *National Coal Board*, nommés par le Ministre de l'énergie et des combustibles. Ils conseillent le Ministre en ce qui concerne les questions relatives à l'approvisionnement en charbon et combustibles et celui-ci peut en conséquence prendre les mesures qu'il juge nécessaires et plus particulièrement peut donner au conseil d'administration respectif les instructions indispensables pour remédier aux défauts existants. Chaque comité possède son personnel propre et présente une information annuelle au Parlement. Le *Central Transport Consultative Committee* et les comités consultatifs régionaux des usagers du transport, l'*Air Transport Advisory Council* et les douze comités consultatifs régionaux de l'électricité et ceux du gaz ont des fonctions semblables. Chaque conseil de l'électricité et du gaz est dans l'obligation légale d'informer le comité régional de ses projets et dispositions et celui-ci, pour sa part, peut envoyer au conseil des représentations à cet effet[578].

En tout cas, l'opinion unanime en ce qui concerne ces comités consultatifs est que ceux-ci ont réalisé leur mission en forme très restreinte et les résultats sont loin d'être ceux qui étaient attendus. Ceci peut être attribué entre autres au fait que la plupart des utilisateurs ignorent leur existence[579].

---

(574) Article 9 de la loi. Le dit article mentionne, en réalité, qu'il faut *désigner* la représentation travailliste. Nous comprenons, cependant, que la véritable intention est de *renouveler* la représentation en question, comme le signalait le projet original.

(575) *Cf.* L. LÓPEZ RODÓ, «Las empresas nacionalizadas en Inglaterra», *loc. cit.*, p. 392.

(576) *Cf.* K. KATZAROV, *op. cit.*, p. 385.

(577) *Cf.* L. LÓPEZ RODÓ, «Las empresas nacionalizadas en Inglaterra», *loc. cit.*, p. 392; M. ROBIN, «Essai sur la représentation des intérêts ... », *loc. cit.*, p. 839.

(578) *Cf.* W. A. ROBSON, «La *Public Corporation* en Gran Bretaña» *loc. cit.*, p. 127; W. A. ROBSON, *Industria nacionalizada... cit.*, pp. 237 et ss.

(579) *Cf.* W. A. ROBSON, *Industria nacionalizada ... cit.*, p. 250; M. ROBIN, «Essai sur la représentation des intérêts dans l'organisation des entreprises publiques», *loc. cit.*, p. 839.

Par ailleurs, non seulement les consommateurs peuvent exercer un contrôle sur les *Public Corporations* en Angleterre, mais aussi, dans une certaine mesure, les ouvriers. En effet, à côté des *Boards* les travailleurs sont également représentés[(580)] et il a ainsi été établi la méthode de délibération conjointe (*Joint Consultation*) entre la Direction et les ouvriers, conformément au mandat légal de créer des organismes pour la discussion sur des sujets d'intérêt commun, y compris sur l'efficacité du service de la *Corporation* et sur la sécurité, salubrité, et le bien-être des employés. Dans l'industrie minière par exemple, il existe un comité consultatif dans la plupart des mines, ainsi qu'un *National Consultative Comittee* présidé par le Président du *National Coal Board*[(581)].

114. Contrairement à ce qui s'est produit au cours des grands processus de nationalisation en Europe occidentale (France, Angleterre) où il a été prévu, d'une façon ou d'une autre, la représentation de groupes intéressés dans les entreprises nationalisées avec possibilité d'exercer un certain contrôle sur celles-ci, en URSS et dans les pays d'Europe orientale, les lois de nationalisation ne prévoient pas la participation de l'utilisateur dans l'organisation des entreprises de l'Etat. Cependant, signale Katzarov, dans un système socialiste, le contrôle administratif et hiérarchique est total et c'est ainsi que s'exerce le contrôle de l'utilisateur; du fait que dans un régime de nationalisation totale l'intérêt particulier du producteur est éliminé, l'on espère et l'on suppose que l'entreprise de l'Etat n'a aucun intérêt à porter préjudice au consommateur[(582)].

Quant à la possibilité, pour les ouvriers, d'intervenir dans le contrôle de l'activité de l'entreprise, si effectivement dans les pays socialistes, les lois de nationalisation ne l'envisagent pas[(583)], il faut pourtant souligner l'exemple de la Pologne, où le personnel des entreprises de l'Etat a le droit de participer directement à la gestion de l'entreprise. En effet, comme nous l'avons vu[(584)], les organes de l'autogestion ouvrière fonctionnent en vertu de la loi et ses tâches consistent notamment à décider dans les affaires les plus importantes concernant l'entreprise, à exercer le contrôle et la surveillance sur l'activité du directeur de l'entreprise et à organiser la réalisation de tâches économiques et socioculturelles[(585)].

De cette façon, l'autogestion ouvrière est une des formes du développement de la démocratie socialiste. Elle constitue une base pour coordonner l'activité des différentes organisations ouvrières qui fonctionnent à l'intérieur de l'entreprise. Les organes de l'autogestion représentent les intérêts du personnel en matière de production et en matière sociale. L'organe suprême de l'autogestion est, d'après la loi en vigueur, «la conférence de l'autogestion ouvrière», composée par des membres du conseil ouvrier, élus directement par le personnel, des membres du conseil, d'établissement, élus par les travailleurs appartenant aux syndicats, et des

(580) *Cf.* ROBIN, «Essai sur la représentation des intérêts ... » *loc. cit.*, p. 840.
(581) *Cf.* W. A. ROBSON, «La *Public Corporation* en Gran Bretaña», *loc. cit.*, p. 128.
(582) *V.* K. KATZAROV, *op. cit.*, p. 384.
(583) *Cf.* K. KATZAROV, *op. cit.*, p. 388.
(584) *V.* n° 66.
(585) *Cf.* Z. RYBICKI, *Rapport polonais*, p. 12.

membres du comité exécutif de l'organisation du parti. D'autre part, sont de la compétence de la conférence de l'autogestion ouvrière, la direction et la coordination de l'activité d'autres organes de l'autogestion ouvrière (conseil ouvrier de l'entreprise), les décisions dans les affaires essentielles de l'entreprise, et principalement le contrôle et la surveillance exercés par rapport à la direction de l'entreprise et des autres organes de l'autogestion ouvrière[(586)].

En URSS par ailleurs, l'on peut souligner le contrôle exercé par le comité syndical de la respective entreprise, lequel s'applique conformément à l'accord collectif de travail et qui a pour objet de surveiller les dépenses du «fonds du directeur», l'application correcte de l'échelon des salaires et les dispositions du Code du travail qui touchent au bien-être des ouvriers, les conditions sanitaires et la sécurité technique. Ce contrôle est effectué par des «inspecteurs publics», élus par les organisations syndicales, bien que celles-ci se réunissent régulièrement en «conférences de production», au cours desquelles sont exposés les projets à exécuter et sont dénoncées les possibles irrégularités commises par l'administration de l'entreprise[(587)].

Il faut souligner enfin que par le mécanisme de l'auto gouvernement des producteurs, établi en Yougoslavie[(588)], la gestion de l'entreprise se trouvant matériellement aux mains des ouvriers et des employés, ceux-ci peuvent, par l'intermédiaire des conseils ouvriers, exercer conjointement avec la gestion, le contrôle respectif[(589)].

CONCLUSIONS

115. Après l'analyse comparative sur le régime des activités industrielles et commerciales réalisées par les pouvoirs publics, nous pouvons signaler les conclusions suivantes

A. L'intervention de l'Etat dans la vie économique au moyen de la création d'entreprises publiques, non seulement dans les régimes d'économie planifiée mais aussi dans les régimes de structures capitalistes et parmi ceux-ci tant ceux qui sont en voie de développement que ceux qui sont hautement industrialisés, est un fait généralisé en droit comparé.

B. Cette nouvelle réalité de l'activité économique de l'Etat n'entre, juridiquement parlant, dans le cadre d'aucune des catégories habituelles des formes de l'activité administrative (police, aide de l'administration aux activités privées et service public). Donc, plutôt que de déformer l'une d'entre elles en essayant d'y faire figurer l'activité économique de l'Etat ou abandonner sa

---

(586) *Cf.* Z. RYBICKI, «L'entreprise publique dans le système polonais de l'économie planifiée», *loc. cit.*, pp. 318 et 319.

(587) *Cf.* R. FERNÁNDEZ CARVAJAL, «Las empresas públicas en Rusia», *loc. cit.*, p. 455; A. DENISOV et M. KIRICHENKO, *Derecho constitucional soviético, cit.*, p. 105.

(588) *V.* n° 72.

(589) *Cf.* Jovan DJORDJERICH, *Yugoslavia, democracia socialista, cit.*, p. 67.

considération en faveur du dénommé droit économique, il serait préférable de l'admettre en tant que telle comme une quatrième forme de l'activité administrative, celle de la *gestion économique,* ainsi que l'a proposé spécifiquement la doctrine espagnole (Villar Palasí, García de Enterría).

C. Si le régime des activités industrielles et commerciales de l'Etat, est effectivement variable du point de vue interne quant aux possibilités d'application du droit public et du droit privé, il présente la caractéristique commune d'être régi, presque exclusivement en ce qui concerne son aspect externe, par les normes du droit privé.

D. Bien qu'en général, la possibilité de variation des formes juridiques utilisées par l'Etat pour développer son activité économique soit évidente, il serait recommandable que les divers systèmes juridiques prévoient une réorganisation des dites formes en pensant peut-être à la possibilité d'en adopter une unique pour la réalisation de ces activités, ni entièrement publique, ni totalement privée, et ne gardent les formes publiques (établissement public) que pour la réalisation d'activité de service public *strictu senso.* Dans ce sens les *Public Corporation*s britanniques et les entreprises d'Etat des pays socialistes paumaient servir de modèle après y avoir apporté les corrections nécessaires.

E. De même, il faut réorganiser les nombreux et trop dispersés mécanismes de contrôle qui ont été institués plutôt pour remédier à une situation juridiquement nouvelle et même anormale, que pour créer un moyen effectif permettant d'établir un contrôle véritable de la part de l'Etat et selon le cas, de la part des groupes d'intérêts de la collectivité. Actuellement, il n'est pas exagéré d'affirmer comme le fait R. Drago, que si tous les mécanismes de contrôle prévus par les différents systèmes étaient réellement appliqués, l'activité des entreprises publiques serait totalement paralysée.

§ 2. LES LIMITES A LA LIBERTE DE INFORMATION EN DROIT COMPARÉ (PRESSE, RADIO, CINÉMA, TÉLÉVISION)

Rapport Général au *VIII*ème *Congrès international de droit comparé*, Académie international de droit comparé, Pescara, août-septembre 1970

INTRODUCTION

1. Le domaine d'étude des droits de l'homme est, sans doute, l'un de ceux qui se prêtent le mieux à l'application de la méthode comparative. D'ailleurs, comme l'a signalé René Cassin[(1)], il ne s'agit pas, dans ce domaine, d'une simple convenance d'utiliser la dite méthode pour les avantages qu'elle offre; mais d'une nécessité, vue la perméabilité aux grands courants d'idées qu'ont eu les déclarations universelles, régionales et nationales des droits de l'homme.

De ce fait, on est surpris, qu'à travers des siècles, et bien avant la découverte du télégraphe, du cinéma, de la radio et de la télévision, que le terrain des droits humains se soit tellement universalisé, justement, à cause de la liberté d'information et de la libre circulation des idées. On peut dire alors, que cette universalisation des droits de l'homme est due précisément à l'un de ces mêmes droits: celui de la liberté d'information.

De là, l'intérêt particulier qu'offre dans le monde actuel l'étude comparative de la liberté d'information, à travers tous ses moyens importants (presse, radio, cinéma et télévision) et particulièrement, des limitations à l'exercice de ces droits; limitations qui acquièrent aujourd'hui plus d'importance que jamais, dû au progrès croissant des divers moyens de communication et à la formidable influence immédiate que ceux-ci ont acquis et qu'ils acquerront dans l'avenir le plus proche, dans des proportions, que seules, une intelligence et une imagination entièrement projetées vers l'avenir, seront capables de concevoir.

2. Mais, bien que celui-ci soit un des champs les plus propices à l'étude comparative -en particulier dans le domaine des limitations à la liberté d'information, où doivent être contrastés entre l'universalité du droit et ses limitations et le particularisme des institutions nationales-, pour la préparation de ce Rapport général, nous n'avons reçu que les cinq rapports nationaux[(2)] suivants, indiqués par ordre alphabétique des pays:

---

(1) René CASSIN, «Los derechos del hombre y el método comparado», *Información jurídica* (Ministerio de Justicia), n° 298, Madrid 1968, pp. 77 et ss.

(2) Dans les notes suivantes les références aux rapports Nationaux se feront seulement par l'indication du pays, suivie du numéro de la page. Quant au Statut sur la liberté de presse du Pérou et à la Loi de presse de l'Espagne, on les indiquera par le nom seulement, suivies du numéro de l'article.

Belgique: J. de Meyer, Professeur de l'Université de Louvain, *Rapport sur les limites à la liberté d'information* (presse, radio, cinéma, télévision) en droit belge, 18 pp. (dactylographiés).

Etats-Unis: Ch. Aikin, Professeur de l'Université de Californie, Berkeley, *Freedom, Liberty and Privacy in Modem Society: Speech, Press, Radio, and T.V., Religion and Censor*, 37 pp. (dactylographiés).

France: Ch. Debbasch, Professeur a la Faculté d'Aix-en-Provence, *Les limites à la liberté d'information*, 26 pp. (dactylographiés).

Pays-Bas: P.J. Boukema, Chargé des Recherches en *Vrije Universiteit*, Amsterdam, *The Limits of Freedom of Information in the Netherlands*, 12 pp. (dactylographiés).

Yougoslavie: Dr. Vida Čok, Collaborateur scientifique supérieur à l'Institut de Droit Comparé, Belgrade, *Les limites à la liberté d'information* (presse, radio, cinéma, télévision), 17 pp. (dactylographiés).

Il faut y ajouter nos propres recherches effectuées en droit vénézuélien et de l'Amérique latine en général.

Bien que l'information reçue soit d'un volume réduit, nous devons souligner la haute qualité du contenu des rapports, dont la plupart ont suivi, en termes généraux, le schéma que nous avons préparé selon la demande de l'Académie. Ceci nous a grandement facilité le travail comparatif.

Par ailleurs, nous devons indiquer que les rapports, par hasard, répondent à une distribution géographique adéquate, ce qui nous a permis de comparer le droit continental (France, Belgique et Pays-Bas), le droit anglo-saxon (Etats-Unis), le droit des pays socialistes (Yougoslavie) et le droit des pays de l'Amérique latine (Vénézuéla et Pérou).

3. S'il est vrai que l'expression liberté d'information est un concept nouveau et encore en élaboration, il vient en réalité, représenter la réunion des principes traditionnels de liberté de pensée, liberté d'opinion et liberté d'expression, appliqués aux moyens modernes de communication. Pour cela, il est évident qu'à la base de la liberté d'information actuelle, se trouve la liberté de presse traditionnelle. De là, la convenance de rappeler, avant tout, ces principes traditionnels, qui ont été la source de la liberté de presse.

Parmi les premiers textes constitutionnels ayant consacré la liberté de presse se trouve la Constitution des Etats-Unis dont le Premier Amendement, adopté en 1791, établit que «le Congrès ne pourra approuver... aucune loi qui restreigne le droit de parole et de presse ...». Quelques années auparavant, la Déclaration française des droits de l'homme et du citoyen de 1789, dans son Article 11 établit le principe comme suit:

> *Article 11*: La libre communication des pensées et des opinions est un des droits les plus précieux de l'homme; tout citoyen peut donc parler, écrire, imprimer librement, sauf à répondre de l'abus de cette liberté dans les cas déterminés par la loi.

Ces deux références suffisent à conclure que la liberté ainsi consacrée, étant fondée sur la libéralisme et l'individualisme traditionnels, est essentiellement établie face à l'Etat, donc essentiellement négative[3]. Il s'ensuit, que la même évolution subie par les droits de l'homme et les libertés individuelles dans les deux derniers siècles, avec l'atténuation du libéralisme traditionnel, a répercuté aussi sur la réglementation actuelle de la liberté d'information. Cette évolution non seulement tire son origine du changement, même de contenu, d'une démocratie formelle vers une démocratie sociale, mais encore elle répond aux changements techniques, économiques et sociaux qui ont influé, sous forme spéciale, sur l'exercice de la liberté d'information.

De ce fait, la liberté de presse de 1789 n'a pas et ne peut pas avoir le même contenu que la liberté d'information actuelle, non seulement parce que la presse d'aujourd'hui, avec son progrès technique et basée comme elle l'est sur le grand capital, ne ressemble ni de loin à celle de jadis, mais encore parce que l'apparition d'autres moyens de communication a révolutionné totalement les perspectives et les responsabilités de l'information.

Jour après jour, on s'apperçoit encore de ce que la liberté d'information est de moins en moins un droit de l'homme et du citoyen et de ce qu'elle devient un monopole détenu par quelques particuliers nantis de pouvoir économique, ou par des gouvernants nantis du pouvoir politique.

C'est pour cela que maintenant le problème consiste à exiger de la liberté d'information qu'elle remplisse une fonction sociale, et à empêcher que son exercice, par un groupe réduit, n'aboutisse à une négation du droit de tous à l'information.

La conception classique de la liberté d'expression contre l'Etat tend alors à évoluer vers une «liberté contre la presse» pour compléter cette notion[4]. Il est donc nécessaire tenir compte, comme l'a remarqué Salvador P. López, que «le droit d'un homme à communiquer l'information est dépourvu de sens en soi, s'il n'est en relation avec le droit des autres de recevoir cette information»[5]. C'est a cause de cela que le «projet de convention sur la liberté d'information» figurant au programme de l'Assemblée Générale des Nations Unies depuis sa quatorzième période de sessions, règle en premier lieu l'obligation des Etats contractants de «respecter et protéger le droit de toute personne d'avoir à sa disposition diverses sources d'information»[6].

Dans ce sens, il faut détacher la norme de la Constitution Yougoslave qui non seulement consacre le droit des citoyens «d'exprimer et de publier leurs opinions par les moyens d'information», mais aussi le droit de «profiter des moyens d'information pour s'informer»[7].

---

(3) *Belgique*, p. 16; *Pays-Bas*, p. 4.

(4) Roger PINTO, *La liberté d'opinion et d'information*, Paris 1955, p. 41; Ángel BENITO, «La libertad de información», *Nuestro Tiempo*, nº 135, Pamplona 1965, p. 236.

(5) Salvador LÓPEZ, *Libertad de información 1953*, Documento E/ 2426 del Consejo Económico y Social de las Naciones Unidas, Suplemento nº 12, 16° Período de Sesiones, New York 1953; p. 4.

(6) Documento A/7638 de 8 de agosto de 1969, del vigésimo cuarto período de Sesiones, Tema 54 del programa de la Asamblea General de las Naciones Unidas sobre *Libertad de Información* (Nota del Secretario General), anexo III, p. 1.

(7) *Yugoslavie*, p. 2.

De même, il faut souligner que c'est en vertu de cette tendance à éviter les abus de la liberté d'information que dans le «Projet de déclaration sur la liberté d'information» approuvé par le Conseil Economique et Social des Nations Unies dans sa vingt-neuvième période de sessions et soumis a l'Assemblée générale pour être examiné, exprime dans son Article 3e ce qui suit:

> *Article 3.* Les moyens d'information doivent être au service du peuple. Aucun gouvernement, organe ou groupe d'intérêts publics ou privés ne devra exercer sur les moyens destinés à diffuser l'information un contrôle tel, qu'il empêche l'existence de sources diverses d'information, ou prive l'individu du libre accès à ces sources. Le développement des moyens d'information nationaux indépendants devra être stimulé[8].

4. Or, d'une façon générale, tant les conventions internationales que les constitutions modernes, en consacrant la liberté d'information, reconnaissent que celle-ci n'est pas illimitée, étant soumise à une série de devoirs et responsabilités.

Dans la sphère des déclarations internationales, il faut remarquer que si, la Déclaration Universelle des droits de l'homme de 1948 ne consacre aucune limitation particulière a l'exercice de cette liberté[9],en revanche, le Pacte International de droits civiques et politiques des Nations Unies de 1966, établit dans son article 19, une réglementation plus précise de la liberté d'information, soumise à des restrictions et à des limitations. Cet article s'énonce comme suit:

> *Article 19*: 1. Nul ne pourra être importuné à cause de ses opinions. 2. Toute personne a droit à la liberté d'expression; ce droit comprend la liberté de chercher, recevoir et diffuser des informations et des idées de toute sorte, sans considération de frontières -soit oralement, par écrit ou sous forme imprimée ou artistique, soit par tout autre procédé a son choix. 3. L'exercice du droit prévu dans le paragraphe 2 de cet article contient des devoirs et des responsabilités spéciaux. Par conséquent, il peut être sujet à certaines restrictions qui devront néanmoins, être fixées expressément par la loi et être nécessaires pour: a) assurer le respect des droits ou de la renommée d'autrui, b) la protection de la sécurité nationale, l'ordre publique ou la santé, ou la morale publique [10].

D'un autre côté, en Europe, la Convention pour la sauvegarde des droits de l'homme et des libertés fondamentales de 1950, règle dans son article 10 sous une forme assez détaillée, les limitations à cette liberté:

> *Article 10:* 1. Toute personne a droit à la liberté d'expression. Ce droit comprend la liberté d'opinion et la liberté de recevoir ou de communiquer des informations ou des idées sans qu'il puisse y avoir ingérence des autorités publiques et sans considération de frontières. Le présent article n'empêche pas que les Etats soumettent les entreprises de radiodiffusion, de cinématographie ou de télévision à un régime d'autorisation préalable. 2. L'exercice de ces libertés, dans la mesure où il implique des devoirs et des responsabilités, peut être soumis à certaines formalités, conditions, restrictions ou sanctions, prévues par la loi, qui constituent des mesures nécessaires, dans unes société démocratique, pour la sécurité nationale, l'intégrité territoriale ou la sécurité publique, la

---

(8) *Libertad de información,* Doc. A/7638 (ONU), anexe II, *cit.,* p. 2.

(9) Article: 19: Tout individu a la droit à la liberté d'opinion et d' expression; ce droit comprend celui de ne pas être importuné en raison de ses opinions, celui de rechercher et recevoir des opinions et informations et celui de les défendre sans limitations de frontières par tout moyen d'expression.

(10) *Los derechos humanos*, (Estudio preliminar de Antonio TRUYOL Y SERRA), Madrid 1968, p. 89.

défense de l'ordre ou la prévention du délit, la protection de la santé ou de la morale, la protection de la réputation ou des droits d'autrui, pour empêcher la divulgation des informations confidentielles ou pour garantir l'autorité et l'impartialité du pouvoir judiciaire[11].

Cette même orientation de la Convention européenne se reflète dans quelques projets récents comme le projet de convention interaméricaine sur la protection des droits humains, adopté comme document de travail par le Conseil de l'Organisation des Etats Américains, dans lequel, en outre, on fait quelques références a certaines limitations dérivées du progrès technique et de la croissance économique dans les moyens de communication, ainsi qu'aux droits de rectification et de réplique. Les articles 12 et 13 de ce projet sont conçues ainsi:

Article 12: 1. Toute personne a droit à la liberté de pensée et d'expression; ce droit comprend la liberté de chercher, recevoir et diffuses des informations ou des idées de toute sorte, sans considération de frontières, soit oralement, soit par écrit, sous forme imprimée ou artistique, soit par tout autre procédé de son choix. 2. L'exercice du droit prévu au paragraphe précédent n'est point assujetti à une censure préalable mais à des responsabilités ultérieures, qui devront être expressément fixées par la loi ou être nécessaires pour assurer: a) le respect des droits ou de la réputation d'autrui ou b) la protection de la sécurité nationale, l'ordre public ou la santé ou la morale publiques. 3. On ne pourra restreindre le droit d'expression par des voies ou des moyens indirects, tels que les monopoles officiels ou particuliers de papier journal, de fréquences radioélectriques, d'instruments et appareils de diffusion, ou par tous autres moyens destinés à entraver la communication et la circulation des idées et des opinions. 4. Les spectacles publics pourront être soumis par la loi à censure préalable, dans le but exclusif d'en réglementer l'accès en vue de la protection morale de l'enfance et de l'adolescence. 5. a) Toute propagande en faveur de la guerre sera défendue par la loi. b) Toute apologie de la haine nationale, raciale ou religieuse qui constitue une incitation à la discrimination, hostilité ou violence, sera défendue par la loi:

Article 13: 1. Toute personne atteinte par des informations ou des concepts inexacts ou offensants, émis en son préjudice par des moyens de diffusion qui s'adressent au public en général, a le droit d'effectuer par le même organe de diffusion sous la même forme et gratuitement, leur rectification ou leur réponse. 2. Si la publication en était niée ou retardée, l'autorité judiciaire compétente intervenant avec les garanties du procès, pourra en donner l'ordre dans les conditions établies par la loi. 3. En aucun cas, la rectification ou la réponse n'exonéreront d'autres responsabilités légales encourues[12].

Suivant la même orientation des déclarations internationales, les constitutions récentes ne se bornent pas seulement à la consécration de la liberté d'information, en consacrant différentes limitations d'une plus ou moins large étendue, et qui se réfèrent à la protection de la jeunesse (Allemagne), les bonnes mœurs (Italie) est la morale publique (Vénézuéla, Norvège); à la prohibition de l'anonymat (Vénézuéla), de la propagande de guerre (Vénézuéla), de celle qui incite à l'irrespect des lois (Norvège, Vénézuéla) et des opinions qui troublent l'ordre public (France). D'autre part, en général, on consacre dans les textes constitutionnels la prohibition de la censure préalable (Belgique, Vénézuéla,

(11) *Los derechos humanos*, *cit.*, p. 115.
(12) *Información jurídica*, n° 298, Madrid 1968, p. 65

Allemagne, Italie, Argentine et Japon) et la responsabilité dérivée des délits d'information (Belgique, Vénézuéla).

Ceci dit, l'étude comparative des limitations et restrictions à la liberté d'information exercée à travers la presse, la radio; le cinéma et la télévision, montre une diversité de catégories pouvant être étudiées séparément et qui forment les chapitres suivants de ce Rapport général: les limitations portant directement sur les moyens de l'information et qui se manifestent à travers les différents contrôles préventifs de l'Etat sur l'utilisation des moyens cités (I); les limitations qui portent sur le contenu de l'information (II); et les limitations dérivées des conséquences civiles, pénales et administratives provenant de la liberté d'information, en particulier celles qui proviennent de l'exercice des pouvoirs de police de la part de l'Etat sur les moyens d'information (III).

I. LE CONTRÔLE DE L'ETAT SUR LES MOYENS D'INFORMATION

5. Le progrès technique et économique subi par les moyens d'information dans les dernières décennies, ainsi que l'interconnection internationale de ceux-ci, sans cesse grandissante, ont abouti à ce que dans l'actualité et dans la pratique, ils ne peuvent être exploités que par des grandes organisations économiques. Additionnellement il faut souligner la croissante concentration des entreprisses qui s'est produite dans ce domaine.

L'importance acquise par ces entreprises dans la vie politique et sociale, due à l'influence qu'elles peuvent exercer sur l'opinion et le public, a mené l'Etat à mettre en oeuvre différents mécanismes de contrôle sur ces dernières, généralement de caractère préventif, qui vont de la réserve de l'utilisation des entreprises d'information par l'Etat (monopole étatique de l'information), jusqu'à la réglementation de la création et fonctionnement des entreprises d'information, ainsi que de la collection et distribution d'informations. Nous analyserons séparément, sous forme comparative, ces trois aspects.

1. Le monopole étatique sur l'information

6. On peut dire qu'il existe un monopole étatique sur l'information dès que la propriété des entreprises d'information se trouve sous la main de l'Etat. C'est ce qui arrive dans presque tous les pays socialistes[13] dans lesquels les *médias* constituent une force sociale de toute première importance pour atteindre les objectifs sociaux de l'Etat. Dans ce sens, Lenin définit la fonction de la presse à l'URSS dans les termes suivants: «un journal n'est pas seulement un

(13) Salvador LÓPEZ, *Libertad...* p. 35 et ss.; Hilding EEK, *Informe sobre los acontecimientos relativos a la libertad de información ocurridos desde 1954*, Documento Oficial E/3443 del Consejo Económico y Social de las Naciones Unidas, Tema 10 del Programa, 31 Período de Sesiones, New York 1961, pp. 19-20.

propagandiste et un agitateur collectif, mais aussi un organisateur collectif» [14], et des critères semblables sont en vigueur à l'égard des autres *médias*.

Dans les pays socialistes comme la Yugoslavie, le passage de la propriété étatique des moyens de production, à la propriété sociale de ces moyens s'est constitué comme un frein à la tendance monopolisatrice de l'Etat dans le domaine qui nous intéresse. Le principe, en Yougoslavie, est donc, pour l'établissement et la fonctionnement des entreprises d'information, celui de l'autogestion sociale[15]. C'est ainsi qu'il est dit dans un communiqué du gouvernement de Yougoslavie qu' «étant donné que les entreprises et institutions qui se dédient a publier des informations dirigent les moyens de production qui sont propriété sociale, et étant donné, que ces entreprises sont administrées par les personnes qui y travaillent et par des représentants des communautés sociales intéressées, il ne peut y avoir en Yougoslavie, de monopoles qui possèdent ou contrôlent les moyens d'information»[16].

Dans les pays occidentaux, il n'existe pas, en général, de monopole étatique sur tous les *médias,* même si, à vrai dire, certains de ces moyens fonctionnent sous le régime d'un monopole public, comme c'est le cas de la radio et de la télévision.

2. Le régime des entreprises d'information

A. Le régime des sociétés de presse

7. D'une façon générale, et du fait que la liberté d'information est liée dès son origine, à la liberté de presse, le régime de la presse et des sociétés de presse est plus libéral que ceux concernant d'autres *médias*. On peut donc dire, qu'en général, à l'égard de la presse, le principe en vigueur est celui de la libre initiative[17], bien que, dans ce domaine, la réglementation de l'Etat se fasse sentir chaque jour davantage.

8. C'est pourquoi, bien que d'une manière générale, on n'exige aucune formalité préalable pour l'édition d'un journal, il n'est pas rare de trouver certains régimes qui l'exigent. En effet, si en général l'autorisation préalable de l'Etat n'est pas requise, dans certains cas, cependant, on exige la formulation d'une déclaration préalable devant les autorités, dans laquelle on indique le nom du journal et le mode de publication; le nom et le domicile du directeur de la publication; et l'entreprise d'imprimerie, comme c'est le cas en France et en Espagne [18]. En Yougoslavie, on exige que la déclaration soit présentée devant l'autorité chargée des affaires de l'information, au moins 15 jours avant la parution du journal. Cette déclaration doit indiquer le titre et le caractère du journal, sa période de parution,

(14) Salvador LÓPEZ, *Libertad*... 35
(15) *Yugoslavie*, p. 4.
(16) Hilding EEK, *Informe*, p. 20
(17) *Pays-Bas*, p. 2; *EEUU*, p. 3, *France*, p. 2; *Belgique*, p. 7.
(18) *France*, p. 3; *Espagne Loi* art. 26.

son lieu de publication, l'adresse de la rédaction, la langue dans laquelle il sera imprimé, le nom et l'adresse de l'éditeur, le nom du rédacteur responsable, les sources des moyens financiers et le mode de financement, l'adresse et le nom de l'imprimerie dans laquelle le journal sera édité[(19)].

9. En général, dans les pays qui ont un régime légal assez détaillé concernant les activités journalistiques, et en particulier les sociétés de presse, on établit quelques limitations par rapport avec celles-ci, dérivées de l'intérêt national. Ces limitations se réfèrent fondamentalement à l'exigence de la nationalité respective pour réaliser quelques activités relatives à la presse.

Dans quelques pays, on exige des propriétaires et actionnaires des sociétés de presse qu'ils soient de la nationalité du pays, comme c'est le cas en France, en Espagne et au Pérou[(20)]. Au Pérou, on exige, outre la nationalité, que les actionnaires aient leur résidence au pays[(21)]. Afin de contrôler l'accomplissement de cette formalité, on exige que les entreprises journalistiques publient deux fois par an, au moins, dans l'espace préférentiel de leurs propres publications, la liste de leurs actionnaires, le montant de leur capital et la participation de chacun des associés, la publication devant être refaite à chaque variation dans la liste d'actionnaires[(22)]. Finalement, on interdit expressément, au Pérou, que les droits et las actions des sociétés journalistiques soient transférés à des étrangers[(23)].

Des limitations similaires de nationalité sont exigées en ce qui concerne les directeurs responsables des journaux, comme c'est le cas en France et au Pérou[(24)]. Dans ce sens, le Projet de convention sur la liberté de l'information, en étude aux Nations Unies, prévoit que ses normes n'empêcheront pas qu'un «Etat contractant réserve aux titulaires de la nationalité, en vertu de la législation, le droit de diriger des quotidiens ou des journaux d'information» [(25)].

10. En outre, et en vue de déterminer les responsabilités qui puissent avoir lieu, dans les cas des réglementations légales sur les entreprises de presse, on exige que le nom du directeur de la publication soit indiqué, comme il arrive en Yougoslavie, en France et au Pérou[(26)].

11. Toutes les sociétés de presse sont dans l'obligation d'envoyer en dépôt des exemplaires de leurs publications aux bibliothèques nationales[(27)], même dans des pays ou il n'existe pas de législation spéciale sur la presse, comme au Vénézuéla. Dans certains pays, outre les motifs culturels, l'obligation de dépôt répond à d'autres raisons, lorsqu'il est exigé qu'un certain nombre d'exemplaires soit remis à l'autorité locale ou au ministère correspondant a l'information[(28)]; ceci de sorte

(19) *Yugoslavie*, pp. 4-5
(20) *France*, p. 2; *Statut Pérou*, art. 10; *Espagne Loi*, art. 17
(21) *Statut Pérou*, art. 11-12
(22) *Statut Pérou*, art. 16
(23) *Statut Pérou*, art. 12
(24) *France*, p. 2; *Statut Pérou*, art. 18, 20
(25) *Doc A/7638*, anexo IV, art. 8
(26) *Yugoslavie*, p. 4; *Statut Pérou*, art. 6; *France*, p. 3
(27) *Belgique*, p. 7; *Statut Pérou*, art. 8; *France*, p. 3
(28) *France*, p. 3; *Yugoslavie*, p. 5; *Espagne Loi*, art. 12

que le contrôle de l'accomplissement des formalités exigées pour la publication ainsi que du contenu de l'information, soit plus rapide.

12. Concernant l'importation et la circulation de la presse étrangère, même si le cas est rare, dans certains pays on établit quelques limitations. Par exemple en Yougoslavie, l'importation de la presse étrangère imprimée dans certaines des langues du peuple yougoslave, se trouve soumise a une autorisation préalable du Secrétariat Fédérale pour l'information(29). Au Pérou, le Statut de Liberté de Presse, prévoit expressément qu'on peut interdire l'introduction, circulation, et vente de publications étrangères qui portent atteite au prestige des pouvoirs de l'Etat, aux institutions et à l'économie nationale(30). En tout cas, dans la plupart des pays, en vertu des pouvoirs de police douanière, on peut prendre des mesures de contrôle qui visent l'importation des publications étrangères quand on estime qu'elles portent atteinte aux institutions de l'Etat.

B. Le régime des entreprises de radio et télévision

13. Contrairement à ce qui s'est passé au sujet de la réglementation des entreprises de presse, le régime des entreprises de radio et de télévision a été plus interventionniste, donc, moins libéral, au point qu'on peut affirmer, que dans l'actualité, l'intervention de l'Etat n'a, en général, manqué nulle part dans la gestion des services de radiodiffusion(31). Cette intervention va du contrôle exercé au moment de la délivrance d'une autorisation ou licence pour l'installation et opération de sociétés, généralement privées, de radio et de télévision, jusqu'au contrôle par l'Etat d'un établissement public, ou bien l'exercice d'un monopole de fait ou de droit sur la radiodiffusion.

Le régime en droit comparé montre donc, les conséquences du choix entre la concurrence et le régime de monopole en matière de radio et télévision, ce qui a dépendu évidemment des diverses positions politiques et économiques. Dans l'un et l'autre cas, on trouve des avantages et des inconvénients.

En général, on soutient que le monopole étatique permet d'éviter que ces puissants moyens de communication soient contrôlés par des groupes d'intérêts économiques qui pourraient être étrangers aux intérêts nationaux, ou bien que l'information qu'ils émettent soit déformée par les nécessités de la propagande commerciale, qui font que l'information soit orientée vers l'intérêt de ceux qui annoncent, plutôt que vers celui du public.

D'un autre côté, le monopole étatique pourrait aboutir à une restriction de la liberté d'expression. Mais la réalité a montré qu'il n'en a pas été ainsi, et nous en avons un exemple en France, où l'on a assigné à la radiodiffusion le caractère de service public.

---

(29) *Yugoslavie*, p. 8

(30) *Statut Pérou*, art. 32

(31) Charles DEBBASCH, *Traité du droit de la radiodiffusion. Radio et télévision*, Paris 1967, p. 17

En tout cas, il est évident que les caractéristiques de l'actuelle société de consommation, comme les progrès techniques qu'il y a eu dans ce domaine, marquent un recul dans les systèmes de monopoles, ainsi qu'une tendance à admettre le régime de concurrence, accompagné d'un fort contrôle de l'Etat.

14. En termes généraux, on peut dire, que dans la plupart des pays du monde occidental, en matière de radio et télévision, il existe un régime de concurrence entre les entreprises privées et, entre celles-ci et les services de l'Etat, même quand on exige dans tous les cas, une autorisation préalable pour l'installation, opération et utilisation des systèmes de radio et télévision; et ceci, en général, étant donne qu'on estime que l'usage de l'espace aérien, même au moyen d'ondes hertziennes, est une utilisation appartenant au domaine public, et que, par conséquent, il requiert un permis ou une licence préalable.

Dans ce sens, par exemple, les entreprises de radio et télévision des Etats-Unis, du Canada, du Japon et des pays de l'Amérique du sud, dont le Vénézuéla,(32) se trouvent en position de concurrence mais avec licence préalable délivrée par l'Etat.

Au sujet de ces entreprises en régime de concurrence, dans plusieurs pays on a édicté des réglementations similaires à celles qui existent dans les lois sur la presse, dans lesquelles on exige la condition de la nationalité pour leurs directeurs(33).

15. Dans certains pays, bien qu'on établisse en principe le régime de concurrence, il existe en fait un monopole, vu que l'autorisation correspondante n'est octroyée qu'à certaines entités publiques. Tel est le cas de la Belgique, où le droit d'émission à travers la radio et la télévision, est monopolisé en fait par l'Institut National de Radiodiffusion (I.N.R.-N.I.R.) jusqu'à 1960 et postérieurement, par les instituts de la Radiodiffusion-Télévision Belges (R.T.B.-B.R.T.)(34).

Malgré l'existence de ce monopole de fait aux mains d'un établissement public, il faut noter, qu'en Belgique, les instituts jouissent d'une grande autonomie envers le gouvernement, auquel correspond la désignation des Directeurs Généraux(35). Les membres des conseils d'administration respectifs sont, par contre, désignés par la Chambre des représentants et par le Sénat, alternativement(36).

D'autre part, il faut remarquer qu'en Belgique, il n'existe pas de monopole en ce qui concerne l'élaboration des programmes, puisque les instituts achètent fréquemment des émissions à des associations ou à des institutions reconnues. De cette manière, ils mettent le temps d'émission à la disposition d'organisations religieuses ou philosophiques, de partis politiques ou d'organisations syndicales(37).

16. Dans d'autres pays, comme les Pays-Bas, s'il n'existe pas de monopole de fait quand aux émissions de radio et télévision, il en existe indirectement étant

(32) Charles DEBBASCH, *Traité...cit.*, pp. 31-36
(33) Reglamento de Radiodifusión de Venezuela, art. 14
(34) *Belgique*, pp. 2, 4, 8
(35) *Belgique*, pp. 5-6
(36) *Belgique*, p. 5
(37) *Belgique*, p. 6

donné qu'un monopole sur la construction et le fonctionnement des installations de transmission est accordé à une entreprise au capital majoritaire d'Etat[38]. Ceci, en tout cas, n'a pas été préjudiciable à la liberté d'information, puisque la loi sur la radiodiffusion organise des espaces de transmission en faveur des entreprises destinées à cette fin, des associations religieuses, des partis politiques et des fondations publicitaires[39].

17. Le droit comparé, par ailleurs, montre des cas de monopoles conférés aux entreprises privées au moyen d'une concession, comme c'est le cas au Luxembourg (Radio-Téle-Luxembourg) et en Suède (*Sveriges Radio*); qui restent de toute manière soumises au contrôle de l'Etat.

Finalement, parmi les systèmes concernant les entreprises de radio et télévision, il faut détacher ceux qui consacrent un monopole de droit en faveur d'entreprises ou établissements publics[40]. Tel est le cas de la France à travers l'Office de Radiodiffusion Télévision Française (ORTF)[41]; de l'Italie, à travers la *Radio Audizioni Italiana (RAI)* [42]; et de la Suisse, à travers la Société Suisse de Radiodiffusion et Télévision (SSR) [43].

En France, ce monopole d'émission, aux mains d'un établissement public n'implique pas toutefois un monopole s'agissant de l'élaboration des programmes, ce qui permet à l'ORTF de faire appel à des entreprises privées dans ce but. Cependant, c'est vraiment un monopole en ce qui concerne la distribution de ses programmes et des autres programmes de composition et d'importance similaires à ceux de l'ORTF. Par ailleurs, naturellement, le monopole ne renferme pas la liberté de réception, ce qui a donné lieu à un contrôle sur les postes périphériques et une croissante participation de l'Etat dans les entreprises qui les opèrent[44]. Ceci, afin d'éviter que la France se trouve entourée, à un moment donné, de stations hostiles.

Or, le monopole de droit en faveur de la ORTF est accompagné de la concession d'une grande autonomie à son conseil d'administration, composé en forme paritaire, de huit représentants de l'Etat et huit représentants des catégories intéressées de particuliers (auditeurs et téléspectateurs), de la presse et du personnel de l'établissement[45].

18. Enfin, il faut mettre en valeur le régime particulier de la Yougoslavie, où l'on attribue aux communautés socio-politiques et aux organisations de travailleurs la possibilité de fonder des établissements de radiodiffusion[46], ce qui instaure un régime différent de celui de la libre concurrence et du monopole étatique.

---

(38) *Pays-Bas*, p. 8
(39) *Pays-Bas*, p. 9
(40) Charles DEBBASCH, *Traité... cit.*, pp. 29-30
(41) *France*, pp. 5-6; Charles DEBBASCH, *Traité ... cit.*, pp. 53 ss.
(42) Charles DEBBASCH, *Traité... cit.*, pp. 23 ss.
(43) Charles DEBBASCH, *Traité... cit.*, p. 25
(44) *France*, p. 6; Charles DEBBASCH, *Traité...cit.*, p. 61
(45) *France*, p. 7; Charles DEBBASCH, *Traité... cit.*, p. 62
(46) *Yugoslavie*, p. 5

C. Le régime des entreprises cinématographiques

19. En ce qui concerne les entreprises cinématographiques, le principe traditionnellement en vigueur a été celui de la liberté de l'industrie et du commerce; il en a découlé, qu'en général, aucun contrôle préalable de l'Etat ne pas soit prévu pour la projection de films, comme c'est le cas en Belgique(47). Cependant, peu à peu, on a constaté l'élargissement des mécanismes de contrôle de l'Etat concernant la formation des entreprises et la projection de films, surtout d'origine policière. Tel est le cas de la France.

20. En effet, dans ce pays, l'action de Etat sur les entreprises cinématographiques s'exerce par l'intermédiaire du Centre national de la cinématographie, établissement public soumis à l'autorité du Ministre chargé de l'industrie et du commerce(48). Cet institut agit au nom de l'Etat pour la constitution des entreprises cinématographiques, vu que ces dernières ne peuvent pas exercer leur activité sans une autorisation préalable du Centre. D'un autre côté, il est aussi nécessaire qu'au préalable, l'entreprise formule une déclaration relative à l'activité qu'elle va réaliser devant l'autorité de police locale, et que dans tous les cas, les collaborateurs de l'entreprise soient pourvus d'une carte d'identité professionnelle émise par le Centre(49).

De même, avant la réalisation d'un film, l'entreprise de production doit obtenir l'autorisation de filmer, dans le but de vérifier si l'entreprise pourra effectivement mener à bien le projet; en outre, pendant la filmage, un dépôt légal est exigé dans un registre public du cinéma, ce qui a, parmi d'autres effets, celui de rendre opposable, vis-à-vis des tiers, le titre du film(50).

21. Quant à la projection des films, en plus des limitations d'ordre local qui affectent les salles de cinéma, on établit souvent quelques limitations en ce qui concerne les pourcentages de films nationaux par rapport aux étrangers (51). Au sujet de l'importation de films étrangers, ceux-ci sont assujettis à l'obtention d'un visa d'exploitation qui requiert l'accord du Ministère des finances(52). En Yougoslavie, par exemple, l'importation et l'exportation de films sont considérées comme une activité relevant du commerce extérieur, donc soumise aux formalités générales qui lui sont propres(53).

3. Le régime des agences de diffusion d'information

22. Dans le monde moderne, dans le domaine de la liberté d'information et dû à la croissante interconnection internationale des moyens, l'aspect qui a pris le plus

(47) *Belgique*, p. 8
(48) *France*, p. 3
(49) *France*, p. 4
(50) *France*, p. 4
(51) *France*, pp. 4-5
(52) *France*, p. 5
(53) *Yugoslavie*, p. 7

d'importance est indubitablement celui qui concerne les agences de collection et diffusion d'information.

En effet, jour après jour, la production d'information est centralisée dans les agences, avec leurs réseaux de correspondants dans le monde entier, et plus précisément, dans les cinq fondamentales: la *Associated Press* et la *United Press* nord-américaine; la *Tais* soviétique; la *Reuter* anglaise et la «France-Presse» française, auxquelles se joignent des agences régionales et nationales. La distribution, même par pays, de ces agences, est suffisante, comme l'a fait remarquer Beneyto, «pour comprendre ce qu'il y a derrière chacune de ces entreprises»[(54)] et l'importance que celles-ci ont, non seulement dans la distribution et diffusion des information, mais encore dans la déformation intéressée de cette dernière.

L'importance de telles agences a donné lieu à un contrôle croissant de la part de l'Etat sur celles-ci et sur les correspondants à leur service.

23. S'il est vrai que, dans plusieurs pays, on n'exige à ces agences et à leurs correspondants aucune autorisation préalable pour opérer,[55], on observe la tendance à en soumettre le fonctionnement à des formalités déterminées, telles que le fait de limiter la circulation de leurs correspondants.

En France, par exemple, actuellement on exige des agences de presse qu'elles obtiennent une autorisation préalable délivrée par le Ministre chargé de l'information, et pour leur fonctionnement, on leur exige certaines conditions réquisitoires relatives a la responsabilité du directeur et à l'interdiction de recevoir des fonds des gouvernements ou de groupes étrangères[(56)]. Dans d'autres pays, comme la Yougoslavie, on exige que les agences correspondantes étrangères soient accréditées devant le Secrétariat Fédéral de l'Information[(57)].

Par ailleurs, pour des raisons d'urgence international ou d'ordre politique, il est fréquent de constater la limitation de l'introduction et de la libre circulation des correspondants étrangers dans certains pays, même quand cela obéit a des circonstances changeantes. En tout cas, ces limitations visent directement les entreprises de communication, puisque les informations mondiales diffusées par les agences internationales sont en principe recueillies par leurs correspondants.

24. On doit signaler, en outre, que la tendance des Etats à participer économiquement aux agences de press a été fréquente. En France, par exemple, l'agence France-Presse a été créée à partir de 1945 comme entreprise d'économie mixte dans laquelle l'Etat dispose de la majorité du capital social, ayant pour objet la recherche d'éléments d'information complète et objective tant en France qu'à l'étranger, et mettre a la disposition des usagers cette information. L'agence, de cette manière, doit agir avec complète indépendance, sans être soumise aux pressions d'aucun groupe, politique ou économique[(58)].

---

(54) Juan BENEYTO, *Ordenamiento jurídico de la información*, Madrid 1961, p. 108

(55) *Belgique*, p. 8

(56) *France*, pp. 8-9; *Espagne Loi*, art. 43

(57) *Yugoslavie*, p. 7; *Espagne*, p. 56

(58) *France*, p. 9

II. LES LIMITATIONS AU CONTENU DE L'INFORMATION

25. Parmi les limitations de la liberté d'information, il est évident que celles qui ont le plus d'importance sont celles qui touchent au contenu de l'information et qui impliquent une action régulatrice de l'Etat, généralement dispersée dans différentes lois spéciales. Ces limitations découlent de la nécessité d'assurer la véracité des informations; du besoin de limiter et d'interdire des informations qui puissent porter atteinte à la sécurité nationale, à l'ordre public, à l'ordre judiciaire et aux droits de la personnalité ou qui puissent s'averer diffamatoires.

Nous analyserons ces trois catégories de limitations à la lumière du droit comparé.

1. La véracité de l'information. Les fausses nouvelles

26. On peut considérer comme générale la tendance à la consécration de normes internationales et nationales ayant pour objet la garantie de l'exactitude des informations et de prévenir leur déformation. Cependant, l'application de ces normes résulte toujours problématique en raison des difficultés qui existent pour faire la distinction précise entre l'exposition des faits et les opinions[(59)], selon l'orientation initiée par la Loi française de 1881. De plus, il faut reconnaître, devant les sanctions à appliquer, que celles-ci doivent être infligées avec restriction, vu que, souvent, il est difficile de vérifier la véracité d'une information en considérant la hâte qu'exigent aujourd'hui les moyens modernes de communication; et, si cela est difficile avec la presse, par exemple, -étant donné l'urgence qui existe toujours de faire paraître le journal a l'heure prévue-, cela l'est bien d'avantage avec la radio et la télévision, où les informations se succèdent plus rapidement et d'une façon instantanée. C'est ainsi qu'on a signalé pour les postes émetteurs de radio et télévision, que ceux-ci ont le droit de rendre compte, sans que leur responsabilité soit compromise, de tous les faits publics, même quand la présentation de ces faits puisse incommoder des intérêts privés[(60)]. De là, que quelques systèmes exigent des postes émetteurs de radio que leurs émissions soient données dans un «rigoureux esprit d'objectivité» comme c'est le cas en Belgique[(61)].

27. Les réglementations en vue de prévenir les fausses nouvelles peuvent être de différentes sortes. Parmi elles, il faut détacher celles qui tendent à exiger l'identification précise de ceux qui annoncent et remettent des informations, comme c'est le cas au Pérou. Le Statut de liberté de presse de ce pays exige que «La publicité sur les questions d'intérêt public et les lettres publiques, quelque soit leur contenu, devront spécifier le nom et l'adresse de celui qui annonce ou remet, dont l'authenticité devra être prouvée, par l'exhibition d'un instrument d'identification digne de foi, sous la responsabilité de directeur» [(62)]. C'est dans ce sens que par exemple, au Vénézuéla, on interdit l'anonymat.

---

(59) Helding EEK, *Informe ...cit.*, p. 40
(60) *France*, p. 15
(61) *Belgique*, p. 9
(62) *Statut Pérou*, art. 19

28. La réglementation sur la véracité de l'information, a une importance internationale particulière, dans les relations entre les pays. Pour cela elle a fait l'objet de préoccupation constante au sein des Nations Unies[(63)]. Le projet de déclaration sur la liberté d'information des Nations Unies, signale dans ce sens «que tout individu répandant une information devra s'assurer de bonne foi de l'exactitude des faits sur lesquels porte l'information» [(64)]. Ainsi, dans le projet de convention sur la liberté d'information on indique, dans les limitations au droit, celles qui s'établissent à l'égard de la «diffusion systématique de fausses informations préjudiciables aux relations amicales entre les nations»[(65)].

Particulièrement, dans maintes occasions, la lutte contre les fausses informations et les informations déformées a donné lieu à des accords entre pays frontaliers tendant à assurer que la presse des pays s'abstiendra de publier des versions exagérées d'information qui, par leur caractère, pourraient irriter, effrayer ou alarmer la population, comme c'est le cas de l'accord de ce genre célébré entre l'Inde et le Pakistan dans les années 1948 et 1949[(66)]. Au Vénézuéla, récemment, le Sénat, à l'occasion des négociations en suspens avec la Colombie au sujet de la délimitation de la plate-forme sous-marine, signalait l'existence «d'une campagne dont la persistance pourrait conduire à une détérioration de nos relations avec les pays voisins et fraternels», et convenait, par conséquent, «d'exprimer sa préoccupation au sujet de la compagne en question et de suggérer aux entreprises de communication sociale une attitude réfléchie et prudente lors de l'émission de leur opinion et d'informer sur des différends internationaux, en particulier, ceux qui concernent les peuples latino-américains; différends qui, pair leur nature délicate, peuvent susciter dans la collectivité des suspicions et aspérités innécessaires et même peu indiquées»[(67)].

29. Dans la sphère internationale, même dans les cas ou les réglementations légales sont généralement d'un caractère concret, il faut détacher celle de la Yougoslavie, où l'on indique expressément dans la Loi sur la Presse que «l'information ne doit pas être un moyen par lequel... des informations fausses, déformées ou alarmantes soient présentées ou diffusées» [(68)].

Or, d'une façon générale, les prohibitions de circulation de fausses nouvelles se réfèrent a des faits concrets, par exemple: celles qui peuvent toucher au crédit de la nation[(69)] ou au statut monétaire[(70)]; celles qui peuvent affecter le suffrage ou provoquer l'abstention électorale[(71)];celles qui peuvent nuire à la paix publique[(72)]; ou celles qui atteignent la discipline ou la morale des forces armées[(73)].

(63) Salvador LÓPEZ, *Libertad ... cit.*, p. 19
(64) *Doc. A/7638* (ONU), anexe II, art. 4
(65) *Doc. A /7638* (ONU), anexe III, art. 2
(66) Salvador A. LÓPEZ, *Libertad...cit.*, p. 20
(67) Diario *El Nacional*, n° 9666, Caracas 28 de julio de 1970
(68) *Yugoslavie*, p. 9
(69) *France*, p. 16; Roger PINTO, *La liberté...cit.*, p. 106
(70) *Belgique*, p. 9
(71) *France*, p. 16; Roger PINTO, *La liberté... cit.*, p. 106
(72) *France*, p. 16; *Yugoslavie*, p. 9; Roger PINTO, *La Liberté... cit.* p. 103
(73) *France*, p. 16

30. En ce qui concerne les conditions requises pour la configuration des fausses novelles, M. le Professeur Charles Debbasch en distingue justement quatre concernant le système français: la publicité; le caractère faux de l'information; qu'elles soient de nature à nuire la paix publique; ou qu'il y ait intention ou mauvaise foi dans leur émission ou publication [74].

31. On doit signaler enfin, que le problème des fausses informations est relié aujourd'hui en bonne partie, au système des agences de presse, puisqu'en réalité, en dehors de celles-ci, le champ d'information reçue par des entreprises indépendantes est chaque jour plus réduit. De là, l'importance que revêt le contrôle de l'Etat sur les agences de collection et distribution d'information.

2. Les informations limitées ou interdites

A. En raison de la sécurité de l'Etat

32. Par delà les informations fausses ou déformées, il est nécessaire de distinguer les informations limitées ou interdites, qui peuvent découler de plusieurs causes.

Parmi elles, la première cause de prohibition ou limitation des informations est celle relative à la sécurité de l'Etat. En effet, dans des situations où la sécurité de la nation peut se voir compromise, les lois restreignent la liberté d'information. Ceci a lieu dans les cas de circonstances exceptionnelles, comme la guerre[75]. De la même façon, dans des cas de déclaration de l'état de siège ou d'urgence, la législation autorise la suspension ou la limitation des informations qui puissent inciter au désordre[76]. En relation avec la guerre, on réprime les informations qui puissent se configurer comme une collaboration avec l'ennemi[77].

Pour des raisons de sécurité de l'Etat, on restreint, en général, la publication de documents considérés comme confidentiels ou secrets[78],ou en connexion avec le secret nucléaire[79]. En particulier, la restriction vise les fonctionnaires ou employés publics en ce qui concerne les questions confidentielles ou les secrets dont ils prennent connaissance en raison de l'exercice de leurs fonctions[80]. De même, on peut restreindre les informations qui nuisent au crédit de l'Etat et à la stabilité monétaire[81], à l'exercice des droits constitutionnels[82] et à la force contraignante des lois[83].

---

(74) *France*, pp. 16-17
(75) *Doc. A/7638* (ONU), anexe IV; *France*, p. 17; *Belgique*, p. 9, Roger PINTO, *La liberté…cit.* p. 51
(76) *France*, p. 17
(77) *Belgique*, p. 9
(78) *Yugoslavie*, p. 9, *Statut Pérou*, art. 27,g; *Pays-Bas*, p. 5; J. BENEYTO, *El Ordenamiento…cit.* p. 206
(79) *Belgique*, p. 9
(80) *Belgique*, p. 12; *Pays-Bas*, p. 5
(81) *Statut Pérou*, art. 27
(82) *Belgique*, p. 10; *Yugoslavie*, p. 10
(83) *Belgique*, p. 10

33. Liées aux restrictions de l'information qui peuvent affecter la sécurité de l`Etat, se trouvent celles qui se rattachent aux questions militaires; et, en particulier, aux prohibitions imposées au personnel militaire en relation aux informations qu'ils peuvent fournir, comme c'est les cas au Pays-Bas et au Vénézuéla[(84)].

34. Finalement, on doit signaler que les limitations imposées a la liberté d'information pour des raisons de sécurité de l'Etat, ne peuvent être telles qu'elles empêchent la critique au gouvernement, comme il est indiqué dans le Projet de convention sur la liberté d'information qu'étudient les Nations Unies[(85)]. Quelques décisions judiciaires aux Etats-Unis confirment la liberté inconditionnelle de critiquer la conduite officielle[(86)].

B. En raison de l'ordre public

35. Les limitations et prohibitions au contenu de l'information peuvent avoir aussi pour origine la prévention des perturbations de l'ordre public: moralité publique, tranquillité publique et salubrité publique. Le droit comparé et les conventions et déclarations internationales en général, réglementent ces limitations.

36. En premier lieu, se trouvent celles qui proviennent de raisons de moralité publique, telles qu'elles sont prévues expressément en France, en Yougoslavie et en Belgique[(87)]. Dans ce sens, on interdit fréquemment les informations qui, indûment, mettent en relief crimes et délits, ou qui peuvent configurer une apologie du délit ou même une incitation, comme il est prévu en France, En Belgique et au Pérou[(88)]. En Belgique, de plus, on restreint toute propagande ou publicité de moyens quelconques de faire avorter une femme ou d'empêcher la conception[(89)].

Ceci étant dit et pour des raisons de morale publique, les principales limitations à la liberté d'information dérivent de la protection des mineurs. En lignes générales, en Yougoslavie, par exemple, dans le but de protéger l'enfance et la jeunesse, on interdit de répandre les publications imprimées destinées aux enfants, ou qui soient diffusées entre eux, quand, par leur contenu, elles portent préjudice à leur éducation[(90)]. En France, toute publication destinée aux mineurs doit faire l'objet d'une déclaration au Ministère de la justice, et ne peut pas contenir aucune information qui présente sous un jour favorable le banditisme, le cambriolage, la paresse, la rage, tout acte criminel ou délit immoral ou qui provoque des préjugés ethniques[(91)]. Quant à la télévision, on exige souvent,

(84) *Pays-Bas*, p. 5
(85) *Doc. A/7638* (ONU), anexe IV, art. 2
(86) *EEUU*, pp. 7-13.
(87) *France*, p. 17; Roger PINTO, *La liberté....cit.*, pp. 81, 87; *Yugoslavie*, p. 10; *Belgique*, p. 10
(88) *France*, pp. 17-18; Roger PINTO, *La liberté ....cit.*, p. 76; *Statut Pérou*, art. 27,i
(89) *Belgique*, p. 10
(90) *Yugoslavie*, p. 10
(91) *France*, p. 18

comme c'est le cas en France et au Vénézuéla, qu'a certaines heures, soit signalé le fait que les émissions ne sont pas destinées aux mineurs[(92)]. Dans le cas du cinéma, au Vénézuéla, on défend l'entrée dans les salles de projection, aux mineurs, suivant la classification du film et l'heure de la projection.

En outre, dans plusieurs législations on interdit l'exposition de revues sur la voie publique qui portent outrage à la moralité des mineurs[(93)] et, il est même défendu, aux vendeurs de revues, de les vendre aux mineurs, comme c'est le cas au Vénézuéla[(94)].

37. En second lieu, les limitations au contenu de l'information pour des raisons d'ordre public, peuvent provenir de la nécessite d'empêcher des perturbations de la tranquillité publique. Dans ce sens, en Yougoslavie, on interdit les informations alarmantes ou qui puissent provoquer l'inquiétude des citoyens ou qui mettent en péril l'ordre public et la paix[(95)].

38. Le troisième type de limitations au contenu des informations pour raison d'ordre public, est en rapport avec la salubrité publique. Pour cette raison, on restreint en général, les informations relatives aux boissons alcooliques afin de protéger les citoyens contre l'abus de celles-ci, comme c'est le cas en France[(96)]. De là aussi, les limitations a la propagande relative aux cigarettes si généralisées aux Etats-Unis.

C. En raison de l'ordre judiciaire

39. La nécessite d'assurer et de garantir la bonne administration de la justice et son impartialité, ainsi que d'éviter la publication de faits scandaleux et la protection des droits de défense, a conduit le législateur à limiter le contenu de certaines informations relatives à la procédure, comme c'est le cas en France, et en Yougoslavie[(97)].

Ces limitations ont leur source, tout d'abord, dans le secret de l'instruction, [(98)] et dans la nécessité d'éviter qu'au moyen de publications d'une certaine nature, on puisse influencer les juges et les jurés[(99)]. Il en découle que, très souvent, on limite la possibilité de téléviser ou filmer des débats ou des procès judiciaires, excepté avec autorisation, comme c'est le cas en France; ou bien on limite l'information de certains procès dans lesquels, la vie privée d'une personne est en jeu[(100)]. Aux Etats-Unis, plusieurs décisions de la Cours Suprême se rapportent aux difficultés que peut causer la transmission par télévision de certains débats

(92) *France*, p. 18
(93) *France*, p. 19
(94) *France*, p. 18
(95) *Yugoslavie*, p. 9
(96) *France*, p. 19
(97) Roger PINTO, *La liberté...cit.* p. 109, *France*, p. 19; *Yugoslavie*, p. 10
(98) *France*, p. 20
(99) *France*, p. 20
(100) *France*, p. 20

judiciaires, quant à l'impartialité de critère des jurés et à l'exactitude des témoignages, raison pour laquelle la Cour a déclaré que la liberté d'information par télévision «ne confère pas le droit d'utiliser, dans les salles des Tribunaux, des équipements qui puissent compromettre l'impartialité du jugement» [(101)].

Quant à la publication des décisions, elle est en principe libre comme en France et au Vénézuéla dû à la publicité procédurale[(102)], même si l'on restreint l'information sur l'application de certaines peines, telles les exécutions, où l'on n'informe que dans la mesure où l'autorité d'exécution l'indique.[(103)]

D. En raison de l'ordre personnel:
La protection des droits de la personnalité

40. Les restrictions au contenu de l'information ne découlent pas seulement de l'assurance de la véracité de l'information ou de la protection de la sécurité de l'Etat, de la garantie de l'ordre public ou de l'ordre judiciaire. Elles ont encore pour origine la nécessité de protéger le droit des autres personnes, plus précisément les droits relatifs à la personnalité.

41. En premier lieu, le droit au nom. Les limitations à l'emploi de noms, surtout dans les programmes radiodiffusés ou télévisés, peuvent seulement s'appliquer à des noms peu communs qui peuvent prêter a confusion, L'utilisation de noms courants d'emploi généralisé, est donc considéré comme libre, comme il arrive en France[(104)].

42. En second lieu, le droit réserve l'image. Ceci implique, en principe, la prohibition de publier, sans son consentement, l'image d'une personne, sauf s'il s'agit d'une personne célèbre. La prohibition subsiste, dans ce dernier cas, quand la photographie est prise avec un télé-objectif[(105)]. Aux Pays-Bas, la législation interdit expressément la publication de portraits réalisés sur ordre de la personne photographiée, sans son consentement; les portraits qui n'ont pas été commandés ne peuvent pas être publiés si un intérêt raisonnable de la personne photographiée s'oppose à cette publication, par exemple, l'intérêt de la vie privée[(106)].

43. En troisième lieu, le droit à l'intimité de la vie privée fait l'objet d'une protection. Aux Pays-Bas, par exemple, des décisions jurisprudentielles ont estimé offensif le fait de pénétrer dans la vie privée d'une personne sans sa permission et en informer ensuite[(107)].

44. Enfin, le droit à l'honneur trouve aussi protection et il est puni à travers le délit d'injure. En France, par exemple, on interdit toute expression outrageante, terme de mépris ou invention, qui ne contienne pas l'imputation d'un fait

---

(101) *EEUU*, p. 4
(102) *France*, p. 20
(103) *France*, p. 20
(104) *France*, p. 21
(105) *France*, p. 21
(106) *Pays-Bas*, p. 3
(107) *Pays-Bas*, p. 3

quelconque à l'égard d'une personne physique ou morale[(108)]. Au Pérou, on interdit de publier des articles et des chroniques dans lesquels sont employées des phrases offensives pour l'honneur ou la renommée d'une personne naturelle, juridique ou d'une corporation[(109)]. Le droit à l'honneur est spécialement protégé à l'égard du Président de la République[(110)], des agents diplomatiques étrangers et des chefs d'Etat étrangers [(111)].

45. Les limitations au contenu de l'information touchent aussi aux informations diffamatoires, au moyen desquelles, on impute à une personne un fait qui implique une atteinte à son honneur. Au Pérou, on considère expressément comme un délit «le fait d'attribuer à une personne naturelle ou juridique, un fait, une qualité ou une conduite, qui nuise à l'honneur ou à la réputation de la première ou des personnes qui composent ou représentent la seconde... à moins que le Directeur ou l'auteur prouve pleinement la véracité de ces dites, auquel cas, il sera exempt de peine» [(112)]. En lignes générales, ce même panorama nous apparaît dans le droit comparé, avec la distinction entre diffamation illicite et diffamation licite[(113)].

III. LES CONSÉQUENCES DES LIMITATIONS A LA LIBERTÉ D'INFORMATION

46. Les limitations à la liberté d'information et, particulièrement, la transgression de celles-ci engendrent une série de conséquences dans le domaine du droit public: la possibilité d'utiliser des garanties établies à l'égard de ces limites; l'application de mesures de police administrative; et la répression des fautes et délits de l'information. En dehors de ces conséquences se trouvent celles s propres au droit privé ou au droit commun, en vertu desquelles des réparations sont exigées pour les dommages et intérêts occasionnés.

Nous étudierons ici les trois conséquences de droit public, à la lumière du droit comparé.

1. Les garanties: le droit de rectification et le droit de réponse ou de réplique

47. La violation des limitations à la liberté d'information est d'abord garantie par la consécration du droit de rectification et de réplique qu'on accorde à l'institution ou à la personne lésée par l'exercice de la liberté d'information. En général, le contenu et la finalité de ces droits sont les mêmes, ils différent

---

(108) *France*, p. 21
(109) *Statut Pérou*, art. 27,c
(110) *France*, pp. 21-22; *Belgique*, p. 10; *Yugoslavie*, p. 10
(111) *France*, pp. 21-22; *Belgique*, p. 10
(112) *Statut Pérou*, art. 27,c
(113) Roger PINTO, *La liberté ...cit.* p. 134

seulement par la qualité à agir. En effet, le droit de rectification peut âtre utilisé par l'Etat tandis que le droit de réplique ou réponse l'est par les particuliers, comme il est établi en France et en Espagne[114]. Dans d'autres pays, comme au Pérou et en Belgique, en parlant du droit d'explication, rectification ou réponse, il est l'objet d'une réglementation uniforme; et dans d'autres systèmes on ne le reconnaît pas expressément[115].

48. Le droit de rectification comporte l'obligation pour le directeur du journal, d'insérer, dans le numéro suivant de ce dernier, en forme gratuite, la rectification au compte-rendu inexact des faits d'une autorité publique, comme on l'établit en France[116]. De son côté, le droit de réponse ou de réplique permet à une personne contestée par un journal ou simplement nommée ou dessinée dans celui-ci, de demander l'insertion dans le numéro suivant, aussi en forme gratuite, d'un texte qui montre son point de vue par rapport à l'information qui lui a fait du tort[117].

Il y a des cas ou l'on exige de plus, que la publication se fasse soit en première page, soit dans la même page que l'information, avec les mêmes caractères typographiques[118]. En tout cas, comme la signalé M. le Professeur Debbasch, c'est un moyen en pouvoir du citoyen pour se défendre contre le pouvoir de la presse[119].

Dans tous les cas, on doit signaler que si normalement, ces droits se réfèrent à la presse écrite, dans plusieurs pays ils s'étendent, expressément, à la radio et à la télévision, et jusqu'aux informations publiées dans un journal cinématographique ou dans un film, comme c'est le cas en Yougoslavie[120], en Espagne, en Allemagne, en Turquie et en Grande Bretagne. Aux Pays-Bas, il faut indiquer que, bien qu'il ne soit pas consacré à l'égard de la presse, le droit de rectification s'établit expressément en ce qui concerne la télévision[121]. Il faut signaler, en outre, que ce sont des droits qui, après la mort de la personne affectée, peuvent être exercés par les ayants droit[122].

49. Bien que la consécration de ces droits constitue l'établissement de garanties en faveur des particuliers et des institutions publiques, il en résulte l'obligation pour le Directeur responsable de l'entreprise de communication, de publier la rectification ou la réponse, sous forme gratuite, dans le numéro suivant de la publication. Cependant, cette obligation a des limites. Tout d'abord, en ce qui concerne l'extension du texte à publier, dans certains systèmes, on exige que le texte ne dépasse pas le double de celui qui a motivé la réponse ou qu'il n'excède pas mille lettres d'écriture[123]. Ensuite, concernant le contenu de la réponse, celle-

---

(114) *France*, p. 23: Enrique RIVERO ISERN, «Los derechos de rectificación y réplica en la prensa, la radio y la televisión: Reflexiones a la luz de nuestro derecho», *Revista de Administración Pública*, n° 57 Madrid 1968, p. 144

(115) *France*, p. 23

(116) *Belgique*, p. 11; *Statut Pérou*, art. 21, *Pays-Bas*, p. 4

(117) *France*, p. 23; *Belgique*, p. 11; *Statut Pérou*, arts. 22-23

(118) *France*, p. 23, *Statut Pérou*, art. 23

(119) *France*, p. 23

(120) *Yougoslavie*, p.11

(121) *Pays-Bas*, p. 7

(122) *Yugoslavie*, p. 11

(123) *France*, p. 23; *Belgique*, p. 11

ci ne peut pas être contraire aux lois et aux bonnes mœurs [124], même s'il est admis que le ton de la réponse soit égal en vigueur à celui de l'information qui l'a provoquée, comme c'est le cas en France et au Pérou [125]. Ceci n'implique pas qu'on puisse y employer des termes indignes ou offensants[126].

En Yougoslavie, de plus, le directeur est exempté de l'obligation de publier la réponse, quand, par exemple, elle n`est pas en relation directe avec l'information en question, ou lorsque la réponse n'est pas signée [127].

50. En vertu des limitations signalées, le directeur peut se refuser à publier la réponse; dans ce cas, le particulier lésé peut exiger protection, en ayant recours à l'autorité judiciaire, celle-ci devant décider au moyen d'une procédure sommaire[128].

2. Les mesures de police dans la liberté d'information

51. À part les conséquences d'ordre civil et celles dérivées des garanties de rectification et de réponse, le droit comparé nous montre une série de limitations au droit d'information, provenant cette fois de l'exercice des pouvoirs de police de l'Etat. L'existence de ces pouvoirs de police dérive de la consécration même du droit à la liberté d'information, soumis à limitations. Les moyens dont dispose l'autorité administrative pour faire observer ces limitations sont précisément, les pouvoirs de police.

Ces pouvoirs de police ne peuvent de toute façon s'exercer, que sous une forme conditionnée par la nécessité justifiée d'une menace réelle pour l'ordre public, par les conditions de temps, de lieu et de mode dans l'apparition de ces menaces et par la proportionnalité entre les mesures mentionnées et ces dernières[129].

En termes généraux, les pouvoirs de police relatifs a la liberté d'information se réfèrent à la censure, à la prohibition d'émettre l'information, aux révocations des autorisations et à la saisie des éditions. Pour une meilleure étude comparative, nous étudierons ci-dessous les différents mesures de police suivant les différents moyens d'information.

A. Les mesures de police en relation à la presse

(a) La censure

52. D'une façon générale, on peut dire que la censure de la presse est interdite dans presque tous les textes constitutionnels ou légaux. C'est une conséquence

(124) *France*, p. 23; *Belgique*, p. 11, *Yugoslavie*, p. 11
(125) *France*, p. 23; *Statut Pérou*, art. 23
(126) *Yugoslavie*, p. 11
(127) *Yugoslavie*, p. 11
(128) *Statut Pérou*, arts. 24-25
(129) R. PINTO, *La liberté … cit.*, p. 199

remontant à l'antécédent de la liberté de la presse et des luttes de celle-ci face aux interventions gouvernementales de caractère politique. Dans ce sens, les constitutions de la Belgique, des Pays-Bas et du Vénézuéla et les lois de la Yougoslavie, de l'Espagne, de la France et du Pérou, interdisent la censure préalable du gouvernement concernant la presse[(130)]. Ainsi le Projet de convention sur la liberté d'information, en étude aux Nations Unies, établit expressément, qu'aucune des limitations à la liberté d'information qui y sont prévues ne peut pas être considérée comme une justification pour l'imposition de la part de l'Etat d'une censure préalable à la diffusion d'informations, commentaires et opinions politiques[(131)].

53. Cependant, la prohibition de la censure préalable, qui est de vigueur, d'une façon générale, dans des circonstances normales, ne prévaut pas plus absolument dans des circonstances exceptionnelles comportant la suspension des garanties constitutionnelles. Les exemples que nous montre le droit comparé dans ce domaine sont aussi nombreux que l'ont été les conflits politiques nationaux et internationaux subis par les pays du monde moderne. Il suffit de faire référence au cas de la France, où l'état d'urgence, l'état de siège ou l'état de guerre permettent l'instauration d'une censure préalable de la presse[(132)].

54. Les possibilités et limites signalées à l'établissement de la censure s'appliquent aussi aux dépêches d'informations des correspondants étrangers, qui, en général, sauf dans des circonstances exceptionnelles, peuvent envoyer à l'étranger les informations qu'ils souhaitent avec entière liberté[(133)].

(b). L'interdiction de la publication, distribution et vente

55. Outre la possibilité accordée à l'autorité administrative d'instaurer une censure préalable, en tant que manifestation du pouvoir de police, le droit comparé montre la possibilité d'ordonner la prohibition de la publication, distribution et vente de la presse.

56. En premier lieu, comme manifestation de la censure, l'autorité administrative peut interdire la publication de certaines informations si, à un moment donné, ainsi le demandent l'ordre public ou la défense nationale.

57. En deuxième lieu, les limites dérivées de l'exercice des pouvoirs de police peuvent se rattacher à la circulation et à la distribution des publications[(134)] et, en particulier, en ce qui concerne leur importation. En Belgique, par exemple, on permet à l'autorité administrative d'ordonner la prohibition de l'introduction de publications étrangères obscènes; et en outre, les publications qui, à l'étranger, contiennent des inscriptions contraires aux bonnes mœurs et à l'ordre public[(135)],

(130) *Belgique*, p. 1; *Pays-Bas*, p. 2; *Pérou*, p. 3; *France*, p. 10; *Espagne Loi*, art. 3
(131) *Doc. A/7638* (ONU), anexe III, p. 2, art. 2
(132) *France*, p. 10, *Belgique*, p. 15
(133) Hilding EEK, *Informe... cit.*, p. 38
(134) *Belgique*, p. 13
(135) *Belgique*, p. 13

sont exclues du transport du courrier. En Yougoslavie, par exemple, quand on enfreint certaines des limitations au contenu de l'information, l'autorité judiciaire peut interdire la distribution de certaines des publications[136].

58. Finalement, l'interdiction imposée par l'autorité administrative peut atteindre la vente des publications d'une façon générale et, du fait que la vente en est faite fréquemment sur la voie publique, les restrictions de caractère local sur l'utilisation du domaine public s`appliquent aux ventes de journaux et de magazines.

En France, dans un but d'intérêt général ou quand cela se rattache au domaine public, l'autorité de police peut prendre des mesures impliquant l'interdiction de vendre des publications dans les kiosques sur la voie publique[137]. En Belgique, l'utilisation de la voie publique pour l'installation des kioskes doit bénéficier d'une autorisation préalable de l'autorité locale; en vue de garantir l'ordre et la tranquillité dans la rue, et, particulièrement, la sécurité et la commodité de circulation des personnes[138].

(c) La saisie des publications

59. L'intervention de l'autorité de police n'a pas seulement lieu avant l'édition (censure) ou une fois la publication éditée avant la distribution ou la vente, mais encore se produit-elle après la mise en circulation de l'édition. Dans ces cas, si les publications violent une des limitations imposées à la presse, l'autorité judiciaire et, exceptionnellement, l'autorité administrative, peuvent décréter la saisie de l'édition ou des publications.

Pour cela, évidemment, la condition exigée est que la mesure soit indispensable au maintien de l'ordre public, ou pour empêcher la circulation d'informations secrètes qui intéressent la défense nationale[139]. Concernant le maintien de la moralité publique, on permet, en général, la saisie des publications immorales ou contenant des apologies à l'égard de certains crimes ou délits[140]. En tout cas, la violation de la censure, dans des circonstances exceptionnelles, constituent un motif de saisie de l'édition.

B. Les mesures de police en relation à la radio et à la télévision

(a) La censure

60. D'une façon générale, l'orientation du droit comparé est celle de l'exclusion de la censure préalable dans les émissions de radio et télévision[141], bien que dans

(136) *Yugoslavie*, pp. 9, 14
(137) *France*, p. 11
(138) *Belgique*, p. 3
(139) *France*, p. 11, 12
(140) *France*, p. 12
(141) *Belgique*, p. 6; *Yugoslavie*, pp. 5, 8, 9, 15

les pays où il existe un monopole étatique sur l'information, la censure préalable soit inhérente à ce monopole. De même, dans certains pays ou l'on prévoit un monopole de droit pour la radio et la télévision rattache à un établissement public, comme en France, une censure préalable est prévue pour les émissions[142].

(b) La révocation ou la suspension de l'autorisation

61. Nous avons fait remarquer que, en général, le droit comparé montre une rigidité légale plus marquée en ce qui concerne la radio et la télévision, d'ou la nécessité pour les entreprises qui vont opérer dans des programmes de ce genre, d'obtenir une autorisation préalable de l'autorité administrative. Au Vénézuéla, par exemple, la transgression des limitations au contenu de l'information, peut entraîner la révocation définitive de l'autorisation ou la suspension temporelle des émissions de l'entreprise en question.

(c) L'interdiction de l'émission

62. L'autorité administrative peut aussi, pour des raisons de sécurité ou de défense nationale, ou pour des raisons de moralité publique, interdire des émissions de radio et de télévision[143]. En Yougoslavie, la Loi de presse permet a l'autorité administrative d'interdire l'émission de programmes de radio et de télévision qui enfreignent les diverses limitations à la liberté d'information qu'elle consacre[144].

C. LES MESURES DE POLICE CONCERNANT LE CINEMA

(a) La censure

63. Si nous avons vu que, en lignes générales, la censure préalable est exclue de la presse, radio et télévision en temps de paix, il n'en est pas de même pour le cinéma. Dans ce domaine, on peut dire que la censure est la règle, même en temps de paix[145], les systèmes qui ne l'établissent pas, étant exceptionnels[146].

Cette censure a pour motif fondamental, le maintien de la moralité publique. En vue de cela, la classification des films a pour but d'interdire aux mineurs de certains âges l'assistance au spectacle[147]. De même, pour autoriser la projection

(142) *France*, p. 12
(143) *Belgique*, p. 14
(144) *Yugoslavie*, p. 15
(145) *France*, p. 13; *EEUU*, p. 20; *Pays-Bas*, pp. 7, 9; *Yugoslavie*, pp. 6, 15
(146) *Belgique*, p. 14
(147) *France*, p. 14; *Belgique*, pp. 8, 18; *Pays-Bas*, p. 7

d'un film, l'autorité administrative, représentée généralement par une commission de censure, peut ordonner d'y réaliser des coupures à cette fin [148].

64. Quant aux nouveaux films, dans certains pays, on les soumet à une déclaration préalable comme en France[149] ce qui facilite la travail de la censure; tandis que dans d'autres pays, comme la Yougoslavie, une approbation préalable est requise[150].

(b) L'interdiction d'exploitation et d'exportation

65. Les mesures de police concernant le cinéma peuvent consister aussi dans l'interdiction d'exploitation, auquel cas il y a défense totale d'exhiber le film; et dans l'interdiction d'exportation, quand la limitation consiste à en interdire l'exhibition hors du pays d'origine. En France, cela est possible, vu que l'autorité respective, afin de promouvoir une politique du cinéma, dans les cas de films destinés à l'étranger, exigent d'eux qu'ils ne nuisent pas au prestige de la France[151].

(c) L'interdiction de projection.

66. Dans la sphère locale, on accorde aussi aux autorités correspondantes, des pouvoirs de police concernant la projection ou exhibition de films. Ces autorités ayant compétence pour assurer l'ordre, la tranquillité, la sécurité, la moralité et la salubrité publique, peuvent adopter des mesures relatives aux films qui portent atteinte sous un aspect quelconque à l'ordre public[152].

3. La répression pénale: les délits et contraventions de l'information

67. La plupart des infractions aux limitations de la liberté d'information entraînent l'application de sanctions de caractère pénal. Nous en avons déjà signalé quelques unes, telles celles qui sont prévues pour les délits de diffamation et d'injure tendant à protéger l'honneur des personnes contre les abus de la liberté d'information.

Mis à part ces délits, la législation pénale, comme mesure de protection à l'intérêt général ou à l'ordre public et social, prévoit une série de délits et de contraventions de l'information avec des peines qui varient de la simple amende jusqu'à l'application de peines corporelles.

68. En effet, le droit comparé montre une liste de ce que nous pourrions appeler contraventions dérivées de l'information, qui sont généralement punies par

---

(148) *France*, p. 14; *Belgique*, p. 15
(149) *France*, p. 14
(150) *Yugoslavie*, p. 6
(151) *France*, p. 14
(152) *France*, p. 14; *Yugoslavie*, p. 16; *Belgique*, pp. 14, 15; *Pays-Bas*, p. 10

l'application d'amendes: la non-indication du nom et adresse de l'imprimeur[(153)]; les publications clandestines et anonymes[(154)]; la publication du nom de mineurs délinquants[(155)]; l'information qui contient une apologie de certains délits[(156)]; le non-acquittement du dépôt légal ou de l'envoi des exemplaires requis à la Bibliothèque Nationale[(157)]; le refus de publier la rectification[(158)]; le transfert d'actions à des personnes étrangères[(159)].

69. En dehors des fautes indiquées, on consacre fréquemment des délits dérivés de l'information en cas de récidive dans certaines contraventions commises[(160)]. De plus, dans les cas de publications d'informations ou de documents faux[(161)], d'informations secrètes ou qui affectent la défense nationale[(162)] ou qui impliquent une collaboration avec l'ennemi[(163)].

Dans les pays qui exigent que la propriété des actions des entreprises de communication soient sous la main des nationaux, on punit comme délit, l'utilisation de substituts ou de personnes interposées pour cacher la véritable propriété des actions[(164)].

70. Dans tous les cas de responsabilité pénale, la loi attribue celle-ci à l'auteur de l'information et à défaut de celui-ci, au directeur en cas de publications non signées[(165)]. L'éditeur peut être considéré comme coresponsable des actes commis dans les publications imprimées[(166)].

CONCLUSIONS:

LA LIBERTÉ D'INFORMATION ET LE DROIT À L'INFORMATION

71. Du tour d'horizon que nous avons effectué sur les limitations à la liberté d'information, nous pouvons tirer les conclusions suivantes:

A. Au vu de la complexité et la puissance des *médias,* la liberté d'information est, par essence, soumise à des limitations. On ne peut pas concevoir une liberté d'information absolue et sans limites quelque soit le mode de communication employé.

(153) *France*, p. 24
(154) *Statut Pérou*, art. 26,a
(155) *France*, p. 24
(156) *Statut Pérou*, art. 27,i
(157) *France*, p. 24; *Statut Pérou*, art. 26,b
(158) *Statut Pérou*, art. 26,f
(159) *Statut Pérou*, art. 26,c
(160) *France*, p. 24
(161) *France*, p. 24; *Statut Pérou*, art. 27,f
(162) *France*, p. 24; *Statut Pérou*, art. 27,g; *Yugoslavie*, p. 12; Ramón ÁLVAREZ DE VIGNIER, *Infracciones de prensa e imprenta en la legislación y jurisprudencia*, Madrid 1966, p. 29
(163) *Belgique*, p. 12
(164) *Statut Pérou*, art. 27,a
(165) *Statut Pérou*, art. 20; *Pays-Bas*, p. 6; *Yugoslavie*, p. 12
(166) *Yugoslavie*, p. 12

B. L'étude des limitations à la liberté d'information que nous avons effectuée à la lumière du droit comparé, montre une réglementation de cette liberté fondée sur des critères traditionnels: liberté d'information face au gouvernement et réglementation généralement répressive de la part de l'Etat. Le schéma de la liberté d'information et de ses limitations est matériellement le même que celui qui a été bâti au cours du siècle dernier (19ème), où la liberté de presse a gagné la bataille constitutionnellement. C'est cependant un schéma qui a pris corps bien avant les transformations techniques, économiques et sociales de la presse, et bien avant l'apparition et le développement du cinéma, la radio et la télévision.

C. Conformément à ce schéma, le problème actuel de conciliation de la liberté d'information avec le droit humain à l'information reste, dans le droit comparé, sans solution générale adéquate. La liberté d'information, en termes généraux, demeure la liberté de quelques uns face au droit du grand nombre, étant donné que l'importance et la dimension économique des médias dans l'actualité ont provoqué, soit leur concentration, en tout ou en partie, dans les mains de l'Etat ou dans celles de groupes économiques ou politiques; mais en tout cas, entre les mains de quelques uns. C'est pour cela que le droit humain à l'information, qui est l'essence de la liberté d'information convenablement conçue, dans l'actualité ne trouve pas l'accueil qui lui est dû.

D. Il faut donc un grand effort pour concilier l'intérêt de la société et celui des hommes à être dûment et honnêtement informés et l'intérêt des gouvernements et des groupes de pression politiques et économiques. La liberté d'information doit alors consister en quelque chose de plus que la seule possibilité de s'opposer ou de faire pression sur le gouvernement en place, ou de favoriser des intérêts purement politiques ou économiques, faisant bon marché du droit humain à l'information.

E. En vue de cela, la liberté d'information a une fonction sociale à remplir: celle de garantir à tous le droit à l'information, c'est a dire, le droit de connaître la réalité sociale actuelle et de permettre, par cette voie, la participation de tous dans la vie économique, politique et sociale. Une liberté d'information tendant à garantir le droit à l'information pourrait être alors une arme dans la lutte de l'homme contre l'aliénation, et non pas ce que les médias dans l'actualité semblent contribuer a en faire: un moyen pour l'aliénation.

§ 3. REGIONALIZATION IN ECONOMIC MATTERS IN COMPARATIVE LAW

General Report to the *IX International Congress of Comparative Law*, International Academy of Comparative Law, Teheran, September 27-October 4, 1974(*)

INTRODUCTION

One of the subjects of greatest current and universal importance in the field of comparative public law, is undoubtedly that which concerns the process of regionalization within States, originated basically in economic motives(1). In fact, it can be said that, particularly in the last two decades, all the States of the contemporary world have felt, in one form or another, the faults and conflicts which arise from the contradictions and inadequacies of local and national administrative structures when faced with the demands of the economic process. This has produced, in the national sphere, a tremendous and prolonged effort which comes within the purview of what has been called «administrative reform», which has had an impact not only in the majority of the industrialized countries, but which has also acquired great importance and current interest in the

(*) Published in *Rapports Généraux au IXème Congrès International de Droit Comparé,* Teheran 27 Septembre-4 October 1974, Institut de Droit Comparé de l'Université de Téhéran, Bruxelles 1977, pp. 669-696.

(1) Therefore, among the subjects of public law which are to be discussed in the IX International Congress of Comparative Law in Teheran, 1974, *Regionalization in Economic Matters* has been chosen. This subjects undoubtedly opens up a field of enormous interest for comparative study, owing to the multiplicity of solutions which have been adopted, or are in the process of being adopted, by various countries and juridical systems. For the discussion of this General Report destined for the Congress, however, the General Reporter has only received the following National Reports, indicated in alphabetical order of countries: *Germany: Regionalization in economic matters* (original in German), 33 pp. by Prof. Dr.iur Reiner SCHMIDT, Universität Augsburg; *Belgium: Le Compromis Regional* (original in French), by Prof. Francis DELPEREE, University de Louvain; U.S.A.: Compacts: *A Study of Interstate Agreements in the American Federal System* (original in English) 112 pp. by Prof. W. M. REISMAN, Yale Law School and Gary J. SIMSON, Yale Law School; *Italy: Economic Regionalization* (original in English), 13 pp. by Prof. Sabino CASSESE, Universita degli Studi di Urbino, and *Regional Regulatory Power in the field of Land use* (original in English), 10 pp. by Prof. Paolo TESAURO, University di Napoli; *Poland: Regionalization in Economic Matters* (original in English), 53 pp. by Prof. Zygmunt RYBICKI, University of Warsaw; and Venezuela: *La regionalización en materia económica* (original in Spanish), 27 pp. by Norma IZQUIERDO of the Comisión de Administración Pública de la Presidencia de la República. Therefore, as comparative reference to other important and very interesting experiences of regionalisation is indispensable, we have had to use other sources, which are indicated in the notes below.

developing countries[2]. In the latter, one of the principal motives of administrative reform has been precisely the demands made on state institutions by efforts at economic and social planning[3].

But undoubtedly the problem of the inadequacy of administrative and political institutions in the face of the demands of planning, of economic policy, or of development processes, as much in the developed as in the developing countries, has arisen to an even greater extent in the regional and local sphere. Traditional and historical politico-territorial divisions,. as a general rule, did not arise, nor were they delineated, with regard to the demands of those economic or developmental policies, and therefore, in the majority of countries, they are an inadequate level, not only for administrative coordination, but also for the carrying out of certain activities of the State, besides being inadequate as levels for planning and inappropriate for a process of administrative decentralization. The search for adequate territorial levels for economic and social planning territorial organization (*aménagement du territoire*), urban planning, and administrative coordination, disconcentration and decentralization, have accordingly led to the emergence of the Region and regional units as the optimal levels. In this sense, the phenomenon is undoubtedly a universal one [4].

But the Region and regionalization as a process, are undoubtedly not limited to mere regionalization in economic matters in the contemporary world. If it is true that the origins of contemporary regionalism lay in economic and planning needs, nowadays economic requirements have gone hand in hand with administrative aspects (administrative regionalization) and political aspects (political regionalization). In other words, experience has shown that advances in the process of economic regionalization have inevitably given rise, in the majority of countries,, to a greater or lesser extent, to the urgent need to complement this process with the establishment of a regional administration, and with the tendency to institutionalize popular representation in the Region[5]. Economic regionalization, in this sense, has become a process which is closely linked to administrative regionalization and political regionalization, even though, undoubtedly, it may be distinguished from these. Therefore, for the purposes of this General Report on regionalization in economic matters in comparative law,

(2) *V.* for example, the interesting documents of the *Seminario Internacional de las Naciones Unidas sobre grandes reformas administrativas en los países en vías de desarrollo* (Falmer, Brighton, Oct.-Nov. 1971), 2 Vol., NY 1973; and the collection of texts edited by Yves CHAPEL (ed.), *Strategies et tactiques de la modernisation de l'Administration Publique dans les pays en developpement,* Brussels, 1972. A complete bibliographical selection on this subjects may be consulted in *Administrative Reform and Development,* ENAP, Madrid 1970.

(3) *Cf.* for example, Allan R. BREWER-CARÍAS, *Reforma administrativa y desarrollo económico y social en Venezuela,* Caracas 1970, and in *Revista internacional de ciencias administrativas*, Vol. XXXVI, nº 1, 1970, pp. 1 and ff.; and Alejandro CARRILLO CASTRO, *La reforma administrativa en México,* México 1973.

(4) *V.* for example in relation to Europe, E. KALK (ed.), *Regional Planning and Regional Government in Europe,* IULA, The Hague 1971.

(5) *Cf.* Chi-Yi CHEN y Ramón MARTÍN MATEO, *Aspectos administrativos de la planificación. El sistema venezolano,* Caracas 1973, p. 35.

we will not only study the juridical problems of economic regionalization (Part 1), but also the juridical problems of administrative regionalization (Part 2) and of political regionalization (Part 3), which are in certain respects consequences of economic regionalization.

I. ECONOMIC REGIONALIZATION

1. The Influence of Economics on Law

Today, the progressive intervention of the State in economic and social life may be considered a universal phenomenon, particularly since the Second World War, as much in the capitalist as in the socialist countries, and in the developed as in the underdeveloped countries[(6)]. All private activities are now, at least, under the shadow of the State[(7)], which has assumed, to a greater or lesser extent, the role of actor in the economic process or in the process of economic development. This presence of the State and of economic affairs in the contemporary world, particularly in the utilization of planning techniques, has led to the breaking of the classic mould of private law and to the transformation of the role of the public law[(8)]. Economics and its derived techniques, applied to the policy of the State, have had, therefore, a decisive influence on law, to the point that law is now beginning to be analyzed, not as a result of social changes, but as an agent to bring about such changes[(9)].

In the regional field, planning techniques have undoubtedly been those which have made the greatest demands on the law during the last two decades. In this way, for example, there has been developed a special law for the location of economic activities within the entire geographical framework of a country, and particularly, a law of territorial organization (*aménagement du territoire*). The development of planning as a technique for organizing national economic life has gradually led to the need for a prior organization of the territory on which the Plan must act[(10)]; and intimately linked to this process of territorial organization there have emerged needs for regionalization.

---

(6) *Cf.* Allan R. BREWER-CARÍAS, "Le regime des activités industrielles et commerciales des pouvoirs publics en droit compare", in *Rapports Généraux au VIII Congrés International de Droit Comparé,* Acta Instituti Uppsaliensis Jurisprudentiae Comparative, Stockholm-Uppsala 1968, pp. 484 and ff.

(7) As Ralph MILIBAND puts it, *The State in a Capitalist Society,* London 1971, p. 3

(8) *Cf.* Wolfgang FRIEDMANN, *Law in a Changing Society,* London 1972; Allan R. BREWER-CARÍAS, *Derecho y desarrollo,* Caracas 1971.

(9) *Cf.* Yehezkel DROR, "Law and Social Change", in Vilhelm AUBERT (ed.), *Sociology of Law,* London 1972, pp. 90 and ff.

(10) *Cf.* Antonio RISCO SALANOVA, "Regionalismo y planificación: La experiencia francesa", in Sebastián MARTÍN-RETORTILLO *et al., Descentralización administrativa y organización política,* Vol. III, Madrid 1973, pp. 24 and ff.

2. Conflicts between the Needs of Contemporary Administration and the Traditional Politico-Territorial Divisions

The techniques of planning and territorial organization developed during the last few decades have caused in the contemporary world a generally irreconcilable conflict between the needs of public administrations and the traditional politico-territorial divisions. The latter have been, in general, the result of a long process of political evolution to which any considerations of an economic order have been marginal; therefore, when the State has tried to use new techniques of economic organization, it has generally found those traditional territorial divisions insufficient for the adequate functioning of the public sector[(11)]. Today, then, in comparative law we can see the emergence of the need to search for, and formulate new juridical instruments to organize and order the activities of the public sector and the economic and social life of States on a territorial scale different from that delineated by traditional politico-territorial divisions[(12)]. In this way, it is indubitable that, as much in the socialist as in the capitalist countries, the conflict between the utilization of economic techniques and policies such as planning and territorial organization, which demand optimal territorial levels of coordination and execution, and the existence for this purpose of traditional or historical territorial levels, has been resolved by the establishment of intermediate levels, which have been called regions. Economic regionalization has emerged, then, through the inadequacy of traditional local administrations for adequately carrying out functions within a planning context[(13)]. This inadequacy, it may be said in passing, has also led to the reform of local government itself[(14)].

Of course, the situation with regard to traditional politico-territorial divisions and local administration varies according to each country. Nevertheless, some general characteristics can be defined. In the first place, the existence of a multitude of local municipal bodies of the lowest level, which, as territorial units, present clear characteristics of inadequacy as terms of reference, or as areas for planning and territorial organization[(15)]. In the second place, the existence of intermediate levels of local government, whether of two tiers, as existed until

---

(11) *V.* Zygmunt RYBICKI, *Regionalization in Economic Matters,* Warsaw 1973, *cit.*, pp. 1, 2, 3 y 23. Norma IZQUIERDO, *La regionalización en materia económica,* Caracas 1974, *cit.*, pp. 11 and ff.

(12) *V. Idem.*, p. 49.

(13) *V.* Sebastián MARTÍN-RETORTILLO BAQUER, "El tema de la descentralización y sus relaciones con la planificación económica", in S. MARTÍN-RETORTILLO *et al., op. cit.,* Vol. III, pp. 146 and ff.; Tomás Ramón FERNÁNDEZ, "La Provincia como corporación: Las Diputaciones Provinciales", in S. MARTIN-RETORTILLO *et al., op. cit.,* Vol. III, pp. 528-529.

(14) As may be deduced for example, from the basis of the reform of local government in England: *Cf.* Lord REDCLIFFE-MAUD (Chairman), *Local Government Reform, Report of the Royal Commission on Local Government in England,* Vol. I, London 1969 (Cmnd. 4040); y *Local Government in England. Government Proposals for Reorganization* (White Paper), London 1973 (Cmnd. 4584).

(15) *Cf.* Zigmunt RYBICKI, *Regionalization in Economic Matters, cit.,* pp. 9 and ff.; E. KALK (ed.), *op. cit.,* p. 54; Norma IZQUIERDO, *La regionalización en materia económica, cit.,* p. 13.

recently in some socialist countries[16], and still exists in the German Democratic Republic, Czechoslovakia, Poland and Hungary[17], or of one tier only, as exists in federal States [18]. And in the third place, the existence of a centralizing tendency in the structure of national levels of government[19]. In any case, as far as local levels of government are concerned, whether of three tiers, or two tiers, as they generally are in comparative law, their general characteristic is that they do not coincide with the optimal areas of planning and coordination defined by the national levels. This has led to the formulation of the region as an economic unit, which in most cases does not coincide territorially with the traditional levels of local government.

3. Regionalization as a Requirement of Economic Policy and Planning

Regionalization as a requirement of economic policy and planning, in this way, has emerged in the contemporary world as a tendency distinct from traditional regionalism, which had a political basis or character. The «new regionalism», or economic regionalism, does not presuppose or imply the creation of new territorial entities nor any process of territorial decentralization[20]. On the contrary, it is a question of a spatial delimitation of the national territory superimposed on traditional politico-territorial divisions (which it does not replace) determined on the basis of purely technical-economic criteria which are linked to planning and to territorial organization. In this way, economic regionalism cannot, and must not, be confused with territorial decentralization[21]: the latter presupposes the formation of political organs for popular representation, while the former is a technique for achieving greater efficiency in the central administration.

Now, as far as the economic region is concerned, its establishment is the result of the configuration of a series of physical factors (natural, geographical, hydraulic, demographic, urban etc.) which have been processed by the techniques of planning and territorial organization, with a view to achieving goals of well-being and development which must be more or less balanced throughout the territory of a country. Economic regionalization, in many cases, has been defined as a general policy for an entire country, and in other cases it has obeyed selective

(16) Bulgaria in 1959, Rumania in 1968 and Yugoslavia in 1970 have changed the system of local government from three levels to two levels. *V.* Zigmunt RYBICKI, *Regionalization in Economic Matters, cit.*, p. 11.

(17) *Idem.*, pp. 12 and 15.

(18) *V.* Refiner SCHMIDT, *Regionalization in Economic Matters, cit.*, p. 3; Norma IZQUIERDO, *La Regionalización en materia Económica, cit.*, p. 21.

(19) *Cf.* E. KALK (ed.), *op. cit.*, p. 54; Lord KILBRANDON (chairman), *Royal Commission on The Constitution 1969-1973*, Vol. I, Report, London 1973 (Cmnd. 5460), pp. 87 and ff.

(20) *V.* S. MARTIN-RETORTILLO y J. SALAS H, "El nuevo 'Regionalismo' y la llamada regionalización de la planificación económica", in S. MARTIN-RETORTILLO *et al.*, *op. cit.*, p. 220.

(21) *Cf.* Luis COSCULLUELA MONTANER, "La Región", en S. MARTIN-RETORTILLO *et al.*, *op. cit.*, p. 316.

criteria. In the first case, for example, can be included the process of economic regionalization for the purpose of planning, defined as such from the beginning, in the experiences of France, Belgium and Italy(22); regionalization for the purpose of economic and social planning carried out in the socialist countries(23); the definition of the Economic Planning Regions in Great Britain(24); and the initial definition of the regionalization process in Venezuela in 1969 and in most of the Latin American countries(25).

But in other cases, a general regional delimitation of an entire country was not carried out for the initiation of regional economic measures; on the contrary, more or less immediate measures of a selective character were taken. Up to a certain point, these measures fashioned the beginnings of regionalization policies in the contemporary world. Amongst these may be pointed out: the establishment, in the 1930's, of the *Compagnie Nationale du Rhône* in France, the «Development and Improvement Special Areas» in England, and the Tennessee Valley Authority in the U.S.A.; and, after the Second World War, the *Cassa per il Mezzogiorno* in Italy, the *Superintendencia de Desenvolvimiento del Nordeste* (SUDENE) in Brazil, and the *Corporation Venezolana de Guayana* in Venezuela(26).

In any case, by virtue of the development and extension of planning techniques in nearly all the countries of the western world, it may be said that economic regionalization, as a technique for the delimitation of national territory for the purposes of planning and territorial organization, is today universal practice.

But, undoubtedly, regionalization, originally of an exclusively economic character, has been transformed to the point that nowadays almost no experiences of purely economic regionalism can be found. Nowadays, it is normal to find in most countries examples of administrative regionalization in its most varied forms, and even political regionalization, or at least studies and projects for the introduction of it. The expectations placed in economic regionalization, conceived solely in terms of planning, have generally led to the search for adequate administrative formulae, different from traditional administrations, which tend to «manage» the new geographical unit, and in some cases to consolidate means of popular participation and representation in the new territorial division. Therefore, there is no doubt that administrative regionalization and political regionalization may be considered, in many cases, as the logical derivatives of economic regionalization.

---

(22) *Cf.* Maurice BURJOL, *Les Institutions régionales de 1789 à nos jours,* Paris 1969, p. 230; Francis DELPÉRÉE, *Le compromis regional,* Louvain 1974, *cit.,* p. 11; and Sabino CASSESE, *Economic Regionalization,* Roma 1974, *cit.,* p. 1.

(23) *V.* Zygmunt RYBICKY, *Regionalization in Economic Matters, cit.,* pp. 23 and ff.

(24) *V.* T. BRENNAN, *Politics and Government in Britain,* Cambridge 1972, pp. 212 and ff.

(25) *V.* Norma IZQUIERDO, *La Regionalización en materia económica, cit.,* p. 24.

(26) *Cf.* Chi-Yi CHEN y Ramón MARTÍN MATEO, *op. cit.,* p. 29.

II. ADMINISTRATIVE REGIONALIZATION

1. The Impact of Regional Planning in Public Administration

The development and utilization of the techniques of planning and of regional policy on the national level has, generally, led to the need for a readjustment, accommodation or redefinition of the organs of public administration which act on the regional level. The institutions of centralized public administration, in the face of the new geographical delimitations established for economic and social planning, have progressively had to adapt themselves to the «regions» to ensure the adequate execution of development plans. For that reason, it is indubitable that economic regionalization has led to the search for administrative regionalization, and, in many cases, for a regional administration(27).

But the impact of regional planning has not only made itself felt at the level of national public administration, but has also given rise to readjustments and reforms in traditional local administration with the purpose of adapting it to the new regional unit, and of its eventual participation in the regional administration. Therefore, the study of administrative regionalization, as a phenomenon of comparative administration and of comparative administrative law, must be focused separately on analyzing its significance in the national sphere and in the local sphere.

2. The Region in the Sphere of Action of the Central Administration

A. Regionalization of the National Public Administration

It is well known that the structure of public administration in all contemporary countries is the result of a long process of generally disorderly growth caused by the successive undertaking by the State, of tasks which were not previously entrusted to it; that is to say, it was caused by progressive state interventionism in economic and social life. As a result of that process of growth, and as a means to carry out the several activities entrusted to the various national administrative institutions, these institutions created independently their own geographical (regional or local) boundaries. In this way it is or has been generally accepted, in the early stages of the process of economic regionalization, that the planning regions are incompatible with the areas, zones or geographical limits of the various national administrations for education, health, social security, public works, police, etc. Therefore, any process of economic regionalization has implied a parallel process of adjustment among the areas or zones of action of the

---

(27) *Cf.* P. VIOT, "Through Regional Planning towards Regional Administration", in E. KALK (ed.), *op. cit.*, pp. 83 and ff.

various national administrations[28]; and often, as was the case in Venezuela, the process of administrative regionalization began with this need to adapt the organisms of the central administration to the general regional delimitation formulated for the purposes of the system of regional planning[29]. Nevertheless, even though this process of adaptation does not extend to certain activities such as the administration of water resources, which have their own regional structure[30], or even though it has not been completely achieved in most countries[31], it is indubitable that the process of regionalization of public administration, which arises as a consequence of economic regionalization, does not end there. The necessary and logical consequence of the standardization of the operations of the various national administrative on the level of generally established regions, is the need for coordination of their regional operations with a view to achieving the adequate execution of their plans.

B. The Coordination of the Actions of the Central Administration on the Regional Level

Indeed, it cannot be doubted that, once a scheme for economic regionalization for the purpose of planning has been planned and adopted, the tasks of the execution of the plans on a regional scale require concrete action from the various national administrations on a regional scale. In order that this be carried out, it proves to be the case that it is certainly not enough that all or nearly all the national institutions should define geographical areas or zones of action which are coextensive with the planning regions, but rather that the actions of all these institutions must obey the same regional policy. Economic regionalization, and its consequences in the administrative field, inevitably, therefore, necessitates the search for adequate mechanisms of administrative coordination on a regional level.

In this field, comparative law and administration reveal the utilization of the most varied mechanisms of coordination, and perhaps amongst the most sophisticated must be pointed out those of certain British regions. For Northern Ireland, Scotland and Wales, there are three Ministers of State in the British Cabinet (one for each region) who are charged with carrying out the national executive functions in the regions[32], although in the Report of the *Royal Commission on the Constitution 1969-1973* the designation of a minister for each

---

(28) *Cf.* David DONNISON, "The Economics and Politics of the Regions", *The Political Quarterly*, vol. 45, nº 2, April-June 1974, p. 185; Luis COSCULLUELA MONTANER, *loc. cit.*, pp. 333 and ff.

(29) *V.* CORDIPLAN, *Sistema nacional de planificación regional*, Caracas 1972; Comisión de Administración Pública, *Informe sobre la Reforma de la Administración Pública Nacional*, Caracas 1972, Vol. I, pp. 400 and ff.

(30) *V.* COPLANARH, *Plan nacional de aprovechamiento de los recursos hidráulicos*, Caracas 1971.

(31) *Cf.* David DONNISON, *loc. cit.*, p. 185; A.F. LEEMANS, «Organizing the Regions», *Public Administration*, Vol. 47, autum 1969, p. 367.

(32) *Cf.* Lord KILBRANDON (chairman), *Royal Commission on the Constitution 1969-1973, cit.*, Vol. I, pp. 28, 41 and 55

of the English regions in the Department of the Environment was suggested[(33)]. In the European experiences of regionalization, another figure which must be pointed out, by virtue of its basically coordinative functions on a regional level, is that of the Regional Prefect created in France in the administrative reform of 1964 and which has remained almost with the same character of a coordinating Prefect in the law of 1972 on the creation and organization of regions[(34)].

In Latin America, perhaps the most interesting experience in the field of regional coordination is the bodies known as Committees of Regional Government established in Venezuela on the level of each of the eight regions into which the country was divided. Though it is true that these committees are chaired by one of the Governors of the Federated States of which each region is composed, in fact in the functions mentioned above they act as agents of the National Power, since these committees must "coordinate the execution of the national policy of development and territorial organization, as established in the National Plan and by the instructions which the President of the Republic might give in this respect"[(35)].

Now, all purely administrative schemes of regionalization, which have emerged owing to the pressure of the economic demands of national planning, though in many cases they have led to a process of disconcentration of national power towards the regions, as a more or less uniform geographical unit for action, they have not generally led to the carrying out of a true process of territorial decentralization towards the region, or political regionalization. Thus it must be recognized that economic and administrative regionalization and their consequences for disconcentration, in fact, rather than reducing the politico-administrative centralization of the State, have often perfected and consolidated centralization. It is from this that the danger of economic and administrative neo-regionalism arises: the danger that behind a facade of disconcentration (which nevertheless is necessary) the need for decentralization of a territorial character may be forgotten. Therefore, it is necessary to analyze as a part of the experiences of administrative regionalization, the efforts at disconcentration made by the central administration towards the regions.

C. The Disconcentration of the Central Administration towards the Regions

It is indubitable that one of the general features of contemporary public administration, is the high degree of concentration of the powers exercised at the central levels of government. Therefore, an inevitable consequence of any effort to regionalize has been the attempt to ensure that the regional matters of the central administration should be decided at the regional level and not at the seat of the national government. Therefore, parallel to the standardization of the unit of regional action of the national administrative institutions, and parallel to the

(33) *Idem,* Vol. I. pp. 302 and ff.

(34) *Cf.* Maurice BOURJOL, *op. cit.*, p. 328; Antonio RISCO SALONOVA, *loc. cit.*, p. 60.

(35) *V.* Articulo 5,1, Regulation on Administrative Regionalization, Decree n° 929 of 5 April 1972.

need for the coordination on a regional level of the activities of these institutions, there has arisen the need for the central administrations to delegate decisions in regional matters to their regional agencies. This has been inevitable since, without a minimum of decision making power at the level of the regional agencies of the central power, the attempts at coordination would have had no purpose. Coordination must really involve those who can make administrative decisions; if this is not the case, it is a question of no more than administrative contacts and relations, with no greater significance.

Thus it may be said that in any process of administrative regionalization there has been inevitably, to a greater or lesser extent, pressure to carry out an effective delegation of power or administrative disconcentration towards the regions. To a certain extent, the delegation of national powers towards the regions, was carried out to a certain degree of generality in the French experience of the 1960's, when the Regional Prefect was given a certain seniority over the officials in charge of services. For this reason, it has been said that the Regional Prefect, in having a certain autonomy in all that regards "the putting into practice of the policy of the Government concerning the economic development and territorial organization of his jurisdiction"(36), has become rather more than a Prefect charged with coordination, as the "sole depositary, in the department, of the authority of the State"(37). But regional delegation of powers or disconcentration does not only occur as being carried out towards a regional disconcentrated authority as has happened in France, but rather, in general, administrative disconcentration has been multifaceted, having been carried out by each Department or Ministry of the National Public Administration towards their regional agencies or administrations. Up to a certain point this has been the rule in comparative law and administration, both in the delegation carried out by the Ministries(38) and the national autonomous corporations (39) towards their regional agencies.

D. Functional Decentralization of the Central Administration towards the Regions

The tendency towards disconcentration to which any attempt at administrative regionalization gives rise, has, in some cases, reached the point of causing the utilization of forms of functional decentralization by the central administration

(36) Article 2 of Decree n° 64251 of 14 March 1964 which refers to the organization of the services of the State in the regional jurisdictions.

(37) Art. 1 of Decree n° 64250 of 14 March 1964 which refers to the Powers of the Prefects, to the organization of the services of the State in the departments and to administrative deconcentration. *Cf.* Maurice BOURJOL, *op. cit.*, p. 328; Antonio RISCO SALANOVA, *loc. cit.*, p. 61.

(38) This is the case, for example, in England. *Cf.* Lord KILBRANDON (chairman), *Royal Commission on the Constitution 1969-1973, cit.*, Vol. I, pp. 63 and ff. In the case of Venezuela, the Statute of Administrative Regionalization of 1972 expressly demands that "the Ministers will, as far as possible, delegate to the officials in charge of regional administrations or agencies responsibility for the matters which concern the Region" (Art. 28).

(39) *Cf.* Sabino CASSESE, *Economic Regionalization, cit.*, p. 3; Lord KILBRANDON (chairman), *Royal Commission on the Constitution 1969-1973, cit.*, Vol. I, p. 64.

towards the regions[40], by means of the creation in all the regions of public institutions or corporations for regional development. In the early days of regionalization, the creation of non-territorial public bodies to undertake the development of particular regions was, perhaps, the normal mode of operation, such as those cited with regard to the experiences of the *Compagnie Nationale du Rhône* in France, the Tennessee Valley Authority in the U.S.A., the *Cassa per il Mezzogiorno* in Italy, and the *Superintendencia de Desenvolvimiento del Nordeste* (SUDENE) in Brazil[41]. Likewise, in some cases the technique of isolated functional decentralization was used to deal with administration of urban regions, and perhaps the clearest examples of this have been the formulas for functional decentralization used in the Paris Region and in Madrid. In fact, since the creation of the District of Paris in 1959, [42] and in the reorganization of the Region of Paris carried out by the law of 10 July 1964, that District was organized as an *etablissement public* directed by officials designated by the Central Administration. Local representatives are marginal in the administration of the District[43]. The same scheme has been used in the organization of the Spanish Metropolitan Areas, and particularly in the area of Madrid, created by the law of 2 December 1963. In this law, the Metropolitan Area of Madrid was organized as an autonomous body subject to ministerial supervision (*contrôle de tutelle*) according to the system which is characteristic of functional decentralization[44].

But, in using the technique of functional decentralization in the process of administrative regionalization, there have occurred in the contemporary world experiences which have extended the scheme to all the regions and not to an isolated Metropolitan Area or Region or to a particular region. Again, prominent examples here are the recent French experience, brought into being by the law of 5 July 1972, and the scheme followed by Venezuela with the Corporations of Regional Development in the sixties.

In fact, contrary to the initial proposal of the Project of General de Gaulle's government which was put to a referendum in 1969[45], and which sought the creation of regions as *collectivites territoriales* (territorial decentralization), the law of 5 July 1972, which came into force on 7 October 1973, restricted itself to creating in each of the twenty-two regional jurisdictions an *établissement public* which was called a region[46]. In this way, the technique of functional

(40) Of course, functional decentralization is restricted to a scheme of administrative regionalization, and is distinguished from territorial experiences which goes hand in hand with political regionalization.

(41) *Cf.* Sabino CASSESE, *Economic Regionalization, cit.*, p. 3; Fernando ALBI, *La crisis del municipalismo,* Madrid 1968, pp. 384 and ff.; Chi-Yi CHEN and Ramón MARTÍN MATEO, *op. cit.*, pp. 28 and ff.

(42) *V.* Maurice BOURJOL, *Les districts urbains,* Paris 1983.

(43) *V.* Tomás Ramón FERNÁNDEZ, *Areas metropolitanas y descentralización,* in S. MARTÍN-RETORTILLO *et al.*, *op. cit.*, p. 682.

(44) *Idem,* pp. 667 and ff.

(45) *V.* J. L. BODIGNEL *et al.*, «La réforme régionale et le référendum du 27 avril 1969», *Cahiers de l'Institut d'Etudes Politiques de l'Universé de Sciences Sociales de Grenoble,* n° 8, Paris 1970.

(46) Article 1 of the Law of 5 July 1972 which refers to the creation and organization of the regions.

decentralization was adopted in creating in each region, public institutions with regional spheres of action, while respecting the territorial jurisdictions of the Departments and the *Communes*(47). The specific mission of the «regions» conceived in this way is to contribute to the economic and social development of the region. For this purpose the *region* is assigned functions of investigation, formulation of proposals for the coordination and nationalization of public investments in the region, and participation in the financing of collective services of regional interest(48). In fact, the region, constituted in this way, lacks powers of direct administration, and its functions are restricted to *participation* or *cooperation* in State actions for regional development, for the purpose of which the region can only adopt certain initiatives(49).

In accordance with the same technique of functional decentralization of the French regions after 1973, in Venezuela, during the 1960's, the technique of the autonomous institution created by national laws was progressively used to establish Corporations for Regional Development in five of the eight regions into which the country is divided for administrative purposes(50), but with their own powers of decision and, in many cases, with a considerable autonomy and financial capacity(51). However, the Venezuelan Corporations for Regional Development, as autonomous institutions, are decentralized bodies of the central administration, and subject to its supervision, and have a regional sphere of action. This is the only factor which distinguishes them from the other functionally decentralized national public institutions(52).

3. The Region in the Sphere of Action of the Local Administration

But the impact of formulas of regionalization of economic origin has not only made itself felt in national administrative structures, giving rise to schemes for disconcentration, coordination or functional decentralization, but has also had important repercussions in the sphere of local administration. For this reason, all

---

(47) *Cf.* Antonio RISCO SALANOVA, *loc. cit.*, p. 79.

(48) Article 4 of the Law of 5 July 1972.

(49) *Cf.* Antonio RISCO SALANOVA, *loc. cit.*, p. 80.

(50) In the 1960's the following were successively established: the *Corporación Venezolana de Guayana*, the *Corporación de los Andes*, the *Corporación de Desarrollo de la Región Zuliana*, the *Corporación de Desarrollo de la Región Nor-Oriental* and the *Corporación de Desarrollo de la Región Centro-Occidental*. *V.* Norma IZQUIERDO, *La regionalización en materia económica, cit.*, p. 25.

(51) Such has been the case, for example, with the *Corporación Venezolana de Guayana*, which has been charged with the task of establishing the basic industrial infrastructure of the country (steel, electricity, aluminum)

(52) It seems that it can be deduced from the Draft Regional Law, which was drawn up in Belgium before the resignation of the Government in January 1974, that the organization of the regions stipulated by the Constitutional Reform of 1970 would give rise to "decentralized and subordinate" institutions subject to the supervision of the Ministers. *Cf.* Francis DELPÉRÉE, *Le compromis regional, cit.*, p. 27.

the movements of local government reform of recent years, to a greater or lesser extent, have been influenced by the phenomenon of regionalization(53).

But undoubtedly, when analyzing the reforming effects of local government in comparative law, the problem posed is a different one according to whether it is a matter of a unitary State or a federal State, and according to whether the «concentrating» effects of regionalization affect the intermediate local politico-administrative bodies or the municipal bodies. Therefore, in this analysis it seems most convenient to establish this distinction.

First, however, it is necessary to point out that the common element in these formulas for regionalization is that they tend to create a region «from below», that is to say with the generally. exclusive participation of the intermediate territorial bodies. This distinguishes these formulas for regionalization in the spheres of local administration, from those other formulas already analyzed which arise in the sphere of National Public Administration, and which give rise to formulas for regionalization "from above".

A. Regional Concentration of Intermediate Administration

The geographical inadequacy of the intermediate levels of politico-territorial government and administration in unitary States, situated as they are between the lowest (municipal) level, and the national level, for participating adequately in the political, economic and social processes of the Nation, has led to the emergence in comparative law, of interprovincial associations or agreements for jointly attending to the most varied public interests, or it has led to the establishment of higher levels of a regional character.

In this sense, perhaps the most sophisticated figure of interprovincial agreement or pact is provided by the now purely historical experience of the *Mancomunidad de Cataluña*, formed in 1914 by the four Catalan provinces of Spain. This Union which had a general character, was established by means of process of concentration of the attributes of the Provincial Deputations in the Assembly of the Union. By means of the formation of this new «regional» level it was attempted, unfortunately without success, to initiate a process of decentralization, towards the new Union, of the functions of the central administration which were carried out in the Catalan provinces(54).

The technique of interprovincial agreements or pacts has, in any case, also been used in the contemporary world. In particular, in Poland, agreements between provinces have been used on a regional basis, giving rise, in some cases, to the

(53) *Cf.* L. J. SHARPE, "Regionalism and Local Government in Britain", in E. KALK (ed.), *op. cit.*, p. 151 and ff.; H. G. LINDGREN, "Implications of a Reform of Local and Regional Government", in E. KALK (ed.), *op. cit.*, pp. 175 and ff.

(54) *Cf.* Enrique ARGULLOL MURGADAS, "Mancommunidades interprovinciales", in S. MARTÍN-RETORTILLO *et al.*, *op. cit.*, Vol. III, pp. 452 and ff.

creation of new bodies such as the Interprovincial Commission for Cooperation in Matters of Maritime Economy, established in 1963[(55)].

Agreements between intermediate local bodies on a regional scale have also taken place in Federal States. Particularly in these States, where the delimitation of jurisdictions between the national level and the federated States is so precise and exclusive, the need for joint treatment among federated States of various problems, has given rise to innumerable agreements and pacts between them. In this sense, the system of the United States of North America is a good example of efforts to treat uniformly, among the various States of the Union, problems and services, not only of an administrative character, but also of a legislative order[(56)]. In this sense, the example of the North American federation in the approval of uniform interstate laws, without the intervention of the national levels, should be stressed[(57)].

In any case, it must be pointed out that in general, by virtue of national intervention in regional problems, the participation of the federated States in regional schemes in the majority of Federal States is carried out with the participation of the Federal Power. This happened, for example, in the recent forms of cooperation in the field of regional planning in West Germany, by means of integrated committees of regional planning[(58)].

B. The Concentration of Local-Municipal and Urban Administration and the Creation of Intermediate Levels

One of the direct consequences, as much of the phenomenon of regionalization, as of the utilization of the techniques of planning and territorial organization, has been that it has become evident that the lowest local levels of a municipal order are absolutely inefficient, not only for participating in the political, economic and social processes of the Nation and the Region, but also for managing their own local jurisdictions. Therefore, it may be said that it is a general tendency in comparative law and local administration to concentrate or amalgamate local municipal or traditional communal bodies into territorial units of greater scope, and, therefore, with greater possibilities of assuring efficient administration and local government.

In this way, in nearly all European countries, there has occurred in recent years some sort of process of amalgamation of local bodies, particularly in Denmark, Sweden[(59)] and Great Britain[(60)], and in most European Socialist countries

---

(55) *V.* Zigmunt RYBICKI, *Regionalization in Economic Matters, cit.*, pp. 25 and ff.; 29 and ff., and 39.

(56) *V.* W. M. REISMAN, *Compacts: A Study of Interstate Agreements in the American Federal System, cit.*, pp. 10, 13, 17 and ff.

(57) *Idem*, pp. 18 and ff.

(58) *V.* Reiner SCHMIDT, *Regionalization in Economic Matters, cit.*

(59) *V.* E. KALK (ed.), *op. cit.*, pp. 40, 41, 215 and ff.; A. G. LINDGREN, "Implications of Reform of Local and Regional Government", *Idem*, pp. 175 and ff.

(60) *Cf.* Lord REDCLIFFE-MAUD (chairman), *Report of the Royal Commission on Local Government in England, cit.*, Vol. I.

Bulgaria, Rumania, Yugoslavia, Czechoslovakia and Poland[(61)]. Moreover, it must be stressed that the reform of local government has also led to the search for new intermediate levels of a regional character, as has occurred in the case of the proposal for the creation of the English provinces[(62)].

In any case, it must be pointed out that even without the implementation of reforms of local government and of the territorial sphere of the municipalities, comparative law reveals several experiences of concentration or of agreements between smaller territorial units for the purposes of regionalization. In West Germany, for example, the Planning Authority of the Ruhr is organized as an administration in which the municipalities of the region participate, but within the context of the administration of the *Land* of North Rhine Westphalia; identical Regional Planning Associations exist in another six *Lander* [(63)].

But it is indubitable that the experiences of regional concentration of local municipal administration of greatest interest and importance in the contemporary world, have arisen at the level of urban regions or of the city-regions. In this field, the juridical-administrative treatment of the Metropolitan Areas during the last decades[(64)] reveals examples of concentration of local urban units in a new Metropolitan Authority, carried out without the participation of the national levels. One of the most outstanding applications of this formula of the so called metropolitan federations, has been the formation, by the city of Toronto and the twelve suburban municipalities which bordered on it, of the Municipality of Metropolitan Toronto, whose statutes were approved by the legislative assembly of the Province of Ontario. The new administration, which began to function in 1954, did not replace the thirteen municipalities of which it is composed; rather, it was established as a higher administrative level to which were transferred certain functions which were previously the duty of the thirteen municipalities[(65)]. The federative formula for the administrative organization of large cities was, in any case, widely adopted in the United States of America throughout the first half of this century[(66)].

(61) *V.* Zigmunt RYBICKI, *Regionalization in Economic Matters, cit.,* pp. 11 and ff.; J. JOZEFIDE, "Territorial Administrative Reforms at the Local Level in the Socialist Republic of Rumania", in E. KALK (ed.), *op. cit.,* p. 181 and ff.; M. KOVARIK, "Central and Regional Government in Czechoslovakia", in E. KALK (ed.), *op. cit.,* pp. 165 and ff.; W. KAWALEC, "Regional Development and Planning in Poland", in E. KALK (ed.), *op. cit.,* pp. 253 and ff.

(62) *Cf.* Lord REDCLIFFE-MAUD, (Chairman), *Report of the Royal Commission on Local Government in England, cit.,* Vol. I. This promise was not taken up by the government (*V. Local Government in England,* Government Proposals for Reorganization, 1971, *cit.,* p. 35), and was reformulated on regional criteria in 1973: *V.* Lord KILBRANDON (Chairman), *Royal Commission on the Constitution 1969-1973, cit.,* Vol. I, pp. 925 and ff.

(63) *V.* L. WIERLING, "The Ruhr Planning Authority", in E. KALK (ed.), *op. cit.,* p. 117; *V.* Association of German Counties, "Regional Planning and Regional Autonomy in the Federal Republic of Germany", in E. KALK (ed.), *op. cit.,* pp. 224 and ff.

(64) *V.* in general, the documents of the Congress of Toronto on the Problems of the Metropolitan Areas which took place on the Centenary of the Confederation: *Problemas de las áreas metropolitanas,* IEAP, Madrid 1969.

(65) *V.* Winston W. CROUCH, "Metropolitan Government in Toronto", *Public Administration Review,* nº 85, Chicago 1954.

(66) *Cf.* Fernando ALBI, *op. cit.,* pp. 372 and ff.

In Europe, amongst the attempts to establish metropolitan authorities at the initiative of urban municipal bodies without the intervention of national levels, that of the inter-municipal planning authority of the Metropolitan Area of Milan, which brings together ninety-two municipalities, should be pointed out(67). In Latin America, the attempt to use the municipal *Mancomunidad* to form metropolitan authorities has been made in several countries, particularly, in the Metropolitan Area of Caracas. The *Mancomunidad* for urban planning was established in 1972 by the municipalities which have jurisdiction in it, and has given rise to the signing of a general agreement in 1974 for the extension of the *Mancomunidad* scheme to all metropolitan services (68).

III. POLITICAL REGIONALIZATION

1. Territorial Decentralization as a Goal of Regionalization

The processes of regionalization, originally brought about by the demands of economic planning, have led not only to the establishment of formulas for the administration of the new geographical unit, but have also progressively led to the search for political solutions for the Regions. Economic regionalization, as has been said, has led to administrative regionalization, and the regional administration which this brings into being has created the need to structure regional government(69). For that reason we discuss here some aspects of political regionalization.

But in order to discuss political regionalization, in this context, we must make at least two points. On the one hand, contemporary political regionalization, originates in the requirements of contemporary planning, administration and local government, and, therefore, is not purely and simply a renewal of old style political «regionalism». This does not mean to say, however, that on some occasions political regionalization does not coincide with historically regionalist territorial boundaries. On the other hand, political regionalization always implies democratic participation in regional government, that is, it implies the existence of an elective regional assembly with regulatory powers and an elective regional government, which are not merely designated by the national levels. It is here that the distinction between political and administrative regionalization lies.

---

(67) *V.* G. MAZZOCCHI, "The Intermunicipal Planning Authority in the Milano Metropolitan Area", in E. KALK (ed.), *op. cit.*, pp. 113 and ff.

(68) *V.* Allan R. BREWER-CARÍAS, "El área metropolitana de Caracas y la cooperación internacional en materia de urbanismo", in *Revista de la Facultad de Derecho,* UCV, nº 35, Caracas 1967, pp. 49 and ff.

(69) *Cf.* K. SIPPONEN, "From Regional Planning to Regional Government", and N. DESPICHT, "From Regional planning to Regional Government", in E. KALK (ed.), *op, cit.*, pp. 57 and ff., 65 and ff. respectively; Chi-Yi CHEN and R. MARTÍN MATEO, *op. cit.*, pp. 34 and ff. Norma IZQUIERDO, *La regionalización en materia económica*, *cit.*, p. 22.

As a consequence of this last point, political regionalization is intimately linked to the process of territorial decentralization which has been initiated in some countries, and which, in any case, appears nowadays to be a necessity of the contemporary world. In this way, it can be said that political regionalization implies territorial decentralization, that is to say the creation of «territorial collectivities» on a regional level, with authorities elected by popular vote. For this reason, there cannot be political regionalization nor territorial decentralization without democratic representation(70). If this is lacking, as we have seen, there will be administrative regionalization, or, at the most, functional decentralization towards the regions.

Now, political regionalization, understood in this way, is seen, in the contemporary world, as a form of general reorganization of the intermediate «territorial collectivities» of a State, or of creation of a new level of territorial decentralization, or as a form of politico-administrative organization of the metropolitan areas. For this reason, it is convenient to analyze both phenomena separately in Comparative Law.

2. The Regions as "Territorial Collectivities"

Although the delimitation of new spheres of State activity of a regional character, with political autonomy, is a phenomenon with historical roots in political regionalism, it may be said that in the contemporary world it has been reformulated, influenced, undoubtedly, by economic and social needs besides political needs.

A first attempt at regional formulation of intermediate territorial bodies can, undoubtedly, be found in the nineteen autonomous Regions of Italy, created by the Constitution of 1948, and not organized until 1970(71). Although the Italian Regions do not generally coincide with the regions of economic and social planning(72), and did not do away with the traditional local bodies (Provinces and Municipalities) (73), one can see in them, particularly since 1970, the beginnings of an effort at territorial decentralization, although of limited scope. The Region in Italy, in any case, emerges as an autonomous territorial unit, governed by a Regional Council, which is elected by direct vote, and which has its own legislative powers(74). However, in the economic field, these legislative powers are restricted, since they only extend to agricultural activities, as the Regional Councils have no legislative powers in regard to industry(75). Moreover, in the

---

(70) *Cf.* Luis COSCULLUELA MONTANER, "La Región", in S. MARTÍN-RETORTILLO, *op. cit.*, p. 317.

(71) *V.* Sabino CASSESE, *Economic Regionalization, cit.*, p. 4.

(72) The sphere of the *Cassa per il Mezzogiorno*, for example, covers all of Southern Italy, including 8 regions and part of another 2. *V.* Sabino CASSESE, *Economic Regionalization, cit.*, p. 3.

(73) *V.* Luis COSCULLUELA MONTANER, *loc. cit.*, p. 355.

(74) Articles 117 and 121 of the Constitution. The Regional Council chooses the Junta and its President from amongst its members.

(75) *V.* Sabino CASSESE, *Economic Regionalization, cit.*, pp. 5 and ff.

field of urban planning and regulation of the use of urban land, although the Regional Councils have power to legislate, this power is subject to the national provisions laid down in a *Legge quadro*[(76)]; and, in any case, in spite of territorial decentralization of powers toward the regions, this is limited by the fact that the regional statutes that the Regional Councils draw up must be approved by the National Parliament[(77)]. Therefore, political regionalization in Italy may still be considered an unfinished and incomplete process[(78)] in which the Regions still cannot completely carry out their primary function of a legislative character[(79)].

Within the same context of political regionalization, in contrast with what was laid down in the French law of 5 July 1972, with regard to the creation and organization of the regions which was discussed earlier, the Projected Law of Regional Reform, approved by the Council of Ministers of France 24 March 1969, and subjected to a referendum, together with the project for the reform of the senate, on 27 April 1969 (with negative results), can be considered as an attempt to carry out a policy of territorial decentralization[(80)]. It must be remembered that, in fact, Article 1 of the draft law of reform of the regions defines these regions as *collectivites territoriales specialisées*[(81)], and that Article 1 of the Projected Law which was submitted to a referendum, and which modified Article 72 of the Constitution, listed the regions as *collectivites territoriales* together with communes, departments and overseas territories[(82)]. However, as has been pointed out, this attempt to formulate regionalization in France as political regionalization did not succeed since the law of 1972 was restricted to carrying out administrative regionalization by means of using the formula of functional decentralization.

In the field of projects for the establishment of general political regionalization, that formulated in England by the *Royal Commission on Local Government in England* should be pointed out[(83)]. The Commission proposed in its report the division of England into eight provinces, equivalent to the regions of economic planning[(84)]. Each Province was to have its own Provincial Council, although these were to be composed of members designated by lower level local authorities[(85)]. In any case, the British government did not adopt the proposed creation of provinces [(86)] and the recent Report of the *Royal Commission on the Constitution 1969-1973* [(87)] rejected any proposal for territorial decentralization

(76) *V.* Paolo TESAURO, *Regional Regulatory Power in the field of Land use, cit.*, pp. 3 and ff.

(77) *V.* Sabino CASSESE, *Economic Regionalization, cit.*, p. 6.

(78) *Idem,* p. 11.

(79) *V.* Paolo TESAURO, *Regional Regulatory Power in the field of Land use, cit.*, p. 1.

(80) *Cf.* J. L. BODIGNEL *et al.*, «La réforme régionale et le referéndum du 27 avril 1969», *cit.*

(81) *Idem.*, p. 485.

(82) *Ibidem.*, p. 503.

(83) Chaired by Lord REDCLIFFE-MAUDE, 1989.

(84) To which it must be added, in Great Britain, the regions of Wales, Northern Ireland and Scotland.

(85) *V. Local Government Reform* (short version of the Report), London 1989 (Cmnd. 4039), p. 9. *Cf.* Peter G. RICHARDS, *The Reformed Local Government System,* 1973, pp. 48 and ff.

(86) *V. Local Government in England,* Government Proposals for Reorganization, *cit.*, p. 11.

(87) Chaired by Lord KILBRANDON.

on a regional level[88], as has been suggested by some[89]. This has not prevented, however, the acceleration of the process of territorial decentralization in other regions outside England, as has occurred in Northern Ireland by means of the 1973 Constitution. Nor has it prevented the Report of the Royal Commission itself from proposing similar schemes of «devolution» in Wales and Scotland[90].

Finally, we should point out, again in Europe, the recent reform of the Belgian Constitution of 1970 which creates three Regions as intermediate territorial collectivities between the Provinces and the State, with authorities elected by popular vote[91]. The constitutional formula of 1970, in any case is not only general and ambiguous[92], but also, similar to what happened in the case of the Italian regions, it requires for its implementation an Act of Parliament which must be passed by a special majority, the obtaining of which runs the risk of being even more difficult than that which must be obtained in the proceedings for revision of the Constitution itself[93]. With good reason, then, it has been said that the only thing the Constitution has stipulated is the "obligation" to create the regions, the implementation of which is far from being achieved[94].

3. City-Regions as "Territorial Collectivities"

We pointed out earlier that one of the phenomena of the contemporary world which is of the greatest importance for present-day civilization is the organization of large cities. In a world which is subjected to a progressive process of urbanization, the great urban centers have become the source of all sorts of problems, one of which is that of their organization and administration. Various formulae have been thought out in this sense, some of which we have referred to. However, not all have succeeded in solving the need for the political participation of the citizen in the management of the affairs of the large city.

Moreover, the present-day large city overcomes completely the traditional concepts of the municipality and, therefore, its administration and management have necessitated that traditional formal schemes be changed[95]. The mere fact that the urban unit of the large metropolitan areas and their zone of influence in a great number of cases constitute in themselves a region, within the regional distribution of a country, has established, therefore, the urgent need for the

(88) *V. Royal Commission on the Constitution 1969-1973, cit.*, Vol. I, pp. 486 and ff.

(89) *Cf.* J. P. MACKINTOSH, *The Devolution of Power*, 1968, who proposes the establishment of Regional Parliaments, p. 200.

(90) *V. Royal Commission on the Constitution 1969-1973, cit.*, Vol. I, pp. 335 and ff.

(91) *V.* Francis DELPÉRÉE, *Le compromis régional, cit.*, pp. 10-13.

(92) *Idem.*, p. 10.

(93) *Ibidem.*, p. 6.

(94) *Ibidem.*, pp. 10 and ff. In 1973, the government had prepared a Draft Regional Law which in any case, did not obey the principles of territorial decentralization that the Constitution of 1970 seems to embody, and which organized the regions as bodies subordinated to the central government and lacking legislative power, having only regulatory power. *Ibidem*, p. 27.

(95) *Cf.* Fernando ALBI, *La crisis del municipalismo, cit.*, pp. 211 and ff.

formulation of new and different alternatives for the juridical-politico-administrative treatment of these city-regions. These alternatives have been based on the conjunction of the following factors in the first place, the total inadequacy of the municipal-urban levels for the solution of metropolitan problems; in the second place, the large and expanding area occupied by the city; in the third place, the position of the city in the framework of a complex of interrelations with a zone or area under its influence which demands a treatment which goes beyond the urban sphere and falls into the regional sphere; in the fourth place, the need to ensure the permanence of local government and of the participation of the citizen in it; and in the fifth place, the need to firmly establish at the new level of the city region the necessary decentralization of functions which have been progressively assumed by the central powers owing to the inadequacy of the traditional urban organizational schemes.

In this way, comparative law reveals a definite process of reorganization of the large cities, thus ensuring the element of territorial decentralization which has generally led to the creation of a new "territorial collectivity". Therefore, these experiences are distinguished from the organization of the Metropolitan Areas by means of formulas of functional decentralization or intermunicipal association, such as those already analyzed. These formulas do not have the structure of politico-urban regionalization, but rather of urban administrative regionalization.

Among the experiences revealed by comparative law, it is indubitable that the organization of the London region should be pointed out, not only because London is the largest urban agglomeration of Europe, but also because the London Government Act of 1963 was the first attempt at the global reformulation and organization of a Metropolitan Area with a regional perspective[(96)]. As established by the Report of the Royal *Commission on Local Government in Greater London* 1957-1960 [(97)], the entire area of Greater London would be under one authority, the Greater London Council, without losing sight of the fact that the objectives of "administration" and "participation", that is to say, efficiency and democracy should be present in its organization[(98)]. For this purpose it was necessary to completely reformulate the problem of the city and its organization. A result of this was the replacement of the one hundred and eighteen heterogeneous local authorities which existed before 1963 by a Greater London Council and thirty-two London Borough Councils as secondary level local bodies, that is to say, the constitution of new "territorial collectivities" for the city-region and for the local levels. The scheme for the reform of Greater London was used in the proposal reorganization of another six English Metropolitan Areas, in which were established, in 1971, the Metropolitan District Councils, and, as secondary level local bodies, the District Councils[(99)].

---

(96) *V.* Tomás Ramón FERNÁNDEZ, *loc. cit.*, pp. 683 and ff.

(97) *V.* Sir E.S. HERBERT (chairman), *Royal Commission on Local Government in Greater London 1957-1960,* Report, London 1960 (Cmnd. 1164), pp. 182 and 192.

(98) *Cf.* Tomás Ramón FERNÁNDEZ, *loc. cit.*, p. 688.

(99) *Cf.* Lord REDCLIFFE-MAUD (chairman), *Local Government Reform* (Short Version), *cit.*, p. 6; *Local Government in England. Government Proposals for Reorganization* (White Paper), *cit.*, p. 9; Richard BUXTON, *Local Government,* 1973, pp. 254 and ff.

In Europe, other solutions to the need for administrative integration of the Metropolitan Areas, without rejecting direct election of the new authorities, have occurred in cities such as Rotterdam, although without such a complete reform of the already existing local bodies as was carried out in Greater London(100). In any case, in most other European solutions to the organization of large cities, leaving aside those which have been solved by a merely administrative organization or by the organization of an intermunicipal association, the complete satisfaction of the needs of local government has not been achieved, as only a system of indirect election of the authorities of the Metropolitan Area has been established, as in the case of the Corporation of Greater Hanover in Germany(101).

CONCLUSION

From the above analysis of regionalization in economic matters in comparative law, it is indubitable that we may retain as our fundamental conclusion the fact that any process of regionalization initiated only from the angle of economic policy and planning (economic regionalization) leads, sooner or later, to a greater or lesser extent, to experiences of administrative regionalization or of regional administration. It is indubitable that the demands of economic planning, policy, and development are restricted by an administrative structure and organization which are not adapted to these demands. Therefore, any serious attempt at economic regionalization implies administrative regionalization.

But experiences of administrative regionalization or regional administration, although they may be considered as the basis for the initiation of a process of decentralization of the State, if they are not accompanied by an adequate political process of territorial decentralization, can undoubtedly constitute sources of greater centralization of the State disguised as disconcentration. Therefore, if a process of regionalization presents real formulas for decentralization, inevitably the need will arise to complement it with formulas of local democracy which ensure for the citizens the political possibility of participating in regional processes. Regionalization, territorial decentralization, and local democracy appear to be, then, all elements of a process of reorganization of the State in the contemporary world which cannot be ignored.

Therefore, although the title of our subject in this Congress referred only to a "regionalization in economic matters", it has turned out to be inevitable to enter into considerations of its immediate consequence (administrative regionalization)

(100) *V.* A. W. JOOLEN, "Regional Government in the Rotterdam Area", in E. KALK (ed.), *op. cit.*, pp. 126 and ff.

(101) *V.* H. WEYL, "The Greater Hannover Corporation", in E. KALK (ed.), *op. cit.*, pp. 227 and ff.; A. F. LEEMANS, *loc. cit.*, p. 372.

§ 4. LES PRINCIPES DE LA PROCEDURE ADMINISTRATIVE NON CONTENTIEUSE. ÉTUDE DE DROIT COMPARÉ. (France, Espagne, Amérique latine)

Cours donné à l'*Université de Paris II* (Panthéon Assas), Troisième cycle, Droit administratif comparé, Paris, Janvier-May, 1990[(*)]

INTRODUCTION

Le droit administratif français peut sans doute être considéré comme le produit le plus élaboré du travail des juges, découvert et diffusé pas à pas par la doctrine. C'est pour cela, et surtout lorsque l'on analyse le système français dans une perspective comparative, que l'on peut dire que le contrôle juridictionnel et la réduction progressive des excès de pouvoir commis par les agents de l'administration ont été précisément l'apport significatif de la France à la culture juridique du monde moderne et à la consolidation de l'Etat de Droit.

De ce fait, justice administrative et droit administratif en France ont été et continuent d'être essentiellement unis, au point que le contenu du droit administratif a été largement modelé par la juridiction administrative. Cela a eu des avantages évidents pour le progrès de la «juridicité» appliquée à l'Administration et pour le renforcement du principe de légalité, mais cela a aussi été à l'origine de certains inconvénients qui ont provoqué quelques grandes controverses doctrinales du droit administratif.

C'est ainsi que des notions telles que celles de «service public», «établissement public», «acte de gouvernement» ou «contrat administratif» ont été au centre d'un débat doctrinal traditionnel tendant à conférer une substantialité propre à ces notions, ce qui n'a pas été toujours possible, précisément en raison du poids du «problème» juridictionnel qui a tourné autour de la recherche d'un «critère» pour délimiter les compétences de la juridiction administrative et de la juridiction judiciaire.

En conséquence, très souvent ces notions ont été définies davantage par une connotation procédurale que par une substantialité propre. Il était inévitable que les changements jurisprudentiels conduisent à leur crise. C'est pour cela que, comme l'affirmait G. Liet-Veaux il y a quelques décennies, en se référant à la

---

(*) Publié en français: *Les principes de la procédure administrative non contentieuse. Etude de droit comparé (France, Espagne, Amérique latine)*, (Préface de Franck Moderne), Collection Science et Droit Administratifs, Economica, Paris 1992; et en espagnol: *Los principios del procedimiento administrativo en el derecho comparado (Francia, España, América Latina)* (Prólogo de Eduardo García de Enterría), Civitas, Madrid 1990.

notion de contrat administratif, il apparaît qu'il s'agit d'un des chapitres les plus «désespérants» du droit administratif.[1]

Ce «désespoir», on le rencontrera fréquemment dans la doctrine française, lorsqu'elle s'efforce de donner un contenu substantiel aux institutions et notions fondamentales. Sans doute pouvons-nous dire qu'il est le produit du poids qu'a eu la juridiction administrative sur la construction du droit administratif. Cela a conduit même à la situation extrême que l'étude du droit administratif est faite, non seulement et uniquement en fonction de la perspective de ce que le Conseil d'Etat peut résoudre, mais au travers du seul «prisme» de la juridiction. Il n'est pas rare, par conséquent, que sous le titre de *Traité de contentieux administratif*, comme celui des professeurs J.M. Auby et R. Drago[2], le lecteur trouve un véritable *Traité de droit administratif.*

La tâche du juge administratif a été et est d'une telle importance en France, que le droit administratif, au sens matériel, s'est fondé quasi exclusivement sur la jurisprudence (c'est pour cela qu'on parle de «droit jurisprudentiel») pour atteindre le développement si significatif qu'il a connu et qui lui a permis d'étendre son influence à travers le monde, de manière beaucoup plus profonde que les Français eux-mêmes pouvaient l'imaginer.

II est évident que l'on ne rencontre pas dans d'autres pays une tradition aussi éclairée que celle du juge administratif français, qui se suffit à elle même, avec son «arsenal» de jurisprudence et sans l'aide du droit écrit, pour soumettre l'administration à la légalité, en construisant des principes de comportement administratif, qui ont servi d'exemple au développement de l'Etat de droit, en France ou hors de France.

La réalité dans beaucoup d'autres pays, est que la tâche du juge administratif, à certaines époques vigoureuse et à d'autres plus timide, dans l'exercice de la construction du droit administratif, a nécessité l'appui du législateur, auquel est revenu de transformer en droit écrit les principes généraux. On a constaté ainsi fréquemment qu'il ne suffisait pas d'utiliser un «arsenal» d'arrêts et de recourir à la création prétorienne du droit administratif pour parvenir à réduire le pouvoir discrétionnaire de l'administration et à soumettre toutes les activités administratives à la légalité. Au contraire, en nombre d'occasions, il est apparu nécessaire de convertir en droit écrit les principes régulateurs de faction administrative, pour qu'ils soient non seulement respectés par les fonctionnaires, mais aussi pour que les juges du contentieux administratif eux-mêmes puissent exercer avec une plus grande autonomie leur mission de contrôle juridictionnel de l'Administration.

Telle a été, en général, la tendance dans la plupart des pays hispano-américains, où s'est produit un processus de codification du droit administratif ou du moins des principes fondamentaux concernant l'activité administrative, dans des lois régulatrices de la «procédure administrative» non contentieuse.

---

(1) «En fin de compte, il apparaît que la définition du contrat administratif est un des chapitres les plus désespérants du droit public»: G. LIET-VEAUX, «Nouvelles définitions du contrat administratif», *Revue administrative*, n° 53, Paris, sept-oct. 1956, p. 503.

(2) Paris 1984

Et ceci nous oblige immédiatement, avant de traiter les principes de la «procédure administrative non contentieuse» en Espagne et en Amérique latine, à apporter une précision terminologique. Dans la langue castillane, en effet, l'expression «procédure administrative non contentieuse» ne s'emploie pas littéralement. C'est là une expression typiquement française qui entend définir la procédure suivie devant l'administration active, par opposition à celle qui se déroule devant la juridiction administrative, de telle sorte que l'on parle de «procédure administrative non contentieuse» en la distinguant de la «procédure administrative contentieuse». Cependant, dans la perspective hispano-américaine, cette expression non seulement n'est pas utilisée mais elle serait même incorrecte.

En premier lieu, nous devons indiquer que, dans la tradition hispano-américaine, on ne constate pas que les organes juridictionnels aient reçu l'exclusivité de la procédure, comme cela s'est produit historiquement en France[(3)], ce qui explique non seulement que jusqu'à ces dernières décennies on ait négligé l'étude doctrinale de la procédure appliquée au sein de l'administration active, mais aussi que, sauf exceptions[(4)], on ait dû la qualifier de «non contentieuse», par opposition au «contentieux administratif», pour procéder à son identification.

Dans le monde juridique des pays de langue espagnole, en revanche, la distinction basée sur le qualificatif «non contentieux» n'a jamais eu cours, de telle sorte que lorsque l'on veut identifier la procédure appliquée devant les tribunaux administratifs, on parle, comme en France, de «procédure contentieuse administrative»[(5)]; en revanche, on utilise de manière générale l'expression pure et simple de «procédure administrative», pour désigner la procédure appliquée devant l'administration active, procédure qui, de ce fait, est de caractère non juridictionnel. Les pays hispano-américains, dans leur conception de la procédure administrative, ont ainsi subi davantage l'influence des apports de l'école germanique, principalement d'Adolf Merkl[(6)], que celle des critères de la doctrine française.

---

(3) Guy ISAAC, *La procédure administrative non contentieuse*, Paris 1968, p. 17 et ss.

(4) *V.* fondamentalement Georges LANGROD, «Procédure administrative et droit administratif», *Revue de droit public et de science politique en France et à l'étranger*, Paris 1948, p. 549 et *Revue internationale des sciences administratives*, Bruxelles 1956, p. 5 et ss. Plus récemment, *v.* Céline WIENER, *Vers une codification de la procédure administrative*, Paris 1975.

(5) Lequel, doctrinalement, a même donné naissance à ce que l'on appelle le «droit processuel administratif». *V.* par exemple, José María VILLAR y ROMERO, *Derecho procesal administrativo*, Madrid 1944, 2ème édition 1948; Jesús GONZÁLEZ PÉREZ, *Derecho procesal administrativo*, 3 Vol., Madrid 1955; Miguel GONZÁLEZ RODRÍGUEZ, *Derecho procesal administrativo*, 2 Vol., Bogotá 1986; Carlos BETANCUR JARAMILLO, *Derecho procesal* administrativo, Bogotá 1982; Jesús GONZÁLEZ PÉREZ, *Derecho procesal administrativo hispanoamericano*, Bogotá 1985.

(6) *V.* Adolf MERKL, *Teoría general del derecho administrativo* (traduit de l'allemand), México 1980, pp. 278 et ss. cet ouvrage n'a jamais été traduit en français. *V.* les commentaires sur la conception de MERKL in G. ISAAC, *La procédure administrative non contentieuse*, Paris 1968, pp. 89 et ss. *V.* également, J. ARAUJO JUAREZ, *Principios generales del derecho administrativo formal*, Caracas 1989.

C'est pour cela qu'on emploiera de préférence ici l'expression «procédure administrative» comme équivalente à l'expression française «procédure administrative non contentieuse».

Mais il existe une seconde raison pour que l'on ne recoure pas à cette dernière expression dans le monde de langue espagnole: c'est que, en soi, l'on considère comme une impropriété le fait d'ajouter le qualificatif «non contentieux» pour identifier la procédure appliquée dans les relations avec l'administration active. En réalité, il n'est pas certain que cette procédure soit toujours de caractère «non contentieux». Au contraire, l'intervention croissante de l'Etat dans divers secteurs de la vie économique et sociale conduit fréquemment les organes administratifs à adopter des décisions ayant pour effet de résoudre des conflits d'intérêts privés, entre particuliers, lorsque ces derniers font valoir leurs griefs devant l'autorité administrative. Dans ces cas, ainsi que dans toute activité administrative, la procédure correspondante est évidemment de caractère contradictoire (bien que non «juridictionnelle»); l'Administration doit s'efforcer de respecter l'égalité entre les parties dont les intérêts sont opposés, et doit agir avec impartialité.

Notre analyse comparative avec le système français, d'autre part, sera limitée aux pays qui, dans le monde de langue espagnole, ont connu un processus de codification de la procédure administrative. Parmi ceux-ci, se détachent l'Espagne, le Pérou, l'Argentine, l'Uruguay, le Costa Rica, le Vénézuéla et la Colombie, tous pays dans lesquels, et notamment ceux d'Amérique latine hispanophone, le droit administratif a connu le plus grand développement doctrinal et jurisprudentiel.

Avant tout se détache l'Espagne, pays où nous pouvons trouver l'origine du mouvement codificateur de la procédure administrative, avec la loi relative à la procédure administrative du 19 octobre 1889, par laquelle on essaya de réguler de manière uniforme la procédure à laquelle devaient être soumis les différents départements ministériels. Bien qu'elle ait marqué une notable avance sur les autres pays et signifié un pas décisif dans l'évolution du droit administratif espagnol(7), son caractère de loi-cadre et son développement réglementaire multiforme dans chaque ministère, exigèrent sa réforme et sa mise à jour, qui eurent lieu avec la loi sur la procédure administrative du 17 juillet 1958(8). Dans cette loi furent fixées, en un texte unique, non seulement des normes de procédure directement applicables à tous les départements ministériels, mais aussi les règles de base du régime des actes administratifs et d'autres aspects de l'activité administrative qui leur sont liés. Cette loi, conjointement avec la loi relative au régime juridique de l'administration de l'Etat de 1957, a eu une importance considérable, non seulement sur le développement particulier du droit administratif espagnol, qui précisément, à partir de la fin de la décennie des années cinquante, commence à se rénover et à atteindre le niveau incontesté

---

(7) Exposé des motifs de la loi de 1958. *V. Justicia administrativa*, Ediciones Civitas, Madrid 1973, p. 56.

(8) *Boletín Oficial del Estado*, n° 171 du 18 juill. 1958; rect. *Boletín Oficial del Estado*, n° 212 et 220 du 2 et 13 sept. 1958 et 98 du 24 avr. 1959. *V.* en outre le texte dans *Justicia administrativa*, *op. cit.*, pp. 66 et 129.

d'excellence qui est le sien aujourd'hui, mais aussi sur le développement du droit administratif contemporain d'Amérique latine. L'on peut dire que, d'une manière ou d'une autre, ces lois ont inspiré les lois régulatrices de l'activité administrative édictées dans nos pays dans les trois dernières décennies.

Le premier pays latino-américain qui réglementa la procédure administrative sous l'influence évidente du texte espagnol a été le Pérou, où, par l'intermédiaire du Décret Suprême N. 006-SC du 11 novembre 1967, fut édicté un «règlement des normes générales des procédures administratives» [9] texte auquel devait se conformer l'activité administrative des organes du pouvoir exécutif, des établissements publics et des administrations locales «à condition qu'elles (ces normes) ne s'opposent pas aux lois ou à leurs règlements d'application» (art.1). Sous cette forme, bien que fussent établis ainsi les principes généraux de l'action administrative, l'instrument utilisé fut un texte de rang réglementaire et de caractère supplétoire, ce qui a impliqué, dans la pratique, que ce texte n'ait pas eu une plus grande influence sur le développement du droit administratif péruvien.

En définitive, le premier texte normatif national de rang législatif relatif à la procédure administrative, édicté en Amérique latine, a été le décret-loi n° 19.549/72 du 3 avril 1972 sur les procédures administratives[10], texte qui vint compléter un long processus de régulation, dans les provinces de la Fédération, des normes de la procédure administrative[11], et un processus de régulation nationale des recours administratifs, en particulier des recours hiérarchiques qui remonte aux années trente[12]. Il est clair en tout cas non seulement que le décret-loi n° 19.549/72 établit des principes de base auxquels doivent s'adapter les procédures administratives dans l'administration publique nationale, centralisée et décentralisée (y compris les établissements publics), en ce qu'ils tendent à assurer aux citoyens les garanties constitutionnelles équivalentes au *due process of law*, mais qu'il a aussi posé les règles fondamentales relatives aux conditions que doit respecter l'acte administratif, à sa structure, à sa validité et à son efficacité.

Suivant en cela la même orientation que la législation argentine, la seconde réglementation normative nationale des procédures administratives édictée en Amérique latine a été le décret n° 640/973 du 8 août 1973 qui compléta le cadre régulateur de l'activité et des formalités administratives établi par des décrets antérieurs de 1964 et 1966 et qui, en dépit de son caractère réglementaire, a été considéré comme un véritable «code de procédure administrative»[13].

---

(9) *V.* le texte dans *Legislación peruana sobre empleados públicos*, Lima, pp. 242 à 250.

(10) *Boletín Oficial*, n° 22411 du 27 avr. 1972. *V.* le texte in Emilio FERNÁNDEZ VÁZQUEZ et Emilio MARCELINO SENDIN, *Procedimiento administrativo nacional*, Buenos Aires 1974, pp. 116 à 134.

(11) *V.* le texte des lois provinciales sur les procédures administratives in Agustín GORDILLO, *Procedimientos y recursos administrativos*, Buenos Aires 1971, pp. 591 à 723.

(12) Décret 20003/33 remplacé par le décret n° 7520/44. *V.* les textes in Agustín GORDILLO, *op. cit.*, pp. 583 à 590.

(13) *V.* les références in Julio A. PRAT, *Derecho administrativo*, Vol. III, Vol. 2, Montevideo 1978, pp. 125 et ss. La loi 15869 du 22 juin 1987 relative au Tribunal de contentieux administratif n'abroge pas le décret n° 640/973 du 8 août 1973, lequel demeure en vigueur. *V.* J.P. CAJARVILLE PELUFFO, *Recursos administrativos*, Montevideo 1989, p. 14. *V.* le texte du décret n° 640/973 du 8 août 1973 relatif aux

Dans le processus de codification du droit administratif en Amérique latine, se détache en troisième lieu la Loi générale relative à l'administration publique du Costa Rica du 2 mai 1978[14], texte qui, comme nous l'avons indiqué il y a quelques années, pourrait être considéré comme celui d'un «Précis de droit administratif» présenté sous la forme articulée d'un code[15]. Cette loi, unique et particulière, englobe tout un ensemble de matières qui correspondraient exactement au «Programme» d'un cours général de cette discipline. Il s'agit donc d'un exemple très rare d'un «code de droit administratif» qui consacre même l'autonomie de notre discipline, en déclarant l'indépendance de l'ordonnancement juridique-administratif par rapport aux autres branches du droit[16].

La loi costaricienne fut suivie chronologiquement par la loi organique vénézuélienne sur les procédures administratives du 1er juillet 1982[17], texte dont l'élaboration a commencé dès 1965[18]. Cette loi organique, directement influencée par la loi espagnole, rassembla tous les principes fondamentaux relatifs à l'activité administrative exercée par les organes de l'administration publique nationale et est applicable de manière supplétive aux administrations des Etats membres de la fédération ainsi qu'aux municipalités. On y trouve en particulier, les principe relatifs aux actes administratifs (élaboration, formes et formalités, effets, révision), que la jurisprudence avait établis, ce qui a contribué largement, dès son entrée en vigueur, à consolider le principe de la légalité administrative[19].

Pour terminer, en matière de codification de la procédure administrative, on doit mettre à part le régime de la Colombie, unique pays d'Amérique latine qui adopta le modèle français de la dualité de juridictions avec une juridiction judiciaire, dont l'instance supérieure est la Cour Suprême de Justice, et une juridiction administrative dominée par le Conseil d'Etat. Compte tenu de cette situation particulière, la Colombie s'est dotée, dès 1941, d'un code de contentieux administratif[20], qui réglait exclusivement la procédure juridictionnelle devant les tribunaux administratifs. Sur la base de l'œuvre jurisprudentielle furent proposées en 1980 une réforme et une adaptation du code[21], qui furent réalisées par le

---

normes générales de l'action administrative in J.A. PRAT, D.H. MARTINS, M.R BRITO, H. FRUGONE SCHIAVONE et J.P. CAJARVILLE PELUFFO, *Procedimiento administrativo*, Montevideo 1977, pp. 177 et ss.

(14) Fascicule n° 90, *La Gaceta* n° 102 du 30 mai 78. *V.* le texte in *Ley general de la administración pública*, Contraloría General de la República, San José 1978.

(15) Allan R BREWER-CARÍAS, «Comentarios sobre los principios generales de la ley general de administración pública de Costa Rica», *Revista del Seminario international de derecho administrativo*, Código de Abogados de Costa-Rica, San José, 1981, p. 31.

(16) Art. 9.

(17) *Gaceta Oficial*, n° spécial 2818, du 1er. juin. 1981. *V.* le texte in Allan R BREWER-CARÍAS, *El derecho administrativo y la Ley orgánica de procedimientos administrativos*, Caracas 1985, pp. 379 à 412.

(18) *V. Informe sobre la reforma de la administración pública*, Comisión de Administración Pública, Caracas 1972, Vol. 2, p. 392.

(19) *V.* Allan BREWER-CARIAS, *op.cit.*, pp. 37 et ss.

(20) Loi 167 de 1941 sur le Code de contentieux administratif.

(21) Jaime VIDAL PERDOMO, «Ponencia para primer debate al proyecto de ley por la cual se conceden facultades extraordinarias al Presidente de la República para reformar el Código contencioso

décret n° 01 de 1984. Au surplus, dans cette réforme, fut ajouté au code un nouveau «Livre» relatif à la «procédure administrative», différente de la «procédure devant la juridiction administrative»[22]. Sous cette forme, la Colombie est dotée, depuis 1984, d'une importante législation nationale régulatrice de la procédure administrative applicable à tous les organismes et entités dépendant des pouvoirs publics de tous ordres (art.1.).

Toutefois, un des traits communs de la codification de la procédure administrative en Espagne et en Amérique latine consiste en ce que le contenu des diverses lois de procédure administrative a réglé non seulement les opérations tendant à «produire» les actes administratifs, mais aussi le régime de ces actes, c'est-à-dire, leur forme, leurs effets, leur exécution, leurs vices et leur contestation. C'est pour cela que lorsqu'on analyse cette codification hispano-américaine de la procédure administrative, on trouve quelque peu inutile la discussion doctrinale soulevée par Georges Dupuis quant à la nécessité de distinguer, ou de ne pas confondre, la forme et la procédure (les formalités) ou, en d'autres termes, de distinguer l'opération de *facere*, c'est-à-dire de «fabrication» ou d'élaboration de l' acte administratif, et le *factum*, c'est-à-dire le produit de ces opérations, qui est l'acte lui-même[23]. Ces deux aspects sont traités dans le contenu de la codification de la procédure administrative en Espagne et en Amérique latine, de telle sorte que cette codification inclut la régulation, tant de la forme que des formalités des actes administratifs, au sens retenu par René Hostiou, («les *formalités* sont constituées par les diverses opérations relatives à l'opération normative (le *negotium*), qui conditionnent la régularité de l'émission et l'entrée en vigueur de l'acte»).Quant aux formes, elles sont les mentions de l'écrit (*l'instrumentum*) qui traduisent expressément les diverses conditions de régularité de l'acte (l'auteur, les fondements et la date d'émission de l'acte notamment)[24].

Il est évident que, sur le plan doctrinal, on peut distinguer l'ensemble des règles relatives à «l'opération d'édiction» de l'acte administratif qui, selon Guy Isaac, constituerait la procédure administrative non-contentieuse[25], et le produit même de cette opération, qui est l'acte administratif en soi, ses conditions de validité, ses effets, son exécution, son annulation, sa révocation et sa révision par la voie administrative.

Telle est la position, par exemple, adoptée par Céline Wiener qui, en retenant une notion compréhensive de la procédure administrative, indique «qu'elle

---

administrativo, du 28 janv. 1980», in Gustavo PENAGOS, *Código contencioso administrativo*, Bogotá 1985, pp. 1 à 11.

(22) *V.* le texte du décret 01 de 1984 in Gustavo PENAGOS, *op. cit.*, pp. 21 à 79. Le décret 01 a été pris sur la base de la loi 58 de 1982 par laquelle ont été concédés des pouvoirs extraordinaires au Président de la République pour réformer le Code de contentieux administratif. Ultérieurement, sur la base de la loi 30 de 1987, par décret 2304 du 7 octobre 1989, ce code a été réformé.

(23) Georges DUPUIS, «La forme de l'acte administratif» in Georges DUPUIS (ed.), *Sur la forme et la procédure de l'acte administratif*, Paris 1979, pp. 9 et 10.

(24) René HOSTIOU, *Procédure et formes de l'acte administratif unilatéral en droit français*, Paris 1975, p. 13.

(25) Guy ISAAC, *La procédure administrative non-contentieuse*, Paris 1968, pp. 151 et ss.

recouvre un ensemble de règles de nature souvent différente, mais qui toutes présentent le trait commun de régir un moment de l'élaboration de l'acte». Aussi indique-t-elle qu'en parlant de procédure administrative, «il serait peut-être même plus exact de parler d'une régulation de la fonction administrative de décision, dans la mesure où cette réglementation vise au premier chef le processus de formation de la volonté, qui est à l'origine de la décision, c'est-à-dire les antécédents, l'instruction d'un acte, plutôt que cet acte lui-même» (26).

Cependant, tracer dans la pratique la frontière entre l'un et l'autre de ces aspects, surtout lorsque nous sommes en présence de législations sur ce thème, nous paraît juridiquement impossible. Le même Guy Isaac, en présentant l'objet de la «procédure administrative non contentieuse» comme «la réglementation de l'opération d'édiction de l'acte administratif tout entier», comme l'ensemble des règles relatives à la procédure d'élaboration de l'acte, à la forme et à sa publicité ainsi qu'à sa remise en cause»(27), incluait donc, à l'intérieur du contenu de la «procédure administrative non contentieuse», des aspects relatifs à la forme des actes administratifs et à leur contestation(28).

On peut dire en conséquence que la codification de la procédure administrative en Espagne et en Amérique latine répond en définitive à une conception très ample de celle-ci, marquée par le souci, d'une part de soumettre l'Administration à la légalité et d'autre part, de garantir aux particuliers une sorte de «*due process*» face à l'Administration.

Ainsi, suivant la conception de A. Merkl, selon laquelle «toute administration est procédure administrative et les actes administratifs se présentent à nous comme de simples produits de la procédure administrative» (29), la codification de la procédure administrative en Espagne et en Amérique latine, plus qu'un effort pour régler législativement les simples formalités nécessaires à la production des actes administratifs, *stricto sensu*, constitue réellement un effort de codification «du droit administratif» en soi, ou si l'on veut, des principes généraux du droit administratif qui doivent guider la conduite des organes de l'Administration dans leurs relations avec les particuliers, et garantir les droits de ces derniers face à l'Administration. De là découle l'importance que cette codification de la procédure administrative a eue en Amérique hispanique sur la consolidation du principe de légalité, la régulation des relations entre l'Administration et les administrés, et le développement du droit administratif lui-même.

Comme on l'a indiqué, cette étude sera consacrée à l'analyse des principes de la procédure administrative en Espagne et dans les pays latino-américains ci-dessus mentionnés, qui disposent d'une codification nationale spécifique, par comparaison avec le système français. Elle sera divisée en trois parties.

---

(26) Céline WIENER, *Vers une codification de la procédure administrative*, Paris 1975, p. 15

(27) Guy ISAAC, *op. cit.*, pp. 158 et 173.

(28) Lequel même, avec une vision encore plus étroite de la procédure et de la forme de l'acte administratif, est critiqué par DUPUIS, *loc. cit.*, pp. 9 et 10.

(29) A. MERKL, *op.cit.*, p. 279. *V.* les commentaires in G. ISAAC, *op. cit.*, p. 91.

La première partie portera sur la contribution de la codification de la procédure administrative à la consolidation du principe de légalité lequel doit guider toute l'activité administrative. Elle sera divisée en deux chapitres destinés, le premier à analyser les implications du principe de subordination à la loi qui régit l'activité administrative et le second à étudier les limites de l'exercice du pouvoir discrétionnaire.

La seconde partie sera consacrée à l'étude du régime des actes administratifs, notion centrale dans le régime de la légalité administrative, tel qu'il est compris dans la codification hispano-américaine. Deux chapitres traiteront l'un, les éléments des actes administratifs et l'autre, les principes gouvernant leurs effets.

La troisième partie comportera à l'étude des principes de la procédure administrative en tant que garantie du principe de légalité comme du respect des droits des administrés par les organes de l'Administration. Elle sera également divisée en deux chapitres. Dans le premier, on étudiera en particulier le régime législatif des droits de la défense dont disposent les administrés et leurs conséquences. Dans le deuxième chapitre, on analysera le régime des recours administratifs dont disposent les administrés pour obtenir la révision des actes administratifs par l'Administration elle-même.

PREMIERE PARTIE

LA CONTRIBUTION DE LA CODIFICATION DE LA PROCEDURE ADMINISTRATIVE A LA CONSOLIDATION DU PRINCIPE DE LÉGALITÉ

Le principe de légalité, selon lequel toute activité des organes de l'Etat doit se dérouler en conformité avec le droit, est sans doute la construction juridique la plus importante de l'Etat de Droit.

Selon cette conception, tous les organes de l'Etat sont soumis à l'ordonnancement juridique, au sommet duquel se trouve la Constitution. Pour certains d'entre eux cependant, eu égard à leur position dans la hiérarchie des normes, le droit auquel ils doivent soumettre leur activité est seulement consacré dans la Constitution (c'est le cas du Parlement et de certaines activités du Gouvernement): dans ce cas, le principe de légalité serait alors, seulement, un «principe de constitutionnalité».

Mais pour l'administration, l'ordre juridique auquel doivent se soumettre les organes administratifs est constitué par toutes les sources du droit, y compris la Constitution, les lois et les règlements dans la mesure correspondant au niveau qu'occupe, dans la hiérarchie administrative, l'organe considéré et évidemment, en y incluant les principes généraux du droit.

Toutefois, dans la tradition latino-américaine, la notion de principe de légalité tire son origine lointaine du principe de la suprématie constitutionnelle que, à l'image du modèle nord-américain, les Etats républicains adoptèrent dès le début du siècle passé (1811); et de sa conséquence élémentaire: le contrôle judiciaire de la constitutionnalité des lois, qui fait partie de la tradition constitutionnelle latino-américaine. C'est pour cela que le Parlement étant soumis depuis toujours au contrôle judiciaire de la constitutionnalité, à plus forte raison l'Administration l'a-t-elle été au principe de la légalité, dans son sens le plus ample.

Bien entendu, et toujours dans le cadre constitutionnel, la légalité dans la tradition juridique latino-américaine a aussi été soumise à certaines «inflexions», en particulier celles qui dérivent de ce que l'on a appelé en France les «circonstances exceptionnelles», théorie qui, en Amérique latine, a trouvé un cadre constitutionnel, dès le début du siècle, dans la possibilité attribuée au pouvoir exécutif, généralement avec l'accord du législateur de restreindre ou de suspendre les garanties constitutionnelles des droits fondamentaux et de décréter l'état d'exception, l'état de siège ou l'état d'urgence.

L'expérience historique des situations exceptionnelles amena ainsi le constituant latino-américain à les prévoir constitutionnellement[30], adoption qui modifia le domaine de la légalité applicable à l'Administration, mais sans qu'en soit exclue la possibilité de contrôle judiciaire de constitutionnalité et de légalité conforme au nouveau cadre juridique ainsi constitué.

Appliqué spécifiquement à l'Administration, le principe de légalité s'est consolidé en Amérique latine, comme en France, fondamentalement avec la construction jurisprudentielle des principes généraux du droit, et concrètement, du droit administratif, certains d'entre eux étant tirés de la Constitution elle-même, en vertu de la consécration traditionnelle dans les Constitutions de nos pays, dès 1811, d'un catalogue long et complet de droits et de garanties. Il est certain que pendant de nombreuses décennies et avec des hauts et des bas, plusieurs de ces droits dans de nombreux pays, n'ont pas eu d'application effective; cependant, quand ils ont été mis en oeuvre, ils ont représenté la principale source des principes généraux du droit administratif. C'est ce qui s'est produit par exemple, avec le droit à la défense, avec le principe d'égalité et de non-discrimination avec celui de la non-rétroactivité des actes administratifs, ou avec la théorie de l'indemnisation du dommage causé à des droits acquis, formulés en grande partie par la jurisprudence.

Ces principes ont été précisément ceux qui ont trouvé une consécration dans les lois de procédure administrative et ont conduit, grâce à leur conversion en droit écrit, à la consolidation du principe de légalité dans ses relations, particulièrement, avec l'activité administrative.

En effet, l'activité administrative est l'une des activités de l'Etat, les autres étant l'activité législative, l'activité de gouvernement et l'activité judiciaire

(30) A l'inverse de ce qui s'est passé en France, où ce fut seulement la Constitution de 1958 qui régularisa «l'état de siège» (art. 36). Antérieurement, «l'état de siège» avait été consacré par le législateur dès le siècle passé. La même évolution s'est produite avec l'état d'urgence, réglementé législativement à partir de 1955 seulement. *V.* les références in G. VEDEL et Pierre DELVOLVE, *Droit administratif*, Paris 1990, pp. 503-504. Le rang légal de l'institution en France repose sur la non consécration constitutionnelle expresse des droits fondamentaux.

(juridictionnelle dans la terminologie française) qui se distinguent entre elles, notamment par le niveau qu'elles occupent dans la graduation ou l'échelle de l'ordonnancement juridique découlant de la Constitution, selon la conception de la création du droit par niveaux ou degrés diffusée par H. Kelsen(31).

Selon cette conception, l'activité administrative est toujours de rang infra-légal (de même que l'activité judiciaire), à l'inverse de l'activité législative et de l'activité de gouvernement, qui sont toujours de rang légal, c'est-à-dire, qui occupent le premier échelon dans la production de l'ordre juridique, car ce sont des activités que le Parlement ou le Président de la République exercent en application de normes constitutionnelles.

En dépit du fait que l'activité de gouvernement et l'activité administrative de l'Etat sont l'œuvre d'un même organe du pouvoir exécutif, elles ne peuvent cependant se confondre, car elles occupent une place différente dans la hiérarchie de l'ordre juridique, raison pour laquelle ce qui est «légalité» pour les actes administratifs est seulement «constitutionnalité» pour les actes de gouvernement.

Conformément à ce qui vient d'être dit, dans la conception latino-américaine, les actes de gouvernement ne sont absolument pas des actes administratifs, car, étant édictés par le Président de la République en application directe de la Constitution, ils ont rang légal et non infra-légal. En conséquence, puisqu'il ne s'agit pas d'actes administratifs, ces actes, comme cela s'est produit en France avec la conception de «acte de gouvernement» (32), ne sont pas soumis au contrôle du juge administratif, non pas parce qu'ils seraient de prétendues exceptions ou inflexions au principe de légalité, mais parce que, simplement, ce ne sont pas des actes administratifs.

Mais l'exclusion du contrôle juridictionnel par le juge administratif ne signifie pas qu'ils sont exempts de tout contrôle juridictionnel, comme en France, car en Amérique latine ils sont toujours soumis au contrôle juridictionnel qui leur est propre, celui de la justice constitutionnelle, dès lors qu'ils sont édictés directement en application des normes constitutionnelles.

En tous cas, conformément au principe de légalité et ainsi que l'énonce expressément la Loi générale relative à l'administration publique du Costa Rica:

> L'Administration publique agira dans le respect de l'ordonnancement juridique et pourra seulement prendre des actes ou assurer des services publics, autorisés par ledit ordonnancement, selon le rang hiérarchique des sources du droit qui lui est applicable (art.11,1).

Or, dans l'étude du principe de légalité appliqué à l'Administration, il est intéressant de mettre en valeur deux aspects: en premier lieu, les principes qui dérivent du caractère infra-légal de l'activité administrative; et, en second lieu, les principes élaborés jurisprudentiellement et rassemblés dans les lois de procédure administrative, qui limitent l'exercice du pouvoir discrétionnaire.

---

(31) *V.* H. KELSEN, *Teoría pura del derecho*, Buenos Aires 1981, p. 135.
(32) *V.* J.M. AUBY et R DRAGO, *Traité de contentieux administratif*, Paris 1984, Vol. 2, p. 166.

CHAPITRE I
LE CARACTERE INFRA-LÉGAL DE L'ACTIVITÉ ADMINISTRATIVE

Le caractère infra-légal de l'activité administrative, dans les lois qui règlent la procédure administrative en Espagne et en Amérique latine, a bénéficié d'une consécration particulière en ce qui concerne le principe de la réserve légale, le respect de la hiérarchie des normes et des actes administratifs, ainsi que le principe du parallélisme des formes.

I. LE RESPECT DE LA LOI

La conséquence la plus élémentaire de la formulation du caractère infra-légal de l'activité administrative, est le respect de la loi, c'est-à-dire, le respect des dispositions normatives adoptées par le Parlement. Ceci, évidemment, revêt une énorme importance en Espagne et en Amérique latine, où les relations entre la loi et le règlement se présentent sous une forme radicalement distincte de celle qui est formulée dans la Constitution française de 1958[(33)]. Il n'y a, en Amérique hispanique, rien qui ressemble à la consécration constitutionnelle d'une liste de matières assignées comme *numerus clausus* au législateur, les autres matières demeurant dans le domaine réglementaire[(34)]. Au contraire, en Espagne[(35)] et en Amérique latine, la compétence législative est la règle normale [(36)]; la compétence réglementaire étant «l'exception» de telle sorte que, même des matières traitées par voie réglementaire peuvent, sans limites, faire l'objet de dispositions législatives lorsqu'en décide ainsi le législateur.

Il s'ensuit que l'Administration est toujours soumise aux dispositions législatives qu'édicte le Parlement, et en conséquence, il n'existe pas dans les pays latino-américains, de matières qui peuvent être considérées comme «réservées» au pouvoir réglementaire.

En conséquence, comme le réaffirme la loi espagnole relative au régime juridique de l'Administration de l'Etat de 1957[(37)] qui, avec la loi de procédure administrative, constitue en Espagne, le cadre juridique, en droit positif, du principe de la légalité:

> L'Administration ne pourra édicter de dispositions contraires aux lois..: [(38)].

---

(33) Arts. 34 et 37.

(34) *V.* M. WALINE, «Les rapports entre la loi et le règlement», *Revue du droit public et de la science politique en France et à l'étranger*, Paris 1959, p. 699.

(35) *V.* Juan Alfonso SANTAMARÍA PASTOR et Luciano PAREJO ALFONSO, *Derecho administrativo-La jurisprudencia del Tribunal Supremo*, Madrid 1989, p. 67.

(36) Allan R BREWER-CARÍAS, *Las instituciones fundamentales del derecho administrativo y la jurisprudencia venezolana*, Caracas 1964.

(37) *Boletín Oficial del Estado* n° 195 du 31 juill. 1957. *V. Justicia administrativa*, Ediciones Civitas, Madrid 1973, pp. 19 et ss. Cette loi complète des aspects réglementés in la Loi de procédure administrative.

(38) Art. 26.

Conformément à ce principe, toute l'activité administrative se situe donc toujours à un rang infra-légal, de manière à ce que l'Administration ne puisse, en aucune façon, «contrarier» la loi; alors que le législateur peut en outre, légiférer sur n'importe quelle matière sans que s'y opposent des secteurs réservés au pouvoir réglementaire.

II. LE RESPECT DE LA RÉSERVE LÉGALE (DOMAINE RÉSERVÉ AU LÉGISLATEUR)

Mais en second lieu, le caractère infra-légal de l'activité administrative implique que l'Administration doit toujours respecter ce qu'on appelle la «réserve légale», c'est-à-dire, les matières que la Constitution assigne de manière exclusive au législateur, de sorte que même en l'absence d'exercice du pouvoir régulateur par le Parlement, la matière réservée au législateur ne puisse être l'objet d'une réglementation par la voie administrative.

Parmi ces matières réservées au législateur, dans le système constitutionnel espagnol et d'Amérique latine, se trouve le régime des droits fondamentaux. En effet, les droits fondamentaux étant consacrés par les constitutions, la première et la plus importante des garanties constitutionnelles de ces droits, est précisément celle de la réserve légale, c'est-à-dire, que seul le législateur, par une loi formelle, peut établir des réglementations, limitations ou restrictions à l'exercice de ces droits, dans le cadre des dispositions constitutionnelles[39]. C'est ce qu'énonce expressément, par exemple, la Loi générale relative à l'Administration publique du Costa Rica, en prescrivant que:

> Le régime juridique des droits constitutionnels est réservé à la loi (art.19,1).

Ceci implique donc, que l'Administration et particulièrement le règlement, ne peuvent limiter ou restreindre les droits et garanties constitutionnelles, y compris sur des aspects qui n'ont pas fait l'objet d'une réglementation expresse par la loi.

En dehors des réglementations relatives aux droits fondamentaux, il va sans dire que de multiples autres matières énoncées dans la partie «organique» des Constitutions sont aussi réservées au législateur; ainsi il est fréquent que les textes fondamentaux s'en remettent au législateur, par exemple, pour l'organisation et le fonctionnement des municipalités ou des communes, ou d'organes nationaux dotés de l'autonomie fonctionnelle, comme le Procureur général de la République ou le Contrôleur général de la République; et en tout cas, pour l'établissement d'impôts, taxes et contributions.

Toutes ces matières relevant de la réserve légale constituent une limite à l'activité administrative et un élément du principe de légalité.

---

(39) *V.* Allan R. BREWER-CARIAS, «Les garanties constitutionnelles des droits de l'homme dans les pays d'Amérique latine (notamment au Vénézuéla)», *Revue internationale de droit comparé*, Paris 1977, n° 1, p. 48.

Mais, outre la formulation expresse de la réserve légale, comme cela se produit par exemple, en général, avec les matières de caractère fiscal[(40)], le principe de la réserve légale a été la conséquence dans nombre de cas, de la construction jurisprudentielle de principes généraux du droit. Tel est le cas de l'établissement de sanctions administratives que se réserve le législateur, sur la base du principe dérivé du postulat constitutionnel *nullum crimen nulla poena sine lege*, consacré dans les constitutions en matière pénale[(41)] et que la jurisprudence administrative a considéré comme applicable au domaine des sanctions administratives, en déclarant la nullité de normes réglementaires qui ont prévu des sanctions pour des infractions non établies par la loi[(42)].

En conséquence, sont des matières typiques relevant de la réserve légale toutes celles qui ont expressément indiquées comme telles dans les constitutions; la réglementation, limitation ou restriction des droits et garanties constitutionnels; la création d'impôts, taxes et contributions et l'établissement d'infractions et de sanctions administratives. La sanction de la violation de la réserve légale par les actes administratifs, s'agissant d'une violation de normes constitutionnelles, comporte évidemment la nullité absolue, ainsi que le déclare expressément la législation espagnole[(43)].

Ce principe de la réserve légale a trouvé au surplus une consécration expresse dans les lois de procédure administrative. Ainsi, la loi organique relative aux procédures administratives du Vénézuéla dispose que:

> *Art.10.* Aucun acte administratif ne pourra créer de sanctions ni modifier celles qui auraient été établies par les lois, créer des impôts ou d'autres contributions de droit public, sauf dans les limites déterminées par la loi[(44)].

Dans le même sens, la Loi générale relative à l'administration publique du Costa Rica énonce que:

> *Art.124.* Les règlements, circulaires, instructions et autres dispositions administratives de caractère général ne pourront établir de peines ni imposer de contributions, taxes, amendes ni autres charges similaires.

De la norme de la législation vénézuélienne résulte cependant en principe la possibilité de «délégation législative» en matière de réserve légale, ce qui a été admis dans certaines limites, par exemple, en matière de détermination du montant des taxes sur des services et de détermination d'infractions[(45)].

---

(40) L'article 224 de la Constitution vénézuélienne, par exemple dispose que: «Il ne pourra être perçu aucun impôt ou contribution qui ne sont pas établis par la loi».

(41) L'article 60,1 de la Constitution vénézuélienne dispose que: «Personne ne pourra être privé de sa liberté en raison d'obligations dont le non-respect n'a pas été défini par la loi comme délit ou faute».

(42) Décision de la Cour Suprême de Justice (Chambre politico-administrative) (Vénézuéla), 5 juin 1986, *Revista de derecho público*, n° 27, Caracas 1986, pp. 88-89.

(43) Article 28 de la loi relative au régime juridique de l'administration de l'etat.

(44) Dans le même sens, art. 27 de la loi espagnole relative au régime juridique de l'administration de l'etat.

(45) Dans ces cas, la jurisprudence vénézuélienne a même attribué rang de loi à certains règlements édictés dans des matières relevant de la réserve légale avec l'autorisation expresse du législateur. *V.* la décision de la Cour Suprême de Justice (Chambre politico-administrative) du 27 janv. 1971, in Allan R

Enfin, il faut souligner que le problème du domaine de la réserve légale peut aussi être posé constitutionnellement en ce qui concerne les relations entre les actes de gouvernement et les actes administratifs. Ainsi, lorsque les constitutions, par exemple, attribuent au Président de la République le pouvoir de restreindre ou de suspendre par décret les garanties constitutionnelles, la conséquence directe est la restriction ou la suspension de la réserve légale, et donc, l'élargissement des pouvoirs d'ordre «législatif» du Président de la République[(46)]. Dans ces cas, les décrets-lois qu'édicte le Président de la République doivent être fondés sur le décret de restriction ou de suspension, car dans le cas contraire, ils devrait être considérés comme de simples actes administratifs qui ne pourraient empiéter sur la réserve légale.

III. LE RESPECT DES ACTES ADMINISTRATIFS RÉGLEMENTAIRES

Il est évident que le principe de légalité appliqué aux actes administratifs, implique non seulement la soumission à la constitution et à la loi, le respect de la réserve légale, mais aussi le respect des actes normatifs eux-mêmes édictés par l'Administration; c'est-à-dire que les actes administratifs individuels doivent être soumis, comme condition de leur légalité, à ce qui est prescrit par les actes administratifs réglementaires.

C'est le principe connu sous le nom de «l'indérogabilité» particulière des règlements qui, développé depuis quelques années par la jurisprudence française[(47)], a trouvé une consécration expresse dans le droit positif de l'Espagne avec la loi relative au régime juridique de l'Administration de l'Etat (1957), laquelle dispose que:

> Les décisions administratives à caractère particulier ne pourront porter atteinte à ce qui est établi dans une disposition de caractère général, même si elles sont d'un niveau égal ou supérieur à celle-ci (art. 30).

Le principe a été adopté également au Vénézuéla, dans la loi relative aux procédures administratives, selon laquelle:

> *Art. 13* Aucun acte administratif ne pourra méconnaître ce qui est établi par un autre acte de rang supérieur; les actes à caractère particulier ne pourront porter atteinte à ce qui est établi dans une disposition administrative de caractère général, même s'ils ont été édictés par une autorité de rang égal ou supérieur à celle qui a édicté la disposition générale.

Dans un sens analogue, la Loi générale relative à l'administration publique du Costa Rica pose le principe de la manière suivante:

BREWER-CARIAS, *Jurisprudencia de la Corte Suprema 1953-1974 y estudios de derecho administrativo*, Vol. III, Vol. 1, Caracas 1976, pp. 135 et 136.

(46) *V.* Allan R. BREWER-CARIAS, «Les garanties constitutionnelles...», *loc. cit.*, p. 49.

(47) *V.* J.M. AUBY et R. DRAGO, *Traité de contentieux administratif*, Paris 1984, Vol. 2, pp. 355-358.

Art.13 1. L'Administration sera assujettie, en règle générale, à toutes les normes écrites et non-écrites de l'ordonnancement administratif et au droit privé à caractère supplétif, sans pouvoir y déroger ni refuser de les appliquer à des cas concrets. 2. La règle ci-dessus s'appliquera également en ce qui concerne les règlements, soit que ceux-ci émanent de la même autorité, soit qu'ils émanent d'une autorité supérieure ou inférieure compétente.

De ces normes dérive l'obligation pour les organes administratifs, lorsqu'ils édictent des actes administratifs individuels, de respecter les règlements, ou en d'autres termes, l'interdiction de la dérogation particulière aux règlements dans le traitement d'un cas individuel. Cela implique, non seulement l'obligation de respecter les règlements édictés par des organes administratifs supérieurs, mais aussi l'obligation pour les organes administratifs, quand ils édictent un acte individuel, d'observer leurs propres règlements (*Tu patere legem quam fecisti*), et même l'obligation pour les organes administratifs dans le traitement de cas individuels, de tenir compte des actes à caractère réglementaire édictés par des organes de rang inférieur.

Ce principe du respect des actes administratifs normatifs par les actes administratifs individuels a, sans doute, son fondement ultime dans le principe de l'égalité et de la non-discrimination, lequel serait violé si l'on permettait la solution individuelle d'affaires, en marge des dispositions réglementaires.

D'un point de vue pratique, de telles normes impliquent que si un ministre prend une décision réglementaire, non seulement il ne peut la transgresser lui-même dans ses actes administratifs individuels, mais également que le Président de la République ne peut non plus la transgresser dans un acte individuel. De telle sorte que, si le ministre veut s'écarter de son acte réglementaire pour décider d'un cas concret, il ne peut le faire sans modifier auparavant l'acte réglementaire par un autre acte réglementaire; c'est-à-dire qu'il doit modifier le règlement et ensuite adopter la décision individuelle conforme à cette modification. Il en va de même à propos des actes de l'organe supérieur: s'il existe une décision ministérielle de caractère réglementaire, le Président de la République ne peut, par un décret individuel, modifier un acte réglementaire ministériel; il devrait édicter au préalable un décret réglementaire modifiant le régime de cet acte, pour ensuite prendre un acte individuel correspondant[(48)].

IV. LE RESPECT DE LA HIÉRARCHIE DES ACTES ADMINISTRATIFS ET LE PARALLELISME DES FORMES

Outre le respect des actes réglementaires, le principe de légalité appliqué aux actes administratifs impose aux organes administratifs le respect de la hiérarchie existant entre ces actes et ces organes, particulièrement lorsqu'il s'agit d'actes administratifs individuels. Comme l'a indiqué la loi espagnole relative au régime juridique de l'Administration de l'Etat:

---

(48) *V.* Allan R. BREWER-CARÍAS, *El derecho administrativo y la Ley orgánica de procedimientos administrativos*, Caracas 1985, p. 412.

Aucune disposition administrative ne peut transgresser les préceptes d'une autre disposition de rang supérieur (art.23,1).

C'est-à-dire que les actes administratifs pris par des organes inférieurs au sein de la hiérarchie administrative ne peuvent violer ou méconnaître ce qui est prescrit dans des actes individuels pris par des organes de rang supérieur.

Afin de conférer une plus grande effectivité au principe, dans certains cas, les lois de procédure administrative ont fixé expressément la hiérarchie des actes administratifs, elle-même conforme à la hiérarchie des organes administratifs. Tel est le cas, par exemple, de la loi vénézuélienne selon laquelle les actes administratifs obéissent à la hiérarchie suivante

Décrets, résolutions, ordres, dispositions et autres décisions édictées par des organes et des autorités administratives (art.14) [(49)].

Par interprétation a contrario du principe du respect de la hiérarchie des actes administratifs, il est évident que l'Administration peut, en principe, réviser abroger, modifier ou retirer ses propres actes administratifs, à condition que cela soit fait par fauteur de l'acte en cause lui-même ou par le supérieur hiérarchique, sauf si la loi a prescrit une déconcentration avec attribution exclusive de compétence à l'organe inférieur.

Quant aux actes administratifs réglementaires, dès lors qu'ils ont pour objet des situations juridiques générales et impersonnelles, ils peuvent toujours être modifiés ou abrogés par l'autorité même qui les a édictés; dans ce cas, en principe, il y a lieu de respecter le principe dit du parallélisme des formes, c'est-à-dire que l'acte réglementaire de modification ou d'abrogation de l'acte antérieur doit être pris en respectant les mêmes formalités et les mêmes formes prescrites par la loi et qui découlaient de la formulation de l'acte initial. Le même principe, évidemment, s'applique en matière de modification ou de retrait des actes administratifs individuels, dans les cas où cette modification ou ce retrait sont possibles, sous réserve qu'ils ne portent pas atteinte à des droits acquis[(50)].

---

(49) La loi en outre, définit chacun de ces actes de la manière suivante:

Art.15 Les décrets sont les décisions du rang le plus élevé prises par le Président de la République et, selon le cas, ils seront contresignés par les ministres dont relève la matière, ou par tous les ministres, lorsque la décision a été prise en Conseil des Ministres. Dans le premier cas, le Président de la République, lorsque à son avis l'importance de l'affaire le requiert, pourra ordonner qu'il soit contresigné, en outre, par d'autres ministres.

Art.16 Les résolutions sont des décisions de caractère général ou particulier, adoptées par les ministres à l'invitation du Président de la République ou à l'invitation spécifique de la loi. Les résolutions doivent être signées par le ministre concerné. Lorsque la matière d'une résolution relève de la compétence de plus d'un ministre, elle devra être signée par tous ceux qui sont concernés par l'affaire.

Art.17 Les décisions des organes de l'Administration publique nationale, lorsque la forme du décret ou de la résolution ne leur correspond pas conformément aux articles antérieurs, auront la dénomination d'ordres ou de mesures administratifs. Selon le cas, elles pourront aussi adopter la forme d'instructions ou de circulaires.

(50) *V.* G. ISAAC, *La procédure administrative non contentieuse*, Paris 1968, p. 306.

CHAPITRE II
LES LIMITES DE L'EXERCICE DU POUVOIR DISCRETIONNAIRE

Le principe de légalité, selon lequel toutes les activités de l'Administration doivent se conformer à des règles ou des normes préétablies, est sans doute la garantie la plus élaborée établie dans l'Etat de droit au bénéfice des administrés, «contre l'arbitraire possible de l'autorité exécutive» [(51)]. Cependant, il est évident que toute l'activité administrative ne trouve pas dans l'ordre juridique des «limites précises» qui s'imposent à elle; généralement, au contraire, la loi elle-même octroie à l'Administration d'amples pouvoirs d'appréciation de ce qui est opportun et de ce qu'il convient de faire lorsqu'elle prend ses décisions.

Nous sommes là sur le terrain du pouvoir discrétionnaire, qui se manifeste chaque fois que la loi accorde à l'autorité administrative la possibilité de choisir entre plusieurs décisions, en fonction de sa liberté d'appréciation; ce pouvoir se présente comme un élément central du droit administratif, au point d'amener Marcel Waline à affirmer que s'il était nécessaire de donner en quelques mots une définition du droit administratif, nous pourrions dire «qu'il est essentiellement l'étude du pouvoir discrétionnaire des autorités administratives et de sa limitation en vue de la sauvegarde des droits des tiers, administrés ou agents publics» [(52)].

Sans aucun doute, le pouvoir discrétionnaire a été et est toujours un thème fondamental du droit administratif dans le monde contemporain, particulièrement à travers le processus (que fou peut constater dans tous les pays à régime administratif) conduisant à la réduction du champ de la liberté d'appréciation, de manière à ce que ce pouvoir ne conduise pas à l'arbitraire. C'est ce processus qu' Eduardo García de Enterría a qualifié de «lutte contre les immunités du pouvoir» [(53)] qui réduisaient traditionnellement le domaine du contrôle juridictionnel de la légalité.

En ce qui concerne l'exercice du pouvoir discrétionnaire, un tel processus, visant à réduire ou à limiter les zones d'immunité de juridiction que ce pouvoir s'était attribué traditionnellement, est peut-être l'un des aspects d'intérêt comparatif majeur du contentieux administratif, celui où la tâche des juges a été fondamentale[(54)].

Il est intéressant d'analyser ce processus en Espagne et en Amérique latine, particulièrement en ce qui concerne la répercussion que cette lutte pour le droit a eue sur la codification de la procédure administrative. On le fera en distinguant deux aspects: en premier lieu, on identifiera les zones de l'activité administrative

---

(51) Cour Fédérale (Vénézuéla), décisions du 17 juillet 1953 et du 23 octobre 1953, *Gaceta forense*, n° 1, 1953, p. 151 et n° 2, 1953, p. 64.

(52) M. WALINE, «Etendue et limites du contrôle du juge administratif sur les actes de l'administration», *Etudes et Documents,* Conseil d'Etat, n° 10, Paris 1956, p. 25.

(53) Eduardo GARCÍA DE ENTERRÍA, *La lucha contra las inmunidades de poder*, Madrid 1974. Article publié originairement in la *Revista de administración pública*, n° 38, Madrid 1962, pp. 159 à 205.

(54) En ce qui concerne le Vénézuéla, *v.* Allan R BREWER-CARÍAS, «Los límites del poder discrecional de las autoridades administrativas», *Revista de la Facultad de Derecho*, Universidad Católica Andrés Bello, n° 2, Caracas 1965-1966, pp. 9 à 35.

qui n'entrent pas directement dans le champ du pouvoir discrétionnaire et en second lieu, on précisera les tendances à la réduction ou à la limitation à l'exercice même du pouvoir discrétionnaire.

I. LA RÉDUCTION DE LA SPHERE DU POUVOIR DISCRÉTIONNAIRE: LES CONCEPTS JURIDIQUES INDETERMINÉS

Il existe des zones de l'activité administrative que l'on avait traditionnellement considérées comme appartenant au domaine du pouvoir discrétionnaire, c'est-à-dire, à la libre appréciation de l'opportunité de l'activité qui incombe exclusivement à l'autorité administrative, et qui échappaient au contrôle juridictionnel. C'est le domaine de ce que la doctrine allemande a appelé les «concepts juridiques indéterminés» (*unbestimmte Rechtsbegriffe*) (55), repris en Espagne et dans les pays latino-américains, et que la doctrine italienne a qualifié de «discrétionnalité technique» (56).

Dans une récente décision de la Cour Suprême de Justice du Vénézuéla, du 19 mai 1983, le problème a été posé dans ses termes exacts de la manière suivante(57):

Le règlement sur les transmissions par les stations de Radio-Télévision de 1980, dispose que, parmi les programmes que peuvent transmettre ces stations, se trouvent «les programmes récréatifs qui contribuent à un sain divertissement, sans offenser la morale publique ni exalter la violence ou le crime» (art. 1,5). Une décision du ministre des transports et communications considéra que dans un programme appelé «Holà Jeunesse», transmis par une des antennes de télévision à une date déterminée, «avait été projetée une scène d'une oeuvre de théâtre offensant la morale publique, par le fait qu'était apparue la silhouette d'un homme sans vêtements», raison pour laquelle le ministre sanctionna l'entreprise par la suspension, pendant une journée, du programme concerné.

La décision administrative fut attaquée devant la juridiction administrative; selon la requête, la scène en question correspondait à une oeuvre du théâtre brésilien appelé «*Macanaima*», qui personnifiait la naissance de ce personnage, héros mythologique indigène; on ne pouvait pas considérer qu'elle offensait la morale publique, ni, de ce fait, que la transmission du programme avait violé le règlement appliqué.

La Cour Suprême de Justice, dans l'arrêt qui déclara la nullité de la décision attaquée, se fonda sur l'argumentation suivante:

---

(55) *V.* les références in Fernando SAINZ MORENO, *Conceptos jurídicos, interpretación y discrecionalidad administrativa*, Madrid 1976, pp. 224 et ss.

(56) *V.* par exemple Aldo SANDULLI, *Manuale di diritto amministrativo*, Naples 1964, pp. 573 et ss.; Pietro VIRGA, *Il Provedimento amministrativo*, Milano 1972, pp. 27 et ss.

(57) *V.* décision de la Cour Suprême de Justice (Chambre politico-administrative) du 19 mai 1983, in *Revista de derecho público*, n° 34, Caracas 1988, p. 69.

Le présupposé de fait -offense à la morale publique- incorpore à la norme l'un de ces éléments que la doctrine administrative a appelé concepts juridiques indéterminés et qui se différencient clairement de ce que l'on appelle pouvoir discrétionnaire. Alors que ce dernier laisse au fonctionnaire la possibilité de choisir selon ses critères entre plusieurs solutions correctes, il n'est est pas de même lorsqu'il s'agit de l'application d'un concept juridique indéterminé. Ces derniers concepts se caractérisent par le fait qu'ils sont des concepts difficiles à délimiter avec précision quant à leur énoncé, mais dont l'application n'admet qu'une seule solution juste et correcte qui n'est autre que celle qui correspond à l'esprit, à l'objectif et à la raison d'être de la norme.

L'application du concept juridique indéterminé par l'Administration publique constitue une compétence liée et par conséquent soumise à un contrôle de légalité par l'organe juridictionnel compétent. De là l'importance d'établir la signification et la portée du concept de morale publique employée par la norme et qui a été invoquée comme fondement de la décision attaquée[(58)].

Sur la base de ce considérant, la Cour Suprême de Justice a analysé le concept de «morale publique» comme concept dynamique, destiné à protéger le bon ordre social et la vie collective des citoyens (et qui ne concerne pas la morale individuelle) et qui donc «change avec le cours des temps et l'évolution des coutumes». De là que pour juger si une activité déterminée offense effectivement la morale publique, -a estimé la Cour- il faut s'attacher «au critère dominant dans le milieu social dans lequel cette activité s'est réalisée», en concluant que «dans l'état actuel de l'évolution culturelle du Vénézuéla, il serait inexact de soutenir que toute reproduction du corps humain sans vêtements affecte la morale publique ou constitue un objet de scandale ou de rejet de la part de la collectivité»[(59)].

Sous cette forme, la distinction entre ce qui est exercice du pouvoir discrétionnaire et ce qui ne l'est pas, fondée sur la notion de concept juridique indéterminé, constitue une réduction effective du domaine de la liberté d'appréciation et un élargissement des pouvoirs de contrôle juridictionnel. Ainsi, la discrétionnalité existe seulement lorsque l'Administration peut choisir entre

---

(58) *Idem.* Dans le même sens, la Cour Suprême de Justice (Vénézuéla), dans une décision du 27 avr. 1989, a considéré que la notion «d'intérêt public» pour l'octroi d'une exonération fiscale, ne pouvait se prêter à une appréciation discrétionnaire, mais que, «étant le cas d'application ou d'interprétation de la loi qui a créé le concept, le juge doit contrôler une telle application, et apprécier si la solution à laquelle l'on est parvenu grâce à elle, est l'unique solution juste que permet le loi» (*Revista de derecho público*), n° 38, Caracas 1989, p. 96).

(59) *Idem.* La Cour, dans sa décision, a poursuivi ainsi son argumentation: «Dans tout acte qui, éventuellement, est susceptible d'affecter la morale, notre société prend aujourd'hui nettement en compte l'intention ou l'objectif qui l'anime ainsi que sa forme d'expression. Elle est capable de distinguer entre une image pornographique -sans aucun doute grossière, méprisable et que l'on doit rejeter- et la représentation du corps humain nu comme création artistique ou avec une finalité scientifique ou en fonction d'une exigence de l'enseignement».

«La société vénézuélienne actuelle admet a priori l'exhibition du corps humain nu, non seulement dans les musées d'art ou de science, en peinture ou en sculpture, mais également dans des revues et d'autres publications spécialisées ou d'information générale, de même que dans les projections cinématographiques et dans les créations théâtrales».

«Il s'agit de faits et d'attitudes publiques et notoires qui n'exigent pas d'explications spéciales, parce qu'elles appartiennent à l'expérience quotidienne de la collectivité nationale».

plusieurs décisions, de manière que, selon la volonté du législateur, n'importe laquelle est juridiquement admissible et a la même valeur; en revanche, il y a concept juridique indéterminé et donc absence de pouvoir discrétionnaire lorsque seule une décision est juridiquement admissible [(60)].

Ce qu'ont de particulier ces concepts juridiques indéterminés est que leur qualification, à partir d'une circonstance concrète, ne peut être qu'une: le concept s'applique ou ne s'applique pas; c'est-à-dire par exemple: il y a utilité publique ou non; un trouble de l'ordre public se produit, en fait, ou ne se produit pas; le prix indiqué est juste ou il ne l'est pas; on offense la morale publique ou on ne l'offense pas. Il n'existe pas de troisième possibilité. *Tertium non datur*.

Par exemple, pour que soit pris un arrêté municipal de démolition d'un immeuble menaçant ruine, l'immeuble est dans un état de ruine ou il ne l'est pas. Comme le souligne E. García de Enterría, «il y a donc, et ceci est essentiel, une solution juste unique dans l'application du concept à des circonstances concrètes». Pour cette raison, il qualifie le processus d'application des concepts juridiques indéterminés de «compétence liée» parce qu'il n'admet qu'une solution correcte: «c'est un processus d'application et d'interprétation de la loi, de prise en compte dans ses catégories d'un motif donné; ce n'est pas un processus de liberté de choix entre des alternatives également justes» [(61)].

C'est ce qu'à souligné le Tribunal Suprême espagnol lorsqu'il qualifia par une décision du 28 avril 1964 le concept de «juste prix» de concept juridique indéterminé, en indiquant que seul il peut aboutir à ce que le prix déterminé dans une expropriation puisse être réellement et effectivement «la valeur vraie et juste»; cette décision judiciaire peut être considérée comme pionnière en la matière dans le monde de langue espagnole. Elle relève que:

> Les pouvoirs discrétionnaires se caractérisent par la pluralité des solutions justes possibles parmi celle que peut librement choisir l'Administration de sa propre initiative, la solution concrète n'étant pas définie par la norme; cependant que le concept juridique indéterminé (ruine, juste prix, utilité publique, etc.) est défini par la loi comme un élément concret, de telle sorte qu'apparaît une seule et unique solution juste dans l'application du concept à la circonstance de fait [(62)].

Cette notion de concepts juridiques indéterminés comme zone d'activité publique non discrétionnaire, a été également adoptée en Italie, sur la base de la distinction entre «discrétionnalité administrative» et «discrétionnalité technique». La «discrétionnalité administrative» a été définie «comme une faculté de choisir entre des comportements juridiques licites pour la satisfaction de l'intérêt public et pour l'obtention d'une fin qui corresponde à la cause du pouvoir exercé» [(63)]; en revanche, dans la «discrétionnalité technique», il n'existe pas de choix. Comme l'a souligné M. Sandulli, dans la discrétionnalité technique, «le choix du comportement à suivre, en prenant compte les intérêts publics a été réalisé a priori

(60) *V.* F. SAINZ MORENO, *op. cit.*, p. 234.
(61) *V.* E. GARCÍA DE ENTERRÍA, *op. cit.*, pp. 35, 37, 38.
(62) *V.* la référence in F. SAINZ MORENO, *op. cit.*, p. 273.
(63) *V.* P. VIRGA, *op. cit.*, p. 19.

(une fois et pour toutes) de manière contraignante par le législateur», c'est pourquoi il appartient seulement à l'Administration de procéder à une évaluation sur la base des connaissances (et donc des règles) techniques, comme celles de la médecine, de la diététique, de l'économie...; tel est le cas par exemple, de la valeur économique d'un bien» [64]. La «discrétionnalité technique» n'est donc pas discrétionnalité, cette dénomination étant issue d'une erreur historique de la doctrine, comme l'a mis en évidence Massimo Severo Giannini[65].

Pour cette raison, par exemple, la Loi générale relative à l'Administration publique du Costa Rica insiste fortement sur le fait qu'«en aucun cas ne pourront être édictés des actes contraires à des règles univoques de la science ou de la technique» et autorise le juge à «contrôler la conformité avec ces règles non juridiques des éléments discrétionnaires de l'acte, exerçant ainsi son rôle de contrôleur de légalité» (art.16).

En France, le processus d'élargissement du contrôle juridictionnel de l'Administration et de réduction de la discrétionnalité s'est également manifesté dans le domaine de ce que la doctrine et la jurisprudence allemande, espagnole et latino-américaine dénomment des «concepts juridiques indéterminés», par le développement du contrôle juridictionnel de la qualification des faits et de l'appréciation des motifs des actes administratifs, mais sans cesser de considérer qu'il s'agit de l'exercice du pouvoir discrétionnaire[66].

Le premier arrêt du Conseil d'Etat qui intervint sur ce point fut l'arrêt Gomel du 4 avril 1914[67], dans lequel était en cause le pouvoir d'un préfet, en application de la loi du 13 juillet 1911, de refuser l'octroi d'un permis de construire lorsque dans des zones déterminées de Paris, l'alignement et le nivellement de la construction projetée avec la voie publique ne sont pas conformes aux «prescriptions qui seront faites dans l'intérêt de la sûreté publique, de la salubrité ainsi que de la conservation des perspectives monumentales et des sites».

Le Conseil d'Etat, dans sa décision sur requête du sieur Gomel, commença par apprécier si la construction attentait à la «perspective monumentale existante» ainsi qu'il avait été considéré dans la décision objet du recours, et conclut que dans le cas concret, la place Beauvau de Paris, sur laquelle était prévue la construction, «ne saurait être regardée dans son ensemble comme formant une perspective monumentale»; de ce fait il considéra que le préfet, en refusant d'accorder le permis de construire, avait fait une application erronée de la loi.

Cet arrêt a été considéré comme un point de départ d'une abondante jurisprudence relative au contrôle par le juge de l'excès de pouvoir de la qualification juridique des faits, en ce sens que, chaque fois qu'un texte

---

(64) *V.* Aldo M. SANDULLI, *op. cit.*, p. 574.

(65) *V.* Massimo SEVERO GIANNINI, *Diritto amministrativo*, Vol. 1, Milan 1970, p. 488.

(66) *Cf.* A. de LAUBADERE, «Le contrôle juridictionnel du pouvoir discrétionnaire dans la jurisprudence récente du Conseil d'Etat français», *Mélanges offerts à Marcel Waline*, Paris 1974, Vol. 11, pp. 531-549.

(67) C.E. 4 avril 1914, *Gomel*, Rec. 488. *V.* in M. LONG, P. WEIL, G. BRAIBANT, P. DELVOLVE et B. Genevois, *Les grands arrêts de la jurisprudence administrative*, 9e. (ed.), 1990, p. 170.

subordonne l'exercice d'un pouvoir de l'Administration à l'existence de certaines circonstances de fait, le juge de l'excès de pouvoir vérifie si ces conditions de fait étaient effectivement remplies et, notamment, si les faits présentaient un caractère de nature à justifier la décision prise[68]. C'est ainsi que par exemple, le juge de l'excès de pouvoir a contrôlé d'une manière constante le caractère artistique et pittoresque des monuments et sites (C.E. 2 mai 1975; *Dame Ebbri et autres*, Rec. 280; A.J.1975, 311 concl. G. Guillaume); le caractère technique d'un corps de fonctionnaire (C.E. 27 juin 1955, *Deleuze*, Rec. 296; A.J.1955, II, 275, concl. Laurent); le caractère fautif de l'acte d'un agent public (C.E. 13 mars 1953, *Teissier*, Rec. 133 concl. Donnedieu de Vabres); le caractère licencieux ou pornographique d'une publication (C.E. 5 déc. 1956, *Thibault*, Rec. 463; D.1957.20, concl. Mosset); et même le caractère immoral d'un film (Cons. d'Et. 18 déc. 1959, *Société «Les Films Lutetia»*, Rec. 693, concl. Mayras)[69].

Dans ce dernier cas, il s'agissait d'une décision prise par le maire de Nice, conformément à la loi municipale, d'interdire sur le territoire de la commune la représentation d'un film «Le feu dans la peau» qui, alors même qu'il avait obtenu l'autorisation ministérielle d'exploitation, fut considéré comme préjudiciable à l'ordre public, «à raison du caractère immoral» dudit film. Le Conseil d'état estima que le maire pouvait prendre la décision; la précision du concept juridique indéterminé du caractère immoral du film ayant été correcte[70]. Dans d'autres cas semblables, le Conseil d'Etat examina si cette immoralité était de nature à justifier légalement l'interdiction compte tenu des circonstances locales (C.E. 14 octobre 1960, *Société Les films Marteau»*, Rec. 533 et 23 déc. 1960, *Union générale cinématographique*, Rec. 731), annulant l'interdiction de projeter à Nice le film *La neige était sale* et rejetant le recours contre l'interdiction de projeter dans la même ville le film Avant le Déluge[71]. Il s'agit, en tout cas, d'éléments de contrôle de la qualification juridique des faits par le juge de l'excès de pouvoir, ou, si l'on veut, de la précision par l'Administration de concepts juridiques indéterminés, qui ne comportent pas l'exercice du pouvoir discrétionnaire.

Mais, plus récemment, cette réduction du domaine du pouvoir discrétionnaire s'est également produite en France, à travers ce que l'on appelle le contrôle juridictionnel de «l'erreur manifeste d'appréciation» et de l'application par le juge de l'excès de pouvoir du principe du «bilan coût avantages» en matière d'exercice du pouvoir discrétionnaire; cas qui, sur de nombreux points ne sont, selon nous, autre chose qu'une réduction du pouvoir discrétionnaire, dès lors qu'entre en jeu l'application de ce que nous avons dénommé la technique des concepts juridiques indéterminés.

Le principe de «l'erreur manifeste d'appréciation», comme mécanisme de contrôle du pouvoir discrétionnaire a été appliqué dans l'arrêt *Société anonyme Librairie François Maspero*, du 2 nov. 1973 (Rec. 611, concl. Braibant)[72] dans

(68) *V.* LONG, WEIL, BRAIBANT, DELVOLVE et GENEVOIS, *op. cit.*, p. 171.
(69) *Ibid.*, p. 125.
(70) *Ibid.*, pp. 490-493.
(71) *Ibid.*, p. 493.
(72) *Ibid.*, pp. 575 et ss.

lequel le Conseil d'Etat décida de rejeter un recours contre un acte administratif du Ministère de l'Intérieur qui interdisait la diffusion de l'édition française de la *Revista tricontinentale* éditée à Cuba, acte pris en vertu d'une loi qui autorisait l'interdiction de la diffusion, de la distribution et de la vente de revues et périodiques d'origines étrangère. Le rejet du recours était fondé sur le fait que là décision ne reposait pas sur des faits matériels inexacts, «dès lors qu'elle n'est pas entachée d'erreur manifeste, l'appréciation à laquelle s'est livré le ministre de l'intérieur du danger que la revue présentait pour l'ordre public, ne peut pas être discutée devant la juridiction administrative» (73).

On observe à partir de cette décision qu'en réalité, en dépit du fait qu'il s'agit d'un concept juridique indéterminé au sens que nous avons analysé précédemment, le Conseil d'Etat a estimé qu'il était en présence de l'exercice d'un pouvoir discrétionnaire d'appréciation par l'Administration, et que par conséquent il pouvait seulement être jugé si le Ministre avait commis une erreur manifeste d'appréciation. De même, la doctrine a considéré que dans les cas où «le législateur n'a pas fixé les conditions dans lesquelles doit s'exercer faction administrative ou bien les a fixées de façon globale et imprécise», il s'agit du pouvoir discrétionnaire de l'administration, le juge ne pouvant pas dans cette hypothèse, contrôler la qualification juridique des faits, mais seulement la légalité du motif de la décision. Dans ces cas, comme dans l'arrêt *Maspero*, quoique le juge ait été amené à soumettre l'administration à un contrôle minimum portant sur l'appréciation des faits à laquelle elle se livre:

> En fait, le juge ne se prononce pas sur l'appréciation elle-même, mais sur l'erreur qui a pu entacher cette appréciation, lorsque cette erreur est évidente, lorsqu'elle pourrait être décelée par le simple bon sens, lorsqu'il s'agit d'une *erreur manifeste qui dénature l'interprétation que fait l'administration de l'étendue de son pouvoir discrétionnaire* (74).

Nous n'hésitons pas à considérer que l'apport du critère de «terreur manifeste d'appréciation» est fondamental pour la limitation et le contrôle du pouvoir discrétionnaire, conformément au principe du raisonnable ou du rationnel que nous analyserons plus avant, mais appliqué, bien entendu, à des cas dans lequel il s'agit du véritable exercice du pouvoir discrétionnaire, c'est-à-dire quand l'Administration a la liberté de choisir entre plusieurs décisions justes. Dans les cas, comme celui qui a été jugé dans l'arrêt *Maspero* où il s'agissait de savoir si la revue interdite présentait un danger pour l'ordre public de nature à justifier l'interdiction de la diffuser, en réalité, sous l'angle de la technique des concepts juridiques indéterminés, le ministre de l'Intérieur n'exerçait pas un pouvoir discrétionnaire mais pouvait seulement prendre un décision correcte: ou la revue présentait un danger pour l'ordre public au moment où la décision a été prise ou elle n'en présentait pas; et cette décision correspondait donc à l'exercice d'une compétence liée. Ce point, André de Laubadère l'avait déjà souligné, quand il s'était référé aux cas «d'apparence» de contrôle du pouvoir discrétionnaire, précisément à propos de l'application de concepts juridiques indéterminés, cas

(73) *Ibid.*, p. 576.
(74) *Ibid.*, p. 580.

dans lesquels «le juge administratif, en contribuant ainsi avec le législateur à déterminer dans quels cas il y a pouvoir lié, transforme alors une compétence apparemment discrétionnaire en une compétence liée» [(75)]. Ou plus exactement, selon l'expression de J.M. Auby et R. Drago, «découvre» des conditions légales, les motifs considérés par lui comme seuls légitimes de la décision[(76)].

En tous cas, un arrêt plus récent du Conseil d'Etat exerçant le contrôle de la qualification juridique des faits et qui représente un remarquable exemple de l'application de la technique de ce qu'on a appelé des concepts juridiques indéterminés, est l'arrêt *Pardov* du 3 février 1975 (Rec., p. 83), dans lequel le Conseil d'Etat considéra que les motifs donnés par le ministre de l'Intérieur pour expulser un réfugié bulgare, le sieur Pardov, relatifs aux conditions irrégulières d'entrée et de séjour de l'intéressé en France et au fait qu'il ne s'était livré à aucune activité et se trouvait dépourvu de ressources normales, ne pouvait pas être regardés «comme constituant une menace pour l'ordre public», raison pour laquelle le Conseil d'Etat considéra que «le ministre a commis une erreur manifeste d'appréciation (et) que l'arrêté attaqué est entaché d'excès de pouvoir»[77)].

Un autre principe mis en évidence par la jurisprudence française relative au contrôle juridictionnel du pouvoir discrétionnaire, ou plus exactement, selon lequel on tend à découvrir une compétence liée dans ce qui est apparemment l'exercice d'un pouvoir discrétionnaire, est le principe connu du «bilan coût-avantages» [(78)], développé dans des affaires d'urbanisme et d'expropriation à l'occasion de l'application précisément du concept juridique indéterminé «d'utilité publique».

Le point de départ, de cette approche du contrôle juridictionnel du pouvoir discrétionnaire se situe dans l'arrêt *Lille, Ville Nouvelle Est*, rendu par le Conseil d'Etat le 28 mai 1971[(79)], à propos de la contestation, pour illégalité, de l'acte administratif du ministre de l'équipement et du logement qui déclara d'utilité publique un projet de développement et de rénovation urbaine à l'Est de Lille, destiné à édifier tant une cité universitaire qu'une ville nouvelle. Parmi les moyens de la requête, entre autres motifs, fut invoquée la destruction d'une centaine de logements qui pouvait être évitée si on adoptait un tracé différent d'une autoroute, destruction qui représentait un coût trop élevé pour l'opération projetée, et était à celle-ci le caractère d'utilité publique. Le Conseil d'Etat, en relevant «futilité publique de l'opération» et en considérant si le projet avait un tel caractère, affirma:

---

(75) *V.* A de LAUBADÈRE, *loc. cit.*, p. 535.

(76) *Idem.*

(77) *V.* J.F. LACHAUME, *Les grandes décisions de la jurisprudence. Droit administratif*, Paris 1991, pp. 421-425.

(78) *V.* Jeanne LEMASURIER, «Vers un nouveau principe général du droit, le principe «bilan-coût-avantage», *Mélanges offerts à Marcel Waline*, Paris 1974, Vol. II, pp. 551-562.

(79) C.E. 28 mai 1971, *Ministre de l'équipement et du logement c. Fédération de défense des personnes concernées par le projet actuellement dénommé «Ville Nouvelle Est»*, Rec. 409, concl. BRAIBANT. *V.* LONG, WEIL, BRAIBANT, DELVOLVE et GENEVOIS, *op. cit.*, pp. 657-668.

> Qu'une opération ne peut être légalement déclarée d'utilité publique que si les atteintes à la propriété privée, le coût financier et éventuellement les inconvénients d'ordre social qu'elle comporte, ne sont pas excessifs par rapport à l'intérêt qu'elle présente [(80)].

Jusqu'alors, le Conseil d'Etat avait contrôlé la finalité d'utilité publique de projets déterminés en vérifiant si l'opération correspondait en soi à une fin d'utilité publique, mais avait refusé d'examiner le contenu concret du projet et, notamment, le choix des parcelles à exproprier. Avec l'arrêt *Lille, Ville Nouvelle Est*, sur les propositions de M. Braibant, le Conseil d'Etat alla jusqu'à décider et à apprécier, dans chaque cas, futilité publique d'un projet, compte tenu de la balance des avantages et des inconvénients de l'opération et en prenant en considération non seulement le coût financier de l'opération mais aussi son coût social[(81)].

Marcel Waline, commentant ce «considérant» de l'arrêt, constata que:

> Le juge se reconnaît le droit d'apprécier tous les avantages et tous les inconvénients de toutes sortes de l'opération envisagée, d'établir entre eux une balance, de faire en quelque sorte la somme algébrique des uns et des autres, et de n'accorder le feu vert que si le solde de l'opération lui apparaît tous comptes faits positif[(82)].

Dans le même sens que l'arrêt *Lille, Ville Nouvelle Est*, le Conseil d'Etat se prononça dans l'arrêt *Société Civile Sainte-Marie de l'Assomption* du 20 octobre 1972[(83)], en jugeant l'utilité publique du projet de l'autoroute nord de Nice, dont la construction menaçait l'hôpital psychiatrique Sainte-Marie, à propos duquel non seulement s'opposaient l'intérêt général et des intérêts privés, mais aussi deux intérêts publics, celui de la circulation et celui de la santé publique. Dans son arrêt, le Conseil d'Etat déclara la nullité du décret déclaratif d'utilité publique, motif pris de l'inopportunité de la solution de circulation retenue dans le projet, aux alentours d'un hôpital, ce qui non seulement était générateur de nuisances sonores, mais le privait en outre de toute possibilité d'expansion future[(84)].

Dans tous ces cas, à vrai dire, les décisions du juge n'ont pas incidence réelle sur l'exercice du pouvoir discrétionnaire, mais sur l'exercice de compétences liées, qui admettent une seule solution juste: l'ouvrage est ou non d'utilité publique. Le bilan coût-avantages qu'a effectué le Conseil d'Etat est précisément ce que l'Administration est obligée de faire dans chaque cas, pour adopter la seule solution juste qui dérive de la concrétisation du concept juridique indéterminé «d'utilité publique» dans un projet d'expropriation. Le juge de l'excès de pouvoir donc, ne contrôle pas l'exercice d'un quelconque pouvoir discrétionnaire mais la compétence liée dont bénéficie l'Administration lorsqu'elle prononce la déclaration d'utilité publique; c'est-à-dire, comme le souligne Marcel Waline, qu'il

---

(80) *V.* LONG, WEIL, BRAIBANT, DELVOLVE et GENEVOIS, *op. cit.*, p. 659.

(81) *Idem*, p. 568 et 569.

(82) M. WALINE, «L'appréciation, par le juge administratif de l'utilité d'un projet», *Revue du droit public et de la science politique en France et à l'étranger*, 1973, p. 454, *cit.* par J. LEMASURIER, *loc. cit.*, p. 555.

(83) C.E. 20 octobre 1972, Rec. 657, concl. Morisot.

(84) *V.* LONG, WEIL, BRAIBANT, DELVOLVE et GENEVOIS, *op. cit.*, p. 664.

corrige les fautes ou les «légèretés, parfois fantaisistes, des technocrates administratifs» (85).

Comme le mit en évidence indirectement le commissaire du gouvernement Morisot dans ses conclusions sur l'affaire *Sainte-Marie de l'Assomption:*

> La notion d'utilité publique est relative. On ne peut l'apprécier et, par conséquent, la contrôler sans en considérer tous les éléments, ce qui conduit à faire le bilan des aspects positifs et négatifs de l'opération. Etant donné que l'utilité publique de celle-ci est la condition de la légalité de la mise en oeuvre d'une procédure d'expropriation, l'appréciation faite par le juge de cette utilité, dans tous les éléments qu'elle comporte, est bien un contrôle de légalité (86).

Sous cette forme, même si nous ne considérons pas que cette jurisprudence signifie réellement un contrôle de l'exercice du pouvoir discrétionnaire, comme le soutient la doctrine française, il faut saluer les avancées qu'elle représente pour le contrôle de légalité et la réduction de la sphère du pouvoir discrétionnaire, car, selon la technique des concepts juridiques indéterminés, ils contribuent à identifier ce qui est seulement une apparence du pouvoir discrétionnaire.

II. LES LIMITES DU POUVOIR DISCRETIONNAIRE: LES PRINCIPES GÉNÉRAUX DU DROIT ADMINISTRATIF

En laissant de côté ce qui est seulement apparence du pouvoir discrétionnaire, que nous avons fait entrer dans l'application, par l'Administration, des concepts juridiques indéterminés, l'exercice du pouvoir discrétionnaire, c'est-à-dire, du pouvoir attribué par le législateur à l'Administration, d'apprécier librement les circonstances de fait et d'adopter une décision en choisissant entre plusieurs alternatives, toutes également justes et conformes à la légalité, a toujours une limite absolue: l'acte administratif adopté sur la base de l'exercice d'un tel pouvoir ne peut être arbitraire, c'est-à-dire que la liberté d'appréciation des faits et de

---

(85) *V.* M. WALINE, «L'appréciation...», *loc. cit.*, p. 461. Le problème se pose, également, dans les cas de contrôle judiciaire de la constitutionnalité des lois portant déclaration d'utilité publique en vue d'une expropriation, comme cela s'est produit en Argentine. Dans l'affaire Nation Argentine *v.* Jorge Ferrario 1961, la Cour Suprême de Justice a indiqué que «si les juges d'une affaire d'expropriation prouvent que l'utilité publique *n'existe pas* ou a été ignorée par l'Administration, et... que se réalise l'un quelconque des éléments de gravité ou d'arbitraire extrême... ils sont dans l'obligation d'exercer la première et ta plus élémentaire des fonctions qui leur incombent, c'est-à-dire celle qui consiste à protéger les garanties constitutionnelles en déclarant l'invalidité des actes de l'Etat qui prétendent leur porter atteinte» (*Fallos* T.251, pp. 246 et ss.). Sur ce principe Agustín GORDILLO a fait le commentaire suivant: «si la jurisprudence a démontré, et à juste titre, qu'elle peut contrôler et vérifier même la qualification d'utilité publique faite par le Congrès en matière d'expropriation (ce qui est probablement une faculté discrétionnaire non du Pouvoir Exécutif mais du Pouvoir Législatif), on ne distingue pas alors quelle supériorité constitutionnelle a le Pouvoir Exécutif sur le Pouvoir Législatif et le Pouvoir Judiciaire puisque les actes discrétionnaires du Parlement, c'est-à-dire les lois du Congrès de la Nation, peuvent être contrôlées judiciairement, mais que ne peut l'être un acte simplement émis par le Pouvoir Exécutif», Agustín GORDILLO, *El acto administrativo,* Buenos Aires 1969, p. 216.

(86) Cité par A. de LAUBADERE, *loc. cit.*, p. 540.

l'opportunité d'agir accordée au fonctionnaire ne signifie pas qu'il puisse agir arbitrairement[87].

Le problème des limites de l'exercice du pouvoir discrétionnaire repose alors sur la délimitation de la frontière entre discrétionnalité et arbitraire; de manière à ce que le juge administratif puisse contrôler l'exercice direct du pouvoir discrétionnaire quand il est arbitraire, en dehors des pouvoirs de contrôle qu'il exerce sur les aspects liés de l'acte discrétionnaire[88] et particulièrement sur la vérification et la qualification des circonstances de fait[89], et sur l'adéquation de la décision aux fins fixées dans la loi, concept qui a gravité autour de la notion de détournement de pouvoir, également de création jurisprudentielle française.

Les hésitations du juge administratif à contrôler effectivement l'exercice du pouvoir discrétionnaire par l'Administration, et à établir une limite entre «discrétionnalité» et arbitraire, ont existé dans tous les pays contemporains, où ion continue de formuler le principe selon lequel le juge ne peut juger des raisons d'opportunité ou de convenance de l'adoption d'un acte administratif parce qu'il:

> Ne peut se substituer à l'administrateur pour des motifs évidents de différenciation et de spécialisation de fonctions liés au principe de la séparation des pouvoirs [90].

Cependant, tant dans la jurisprudence que dans la législation d'Amérique latine, on commence à observer des efforts significatifs pour permettre effectivement au juge administratif de pénétrer dans le domaine de la discrétionnalité et de contrôler l'arbitraire. En cette matière, de nouveau, les principes généraux du droit ont fourni l'arsenal initial à cette lutte contre l'arbitraire qui, bien qu'elle ait été livrée timidement par les juges, commence à avoir «comme allié» le législateur, dans la codification de la procédure administrative.

Un des points de départ de cet effort latino-américain peut se situer dans deux décisions de l'ancienne Cour Fédérale du Vénézuéla, adoptées dans les années cinquante. Dans la première (affaire de la municipalité de Maracaibo), datée du 24 février 1956, la Cour, en annulant un acte administratif qui avait retiré un permis de construire, considéra cet acte comme arbitraire parce qu'il manquait de fondement et parce qu'il était injuste et affirma que la «discrétionnalité n'implique pas arbitraire ou injustice, car l'Administration... n'agit pas en fonction de ses seuls choix, mais en vertu et comme conséquence de sa capacité conditionnée par sa finalité» [91].

---

(87) Allan R BREWER-CARÍAS, «Los límites del poder discrecional de las autoridades administrativas», *loc. cit.*, p. 11.

(88) Dans la décision de l'ancienne Cour Fédérale (Vénézuéla) (*affaire Reingruber*) du 6 novembre 1958, par exemple, il fut clairement indiqué, en ce qui concerne les actes pris dans l'exercice du pouvoir discrétionnaire, que «peuvent toujours faire l'objet d'une révision (par le juge) les éléments relatifs à l'incompétence du fonctionnaire qui les a émis, au vice de forme de ces actes ou à leur illégalité», *Gaceta Forense* n° 22, Caracas 1958, p. 134. *Cf.* Allan R BREWER-CARÍAS, «Los límites...», *loc. cit.*, p. 14.

(89) Sur «la véracité et l'adéquation des faits», comme l'a indiqué la Cour Suprême de Justice (Chambre politico-administrative) du Vénézuéla, dans sa décision *Depositaria Judicial* du 2 novembre 1982, *Revista de derecho público*, n° 12, Caracas 1982, p. 130.

(90) *Idem.*

(91) *Gaceta Forense*, n° 11, Caracas 1956, pp. 27-30. *V.* Allan R BREWER-CARÍAS, *Jurisprudencia de la Corte Suprema de 1930-1974 y estudios de derecho administrativo*, Vol. 1, Caracas 1975, pp. 611-612.

Dans la seconde décision (affaire *Reingruber*) du 6 novembre 1958, bien que la Cour ait considéré que la faculté accordée au Ministère des Finances de réduire les amendes lorsque surviennent des circonstances qui démontrent l'absence d'intention de nuire de la part du contrevenant, était un pouvoir discrétionnaire, et bien qu'elle ait relevé que «la manière dont le fonctionnaire avait exercé la faculté discrétionnaire» que lui reconnaît la loi ne pouvait être révisée par la Cour, le Tribunal Suprême reconnut que dans les cas d'attribution de pouvoir discrétionnaire on doit entendre que la loi autorise le fonctionnaire:

> À agir selon son prudent jugement, en se référant à ce qui est le plus équitable ou le plus rationnel, en fonction de la justice et de l'impartialité (92).

En analysant ce «considérant», nous avons indiqué que la Cour avait jeté les bases du contrôle juridictionnel de l'exercice du pouvoir discrétionnaire au Vénézuéla en se fondant sur les principes généraux du droit suivants: le principe de rationalité (la décision administrative même adoptée dans l'exercice du pouvoir discrétionnaire, ne peut être illogique ou irrationnelle); le principe de la justice ou de *l'équité* (la décision, produit de l'exercice du pouvoir discrétionnaire, ne peut être inique, inéquitable ou injuste); et le principe de l'égalité (la décision administrative qui résulte de l'exercice du pouvoir discrétionnaire ne peut être partiale ni discriminatoire). A ces principes, il faut ajouter le principe de la proportionnalité que toute décision adoptée dans l'exercice d'un pouvoir discrétionnaire doit respecter, de manière à ce qu'il existe une adéquation entre les éléments de fait et la décision prise(93), et le principe de la bonne foi, de telle sorte que toute activité d'un fonctionnaire qui falsifie intentionnellement la vérité serait aussi illégale(94).

Dans la jurisprudence argentine et uruguayenne, ces principes, qui se présentent comme des limites à la discrétionnalité, se retrouvent dans l'exigence du caractère

---

(92) *Gaceta Forense* n° 22, Caracas 1958, pp. 133 et 134; *V.* in Allan R. BREWER-CARÍAS, *Jurisprudencia de...*, *op. cit.*, Vol. I, pp. 608-609.

(93) *Cf.* Allan R. BREWER-CARÍAS, «Los límites del poder discrecional de las autoridades administrativas», *loc. cit.*, p. 27-33. *V.* comme commentaire à notre analyse, Gustavo URDANETA TROCONIS, «Notas sobre la distinción entre actos reglados y discrecionales y el control jurisdiccional sobre estos», in *Tendencias de la jurisprudencia venezolana en materia contencioso-administrativa*, Caracas 1986, pp. 395-399.

En Colombie, se référant à la nécessaire soumission de l'exercice du pouvoir discrétionnaire aux principes généraux du droit, Consuelo SARRIA les résume ainsi: «l'administration prendra en considération *le rationnel ou le raisonnable*: sa décision doit être conforme à la raison et à la logique et correspondre à la motivation, la «discrétionnalité» n'implique pas l'arbitraire, mais -*la justice*: l'action de l'administration, même si elle est discrétionnaire en ce sens qu'elle peut décider de l'opportunité et du bien-fondé de ses décisions, ne peut être injuste et devra toujours être équitable, en respectant les intérêts de l'Administration et ceux des administrés;- *l'égalité*: l'autorité administrative devra respecter le principe de l'égalité qui s'applique à tous les comportements de l'Etat à l'égard des particuliers; ces derniers seront traités à condition égale sans favoritisme de la part des autorités; -*la proportionnalité*: qui doit exister entre les moyens utilisés par l'Administration et les fins de la mesure;- *le droit à la défense*: l'Administration avant de prendre une mesure, doit entendre l'administre» (Consuelo SARRIA «Discrecionalidad administrative» in J.C. CASSAGNE *et al.*, *Acto administrativo*, Tucuman 1982, p. 118).

(94) *V.* la décision de la Première Cour de Contentieux Administratif du 21 mars 1984, *Revista de derecho público*, n° 18, Caracas 1984, p. 172.

«raisonnable» de faction administrative[95], en ce sens qu'un acte administratif, même édicté dans l'exercice du pouvoir discrétionnaire, peut être réformé judiciairement s'il n'est pas raisonnable ou s'il est arbitraire. Le principe du «raisonnable» s'est développé particulièrement en Argentine comme une limite à l'exercice du pouvoir de police [96], et a été érigé en garantie de sécurité en ce qui concerne la forme, le mode, la manière et l'opportunité de ce que doit être l'exercice de la fonction policière. La jurisprudence argentine a ainsi élaboré quatre principes de logique juridique qui délimitent le caractère raisonnable d'une mesure de police, de la manière suivante: la limitation doit être justifiée; les moyens utilisés, c'est-à-dire le degré et le type de la mesure doivent être en rapport avec le but poursuivi; le moyen et la fin utilisés doivent obéir à une relation de proportionnalité; et toutes les mesures doivent être limitées[97].

Le caractère raisonnable s'est présenté ainsi comme un *standard* juridique incluant un ensemble des valeurs qui doivent guider l'activité administrative (au lieu du *bonus pater familia*, le *bonus magistratus*) et qui réalisent la justice avec tous ses synonymes: équivalence, proportion, adéquation, égalité, parité, juste distribution, donner à chacun ce qui lui revient, etc.[98]. L'activité administrative déraisonnable, donc, est arbitraire et, même lorsqu'elle est le produit de l'exercice d'un pouvoir discrétionnaire, elle peut être contrôlée judiciairement, ainsi que l'a décidé la Cour Suprême de la Nation (Argentine), en 1959, en indiquant:

> Les juges possèdent le pouvoir de retirer ou d'annuler la décision administrative sur des faits controversés, si elle est suffisamment déraisonnable, ou si elle s'appuie seulement sur la volonté arbitraire ou sur le caprice des fonctionnaires[99].

Le caractère arbitraire ou déraisonnable d'une activité administrative peut résulter, en tous cas, de l'irrationalité dans le choix d'un moment (décision manifestement inopportune); dans le choix des modalités d'action (moyens disproportionnés, par exemple), ou dans la forme de l'action (inégale ou discriminatoire) [100].

Dans la jurisprudence administrative de l'Uruguay on trouve des solutions basées sur des principes similaires. Ainsi le Tribunal du contentieux administratif, dans une décision du 27 septembre 1971, affirma que l'Administration pouvait seulement exercer son pouvoir discrétionnaire dans des limites raisonnables, conformément à une évaluation équilibrée des facteurs constitutifs de la faute incriminée[101].

En Espagne, la réduction progressive de l'arbitraire s'est développée dans la jurisprudence du Tribunal Suprême, d'une manière presque analogue par application des principes généraux du droit. Eduardo Garcia de Enterría et Tomás

---

(95) *V.* Juan Francisco LINARES, *Poder discrecional administrativo*, Buenos Aires 1958, pp. 155 et ss.

(96) *V.* Ramón F. VÁSQUEZ, *Poder de policía*, Buenos Aires 1957, pp. 41 et ss. et 122 et ss.

(97) Bartolomé A. FIORINI, *Poder de policía*, Buenos Aires 1958, p. 149.

(98) *Idem.* p. 158; Juan Francisco LINARES, *op. cit.*, p. 164.

(99) Affaire REYES du 25-9-59, *Fallos* T. 244, *cit.* par A. GORDILLO, *Tratado de derecho administrativo*, Vol. 3, Buenos Aires 1979, p. IX-27.

(100) Juan Francisco LINARES, *op. cit.*, pp. 164 et ss.

(101) *V.* J. P. CAJARVILLE, *Dos estudios de derecho administrativo*, Montevideo 1988, p. 106.

Ramón Fernández, sous cette forme, citent un ensemble de décisions dans lesquelles le contrôle juridictionnel de l'exercice du pouvoir discrétionnaire a été effectué à partir de la constatation que certaines mesures étaient «injustifiées à tous les points de vue et même contraires à la raison» (décision du 6 février 1963). Ainsi, ont été annulées par la justice les activités administratives contraires au «respect dû au principe de la bonne foi, dont doivent s'inspirer les actes de l'Administration» (décisions du 23 décembre 1959, du 22 juin 1960, du 27 décembre 1966, du 13 mai 1971, du 12 mars 1975, du 6 février 1978, du 24 février 1979, du 5 mai 1981) ou «dont la gravité ne conserve pas une proportionnalité raisonnable avec l'infraction» (décision du 25 mars 1972). Le Tribunal Suprême s'est attaché aussi au principe de l'égalité, pour apprécier l'exercice de pouvoirs discrétionnaires (décision du 24 décembre 1956, du 28 mai 1963, du 3 avril 1965), garantissant le droit à bénéficier de la même opportunité (décision du 27 janvier 1965); et a utilisé comme arme le principe *favor libertatis* pour obliger l'Administration à soumettre ses interventions dans la vie des administrés à la procédure la moins restrictive de la liberté[(102)].

Or, cette interdiction de l'arbitraire ou l'exigence du raisonnable en matière d'activité administrative comme limite à l'exercice du pouvoir discrétionnaire a rencontré en Amérique latine, dans de nombreux cas, une consécration législative, transformant ainsi les principes généraux du droit en droit positif.

En ce sens, dans la Loi générale relative à l'administration publique du Costa Rica, on trouve plusieurs normes relatives à l'exercice du pouvoir discrétionnaire et à son contrôle judiciaire, qui doivent être mises en relief. L'article 15,1 de la Loi générale, en effet, commence par prescrire que l'exercice du pouvoir discrétionnaire est «soumis en tout cas aux limites que lui impose expressément ou implicitement l'ordonnancement juridique, pour parvenir à ce que son exercice soit efficient et raisonnable». La loi attribue au juge le pouvoir de contrôler la légalité, non seulement des aspects réglementés de l'acte discrétionnaire, mais aussi «de l'observation de ses limites» (art.15,2).

Ceci est renforcé par la Loi générale elle-même qui prescrit dans son article 216 que:

> L'Administration devra adopter ses résolutions en matière de procédure dans un strict respect de l'ordonnancement juridique et, dans le cas des «activités discrétionnaires», dans des limites du rationnel et du raisonnable comprises implicitement dans celle-ci.

L'article 16,1 réitère ce principe du raisonnable quand il dispose que: «En aucun cas ne pourront être édictés des actes contraires à des règles univoques de la science ou de la technique, ou à des principes élémentaires de justice, logique ou convenance», et qu'il attribue expressément au juge le pouvoir de contrôler la conformité à ces règles non juridiques des éléments discrétionnaires de l'acte, comme s'il exerçait le contrôle de légalité» (art.16,2). Une autre limite à l'exercice du pouvoir discrétionnaire dans la Loi générale du Costa Rica est posée par rapport aux «droits des administrés» (art.17), auxquels il ne doit pas porter atteinte.

---

(102) Eduardo GARCÍA DE ENTERRÍA et Tomás R. FERNÁNDEZ, *Curso de derecho administrativo*, Vol. I, Madrid 1983, pp. 449-51.

La Loi générale, en outre, consacre expressément la conséquence du dépassement par l'autorité administrative des limites ainsi mentionnées comme cause d'invalidité des actes administratifs, «la méconnaissance des règles techniques et scientifiques de sens univoque et d'application exacte, dans les circonstances de l'affaire» (art. 158) et ajoute, à l'article 160, que:

> L'acte discrétionnaire sera invalidé, en outre, lorsqu'il viole des règles élémentaires de logique, de justice ou de convenance, en fonction des circonstances de l'espèce.

Enfin, il faut souligner que l'article 133 de la même Loi générale, qui réglemente les motifs de l'acte administratif, dispose que lorsque celui-ci ne résulte pas d'une compétence liée, «il devra être proportionné au contenu et quand il est réglementé de manière impérative, il devra être raisonnablement conforme aux concepts indéterminés utilisés par l'ordonnancement». Le principe de la proportionnalité est aussi repris par la Loi générale dans l'article 132,1 relatif à l'objet de l'acte administratif: il prescrit qu'il doit être «proportionné à l'objectif légal» de l'acte.

Il est certainement difficile de trouver un autre exemple de législation positive dans le monde avec des normes aussi précises et aussi riches dans leur contenu, afin que les juges puissent contrôler l'exercice du pouvoir discrétionnaire[(103)], avec des références précises aux principes du raisonnable, de rationalité, de justice, de logique, de proportionnalité et de convenance.

La loi vénézuélienne sur les procédures administratives de 1982 a repris également le principe des limites à l'exercice du pouvoir discrétionnaire dans une norme (art. 12) qui dispose que:

> Même quand une disposition légale ou réglementaire laisse une mesure ou une décision administrative à la libre appréciation de l'autorité compétente, cette mesure ou cette décision devra maintenir la proportionnalité et l'adéquation dues avec les éléments de fait et avec la finalité de la norme et devra respecter les procédures, conditions et formalités nécessaires à sa validité et à son efficacité.

On a consacré ainsi, expressément, non seulement l'existence d'éléments liés de l'acte discrétionnaire qui doivent toujours être respectés (adéquation avec les éléments de fait, avec la finalité, compétence légale ou réglementaire, respect des formes et de la procédure), mais aussi l'érection en limite fondamentale de l'exercice du pouvoir discrétionnaire de l'obligation du fonctionnaire de «maintenir la proportionnalité due». Le même principe est établi dans le code de contentieux administratif de Colombie, dans son article 36, ainsi:

> Dans la mesure oie le contenu d'une décision de caractère général ou particulier est discrétionnaire, elle doit être adaptée aux objectifs de la norme qui l'autorise et proportionnelle aux faits qui lui servent de cause.

---

(103) *V.* Allan R BREWER-CARÍAS, «Comentarios sobre los principios generales de la Ley General de la Administración Pública de Costa Rica», in *Revista del Seminario international de derecho administrativo*, San José, 1981, p. 52; Eduardo ORTIZ, «Nulidades del acto administrativo en la Ley general de administración pública», *idem*, p. 386; Gonzalo FAJARDO, «El Estado de derecho y la Ley general de administración pública», *idem*, pp. 523-524.

Le concept de la proportionnalité a été retenu également dans la loi argentine de procédure administrative, quand elle prescrit, parmi les «exigences essentielles de l'acte administratif», la nécessité que «les mesures que l'acte introduit doivent être proportionnellement adaptées» à la finalité qui découle des normes qui octroient compétence à l'organe administratif (art.7,f).

Ces normes incorporent, de ce fait, aux limites de la discrétionnalité, le principe de la proportionnalité[(104)], selon lequel les mesures adoptées dans les actes administratifs doivent être proportionnelles tant aux buts que prévoit la norme qui les autorise qu'aux faits qui les motivent. Ainsi que l'a précisé le Cour Suprême de Justice du Vénézuéla, les actes administratifs seront entachés d'abus de pouvoir:

> Lorsqu'il n'existe pas de proportion ou d'adéquation entre les motifs ou les éléments de fait qui ont servi de base au fonctionnaire ou à l'organe auteur de l'acte contesté, pour prendre sa décision, et ceux qui sont pris en considération par la norme juridique, en ce sens qu'il s'agit d'un vice qui consiste en l'action excessive ou arbitraire du fonctionnaire, au regard de la justification des éléments qu'il dit avoir pris en compte pour édicter l'acte[(105)].

Dans le même sens, le Tribunal du Contentieux Administratif d'Uruguay, dans un jugement du 23 avril 1976, a souligné en appréciant l'illégalité d'une sanction, que celle-ci «apparaît comme disproportionnée... qu'il y a eu excès de pouvoir de la part du supérieur dans l'exercice de ses fonctions discrétionnaires, tombant dans l'illégalité... et entraînant par voie de conséquence le contrôle en annulation du tribunal»[(106)].

Les principes du raisonnable et de la proportionnalité ont eu aussi une application jurisprudentielle en France, en matière de contrôle juridictionnel de l'exercice du pouvoir discrétionnaire.

Quant au principe du raisonnable, il peut se trouver appliqué dans la jurisprudence relative à l'«erreur manifeste d'appréciation», laquelle apparaît lorsque l'administration «est allée au-delà des limites du raisonnable dans le jugement qu'elle a porté sur des éléments d'opportunité»[(107)]. De là vient l'affirmation de Guy Braibant relative à l'exercice du pouvoir discrétionnaire et au principe du raisonnable

---

(104) *V.* Allan R. BREWER-CARÍAS, *El derecho administrativo y la Ley orgánica de procedimientos administrativos*, Caracas 1985, p. 46; Agustín GORDILLO, *El acto administrativo*, Buenos Aires 1969, p. 250. Conformément à ce qui est indiqué par la Cour Suprême de la Nation (Argentine) «Les mesures prises par l'autorité publique doivent être adaptées aux fins poursuivies par le législateur» (affaire *Sindicato Argentino de Músicos*, 1960, *Fallos* T. 248, pp. 800 et ss.).

(105) Décision de la Première Cour de contentieux administratif du 21 mars 1984, *Revista de derecho público* n° 18, Caracas 1984, p. 172. Dans un sens comparable, la même Première Cour, dans sa décision du 16 décembre 1982, a estimé que ce vice d'abus de pouvoir existe dans les cas d' «usage disproportionné des attributions qui ont été conférées à l'autorité administrative, ce qui équivaut au zèle excessif, à l'application sans mesure, c'est-à-dire à tout ce qui dépasse les limites d'un exercice correct et normal des pouvoirs attribués par la norme», *Revista de derecho público*, n° 13, 1982, p. 119.

(106) *V.* J.P. CAJARVILLE, *op. cit.*, p. 106.

(107) Conclusions C.E. 13 nov. 1970, *Lambert*, *cit.* par A. de LAUBADERE, «Le contrôle juridictionnel du pouvoir discrétionnaire dans la jurisprudence récente du Conseil d'Etat Français», *loc. cit.*, p. 540.

> Le pouvoir discrétionnaire comporte le droit de se tromper mais non celui de commettre une erreur manifeste, c'est-à-dire à la fois apparente et grave[108].

Dans le cas du contrôle juridictionnel de l'erreur manifeste dans l'appréciation des faits, -comme on l'a déjà indiqué-, MM. Long, Weil, Braibant, Delvolvé et Genevois indiquent que le juge «ne se prononce pas sur cette appréciation elle-même, mais sur l'erreur qui a pu entacher cette appréciation, lorsque cette erreur est évidente, lorsqu'elle pouvait être décelée par le simple bon sens, lorsqu'il s'agit d'une erreur manifeste qui dénature l'interprétation que fait l'administration de l'étendue de son pouvoir discrétionnaire»[109]. Or, on doit constater que, si en général, on donne des exemples jurisprudentiels d'application de la technique de l'erreur manifeste comme un instrument de contrôle de l'exercice du pouvoir discrétionnaire par le Conseil d'Etat, dans la grande majorité des cas recensés, il s'agit en réalité de ce que nous avons appelé l'utilisation par le juge de la technique des concepts juridiques indéterminés[110]. Peut-être des éléments d'application de l'erreur manifeste d'appréciation, comme technique du contrôle de l'exercice du pouvoir discrétionnaire au sens strict, peuvent-ils être trouvés dans les décisions du Conseil d'Etat relatives à l'erreur quant à l'équivalence entre les emplois publics (CE 13 nov. 1953, *Denizet*, Rec. 489; et CE 15 fév. 1961, Lagrange, Rec. 121; CE 9 mai 1962, *Commune de Montfermeil*, Rec. 304)[111].

Quant au principe de la proportionnalité comme limite à l'exercice du pouvoir discrétionnaire, même si G. Braibant lui-même a affirmé qu'il n'a pas été reconnu pleinement dans le système français[112], nous pensons cependant qu'il a été appliqué dans de nombreuses décisions par le Conseil d'Etat, en commençant par l'arrêt *Benjamin* du 19 mai 1933, dans lequel le Conseil d'Etat a annulé l'interdiction d'une conférence et d'une réunion par un maire, pour le motif -comme le disait le Conseil d'Etat- «que l'éventualité des troubles... ne présentait pas un degré de gravité tel qu'il n'ait pu, sans interdire la conférence, maintenir l'ordre en édictant les mesures de police qu'il lui appartenait de prendre»[113]. Dans ce cas, comme l'observent MM. Long, Weil, Braibant, Delvolvé et Genevois, le juge vérifie:

> Non seulement s'il existait dans les circonstances de l'espèce une menace de trouble de l'ordre public susceptible de justifier une mesure de police, mais encore si cette mesure était appropriée par sa nature et sa gravité à l'importance de la menace; il contrôle ainsi l'adéquation de la mesure aux faits qui l'ont motivée[114].

---

(108) Conclusions C.E. 2 nov. 1973, *Librairie François Maspero*, Rec. 611; LONG, WEIL, BRAIBANT, DELVOLVE et GENEVOIS, *op. cit.*, p. 669.

(109) LONG, WEIL, BRAIBANT, DELVOLVE et GENEVOIS, *op. cit.*, p. 676.

(110) *V.* toutes les références jurisprudentielles in LONG, WEIL, BRAIBANT, DELVOLVE et GENEVOIS, *op. cit.*, p. 669 et s à l'occasion des commentaires à la décision MASPERO; J. M. AUBY et R. DRAGO: *Traité de contentieux administratif*, Paris 1984, Vol. II, pp. 399-400.

(111) *V.* les références in LONG, WEIL, BRAIBANT, DELVOLVE et GENEVOIS, *op. cit.*, p. 674.

(112) Guy BRAIBANT, «Le principe de la proportionnalité», *Mélanges offerts à Marcel Waline*, Paris 1974, Vol. II, pp. 297 et ss.

(113) Rec. 541, concl. Michel. *V.* in LONG, WEIL, BRAIBANT, DELVOLVE et GENEVOIS, *op. cit.*, p. 286 et ss.

(114) *Idem*, p. 289.

Il s'agit sans doute de l'application du principe de la proportionnalité, c'est-à-dire de l'adéquation entre les mesures adoptées et les faits, qui a aussi été l'objet d'une application en France en matière disciplinaire à partir de l'arrêt *Lebon* (CE 9 juin 1978), dans lequel le Conseil d'Etat, appliquant la technique de l'erreur manifeste, contrôla la proportionnalité de la sanction disciplinaire avec la gravité de la faute[115]. Dans une autre décision, l'arrêt *Vinolay* (CE 26 juillet 1978), le Conseil d'Etat conformément au même critère, annula une destitution d'un fonctionnaire, en indiquant que «si les manquements aux règles d'une bonne administration étaient légalement de nature à justifier une sanction disciplinaire, ils ne peuvent légalement fonder, sans erreur manifeste d'appréciation, une mesure de révocation qui constitue la plus sévère des sanctions figurant à l'échelle des peines»[116].

En conclusion, on peut dire, en matière de contrôle juridictionnel de l'exercice du pouvoir discrétionnaire, que la jurisprudence, la doctrine et la législation (cette dernière, en particulier, en Amérique latine) ont abandonné progressivement la traditionnelle immunité juridictionnelle en cette matière, en distinguant ce qui est, en apparence, exercice du pouvoir discrétionnaire (comme dans le cas de l'application de la technique des concepts juridiques indéterminés) et est soumis pleinement au contrôle juridictionnel de ce qui est à proprement parler exercice du pouvoir discrétionnaire; à partir de quoi les principes du raisonnable, de logique, de la justice, de l'égalité et de la proportionnalité commencent à progresser dans le domaine de l'opportunité, traditionnellement exclue du contrôle, afin qu'elle soit soumise à une amorce de vérification juridictionnelle.

DEUXIÈME PARTIE

LE REGIME DES ACTES ADMINISTRATIFS DANS LA CODIFICATION DE LA PROCEDURE ADMINISTRATIVE

La codification de la procédure administrative en Espagne et en Amérique latine, comme on l'a indiqué, non seulement a eu pour objet de réglementer les seuls aspects de procédure et les formalités, c'est-à-dire les démarches effectuées par l'Administration pour la production des actes administratifs; mais elle a aussi influé, matériellement, sur tous les aspects du régime même des actes administratifs, en réglementant leurs éléments et leurs conditions, le processus de leur élaboration, leur forme ou présentation, leur efficacité, leur exécution et leur contestation par la voie administrative. En réalité donc, on peut dire que sous le nom de lois de procédure administrative, ont été édictées des lois régulatrices de l'activité administrative.

(115) *Cf.* LONG, WEIL, BRAIBANT, DELVOLVE et GENEVOIS, *op. cit.*, p. 677.
(116) *Cit.* par J.M. AUBY et R. DRAGO, *op. cit.*, Vol. II, p. 400.

En général, ces lois déterminent le régime des actes administratifs pris par les organes de l'Administration publique nationale, centrale ou décentralisée[117]; mais leur application s'étend aussi dans quelques cas, aux organes nationaux dotés d'une autonomie fonctionnelle, y compris des organes de rang constitutionnel qui ne sont pas intégrés aux organes classiques de l'Etat (législatif, exécutif et judiciaire), mais qui accomplissent des fonctions de contrôle: organes du «Contrôle général», Ministère Public et Conseil de la Magistrature, Conseil Supérieur des Elections[118]. D'autre part, en général, les lois ne s'appliquent pas aux actes administratifs des communes ou des entités politique-territoriales (Etats ou Provinces dans les Etats Fédéraux), encore que dans quelques cas, elles soient d'application supplétive en ce qui concerne ces entités[119].

S'agissant de lois relatives au régime des actes administratifs, il est évident qu'étant donné leur champ d'application, sous l'angle organique, le régime des actes administratifs au sens matériel (actes édictés par les organes du pouvoir législatif et du pouvoir judiciaire dans l'exercice de fonctions administratives) ainsi que celui des actes administratifs édictés par des entités privées mais dans l'exercice des prérogatives[120] de puissance publique restent hors de la réglementation qu'elles édictent. Le Code de Colombie cependant, dans ce dernier cas, soumet de tels actes à ses prescriptions, en se référant aux actes administratifs des entités privées quand elles remplissent des fonctions administratives[121].

En tout cas, l'apport fondamental de cette législation, en ce qui concerne l'application du principe de légalité aux actes administratifs, est exprimé dans l'article 11 de la Loi générale relative à l'administration publique du Costa Rica, laquelle dispose que «l'Administration publique agira dans le respect de l'ordonnancement juridique et pourra seulement réaliser les actes... qu'autorise cet ordonnancement, selon l'échelle hiérarchique de ses sources». C'est cette soumission à la légalité qui, sans doute, s'est consolidée avec ces lois régulatrices de la procédure administrative.

Or, il est intéressant de souligner au moins deux aspects, dans cette deuxième partie consacrée au régime des acte administratifs réglementé par les lois de procédure administrative en Espagne et en Amérique latine, qui ont contribué d'une façon significative à la consolidation du principe de légalité; ils portent, d'une part sur la détermination légale et non seulement jurisprudentielle des éléments des actes administratifs, ce qui a facilité la détermination précise des cas d'ouverture du recours contentieux d'annulation pour contrôler l'activité administrative, et d'autre part, sur la détermination légale des principes relatifs aux effets des actes administratifs et à leur exécution: nous étudierons séparément ces deux aspects dans deux chapitres.

---

(117) *V.* LGAP Costa Rica, art. 1, 21; LPA Argentine, art. 1; R. Uruguay, 1.

(118) *V.* LPA Vénézuéla art. 1; CC. Colombie art. 1.

(119) *V.* LPA Vénézuéla art. 1.

(120) *V.* sur ces actes administratifs en droit français, Pierre DELVOLVE, *L'acte administratif*, Paris 1983, pp. 40 et ss.

(121) *V.* CC. Colombie art. 1 et 82. Le recours contentieux est cependant possible à l'égard de tous les actes administratifs, tant ceux qui «sont édictés dans n'importe laquelle des branches du pouvoir public» que ceux qui émanent des «entités privées lorsqu'elles exercent des fonctions publiques» (art. 128, 1).

CHAPITRE I
LES ÉLÉMENTS DE L'ACTE ADMINISTRATIF

Nous pouvons considérer les actes administratifs, tels que les définissait jusqu'en 1989 le code colombien, comme les «conduites et les abstentions capables de produire des effets juridiques et sur la réalisation desquels influent de manière directe et immédiate la volonté ou l'intelligence» (art. 83), ce qui les distingue des faits administratifs; leur validité tient à ce «qu'ils se conforment substantiellement à l'ordonnancement juridique, y compris quant au mobile du fonctionnaire public»[(122)].

Dans cette conformité avec l'ordonnancement juridique, c'est-à-dire, dans la conformité de ces actes avec la légalité, il est évident que jouent un rôle fondamental les éléments des actes administratifs tant de fond (ou légalité interne) que de forme (ou légalité externe), qui, contrairement à ce qui se passe en droit français, se trouvent réglementés dans les diverses lois de procédure administrative. Dès lors, en Espagne et en Amérique latine, les éléments des actes administratifs ne découlent pas seulement des décisions jurisprudentielles relatives aux cas d'ouverture du recours pour excès de pouvoir, mais des règles de droit écrit établies dans les lois sur la procédure administrative.

On va analyser, séparément, les prescriptions légales relatives aux éléments de légalité interne et aux éléments de légalité externe des actes administratifs, avant d'examiner les conséquences de la violation de ceux-ci, c'est-à-dire, la nullité des actes administratifs tel qu'elle est régie dans les lois sur la procédure administrative.

I. LES ELEMENTS DE FOND DES ACTES ADMINISTRATIFS

Les éléments de fond des actes administratifs se réfèrent à la compétence, à la manifestation de volonté, à la base légale, à la cause (circonstances de fait), à la finalité et à (objet des actes administratifs; éléments qui, s'ils ont été traditionnellement établis, comme en France, par la jurisprudence et la doctrine, ont trouvé leur consécration dans les lois sur la procédure administrative en Espagne et en Amérique latine.

1. Principes relatifs a la compétence

La première condition ou élément de fond des actes administratifs, comme l'affirment expressément les lois sur les procédures administratives d'Argentine et d'Espagne, est qu'ils doivent «être édictés par une autorité compétente» (art. 7, a et art. 40, respectivement). La compétence est ainsi l'un des éléments essentiels de tout acte administratif, si l'on entend par «compétence», l'aptitude légale des organes administratifs à édicter un acte administratif.

---

(122) Art. 128 LGAP du Costa Rica

Or le premier principe relatif à la compétence en matière administrative est que celle-ci ne se présume pas mais au contraire doit émaner d'une norme expresse attributive de compétence, c'est-à-dire, comme fa affirmé la Cour Suprême de Justice du Vénézuéla, «doit émerger du texte même d'une règle de droit, que ce soit la Constitution, la loi, le règlement ou l'ordonnance», car, «faute de disposition expresse, l'autorité n'a pas qualité pour édicter l'acte»(123). Ce principe, la loi argentine sur les procédures administratives le réaffirme quand elle indique que:

> La compétence des organes administratifs sera celle qui découle, selon les cas, de la Constitution nationale, des lois et de leurs règlements d'application (art. 3).

Dans ce domaine, «le principe de légalité se présente dans toute sa rigueur, en ce qu'il ordonne à l'organe qu'il fasse seulement ce pour quoi il est habilité soit par une norme expresse, soit dans le cadre d'une libre marge d'appréciation que doit également lui accorder une disposition expresse»(124). Nous pourrions mentionner ici, par exemple, les pouvoirs que la jurisprudence et la doctrine françaises dénomment «pouvoirs implicites» et qui se réfèrent essentiellement au pouvoir réglementaire attribué aux ministres en leur qualité de supérieurs hiérarchiques, obligés de prendre toutes les mesures nécessaires au bon fonctionnement de l'administration(125). Peuvent aussi être considérés comme pouvoirs implicites ceux qui dérivent du principe du «parallélisme des compétences» établi par l'arrêt *Fourré-Cormeray* du 10 avril 1959, dans lequel fut décidé que, «à défaut de dispositions expresses qui déterminent l'autorité compétente à mettre fin aux fonctions d'un directeur, ce pouvoir correspond, de plein droit, à l'autorité investie du pouvoir de nomination»(126).

Bien entendu, l'exigence d'un texte exprès pour exercer la compétence et le problème de savoir s'il doit figurer dans la Constitution, dans la loi ou dans le règlement, découlent du régime constitutionnel concret, d'une part, et des principes de la «réserve légale», d'autre part. Dans les Etats fédéraux, par exemple, comme l'Argentine et le Vénézuéla, les principes relatifs à la distribution des compétences entre la République, les provinces ou les Etats membres de la Fédération et les communes, doivent être nécessairement inscrits dans la Constitution, de sorte qu'à ce niveau, les normes attributives des compétences respectives sont de rang constitutionnel. Tout empiètement dans l'exercice des compétences correspondant aux trois niveaux de décentralisation politique constitue donc une usurpation de fonctions(127).

---

(123) Décision du 28 janvier 1968, *Gaceta Oficial* n° 27367 du 13 févr. 1964 et jugement du 11 août 1965, *Gaceta Oficial* n° 27845 du 3 sept. 1965. *V.* également in Allan R BREWER-CARÍAS, *Jurisprudencia de la Corte Suprema 1930-1974 y estudios de derecho administrativo*, Vol. III, Vol. 1, Caracas 1976, pp. 197 et 198.

(124) Décision de la Première Cour de Contentieux Administratif (Vénézuéla) du 16 déc. 1982 in *Revista de derecho público*, n° 13, Caracas 1982, p. 118.

(125) *V.* par exemple décision C.E. 7 février 1936, *Jamart*, Rec. 172. *V.* aussi LONG, WEIL, BRAIBANT, DELVOLVE et GENEVOIS, *Les grands arrêts de la jurisprudence administrative*, Paris 1990, pp. 305-308.

(126) *Recueil Dalloz*, 1959, p. 210.

(127) Comme l'affirme la Constitution vénézuélienne de 1961: «Toute autorité usurpée est inefficace et ses actes sont nuls», ce qui englobe aussi bien l'usurpation de l'autorité par des personnes dépourvues

Mais, en outre, pour déterminer la norme attributive de compétence, l'autre principe fondamental en la matière est celui de la «réserve légale», en ce sens que dans tous les cas où la réglementation d'une matière est réservée au législateur, seule la loi formelle peut attribuer la compétence d'édicter des actes administratifs. Ceci se produit, par exemple, -comme on fa déjà souligné- avec les actes qui concernent l'exercice des compétences fiscales, des compétences en matière de sanctions ou des compétences dans l'exercice desquelles sont limités, d'une façon ou d'une autre, les droits et les garanties constitutionnels. Sans doute tel est l'objectif que vise la Loi générale sur l'administration publique du Costa Rica, lorsqu'elle dispose que «la compétence sera réglée par la loi, chaque fois qu'elle comporte l'attribution de pouvoirs de commandement (art. 50,1), qui relèvent de la réserve légale».

La conséquence fondamentale de l'attribution de compétence aux organes administratifs par la loi est, comme le spécifie la loi argentine sur les procédures administratives, que «l'exercice de cette compétence constitue une obligation pour l'autorité ou l'organe correspondant» (art.3), c'est-à-dire, comme l'indique la loi espagnole sur la procédure administrative, que la compétence «ne peut faire l'objet d'une renonciation» (art. 4). C'est pourquoi le fonctionnaire, quand il a dans ses attributions la compétence d'agir, n'est pas libre de l'exercer ou non; il est obligé de l'exercer. En particulier, la Loi générale sur l'administration publique du Costa Rica, à propos des pouvoirs de commandement, prescrit que leur exercice n'est pas susceptible de «renonciation, transmission ou prescription», et donc que c'est seulement par la loi que pourront être pris les engagements de ne pas l'exercer » (art. 66).

Mais en outre, la compétence prévue dans la loi, ainsi que le précise la loi argentine sur les procédures administratives, «ne peut faire l'objet d'un dépassement, à moins que la délégation ou substitution n'aient été expressément autorisées» (art. 3). C'est-à-dire, selon les termes de la loi espagnole, que la compétence «sera exercée de manière précise par les organes administratifs qui l'ont dans leurs attributions, sauf en cas de délégation, substitution ou évocation prévus par les lois».

De ce fait, le principe, dans les cas de compétence légalement prévus, est que toute déviation de celle-ci par délégation ou évocation doit être autorisée expressément par la loi.

En matière d'évocation, telle est la doctrine fixée par le Conseil d'Etat dans l'arrêt *Yasri* du 28 octobre 1949, lequel énonce que l'autorité administrative supérieure ne peut se substituer aux autorités subordonnées dans l'exercice de leur pouvoir de décision. Pour cette raison, fut annulée la décision du ministre délégué, pouvoir qui appartenait au chef du corps militaire auquel l'intéressé appartenait[(128)]. Cependant, et exceptionnellement, la loi argentine sur les procédures administratives pose en matière d'évocation le principe contraire: «l'évocation sera valable à moins qu'une norme expresse en dispose autrement» (art. 3).

---

d'investiture, que l'usurpation de fonctions comme incompétence d'ordre constitutionnel. *V.* J.M. AUBY et R. DRAGO, *Traité de contentieux administratif*, Paris 1984, Vol. II, p. 256.

(128) *Recueil Dalloz*, 1950, p. 303.

En réalité, on peut considérer que ni l'avocation, ni la délégation n'exigent pas de texte exprès dans les cas où l'attribution légale de compétence est faite non à un organe déterminé tel qu'un ministre, mais à une organisation spécifique, c'est-à-dire, au ministère pris comme un tout. Dans ces cas, la compétence est présumée attribuée au supérieur hiérarchique (le ministre) [(129)] et ce dernier, normalement, la répartit entre les divers organes qui constituent le ministère, par voie de règlement[(130)]. Dans ces hypothèses, outre que le règlement d'organisation est source de la compétence des différents organes, le ministère ayant distribué les compétences, on présume qu'il a le pouvoir générique d'évocation, dans le même sens qu'il a qualité pour exercer les compétences dérivées de la hiérarchie administrative elle-même, tel le pouvoir de réformer les décisions du subordonné, de «diriger de manière générale l'activité des subordonnés par la voie d'instructions et de circulaires» (art. 7 de la loi espagnole sur les procédures administratives), et de déléguer des compétences qui sont confiées aux subordonnés.

Cependant, dans les cas de déconcentration des compétences, qui se produisent lorsque la loi attribue directement une compétence spécifique à un organe inférieur d'un ministère, un texte légal exprès est nécessaire pour que le ministre puisse évoquer la connaissance de l'affaire. La Loi générale sur l'administration publique du Costa Rica distingue même les hypothèses de déconcentration minimale, «lorsque le supérieur ne peut évoquer les compétences du subordonné, ni réformer la conduite du subordonné, ou se substituer à celui-ci, que ce soit d'office ou à la demande d'une partie»; et de déconcentration maximale, «lorsque le subordonné est soustrait en outre, aux ordres, instructions ou circulaires du supérieur» (art. 83, 2 et 3, loi espagnole sur les procédures administratives).

En matière de compétence, une référence particulière doit être faite à la délégation, comme possibilité pour le supérieur hiérarchique de faire dériver l'exercice de la compétence qui lui a été attribuée par la loi vers un organe inférieur et pour laquelle est également nécessaire un texte exprès qui l'autorise. La Loi générale sur l'administration publique du Costa Rica, dans cette manière, a inscrit dans le droit positif les principes fondamentaux (art. 89 et 90) posés dans d'autres pays par la jurisprudence:

a. La délégation doit être publiée au *Journal Officiel*;

b. La délégation peut être révoquée à n'importe quel moment par l'organe délégant;

c. Les pouvoirs délégués ne peuvent pas être eux-mêmes délégués, c'est-à-dire que l'on ne permet pas la subdélégation;

d. Une délégation totale ne peut être consentie, ni une délégation des compétences essentielles de l'organe, celles qui lui donnent son appellation ou qui justifient son existence;

---

(129) *V.* LGAP du Costa-Rica, Arts. 62 et 70.

(130) Conformément à la LGAP du Costa Rica «La répartition interne des compétences, ainsi que la création de services sans pouvoirs d'autorité pourront être faites par voie de règlement autonome, mais ce dernier sera subordonné à toute loi future en la matière» (art. 59,2).

e. La délégation ne peut être consentie qu'en faveur d'organes ou de fonctionnaires subordonnés, au sein d'une même organisation, et entre des organes relevant de la même catégorie, en raison de la matière, du territoire et de la nature de la fonction;

f. Les organes collégiaux ne peuvent pas déléguer leurs fonctions.

En outre, il convient de souligner le principe selon lequel, lorsqu'un acte administratif est édicté par délégation, cette circonstance doit être expressément indiquée, comme le précisent la loi espagnole sur la procédure administrative (art. 32, 3) et la loi organique sur les procédures administratives du Vénézuéla (art. 18,7).

Enfin, en ce qui concerne la compétence en tant qu'élément d'un acte administratif, on doit mentionner le vice d'incompétence qui résulte de la violation des principes ci-dessus mentionnés. Selon la voie administrative, comme l'ont prévu la loi espagnole sur la procédure administrative (art. 8) et la Loi générale sur l'administration publique du Costa Rica (art. 67), l'incompétence peut être déclarée d'office ou sur la demande de l'intéressé, à n'importe quel moment, par l'organe qui a édicté l'acte, et par le supérieur hiérarchique.

En tout cas, dans le cadre du contentieux administratif, le vice d'incompétence est toujours considéré comme un vice d'ordre public[131], qui, comme l'a précisé la Cour Suprême de Justice du Vénézuéla, «peut être invoqué à n'importe quel stade et degré de la cause, même dans un recours d'appel et entraîne la possibilité pour le juge de prononcer la nullité absolue, même d'office»[132]. L'importance procédurale de ce vice, invoqué dans le cadre du contentieux administratif, tient en outre au fait qu'il renverse la charge de la preuve, laquelle incombe normalement au requérant en raison de la présomption de légalité des actes administratifs. C'est ce qu'a décidé la jurisprudence vénézuélienne en posant le principe selon lequel, lorsque le requérant allègue l'incompétence du fonctionnaire, la charge de la preuve est inversée et il appartient alors à l'administration de prouver la compétence[133].

2. Principes relatifs a la manifestation de volonté

Les actes administratifs sont avant tout des manifestations de volonté de l'administration en vue de produire des effets juridiques et c'est précisément ce qui les distingue des faits administratifs qui, comme le précisait jusqu'à 1989 le code de contentieux administratif de Colombie, sont:

---

(131) En ce sens la LPA d'Argentine considère que «l'acte administratif est nul, de nullité absolue et sans régularisation possible... lorsqu'il a été émis dans des conditions d'incompétence en raison de la matière, du lieu, du temps ou du grade, sauf dans ce dernier cas, si la délégation ou la substitution ont été permises» (art. 14, b). La LOPA du Vénézuéla, en revanche, qualifie le vice de nullité absolue seulement lorsqu'il s'agit «d'incompétence manifeste» (art. 19, 4).

(132) *V.* décision de la Chambre politico-administrative du 26 mars 1984, ratifiée par décision du 5 décembre 1985. Et aussi, la décision de la Première Cour de contentieux administratif du 9 décembre 1985, *Revista de derecho público*, n° 25, 1986, pp. 144 et 108.

(133) *V.* décision de la Première Cour de contentieux administratif du 9 décembre 1985, *idem*, p. 108.

> Les événements et les omissions capables de produire des effets juridiques, mais sur la réalisation desquels n'influent pas de manière directe et immédiate la volonté ou l'intelligence (art. 83).

De ce fait, le second élément de la légalité interne de l'acte administratif exige que cet acte puisse être considéré effectivement comme une manifestation légitime de volonté d'un organe administratif, librement exprimée. Ce principe est posé par la Loi générale sur l'administration publique du Costa Rica selon laquelle «l'acte devra apparaître objectivement comme une manifestation de volonté libre et consciente, destinée à produire l'effet juridique désiré en vue de l'objectif voulu par l'ordonnancement juridique» (art. 13). La conséquence, évidemment, est que les vices du consentement s'appliquent à la manifestation de volonté dans l'acte administratif, ce dernier pouvant alors s'en trouver affecté.

La violence, par exemple, ou l'intimidation, quand elle s'exerce sur le fonctionnaire pour le contraindre à prendre un acte administratif, entachent de nullité absolue l'acte ainsi édicté; ainsi, la Constitution vénézuélienne pose le principe selon lequel:

> Est nulle toute décision prise sous la contrainte, directement ou indirectement, ou par un rassemblement d'individus dont l'attitude est subversive (art. 120) [134].

En ce qui concerne l'erreur, comme vice de la manifestation de volonté, celle-ci se produit quand la volonté réelle a été radicalement distincte de celle qui a été déclarée formellement. Ainsi, quand on nomme une personne pour une fonction publique, qui n'est pas celle que l'on veut nommer, en raison d'une homonymie, par exemple[135]. Dans ce cas, il n'y a pas erreur de droit ou de fait, lesquelles, comme nous le verrons, sont des vices affectant la base légale de l'acte, ou erreur sur les motifs de fait des actes administratifs, mais plus exactement erreur dans la manifestation de volonté de l'administration.

Il peut aussi arriver, en matière de manifestation de volonté de l'administration, qu'un dol vicie le consentement de l'administration; il en va ainsi quand l'acte est le résultat de manœuvres dolosives de l'administré, de demandes qui, par exemple, laissent au demandeur la charge de la preuve des conditions de l'acte (remise d'informations ou de documents faux) ou encore lorsque l'acte résulte d'activités de fonctionnaires contraires à la bonne foi, et qui impliquent, en outre, un détournement de pouvoir, ou quand le fonctionnaire tient pour existants, au moment de prendre sa décision, des faits ou des précédents inexistants ou faux.

Ces vices de la manifestation de volonté dans les actes administratifs qui, en général, entraînent leur nullité absolue et irrémédiable, ont été résumés par la loi sur les procédures administratives d'Argentine, selon laquelle de tels vices se produisent:

---

(134) La Constitution vénézuélienne ajoute le principe selon lequel «En aucun cas les vénézuéliens et les étrangers ne pourront prétendre que la République, les Etats ou les municipalités les indemnisent pour les dommages, préjudices ou expropriations qui n'ont pas été causés par *des autorités légitimes dans l'exercice de leurs fonctions publiques*», (art. 47).

(135) *V.* Agustín GORDILLO, *Derecho administrativo*, Vol. III, Buenos Aires, 1979, p. IX-45.

Lorsque la volonté de l'Administration se trouverait exclue par une erreur essentielle; ou un dol dans la mesure où l'on tient pour existants des faits ou des précédents inexistants ou faux; ou des violences physiques ou morales exercées sur l'agent; ou par simulation (art. 14, 1).

3. Principes relatifs a la base légale

La base légale des actes administratifs est leur fondement légal, c'est-à-dire les normes légales ou réglementaires qui autorisent leur édiction. En d'autres termes, c'est le «motif de droit» de l'acte administratif, qui autorise la décision concrète qu'il comporte. Cette base ou ces fondements légaux constituent, aux côtés des circonstances de fait, l'un des éléments qui doivent être exprimés formellement dans la motivation de l'acte administratif[(136)].

Toutefois, pour qu'un acte administratif soit valide et produise des effets, non seulement il doit avoir un fondement légal, qui doit effectivement exister au moment de l'édiction de cet acte (et non avant ou après), mais ce fondement doit aussi être celui qui effectivement permet son édiction, c'est-à-dire qu'il doit aussi être exact. L'existence et l'exactitude de la base légale sont, ainsi, une condition ou un élément de la validité de l'acte administratif, de sorte que son inexistence est une cause de nullité (par exemple, lorsque la base légale n'existe pas, qu'elle a fait l'objet d'une abrogation ou encore qu'elle n'a pas été promulguée). L'inexactitude de la base légale, découlant du fait que le fonctionnaire invoque une base légale qui, en aucun cas, ne peut fonder son acte, est également une cause de nullité de l'acte administratif[(137)].

Ainsi que l'a précisé la jurisprudence française, en premier lieu, la base légale doit être exacte, de sorte que, si l'administration fonde sa décision sur un texte, alors qu'elle aurait dû la fonder sur un texte différent, l'acte est vicié si elle n'existe pas encore, -par exemple, si on applique prématurément une loi qui n'est pas encore en vigueur (CE 12 juillet 1955, *Bennet*, *RDP*, 1956, p. 438)- ou bien n'existe plus, parce que par exemple, le texte a fait l'objet d'une abrogation ou qu'il est devenu caduc (CE 20 janvier 1950, *Commune de Tignes*, *Rec*., p. 46)[(138)].

On doit ajouter aux vices affectant la base légale des actes administratifs les cas d'illégalité ou d'inconstitutionnalité de la base légale, c'est-à-dire par exemple, quand l'acte administratif se fonde sur une loi ou sur un règlement vicié en soi d'inconstitutionnalité ou d'illégalité et qui est annulé par l'organe juridictionnel compétent[(139)]. La loi organique relative à la Cour Suprême de Justice du Vénézuéla, qui règle le processus du contentieux administratif, permet par exemple l'exercice d'un recours en annulation formé contre un acte administratif à

(136) LOPA, Vénézuéla, arts. 9 et 18,5.

(137) J.M. AUBY et R DRAGO, *op. cit.*, Vol. II, p. 383.

(138) *V.* R DRAGO, «Le défaut de base légale dans le recours pour excès de pouvoir», *Etudes et documents*, Conseil d'Etat, Paris 1960, pp. 32 et 36.

(139) *V.* décision *Bouland*, C.E. 18 juillet 1947, Rec. p. 327, *cit.* par R. DRAGO «Le défaut de base légale...», *loc. cit.*, p. 37.

effets particuliers et en même temps contre l'acte général qui lui sert de fondement, motif pris de l'illégalité pour inconstitutionnalité de ce dernier (art. 132), ce qui illustre cette hypothèse de vice de la base légale pour illégalité.

Font également partie de la base légale ou des motifs de droit de l'acte administratif, l'interprétation correcte et adéquate et la portée que fauteur de l'acte doit donner à son fondement légal. Dès lors, même lorsque la base légale existe, c'est-à-dire lorsqu'elle est légale et exacte, l'acte administratif peut être vicié sur ce terrain par erreur de droit, c'est-à-dire, en raison de la portée ou du sens erronés qui sont attribuées à la norme légale qui autorise l'activité, ou, selon les termes de la jurisprudence vénézuélienne, «lorsque l'organe qui prend l'acte interprète d'une façon erronée une norme juridique donnée, c'est-à-dire, l'applique mal»[(140)].

Ce vice de la base légale des actes administratifs, appelé «erreur de droit, a été également qualifié par la jurisprudence vénézuélienne de vice de «fausses conditions» (*falso supuesto*) lequel «peut se référer indistinctement à l'erreur de fait ou à l'erreur de droit commise par l'administration, c'est-à-dire à une appréciation fausse, inexacte ou incomplète de la part de l'administration de l'élément cause de l'acte, considéré dans son ensemble»[(141)].

4. Principes relatifs aux circonstances de fait

Les motifs des actes administratifs, qui constituent sa cause sont définis non seulement par a base légale ou les fondements de droit de l'acte, mais aussi par les circonstances de fait des actes administratifs. A cet égard, la loi argentine sur les procédures administratives dispose que constitue une «exigence essentielle de l'acte administratif» celle qui s'appuie sur «les faits et les antécédents qui lui servent de cause et sur le droit applicable» (art. 7,b).

Toutefois, en ce qui concerne les motifs de fait des actes administratifs et pour ceux-ci soient édictés, le fonctionnaire est obligé avant tout de les déterminer avec précision; détermination qui, à ce niveau de faction, ne comporte aucun élément d'appréciation ni de jugement, mais de constatation des faits qui constituent les circonstances de fait de l'acte.

Pour cette détermination, l'administration doit toujours vérifier les faits de manière à constater qu'ils sont certains (et non faux); et elle doit les qualifier correctement pour adopter sa décision, conformément à la base légale et à l'attribution de compétence dont elle dispose.

En tout premier lieu, les faits doivent exister, être exacts et être dûment vérifiés par l'administration. Ceci fait partie de ce que la jurisprudence française a qualifié «contrôle minimum», exercé par le juge administratif, et qui porte, en dehors de

(140) Décision de la Première Cour de contentieux administratif du 26 mai 1983, p. 142, *Revista de derecho público*, n° 15, Caracas 1983, p. 142. Ce que G. VEDEL et P. DELVOLVE qualifient de «fausse interprétention de la loi». *V.* in G. VEDEL et P. DELVOLVE, *Droit administratif*, Paris 1990, Vol. 2, p. 307.

(141) Décision de la Première Cour de contentieux administratif du 12 avril 1988, *Revista de derecho público*, n° 34, Caracas 1988, pp. 92-94.

l'erreur de droit, sur l'erreur manifeste d'appréciation sur le détournement de pouvoir et sur le contrôle de l'existence et de l'exactitude matérielle des faits[(142)].

Ainsi, les actes administratifs sont viciés quand ils se fondent sur des faits inexistants, par exemple si on sanctionne un fonctionnaire pour une faute non commise ou si on se fonde sur des faits inexacts, non vérifiés par l'administration.

Comme l'a admis la jurisprudence vénézuélienne, toute décision administrative «se trouve déterminée par la vérification préalable des circonstances de fait prévues dans la norme, celle-ci étant clairement établie pour obliger l'administration à soumettre ses actes, dans chaque cas, à la norme juridique préexistante; c'est pourquoi, dans un cas concret, lorsqu'il n'existe aucune preuve des faits qui motivent une décision, celle-ci est «manifestement infondée» et est ainsi entachée de nullité «pour s'être fondée sur des faits non vérifiés»[(143)].

Les faits qui motivent un acte administratif doivent donc non seulement exister réellement et être exacts[(144)] mais aussi être dûment vérifiés; et bien que la charge de la preuve incombe essentiellement à l'administration, cela n'exclut pas le droit et parfois l'obligation pour les administrés d'apporter les preuves requises. L'administration ne peut tenir pour établis des faits avec les seuls éléments administratifs, mais elle doit prendre en compte les preuves du dossier administratif dans sa totalité, étant toujours obligée de décider, «conformément à ce qui est établi dans le dossier»[(145)]. Ainsi que nous l'avons indiqué, la jurisprudence française a contrôlé «l'erreur manifeste» d'appréciation des faits comme une limite à l'exercice du pouvoir discrétionnaire, en se référant à l'arbitraire dans la vérification des faits, c'est-à-dire, à ce qui excède les limites du raisonnable.

Ce vice dans la vérification des motifs de fait a été qualifié par la jurisprudence vénézuélienne de vice de «fausse condition», lequel consiste dans l'inexactitude des éléments ou motifs sur lesquels s'est fondé le fonctionnaire qui a pris l'acte; en considérant que pour que puisse être invalidée une décision pour «fausse condition», il est nécessaire que «s'avèrent totalement inexacts le ou les éléments qui ont servi de base à ce qui a été décidé», et en excluant l'annulation lorsque seulement quelques-uns des faits ont été inexacts, mais non ceux qui ont motivé l'acte administratif[(146)].

---

(142) J. M. AUBY et R. DRAGO, *op. cit.*, Vol. II, pp. 370 et 393; J. RIVERO, *Droit administratif*, Paris 1987, pp. 310-311.

(143) Décision de la Cour Suprême de Justice, Chambre politico-administrative, du 22 mai 1963, *Gaceta Forense*, n° 40, 1963, p. 237. *V.* Allan R BREWER-CARÍAS, «Los límites del poder discrecional de las autoridades administratives», *Revista de la Facultad de Derecho de la Universidad Católica Andrés Bello*, n° 2, 1965-1966, Caracas 1966, pp. 16 et 17.

(144) LGAP Costa Rica, Art. 133, où l'on exige que le motif doit «exister tel qu'il a été pris en compte pour édicter l'acte».

(145) Décision de la Cour Suprême de Justice (Chambre politico-administrative) du 8 juin 1984, *Gaceta Forense*; n° 44, 1964, pp. 119-121. *V.* également Allan R BREWER-CARÍAS, *Jurisprudencia de la Corte Suprema...*, Vol. I, Caracas 1975, pp. 621-622.

(146) Décision de la Première Cour de Contentieux Administratif du 7 novembre 1985, *Revista de derecho público*, n° 24, Caracas 1985, p. 125. Dans le même sens, décision de la Cour Suprême de Justice

Mais, outre l'exigence que les faits existent et soient dûment et rationnellement établis, fauteur de l'acte administratif doit réaliser une seconde opération qui consiste à les «conformer à la condition légale»[(147)], ce que la jurisprudence française dénomme la «qualification juridique des faits», en vertu de laquelle le fonctionnaire doit vérifier si les faits sont «de nature à justifier légalement la décision», ce qui est considéré comme contrôlable par le juge administratif, dans ce que l'on appelle le «contrôle normal»[(148)]. Ce contrôle concerne l'application des concepts juridiques indéterminés, qui ne constituent pas l'exercice du pouvoir discrétionnaire et qui sont nés avec l'arrêt *Gomel* du Conseil d'Etat en date du 4 avril 1914, dans lequel la haute juridiction a décidé que pour prendre la décision de refuser un permis de construire, un préfet devait apprécier si la construction projetée portait atteinte à la perspective monumentale d'une place; le juge, considérant que la place n'avait pas une telle perspective monumentale, la décision a été annulée[(149)]. Plus récemment, on peut trouver ce même contrôle dans l'arrêt Pardov du 3 février 1975, dans lequel le Conseil d'Etat a décidé que, pour justifier l'arrêté d'expulsion d'un étranger, le ministre de l'Intérieur devait apprécier si la présence du sieur Pardov pouvait être regardée comme constituant une «menace pour l'ordre public» aux termes de l'article 23 de l'Ordonnance du 2 novembre 1945. Le ministre, pour justifier l'arrêté d'expulsion, avait fait état d'une part, des conditions irrégulières d'entrée et de séjour de l'intéressé en France, et d'autre part, de ce qu'il ne se livrait à aucune activité et se trouvait dépourvu de ressources normales. Le Conseil d'Etat avait considéré dans ce cas que le ministre avait commis une erreur manifeste d'appréciation, c'est-à-dire, qu'il avait mal appliqué, mal apprécié et mal déterminé les circonstances de fait dans l'application du concept juridique indéterminé de «menace pour l'ordre public»[(150)].

Dès lors, en ce qui concerne les circonstances de fait des actes administratifs comme éléments de validité de ces actes, les faits doivent exister, être exacts, être dûment établis à l'acte de preuves en fonction desquelles l'administration doit décider, en qualifiant les faits conformément à ce qui est imposé dans le fondement légal de l'acte. En conséquence, tout acte administratif édicté sur la base de faits inexacts, faux, non prouvés ou appréciés de manière erronée est entaché d'illégalité.

En particulier, dans cette opération de qualification juridique des faits, l'ancienne Cour Fédérale du Vénézuéla a considéré en 1957 comme des excès de pouvoir les cas dans lesquels un fonctionnaire, sans violer aucune prescription légale, fait un usage indu du pouvoir qui lui est attribué, parce qu'il tergiverse ou

---

(Chambre politico-administrative) du 7 novembre 1988, *Revista de derecho público*, n° 34, Caracas 1988, p. 94.

(147) Décision de la Cour Suprême de Justice du 3 juillet 1961, *Gaceta Forense*, n° 33, 1961, p. 20. *V.* commentaire in Allan R BREWER-CARÍAS, «Los límites del poder...», *loc. cit.*, p. 18.

(148) *V.* J.M. AUBY et R. DRAGO, *op. cit.*, Vol II, p. 403; G. VEDEL et P. DELVOLVE, *op. cit.*, p. 337 (t. 2); LONG, WEIL, BRAIBANT, DELVOLVE et GENEVOIS, *op. cit.*, p. 171.

(149) LONG, WEIL, BRAIBANT, DELVOLVE et GENEVOIS, *op. cit.*, pp. 170-177.

(150) C.E. décision *Pardov*, 3 fév. 1975, (R 83), ou J.F. LACHAUME, *Les grandes décisions de la jurisprudence. Droit administratif*, Paris 1991, pp. 421 et ss.

altère la réalité des motifs de fait(151). Le vice, dans ce cas aussi, a été qualifié de «fausse condition» et apparaît quand il y a:

> Une mauvaise appréciation des éléments matériels existant dans la procédure administrative, de sorte qu'elle fait produire à la décision des effets différents de ceux qu'elle aurait produits si cette appréciation avait été faite correctement(152).

En définitive, comme l'affirme la jurisprudence vénézuélienne, l'appréciation correcte des faits sur lesquels reposent les décisions administratives «constitue un facteur essentiel de la légalité et de la correction de ces décisions et en conséquence, un moyen adéquat de pouvoir réaliser leur contrôle juridictionnel en vue du maintien de tels objectifs»(153).

5. Principes relatifs a la finalité de l'action administrative

L'activité administrative, dans l'Etat de droit, est toujours subordonnée par la loi à l'obtention de résultats déterminés(154). Ces buts ou finalités sont toujours déterminés dans l'ordonnancement juridique; il en résulte qu'un acte administratif ne sera valide, comme le prévoit la Loi générale relative à l'administration publique du Costa Rica, que s'il «se conforme substantiellement à l'ordonnancement juridique, y compris quant au mobile du fonctionnaire qui l'édicte» (art. 128).

Or, les buts de l'activité administrative peuvent être spécifiques, si l'on prend en compte l'action particulière de l'administration, et, en toute hypothèse, ce seront des buts génériques «de service public ou qui sont inclus dans la fonction administrative»(155). Ou alors, comme le souligne en termes généraux le code du contentieux administratif de la Colombie:

> Les fonctionnaires tiendront compte du fait que l'activité administrative a pour objet l'accomplissement des missions étatiques, ainsi que l'indiquent les lois, les prestations adéquates des services publics et l'effectivité des droits et des intérêts des administrés, tels qu'il sont reconnus par la loi(156).

---

(151) Décision du 9 août 1957, *Gaceta Forense*, n° 17, 1957, pp. 132-137; *v.* Allan R BREWER-CARIAS, *Jurisprudencia de la Corte Suprema..., op. cit.*, Vol. III, Vol. 1).

(152) Décision de la Première Cour de contentieux administratif du 4 novembre 1986, *Revista de derecho público*, n° 28, 1986, p. 91.

(153) Décision de la Cour Suprême de Justice en Chambre politico-administrative du 9 juin 1988, *Revista de derecho público*, n° 35, 1988, p. 97. Dans cette même décision, la Cour ajouta

«constitue une illégalité le fait que les organes administratifs appliquent les facultés qu'ils exercent à des éléments distincts de ceux qui sont expressément prévus par les normes, ou qui déforment la manière réelle dont les faits se sont produits ou la portée réelle des dispositions légales, afin de parvenir à des effets déterminés sur la base de réalités distinctes de celles qui existent ou qui sont attestées dans le dossier administratif concerné, concrétisation de la procédure destinée à la création correcte de l'acte», *idem*.

(154) L'art. 40,1 de la loi sur les procédures administratives espagnole prescrit que le contenu des actes administratifs sera ajusté aux buts de ceux-ci; et l'art. 131,2 de la LGAP du Costa Rica prescrit ainsi que «les fins principales de l'acte seront fixées par l'ordonnance».

(155) Décision de l'ancienne Cour Fédérale (Vénézuéla) du 28 septembre 1954, *Gaceta Forense*, n° 5, Caracas 1954, p. 217-218.

(156) Art. 2.

En conséquence, même quand l'ordonnancement juridique ne fixe pas un but spécifique à l'action administrative, le fonctionnaire ne dispose pas d'un pouvoir discrétionnaire à l'égard des buts qu'elle poursuit, mais il est toujours tenu de réaliser les objectifs génériques de service public que, comme l'indique expressément la Loi générale sur l'administration publique du Costa Rica, «le juge devra déterminer en fonction des autres éléments de l'acte et du reste de l'ordonnancement juridique»[(157)].

Il est évident que la conséquence de la nécessaire obtention de résultats déterminés par l'administration est, comme l'a indiqué la jurisprudence vénézuélienne, que «l'administration publique ne peut aboutir à des résultats différents de ceux poursuivis par le législateur, même lorsque ceux-ci répondent à la plus stricte licité et à la plus stricte moralité, car ce que fou cherche, c'est atteindre un but déterminé, que l'on ne peut faire dévier pour aucun motif, aussi plausible soit-il»[(158)].

En ce sens, la loi sur les procédures administratives d'Argentine, en énumérant les exigences essentielles des actes administratifs, énonce que ceux-ci:

> Devront réaliser la finalité qui résulte des normes conférant les compétences adéquates à l'organe qui en est l'auteur, sans pouvoir poursuivre, en les dissimulant, d'autres finalités publiques ou privées, distinctes de celles qui justifient l'acte, sa cause et son objet (art. 7,f).

En conséquence, comme l'indique expressément la Loi générale sur l'administration publique du Costa Rica, «la poursuite d'une finalité distincte du but principal, au détriment de celui-ci, sera un détournement de pouvoir» (art. 131,3), utilisant ainsi la terminologie consacrée en France pour identifier le vice dans la finalité de l'acte administratif et qui sanctionne par l'illégalité tant les cas pour lesquels l'acte administratif est étranger à l'intérêt général que les cas dans lesquels même conçus dans l'intérêt général, les objectifs qui motivent faction ne sont pas ceux qui justifient l'octroi du pouvoir d'agir à un fonctionnaire déterminé[(159)].

A la différence du système français, cependant, dans lequel le vice est une pure création jurisprudentielle, en Amérique latine il a été consacré législativement et même, dans quelques cas, constitutionnellement (ainsi dans la Constitution du Vénézuéla, laquelle, en défroissant l'objet de la juridiction administrative, indique, entre autres, l'annulation des actes administratifs «contraires au droit, y compris par détournement de pouvoir») (art. 206).

Sur cette base, la jurisprudence vénézuélienne s'est préoccupée de ce thème, en précisant l'existence d'un tel vice de la manière suivante:

> Il y a détournement de pouvoir quand l'acte, même formellement et substantiellement en accord avec la loi, ne l'est pas cependant du point de vue téléologique en ce que, l'administration, en l'édictant, ne poursuit pas le but pour l'obtention duquel la faculté

---

(157) LGAP Costa Rica, art. 131,2.

(158) Décision de l'ancienne Cour Fédérale du 28 septembre 1954, *Gaceta Forense*, n° 5, Caracas 1954, p. 217-218.

(159) *V.* la décision *Pariset*, C.E. 26 nov. 1875, Rec. 934 et les commentaires in LONG, WEIL, BRAIBANT, DELVOLVE et GENEVOIS, *op. cit.*, pp. 38 et ss.; *V.* en outre, J.M. AUBY et R DRAGO, *op. cit.*, Vol. II, pp. 415 et ss.

d'agir lui a été accordée, mais une fin distincte qui est, en soi, contraire au droit. Par le biais de ce vice, la jurisprudence qui fa conçu et postérieurement la doctrine qui en a déterminé les modalités et finalement la norme expresse qui le consacre, tendent à établir un contrôle sur l'intention de l'Administration, ce qui va au-delà du simple examen de l'apparence de l'acte, pour permettre que l'on se penche de plus près sur les motifs réels et concrets qu'a eus son auteur. Le détournement de pouvoir, pour être caractérisé, ne requiert même pas que la fin particulière poursuivie par la décision soit contraire à la loi: il suffit qu'elle soit contraire à l'objectif que, par l'acte spécifique édicté, l'on s'efforce de poursuivre(160).

Non seulement la finalité de l'acte administratif ne doit pas être «détournée», mais la procédure administrative spécifique ne peut l'être davantage. C'est dire que les procédures sont aussi instituées en vue de l'obtention d'un résultat concret, de telle manière que tout détournement de procédure entache l'acte qui en résulte. Le vice consiste dans l'utilisation par l'administration d'une procédure administrative ayant un objet distinct de la finalité pour laquelle cette procédure a été instituée. Ce vice, identifié précisément dans la jurisprudence française depuis plus de quatre décennies(161), tient au principe selon lequel le fonctionnaire n'a pas le pouvoir de choisir entre diverses procédures pour obtenir un résultat déterminé. Si ce que l'on cherche, par exemple, est le transfert d'un immeuble privé à l'Etat pour une cause d'utilité publique, l'administration doit utiliser la procédure de l'expropriation, si bien que l'utilisation à cette même fin de toute autre procédure qui ait comme résultat la suppression de la propriété sans paiement d'une juste indemnisation, apparaîtrait comme un détournement de procédure(162).

---

(160) Décision de la Première Cour de contentieux administratif du 14 juin 1982, *Revista de derecho público*, n° 11, Caracas 1982, p. 134. *V.* aussi décision de la Cour Suprême de Justice du 15 novembre 1982, *Revista de derecho público*, n° 12, Caracas 1982, pp. 134-135; et décision de la Première Cour de Contentieux Administratif du 13 août 1986, *Revista de derecho público*, n° 28, Caracas 1986, p. 92 par laquelle fut annulé un acte administratif disciplinaire, parce que celui-ci «ne fut pas l'application nette d'une procédure disciplinaire mais dissimulait une vengeance des autorités, circonstance constitutive d'un détournement de pouvoir, que l'article 206 de la Constitution sanctionne comme un vice susceptible d'entraîner la nullité de l'acte», *idem*.

(161) R HOSTIOU, *Procédure et formes de l'acte administratif unilatéral en droit français*, Paris 1975, pp. 315 et ss.; J.M. AUBY et R. DRAGO, *op. cit.*, p. 810; G. ISAAC, *La procédure administrative non contentieuse*, Paris 1968, pp. 59 et ss.

(162) Un cas de nullité d'un décret d'expropriation pour détournement de procédure peut être identifié dans la décision de la Cour Suprême de Justice (Chambre Politico-Administrative) du 8 janvier 1970, *Gaceta Oficial*, n° 29122 du 16 janvier 1970 (affaire *Nelson CA.*) dans laquelle la Cour considéra l'émission d'un nouveau décret d'expropriation visant des immeubles comme «un cas typique de détournement de pouvoir» car «par ces actes, on a essayé d'obtenir des bénéfices pour l'administration en utilisant des procédures qui ne concordent pas strictement à la finalité stricte des pouvoirs qui ont été utilisés. Dans ce cas, il s'agissait d'immeubles déjà occupés et construits par l'etat, qui avaient fait l'objet d'un décret d'expropriation. La procédure d'expropriation était presque achevée lorsque l'Administration prit un nouveau décret renonçant à l'expropriation; le même jour elle prit un nouveau décret d'expropriation portant sur une zone plus vaste. La Cour considéra que «la finalité poursuivie par le décret n° 791 (de renonciation de l'expropriation) n'a pas été celle de renoncer à la procédure, puisque, à la même date, a été pris le décret n° 792 qui concerne la même chose expropriée; la vraie finalité, comme l'explique l'avis du Procureur général de la République, a été celte de reprendre la procédure et d'avoir une autre occasion d'obtenir un prix plus conforme aux intérêts de la Nation; de telles procédures contribuent, sans aucun doute, à modifier la nature du jugement d'expropriation». *V.* le texte de la décision in Allan R BREWER-CARIAS, *Jurisprudencia de la Corte Suprema... cit....* Vol. III, Vol 1, p. 338-339.

6. Principes relatifs a l'objet des actes administratifs

Enfin, parmi les éléments de la légalité interne de l'acte administratif, comme de tout acte juridique, il y a son objet ou son contenu, c'est-à-dire, l'effet pratique que l'on prétend atteindre avec l'acte administratif, par exemple la nomination d'un fonctionnaire, la saisie d'un bien, la démolition d'un immeuble ou l'octroi d'un permis.

Cet objet de l'acte administratif, comme de n'importe quel acte juridique, doit être déterminé ou déterminable, être possible et licite. C'est ce que prévoit par exemple, la Loi générale sur l'administration publique du Costa Rica, lorsqu'elle énonce que le contenu des actes administratifs «devra être licite, possible, clair et précis»; ou la loi argentine sur les procédures administratives lorsqu'elle pose comme condition essentielle des actes administratifs, que «l'objet doit être clairement, matériellement et juridiquement possible» (art. 7,c).

La conséquence de ces exigences concernant l'objet est qu'un acte administratif dont le contenu est indéterminé, d'exécution impossible, illégal en soi ou dont l'exécution serait illégale, ne peut être valide et doit être frappé de nullité absolue. Ainsi se prononce la loi vénézuélienne sur les procédures administratives, lorsqu'elle considère comme un des cas de nullité absolue des actes administratifs l'hypothèse selon laquelle «son contenu est d'exécution impossible ou illégale» (art. 19,3)[(163)]. Dans le même sens, la loi espagnole sur la procédure administrative énonce que sont nuls de plein droit les actes de l'Administration «dont le contenu est impossible ou qui sont constitutifs de délit» (art. 47,b).

II. LES ÉLÉMENTS DE FORME DES ACTES ADMINISTRATIFS

Mais les lois sur la procédure administrative dans les pays latino-américaines, en dehors des éléments de fond ou de légalité interne, règlent aussi les éléments de forme de actes administratifs, appelés encore éléments de légalité externe, et définis tant par les formalités nécessaires à leur production que par les éléments formels de l'expression externe des actes, en particulier leur forme écrite et leur motivation. Nous distinguons donc, suivant en cela René Hostiou, les *formalités* des actes administratifs constituées par les diverses opérations qui en conditionnent l'émission et l'entrée en vigueur de l'acte et les formes qui sont les mentions de l'écrit, traduisant les diverses conditions de régularité de l'acte et notamment la motivation ou l'expression des motifs.

---

(163) Par exemple, un décret d'expropriation de quelques immeubles qui ont été expropriés. *V.* décision de la Cour Suprême de Justice (Vénézuéla), Chambre politico-administrative, du 8 janvier 1970 (affaire Nelson CA.), *Gaceta Oficial* n° 29122 du 16 janvier 1970. *V.* de même in Allan R BREWER-CARÍAS, *Jurisprudencia de la Corte Suprema..., cit.*, Vol. III, Vol. 1, p. 339

1. Les formalités des actes administratifs

Ainsi que l'indique la loi argentine sur les procédures administratives, avant l'émission de l'acte administratif «doivent être accomplies les procédures substantielles prévues et celles qui découlent implicitement de l'ordonnancement juridique» (art. 7,d) [164]. En ce sens, la procédure s'identifie avec les formalités qui doivent être accomplies préalablement à l'adoption de l'acte[165].

Or, les formalités établies légalement et qui composent une procédure administrative ont toujours deux objectifs généraux, ainsi que le prévoit la Loi générale sur l'administration publique du Costa Rica: en premier lieu, assurer la meilleure réalisation possible des fins de l'Administration et, en second lieu, assurer le respect des droits et des intérêts légitimes des administrés (art. 214). Ces formalités sont prévues fréquemment, de manière disparate, dans les divers textes régulateurs de l'activité administrative; parmi celles-ci, on peut distinguer celles qui peuvent être considérées comme substantielles et dont la méconnaissance peut affecter l'acte administratif d'un vice de nullité (art. 223,1, LGAP Costa Rica), et celles qui ne peuvent pas être regardées comme substantielles et dont la méconnaissance n'affecte pas la validité des actes administratifs.

Or, en suivant l'orientation de la jurisprudence française[166], on peut remarquer qu'en Espagne et en Amérique latine sont toujours considérées comme substantielles les formalités prescrites pour garantir les droits des administrés, comme par exemple, celles qui prévoient la comparution ou l'audition des intéressés comme mode d'information préalable à une décision, ou pour assurer les droits de la défense (*audi alteram parte*). La Loi générale sur l'administration publique du Costa Rica, de son côté, dispose que doit être considérée comme une formalité substantielle celle dont l'omission «entraînerait une absence de défense» (art. 223).

En outre, doivent aussi être considérées comme substantielles les formalités dont l'inaccomplissement pourrait changer le sens de la décision. Ainsi, de manière expresse, la Loi générale sur l'administration publique du Costa Rica, entend:

> Comme substantielle la formalité dont la réalisation correcte aurait empêché ou modifié la décision finale dans des éléments importants (art. 223,2).

Fréquemment, par exemple, les textes légaux exigent, en cours de procédure, l'intervention préalable et obligatoire d'organes consultatifs, dont l'opinion peut être contraignante ou non contraignante pour l'organe qui édicte l'acte. Comme l'indique la loi espagnole sur les procédures administratives, «les avis peuvent être obligatoires ou facultatifs, contraignants ou non contraignants» (art. 85,1).

---

(164) *V.* R. HOSTIOU, *op. cit.*

(165) Le terme «procédure» s'entend ici au sens strict.

(166) G. VEDEL et P. DELVOLVE, *op. cit.*, Vol. 2, p. 303; G. BERLIA, «Vice de forme et contrôle des actes administratifs», *Revue de droit public et de la science politique en France et à l'étranger*, Paris 1940, pp. 377 et ss.

Toutefois, sauf disposition légale contraire, conformément aux articles 81 f et 57 des lois sur les procédures administratives d'Espagne et du Vénézuéla, les rapports qui sont émis par des organes consultatifs doivent être considérés comme non contraignants par l'autorité qui doit adopter la décision.

Cependant, il faut souligner en ce sens que la loi sur les procédures administratives d'Argentine, à propos de l'émission des actes administratifs, considère toujours comme «essentiel l'avis provenant des services permanents d'assistance juridique quand l'acte pourrait affecter des droits subjectifs et des intérêts légitimes» (art. 7,d), sans prévoir évidemment, dans ce cas, le caractère contraignant de l'avis juridique.

Dans d'autres cas, la formalité substantielle consiste à exiger, pour l'émission d'un acte administratif par un organe, la formulation d'une proposition de la part d'un autre organe administratif. Cette proposition peut consister seulement à laisser l'initiative de la décision à l'organe qui propose, ou peut consister en une proposition appelée impérative, de manière que l'intervention de l'organe de proposition a pour effet essentiel de limiter le pouvoir de décision de l'organe qui prend la décision(167). C'est le cas en général des concours pour la nomination de fonctionnaires, dont l'évaluation et la proposition appartiennent à un jury ou à une commission qualifiée, qui ensuite propose la nomination à l'autorité qui décide, sans que cette dernière puisse modifier de quelque manière que ce soit la proposition.

En tout cas, et sauf détermination expresse de la loi, l'organe administratif auquel il appartient de prendre une décision a la liberté de consulter d'autres autorités ou organismes, comme l'indique la loi sur les procédures administratives du Vénézuéla et demander les «rapports, documents ou antécédents qu'il estime convenir pour la meilleure solution de la question» (art. 54). Cependant, l'omission des rapports et antécédents ne suspend pas le cours de l'affaire, sauf disposition expresse contraire, sans préjudice de la responsabilité qu'encourt le fonctionnaire pour l'omission ou le retard (art. 56).

2. La forme des actes administratifs

Le principe concernant la forme des actes administratifs est résumé dans l'article 8 de la loi sur les procédures administratives d'Argentine, qui dispose que

> L'acte administratif revêtira une forme expresse et écrite; il indiquera le lieu et la date où il a été édicté et contiendra la signature de l'autorité qui l'émet; exceptionnellement et si les circonstances le permettent, une forme distincte pourra être utilisée.

Une formulation similaire figure à l'article 134 de la Loi générale relative à l'Administration publique du Costa Rica(168), et sous une forme plus détaillée, à l'article 18 de la loi organique sur les procédures administratives, qui dispose que:

---

(167) *V.* R. HOSTIOU, *op. cit.*, pp. 37 et ss.

(168) Art. 134: «L'acte administratif devra être exprimé par écrit, sauf si sa nature ou les circonstances exigent une forme différente. 2. L'acte écrit devra indiquer l'organe qui agit, le droit applicable, la disposition, la date et la signature en mentionnant la fonction du signataire»

Tout acte administratif devra contenir: 1. le nom du ministère ou de l'organisme auquel appartient l'organe qui émet l'acte; 2. le nom de l'organe qui émet l'acte; 3. les lieux et dates d'édiction de l'acte; 4. le nom de la personne ou de l'organe destinataire; 5. l'expression succincte des faits, des raisons qui ont été alléguées et des fondements légaux pertinents; 6. la décision correspondante s'il y a lieu; 7. le nom du fonctionnaire ou des fonctionnaires qui le signent, avec indication du titre en vertu duquel ils agissent et indication expresse, dans le cas d'un acte par délégation, du numéro et de la date de l'acte de délégation qui a conféré la compétence; 8. le cachet du bureau

Cette norme ajoute que «'original de chaque acte contiendra la signature autographe du ou des fonctionnaires qui le souscrivent» Cette exigence est évidemment complétée par celle de la signature dans les cas de ratification par contreseing ministériel, laquelle est généralement de rang constitutionnel[(169)]. Cependant, en ce qui concerne la signature des actes administratifs, la loi vénézuélienne précise que «dans le cas des actes dont la fréquence le justifie, il pourra être admis par décret que la signature des fonctionnaires «sera imprimée par des moyens mécaniques qui offrent des garanties de sécurité» (art. 18).

Il résulte de ce qui précède qu'en principe l'acte administratif doit être écrit, mais peut, cependant, revêtir une forme verbale ou s'exprimer selon des procédés mécaniques[(170)], à condition que cette décision n'affecte pas des droits et des intérêts des destinataires.

II convient de souligner, parmi les exigences de forme des actes administratifs, celle de la loi vénézuélienne selon laquelle ces actes doivent contenir l'expression succincte des fondements légaux pertinents (art. 18,5). C'est ce qui s'appelle, en droit français, le système de «visas» de l'acte administratif, qui impose, entre autres, l'expression formelle de la base légale de l'acte, c'est-à-dire, des normes légales ou réglementaires qui autorisent son émission[(171)].

3. La motivation des actes administratifs

La motivation, comme exigence de forme des actes administratifs, consiste en la nécessaire expression formelle des motifs de l'acte, tant ceux qui sont de droit et qui déterminent sa base légale que les motifs de fait qui provoquent faction administrative. Ainsi la motivation est l'expression formelle de la cause des actes administratifs, c'est-à-dire, des fondements de fait et de droit de ceux-ci.

Or, l'évolution que l'on observe en droit français en matière de motivation des actes administratifs (qui a commencé par un régime d'absence d'obligation de motiver les actes administratifs, jusqu'à l'édiction de la loi n° 79-587 du il juillet 1979, laquelle imposa l'obligation de motiver les décisions administratives défavorables aux administrés), s'est produite, on peut le dire, dans tous les pays à

(169) Art. 190, Constitution du Vénézuéla.

(170) Par exemple, art. 41,2 LPA Espagne.

(171) G. DUPUIS, «La présentation de l'acte administratif» in G. DUPUIS (ed.), *Sur la forme et la procédure de l'acte administratif*, Paris 1979, p. 15; R. HOSTIOU, *op. cit.*, pp. 159 et ss.; P. DELVOLVE, *L'acte administratif*, Paris 1983, p. 181.

régime administratif. La jurisprudence, bien entendu, a joué dans cette évolution un rôle fondamental en exigeant la motivation dans le cas de mesures graves imposées à un particulier, dans le cas où la motivation serait l'unique moyen de pouvoir apprécier la régularité ou la légalité de l'acte administratif, et en particulier lorsque des sanctions disciplinaires sont infligées aux fonctionnaires[(172)]. Mais la timidité de la jurisprudence française en cette matière, en tout cas, fut surmontée par la loi n° 79-587 du 11 juillet 1979, qui imposa l'obligation de motiver les décisions qui restreignent l'exercice des libertés publiques ou, de manière générale, constituent une mesure de police , qui infligent une sanction, qui subordonnent l'octroi d'une autorisation à des conditions restrictives ou imposent des sujétions, qui retirent ou abrogent une décision créatrice de droits, qui opposent une prescription, une forclusion ou une déchéance, ou refusent un avantage dont l'attribution constitue un droit pour les personnes qui remplissent les conditions légales pour l'obtenir[(173)].

Une solution similaire a été adoptée dans la législation espagnole par la loi sur la procédure administrative, dès 1958, selon laquelle:

> Seront motivés, avec une référence succincte aux faits et aux fondements de droit: a) les actes qui limitent des droits subjectifs; b) ceux qui règlent des recours; c) ceux qui s'éloignent du critère suivi dans des actions précédentes ou de l'avis d'organes consultatifs; d) ceux qui doivent l'être en vertu de dispositions légales; e) les décisions de suspension d'actes qui ont été objet de recours[(174)].

Plus radicale a été, en tout cas, l'évolution en Argentine et au Vénézuéla, dont les législations, après le travail continu de la jurisprudence qui avait progressivement exigé la motivation en ce qui concerne les actes-sanctions, ceux qui restreignent les droits des particuliers et ceux qui sont édictés sur la base de l'exercice d'un pouvoir discrétionnaire[(175)], ont posé l'obligation générale de motivation pour tous les actes administratifs. Ainsi, l'article 7, e, de la loi argentine sur les procédures administratives pose comme une exigence essentielle des actes administratifs qu' «ils devront être motivés, exprimer sous une forme concrète les raisons de l'édiction de l'acte, et mentionner en outre les faits et les antécédents qui lui servent de cause ainsi que les fondements de droit en vigueur». Dans un sens identique, la loi vénézuélienne sur les procédures administratives dispose que:

> Les actes administratifs à caractère particulier devront être motivés, à l'exception de ceux qui sont de simple gestion ou sauf disposition expresse de la loi. A cet effet, ils devront faire référence aux faits et aux fondements légaux de l'acte(art. 9).

---

(172) J.M. AUBY et R, DRAGO, *op. cit.*, Vol. II, pp. 305-306; R. HOSTIOU, *op. cit.*, pp. 180 et ss.; P. DELVOLVE, *op. cit.*, p. 182; G. ISAAC, *op. cit.*, p. 561 et ss.

(173) Art. 1. *V.* sur la loi 79-587 du 11 juillet 1979, Didier LINOTTE, «La motivation obligatoire de certaines décisions administratives», *Revue du droit public*, Paris 1980, n° 6, pp. 1699 et ss.; J.M. AUBY et R, DRAGO, *op. cit.*, Vol. II, p. 307.

(174) Dans le même sens, art. 136 LGAP Costa Rica.

(175) *V.* Allan R. BREWER-CARÍAS, *El derecho administrativo y la Ley orgánica de procedimientos administrativos*, Caracas 1985, pp. 158 et ss.

En conséquence, l'absence de motivation des actes administratifs à effets particuliers peut s'appuyer seulement sur un texte légal exprès qui la consacre, ce qui n'est pas fréquent.

III. LE REGIME DES NULLITES DES ACTES ADMINISTRATIFS

L'une des conséquences les plus importantes du processus de codification du droit administratif et de la régulation législative des éléments de l'acte administratif en Espagne et en Amérique latine est la réglementation expresse du régime des nullités des actes administratifs et particulièrement, l'établissement par la loi des cas de nullité absolue et leurs conséquences.

En effet, comme l'indique la Loi générale sur l'administration publique du Costa Rica, «l'absence ou l'insuffisance d'un quelconque élément de l'acte administratif, expressément ou implicitement exigé par l'ordonnancement juridique, constitue un vice de celui-ci» (art. 158, 1).

Toutefois, tout vice n'est pas de nature à affecter la validité des actes administratifs ou en d'autres termes, n'importe quelle défectuosité ou omission dans les éléments ou conditions d'un acte administratif n'entraînera pas sa nullité. L'invalidité, et par voie de conséquence la possibilité d'annuler les actes administratifs, se produit seulement quand l'acte administratif fait état d'une non-conformité substantielle avec l'ordonnancement juridique[(176)]. En d'autres termes, les vices non substantiels n'invalident pas les actes administratifs et ne conduisent pas à déclarer leur nullité, sans préjudice de la responsabilité disciplinaire du fonctionnaire[(177)].

Cependant, l'invalidité de l'acte administratif n'a pas toujours la même gravité quant à son origine ni les mêmes effets, puisqu'elle peut apparaître comme le résultat d'un vice de nullité absolue ou d'un vice de nullité relative, selon la gravité de la violation commise. La problème de la théorie des nullités des actes administratifs consiste alors précisément à déterminer quand le vice de l'acte administratif entraîne la nullité absolue de celui-ci et, à défaut, quand il y a seulement vice de nullité relative ou «annulabilité»; les effets d'un vice ou d'un autre, dans le monde du droit, sont totalement distincts.

Or, à la différence de ce qui se passe en France, en Espagne et en Amérique latine, en général, ce sont les lois sur la procédure administrative qui déterminent expressément les cas où il y a vice de nullité absolue ou vice de nullité relative des actes administratifs. En ce sens, deux systèmes de détermination de ces vices ont été suivis par les législations relatives aux procédures administratives en Espagne et en Amérique latine. En premier lieu, se détache le système adopté par

---

(176) Art. 158 LGAP Costa Rica.

(177) Art. 158.5 LGAP Costa Rica. En ce sens l'article 16 de la LPA en Argentine énonce que «l'irrégularité d'une clause incidente ou accessoire d'un acte administratif n'entraînera pas la nullité de celui-ci, à condition qu'elle en soit séparable et qu'elle n'affecte pas l'essence de l'acte émis».

la Loi générale sur l'administration publique du Costa Rica qui prévoit d'une manière générale, d'une part «qu'il y aura nullité absolue quand font totalement défaut, matériellement ou juridiquement, un ou plusieurs des éléments constitutifs des actes administratifs» et, d'autre part, «qu'il y aura nullité relative de l'acte quand l'un de ses éléments constitutifs est imparfait, sauf si cette imperfection empêche la réalisation du but poursuivi, auquel cas la nullité sera absolue» (art.165, 2 et 3) [(178)]. Ce premier système, basé sur l'absence des éléments de l'acte ou seulement sur leur imperfection, laisse subsister cependant dans la pratique une frontière imprécise entre les deux types de vices des actes administratifs, et de ce fait sa détermination continue de relever de la casuistique.

Le second système général relatif au régime des nullités absolues, plus précis que le précédent, consiste dans l'énumération expresse par la législation des cas dans lesquels les vices entraînent une nullité absolue, ces derniers étant déterminés dans un numerus clausus.

C'est le système de la loi espagnole sur la procédure administrative qui prévoit expressément quatre cas seulement de nullité absolue des actes administratifs, ceux qu'elle qualifie de «nullités de plein droit». Ces cas sont: 1. Les actes pris par un organe manifestement incompétent; 2. Ceux dont l'objet est impossible ou qui sont constitutifs de délit; 3. Ceux qui sont pris en faisant totalement et absolument abstraction de la procédure légalement établie à cette fin ou des normes qui contiennent les règles essentielles à la formation de la volonté des organes administratifs (art. 47, 1). Il s'agit en résumé, des vices graves de compétence, des vices affectant l'objet de l'acte, et de vices dans les formalités substantielles[(179)]. La loi espagnole sur le régime juridique de l'administration de l'Etat ajoute à ces vices de nullité absolue les cas de violation de la «réserve légale» et du respect de la hiérarchie des actes[(180)].

La législation relative aux procédures administratives du Vénézuéla, outre les cas précédemment mentionnés d'incompétence manifeste, d'impossibilité ou d'illégalité de l'objet de l'acte et de l'absence absolue et totale de la procédure légalement prescrite (art. 19, 3 et 4), a ajouté comme causes de nullité absolue des actes administratifs, en premier lieu, les cas dans lesquels la Constitution ou la loi en décident ainsi expressément (art. 9, 1): par exemple, lorsque la Constitution prescrit la nullité des actes comportant une violation des droits et garanties constitutionnels (art. 467) les actes pris dans le contexte d'une usurpation de fonctions (art. 119) et ceux qui résultent de l'emploi direct ou indirect de la force (art. 120). En second lieu, la législation vénézuélienne ajoute comme vice de nullité absolue, les cas d'actes administratifs retirant des actes antérieurs normalement irrévocables parce qu'ils ont créé des droits particuliers (art. 19, 2).

---

(178) *V.* Eduardo ORTIZ ORTIZ, «Nulidades del acto administrativo en la Ley general de administración pública (Costa Rica)», *Revista del Seminario international de derecho administrativo*, San José 1981, pp. 381 et ss.

(179) *V.* Tomás Ramón FERNÁNDEZ RODRÍGUEZ, *Nulidad de los actos administrativos*, Caracas 1987; et *La doctrina de los vicios de orden público*, Madrid 1970.

(180) Arts. 23 à 28 et art. 47, 2 LPA Espagne.

Pour sa part, la législation argentine sur les procédures administratives est encore plus compréhensive dans la précision des cas de vices de nullité absolue, quand elle dispose que l'acte administratif est nul, de nullité absolue et irrévocable, dans les cas suivants: en premier lieu, quand la volonté de l'Administration est exclue par le fait d'une erreur essentielle; quand il y a eu dol, dès lors que l'on tient pour existants des faits ou des antécédents inexistants ou faux; et quand l'acte est le résultat de la violence physique ou morale exercée sur l'agent ou est le résultat de la simulation. En second lieu, quand l'acte a été émis dans des conditions d'incompétence *ratione materiae*, *ratione loti* ou *ratione temporis*; quand il y a absence de cause, parce que les faits ou le droit invoqué n'existent pas ou sont faux; ou quand l'acte a violé la loi applicable, les formes essentielles ou la finalité qui devait inspirer son édiction (art. 14).

Toutefois, la conséquence de l'énumération des cas de nullité absolue est l'indication résiduelle par la loi que n'importe quelle autre infraction à l'ordonnancement juridique, c'est-à-dire n'importe quel autre vice des actes administratifs qui n'entraîne pas la nullité absolue, ou comme l'indique la loi argentine, n'importe quelle irrégularité ou omission qui n'arriverait pas à supprimer l'un ou l'autre des éléments essentiels de ces actes, les rendront seulement annulables, c'est-à-dire viciés de nullité relative[181].

De ce qui vient d'être dit résulte donc, qu'en général, dans les législations d'Espagne et d'Amérique latine, les vices des éléments de fond ou de la légalité interne des actes administratifs, lorsqu'ils sont graves et manifestes, tels que l'incompétence manifeste, les vices dans la manifestation de volonté, la violation de la Constitution ou la violation grave de la loi, l'inexistence des motifs de fait et l'absence absolue et totale de la procédure légalement prescrite, entraînent la nullité absolue de ceux-ci. Dans le cas contraire, ils conduisent à des vices de nullité relative ou d'«annulabilité», en incluant les cas de détournement de pouvoir et de méconnaissance de limites à l'exercice du pouvoir discrétionnaire[182].

Il convient de remarquer, cependant, en matière de vices de forme, que quoique l'absence absolue et totale de la procédure légalement prescrite soit de nature à conduire à la nullité absolue, la jurisprudence dans certains pays comme le Vénézuéla a admis que les violations des formalités substantielles, comme celles qui sont destinées à protéger les droits des administrés, doivent être assimilées à des cas de nullité absolue[183]. Du reste, les vices de forme, en principe, conduisent à l'«annulabilité» des actes administratifs, au moins s'ils affectent les exigences formelles indispensables pour parvenir au but de l'acte, car, dans le cas contraire, l'irrégularité ne conduit même pas à l'invalidité[184]. Il s'agit, en définitive, en ce qui concerne les vices de forme, de la distinction élaborée par la jurisprudence française entre la violation de formalités substantielles, celles qui

(181) Art. 48 LPA Espagne; art. 2 LOPA Vénézuéla; art. 15 LPA Argentine.

(182) Art. 160 LGAP Costa Rica.

(183) Décision de la Première Cour de contentieux administratif (Vénézuéla) du 26 juin 1986, *Revista de derecho público*, n° 27, Caracas 1986, p. 101.

(184) Art. 42, 2 LPA Espagne.

sont établies pour protéger les administrés ou dont le non-accomplissement pourrait modifier la décision de fond[(185)], et la violation des formalités non substantielles.

Ainsi, la distinction entre les vices de nullité absolue et les vices de nullité relative est essentielle dans les législations hispano-américaines, eu égard à ses conséquences et aux caractéristiques qui sont attribuées aux cas de nullité absolue et qui sont les suivantes

1. L'acte administratif vicié de nullité absolue ne peut être présumé légitime et son exécution ne peut être ordonnée; en revanche, si le vice est de nullité relative, joue le principe de la présomption de légitimité de l'acte tant qu'une juridiction n'aura pas déclaré le contraire. En outre, l'exécution des actes administratifs viciés de nullité absolue engage la responsabilité des fonctionnaires qui l'exécutent[(186)].

2. La nullité absolue est un vice qui affecte la totalité de l'acte et ne peut pas être régularisé; en revanche, la nullité relative peut affecter partiellement un acte administratif et en tout cas, peut être régularisée[(187)].

3. La nullité absolue des actes administratifs peut être déclarée par l'Administration à n'importe quel moment, c'est-à-dire que les actes viciés de nullité absolue peuvent toujours être retirés par l'administration; alors que les actes administratifs créateurs de droits au profit de particuliers, même s'ils sont viciés de nullité relative, ne peuvent être retirés par l'administration elle-même[(188)]. Dans le premier cas, on pourrait parler de l'existence d'un recours administratif sans aucun délai de caducité pour solliciter de l'Administration la reconnaissance de la nullité absolue de ses actes[(189)].

4. L'annulation d'un acte administratif vicié de nullité absolue produit en règle générale des effets *ex tunc*, c'est-à-dire a des effets déclaratifs et rétroactifs à la date de l'acte [(190)]; en revanche, en principe, l'annulation d'un acte relativement nul produira des effets *ex nunc*, c'est-à-dire seulement pour le futur, sauf si l'effet rétroactif est nécessaire pour éviter des dommages au destinataire de l'acte administratif, aux tiers ou à l'intérêt public[(191)].

5. Dans certains cas, la nullité absolue des actes administratifs permet que l'on puisse solliciter leur nullité, par voie juridictionnelle, à n'importe quel moment, comme par exemple dans les cas de violation de droits et de garanties constitutionnels[(192)], auquel cas il n'y aurait pas de délai de caducité pour intenter

---

(185) G. BERLIA, *loc. cit.*, pp. 377 et ss

(186) Arts. 169, 170 et 176 LGAP Costa Rica. Au Vénézuéla, pour cela, si on allègue un vice de nullité absolue dans un recours administratif, l'Administration peut suspendre l'exécution de l'acte (art. 87 LOPA).

(187) Art. 172 et 187 LGAP Costa Rica; art. 53 LPA Espagne; arts 21 et 81 LOPA Vénézuéla.

(188) Arts. 173 et 174 LGAP Costa Rica; arts. 17, 18 LPA Argentine; arts. 19,2 et 81 LOPA Vénézuéla.

(189) Art. 81 LOPA Vénézuéla.

(190) Art. 171 LGAP Costa Rica.

(191) Art. 178 LGAP Costa Rica.

(192) Art. 5, la Loi Organique relative à la protection des droits et garanties constitutionnels (Vénézuéla).

le recours d'annulation. En revanche, le recours en annulation contre les actes administratifs à effets particuliers, quand il se fonde sur des vices de nullité relative, doit être intenté dans un délai de temps déterminé, sans préjudice du fait que, postérieurement, on puisse toujours lui opposer l'exception d'illégalité(193).

6. Enfin, s'agissant de vices de nullité absolue, ceux-ci peuvent être invoqués d'office par le juge administratif, dans le cours d'un procès. Par contre les vices de nullité relative doivent être soulevés par le requérant pour pouvoir être appréciés par le juge administratif(194).

On doit enfin remarquer que quelques-unes des législations analysées règlent expressément les cas de confirmation, réfection et conversion des actes administratifs quand ils sont affectés de quelque vice de nullité relative. En ce sens, par exemple, la loi espagnole sur la procédure administrative dispose que si le vice consiste en une incompétence, «la confirmation peut être réalisée par l'organe compétent hiérarchiquement supérieur à celui qui a édicté l'acte confirmé» (art. 53,2); et la loi argentine sur les procédures administratives se prononce dans le même sens, en qualifiant la procédure de «ratification» (art. 19,1).

En matière de vices de forme, la réfection est réglementée par la Loi générale relative à l'administration publique du Costa Rica, laquelle dispose que:

> Quand le vice de l'acte relativement nul consiste en l'absence d'une formalité substantielle, telle qu'une autorisation obligatoire, une proposition ou une demande d'un autre organe, ou une pétition ou une demande de l'administré, ces formalités pourront être accomplies après l'acte, accompagnées d'une manifestation expresse de conformité dûment établie (art. 188.1)(195).

Dans quelques cas, le principe est posé que l'acte confirmé produira des effets *ex nunc*(196); dans d'autres cas, que les effets tant de la confirmation que de la réfection d'un acte administratif seront rétroactifs «à la date d'émission de l'acte objet de ratification ou de confirmation»(197).

Les lois analysées prévoient aussi le cas de la «conversion» qui conformément à la loi argentine, se réalise si les éléments valides d'un acte administratif nul permettent d'intégrer un autre acte qui est valide, auquel cas la conversion pourra s'effectuer d'un acte à l'autre, à condition que l'administré soit d'accord et que l'Administration le déclare expressément. Dans ces cas, la conversion produit ses effets à partir du moment où le nouvel acte est amendé(198).

---

(193) Art. 136, Loi Organique relative à la Cour Suprême de Justice (Vénézuéla).

(194) Art. 87, Loi Organique relative à la Cour Suprême (Vénézuéla). *V.* sur les vices que le juge de contentieux administratif peut examiner d'office, G. VEDEL et P. DELVOLVE, *op. cit.*, Vol. 2, p. 302.

(195) Selon la même Loi du Costa Rica, la rectification n'est évidemment pas possible quand il s'agit d'omissions d'avis et dans les cas où les omissions engendrent la nullité absolue, en empêchant la réalisation du but de l'acte final. Art. 188,2.

(196) Art. 53,3 LPA Espagne.

(197) Art. 19 LPA Argentine; art. 187,1 et 188,3 LGAP Costa Rica.

(198) Art. 20 LPA Argentine; art. 189; LGAP Costa Rica.

CHAPITRE II

PRINCIPES RELATIFS AUX EFFETS DES ACTES ADMINISTRATIFS

Les lois sur les procédures administratives d'Espagne et d'Amérique Latine, non seulement règlent dans le détail les éléments des actes administratifs qui conditionnent leur validité, mais aussi règlent avec précision les aspects essentiels relatifs à l'efficacité des actes administratifs et, entre autres: la détermination du moment où ils commencent à produire leurs effets; le principe de la non-rétroactivité de ces effets; le principe du respect des droits acquis et le régime du retrait; le principe de la présomption de légitimité des actes administratifs; et les principes relatifs à leur exécution.

I. LE COMMENCEMENT DES EFFETS: PUBLICATION ET NOTIFICATION

Le principe général qui oriente la législation espagnole sur les procédures administratives est que les actes administratifs non seulement sont valides mais aussi qu'ils «produisent des effets à compter de la date de leur émission», sauf disposition contraire ou si leur contenu subordonne leur efficacité à la communication de l'acte aux intéressés (art. 45). L'exception prévue ici, s'agissant évidemment de décisions exécutoires qui produisent des effets généraux ou particuliers à l'égard des individus, s'est indubitablement convertie dans la pratique en règle, puisque normalement le début des effets des actes administratifs se situe au moment où ils sont portés à la connaissance des intéressés. C'est, du reste, le principe qui découle des législations latino-américaines, selon lequel les effets des actes administratifs commencent au moment où ces actes sont portés à la connaissance des Intéressés(199). C'est ce que l'on appelle la publicité des décisions exécutoires dans le système français, laquelle peut être impersonnelle, par la publication de l'acte dans un recueil officiel, ou personnelle, par la notification directe de l'acte à l'intéressé(200). Ainsi, comme le prévoit la loi argentine sur les procédures administratives:

> Pour que l'acte administratif de portée particulière acquière une efficacité, il doit faire l'objet d'une notification à l'intéressé et, en ce qui concerne l'acte de portée générale, d'une publication (art. 11)(201).

Cependant, la Loi générale sur l'administration publique du Costa Rica précise que même avant qu'il soit porté à la connaissance des intéressés, si l'acte leur accorde uniquement des droits, il produira ses effets dès la date de son adoption

---

(199) Comme l'indique l'article 40 de la LGAP Costa Rica: «L'acte administratif produira ses effets après avoir été communiqué ü l'administré».

(200) *V.* G. ISAAC, *La procédure administrative non contentieuse,* Paris 1968, p. 570 et ss.; G. VEDEL et P. DELVOLVE, *Droit administratif,* Paris 1990.

(201) Art. 240, 1 LGAP Costa Rica.

(art. 140). Dans un sens analogue, dans la législation argentine sur les procédures administratives il est aussi prévu, comme exception au principe de l'efficacité subordonnée à la publication ou à la notification de l'acte, le fait que les intéressés peuvent, avant que cela se produise, demander l'exécution des actes administratifs, à condition toutefois que ceux-ci ne lèsent pas les droits des tiers (art. 11).

Or, lorsque l'on parle de publication ou de notification pour déterminer le début des effets des actes administratifs, on doit distinguer le régime des actes à effets généraux, et le régime des actes particuliers.

En effet, en ce qui concerne les actes qui produisent des effets généraux et qui par conséquent, sont de contenu réglementaire (normatif) et même, en ce qui concerne les actes qui, n'étant pas réglementaires, concernent un groupe indéterminé de personnes (une convocation à un concours par exemple),(202) le commencement de l'efficacité de l'acte se situe toujours au moment de sa publication dans un recueil officiel(203). Exceptionnellement cependant, dans quelques cas comme en Colombie en ce qui concerne les petites collectivités territoriales, est permise, pour marquer le début des effets des actes réglementaires, la publication «dans un journal de grande diffusion dans la zone territoriale relevant de la compétence de celui qui a édicté l'acte».

Il est même prévu que dans les communes où n'existe pas d'organe officiel de publicité, on pourra faire connaître ces actes par l'apposition ou la distribution d'affiches ou par des annonces (art. 83).

En revanche, en ce qui concerne les actes administratifs à effets particuliers qui affectent les droits ou les intérêts des administrés, ils doivent être notifiés aux intéressés(204) pour commencer à produire leurs effets. En ce sens, les législations sur la procédure administrative règlent dans le détail la forme et le contenu de ces notifications, en appliquant les principes suivants

1. Les notifications, en principe, doivent être personnelles à l'intéressé, à son mandataire ou à son représentant et doivent être réalisées par communication écrite, télégramme ou tout autre moyen qui permette d'avoir un accusé de réception, de la date et de l'identification de l'acte notifié(205).

2. Les notifications doivent être adressées au domicile ou à la résidence de l'intéressé, ou, à l'endroit désigné par celui-ci. Quelques législations exigent la réception personnelle des notifications(206); d'autres, en revanche, prévoient qu'au lieu dit, si l'intéressé, son mandataire ou son représentant ne sont pas présents, la notification pourra être remise à toute personne qui se trouve là et qui peut faire état de sa parenté ou de la raison de sa présence en ce lieu(207).

---

(202) Art. 72 LOPA Vénézuéla.

(203) Art. 29 LRJAE Espagne; art. 72 LOPA Vénézuéla; Art. 43 CCA Colombie.

(204) Art. 79 LPA Espagne; art. 44 CCA Colombie; Art. 243 LGP Costa Rica; Art. 73 LOPA Vénézuéla.

(205) Art. 80,1 LPA Espagne; art. 44 CCA Colombie; Art. 243 LGAP Costa Rica; Art. 73 LOPA Vénézuéla.

(206) Art. 243 LGAP Costa Rica; Art. 44 CCA Colombie.

(207) Art. 80,2 LPA Espagne; Art. LOPA Vénézuéla.

3. Quand la notification personnelle s'avère impossible ou que l'on ignore le domicile ou la résidence de l'intéressé, quelques législations permettent exceptionnellement de remplacer la notification par la publication de l'acte administratif dans un recueil officiel(208). Dans d'autres cas, dans un journal de plus grande diffusion dans le ressort territorial où l'autorité qui connaît de l'affaire a son siège(209), et même, dans d'autres circonstances, par l'affichage d'un acte dans un endroit public du service concerné pendant une durée de plusieurs jours(210). Hormis ces cas, en général, joue le principe selon lequel «la publication ne peut normalement pas remplacer la notification» (211).

En toute hypothèse, en ce qui concerne le contenu des notifications, les législations d'Espagne et d'Amérique Latine exigent toujours que celles-ci contiennent le texte intégral de l'acte administratif qui est notifié, avec l'indication très importante que les notifications doivent indiquer les recours qui peuvent être utilisés contre l'acte notifié, l'organe devant lequel ils doivent être présentés et les délais nécessaires pour les exercer(212).

Cette dernière indication du délai est d'une importance telle que dans certaines législations, comme la législation vénézuélienne, il est prévu que si sur la base d'une information erronée contenue dans la notification, l'intéressé avait intenté une procédure inadéquate, le temps écoulé ne sera pas pris en compte pour déterminer la date d'expiration des délais de présentation du recours approprié(213).

Or, la conséquence fondamentale de la précision par la loi de ce que doit contenir la notification des actes administratifs est que la notification d'un acte administratif qui serait faite sans transcription du texte intégral, sans indication des recours, des délais pour les exercer et des autorités devant lesquelles ceux-ci doivent être présentés, sera considérée légalement comme défectueuse et donc inefficace(214). La conséquence la plus importante de cette règle relative à l'insuffisance d'informations est que dans les cas de notifications défectueuses, donc inefficaces, le déclenchement du délai pour l'exercice des recours contre les actes administratifs ne se produit pas(215). Toutefois, si l'intéressé affirme de lui-même avoir reçu notification ou, par exemple, exerce spontanément le recours approprié contre l'acte, la notification est présumée être faite à partir de cet instant(216).

On doit remarquer cependant, que les législations espagnole et costaricienne instituent une sorte de correction à l'inefficacité des notifications défectueuses en raison de l'indication des recours appropriés contre l'acte du fait de l'écoulement d'un certain laps de temps, sans qu'il y ait eu protestation formelle(217).

---

(208) Art. 80,3 LOPA Espagne; Arts. 241 et 242 LGAP Costa Rica.

(209) Art. 76 LOPA Vénézuéla.

(210) Art. 45 CCA Colombie.

(211) Art. 241,1 LGAP Costa Rica.

(212) Art. 79,1 LPA Espagne; Arts. 44 et 47 CCA Colombie; Art. 73 LOPA Vénézuéla; Art. 245 LGAP Costa Rica.

(213) Art. 77 LOPA Vénézuéla.

(214) Art. 79,3 Espagne; Art. 74 LOPA Vénézuéla; Art. 48 CCA Colombie.

(215) Art. 141,1 LGAP Costa Rica.

(216) Art. 79,3 LPA Espagne; Art. 48 CCA Colombie.

(217) Art. 79,4 LPA Espagne (6 mois); Art. 247,2 LGAP Costa Rica (10 jours).

II. LE PRINCIPE DE LA NON-RETROACTIVITE DES ACTES ADMINISTRATIFS

Le second principe général relatif à l'efficacité des actes administratifs est celui de la non-rétroactivité de ces actes. En effet, comme on l'a remarqué, le commencement des effets des actes administratifs se situe normalement au moment de la publicité de l'acte, soit par la publication, soit par la notification. La conséquence en est que, conformément au principe constitutionnel de non rétroactivité de la loi, il n'est pas possible d'admettre la rétroactivité des effets des actes administratifs. En d'autres termes, le principe général, en la matière, est que les actes administratifs peuvent seulement produire des effets *pro futuro*, l'application d'un acte administratif dans le passé étant aussi inconstitutionnelle qu'illégale; principe qui s'applique non seulement aux actes réglementaires mais aussi aux actes à effets particuliers.

Le principe a été établi en France par la jurisprudence du Conseil d'Etat (arrêt du 25 juin 1948, *Société du Journal l'Aurore*, Rec. 289), comme un principe général du droit(218), complété par les considérations doctrinales relatives à l'arrêt *Le Bigot* du 17 mai 1907 (*Rec.* 460), au sujet de la prise en considération de l'attribution d'effets rétroactifs à un acte administratif, comme un cas d'incompétence *ratione temporis*, en ce sens que le fonctionnaire n'a pas compétence pour exercer une compétence qui a appartenu à des prédécesseurs(219).

En Espagne et en Amérique Latine, le principe de la non-rétroactivité des actes administratifs, outre le fait d'avoir, contrairement à la France, un fondement constitutionnel(220) et d'avoir été appliqué par la jurisprudence comme principe général(221), est aussi institué en ce qui concerne les actes administratifs, dans les lois sur les procédures administratives, et, s'applique tant aux actes de caractère réglementaire qu'aux actes à effets particuliers. Il en va ainsi, par exemple, dans la Loi générale relative à l'administration publique du Costa Rica, qui dispose que «l'acte administratif produira des effets à l'encontre de l'administré uniquement pour l'avenir» (142-1). Indirectement, en outre, ce principe est posé dans la loi vénézuélienne sur les procédures administratives lorsqu'elle prévoit la possibilité pour l'administration de modifier les critères fixés par ses organes, mais en ajoutant que:

> La nouvelle interprétation ne pourra pas être appliquée à des situations antérieures sauf dans le cas où celles-ci seraient plus favorables aux administrés (art.11) (222).

---

(218) Recueil Dalloz 1948, pp. 437-438; LONG, WEIL, BRAIBANT, DELVOLVE et GENEVOIS, *Les grands arrêts de la jurisprudence administrative*, Paris 1990, pp. 400 et ss.

(219) *V.* J.M. AUBY «L'incompétence *ratione temporis.* Recherche sur l'application des actes administratifs dans le temps», *Revue du droit public et de la science politique en France et à l'étranger*, 1953, pp. 5-60.

(220) Par exemple, art. 44 Constitution du Vénézuéla.

(221) *V.* par exemple, la jurisprudence vénézuélienne dans les décisions de la Cour Suprême de Justice (Chambre politico-administrative) du 11 août 1983, *Revista de derecho público*, n° 16, Caracas 1983, pp. 156-157; et du 9-4-87, *Revista de derecho público,* n° 30, Caracas 1987, pp. 110 et 111.

(222) Le principe a été appliqué par la jurisprudence de la Première Cour de contentieux administratif, décision du 19 mars 1987, *Revista de derecho público*, n° 30, Caracas 1987, pp. 111-112.

Cependant, tant dans la législation espagnole que dans la législation latino-américaine et de la même manière que dans la jurisprudence française[(223)], le principe de non-rétroactivité des actes administratifs connaît diverses exceptions.

En premier lieu, on admet en général la rétroactivité des actes administratifs lorsqu'ils produisent des effets favorables aux intéressés[(224)]. Toutefois, dans ces cas, il est indispensable que les éléments de fait ou les motifs de l'acte existent à la date à laquelle l'efficacité de l'acte est reconnue de manière rétroactive et que celui-ci ne lèse pas des droits ou des intérêts légitimes d'autres personnes[(225)].

En second lieu, parallèlement aux solutions de la jurisprudence française[(226)], il est également établi qu'auront des effets rétroactifs, à condition qu'ils ne lèsent pas des droits acquis, les actes administratifs qui sont pris à la place d'un autre acte annulé, soit par l'Administration soit par décision de justice[(227)]. Ainsi que l'indique la Loi générale sur l'administration publique du Costa Rica:

> L'acte administratif aura des effets rétroactifs à l'encontre de l'administré, quand il est pris pour annuler des actes nuls de nullité absolue qui favorisent celui-ci; ou pour consolider, en les rendant valides et efficaces, des actes qui le défavorisent (art.143).

III. LE RESPECT DES DROITS ACQUIS ET LE RÉGIME DU RETRAIT DES ACTES ADMINISTRATIFS

Une conséquence du principe de la non-rétroactivité des actes administratifs, est le principe général selon lequel les droits ou situations juridiques subjectives acquises ou nées d'actes administratifs individuels ne peuvent pas être supprimés postérieurement par d'autres actes administratifs. C'est le principe général de l'intangibilité des situations juridiques nées d'actes individuels ou de l'irrévocabilité des actes administratifs à effets particuliers, créateurs de droits en faveur des administrés; principe qui a reçu une consécration légale expresse dans les lois de procédure administrative d'Amérique Latine.

La formule de la loi argentine sur les procédures administratives, qui coïncide avec les principes de la jurisprudence française[(228)], peut être considérée comme résumant, en général, la position du droit administratif latino-américain, quand elle prévoit que:

---

(223) *V.* M. LETOURNEUR, «Le principe de la non-rétroactivité des actes administratifs», *Etudes et documents*, Conseil d'Etat, Paris 1955, pp. 37-48.

(224) Art. 45,3 LPA Espagne; Art. 13 LPA Argentine. *V.* sur l'Espagne, J.L. de la VALLINA VELARDE, *La retroactividad del acto administrativo*, Madrid 1964, p. 1964, p. 61. En France, la décision du 9 juillet 1943, *Office public d'HLM. de la Tille de Marseille*, Rec., p. 172. *V.* J.M. AUBY, «L'incompétence...», *loc. cit.*, p. 53.

(225) Art. 45,3 LPA Espagne; Art. 142,2 LGAP Costa Rica.

(226) *V.* M. LETOURNEUR, *loc. cit.*, pp. 46 et ss; J.M. AUBY, «L'incompétence...», *loc. cit.*, pp. 47 et ss.; J.M. AUBY et R DRAGO, *Traité de contentieux administratif*, Paris 1984, Vol. II, p. 348; LONG, WEIL, BRAIBANT, DELVOLVE et GENEVOIS, *op. cit.*, pp. 400 et ss.; P. DELVOLVE, *L'acte administratif*, Paris 1983, pp. 225 et ss.

(227) Art. 45,3 LPA Espagne; Art. 13 LPA Argentine; Art. 143 LGAP Costa Rica.

(228) *V.* P. DELVOLVE, *op. cit.*, pp. 252 et ss.

> L'acte administratif régulier, générateur de droits subjectifs en faveur des administrés, ne peut pas être retiré, modifié ou remplacé par l'administration, dès qu'il a été notifié (art. 18).

Dans cette formule découlent plusieurs conséquences

En premier lieu, le principe de l'intangibilité des situations juridiques dérivées d'un acte administratif s'applique seulement aux actes créateurs de droits en faveur de particuliers: dès lors, les actes administratifs qui ne créent pas de droits en faveur de particuliers peuvent être retirés à tout moment. Ainsi que le prévoit la loi vénézuélienne sur les procédures administratives:

> Les actes administratifs qui n'engendrent pas de droits subjectifs ou des intérêts légitimes, personnels et directs pour un particulier, pourront être retirés à tout moment, en tout ou partie, par l'autorité même qui les a édictés ou par le supérieur hiérarchique (art. 82).

En second lieu, le principe de l'irrévocabilité des actes administratifs créateurs de droits s'applique bien entendu seulement aux actes administratifs valides et réguliers, susceptibles de créer des droits; il en résulte que si l'acte est entaché de nullité absolue, il ne peut pas créer ces droits et il est essentiellement susceptible de retrait(229). Conformément à la loi espagnole sur le régime juridique de l'administration de l'Etat, cependant, même en cas d'infractions manifestes à la loi, le délai dont dispose l'administration pour retirer ces actes est de quatre ans (art. 37-1).

En troisième lieu, on considère que le principe de l'irrévocabilité des actes administratifs créateurs de droits en faveur de particuliers est d'application complète à partir du moment où l'acte administratif devient définitif, c'est-à-dire à partir du moment où sa légalité ne peut plus être remise en cause directement devant le juge administratif. En conséquence, l'acte créateur de droits en faveur de particuliers, conformément à la jurisprudence du Conseil d'Etat inaugurée dans l'arrêt *Dame Cachet* du 30 novembre 1922 (Rec. 790) (230), peut être abrogé pour des raisons de légalité dans le délai prévu pour l'exercice du recours en annulation(231).

En quatrième lieu, le principe de l'irrévocabilité est en vigueur tant que le particulier qui tient des droits de l'acte administratif ne consent pas à son retrait, ainsi que le prévoit le code de contentieux administratif de Colombie (art. 73).

---

(229) Art. 83 LOPA Vénézuéla. Selon la jurisprudence de la Première Cour de contentieux administratif, l'acte nul de nullité absolue équivaut à l'acte inexistant, aucun droit ne pouvant en découler. Decisions du 29 mars 1984, *Revista de derecho público*, n° 18, Caracas 1984, p. 173 et du 11 février 1988, *Revista de derecho público*, n° 33, Caracas 1988, pp. 101-103.

(230) *V.* in *Revue de droit public et de la science politique en France et à l'étranger*, 1922, pp. 552-561; LONG, WEIL, BRAIBANT, DELVOLVE et GENEVOIS, *op. cit.*, p. 231; G. ISAAC, *op. cit.*, p. 606.

(231) *V.* par exemple, la jurisprudence de la Cour Suprême de Justice (Vénézuéla), Chambre politico-administrative, du 14 mai 1985 (affaire *Freddy M. Rojas*), *Revista de derecho público*, n° 231 et ss., Caracas 1985, pp. 143-148; et du 9 mars 1987, *Revista de derecho público*, n° 30, Caracas 1987, pp. 118-119; et de la Première Cour de Contentieux Administratif du 11 juillet 1985, *Revista de derecho público*, n° 24, Caracas 1985, p. 126.

Enfin, et en ce qui concerne les principes relatifs à l'irrévocabilité des actes administratifs réguliers et définitifs, créateurs de droit en faveur de particuliers, on doit remarquer que les législations latino-américaines admettent comme exception les cas où la révocation est accompagnée d'une indemnisation. Ainsi le prévoient expressément la loi argentine sur les procédures administratives (art. 18) et la Loi générale sur l'administration publique du Costa Rica (art. 155), laquelle dispose que si l'acte de retrait ne contient pas la reconnaissance et le calcul de l'indemnisation complète des dommages et préjudices causés, il sera vicié de nullité absolue (art. 155-1). C'est pour cela qu'au Vénézuéla, à propos du principe général de la nullité absolue de l'acte retirant un acte précédent créateur de droits en faveur de particuliers (art. 19-2), nous avons indiqué qu'en réalité, cela se produit seulement si le retrait n'est pas accompagné de l'indemnisation correspondante[(232)].

IV. LA PRESOMPTION DE LÉGALITÉ DES ACTES ADMINISTRATIFS ET LES PRINCIPES DE LEUR EXECUTION

La conséquence la plus importante de l'efficacité des actes administratifs est qu'ils acquièrent une présomption de légitimité, de véracité et de légalité. Cela signifie que les actes administratifs valides et efficaces s'imposent tant à l'administration elle-même qu'aux particuliers, qu'ils ont des effets immédiats et que les recours administratifs ou judiciaires en annulation qui pourraient être exercés contre eux n'entraînent pas leur suspension.

Evidemment, cette présomption de légitimité n'apparaît pas quand les actes administratifs sont frappés de nullité absolue, auquel cas ils ne peuvent pas être exécutés, comme l'indique expressément la Loi générale sur l'administration publique du Costa Rica (art. 169).

La présomption de légalité et de légitimité implique donc, d'une part, que les actes administratifs sont obligatoires dès le moment où ils produisent leurs effets; et d'autre part, que les recours qui seraient exercés contre eux n'ont pas d'effet suspensif. En outre, s'agissant d'une présomption *juris tantum,* il en résulte que la charge de la preuve pour faire tomber cette présomption incombe en principe au requérant intéressé.

Dans la législation espagnole et latino-américaine sur les procédures administratives, ces principes ont été expressément posés. Un exemple en est donné par l'article 12 de la loi sur les procédures administratives d'Argentine qui dispose que:

> L'acte administratif jouit d'une présomption de légitimité: sa force exécutoire permet à l'Administration de le mettre à exécution par ses propres moyens, à moins que la loi ou la nature de l'acte exigent l'intervention du juge, et empêchent que les recours que les administrés pourraient intenter suspendent son exécution et ses effets, sauf si une norme expresse prévoit le contraire.

---

(232) *V.* Allan R. BREWER-CARÍAS, *El derecho administrativo y la Ley orgánica de procedimientos administrativos*, Caracas 1985, p. 68.

Or, en matière d'exécution des actes administratifs, on doit distinguer le caractère exécutoire (*ejecutivo*) de ceux-ci, la *ejecutividad* dans la terminologie de langue espagnole, de la possibilité même de leur exécution par l'Administration même, dénommée la *ejecutoriedad*(233)

Dans le monde du droit hispano-américain, la *ejecutividad* des actes administratifs signifie que ceux-ci ont un caractère *ejecutivo*, c'est-à-dire, qu'ils sont en soi susceptibles d'exécution et qu'ils peuvent être exécutés immédiatement, sans que ce droit doive être déclaré par une quelconque autorité juridictionnelle. La *ejecutividad* des actes administratifs est donc le pouvoir de l'administration de produire elle-même un *título ejecutivo*, (titre exécutoire) sans nécessité de faire juger ou de faire déclarer sa prétention par les juges.

Par contre, la *ejecutoriedad*, est la propriété des actes administratifs selon laquelle l'Administration elle-même, par ses propres moyens, peut les exécuter y compris par la force. La distinction est établie expressément, par exemple, dans le code de contentieux administratif de Colombie qui se réfère au caractère *ejecutivo* et *ejecutorio* des actes administratifs (art. 64).

1. La «*ejecutividad*» des actes administratifs

Or, selon cette distinction, dans les pays hispano-américains, sauf norme expresse contraire, les actes qui sont devenus définitifs au terme d'une procédure administrative ont un caractère *ejecutivo* (sont en eux-mêmes, des *títulos ejecutivos*), c'est-à-dire, sont suffisants, en eux-mêmes, pour que l'administration puisse immédiatement prendre les actes nécessaires à leur mise en oeuvre (234).

Conformément au principe de la *ejecutividad*, quand l'Administration édicte un acte administratif, elle déclare d'elle-même le droit par l'intermédiaire de ces actes unilatéraux, qui créent directement des droits et des obligations et ont en eux-mêmes force de titres *ejecutivos*. La *ejecutividad* des actes administratifs, en définitive, signifie que ceux-ci, au moment où ils sont édictés, sont susceptibles d'exécution parce qu'ils ont un caractère *ejecutivo*. Cette caractéristique est celle que l'on désigne en droit français, quand il est question d'un acte administratif, par «décision exécutoire», en ce sens qu'elle entraîne d'elle-même une modification des situations juridiques(235). Ainsi que l'a résumé P. Delvolvé:

> Le caractère exécutoire de la décision a lui-même un double aspect: la décision est exécutoire à la fois en ce qu'elle commande l'exécution en obligeant ses destinataires à s'y conformer et en ce qu'elle comporte déjà l'exécution en entraînant par elle-même, dès son adoption, le résultat qu'elle commande (236).

---

(233) *V.* Allan R. BREWER-CARÍAS, «Aspectos de la ejecutividad y de la ejecutoriedad de los actos administrativos fiscales y la aplicación del principio *solve et repete*» in *Jurisprudencia de la Corte Suprema de Justicia 1930-1974 y estudios de derecho administrativo*, Vol. III, Vol. 1, 1976, pp. 97 et ss.

(234) Art. 64 CCA Colombie.

(235) *V.* P. DELVOLVE, *op. cit.*, pp. 23 et 209.

(236) *Idem* p. 25.

Ce sens de l'expression «décision exécutoire», notion qui se rapporte au caractère *ejecutivo* de la décision administrative et sans faire à ce stade aucune référence aux modalités et formes de l'exécution, est celui qui a été précisé dans la jurisprudence française la plus récente(237), laquelle, s'attachant au caractère obligatoire de l'acte administratif, souligne que le propre de la décision administrative est de s'imposer immédiatement aux administrés, quel qu'en soit le contenu. C'est ce que l'on a appelé aussi traditionnellement le «privilège du préalable» qui permet à l'autorité administrative de prendre des mesures qui s'imposent préalablement à toute intervention d'un juge: les intéressés sont tenus de s'y soumettre immédiatement et pour s'en libérer, de s'adresser eux-mêmes à un juge dans un second temps(238).

C'est la formule que reprend l'article 8 de la loi organique sur les procédures administratives du Vénézuéla, lorsqu'elle prévoit que:

> Les actes administratifs qui nécessitent pour leur mise en oeuvre d'être accompagnés des actes d'exécution, devront être exécutés par l'administration au terme fixé. En l'absence de délai, ils seront exécutés immédiatement.

Précisément, c'est cette possibilité d'exécution immédiate des actes administratifs, en ce sens que pour être exécutés, ils se suffisent à eux-mêmes et n'exigent pas l'intervention d'une autre autorité, qui dessine cette première caractéristique de la *ejecutividad* des actes administratifs, que la législation espagnole résume en indiquant que les actes et les décisions des autorités et organismes de l'administration de l'Etat seront immédiatement *ejecutivos* (239).

Comme nous l'avons indiqué, cette *ejecutividad* des actes administratifs, conséquence directe de leur présomption de légitimité, implique comme principe que leurs effets ne soient pas suspendus par l'exercice à leur encontre de recours soit administratifs soit contentieux.

En matière contentieuse, cependant, conformément à la tradition de la jurisprudence française relative à ce qu'on appelle le «sursis à exécution» (240), le juge peut suspendre l'exécution des actes administratifs objets de recours, quand leur exécution peut causer des dommages graves et irréparables (ou de réparation difficile) par le jugement définitif, dans le cas où l'acte contesté est annulé(241).

---

(237) C'est le sens fixé par le Conseil d'Etat dans la décision *Huglo* du 2 juillet 1982, qui considère que «le caractère exécutoire d'une décision administrative est la règle fondamentale du droit public». *Rec.*, p. 258, *cit.* par DELVOLVE, *op. cit.*, p. 27.

(238) P. DELVOLVE, *op. cit.*, p. 28.

(239) Arts. 44 et 101 LPA et art. 33 LRJAE, Espagne.

(240) CE 12 nov. 1938, décision *Chambre syndicale des constructeurs de moteurs d'avions*, Rec. 840, *v.* LONG, WEIL, BRAIBANT, DELVOLVE et GENEVOIS, *op. cit.*, pp. 333 et ss.

(241) *V.* par exemple, dans le droit espagnol, l'article 122 de la loi sur la juridiction contentieuse administrative qui dispose

«1. La présentation d'un recours contentieux administratif n'empêchera pas l'Administration d'exécuter l'acte ou la disposition objet de celui-ci, sauf si le Tribunal accorde, à l'initiative du demandeur, le sursis.

2. Le sursis sera accordé si l'exécution est susceptible d'occasionner des dommages et des préjudices de réparation impossible ou difficile». Dans un sens similaire, art. 136 de la loi organique de la Cour Suprême de Justice du Vénézuéla.

En matière de recours administratifs, la situation législative en Espagne et en Amérique latine n'est cependant pas totalement uniforme. Le principe est aussi celui des effets non suspensifs des recours, sauf disposition légale contraire(242), et dans tous les cas, l'autorité administrative peut, d'office ou à la demande d'une partie, suspendre l'exécution de l'acte administratif lorsque cette exécution pourrait causer des préjudices de réparation difficile ou impossible, ou lorsque le recours est fondé sur un vice de nullité absolue (243).

Toutefois, dans d'autres législations, comme le code du contentieux administratif de Colombie, c'est le principe contraire qui est posé, en ce sens que «les recours seront admis avec effet suspensif» (art. 55).

En tout cas, et même en présence du principe général, dans le cadre d'une loi expresse, la présentation d'un recours peut signifier la suspension des effets des actes administratifs(244), auquel cas, comme le postule la loi argentine sur les procédures l'administratives, l'administration doit s'abstenir:

> De mettre à exécution un acte, lorsqu'un recours administratif du type de ceux qui, en vertu d'une norme expresse, impliquent la suspension des effets exécutoires de celui-ci, est pendant ou quand, alors que cet acte a été décidé, il n'a pas été notifié (art. 9.b).

2. La «*ejecutoriedad*» des actes administratifs

La *ejecutividad* des actes administratifs dérivée de leur caractère *ejecutorio* se distingue en droit administratif espagnol et latino-américain, de la *ejecutoriedad* des actes, caractéristique se référant à la possibilité qu'à l'Administration d'exécuter, par ses propres moyens, et même sous une forme contraignante, ses actes administratifs, avec la faculté, si cela est nécessaire, d'avoir recours à la force publique.

La Loi générale sur l'administration publique du Costa Rica, pose un tel principe, quand elle prévoit que:

> L'Administration aura le pouvoir d'exécuter d'elle-même, sans avoir recours aux juges, les actes administratifs efficaces, valides ou annulables, même contre la volonté ou la résistance de la personne obligée, sans préjudice de la responsabilité qui pourrait en résulter (art. 146-1).

Cependant, il est évident que, dans nombre de cas, la législation prévoit expressément des cas dans lesquels l'exécution de l'acte administratif requiert une intervention juridictionnelle. Mais si l'exécution juridictionnelle n'est pas prévue expressément, le principe est celui de la possibilité pour l'Administration d'exécuter ses propres décisions.

---

(242) Art. 24 RJAE Espagne; art. 116 LPA Espagne; Art. 87 LOPA Vénézuéla; art. 148 LGAP Costa Rica.

(243) Art. 116 LPA Espagne; Art. 87 LOPA Vénézuéla; Art. 12 LPA Argentine; Art. 148 LGAP Costa Rica.

(244) C'est le principe général au Vénézuéla, par exemple en matière fiscale. *V.* le Code fiscal, art. 178.

C'est ainsi qu'il est posé comme principe, dans la loi organique sur les procédures administratives du Vénézuéla, que:

> L'exécution forcée des actes administratifs sera réalisés d'office par l'Administration, sauf si, par disposition légale expresse, elle doit être dévolue à l'autorité juridictionnelle (art. 79).

Le privilège d'exécution forcée en Espagne et en Amérique Latine donc, n'est pas aussi exceptionnel qu'en France, à partir de la doctrine établie par les conclusions du Commissaire du Gouvernement Romieu sur l'arrêt du Tribunal des Conflits du 2 décembre 1902, *Société immobilière de Saint Just* (*Rec.* 713) [(245)], car en général, ce sont les lois mêmes de procédure administrative qui font prévu.

Bien entendu, on doit remarquer que dans tous les cas les législations exigent, pour que l'administration puisse entreprendre des actions matérielles qui troublent, limitent ou perturbent l'exercice des droits des particuliers, que la décision qui leur sert de fondement doit avoir été préalablement adoptée[(246)]. De là vient que l'on oblige les organes qui ordonnent les actes d'exécution matérielle à communiquer par écrit à l'intéressé l'acte administratif qui autorise faction administrative[(247)]. De là découle le principe selon lequel toute action matérielle qui n'est pas précédée d'un acte administratif valide et efficace peut être considérée comme une voie de fait[(248)].

Or, quelques lois hispano-américaines établissent divers cas d'exécution forcée des actes administratifs, mais en exigeant que, préalablement, l'intéressé soit invité à procéder à une exécution volontaire, c'est-à-dire, qu'il y ait une mise en demeure préalable[(249)]. Ces cas d'exécution forcée dans les lois hispano-américaines sont les suivants:

En premier lieu, l'exécution par astreinte sur le patrimoine, sous forme d'amendes. En ce sens, conformément à la loi organique sur les procédures administratives du Vénézuéla, s'il s'agit d'actes d'exécution très personnelle et si la personne obligée se refuse à les accomplir, l'administration peut lui imposer des amendes successives pour des montants légalement fixés. Tant qu'elle demeure en état de «rébellion» et dans le cas où elle persiste dans son refus, on peut lui imposer de nouvelles amendes égales ou plus lourdes que celles qui lui ont été appliquées, en lui accordant un délai raisonnable pour qu'elle fasse ce qui lui a été ordonné (art. 80, 2) [(250)]. C'est en définitive, le système d'exécution des actes administratifs appuyée par des sanctions, tel qu'il existe en droit français[(251)].

---

(245) *V.* LONG, WEIL, BRAIBANT, DELVOLVE et GENEVOIS, *op. cit.*, pp. 72 et ss. *V.* G. ISAAC, qui affirme en général que, en droit français, «l'exécution des actes administratifs, comme des lois, est affaire de justice et non affaire administrative, dès qu'elle n'est pas volontaire, dès qu'elle devient contentieuse», *op. cit.*, p. 171.

(246) Art. 100,1 LPA Espagne; Art. 78 LOPA Vénézuéla.

(247) Art. 100,2 LPA Espagne.

(248) Sur la voie de fait, *v.* la décision du Tribunal des Conflits du 8 avril 1935, *Action Française,* Rec. 1226, in LONG, WEIL, BRAIBANT, DELVOLVE et GENEVOIS, *op. cit.*, pp. 297 et ss. *V.* art. 9 LPA Argentine.

(249) Art. 102 LPA Espagne; Art. 150,1 LGAP Costa Rica.

(250) Dans un sens similaire, art. 65 CCA Colombie et art. 107 LPA Espagne.

(251) *V.* P. DELVOLVE, *op. cit.*, pp. 262 et ss.

On doit remarquer, d'autre part, que dans d'autres législations comme la législation espagnole, la loi sur la procédure administrative prévoit expressément le principe de l'exécution forcée des actes administratifs qui imposent aux administrés une obligation très personnelle de ne pas faire ou de laisser faire, sous forme de contrainte directe sur les personnes, dans les cas où la loi l'autorise expressément et toujours avec la garantie du respect dû à la dignité de la personne humaine et aux droits et garanties constitutionnels (art. 108,1). Par contre, si l'obligation très personnelle consiste en une obligation de faire et si la prestation n'est pas réalisée, la personne obligée devra réparer les dommages et préjudices, dont la liquidation et le paiement pourront être effectués par la voie administrative (art. 108, 2)[(252)].

En second lieu, quand il s'agit d'actes qui, n'étant pas très personnels, sont susceptibles d'exécution indirecte à l'égard de la personne obligée, la loi organique sur les procédures administratives du Vénézuéla (art. 80,1), la Loi générale sur l'administration publique du Costa Rica (art. 149, 1,c) et le code du contentieux administratif de Colombie (art. 65), autorisent l'Administration à procéder à son exécution, soit par leurs propres organes soit par la personne qu'ils désignent, aux frais de la personne obligée. C'est ce qui est qualifié «d'exécution subsidiaire» dans la loi sur la procédure administrative d'Espagne (art. 106).

En troisième lieu, il faut remarquer les cas d'exécution d'obligations de donner des sommes d'argent, à propos desquels la loi espagnole sur les procédures administratives (art. 105) et la Loi générale sur l'administration publique du Costa Rica (art. 149,1,a) prévoient l'exécution forcée par la voie administrative, moyennant astreinte sur le patrimoine, tout en exigeant cependant l'intervention d'un juge pour autoriser les visites domiciliaires[(253)] et en excluant expressément la possibilité d'actions possessoires s'agissant d'actions de l'administration[(254)].

V. LA DUREE DES EFFETS DES ACTES ADMINISTRATIFS

Enfin, on doit indiquer qu'en dehors des cas de suspension des effets par décision administrative ou juridictionnelle, ou de réalisation d'une condition résolutoire, certaines législations prévoient expressément l'hypothèse de la perte de force exécutoire des actes administratifs au terme d'un délai de cinq ans à partir de sa mise en vigueur, lorsque, durant cette période, l'administration n'a pas accompli les actes qu'il lui appartient d'effectuer. Ainsi en disposent le Code du contentieux administratif de Colombie (art. 66) et la loi organique sur les procédures administratives du Vénézuéla, laquelle qualifie l'institution de «prescription» (art. 70). Dans le système français, en revanche, le principe est que la décision s'applique sans limitation de durée[(255)].

---

(252) Dans un sens similaire, art. 149,1,c) LGAP Costa Rica.

(253) *V.* Jesús GONZÁLEZ PÉREZ, *Comentarios a la Ley de procedimiento administrativo*, Madrid 1977, p. 622.

(254) Art. 103 LPA Espagne.

(255) *V.* J. RIVERO, *op. cit.*, p. 130.

TROISIÈME PARTIE

LES PRINCIPES DE LA PROCEDURE ADMINISTRATIVE ET LES GARANTIES DES ADMINISTRES

Nous avons indiqué que les lois de procédure administrative en Espagne et en Amérique Latine, même si beaucoup d'entre elles conservent la dénomination traditionnelle, comprennent, comme le souligne l'exposé des motifs de la loi espagnole, «outre la procédure administrative au sens strict, le régime juridique des actes administratifs, ainsi que d'autres aspects de l'action administrative qui conservent des relations avec celui-ci» (256). De ce fait, en étudiant les principes de la procédure administrative en Espagne et en Amérique Latine, nous avons commencé par faire référence dans la première partie à leur contribution à la consolidation du principe de légalité et dans la deuxième partie au régime des actes administratifs.

On doit maintenant, dans cette troisième partie, analyser les aspects les plus significatifs de la procédure administrative au sens strict, telle qu'elle est réglementée dans lesdites lois, analyse pour laquelle nous partons de la notion de procédure administrative, définie par le Tribunal Suprême d'Espagne, «comme une combinaison d'act1es dont les effets juridiques sont liés entre eux dans le but de parvenir à une décision correcte ou valide». Cette finalité «permet de soutenir, à des fins procédurales, que les actes ou maillons entre lesquels il convient de diviser ou de fragmenter la procédure peuvent être essentiels ou non essentiels; de telle sorte qu'un acte essentiel vicié brise ou peut briser la connexion entre les différents actes ou maillons existant dans une procédure et rompre ainsi l'unité des effets juridiques, qui est l'aspect essentiel de toute procédure» (257).

Il est évident que la réglementation de la procédure administrative considérée comme combinaison d'actes dont les effets juridiques sont liés éventuellement entre eux, a un triple motif et une conséquence générale. La conséquence est que la réglementation de la procédure administrative tant par la jurisprudence que par la loi a été l'un des aspects qui ont le plus contribué dans le monde contemporain à la consolidation du principe de légalité et à la soumission de l'administration au droit. Quant aux motifs qui ont milité pour l'établissement de son régime législatif, il y a en premier lieu, comme l'a signalé Guy Isaac(258), la protection de l'intérêt général; en second lieu, l'intérêt de la propre administration; et enfin, l'intérêt des administrés.

En effet la réglementation de la procédure administrative cherche en premier lieu à protéger l'intérêt général dont la réalisation conditionne toujours faction administrative, en ce sens que ses règles s'efforcent, dans nombre de cas, d'assurer que les décisions qui sont adoptées seront prises dans le souci de l'intérêt général. Ainsi, il faut signaler tous les mécanismes de procédure établis pour assurer la

---

(256) *V.* Jesús GONZÁLEZ PÉREZ, *Comentarios a la Ley de procedimientos administrativos, cit.* pp. 55 et 96.

(257) Décision du 6-11-74 *cit.* par Jesús GONZALEZ PEREZ, *op. cit.*, p. 69.

(258) Guy ISAAC, *La procédure administrative non contentieuse*, Paris 1968, pp. 175 et ss.

participation des administrés et des organisations privées représentatives d'intérêts collectifs, par exemple à l'élaboration d'une décision administrative; et tous les mécanismes de consultation prescrits, avant la prise des décisions, tendent à assurer que celles-ci seront, dans la mesure du possible, conformes à l'intérêt général de la collectivité. Pour cela, par exemple, la loi sur les procédures administratives d'Espagne dispose d'une façon générale, en ce qui concerne la «procédure pour l'élaboration des dispositions de caractère général», que:

> Chaque fois que cela est possible et que la portée de la disposition y invite, l'organisation syndicale et les autres entités qui, en vertu de la loi, détiennent la représentation ou la défense des intérêts à caractère général ou corporatif affectés par cette disposition, bénéficieront de la possibilité d'exposer leur point de vue dans un rapport circonstancié, dans un délai de dix jours à compter du dépôt du projet (art. 130,4).

La même loi prescrit également que, quand «la nature de la disposition y invite, le projet de décision devra être soumis à information publique dans le délai qui sera fixé dans chaque cas» (art.130,5).

Mais, en deuxième lieu, la réglementation de la procédure administrative est également motivée par l'intérêt de l'administration elle-même, en tant qu'organisation, en vue de parvenir à une plus grande efficacité et à une meilleure rationalisation de l'activité administrative. Ainsi, la simplification, la normalisation et l'unification de l'activité administrative ont été, dans nombre de cas, des motifs fondamentaux de la codification de la procédure administrative. En ce sens par exemple, doivent être mentionnés les principes posés par la loi espagnole sur la procédure administrative (art. 30) et par la loi organique sur les procédures administratives du Vénézuéla (art. 32), en ce qui concerne le maniement des documents et dossiers administratifs, lesquels doivent faire l'objet de normalisation et d'uniformisation, de manière que chaque série ou type de ceux-ci respectent des caractéristiques et des formats égaux. De plus, la loi espagnole ajoute comme principe que «les travaux bureaucratiques seront rationalisés et seront effectués au moyen de machines adéquates, en vue d'instituer une mécanisation et un automatisme progressifs dans les bureaux, chaque fois que le volume de travail rendra économique l'emploi de ces procédés» (art. 30,2)[(259)].

Dans le même ordre d'idées, il est prévu que dans les cas où l'Administration doit traiter une nombreuse série de dossiers homogènes, on doit établir une procédure sommaire de gestion comportant des formulaires, imprimés ou autres moyens qui permettent le traitement rapide des affaires, incluant éventuellement l'utilisation, quand sont identiques les motifs et les fondements des décisions, de tout moyen mécanique de production en série de celles-ci, à condition que les garanties juridiques des intéressés ne soient pas lésées[(260)].

Mais en dehors de la protection de l'intérêt général et de celle de l'intérêt de l'administration, la réglementation de la procédure administrative, en troisième lieu, a été faite essentiellement dans l'intérêt des administrés dans leurs relations

(259) Dans le même sens, art. 31 LOPA Vénézuéla.
(260) Art. 38 LPA Espagne; art. 35 LOPA Vénézuéla.

avec l'Administration, ou plus exactement, pour la protection des droits et intérêts des citoyens à l'égard de l'action administrative et en particulier à l'égard des moyens d'action unilatéraux de l'Administration.

C'est donc précisément grâce à la réglementation de la procédure administrative que le droit administratif initialement destiné à réglementer l'administration, son organisation et son fonctionnement, est devenu un droit également destiné à réglementer pour l'essentiel les relations entre l'administration et les administrés, en insistant particulièrement sur la protection et la garantie des droits de ces derniers. En conséquence l'équilibre traditionnel de notre discipline entre les deux extrêmes qui traditionnellement et historiquement l'ont conditionné, d'un côté les prérogatives de l'Administration, de l'autre les droits et les intérêts des administrés, commence sans doute à paraître pencher en faveur de ces derniers et dans ce processus administratif, conçu pour garantir de la part de l'Administration un *due process of law* aux particuliers, quand ils entrent en relation avec elle (ce qui se produit quotidiennement), a joué vraisemblablement un rôle fondamental.

Notre propos, dans la troisième partie de cette étude sur les principes de la procédure administrative en Espagne et dans les pays d'Amérique latine, est précisément d'étudier ce troisième aspect de la motivation de 1a codification de la procédure administrative, ce que nous ferons en analysant, en premier lieu, les principes de la procédure administrative qui sont posés dans l'intérêt des administrés, et en second lieu, tout particulièrement le régime du «droit à la défense» des administrés face à l'Administration, ce qui représente peut-être l'aspect le plus important de la codification de la procédure administrative.

CHAPITRE I
LES PRINCIPES DE LA PROCEDURE ADMINISTRATIVE

La codification de la procédure administrative en Espagne et en Amérique latine, comme manifestation de la consolidation du principe de légalité, a été élaborée en tenant compte principalement de la protection qui est due aux administrés; bien que les lois aient prescrit des normes et des phases de procédure qui doivent guider les activités de l'administration, cela a été fait principalement en vue d'instituer des garanties juridiques en faveur des administrés face à l'administration.

Ces réglementations ont été conditionnées par une série de principes auxquels on va se référer et qui concernent le commencement de la procédure, la phase d'instruction, et le contenu de la décision.

I. PRINCIPES RELATIFS A L'INITIATIVE ET AU COMMENCEMENT DE LA PROCEDURE

1. Le droit de pétition

Conformément à la tradition la plus classique en matière de déclaration des droits de l'homme, la Constitution du Vénézuéla institue comme un des droits individuels le droit de pétition, quand elle dispose dans son article 67 que:

> Tout citoyen a le droit de présenter ou d'adresser des pétitions à toute entité ou à tout fonctionnaire public, sur les questions qui sont de la compétence de ceux-ci et d'en obtenir une réponse appropriée.

Un principe similaire est prescrit dans presque toutes les constitutions modernes, en partant du principe établi dans l'Amendement n° 1 à la Constitution des Etats-Unis d'Amérique du Nord, en 1789.

La procédure administrative légalement réglementée a pour objet en conséquence, avant tout, de garantir tant le droit d'adresser des pétitions à l'administration, que celui d'obtenir des autorités administratives la réponse appropriée à ces pétitions ou requêtes. Pour cela, la loi organique sur les procédures administratives du Vénézuéla va jusqu'à reprendre l'affirmation constitutionnelle en précisant le droit de pétition devant l'administration de la manière suivante:

> Art. 2 - Toute personne intéressée pourra, d'elle-même ou par l'intermédiaire de son représentant, présenter des pétitions ou des requêtes à tout organisme, entité ou autorité de l'administration. Ces derniers devront répondre aux pétitions ou requêtes qui leur sont présentées ou bien déclarer, éventuellement, les motifs de ne pas le faire.

Ce principe, les lois sur la procédure administrative (art. 70,1), sur le régime juridique de l'Administration de l'Etat (art. 39) en Espagne, et le Code du contentieux administratif de Colombie (arts. 5 à 24), le reprennent expressément.

Evidemment, la réglementation du droit de pétition dans les lois relatives à la procédure administrative entraîne plusieurs conséquences formelles.

En premier lieu, s'agissant de pétitions ou requêtes administratives, les lois sur les procédures administratives distinguent les simples pétitions d'information ou de consultation et les requêtes qui tendent par exemple à obtenir une décision qui crée ou déclare un droit. Dans ce dernier cas, les lois exigent une habilitation concrète pour pouvoir introduire des pétitions, conférée aux «intéressés» [261], c'est-à-dire à ceux qui ont un intérêt personnel, légitime et direct dans l'affaire [262].

En second lieu, en réglementant le droit de pétition, les lois prescrivent la forme des requêtes, en ce qui concerne les éléments formels qu'elles doivent contenir sur

(261) *V.* Art. 67 LOPA; Art. 48 LOPA Vénézuéla; art. 284 LGAP Costa Rica.
(262) *V.* Art. 22 LOPA Vénézuéla.

l'identification du requérant, la détermination précise de l'objet de la pétition et les fondements ou motifs de celle-ci[(263)].

En troisième lieu, s'agissant de requêtes ou de pétitions des intéressés, les lois de procédure administrative établissent généralement des normes relatives à la réception et à l'enregistrement des documents[(264)], afin de conserver une trace authentique, entre autres, de la date des requêtes. Ceci a une certaine importance en matière de procédure, du fait de l'obligation que les lois imposent aux fonctionnaires de respecter l'ordre rigoureux de présentation des requêtes, au moment de décider de celles-ci, et d'éviter ainsi le favoritisme[(265)].

En quatrième lieu, les lois de procédure administrative, en réglementant les pétitions comme un droit des administrés, admettent aussi le droit de ces derniers de se désister de leurs requêtes ou de renoncer à leur droit[(266)]. Dans le même ordre d'idées, les lois réglementent l'extinction de la procédure par péremption, quand celle-ci est paralysée pendant un certain délai (2 mois dans la loi vénézuélienne par exemple) pour des causes imputables à l'intéressé, délai qui court à partir de la notification faite par l'Administration[(267)]. Cependant, les lois disposent que nonobstant le désistement ou la péremption, l'Administration peut poursuivre la gestion des procédures si des raisons d'intérêt public le justifient[(268)].

En cinquième lieu, s'agissant d'un droit de pétition avec garantie de réponse, les lois de procédure administrative réaffirment l'obligation de l'Administration et de ses fonctionnaires de traiter rapidement et opportunément les requêtes[(269)], en fixant en outre des délais pour les décisions. Ainsi, par exemple, la loi sur les procédures administratives du Vénézuéla fixe les délais en fonction des types de procédure de pétition: s'il s'agit de procédures simples, qui n'exigent pas une instruction, l'administration est obligée de prendre une décision dans un délai de 20 jours; en revanche, si la procédure requiert une instruction, la loi prévoit un délai de 4 mois pour la décision avec possibilité de prorogation de 2 mois[(270)].

Enfin, en dernier lieu, la conséquence de la réglementation du droit de pétition et du droit d'obtenir une réponse appropriée est la déclaration formelle dans les lois de procédure de la responsabilité des fonctionnaires publics pour retard, omission, détournement ou inaccomplissement de toute procédure[(271)].

(263) *V.* Art. 285 LGAP Costa Rica; Art. 49 LOPA Vénézuéla; Art. S CCA Colombia; Art. 69,1, LPA Espagne.

(264) Arts. 65-66 LPA Espagne; Arts 4416 LPA Vénézuéla.

(265) Art. 74,2 LPA Espagne; Art. 296 LGAP Costa Rica.

(266) Art. 96,1 LPA Espagne; Art. 63 LOPA Vénézuéla.

(267) Art. 64 LOPA Vénézuéla; Art. 99 LPA Espagne.

(268) Art. 98,1 LPA Espagne; Art. 66 LOPA Vénézuéla; Art. 8 CC Colombia.

(269) Art. 31 CCA Colombie.

(270) Arts 3, 5 et 60 LOPA Vénézuéla.

(271) Arts 3, 100 et 101 LOPA Vénézuéla.

2. Le déclenchement d'office

II est toutefois évident que toutes les procédures administratives ne sont pas mises en oeuvre à la demande des intéressés, sur la base de l'exercice du droit de pétition; la mise en route des procédures d'office, à l'initiative de l'administration elle-même, est également fréquente. De ce fait, en général, les lois de procédure administrative disposent que «la procédure pourra être mise en oeuvre d'office ou à la demande d'une partie intéressée» [(272)].

En outre, dans l'hypothèse d'une mise en oeuvre d'office des procédures, par exemple, la loi espagnole sur la procédure administrative exige qu'une décision formelle soit prise par l'organe compétent, soit de sa propre initiative, soit sur ordre d'un organe supérieur et même, sur requête des subordonnés ou sur dénonciation (art. 68).

3. L'initiative du déclenchement de la procédure et la typologie des procédures

En tout cas, l'initiative du déclenchement de la procédure et le fait de déterminer si elle requiert l'exercice d'un droit de pétition ou si elle peut être déclenchée d'office dépendent des «types» de procédure. Généralement, les lois de procédure n'établissent pas une typologie des procédures correspondant aux effets de l'acte administratif qui en résulte; cependant, c'est d'elle que dépendra précisément le fait de savoir quand peut et doit être mise en oeuvre la procédure sur requête de la partie intéressée et quand elle peut ou doit être mise en oeuvre d'office.

En effet, conformément à la typologie rendue célèbre par Massimo Severo Giannini[(273)] et en fonction de la nature des effets des actes administratifs qui résultent des procédures administratives, on peut distinguer quatre types de procédures: de déclaration, «d'ablation», de concession et d'autorisation.

Les procédures de déclaration sont celles qui ont pour résultat des actes qui affirment la certitude de faits juridiques significatifs et consistent en des déclarations de connaissance et en des vérifications. En ce sens on peut dire que toute les procédures qui se concluent par des actes d'enregistrement, par exemple de la propriété de brevets d'invention ou de marques, de véhicules ou d'avions, etc., sont des procédures de déclaration. De même, les procédures visant à déterminer l'identité des personnes.

Ces procédures de déclaration, en général, demandent pour leur mise en oeuvre une requête de la partie intéressée et c'est seulement dans les cas exceptionnels où l'ordre public est concerné qu'elles pourraient être déclenchées d'office (ainsi en matière d'identification des personnes).

---

(272) Art. 67 LPA Espagne; Art. 48 LOPA Vénézuéla; art. 286 LGAP Costa Rica.

(273) M. S. GIANNINI, *Diritto amministrativo,* Milano, 1970, Vol. II, pp. 825 et ss.; *v.* les commentaires de Hildegard RONDÓN DE SANSÓ, *El procedimiento administrativo,* Caracas 1983, pp. 61 et ss.

Ensuite, on trouve les procédures dites «d'ablation», ainsi dénommées dans la doctrine italienne en raison de l'usage du vocable latin *ablatio*, qui signifie faction de supprimer, de couper ou d'éliminer. Ces procédures ont pour objet d'éliminer ou de restreindre certains droits des administrés: c'est pourquoi généralement elles sont déclenchées d'office par l'Administration. On trouve des exemples de ces procédures dans les procédures d'expropriation, de réquisition ou de sanction qui affectent une chose (saisie) ou le patrimoine d'une personne (amende).

Puis viennent les procédures de concession, lesquelles ont pour objet des actes administratifs qui renforcent les droits subjectifs des administrés. L'octroi de concessions (par exemple, de service public), se situe traditionnellement dans ces procédures de concession. Cependant, d'autres procédures, comme celles qui ont trait à l'octroi de subventions, ou qui attribuent une qualification juridique aux personnes, telle que l'octroi de la nationalité prennent une importance de plus en plus grande. Ces procédures de concession, bien entendu, exigent toujours l'initiative d'une partie intéressée et ne peuvent être mises en oeuvre d'office.

Enfin, on doit mentionner les procédures d'autorisation ayant pour objet l'émission d'actes administratifs qui permettent à un particulier d'exercer un droit, en supprimant un obstacle juridique qui existe légalement pour son plein exercice. Ce sont les procédures les plus communes dans les relations entre l'Administration et les particuliers; elles donnent lieu à des autorisations, des permis ou des licences pour que les particuliers puissent exercer des droits ou réaliser des activités. Ces procédures, en général, requièrent l'initiative d'une partie et ne peuvent être déclenchées d'office.

II. PRINCIPES RELATIFS A «L'*ITER* PROCESSUEL»

La procédure administrative en général est réglementée dans les lois de procédure administrative de telle manière que peuvent être distinguées clairement trois étapes de celle-ci: en premier lieu, son déclenchement; en second lieu, «*iter* processuel» qui englobe fondamentalement les formalités d'instruction; et en troisième lieu, les formalités relatives à la décision.

En ce qui concerne «l'*iter* processuel», on peut y trouver plusieurs principes qui le réglementent. Avant tout, le non-formalisme des formalités de telle sorte que la procédure ne se transforme pas en une atteinte aux droits des administrés. Par ailleurs, les principes relatifs à la célérité et à l'économie du processus; au caractère inquisitoire de l'instruction; au caractère contradictoire de la procédure; à l'impartialité qui doit la guider; et à la publicité de faction administrative.

1. Le non-formalisme des formalités

La procédure administrative se présente comme un ensemble d'actes et d'actions étroitement liés entre eux, dans le but d'obtenir un résultat concret qui généralement est matérialisé par un acte administratif. C'est pour cela en définitive que la procédure administrative s'identifie avec l'ensemble des formalités établies pour guider l'action de l'administration en vue de l'obtention de ce résultat, comme garantie des administrés contre l'arbitraire des fonctionnaires.

Cependant, il est évident comme l'a observé Guy Isaac, que si la procédure administrative devait se transformer en un formalisme pointilleux et étroit conduisant à une administration tatillonne, la procédure administrative se retournerait en définitive contre les citoyens, au lieu de constituer à leur profit une garantie(274). D'où le principe du caractère non formaliste de la procédure administrative ou de «l'informalisme» des formalités relatives aux administrés.

En ce sens, le loi argentine sur les procédures administratives prescrit expressément que les normes de procédure qu'elle établit doivent s'adapter à l'exigence de «l'informalisme», dans la mesure où doit «être excusée l'inobservation par les intéressés des exigences formelles non essentielles et qui peuvent être accomplies postérieurement» (art. 1,c). Plus précisément, en Uruguay, le décret 640 dispose que:

> En matière de procédure administrative s'appliquera le principe de «l'in formalisme en faveur de l'administré, chaque fois qu'il s'agit de l'inobservation d'exigences formelles non essentielles et qui peuvent être accomplies postérieurement (art. 23).

En outre, la Loi générale sur l'administration publique du Costa Rica précise que les normes de la procédure administrative «devront être interprétées de manière favorable à l'admission et à l'accueil au fond des requêtes des administrés».

C'est, en définitive, le principe *in dubio pro actore*, ou de l'interprétation la plus favorable à l'exercice du droit d'action, pour assurer au delà des difficultés de nature formelle une décision sur le fond de la question, objet de la procédure. En matière de procédure administrative, le principe se traduit en ce que le formalisme doit être interprété en faveur de l'administré, la législation argentine précisant cependant que «l'in formalisme» ne pourra servir à corriger des nullités qui sont absolues (art. 224).

En application de ce principe, les lois de procédure administrative posent, par exemple, l'obligation pour les fonctionnaires qui reçoivent les requêtes d'avertir les intéressés des omissions et des irrégularités qu'ils observent dans celles-ci, mais sans pouvoir refuser de les recevoir(275).

En outre, si, après présentation de la requête, l'administration observe que, dans la demande orale ou écrite, l'une quelconque des conditions exigées par les lois fait défaut, le fonctionnaire est obligé de le notifier à l'intéressé et de lui faire connaître les omissions ou les erreurs observées afin que dans un délai déterminé (10 jours généralement), il procède à leur correction. Il est même prévu dans ces cas que si l'Administration n'accepte pas les corrections, l'intéressé peut présenter un recours hiérarchique contre la décision(276).

---

(274) G. ISAAC, *La procédure administrative non contentieuse*, Paris 1968, p. 287.
(275) Art. 45 LOPA Vénézuéla; art. 11 CCA Colombie.
(276) Art. 50 LOPA Vénézuéla; art. 71 LPA Espagne; art. 12 CCA Colombie; art. 287 LGAP Costa Rica.

2. Les principes de célérité, économie et efficacité

Outre «l'informalisme» des formalités qui, en tant que principe, est établi en faveur des droits des administrés, les lois de procédure administrative, en général, ont aussi prévu comme principes qui doivent guider l'*iter* processuel les principes d'économie, de célérité et d'efficacité.

En ce sens, la loi argentine sur la procédure administrative prescrit comme principe général pour l'application des normes de procédure la «célérité, l'économie, la simplicité et l'efficacité dans les démarches» (art. 1,b) de même que la loi vénézuélienne (art. 30), la loi du Costa Rica (art. 225) et la loi espagnole (art. 29). Le Code du contentieux administratif de Colombie, cependant, va plus loin et définit dans le détail ces principes d'orientation de la manière suivante (art. 2):

> En vertu du principe d'économie, on tiendra compte de ce que les normes de procédure sont faites pour activer les décisions, pour que les procédures progressent dans le minimum de temps et avec le minimum de dépenses pour les intervenants, pour que l'on exige seulement le strict nécessaire de documents et de copies, sans authentification et sans notes de présentation personnelle, sauf quand la loi l'ordonne de façon expresse.
>
> En vertu du principe de célérité, les autorités seront l'élément dynamique officieux des procédures, elles supprimeront les formalités qui ne sont pas nécessaires, utiliseront des formulaires pour des actions en série quand la nature de celles-ci le rend possible et sans que cela dispense les autorités de l'obligation de prendre en considération tous les arguments et preuves des intéressés.
>
> En vertu du principe d'efficacité, on tiendra compte du fait que les procédures doivent atteindre leur but, en écartant d'office les obstacles purement formels et en évitant des décisions du type inhibitoire.

De ces principes découle un autre principe fondamental de la procédure administrative qui est le caractère inquisitoire de l'instruction.

3. Le principe inquisitoire

En effet, la procédure administrative est avant tout l'affaire de l'administration; c'est la raison pour laquelle le principe fondamental qui la régit, ainsi que le déclare la loi argentine sur les procédures administratives, est «l'impulsion et l'instruction d'office, sans préjudice de la participation des intéressés» (art. 1,a).

Ainsi, la procédure administrative doit être en principe suscitée d'office dans toutes ses formalités[(277)], l'administration étant obligée de ce fait de mettre en route le processus. Dans ce but, la loi espagnole sur la procédure administrative dispose que les fonctionnaires concernés sont responsables de l'adoption des mesures appropriées pour que la procédure ne souffre pas de retard, avec obligation de proposer ce qui convient à l'élimination de toute anormalité dans la gestion des dossiers et dans les relations avec le public (art. 76).

---

(277) Art. 74,1 LPA Espagne; art. 22 Décret 640 Uruguay.

La conséquence fondamentale du principe inquisitoire est que l'administration est obligée de prouver les faits, c'est-à-dire qu'elle supporte la charge de la preuve. C'est pour cela que la Loi générale sur l'administration publique du Costa Rica prescrit expressément que:

> Dans la procédure administrative on devra vérifier les faits qui servent de motif à l'acte final, de la manière la plus fidèle et la plus complète possible, vérification pour laquelle l'organe qui la dirige devra adopter toutes les mesures probatoires pertinentes ou nécessaires, même si elles n'ont pas été proposées par les parties, et même contre la volonté de ces dernières (art. 221).

La conséquence de cette obligation d'activer la procédure et de la déclaration expresse de la responsabilité des fonctionnaires pour le retard, l'omission, le détournement ou l'inaccomplissement des démarches et formalités(278), est le droit des administrés de pouvoir formuler un recours contre le fonctionnaire responsable, devant le supérieur hiérarchique, en vue d'une sanction. Il est évident que l'exercice d'un recours de ce type ne paralyse pas la procédure et ne fait pas obstacle à la possibilité d'en corriger les insuffisances(279).

4. Le principe du contradictoire et la notion de partie

Un quatrième principe général de la procédure administrative est le principe de la contradiction qui implique la nécessité de la confrontation des critères entre l'administration et les administrés et même, dans de nombreux cas, entre plusieurs administrés, avant que l'administration ne prenne sa décision.

Comme le déclare expressément le Code colombien du contentieux administratif:

> En vertu du principe de contradiction, les intéressés auront l'occasion de connaître et de contester les décisions par les moyens légaux (art. 3).

Il est certain, comme nous l'avons indiqué, qu'en principe la procédure administrative est l'affaire de l'administration elle-même, concernant l'émission de ses actes administratifs. Cependant, compte tenu du fait que les intérêts réciproques des administrés, en face de l'administration, sont opposés, les garanties juridiques dont ces derniers disposent devant elle exigent leur participation effective à la procédure, afin qu'ils exposent leurs points de vue. En outre, quand leurs droits ou leurs intérêts peuvent être affectés par l'acte administratif, le principe contradictoire apporte la garantie, en dernière instance, de l'exercice de leurs droits à la défense.

C'est pour cela que la conséquence fondamentale du principe du contradictoire en matière de procédure administrative est qu'il implique la notion de partie. Ainsi, dans la relation administration-administré (ou administrés), les deux éléments du rapport sont parties à la procédure, et l'on considère également

---

(278) Art. 3 LOPA Vénézuéla.
(279) Art. 77,1 LPA Espagne; Art. 3 LOPA Vénézuéla.

comme parties tous les autres administrés qui peuvent se trouver affectés par l'acte administratif.

Ainsi que le précise la Loi générale sur l'administration publique du Costa Rica:

> Pourront être partie à la procédure administrative, en dehors de l'administration, tous ceux qui peuvent avoir un intérêt légitime ou un droit subjectif susceptible de se trouver directement affecté, lésé ou satisfait, en raison de l'acte final. L'intérêt de la partie doit être actuel, propre et légitime et pourra être moral, scientifique, économique et de toute autre nature (art. 275).

La notion de partie donc, appliquée aux administrés, peut être assimilée à celle d'intéressés (art. 22 de la loi organique vénézuélienne sur la procédure administrative); ces derniers, en définitive, comme le précise la loi espagnole sur la procédure administrative (art. 23), sont en premier lieu ceux qui animent la procédure en tant que titulaires de droits ou d'intérêts légitimes; en second lieu ceux qui, sans avoir déclenché la procédure, font état de droits qui peuvent se trouver directement affectés par la décision qui sera prise; et en troisième lieu, ceux dont les intérêts légitimes, personnels et directs peuvent être affectés par l'acte administratif et comparaissent devant l'administration tant que la décision définitive n'a pas été prise[280].

Dans les lois de procédure administrative d'Espagne et d'Amérique latine, le concept d'intéressé, comme partie, fait l'objet d'une réglementation précise, en particulier pour la capacité et la représentation. En ce qui concerne la capacité, les lois s'en remettent en général à ce qui est prévu dans la législation civile[281], sauf disposition législative contraire, c'est-à-dire sauf si une loi spéciale établit, à propos d'une relation juridique-administrative déterminée, des causes qui conditionnent la capacité juridique, par exemple en fonction de la nationalité, de la résidence, du sexe, de l'âge et même de la condition sociale.

A propos de la représentation, il arrive que les lois de procédure administrative s'en remettent aux exigences du droit commun[282]; dans certains cas, car elles posent des principes moins formalistes que ceux qui sont établis en matière civile ou de procédure civile. Au Vénézuéla par exemple, la loi organique sur les procédures administratives permet que, dans tous les cas où la comparution personnelle de l'intéressé n'est pas exigée, les administrés peuvent se faire représenter moyennant une simple désignation dans la demande ou le recours devant l'Administration, sans préjudice de ce qu'une telle représentation puisse être aussi accréditée par un document authentifié (arts. 25 et 26). Dans d'autres cas, comme dans la loi espagnole de procédure administrative, le document authentifié est la pièce indispensable pour formuler des réclamations, se désister d'une instance et renoncer à des droits au nom d'une autre personne (art. 24).

Enfin, pour ce qui est de la notion de partie à la procédure administrative, dans certaines lois comme la Loi générale sur l'administration publique du Costa Rica, est réglementée la notion juridique de «partie administrative conjointe»

(280) Dans le même sens Art. 23 LOPA Vénézuéla.
(281) Art. 22 LPA Espagne; Art. 282 LGAP Costa Rica; Art. 24 LOPA Vénézuéla.
(282) Par exemple, art. 282 LGAP Costa Rica.

(«*coadjuvante*»), à propos de ceux qui ne sont intéressés que de manière indirecte à l'acte final ou à son rejet ou à sa modification, même si leur intérêt est dérivé ou non actuel comparé à celui qui est propre à la partie à laquelle ils sont associés (art. 226). Dans ces cas, la partie «conjointe» peut l'être tant du promoteur de l'affaire que de l'administration ou de la partie adverse (art. 227), et elle ne pourra rien demander pour elle ni ne pourra modifier la présentation à laquelle elle est associée. Elle peut cependant produire toutes les allégations de fait et de droit et mettre en oeuvre tous les recours et les moyens de procédure pour faire valoir son intérêt, sauf en ce qui peut porter préjudice à la partie à laquelle elle est associée (art. 278).

5. Le principe de la publicité et le secret administratif

L'un des grands défis de l'Etat de droit, en ce qui concerne les relations entre l'administration et les administrés, est celui du remplacement du principe du secret administratif par le principe contraire, celui de la publicité ou transparence des actions de l'administration. On peut dire cependant que cette évolution n'est pas complètement achevée dans nos pays. Au contraire, dans la pratique et dans de nombreux pays, le principe du secret discrétionnaire, selon lequel l'administration a le pouvoir de conserver le secret sur tout document ou information, en le déclarant «réservé», est toujours en vigueur, ce qui a pour conséquence que les particuliers n'ont pas la certitude de recevoir l'information dont ils ont besoin pour contrôler l'activité administrative. Ainsi, le secret de l'action administrative et le mystère qui la couvre, non seulement à l'égard des particuliers (à l'extérieur), mais aussi à l'égard des divers organes des l'administration elle-même (à l'intérieur), continuent d'être, en effet, une pratique administrative courante dans les administrations contemporaines, la plupart du temps pour dissimuler des actes arbitraires, des comportements irresponsables et des incompétences de la part des fonctionnaires. C'est pour cela que le secret et l'inefficacité administrative constituent un binôme historiquement inséparable.

En tout cas, la question du secret administratif s'est progressivement heurtée d'une manière générale aux lois destinées à assurer le droit de tous à l'information et l'accès public aux documents officiels. C'est le cas de la loi n° 78-753 du 11 juillet 1978, adoptée en France sous l'influence de la loi sur la liberté de l'information aux Etats-Unis de 1966[283], qui, même si elle ne signifie pas la fin du secret, comme l'observe Guy Braibant, peut être considérée comme le commencement de la fin[284]. A l'exception de la Colombie, où a été édictée une importante loi sur la publicité des actes et documents officiels (loi n° 57 du S juillet 1985)[285], en général, dans les autres pays de l'Amérique latine, des lois de ce genre n'ont pas été votées. Même dans les régimes démocratiques, l'usage reste

(283) *V.* Donald C. ROWAT, «Las nuevas y proyectadas leyes sobre el acceso público a los documentos oficiales», *Revista de derecho público*, n° 9, Caracas 1982, p. 73.

(284) Guy BRAIBANT, «Droit d'accès et droit à l'information», *Service public et libertés, Mélanges offerts au Professeur Robert-Edouard Charlier*, Paris 1981, p. 709.

(285) Laquelle, en outre, garantit l'accès du citoyen aux documents (arts. 12 et ss.), mais sans éliminer le principe de la réserve de documents qui peut être décidée par l'autorité administrative.

toujours celui du secret ou de l'accès limité; en outre, l'administration conserve le pouvoir de qualifier certains documents de confidentiels.

Cependant, dans le domaine spécifique de la procédure administrative, on peut constater que le principe exprès de la publicité de la procédure commence à être réglementé, notamment à l'intention des parties ou des intéressés, ce qui constitue un grand progrès.

La loi organique sur les procédures administratives du Vénézuéla, par exemple, pose ainsi le principe général selon lequel les intéressés et leurs représentants ont le droit d'examiner à n'importe quel stade ou niveau de la procédure le dossier correspondant, de lire et de copier tout document qui y figure, ainsi que de demander des copies certifiées de tout document (art. 59) (286).

Une exception est toutefois prévue, en ce sens que sont maintenus en dehors de ce droit d'accès les documents qui sont expressément et formellement qualifiés de confidentiels par le supérieur hiérarchique, lesquels doivent donc être conservés dans des pièces séparées du dossier.

Dans un sens comparable, mais d'un façon plus large, la loi générale sur l'administration publique du Costa Rica dispose qu':

> Il n'y aura pas d'accès aux pièces du dossier dont la connaissance pourrait mettre en cause des secrets d'Etat ou une information confidentielle concernant la partie adverse ou en général, quand l'examen de ces pièces confère à l'intéressé un privilège indu ou une occasion de causer illégitimement un dommage à l'administration, à la partie adverse ou à des tiers, à l'occasion du dossier ou en dehors de celui-ci (287).

Cependant, en présence de ces normes qui réglementent les zones secrètes ou réservées des dossiers administratifs, on exige, tant dans la loi costaricienne que dans la loi vénézuélienne que la qualification de «confidentiel» soit faite par un acte administratif motivé, ce qui fait que le traditionnel pouvoir discrétionnaire en la matière demeure limité. En outre, l'acte qui est pris peut faire l'objet de recours administratifs ou contentieux(288).

6. Le principe d'impartialité

Enfin, parmi les principes qui régissent la procédure administrative figure le principe d'impartialité, dérivé du principe d'égalité des administrés et de non-discrimination entre eux, selon lequel l'Administration dans le cours de la procédure et lorsqu'elle prend sa décision, ne doit pas prendre partie, faire pencher la balance en faveur d'une partie au détriment de l'autre ou en favoriser une illégitimement, mais doit prendre sa décision uniquement en conformité avec l'ordonnancement juridique et la finalité de l'intérêt général qui motive celui-ci.

---

(286) Dans le même sens, Art. 272 LGAP Costa Rica; Art. 62 LPA Espagne.

(287) Art. 273,1. Il faut souligner que la loi costaricienne présume qu'ont le caractère confidentiel, sauf preuve contraire, les «projets de résolution, de même que les rapports destinés aux organes consultatifs et les avis de ces derniers avant qu'ils aient été rendus» (art. 273,2).

(288) Art. 274 LGAP Costa Rica; Art. 59 LOPA Vénézuéla. Dans le même sens, la Loi colombienne n° 57 de 1985 (art. 21).

Afin de garantir l'impartialité de l'Administration et conformément à l'orientation des principes qui régissent la matière dans la procédure juridictionnelle[289], les lois de procédure administrative ont posé, d'une part le devoir général des fonctionnaires dont l'impartialité pourrait être suspectée, de s'abstenir d'intervenir dans la procédure; et d'autre part, dans certains cas, le droit des intéressés de récuser les fonctionnaires qui auraient fait preuve, par leur comportement, de partialité.

Ainsi par exemple, la loi organique sur les procédures administratives du Vénézuéla (art. 36), s'inspirant des principes de la loi espagnole de procédure administrative (art. 20), impose aux fonctionnaires publics de s'interdire ou de s'abstenir de connaître d'une affaire dont la compétence leur est légalement attribuée, dans les cas suivants:

1. Quand le fonctionnaire lui-même ou son conjoint ou un parent jusqu'au quatrième degré de consanguinité ou au second degré de collatéralité, auraient intérêt à la procédure. C'est l'application concrète, en matière administrative, du principe *nemo judex in causa sua*, selon lequel le fonctionnaire public ne doit pas intervenir dans des procédures auxquelles il a intérêt. La loi espagnole ajoute à ce cas d'empêchement celui du fonctionnaire administrateur d'une société ou entité intéressée (art. 20,2,a); ou du fonctionnaire parent d'un administrateur d'entités ou de sociétés intéressées; il en va de même s'il s'agit d'assesseurs, de représentants légaux ou de mandataires qui interviennent dans la procédure (art. 20,2,b).

2. Quand ils éprouvent une amitié intime ou une inimitié manifeste à l'égard d'une des personnes intéressées qui interviennent dans la procédure. Dans ce contexte, le code du contentieux administratif de Colombie ajoute comme motif le fait pour le fonctionnaire d'avoir fait partie de listes de candidats à des corps collégiaux soumis à l'élection populaire, ou d'être membre de ces corps (art. 30,1).

3. Quand il sont intervenus comme témoins ou experts dans l'affaire dont la solution est en cause ou bien si, en tant que fonctionnaires, ils ont manifesté préalablement leur opinion sur celle-ci, de sorte que l'on pourrait préjuger déjà une telle solution ou, encore s'agissant d'un recours administratif, s'ils sont l'auteur de la décision correspondant à l'acte contesté ou y ont pris part.

4. Quand ils ont des relations de service ou de subordination avec l'une des personnes directement intéressées à l'affaire. Dans ce contexte, le code du contentieux administratif de Colombie ajoute le cas du fonctionnaire recommandé par l'intéressé pour parvenir à la position qu'il occupe ou qui a été désigné par celui-ci comme référence dans le même but (art. 30, 2).

Les lois de procédure varient quant à la détermination des effets de l'action du fonctionnaire exposé à un motif d'empêchement. La Loi générale sur l'administration publique du Costa Rica pose le principe de l'invalidité de tels actes (art. 237,3,b); en revanche, la loi espagnole dispose que l'action des fonctionnaires qui auraient eu des raisons de s'abstenir n'entraînera pas nécessairement l'invalidité des actes ainsi pris (art. 20,3). Cependant, la non

---

(289) Par exemple, l'art. 6 LPA Argentine, l'art. 30 CCA Colombie et l'art. 230 LGAP Costa Rica s'en remettent en la matière aux règles des codes de procédure civile ou du pouvoir judiciaire.

abstention, dans les cas où elle s'impose, engage la responsabilité du fonctionnaire [(290)].

Les législations sur la procédure administrative consacrent, outre l'abstention ou l'empêchement (comme devoirs du fonctionnaire), le droit des intéressés de récuser les fonctionnaires qui entrent dans l'une des hypothèses prévues, et instaure une procédure sommaire qui doit être conduite par le supérieur hiérarchique[(291)]. Dans certains cas, toutefois, la procédure de récusation n'est pas conçue comme un droit des intéressés, mais comme un droit incitant le supérieur hiérarchique dans l'entité où est traitée une affaire à ordonner aux fonctionnaires passibles d'un empêchement de s'abstenir de toute intervention dans la procédure[(292)].

III. PRINCIPES RELATIFS A LA DECISION

L'objectif final de toute procédure administrative est la production d'un acte administratif, c'est-à-dire l'adoption d'une décision par l'administration. A cet effet, une fois une procédure administrative déclenchée, en particulier à l'initiative d'une partie ou lorsque les administrés y ont intérêt, l'administration est obligée de décider; en d'autres termes, l'administration n'est pas libre de prendre ou de ne pas prendre une décision. Cette obligation, du reste, est la garantie du droit de pétition qui comporte le droit d'obtenir une réponse appropriée.

Nous étudierons cette obligation de décider dans la codification de la procédure administrative, ainsi que les effets du silence administratif, pour terminer avec l'analyse d'autres principes relatifs aux décisions, en particulier, le contenu de celles-ci en relation avec les questions posées au cours de la procédure.

1. L'obligation de décider et les effets du silence administratif

Comme nous l'avons vu, qu'elle soit ou non le résultat de l'exercice d'un droit de pétition, une fois déclenchée une procédure administrative, l'administration est en principe obligée de l'instruire et, en définitive, de prendre la décision correspondante. Evidemment, s'il s'agit d'une procédure déclenchée à la suite de la mise en oeuvre du droit de pétition, celui-ci comporte aussi le droit d'obtenir la réponse appropriée, comme par exemple le prévoient plusieurs constitutions, dont celle du Vénézuéla (Art. 67). Pour cette raison, la loi organique sur les procédures administratives du Vénézuéla exige des autorités administratives qu'elles répondent «aux pétitions ou aux requêtes qui leur sont adressées ou bien indiquent, le cas échéant, les motifs qu'elles ont de ne pas faire» (art. 2) [(293)].

---

(290) Art. 6 LPA Argentine; Art. 237,1 LGAP Costa Rica.

(291) Art. 21 LPA Espagne; Art. 6 LPA Argentine; Art. 236 LGAP Costa Rica.

(292) Art. 39 LOPA Vénézuéla.

(293) Dans le même sens, Art. 70 LPA Espagne; arts. 98 et 99 D 640 Uruguay.

En définitive, donc, l'administration est obligée de conduire les procédures administratives concernant les administrés et elle doit le faire dans les délais fixés par les lois.

Cependant, il est bien connu que l'attitude traditionnelle de l'administration, dans nombre de cas, est celle de laisser passer le temps, c'est-à-dire de ne pas décider ou de ne pas répondre, ce qui a obligé le législateur, dans des réglementations isolées, par exemple en France, à attribuer un effet généralement négatif ou de rejet au silence de l'administration une fois expiré le délai de quatre mois, celui-ci se transformant en une décision implicite susceptible de recours devant le juge administratif(294). Ce principe législatif a conduit la jurisprudence constitutionnelle à identifier un principe général du droit dont l'objet est de garantir la situation des administrés face à cette inaction administrative. De là procède le principe selon lequel le silence de l'administration, lorsque celle-ci dispose d'un délai légalement prescrit pour décider, est considéré comme équivalent à une décision implicite de rejet, afin de permettre à l'administré d'avoir recours à la voie contentieuse administrative. C'est ce qu'a jugé le Conseil constitutionnel dans une décision n° 55-L du 26 juin 1969, *Protection des sites*, en considérant que ce «principe général du droit», dérivé de la règle selon laquelle «qui ne dit mot refuse», pouvait être écarté seulement par la voie législative; en conséquence, une disposition réglementaire ne peut pas fixer des cas de décisions implicites d'acceptation(295). Ce principe n'a pas été accueilli cependant sous cette forme par le Conseil d'Etat, lequel a reconnu la validité d'actes réglementaires qui prévoient l'octroi tacite du permis de construire en cas de silence de l'administration (CE Ass. 27 fév. 1970, *Commune de Bozas*)(296).

Or, l'un des intérêts majeurs de la codification de la procédure administrative en Espagne et en Amérique Latine a été précisément de poser des règles générales tendant à garantir la situation des administrés devant le silence de l'administration parmi lesquelles figurent tant le principe du silence négatif ou silence-rejet, que celui du silence positif ou silence-accord, et la possibilité d'avoir recours à la voie contentieuse administrative contre la carence de l'administration.

A. LA GARANTIE NÉE DU SILENCE NEGATIF

On peut dire que le principe des effets négatifs du silence administratif est le plus généralisé et le mieux établi dans presque toutes les législations sur la procédure administrative du monde hispanique. Un exemple de sa formulation la plus générale se trouve à l'article 4 de la loi organique sur les procédures administratives du Vénézuéla, selon lequel:

---

(294) Pierre DELVOLVE, *L'acte administratif*, Paris 1983, p. 172.

(295) *V.* Louis FAVOREU et Loïc PHILIP, *Les grandes décisions du Conseil Constitutionnel*, 6° éd., Paris 1991, p. 223. *V.* la référence in R HOSTIOU, *Procédures et formes de l'acte administratif unilatéral en droit français*, Paris 1975, p. 124.

(296) *Cit.* par L. FAVOREU et L. PHILIP, *op. cit.*, p. 223 et P. DELVOLVE, *op. cit.* p. 394

Dans le cas où un organe de l'administration publique ne règle pas une affaire ou un recours dans les délais établis, on considérera qu'elle s'est prononcée négativement et l'intéressé pourra exercer immédiatement le recours correspondant, sauf disposition expresse contraire.

Cette disposition toutefois, n'exonère pas les organes administratifs ni leurs fonctionnaires des responsabilités qui peuvent leur être imputées pour omission ou retard.

Il s'agit donc de la consécration générale d'un effet négatif à l'écoulement du temps, sans qu'il y ait décision de l'administration, à partir de la présomption qu'au terme du délai légalement prescrit pour décider, s'est produite une décision tacite de rejet de ce qui a été sollicité ou demandé ou du recours exercé.

Cependant, on peut distinguer trois cas de figure différents de la norme afférente au silence valant rejet.

En premier lieu, le silence peut valoir rejet dans le cas de pétitions ou de requêtes. Conformément au Code du contentieux administratif de Colombie «une fois expiré le délai de trois mois à compter de la présentation d'une pétition sans que soit notifiée la décision qui y répond, il faut tenir celle-ci pour négative» (art. 40).

Dans la législation espagnole, à ce principe s'ajoute l'obligation pour l'intéressé de mette en demeure l'administration. C'est seulement trois mois après avoir dénoncé le retard qu'il «pourra considérer sa requête comme rejetée, afin d'exercer contre ce rejet présumé le recours administratif ou juridictionnel correspondant, selon le cas, ou attendre le règlement exprès de sa requête» (art. 94,1). Le même principe de la mise en demeure de l'administration, comme condition d'existence d'une décision présumée négative découlant du silence de l'administration est adopté par la législation argentine (art. 10).

En second lieu, le silence valant rejet au terme d'un certain laps de temps est également prévu dans les procédures qui sont déclenchées d'office et qui, de ce fait, ne résultent pas de l'exercice du droit de pétition. L'écoulement du temps permettrait l'exercice du recours correspondant chaque fois que, d'une manière évidente, l'acte négatif tacite lèse un intérêt ou un droit des administrés. Par exemple, si un immeuble menace ruine et si l'administration ne se prononce pas sur la procédure déclenchée d'office pour ordonner ou non sa démolition, les voisins intéressés pourraient intenter les recours correspondants[(297)].

Le troisième cas dans lequel le silence vaut rejet concerne l'exercice des recours administratifs, en ce sens que s'il n'y est pas répondu par l'administration dans les délais prescrits, celle-ci est présumée les avoir rejetés, l'intéressé pouvant alors exercer, selon les cas, ou un second recours administratif ou un recours contentieux.

En cette matière, le code du contentieux administratif de Colombie précise que l'existence d'une décision implicite du rejet l'implique la perte de compétence de l'Administration pour répondre au recours» (art. 60), règle qui n'est pas générale en Amérique latine. Dans d'autres pays, si la décision tacite de rejet est acquise et

---

(297) *V.* Allan R BREWER-CARÍAS, *El derecho administrativo y la Ley orgánica de procedimientos Administrativos*, Caracas 1985, p. 230.

si elle a fait l'objet d'un recours, l'Administration ne perd pas pour autant le pouvoir de décider, ainsi qu'on le constate au Vénézuéla[298].

En toute hypothèse, et sauf le cas de la Colombie, l'aspect important des réglementations législatives relatives aux décisions tacites de rejet est que le principe de la décision tacite est établi au bénéfice exclusif des administrés, comme une garantie de leurs droits. En conséquence, l'exercice d'un recours contre la décision tacite n'est pas une obligation imposée aux intéressés, lesquels dans tous les cas peuvent attendre la décision expresse.

D'autre part, on doit signaler que la réglementation de cette garantie ne relève pas le fonctionnaire de son obligation de décider, sa responsabilité demeurant engagée pour retard éventuel. Ainsi se prononcent expressément diverses législations[299] et en particulier la loi espagnole sur la procédure administrative, laquelle dispose en toute clarté que «le rejet présumé n'exclura pas l'obligation pour l'administration de prendre une décision expresse», et ajoute «qu'en cas d'inexécution de cette obligation, l'intéressé pourra former une réclamation qui servira de préalable à la mise en jeu de la responsabilité personnelle, s'il y a lieu, de l'autorité ou du fonctionnaire négligents» (art. 94,3).

B. LA GARANTIE NÉE DU SILENCE POSITIF

Le principe général, en matière de consécration du silence administratif à effets positifs, à l'exception du cas de la législation du Costa Rica, est qu'il doit être consacré par une loi spéciale dans chaque cas. C'est ce que prévoient expressément le code du contentieux administratif de Colombie (art. 41), et les lois sur la procédure administrative d'Espagne (art. 95) et d'Argentine (art. 10). Dans d'autres pays, comme le Vénézuéla, même s'il n'est pas prévu dans la loi sur les procédures administratives, c'est dans des lois spéciales, comme la loi relative à l'aménagement du territoire et l'aménagement urbain, qu'est réglementé le silence positif en matière d'autorisations, approbations et permis[300].

Contrastant avec le régime du silence positif institué seulement dans des lois spéciales, la Loi générale sur l'administration publique du Costa Rica, d'une manière exceptionnelle en droit comparé, a consacré en la généralisant, la garantie née du silence administratif positif dans les cas de procédure d'autorisation. L'article 330 de cette loi dispose en effet que:

> 1. Le silence de l'administration sera considéré comme positif quand il est ainsi expressément disposé ou lorsqu'il s'agit d'autorisations ou d'approbations qui doivent être accordées dans l'exercice des fonctions de contrôle et de tutelle.
>
> 2. Le silence sera également considéré comme positif, s'il s'agit de demandes de permis, licences et autorisations.

---

(298) *V.* Allan R. BREWER-CARÍAS, *Estado de derecho y control judicial*, Madrid 1985.

(299) Art. 4 LOPA Vénézuéla; art. 239 LGAP Costa Rica.

(300) *V.* Allan R. BREWER-CARÍAS, *Ley orgánica para la ordenación del territorio*, Caracas 1983, pp. 66 et 67; Allan R. BREWER-CARÍAS, *Ley orgánica de ordenación urbanística*, Caracas 1988, pp. 57 et ss.; Humberto ROMERO MUCI, *idem*, pp. 144 et ss.

Dans cette norme, en réalité, sont déterminés deux cas de silence positif: en premier lieu, dans les relations entre organes internes de l'administration, lorsqu'il s'agit d'autorisations ou d'approbations qui, comme l'indique la législation espagnole (art. 95) à propos de l'exercice de fonctions de contrôle et de tutelle, mettent en relation les organes supérieurs avec les organes inférieurs, au sein d'une même structure hiérarchique ou dans les relations de décentralisation fonctionnelle. En dépit du fait que la loi du Costa Rica ne le précise pas comme le fait la loi espagnole, on admettra que ce type de silence positif ne peut concerner, par exemple, les fonctions de surveillance et de contrôle que des organes constitutionnels, comme la *Contraloría General* de la République, exercent à l'égard des organes de l'administration centrale ou décentralisée.

Le second cas de silence administratif positif consacré d'une manière générale, concerne les cas de demandes de permis, licences et autorisations, c'est-à-dire les procédures d'autorisation que précisément, dans d'autres pays, des lois spéciales réglementent en principe.

Cependant, la loi du Costa Rica ne réglemente pas les modalités pratiques de l'efficacité de l'acte tacite positif; ce point est en revanche effectivement précisé dans le code du contentieux administratif de Colombie selon lequel la personne se trouvant dans les conditions prévues par les dispositions légales qui déterminent les effets favorables du silence administratif positif, doit enregistrer la copie de la pétition ou du recours, en même temps que sa déclaration sous serment de ne pas avoir reçu notification d'une décision dans le délai prévu. De cette façon, l'écriture enregistrée produira tous les effets légaux de la décision favorable quia été demandée et toutes les personnes et autorités publiques doivent l'accepter ainsi (art. 42).

En tout cas, s'agissant d'un acte administratif tacite déclaratif de droits en faveur des intéressés, l'acte administratif qui résulte du silence positif est pour l'administration un acte irrévocable[(301)].

C. LA GARANTIE CONTRE LA CARENCE ADMINISTRATIVE

Tant la fiction juridique du silence négatif que celle du silence positif ont sans doute été instituées dans l'ordonnancement juridique comme garanties des droits des administrés afin que, après un temps d'inaction, ils puissent exercer leur droit à la défense moyennant la présentation des recours administratifs ou contentieux correspondants.

Cependant, surtout dans le cas du silence administratif négatif, dans les cas de pétitions ou de recours, particulièrement en matière de procédures d'autorisations, il est évident dans la pratique que les administrés n'obtiennent pas toujours une garantie de leurs droits du fait que l'on considère que le silence de l'administration équivaut à un rejet tacite. Ce qui intéresse par exemple le demandeur d'un permis

(301) Art. 331, 2 LGAP Costa Rica, D'autre part, l'art. 41 CCA Colombie prévoit divers cas de révocation.

ou d'une autorisation d'entreprendre une activité est en définitive de pouvoir réaliser concrètement cette activité grâce au permis ou à l'autorisation. Ce n'est pas le résultat qu'il obtient si le silence présume qu'on lui refuse. D'autre part, il faut se demander comment il pourra attaquer l'acte tacite dénégatoire par voie de recours, s'il n'y a ni motif ni motivation ? Quels seraient les motifs de sa contestation ?

En réalité, dans les cas d'abstention ou de refus de l'administration de décider, la véritable garantie juridique de l'administré serait de pouvoir exiger du juge qu'il oblige l'administration à prendre la décision grâce à un recours contentieux, non pas contre un acte, qui n'existe pas, mais contre la carence de l'administration. Cette possibilité n'a jamais été acceptée par le système contentieux administratif français, qui exige l'existence d'un acte exprès ou tacite pour que puissent être exercés les recours juridictionnels. Toutefois, au lendemain de l'entrée en vigueur du Traité de la Communauté Economique du Charbon et de l'Acier et à propos de la compétence de la Cour de Justice des Communautés Européennes, on a cru trouver dans l'article 35 du Traité de la CELA un recours en carence, précisément contre l'abstention ou le refus des Hautes Autorités de la Communauté d'adopter certaines décisions, mais cela n'eut pas de suite, et la tradition française s'imposa(302).

En revanche, le système vénézuélien des recours contentieux, outre le recours en annulation et des demandes formées contre les entités publiques, a expressément institué le recours pour abstention ou carence qui s'exerce contre les omissions de l'administration. Ainsi, on a attribué compétence expresse aux tribunaux administratifs pour:

> Connaître de l'abstention ou du refus des fonctionnaires nationaux, provinciaux ou municipaux d'accomplir des actes déterminés auxquels ils sont tenus par les lois, quand cela est le cas, et en conformité avec celles-ci(303).

Comme l'a précisé la jurisprudence administrative:

> Le recours pour abstention (ou carence) s'inscrit dans la catégorie des actions contentieuses, dont la caractéristique commune est de permettre le contrôle de la légalité et de rétablir les intérêts légitimes violés. De telle sorte qu'il est parfaitement possible de réviser la légalité de faction administrative moyennant un recours pour abstention ou en carence, dont la finalité n'est pas la nullité d'une action quelconque, mais de qualifier de légitime ou non une omission tacite ou expresse de l'administration, afin que si elle apparaît illégale, le tribunal supplée à cette abstention ou à ce rejet, en prenant l'acte ou la formalité omis ou rejeté... En conclusion, le recours pour abstention ou en carence peut être intenté contre un refus exprès ou présumé (inertie) de l'administration d'accomplir un acte. Ce qui est déterminant est donc que l'objet de la prétention soit celui de parvenir, grâce à l'intervention du tribunal administratif, à réaliser l'acte dont l'administration a dit qu'elle ne le réaliserait pas, ou que, simplement, elle s'abstiendrait de réaliser, et cela

---

(302) *V.* Nicola CATALANO, *Manual de derecho de las Comunidades Europeas*, Buenos Aires 1966, pp. 109 et 110; J. A. CARRILLO SALCEDO, *La recepción de contencioso-administrativo en la Comunidad Europea del carbón y del acero*, Séville 1958, pp. 43 et ss.

(303) Arts. 42, 23 et 182,1 Loi organique de la Cour suprême de Justice (Vénézuéla).

chaque fois que le requérant a droit à celui-ci et qu'existe la norme prévoyant le devoir d'agir de l'administration (304).

Un tel recours serait absolument inadmissible conformément au système français. Cependant, ce recours contentieux en carence complète le cadre des garanties des administrés devant le refus exprès ou tacite (inertie) de l'Administration de prendre une décision, lorsque la seule présomption de décision tacite de rejet ne permet pas de satisfaire les droits ou intérêts des administrés.

2. La globalité de la décision et les effets du principe inquisitoire

Un autre principe général relatif à la procédure administrative en matière de décision porte sur l'obligation qu'à l'Administration de décider sur toutes les questions posées dans la procédure, tant par les parties que d'office.

En ce qui concerne les questions soulevées par les intéressés, le principe est expressément institué dans la loi vénézuélienne sur les procédures administratives, quand elle dispose que:

> L'acte administratif relatif à l'affaire soumise à l'administration résoudra toutes les questions qui ont été posées, tant initialement que durant le processus des formalités (art. 62) (305).

Le principe, en outre, est consacré dans la législation argentine comme un droit des administrés «à une décision fondée» en tant qu'élément du droit au *debido proceso* (art. 1,f,3) (*due process*).

Mais il est évident que dans le cours de la procédure administrative, qu'elle soit engagée d'office ou à l'initiative d'une partie, en vertu du principe inquisitoire, l'administration peut prendre position d'office sur certains éléments non invoqués par les parties mais sur lesquels la décision devra aussi porter. C'est pourquoi la loi espagnole sur la procédure administrative dispose que la décision se prononcera non seulement sur toutes les questions posées par les intéressés, mais aussi «sur les autres qui découlent du dossier» (art. 93,1).

A cet égard, cependant, le principe du *debido proceso* exige que les questions non formulées ou proposées par les intéressés doivent, pour pouvoir être prises en considération dans la décision, avoir été notifiées à des derniers et que ceux-ci doivent avoir été entendus au préalable. Ainsi le précise expressément la loi argentine sur les procédures administratives (art. 7,C).

---

(304) Décisions de la Première Cour de contentieux administratif du 28 octobre 1987, *Revista de derecho público* n° 32, Caracas 1987, p. 118. Dans le même sens, *v.* les décisions de la même Cour du 12 février 1987, *Revista de derecho público* n° 29, Caracas 1987, pp. 142 et ss.

(305) Dans le même sens, art. 35 CCA Colombie; Art. 132, 1 LGAP Costa Rica.

CHAPITRE II
LE DROIT A LA DEFENSE ET SES CONSEQUENCES

Une des motivations centrales du processus de codification de la procédure administrative en Espagne et en Amérique Latine a été, sans doute, la consécration de garanties effectives pour assurer le droit à la défense, en tant que droit inhérent à la personne humaine[(306)].

Sa formulation jurisprudentielle historique se situe lors du fameux Dr Bentley's case jugé en 1723 par une Cour anglaise, lorsque le Juge Fortescue, en se référant à ce principe comme à un principe de *natural justice*, indiqua:

> *The objection for want of notice can never be got over: The laws of God and men both give the party an opportunity to make his defence, if thee has any. I remember to have heard it observed an occasion, that even God himself did not pass sentence upon Adam before thee was called upon to make his defence, «Adam (says God) where are you? Hast thou not eaten of the tree whereof I commanded thee that thou shouldest not eat ? And the same question was put to Eve also* [(307)].

Par cette décision il fut admis que le *Chancellor* de l'Université de Cambridge, le Dr Bentley, ne pouvait avoir été dépouillé de ses titres ou grades académiques sans qu'on fait préalablement informé des charges formulées contre lui et sans lui avoir donné la possibilité d'y répondre[(308)]. De là est née la formulation judiciaire du principe du droit à la défense en droit anglais, comme l'un des principes de *natural justice*, aussi vieux que le monde.

Dans le monde contemporain, de nombreuses constitutions consacrent le droit à la défense comme un droit constitutionnel[(309)], mais même en l'absence de telles déclarations, il a été garanti, non seulement en matière juridictionnelle, mais aussi contre l'Administration. On notera en ce sens la doctrine jurisprudentielle du Conseil d'Etat inaugurée avec l'arrêt *Tery*, du 20 juin 1913 (Rec., p. 736), à propos de sanctions disciplinaires infligées à un professeur de lycée sans qu'on lui ait assuré le droit d'être entendu[(310)].

---

(306) Michael STASSINOPOULOS, *Le droit d la défense devant les autorités administratives*, Paris 1976, p. 50.

(307) *Dr Bentley'case: The King v. The Chancellor, Ec., of Cambridge* (1723), Str. 557. *V.* les références dans *Cooper v. The Board of Works for Wandsworth District* (1863), 14 C.B. (n.s) 180, in S.H. BAILEY, C.A. CROSS and J.F. GARNER, *Cases and Materials in Administrative Law*, London 1977, pp. 348-351.

(308) *V.* E.C.S. WADE and G. GODFREY PHILLIPS, *Constitutional and Administrative Law*, London 1981, p. 599.

(309) L'article 68 de la Constitution du Vénézuéla dispose que «La défense est un droit inviolable à tout état et niveau du procès». Selon la jurisprudence de la Cour suprême de Justice (Chambre politico-administrative), ce droit à la défense «constitue une garantie inhérente à la personne humaine et est, en conséquence, applicable à n'importe quel type de procédure qui peut donner lieu à une condamnation», décision du 23 octobre 1986, *Revista de derecho público*, n° 28, Caracas 1986, pp. 88-89. *Cf.* Décision de la Cour suprême de Justice (Chambre politico-administrative) du 11 août 1983, *Revista de derecho público*, n° 16, Caracas 1983, p. 150.

(310) M. LONG, P. WEIL, G. BRAIBANT, P. DELVOLVE et B. GENEVOIS, *Les grands arrêts de la jurisprudence administrative*, Paris 1990, pp. 164-169.

En matière de procédure administrative, le droit à la défense a eu de multiples développements de telle sorte qu'on parle même des «droits de la défense» [311], dont les principes ont fait l'objet d'une abondante réglementation législative dans les lois de procédure administrative en Espagne et en Amérique latine. Nous analyserons ces principes en premier lieu, et ensuite nous étudierons la réglementation particulière la plus achevée concernant le droit à la défense en matière administrative, au travers des recours administratifs.

I. ASPECTS DU DROIT A LA DÉFENSE

En matière administrative, le droit à la défense a été considéré avec raison comme une exigence non seulement du principe de justice, mais aussi du principe d'efficacité, parce qu'il «assure -comme fa relevé la jurisprudence vénézuélienne- une meilleure connaissance des faits, contribue à améliorer l'administration et garantit une décision plus juste» [312]. Bien entendu, l'aspect qu'il convient de mettre le plus en valeur est celui des garanties particulières fixées dans l'ordonnancement juridique afin de rendre effectif ce droit à la défense; dans cette perspective on doit considérer, comme l'a souligné la Cour suprême de Justice du Vénézuéla, que:

> Le droit à la défense doit être considéré non seulement comme l'occasion pour le citoyen inculpé ou auteur présumé d'une infraction d'entendre ses arguments, mais aussi comme le droit d'exiger de l'Etat l'accomplissement, préalablement à l'imposition de toute sanction, d'un ensemble d'actes ou de procédures destinés à lui permettre de connaître avec précision les faits qui lui sont imputés et les dispositions légales applicables à ceux-ci, de présenter au moment opportun les arguments à sa décharge et de produire et réaliser des preuves qui oeuvrent en sa faveur. Cette perspective du droit de défense est comparable à ce qui, dans d'autres Etats de droit, a été appelé le principe du «*debido proceso* [313].

De ce point de vue du *due process of law*, le droit à la défense en matière de procédure administrative comprend, dans les législations de droit positif d'Espagne et d'Amérique latine, les droits suivants: droit de recevoir notification, droit de se porter partie, droit d'avoir accès au dossier, droit d'être entendu, droit de présenter des preuves et des arguments et droit d'être informé des moyens de défense dont on dispose face à l'administration.

(311) *V.*, par exempte, R MENT, «Les droits de la défense», *Etudes et documents,* Conseil d'Etat, Paris 1953, pp. 50 et ss.

(312) Décision de la Première Cour de contentieux administratif (Vénézuéla) du 15-5-86, *Revista de derecho público*, n° 26, Caracas 1986, p. 110.

(313) Décision du 17-11-83, Chambre político-administrative, *Revista de derecho público*, n° 16, Caracas 1983, p. 151.

1. Le droit de recevoir notification

«Tout acte de procédure qui affecte les droits ou les intérêts des parties ou d'un tiers, devra être dûment communiqué à la personne concernée» [314]; ce droit est ainsi consacré en termes exprès par la Loi générale sur l'administration publique du Costa Rica et le principe vaut non seulement à propos de la publication et de la notification des actes administratifs qui résultent d'une procédure, mais aussi à propos des actes administratifs que l'administration adopte au cours de celle-ci.

La première manifestation de ce droit de recevoir notification figure dans les lois de procédure comme une première étape lorsque celle-ci est déclenchée. En particulier, le droit de recevoir notification est consacré quand la procédure est mise en oeuvre d'office, auquel cas l'autorité administrative compétente doit notifier l'existence de la procédure[315] aux administrés dont les droits subjectifs ou les intérêts légitimes, personnels ou directs, pourraient être affectés[316]. Nous devons considérer, cependant, que le droit de recevoir notification reçoit aussi application dans les procédures qui sont mises en oeuvre à l'initiative d'une partie, et qui sont susceptibles d'affecter d'autres administrés[317]. Ainsi le prévoit expressément le décret uruguayen n° 640, selon lequel:

> S'il résulte d'une pétition ou requête que la décision peut affecter des droits ou des intérêts d'autres personnes, on notifiera à celles-ci ce qui a été fait afin qu'elles interviennent dans la procédure pour faire les déclarations correspondantes. Dans le cas d'une comparution, elles devront le faire dans les mêmes formes que le pétitionnaire et elles auront les mêmes droits que ce dernier (art. 10).

De la même manière, le Code du contentieux administratif de Colombie exige que:

> Quand d'une pétition ou d'une requête enregistrée auprès d'une autorité administrative, il résulte qu'il y a des tiers qui peuvent être directement intéressés aux résultats de la décision, on les convoquera pour qu'ils puissent y être partie et faire valoir leurs droits... Dans l'acte de convocation on doit faire connaître clairement le nom du requérant et l'objet de la requête (art. 14).

Quant à l'acte administratif qui résulte de la procédure, il doit évidemment être notifié lui aussi aux intéressés comme condition de son efficacité, ainsi que nous l'avons déjà souligné.

2. Le droit d'être partie

Outre le droit de recevoir notification, le droit à la défense dans la procédure administrative implique le droit de tout intéressé d'être partie à la procédure, quand celle-ci n'a pas été mise en oeuvre sur son initiative, mais d'office ou sur

---

(314) Art. 239 LGAP Costa Rica

(315) Art. 28 CCA Colombie.

(316) Art. 48 LOPA Vénézuéla.

(317) *V.* Allan R BREWER-CARÍAS, *El derecho administrativo y la Ley orgánica de procedimientos administrativos*, Caracas 1985, p. 301.

l'initiative d'une autre personne, si son intérêt personnel, légitime et direct ou son droit subjectif peut être lésé, affecté ou satisfait dans la procédure[318].

Ce droit d'être partie implique le droit de comparaître en cours de procédure, quel que soit l'état dans lequel se trouve l'affaire[319] et à condition que la solution définitive de celle-ci ne soit pas intervenue [320].

3. Le droit d'accès au dossier administratif

La troisième manifestation du droit à la défense est le droit des intéressés d'avoir accès au dossier[321]. Ce droit présente plusieurs aspects dans la législation sur les procédures administratives.

En premier lieu, comme l'indique la loi espagnole de procédure administrative, les personnes intéressées à une procédure administrative ont le droit de connaître, à n'importe quel moment, l'état d'avancement du dossier, en réclamant l'information adéquate aux bureaux correspondants (art. 62).

En second lieu, le droit d'accès au dossier administratif exige comme garantie le droit à l'unité du dossier administratif, en ce sens que celui-ci, matériellement, doit être unique et rassembler tous les documents qui concernent la procédure effective. De là vient le principe institué à l'article 31 de la loi organique sur les procédures administratives du Vénézuéla, à propos de l'obligation imposée à l'administration:

> De chaque affaire on formera un dossier et on maintiendra l'unité de celui-ci et de la décision respective, même si doivent intervenir dans la procédure des bureaux de différents ministères ou des établissements publics autonomes (art. 31).

Cette loi ajoute:

> Dès que la procédure est mise en oeuvre, on procèdera à l'ouverture d'un dossier dans lequel on rassemblera toutes les pièces que l'affaire pourra susciter. Copie des communications entre les différentes autorités, ainsi que des publications et des notifications qui seront réalisées, sera annexée au dossier.

En troisième lieu, comme l'indique la loi organique sur les procédures administratives du Vénézuéla, les intéressés et leurs représentants ont le droit d'examiner le dossier administratif dans sa totalité à n'importe quel état ou stade de la procédure (art. 59). On excepte, cependant, le cas déjà analysé des documents qualifiés de confidentiels par le supérieur hiérarchique, lesquels en conséquence peuvent être archivés dans des liasses séparées du dossier[322].

---

(318) Art. 275 LGAP Costa Rica.
(319) Art. 23 LOPA Espagne.
(320) Art. 23 LPA Espagne.
(321) Art. 216 LGAP Costa Rica.
(322) Art. 273 LGAP Costa Rica; Art. 59 LOPA Vénézuéla, Art. 41 Décret 640 Uruguay; art. 19 Loi 57, 1985, Colombia.

Finalement, le droit d'avoir accès au dossier implique aussi le droit des intéressés de lire et de copier tout document contenu dans le dossier, de même que celui de demander copie certifiée de celui-ci(323).

4. Le droit d'être entendu (audition de l'intéressé)

Outre le droit de recevoir notification, d'être partie et d'avoir accès au dossier administratif, la manifestation la plus importante du droit à la défense est le droit d'être entendu. A cet effet l'administration, avant de régler une affaire qui peut affecter les droits et les intérêts d'un administré, doit lui accorder audience. C'est le principe *audi alteram partem*, qui, en matière administrative, signifie l'obligation pour l'administration d'entendre préalablement les intéressés(324).

Le principe général en la matière est énoncé dans la loi argentine sur les procédures administratives qui réglemente le droit des intéressés al *debido proceso* et, comme élément de celui-ci, prévoit le droit pour les personnes concernées «d'exposer les raisons de leurs prétentions et de leurs objections avant l'ediction d'actes qui portent sur leurs droits subjectifs ou intérêts Légitimes» (art. 1,f,1) (325). Par ailleurs, certaines législations réglementent les modalités exactes de l'audition. Par exemple, dans le cas de la loi espagnole sur la procédure administrative, il est prescrit que l'acte d'audition doit avoir lieu une fois les dossiers instruits et immédiatement avant de rédiger la proposition de décision. A cet effet, les dossiers doivent être mis à la disposition des intéressés afin que, dans un délai qui ne sera pas inférieur à dix jours, ni supérieur à quinze jours, ils fassent valoir leurs allégations et présentent les documents et justifications qu'ils estiment pertinents (art. 91, 1).

Dans la loi organique sur les procédures administratives du Vénézuéla en revanche, l'audition de l'intéressé doit être réalisée au début de la procédure, immédiatement après son ouverture, ce qui est évidemment un inconvénient car le dossier n'a pas encore été instruit. En réalité, l'audition des intéressés, pour que l'exercice du droit d'être entendu ait un sens, doit avoir lieu une fois que l'instruction de l'affaire est terminée et que tous les documents relatifs à celle-ci se trouvent dans le dossier. Cependant, cette loi dispose que, dès que l'ouverture de la procédure a été ordonnée, on doit la notifier aux particuliers dont les droits subjectifs ou les intérêts légitimes, personnels et directs, peuvent être affectés, en leur accordant un délai de dix jours pour qu'ils exposent leurs preuves et présentent leurs arguments (art. 48).

Etant donné le principe du caractère non formaliste de la procédure, le fait que l'intéressé ne se rende pas à la convocation dans le délai indiqué ne l'empêche pas de se présenter à n'importe quel stade de la procédure et de formuler les

(323) Art. 63 LPA Espagne; Art. 59 LOPA Vénézuéla; Art. 272 LGAP Costa Rica; Art. 42 Décret Uruguay.

(324) *V.* STASSINOPOULOS, *op. cit.*, p. 159.

(325) L'art. 35 CCA de Colombie exige que la décision soit adoptée seulement «après que l'administration ait offert aux intéressés l'occasion d'exprimer leurs opinions».

allégations correspondantes. C'est-à-dire qu'en principe les délais prescrits n'ont pas pour les administrés le caractère de délais de forclusion et que leurs droits à se faire entendre peuvent être exercés à n'importe quel moment, mais bien entendu avant que la décision soit adoptée.

D'autre part, nous avons indiqué que conformément à ce que prévoit la loi argentine sur la procédure administrative, l'administration doit décider sur toutes les questions qui apparaissent dans le dossier; de ce fait, si certaines d'entre elles non soulevées par les parties le sont d'office par l'administration, la décision ne peut être prise qu'après audition de l'intéressé (art. 7,c). Le même principe pourrait être appliqué dans le cas des législations qui prévoient l'audition de l'intéressé au début de la procédure; c'est-à-dire que si, au cours de l'instruction du dossier, apparaissent d'autres éléments non discutés mais qui affectent ses droits et intérêts, l'administration doit les lui communiquer avant de prendre sa décision, afin d'assurer à celui-ci son droit à la défense.

L'audition de l'intéressé peut être un acte oral et privé comme le prévoit la Loi générale sur l'administration publique du Costa Rica (arts. 218 et 309), auquel cas le droit à la défense doit être exercé par l'administré d'une manière raisonnable, l'administration pouvant limiter l'intervention de l'intéressé à ce qui est «prudemment nécessaire» (art. 220). En tout cas, l'audition de l'intéressé doit se matérialiser sous forme de défense écrite, afin de l'inclure dans le dossier.

En outre, l'acte d'audition de l'intéressé doit bien évidemment être réalisé en présence de l'autorité qui doit décider de l'affaire et l'intéressé peut être assisté d'un avocat, comme manifestation de son droit de choisir les moyens de sa défense [326]. La loi argentine sur la procédure administrative, exige, en outre, en cas de représentation de l'intéressé par des personnes qui ne sont pas avocats, l'assistance obligatoire d'un avocat dans les cas où sont posées ou débattues des questions juridiques (art. 1,f,1).

Or, il est évident que l'audition de l'intéressé n'est pas une exigence qui doit être formellement satisfaite dans tous les types de procédure. Dans la typologie des procédures que nous avons mentionnée, qui distingue entre les procédures de déclaration, d'ablation, de concession et d'autorisation, il est évident que l'audition formelle des intéressés s'impose dans les procédures d'ablation dont la conséquence est l'élimination ou la restriction des droits des personnes affectées et parmi celle-ci, particulièrement, les procédures de sanction. En ce sens, la jurisprudence administrative du Vénézuéla a formulé le critère suivant concernant un type des procédures d'ablation, c'est-à-dire, celles qui débouchent éventuellement sur une sanction:

> L'audition de l'intéressé comme acte de procédure, est nécessaire et essentielle dans les procédures dites de sanction dans la mesure où, en pareille hypothèse, l'administration, par le biais de l'audition de l'intéressé, informe formellement l'administré de l'existence d'une procédure ouverte à son encontre quia pour cause une action présumée illicite de celui-ci, et l'avertit que le fait d'établir sa véracité entraînerait pour lui une sanction. Or, dans les procédures d'autorisation, au contraire, la mise en oeuvre de la procédure dépend de

(326) Art. 220 LGAP Costa Rica.

l'administré; l'administration va se prononcer sur une requête, une exigence du particulier, cas pour lesquels l'audition de l'intéressé n'apparaît pas nécessaire. Dans ces procédures, l'omission de l'audition préalable n'affecte pas le droit à la défense, car la procédure est mise en oeuvre ordinairement à l'initiation de l'intéressé et la décision aura, si elle est favorable, un contenu positif pour l'administré [(327)].

Cependant, comme nous l'avons indiqué, même dans les cas de procédures de déclaration, de concession ou d'autorisation, si par exemple dans le cours de celles-ci apparaît une opposition de la part d'autres intéressés, l'administration doit assurer le droit à la défense en accordant une audition à l'intéressé qui la sollicite.

C'est ce qu'indique expressément l'article 34 du Décret n° 640 d'Uruguay, selon lequel:

> Une fois l'instruction terminée ou lorsque le délai prévu pour y procéder est expiré, lorsqu'il résulte du dossier qu'une décision contraire à la requête formulée peut être prise ou qu'une opposition s'est manifestée, l'administration doit accorder une audition dans un délai de 10 jours à la où les personnes concernées par la procédure.

En tout cas, c'est dans les procédures de sanction que la formalité de l'audition de l'intéressé est la plus rigoureuse. Ainsi, l'exigence de la loi espagnole sur les procédures administratives que dans ces procédures doit être rédigé un «cahier des charges», dans lequel doivent être exposés les faits imputés et qui doit être notifié aux intéressés pour que dans un délai de 8 jours ils puissent les réfuter (art. 136). Par la suite, lorsque le mémoire a fait l'objet des contestations ou Torque le délai pour ce faire est expiré, le fonctionnaire instructeur doit formuler une proposition de décision qui doit être notifiée aux intéressés, pour que ces derniers, dans un délai de 8 jours, puissent plaider tout ce qu'ils considèrent comme utile à leur défense (art. 137).

Le même principe est expressément retenu par le décret uruguayen n° 640 dans le cadre des procédures administratives ouvertes d'office, pour «l'application de sanctions ou lorsqu'un préjudice peut être causé à un administré déterminé», auquel cas la décision ne doit pas être prise sans audition préalable de l'intéressé afin qu'il puisse organiser sa défense (art. 40).

5. Le droit de formuler des allégations et d'en apporter la preuve

La conséquence fondamentale du droit d'être partie et d'être entendu, comme manifestation du droit à la défense, est le droit des intéressés de formuler des allégations et des arguments en défense et de présenter des preuves, ce qui évidemment non seulement peut se produire lors de l'audition de l'intéressé, mais également à tout moment au cours de la procédure [(328)].

---

(327) Décision de la Première Cour de contentieux administratif (Vénézuéla), du 7 juillet 1988, *Revista de derecho público*, n° 35, Caracas 1988, p. 91.

(328) Art. 217 LGAP Costa Rica.

La loi espagnole sur la procédure administrative à formulé ce droit de présenter des allégations de la manière suivante:

> Les intéressés pourront, à tout moment de la procédure, et toujours antérieurement aux formalités de l'audition, faire état d'allégations qui seront prises en compte par l'organe compétent au moment de rédiger la proposition de décision correspondante (art. 83).

En conséquence, à n'importe quel stade de la procédure et évidemment au cours de l'audition de l'intéressé, celui-ci peut présenter pour qu'ils soient versés au dossier, tous les écrits et allégations qu'il estime utiles pour l'éclaircissement de l'affaire et pour exercer sa défense[(329)].

En outre, dans la procédure administrative, l'intéressé a le droit de présenter des preuves, comme le prévoit le code du contentieux administratif de Colombie, «sans conditions ni délais spéciaux» (art. 34); sont en général admis tous les moyens de preuve reconnus par le droit privé et par la procédure civile et criminelle[(330)]. Certaines législations, comme la législation espagnole, prescrivent cependant une période de preuves qui doit être ouverte par le fonctionnaire compétent et pendant laquelle doivent être présentées celles que l'on jugera pertinentes, l'administration étant obligée de notifier aux intéressés, avec un délai suffisant, le début des opérations nécessaires à la démonstration de preuves qui ont été retenues (art. 88 et 89).

Nous avons indiqué en outre, que conformément au principe inquisitoire, la preuve en matière de procédure administrative reste essentiellement à la charge de l'Administration elle-même, celle-ci devant d'office vérifier les faits et les prouver. Cependant, dans ce cas, les preuves que produit l'Administration doivent être portées à la connaissance des intéressés qui, comme l'énonce expressément la loi argentine sur les procédures administratives, «pourront présenter des allégations et des preuves à décharge, une fois terminée la période probatoire» (art. 1, f, 1).

Enfin, on doit signaler, au sujet des preuves sollicitées par les intéressés, que si leur réalisation implique des frais que ne doit pas supporter l'administration, ceux-ci doivent être pris en charge par les intéressés, l'Administration pouvant même en exiger le paiement anticipé en attendant la liquidation définitive, après la réalisation de l'acte probatoire[(331)].

6. Le droit de présenter un recours

Le dernier aspect du droit à la défense est le droit de contester ou d'attaquer les actes administratifs qui résultent de la procédure, c'est-à-dire, le droit d'exercer des recours contre ceux-ci, ce qui entraîne plusieurs conséquences.

---

(329) Art. 32 LOPA Vénézuéla.

(330) Art. 88. LPA Espagne; Art. 58 LOPA Vénézuéla; art. 1, f, 2, LPA Argentine; Art. LGAP Costa Rica.

(331) Art. 90. LPA Espagne; art. 299 LGAP Costa Rica.

En effet, en premier lieu, le droit à la défense par l'exercice de recours implique le droit à ce que la décision soit dûment fondée, en ce sens qu'elle doit prendre expressément en considération les arguments et les questions présentées dans la procédure administrative[332]; et en outre, qu'elle soit motivée. Le droit à la défense est donc intimement lié au droit à la motivation des actes administratifs, condition indispensable pour qu'il puisse être effectif. Comme la prévu la jurisprudence administrative vénézuélienne,

> Le droit à la défense dans la procédure administrative est intiment lié au droit à la motivation, parce que la connaissance opportune des motifs de l'action administrative est ce qui peut déterminer l'efficacité et la pertinence des décisions qui sont édictées, leur correcte adéquation avec le droit objectif et l'équilibre nécessaire qu'elles doivent ménager entre les intérêts publics et particuliers concernés par la décision, sur l'initiative des intéressés. Il suffit donc que l'acte administratif ne soit pas dûment motivé pour que l'on considère qu'a existé tacitement une impossibilité de se défendre pour les particuliers susceptibles de s'opposer à la décision, avant que celle-ci ne parvienne à affecter leurs intérêts légitimes, personnels et directs; de là vient la nécessité de faire également référence aux raisons qui ont été alléguées, parmi les conditions de la motivation [333].

Sans motivation des actes administratifs, donc, il n'y aurait pas de réelle possibilité d'exercer le droit à la défense par l'exercice d'un recours puisque il n'y aurait pas de possibilité réelle de déterminer les cas d'ouverture du recours.

En deuxième lieu, le droit de recourir implique le droit d'être informé des recours qui peuvent être exercés contre l'acte administratif et leurs délais. Comme l'indique le code du contentieux administratif de Colombie, dans le texte de la notification ou de la publication de l'acte administratif «seront indiqués les recours qui peuvent être légalement exercés contre les décisions dont il s'agit, les autorités devant lesquelles ils doivent être présentés et les délais pour le faire»[334].

Enfin, bien entendu, le droit de recours comme moyen de défense contre les actes administratifs exige la prévision formelle des moyens de recours administratifs, c'est-à-dire que ceux-ci puissent être formulés devant l'Administration elle-même. Cela nous amène à étudier le régime des recours administratifs, comme procédure de contestation des actes administratifs.

II. LE REGIME DES RECOURS ADMINISTRATIFS

1. La procédure de révision des actes administratifs

La procédure administrative non contentieuse, en général, se déroule en deux phases: en premier lieu la procédure constitutive des actes administratifs, tendant à la formation et à l'édiction de ceux-ci; et en second lieu, la procédure de révision

(332) Art. 1, f, 3 LPA Argentine; Art. 18,5, LOPA Vénézuéla.

(333) Décision de la Première Cour de contentieux administratif (Vénézuéla) du 14 mars 1988, *Revista de derecho público*, n° 34, Caracas 1988, p. 86.

(334) Art. 47 CCA Colombie; art. 73 et 74, LOPA Vénézuéla.

des actes administratifs qui se déroule quand ils ont été édictés et qui a pour objet de les corriger, réformer, modifier, révoquer ou annuler par la voie administrative.

Cette procédure de révision peut être ouverte d'office ou à l'initiative d'une partie, dans ce dernier cas moyennant l'exercice par les intéressés des recours administratifs gracieux, hiérarchiques ou en révision.

En ce qui concerne la révision d'office des actes administratifs et avant d'analyser les principes relatifs aux recours administratifs en Espagne et en Amérique Latine, nous devons exposer les normes les plus importantes établies dans les lois de procédure administrative, car quoique l'Administration puisse la commencer *motu proprio*, il peut y avoir aussi des demandes en ce sens formées par les intéressés, c'est-à-dire l'initiative d'une partie.

Le premier cas de révision d'office des actes administratifs porte sur la possibilité qu'a toujours l'Administration de modifier les actes administratifs à effets généraux, c'est-à-dire les actes normatifs ou réglementaires. Ces derniers, donc, peuvent être réformés ou faire l'objet d'une abrogation, étant donné les caractéristiques de généralité et d'impersonnalité des situations juridiques qu'ils règlent. Bien entendu, ces modifications peuvent être aussi demandées par les intéressés, en vertu «du droit de pétition dans l'intérêt général» ainsi que le qualifie le code du contentieux administratif de Colombie (art. 5 à 8).

En second lieu, les lois sur les procédures administratives prévoient la possibilité pour l'Administration de corriger ou de rectifier à tout moment les erreurs matérielles de fait, de calcul ou les données arithmétiques susceptibles d'intervenir dans la configuration des actes administratifs[335]. Les intéressés, évidemment, peuvent aussi solliciter cette révision des actes administratifs.

En troisième lieu, comme nous l'avons indiqué, les actes administratifs qui ne créent pas de droits subjectifs ou des intérêts légitimes, personnels et directs en faveur de particuliers, peuvent être retirés à tout moment par l'Administration, soit par l'autorité même qui les a édictés soit par le supérieur hiérarchique[336]. Cette décision peut être aussi adoptée d'office ou sur requête d'une partie.

Enfin, en quatrième lieu, l'Administration peut «d'office ou à la demande d'une partie» reconnaître ou déclarer la nullité absolue des actes administratifs, dans les cas énumérés dans les lois de procédure administrative, ainsi qu'il en est expressément disposé, par exemple, dans les législations espagnole (art. 109), vénézuélienne (art. 83, argentine (art. 17) et costaricienne (art. 174).

Il faut remarquer que dans ce dernier cas, le fait que les lois mentionnées permettent expressément d'introduire à la demande d'une partie cette procédure de révision des actes administratifs dans les cas de vices de nullité absolue, met en évidence l'existence effective d'un «recours administratif» spécifique, dont l'objectif est de demander la déclaration de nullité absolue d'un acte administratif conformément aux cas limitativement énumérés dans les lois, mais avec la caractéristique très spéciale que ce recours peut être présenté à tout moment, sans

(335) Art. 11 LPA Espagne; art. 157 LGAP Costa Rica; Art. 84 LOPA Vénézuéla.
(336) Art. 82 LOPA Vénézuéla; Art. 18 LPA Argentine.

qu'existe aucun délai de caducité. Ceci entraîne des conséquences importantes en ce qui concerne l'éventualité postérieure de l'exercice de recours contentieux contre les actes administratifs nuls de nullité absolue.

En effet, si à tout moment on peut demander à l'administration qu'elle reconnaisse et déclare la nullité absolue des actes administratifs, même quand ceux-ci sont devenus définitifs, cela signifie que la demande de l'intéressé ouvre toujours la possibilité d'émission d'un nouvel acte administratif qui déclare ou non la nullité absolue, contre lequel peuvent, en définitive, être exercés les recours contentieux adéquats. C'est pour cela, en conséquence, qu'en présence d'actes administratifs viciés de nullité absolue, il sera toujours possible d'obtenir une révision judiciaire de ceux-ci.

2. Les divers recours administratifs

En dehors de ces moyens de révision d'office des actes administratifs, qui admettent aussi l'initiative d'une partie intéressée, les lois de procédure administrative ont réglementé spécifiquement les recours administratifs comme des voies formelles de requête mises à la disposition des intéressés pour la révision des actes administratifs par la voie administrative. En général, ces recours administratifs, même avec des dénominations variables, sont au nombre de trois: le recours gracieux, le recours hiérarchique et le recours en révision; les deux premiers étant considérés comme des recours ordinaires et le dernier comme un recours extraordinaire[(337)].

A. LE RECOURS GRACIEUX

Le recours en «reconsidération»[(338)], en «réexamen»[(339)] en vue du retrait[(340)] ou en abrogation[(341)], appelé aussi en droit français «recours gracieux» [(342)], est le mode formel de la requête mise à la disposition des administrés pour solliciter de l'autorité même qui a adopté une décision qu'elle la reconsidère, la révise, la modifie ou l'abroge.

Il s'agit du recours administratif le plus commun et le plus général, dont le fondement réside dans les pouvoirs d'autoprotection de l'Administration. C'est pour cela que ce recours est toujours pertinent, quel que soit le rang hiérarchique du fonctionnaire qui a adopté la décision.

(337 Art. 343 LGAP Costa Rica.
(338) Art. 94 LOPA Vénézuéla; Art. 84 Règlement LNPA Argentine.
(339) Art. 50, 1 CCA Colombie; Art. 126 LPA Espagne.
(340) Art. 345 LGAP Costa Rica.
(341) Art. 120 D 640 Uruguay.
(342) G. ISAAC, *La procédure administrative non contentieuse*, Paris 1968, p. 622.

B. LE RECOURS HIÉRARCHIQUE

Le recours hiérarchique[(343)], en appel[(344)] ou «en évocation» [(345)], est le moyen formel de contestation des actes administratifs tendant à obtenir la révision de ceux-ci par le supérieur hiérarchique dans l'organisation à laquelle appartient fauteur de l'acte attaqué. Avec ce recours s'expriment les pouvoirs de direction et de contrôle du supérieur hiérarchique et les relations elles-mêmes hiérarchisées entre les organes administratifs.

Le recours hiérarchique ne convient donc pas, en principe, dans les relations inter-organiques de tutelle, comme celles qui lient l'administration décentralisée aux organes de l'administration centrale, sauf dans des cas aberrants dans lesquels ce qui est appelé «recours de tutelle» en droit français[(346)] a été assimilé improprement au recours hiérarchique, comme cela s'est produit au Vénézuéla[(347)].

Normalement, le recours hiérarchique exercé devant le supérieur hiérarchique de la même organisation a comme résultat de mettre fin à la voie administrative et, en conséquence, laisse ouverte la voie contentieuse.

C. LE RECOURS EN RÉVISION

Mais en dehors des recours gracieux et hiérarchiques qui sont les recours ordinaires en matière de procédure administrative non contentieuse, les législations d'Espagne et d'Amérique Latine ont prévu un troisième type de recours, à caractère extraordinaire, dénommé recours en révision. Ce type de recours est aussi exercé devant le supérieur hiérarchique non seulement par les motifs de la contestation, mais aussi parce qu'il est utilisable contre les actes devenus définitifs et à l'abri des recours, précisément parce qu'il n'ont pas été attaqués opportunément par les moyens de recours ordinaires.

Conformément à la loi espagnole sur la procédure administrative (art. 127) et à la Loi générale sur l'administration publique du Costa Rica (art. 353), ce recours en révision contre des actes administratifs devenus définitifs et à l'abri des recours ordinaires peut être exercé devant le Ministre dans quatre cas

1. Quand, au moment où l'acte administratif a été édicté, a été commise une erreur de fait manifeste qui résulte des documents eux-mêmes incorporés au dossier;

2. Quand sont apparus des documents de valeur essentielle pour la solution de l'affaire, ignorés au moment de prendre la décision ou impossibles à apporter alors au dossier;

---

(343) Art. 94 LOPA Vénézuéla, art. 89 Règlement LNPA Argentine.
(344) Art. 50 CCA Colombie.
(345) Art. 122 LPA Espagne; Art. 350 LGAP Costa Rica.
(346) G. ISAAC, *op. cit.*, p. 624.
(347) Art. 96 LOPA Vénézuéla.

3. Quand, dans l'édiction de l'acte administratif ont été pris en compte essentiellement des documents ou des témoignages déclarés faux par décision judiciaire définitive, antérieure ou postérieure à la date d'édiction de l'acte (si, dans le premier cas, l'intéressé ne connaissait pas la déclaration établissant la fausseté des documents ou des témoignages);

4. Quand l'acte a été édicté à la suite de faits de prévarication, de corruption, de violence ou autre machination frauduleuse et a été déclaré pris dans ces conditions par décision judiciaire définitive.

Dans le premier cas, selon la législation espagnole, le recours en révision doit être présenté dans le délai de 4 ans à partir de la date de la notification de l'acte administratif attaqué; dans les autres cas, le délai est de 3 mois à compter de la découverte des documents ou du moment où la décision judiciaire est devenue définitive (art. 128)[(348)].

Au Vénézuéla[(349)] et en Argentine[(350)], toujours à propos du recours en révision, des réglementations similaires de ce recours comme recours extraordinaire ont été également prévues.

3. Principes de la procédure concernant les recours administratifs

Or, en ce qui concerne les recours administratifs, particulièrement les recours ordinaires (gracieux et hiérarchiques), les lois de procédure administrative d'Espagne et d'Amérique latine ont consacré une série de principes généraux qui se réfèrent aux conditions de recevabilité, à l'objet des recours, au motif de ceux-ci, à leurs aspects procéduraux et à la décision qui en résulte.

A. CONDITIONS DE RECEVABILITÉ

En tant que moyens formels de contestation des actes administratifs, les recours administratifs sont soumis à une série de conditions de recevabilité portant sur l'aptitude à agir, les formalités, le délai de présentation et la réalisation de certaines opérations préalables.

En ce qui concerne l'habilitation ou aptitude à agir, contrairement au principe du droit français dans lequel l'admissibilité des recours administratifs n'est pas directement soumise à des conditions de capacité ou d'intérêt[(351)], les lois de procédure administrative accordent invariablement ces recours aux intéressés quand l'acte lèse leurs droits subjectifs ou leurs intérêts légitimes, personnels et directs[(352)].

(348) Dans la LGAP du Costa Rica, les délais sont de 1 an et 3 mois respectivement, art. 354.
(349) Arts. 97 et 98 LOPA Vénézuéla.
(350) Art. 22 LPA Argentine.
(351) *V.* G. ISAAC, *op. cit.*, p. 626.
(352) Art. 85 LOPA Vénézuéla; Art. 113 LPA Espagne; Art. 52 CCA Colombie; art. 127 D 640 Uruguay.

Les lois de procédure administrative règlent aussi les conditions de forme quant à la recevabilité des recours, contrairement au principe du droit français[353], en exigeant qu'ils soient présentés par écrit avec les mêmes indications demandées pour les pétitions ou les requêtes[354], au point que dans certaines législations comme la législation vénézuélienne et la législation colombienne, il est posé en principe que les recours qui ne satisfont pas aux conditions exigées ne seront pas admis, une résolution motivée devant être notifiée à l'intéressé [355]. Cependant, en ce qui concerne les formalités, le principe de l'absence de formalisme est celui qui est consacré en général, de manière qu'il suffit, pour une formulation correcte, que la requête se déduise clairement du texte écrit[356], l'erreur dans la qualification n'étant pas un obstacle au bon déroulement du recours[357].

Les recours administratifs ordinaires, d'autre part, à l'inverse de ce qui se passe en France[358], sont soumis dans les législations d'Espagne et d'Amérique latine, à des délais de caducité précis, décomptés en jours (en général ils peuvent aller jusqu'à 15 jours) [359]. L'expiration du délai prévu pour l'exercice des recours administratifs met l'acte à l'abri du recours et le rend donc inattaquable.

Enfin, en ce qui concerne les conditions de recevabilité des recours, dans certains cas, les législations exigent que pour être exercé, le recours hiérarchique doit nécessairement être précédé par le recours gracieux, comme cela se produit au Vénézuéla[360], même si cette condition est exceptionnelle[361]. Dans certains cas aussi est posé le principe *solve et repete* comme condition de recevabilité, si bien qu'il est réglementé par des lois spéciales. Le code du contentieux administratif de Colombie, cependant, parmi les conditions de recevabilité des recours administratifs, dispose que le requérant doit, entre autres, «justifier le paiement ou la réalisation de ce que le requérant reconnaît devoir» (art. 52,2).

B. OBJET DES RECOURS

En général, les recours administratifs ordinaires peuvent seulement être exercés contre lés actes administratifs à effets particuliers[362] qui sont définitifs mais qui ne sont pas à l'abri des recours parce que les délais prévus pour leur exercice ne sont pas expirés. L'exigence que l'acte administratif attaqué soit un acte définitif

(353) G. ISAAC, *op. cit.*, p. 626.

(354) Art. 86 LOPA Vénézuéla; Art. 114 LPA Espagne; Art. 52,1 CCA Colombie.

(355) Art. 86 LOPA Vénézuéla; Art. 53 CCA Colombie.

(356) Art. 347 LGAP Costa Rica.

(357) Art. 114, 2 LPA Espagne.

(358) G. ISAAC, *op. cit.*, pp. 626 et 635.

(359) Art. 122, 4 LPA Espagne; art. 51 CCA Colombie; Arts 94 et 95 LOPA Vénézuéla; Art. LGAP Costa Rica.

(360) Art. 95 LOPA Vénézuéla.

(361) Art. 89 Règlement LPA Argentine.

(362) Le Code de contentieux administratif de Colombie prescrit expressément qu'il «n'y aura pas de recours contre les actes de caractère général». En revanche, l'art. 120 LPA (Espagne) admet le recours hiérarchique contre des dispositions de caractère général.

est générale dans la législation espagnole et latino-américaine(363), la définition des actes définitifs dans le code du contentieux administratif de Colombie étant par exemple ceux «qui mettent fin à une activité administrative, ou qui décident directement ou indirectement du fond de l'affaire» (art. 50).

En conséquence, l'acte administratif d'instruction, donc non définitif (de procédure) ne peut pas faire l'objet en principe d'un recours administratif(364) sauf s'il conditionne l'impossibilité de poursuivre la procédure, empêche la défense ou préjuge la décision définitive(365), auquel cas il peut être alors attaqué par la voie administrative.

D'autre part, en particulier à propos des recours hiérarchiques, ceux-ci ne conviennent évidemment pas contre les actes administratifs qui épuisent la voie administrative; et dans certains cas, comme dans la législation du Vénézuéla, l'objet d'un recours hiérarchique peut seulement être un acte administratif qui règle un recours gracieux(366).

Enfin, on doit mentionner qu'en général les lois de procédure administrative d'Espagne et d'Amérique latine admettent l'exercice des recours administratifs contre les actes tacites qui résultent du silence administratif. Il y a toutefois une exception, le cas de la Colombie, dont le code du contentieux administratif dispose qu'«aucun recours administratif ne pourra être exercé contre les actes tacites qui résultent du silence administratif» (367).

C. MOTIFS DES RECOURS

Si on laisse de côté le recours en révision qui est conditionné par des motifs déterminés expressément fixés, les recours administratifs peuvent être fondés sur des motifs d'illégalité, comme l'indique la loi espagnole de procédure administrative, «sur toute infraction à l'ordonnancement juridique, y compris le détournement de pouvoir» (art. 115,1); et aussi sur des motifs d'opportunité et de convenance(368). De là la différence entre les recours administratifs et les recours contentieux qui peuvent être exercés seulement lorsqu'ils sont fondés sur des motifs d'illégalité(369).

---

(363) Art. 113 LPA Espagne; art. 85 LOPA Vénézuéla; art. 84 et 89 Règlement LPA Argentine; Art. 50 CCA Colombie; Art. 342 LGAP Costa Rica.

(364) L'article 342 LGAP du Costa Rica au contraire, prévoit les recours en général «contre les résolutions de simple procédure, ou incidentes ou finales».

(365) Art. 113, 1 LPA Espagne; Arts 49 et 50 CCA Colombie; Art. 85 LOPA Vénézuéla; Art. 345 LGAP Costa Rica.

(366) Art. 95 LOPA Vénézuéla.

(367) Art. 40 CCA Colombie.

(368) Motifs de «non conformité» selon l'article 59 CCA Colombie. *V.* Allan R BREWER-CARÍAS, *op. cit.*, p. 336.

(369) *V.* G. ISAAC, *op. cit.*, p. 627.

D. ASPECTS PROCÉDURAUX

Du point de vue procédural, divers éléments concernant les recours administratifs sont réglementés dans les lois sur la procédure administrative en Espagne et en Amérique latine.

D'abord, ainsi que le précise la loi espagnole sur les procédures administratives, on doit mentionner le principe selon lequel l'exercice du recours «ne suspend pas l'exécution de l'acte attaqué» (art. 116). Un principe analogue est posé dans la législation vénézuélienne[370] mais au contraire, le principe de l'effet suspensif est expressément retenu dans la législation de Colombie[371].

De toutes façons, même dans les cas où est reconnu l'effet non suspensif des recours, la législation attribue toujours à l'autorité administrative le pouvoir de suspendre les effets de l'acte objet de recours, soit d'office soit à la demande d'une partie, quand l'exécution de l'acte contesté peut causer «des préjudices impossibles ou difficiles à réparer» ou «un préjudice grave ou irréparable dans le cas où l'acte attaqué serait abrogé ultérieurement» [372], et quand les recours se fondent sur des motifs de nullité absolue[373].

D'autre part, les recours administratifs étant des voies formelles pour attaquer les actes administratifs en tant que garanties de l'exercice du droit à la défense, il est évident que dans la procédure administrative qui accompagne leur exercice, l'administration doit assurer le droit à la défense des intéressés. Dans ce but, la législation espagnole et uruguayenne, par exemple, indiquent expressément qu'une fois exercé un recours contre un acte administratif qui reconnaît un droit, l'intervention dans la procédure des personnes intéressées à ce que l'acte soit maintenu doit être assurée et qu'à cet effet celles-ci doivent recevoir une notification du recours afin qu'elles puissent présenter les arguments, les documents et les justifications qu'elles estiment pertinents[374].

En outre, en matière procédurale, on doit souligner le caractère de forclusion que certaines législations attribuent aux recours administratifs, en ce sens que, comme l'indique la loi vénézuélienne sur les procédures administratives:

> Une fois déposé le recours gracieux ou le recours hiérarchique, l'intéressé ne pourra se présenter devant la juridiction administrative tant que n'aura pas été prise la décision correspondante ou que ne sera pas expiré le délai dont dispose l'administration pour décider (art. 92).

Passé ce délai, l'administration peut décider, mais selon le code du contentieux administratif de Colombie, ceci ne peut se produire si l'intéressé a déjà utilisé la voie du recours contentieux (art. 61).

---

(370) Art. 87 LOPA Vénézuéla.
(371) Art. 55 CCA Colombie.
(372) Art. 116 LPA Espagne; art. 87 LOPA Vénézuéla; art. 125 D. 640 Uruguay.
(373) Art. 116 LPA Espagne; Art. 87 LOPA Vénézuéla.
(374) Arts 91 et 117 LPA Espagne; Art. 128 D 640 Uruguay.

Enfin, en ce qui concerne les aspects procéduraux, les lois de procédure administrative d'Espagne et d'Amérique latine fixent en général des délais pour que l'administration se prononce sur les recours administratifs, et consacrent le principe du silence administratif négatif en ce sens qu'une fois le délai expiré, on tiendra le recours pour rejeté(375) sans que cela dispense l'autorité administrative de son obligation de décider(376).

E. LA DÉCISION RELATIVE AU RECOURS

En dehors des cas de décision tacite de rejet résultant du silence administratif «négatif», la décision relative au recours doit être expresse et, par elle, l'administration est obligée de «résoudre toutes les questions qui sont soumises à son examen dans le domaine de sa compétence ou qui apparaissent à l'occasion du recours, bien qu'elles n'aient pas été soulevées par les intéressés». C'est ce que prévoient expressément les lois d'Espagne et du Vénézuéla(377).

La décision doit donc régler toutes les questions de légalité et d'opportunité posées tant par le requérant que par les intéressés ou qui apparaissent en cours de procédure. Le résultat, comme le prévoit la loi vénézuélienne sur les procédures administratives, qui suit la législation espagnole (art. 124), est donc que l'organe compétent pour décider pourra:

> Ratifier, modifier ou abroger l'acte attaqué, ainsi qu'ordonner la remise en l'état en cas de vices de procédure, sans préjudice de la faculté pour l'administration de confirmer les actes annulables (art. 90) (378).

Or, le caractère inquisitoire et contradictoire de la procédure administrative et donc l'obligation pour l'administration de décider sur toutes les questions qui apparaissent dans la procédure (soit d'office soit parce qu'elles sont posées par les intervenants) et non seulement sur celle qui est posée dans le recours, pose le problème de déterminer si la *reformatio in pejus* est ou non admissible en matière de décision prise sur recours administratifs.

En effet, dans le domaine de la procédure juridictionnelle, on peut dire que le principe est celui de la prohibition de la *reformatio in pejus*, ce qui signifie que le juge ad quem, en décidant, ne peut modifier la décision du juge inférieur au préjudice de l'appelant lui-même, si la partie adverse, de son côté, n'a pas fait appel de la décision a quo(379).

---

(375) Art. 125 LPA Espagne; art. 60 CCA Colombie; Art. 352 LGAP Costa Rica; Arts. 91, 94 et 95 LOPA Vénézuéla; Art. 121 D 640 Uruguay; Art. 87 Règlement LPA Argentine.

(376) Art. 122 D 640 Uruguay.

(377) Art. 119 LPA Espagne; Art. 89 LOPA Vénézuéla.

(378) Dans un sens analogue; art. 351, 3 LGAP Costa Rica.

(379) *V.* en général J.C. HITTERS, «Imposibilidad de empeorar la situación del recurrente. Prohibición de la «reformatio in prejus», *El Derecho*, Vol. III, n° 6141, Buenos Aires 1984, pp. 1-3.

Ce principe, évidemment, est une conséquence du caractère accusatoire (*dispositivo*) du procès civil, qui n'apparaît pas en matière de procédure administrative non contentieuse, étant donné son caractère inquisitoire.

En général on peut donc remarquer d'abord que l'interdiction de la *reformatio in pejus* n'est pas posée comme principe dans les cas où le recours administratif est fondé sur des motifs de légalité ou dans les cas où, à l'occasion de l'exercice d'un recours pour des raisons d'opportunité, des questions d'illégalité apparaissent d'elles-mêmes. C'est pourquoi par exemple, la Loi générale sur l'administration publique du Costa Rica prévoit que «le recours pourra être résolu même au préjudice du requérant, quand il s'agit de nullité absolue» (art. 351,2).

En réalité, quelle que soit la nature du vice, la compétence de l'autorité saisie de la révision de l'acte administratif doit être obligatoirement exercée quand sont en jeu des questions d'illégalité, de telle sorte qu'elle peut même abroger l'acte administratif, en se fondant sur d'autres motifs d'illégalité, distincts de ceux qui ont été allégués par l'intéressé[(380)].

Dans le même sens, si le recours est fondé sur des questions de légalité, l'administration peut être conduite à modifier l'acte attaqué pour l'adapter à la légalité. Par l'effet d'une telle modification, la situation du requérant pourrait être aggravée (si, par exemple, l'administration trouve que l'amende imposée devait être supérieure à celle qui figure dans l'acte objet du recours, étant donné les circonstances aggravantes précisées à l'occasion du recours) [(381)]. Comme fa jugé le Conseil d'Etat dans l'arrêt *Société Grand Café de Chalons,* du 24 juin 1949, «quelles que soient les circonstances dans lesquelles l'autorité supérieure doit examiner la décision de l'autorité subordonnée, elle a la faculté de réformer ou d'annuler cette décision, même dans un sens contraire aux prétentions de fauteur du recours» [(382)]. Cependant, dans les cas où apparaissent de nouveaux éléments d'illégalité distincts de ceux allégués par les parties, le principe du respect du droit à la défense exige que le fonctionnaire notifie aux intéressés cette circonstance pour qu'ils exposent leurs arguments et ce, antérieurement à l'adoption de la décision, comme le garantit la loi espagnole de procédure administrative (art. 119) [(383)].

Lorsque les questions débattues dans le recours administratif sont des questions d'opportunité, le thème de la *reformatio in pejus* revêt un plus grand intérêt. On estime en général dans la jurisprudence française que dans ces cas, l'abrogation de l'acte administratif peut seulement se produire avec l'accord du requérant et

---

(380) *V.* in Allan R BREWER-CARÍAS, *El derecho administrativo y la Ley orgánica ... cit.*, pp. 336-337.

(381) En sens contraire, *v.* décision de la Cour Suprême de Justice (Vénézuéla) en matière fiscale, du 17 avril 1980, *Revista de derecho público,* n° 2, Caracas 1980, p. 113.

(382) *Cit.* par G. ISAAC, *op. cit.*, p. 638.

(383) Dans la jurisprudence de la Cour Suprême de Justice (Vénézuéla) cependant, en vertu du fait que cette audience n'avait pas été annoncée expressément et préalablement à l'intéressé ainsi que le prévoit la loi espagnole, on a considéré que l'autorité administrative n'était pas obligée de la notifier aux intéressés, ce que nous trouvons très peu satisfaisant. *V.* décision de la Chambre politico-administrative du 9 février 1989, *Revista de derecho público* n° 37, Caracas 1989, p. 83. *V.* aussi, de la même Cour, décision du 16 octobre 1986, *Revista de derecho público*, n° 28, Caracas 1986, p. 97; et de la Première Cour de Contentieux Administratif du 18 avril 1985, *Revista de derecho público,* n° 22, Caracas 1985, p. 164.

que sa modification ne peut se faire qu'en faveur de celui-ci[384]. Cependant, en présence de normes légales comme celle de la loi organique sur les procédures administratives du Vénézuéla, selon laquelle l'organe administratif «doit résoudre tous les problèmes qui sont soumis à son appréciation dans le domaine de sa compétence ou qui apparaissent au moment du recours, même s'ils n'ont pas été soulevés par les intéressés» (art. 89), c'est-à-dire qui sont traités d'office, la *reformatio in pejus* doit être considérée comme pertinente à condition que soit respecté le droit à la défense et que soient notifiées à l'intéressé, préalablement à la décision, les nouvelles questions apparues, pour qu'il puisse présenter ses arguments en défense.

4. Les recours administratifs et la voie contentieuse

Enfin, en ce qui concerne les recours administratifs, contrairement à la solution du droit français, où il n'est pas nécessaire d'exercer un recours administratif préalablement au recours contentieux[385], en Espagne et en Amérique latine, on exige comme condition de recevabilité des recours contentieux, l'épuisement de la voie administrative, ce qui précisément impose dans la plupart des cas l'exercice préalable de recours administratifs.

En effet, par exemple, la loi argentine sur la Cour Suprême de Justice du Vénézuéla, qui réglemente la juridiction contentieuse administrative, pose comme condition de recevabilité du recours en nullité que l'acte administratif objet de celui-ci «épuise la voie administrative», c'est-à-dire que cet acte représente le dernier mot de l'Administration, ce qui est le cas s'il émane du supérieur hiérarchique[386]. Il s'agit d'un privilège de l'Administration que de pouvoir réviser ses actes administratifs avant qu'il ne soient soumis au contrôle judiciaire.

Cependant, l'épuisement de la voie administrative peut se produire sans qu'il soit exigé d'exercer un recours administratif, ce qui arrive dans les cas des actes édictés par le supérieur hiérarchique lui-même (un ministre par exemple), ou par des organes déconcentrés dont les décisions épuisent la voie administrative et ne sont pas susceptibles de recours hiérarchique[387]. Du reste, s'il s'agit d'un acte administratif édicté par un fonctionnaire d'un rang hiérarchique inférieur dans une organisation administrative, l'intéressé avant d'avoir recours à la voie contentieuse doit épuiser les recours administratifs, c'est-à-dire doit exercer le recours gracieux et ensuite le recours hiérarchique[388].

La loi organique sur les procédures administratives du Vénézuéla dispose dans ces cas que:

---

(384) *V.* G. ISAAC, *op. cit.*, p. 638.

(385) J.M. AUBY et R. Drago, *Traité de contentieux administratif*, Paris 1984, Vol. 1, p. 68 ; Vol. 2, p. 234; G. ISAAC, *op. cit.*, pp. 664 et ss.

(386) Arts. 84,5 et 124,2. *V.* in Allan R BREWER-CARÍAS, *Estado de derecho y control judicial*, Madrid 1987, pp. 298 et ss.

(387) Allan R BREWER-CARÍAS, *El derecho administrativo y la Ley orgánica.... cit.*, p. 367.

(388) *Idem.*, p. 368.

> La voie administrative restera ouverte lorsque, une fois introduits les recours qui mettent fin à la voie administrative, ceux-ci ont fait l'objet d'une décision dans un sens distinct de celui qui était sollicité ou que la décision n'a pas été prise dans les délais correspondants (art. 93).

On peut dire que le principe de l'épuisement de la voie administrative, comme étape préalable pour avoir recours à la voie contentieuse, est général en Amérique latine et qu'il est expressément consacré dans les législations du Costa Rica, de Colombie, d'Argentine et d'Uruguay[389], lesquelles, bien qu'elles prévoient le système des recours administratifs, dans nombre de cas, admettent la contestation contentieuse des actes administratifs qui *per se* épuisent la voie hiérarchique, sans qu'il soit nécessaire d'intenter un recours administratif.

La situation de l'Espagne est différente; la loi régulatrice de la juridiction administrative y pose comme principe l'obligation de former un recours en réexamen (*reposición*) comme formalité préalable à l'exercice du recours contentieux[390]. Cependant l'exercice du recours contentieux contre un acte administratif qui implique le rejet d'un recours administratif et contre les actes présumés en vertu du silence administratif[391] est dispensé d'une telle formalité.

(389) Art. 356 LGAP Costa Rica; Arts 63 et 635 CCA Colombie; Art. 23 LPA Argentine.

(390) Arts. 52 CRJAE et 126 LPA Espagne.

(391) Art. 53 Ley reguladora de la jurisdicción contencioso-administrativa, Espagne.

II. — DROIT CONSTITUTIONNEL COMPARÉ

§ 5. LES GARANTIES CONSTITUTIONNELLES DES DROITS DE L'HOMME DANS LES PAYS DE L'AMERIQUE LATINE

Rapport présenté aux *IXème Journées juridiques Franco Latino-Américaines de droit comparé*, Société de Législation Comparé, Bayonne, 21-23 mai 1976[*]

INTRODUCTION

Il est indubitable que l'un des piliers fondamentaux de l'Etat de droit, outre la séparation des pouvoirs, a été la consécration constitutionnelle des droits et garanties de l'homme et du citoyen. C'est pourquoi, on a observé que l'Etat de droit, dans son essence et du point de vue juridique, apparaît non seulement lorsque l'Etat se soumet aux lois, mais en particulier à un type spécial de lois: les lois dites de liberté, c'est-à-dire, celles qui avaient pour objet de rendre possible le libre développement des membres du groupe social[(1)]. C'était là que résidait l'essence du libéralisme juridique, où le droit se convertissait purement et simplement en garantie de la liberté.

Il est certain, quoique le schéma de l'Etat soit encore celui de l'Etat de droit, que le contenu de l'ordre juridique dans le monde contemporain n'est évidemment pas la seule protection des droits et garanties individuelles; pour cette raison, nous avons fait remarquer que l'Etat, de libéral bourgeois de droit qu'il était, s'est transformé en un Etat démocratique et social de droit[(2)]. Cela n'implique pas, cependant, que les droits et garanties de la personne ne se trouvaient pas protégés; seulement, ils ne sont pas l'unique objet de réglementation dans l'ordre juridique, comme on a pu s'en apercevoir.

(*) Publié in la *Revue Internationationale de droit comparé*, n° 1, Paris 1977, pp. 25-102. Publié en espagnol: *Las garantías constitucionales de los derechos del hombre,* Caracas 1976, pp. 133. Pour les notes, les abréviations suivantes ont été utilisées: CSJ en CP, Cour suprême de justice en Session plénière; CSJ en *SPA,* Cour Suprême de Justice, Chambre politique administrative; *Doctrina PGR, Doctrina de la Procuraduría General de la República* (publication annuelle); *GF, Gaceta Forense* (publication périodique de la Cour suprême de justice); *GO, Gaceta Oficial de la República de Venezuela; CPC. Code de Procedure Civile, Vénézuela; LOCF, Loi* organique de la Cour Fédérale*; Memoria, Memoria de la Corte Federal y de Casación; RFD/UCV, Revista de la Facultad de Derecho, Universidad Central de Venezuela; RFD/ULA, Revista de la Facultad de Derecho, Universidad de los Andes; RFD/UCAB, Revista de la Facultad de Derecho, Universidad Católica Andrés Bello; RFD/LUZ, Revista de la Facultad de Derecho, Universidad del Zulia.*

(1) *V.* Eduardo GARCÍA DE ENTERRÍA *Revolución francesa y administración contemporánea,* Madrid 1972, p. 16 et ss.

(2) *V.* Allan R. BREWER-CARÍAS, *Cambio político y reforma del Estado en Venezuela,* Madrid 1975, chapitre 5.

En effet, dans le système juridique vénézuélien, la Constitution garantit à chacun «le droit au libre développement de sa personnalité, sans autres limitations que celles qui découlent du droit des autres et de l'ordre public et social» [3]. C'est une disposition qui remplace l'énoncé traditionnel selon lequel chacun peut faire ce qui ne nuit pas à autrui et nul n'est tenu de faire ce que la loi n'exige pas, pas plus qu'il n'est empêché de faire ce qu'elle ne défend pas[4]; elle introduit dans l'ordre constitutionnel, à la fois la notion d'ordre public comme critère de limitation des droits et garanties constitutionnels et, par conséquent, la notion de police administrative. Donc, si la consécration des droits et garanties constitutionnels n'est pas restrictive[5] elle n'est pas illimitée non plus; ce ne sont, en aucun cas, des droits et garanties absolus, mais des droits soumis à une série de limitations constitutionnelles et légales, inspirées par «le droit des autres», c'est à dire l'intérêt général, la justice sociale et «l'ordre public et social». La protection juridictionnelle des droits et garanties est, cependant, complète, tout au moins dans le texte constitutionnel: sont nuls -de nullité absolue- tous les actes des pouvoirs publics qui violent les droits garantis par la Constitution ou leur portent atteinte et les fonctionnaires et agents qui les ordonnent et les exécutent, engagent leur responsabilité pénale, civile et administrative, selon les cas[6]; et les «tribunaux protégeront tout habitant de la République dans la jouissance et l'exercice des droits et garanties établis par la Constitution»[7]. Le caractère effectif de cette protection juridictionnelle qui donne naissance au recours en inconstitutionnalité, au recours de *amparo* et aux recours «contentieux administratifs» (pour illégalité), est l'objet fondamental de la présente étude. Ces moyens ou recours procéduraux constituent, en effet, la véritable garantie constitutionnelle établie par la Constitution pour rendre réelles la possession et la jouissance des droits et libertés individuelles. Si ces moyens de procédure n'existaient pas, la seule consécration de ces droits et libertés dans la Constitution serait vaine[8].

Cependant, il n'y a pas de doute que dans le monde contemporain, la consécration constitutionnelle des libertés publiques est la condition essentielle pour que ces moyens de procédure ou ces garanties puissent même exister et durer. C'est pourquoi le Projet de principes généraux sur la liberté et la non discrimination en matière de droits politiques de l'O.N.U.[9], établit que «la meilleure façon de garantir les droits et libertés proclamés, est de les incorporer à la Constitution ou à une antre loi fondamentale, non soumise à dérogation ou altération par le procédé législatif ordinaire»[10].

---

(3) Art. 43.

(4) Ainsi que l'affirme l'exposé des motifs de la Constitution de 1961 (titra III, drap. 1).

(5) L'énoncé des droits et garanties contenus dans la Constitution conformément à l'article 50 «ne doit pas s'entendre comme une négation d'autres droits et libertés, qui étant inhérents à la personne humaine, n'y figurent pas de façon expresse. L'absence de loi qui les réglemente ne porte pas atteinte à leur exercice».

(6) Art. 46 de la Constitution.

(7) Art. 49 de la Constitution.

(8) *Cf.* Jean RIVERO, *Les libertés publiques,* Paris 1973, p. 199.

(9) Approuvé par la Sous-Commission de prévention des discriminations et de protection des minorités en 1961 (Résolution 1. XIV).

(10) Clause XIII, *Publication,* n° ST/HR/3, Nations Unies, NY 1974, p. 4.

Par conséquent, avant d'étudier les «garanties constitutionnelles des droits de l'homme» au Vénézuéla et en Amérique latine en général (Première Partie), c'est à dire, les mécanismes et institutions de procédure destinés à les rendre efficaces, nous analyserons auparavant les modalités et le cadre de la consécration des libertés publiques[(11)] (Deuxième Partie).

PREMIÈRE PARTIE
LA CONSÉCRATION CONSTITUTIONNELLE DES LIBERTÉS PUBLIQUES

I. LA CONSÉCRATION CONSTITUTIONNELLE

1. Le rang constitutionnel des droits

La tendance générale en Amérique latine est de consacrer les libertés publiques dans le texte constitutionnel lui-même. Elles ont donc rang constitutionnel en ce que le législateur ordinaire ne peut les modifier. Le principe de la suprématie constitutionnelle, en ce qui les concerne, va de pair avec le principe de la rigidité constitutionnelle, caractéristique du système des constitutions rigides. En conséquence, la réforme des droits et garanties constitutionnelles ne peut se réaliser qu'au moyen des mécanismes de réforme constitutionnelle; et dans les constitutions qui, comme la Constitution vénézuélienne, font une distinction entre les procédures d'amendement et celles de réforme constitutionnelle [(12)] en ce qui concerne les libertés publiques, toute modification substantielle de celles-ci ne pourrait s'effectuer que par la procédure de réforme assurant la participation du peuple: le *référendum*[(13)]. Le type de consécration constitutionnelle des droits influe cependant sur ce processus.

2. Le type de consécration constitutionnelle et le caractère impératif de la Constitution

A ce propos, il faut signaler que la consécration constitutionnelle n'a pas la même valeur pour toutes les libertés publiques, ou, en d'autres termes, tous les droits constitutionnels ne reçoivent pas la même consécration constitutionnelle. En réalité, non seulement quelques-uns ont été consacrés comme de simples

(11) Nous préférons utiliser l'expression: libertés publiques au lieu de droits de l'homme, car la présente étude est une étude de droit positif. *V.* à ce sujet Jean RIVERO, *op. cit.*, p. 17, 48 et 107.

(12) Art. 245 et ss.

(13) Art. 246, 4°.

expectatives de droit dont la réalisation dépend entièrement du législateur, mais même parmi les droits directement consacrés par le pouvoir constituant, on peut distinguer divers degrés: dans certains cas, il s'agit de droits absolus qui n'admettent pas de restrictions, suspensions ou limitations à leur exercice; dans d'autres cas, de droits que le législateur ne peut limiter, même si leur exercice peut être restreint ou suspendu momentanément; dans d'autres encore, il s'agit de droits que le législateur peut réglementer ou limiter dans certains de leurs aspects spécifiques; dans d'autres cas, il peut s'agir de droits que le législateur peut réglementer ou limiter sans restrictions, et enfin de droits qui pour pouvoir s'exercer, requièrent une réglementation légale.

A. Les droits fondamentaux (absolus)

On peut, en effet, qualifier de droits fondamentaux à caractère absolu, le droit à la vie, le droit de n'être pas mis au secret, ni soumis à la torture ou à d'autres procédés générateurs de souffrances physiques ou morales, le droit de ne pas être condamné à perpétuité, ou à des peines infamantes ou restrictives de la liberté pour des périodes de temps supérieures à trente ans(14). Ces droits ne peuvent être ni limités d'une façon quelconque par le législateur, ni restreints ou suspendus dans leur exercice par des actes de gouvernement, même pas dans les cas d'urgence ou de désordres susceptibles de troubler la paix de la République, ou de circonstances graves qui affectent la vie économique et sociale(15). En dehors de ces trois seules exceptions, tous les droits et garanties constitutionnels admettent certaines limitations ou restrictions et ont, par conséquent, un caractère relatif.

B. Les droits dont les garanties peuvent être restreints ou suspendus dans leur exercice par des actes de gouvernement

En premier lieu, le texte constitutionnel consacre une série de droits fondamentaux dont les garanties ne peuvent être limités par le législateur, mais peuvent être cependant provisoirement suspendus ou restreints par des actes de gouvernement dans des situations ou des circonstances exceptionnelles. Font partie de ce groupe: le droit à la protection contre les atteintes à l'honneur, la réputation ou la vie privée(16); le droit de ne pas être obligé de prêter serment ni forcé à déclarer ou reconnaître sa culpabilité dans un procès pénal contre soi-même ou contre d'autres personnes figurant dans le texte de la Constitution(17); le droit de ne pas être maintenu en prison après l'ordre d'élargissement émis par l'autorité compétente ou une fois purgée la peine imposée(18); de ne pas être jugé

(14) Articles 58, 60, 3 et 60, 7 de la Constitution.
(15) Art. 241.
(16) Art. 59.
(17) Art. 60,4
(18) Art. 60,6.

de nouveau pour des faits en vertu desquels on serait passé en jugement antérieurement[19]; le droit à l'égalité devant la loi et à la non-discrimination[20]; le droit à la liberté religieuse[21]; à la liberté d'exprimer sa pensée et d'informer[22]; le droit de pétition et celui de recevoir une réponse appropriée[23]; le droit d'être jugé par ses juges naturels et d'être condamné seulement à des peines établies préalablement au délit et le droit à la défense[24]; le droit de réunion[25]; le droit à la protection de la santé[26]; à l'éducation[27]; au travail[28] et le droit actif au suffrage[29]. Cependant, ces droits ne peuvent pas tous s'exercer pleinement et directement, en vertu de leur seule consécration constitutionnelle. En effet, dans certains cas, compte tenu de la rédaction de la norme qui les concerne, une certaine réglementation légale est requise pour leur donner un caractère effectif: c'est le cas, par exemple, du droit à la protection contre les atteintes à l'honneur, à la réputation, ou à la vie privée[30]; du droit de recevoir une réponse appropriée dérivé du droit de pétition[31]; du droit à la protection de la santé[32]; du droit à l'éducation[33] et du droit au travail[34].

Il est certain que pour tous ces droits, il faut une norme additionnelle légale qui établisse les moyens ou recours légaux destinés à assurer la protection contre les atteintes à l'honneur, la réputation et la vie privée et précise à quel moment la réponse à des pétitions peut être considérée comme appropriée ou non; comment l'Etat protégera la santé ou assurera l'accès de tous à l'éducation et le droit au travail.

C. Les droits susceptibles d'être limités par le législateur dans certains de leurs aspects spécifiques

En second lieu, parmi les droits consacrés par la Constitution, on peut distinguer ceux pour l'exercice desquels on admet des limitations à caractère légal, mais dans certains de leurs aspects spécifiquement mentionnés, en dehors de la suspension ou restriction par acte de gouvernement. Se trouvent inclus dans cette catégorie: le droit de ne pas être condamné au cours d'un procès pénal sans avoir reçu notification personnelle des charges et les avoir entendues «selon les

(19) Art. 60,8.
(20) Art. 61.
(21) Art. 65.
(22) Art. 66.
(23) Art. 67.
(24) Art. 68 et 69.
(25) Art. 71.
(26) Art. 76.
(27) Art. 78.
(28) Art. 84.
(29) Art. 111.
(30) Art. 59.
(31) Art. 67.
(32) Art. 76.
(33) Art. 78.
(34) Art. 84.

normes indiquées par la loi»[35]; le droit à l'inviolabilité du foyer sauf en cas de violation autorisée pour exécuter «conformément à la loi, les décisions édictées par les tribunaux»[36]; le droit à l'inviolabilité du secret de la correspondance, sauf en cas de mainmise judiciaire «tout en respectant les formalités légales» ou d'inspection ou de contrôle de documents comptables «conformément à la loi» [37] et le droit d'exercer des fonctions publiques ou d'être élu, sauf restrictions «imposées par la loi et découlant des conditions d'aptitude à l'exercice de charges déterminées»[38].

D. Les droits susceptibles de faire l'objet d'amples restrictions par le législateur

En troisième lieu, une autre série de droits constitutionnels se trouvent consacrés, mais ils le sont de telle façon qu'ils admettent des réglementations et limitations légales très sévères. C'est le cas du droit de ne pas être emprisonné ou arrêté, à moins d'avoir été surpris en flagrant délit sans un ordre écrit du fonctionnaire autorisé à ordonner la détention «dans les cas et selon les formalités prévues par la loi»[39], le droit de ne pas être privé de sa liberté à propos d'obligations dont la non-exécution n'a pas été définie «par la loi comme un délit ou une faute»[40]; le droit de ne pas être recruté par la force ou soumis au service militaire» si ce n'est dans les conditions prévues par la loi»[41]; le droit à la liberté de circulation «sans autres limitations que celles établies par la loi»[42]; le droit à la pratique du culte soumis au contrôle suprême du pouvoir exécutif national «conformément à la loi» [43]; le droit pour chacun de se livrer à l'activité lucrative de son choix «sans autres limitations que celles prévues dans la Constitution et celles que la loi établit pour des raisons de sécurité, d'hygiène ou d'autres raisons d'intérêt social» [44]; le droit de propriété soumis aux «contributions, restrictions et obligations établies par la loi à des fins d'utilité publique ou d'intérêt social»[45]; le droit de s'associer au sein de partis politiques réglementé par le législateur pour en assurer le caractère démocratique et l'égalité devant la loi[46]; le droit de manifester «sans autres conditions que celles requises par la loi» [47].

---

(35) Art. 60,5.

(36) Art. 62.

(37) Art. 63.

(38) Art. 112. La Cour suprême a admis, cependant, d'autres limitations au droit de suffrage passif, telles que la nécessité pour l'élu d'être inscrit su Registre électoral. *V.* Décision de CSJ en SPA, du 9-4-69, *GF* n° 64, 1969, p. 42 et 56.

(39) Art. 60,1.

(40) Art. 60,2.

(41) Art. 60,9.

(42) Art. 64.

(43) Art. 65.

(44) Art. 96.

(45) Art. 99.

(46) Art. 114.

(47) Art. 115.

E. Les droits dont l'exercice est assujetti d'une réglementation légale

Dans cette catégorie de droits, signalons que la délégation constitutionnelle de pouvoirs au législateur est telle que dans certains cas, ils ne peuvent s'exercer dans une réglementation légale, comme cela se passe, par exemple, pour le droit d'utiliser les organes de l'administration de la justice «dans les termes et conditions établis par la loi a; celui de s'associer à des fins licites «conformément à la loi» et le droit de grève dans les services publics dans les conditions fixées par la loi» ou «dans les cas déterminés par elle»[(48)].

Dans ces cas là, le caractère impératif de la Constitution n'est ni absolu ni immédiat, la possibilité d'exercer ces droits dépend de la réglementation légale. C'est, également, ce qui se passe pour les droits consacrés par des normes constitutionnelles ayant un caractère de programme.

En effet, comme l'a indiqué la Cour suprême de justice, «la Constitution fait une distinction entre les clauses directement opérationnelles qui établissent des prescriptions autonomes, qui sont complètes et suffisantes jusqu'à épuisement des conditions de fond et de procédure requises pour leur application et celles qui sont opérationnelles de manière médiate ou normes de programme qui ne peuvent s'appliquer qu'au moment où la législation ultérieure vient les compléter, conformément aux texte et contenu de la règle»[(49)]. Parmi ces normes de programme, la Cour suprême indique l'article 75 qui consacre le droit de tout enfant à connaître ses parents et l'article 49 qui consacre le recours de *amparo*[(50)].

Dans tous ces cas, le droit consacré dans la Constitution ne peut être exercé en l'absence de la loi qui le réglemente et tant qu'elle n'a pas été édictée. Il semblerait donc qu'il y aurait contradiction entre ces normes et la seconde partie de l'article 50 de la Constitution qui établit que «l'absence de loi qui réglemente ces *droits* ne porte pas atteinte à leur exercice». Mais cette contradiction n'existe pas, car les droits auxquels se réfère l'article 50 de la Constitution sont les droits «inhérents à la personne humaine» qui ne figurent pas de façon expresse dans la Constitution, et non pas les autres droits et libertés publiques énumérés dans le texte constitutionnel.

3. La rigidité constitutionnelle en ce qui concerne les droits: La réforme et l'amendement constitutionnel

Une des conséquences de la consécration dans la Constitution des droits et libertés est, sans doute, qu'en ce domaine règne le principe de la rigidité constitutionnelle, comme il a déjà été dit. En effet, la consécration constitutionnelle

(48) Art. 68. Décisions de la CSJ en SPA du 14-12-70, *GF* n° 70, 1970, pp. 179 à 185, publiées également dans la *GO*, n° 29.434, du 6-2-71, art. 70; art. 92.

(49) *V.* Décision de la CSJ en CP, du 27-2-69, *GF* n° 64, 1969, p. 21 et ss.; et du 12-9-69, *GF*, n° 65, 1969, p. 10.

(50) *V.* Décisions de la CSJ en CP du 27-5-69, *GF* n° 64, 1969, p. 21 et 55; et de la CSJ en SPA, du 14-1270, *GF* n° 70, p. 179 et ss.

des libertés publiques constitue une partie essentielle de la décision politique contenue dans la Constitution, si bien que toute suppression ou modification substantielle de ces libertés devraient faire l'objet d'une réforme constitutionnelle. Le problème se présente, cependant, dans des systèmes constitutionnels qui, comme le système vénézuélien, admettent deux procédures de modification de la Constitution: la réforme et l'amendement. La Constitution de 1961 a établie la distinction entre ces procédures, mais elle n'a pas spécifié à quel moment on pouvait recourir à l'une ou l'autre de celles-ci. La différence procédurale essentielle entre elles réside dans le fait que l'initiative pour les proposer, bien qu'elle soit spécifique, est plus rigoureusement déterminée dans le cas des réformes(51) pour lesquelles intervient le pouvoir constituant(52), tandis que dans le cas des amendements, il appartient aux Assemblées législatives de les ratifier ou de les rejeter(53) sans l'intervention du peuple.

Il est donc évident que toute révision constitutionnelle impliquant une modification des décisions politiques fondamentales contenues dans la Constitution devra faire l'objet de la procédure de réforme générale, car elle exigera l'intervention du Pouvoir constituant(54) et la consécration constitutionnelle des droits et des libertés publiques fait, sans doute, partie de cette décision politique.

Cependant, il apparaît évident que les modifications aux libertés publiques n'exigent pas toutes une réforme générale, la nécessité de celle-ci dépendant du type de consécration constitutionnelle des libertés publiques(55).

Effectivement, on l'a dit, la Constitution établit parmi les droits et garanties constitutionnelles une hiérarchie qui est très importante car elle permet de préciser à quel moment il faut procéder à une réforme générale de la Constitution ou à quel moment il suffit d'un amendement: en premier lieu le texte fondamental prévoit une série de droits essentiels, garanties véritablement absolues qui n'admettent aucun genre de restrictions ou de suspensions, ni même de réglementation législative; en second lieu, sont prévus une série de droits fondamentaux pour lesquels, bien que leur exercice puisse être restreint ou suspendu par décret présidentiel, il n'a pas été prévu de réglementation législative

(51) L'initiative d'une «réforme générale» de la Constitution devra provenir du tiers des membres du Congrès, ou de la majorité absolue des membres de l'Assemblée législative, en vertu d'accords obtenus au cours de deux discussions au moins, par la majorité absolue des membres de chaque Assemblée» (art. 245, 1°); tandis que l'initiative des amendements «pourra provenir du quart des membres de 1 une des Chambres ou du quart des membres des Assemblées législatives des Etats en vertu d'accords obtenus au cours de deux séances de discussion au moins, par la maporité absolue des membres de chaque Assemblée» (art. 245, 1°).

(52) «Le projet (de réforme) approuvé sera soumis à un referendum au moment fixé par les Chambres en session commune, pour que le peuple se prononce en faveur de la réforme ou contre elle... » (art. 246, 4°).

(53) «Une fois approuvé par le Congrès, le texte de l'amendement, sera soumis par la Présidence à toutes les Assemblées législatives réunies en sessions ordinaires en vue de sa ratification ou de son rejet en vertu d'accords négociés au cours de deux séances de discussion au moins et approuvés par la majorité de leurs membres» (art. 245, 4°). L'amendement sera déclaré sanctionné «sur les points qui auront été ratifiés par les deux tiers des membres des Assemblées» (Art. 245, 5°).

(54) *Cf.* la doctrine de la Procuraduría General de la República, *Doctrina PGR*, 1973, Caracas 1974, p. 161 et ss.

(55) *V.* Allan R. BREWER-CARÍAS, *Derecho administrativo*, Vol. I, Caracas 1975, p. 180 et ss.

pour leur exercice; en troisième lieu, sont consacrés une série de droits constitutionnels dont l'exercice peut être réglementé ou limité dans des aspects spécifiques par le législateur ordinaire; enfin en quatrième lieu, le texte fondamental consacre une autre série de droits constitutionnels dont l'exercice demeure entièrement soumis aux prescriptions et réglementations du législateur.

Il paraît donc évident que les deux premiers groupes de droits et garanties que nous pourrions appeler droits fondamentaux, ont été conçus de telle façon dans la Constitution que leur exercice découle pleinement du texte lui-même, sans l'intervention postérieure de réglementations légales ou possibilités de limitations légales. En revanche, les deux derniers groupes représentent des droits constitutionnels mais ils font l'objet d'une réglementation plus ou moins stricte de la part du législateur. Dans cette distinction pourrait trouver place le critère établi par l'exposé des motifs du Projet de Constitution, pour l'utilisation de la réforme générale ou de l'amendement quand il s'agit d'aspects fondamentaux ou circonstanciels, selon les cas(56). Changer le texte constitutionnel en ce qui touche les droits fondamentaux (absolus) serait sans nul doute changer un aspect de «portée transcendantale» qui influe sur l'organisation politique de la nation; au contraire, modifier le texte de quelques-uns des droits constitutionnels, susceptibles de limitations de la part du législateur en y ajoutant quelque autre limitation à leur exercice, pourrait se faire au moyen de la procédure d'amendement «qui permet de laisser intact le texte original ou fondamental» en y introduisant quelque «modification, considérée par la collectivité, comme une conséquence des changements incessants qui s'y produisent»: Ainsi, la procédure utilisée au Vénézuéla «en 1973 pour ajouter à la Constitution une condition d'éligibilité ou de nomination à des fonctions publiques déterminées, a été celle de l'amendement et non pas celle de la réforme(57).

4. Le sens de la consécration constitutionnelle: Les libertés publiques et les droits de l'homme (*numerus apertus*)

L'étude des droits et garanties constitutionnels se situe, actuellement, sur le plan du droit positif: on étudie les droits consacrés par la Constitution, et pour cette raison, on parle surtout de «libertés publiques», au lieu de «droits de l'homme», car ceux-ci se situent au-dessus du droit positif(58).

---

(56) *V.* l'exposé des motifs, titre X, *RFD/UCV* n° 21-1961, pp. 412-413.

(57) L'amendement n° 1 de la Constitution, sanctionné le 9 mai 1973 a établi que a ne pourront pas être élus Président de la République, les sénateurs ou députés au Congrès, magistrats de la Cour suprême de justice, qui ont été condamnés par décision définitive rendue par des tribunaux ordinaires, à des peines de travaux forcés ou de prison, supérieures à trois ans, pour des délits commis dans l'exercice de fonctions publiques ou à l'occasion de celles-ci. *V. GO* n° 1585 numéro spécial du i 1-3-73. La discussion de cet Amendement a donné lieu à de multiples débats dont la tournure laissait déjà entrevoir ce que serait le texte de l'exposé des motifs. En particulier, *v.* la décision de la CSJ en SPA du 20-8-73, *GO* n° 30.183 du 20-8-73, p. 226, 079.

(58) *Cf.* Jean RIVERO, *op. cit.*, p. 17

Les constitutions latino-américaines se rangent, en général, dans la catégorie des textes qui, non seulement consacrent constitutionnellement les droits et garanties, mais encore se réfèrent à d'autres droits de y l'homme garantis et protégés en dehors de ceux prévus dans la Constitution(59). Dans cette perspective, les constitutions de l'Argentine, de la Bolivie, du Brésil, de l'Equateur, du Guatemala, du Honduras, du Paraguay, de la République dominicaine, de l'Uruguay et du Vénézuéla, par exemple, prévoient une déclaration générale supplétive pour les droits qui pourraient avoir été omis, considérant que cela n'implique pas la négation de leur existence et établissant ainsi un *numerus apertus* des libertés publiques ou «des droits et garanties implicites»(60).

En effet, la Constitution du Vénézuéla de 1961 établit expressément dans son article 50 que:

> L'énoncé des droits et garanties contenus dans cette Constitution ne doit pas s'entendre comme une négation des autres qui, *étant inhérents à la personne humaine,* n'y sont pas mention nés expressément. Le défaut de loi qui les réglemente n'en empêche pas l'exercice(61).

Ainsi donc, outre les libertés publiques consacrées dans la Constitution, est reconnue l'existence de droits de l'homme inhérents aux personnes, dont l'exercice ne dépend pas de la réglementation qui pouvait légalement être édictée. Grâce à cette norme, dit l'exposé des motifs de la Constitution, «le texte fondamental est incorporé à celui des constitutions qui font reposer le système des garanties sur la notion essentielle de la personne humaine, et il n'y a plus aucun doute sur l'interprétation selon laquelle les garanties ne peuvent rester à la merci du fait qu'il existe ou non une législation qui les consacre et les réglemente explicitement»(62).

Mais, pour en revenir à l'article 50 de la Constitution vénézuélienne il y a deux observations à faire: en premier lieu, nous l'avons déjà dit, elle consacre, en les plaçant au-dessus du droit positif, l'existence de «droits de l'homme» reconnus et protégés; et en second lieu elle établit formellement que l'absence de loi pour réglementer ces droits inhérents à la personne humaine non prévus de façon expresse dans la Constitution, n'en restreint pas l'exercice. Il faut insister sur cette deuxième observation, car il est fréquent de voir la seconde partie de cet article appliquée à tous les droits et libertés publiques prévue dans la Constitution, interprétation, qui, selon nous, n'est pas correcte. Dans de nombreux cas, nous l'avons vu, la (constitution elle-même consacre les droits et libertés, en subordonnant leur exercice aux conditions fixées par une loi; il serait donc difficile de dire que l'absence de cette loi ne suspendrait pas l'exercice du droit.

---

(59) *V.* Héctor FIX-ZAMUDIO «La protección procesal de las garantías individuales en América latina», *Revista de la Comisión International de Juristas,* Vol. IX, n° 2, Genève, déc. 1968, p. 74.

(60) *V.* Luis PLAZA FERNÁNDEZ, «Los derechos humanos en los textos constitucionales», *Injormación, jurídica,* Ministerio de justicia, Madrid, juillet-sept. 1968, p. 101, et M. FIX-ZAMUDIO, «La protección... », *loc. cit.*, p. 74.

(61) L'article 76 de la Constitution nationale, en consacrant le droit à la protection de la santé se réfère aussi aux droits de la personne humaine dans les termes suivants: «Chacun est tenu de se soumettre aux mesures sanitaires établies par la loi, dans les limites imposées par le respect dû à la personne humaine».

(62) *V. loc. cit.*, pp. 380 et 381.

Ce serait une contradiction. Dans ces hypothèses, telle, par exemple, que celle du droit de tout enfant à connaître ses parents(63), la norme qui le consacre est une de, celles dites de programme, non directement opérationnelles sans l'intervention d'une réglementation légale. Selon la Cour suprême de Justice, l'article 75 de la Constitution qui le consacre, en déclarant que «la loi fournira les moyens de...» établit que «le législateur devra édicter dans l'avenir les dispositions légales, pour que les dispositions programmées dans la norme constitutionnelle soient exécutées»... Ces dispositions reconnaissent des droits et énoncent des intentions dont la réalisation et la mise en vigueur effective sont *subordonnées* à *la promulgation de* lois futures. Ces normes sont dites de programme parce qu'elles représentent un programme à développer ultérieurement et doivent orienter l'action législative dans l'avenir(64). Sur cette base, il est donc indubitable que les droits et garanties constitutionnelles consacrées dans des normes de programmation requièrent pour leur exercice une réglementation légale; leur caractère effectif dépend des dispositions du législateur. Par exemple, il en est de même, comme nous le verrons, du droit à la protection des libertés publiques lui-même.

II. L'ÉNONCÉ DES LIBERTÉS PUBLIQUES DANS LA CONSTITUTION: LE CAS VENEZUELIEN

En Amérique latine, la première Constitution qui a consacré les droits de l'homme a été la Constitution du Vénézuéla du 21 décembre 1811(65). Pendant tout le XIX siècle, les normes constitutionnelles ont consacré fondamentalement les droits de l'individu et les droits politiques et économiques; et à partir de 1936, les droits sociaux ont commencé à être consacrés. Par conséquent, la Constitution de 1947 a été, quant aux droits de l'homme, le résultat d'une longue évolution constitutionnelle, outre le fait qu'elle a été soumise à l'influence totale du constitutionalisme européen né de la Constitution de Weimar et de la Constitution de la République espagnole. La Constitution en vigueur en 1961 a repris, en les perfectionnant, les principes de la Constitution de 1947 relatifs aux droits et garanties constitutionnels; en les systématisant en quatre grandes catégories de droits: les droits de l'individu, les droits sociaux, les droits économiques et les droits politiques.

(63) Art. 75.

(64) *V.* Décision de la CSJ en C.P. du 27-5-69, *GF* n° 64, 1969, p. 21 et ss. En se basant sur ces arguments, la Cour suprême a déclaré irrecevable le recours en inconstitutionnalité contre l'article 220 du Code civil qui, dans certains cas, interdit au fils adultérin la recherche de la paternité.

(65) Le chapitre VIII, articles 141 à 199, est destiné à réglementer les «Droits de l'homme qui seront reconnus et respectés sur toute l'étendue du territoire de l'Etat». Pour une analyse historique de la consécration des libertés publiques au Vénézuéla, *v. Derechos del hombre y del ciudadano* (étude préliminaire de P. RUGGERI PARRA), Editions de la Academia Nacional de la Historia, Caracas 1959; Luis E. ZERPA DIAZ. «Definición de la libertad civil en las constituciones venezolanas», *RFD/ULA,* n° 15, décembre 1967, p. 92 et ss.; Ana C. MANRIQUE SOTO et Mirtiliano CABRERA AMAYA, *Protección procesal de los derechos humanos* (texte polycopié), rapport présenté su Ve Congrès international de droit de la procédure, México 1971, p. 9 et ss.

A titre d'échantillon de l'énumération des droits constitutionnels en Amérique latine, nous analyserons rapidement ces quatre groupes de droits dans la Constitution du Vénézuéla[(66)]. D'autre part, il ne faut pas oublier qu'actuellement (1976), peu de pays en Amérique du Sud ont un régime démocratique (le Vénézuéla et la Colombie seulement), si bien que l'application effective des droits et garanties constitutionnels, et par conséquent leur contrôle, dépendent de l'exercice effectif de la démocratie. C'est pour cette raison, outre les raisons historiques déjà signalées, que la Constitution du Vénézuéla a été choisie comme étude de cas en Amérique latine.

1. Les droits individuels

A. Le droit à la vie

Dans le domaine des droits individuels, le premier, consacré par la Constitution, est le «droit à la vie», qui est inviolable et, en conséquence, «aucune loi ne pourra établir la peine de mort et aucune autorité ne pourra l'appliquer» [(67)]. Il est certain que le régime démocratique au Vénézuéla, à partir du début de la décennie 1960, a constitué la meilleure garantie pour l'inviolabilité du droit à la vie, ce qui ne veut pas dire, cependant, que des abus n'aient pas été commis, occasionnellement, par les corps de police de sécurité de l'Etat, qui ont attenté à la vie de personnes, en particulier pour des motifs politiques. A cet état de choses, a contribué, sans aucun doute, l'absence d'un ensemble de normes nationales qui réglementent les fonctions de la police administrative et établissent convenablement les responsabilités des fonctionnaires de la police.

B. Le droit à l'honneur et au secret de la vie privée

La Constitution consacre, en outre, le droit de chacun «à la protection contre toute atteinte à son honneur, sa réputation ou sa vie privée» [(68)]. Cependant, en dehors des protections punitives contre les délits de diffamation et d'injure qu'établit le Code pénal, et des actions en responsabilité civile que permet le Code civil, le droit au nom, à la vie privée, à sa propre image, en tant que droits de la personnalité, ne bénéficient pas d'une protection effective dans l'ordre juridique vénézuélien: Ils sont, au contraire, l'objet d'abus permanents du fait des moyens de communication sociale, en vertu d'un autre droit constitutionnel, la liberté d'expression de la pensée, comme nous l'indiquerons plus loin[(69)].

---

(66) Dans cette énumération nous suivons ce qui nous avons exposé in Allan R. BREWER-CARIAS, *Derecho administrativo*, Vol. I, Caracas 1975.

(67) Article 58.

(68) Article 59.

(69) *V.* par exemple, le *Proyecto de Ley sobre el nombre y la protección de la personalidad*, Ministerio de Justicia, Caracas 1960.

C. La liberté individuelle

Le troisième droit individuel que prévoit la Constitution est le droit à «la liberté et à la sécurité personnelles», également inviolable, et qui est à l'origine d'une série de garanties contre les pouvoirs publics, et parmi elles, la détermination légale des délits ou fautes qui peuvent donner lieu à la privation de liberté, et la prévision, également dans la loi, des cas dans lesquels une personne peut être emprisonnée ou arrêtée; la prohibition de la mise au secret, de la torture ou de tous les procédés qui engendrent la souffrance physique ou morale; la garantie que personne ne pourra être obligé à prêter serment ni contraint de faire une déposition ou de reconnaître la culpabilité dans un procès pénal contre lui-même ou contre des membres de sa famille; la garantie de recevoir notification personnelle des charges et d'être entendu avant la condamnation pénale; la prohibition des condamnations à des peines perpétuelles et la limitation à trente ans des peines privatives de liberté individuelle; la prohibition du recrutement forcé pour le service militaire[70]. Cependant, ce droit à la liberté et à la sécurité individuelles se trouve réglementé, au Vénézuéla, par un système classique, basé sur un Code pénal inspiré du Code italien de 1879 et conçu selon l'idée que la peine est seulement une punition et ceci, en marge des conceptions modernes du droit pénal, basées sur la notion de défense sociale et de réhabilitation du délinquant[71]. D'autre part, en ce qui concerne la procédure pénale, les conséquences de l'application d'un Code de procédure criminelle désuet ne peuvent pas être plus monstrueuses, dégradantes et contraires à l'intention du constituant, en raison de la' lenteur de la procédure et des déficiences du système pénitentiaire.

D. L'égalité devant la loi

Le quatrième droit individuel, prévu par la Constitution, est celui qui garantit l'absence de discriminations basées sur «la race, le sexe, les croyances ou la condition sociale»[72], réaffirmant ainsi le principe juridique de l'égalité. De très nombreuses lois, cependant, continuent à établir des discriminations basées sur le sexe et quelques-unes d'entre elles ont déjà été contestées[73]. La prohibition de la discrimination est complétée également par l'interdiction de mentionner la

(70) Article 60.

(71) Au sujet du Code pénal vénézuelien, Omar ARENAS CANDELO a signalé que celui-ci «se présente à nous aujourd'hui sous la forme d'une mosaïque bigarrée composée de pièces modulaires hétérogènes et incohérentes, aussi souvent inadaptées qu'inconsistantes et obscures, résultat de réformes inconsidérées et succesives introduites en faisant grand étalage de manque de technique législative; en conséquence la primitive et singulière unité de structure organique du modèle original a totalement disparu au détriment de l'efficacité opérationnelle de cet instrument légal fondamental». *V.* Julio BARROETA LARA, «Nuestras leyes penales», *El Nacional,* Caracas 25 septembre 1971, p. C-1.

(72) L'article 61

(73) L'article 970 du Code de commerce établissait, dans ce sens, l'interdiction pour la femme d'être syndic de faillite. La Cour suprême de justice a déclaré nulle cette disposition. *Cf.* Allan R. BREWER-CARÍAS, *Curso de derecho administrativo,* Vol. I, 3° (ed.), (polycopié) Caracas 1968.

filiation sur les documents d'identité dans les actes de la vie civile(74); de cette façon, une source importante de discrimination a été supprimée dans un pays où près de 50 % des enfants sont des enfants naturels.

E. L'inviolabilité du domicile et du secret de la correspondance

En cinquième lieu est établie, en tant que droit individuel, l'inviolabilité du domicile, ainsi que les conditions pour la perquisition et pour les visites sanitaires(75). Les mêmes déficiences que nous avons notées au sujet de la réglementation des activités de la police de sécurité de l'Etat rendent souvent vaine cette réglementation en raison de l'utilisation de la force et des voies de fait.

En sixième lieu, l'inviolabilité du secret de la correspondance, sous toutes ses formes, est consacrée constitutionnellement sauf dans les cas de mainmise judiciaire uniquement(76).

F. La liberté de circulation

En septième lieu, la Constitution garantit la libre circulation dans tout le territoire de la République(77), et en particulier la liberté de changer de domicile ou de résidence, de s'absenter du pays, avec ou sans biens, et d'y retourner, dans les seules limites établies par la loi. En ce sens, la Constitution de 1961 a éliminé les limitations antérieures concernant l'entrée au pays des Vénézuéliens et l'a garantie, sans nécessité d'autorisation. Enfin, comme corollaire, il est établi expressément que les pouvoirs publics ne pourront pas prononcer la peine d'exil du territoire national contre des Vénézuéliens, sauf dans le cas de commutation d'une autre peine et à la demande de l'accusé, ce qui a été réglementé par la loi spéciale (78).

G. La liberté des religions et des cultes

D'autre part, la Constitution consacre, comme droit de l'individu, le droit de professer la foi religieuse et de pratiquer le culte de son choix, en public ou en privé, sous réserve de l'ordre public ou dés bonnes mœurs, reprenant ainsi la meilleure tradition de liberté des cultes(79). La réglementation du contrôle suprême des cultes par l'exécutif national n'a fait, cependant, l'objet d'aucune loi, sauf celle du Patronat ecclésiastique des années de l'Indépendance, appliquée à tous les cultes au début du siècle mais qui a subi ante dérogation, en ce qui concerne le

(74) Article 61. *V.* Allan R. BREWER-CARÍAS, *Cambio político y reforma del Estado en Venezuela, op. cit.*, chap. 2.

(75) Article 62.

(76) Article 63.

(77) Article 63. *V.* la Loi sur la commutation de peines en peine d'exil, *Gaceta Oficial*, n° 27.619, du 15 décembre 1964.

(78) *Idem.*

(79) Article 65.

culte catholique en 1963, du fait de la loi approuvant le modus *vivendi* entre l'Eglise et l'Etat, lequel s'est substitué au régime du Patronat[80].

H. La liberté d'information

Le neuvième droit de l'individu, consacré par la Constitution, est le droit, pour toute personne, «d'exprimer sa pensée de vive voix ou par écrit, et d'utiliser à cette fin, n'importe quel moyen de diffusion, sans que soit établie une censure préalable»[81]. Il est certain que ce droit est soumis à quelques limitations constitutionnelles[82]; cependant, en l'absence d'une réglementation légale, son exercice, loin de garantir le droit à l'information, a donné lieu à des abus de la part des organismes d'information et à l'absence de protection des citoyens devant la presse, la radio, le cinéma et la télévision. C'est dans ce domaine, parmi d'autres, qu'apparaît le besoin d'une réglementation légale protégeant les citoyens contre les pouvoirs privés[83].

En effet, l'absence d'une réglementation légale au Vénézuéla, en ce qui concerne la presse, la radio et la télévision, exception faite des autorisations administratives préalables, non seulement a rendu presque inexistant le droit de toute personne à être informée véridiquement et non tendancieusement, mais encore a laissé sans défense les individus face aux abus des moyens de communication sociale, en particulier au regard d'autres droits, tels que les droits de la personnalité [84]. En ce sens, il apparaît urgent, au Vénézuéla, d'édicter une loi de. la presse, de la radio et de la télévision, réglementant les conditions de la véracité de l'information (fausses nouvelles), limitant l'information pour des raisons de sécurité de l'Etat, des raisons d'ordre public, des raisons d'ordre judiciaire et des raisons d'ordre personnel, prévoyant des garanties appropriées pour les particuliers face aux abus de l'information, telles que le droit de rectification et le droit de réplique ou de réponse[85] ainsi que les mesures tolérables de police administrative[86], et conciliant en définitive le droit à l'information et le droit d'informer afin que ce dernier ne soit plus un moyen d'aliénation[87].

---

(80) *V.* José RODRÍGUEZ ITURBE, *Iglesia y Estado en Venezuela,* Caracas 1968.

(81) Article 66.

(82) L'anonymat est interdit. Il sera également interdit de faire de la propagande de guerre, de la propagande contraire à la morale publique ou ayant pour objet de provoquer la désobéissance aux lois; mais cette interdiction ne pourra limiter l'analyse ou la critique des principes légaux. Article 66.

(83) *Cf.* Harry STREET, *Freedom. The Individual and the Law,* 1972, p. 251 et ss.

(84) *V.* Allan R. BREWER-CARÍAS, «Las limitaciones a la libertad de información en el derecho comparado» (Prensa, Radio, Cine, Televisión), *RFD/UCV,* n° 47, Caracas 1970, p. 9 et ss.

(85) Dans ce sens, est exceptionnelle la disposition de l'article 31 de la Loi du 23-8-72 sur l'exercice du journalisme (*GO* 29887 du 23-8-72) qui établit que «Toute déformation de l'information doit être rectifiée en temps opportun et de façon efficace. Le journaliste se trouvera dans l'obligation de rectifier et l'entreprise devra insérer la rectification ou l'explication formulée par la partie lésée».

(86) *Idem,* p. 27 et ss.

(87) *Ibidem,* pp. 46 et 47.

La Constitution consacre expressément d'autres droits parmi lesquels figurent le droit de pétition exercé devant n'importe quel organisme et n'importe quel fonctionnaire et celui de l'obtention d'une réponse, appropriée[88]. Cependant, tant que la procédure administrative n'aura pas été légalement réglementée et que les normes de base relatives à l'exercice des recours administratifs et aux conséquences du silence administratif n'auront pas été établies, la garantie effective du droit de pétition demeurera encore en suspens. Est également consacré comme droit de l'individu par la Constitution, le droit d'utiliser les organes de l'administration de la justice pour la défense de ses droits et intérêts dans les conditions établies par les lois, cette défense étant, en outre, un droit inviolable à tout stade et à tout niveau du procès[89]. «La loi, dit la Constitution, devra aménager des normes qui assurent l'exercice de ce droit à ceux qui ne disposent pas de moyens économiques suffisants» [90], cependant les différences de niveau économique constituent un sérieux obstacle à l'accès libre et effectif aux moyens de protection juridictionnelle, en dehors de la formalité dépassée de la déclaration de pauvreté prévue par le Code de procédure civile[91], la loi ne garantit pas le plein exercice de ce droit qui, en fait, reste réservé à une minorité économiquement privilégiée. D'autre part, et dans le même ordre judiciaire, la Constitution garantit le droit pour chacun d'être jugé par des juges naturels, de sorte que des tribunaux ad hoc ne pourront être constitués pour décider du châtiment à imposer à des personnes déterminées; elle garantit aussi que personne ne pourra être soumis à des peines non fixées par une loi établie et promulguée avant le délit, selon un principe classique du droit pénal[92].

I. Autres droits de l'individu

Enfin et toujours parmi les droits de l'individu, la Constitution garantit le «droit de s'associer à des fins licites, conformément à la loi» et le «droit pour tous de se réunir en public ou en privé, sans autorisation préalable, à des fins licites et sans armes» [93]. Le régime démocratique a effectivement garanti ces droits[94]. Quoi qu'il en soit, compte tenu de l'absence de réglementations légales appropriées, la prescription constitutionnelle s'avère nettement incomplète, car il existe quelques droits qui ne jouissent pas encore d'une protection véritablement effective: c'est le cas du droit à l'information, du droit de ne pas être détenu pendant plus de huit jours par des autorités policières sans l'intervention des tribunaux[95] ou du droit au secret des conversations, même téléphoniques, et à ce qu'elles ne soient pas interceptées ou enregistrées sans le consentement des intéressés.

(88) Article 67.
(89) Article 68.
(90) Article 68.
(91) Article 28 et ss.
(92) Article 69.
(93) Articles 70 et 71.
(94) *V.* par exemple la Loi relative aux partis politiques, réunions et manifestations publiques, du 15 décembre 1964.
(95) Sixième disposition transitoire de la Constitution.

2. Les droits sociaux

A. Les différents types de droits sociaux

Le second groupe de droits réglementés et garantis par la Constitution sont les droits sociaux; on peut en distinguer deux sortes: d'une part ceux qui sont expressément et directement formulés par elle, et d'autre part ceux qui sont considérés comme la contrepartie des obligations qu'elle impose à l'Etat et dont le caractère effectif dépend de la réglementation légale édictée pour l'accomplissement de ces obligations. Il ne s'agit donc pas de droits exigibles du seul fait qu'ils sont prévus indirectement dans la Constitution, mais de droits qui requièrent une consécration ou actualisation légale pour être exigibles devant l'Etat. C'est pourquoi ils pourraient vraiment être appelés des «expectatives de droits». A la première catégorie appartiennent, cependant, le droit à la protection de la santé, le droit à l'éducation, le droit au travail et le droit de grève.

B. Les droits sociaux directement prévus dans la Constitution

(a) Le droit à la protection de la santé

Citons, en premier lieu, le droit à la protection de la santé qui entraîne l'obligation constitutionnelle pour les autorités de veiller au «maintien de la santé publique» et de «fournir les moyens de prévention et d'assistance à ceux qui ne les possèdent pas» [(96)]. Sur le plan législatif, le régime de garantie de ces droits est défini par une vieille loi de 1942 relative à la santé et par de nombreuses lois éparses, toutes édictées dans la décennie des années trente[(97)], la seule exception étant le Règlement général sur les aliments édicté par l'exécutif[(98)]. A ce fait, il faut ajouter la dispersion administrative du secteur de la santé, si bien qu'en définitive le droit à la protection de la santé n'est pas dûment garanti. En effet, non seulement il n'existe pas de Service national de santé au niveau du secteur public, mais encore les services médicaux privés sont matériellement inaccessibles en raison de leur coût élevé. Alors, les particuliers se débattent entre des services publics dispersés et déficients et des services privés dont les prix sont inabordables, à la tête desquels une puissante corporation médicale, agissant comme groupe de pression, fera obstacle à toute tentative de créer des services médicaux accessibles à tous sans distinction de fortune. C'est pourquoi l'Etat devra, s'il veut dûment garantir le droit à la protection de la santé, entreprendre une action ferme qui mette les particuliers à l'abri du pouvoir de la corporation médicale pour qui les services médicaux privés représentent seulement une

---

(96) Article 76.

(97) *V.* par exemple, la Loi sur la protection contre la fièvre jaune, la Loi relative à la lutte contre le paludisme, la Loi sur la vaccination, la Loi relative aux stupéfiants, la Loi de défense contre les maladies vénériennes.

(98) *V.* les commentaires in Allan R. BREWER-CARÍAS, *Curso de derecho administrativo*, *cit.*, Vol. I, p. 87 et ss.

manifestation du libre exercice d'activités lucratives et non pas une profession qui est en soi un service public et social. D'autre part, il sera indispensable, dans un très proche avenir, d'actualiser la prescription constitutionnelle relative à la possibilité d'imposer, au moyen de la loi, à ceux qui veulent exercer la profession de médecin, le devoir de prêter leurs services aux institutions du Service national de santé pour une durée de deux ans et à l'intérieur du territoire[(99)]. Ce serait un moyen d'éviter une concentration excessive de médecins dans la capitale de la République et les autres zones urbaines.

(b) Le droit à l'éducation

Le second droit social directement établi par la Constitution est le droit à l'éducation qui apparaît en même temps comme une obligation[(100)]. Ce droit aussi entraîne, corrélativement, l'obligation pour l'Etat de créer et d'entretenir «des écoles, institutions et services en état d'assurer l'accès à l'éducation et à la culture, sans autres limitations que celles qui découlent de la vocation et des aptitudes, afin de garantir à tous l'éducation gratuite à tous les niveaux, dans les instituts officiels»[(101)]. Nous pouvons dire que le système d'éducation vénézuélien est mixte, car la Constitution exige que l'Etat stimule et protège l'éducation privée[(102)]. En conséquence, les conflits traditionnels à partir de 1945, entre l'éducation officielle et l'éducation privée, en particulier l'éducation catholique, sont dépassés quant à leur légitimité[(103)]. Cependant, en dépit de la gratuité de l'éducation officielle et des progrès réalisés au cours des dernières années sur le plan des investissements publics, le droit à l'éducation est encore loin d'être garanti et le peuple vénézuélien est pris entre l'absence d'écoles, particulièrement dans les zones marginales, et le coût élevé des écoles privées, tout au moins des livres et du matériel scolaire. La réglementation de ces articles sera indispensable pour garantir la gratuité réelle de l'enseignement, en même temps que la réglementation des tarifs de l'éducation privée qu'il faudrait subventionner dans de nombreux cas afin d'éliminer les différences de classes sociales qu'on y trouve. En tout cas, il faut qu'une nouvelle- loi sur l'éducation vienne se substituer à la loi de 1955, désuète et inadaptable, encore en vigueur en 1976[(104)].

(c) Le droit au travail et le droit de grève

Outre les droits à la protection de la santé et à l'éducation, la Constitution établit directement un troisième droit: le droit au travail qui apparaît lui aussi comme un

(99) Article 57.

(100) Articles 55, 78 et ss.

(101) Article 78.

(102) Article 79.

(103) Une intéressante analyse de ces conflits, du point de vue politique, se trouve in Daniel H. LEVINE, *Conflict and Political Change in Venezuela,* Princeton, U.P., 1973, p. 62 et ss.

(104) Une nouvelle loi organique de l'éducation avait été promise dans le programme du Gouvernement 1974-1979.

devoir pour toute personne apte à travailler[105]. En ce sens, l'Etat doit fournir à toute personne apte à travailler un emploi qui lui permette de mener une vie digne et respectable[106], le travail faisant l'objet d'une protection spéciale de la part de l'Etat[107]. Sans doute le plein emploi est il encore un des objectifs à atteindre dans le développement économique de nos pays où l'industrialisation limitée ne permet pas encore la création d'un nombre suffisant d'emplois pour la population active[108]; le droit au travail est donc l'un des droits qu'il reste encore à garantir matériellement. Cela n'a pas empêché, cependant, d'édicter à partir de 1936 une loi du travail qui était encore, dans la décennie des années soixante, un instrument légal de grande portée sociale. Jusqu'à un certain point, on peut même dire que tous les principes relatifs à la protection du travail, établis dans la Constitution de 1961, se sont inspirés de la législation de 1936[109]; quant à l'exigence constitutionnelle selon laquelle l'Etat devait chercher à améliorer les conditions de vie de la population rurale[110] elle a été satisfaite récemment par un nouveau règlement de la loi du travail de 1974[111] qui assimile les travailleurs ruraux aux travailleurs urbains éliminant ainsi une discrimination odieuse qui a duré presque quarante ans. De plus, intimement lié au droit au travail, le droit de grève dans les conditions fixées par la loi est aussi directement réglementé par la Constitution même si, dans les services publics ce droit ne peut s'exercer que dans les cas déterminés par la loi[112], ce qui n'avait pas été légiféré [113] jusqu'à 1976.

C. Les droits sociaux indirectement prévus dans la Constitution

Nous avons signalé cependant qu'en dehors des quatre types de droits sociaux directement prévus dans la Constitution, une autre série de droits ou plutôt d'expectatives de droits se trouve établie et réglementée de façon indirecte dans ce texte qui crée, pour l'Etat, des obligations et en définit les buts[114]. En ce sens on peut dire qu'il s'agit de droits ayant un caractère social: en premier lieu, pour les associations, corporations, sociétés et communautés ayant pour objet la réalisation optimale des fins de la personne humaine et la coexistence sociale, le

---

(105) Art. 54, 84 et ss.

(106) Art. 84.

(107) Art. 85.

(108) *V.* Allan R. BREWER-CARÍAS, *Cambio político y reforma del Estado en Venezuela, op. cit.*, chap. 2 et 13.

(109) Articles 85 à 93.

(110) Article 77.

(111) Edicté par le décret n° 1 563 du 31 décembre 1973 *(Journal Officiel* numéro spécial 1.631 de la même date) qui est entré en vigueur le 1er février 1974 (Art. 869). *V.* indication en note numéro 99 du chapitre 10.

(112) Article 92.

(113) Allan R. BREWER-CARÍAS, «El derecho de huelga en el concepto de libertad en el Estado moderno», *RFD/UCV*, n° 21, Caracas 1961, p. 251 et ss.

(114) *V.* drap. 13. *Cf.* sur ces droits en tant qu'y expectatives de droit» qui n'impliquent pas directement une responsabilité pour l'Administration in H. BARBE PÉREZ, «Adecuación de la administración conformadora del orden económico y social à las exigencias del Estado de derecho», *Revista de derecho, jurisprudencia y administración*, Vol. 65, n° 1, Montevideo, p. 9.

droit à la protection de l'Etat[115], lequel est de plus dans l'obligation d'encourager l'organisation de coopératives et autres institutions destinées à l'amélioration de la situation économique du peuple[116]. En second lieu, et il s'agit là aussi d'un droit social, le droit de la famille à être protégée, en tant que cellule fondamentale de la société, par l'Etat qui doit veiller à l'amélioration de sa situation morale et économique[117]. En ce sens, le mariage aussi doit faire l'objet d'une protection[118] et l'Etat doit fournir à la famille les facilités d'acquisition de logement commode et salubre[119]. De même, la maternité doit être protégée de faon spéciale, quel que soit l'état civil de la mère, et cette protection doit s'étendre à l'enfant sans discrimination d'aucune sorte, et de façon intégrale depuis le moment de sa conception jusqu'à son complet développement[120]. De plus, tout enfant a le droit de connaître ses parents quelle que soit la nature de sa filiation et la loi doit lui en fournir le moyen[121]; c'est pourquoi la loi relative à la protection de la famille [122] a été édictée. En outre, les jeunes ont droit à la protection contre (abandon, l'exploitation ou les abus, et c'est essentiellement le statut des mineurs[123] qui détermine les obligations de l'Etat dans ce domaine. Par conséquent, les droits sociaux de la population marginale sont dûment garantis par la Constitution, mais (insuffisance législative des normes existantes et la dispersion administrative du secteur chargé de la protection et de la promotion sociale rendent inefficace tout l'arsenal des droits que le texte constitutionnel a prévus de façon si complète.

On doit signaler en outre que du point de vue social, sauf en matière de lois relative à la protection de la famille, à l'adoption et au délit de violation des droits alimentaires du mineur[124], la législation est totalement éloignée de la réalité. Par exemple, dans le domaine civil, les discriminations relatives à (enfant naturel et (absence de protection complète de la concubine, en dépit des normes constitutionnelles qui interdisent tout type de discrimination, sont encore en vigueur dans un Code civil qui, bien qu'il ait été révolutionnaire à ce propos en 1942, est actuellement inadapté. En ce sens, il n'est donc pas possible de continuer à donner la préférence, dans la réglementation civile, aux droits des enfants légitimes, tandis que la situation normale au Vénézuéla est que les enfants soient naturels et les enfants légitimes l'exception. Par conséquent, il n'est pas logique non plus de fonder toute la législation civile sur la puissance paternelle du père quand la réalité sociale nous montre une évidente prépondérance matriarcale

---

(115) Article 72.

(116) *Idem.*

(117) Article 73.

(118) *Idem.* En particulier, il est prévu dans la Constitution que la loi doit favoriser la constitution des biens de famille insaisissables.

(119) Article 73.

(120) Article 74.

(121) Article 75.

(122) Loi édictée le 22 décembre 1961.

(123) Article 75 du Statut des mineurs du 30 décembre 1949.

(124) Ces lois ont été édictées respectivement le 22 décembre 1961, le 20 juillet 1972 et le 20 août 1959.

dans la conduite des affaires familiales[125]. En ce sens, la législation sociale au Vénézuéla, non seulement requiert une adaptation urgente à la réalité de nos phénomènes collectifs actuels, et il est donc indispensable que les dispositions juridiques qui seront prises répondent à une conception sociologique correspondant à ces phénomènes, mais encore il faut que cette législation s'établisse en prévision de l'avenir pour permettre le développement de la nouvelle société qui en moins d'une génération existera au Vénézuéla.

En dehors des droits sociaux indirects ci-dessus indiqués, intimement liés au droit à l'éducation, la Constitution réglemente le droit de toute personne naturelle ou juridique à se consacrer librement aux sciences ou aux arts, et après avoir démontré ses capacités dans ce sens, à créer des chaires ou des établissements éducatifs sous la surveillance et l'inspection suprême de l'Etat[126]; ce qui confirme le caractère mixte du système éducatif vénézuélien.

Enfin, et également dans le cadre des droits sociaux, tous les habitants de la République ont droit à la sécurité sociale, dont le système doit être développé progressivement par l'Etat, afin de les protéger contre lés accidents du travail, la maladie, l'invalidité, la vieillesse, la mort, le chômage et tous les autres risques sociaux, ainsi que les charges familiales[127]. Dans ce même ordre d'idées, le droit à la sécurité sociale n'est pas matérialisé et ceci donne lieu au droit à l'assistance sociale pour ceux qui manquent de ressources économiques et ne peuvent se les procurer[128]. La matérialisation de ces droits à la sécurité sociale et à l'assistance sociale, cependant, et surtout à cause des déficiences administratives, est encore loin d'être efficacement assurée.

3. Les droits économiques

La Constitution, outre les droits individuels et les droits sociaux, consacre également un chapitre spécial à la réglementation des droits de caractère économique, et particulièrement, du droit à la liberté économique et au droit de propriété, définissant en outre toutes les caractéristiques du régime économique mixte de la République où l'Etat a une participation chaque jour plus active dans la conduite du processus de développement.

A. La liberté économique

En effet, selon la Constitution, chacun a le droit de s'adonner libre ment aux activités lucratives de son choix, sans autres limitations que celles prévues par le texte constitutionnel lui-même et celles établies par les lois pour des raisons de

(125) *V.* José F. IRIBARREN, «Legislación y realidad social», *El Universal*, Caracas 15 février 1974, pp. 1-4. *V.* indication des chap. 2, 13 et 14.

(126) Article 79.

(127) Article 94. La Loi sur l'assurance sociale obligatoire du 11 juin 1966 est orientée dans ce sens.

(128) Article 94.

sécurité, d'hygiène et d'autres raisons d'intérêt social[(129)]. La portée de limitations que l'on peut imposer à la liberté économique est donc extrêmement large, et l'on peut, sans aucun doute, considérer que la liberté économique illimitée, fondement du libéralisme, est un fait qui relève. de l'histoire au Vénézuéla; en particulier, à cause des limitations dérivées des possibilités d'intervention de l'Etat afin de planifier, rationaliser et encourager la production, de réglementer la circulation, la distribution et la consommation des richesses en vue de donner une impulsion au développement économique du pays[(130)], c'est à dire de créer de nouvelles sources de richesse, d'élever le niveau de vie de la population et de renforcer la souveraineté nationale[(131)] et tout cela dans le cadre des principes de justice sociale qui assurent à tous une existence digne et bénéfique à la collectivité[(132)]. Cependant, étant donné le caractère mixte du système économique du Vénézuéla, la nécessité de protéger la liberté économique face aux pouvoirs publics, même si elle demeure encore importante, a donné lieu à un autre type de protection de cette liberté mais, dans ce cas, face aux abus du pouvoir privé lui-même, qui se sont développés grâce à cette protection. Ce problème, la Constitution l'a prévu, quand elle exige que «La loi édicte des normes pour empêcher l'usure, la hausse injustifiée des prix et, en général, les manœuvres abusives visant à entraver ou à restreindre la liberté économique»[(133)]. Ce sont des mesures de protection qui, indubitablement, ont une importance fondamentale dans le monde moderne, si l'on veut éviter que la liberté économique et la loi elle-même ne deviennent des armes utilisées contre le peuple et, en particulier, contre les économiquement faibles [(134)], par le pouvoir économique privé principalement.

B. Le droit de propriété

Outre la consécration du droit à la liberté économique avec ses limitations et ses protections, la Constitution garantit également le droit de propriété, en aucune manière comme un droit absolu, mais comme un droit tout à fait relatif: «En vertu de sa fonction sociale, la propriété sera assujettie aux contributions, restrictions et obligations déterminées par la loi à des fins d'utilité publique ou d'intérêt général»[(135)]. En conséquence, la Constitution a réglementé la propriété considérée comme susceptible de limitations, et en tant que telle, l'expropriation pour raison d'utilité publique ou d'intérêt social a été expressément prévue[(136)]. De même la confiscation des biens est interdite, sauf cas spécial[(137)]. La dévolution des biens destinés à l'exploration ou exploitation des concessions minières et des

(129) Article 95.
(130) Article 98.
(131) Article 95.
(132) *Idem.*
(133) Article 96.
(134) Tel que le suggère le titre de l'oeuvre éditée par Robert LECOURT, *Law against the People*, NY 1971.
(135) Article 99.
(136) Article 101.
(137) Articles 102 et 250.

hydrocarbures a été prévue; ces biens passeront en toute propriété à la nation au cas ou, pour une raison quelconque, les concessions viendraient à disparaître[138]. Sont affectés au service du public les chemins de fer, les routes, les pipe unes et autres voies de communication et de transport construits par des entreprises d'exploitation des ressources naturelles[139]. Le régime des latifundia est déclaré contraire à l'intérêt social[140] et des mesures restrictives sont prévues en ce qui concerne l'utilisation des ressources naturelles[141]. Toutes ces limitations prévues dans la Constitution ont donné lieu à la promulgation d'une série de textes légaux destinés à rendre effectives certaines de ces mesures, par exemple: la loi sur l'expropriation pour cause d'utilité publique ou sociale, la loi sur les biens de dévolution dans les concessions d'hydrocarbures, la loi sur la réforme agraire et la loi relative aux forêts, aux sols et aux eaux [142].

C. Les droits des paysans

En dehors des droits à caractère économique définis et directement prévus par la Constitution, on peut identifier un troisième droit indirectement consacré. Il s'agit encore ici d'une «expectative de droit» qui n'est pas pour autant dépourvue de protection: c'est le droit des paysans et des travailleurs ruraux à se voir attribuer des terres quand ils n'en possèdent pas (ce pourquoi la loi doit prendre des mesures) [143]. En réalité, c'est une obligation pour l'Etat que d'édicter des lois tendant à l'élimination des latifundia et à l'attribution des terres. C'est ce qui s'est produit en conséquence quand la Loi sur la réforme agraire de 1960 a été promulguée. Ce droit indirect des paysans et travailleurs ruraux est encore loin, cependant, d'avoir été pleinement garanti, en dépit de tous les progrès réalisés dans le secteur rural.

4. Les droits politiques

Enfin, et également parmi les droits consacrés dans la Constitution, ont été prévus les droits politiques des citoyens; ce sont: le droit de vote actif et passif [144], le droit d'exercer des fonctions publiques[145], le droit de se grouper au sein de partis politiques[146], le droit de manifester pacifiquement et sans armes[147] et

(138) Article 103.
(139) Article 104.
(140) Article 105.
(141) Article 106.
(142) Ces lois ont été publiées, respectivement, le 25 avril 1958; le 30 juillet 1971; le 5 novembre 1960 et le 26 janvier 1966.
(143) Article 105 de la Constitution.
(144) Articles 110, 111, 112 et 113, réglementés par la Loi organique sur le vote du 6 septembre 1973.
(145) Article 112, réglementé par la Loi sur la carrière administrative du 4 septembre 1970.
(146) Article 114, réglementé par la Loi relative aux partis politiques, aux réunions et aux manifestations publiques du 15 décembre 1964.
(147) Article 115.

le droit d'asile politique[148]. Ces droits, surtout celui de vote et celui d'association au sein de partis politiques ont été attentivement analysés en une autre occasion[149] au cours de laquelle on a insisté sur le caractère effectif de l'exercice de ces droits[150]. En tous cas, au Vénézuéla, il existe une importante législation à ce sujet: la Loi organique de 1964 relative au vote, la Loi sur la carrière administrative de 1970 et la Loi relative aux partis politiques et aux manifestations de 1965.

III. LES CONSÉQUENCES DE LA CONSÉCRATION CONSTITUTIONNELLE DES LIBERTÉS PUBLIQUES

1. La réserve législative dans la réglementation des libertés publiques

A. La compétence du pouvoir législatif

Une des conséquences fondamentales de la consécration constitutionnelle des droits et libertés publiques est la réserve législative établie par la Constitution en faveur du pouvoir législatif. Nous pouvons dire que dans l'Amérique latine toute entière, lorsque les divers organes de l'Etat fonctionnent normalement, la réglementation et la limitation des libertés publiques est de la compétence exclusive du pouvoir législatif, alors qu'il appartient au pouvoir exécutif de prendre les règlements d'application des lois édictées par l'Assemblée législative[151]. En cela, les pays latino-américains suivent la tradition qui remonte à la Déclaration universelle de 1789, maintenue par la Constitution française de 1958[152].

Dans le cas de la Constitution vénézuélienne, le renvoi constant à la loi de l'ensemble des articles de la Constitution destinés à consacrer les droits et garanties constitutionnels, comme source de réglementation ou de limitation, confirme cette réserve législative des assemblées législatives. En tout cas, l'exercice de la réserve législative connaît une limite fondamentale pour les assemblées législatives: la non rétroactivité de 1a loi, sauf quand elle impose une peine moins grave [153].

---

(148) Article 116.

(149) *V.* Allan R. BREWER-CARÍAS, *Cambio político y reforma del Estado en Venezuela, op. cit.*, chap. 3 et ss.

(150) Pour une analyse strictement juridique de ces droits *V.* Allan R. BREWER-CARÍAS, *El régimen jurídico administrativo de la nacionalidad y ciudadanía venezolanas,* Caracas 1965; et *El estatuto del funcionario público en la Ley de carrera administrativa,* Caracas 1971.

(151) L'article 190, 10° de la Constitution, attribue au Président en Conseil des ministres, le pouvoir de «réglementer les lois en totalité ou en partie sans altérer leur esprit, leur but et leur raison d'être».

(152) *V.* Jean RIVERO, *op. cit.*, p. 18 et 152.

(153) Art. 44. En ce qui concerne les lois de procédure, cet article établit qu'a elles s'appliqueront dès leur entrée en vigueur, même dans les procès en cours; mais dans les causes pénales, les preuves déjà présentées seront prises en considération si elles sont favorables au prévenu, conformément à la loi en vigueur au moment où elles ont été établies.

B. Les compétences «législatives» du pouvoir exécutif

Cependant, il y a deux exceptions à cette réserve du pouvoir législatif dans le système constitutionnel vénézuélien. En premier lieu, le Président de la République, en Conseil des ministres, peut «édicter des mesures extraordinaires en matière économique ou financière quand l'intérêt public l'exige et qu'il y a été autorisé par loi spéciale»[(154)]. En vertu de cette autorisation constitutionnelle et de l'habilitation législative qui lui a été conférée par loi spéciale, le président peut édicter des décrets qui ont force de loi et peuvent limiter et réglementer les libertés publiques, d'ordre économique particulièrement[(155)]. En second lieu, la compétence exclusive du pouvoir législatif peut être partagée par le pouvoir exécutif quand les garanties constitutionnelles se trouvent restreintes par décret[(156)]. Comme nous le verrons, dans ces cas là, la restriction du droit constitutionnel élargit la compétence du pouvoir exécutif, qui peut alors réglementer et limiter l'exercice de ce droit dans des matières qui, en temps normal, relèveraient du pouvoir législatif.

C. Le caractère effectif des droits et l'exercice des compétences législatives

Nous avons déjà signalé qu'en diverses occasions, la Constitution, en consacrant différents droits et libertés, subordonne leur exercice effectif aux prescriptions législatives[(157)]. Dans ce cas, l'exercice du pouvoir législatif n'est pas simplement une façon de réglementer ou de limiter l'exercice du droit mais de le rendre effectif. Sans la réglementation législative, les droits constitutionnellement consacrés ne sont pas suivis d'effets. Ce que la Constitution a donc établi en réalité dans cette hypothèse, c'est un programme d'action destiné au pouvoir législatif en vertu duquel l'absence de réglementation législative fait perdre à l'exercice de ces droits son caractère effectif. Mais alors, en Amérique latine, contrairement à ce qui se passe en France, le silence du pouvoir législatif, ne transfère pas au pouvoir exécutif la faculté de réglementer les libertés[(158)]. De toutes façons, comme il a déjà été dit, les droits inhérents à la personne humaine, même s'ils n'ont pas été expressément prévus dans la Constitution, ou énumérés dans son texte, n'exigent pas de loi qui en réglemente l'exercice[(159)].

---

(154) Art. 190, 81.

(155) Par exemple, l'exploitation du minerai de fer a été réservé à l'Etat par un décret-loi n° 580 du 26-11-74 (*GO* n° 30577 du 16-12-74) comme prévu à l'article premier, 7°, de la Loi organique du 31-5-74 qui autorise le Président de la République à prendre ces mesures extraordinaires dans le domaine économique et financier (*GO* n° 30412 du 31-5-74).

(156) Art. 190, 6°.

(157) Cela se produit, par exemple, dans les articles 49 (recours de *amparo*) art. 68 (droit d'utiliser les organes de l'administration de la justice); art. 75 (droit des enfants de connaître leurs parents); et art. 92 (droit de grève).

(158) *V.* Jean RIVERO, *op. cit.*, p. 155.

(159) Art. 50.

2. La nullité des actes de l'Etat qui violent les libertés constitutionnelles

La seconde conséquence de la consécration constitutionnelle des droits et garanties, dérivés des principes de suprématie constitutionnelle et de légalité est que «tout acte des pouvoirs publics qui viole ou porte atteinte aux droits garantis par la Constitution, est nul» (160).

Cette déclaration constitutionnelle de nullité des actes législatifs, de gouvernement, administratifs et judiciaires qui violent les droits garantis par la Constitution ou y portent atteinte, implique qu'ils sont nuls, de nullité absolue, et par conséquent, ne peuvent produire d'effets. La déclaration judiciaire de nullité, on le verra, a donc des effets *ex tunc,* dans le passé, et leur rétroactivité remonte au moment où l'acte a été édicté. Citons, à cet effet, les lois qui violent les droits constitutionnels; les règlements du Président qui violent les droits ou usurpent des compétences législatives pour les limiter; les lois et règlements rétroactifs et les actes administratifs qui violent directement les droits et libertés publiques, tombant ainsi sous le coup de la nullité absolue.

3. La responsabilité des fonctionnaires publics

Conformément au texte de la Constitution vénézuélienne, les fonctionnaires et employés publics qui ordonnent ou exécutent des actes des pouvoirs publics violant les droits garantis par la Constitution ou y portant atteinte, encourent une responsabilité pénale, civile et administrative, selon les cas, «sans qu'ils puissent invoquer l'excuse d'obéissance à des ordres supérieurs manifestement contraires à la Constitution et aux lois»(161). Il s'agit également ici. de la consécration expresse dans le texte constitutionnel de la responsabilité des fonctionnaires ou employés publics, laquelle est directement engagée. La situation est différente dans d'autres pays, tels que la Colombie, où la Constitution se borne à signaler que «les lois établiront la responsabilité des fonctionnaires publics, de tout rang, qui auront porté atteinte aux droits garantis»(162). Dans ce cas, la responsabilité ne se trouve engagée que dans la mesure établie par le législateur.

Il faut signaler, d'autre part, que le texte de la Constitution vénézuélienne comporte une exception importante au devoir d'obéissance des fonctionnaires publics: ce devoir n'existe plus quand les ordres supérieurs restreignant les libertés publiques sont manifestement contraires à la Constitution et aux lois (163). Dans ce cas, la disposition du Code pénal qui prévoit de déclarer non punissable celui qui a exécuté l'ordre et d'appliquer la peine correspondante à celui qui a donné des instructions inconstitutionnelles ou illégales(164), ne joue pas.

(160) Art. 46.
(161) Art. 46.
(162) Art. 51.
(163) Art. 46.
(164) Art. 65, 2° du Code pénal.

4. L'exigence du contrôle juridictionnel

Enfin, une autre conséquence fondamentale de la consécration constitutionnelle des droits et garanties, est l'intervention nécessaire du pouvoir judiciaire pour garantir ces droits dans le cadre du principe de l'équilibre de la séparation des pouvoirs. Les droits constitutionnels n'auraient pas de caractère effectif si le pouvoir judiciaire ne pouvait intervenir pour en contrôler l'application.

La Constitution vénézuélienne consacre, et même comme une garantie constitutionnelle, le droit pour tous d' «utiliser les organes de l'administration de la justice pour la défense de leurs droits et intérêts»(165); et même quand la Constitution s'en remet à la loi pour fixer les termes et conditions de l'exercice de ce droit, le texte lui-même garantit que «personne ne pourra être jugé, si ce n'est par ses juges naturels, ou condamné à subir une peine qui ne soit établie en vertu d'une loi préexistante»(166). C'est pourquoi, il ne peut être créé de tribunaux *ad hoc* et pourquoi 'aussi on ne pourra soumettre sans restriction les personnes à une juridiction qui n'est pas leur juridiction naturelle, telle que la juridiction militaire, ni leur infliger des peines créées spécialement, même en vertu d'une loi.

D'autre part, la garantie que le pouvoir judiciaire pourra remplir convenablement son office de contrôler les actions inconstitutionnelles des pouvoirs législatif et exécutif, réside dans l'autonomie des juges, c'est à dire dans leur subordination à la loi seule et dans l'indépendance de ces juges vis-à-vis des autres organes des pouvoirs publics(167). A cet effet, la carrière judiciaire(168) a été créée et les juges ont obtenu la garantie qu'ils ne pourront être déplacés ou suspendus dans l'exercice de leurs fonctions que dans les cas et selon la procédure établis par la loi(169).

Les divers moyens de protection judiciaire des droits et libertés publiques seront analysés dans la seconde partie de cette étude.

IV. LA RESTRICTION OU SUSPENSION DES GARANTIES DES DROITS CONSTITUTIONNELS

1. Les situations exceptionnelles

Mais l'application effective des garanties constitutionnelles se trouve souvent suspendue ou restreinte dans des situations d'urgence ou des circonstances

---

(165) Art. 68.

(166) Art. 69. Dans ce sens par exemple, nous estimons que la loi relative aux vagabonds et malfaiteurs est inconstitutionnelle, en ce qu'elle soustrait à la compétence judiciaire les sujets dangereux et permet, par une décision administrative, la privation de la liberté individuelle pendant 5 ans. *V.* une opinion contraire Carlos ANGARITA TRUJILLO «Constitucionalidad de la ley de vagos y maleantes», *Ministerio Público*, IV° année, n° 2, Caracas 1967, p. 69 et ss.

(167) Art. 205.

(168) Art. 207.

(169) Art. 208.

exceptionnelles consacrées par les textes constitutionnels eux-mêmes. C'est une caractéristique générale, peut on dire, de la plupart des constitutions de l'Amérique latine que de prévoir les cas d'urgence, l'état de siège, la loi martiale ou la suspension des garanties constitutionnelles[(170)].

La Constitution vénézuélienne prévoit expressément la possibilité de suspension ou de restriction des garanties constitutionnelles; en conséquence, pendant tout le temps où cette mesure exceptionnelle sera en vigueur, les droits et libertés suspendus ne pourront être exercés effectivement, et les droits et libertés réduits pourront être réglementés par la voie exécutive.

2. L'autorité compétente

Le caractère exceptionnel de la suspension ou de la restriction des garanties constitutionnelles repose sur le fait que la Constitution attribue au Président de la République, en Conseil des ministres, la faculté d'adopter par décret, de telles décisions[(171)]. C'est l'une des caractéristiques du régime présidentiel vénézuélien: le Congrès ne pourrait pas, en vertu d'une loi, restreindre ou suspendre l'exercice d'un droit constitutionnel, dès lors qu'en ce qui concerne son activité législative il est soumis à la Constitution; en revanche, le Président, en Conseil des ministres, peut, lui, restreindre l'exercice d'un droit constitutionnel, et par conséquent, au titre de cette restriction, édicter des normes, qui dans des situations normales relèveraient de la compétence du législateur; il peut également suspendre l'exercice d'une liberté publique constitutionnelle.

Cependant, le décret qui ordonne la restriction ou la suspension des garanties constitutionnelles sera soumis à l'examen des Chambres (Sénat, Chambre des députés) siégeant ensemble, ou de la Commission déléguée, en dehors des sessions, dans un délai de dix jours après sa publication[(172)]. Ainsi, bien qu'il s'agisse d'une mesure exécutive, le pouvoir législatif intervient en ce qui concerne son examen et son application.

3. Le cadre des mesures

Ce ne sont pas tous les droits et libertés constitutionnels qui peuvent faire l'objet d'une mesure de restriction ou de suspension. La Constitution exclut de façon expresse[(173)] la possibilité de restreindre ou de suspendre le droit à la vie[(174)], le droit de ne pas être gardé au secret ni soumis à la torture ou à tous autres procédés

(170) *V.* par exemple, Ignacio BURGOA, *Las garantías individuales*, México 1961, p. 133 et ss.; ONU, *Séminaire des Nations Unies sur la réalisation effective des droits civils et politiques sur le plan national*, (Kingston, Jamaïque, 25 avril-8 mai 1967), NY 1968, (ST/TAO/HR/29) p. 38 et ss.

(171) Art. 190, 6°, Art. 242.

(172) Art. 242.

(173) Art. 241.

(174) Art. 58.

susceptibles de causer une souffrance physique ou morale[175] et le droit de ne pas être condamné à des peines perpétuelles ou infamantes, à des peines qui restreignent la liberté pendant plus de trente ans[176] ou à la peine de mort[177]. En dehors de ces exceptions, le Président de la République pourra suspendre ou restreindre toutes les garanties constitutionnelles ou quelques-unes d'entre elles[178] sur une partie ou sur toute l'étendue du territoire national[179].

4. Les motifs des mesures

La suspension ou la restriction des garanties constitutionnelles peuvent être, édictées par le Président de la République dans les hypothèses suivantes: en cas de danger quand l'état d'urgence a été proclamé dans le cas d'un conflit intérieur ou extérieur, ou quand il existe des raisons sérieuses de penser que l'un ou l'autre pourrait se produire[180]; en cas de désordre susceptible de troubler la paix de la République, ou de circonstances graves de nature à affecter la vie économique ou sociale de la République[181].

La Constitution exigeant l'existence de causes ou de motifs pour que soient édictées ces mesures, elle dispose donc que «le décret devra indiquer de façon expresse les motifs sur lesquels il se fonde, les garanties qui sont suspendues ou réduites et s'il s'applique à tout le territoire ou à une partie du territoire national»[182].

Quand les causes qui sont à l'origine de la suspension ou de la restriction des garanties constitutionnelles viennent à disparaître, le décret est abrogé, soit par le Président de la République lui-même en Conseil des ministres, soit par les Chambres législatives réunies en session commune[183]. Cependant, si les garanties constitutionnelles ont été suspendues ou restreintes à la suite de la déclaration de l'Etat d'urgence, la cessation de cet état ne peut être déclarée que par le Président de la République en Conseil des ministres et avec l'autorisation des Chambres réunies, en session commune ou celle de la Commission déléguée[184].

5. Les effets des mesures

La suspension des garanties constitutionnelles a pour conséquence la perte temporaire de leur caractère effectif. En conséquence, tant que le décret de

---

(175) Art. 60, 3°.
(176) Art. 60, 7°.
(177) Art. 58.
(178) Art. 241.
(179) Art. 241.
(180) Art. 240.
(181) Art. 241.
(182) Art. 241.
(183) Art. 243.
(184) Art. 243.

suspension demeurera en vigueur, les citoyens ne possèderont pas l'exercice effectif d'un droit ni non plus la jouissance réelle de libertés. Donc, tant que le décret de suspension restera en vigueur, les recours et actions tendant à garantir et à protéger les libertés publiques ne pourront être exercés. La suspension des droits entraîne également la suspension de l'exercice du recours d'*amparo*.

En cas de restriction des droits constitutionnels, l'effet fondamental du décret correspondant serait de donner au pouvoir exécutif la possibilité de réglementer l'exercice du droit en assumant des compétences qui normalement appartiendraient au Congrès. C'est ce qui s'est produit au Vénézuéla avec la restriction de la liberté économique(185) quia permis au pouvoir exécutif d'adopter des mesures qui, en des circonstances normales seraient de la compétence du pouvoir législatif(186).

En tous cas, la Constitution elle-même précise que «la restriction ou la suppression des garanties n'interrompt pas le fonctionnement des prérogatives des organes du pouvoir national et ne les affecte pas»(187). C'est à dire que si la restriction des garanties constitutionnelles élargit les compétences normatives du pouvoir exécutif, elle n'empêche pas et n'affecte pas les compétences législatives ordinaires du Congrès.

6. La restriction de la liberté individuelle

Dans le cas où existeraient des indices sérieux de craindre des troubles imminents de l'ordre public, qui ne justifient pas la restriction ou suspension des garanties constitutionnelles, la Constitution autorise le Président de la République en Conseil des ministres, à adopter les mesures indispensables pour éviter que de tels faits ne se produisent. Ces mesures se limiteront à la détention ou à l'assignation à résidence des suspects, et devront être soumises à l'examen du Congrès ou de la Commission déléguée dans les dix jours suivant leur adoption. Si ces organes les déclaraient injustifiées, la Constitution prévoit qu'elles cesseraient immédiatement; dans le cas contraire elles pourront être maintenues pendant une période qui ne pourrait dépasser quatre-vingt-dix jours(188). Ainsi la durée normale de la détention préventive de huit jours prévu dans la Sixième disposition transitoire de la Constitution s'allonge t elle considérablement et la liberté individuelle se trouve t elle réduite.

---

(185) Le jour même de la promulgation de la Constitution, a été édicté le décret n° 455 du 23-1-61 qui, restreignait (*GO* n° 26464 du 24-1-61) la liberté économique (art. 96), disposition qui a été maintenue par le décret n° 674 du 8-1-61 (*GO* n° 26746 du 8-1-62) et par l'Accord du Congrès du 6-4-62 (*GO* n° 26821 du 7-4-62). Actuellement, la liberté économique se trouve toujours réduite.

(186) *V.* par exemple, le décret n° 187 du 3-11-64 (*GO* n° 27.583 du 3-11-64) qui a restreint la vente des produits dérivés des hydrocarbures et les commentaires de la Procuraduría general de la República, *Doctrina PGR* 1966, Caracas 1967, p. 304 et ss.

(187) Art. 241.

(188) Art. 244.

DEUXIÈME PARTIE
LES GARANTIES CONSTITUTIONNELLES DES DROITS

I. LA PROTECTION DES DROITS ET LIBERTÉS PUBLIQUES

Comme nous l'avons fait remarquer auparavant, la consécration constitutionnelle des droits et libertés publiques ne suffit pas pour que leur exercice soit garanti. Il est indispensable de prévoir dans l'ordre juridique des moyens et des solutions afin de rendre effectif l'exercice de ces droits et de protéger leurs titulaires contre les violations ou les restrictions qui ne font pas l'objet d'une habilitation légale.

Généralement, ces mécanismes de protection sont envisagés contre les actions illégales de l'Etat, et en particulier, du pouvoir législatif et du pouvoir exécutif. Dans ce cas, il s'agit de protections juridictionnelles contre les lois, les actes de gouvernement et les actes administratifs qui attentent aux droits et libertés constitutionnels. D'autre part, naturellement, le pouvoir judiciaire dispose de moyens de protection (appel, recours) contre les actes judiciaires eux-mêmes qui méconnaissent ces mêmes droits. Le pouvoir exécutif aussi, par la voie administrative, exerce des fonctions de protection grâce aux recours adressés au gouvernement ou à l'administration. L'étude de tous ces mécanismes ou instruments de protection est l'objet de cette seconde partie. Cependant, avant de commencer à les analyser, il convient de signaler que la nécessité de protéger les droits et libertés ne se présente pas seulement vis-à-vis des pouvoirs publics, mais très souvent aussi vis-à-vis des particuliers ou des pouvoirs privés spécialement économiques[(189)].

En ce sens par exemple, la Constitution du Vénézuéla, comme on l'a fait remarquer, en prévoyant la liberté économique, a consacré aussi l'obligation pour l'Etat de la protéger en exigeant que «la loi édicte des normes pour empêcher l'usure, la hausse injustifiée des prix et d'une manière générale toutes les manœuvres abusives tendant à supprimer ou à restreindre la liberté économique[(190)] et en interdisant les monopoles» [(191)].

II. LES RECOURS ADMINISTRATIFS

Parmi les mécanismes de protection des droits et garanties constitutionnels contre tous les actes administratifs qui les méconnaissent figurent en premier lieu

---

(189) *Cf.* Allan R. BREWER-CARÍAS, *Un derecho para el desarollo y la protección* de los *particulares frente a los poderes público y privado,* Cuadernos de trabajo, n° 16, Universidad del Zulia, Centro de Filosofía del Derecho, Maracaibo 1975, p. 97.

(190) Art. 96.

(191) Art. 97.

les recours administratifs; c'est à dire les voies juridiques mises à la disposition des particuliers pour réclamer la révision de ces actes auprès de l'administration publique. Il s'agit ici de moyens juridiques expressément organisés avec des délais, procédures et instances à suivre.

Dans ce sens, le recours hiérarchique, comme moyen pour obtenir la révision par le supérieur de l'acte d'un subordonné, est la voie juridique normale de recours administratif, admis par tous les pays d'Amérique latine[(192)]. On admet aussi le recours gracieux (de «reconsidération») qui s'exerce devant l'autorité même qui a édicté l'acte administratif mis en cause, et le recours de révision qui est intenté devant le supérieur hiérarchique mais pour des motifs très particuliers: dans le cas de faits survenus ou inconnus au moment où l'acte a été pris[(193)].

De toute manière, la réglementation des recours administratifs et en général de toute la procédure administrative en Amérique latine n'a pas eu la chance de bénéficier de normes générales, comme celles qui ont été édictées dans de nombreux pays européens[(194)]. Une des exceptions, peut-être la plus importante, est le cas de l'Argentine, pays qui a promulgué en 1972 une Loi nationale de procédure administrative après avoir élaboré de nombreux projets[(195)]. La majorité des pays d'Amérique latine, en l'absence de lois générales de procédure administrative, ont réglementé isolément les recours à l'aide de lois spéciales et ont établi quelques principes généraux de procédure[(196)]. Cependant, l'absence de loi générale a souvent rendu impossible la garantie aux particuliers, par voie administrative, du droit d'être entendu, du droit d'apporter des preuves, du droit de se défendre et enfin du droit d'obtenir une réponse appropriée aux pétitions.

En particulier, il faut signaler que l'une des conséquences de l'absence de normes générales de procédure (et qui attente aux droits des citoyens) est l'absence de recours contre le silence de l'administration publique, qui laisse les intéressés sans défense. Dans certaines occasions et dans des réglementations isolées, comme au Vénézuéla, le législateur a cherché à remédier à cette situation, en attribuant au silence la valeur d'un refus à l'expiration d'un délai sans obtenir de réponse de l'administration[(197)]. Cependant, en général, on ne compte pas, en Amérique latine, sur des moyens juridiques adéquats pour obliger l'administration à prendre une décision.

---

(192) *V.* par exemple Rafael BIELSA *El recurso jerárquico*, Buenos Aires 1958; Alfonso NAVA NEGRETE, Derecho procesal administrativo, México 1959, p. 103 et Allan R. BREWER-CARÍAS, *Las instituciones fundamentales del derecho administrativo y la jurisprudencia venezolana*, Caracas 1964, p. 246 et ss.

(193) *Cf.* Allan R. BREWER-CARÍAS, *Las instituciones..., op. cit.*, p. 259 et 264. Agustín GORDILLO, *Procedimiento y recursos administrativos*, Buenos Aires 1971, p. 506 et ss.; A. NAVA NEGRETTE, *op. cit.*, p. 103.

(194) *V.* par exemple Céline WIENER, *Vers une codification de la procédure administrative*, Paris 1975; Giorgio PASTORI (ed.), *La procedura administrativa*, Milan 1964.

(195) Loi n° 14549 du 3-4-72 publiée au Boletín Official, n° 22411 du 27-4-72.

(196) *V.* les références in Agustín GORDILLO, *op. cit.*, p. 9 et ss.

(197) *V.* par exemple, l'art. 72 du décret n° 63 du 29-4-74 réglementant la décision n° 24 du Groupe andin sur le régime commun pour le traitement des investissements étrangers, *GO* 30412 du 31-5-74.

En ce sens, la situation dans la législation argentine est exceptionnelle. La Loi nationale de procédure administrative de 1972 a établi une norme d'une extrême importance, qui consacre un *amparo* (protection judiciaire) pour retard de l'administration(198). En effet, à l'expiration des délais fixés (ou à défaut de délais qui seraient raisonnables) sans que l'administration publique ait respecté son obligation d'édicter les décisions qui lui ont été demandées, le particulier intéressé a le droit de demander l'intervention judiciaire pour obtenir, le cas échéant, la décision sollicitée. Il s'agit d'un moyen efficace que l'intéressé peut utiliser pour obliger l'administration à édicter les actes(199) qu'elle doit prendre.

En dehors des moyens juridiques permettant d'exiger de l'administration la révision de ses actes, dans la plupart des pays d'Amérique latine des mécanismes non organisés sont prévus, comme par exemple le droit de pétition. En effet, conformément à l'article 67 de la Constitution du Vénézuéla, «tous les citoyens ont le droit de présenter ou d'adresser des pétitions a n'importe quel organisme ou fonctionnaire public, au sujet d'affaires qui sont de leur compétence et d'obtenir une réponse appropriée». Cependant, l'absence de réglementation légale et de sanctions pour obtenir une «réponse appropriée», rend le droit de pétition inopérant dans bien des cas.

III. LES RECOURS JURIDICTIONNELS

Comme on l'a déjà dit, la garantie la plus importante en faveur des droits et libertés publiques consacrés constitutionnellement est sans aucun doute la protection judiciaire. Dans ce domaine, outre les recours judiciaires et de contentieux administratif ordinaires, une série de recours juridictionnels de grande originalité en droit comparé s'est développée en Amérique latine. Tels sont par exemple: les recours de contrôle de constitutionnalité des actes de l'Etat existant dans différents pays parmi lesquels se détache le système vénézuélien; les recours de *amparo* (protection) des droits et libertés publiques, parmi lesquels il faut mentionner le *juicio de amparo* mexicain et le *mandado de segurança y* Brésil, qui est également un recours de protection des droits individuels.

Analysons sommairement ces divers recours

---

(198) L'art. 28 de la loi n° 19549 s'exprime ainsi: «Celui qui fait l'objet d'une enquête administrative pourra demander en justice que soit délivré un ordre d'expédition rapide. Cet ordre sera fondé lorsque l'autorité administrative aura laissé expirer les délais fixés -et, au cas où ils ne l'auraient pas été, si s'était écoulé un délai excédant le délai considéré comme raisonnable- sans émettre son avis ou la décision relative aux formalités ou au fond sollicitée par l'intéressé. Une fois la requête présentée, si le juge l'estime fondée au vu des circonstances, il exigera de l'autorité administrative que, dans le délai qu'il lui fixera, elle l'informe sur la cause du retard allégué. Une fois reçue la réponse à la requête ou échu le délai sans qu'une réponse ait été donnée le juge décidera si le retard est ou non justifié et délivrera, le cas échéant, l'ordre que l'autorité administrative responsable expédie le dossier dans les délais convenables qui lui seront fixés selon la nature et la complexité de l'avis ou des formalités en question» *V.* Héctor Jorge ESCOLA, *Tratado general de procedimiento administrativo,* Buenos Aires 1973, pp. 440 et 441.

(199) *Cf.* Héctor Jorge ESCOLA, *op. cit.,* p. 441.

1. Le contrôle de la constitutionnalité des actes de l'Etat

Le principe de la suprématie constitutionnelle régit toute l'Amérique latine en ce sens que tous les actes de l'Etat doivent être soumis à la Constitution. La conséquence fondamentale de ce principe est la prévision dans les divers ordres juridiques de recours judiciaires en inconstitutionnalité contre les actes de l'Etat et, en particulier, les lois. En ce sens, le système latino-américain diffère radicalement du système français où il n'existe pas de contrôle général de la constitutionnalité des lois en vigueur, et où les tribunaux ordinaires ne sont pas autorisés à apprécier l'inconstitutionnalité d'une loi(200) dans les cas concrets.

A. Le contrôle de la constitutionnalité des lois

(a) Les types de contrôle

Parmi les contrôles de la constitutionnalité des lois en droit comparé, M. Mauro Cappelletti distingue, à la suite de M. Piero Calamandrei, les contrôles diffus et les contrôles concentrés.

Lorsque l'on parle de contrôle diffus de la constitutionnalité, on veut dire par là que la faculté de contrôler n'est pas concentrée entre les mains d'un seul organe judiciaire mais appartient au contraire à tous les organes judiciaires d'un pays déterminé qui ont le pouvoir et le devoir de refuser l'application des lois inconstitutionnelles dans les cas concrets soumis à leur examen; au contraire, dans la méthode de contrôle appelé concentré, le contrôle d'inconstitutionnalité repose sur un organe judiciaire qui est seul habilité à déclarer la nullité des lois inconstitutionnelles(201). Si l'on confronte ces deux méthodes avec les systèmes que le droit comparé permet de connaître, on peut identifier dans le système américain un modèle de contrôle diffus et dans le système autrichien un archétype du contrôle concentré(202). En Amérique latine les deux systèmes sont admis avec une grande variété de modalités.

(b) Le contrôle diffus

Le système de contrôle diffus qui permet à tous les tribunaux de statuer sur l'inconstitutionnalité des lois et de les déclarer inapplicables à des cas concrets, existe par exemple au Guatemala, en Uruguay, au Mexique, en Argentine et au Vénézuéla(203). Cependant, il y a des modalités spécifiques: en Argentine, en dépit

(200) *V.* Jean RIVERO *op. cit.*, p. 207 et ss.

(201) *V.* Mauro CAPPELLETTI, «El control jurisdiccional de la constitucionalidad de las leyes en el derecho comparado», *Revista de la Facultad de Derecho,* n° 65, Vol. XVI, México 1966, pp. 28 à 33.

(202) *V. Idem,* p. 29.

(203) *Cf.* Héctor FIX-ZAMUDIO, «Protección procesal de los derechos humanos», *Boletín mexicano de derecho comparado,* n° 13-14, México, janvier-aotit 1972, p. 78.

de la faculté de refuser l'application d'une loi à un cas concret dont disposent tous les tribunaux, il est toujours possible en dernière instance, de faire appel à la Cour suprême de justice grâce à un recours extraordinaire d'inconstitutionnalité[(204)].

Dans tous ces cas de contrôle diffus de la constitutionnalité des lois grâce auquel la loi est déclarée inapplicable à un cas concret, la décision a des effets inter partes et la loi est considérée comme n'ayant jamais produit d'effet dans le cas concret.

(c) Le contrôle concentré

Le système de contrôle concentré de la constitutionnalité des lois implique l'attribution à un seul organe juridictionnel (le tribunal suprême ou la Cour constitutionnelle) du monopole de la déclaration d'inconstitutionnalité d'une loi.

On a prévu en Amérique latine divers systèmes de recours pour exercer ce type de contrôle [(205)].

En premier lieu, au Vénézuéla, en Colombie, au Salvador et à Panama, le recours en inconstitutionnalité est prévu en tant qu'action populaire qui s'exerce auprès de chaque Cour suprême de justice et qui appartient à tout citoyen sans habilitation spécifique. Dans ces cas, la déclaration d'inconstitutionnalité par le Tribunal suprême a des effets absolus, *erga omnes et* joue normalement pour l'avenir, puisque les effets de la loi, jusqu'à ce qu'elle soit déclarée inconstitutionnelle, demeurent intacts.

En deuxième lieu on trouve le système brésilien qui prévoit le recours extraordinaire d'inconstitutionnalité devant le Tribunal suprême fédéral, mais avec des modalités particulières: ce recours est utilisé à l'occasion d'une contestation survenue devant un tribunal ordinaire et il est formé devant le Tribunal suprême qui détient seul le droit de déclarer l'inconstitutionnalité. Pour cette raison, le recours extraordinaire requiert une habilitation spécifique et les effets de la décision de la Cour ont un caractère relatif, *inter partes,* pour le cas concret.

En troisième lieu, le système établi au Guatemala depuis 1965, doit être souligné. La Constitution de ce pays a prévu un recours en inconstitutionnalité direct devant un tribunal spécial, la Cour de constitutionnalité, mais il faut une habilitation spécifique[(206)] pour pouvoir l'exercer. Sa décision a des effets *erga omnes* et *pro futuro.*

---

(204) *V.* Alejandro E. GHIGLIANI, *Del control jurisdiccional de la constitucionalidad,* Buenos Aires 1952, p. 76; Jorge Reinaldo VANOSSI, *Aspectos del recurso extraordinario de inconstitucionalidad,* Buenos Aires 1966.

(205) *Cf. Idem, p.* 89.

(206) *V. Idem, pp.* 89 et 90.

B. Le système vénézuélien de contrôle de constitutionnalité des lois

(a) La portée du contrôle

Au Vénézuéla, contrairement aux systèmes normalement analysés en droit comparé, le contrôle de la constitutionnalité des lois ne s'identifie de manière spécifique à aucune des deux méthodes ou systèmes. En réalité, il est constitué par le mélange des deux systèmes[(207)], ce qui le fait paraître hybride et d'une ampleur inégalée dans l'un ou l'autre des systèmes fondamentaux que nous trouvons en droit comparé.

En effet, comme on le sait, le Code de procédure civile en vigueur indique expressément que «quand la loi en vigueur, dont on demande l'application, entre en confit avec une disposition constitutionnelle, les tribunaux appliqueront cette dernière de préférence»[(208)], cette norme figurant pour la première fois dans le Code de procédure civile de 1897[(209)]. Nous y voyons clairement la consécration du contrôle appelé diffus qui permet à n'importe quel juge de déclarer inapplicable une loi qu'il estime inconstitutionnelle, et d'appliquer de préférence la Constitution chaque fois que l'une des parties le lui demande par voie d'exception dans un procès qu'il lui appartient de connaître[(210)]. Mais, en outre, la Constitution attribue expressément compétence à la Cour suprême de justice pour déclarer la nullité totale ou partielle des lois nationales, des lois des Etats fédérés et des ordonnances municipales, des actes de gouvernement et des règlements qui sont contraires à la Constitution[(211)], consacrant ainsi un contrôle concentré réservé à la Cour suprême de justice constituée en Cour plénière[(212)]. Le but de ce dernier contrôle n'est plus de déclarer inapplicable la loi dans un procès concret mais de l'annuler pour inconstitutionnalité avec des effets *erga omnes,* quand la demande en a été faite par voie d'action.

La Cour suprême de justice elle-même a insisté sur la portée du contrôle de la constitutionnalité des lois au Vénézuéla en indiquant «qu'il est du ressort non seulement du Tribunal suprême de la République, mais aussi de tous les juges en général quel que soit leur grade et leur catégorie». Il suffit qu'un fonctionnaire appartienne à l'ordre judiciaire pour être le gardien de la Constitution et, par conséquent, applique ses normes qui prévalent toujours sur les lois ordinaires. Cependant, l'application de la norme fondamentale par des juges ordinaires n'a d'effet que dans le cas concret en cause et ne s'adresse par là même qu'aux parties intéressées dans ce procès. Alors que lorsqu'il s'agit de l'inconstitutionnalité des lois prononcée par le Tribunal suprême dans l'exercice de sa fonction souveraine, comme interprète de la Constitution et en réponse à l'action adéquate, les effets de

---

(207) *Cf.* la doctrine du Procureur Général de la République, *Doctrina PGR* 1968, Caracas 1969, p. 20 et ss. *V.* en outre décisions de la CSJ en SPA du 14-6-65, *GF* n° 48, p. 192 et ss.

(208) Art. 7.

(209) *Cf.* José Guillermo ANDUEZA, *La jurisdicción constitucional en el derecho venezolano,* Caracas 1955, p. 38.

(210) *Idem, pp.* 37 et 38. *Cf.* décision de la CFC en SF du 18-5-45, *Memoria* 1946, p. 226 et ss.

(211) Art. 215, 3°, 4° et 6°.

(212) Art. 216.

la décision s'étendent *erga omnes* et acquièrent force de loi. Dans le premier cas, le contrôle est incident et spécial; dans le second, principal et général. Lorsque cela arrive, c'est à dire quand le recours est autonome, il est formel ou matériel, selon que la nullité sanctionne une irrégularité dans la procédure d'élaboration de la loi, ou bien les vices substantiels dont est affecté le contenu intrinsèque de la norme, bien qu'elle ait été, sous l'angle formaliste régulièrement légiférée» [(213)].

(b) L'évolution du recours d'inconstitutionnalité

Si nous laissons de côté le contrôle diffus de la constitutionnalité des lois qui appartient à n'importe quel tribunal[(214)] et sur les effets duquel nous insisterons plus tard, il nous semble intéressant d'analyser le contrôle concentré de la constitutionnalité qui s'exerce par voie d'action (recours en inconstitutionnalité) devant la Cour suprême de justice.

Ce recours, aujourd'hui consacré de manière presque absolue en ce qui concerne les actes étatiques de rang légal et les règlements, n'a pas toujours eu une telle ampleur. En réalité, la Constitution de 1858, qui consacra pour la première fois la compétence de la Cour suprême en la matière, la réduisait à «déclarer la nullité des actes législatifs votés par les législatures provinciales, à la demande de n'importe quel citoyen, lorsqu'ils étaient contraires à la Constitution»[(215)]. C'est ainsi qu'est né le recours en inconstitutionnalité à caractère d'action populaire, attribué à tout citoyen, mais limité à la contestation des lois des Etats fédérés.

Ce système qui prétendait éviter les empiétements des Etats sur les compétences du pouvoir central se retrouve dans la Constitution fédérale de 1864 pour protéger les Etats des empiétements du pouvoir central sur leurs compétences et sur leurs droits[(216)]. De cette manière, on élimina le caractère populaire du recours et on limita l'habilitation aux législatures des Etats à condition que la décision soit prise à la majorité. Cependant, en 1864, la compétence de la Cour suprême fut consacrée pour déclarer quelle loi serait en vigueur lorsque les lois nationales se trouveraient en confit entre elles ou avec celles des Etats[(217)] ou lorsque les lois des Etats se trouveraient elle-même en conflit. Cela ne constituait pas un contrôle de la constitutionnalité des lois, mais permettait au moins à la cour d'exercer un contrôle sur l'application et la légalité de l'acte normatif.

---

(213) *V.* décision de la CF du 19-6-53, *GF* n° 1, 1953, pp. 77 et 78.

(214) Un bon exemple de la réalisation de ce contrôle peut être trouvé dans la décision du 2° Tribunal civil de première instance du District Fédéral et de l'Etat Miranda du 4-5-72, *Doctrina PGR* 1971, Caracas 1972, pp. 326-334.

(215) Art. 113, 8°, in Luis MARINAS OTERO, *Las Constituciones de Venezuela,* Madrid 1965, p. 294.

(216) En ce sens, l'article 92 de la Constitution de 1864 disposait que a Tout acte du Congrès ou de l'Exécutif national violant les droits garantis *aux Etats* par la présente Constitution, ou s'attaquant à leur indépendance, devra être déclaré nul par la Haute Cour si le demandait la majorité des législatures», *loc. cit.,* p. 319.

(217) Art. 89, 9°, *loc. cit.,* p. 318.

Cette situation resta inchangée jusqu'à ce que le texte constitutionnel de 1893 étendît ce contrôle à d'autres actes de l'Etat et à la conformité avec la Constitution, en attribuant à la Cour suprême compétence' pour «déclarer quelle serait la loi, décret ou résolution en vigueur, lorsque les lois nationales entrent en conflit entre elles ou avec celles des Etats ou lorsque les lois des Etats eux-mêmes se trouvent en conflit ou lorsque n'importe quelle loi entre en conflit avec la Constitution»[(218)].

On consacrait ainsi de nouveau le recours d'inconstitutionnalité, étendu à «la loi, décret ou résolution» en maintenant en outre la norme de protection des droits des Etats contre les empiètements sur leurs compétences du Pouvoir national[(219)]. D'autre part, dans le même texte constitutionnel de 1893, on reconnaissait pour la première fois une protection effective, tout au moins théoriquement, des droits garantis dans le texte fondamental en indiquant que les lois qui les méconnaîtraient ou leur porteraient atteinte, seraient tenues pour inconstitutionnelles et manqueraient totalement d'efficacité[(220)]. Enfin, la Constitution elle-même attribuait à la Cour suprême compétence pour déclarer la nullité de tous les actes édictés à la suite d'une usurpation d'autorité et des décisions prises en vertu d'une réquisition directe ou indirecte en temps de guerre, ou à la suite d'une réunion populaire en état de subversion[(221)]. Sans aucun doute, on peut d'après ce texte constitutionnel de 1893 faire partir de cette date la création du contrôle concentré de la constitutionnalité des actes de l'Etat. Quatre ans après, il sera complété par la consécration du contrôle diffus dans le Code de procédure civile du 14 mai 1897.

Ce système de la Constitution de 1893, exception faite du texte constitutionnel de 1901[(222)], s'est plus ou moins maintenu dans les mêmes termes dans les textes postérieurs avec toutefois une extension de la portée du contrôle résultant du recours. En effet, dans la Constitution de 1925 on ajouta la compétence de la Cour suprême pour déclarer la nullité des ordonnances municipales qui méconnaîtraient ou réduiraient les droits garantis aux citoyens[(223)] et en 1936 on inclut les règlements dans l'énumération[(224)]. De toute manière, ce texte de 1936 consacra l'ampleur totale du recours en ce qui concerne n'importe quel acte des pouvoirs publics pris en violation de la Constitution (et non seulement en violation des droits qu'elle garantit)[(225)].

Enfin, il faut remarquer que parallèlement à cet élargissement de la portée du recours en inconstitutionnalité, on reconnaît depuis 1925 le recours en illégalité,

---

(218) Art. 110, *loc. cit.*, p. 415.

(219) Art. 123, *loc. cit.*, p. 417.

(220) Art. 17, *loc. cit.*, pp. 401-402.

(221) Art. 110, 9°, 118° et 119°, *loc. cit.*, p. 415 et 417.

(222) La Constitution de 1901 élimina l'action directe en inconstitutionnalité et consacra une voie indirecte de caractère judiciaire: les tribunaux motu propio ou à instance d'une partie pouvaient poser devant la Cour la question d'inconstitutionnalité des lois, Art. 106, 8°, *loc. cit.*, p. 445. Sur la spécificité de cette voie de contrôle, *v.* J.G. ANDUEZA, *op. cit.*, p. 33.

(223) Art. 34, *loc. cit.*, p. 620.

(224) Art. 34, *loc. cit.*, p. 768.

(225) Art. 123, 11°, p. 787.

initialement limité aux décrets et règlements édictés par le pouvoir exécutif pour l'exécution des lois et aux résolutions ministérielles[226] et postérieurement étendu, en 1931, à tous les actes administratifs[227].

De sorte que l'on peut dire que de 1893 à 1925 il s'est établi un contrôle de la constitutionnalité de certains actes de l'Etat[228] et que de 1925 à 1936 ont été réglementés parallèlement les recours en inconstitutionnalité et en illégalité qui pouvaient être intentés contre des actes différents de l'Etat, ces recours se recoupant seulement en ce qui concerne les règlements. Cependant, dans le texte constitutionnel de 1936, en consacrant le recours en inconstitutionnalité contre tous les actes des pouvoirs publics et le recours en illégalité contre tous les actes administratifs, on a établi une superposition des recours, pour inconstitutionnalité et pour illégalité entre les actes administratifs, ce qui devait créer une terrible confusion entre les recours en inconstitutionnalité et le recours contentieux administratif en annulation qui allait durer jusqu'aux années soixante[229].

En effet, dans la Constitution de 1936 et postérieurement dans celle de 1945, d'application effective éphémère, les deux recours furent consacrés, celui en inconstitutionnalité et pour illégalité, et l'on avait prévu expressément que le recours pour illégalité contre les actes administratifs serait soumis à un délai de caducité uniquement lorsque les motifs de la contestation seraient des motifs d'illégalité; car ce délai n'était pas valable quand on contestait un acte pour des motifs d'inconstitutionnalité (violation des principes, garanties ou droits consacrés par la Constitution) [230]. On retrouve la même distinction dans la Constitution de 1947[231] et si elle fut éliminée dans le texte constitutionnel de 1953[232] elle réapparut dans la Loi organique de la Cour fédérale encore en vigueur[233]. De 1936 à 1961, par conséquent, les actes administratifs individuels pouvaient, pour cette raison, faire l'objet de deux recours: l'un pour inconstitutionnalité, qui n'était pas soumis à un délai de caducité, et l'autre pour illégalité, soumis à un délai de caducité de six mois depuis 1953. Cela entraînait comme conséquence que, dans

(226) Art. 120, 12°, *loc. cit.,* p. 637.

(227) Art. 120, 12°, *loc. cit.,* p. 746.

(228) Parmi lesquels étaient inclus les actes administratifs. J.G. ANDUEZA considère que devaient être inclus également les décisions du pouvoir judiciaire, *op. cit.,* p. 33.

(229) *V.* Allan R. BREWER-CARÍAS, *Las instituciones fundamentales del derecho administrativo y la jurisprudencia venezolana, cit.* p. 395 et ss. *V.* par exemple, la décision de la CF du 8-8-51, *GF* n° 8, 1952, p. 213 et ss.

(230) Art. 123, 11°, de la Constitution de 1936 et art. 128, 11° de la Constitution de 1945, *loc. cit.,* p. 787 et 825.

(231) Art. 220, 10°, *loc. cit.,* p 882.

(232) L'art. 133, 3° de cette Constitution se limitait à attribuer à cette Cour fédérale compétence pour «déclarer la nullité des actes des pouvoirs publics violant cette Constitution», *loc. cit.,* p. 923.

(233) La loi organique de la Cour fédérale du 2-8-53 (*GO* n° 24207 du 6-853) encore en vigueur en 1974, consacrait la compétence de la Cour fédérale pour «déclarer la nullité de tous les actes des pouvoirs publics violant la Constitution», dont le recours n'était soumis à aucun délai de caducité et dont la procédure ne présentait pas un caractère contentieux (art. 7,8°), parallèlement à sa compétence pour connaître en «jugement contentieux des actions et recours en abus de pouvoir et autres illégalités des résolutions ministérielles et, en général, des actes de l'autorité administrative dans n'importe laquelle de ses branches nationale, d'Etat et municipale» dont le recours était soumis à un délai de caducité de six mois (art. 7,9°).

une quantité innombrable de cas, lorsque le délai était expiré, les particuliers prétendaient exercer le recours en inconstitutionnalité, alléguant toujours la violation de la Constitution qui, dans la plupart des cas, était une violation indirecte, en raison d'une illégalité[(234)].

A partir de la Constitution de 1961, la délimitation entre les deux recours s'est précisée: grâce au premier, comme on l'a déjà dit, il est possible de contester les lois nationales et des Etats et les ordonnances municipales de même que les autres actes des chambres législatives et assemblées délibérantes des Etats et municipalités; et les règlements et actes de gouvernement du pouvoir exécutif national lorsqu'ils violent ou excèdent les limites de la Constitution[(235)]; à l'aide du second recours, on ne peut que contester les actes administratifs contraires au droit, c'est à dire pour des motifs d'inconstitutionnalité et d'illégalité[(236)]. Cependant, l'absence d'une réglementation légale de la juridiction du contentieux administratif a entraîné une certaine confusion pour l'utilisation desdits recours. Ce point a été partiellement clarifié par la jurisprudence de la Cour suprême. Dans les pages qui suivent nous nous bornerons à analyser le recours d'inconstitutionnalité au Vénézuéla actuellement.

(c) Le régime dans la Constitution de 1961

Conformément à la Constitution de 1961, le contrôle de la constitutionnalité des actes de l'Etat par voie d'action est réservé aux actes de rang légal, c'est à dire édictés en exécution directe de la Constitution et aux règlements. Dans le cadre national, ces actes étatiques de rang légal sont les lois, les actes parlementaires qui ne revêtent pas la forme de lois et les actes de gouvernement[(237)]; et dans le cadre des Etats et des municipalités, les lois des Etats et les ordonnances municipales, ainsi que les actes des assemblées délibérantes instituées à ces niveaux politique-territoriaux. Dans le cadre national, à la seule exception des règlements, seuls les actes édictés par le Congrès, les chambres législatives et l'exécutif national en exécution directe de la Constitution[(238)] peuvent faire l'objet d'un recours en inconstitutionnalité.

---

(234) Devant les cas d'incompétence qui conduisaient à des violations de la loi, était toujours alléguée la violation de la norme constitutionnelle qui établissait le principe selon lequel «chacune des branches des pouvoirs publics a ses fonctions propres».

(235) Art. 215, 3°, 4° et 6°. Le recours en inconstitutionnalité n'est en aucun cas fondé contre des actes administratifs individuels. *V.* décision de la CSJ en SPA du 14-3-60, *GO* 26222 du 1-4-60, pp. 194 à 255. *Cf. Doctrina PGR 1966,* Caracas 1967, p, 11.

(236) Art. 206 et 215, 7°; *v.* décision de la CSJ en SPA du 2-6-64, *GO* 27474 du 25-6-64, pp. 204 à 365.

(237) De là vient que la Cour ait réservé ce recours en inconstitutionnalité aux actes produisant des effets *erga omnes,* intéressant tout le monde. *V.* décision de la CSJ en SPA du 14-3-60, *GO* n° 26222 du 1-4-60, pp. 154 à 255.

(238) La Cour Suprême de Justice a exprimé clairement ce critère dans les termes suivants: «l'examen d'une action en inconstitutionnalité suppose la confrontalion entre l'acte considéré comme vicié et les normes de la Constitution soi-disant enfreinte par celui-ci. Si ces normes conditionnent l'acte, c'est-à-dire déterminent, par exemple, la finalité de celui-ci, l'autorité compétente pour le réaliser ou les formalités

En ce sens, conformément à la Constitution, peuvent être objet d'un recours en inconstitutionnalité les actes étatiques suivants: 1. les lois nationales; 2. les lois des Etats fédérés; 3. les ordonnances municipales; 4. les actes du Congrès ou des chambres législatives ou des conseils municipaux édictés dans l'exercice de la fonction législative (c'est à dire qui ne sont pas édictés dans l'exercice de la fonction administrative et qui constituent des actes administratifs); 5. les actes de gouvernement de l'exécutif national; et 6. les règlements de l'exécutif national[(239)]. De sorte que l'on peut dire que le contrôle juridictionnel de la constitutionnalité des actes de l'Etat est consacré en termes absolus dans le texte fondamental, soit à travers les recours judiciaires ordinaires en ce qui concerne les actes judiciaires; soit à travers les recours du contentieux administratif, en ce qui concerne les actes administratifs émanant d'une autorité quelconque; soit à travers le recours en inconstitutionnalité, en ce qui concerne les actes étatiques de rang légal et les règlements. Cependant, bien que ce contrôle soit absolu, la Cour suprême de justice elle-même dans une décision incompréhensible a limité en 1965 ses pouvoirs et a indiqué que le «contrôle juridictionnel de la constitutionnalité, intrinsèque des actes étatiques n'a pas été consacré d'une manière absolue», en ce sens que sont justifiées des situations exceptionnelles dans lesquelles les actes des pouvoirs publics, dans les trois branches, ne sont pas soumis au contrôle de la juridiction constitutionnelle» [(240)]. Ces déclarations et les exemples d'actes qui, à son avis, ne sont pas soumis au contrôle de la constitutionnalité, figurant dans un jugement rendu sur un recours en inconstitutionnalité d'un article de la loi approuvant le traité d'extradition signé entre le Vénézuéla et les Etats-Unis, non seulement étaient totalement superflus mais dangereux pour l'avenir, comme l'ont démontré les «votes réservés y au moment du jugement[(241)].

En ce sens la Cour s'est non seulement déclarée incompétente pour connaître des recours en inconstitutionnalité formés contre les lois approuvant les traités internationaux, mais elle a également refusé de statuer sur les recours formés contre les actes édictés dans le cadre des attributions internes des chambres législatives, sauf dans le cas de dépassement de leurs attributions[(242)], et sur les

---

intrinsèques ou extrinsèques dont. l'inobservation peut affecter sa validité, l'action ou le recours tendant à l'annuler en raison du conflit avec la Constitution est un recours en inconstitutionnalité. Mais si l'acte n'est pas régi par une disposition de la Charte fondamentale mais par une loi, la contravention à celle-ci ou d'autres irrégularités moins apparentes que la doctrine dénomme excès, abus ou déviation de pouvoir donne lieu à une action ou recours en illégalité». *V.* décision de la CSJ en SPA du 13-2-68, *GF* n° 59, 1969, p. 83.

(239) Art. 215, 3°, 4° et 6° de la Constitution. *Cf.* le vote dissident du magistrat J.G. SARMIENTO NUÑEZ in la décision de la CSJ en CP du 29-4-65, publié par l'Imprimerie nationale, Caracas 1965, p. 9.

(240) *V.* décision de la CSJ en OP du 29-4-65 publié par l'Imprimerie nationale, Caracas 1965, p. 9.

(241) Le magistrat J.G. SARMIENTO NUÑEZ fait observer avec justesse que «comme cela n'était pas nécessaire pour parvenir à la conclusion à laquelle arrive la décision, celle-ci n'aurait pas dû statuer qu'il existe des actes des pouvoirs publics qui, à son avis, ne sont pas soumis à révision pour inconstitutionnalité car cela implique d'engager à l'avance le critère de ce Tribunal suprême sur des questions non posées dans le procès et étrangères à l'hypothèse objet du présent jugement, étant donné qu'en ce qui concerne la possibilité de contrôle constitutionnel de ces actes il doit en être décidé lorsque l'occasion s'en présente à propos d'un cas déterminé», *loc. cit.*, p. 48.

(242) Ce critère, quant aux limites du contrôle de la constitutionnalité des actes qui sont propres aux Chambres législatives, a été ratifié, malheureusement, par la Cour en 1968 dans les termes suivants: «Des textes constitutionnels cités précédemment, il se dégage clairement que les actes des corps législatifs dans

recours intentés contre les actes de gouvernement du Président de la République[(243)]. Les arguments de la cour en 1965 manquèrent indubitablement de consistance. Un seul exemple suffit pour le prouver: l'article 61 de la Constitution établit que «les discriminations basées sur la race, le sexe, la croyance ou la condition sociale sont interdites» alors pourrait on affirmer, en suivant l'argumentation de la cour, qu'un acte du Sénat refusant à un fonctionnaire le droit d'accepter des récompenses de gouvernements étrangers pour le seul motif qu'il est de race, noire serait inattaquable pour inconstitutionnalité ? ou le vote de censure adressé à un ministre parce qu'il n'a pas appliqué, lorsqu'il exerçait ses fonctions, les discriminations fondées sur la race ou la condition sociale ? ou bien encore l'acte du Président de la République, qui en déterminant le contingent des forces armées en exclut les membres d'une église ou d'une secte religieuse ? Indiscutablement, tous ces actes législatifs et tous ces actes de gouvernement seraient attaquables pour inconstitutionnalité, surtout lorsque la Constitution, elle-même, ne permet d'en exclure aucun du contrôle de la Cour; prétendre le contraire signifierait ouvrir une brèche dans la suprématie constitutionnelle en reconnaissant, contrairement à ce que les normes de la Constitution prévoient, qu'il y a des actes non soumis au contrôle de constitutionnalité et qui peuvent impunément violer la Constitution.

(d) Le contrôle de la constitutionnalité des lois

Parmi tous les actes soumis à ce contrôle, les plus importants, incontestablement, sont les lois, en raison de leur généralité. La Constitution, en ce sens, pose expressément la compétence de la Cour suprême pour déclarer la nullité totale ou partielle des lois nationales, des Etats, des ordonnances municipales qui sont en conflit avec la Constitution[(244)].

Dans le domaine national, tous les actes qui sont votés par les chambres législatives en tant que corps colégislateurs sont des lois, et par conséquent peuvent être contestés auprès de la Cour suprême par la voie du recours en inconstitutionnalité[(245)]. Il n'existe aucune distinction entre la loi formelle ou la loi matérielle en tant qu'objet de recours[(246)]. En ce sens, de même que la Cour

l'exercice des attributions qui leur sont propres, ne sont pas soumis au veto du Président de la République (qui, constitutionnellement, peut l'exercer), ni à l'examen et au contrôle de la Cour Suprême de Justice, sauf si le corps législatif commet un abus dans des attributions. Il reste entendu, par conséquent, que c'est seulement lorsque les corps législatifs, dans l'exercice des attributions qui leur sont propres, commettent des abus, en méconnaissant les dispositions constitutionnelles concernant la matière, que cette cour pourra déclarer la nullité de tels actes». *V.* décision de la CSJ en CP du 12-6-68, publié par le Sénat de la République, Caracas 1969, p. 193. *V.* à ce sujet G. PÉREZ LUCIANI, a El control jurisdiccional de la constitucionalidad de los actos de organización interna de las cameras legislativas», *RFD/UCAB,* n° 8, 1968-1969, pp. 141-196.

(243) *V.* décision de la CSJ en CP du 29-4-65, *loc. cit.,* pp. 10 et 11.

(244) Art. 215, 3° et 4°.

(245) Art. 162 de la Constitution.

(246) Distinction abandonnée totalement à partir de la Constitution de 1961 (article 162). *Cf.* le critère de la CSJ en CP du 15-3-62, *GO* n° spécial 760 du 22-3-62.

suprême en 1962 admit le recours en inconstitutionnalité contre un article d'une loi qui approuvait un contrat administratif[247], des critères semblables doivent être valables en ce qui concerne des recours en inconstitutionnalité contre les lois approuvant les traités internationaux[248]: dans les deux cas, il s'agit de lois, c'est à dire d'actes des chambres législatives agissant comme corps colégislateurs, si bien que ne se justifient pas les arguments fondés sur la spécificité des lois d'approbation afin de les exclure du contrôle de constitutionnalité. D'autre part, en ce qui concerne les effets de la déclaration de nullité pour inconstitutionnalité des traités dans le domaine international, même si la décision de la Cour ne les envisageait que dans le domaine interne, son effet fondamental serait d'obliger l'exécutif national à dénoncer le traité pour que cessent ses effets dans le domaine international.

Mais en laissant de côté le problème relatif aux lois qui approuvent des contrats ou des traités, il nous semble intéressant maintenant de préciser quand les lois peuvent être contestées par la voie du recours en inconstitutionnalité. En principe, seule la loi en vigueur peut faire l'objet d'un tel recours; cependant, le doute subsiste en ce qui concerne les lois votées et non promulguées et les lois abrogées.

En effet, en ce qui concerne les lois votées par le Congrès mais non promulguées par le Président de la République, la Cour avait déjà admis dans les années 30 la possibilité pour le Président de la République de les contester pour inconstitutionnalité en alléguant que ce serait un contresens que l'autorité exécutive les promulgue pour en solliciter tout de suite après la nullité[249]. Dans la Constitution de 1961 on réglementa définitivement la procédure et l'on autorisa le Président de la République à s'adresser à la Cour suprême de justice dans le délai fixé pour la promulgation de la loi pour solliciter une décision sur l'inconstitutionnalité de celle-ci[250], disposition qui a été admise et reprise par les constitutions des Etats. Dans ces cas, comme la Cour l'a indiqué, la décision judiciaire a un caractère préalable à la promulgation car celle-ci ne peut avoir lieu que postérieurement à l'arrêt correspondant[251].

---

(247) *V.* décision de la CSJ en CP du 15-3-62. *V.* à ce sujet G. PÉREZ LUCIANI, «El control jurisdiccional de la constitucionalidad de las leyes no normativas aprobatorias de contratos», *RFD, UCAB,* n° 2, 1965-1966, pp. 207-231. *V.* en outre les arguments du vote dissident du magistrat J.G. SARMIENTO NUÑEZ de la décision de la CSJ en CP du 29-4-65, *loc. cit.*, p. 31 et ss., 66 et ss.

(248) *V.* G. PÉREZ LUCIANI, «El control jurisdiccional de la constitucionalidad de las leyes aprobatorias de tratados internacionales», *RFD/UCAB,* n° 4 1966-1967, pp. 293-335; J.E. QUINTERO MARQUINA, «¿Pueden ser demandados por inconstitucionalidad los tratados internacionales ante el organismo contralor?», *RFD/ULA,* Mérida 1966, n° 14, pp. 207-231.

(249) «Il serait pour le moins irrégulier de la part de l'Exécutif -a signalé la Cour- d'ordonner son exécution, promulgation et publication, c'est-à-dire l'élever à la catégorie de loi en vigueur, pour ensuite demander sa nullité pour raison d'inconstitutionnalité; outre qu'une telle façon de procéder de la part du citoyen Président, face à un acte des pouvoirs publics, qu'il estime de sa compétence exclusive, pourrait être interprétée comme un assentiment à l'usurpation commise contre sa propre autorité», *v.* décision de la CSJ en SPA du 22-12-37, *Memoria* 1941, pp. 167-168, dans lequel la Cour insista sur le fait que si la loi en est à soi premier stade, qu'elle ne soit pas promulguée; si elle a été promulguée, qu'elle ne soit pas publiée et si elle a déjà été publiée, qu'elle ne soit pas obligatoire».

(250) Art. 173.

(251) *V.* décision de la CSJ en SPA du 12-5-65, *GF* n° 48, 1967, pp. 116-117.

Cependant, en ce qui concerne la validité du recours en inconstitutionnalité de la loi votée avant sa promulgation, il faudrait le rendre compatible avec la procédure du veto et en tout état de cause avec son renvoi pour nouvelle lecture à l'organe législatif. En effet, conformément à l'article 173 de la Constitution nationale, le Président de la République dispose d'un délai de dix jours pour promulguer la loi votée par le Congrès et c'est dans ce délai qu'il peut la renvoyer au Congrès pour une seconde lecture ou bien l'attaquer devant la Cour pour cause d'inconstitutionnalité. Si le Président opte pour la première procédure, il semblerait logique qu'il en attende le terme et par conséquent le retour de la loi revue par le Congrès, avant de s'adresser à la Cour. On appliquerait ainsi le principe que le recours extraordinaire a lieu seulement lorsque les recours ordinaires sont épuisés, principe qui a été maintes fois admis par la Cour suprême(252). En tout cas, dans l'hypothèse de la contestation de lois votées mais non promulguées, en vertu du principe selon lequel, lorsque le recours est recevable, la décision de la Cour doit être préalable à la promulgation, le recours a des effets suspensifs en ce qui concerne la promulgation de ladite loi. C'est d'ailleurs le seul cas où le recours d'inconstitutionnalité des lois entraîne la suspension des effets de celle-ci(253).

A l'autre extrême de la «vie» des lois, la question relative à la possibilité de contester par voie de recours en inconstitutionnalité des lois déjà abrogées, s'est également posée; la solution doit se trouver, sans aucun doute, dans les effets de la sentence qui déclare l'inconstitutionnalité. Au Vénézuéla, comme on le verra, les effets de la sentence qui déclare la nullité pour inconstitutionnalité sont «constitutifs» *pro futuro*. Par conséquent, ce sont seulement les lois en vigueur qui peuvent faire l'objet d'un recours pour inconstitutionnalité(254).

(e) Le recours d'inconstitutionnalité comme action populaire

La caractéristique fondamentale du recours pour inconstitutionnalité dans l'ordre juridique vénézuélien est d'être conçu comme une action populaire, c'est à

---

(252) La Cour Suprême, en effet, a déclaré inopportunes les demandes de nullité pour inconstitutionnalité des lois mat votées mais non encore promulguées par les gouverneurs, lorsqu'elles dépendent encore de la décision sur le veto et le réexamen formulée devant l'Assemblée législative correspondante. La Cour a signalé dans ce sens que «tant que l'Assemblée législative n'aura pas pris de décision quant à la demande de révision du gouverneur, l'acte législatif n'est pas parfait et n'a pas caractère définitif car, au cours des deux discussions dont il doit faire (objet au sein du dit corps, son contenu peut être modifié, par l'admission ou le rejet de ce qui est demandé par le gouverneur». *V.* décision de la CSJ en SPA du 18-i-70, *GF* n° 59, 1969, pp. 53-55. *Cf.* décision de la CSJ en SPA du 5-5-70, *GF* n° 68, 1970 (consulté en l'original).

(253) La Cour a soutenu maintes fois que le recours en inconstitutionnalité de lois votées mais non promulguées, est la seule hypothèse dans laquelle le recours en inconstitutionnalité des lois a des effets suspensifs. *V.* décisions de la CSJ en SPA du 16-1-68, *GF* n° 59, 1969, p. 47 et ss.; du 6-2-69, *GF* n° 63, 1969, p. 137; des 28 et 29-7-69, *GF* n° 65, 1969, p. 102, 103, 115 et 116; du 25-2-70, *GF* n° 67, 1970 (consulté en l'original) et du 7-fi-73, GO n° 1618 spécial du 16-10-73. En ce sens, la Cour s'est déclarée incompétente pour suspendre les effets d'un acte d'installation d'une Assemblée législative. *V.* décision de la CSJ en SPA du 15-2-67, *GF* n° 55, 1968, pp. 66-70.

(254) *V.* décision de la CFC en CP du 21-3-49, *GF* n° 1, 1949, pp. 13-15.

dire comme un recours qui appartient à tout citoyen jouissant pleinement de ses droits[(255)]. Comme l'a souligné la Cour, cette action populaire qui est attribuée «à tout homme du peuple (de là sa dénomination) est créée pour la défense d'un intérêt public qui est en même temps celui du citoyen requérant (raison pour laquelle il n'a pas besoin d'être investi d'un intérêt juridique particulier ou légitime)». Voilà pourquoi l'action populaire au Vénézuéla, consacrée afin «de contester la validité d'un acte des pouvoirs publics ayant un caractère normatif et général, a des effets *erga omnes* dont l'application affecte et intéresse au même degré tous les citoyens»[(256)].

De là résulte l'une des grandes différences entre le recours pour inconstitutionnalité et le recours contentieux administratif: le premier ne requiert pas d'habilitation active spéciale, le simple intérêt à la légalité suffisant; en revanche, dans le second, il faut que le demandeur soit titulaire d'un droit subjectif ou d'un intérêt personnel, légitime et direct à la légalité de l'acte[(257)]. Ceci entraîne une autre différence: le recours en inconstitutionnalité ayant pour objet des actes de caractère général ou d'ordre légal n'est pas soumis à un délai de forclusion, il est imprescriptible[(258)], alors que le recours juridictionnel administratif est soumis à un délai de forclusion de six mois[(259)].

Puisque le recours en inconstitutionnalité appartient en tout cas à n'importe quel citoyen, il est clair que les déficiences qui peuvent exister dans la représentation que s'attribue le demandeur, n'empêchent pas le recours d'être amis, puisque le demandeur aurait à titre personnel la même possibilité de recourir[(260)]. De plus, de même que tout citoyen peut exercer le recours pour inconstitutionnalité des lois et autres actes de l'Etat dans les cas mentionnés, de même tout citoyen aurait le droit de présenter des observations écrites et des plaidoiries dans le jugement pour défendre la loi ou un acte contesté, sans que le concept de partie[(261)] intervienne, le recours n'ayant pas un caractère contentieux[(262].

(255) *Cf.* décision de la CF du 22-2-60, *GF* n° 27, 1960, pp. 107-108 et décisions de la CSJ en SPA du 3-10-63, *GF* n° 42, 1963, pp. 19-20; du 6-2-64, *GO* n° 27373 du 21-2-64; du 30-5-63, *GF* n° 52, 1968, p. 109 et du 25-973, *GO* 1643 numéro spécial du 21-3-74, p. 15.

(256) *V.* décision de la CSJ en SPA du 18-2-71, *GO* n° 1472 spécial du 11-6-71, p. 6. *Cf.* décision de la CSJ en SPA du 6-2-64, *GO* 27373 du 21-2-64.

(257) *V.* par exemple, décision de la CSJ en SPA du 18-2-71, *GO* 1472 numéro spécial du 11-6-71, p. 6.

(258) *V.* décision de la CSJ en SPA du 3-10-63, *GF* n° 42, 1963, pp. 20-21

(259) Art. 7, 9° de la Loi organique de la Cour fédérale. Seulement lorsque le recours contentieux-administratif est intenté contre des actes administratifs pour violation directe de la Constitution (violation de l'article 61, par exemple), le recours sera imprescriptible conformément aux dispositions de l'article 7, 8° de la même loi, *v.* décision de la CSJ en SPA du 3-10-63, *GF* n° 42, 1963, pp. 20-21.

(260) *V.*, par exemple, décicions de la CF du 12-6-53, *GF* n° 1, 1953, pp. 4850 et du 22-2-60, *GF* n° 27, 1960, pp. 107-108 et de la CSJ en SPA du 25-973, *GO* 1643 spécial du 21-3-74, p. 15.

(261) Il convient de souligner que la Cour Suprême, en décidant sur le recours en inconstitutionnalité de l'acte d'installation des Chambres législatives du 5 mars 1968, en présence de documents présentés par deux citoyens contre les demandes des requérants, établit, contrairement à ce qui était exprimé dans le texte, que la Cour «s'est limitée à faire ajouter les documents précités, les susnommés n'étant pas partie (sic) au présent jugement et n'étant pas intervenus dans les actes contestés par les demandeurs. L'exercice de l'action populaire... est le droit qu'a n'importe quel citoyen de se constituer en demandeur dans les cas permis par la loi, mais non pas de se constituer défendeur quand l'action n'a pas été intentée contre lui». *V.*

En effet, à la différence, de la procédure du recours juridictionnel administratif, qui comme son nom l'indique, a un caractère contentieux, la procédure du recours pour inconstitutionnalité a un caractère sommaire, non contentieux, en ce qu'il n'exige pas la citation d'une personne[(263)] et il doit seulement être notifié au procureur général de la République (lorsque le demandeur n'est pas ce fonctionnaire). La procédure de ces deux recours étant différente, il est impossible de les cumuler même dans les cas où leur connaissance relève d'une même chambre de la Cour suprême[(264)] et encore moins lorsque la connaissance desdits recours appartient normalement à la Cour plénière pour l'action populaire et à la Chambre politique-administrative pour le recours juridictionnel administratif d'annulation[(265)].

Le recours pour inconstitutionnalité est introduit d'autre part au moyen d'un recours écrit dans lequel le demandeur explique avec clarté l'acte qui fait l'objet du recours[(266)] en indiquant avec précision toutes les inconstitutionnalités dénoncées, c'est à dire aussi bien les motifs du recours que les normes constitutionnelles qui ont été violées[(267)]. Cependant, comme il s'agit d'une action populaire dans laquelle sont en jeu l'application d'une loi et la suprématie constitutionnelle, il semblerait logique que la Cour pût apprécier d'office l'inconstitutionnalité de l'acte contesté, à raison des vices non allégués par le demandeur[(268)], sans avoir à s'en tenir aux allégations formulées par celui-ci[(269)]. La connaissance par la Cour suprême des recours en inconstitutionnalité n'est pas totalement subordonnée à la volonté du demandeur, qui, par exemple, ne peut se désister du recours une fois celui-ci intenté, la Cour devant de toute manière l'instruire et le juger[(270)].

Quant aux motifs du recours pour inconstitutionnalité, seuls peuvent être allégués à l'appui de ce recours les violations de la Constitution ou les conflits avec la Constitution, c'est à dire qu'il s'agit de motifs d'inconstitutionnalité[(271)].

---

décision de la CSJ en CP du 12-6-68, publications du Sénat, cit. pp. 190-191. Dans un autre décision, la Cour indiqua que pour qu'un avocat puisse assumer la défense de la constitutionnalité d'une loi, il devait avoir un mandat de l'Assemblée législative concernée, moyennant quoi elle déclara non fondées les requêtes dudit avocat puisqu'il n'avait pas un tel mandat. *V.* décision de la CSJ en SPA du 27-5-70, *GF* n° 68, 1970 (consulté en l'original).

(262) *V.* décision de la CFC en SPA du 20-11-40, *Memoria* 1941, pp. 265-266.

(263) Art. 27 de la LOCF.

(264) Par exemple en Chambre politico-administrative, selon la quinzième disposition transitoire de la Constitution.

(265) *Cf. Doctrina PGR* 1964, Caracas 1965, p. 82 et ss.

(266) *Cf.* décision de la CSJ en SPA du 23-1-69, *GF* n° 63, 1969, p. 95.

(267) *Cf.* décision de la CFC en CP du 14-12-50, *GF* n° 6, 1950, pp. 46-47 et décision de la CSJ en SPA du i 1-8-64, *GF* n° 45, 1964, pp. 185-186.

(268) En ce sens, le Procureur a indiqué que la constitutionnalité des actes législatifs est éminemment matière d'ordre public et que par conséquent, dans les jugements où sont examinés de tels problèmes, les facultés du juge ne sont ni ne peuvent être limitées par ce qui est plaidé et prouvé par le dossier. *V. Doctrina PGR* 1963, Caracas 1964, pp. 23-24.

(269) Ainsi que l'a soutenu la Cour Suprême. *V.* décision de la CSJ en CP du 15-3-62, *GO* 760 n° spécial du 22-3-62. En ce sens, J.G. ANDUEZA soutient que la décision ne peut décider *ultra petita, op. cit.* p. 37.

(270) *Cf.* J.G. ANDUEZA, *op. cit.*, p. 37.

(271) Des motifs d'illégalité ne peuvent, par, conséquent, être allégués. *V.* décision de la CSJ en SPA du 13-2-68, *GF* n° 59, 1969, pp. 85-86.

Mais toute norme constitutionnelle ne peut servir de fondement à une action populaire; au contraire, il doit s'agir d'une norme directement opérationnelle, c'est pourquoi le recours ne peut être intenté lorsqu'il est question de violations de normes programmes(272). D'autre part, l'allégation d'inconstitutionnalité doit nécessairement présenter «un lien logique, reposant sur une motivation sérieuse et nécessaire, entre l'acte sujet du recours et la norme qui a été prétendument violée par celui-ci» (273). Sinon les allégations de violation des normes constitutionnelles seraient considérées comme insuffisantes. En tout cas, il est clair que la violation de la Constitution peut se produire quand l'acte attaqué contredit l'esprit et l'intention d'une norme constitutionnelle(274) et non seulement quand il y a une contradiction entre les normes et l'acte contesté.

(f) Effets du contrôle diffus de la constitutionnalité

Nous avons montré qu'au Vénézuéla le contrôle de la constitutionnalité des lois est exercé par le pouvoir judiciaire, soit au moyen du contrôle diffus qui appartient à tous les tribunaux de la République, lorsqu'il déclare inapplicable une loi, soit au moyen du contrôle concentré qui appartient à la Cour suprême de justice. Dans ce dernier cas, la Cour joue le rôle d'interprète suprême(275) ou bien de défenseur(276) de la Constitution, et c'est à elle qu'appartient la faculté d'établir le point d'équilibre du principe de la séparation des pouvoirs(277). Au moment de statuer sur le recours, elle doit proclamer «l'extinction juridique» de l'acte attaqué, ou bien au contraire, le maintenir dans la plénitude de ses effets(278). Les effets du contrôle de la constitutionnalité dans les deux cas sont différents et, à défaut d'une loi réglementant la juridiction constitutionnelle(279), les solutions de droit comparé peuvent servir de référence pour établir la portée et les effets desdits contrôles: ils ont servi fréquemment d'orientation aux décisions adoptées par la Cour suprême de justice.

---

(272) *V.* décisions de la CSJ en CP du 12-9-69, *GF* n° 65, p. 10 et en SPA du 27-4-69, *GF* n° 64, 1969, pp. 23-24.

(273) *V.* décision de la CSJ en SPA du 20-12-67, *GF* n° 58 1968, p. 68.

(274) *V.* décision de la CF du 25-3-58, *GF* n° 19, p. 58. En sens contraire, le procureur général de la République a soutenu que la méconnaissance des mobiles de la Constitution ne peut justifier l'annulation d'un texte légal. *V. Doctrina PGR* 1964, Caracas 1965, p. 158. Par ailleurs, le même Procureur a soutenu que la Constitution est violée quand la loi prétend aboutir à des fins différentes de celles proposées par la Constitution et non seulement lorsqu'il existe contradiction littérale entre la norme constitutionnelle et la norme légale. *V. Doctrina PGR* 1969, Caracas 1970, p. 111. En général, sur les divers types de motifs d'inconstitutionnalité des lois, *v. Doctrina PGR* 1966, Caracas 1967, pp. 170-174.

(275) Ce qui implique l'irréversibilité de ses décisions. *V.* art. 211 de la Constitution. Cependant, la doctrine a été établie depuis de longues années par la Cour elle-même. *V.* par exemple, la décision de la CFC en SPA du 17-11-38, *Memoria* 1939, p. 330 et ss.

(276) *V.* décision de la CSJ en SPA du 4-3-41, *Memoria* 1942, pp. 128-130.

(277) *V.* par exemple, la décision de la CFC en SPA du 3-5-39, *Memoria* 1940, p. 217 et du 17-4-41, *Memoria* 1942, p. 182 et ss.

(278) *V.* décision de la CSJ en SPA du 20-1-66, *GF* n° 51, 1968, p. 13.

(279) *V.* par exemple, le projet de loi de juridiction constitutionnelle, *Informe sobre la reforma de la administración pública nacional,* Caracas 1972, vol. II, p. 547 et ss.

En effet, dans ce que nous appelons contrôle diffus ou méthode diffuse, dont l'archétype a été le système nord-américain, les effets de contrôle sont radicalement différents des effets produits par la déclaration de nullité pour inconstitutionnalité dans le système de contrôle concentré, dont l'archétype est le système autrichien. Il est impossible de prétendre appliquer les effets d'un système dans l'autre; d'où il découle, par exemple, qu'il n'est pas possible d'appliquer les caractéristiques de contrôle de la constitutionnalité des lois du système nord-américain, de caractère exclusivement diffus, au contrôle de la constitutionnalité des lois exercée par la Cour suprême de justice du Vénézuéla dont le caractère est exclusivement concentré.

En effet, dans le contrôle diffus de la constitutionnalité des lois qu'exercent au Vénézuéla tous les organes du pouvoir judiciaire, conformément à l'article 7 du Code de procédure civile, lorsqu'un juge n'applique pas une loi, parce qu'il l'estime contraire à la constitution et applique de préférence la constitution, sa décision ne constitue pas une déclaration de «nullité» de la loi, mais la déclaration que cette loi est «inconstitutionnelle»; il est évident que, lorsque le juge refuse d'appliquer cette loi, il a estimé qu'elle n'a jamais pu avoir d'effet dans le cas concret dont il a connaissance; il estime par là, qu'en n'appliquant pas cette loi, elle n'existe pas et n'a jamais existé. Tel est l'effet que sa décision peut logiquement avoir -et non un autre: le juge, connaissant d'un cas concret, prétendument soumis dans le passé à une loi que l'une des parties estime inconstitutionnelle, en décidant que cette loi est inapplicable dans le cas concret, «ignore» la loi, qui, selon son critère, est inconstitutionnelle et estime, par là, qu'elle n'a jamais eu d'effet sur le cas concret soumis à son jugement. Les effets de la décision du juge, lorsqu'il déclare la loi inapplicable parce qu'inconstitutionnelle, en vertu de l'article 7 du Code de procédure civile, sont ceux si l'on veut d'un jugement déclaratif: le juge déclare la loi inconstitutionnelle, il ne l'applique pas, il l'ignore et estime qu'elle n'a jamais eu d'effet dans le cas concret, ce qui équivaut à considérer que la loi n'a jamais existé, c'est à dire qu'elle est inexistante. Logiquement, cette décision du juge en vertu de l'article 7 du Code de procédure civile est une décision à effets inter partes et par conséquent relatifs[(280)]. La loi est donc considérée comme inconstitutionnelle; elle ne s'applique pas et l'on estime qu'elle n'a jamais pu produire d'effets, à l'occasion du cas concret soumis à la connaissance du juge, dans le cadre de sa compétence; les effets de cette décision n'obligent donc pas les autres juges ni le même juge qui l'a prise à l'occasion d'un autre jugement et qui peut modifier des critères juridiques. La loi, ainsi non appliquée dans un cas concret, ne se trouve pas affectée dans son maintien en vigueur, par cette seule décision: la loi reste en vigueur et elle ne perdra ses effets que dans le cas où elle serait abrogée[(281)] ou déclarée nulle par la Cour suprême de justice[(282)]. Le fait qu'elle ait été déclarée inapplicable pour inconstitutionnalité, par un juge dans un procès déterminé, n'affecte pas son maintien en vigueur nous insistons sur ce

(280) *V.* décision de la CF du 19-6-53, *GF* n° 1, 1953, pp. 77-78.
(281) Art. 177 de la Constitution.
(282) Art. 215, 3° et 4°.

point- et n'équivaut pas à une décision de nullité. En outre, la décision du juge n'étant pas obligatoire, ne crée pas de précédent pour aucun autre juge, pas même pour lui [(283)].

Les effets relatifs du contrôle diffus de la constitutionnalité des lois, se retrouvent d'autre part, dans tous les systèmes qui ont suivi le modèle nord-américain[(284)]. Il en est ainsi dans le système argentin, le plus proche du système nord-américain du point de vue constitutionnel parmi tous les systèmes latino-américains[(285)], bien qu'il y ait eu des discussions quant aux effets de telles décisions lorsqu'elles ont été prises par la Cour suprême, en raison de leur valeur comme précédents[(286)]. Donc, en termes généraux, les effets de la décision de non application d'une loi, en vertu de l'article 7 du Code de procédure civile vénézuélien, comme nous l'avons dit, sont similaires à ceux des systèmes appelés «de contrôle diffus» en droit comparé, et particulièrement, à ceux du système nord-américain, malgré la grande différence avec les Etats-Unis où les décisions des tribunaux sont considérées et appréciées comme des précédents pour d'autres décisions. Mise à part cette très importante distinction, les effets «déclaratifs» de la décision sont évidemment semblables. Il suffit, pour s'en rendre compte, de rappeler l'exposé de A. et S. Tunc, dans leur magistrale analyse du système constitutionnel nord-américain, sur la décision de non application d'une loi, parce qu'inconstitutionnelle aux Etats-Unis: la loi n'est ni abrogée, ni annulée. Elle est purement et simplement ignorée, comme si elle n'était pas une loi; elle est, si l'on veut, une simple apparence de loi, et les droits des parties sont réglés comme si elle n'avait jamais été approuvée. La décision du juge se limite purement et simplement à ignorer la loi. C'est du principe selon lequel une loi inconstitutionnelle est considérée comme n'ayant jamais été approuvée, que découle l'effet rétroactif de la déclaration d'inconstitutionnalité; comme on le devine aisément, c'est bien cet effet rétroactif qui provoque les plus profondes perturbations, lorsqu'il s'agit d'une loi importante[(287)]. Conformément à l'expression de M. et Mme Tunc, la «rétroactivité» de la déclaration de non applicabilité de la loi a seulement un sens lorsque le juge estime qu'elle n'a jamais eu d'effets, c'est à dire que les effets de la déclaration d'inconstitutionnalité se produisent *ex tunc,* puisqu'il s'agit d'une décision purement déclarative d'une inconstitutionnalité ou d'une nullité pré-existante. En ce sens. par exemple,

---

(283) M. CAPPELLETTI, se référant aux dispositions qui suivent cette formule de contrôle (nord-américaine, japonaise et mexicaine) résume les effets de la décision du juge, en indiquant que celui-ci «doit se limiter à écarter la loi inconstitutionnelle dans le cas concret, de sorte que le contrôle judiciaire de la constitutionnalité des lois est dépourvu, comme en Autriche, d'efficacité générale, *erga omnes,* puisqu'il ne possède qu'une efficacité particulière, limitée au cas concret, bien que, d'autre part, il doit être observé qu'aux Etats-Unis cette caractéristique a été écartée en grande partie (notamment lorsqu'il s'agit du contrôle exercé par la *Supreme Court)* en vertu du principe de *stare decisis, loc. cit.,* pp. 59-60.

(284) *V.* J. ALVARADO, *El recurso contra la inconstitucionalidad de las leyes,* Madrid 1920, p. 60 et ss.

(285) *V.* Alejandro E. GHILIANI, *Del control jurisdiccional de constitucionalidad,* Buenos Aires 1952, p. 97.

(286) *V.* Carlos A. AYARRAGARAY, *Efectos de la declaración de inconstitucionalidad,* Buenos Aires 1955, p. 32 et ss.; Alejandro GHIGLIAHI, *op. cit.*, p. 100

(287) *V.* A. et S. TUNC, *Le système constitutionnel des Etats-Unis d'Amérique,* Vol. II, Paris 1954, pp. 294-295.

l'appréciation d'inconstitutionnalité d'une loi abrogée, mais qui fut appliquée pendant qu'elle était en vigueur au cas concret dont le juge a à connaître est pleinement justifiée puisque la déclaration d'inapplicabilité de la loi, pour refus d'admettre son existence, reçoit un sens pour le procès, même si la loi est abrogée au moment de la décision. C'est pour cela que l'on a dit que si la décision judiciaire prise en matière de contrôle de constitutionnalité des lois a des effets rétroactifs, comme cela se produit dans le contrôle diffus, il est évident que les lois abrogées peuvent être annulées, «puisque l'on met fin ainsi aux effets que la loi a pu engendrer pendant qu'elle était en vigueur» [(288)].

Conformément à ce que nous avons précédemment relevé, on peut alors estimer que la décision de non application d'une loi inconstitutionnelle dans les systèmes diffus de contrôle de la constitutionnalité des lois, parmi lesquels celui qui est exercé au Vénézuéla, conformément à l'article 7 du Code de procédure civile, s'il est bien vrai qu'il a seulement et exclusivement des effets *inter partes,* équivaut à une décision purement déclarative, avec effets rétroactifs ou *ex tunc.* Le juge n'annule pas la loi lorsqu'il exerce ce contrôle, il se limite à déclarer et à constater une nullité ou une inconstitutionnalité préexistante, ce pourquoi il ignore l'existence de la loi (il la considère inexistante) et il ne l'applique pas au cas concret dont la connaissance juridictionnelle lui a été attribuée.

(g) Effets du contrôle concentré de la constitutionnalité

Mais si ceci est certain dans le contrôle de la constitutionnalité des lois exercé conformément à l'article ? du Code de procédure civile vénézuélien et dans tous les contrôles de constitutionnalité appelés «diffus», les effets de la décision de la déclaration de nullité (annulation) d'une loi pour des raisons d'inconstitutionnalité prononcée au Vénézuéla par la Cour suprême de justice sont entièrement et complètement distincts, ainsi qu'ils le sont dans tous les systèmes qui suivent le modèle autrichien de contrôle concentré.

En effet, dans les systèmes appelés concentrés de contrôle de la constitutionnalité des lois, le monopole de la déclaration de nullité des lois pour inconstitutionnalité appartient à la Cour suprême de justice ou à son équivalent, de telle sorte qu'aucun autre tribunal n'est compétent à cet effet. Dans une décision prise par la Cour suprême de justice du Vénézuéla, conformément aux prescriptions de l'article 215, paragraphes 3 et 4 de la Constitution, la Cour «déclare la nullité» de la loi, c'est à dire qu'elle annule la loi. Cette loi, jusqu'au moment où la sentence de la Cour est publiée, a été valable et efficace, ayant produit tous ses effets, malgré son inconstitutionnalité; et ceci à cause de la présomption de constitutionnalité des lois[(289)], équivalente, *mutatis mutandis,* à la présomption de légalité attachée aux actes administratifs[(290)]. En effet, comme le

(288) *V.* J.G. ANDUEZA, *op. cit.,* pp. 56-57.

(289) *Cf. J.G.* ANDUEZA, *op. cit.,* p. 90.

(290) *V.* Allan R. BREWER-CARÍAS, *Las instituciones fundamentales del derecho administrativo y jurisprudencia venezalana, cit.,* p. 131.

signale M. Cappelletti, lorsqu'il insiste sur la différence entre les méthodes diffuse et concentrée du contrôle de la constitutionnalité «l'on peut affirmer que tandis que le système nord-américain de contrôle judiciaire de la constitutionnalité des lois, a le caractère d'un contrôle *purement déclaratif,* à l'inverse, le système autrichien acquiert la nature d'un contrôle *constitutif* de la non validité et de l'inefficacité corrélative des lois contraires à la Constitution: d'où l'on conclut, de manière pleinement cohérente, que tandis que le premier système de portée simplement déclarative opère *ex tunc,* c'est à dire rétroactivement (il s'agit, en effet, d'une simple déclaration de nullité absolue préexistante) dans le système autrichien, au contraire, l'efficacité (constitutive, c'est à dire d'annulation) de la sentence d'inconstitutionnalité opère *ex nunc* et, par conséquent, *pro futuro,* ce qui exclut une rétroactivité dans la portée de l'annulation»[(291)]. A cette différence du contrôle diffus et du contrôle concentré de la constitutionnalité des lois, il faut la nature «générale» de l'annulation; nature générale qui, si elle ne produit pas d'effet rétroactif (comme nous l'avons dit ces effets sont *ex nunc* ou *pro futuro*) s'étend malgré tout, *erga omnes*[(292)].

Ceci dit, de même que l'on peut affirmer que la généralité des systèmes de contrôle concentrés de la constitutionnalité des lois que nous offre le droit comparé, en particulier le droit autrichien et le droit italien, affirment indubitablement les effets généraux des sentences du Tribunal suprême déclarant la nullité d'une loi pour inconstitutionnalité et sa portée *ex nunc*, c'est à dire, seulement *pro futuro*; il en va de même lorsque le contrôle de la constitutionnalité des lois est exercé selon le système concentré par la Cour suprême de justice en Assemblée plénière, conformément aux paragraphes 3 et 4 de l'article 215 de la Constitution[(293)]. En outre, on peut affirmer que dans aucun des systèmes concentrés connus de contrôle de la constitutionnalité des lois, on ne confère d'effets généraux pour le passé, c'est à dire ex tunc à toutes les sentences déclarant la nullité pour cause d'inconstitutionnalité, lesquelles ne sont pas déclaratives et n'ont pas d'effet rétroactif, mais sont seulement constitutives[(294)]; et dans les cas où l'on confère quelques effets pour le passé, comme dans les systèmes italiens et allemands, ceux-ci sont restreints fondamentalement au domaine pénal[(295)]. Et la

(291) *V.* Mauro CAPPELLETTI, *loc. cit.*, pp. 58-59. Souligné dans l'original. en ajouter une autre, qui est complémentaire et aussi fondamentale

(292) *V.* par exemple, décision de la CFC en SPA du 17-11-38, *Memoria* 1939, pp. 330-334; décision de la CF du 19-6-53, *GF* n° 1, 1953, p. 77 et ss. et décision de la CSJ en CP du 29-4-65 publié par l'Imprimerie nationale, 1965, p. 13 et 16. *Cf. Doctrina PGR 1963,* Caracas 1964, pp. 199-201, en d'autres termes, comme le signale CAPPELLETTI, «Une fois prononcée la décision d'inconstitutionnalité, la loi correspondante est *privée d'effet d'une façon générale,* ni plus ni moins que si elle avait été *abrogée* par une loi postérieure et, su contraire, les dispositions législatives antérieures à la loi d'inconstitutionnalité reprennent leur rigueur» (*loc. cit.*, p. 59, souligné par l'auteur), les effets du contrôle concentré de l'inconstitutionnalité étant radicalement différents des effets particuliers *inter partes* du contrôle diffus de la constitutioinnalité, comme on l'a vu.

(293) *Cf.* M. CAPPELLETTI, *loc. cit.*, pp. 59-60.

(294) *V.* F. RUBIO LLORENTE, *La Corte constitucional italiana,* Cuadernos del Instituto de Estudios Políticos, n° 8, UCV, Caracas 1966, p. 30.

(295) Telle est l'hypothèse, par exemple, de la Loi constitutionnelle italienne du 11 mars 1953, qui établit les normes complémentaires de la Constitution concernant la Cour constitutionnelle et dont l'article 30 dispose: «les normes déclarées inconstitutionnelles ne peuvent être appliquées qu'à partir du jour qui suit

solution de ces deux législations -l'italienne et l'allemande- est logique; car, s'il serait monstrueux, en raison des répercussions sur la sécurité juridique, de prétendre que les sentences déclarant la nullité d'une loi pour inconstitutionnalité auraient des effets purement déclaratifs, et de prétendre que la loi annulée n'aurait jamais été promulgué, il pourrait aussi en résulter que, dans les cas de sentences pénales, adoptées conformément à une loi déclarée postérieurement nulle, celles-ci ne puissent être affectées par l'annulation pour inconstitutionnalité, ce qui serait injuste. De là, l'exception établie en matière pénale par les législations italienne et allemande, au principe que les effets des jugements déclaratoires de nullité pour inconstitutionnalité se produisent seulement pour l'avenir.

En outre, la même situation pragmatique de conflit qui peut naître entre la sécurité juridique et les sentences pénales, a amené la jurisprudence nord-américaine à accepter des exceptions aux principes contraires: nous avons vu qu'aux Etats-Unis, le contrôle constitutionnel appartient au système diffus, les effets des sentences déclarant l'inconstitutionnalité ont un caractère rétroactif parce qu'elles sont seulement déclaratives. Nous avons signalé qu'en principe la portée de ces sentences était limitée *inter partes,* mais, en vertu de la technique des précédents, ces mêmes sentences acquièrent la caractéristique d'être générales et obligatoires. Malgré ce fait, la jurisprudence a seulement appliqué la rétroactivité aux situations pénales, respectant ainsi, au contraire, les effets réalisés en matière civile et administrative, sur la base d'une loi déclarée inconstitutionnelle[(296)].

Dès lors, le contrôle de la constitutionnalité des lois attribué par la Constitution vénézuélienne à la Cour suprême de justice[(297)] étant un contrôle similaire à ceux que nous avons appelés concentrés en droit comparé, il est évident que les effets de la déclaration de nullité pour inconstitutionnalité de la loi, à défaut d'une norme constitutionnelle ou légale quelconque, peuvent seulement se produire *erga omnes,* mais, pour l'avenir: c'est à dire que les sentences sont en principe «constitutives» et que leurs effets ne peuvent s'étendre dans le passé (elles ne peuvent être rétroactives). On peut dire que tel a été le critère suivi, non seulement par la doctrine vénézuélienne, quoique assez peu riche[(298)] mais aussi par la jurisprudence de la Cour suprême de justice[(299)].

---

la publication de la décision. Quand en application de la norme déclarée inconstitutionnelle aurait été prononcée une décision irrévocable, son exécution et tous les effets pénaux cesseront». (*V.* F. Rubio LLORENTE, *op. cit.,* p. 53). Au contraire, la Loi du Tribunal constitutionnel fédéral allemand du 12 mars 1951 établit que «restent immuables les résolutions fermes appuyées par une norme déclarée nulle» par le Tribunal constitutionnel fédéral, bien que «soit admissible la révision de l'instance, conformément aux prescriptions de la Loi de procédure pénale contre une décision pénale formelle appuyée» sur la norme elle-même déclarée nulle. *V.* art. 79, F. RUBIO LLORENTE, «El Tribunal Constitucional Alemán», *RFD/UCV,* n° 18, Caracas 1959, p. 154.

(296) *V.* M. CAPPELLETTI, *loc. cit.*, pp. 63-64.

(297) Art. 215, 3° et 4°.

(298) Dans son livre sur *La jurisdicción constitucional en el derecho venezolano* (*cit.*) José Guillermo ANDUEZA a démontré longuement et formellement que la décision de déclaration de nullité pour inconstitutionnalité est de caractère constitutif, car «la présomption de constitutionnalité dont jouissent les actes des pouvoirs publics fait que ceux-ci produisent tous leurs effets juridiques tant que la Cour ne prononce pas leur nullité. En conséquence, la décision de la Cour devra nécessairement respecter les effets

En effet, la Cour a soutenu de manière expresse que «les lois sont promulguées pour être exécutées, ce pourquoi elles doivent être respectées, même lorsque leur existence, à la suite d'une contestation appropriée, est soumise à l'éventualité de leur nullité constitutionnelle. Leurs effets s'éteignent seulement par la sentence définitive déclarant qu'il y a lieu de procéder à une telle contestation»(300). En d'autres termes, en déclarant la nullité pour inconstitutionnalité d'une loi, la cour se borne à proclamer «l'extinction juridique» de la loi contestée(301); c'est à dire que la cour a soutenu que les lois produisent tous leurs effets tant qu'elles n'ont pas été déclarées nulles; comme elle l'a signalé dans une autre décision: «les actes susceptibles d'annulation sont valables et, une fois accomplis, produisent pleinement leurs effets, tant que leur nullité n'est point déclarée» (302); et, s'il est vrai que les effets de ses sentences déclarant la nullité pour inconstitutionnalité ont un caractère général, *erga omnes*(303), il est évident que les décisions de la cour en matière d'inconstitutionnalité, lorsqu'elle déclare nulle une loi, deviennent *mutatis mutandi* partie d'une législation spéciale qui émerge du pouvoir constituant secondaire que, dans telles matières, exerce ce Tribunal suprême(304). Ces décisions «acquièrent le caractère de réglementations complémentaires de la Constitution et des lois de la République» (305); en d'autres termes, comme la cour l'a exprimé, les effets desdites décisions «s'étendent *erga omnes* et acquièrent force de loi» (306). C'est pourquoi, si la loi déclarée nulle pour inconstitutionnalité, comme le dit M. Cappelletti, «est privée d'effets de manière générale, c'est ni plus ni moins comme si elle avait été abrogée par une loi postérieure» (307), il est clair que si une loi ne peut avoir d'effet rétroactif, la sentence déclarative de nullité pour inconstitutionnalité qui a, comme le soutient la jurisprudence vénézuélienne, force de loi, ne peut avoir non plus d'effets rétroactifs; et la logique de cette affirmation est telle que dans quelques systèmes constitutionnels latino-américains, le principe classique de la non rétroactivité des lois (308) a été appliqué aux sentences du Tribunal suprême(309).

---

que l'acte de l'Etat aurait produits pendant qu'il était en vigueur» (p. 93), car «elle réalise une modification dans les effets de l'acte de l'Etat. C'est-à-dire que la décision rend inefficace un acte qui, avant, était valide» (p. 94). D'accord avec ce même auteur et avec la doctrine la plus orthodoxe, «ce qui caractérise les décisions constitutives est l'absence d'effets rétroactifs. Elles continuent toujours *pro futuro*, *ex nunc*, c'est-à-dire que la décision produit ses effets du jour de sa publication» (p. 94).

(299) *V.* décision de la CFC en SPA du 20-2-40, *Memoria* 1941, p. 20.

(300) Décision de la CFC du 20-12-40, *cit.* par J.G. ANDUEZA, *op. cit.*, p. 90.

(301) *V.* décision de la CSJ en SPA du 20-1-66, *GF* n° 5, 1958, p. 13.

(302) *V.* décision de la CSJ en SPA du 15-2-67, *GF* n° 55, 1968, p. 70.

(303) *Cf.* décisions de la CFC en SPA du 17-11-38, *Memoria* 1939, p. 330; du 21-3-39, *Memoria* 1940, p. 176; du 16-12-40, *Memoria* 1941, p. 311 et de la CF du 19-6-53, *GF* n° 1, 1953, pp. 77-78.

(304) *V.* décision de la CFC en SPA du 16-12-40, *Memoria* 1941, p. 311.

(305) *V.* décision de la CFC en SPA du 21-3-39, *Memoria* 1940, p. 176.

(306) *V.* décision de la CF du 19-6-53, *GF* n° 1, 1953, pp. 77-78

(307) *V.* M. CAPPELLETTI, *loc. cit.*, p. 59.

(308) Art. 44 de la Constitution.

(309) *V.* la référence à la Constitution de l'Equateur que fait J.G. ANDUEZA, *op. cit.*, p. 94.

(h) La non rétroactivité des décisions d'inconstitutionnalité

Ce principe de la non rétroactivité des effets des décisions de la Cour suprême déclarant la nullité pour inconstitutionnalité des lois, qui émane de leur caractère constitutif et non déclaratif, a été reconnu de manière expresse par la Cour suprême elle-même, dans une sentence de 1965, lorsqu'en déclarant nulle, pour inconstitutionnalité, une ordonnance municipale qui créa un impôt en contravention de la prohibition contenue, dans l'article 18 4° de la Constitution, elle rejeta la demande visant à ce que le Conseil municipal soit condamné à rembourser les sommes en argent indûment perçues, en vertu de l'encaissement de la contribution discutée... en considérant par là que cette demande n'est pas conforme au droit»[(310)]. Ainsi la cour reconnut le caractère constitutif, avec effets sur l'avenir, de sa décision de nullité de l'ordonnance, mais au contraire, elle aurait estimé que les effets de la décision étaient purement déclaratifs ex *nunc si* elle avait ordonné le remboursement demandé.

D'autre part, en 1968, la cour insista sur la présomption de légitimité des lois indiquant que «les actes législatifs nationaux une fois sanctionnés et promulgués sont valables et efficaces, tant qu'ils n'ont pas été abrogés par l'organe les ayant édictés ou tant que la cour ne les a point annulés; et, entre-temps, leur légitimité protège aussi bien les actes des autres autorités en vertu des pouvoirs qui leur sont attribués»[(311)]. C'est pourquoi, si l'on admettait que la déclaration d'inconstitutionnalité puisse avoir des effets rétroactifs, cela équivaudrait à laisser sans effet tous les actes accomplis en exécution de la loi, ce qui causerait un grave préjudice à la sécurité juridique. Dans la même année 1968, la Cour suprême reconnut incidemment le caractère constitutif et non déclaratif de ses sentences, en affirmant que «les effets des décisions prises par la cour, dans l'exercice de cette attribution (le contrôle juridictionnel de la constitutionnalité des lois), s'étendent seulement à la période pendant laquelle subsiste (pour l'avenir bien sûr) la vigueur du précepte constitutionnel sur lesquelles (les décisions de la cour) elles se sont basées. Par conséquent, il est possible qu'une disposition légale annulée, parce que contraire à la Constitution -mais qui, de fait, a continué à faire partie d'un instrument légal non abrogé- reprenne son efficacité juridique aussitôt qu'une réforme abroge la norme constitutionnelle sur laquelle s'est fondée la cour pour déclarer sa nullité, ou bien change radicalement le régime établi antérieurement»[(312)]. Si le raisonnement développé par la cour dans sa décision est possible, c'est précisément parce que les effets produits par la loi déclarée nulle avant cette décision, sont restés inchangés du fait des effets constitutifs de la sentence. Dans le cas contraire, la perturbation de l'ordre juridique serait intolérable, car, si les décisions de la cour exerçant le contrôle juridictionnel de la constitutionnalité des lois avaient des effets rétroactifs, c'est à dire, étaient purement déclaratifs, non seulement les actes accomplis antérieurement à la décision judiciaire, conformément à la loi déclarée inconstitutionnelle seraient

(310) *V.* décision de la CS1 en SPA du 18-11-65, *GF,* n° 50, 1967, p. 111.
(311) *V.* décision de la CSJ en SPA du 13-2-70, *GF* n° 59, 1969, p. 85.
(312) *V.* décision de la CSJ en SPA du 19-12-68, *GF* n° 62, 1969, p. 112.

inefficaces, mais encore, la loi inconstitutionnelle étant inexistante, il serait impossible de supposer qu'elle reprenne vigueur, même si on modifie la Constitution en vertu de laquelle l'inconstitutionnalité a été déclarée, comme l'a exposé la cour. C'est pourquoi, nous insistons, il n'y a pas de doute qu'au Vénézuéla les décisions déclaratives de nullité pour inconstitutionnalité des lois, sont des sentences constitutives, c'est à dire qu'elles n'ont d'effets que pour l'avenir.

D'autre part, on peut déduire cette affirmation d'autres décisions de la Cour suprême de justice, en rapport avec d'autres demandes pour cause d'inconstitutionnalité de lois qui ont été abrogées. En effet, l'on peut affirmer, comme le signale M. J.G. Andueza, que la position prise au sujet de ces demandes, «dépend de la position que l'on prend par rapport aux effets de la sentence d'inconstitutionnalité». Si nous donnons à celle-ci des effets rétroactifs, il est évident que l'on peut annuler les lois abrogées, puisque l'on met un terme aux effets que la loi, pendant qu'elle était en vigueur, a pu produire. Mais si la sentence s'applique seulement *pro futuro*, on pourrait arriver à une contradiction: annuler une loi qui n'existe pas. Les effets produits pendant qu'elle est en vigueur ne peuvent être détruits en vertu du principe qui protège tout acte d'Etat, celui de la présomption de constitutionnalité[(313)]. On peut dire, en se basant sur cette alternative, que les décisions de la cour postérieures à 1949 ont été des rejets des demandes de nullité de lois abrogées. En effet, si en 1940, la Cour suprême a soutenu qu'il y avait intérêt à demander la nullité d'une loi abrogée, car «l'annulation est rétroactive et supprime tous les effets produits par l'application de la loi nulle»[(314)], ce critère a été radicalement changé depuis 1949, non seulement en ce qui concerne la non admissibilité des recours, pour cause d'inconstitutionnalité des lois abrogées, mais aussi en ce qui concerne les effets seulement constitutifs des sentences de la cour déclarant la nullité pour inconstitutionnalité des lois. En effet, en 1949, la cour soutint que «les facultés constitutionnelles du contrôle de ce Tribunal suprême se réfèrent seulement aux lois en vigueur». C'est pourquoi, lorsque fut demandée la nullité pour inconstitutionnalité d'une loi abrogée, «la cour n'a point de matière sur laquelle elle puisse se prononcer» [(315)]. Récemment, en 1966, la Cour suprême de justice en Chambre politique-administrative, a soutenu le même critère en précisant qu'entre les conditions déterminantes de recevabilité du recours d'inconstitutionnalité au point de vue procédural, l'existence même de l'acte contesté parce qu'inconstitutionnel prend une importance spéciale; sa validité ou sa nullité en vient à constituer, précisément, la matière ou l'objet du procès, ce pourquoi le recours en nullité d'un acte qui a cessé d'être en vigueur «n'a pas de raison d'être» [(316)].

Ainsi, en accord avec le critère de la cour, il est évident qu'au Vénézuéla on considère comme un principe général que les sentences déclaratives de nullité pour inconstitutionnalité des lois ont des effets généraux, *erga omnes*.

---

(313) *V.* J.G. ANDUEZA, *op. cit,.* pp. 56-57.
(314) *V.* décision de la CFC en SPA du 13-1-40, *Memoria* 1941,p.102.
(315) *V.* décision de la CFC en CP du 21-3-49, *GF* n° 1, 1949, p. 15.
(316) *V.* décision de la CSJ en SPA du 20-1-66, *GF* n° 51, 1968, pp. 13-14.

Cependant, ces effets s'étendent seulement à l'avenir, en ce sens que de telles sentences annulent une loi qui, si elle a bien produit ses effets jusqu'au moment de la lecture de la sentence, s'éteint juridiquement à partir de ce moment. Les effets de la sentence, ainsi entendue, ne peuvent être rétroactifs, ce qui est le propre des sentences déclaratives, mais seulement *pro futuro*, et à ce titre caractéristiques des sentences constitutives[(317)].

Au Vénézuéla, à notre avis, il n'y a aucun doute, le contrôle juridictionnel de constitutionnalité des lois, réalisé par la Cour suprême de justice, conformément à l'article 215 (paragraphe 3 et 4) de la Constitution étant équivalent au contrôle appelé «concentré» en droit comparé, a comme objet l'annulation des lois («déclarer la nullité y dit la Constitution et non a déclarer l'inconstitutionnalité »); annulation qui prend effet *erga omnes* et s'étend *pro futuro ex nunc* par le biais d'une sentence du type de celles que nous appelons «constitutives», par opposition à celles que nous appelons «déclaratives» [(318)], a moins qu'il ne s'agisse de cas de nullité absolue, comme nous le verrons.

(i) L'inconstitutionnalité en tant que nullité absolu ou relative

S'il est bien vrai que tel est le principe général, il faudrait nous demander si dans l'ordre public juridique vénézuélien, l'annulation pour inconstitutionnalité des lois que la Cour suprême peut prononcer a lieu seulement pour des motifs de nullité relative ou, si au contraire, la Constitution prévoit des cas de nullité

(317) Tel fut (et non un autre) le critère suivi par la Cour dans la décision qui déclara la nullité pour inconstitutionnalité de l'article 20 de la loi approuvant le contrat passé entre l'Exécutif national et la Banque du Venezuela S.A. lue le 15 mars 1962 (*v.* décision de la CSJ en CP, *GO* n° 760 spécial du 22-3-62) et pour s'en rendre compte, il suffit de reprendre l'opinion du magistrat rapporteur du dit décision, José Gabriel Sarmiento Núñez, soutenue dans son vote dissident de la décision de la Cour Suprême de Justice qui déclara non avenue la demande de nullité pour inconstitutionnalité l'article II, 14° de la loi approuvant le Traité d'extradition conclut entre le Vénézuéla et les Etats-Unis d'Amérique le 29 avril 1965. Dans ce vote dissident, le magistrat rapporteur de la décision de déclaration de nullité de l'article 20 de la loi approuvant le contrat passé entre l'Exécutif national et la Banque du Vénézuéla, insistant sur la distinction entre le contrôle diffus et le contrôle concentré de la constitutionnalité des lois au Vénézuéla, signala que dans le premier, celui qu'exercent les tribunaux conformément à l'article 7 du CPC, la décision «a un caractère relatif, étant donné qu'elle affecte seulement le cas concret discuté et n'engage pas les décisions futures de ce tribunal ou d'autres tribunaux. Par contre, ce que décide à ce sujet la Cour Suprême de Justice (dans le contrôle concentré) a un caractère *absolu: la* nullité de la loi est proclamée erga *omnes,* c'est-à-dire pour tous les cas, et produit des effets *ex tunc,* c'est-à-dire à partir de la décision» *V.* décision de la CSJ en CP du 29-4-65, publié par l'Imprimerie nationale, 1965, p. 74.

(318) Dans ce sens, il convient de signaler que ce critère universel dans le droit comparé, accepté par la jurisprudence et la doctrine vénézuélienne, a été accueilli par les auteurs du projet de loi sur la juridiction constitutionnelle dont l'article 19 est ainsi rédigé: «Les normes déclarées inconstitutionnelles ne pourront être appliquées et n'auront aucun effet à partir du jour suivant la publication de la décision à la Gazette officielle ou, à défaut de publication, à partir du dixième jour de sa signature. Quand en vertu de ces normes a été prononcée une décision ferme de condamnation en cours d'exécution, celle-ci cessera et, avec elle, tous les autres effets pénaux», *v.* le Projet de loi sur la juridiction constitutionnelle élaboré par les professeurs Sebastián MARTIN-RETORTILLO, Francisco RUBIO LLORENTE et Allan R. BREWER-CARIAS, in *Informe sobre la reforma de la administración pública nacional,* Vol. II, Comisión de administración pública, Caracas 1972, p. 551.

absolue; en d'autres termes, il faudrait préciser si toutes les lois inconstitutionnelles sont des actes annulables ou, si au contraire, il existe des hypothèses de lois inconstitutionnelles viciées de telle manière qu'elles doivent être considérées dans l'ordre juridique comme des «actes nuls»(319).

En effet, au Vénézuéla, on peut admettre comme règle générale que les sentences de la cour déclarant la nullité des lois, sont constitutives.

En conséquence, les lois inconstitutionnelles, en principe, sont des actes d'Etat viciés de nullité relative, c'est à dire des actes annulables en laissant de côté deux cas qui constituent l'exception à la règle.

En effet, dans deux cas seulement l'on peut admettre dans l'ordre constitutionnel vénézuélien que les sentences de la Cour suprême qui déclarent la nullité d'une loi appartiennent à la catégorie des sentences déclaratives et produisent des effets dans le passé. En premier lieu, lorsque la Constitution elle-même qualifie une loi ou un acte d'Etat, comme étant nul et inefficace, hypothèse qui est prévue dans les articles 46 et 119 de la Constitution; et en second lieu, quand la Cour suprême estime et déclare de manière expresse, cas par cas, que la loi déclarée inconstitutionnelle est nulle de nullité absolue(320), la seconde hypothèse, malgré la difficulté devant laquelle nous nous trouvons pour établir ses limites théoriques, eu égard aux conceptions relativement larges antérieurement présentées, nous impose par logique juridictionnelle de laisser la question en suspens(321) afin de respecter la souveraineté et l'autonomie de la Cour suprême. Mais en tout cas, si la Cour suprême de justice ne qualifie pas de manière expresse dans sa décision que la loi qu'elle déclare nulle est viciée de nullité absolue, il faut bien considérer comme en vigueur le principe général ci-dessus indiqué de la nullité relative, et les juges d'instance ne peuvent se substituer aux décisions de la cour, ni apprécier, par eux-mêmes, les effets de ses décisions.

En ce qui concerne la première exception au principe général de la nullité relative des lois inconstitutionnelles et des effets constitutifs des sentences de la cour, celle-ci se base sur un texte exprès, ce qui évidemment confirme la règle. En effet, l'article 46 de la Constitution contient la première des normes qui déclare, *per se*, la nullité absolue des pouvoirs publics, y compris les lois: «Tout acte des pouvoirs publics -dit la norme- qui viole ou réduit les droits garantis par cette Constitution est nul, et les fonctionnaires ou employés publics qui l'ordonnent ou l'exécutent encourent une responsabilité pénale, civile et administrative, selon le cas, sans qu'ils puissent invoquer pour excuse les ordres reçus de leurs supérieurs et manifestement contraires à la Constitution et aux lois». Conformément à cette

(319) Ainsi que le montre J.G. ANDUEZA, a La différence qui existe entre un acte nul et celui qui est annulable doit être vue à travers la nature du dispositif du jugement. Si la décision est seulement déclarative, avec effet rétroactif, lorsque l'acte est annulé pro preterito on peut affirmer être en présence d'une nullité absolue. Au contraire, lorsque le juge prononce une décision constitutive, avec effet ex nunc, pro f uturo, le vice a seulement comme conséquence l'annulabilité de l'acte de l'Etat p, *op. cit.*, pp. 92-93 .

(320) Dans un décision isolée, la Cour a souligné en ce sens, en annulant une ordonnance municipale contraire à l'égalité fiscale, crue les infractions à la Constitution «vicient de nullité absolue toutes ses dispositions». *V.* décision de la CFC en SPA du 28-3-41, *Memoria* 1942, p. 158.

(321) *Cf.* J.G. ANDUEZA, *op. cit.*, p. 93.

première exception expresse, une loi qui, par exemple, établirait une discrimination fondée sur «la race, le sexe, la religion ou la condition sociale» [(322)] violerait expressément le droit à l'égalité garanti par la Constitution, et selon le texte constitutionnel de l'article 46 serait «nulle», viciée de nullité absolue, ne pourrait produire aucun effet juridique et partant, ne pourrait être appliquée par aucune autorité sous peine d'engager sa responsabilité. Dans de tels cas, la décision de la Cour suprême lorsqu'elle déclare la nullité pour inconstitutionnalité, ne peut être que purement déclarative, en vertu du texte exprès de la Constitution: la constatation d'une nullité déjà constatée dans la Constitution, annule ainsi la loi quant à l'avenir et au passé, en ce sens qu'en raison de la déclaration de nullité de la loi par la Constitution elle-même, la loi n'a jamais pu produire d'effets. En supposant qu'il y ait doute sur les droits garantis par la Constitution, et que ces droits soient ceux prévus par l'article 46 dudit texte, la sentence ne pourrait avoir d'effets constitutifs, laissant ainsi intacts les effets produits par une loi inconstitutionnelle antérieure à la déclaration de nullité de la cour.

Le second cas de réglementation expresse faisant exception au principe de l'effet constitutif des sentences de la Cour suprême déclarant la nullité pour cause d'inconstitutionnalité des lois, est prévu par l'article 119 de la Constitution, lequel établit que «toute autorité usurpée est inefficace, et ses actes sont «nuls»; et il faut entendre par usurpation d'autorité «le vice attaché à tout acte ordonné par une personne totalement dépourvue d'autorité»[(323)]; c'est à dire que «l'usurpateur d'autorité est toute personne qui l'exerce sans aucune investiture, ni régulière, ni pré-établie. Le concept d'usurpation, en ce cas, se dégage lorsqu'une personne qui n'a pas d'*auctoritas* agit comme autorité[(324)], dans le sens où la Constitution elle-même emploie le terme autorité»[(325)], et ainsi, comme l'indique la Constitution, l'autorité usurpée est inefficace et ses actes nuls. Cette seconde hypothèse prévue par un texte extrait de la Constitution qui déclare «nul», «vicié de nullité absolue» et inefficace un acte étatique, implique que la sentence qui déclare la nullité, par exemple, d'une «loi» édictée par un gouvernement organisé par la force[(326)], peut seulement avoir des effets déclaratifs de nullité, déjà expressément établis par la Constitution elle-même.

Mais, nous insistons, sur ce point, en dehors de ces deux normes précises de la Constitution, selon lesquelles le texte constitutionnel déclare la nullité absolue d'une loi, ce qui produit, comme conséquence, que la sentence de la Cour suprême de justice déclarant la nullité pour inconstitutionnalité ait des effets purement déclaratifs, on pourrait seulement admettre comme une exception au principe adopté par notre système constitutionnel concernant les effets constitutifs des sentences de la Cour suprême déclarant la nullité pour inconstitutionnalité des lois considérées en règle générale comme viciées de nullité relative, les cas dans

(322) Art. 61 de la Constitution.
(323) *V.* Allan R. BREWER CARÍAS, *Las instituciones fundamentales..., op. cit.*, p. 62.
(324) *Idem, p.* 59.
(325) Art. 250 de la Constitution.
(326) Dans le sens de l'art. 250 de la Constitution.

lesquels la Cour suprême elle-même énonce de manière expresse la nullité absolue dans sa sentence, ce qui pourrait arriver par exemple dans quelques hypothèses de fonctions usurpées, concept constitutionnel entièrement distinct de celui d'usurpation d'autorité déjà mentionné.

Comme nous l'avons indiqué, nous pouvons conclure, en principe général, que toute sentence déclarant la nullité pour inconstitutionnalité des lois émanant de la Cour suprême de justice, en Assemblée plénière, conformément à l'article 215, paragraphe 3 et 4 de la Constitution, produit des effets *erga omnes,* et a le caractère d'une sentence constitutive, de nullité relative, à moins que le texte même de la sentence ne déclare la nullité absolue de la loi ou bien qu'elle ne se réfère aux articles 46 et 119 de la Constitution; en ce cas, elle serait déclarative[327]. Cependant, même dans cette hypothèse, cette absence de rétroactivité de la sentence n'est pas absolue, car, en réalité, elle suppose que toutes les situations particulières, nées de l'application de la loi déclarée «nulle», sont susceptibles de contestation[328]. Par contre, on pourrait soutenir que les situations juridiques pour lesquelles les délais de caducité du recours sont écoulés demeureraient inchangées.

C. Le contrôle de la constitutionnalité des autres actes de l'Etat

(a) Les actes judiciaires et les actes administratifs

La suprématie constitutionnelle implique que non seulement les lois doivent être soumises à la Constitution mais aussi tous les actes des Etats qui doivent être assujettis au texte fondamental: pour que cette suprématie soit effective, il faut des mécanismes de contrôle afin de pouvoir contester ces autres actes des Etats, lorsqu'ils sont inconstitutionnels.

Quant aux actes judiciaires, au Vénézuéla, ils peuvent être contestés à l'aide des recours d'appel que l'ordre procédural judiciaire consacre et certains, même les plus importants, peuvent être contestés grâce au recours en cassation devant la Cour suprême de justice[329]. Avec ce dernier recours, la cour exerce un contrôle de la constitutionnalité et de la légalité des actes judiciaires.

Les actes administratifs généraux ou individuels, d'autre part, peuvent être contestés devant la Cour suprême de justice ou devant les tribunaux administratifs au moyen du recours contentieux en annulation par lequel la cour exerce un

---

(327) *V.* Allan BREWER-CARÍAS, *Las instituciones fundamentales..., op. cit.,* p. 60.

(328) Ceci est le critère, avec lequel nous sommes d'accord, du procureur général de la République. Nous nous en séparons, lorsque le procureur estime que toutes les décisions déclaratoires de nullité d'une loi ont un caractère déclaratif et, par conséquent, ont des effets vis-à-vis du passé. *V.* le critère du 12-11-68, *Doctrina PGR 1968*, Caracas 1969, p. 20 et ss., notamment p. 25.

(329) *V.* art. 215, 10° de la Constitution. Les actes judiciaires, par conséquent, ne peuvent faire l'objet d'un recours pour inconstitutionnalité; *v.* décision de la CF du 20-5-55, *GF* n° 8, 1955, pp. 96-99; et décisions de la CSJ in SPA du 7-11-1963, *GF,* n° 42, 1963, p. 240 et ss. et du 27 mai 1964, *GF* n° 44, 1963, p. 75.

contrôle de constitutionnalité et de légalité de ces actes administratifs, c'est à dire, contrôle leur conformité au droit[330]. En aucun cas on n'admet au Vénézuéla le recours en inconstitutionnalité en tant qu'action populaire, contre les actes administratifs individuels; ceux-ci ne pouvant faire l'objet que d'un recours contentieux en annulation, même lorsque leurs vices sont des vices d'inconstitutionnalité.

(b) Les actes de gouvernement

Les actes de gouvernement, ou actes de caractère politique, sont au Vénézuéla ceux qui émanent du Président de la République dans l'exercice d'attributions qui lui sont conférées directement par la Constitution. Pour cette raison, il ne s'agit ni d'actes administratifs ni d'actes pour lesquels le Président doit se soumettre aux normes législatives. S'agissant des actes édictés par le Président dans l'exercice d'attributions constitutionnelles, le pouvoir législatif ne peut intervenir quant à la forme et aux modalités de leur édiction, car il se trouverait dans un cas d'usurpation de fonctions[331]. Parmi les actes de gouvernement prévus dans la Constitution vénézuélienne, se trouvent par exemple le décret de suspension ou de restriction des garanties constitutionnelles et le décret qui déclare l'état d'urgence[332] auxquels nous avons fait référence.

Pour cette raison, les actes de gouvernement, s'ils ne sont pas des actes soumis à la loi au sens strict, car la fonction de gouvernement ne peut être réglementée par le législateur, sont cependant des actes soumis à la Constitution puisqu'ils sont édictés par le Président de la République dans l'exercice de ses compétences constitutionnelles. Etant soumis à la Constitution, ils sont aussi soumis au contrôle de la constitutionnalité exercé par la Cour suprême de justice[333] et par là même, le Tribunal suprême peut déclarer leur nullité pour inconstitutionnalité, nullité absolue, *ergs omnes*. De cette manière et dans le domaine de la protection des droits et libertés publiques, le décret de suspension ou de restriction des garanties constitutionnelles pourrait être contesté, par la voie de l'action populaire, devant la Cour suprême de justice, pour inconstitutionnalité. Tel serait le cas, par exemple, d'un décret de suspension ou de restriction des garanties constitutionnelles qui toucherait au droit à la vie, au droit de ne pas être mis au secret ou torturé, et au droit à ne pas être condamné à perpétuité ou à une peine de prison supérieure à trente ans. Dans ce cas, le décret serait contraire aux dispositions de l'article 241 de la Constitution.

---

(330) Art. 206 et art. 215, 7° de la Constitution.

(331) *V.* Allan R. BREWER-CARÍAS, *Las instituciones fundamentales... op. cit.*, p. 324; Allan R. BREWER-CARÍAS, *Derecho administrativo,* Vol. I, Caracas 1975, p. 377 et ss. et 392 et ss.

(332) Art. 190, 6° et 240 et ss.

(333) Parmi les compétences de la Cour suprême figure celle qui permet de «déclarer la nullité des... actes de l'Exécutif national lorsqu'ils violent cette Constitution» (art. 215, 6°), distincte de celle qui permet de «déclarer la nullité des actes administratifs de l'Exécutif national, lorsqu'il y a lieu» (art. 215, 7°).

2. L'*amparo* (protection) judiciaire des libertés publiques

Il est incontestable que l'institution qui représente le mieux la garantie constitutionnelle des droits et libertés publiques est la protection appelée *amparo* judiciaire desdits droits et libertés; c'est à dire la possibilité donnée aux particuliers de recourir à l'autorité judiciaire afin que l'exercice de leurs droits ou la conservation de leurs libertés soit protégé. *L'amparo* judiciaire a été réglementé en Amérique latine sous trois formes fondamentales: comme un mécanisme judiciaire pour assurer la protection d'une seule liberté publique, la liberté personnelle (il prend alors la forme de *l'habeas corpus),* comme un instrument judiciaire tendant à protéger tous les droits et libertés consacrés dans la Constitution, comme une institution tendant à protéger tous les droits et libertés publics, à l'exception de la liberté personnelle protégée par le recours *d'habeas corpus; ou* comme une institution polyvalente qui contrôle tout l'ordre juridique, comme c'est le cas de *l'amparo* mexicain. Nous analyserons séparément ces diverses solutions en Amérique latine

A. Le jugement d'*amparo* au Mexique

Au Mexique, il a été consacré pour la première fois en 1847 dans l'Acte de réforme de la Constitution de 1824, par l'introduction d'un article ainsi rédigé:

> Article 25: Les tribunaux de la Fédération protégeront *(ampararán)* tout habitant de la République dans l'exercice et le maintien des droits que lui concèdent cette Constitution et les lois constitutionnelles, contre toute attaque des pouvoirs législatif et exécutif, soit de la Fédération, soit des Etats; ces tribunaux se limitent à octroyer leur protection dans le cas particulier sur lequel porte le procès sans faire aucune déclaration générale en ce qui concerne la loi ou l'acte qui l'a motivée[(334)].

Dans sa conception générale, l'*amparo* fut un mécanisme de protection des garanties constitutionnelles contre les actes des pouvoirs publics. Cependant, à partir de la Constitution de 1857, il a été élargi et l'on y a incorporé le contrôle de la constitutionnalité des lois, et même postérieurement en 1917, la protection contre les décisions judiciaires. Cet élargissement successif de l'*amparo* mexicain, qui l'a transformé en un instrument tutélaire de tout l'ordre juridique mexicain contre tout acte illégal ou inconstitutionnel émanant de n'importe quelle autorité[(335)] a donné à cette garantie dans l'éventail constitutionnel latino-américain, une particularité et une complexité qui la rendent unique en son genre[(336)].

---

(334) *V.* Héctor FIX-ZAMUDIO, «Algunos aspectos comparativos del derecho de amparo en México y Venezuela», in *Libro Homenaje a la memoria de Lorenzo Herrera Mendoza,* Vol. II, Facultad de Derecho, Caracas 1970, p. 336.

(335) *Idem, p. 339.*

(336) *V. en général,* Ignacio BURGOA, *El juicio de amparo*, México 1968.

Actuellement, l'*amparo* tel qu'il est défini par M. Héctor Fix Zamudio[337], envisage cinq types de protection a. En premier lieu, l'*amparo* fonctionne comme «protection de la liberté à semblable en cela au traditionnel «habeas corpus», et opère contre les actes d'autorité qui mettent en danger la vie, affectent la liberté personnelle en dehors de l'action judiciaire, impliquent la déportation ou l'exil, ou la condamnation à des peines infamantes.

b. En second lieu, l'*amparo* mexicain est utilisé pour contester les dispositions législatives considérées comme contraires à la Constitution fédérale, mais toujours à condition qu'elles affectent personnellement l'intéressé; c'est à dire par le biais d'une habilitation particulière. Sa décision n'a que des effets strictement particuliers, inter partes. Il ressemble en cela à l'un des mécanismes de contrôle de la constitutionnalité des lois analysé auparavant.

c. En troisième lieu, et c'est un des aspects de l'*amparo* mexicain qui le distingue de tous les autres, c'est un instrument de contestation des sentences judiciaires, lorsque l'on allègue que les dispositions légales ont été incorrectement appliquées par celles-ci. Etant un moyen de contrôle de la légalité des décisions judiciaires, il peut être assimilé au recours en cassation des autres systèmes judiciaires.

d. En quatrième lieu, l'*amparo* mexicain est utilisé aussi pour contester les actes des autorités administratives qui ont violé soit la Constitution, soit les lois, parmi lesquels on trouve ceux qui ont porté atteinte aux droits et libertés publiques. Sous cet aspect, il peut être assimilé aux recours contentieux administratifs d'annulation existant dans d'autres systèmes latino-américains.

e. Enfin, l'*amparo* mexicain à partir des réformes de 1962 et de 1963, s'est transformé en un instrument de protection pour les paysans lors de la réforme agraire, pour la défense de leurs droits collectifs et individuels qui tiennent à leur condition de paysan.

De tout ce qui précède, on peut déduire que la grande particularité de l'*amparo* mexicain est d'avoir fondu en une seule institution tout ce qui constitue dans d'autres systèmes, comme le système vénézuélien par exemple, des recours différents: le recours d'habeas corpus ou protection de la liberté personnelle; le contrôle de la constitutionnalité des lois; le recours de cassation; le recours contentieux en annulation; et les recours devant les tribunaux agraires.

B. Le recours d'*amparo*

(a) Le recours d'amparo comme garantie de tous les droits et libertés publiques

a. Les cas du Honduras et du Nicaragua: Sous l'influence mexicaine, d'autres systèmes latino-américains consacrent le recours d'*amparo* à la protection de tous les droits et libertés publics. C'est le cas pour le Honduras et le Nicaragua ou

(337) *V.* Héctor FIX-ZAMUDIO, «Algunos aspectos comparativos...» *loc. cit.*, pp. 345-346

l'*amparo* est un mécanisme de protection de tous les droits et libertés publics consacrés constitutionnellement y compris la liberté personnelle. Dans ces deux pays, en outre, le recours d'*amparo* est utilisé (toujours selon l'exemple mexicain) pour contester les dispositions législatives prises en violation de la Constitution, ce qui entraîne le rejet de la loi inconstitutionnelle, dans le cas concret avec des effets en conséquence inter partes[(338)].

Au Pérou, par exemple, la Constitution dans son article 69 et sous le nom d'habeas corpus, consacre un *amparo* pour protéger «tous les droits individuels et sociaux reconnus par la Constitution»; et bien que le Code de procédure pénale le limite à la protection de la liberté individuelle, l'interprétation jurisprudentielle de la Cour suprême a contribué à élargir son champ d'application[(339)].

Il faut signaler qu'au Brésil, la Constitution de 1891 a consacré le recours d'habeas corpus en faveur de tout individu qui subirait (ou se trouverait en danger imminent de subir) une violence causée par une illégalité ou un abus de pouvoir. Les termes génériques de la norme provoquèrent l'élargissement de l'habeas corpus, afin qu'il puisse servir de moyen de protection de toutes les garanties constitutionnelles, ce qui a donné naissance à la doctrine dite «brésilienne» de l'habeas corpus de Rui Barbosa et Pedro Lessa. Après la consécration du *mandado de segurança* dans la Constitution de 1934, la conception élargie de l'habeas corpus n'eut plus de raison d'être [(340)].

b. Le recours d'*amparo* au Vénézuéla: La Constitution vénézuélienne dispose dans son article 49, comme l'un des droits fondamentaux, ce qui suit:

> Les tribunaux protégeront (*ampararán*) tout habitant de la République dans la jouissance et l'exercice des droits et garanties que la Constitution établit, conformément à la loi. La procédure sera brève et sommaire et le juge compétent sera habilité à rétablir immédiatement la situation juridique affectée.

De cette manière, la Constitution de 1961 introduit dans la législation vénézuélienne le recours d'*amparo* non seulement en ce qui concerne la liberté personnelle qui avait été prévue dans la Constitution de 1947, mais aussi en ce qui concerne les droits et garanties «que la Constitution établit». La prescription constitutionnelle, cependant, assujettit le recours d'*amparo* aux conditions établies par la loi, raison pour laquelle, «dans le but de ne pas laisser son efficacité suspendue jusqu'à la promulgation de la loi correspondante, le droit *d'habeas corpus* est consacré dans les Dispositions transitoires, comme une mesure provisoire» [(341)].

---

(338) *V.* Héctor FIX-ZAMUDIO, «La protección procesal de las garantías...», *loc. cit.*, p. 98; R. ALBORNOZ BERTI, «El Estado moderno y los derechos fundamentales del hombre», *RFD/ULA*, n° 15, Mérida 1967, pp. 202-203

(339) *V.* Jorge TAPIA VALDÉS, *Hermenéutica constitucional. La interpretación de la Constitución en Sudamérica*, Santiago du Chili 1973, p. 98.

(340) *V.* Jorge TAPIA VALDES, *op. cit.*,. pp .72 et ss.

(341) *V.* exposé des motifs du projet de constitution, *RFD/UCV* n° 21, Caracas 1961, p. 381; *v.* aussi art. 32 de la Constitution de 1947; art. 49 de la Constitution de 1961.

La cinquième Disposition transitoire a réglementé de cette manière l'*amparo* à la liberté personnelle, jusqu'à ce que soit édictée la loi spéciale la concernant; cette norme est encore en vigueur en 1976 à cause de l'absence de la loi réglementant le recours constitutionnellement promis. Le résultat de cette situation a été évidemment qu'à la seule exception de la liberté personnelle réglée transitoirement par *l'habeas corpus,* les autres droits et garanties constitutionnels n'ont pas bénéficié de la protection par le recours d'*amparo.* Voilà pourquoi, par défaut de législation, un moyen précis de contrôle judiciaire des actes arbitraires de l'administration n'existe pas et ce à cause du caractère «programmateur» de la norme constitutionnelle.

Les dispositions précises de la Constitution qui ne prévoient directement que l'*amparo* à la liberté personnelle[(342)] ne furent cependant pas un obstacle pour certains juges d'instance. Devant les insuffisances constitutionnelles, vers la fin des années 60, ils commencèrent à admettre les recours d'*amparo* afin de protéger des libertés ou garanties autres que celles de la liberté individuelle[(343)]. Le problème de l'interprétation cependant, devait être résolu rapidement par la Cour suprême de justice à la fin de 1970[(344)] qui signalait en se référant à la cinquième Disposition transitoire, que la protection de tout autre droit, établi ou non par la Constitution, était exclue du champ d'application de cette norme, l'intention du constituant de limiter sa portée au cas expressément prévu par elle, étant évidente. La cour qualifia les décisions adoptées par les juges d'instance dans la procédure

(342) En ce sens, le critère de la «Procuraduría General de la República» fut considéré comme traditionnel (*V.* par exemple doctrine du 14-10-65, *Doctrina PGR 1965,* Caracas 1967, p. 267 et ss.).

(343) Dans une décision du 13-9-1968 du septième juge pénal de première instance du District fédéral, confirmé par un décision du 4-10-68 de la seconde Cour suprême pénale du District fédéral, l'*amparo* fut octroyé à un citoyen contre un acte administratif qui ordonnait la confiscation de sa voiture au motif qu'elle n'avait pas été régulièrement importée (*v.* R. ESCALA ZERPA, *Recurso de amparo contra arbitrariedad de funcionario público,* Caracas 1968). De même, à la date du 14-4-69, un autre juge civil de première instance du District fédéral accorda le recours d'*amparo*, confirmé par une décision du 14 juillet 1969 de la Cour suprême civile et commerciale du District fédéral, contre un acte de la police judiciaire technique qui maintint en détention un particulier et l'obligea à reconnaître être le père d'un mineur et à verser une pension alimentaire. Ces décisions, dont les références figurent dans la publication périodique *Síntesis jurídica (Escritorio Santana Mujica),* ont été commentées par cette publication dans les termes suivants: «Il faut souligner ces premières décisions, émanant de juges pénaux et civils, qui marquent une étape formatrice dans la lente marche de notre pays vers un état de droit; la thèse restrictive, soutenue initialement selon laquelle l'*amparo*, en dépit de sa consécration par la Constitution, n'était pas applicable dans le pays en l'absence de réglementation, y est tenue en échec. Aujourd'hui on admet que n'importe quel juge est compétent pour connaître d'un tel recours et prendre une décision à son sujet, que la décision rendu n'a pas à être précédé d'un avis, que l'absence de procédure n'empêche pas la validité de l'*amparo* dès lors que la Constitution affirme que «l'absence de loi de réglementation pour ces droits ne saurait porter atteinte à leur exercice» (art. 50 CN), et qu'il est accordé contre tout acte public ou privé qui méconnaît, diminue ou altère les garanties constitutionnelles». Ce critère toutefois était de toute évidence erroné non seulement en ce qui concerne la citation du texte constitutionnel sur la validité de l'*amparo* -lequel ne joue qu'en matière de liberté personnelle tant que n'est pas édictée la loi correspondante-, mais aussi parce qu'un tel recours ne jouerait jamais contre des actes «privés»: il ne s'applique qu'aux actes publics.

(344) Dans la décision de la CSJ en SPA du 11-11-70, *GO* n° spécial 1447 du 15-12-70, pp. 27-28, transparaît déjà l'interprétation qui sera adoptée plus tard: «A la différence d'autres situations pour lesquelles le Congrès n'a pas encore déterminé légalement quel est le juge compétent et la procédure à suivre pour obtenir l'*amparo* judiciaire... ».

pénale protégeant d'autres droits distincts de la liberté personnelle, comme un «dépassement de leurs attributions» [(345)].

Pour arriver à cette conclusion, la Cour suprême de justice qualifia la norme de l'article 49 de la Constitution de norme programme. La cour fit remarquer, en effet, que cette norme «n'est pas une norme directe et immédiatement applicable par les juges, mais un précepte programmateur, partiellement réglementé pour le jour où fut promulguée la Constitution et s'adressant particulièrement au Congrès, qui est l'organe auquel il incombe de réglementer les garanties constitutionnelles, conformément aux articles 136-24°, et 139 de la Constitution. C'est l'interprétation que la cour donne à l'article 49 après avoir analysé ses dispositions isolément afin de dissocier l'esprit du constituant du langage utilisé par celui-ci pour exprimer sa volonté. Mais cette interprétation grammaticale est fortifiée par l'observation complémentaire que le constituant se serait abstenu de réglementer l'application de *l'habeas corpus, s'il* avait considéré que pour rendre effectif l'*amparo* il suffisait de s'en référer à l'article 49 et à ce qui y était dit, sans avoir besoin d'une réglementation légale pour déterminer la juridiction compétente et le mode de procédure» [(346)]. Par conséquent, ajouta la cour, «le Constituant suppose l'existence d'une loi antérieure au fait ou à l'acte qui affecte le droit dont on sollicite la protection; qui autorise des juges déterminés à agir dans le sens demandé; et qui établisse une procédure adéquate au but pour suivi. Etant donné le nombre et la variété des situations juridiques dans lesquelles un droit ou une garantie constitutionnelle peuvent être compromis, il était indispensable que le Constituant laissât au législateur ordinaire le pouvoir d'établir les règles à l'aide desquelles les tribunaux doivent protéger la jouissance et l'exercice des droits et garanties constitutionnels, en ne tenant pas compte seulement des prescriptions déjà existantes et qu'il est nécessaire d'apprécier pour attribuer à un tribunal déterminé la connaissance d'une affaire et établir la procédure à suivre dans chaque situation» [(347)].

D'après cette situation, le recours d'*amparo* à la liberté personnelle ou *habeas corpus,* est le seul domaine dans lequel s'exerce actuellement au Vénézuéla le recours d'*amparo.*

En tout cas, ce n'est pas le seul moyen juridictionnel de protection et d'*amparo* des droits constitutionnels contre les actes arbitraires de l'administration, car bien que l'*amparo* soit limité à la liberté personnelle jusqu'à ce que soit édictée la loi correspondante, cela ne veut pas dire que les particuliers affectés par des actes arbitraires ou pris en violation des droits individuels, se trouvent totalement dépourvus de recours. Au contraire, ils peuvent utiliser soit les voies

---

(345) *V.* Sentence de la CSJ en SPA du 14-12-70, *GO* n° 29434 du 6 février 1971, pp. 219984 et 219985, et *GF* n° 70-1970, p. 179 et ss. Cette décision fut ratifiée par une décision de la même Cour du 26 avril 1971, *GO* n° spécial 1478 du 16-7-71, p. 31 et *Repertorio Forense* n° 1741 du 12 avril 1971, p. 4 et ss.; et par l'Accord du 24 avril 1972, *GO* n° 29788 du 25-4-72, p. 222865. Le critère de la Cour a été également retenu par la «Procuraduría General de la República». *V. Doctrina PGR 1970,* Caracas 1971, p. 37 et ss. et les références, note n° 14.

(346) *V.* la décision de la CSJ en SPA du 14-2-70, *GF* n° 70, p. 179 et ss.

(347) *Idem.*

ordinaires[(348)] soit les voies de contrôle juridictionnel de la légalité des actes administratifs devant la juridiction administrative[(349)]. Bien plus, dans le cas où le recours d'*amparo* serait légalement réglementé, il faudrait l'exclure des cas où d'autres voies de protection sont prévues, comme par exemple l'hypothèse du recours contentieux[(350)] ou les actions possessoires. Il est évident que jusqu'à ce que soit édictée ladite loi, les particuliers sont dépourvus de recours contre les violations de leurs droits et garanties constitutionnels commises par l'administration à la suite d'une voie de fait, c'est à dire, par des actes matériels pour lesquels les agissements arbitraires de l'administration ne s'appuient pas sur un acte administratif.

Enfin, on doit signaler que l'institution du recours d'*amparo* est conçue dans la Constitution vénézuélienne, au moins par la réglementation partielle de, *l'habeas corpus* que constitue la cinquième Disposition transitoire en tant que moyen juridique de protection contre les agissements de l'Etat qui touchent ou réduisent les droits et garanties constitutionnels mais ne serait pas admis contre les actes des particuliers qui affectent d'autres particuliers[(351)]. Les voies judiciaires ordinaires sont précisément ouvertes dans ces hypothèses. En tout cas, dans la loi réglementant le recours d'*amparo*, la protection pourrait être étendue aux actes des particuliers[(352)].

(b) Le recours d'amparo comme garantie de tous les droits et libertés publiques à l'exception de la liberté personnelle.

a Le régime général: On peut considérer qu'en Amérique latine la réglementation du recours d'*amparo* comme institution séparée du recours *d'habeas corpus* est fréquente; la première étant destinée à protéger tous les droits

---

(348) Dans le cas où « l'action est consacrée à la défense de droits définis et protégés par le droit commun» comme des droits qui feraient l'objet d'actions possessoires, *v.* décision de la CSJ en SPA du 11-11-70, *GO* n° 1447 du 15-12-70, p. 27.

(349) En ce sens, la Cour suprême a indiqué, devant un acte administratif d'expulsion d'un étranger, contre lequel l'*amparo* était demandé, que «la mesure d'expulsion ayant été qualifiée d'acte administratif, il est évident que l'intéressé peut recourir devant la Cour, s'il considère que l'acte est nul pour inconstitutionnalité ou illégalité» -et, quant aux décisions contenues dans la décision du juge pénal de première instance qui avait accordé l'*amparo*, «que ce juge n'était pas habilité à connaître du recours d'habeas corpus et à statuer à ce propos» (*v.* la décision de la CSJ en SPA du 26-4-71, *GO* n° spécial 1478, du 16 juillet 1971- *v.*, sur l'ensemble de la question, J.G. SARMIENTO NUÑEZ, «El amparo contra los actos administrativos», Ministerio Público, Caracas, janvier-avril 1971, pp. 127-132).

(350) *Cf.* Hildegard RONDÓN DE SANSÓ, *El sistema contencioso administrativo de la carrera administrativa,* Caracas 1974. p. 350. Il convient d'indiquer, en toute hypothèse, que le recours d'*amparo* n'est pas prévu dans l'ordre constitutionnel vénézuelien comme une institution susceptible d'absorber le contrôle de la légalité des actes administratifs par la voie contentieuse ou de se substituer à lui-ce qui pourrait être le cas dans d'autres systèmes juridiques tel le système mexicain (*v.* en particulier H. FIX-ZAMUDIO, «Algunos aspectos comparativos... », *loc. cit.,* Vol. II, pp. 333-389). La réglementation légale devra donc distinguer les conditions de mise en jeu de ces deux voies de protection juridictionnelle.

(351) *Cf.* M. GUAICAIPURO MARTÍNEZ, «Acción de amparo. Legitimación pasiva», *Doctrina PGR* 1971, Caracas 1972, p. 9 et ss.

(352) *V.* Ramón ESCOVAR SALOM, *El amparo en Venezuela,* Caracas 1971, p. 101

et libertés publiques à l'exception de la liberté personnelle, qui est l'objet d'une protection spéciale, *l'habeas* corpus.

C'est le cas de l'Argentine, du Guatemala, du Salvador, de Costa Rica, de Panama, de la Bolivie, de l'Equateur et du Paraguay[(353)] où les constitutions elle-même ou les lois réglementant l'*amparo* le différencient de *l'habeas corpus*[(354)].

b. L'action d'*amparo* en Argentine: Parmi ces différents systèmes juridiques, il convient de mettre en relief l'institution de l'action d'*amparo* en Argentine.

Réglementée par la loi en 1966, c'est une création prétorienne de la Cour suprême d'Argentine à partir de 1957[(355)]. Malgré l'absence de normes législatives qui la consacrent, le Tribunal suprême se considéra habilité à créer un remède très sommaire, semblable à *l'habeas corpus,* et destiné à protéger d'une façon expéditive les libertés publiques non soumises à ce dernier recours[(356)].

Dans une décision de la Cour suprême du 27 décembre 1957 qui résolvait le affaire d'Angel Siri à l'occasion de la fermeture arbitraire pour un temps indéterminé du local du journal *Mercedes* dans la province de Buenos Aires, la Cour consacra la doctrine suivante résumée par M. Segundo V. Linares Quintana:

> La preuve immédiate de la restriction évidente d'une liberté constitutionnelle, sans ordre de l'autorité compétente, ni cause qui la justifie, est suffisante pour que la garantie constitutionnelle invoquée soit rétablie par le pouvoir judiciaire dans son intégrité; sans que l'on puisse alléguer l'inexistence d'une loi réglementant ladite garantie; étant donné que les garanties individuelles existent et protègent les individus par le seul fait qu'elles sont consacrées par la Constitution et indépendamment des lois de réglementation, lesquelles ne sont nécessaires que pour établir dans quels cas et avec quelles justifications on pourra procéder à leur suppression, car les préceptes constitutionnels, aussi bien que l'expérience constitutionnelle du pays, réclament la jouissance et le plein exercice des garanties individuelles pour que l'Etat de droit ait une application effective et que les juges assument le devoir de les assurer[(357)].

La doctrine du affaire Sir, élargie dans la décision du affaire Samuel *Kot SRL,* du 5 septembre 1958, consacra l'application de l'action d'*amparo* vis-à-vis des actes de particuliers[(358)] le droit d'une entreprise textile fut protégé, lors de l'occupation de cet établissement par un groupe organisé d'ouvriers qui s'en étaient emparés afin d'améliorer leur condition dans un conflit collectif de travail.

---

(353) *V.* Héctor FIX-ZAMUDIO, «La protección procesal de las garantías... », *loc. cit.,* pp. 91-98.

(354) *V.* par exemple, la Constitution du Costa Rica qui s'exprime ainsi (art. 48): «Pour maintenir ou rétablir la jouissance des autres droits consacrés par cette Constitution, toute personne bénéficie du recours d'*amparo* dont connaîtront les tribunaux dans les termes fixés par la loi». Pour sa part, la Constitution de Bolivie énonce (art. 19): «En dehors du recours d'habeas corpus, auquel se réfère l'article précédent, le recours d'*amparo* est admis contre les actions illégales ou les omissions indues des fonctionnaires ou des particuliers qui restreignent, suppriment ou menacent de restreindre ou de supprimer les droits et garanties de la personne reconnues par cette Constitution et par les lois... ». *V.* Héctor FIX-ZAMUDIO, *Idem.,* pp. 96-97.

(355) *V.* Jorge TAPIA VALDÉS, *Hermenéutica constitucional..., op. cit.,* pp. 59 et ss.

(356) *V.* Genaro R. CARRIO, *Algunos aspectos del recurso de amparo,* Buenos Aires 1959, p. 10.

(357) *V.* Segundo V. LINARES QUINTANA, *Acción de amparo,* Buenos Aires 1960, pp. 21-22.

(358) *Idem, p.* 25 et ss.

L'action d'*amparo* fut réglementée par la loi n° 16986 du 18 octobre 1966 mais en même temps on limita son champ de protection.

Conformément à ladite loi, l'action est soumise aux limitations suivantes: l'action ne peut être engagée dans les cas où existent d'autres recours judiciaires ou administratifs permettant d'obtenir la protection du droit concerné, ou lorsque l'intervention judiciaire peut compromettre la régularité, la continuité ou l'efficacité de la prestation d'un service public ou le déroulement des activités de l'Etat. D'autre part, l'action d'*amparo* ne peut être utilisée lorsqu'il s'agit de l'inconstitutionnalité des lois, décrets ou ordonnances. Enfin la Loi nationale d'*amparo* a limité l'admission de l'action d'*amparo* à la contestation des actes des pouvoirs publics, raison pour laquelle on a abandonné la jurisprudence reposant sur le affaire Kot déjà mentionné[(359)].

C. La protection d'*amparo* de la liberté de la personne: l'*habeas corpus*.

L'habeas corpus, comme moyen de protection de la liberté individuelle est sans doute la plus traditionnelle des solutions judiciaires retenues dans l'hypothèse de violation des droits et libertés publiques. C'est une institution adoptée par presque tous les pays d'Amérique latine[(360)]. Elle constitue une garantie destinée à protéger la liberté individuelle, principalement dans le cas de détentions arbitraires et illégales effectuées par les autorités administratives. En général, le procès est rapide et peut être intenté par n'importe quelle personne au nom de la personne affectée.

Dans certains systèmes, comme ceux du Nicaragua ou du Salvador, *l'habeas corpus* (comme cela se produit dans l'institution traditionnelle anglaise), vaut aussi contre la privation illégitime de la liberté effectuée par des particuliers[(361)].

Au Vénézuéla, bien que l'institution de *l'habeas corpus* destinée à protéger la liberté individuelle ait été réglementée par la Constitution de 1947, celle de 1961 a intégré cette institution dans le recours d'*amparo*, établi pour tous les droits et libertés publiques. La Constitution elle-même, afin d'assurer l'entrée en vigueur immédiate de l'*amparo* de la liberté personnelle et ne pas le soumettre à la condition que le législateur vote la loi se rapportant à l'article 49 de la Constitution, a prévu dans la cinquième Disposition transitoire de la Constitution, la procédure *d'habeas corpus,* de la façon suivante:

«L'*amparo* de la liberté personnelle, jusqu'à ce que soit édictée la loi spéciale qui le réglemente, conformément à l'article 49 de la Constitution, devra être conforme aux normes suivantes:

---

(359) *Cf.* Augusto M. MORELLO, *Protección procesal de los derechos humanos en Argentine* (rapport présenté au V° Congrès de droit processuel, México 1972), *cit.* par H. FIX-ZAMUDIO, «Protección procesal... », *loc. cit.*, pp. 60-61

(360) *Cf.* Héctor FIX-ZAMUDIO, «La protección procesal de las garantías... », *loc. cit.*, p. 80.

(361) *Idem.*

Toute personne qui sera l'objet de privation ou de restriction de sa liberté, avec violation des garanties constitutionnelles, aura le droit de demander que le juge de première instance pénale qui aura juridiction là où l'acte aura été exécuté ou bien là où se trouvera la personne lésée, prenne un mandat *d'habeas corpus.*

La demande étant reçue après avoir été déposée par n'importe quelle personne, le juge ordonnera sur le champ au fonctionnaire chargé de la garde de la personne lésée qu'il enquête dans un délai de vingt-quatre heures sur les motifs qui ont causé la privation ou la restriction de la liberté et ouvrira une investigation sommaire.

Le juge décidera, dans un délai qui ne pourra en aucun cas dépasser quatre-vingt-seize heures après la requête, la remise en liberté immédiate de la personne lésée, ou la cessation des restrictions qui lui ont été imposées, s'il constate que les formalités légales n'ont pas été remplies pour procéder à cette privation ou restriction de la liberté. Le juge pourra faire dépendre cette décision de l'octroi d'une caution ou de l'interdiction pour la personne lésée de quitter le pays pendant un délai qui ne pourra dépasser trente jours et s'il le considère nécessaire.

La décision prise par le juge. de première instance devra être soumise à l'avis du juge supérieur, auquel on enverra le dossier le jour même ou le jour suivant. Cette consultation n'entravera pas l'exécution immédiate de la décision. Le Tribunal supérieur prendra une décision dans les soixante-douze heures qui suivront la réception du dossier»[(362)].

En dehors des critiques de procédure qui peuvent être faites à cette réglementation provisoire, il convient de remarquer que rien n'est précisé en ce qui concerne la responsabilité du fonctionnaire public qui a ordonné la détention illégale ou arbitraire[(363)]. Cette responsabilité resterait donc engagée conformément à l'article 46 de la Constitution, de la manière que l'on a étudié antérieurement.

D. Le «mandement» de sécurité au Brésil (*mandado de segurança*).

La Constitution du Brésil de 1934, dans son article 113, paragraphe 33, établit ce qui suit:

> On établira un *mandado de segurança* pour la défense d'un droit certain et incontestable, menacé ou violé par un acte manifestement inconstitutionnel ou illégal émanant de n'importe quelle autorité. La procédure sera la même que celle de *l'habeas corpus,* la personne devant toujours être entendue. Le mandement n'entrave pas les actions pétitoires correspondantes[(364)].

---

(362) On peut lire un commentaire de cette norme in Gustavo RODRÍGUEZ R., *Normas que regulan el habeas corpus en el Derecho venezolano,* Caracas 1964.

(363) *V.* R. ALBORNOZ BERTI, «El Estado moderno y los derechos fundamentales del hombre», *loc. cit.*, p. 198 et ss.

(364) *V.* Segundo V. LINARES QUINTANA, *op. cit.*, p. 59.

De cette manière, l'élargissement démesuré de *l'habeas corpus* qui s'était effectué par l'application de la doctrine dite «brésilienne» de *l'habeas corpus* et qui, on l'a dit, a permis la protection de toutes les garanties constitutionnelles grâce à elle, est devenue superflue à partir de l'institution du *mandado de segurança* de 1934. De cette façon commença le développement d'une institution caractéristique du Brésil pour la protection judiciaire des droits et libertés publiques.

En effet, dans la Constitution de 1946, article 141, paragraphes 23 et 24, la différence entre *l'habeas corpus* et le *mandado de segurança* fut précisée de la façon suivante (texte qui a été maintenu dans la Loi suprême de 1967, article 150, paragraphe 21):

> *L'habeas corpus* aura lieu chaque fois qu'une personne subira ou sera menacée de subir des violences ou contraintes dans sa liberté ou sa faculté d'aller et venir, illégalement ou par suite d'un abus de pouvoir. Le cas de manquements disciplinaires ne correspond pas à *l'habeas corpus*. Afin de protéger le droit réel et certain qui n'est pas protégé par *l'habeas corpus*, on accordera un *mandado de segurança*, quelle que soit l'autorité responsable de l'illégalité ou de l'abus de pouvoir [(365)].

C'est ainsi qu'au Brésil, à côté de *l'habeas corpus*, existe le mandement de sécurité qui constitue une garantie de l'ordre constitutionnel destinée à la protection des droits et libertés publiques, à l'exception de la liberté personnelle et qui se traduit par un ordre du juge adressé à l'autorité administrative pour qu'elle prenne un acte déterminé ou s'abstienne de le faire, avec la possibilité pour ce même tribunal d'adopter des mesures de caractère protecteur[(366)].

En particulier, cet instrument de protection des droits et libertés publiques jouera contre les actes et les résolutions des autorités administratives, et il a même été admis exceptionnellement contre des décisions judiciaires[(367)], voire même contre des actes législatifs[(368)].

3. Les recours contentieux devant la juridiction administrative

En dehors du contrôle juridictionnel de la constitutionnalité des lois et des mécanismes d'*amparo* judiciaire des droits et libertés publiques, ces derniers peuvent faire aussi l'objet d'une protection contre les actes administratifs inconstitutionnels ou illégaux de la part de la juridiction administrative.

En effet, comme l'indique l'article 206 de la Constitution vénézuélienne:

> Les organes de la juridiction administrative sont compétents pour annuler les actes administratifs généraux ou individuels contraires au droit, y compris ceux qui sont

---

(365) *Idem*, pp. 59 et 60.

(366) *V.* sur l'ensemble du problème Héctor FIX-ZAMUDIO, Alejandro RÍOS ESPINOZA et Niceto ALCALÁ-ZAMORA, *Tres estudios sobre el mandato de seguridad*, México 1963.

(367) *V.* Hamilton de MORAES E. BARROS, *A protescao jurisdiccional dos dereitos humanos no direito positivo brasileiro* (Rapport présenté au *V°* Congrès international de droit processuel, México 1972) *cit.* par Héctor FIX-ZAMUDIO, «Protección procesal... », *loc. cit.*, p. 59

(368) *V.* Jorge TAPIA VALDES, *op. cit.*, p. 73.

entachés de détournement de pouvoir; condamner au paiement de sommes d'argent et à la réparation des dommages et préjudices dont l'administration porte la responsabilité, et prendre les mesures nécessaires pour le rétablissement des situations juridiques subjectives lésées par l'activité administrative

Cette juridiction appartient au Vénézuéla, à la Cour suprême de justice, Chambre politique-administrative, et aux tribunaux spéciaux qui ont été créés (Tribunal de la carrière administrative et Tribunaux de l'impôt sur le revenu)[369]. Grâce aux compétences déjà mentionnées, et particulièrement à la compétence d'annulation et à la faculté d'ordonner le rétablissement des situations juridiques subjectives lésées par l'activité administrative, on peut obtenir la protection des droits et libertés publiques illégalement restreints par les autorités administratives, par le biais de la déclaration de nullité de l'acte administratif, lorsque c'est le cas, ou du rétablissement de la jouissance du droit ou de la liberté violés.

De toute manière, il ne s'agit pas d'un moyen de protection rapide et expéditif, car il est soumis à une procédure compliquée avec des dispositions précises en ce qui concerne les conditions de recevabilité des recours contre les actes administratifs, et les exigences procédurales pour exercer un recours.

4. Les moyens judiciaires de la procédure ordinaire

La garantie procédurale permettant de protéger les droits et libertés publiques contre les décisions judiciaires qui les violent ou des restreignent illégalement, réside dans l'exercice des recours judiciaires de la procédure ordinaire, parmi lesquels se trouve le recours d'appel exercé devant le Tribunal d'appel[370] qui permet la révision de la décision judiciaire par le tribunal supérieur.

Mais parmi les moyens judiciaires de contrôle de la légalité des décisions judiciaires il convient de mettre en relief le recours en cassation. Il s'agit d'un moyen de contestation des sentences[371] devant la Cour suprême de justice, Chambre de cassation civile, commerciale ou du travail ou Chambre de cassation pénale, selon le cas, contre les sentences définitives de dernière instance[372].

En particulier et en ce qui concerne les droits constitutionnels, par exemple, le recours de cassation jouerait

a. S'il y a eu de la part des juges ayant prononcé la sentence, abus de pouvoir, incompétence *ratione materiae*[373] *ou si* l'arrêt avait été rendu par un juge n'ayant

(369) *V.* sur l'ensemble du problème, Allan R. BREWER-CARIAS, *Las instituciones..., op. cit.,* pp. 293-461; Hildegard RONDON DE SANSO, *El sistema contencioso administrativo..., op. cit.,* Caracas 1974; Allan R. BREWER-CARIAS, «Aspects généraux de la procédure contentieuse administrative au Vénézuéla», *Etudes et Documents 1972,* Conseil d'Etat, Paris 1973, p. 339 et ss.

(370) Art. 183 du Code de procédure civile (CPC).

(371) *V.* Allan R. BREWER-CARÍAS, «El proceso de impugnación en el Recurso de Casación», *Revista Rayas*, n° 7-8, Caracas 1962, p. 38.

(372) Art. 215-10° de la Constitution et art. 418 du Code de procédure civile (CPC).

(373) Art. 420-1° CPC.

pas compétence sur l'affaire *ratione materiae*(374), ce qui impliquerait la violation de l'article 69 de la Constitution qui garantit à tous d'être jugés par leurs juges naturels;

b. Si les juges chargés de la sentence se sont rendus coupables d'une usurpation de fonctions non conférées par la loi, ou si dans leur décision il y avait une violation expresse de la loi (375), *ou si* l'arrêt avait été rendu par un juge qui aurait statué sur l'affaire en méconnaissant les dispositions légales adéquates (376);

c. Si l'arrêt attaqué avait été rendu en l'absence de défense ou en méconnaissance des droits de la défense de l'une des parties(377), ce qui impliquerait une violation de l'article 58 de la Constitution qui garantit la défense comme droit inviolable;

d. Si la chose jugée était méconnue, alors qu'elle résultait d'une autre sentence(378), ce qui impliquerait une violation de l'article 60, 8° de la Constitution qui garantit que l'on ne pourra solliciter un jugement sur des faits déjà jugés;

e. Si l'arrêt se rapportait a un fait distinct de celui qui était reproché à l'accusé(379), ce qui impliquerait une violation de l'article 60,5° de la Constitution, qui exige qu'on notifie personnellement à l'accusé les charges retenues et qu'il soit entendu avant que l'on puisse le condamner pénalement;

f. Si l'arrêt condamnait pénalement sur la base de faits déclarés prouvés, mais qui ne sont ni des délits ni des fautes(380), ce qui impliquerait la violation de la garantie établie dans l'article 60, 2° de la Constitution qui établit qu'on ne peut être privé de liberté pour des obligations dont l'inaccomplissement n'a pas été légalement défini comme délit ou faute.

Enfin, on peut considérer aussi comme moyen procédural de défense des droits et libertés publiques vis-à-vis des décisions judiciaires, le jugement dit d'invalidation qui jouerait par exemple s'il y avait une erreur ou une fraude commise dans la citation en réponse à la demande ou si celle-ci avait été faite à un mineur, à une personne interdite ou inhabilitée(381), ce qui impliquerait la violation du droit constitutionnel à la défense(382); ou s'il existait une opposition entre cette sentence et une autre ayant autorité de chose jugée et qui aurait été prononcée entre les deux parties ou leurs ayants cause sur le même sujet(383), ce qui impliquerait une violation du droit constitutionnel(384) de n'être pas soumis à jugement pour les mêmes faits qui ont donné lieu à un jugement antérieur.

---

(374) Art. 330-7° du Code d'instruction criminelle (CEC).
(375) Art. 420-2° et 4° CPC.
(376) Art. 330-7° CEC.
(377) Art. 421-3° CPC.
(378) Art. 420-3° CPC.
(379) Art. 330-5° CEC.
(380) Art. 331-1° CEC.
(381) Art. 729-1° et 2° CPC.
(382) Art. 68 de la Constitution.
(383) Art. 729-5° CPC.
(384) Art. 60-8° de la Constitution.

En dernier lieu, il convient de remarquer que dans le domaine judiciaire ordinaire, on a établi des tribunaux spéciaux afin de protéger des droits déterminés particulièrement de caractère social: les tribunaux des mineurs pour protéger leurs droits sociaux; et les tribunaux agraires pour protéger les droits des paysans, ces derniers tribunaux ayant été créés par une loi datant du 22 avril 1976.

IV. LE CONTRÔLEUR PUBLIC DES DROITS ET LIBERTÉS PUBLIQUES

La vague de l'Ombudsman n'a pas encore atteint l'Amérique latine[(385)]; c'est à dire l'institution, selon le vieux modèle suédois d'un contrôleur indépendant de l'administration publique, particulièrement en ce qui concerne les droits et libertés publiques. Cette institution intéresse en Europe, le Danemark, la Norvège, la Grande-Bretagne, la France et l'Allemagne fédérale[(386)].

Cette idée d'un fonctionnaire indépendant délégué par le Parlement, pour veiller à la protection des droits et libertés publiques, propre à *l'Ombudsman,* ou à une institution comme la *Prokuratura* soviétique, chargée du contrôle de la légalité de l'action administrative en l'absence d'un contrôle juridictionnel, n'a pas été adoptée, généralement en Amérique latine. Cependant, certaines institutions latino-américaines peuvent présenter quelques ressemblances avec ces dernières. C'est le cas du Fiscal (Procureur) général de la République du Vénézuéla, fonctionnaire désigné par les Chambres législatives pour toute la période constitutionnelle (cinq ans) correspondante, et qui est chargé, outre ses fonctions de ministère public, de «veiller au respect des droits et garanties constitutionnels» [(387)]. Sans aucun doute, cette institution constitutionnelle vénézuélienne, par ses attributions, est celle qui ressemble le plus à *l'Ombudsman* nordique[(388)]. Cependant, la *Fiscalia* générale de la République n'a pas encore été, au Vénézuéla, le gardien effectif «des droits et garanties constitutionnels» comme le prévoit la Constitution et elle s'est limitée à exercer ses fonctions de ministère public et à «veiller à ce que les lois s'exécutent correctement et que la garantie des droits humains dans les prisons et autres établissements pénitentiaires soit réelle [(389)], ce qui, sans aucun doute, est beaucoup plus limité que sa compétence générale.

En 1969 a été créée au Vénézuéla une institution nouvelle: la Délégation présidentielle pour les plaintes et les réclamations[(390)], dont le fonctionnement a cessé en 1974. Cette institution a été considérée comme l'équivalent de

---

(385) *V.* G. BRAIBANT, N. QUESTIAUX et C. WIENER, *Le contrôle de l'administration et la protection des citoyens*, Paris 1973, p. 297.

(386) *V.* sur l'ensemble du problème, Donald C. ROWAT (ed.), *El Ombudsman,* México 1973.

(387) Art. 220-1° de la Constitution.

(388) *Cf.* Humberto J. LA ROCHE, «El Ombudsman en los países nórdicos y el caso de Venezuela», *RFD/LUZ,* n° 19, Maracaibo 1967, p. 9 et ss.

(389) Art. 220-4° de la Constitution.

(390) Décret n° 95 du 16 juillet 1969, *GO* n° 28927 du 17-7-69.

l'Ombudsman[391]; on créa la même institution en Colombie à la même époque. Cependant, en premier lieu, ces institutions n'avaient ni caractère légal, ni rang constitutionnel dès l'instant oh elles avaient été créées par décret du Président de la République; en second lieu, elles manquaient d'indépendance réelle vis-à-vis de l'administration publique; en troisième lieu, elles étaient dépourvues du pouvoir de décision, se bornant à accomplir simplement les formalités de présentation des plaintes et des réclamations, aux organes légalement compétents et enfin et surtout, elles n'avaient pas pour but le contrôle ni la surveillance des droits et libertés publiques vis-à-vis de l'action administrative, mais d'une façon générale, le fonctionnement de ladite administration. De par la nature de ses fonctions, nous considérons que 1a «Délégation présidentielle pour les plaintes et réclamations» ne peut être comparée à l'institution de l'*Ombudsman.*

D'autre part, on peut faire remarquer que la *Controlaría* de la République du Chili, institution unique en Amérique latine, compte tenu de ses fonctions de contrôle de la légalité des actes de l'administration publique, présente une certaine similitude avec la *Prokuratura* soviétique. En effet, la *Prokuratura* est tenue de surveiller la subordination de l'administration publique à la loi en vérifiant la conformité des actes de celle-ci à la légalité, de façon obligatoire et préalable[392]. De la même manière, l'une des fonctions les plus importantes de la *Controlaría General de la República* réside dans l'analyse obligatoire et préalable de la constitutionnalité et de la légalité des décrets dictés par le Président de la République et ses ministres, ainsi que la possibilité de les rejeter, quand ceux-ci ne sont pas conformes à la Constitution[393]. Dans l'accomplissement de ces fonctions de contrôle de la légalité et de la constitutionnalité des actes administratifs, le contrôleur général de la République a sans aucun doute, indirectement pour fonction de veiller à ce que les droits et garanties constitutionnels ne soient pas violés par l'administration.

V. AUTRES MOYENS DE PROTECTION

Parmi les moyens de protection des droits et libertés publiques contre les agissements et violations d'autres particuliers, on peut mentionner enfin les moyens propres à la «police administrative». La police, telle qu'elle est définie dans l'Ordonnance de police urbaine et rurale du District fédéral vénézuélien, «a pour objet de garantir la sécurité des personnes et de la propriété, la moralité, la santé et l'ordre publics a[394]. Par conséquent, on considère comme un devoir des

---

(391) *V.* Guillermo QUINTERO, «La experiencia venezolana del ombudsman presidencial», *Revue internationale de sciences administratives,* Bruxelles 1972, p. 312 et ss.; G. BRAIBANT, N. QUESTIAUX et C. WIENER, *op. cit.*, p. 297.

(392) *V.* J. RIVERO, *op. cit.*, p. 237.

(393) *V.* Enrique SILVA CIMMA, *Derecho administrativo chileno y comparado*, Vol. 2, Santiago du Chili 1961, p. 319.

(394) Art. 1, *Compilación legislativa municipal*, éditée par Luis TORREALBA NARVÁEZ, Caracas 1971, pp. 555-556.

fonctionnaires de la police de «faire usage de tous les moyens que la loi leur octroie pour prévenir et combattre toute violence et toute attaque contre l'ordre public, ainsi que contre les personnes ou la propriété des particuliers», ainsi que de protéger toute personne qui réclame un secours contre une agression quelconque (395).

Avec un peu plus de précision, cette protection policière caractéristique de la police d'ordre public est prévue dans d'autres textes locaux, tels que le Code de police de l'Etat de Mérida dont l'article 205 est ainsi conçu:

«Lorsqu'une personne physique ou morale, se trouvant en possession d'une chose, s'adresse au préfet du district ou de la commune, en son nom ou en vertu d'une représentation légale, pour dénoncer les tentatives de l'en dépouiller ou de troubler en fait sa possession, le fonctionnaire de police fera comparaître celui ou ceux contre lesquels la plainte est dirigée; si ceux-ci ne se trouvent pas en mesure de produire un mandat judiciaire pour que la chose leur soit attribuée, le fonctionnaire accordera au requérant une protection efficace en le maintenant dans sa situation actuelle de possesseur de ladite chose, jusqu'à ce que les tiers ne prouvent avoir meilleur droit(396), grâce au mandat précédemment mentionné.

Conformément à l'orientation de ces normes locales existant au Vénézuéla, à l'heure actuelle, la protection que l'on peut obtenir contre les actions illégitimes des particuliers qui portent atteinte aux droits et aux libertés publiques, est une protection policière et administrative. On doit cependant faire remarquer qu'il n'existe pas au niveau national d'institution qui consacre le recours d'*amparo* judiciaire contre les agissements d'autres particuliers comme il en existe dans d'autres pays d'Amérique latine, ainsi qu'on l'a indiqué.

CONCLUSION

Le droit et les institutions juridiques ne peuvent être réellement compris et bien étudiés si l'on ne les confronte pas avec l'ordre social, économique et politique dans lesquels ils agissent. D'autre part, l'effectivité du droit et des normes juridiques ne résulte pas de leur consécration formelle, mais plutôt d'une réalité sociale, économique et politique déterminée, et du rapport de ces normes avec cette réalité.

De ce point de vue, la seule consécration formelle dans les textes constitutionnels des droits et libertés publiques ainsi que des mécanismes pour obtenir leur protection et leur garantie, n'est pas suffisante pour en assurer l'efficacité; celle-ci dépendra, sans aucun doute, de la réalité sociale dans laquelle se meuvent les formes juridiques. Dans les systèmes politiques non démocratiques ou toute possibilité de contrôle de l'activité de l'Etat est exclue, l'efficacité des droits dépendra du caprice des gouvernements autocratiques et non

(395) Art. 15-2° et 8°.
(396) Roberto ALBORNOZ BERTI, «El Estado moderno y los derechos...», *loc. cit.*, pp. 195-196.

de la permanence du droit. La liberté des particuliers, même lorsque les formes constitutionnelles en disposent autrement, sera en définitive à la merci de ceux qui abusent du pouvoir ou qui l'usurpent. Ce problème politique a eu en Amérique latine des conséquences graves et suscite des questions. Voilà que nos pays, en cent cinquante ans d'indépendance, ont approuvé les plus beaux textes constitutionnels sur les libertés publiques et les droits de (homme; alors qu'en réalité ils ont eu une longue histoire d'usurpations, de dictatures et d'autocraties et d'inefficacité de ces droits et libertés publiques. A l'heure actuelle, par exemple, deux pays sud-américains seulement, la Colombie et le Vénézuéla, jouissent d'un régime démocratique où les droits et libertés publiques ont une réelle efficacité. Dans tous les autres, dans une plus ou moins large mesure, depuis la dictature fasciste jusqu'aux funestes conséquences militaristes d'un populisme chaotique, il existe des systèmes politiques qui n'octroient pas la moindre garantie pour rendre effectifs les droits et libertés publiques. On ne doit pas oublier cette réalité politique, lorsqu'il s'agit d'entreprendre l'étude des garanties constitutionnelles des libertés publiques en Amérique latine.

Mais la démocratie politique n'est pas suffisante pour que les droits et garanties aient un minimum d'effectivité; il faut aussi que la démocratie économique et la démocratie sociale existent. Il serait vain de consacrer la liberté économique si tous les citoyens n'étaient pas en mesure de l'exercer par manque de travail ou d'accès aux activités productives. L'existence, dans la plupart des pays d'Amérique latine de populations urbaines marginales, est un des aspects économiques qui conspire le plus contre l'efficacité des droits et garanties. A quoi bon réglementer le droit de pétition et le recours de protection (*amparo*) si l'accès à la justice est limité par des possibilités économiques concrètes. S'il est vrai -et c'est regrettable- que la démocratie en Amérique latine est en ce moment en posture d'infériorité en tant que régime politique, il n'en est pas moins vrai que la démocratie économique ne s'est réalisée dans aucun de nos pays. C'est pour cette raison que, le plus souvent, les droits et libertés politiques ne sont pas effectifs par impossibilité réelle de les exercer et d'en jouir.

Une argumentation semblable pourrait être avancée en ce qui concerne la démocratie sociale. C'est seulement lorsqu'il existe une égalité sociale réelle et effective, produit de l'intégration ethnique et humaine d'un pays où l'on peut dire que les bases de la non-discrimination sont posées. Au contraire, les différences raciales et la désintégration sociale régnant dans beaucoup de nos pays sont à l'origine de nombreuses inégalités; sans égalité, aucun droit, aucune liberté ne peuvent titre effectifs.

Dans cet ordre d'idées, l'effectivité des droits et libertés publiques est conditionnée en Amérique latine, non seulement par leur consécration constitutionnelle ou celle de leurs garanties, qui est traditionnelle dans nos pays, mais aussi par la présence d'une démocratie encore à venir qui serait économique et sociale et non seulement politique. Cela nous amène à conclure que la démocratie en Amérique latine est encore un but à atteindre et que dans la mesure où elle sera effective, les droits et libertés publiques le seront aussi.

§ 6. LA DÉCENTRALISATION TERRITORIALE. AUTONOMIE TERRITORIALE ET RÉGIONALISATION POLITIQUE

Rapport Général au *XI*[ème] *Congrès international de droit comparé*, Académie internationale de droit comparé, Caracas, août-septembre 1982

INTRODUCTION

Dans la conclusion du Rapport général que nous avons présenté sur le sujet «La régionalisation en matière économique» au IXème Congrès international de droit comparé, qui s'est tenu à Téhéran en 1974 nous avons souligné:

> Le fait que tout processus régionalisateur, entamé uniquement sous l'angle de la politique et de la planification économique (régionalisation économique), débouche, tôt ou tard, et à un degré plus ou moins important, sur des expériences de régionalisation administrative ou d'administration régionale. Les impératifs de la planification, de la politique et du développement économique se heurtent indubitable ment à des limitations dues a une structure et une organisation administrative qui ne sont pas adaptées à ceux-ci. De ce fait, toute tentative sérieuse de régionalisation économique implique une régionalisation administrative.
>
> Mais il est indubitable que les impératifs de régionalisation administrative ou d'administration régionale, même s'ils peuvent être considérés comme base pour amorcer le processus de décentralisation de l'Etat, peuvent constituer des sources de renforcement de la centralisation de l'Etat, sous couvert de déconcentration, s'ils ne sont pas accompagnés d'un processus de régionalisation instaure véritablement des formules de décentralisation, apparaîtra inévitablement la nécessité de les étayer par des formules de démocratie locale qui assurent aux citoyens la possibilité politique de participer aux processus régionaux. Régionalisation, décentralisation territoriale et démocratie locale semblent être, donc, autant d'éléments d'un processus de réorganisation de l'Etat dans le monde contemporain qui ne peut pas être négligé[(1)].

Ce processus de réorganisation de l'Etat-Nation que nous préconisions en 1974 s'avère être aujourd'hui, sans aucun doute, non seulement un impératif des plus clairs dans le présent et le futur des Etats contemporains, mais aussi un phénomène récent issu d'une série d'expériences politiques, à l'étude comparative desquelles, ce Rapport général est consacré[(2)]. C'est pourquoi le sujet qui a été

---

(1) *V.* Allan BREWER-CARÍAS, «Regionalization in Economic Matters in Comparative Law», in *Rapports Généraux aux IX Congrès International de Droit Comparé*, Téhéran, 27 sept.- 4 oct. 1974. Bruxelles, 1977, pp. 669 a 696 publié en espagnol in *Cuadernos de la sociedad venezolana de Planificación* n° 124-127, Caracas 1975, pp. 45 a 69, et in Allan R. BREWER-CARÍAS et Norma IZQUIERDO, *Estudios sobre la regionalización en Venezuela*, Caracas 1977, pp. 193 a 219

(2) Pour rédiger cet Rapport général, l'auteur n'a reçu que les rapports nationaux suivants, indiqués par ordre alphabétique des pays:

fixé pour ce XIème Congres International de Droit Comparé a été «La décentralisation territoriale. Autonomie territoriale et régionalisation politique».

Ce changement d'optique, en tout cas, est tributaire des différentes réalités historiques qui sont intervenues dans l'aménagement territorial des Etats contemporains. A partir des années cinquante, la conduite de l'économie et la planification, imposèrent la nécessité de la régionalisation économique; la décennie des années soixante et une partie des années soixante-dix furent témoins de l'instauration de plans à caractère administratif liés au développement régional qui produisirent des expériences de régionalisation administrative dans le monde entier; la fin des années soixante-dix et le début de la décennie actuelle ont été caractérisés par la consolidation de formules politiques nouvelles, qui se sont substituées à un l'Etat unitaire traditionnel, et qui ont été qualifiées de formules propres à un Etat régional. On est passé, ainsi, de la seule déconcentration économique et de la décentralisation administrative qui s'en est suivie à une nouvelle décentralisation politique, comte résultat de la crise actuelle de l'Etat centraliste.

Mais avant de procéder, à l'étude comparative de ce phénomène de décentralisation politique dans les Etats contemporains, nous devons faire une précision terminologique pour situer les paramètres de notre étude comparative. Le sujet du Congrès se réfère à trois phénomènes politiques et constitutionnels, qui tournent autour d'une seule idée: la décentralisation politique.

En effet, la décentralisation territoriale est une expression qui s'oppose à la décentralisation fonctionnelle. Les deux impliquent un processus de distribution des pouvoirs ou de transfert des compétences entre divers sujets de droit. Cependant, la différence entre les deux décentralisations réside en ce que dans là

ARGENTINE: Jorge Reinaldo VANOSSI, *Teoría política y federalismo en la Argentina*, 56 pp. (mimeo)
BELGIQUE: François PERIN, *La nouvelle subdivision du Royaume: Les communautés, et les régions*, 47 pp. (mimeo)
BRESIL: Manoel GONCALVES FEREIRA FILHO, *O Estado fédéral brasileiro*, 17 pp. (mimeo)
CHILI: Hernan MOLINA GUAITA: *La región en la Constitución chilena de 1980*, 19 pp.
ETATS-UNIS: Albert BLAUSTEIN, «Thé New Nationalism» in *Law in the USA for the 1980*, 1982, pp-377 a 388.
FRANCE: Jérome CHAPUISAT; *La décentralisation territoriale; Autonomie territoriale et régionalisation politique*, 19 pp. (mimeo)
HONGRI: Otto BIHARI, *La décentralization territoriale. L'autonomie territoriale et la règionalisation*, 26 pp. (mimeo).
ITALIE: Sergio BARTOLE, *Relations between State and Régions*, 17 pp. (mimeo). Giuseppe VOLPE, *Internal Organization of Régions*, 14 pp. (mimeo)
REPUBLIQUE DEMOCRATIQUE ALLEMANDE: Wolfgan WEICHELT, *Territorial Decentralisation, Territorial Autonomy and Political Regionalisation GDR*, 13 pp. (mimeo).
REPUBLIQUE FEDERALE ALLEMANDE: Ulrich BEYERLIN, *Territorial Decentralisation, Territoriale Autonomie und Politische Regionalisie rung. Landesbericht fur die Bundesrepublik Deutschland*, 30 pp. (mimeo).
SUISSE: Martin USTERI, *Grundlagen der Demokratie und des Federalismus im Alpenraumaus Schweizrischer Sicht*, 17 pp. (mimeo).
VENEZUELA: José María FRANCO, «Estado federal y derecho regional», 130 pp. (mimeo) publié in *El Derecho Venezolano de 1982*, Ponencias venezolanas al XI Congreso Internacional de Derecho Comparado, Caracas 1982, UCV, Caracas 1982, pp. 395 à 485.

décentralisation territoriale le transfert de compétences ou la distribution du pouvoir se réa lise entre personnes politique-territoriales, qui configurent la division politique-territoriale d'un pays. C'est pourquoi la décentralisation territoriale présuppose l'existence de collectivités politique-territoriales dans un Etat, soit comte Etat membre d'un Etat fédéral, soit comme régions politiques ou autonomes au sein d'un Etat unitaire décentralisé ou encore comme simples Municipalités ou Communes, comme unités politiques qui peuvent être récipiendaires du transfert de compétences ou de la répartition du pouvoir. La décentralisation fonctionnelle ou par services, en revanche, s'opère sous la forme d'un processus de transfert de compétences de l'Etat central vers des entités administratives autonomes ou des établissements publics qui continuent à faire partie de l'Administration publique de l'Etat central(3). C'est pourquoi 1a décentralisation territoriale est toujours une décentralisation politique et, en revanche, la décentralisation fonctionnelle est toujours une décentralisation administrative, même si cette dernière se réalise au moyen de la création d'établissements publics dans des réions déterminées(4).

Quant à l'autonomie territoriale, elle est le résultat de la décentralisation territoriale. En effet, une conséquence de la décentralisation, aussi bien administrative que politique, est l'autonomie des organismes décentralisés, à un stade plus ou moins poussé, selon le pouvoir plus ou moins large dont disposent les organismes en question et le degré de contrôle qu'ils subissent(5). Ainsi, l'autonomie territoriale est la conséquence de la décentralisation politique et implique, avant tout, la possibilité pour les organismes décentralisés de se doter eux-mêmes de leur propre ordre juridique, c'est-à-dire, de tenir, dans les matières de leur ressort, des pouvoirs législatifs déterminés au sein de la juridiction territoriale respective. Mais du fait qu'il s'agit d'une autonomie territoriale, cela implique aussi un principe d'auto gouvernement, conséquence même de la décentralisation politique; c'est à dire que les institutions décentralisées choisissent leurs organismes politique-représentatifs. C'est pourquoi, en définitive, l'autonomie territoriale est le résultat de la décentralisation politique.

Enfin, en ce qui concerne la régionalisation politique, comme on dit, cette idée s'opposé á la régionalisation économique ou purement, administrative. La régionalisation politique implique l'établissement de collectivités politique-territoriales dans les régions, sur la base d'un principe de représentativité démocratique et d'auto gouvernement. C'est pourquoi, la régionalisation politique est, elle-même, un résultat de la décentralisation politique dans les Etats unitaires, sur la base des régions. De la vient la dénomination d'Etat régional pour ces formes d'Etat intermédiaire entre les classiques Etat unitaire et Etat fédéral qui se

(3) *V.* Allan R. BREWER-CARÍAS, *Introducción al estudio de la organización administrativa venezolana*, Caracas 1987, p. 105.

(4) Par exemple, les régions françaises reconnues comme établissements publics en 1972 et les Corporations de Développement régional installées dans lés régions administratives vénézuéliennes comme instituts autonomes. *V.* Allan R. BREWER-CARÍAS, «La regionalización en materia económica en el derecho comparado», *loc. cit.*, p. 61

(5) *V.* Allan R. BREWER-CARÍAS, *Introducción al estudio de la organización...*, *op. cit.*, p. 108.

sont instaurés progressivement sur la base des Régions ou Communautés autonomes.

Voilà pourquoi décentralisation territoriale, autonomie territoriale et régionalisation politique sont les éléments d'un phénomène commun: la décentralisation politique des Etats nationaux centralisés.

C'est pourquoi dans les lignes qui suivent nous allons essayer d'étudier comparativement le processus de décentralisation politique en tant que phénomène contemporain, produit de la crise de l'Etat centralisé et ses différentes modalités résultant de l'application de ses principes: l'autonomie politique et ses degrés; le système de distribution de compétences entre les diverses entités politiques au sein des Etats décentralisés; les ressources financières des entités en question et leur mode de distribution, et les garanties institutionnelles de l'autonomie politique-territoriale.

I. LA DÉCENTRALISATION POLITIQUE COMME PHENOMENE ET IMPERATIF CONTEMPORAIN

L'objet de notre étude, en ce qui concerne la décentralisation politique, touche sans aucun douté á l'un des principes de base du constitutionalisme moderne: le principe de l'organisation ou distribution du pouvoir politique dans les Etats. Ce principe essentiel du constitutionalisme deux connotations également fondamentales dans l'organisation de l'Etat: l'organisation ou distribution du pouvoir de façon *horizontale*, conduisant au système de séparation des pouvoirs en les trois catégories classiques: législative, exécutive et judiciaire, avec leurs conséquences dans le système de gouvernement; et l'autre, l'organisation ou distribution du pouvoir de façon *verticale*, conduisant à la forme des Etats, et parmi eux les formés classiques d'Etat unitaire ou Etat fédéral.

Ce principe, comme tous ceux qui forment le constitutionalisme moderne[(6)] et ont été déformés au cours de l'évolution politique des deux derniers siècles, est en pleine crise, et cela a conduit, surtout à l'actuelle crise que traverse l'Etat national centralisé.

1. La crise de l'Etat national centralisé

En effet, on peut dire de l'Etat national centralisé, en tant que schéma d'organisation politique du pouvoir, qu'il est un produit du centralisme bureaucratique sur le fondement duquel s'est élevé la structure de l'Etat de Droit qui est issu de la Révolution française. Libéralisme et centralisme bureaucratique furent ainsi les bases sur lesquelles l'Etat national centralisé s'est constitué durant tout le siècle passé, et cela a rendu possible; sans aucun doute, le développement

(6) *V.* l'exposé de Jorge Reinaldo VANOSSI, *Rapport Argentine*, p. 2.

des sociétés contemporaines. Ce schéma, en outre, fut celui qui, permit la consolidation de l'interventionnisme et le développement du dirigisme comme philosophie d'action politique contemporaines.

Il ne faut pas oublier, en outre, que ce fut précisément le modèle de l'Etat centralisé qui a permis que les privilèges dé l'Ancien Régime, au nom de la, liberté et de l'égalité, passent aux mains de l'Etat et cessent d'être l'apanage de classes déterminées. C'est pourquoi la Révolution française n'a pas démonté la structure de l'Etat monarchique mais, au contraire, l'a renforcée -pour assurer l'égalité- dans l'Etat centraliste bureaucratique, dont les corps représentatifs sont de surcroît passés, du fait du suffrage censitaire, sous le contrôle de la nouvelle classe dirigeante: la bourgeoisie.

La praxis a trahi les principes libéraux qui structurèrent le nouvel Etat post-révolutionnaire, et, paradoxalement, c'est seulement du fait de la formation de l'Etat centralisé au siècle dernier que le libéralisme a pu se développer. La même contradiction entre les principes et la réalité politique est ressortie lors des grandes révolutions politiques du siècle présent: la doctrine communiste recommande le démantèlement de l'Etat centralisé bureaucratique. et libéral, qui devait disparaître et être remplacé par une dictature du prolétariat dont le modelé, était l'expérience de la Commune de Paris: Cependant, la praxis de l'implantation du nouveau modèle de société communiste, au contraire, a exigé un centralisme accru de l'Etat en vue duquel l'action politico-économique a déterminé son propre schéma: le centralisme démocratique[7].

Mais on peut dire que le schéma de l'Etat national centralisé, au stade actuel de l'évolution politique des sociétés contemporaines, a déjà rempli son rôle Actuellement, c'est un schéma en crise qui ne satisfait pas les exigences croissantes de participation politique à une démocratie pluraliste des diverses communautés d'un pays; et qui, pour le développement des sociétés contemporaines, n'est déjà plus un système administratif efficient pour permettre la satisfaction des besoins collectifs et la prestation des services publics d'une manière adéquate aux exigences sociales croissantes[8].

C'est pourquoi l'Etat national centralisé est en crise sur le plan politique et administratif, et les expériences politiques comparées montent des efforts de décentralisation politique, comme nouvelles formes d'organisation du pouvoir politique, qui se substituent aux formes, classiques du siècle passé.

---

(7) *Cf.* Allan R. BREWER-CARÍAS, *Fundamentos de administración pública*, Vol. I, Caracas 1980, p. 80.

(8) *Cf.* Eduardo GARCÍA DE ENTERRÍA, «Estudio Preliminar» in Eduardo GARCÍA DE ENTERRÍA (ed.), *La distribución de competencias económicas entre el poder central y las autonomías territoriales en el Derecho Comparado y en la Constitución Española*, Madrid 1980, pp. 14: et Luis COSCULLUELA MONTANER, «Las vertientes del regionalismo» in R: CALVO *et al.*, *Las autonomías regionales*, Informes al Instituto Nacional de Prospectiva, Madrid 1977, pp. 215 et ss.

2. La crise des formes classiques de l'Etat et le dépassement de la dichotomie: Etat unitaire-Etat fédéral

Pendant des années la théorie constitutionnelle a montré, en étudiant l'organisation verticale du pouvoir, que les formes classiques de l'Etat sont celles de l'Etat unitaire et celles de l'Etat fédéral, basées sur la différence fondamentale qui consiste en ce que dans le premier schéma existe un système unique d'institutions politiques constituantes et de gouvernement et que dans le second schéma, en revanche, existe, un système de multiples entités politiques autonomes constituantes et de gouvernement. On peut dire cependant que cette dichotomie classique n'a jamais existé dans la pratique avec des critères et des frontières précises. Ainsi, on peut dire qu'il n'a jamais existé d'Etat unitaire pur, sans aucune espèce d'institution décentralisée, ni qu'il n'a jamais existé un Etat fédéral pur, complètement décentralisé. C'est pourquoi la crise de l'Etat national centralisé a provoqué la crise aussi bien des formés classiques d'Etat unitaire que l'Etat fédéral, car les deux ont été le support de celui-ci.

Cette crise des formes classiques de l'Etat ressort du double processus contradictoire-selon lequel elle s'est opérée: l'Etat unitaire tend de plus en plus à se décentraliser mais sans arriver au schéma idéal et inexistant du fédéralisme classique; et l'Etat fédéral s'est caractérisé par un processus de centralisme sans parvenir non plus à l'extrême de l'Etat unitaire, et commence à retourner, à présent, vers de nouvelles formes de décentralisation: En tout cas, dans toute organisation politique agissent ces deux forces et mouvements centripètes et centrifuges qui provoquent, dans chaque pays et en accord avec les réalités historiques, économiques et sociales, l'arrivés à un point d'équilibre. C'est pourquoi on peut dire que le signe contemporain de l'évolution de l'Etat semble être une convergence vers des solutions d'organisation politique décentralisées similaires: les Etats unitaires tendent, se régionaliser et les fédéralismes, âpres s'être centralises, en reviennent; à suivre des schémas décentralisateurs[9].

C'est pourquoi, actuellement, on peut dire que la division bipartite classique entre Etat unitaire et Etat fédéral ne reflète pas des catégories définies avec précision de forme d'Etat, car il est finalement inutile, face aux nouvelles formes de décentralisation politique d'Etats traditionnellement unitaires, de discuter du fait de savoir s'il s'agit d'une forme d'Etat unitaire décentralisé ou d'un Etat fédéral lorsque, j'insiste sur ce point, ces schémas classiques n'existent pas sous leurs formes théoriques dans la réalité actuelle[10]. Il y a de nos jours des organisations politiques plus ou moins décentralisées comme schéma de distribution du pouvoir sous la forme verticale et à l'intérieur de cette gamme il peut, sans aucun doute advenir -et cela advient- que des Etats unitaires décentralisés ou Etats régionaux, seraient plus décentralisés politiquement que de vieux Etats fédéraux aujourd'hui hautement centralisés.

---

(9) *Cf.* Pedro DE VEGA GARCÍA «Poder constituyente y regionalismo» in Gumersindo TRUJILLO (ed.), *Federalismo y Regionalismo*, Madrid 1979, p. 355 et ss.; Antonio LA PÉRGOLA «Federalismo y regionalismo: el caso italiano», *idem* p. 168 et ss.; J. Reinaldo VANOSSI, *Rapport argentine*, p. 4.

(10) *Cf.* Juan FERRANDO BADÍA, *El Estado unitario, el Estado federal y el Estado regional*, Madrid 1978, p. 23

3. Le centralisme des vieillies fédérations

La Fédération, comme forme d'Etat où se structure une division verticale du pouvoir politique, basée sur des entités territoriales autonomes (Etats membres) dotés de pouvoir constituant, est né comme une solution empirique et *ad hoc* de transaction d'intérêts politiques, qui permette de concilier l'autonomie des provinces disséminées aux quatre coins du territoire dés Etats-Unis d'Amérique et la nécessité de renforcer l'Union ou le Pouvoir central, pour s'en tenir au seul domaine de ses fonctions[11]. L'évolution ultérieure de cette nouvelle forme d'Etat, intermédiaire entre elles qui étaient autrefois classiques, la Confédération des Etats et l'Etat unitaire, va se développer selon un processus politique mitoyen dominé par les deux mouvements politiques mentionnés; le centrifuge et le centripète, lequel caractérise toutes, les fédérations ultérieures, avec un triomphe des forces centripètes, donnant lieu aux Fédérations centralisées de l'époque actuelle, avec de nouvelles, tendances à la décentralisation.

En effet, en dépit du fait que la Fédération, en tant que formule théorique, a été considérée comme un système avancé de décentralisation politique[12], dans la pratique et dans la réalité des Fédérations contemporaines sont toutes relativement centralisées. D'autre part, on ne peut pas dire qu'il y ait un seul et unique type d'Etat fédéral. A l'heure actuelle la majeure partie de la surface de la terre est réglée par des Etats à forme fédérale, et tous ont des particularités qui leur sont propres[13]. Cependant, la caractéristique comme de toutes ces structures fédérales concrètes est, peut-âtre, leur tendance au centralisme, c'est à dire, au renforcement et à la fortification politique des niveaux fédéraux face aux Etats membres.

De multiples facteurs sont entrés en jeu dans ce processus de centralisation des Etats fédérés, et parmi eux il faut souligner les facteurs économiques et politiques.

Par exemple, ce qui a provoqué le processus centralisateur aux Etats-Unis d'Amérique, c'est la réserve au niveau fédéral des pouvoirs fondamentaux d'imposition et d'intervention dans l'économie et le commerce, et les restrictions imposées aux Etats. Cela s'est manifesté d'ailleurs, par l'interprétation et l'application de la Constitution découlant de la pratique constitutionnelle, et qui a conduit à différents principes fondamentaux du fédéralisme américain: la clause de la suprématie du droit fédéral sur celui des Etats membres la théorie des

---

(11) *Cf.* M. GARCÍA PELAYO, *Derecho constitucional comparado*, Madrid 1958, p. 215; J. Reinaldo VANOSSI, *Rapport argentine*, p. 4.

(12) L'affirmation de Hans KELSEN, par exemple, est devenue classique: «L'Etat fédéral est un état qui se caractérise par sa décentralisation en forme spéciale et de degré plus élevé, qui se compose d'unités membres dominées par cet état trais qui possè dent une autonomie constitutionnelle et prennent part à la formation de la volonté fédérale, se distinguant ainsi, de toutes les collectivités publiques inférieures». *V.* son livre: *Teoría general del Estado,* Trad. L. Legaz LACAMBRA, Barcelona 1934, p. 225, México 1957, p. 254. De son côte, Maurice DUVERGER, dans son livre *Institutions politiques et Droit Constitutionnel,* Barcelone 1962, affirme que «le fédéralisme (est) une décentralisation très avancée», p. 75.

(13) Nous signalons uniquement que la Fédération est la forme politique de tous les grands Etats du Continent américain; Canada, Etats-Unis, Mexique, Vénézuéla, Brésil et Argentine.

pouvoirs implicites qui a déterminé les limites jusqu'ou s'étend cette suprématie; et la clause de commerce, dont l'interprétation extensive a laissé entre les mains du pouvoir fédéral la réglementation quasi complète et exclusive non seulement du commerce mais de l'économie du pays[14]. Le centralisme de la Fédération nord-américaine, en outre, tire ses motivations politiques du renforcement du Pouvoir Exécutif fédéral, basé sur le système présidentiel, et ce précisément dans une nation qui a joué et qui joue un rôle essentiel dans la politique mondiale. Au canada, la Fédération a également eu ses grandes lignes centralistes, fondées en particulier sur son genre particulier de répartition des compétences, consistant à distribuer au niveau fédéral, contrairement à la majorité des Fédérations, les compétences résiduelles[15].

En Allemagne, en dépit de la répartition formelle des compétences entre e niveau fédéral et les Lander, qui situe les compétences résiduelles à ce niveau, la tendance centralisatrice a conduit à une position prédominante du Bund sur les Lander, aussi bien en matière économique qu'en matière législative[16], et au développement compétences fédérales implicites basées non sur le schéma nord-américain des pouvoirs implicites mais sur le principe de «nature de la matière»[17]. On observe une tendance centralisatrice identique dans la Confédération helvétique, qui est en réalité un Etat fédéral, par le canal du développement de pouvoirs implicites dans la Confédération découlant de l'interprétation du texte constitutionnel, ainsi que du fait de l'accumulation de pouvoirs économiques au niveau fédéral[18].

Cette tendance centralisatrice des Fédérations s'accentue dans le cas de l'Autriche, dans la Constitution de laquelle apparaît, à l'origine, le schéma d'un «fédéralisme limité» ou «fédéralisme unitaire», dans lequel la Fédération a une position prédominante, du fait d'être favorisée par la répartition des, compétences, avec la réserve intégrale des pouvoir juridictionnel[19].

Les Fédérations latino-américaines ont aussi souffert, à un degré important, de ce processus centralisateur et c'est pourquoi on a parlé à juste titre des «Fédérations centralisées d'Amérique Latine»[20]; La tendance centraliste a

---

(14) *V.* Luis ORTEGA ÁLVAREZ, «La division de compétences économiques aux Etats-Unis» in Eduardo GARCÍA DE ENTERRÍA (ed.), *La distribución de competencias económicas entre el poder central y las autonomías territoriales en el derecho comparado y en la Constitución española, cit.* p. 45 a 70

(15) *V.* Santiago MUÑOZ MACHADO «La distribution des compétences économiques au Canada» in Eduardo GARCÍA DE ENTERRÍA (ed.), *La distribución de competencias económicas... cit.* p. 91.

(16) *V.* Ulrich BEYERLIN, *Rapport allemand federal,* p. 2; Luciano PAREJO ALFONSO, «Las competencias constitucionales económicas en Alemania Federal» in Eduardo GARCÍA DE ENTERRÍA (ed.) *La distribución de las competencias económicas... cit.* p. 157.

(17) *V.* Luciano PAREJO ALFONSO, «Las competencias constitucionales en Alemania Federal», *loc. cit.* p. 165.

(18) *V.* Luciano PAREJO ALFONSO, «Las competencias constitucionales económicas en Suiza» in Eduardo GARCÍA DE ENTERRÍA (ed.), *La distribución de competencias económicas, cit.,* pp. 106, 116 et 143.

(19) *V.* Luciano PAREJO ALFONSO «Las competencias constitucionales económicas en Austria» in Eduardo GARCÍA DE ENTERRÍA (ed.), *La distribución de las competencias económicas, cit.*, p. 221.

(20) *V.* Williams S. STROKES «The Centraliced Federal Republic of Latin America» in Peter G. SNOW, *Government and Politics in Latin America,* NY

conduit ainsi à une prépondérance du Pouvoir central dans toutes les Fédérations latino-américaines sur les Etats Membres. C'est ainsi qu'on parle, en Argentine, d' «asservissement des autonomies provinciales» par le gouvernement central[(21)]; de la «prééminence évidente de la Fédération» dans l'Etat brésilien[(22)] qui l'assimile plus à un Etat unitaire décentralisé en dépit' d'une tradition fédéraliste[(23)]; et dé l'insertion d'éléments centralisateurs dans la structuré fédérale de l'Etat mexicain, comme marque de centralisation ou le facteur économique a été d'une importance primordiale[(24)].

Dans le cas du Vénézuéla, notre Fédération aussi est centraliste, par l'accumulation progressive de compétences au niveau central, y compris celle de caractère économique et judiciaire et l'absence de compétences dés Etats membres. Même l'interprétation on, face aux compétences résiduelles des Etats, de pouvoirs implicites au niveau national (fédéral) a été possible du fait de la clause générique établissant que relève de ce niveau tout ce qui est national par son caractère ou sa nature. (Art. 136, 25 de la Constitution)[(25)].

Mais la tendance au centralisme a aussi été un trait caractéristique des Fédérations socialistes. Dans tous ces pays, l'importance politique de l'économie comme principe organisateur socialiste, et qui, du fait de reconnaître la diversité des régions d'un pays, permet le développement organisé et centralisé de l'économie planifiée dans le cadre de toute la Nation. Les Fédérations de l'URSS, la Tchécoslovaquie et la Yougoslavie obéissant ainsi à cette caractéristique centralisée, dérivée du principe susmentionné dé centralisme démocratique. A cela il faut ajouter, comme agent centralisateur, le système de parti unique, «dont l'organisation centralisée contrebalance les libertés conférées aux entités fédérales» [(26)].

4. Les nouveaux fédéralismes

De ce qui a été exposé précédemment il ressort avec évidence, donc, que la Fédération classique n'existe pas et n'a peut avoir jamais existé nulle part au monde[(27)]. C'est pourquoi, l'on a affirmé, à juste titre, que «le Fédéralisme vieux

---

(21) *V.* Silvio FRENDIZI, «El federalismo en la República argentina» in *Los sistemas federales del continente americano,* UNAM, México 1972, p. 111.

(22) *V.* Luis PINTO FERREIRA, «Le système fédéral brésilien» in *Los sistemas federales del continente americano, cit.*, p. 216

(23) *V.* Manoel GONÇALVES FERREIRA FILHO, *Rapport brasilien*, p.16 et 17.

(24) *V.* Jorge CARPIZO, «Sistema federal mexicain» in *Los sistemas federales del continente americano, cit.*, pp. 466 et 543.

(25) *V.* Allan R. BREWER-CARÍAS, *Cambio político y reforma del Estado en Venezuela,* Madrid 1975, pp. 415 et ss; et *Política, Estado y Administración Pública*, Caracas 1978, pp. 125 et ss; *V.* Humberto J. LA ROCHE, y «El federalismo en Venezuela» in *Los sistemas federales del continente americano, cit.*, p.648.

(26) *V.* M.A. KRUTOGOLW et M.A. SHAFIR, «La Unión Soviética, Estado Socialista Federado» in *Federalismo europeo*, UNAM, Vol. I, México 1979, pp. 62,9 et 107; Viktor KNAPP «El federalismo en Checoslovaquia» in *Federalismo europeo, cit.*, p. 9 et 11, Boris T. BLAGOJEVIC, «Problemas actuales del federalismo yugoslavo» in *Federalismo europeo, op. cit.*, p.164.

(27) Juan FERRANDO BADÍA, *El Estado unitario… cit.*, p. 109

style est mort» [28] et à sa place ont surgi des fors de distribution verticale du pouvoir déguisé en fédéralisme, mais qui rapprochent les Etats fédéraux des formules d'Etat unitaires décentralisés.

Dans de nombreux cas, la tendance à la centralisation des Fédérations a donné le jour à un «Fédéralisme de coopération» ou «fédéralisme coopératif» [29] selon lequel aussi bien la Fédération que les Etats membres assument des tâches communes. Il s'agit de la faillite du système traditionnel de répartition de compétences et sa substitution par un système de collaboration ou de co-participation entre le niveau fédéral et celui des Etats membres dans la réalisation des seules et même tâches publiques de manière simultanée et conjointe.

Comme l'ont indiqué Michael D. Reagan et John G. Zazone dans leur livre *The New Federalism*[30]:

> Old-style federalism is a legal concept, emphasizing a constitutional division of authority and functions between a national government and state governments, with both levels having received their powers independently of each other from a third source «the people». New-style federalism is a political and pragmatic concept, stressing the actual interdependence and sharing of functions between Washington and the states and focusing on the leverage that each actor is able to exert on the other[31].

En d'autres termes,

> The difference between old-style and new-style federalism can be summed up this way: Old-style federalism describes a nonrelationship between the national and state governments, and new-style federalism refers to a multifaceted positive relationship of shared action. The meaning of federalism today lies in a process of joint action, not in a matter of legal status. It is not a matter of what governments are, but of what they do. It is a matter of action rather than structure[32].

Cette formule de fédéralisme coordonné, partagé ou coopératif qui engendre des relations intergouvernementales dynamiques, est peut être aujourd'hui le trait caractéristique des Fédérations contemporaines, après avoir subi le processus centralisateur qui leur est commun. C'est peut être dans la consolidation de ce

---

(28) *V.* Michael D. REAGAN et John G. ZANZONE, *The New Federalism*, New York-Oxford 1981, p. 3.

(29) *Cf.* SERRAT. *Rapport sur le projet de loi relatif aux droits et liberté des communes des départements et des régions*, n° 33, 22-10-81, p. 23, et les références: in le livre d'Eduardo GARCIA DE ENTERRIA (ed.), *La distribución de las competencias económicas... cit.*, p. 143. (Suisse); 209 (Allemagne); 222 et 245 (Autriche).

(30) New York-Oxford 1981.

(31) «Le fédéralisme de vieux style est un concept légal qui insiste sur une division constitutionnelle d'autorité et de fonctions entre un gouvernement national et les gouvernements des Etats, ayant reçu, les deux niveaux, leurs pouvoirs en forme indépendante l'un de l'autre d'une troisième source: le peuple. Le fédéralisme de nouveau style est un concept politique, et pragmatique qui souligne l'interdépendance effective de fonctions partagées entre Washington et les Etats et qui vise à la mutuelle influence que chaque acteur est capable d'exercer sur l'autre», *op. cit.*, p. 3.

(32) «La différence entre le fédéralisme de vieux et de nouveau style peut se résumer de cette manière: le fédéralisme de vieux styla décrit une non-relation entre le gouvernement national et celui des Etats, et le Fédéralisme de nouveau style se réfère à une relation positive multiforme d'action partagée Le sens du fédéralisme aujourd'hui réside dans un processus d'action commune, et non dans une question de statut légal. Il ne s'agit pas de savoir que sont les gouvernements, mais de. savoir que font les gouvernements. C'est une question d'action plus que de structure», *op. cit.*, p. 170

système de coopération que réside la clé de la nouvelle décentralisation que les Fédérations essayent de réaliser pour parvenir ainsi à l'équilibre désiré entre les forces centrifuges et centripètes dans l'organisation de l'Etat.

5. La décentralisation des Etats unitaires

Mais le jeu de ces forces et le processus centralisation-décentralisation s'est opéré aussi dans les Etats unitaires. Dans ceux-ci la tendance a été à la décentralisation.

En effet, de même que nous avons dit que la Fédération, comme formule maxima de décentralisation politique, n'existe pas, de même nous pouvons affirmer que la formule de l'Etat unitaire ou existe un seul et unique centre de pouvoir et de gouvernement n'existe pas non plus.

L'Etat unitaire s'est structuré à l'avènement de l'Etat moderne et s'est consolidé avec la Révolution française ou la centralisation fut l'instrument de la destruction des corps intermédiaires et des privilèges et, à la foi, le moyen de maintenir au pouvoir la bourgeoisie.

Cependant, au four et à mesure que la démocratie se démocratisait, la démocratie pluraliste transforma les vieux Etats unitaires, et provoqua donc l'apparition de niveaux inférieurs de pouvoir au plan local; la démocratie impliqua ainsi, la décentralisation des Etats Unitaires[33], à tel point qu'on peut toujours distinguer au sein de ceux-ci un degré de décentralisation locale, au sens de l'existence de collectivités politique-territoriales mineures: municipalités ou communes, dotées d'autonomie politique-territoriale.

Mais les exigences propres de la démocratie pluraliste ont provoqué la nécessité d'établir un système politique ou structure d'Etat, qui rapproche davantage les institutions politiques des citoyens, et qui assure la participation démocratique à différents niveaux territoriaux et non seulement au plan local. De même, la satisfaction des besoins collectifs dans des sociétés industrialisées et urbains complexes a démontré, l'insuffisance de l'Etat centralisé pour agir de façon adéquate sur tout le territoire. De là vient qu'il y ait eu une tendance générale, dans tous les Etats unitaires, à l'apparition de niveaux intermédiaires déconcentrés (Régions ou Départements) pour l'action nationale et la gestion des affaires publiques. Au départ il s'est agi d'un processus économique ou administratif (régionalisation économique et administrative) et progressivement cela s'est transformé en un processus politique[34].

C'est pourquoi le signe caractéristique contemporain des Etats unitaires est celui de leur régionalisation politique, engendrant une nouvelle forme d'Etat qui commencé à se profiler: celle de l'Etat régional.

---

(33) *Cf.* Juan FERRANDO BADÍA, *El Estado unitario... cit.*, p. 65.

(34) *V.* Allan R. BREWER-CARIAS, «Regionalisation in Economic Matters», in *Rapports Généraux au IX Congrès international de Droit Comparé,* Téhéran 1974, *cit.*

II. LA FORMULE DE L'ETAT REGIONAL

Différentes conceptions ont été formulées pour identifier l'Etat régional, et toutes sont issues de la dichotomie traditionnelle: Etat fédéral-Etat unitaire. Ainsi, les uns envisagent l'Etat régional relié à l'Etat fédéral, comme une forme plus ou moins avancée de décentralise; d'autres estiment que l'Etat régional est un Etat unitaire décentralisé; et, en une troisième position, d'autres estiment qu'il s'agit d'une réalité juridico-politique indépendante, intermédiaire entre l'Etat unitaire et l'Etat fédéral(35).

Cette approche du problème n'est en réalité pas exacte, car comme cela a été démontré, il n'existe pas, dans la pratique politique, de conception pure de l'Etat fédéral ni de l'Etat unitaire. Au contraire, les fédérations se sont centralisées et les Etats unitaires se sont décentralisées, et la réalité prouve que dans toutes les expériences d'Etats régionaux ceux-ci sont nés de vieux Etats unitaires.

En tous cas, ce qui caractérise les Etats régionaux est le fait que, en plus du niveau national qui conserve le pouvoir constitutif unique, et du niveau local (municipal), sont apparues des unités politique-territoriales autonomes intermédiaires, produits de la décentralisation politique, dotées d'autonomie territoriale. Ces unités territoriales intermédiaires se caractérisent par le fait d'avoir une autonomie politique, avec pouvoir législatif régional, dont les organes sont élus par vote populaire, ce qui matérialise la démocratie régionale(36).

1. Antécédents

La première expérience historique de l'Etat régional fut l'«Etat intégral» établi dans la constitution espagnole de 1931 et qui, comme l'a exprimé le Professeur Jiménez de Azua, Président de la Commission de la Constitution, se présente, face à l'antithèse Etat unitaire-Etat fédéral, comme une forme intermédiaire qui cherchait à

> Diminuer les résidus de souveraineté des Etats fédéraux jusqu'à d'une part la faire remplacer par une large autonomie politique-administrative et, de l'autre, accentuer la nouvelle décentralisation administrative des provinces, jusqu'à la transformer pratiquement en autonomie politique-administrative... Comparé à l'Etat unitaire, l'Etat intégral a l'avantage, dans notre cas, d'être compatible, sans les imposer, avec différents degrés d'autonomie régionales, qu'elles soient requises ou spontanées, ceci joint à un régime de liens avec d'autres territoires nationaux non préparés pour de telles formes d'autarcie. Et comparé à l'Etat fédéral, il a l'avantage de permettre, sans être dénaturé pour autant, l'existence de ces territoires, liés par une étroite dépendance politique-administrative à l'Etat... (37).

---

(35) En général, *v.* Juan FERRANDO BADÍA, *El Estado unitario, el Estado federal y el Estado regional, cit.*, p. 142 et ss. et 192 et ss.

(36) *Cf.* Juan FERRANDO BADÍA, *El Estado unitario... cit.*, p. 185

(37) Discours du Président L. JIMÉNEZ DE AZÚA, in le *Diario de sesiones de las Cortes Constituyentes de la República Española,* (27-VIII-1931), pp. 644 et 645, *cit.* par Juan FERRANDO BADÍA, *El Estado unitario..., cit.*, p. 161.

L'Etat intégral de la République espagnole a été interprété doctrinalement par le Professeur G. Ambrosini, qui fut Président du Tribunal Constitutionnel italien en 1933[38], comme un Etat intermédiaire entre l'Etat fédéral et l'Etat unitaire, ou plus exactement comme un «Etat décentralisé politiquement» ainsi que l'a qualifié A. Amorth[39].

2. L'Etat régional italien

Les premières réglementations de l' Etat régional furent achevées dans le texte de la Constitution italienne en 1947, quoique ce soit seulement à partir du début des années soixante-dix qu'il se concrétise et se structure réelle et politiquement. Ce texte établit une division de l'Etat italien en Régions autonomes, politiquement parlant, avec des pouvoirs législatifs propres et des organes. représentatifs élus. Les articles 114 a 133 de la Constitution italienne, comme l'a souligné Enrique Argüllol Murgadas[40], établissent la Région comme une entité représentative dont les organes sont le Conseil Régional, un Bureau et un Président élus par le Conseil. A la Région s'est octroyé un pouvoir législatif concurrent pour un ensemble de questions énumérées avec précision, et un pouvoir législatif consistant à appliquer les lois de l'Etat quand il sera prévu. La Région a; de même, des pouvoirs administratifs dans les matières elle a des compétences législatives. La Région a, en outre, toute autonomie quant à l'émission de son propre statut, ce qui est prouvé par la loi de la République. République. De même, la Constitution établit une autonomie financière pour les régions.

Par ailleurs, la Constitution prévoit un système de contrôle de l'activité des Régions: le pouvoir législatif par le canal de la Cour Constitutionnelle; l'activité administrative par celui d'une commission déconcentrée régie par voie législative, et l'activité politique par un Commissaire du Gouvernement. Il a été prévu en autres, la dissolution du Conseil régional. Enfin, la Constitution attribuée à la Région la possibilité de participer à l'élection du-Président de la République et à présenter des projets de Loi aux Chambres parlementaires de la République. Le Sénat, de surcroît, doit être choisi sur la base des circonscriptions à caractère régional[41].

3. L'Etat de communautés et de régions en Belgique

La formule de l'Etat régional comme instrument de décentralisation politique s'est appliqué également en Belgique. L'Etat unitaire traditionnel de ce pays, moyennant la réforme constitutionnelle de 1970, a commencé un processus de

---

(38) *V.* G. AMBROSINI «Un tipo intermedio de Stato fra l'unitario e il federale caratrerizato dall' autonomía régionale» in *Revista di diritto publico*, 1933, p. 93 et ss.

(39) *Cit.* par Juan FERRANDO BADÍA, *El Estado unitario... cit.*, p. 177

(40) *V.* Enrique ARGULLOL MURGADAS, *La vía italiana a la autonomía regional*, Madrid 1977, p. 56 et ss.

(41) *Cf.* Sergio BARTOLE y Giuseppe VOLPE: *Rapport italien.*

décentralisation politique en établissant l'engagement de créer trois régions comme collectivités politique-territoriales, et trois communautés culturelles. Les régions étaient la Wallonie, la Flandre et-celle de Bruxelles, et les Communautés culturelles: la Française, la Hollandaise et l'Allemande.

Ce système n'a cependant été développé que politiquement moyennant la réforme constitutionnelle de 1980, laquelle a hérite la même division du pays en deux structures politiques distinctes et parfois superposées: les Communautés et les Régions.

En ce qui concerne les communautés, la Constitution a établi que la Belgique comprend trois communautés: la communauté française, la communauté flamande et la communauté de langue allemande, ayant chacune la personnalité juridique et les attributions reconnues par les constitutions et par les lois[(42)].

En réalité seule deux de ces communautés ont été structurées: la Française et la Flamande et leur territoire est celui de la région de langue française et celui de la région de langue hollandaise. Quant à la Communauté de langue allemande, elle ne possède qu'un Conseil culturel organisé depuis 1973.

Dans ce schéma, les deux grandes communautés structurées ont une assemblée parlementaire (Conseil) et un pouvoir exécutif formé par le Conseil qui fonctionnent moyennant-un régime parlementaire. La Constitution établit une série d'attributions aux communautés qui sont régies par des décrets ayant force de loi[(43)].

Parallèlement à la structure de communautés autonomes, la réforme constitutionnelle de 1970 avait établi que la Belgique comprenait trois régions: la région Wallonne, la région Flamande et là région de Bruxelles[(44)]. L'organisation de ces régions avait été laissée à une Loi dis Parlement et ce ne fut qu'après 10 ans d'essai, en août 1980, qu'a été prise la première loi d'application partielle de l'article 107 de la Constitution.

Conformément à la situation actuelle, seule une région à été organisée politiquement: la région Wallonne. Quant à la région flamande qui comprend le territoire linguistique hollandais, elle a été absorbée par la Communauté flamande avec laquelle elle partage les mêmes organes. La région de Bruxelles n'a pas encore été établie.

De son côté, la région Wallonne a une assemblée parlementaire dénommée Conseil régional Wallon et un pouvoir exécutif régional Wallon et il faut souligner que son territoire n'est pas égal au territoire de la communauté française car il englobe, outre celui-ci, le territoire de la communauté de langue allemande[(45)].

---

(42) Art. 3 de la Constitution belge

(43) *V.* François PERRIN, *Rapport belge*, pp. 10 et ss.

(44) Art. 107 de la Constitution belge

(45) *V.* François PERRIN, *Rapport belge*

Il faut également signaler que la structure politique-térritoriale de la Belgique répond, sans doute, à un processus de décentralisation politique monté sur deux réalités distinctes: les communautés et les régions, avec des organes propres élus et des attributions déterminées de caractère législatif et exécutif, pour la réglementation et l'administration dé tâches qui leur ont été assignées par la Loi du Parlement.

4. L'Etat de Communautés Autonomes espagnol

La Constitution espagnole de 1978 a établi une organisation territoriale de l'Etat non seulement en municipalités et provinces mais en «Communautés Autonomes».

Il s'est établi ainsi en Espagne, un Etat autonomique ou de communautés autonomes, qui répond au schéma de l'Etat régional comme formule de décentralisation politique avancée et qui, s'était commencé à établir bien avant la promulgation de la Constitution, moyennant la concession des dénommées «pré-autonomies» à diverses régions espagnoles, par le biais de décrets royaux pris sur la base de critères politiques de situation de crise.

La Constitution de 1978, en tout cas, a établi la division du territoire espagnol en Communautés autonomes qui se constituèrent en ouvrant ainsi le dénommé «processus auto-économique» qui a conduit à l'établissement de Communautés Autonomes sur tout le territoire espagnol, régies, chacune, par leurs statuts respectifs d'autonomie, élaborés par les organes représentatifs de la future communauté et approuvés par Loi des Cortes.

Conformément au système, les Communautés Autonomes se présentent comme entités territoriales décentralisées, avec des fonctions législatives et administratives qu'elles exercent sur un ensemble d'attributions que prévoit l'article 148 de la Constitution et qui doivent être fixées dans les statuts d'autonomie respectifs. La Constitution prévoit, en outre, des matières qui relèvent de la compétence exclusive de l'Etat (national) (article 149), lesquelles peuvent être cependant transférées par Loi aux Communautés Autonomes[46].

Vu que le processus autonomique s'est réalisé isolément en ce qui concerne chaque communauté autonome, la Constitution a prévu la possibilité pour l'Etat de pouvoir dicter des lois qui établiraient les principes nécessaires visant à harmoniser les dispositions normatives des Communautés autonomes, même dans le cas de matières attribuées à la compétence de celles-ci, lorsque l'intérêt général l'exige ainsi (art. 150). Sur la base de cette prévision, les *Cortes* espagnols ont

(46) Sur le processus économique espagnol, *v.* T. R. FERNÁNDEZ (ed.), *Las autonomías regionales*, Informes al Instituto Nacional de Prospectiva, Madrid 1977; Gumersindo TRUJILLO (ed.), *Federalismo y regionalismo*, Madrid 1978; Juan FERRANDO BADÍA, *El Estado unitario, el Estado federal y el Estado regional*, Madrid 1978; Juan FERRANDO BADÍA, «Teoría y realidad del Estado Autonómico» in *Revista de política comparada*, n° III, 1980-81; Eduardo GARCÍA DE ENTERRÍA (ed.), «La distribución de las competencias económicas entre el poder central y las autonomías territoriales en el Derecho Comparado» in *La Constitución Española*, Madrid 1980.

sanctionné en juin 1982 la Loi organique d'harmonisation du processus autonomique (LOAPA)[(47)] avec laquelle on prétend réordonner l'Etat des Autonomies espagnoles, développé au cours des quatre dernières années.

5. La régionalisation politique de la France et l'Etat régional

L'une des politiques fondamentales formulées par le Président Mitterand pendant sa campagne électorale, a été celle de la décentralisation politique de l'Etat français. De là que l'un des projets de loi présenté, en 1981, à l'Assemblé nationale, par le gouvernement, a été le projet de loi relatif aux droits et libertés des Communes, des Départements et des Régions[(48)] ainsi que le projet de loi établissant le statut particulier de la Région Corse. Les deux lois ont été sanctionnées en février 1982 et soumises au Conseil constitutionnel qui les a trouvées conformes à la Constitution[(49)].

Ainsi, la Loi No. 82-213 du 2 mars 1982 relative aux droits et aux libertés des Communes des Départements et des Régions a été publiée le 3 mars 1982[(50)]. Cette loi, à part la réforme du régime local, en supprimant la tutelle *a priori* en matière administrative, financière et technique des communes et en la substituant par un contrôle *a posteriori* de caractère juridictionnel, a établi une nouvelle collectivité territoriale en France, la région comme entité décentralisée politique-territorialement, gouvernée par des organes élus au moyen de suffrage universel. C'est ainsi donc qu'apparaît, en France, la formule de l'Etat régional en divisant l'Etat en régions, considérées comme collectivités territoriales, administrées par un Conseil régional élu moyennant, le suffrage universel direct et avec des compétences pour promouvoir le développement économique, social, sanitaire, culturel et scientifique de la région et l'aménagement de leur territoire[(51)].

En tout cas, les régions continueront, tant que n'aura pas lieu la première réunion des Conseils régionaux élus moyennant le suffrage universel sous la forme que déterminera une future loi, à être comme actuellement, des établissements publics régis par la Loi No. 72-619 du 5 juillet 1972 avec les amendements de la nouvelle loi No. 82-213 du 2 mars 1982, dans un schéma de régionalisation administrative et non politique. La réforme régionale française, par conséquent, n'est plus maintenant qu'un engagement législatif qui paraît difficile de pouvoir être observe immédiatement.

---

(47) *V.* le texte dans le journal *La Vanguardia*, Barcelona, jeudi 1er. juillet 1982 p. 8 et ss.

(48) *V.* le *Rapport* du Député Alain Richard sur le projet, dans *Assemblée Nationale*, n° 237 Annexe au procès verbal de la séance du 24 juillet 1981, 2 tomes, 119 et 64 p. respectivement, ainsi que le *Rapport* du Sénateur Michael GIRAUD sur le Projet, dans *Sénat*, n° 3, Annexe au procès verbal de la séance du 22 octobre 1981, 2 Vol. 149 et 351 pp. respectivement.

(49) *V.* les décisions in le *Journal Officiel de la République Française* du 27-2-82, p. 696 et 697, et du 3-3-82, p. 759 et 760.

(50) *V.* le *Journal Officiel de la République Française*, du 3-3-82, p. 730 a 747, avec des rectifications au Journal Officiel du 6-3-82.

(51) *V.* Jérome CHAPUISAT, *Rapport français*, p. 11 et ss. *V.* également J. CHEVALIER *et al.*, *Le pouvoir régional*, Paris 1982 et l'édition spéciale sur la «décentralisation» de la Revue *Actualité Juridique, Droit administratif*, Mai 1982

6. Autres expériences de régionalisation politique

La transformation des Etats unitaires européens classiques en Etats régionaux, dans tous les cas, a été précédée par la concession d'autonomie politique à des régions déterminées de pays ayant des caractéristiques spéciales. Par exemple, ce fut le cas de l'Italie avec l'autonomie politique Régions de statut spécial de Sicile, Sardaigne, Trentino-Friuli-Venecia Julia. Le fait s'est également présente en Espagne avec les régions de Catalogne et le Pays basque et en France, avec la région de Corse.

D'autres pays européens ont également établi dès aspects spécifiques de gouvernement régional autonome pour dés régions déterminées comme cela s'est produit au Portugal ou la, Constitution de 1976 établit une décentralisation politique pour les Régions des Iles Açores et Madère.

CONCLUSION

On peut dire, sans doute, que la crise de l'Etat national, dans le monde contemporain, a provoqué l'apparition dé formules de décentralisation politique qu'on retrouve, tant dans les Etats fédéraux que dans la nouvelle modalité des Etats régionaux.

Dans tous ces processus de décentralisation politique, on peut dire que se présentent à un plus haut ou moindre degré, les éléments essentiels de cette décentralisation comme technique politique: l'autonomie politique-territoriale des entités décentralisées; un système déterminé de distribution de compétences entre les diverses entités politiques de l'Etat et, en particulier, des compétences en matière économique et financière entre ces entités et quelques garanties institutionnelles pour la défense de l'autonomie.

En ce qui concerne l'autonomie politique-territoriale des entités décentralisées, elle doit, pour exister, se caractériser en démontrant qu'elle n'est pas seulement une autonomie politique mais aussi législative, administrative et tributaire.

En effet, il est nécessaire, avant tout, de convenir que le processus de décentralisation politique est une technique de perfectionnement de la démocratie, en la rendant plus participative et représentative. C'est pour cela que les formules de décentralisation politique impliquent toujours que la nouvelle entité régionale jouisse d'autonomie politique c'est à dire, qu'elle soit gouvernée et administrée par dès organes élus au suffrage universel et direct. Ces organes doivent avoir, cri outre, une autonomie législative et administrative pour le gouvernement des matières propres de la compétence régionale, laquelle doit être exercée sans contrôle de tutelle de la part de l'Etat national et soumis au contrôle juridictionnel. Le domaine de l'autonomie politique-territoriale est, évidemment, conditionné par les modalités de contrôle établies à la charge de l'Etat national et ici également se présente la relation traditionnelle de l'autonomie en droit public: à plus grande autonomie, contrôle' moindre, et, au contraire, à une autonomie moindre, un plus grand contrôle,

En dernier lieu, les organismes décentralisés doivent avoir, comme faisant partie de leur autonomie, une certaine modalité d'autonomie financière, dans le sens qu'ils doivent bénéficier de ressources propres, y inclus de celles de caractère tributaire.

Cet aspect de la distribution de compétences tributaires est peut-être, sans doute, le plus important dans toute formule de décentralisation fédérale ou régionale car c'est de cette distribution qui dépend que l'autonomie soit ou non réelle et effective.

En, tout cas, l'effectivité de l'autonomie politique-territoriale des organismes, décentralisés, dépendra réellement du système de distribution de compétences entre les divers nivaux de l'Etat. L'autonomie devient inutile, comme cela ce passé avec les Etats membres de beaucoup de Fédérations contemporaines si la matière sur laquelle elle peut s'exercer n'existe pas. D'où l'importance du système de détermination et de distribution de compétences.

On peut distinguer plusieurs modalités de distribution verticale de compétences: compétences exclusives de l'Etat national ou fédéral, compétences exclusives des régions autonomes et des Etats membres d'une fédération; compétences concurrentes entre les divers niveaux territoriaux; compétences résiduelles pour les Etats membres d'une Fédération dans la plus part des Etats fédéraux ou pour l'Etat national dans certains Etats régionaux; compétences implicites pour l'Etat National ou fédéral.

En tout cas, l'énumération des compétences des Régions dans les expériences des Etats régionaux est, peut-être, la caractéristique commune de ces expériences politiques contemporaines.

Mais, en particulier, l'effectivité de l'organisation verticale du pouvoir dans les formules de décentralisation, qui combine l'autonomie régionale avec l'intégrité de l'Etat, exige une distribution précise de compétences en matière économique entre les organismes publics. Cet aspect, et la concentration de ces compétences au niveau fédéral ont contribué à la centralisation des Fédérations; de là viennent les formules de concurrence et de co-participation entre l'Etat national et les régions politiques, lesquelles ont été adoptées dans les formules des Etats régionaux, en matière économique.

En dernier lieu, tout système de décentralisation politique qui comporte une autonomie territoriale et un système de distribution de compétences, exige l'établissement de garanties institutionnelles de ces autonomies. Celles-ci doivent se traduire, fondamentalement, en contrôle constitutionnel, par le tribunal suprême ou par une Cour constitutionnelle, des invasions réciproques de compétences et lésions à l'autonomie entre les organismes régionaux et l'Etat national ou entre les Etats membres et le niveau fédéral.

La crise de l'Etat national, tant dans les Etats fédéraux que dans les unitaires, provoque, en dernière instance, un affaiblissement progressif de l'Etat non seulement dans la conduction politique de la société, dans l'attention; à accorder aux questions publiques, et dans la satisfaction des nécessités collectives, mais aussi pour assurer la démocratie participative. Face à cette situation, la décentralisation politique se présente comme un remède efficace contre cette crise dans laquelle il est plongé. Sa réalisation n'est pas, cependant, facile, car décentraliser implique un transfert des pouvoirs aux instances régionales et locales et la création de mécanismes efficaces d'auto gouvernement régional et local. Cela renforce, évidemment, des instances politiques nouvelles et affaiblit les traditionnelles. Mais il faut accepter le défi, car dans le cas contraire, ces dernières courent le risque de disparaître et d'aggraver ainsi la crise de l'Etat.

§ 7. LES PROTECTIONS CONSTITUTIONNELLES ET LEGALES CONTRE LES IMPOSITIONS CONFISCATOIRES

Rapport Général au *XIIIème Congres international de droit comparé*, Académie internationale de droit comparé, Montréal 1990 [*]

INTRODUCTION

L'une des tendances du droit fiscal contemporain est celle de la constitutionnalisation de la matière fiscale, dans le sens que dans les constitutions, de plus en plus fréquemment, non seulement l'on établit les principes du système impositif, mais l'on précise ses limites par rapport aux droits et garanties des citoyens et des contribuables. Ainsi, le pouvoir d'imposition de l'Etat a acquis une plus grande stabilité et fermeté se trouvant précisé dans les textes constitutionnels quant à sa structure, et à son extension et quant à la délimitation des facultés impositives entre les différents organismes de l'Etat. Mais, en même temps, l'exercice de ce pouvoir a trouvé des limites dans des constitutions garantissant les droits des citoyens qui ne sauraient être enfreints par ce pouvoir.

Cette constitutionnalisation de la matière fiscale a, bien sûr, une conséquence fondamentale et c'est que l'infraction aux normes et aux principes constitutionnels à caractère impositif, aussi bien par le Législateur que par l'Administration, entache les actes produits d'inconstitutionnalité, ouvrant par là la possibilité pour que les juridictions compétentes puissent les annuler pour inconstitutionnalité.

Dans ce cadre du droit constitutionnel fiscal se place, sans doute, le sujet du IV.E. du XIIIème Congrès international de droit comparé relatif aux «Protections constitutionnelles et légales contre les impositions confiscatoires» dont le Rapport général nous a été demandé de réaliser, et qui tourne autour des relations entre le pouvoir impositif de l'Etat et son exercice et les garanties des droits fondamentaux des citoyens.

Le pouvoir impositif est la faculté ou la possibilité juridique de l'Etat d'exiger des impôts en ce qui concerne des personnes ou des biens qui se trouvent dans sa juridiction[1], l'impôt étant par conséquent «un prélèvement opéré par voie de contrainte par la puissance publique et ayant pour objectif essentiel de couvrir les charges publiques et de les répartir en fonction des facultés contributives des

---

(*) Publié in *Rapports généraux XIIIème Congres international*, Académie internationale de droit comparé, Montreal 1990, páginas 795 a 824

(1) FONROUGE, *Derecho financiero*, 2e éd., vol. 1, p. 279.

citoyens»[2]. Et bien, si confiscation signifie étymologiquement l'attribution d'un bien au fisc sans compensation ou *«a compulsory transfer of private property to public ownership without compensation»*[3], on peut conclure, comme l'a fait P.M. Gaudemet, que tout impôt est confiscatoire dans le sens que tout impôt a pour effet de prélever par contrainte les ressources privées au profit de l'Etat[4] sans compensation pécuniaire. En fait, comme l'observe R. Mußgnug, *«taxes which must be offset by compensation payments do not make sense»*[5], car comme le note M. Bogdan, *«it lies in the nature of taxes that no direct compensation is given to the individual taxpayer for the amount of taxes he has paid»*[6].

Bien sûr, bien qu'il ne puisse y avoir d'impôt avec compensation pécuniaire directe étant donné les fins qui s'établissent du système impositif en vue de promouvoir le bien-être général comme l'observe J.J. Darby, génériquement, *«there is theoretically always some compensation, however amorphous, which inures to the taxpayer»*. Pour cela dit-il que *«viewed in this light, taxation can never be confiscatory»*[7]. Néanmoins, même à ce point de vue, le problème peut se poser lorsque *«an individual taxpayer is paying more in tax money than he is receiving in governmental benefits»*[8].

Quoiqu'il en soit, le sujet du Congrès, situé à l'intérieur du cadre du droit constitutionnel fiscal, ne peut pas démarrer d'une considération aussi large ou aussi restrictive de la relation entre imposition et confiscation, mais il doit s'orienter du point de vue des garanties constitutionnelles des contribuables face au pouvoir Impositif de l'Etat en vue d'assurer que tout impôt s'ajuste aux prescriptions constitutionnelles[9].

Par conséquent, en ce qui concerne ce Rapport général, nous entendons par imposition confiscatoire toute imposition inconstitutionnelle, qui résulte de la violation des garanties constitutionnelles des contribuables face au pouvoir impositif de l'Etat de la légalité de l'impôt, de la propriété, de l'égalité, de la liberté économique et des autres libertés publiques individuelles.

Dans ce sens, bien sûr, pour qu'il existe une imposition confiscatoire, il est nécessaire qu'il y ait une constitution comme norme suprême et rigide, dans laquelle non seulement on règle l'exercice du pouvoir impositif de l'Etat, mais aussi l'on garantisse les droits fondamentaux du citoyen, parmi lesquels les droits de propriété et de liberté économique. Si ces derniers ne sont pas garantis, comme c'est le cas en Tchécoslovaquie, on ne peut pas parler vraiment de «protections

---

(2) GAUDEMET et MOLINIER, *Finances publiques*, Vol. 2, 4e éd., 1988, p. 92.

(3) DARBY, *Rapport national américain*, p. 1. «Confisquer c'est originairement faire passer un élément du patrimoine privé dans le patrimoine de l'Etat», GAUDEMET, *Rapport national français*, pp. 1-2.

(4) GAUDEMET, *ibid.*

(5) *Rapport national allemand* (R.F.A.), pp. 1-2.

(6) *Rapport national suédois*, p. 4.

(7) *Cit. supra*, note 3, p. 1.

(8) *Ibid.*

(9) Aussi «a tax found unconstitutional for any reason is confiscatory in nature since it lias taken the taxpayer's money unlawfully», *ibid.*, p. 14.

constitutionnelles contre les impositions confiscations»[10]; de même que l'on ne peut pas parler du sujet avec précision, dès lors que, dans le système constitutionnel d'un pays, il n'y a pas de constitution organique écrite et rigide, comme c'est le cas en Israël[11].

Dans le droit comparé en général, l'on peut dire que, bien que les constitutions règlent les buts du pouvoir impositif de l'Etat et les modalités de son exercice tout en garantissant les droits fondamentaux, elles n'établissent pas directement une interdiction expresse des impositions confiscatoires[12]. Pour cela, est exceptionnel le cas de l'Espagne, dont la Constitution de 1978 établit comme principe général que le système impositif dans son ensemble ne peut point avoir une portée confiscatoire[13], ainsi:

> Article 31.1. Tous contribueront à supporter les dépenses publiques selon leur capacité économique par un système impositif juste, inspiré des principes d'égalité et progressivité, qui dans aucun cas n'aura une portée confiscatoire.

Plus précis encore en ce qui concerne l'interdiction des impôts confiscatoires est le texte de la Constitution du Guatemala de 1987 dont l'article 243, après avoir établi comme principe que «le système impositif doit être buste et équitatif», ajoute que «sont interdits les impôts confiscatoires et la double ou multiple imposition interne».

De toute façon, que l'on interdise ou non expressément les impositions confiscatoires, ce qui est vrai est que, dans tous les systèmes constitutionnels dans lesquels l'on établit les principes qui doivent présider à l'exercice du pouvoir impositif de l'Etat et l'on garantit les droits fondamentaux des citoyens, les impositions confiscatoires peuvent être considérées inconstitutionnelles, le problème fondamental du point de vue juridique étant de déterminer quand est-ce qu'une imposition peut être considérée confiscatoire. La difficulté du sujet n'est donc pas de déterminer si l'imposition confiscatoire doit être considérée inconstitutionnelle -ce qu'elle est- mais la véritable difficulté, comme le fait remarquer R. Muβgnug par rapport à l'Allemagne fédérale, *«lies exclusively in the subsequent question of what a confiscatory tax is and how it can be distinguished from heavy but constitutionally unobjectionable tax»*[14]. Cette limite ou frontière n'est ni absolue ni objective et sa détermination dépend de plusieurs éléments liés à la tradition politique et à la réalité économique et sociale d'un pays à un moment donné.

Ainsi l'on trouve des exemples de pays où les taux d'imposition sont très élevés, et d'autres où l'on a établi des limites précises à ceux-ci. L'on pourrait affirmer,

---

(10) NERNCOVA et ZEMANEK, *Rapport national tchécoslovaque* pp. 1-29.

(11) HADARI, *Rapport national israélien*, pp. 17.

(12) LANGEREIS, *Rapport national néerlandais*, p. 12; MUβGNUG, *cit. supra*, note 5, p. 1; DARBY, *cit. supra*, note 3, p. 16; BOGDAN, *cit. supra*, note 6, pp. 3 et 6.

(13) L'interdiction de portée confiscatoire a été interprétée comme ne s'appliquant pas aux impôts isolés mais aux systèmes impositifs dans leur ensemble. *V.* PALAO TABOADA, «La protección constitucional de la propriedad privada corne limite al poder tributario» in *La hacienda pública en la Constitución española*, Instituto de estudios fiscales, Madrid 1979, pp. 281 et 319.

(14) *Cit. supra*, note 5, p. 2.

comme l'a fait P.M. Gaudemet, que «une imposition peut être qualifiée de confiscatoire, lorsque l'élévation de son taux oblige le contribuable d'amputer son patrimoine pour l'acquitter, son revenu disponible n'y suffisant plus»[15] Néanmoins, l'étude du droit comparé démontre qu'il n'y a pas de règles absolues en la matière. A titre d'exemple et par contraste, l'on peut mentionner les cas de la Suède et de l'Argentine.

La Suède peut être considérée comme *«an extremely highly taxed society»* ce qu'illustre M. Bogdan dans son rapport en affirmant que *«the total tax burden measured as the percentage of G.N.P. claimed by taxes and compulsory social insurance charges, rose from 43.7% in 1975 to about 55 % in 1987»*[16]. Ceci conduit à conclure que, pendant les dernières années, la Suède a probablement été le pays ayant les impôts les plus lourds au monde par rapport à son produit national brut[17]. Mais, en outre, M. Bogdan affirme dans son rapport que la protection constitutionnelle face à (imposition exorbitante en Suède est très faible:

> *In particular, the Constitution does not forbid taxes coming very close to 100% of their base. The state may, for example, take over practically all income by means of an income tax and practically all property by means of a wealth tax without violating the Constitution. The combined effects of various taxes may easily deprive taxpayer of his total income and wealth of even more*[18].

Cette faiblesse dans la protection constitutionnelle face à l'imposition M. Bogdan l'attribue à l'orientation politique de la Constitution elle-même élaborée sous l'influence du parti politique dominant et qui conçoit l'imposition comme l'un des instruments pour atteindre ses objectifs politiques. De plus, le fait que le contrôle de la constitutionnalité des lois, qui est de caractère diffus, ne s'exerce que lorsque l'inconstitutionnalité est «flagrante» conduit à ce que ce contrôle ne se produise pratiquement jamais à l'encontre des normes impositives[19].

A l'extrême opposé, on peut signaler le cas de l'Argentine où il existe aussi un contrôle diffus de la constitutionnalité des lois par lequel les tribunaux et la Cour suprême de la Nation ont établi une abondante doctrine jurisprudentielle au sujet des limites au pouvoir impositif et aux impositions confiscatoires sur la base des garanties constitutionnelles, notamment la garantie du droit de propriété et la notion de «raisonnabilité» appliquée à l'exercice du pouvoir d'imposition. «L'axe autour duquel tourne tout le système jurisprudentiel de la Cour suprême concernant la confiscabilité des impositions» -comme le dit Linares Quintana- est la règle considérant qu'un impôt est confiscatoire dès lors que le montant de son taux est 'déraisonnable'»[20].

Ainsi, la Cour suprême a dit:

(15) *Cit. supra*, note 3.
(16) *Cit. supra*, note 6 à la p. 1.
(17) *Ibid.*, p. 2.
(18) *Ibid.*, pp. 6 et 7.
(19) *Ibid.*, p. 7.
(20) *Tratado de la ciencia del derecho constitucional,* 2e éd., Vol. 5, Buenos Aires, p. 313

> Le pouvoir impositif sera exercé de bonne foi et dans des buts publics et les impôts doivent être établis conformément à un système d'impartialité et d'uniformité dans des conditions raisonnables qui ne viennent pas constituer une interdiction ou confiscation et doivent avoir pour objectif de subvenir aux dépenses administratives(21).

Ce concept de raisonnabilité, qui a été fondamental dans le système de contrôle judiciaire en Argentine, exige que, dans toutes leurs activités, les organes de l'Etat respectent une certaine limite au-delà de laquelle il se produit l'altération du droit et la perte de son essence constitutionnelle. «Ce qui est alors raisonnable -comme l'indique G. Bidart Campos- est ce qui est ajusté à la Constitution, pas autant à sa lettre qu'à son esprit; et l'irraisonnable est ce qui enfreint la Constitution; en dernière analyse, ce qui est inconstitutionnel»(22). Mais bien sûr le problème de la jurisprudence a été de déterminer quand est-ce que le quantum de l'impôt est irraisonnable et confiscatoire, et, comme le fait remarquer H.A. García Belsunce, la Cour suprême a établi dans d'innombrables décisions que, par exemple, la confiscatoriété de la charge immobilière est donnée par la circonstances de ce que celle-ci absorbe au-delà d'un tiers (1/3), c'est-à-dire plus de 33% du revenu probable à tirer de l'immeuble(23). Néanmoins, il n'apparaît pas dans la jurisprudence l'origine du pourcentage fixé (33%) ni non plus sa rationalité, ce que H.A. García Belsunce critique en indiquant que la confiscatoriété d'une charge immobilière doit plutôt résulter d'un ensemble de circonstances de fait (situation de la propriété, valeur marchande, rendement réel, etc.) qui le rendent raisonnable ou non, sans que cela surgisse nécessairement du «chiffre cabalistique» de 33%(24). Quoiqu'il en soit, la Cour suprême a aussi établi une limite pour considérer confiscatoire des droits de succession lorsqu'ils atteignent 33% de la part d'héritage revenant à chaque héritier(25).

Or, ce qui est intéressant de mettre en relief concernant les limites entre raisonnabilité (constitutionnalité) et arbitraire (inconstitutionnalité) en matière impositive, est, qu'en dehors de la détermination de pourcentages par la jurisprudence d'un pays déterminé pour établir la limite entre l'un et (autre aspect -c'est ce que R. Muβgnug considère en Allemagne comme propre aux lois impositives pré-démocratiques(26)-, le sujet de la confiscatoriété des impositions est définitivement lié au respect ou non par le Législateur d'une série de garanties constitutionnelles, dont la violation est à l'origine de l'irraisonnabilité d'un impôt et comme conséquence, sa confiscatoriété. Bien sûr, ces garanties varient selon les pays et les temps, c'est pourquoi elles n'ont pas un caractère absolu, de sorte que si, par exemple, la constitution d'un Etat ne garantit pas la propriété privée ni la liberté économique, comme c'est le cas de la Tchécoslovaquie, alors il n'y a pas lieu de parler d'impositions confiscatoires.

---

(21) GARCIA BELSUNCE, *Rapport national argentin*, p. 13.

(22) *Derecho constitucional*, Vol. 1, Buenos Aires 1968, p. 229.

(23) *Cit. supra*, note 21, pp. 13-19; *V.* LINARES QUINTANA, *El poder impositivo y la libertad individual*, Buenos Aires 1951, p. 239.

(24) *Cit. supra*, note 21, pp. 18-19.

(25) *Ibid.*, p. 21.

(26) *Cit. supra*, note 5, p. 5.

En revanche, l'étude de droit comparé que nous avons faite concernant les pays dont les rapports nous ont été envoyés nous montrent que, en général, dans les constitutions on établit une série de garanties des citoyens qui encadrent dans un polygone l'exercice du pouvoir impositif de l'Etat en marquant les confins de leur constitutionnalité. Ces garanties, en général, sont la garantie de la légalité de l'impôt, la garantie de la propriété privée, la garantie de l'égalité, la garantie de la liberté économique et la garantie des libertés individuelles. Elles délimitent l'exercice du pouvoir impositif de l'Etat, c'est pourquoi tout dépassement des limites qu'elles établissent engendre une inconstitutionnalité, laquelle est soumise à contrôle judiciaire.

Nous analyserons ces cinq garanties constitutionnelles comme des limites aux impositions confiscatoires, et nous conclurons avec des références à la plus importante des garanties de l'Etat de droit le contrôle judiciaire.

I. LA GARANTIE DE LA LEGALITE DE L'IMPÔT

Face au pouvoir impositif de l'Etat, la garantie constitutionnelle la plus classique et au nom de laquelle l'on commença aussi bien la Révolution américaine que la Révolution française, est la garantie de la légalité de (impôt. *«No taxation without representation»*, telle fut la déclaration des colonies américaines devant le *Stamp Act* et cela aussi se trouve à la base du refus du Parlement de Paris d'enregistrer les édits impositifs de Louis XVI, exigeant leur approbation par les Etats Généraux.

Toutes les constitutions modernes, peut-on dire, ont établi la garantie de la légalité de (impôt, en exigeant que les impôts puissent être créés seulement moyennant une loi sanctionnée par les organes législatifs de représentation populaire. Ainsi est il établi en Allemagne, Hollande, Suède, Suisse[27] et même en Israël, quoiqu'il n'y ait pas de constitution écrite dans le sens moderne, la *Basic Law of the State Economy* étant a règle[28]. Comme l'établit aussi la Constitution du Vénézuéla:

> Article 224. Aucun impôt ou autre contribution ne pourra être recouvré s'il n'est pas établi par loi, de même que l'on ne concédera des exonérations d'impôt que dans les cas par elle prévus.

A cet effet, la même Constitution définit la loi comme «les actes qui sanctionnent les Chambres législatives (Sénat et Chambre de députés) agissant comme des corps colégislateurs»[29].

Cette garantie de la légalité de l'impôt, en général, est considérée aux Etats-Unis comme la première limite à l'imposition confiscatoire, car elle permet même

(27) *Ibid*, LANGEREIS, *cit. supra*, note 12, pp. 1-2; BOGDAN, *cit. supra*, note 6, p. 3; YERSIN, *Rapport national suisse*, p. 11.

(28) Attribuant la législation impositive, Knesset HADARI, *cit. supra*, note 11, p. 2.

(29) Art. 162.

aux contribuables dans les démocraties parlementaires d'exercer en tant qu'électeurs la pression nécessaire sur les représentants pour la défense de leurs intérêts[(30)]. Comme il a été établi par le juge Marshall dans le affaire *McCulloch c. Maryland* en 1819, face au pouvoir impositif de l'Etat qui -comme il a été dit dans la même décision- «implique le pouvoir de détruire», le peuple lui a donné ce pouvoir «confiant dans l'intérêt du législateur, dans l'influence des électeurs ou de leurs représentants, pour se protéger contre son abus»[(31)].

En tout cas, la garantie de la légalité de l'impôt implique que l'impôt doit être créé par loi, édictée par la représentation populaire, principe qui est valable aussi dans les systèmes constitutionnels où il s'est produit une distribution verticale du pouvoir, comme c'est le cas des systèmes fédéraux, et dans les cas des municipalités ou des communes disposant des pouvoirs impositifs. Conformément à cela, tout impôt établi par un acte de l'Exécutif ou d'une autorité quelconque différente du Législateur (national ou local) non seulement est inconstitutionnel, mais essentiellement confiscatoire. Il convient de signaler en tout cas que bien que quelques pays acceptent la délégation législative ou législation secondaire en matière impositive, cette délégation ne saurait aller jusqu'à se substituer au Législateur, et peut seulement se référer à certains éléments du tribut pour exécuter les prévisions de la loi[(32)]. Par conséquent, la délégation législative et les facultés réglementaires de l'Exécutif en matière impositive, par essence, ne peuvent jamais aller jusqu'à se substituer à la réserve légale établie au profit du Législateur dans les contributions.

Mais, bien qu'il soit vrai que la garantie de la légalité de l'impôt est la première des limitations constitutionnelles à l'encontre des impositions confiscatoires, en exigeant l'intervention des organes législatifs représentatifs pour créer des impôts, le problème des limites de l'organe législatif dans l'exercice de son pouvoir reste à établir. En effet, étant prévu constitutionnellement que le Législateur est le seul qui peut créer des impôts, il y a lieu de se demander si, dans l'exercice de son pouvoir impositif, le Législateur a aussi des limites constitutionnelles. La réponse que nous donne le droit comparé est variable.

Avant tout, nous devons mentionner une limite générale à toute activité législative et qui, bien évidemment, s'applique à l'exercice par loi du pouvoir impositif de l'Etat: il s'agit de la limite fixée par la garantie constitutionnelle de la non-rétroactivité de la loi. Par conséquent, les lois impositives, et cela est un principe, ne sauraient être rétroactives, car, si elles (étaient, elles seraient confiscatoires[(33)].

Mais, mis à part cette limite générale à l'exercice du pouvoir législatif, reste posée la question de savoir quelles sont les autres limites constitutionnelles à l'exercice du pouvoir d'imposition par loi. Dans ce sens, R. Muβgnug, se référant

(30) DARBY, *cit. supra*, note 3, p. 1.

(31) WHEAT, 316, 431 (1819) *ibid.*, p. 12.

(32) LANGEREIS, *cit. supra*, note 12; HADARI, *cit. supra*, note 11, p. 3.

(33) MUβGNUG, *cit. supra*, note 5, pp. 12-13. Exceptés, bien sûr, les systèmes tels celui d'Israël, où la garantie de la mise en marche de faction en justice n'est pas établie, faute de constitution HADARI, *cit. supra*, note 11, p. 5.

au cas de l'Allemagne et commentant l'établissement constitutionnel de la garantie de la légalité de l'impôt comme restriction formelle à la souveraineté fiscale de l'Etat, il semble en conclure que c'est là la seule limite à l'exercice du pouvoir impositif de l'Etat. C'est pour cela, dit-il, que:

> *If the people -represented by a democratically elected parliament- have a say in the level of taxation, even exorbitant taxes are constitutionally legitimate. However high the taxes may be, they can never be too high, because they conform to the majority opinion*(34).

Néanmoins, ce qui est vrai en général, l'exercice du pouvoir impositif par le Législateur n'est pas illimité et les constitutions explicitement ou implicitement établissent des limites à l'exercice dudit pouvoir.

Dans quelques cas, il s'agit de limitations expressément établies dans les constitutions, en fixant l'objectif et les buts du système impositif. L'article 13 de la Déclaration des droits de d'homme et du citoyen dans ce sens établit

Pour l'entretien de la force publique et pour les dépenses de l'administration, une contribution commune est indispensable; elle doit être également répartie entre tous les citoyens en raison de leurs facultés.

De cette norme il résulte, comme le signale P.-M. Gaudemet que «l'impôt ne peut être levé pour n'importe quel objet. Il ne saurait avoir pour fin de déposséder le contribuable comme le font les impositions confiscatoires. Sa nécessité n'est reconnue que pour couvrir les dépenses d'intérêt général»(35).

Dans un sens similaire, la Constitution des Etats-Unis d'Amérique à l'article 1, section 8, clause 1 établit

The Congress shall have the power to lay and collect taxes, duties, imposts and excises, to pay the debts and provide for the common defense and general welfare of the United States; but ail duties, impost and excises shah be uniform throughout the United States.

Dans le même sens, l'article 223 de la Constitution du Vénézuéla établit aussi des objectifs plus ou moins précis au système impositif, ainsi

Le système impositif cherchera la juste distribution des charges selon la capacité économique du contribuable, conformément au principe de progressivité, ainsi qu'à la protection de (économie nationale et (élévation du niveau de vie du peuple.

De ces normes il résulte qu'on a prescrit constitutionnellement à l'exercice du pouvoir d'imposition des objectifs précis; par conséquent, tout impôt ne répondant pas au but constitutionnel serait confiscatoire. Ce serait le cas, par exemple, d'un impôt ayant pour but la destruction de l'économie privée.

De façon implicite, cette même limitation à l'exercice du pouvoir d'imposition existe en Allemagne, dans ce qui ont été appelés les objectifs fiscaux que doit respecter l'imposition. C'est-à-dire, comme le fait remarquer R. Muβgnug en critiquant les tentatives en vue d'établir des limites en pourcentage à la charge

(34) *Cit. supra*, note 5, p. 5.
(35) *Cit. supra*, note 3, p. 7.

impositive: dans un Etat démocratique, le revenu fiscal est réglé par les dépenses budgétaires dans le sens que *«expenditures examined and approved of in parliament in the process of budget appropriation can and must be covered by sufficiently high taxes»*. D'où il tire que le *«link between the authorisation of expenditure and the fiscal legislation is one of the great achievements of democratic constitutional law»*[36]. De cela il résulte le principe qu'il serait inconstitutionnel et donc, confiscatoire, d'avoir des impôts poursuivant des objectifs extra fiscaux, comme par exemple un impôt qui aurait pour but la socialisation de la propriété. Ainsi le dit V. Scheumer «les impôts se transforment en mesures expropriatrices lorsqu'ils vont, au-delà de l'objectif de l'obtention fiscale de revenus, jusqu'à la destruction ou l'épuisement d'objets déterminés de la propriété, et donc ils assument un caractère confiscatoire»[37].

Bien sûr, en formulant la nécessité des objectifs fiscaux des impôts, il surgit nécessairement la discussion au sujet de la constitutionnalité des «impôts interventionnistes» qui, plutôt qu'un but fiscal, prétendent mettre en conformité des activités privées à ce qui a été établi, par exemple, dans un plan de développement économique et social. La réponse dépendra du système constitutionnel concret. Néanmoins, en général, tout impôt interventionniste ne doit pas être vu comme confiscatoire, sauf si avec lui l'on détruit le droit de propriété ou l'on empêche l'exercice de la liberté économique.

Par rapport aux Etats-Unis, le problème se pose aussi quant à savoir si un impôt s'établit ou non pour *«provide for the common defense and general welfare of the United States»*. J.J. Darby signale que ceci doit être déterminé en premier lieu par le Législateur, l'imposition fédérale étant admissible *«to encourage or discourage certain types of activity»* comme cela a été admis par les cours[38]. Cependant, de là à admettre la célèbre phrase du juge Marshall en 1819 que *«the power to tax surely involves the power to destroy»*[39] il y a une grande différence. En fait comme la Cour suprême des Etats-Unis le nuança en 1899, *«it is not only the power to destroy, but it is also the power to keep alive»*[40]. L'imposition ne peut donc aller jusqu'à détruire la propriété ni la liberté économique en tant que telles.

Une autre limite constitutionnelle au pouvoir d'imposition qui résulte de la Constitution des Etats-Unis est l'exigence pour que les impôts *«shall be uniform throughout the United States»*[41], qui dérive de la forme fédérale de l'Etat, et quia été interprétée dans un sens géographique par l'exigence que les impôts fédéraux doivent s'appliquer dans tous les états de l'Union[42]. Mais même face à cette

(36) *Cit. supra*, note 5, pp. 5-9.

(37) «Grundiagen und Art der Eteignungsentschâdiguung» in REINHARD-SCHEUNER uVerfassungschutz des Eignentumsm Zwei Abhandiungen J.C.B. Monk (P. Siebeck), Tübingen, 1954, *cit.* par PALAO TABOADA, *cit. supra*, note 13, p. 290.

(38) *Cit. supra*, note 3, p. 13. *V. Wickard c. Fillburn*, 317 U.S. 111 (1942); *Sonzinsky c. United States*, 300 U.S. 506 (1937); *United States c. Sánchez*, 340 U.S. 42 (1950); *United States c. Kahringer*, 345 U.S. 22 (1953); *Zwak c. United States*, 848 F. 2d 1179 (1988).

(39) *Cit. supra*, note 31.

(40) *Nicol vs. Ames*, 173 U.S. 509, 515 (1899); DARBY, *cit. supra*, note 3, p. 6.

(41) Art. 1, s. 8, clause 1

(42) DARBY, *cit. supra*, note 3, pp. 6, 7.

interprétation traditionnelle, la Cour suprême a accepté l'application d'exemptions impositives dans quelques états de moindre développement (Alaska), justement pour stimuler leur croissance économique[43]. On outre, *«the sixteenth amendment [1913] gave Congress the power to impose taxes without apportionment among states»*, avec quoi *«the apportionment clause»* est tombée en désuétude en matière de «income tax», et n'est appliquée qu'en matière de *«real estate and capitation taxes»*[44].

Dans d'autres cas, l'absence même d'une constitution écrite dans le sens moderne du terme, comme c'est le cas en Israël, implique que, bien que la *Basic Law of the State Economy* établisse la garantie de légalité de l'imposition, en réservant à la Knesset la législation première en matière impositive, comme l'affirme Y. Hadari:

> *There is no limitation on the power of the Knesset to legislate tax law and to determine the rates of taxes. With respect to taxes, any future legislation can impose new taxes or change the existing ones*[45].

En tout cas, et en nous référant aux systèmes constitutionnels où il existe une constitution écrite, outre les limitations au pouvoir impositif de l'Etat signalées plus haut dérivées des buts et des objectifs du système impositif que les textes constitutionnels établissent, les plus importantes de ces limites qui existent en relation avec (exercice de ce pouvoir là sont celles qui dérivent de la consécration d'autres garanties constitutionnelles des citoyens, plus particulièrement, de la garantie de la propriété privée, de la garantie de l'égalité, de la garantie de la liberté économique et des garanties individuelles. L'exercice du pouvoir impositif ne peut pas signifier destruction ou extinction de ces garanties car, si tel était le cas, l'imposition serait inconstitutionnelle parce que confiscatoire.

II. LA GARANTIE DE LA PROPRIETE PRIVEE

La limitation constitutionnelle la plus importante à l'exercice du pouvoir impositif que l'on observe en droit comparé est la garantie de la propriété privée, dans le sens que l'impôt ne peut pas signifier destruction de la propriété, car s'il en était ainsi, il serait confiscatoire et inconstitutionnel. Dans quelques cas, cette limitation est expressément établie dans la constitution: par exemple, en ce qui concerne les impôts, c'est le cas du Guatemala, dont la Constitution établit que «les impôts confiscatoires sont interdits»[46]; en ce qui concerne le système impositif en général, et c'est le cas d'Espagne dont la Constitution établit que «dans aucun cas aura une portée confiscatoire»[47].

---

(43) *Ptasynski v. United States*, 550 F. Supp. 549 (D. Wyo. 1982); 462 U.S. 74 (1983) Darby, *cit. supra*, note 3, p. 7.

(44) DARBY, *ibid.*

(45) *Cit. supra*, note 11, p. 3.

(46) Art. 243.

(47) Art. 31.1.

Dans d'autres cas, l'interdiction des impositions confiscatoires découle de l'interdiction constitutionnelle expresse en ce qui concerne la confiscation vue en tant que forme d'extinction de la propriété sans compensation. Tel est le cas de la *Constitution* du Vénézuéla qui établit que «l'on ne décidera ni n'exécutera de confiscations»[(48)], sauf dans les cas d'enrichissement illicite par suite d'usurpation de pouvoir[(49)] ou, par rapport à des étrangers, dans les cas acceptés par le droit international[(50)]. L'interdiction expresse de la confiscation, dans ce cas-ci, implique donc l'interdiction des impositions confiscatoires.

Il convient de signaler que, dans d'autres pays, comme c'est le cas en Israël, la confiscation, en tant qu'institution, est acceptée et permise dans des cas d'utilité publique dans lesquels on doit néanmoins respecter le droit au *due process*[(51)]. Aux Etats-Unis, la confiscation est considérée une méthode constitutionnelle exceptionnelle mais permise, en vue d'atteindre des objectifs publics, mais elle est réservée à des cas constituant des circonstances extraordinaires comme la guerre, l'état d'urgence nationale, des raisons de salubrité, des conflagrations et un certain type de crime organisé et de rapine[(52)]. Néanmoins, dans tous ces cas-ci, la confiscation ne peut pas revêtir la forme d'une imposition, puisque la garantie constitutionnelle de la propriété privée la rendrait inconstitutionnelle.

Dans la plupart des systèmes constitutionnels, la limitation aux impositions confiscatoires découle, purement et simplement, de la garantie constitutionnelle du droit de propriété dont nous retrouvons la formulation la plus classique dans la *Déclaration des droits de l'homme et du citoyen* de 1789, à laquelle le Conseil constitutionnel français a reconnu valeur constitutionnelle en vertu du préambule à la Constitution de 1958[(53)]. L'article 17 de cette Déclaration, en effet, établit que

La propriété étant un droit inviolable et sacré, nul ne peut en être privé, si ce n'est lorsque la nécessité publique, légalement constatée l'exige évidemment, et sous la condition d'une juste et préalable indemnité.

De cette norme, comme c'est le cas dans la plupart des pays où est constitutionnellement garanti, tant le droit de propriété[(54)] que sa garantie d'extinction seulement moyennant une juste compensation de l'expropriation[(55)], découle le principe de la prohibition des impôts confiscatoires: Donc, les «expropriations déguisées» comme les appelle P.M Gaudemet[(56)], ou les *«covert*

(48) Art. 102.
(49) Art. 250.
(50) Art. 102.
(51) HADARI, *cit. supra*, note 11, pp. 3-4.
(52) DARBY, *cit. supra*, note 3, pp. 3-5.
(53) Décision du Conseil constitutionnel, 16 janvier 1982 GAUDEMET, *cit. supra*, note 3, p. 5.
(54) GARCÍA BELSUNCE, *cit. supra*, note 21, p. 11. Il convient d'indiquer que l'article 17 de la *Constitution* argentine, outre qu'elle consacre le droit de propriété, établit que «la confiscation de biens est à jamais effacée du *Code pénal* argentin», paragraphe qui, en soi, ne se considère pas applicable aux impositions; YERSIN, *cit. supra*, note 27, pp. 3-5.
(55) LANGEREIS, *cit. supra*, note 12, p. 1; DARBY, *cit. supra*, note 3, p. 4; BOGDAN, *cit. supra*, note 6, pp. 4-5; YERSIN, *cit. supra*, note 27, p. 3.
(56) *Cit. supra*, note 3, p. 4.

expropriations» comme les appelle R. Muβgnug[57], que l'on prétend réaliser par le biais de techniques impositives, sont inconstitutionnelles car leur manquent (élément compensatoire que toute expropriation exige (et qu'il serait impossible de trouver pécuniairement dans un impôt) comme garantie du droit de propriété.

Ainsi donc, qu'on l'établisse expressément ou qu'elle résulte implicitement de la constitution, la garantie de la propriété privée suppose l'inconstitutionnalité des impôts confiscatoires. Néanmoins, ici, à nouveau, la question n'est pas d'accepter l'inconstitutionnalité des impôts confiscatoires, mais d'établir avec précision quand un impôt doit être considéré confiscatoire, ou dans les termes de la jurisprudence argentine, quand un impôt doit être considéré «déraisonnable» ou arbitraire.

Dans le droit comparé, la réponse est bien sûr variée et, au coup par coup. Un principe semble général, et c'est celui que l'impôt doit grever le revenu mais pas le capital, dans le sens qu'un impôt, même s'il grève le capital, doit être payé par le revenu qu'il produit. C'est ce que l'ancien droit français formulait par l'adage: Droit sur les fruits sont impôts; Droit sur les fonds sont pillage[58].

En revanche, si l'impôt a une incidence directement sur le capital, en absorbant une partie de celui-ci dans une période déterminée de temps, il le confisquerait et l'impôt serait inconstitutionnel car il socialiserait l'économie[59].

En Allemagne, le principe ci-dessus est formulé dans le sens que les impôts sur la propriété sont confiscatoires *«if they cannot be paid `from the yield' but must be paid 'from the assets' exhausting the capital instead of merely taxing it»*[60]. En Suisse, la Constitution fédérale fixe un taux maximum de 0,825 pour mille pour l'impôt sur le capital[61].

Mais mis à part ce principe général, dans les différents pays, la détermination du caractère confiscatoire d'un impôt est faite au coup par coup et en relation aux divers types d'impôts.

En matière d'impôts immobiliers, la jurisprudence argentine a établi le principe que si l'impôt constitue plus d'un tiers (1/3 ou 33%) du revenu probable de l'immeuble, l'impôt doit être considéré confiscatoire et inconstitutionnel. Le pourcentage fixé a été considéré sans fondement, mais la jurisprudence a été constante et uniforme dans ce sens[62] même en admettant que l'impôt immobilier puisse avoir des objectifs extra-fiscaux (solution du déficit habitationnel, pénaliser des immeubles improductifs, lutte contre les *latifundia*)[63].

En revanche, en Suisse, en matière d'impôt foncier, le Tribunal fédéral a estimé constitutionnel un impôt qui taxait le revenu spéculatif provenant de la vente

---

(57) *Cit. supra*, note 5, p. 1.
(58) GAUDEMET, *cit. supra*, note 3, p. 6.
(59) GARCÍA BELSUNCE, *cit. supra*, note 21, p. 15.
(60) MUβGNUG, *cit. supra*, note 5, p. 2.
(61) YERSIN, *cit. supra*, note 27, p. 4.
(62) GARCÍA BELSUNCE, *cit. supra*, note 21, pp. 12-17.
(63) *Ibid.*, p. 16; *v.* TAMAGNO, *El contribuyente*, Buenos Aires 1953, p. 49.

d'immeubles, d'un taux de 53% du montant[(64)]. Néanmoins, dans des décisions plus récentes, à partir de 1979, l'on insiste dans l'application de la garantie de la propriété privée par rapport à la matière fiscale en disant que:

> L'idée de base de la garantie de l'institution de la propriété ... interdit ainsi à la collectivité publique d'enlever aux propriétaires, par une fiscalité excessive, leur patrimoine privé ou certains éléments de ce patrimoine (par exemple le patrimoine immobilier) ... La protection de la propriété oblige ainsi le Législateur à conserver la substance du patrimoine existant et à maintenir la possibilité de former un capital nouveau, il interdit au Législateur de remettre en question la propriété en tant qu'institution juridique accessible à chacun ou d'épuiser le patrimoine de façon continue ...[(65)].

Dans le même sens en matière d'impôts sur la propriété, en Allemagne, on considère qu'ils sont inconstitutionnels s'ils obligent, plus ou moins rapidement, les personnes à rendre leur propriété, les considérant confiscatoires si le taux a une telle incidence sur le revenu que même si celui-ci est investi de manière sensée, devient insuffisant pour payer l'impôt[(66)].

En matière d'impôts sur les successions et donations, la jurisprudence argentine, après avoir déclaré confiscatoires des impôts qui taxaient à 50%, à 45% et autres taux l'héritage, s'est arrêtée au taux de 33%, applicable à la portion d'héritage correspondant à chaque héritier[(67)]. Tout pourcentage supérieur est donc considéré confiscatoire. Au contraire, en France, le taux de l'impôt sur les successions peut aller jusqu'à 60% et n'est pas considéré confiscatoire, ce que P.-M. Gaudemet considère comme une faille dans le système de protection contre les confiscations par l'impôt[(68)]. En Allemagne, en général, l'impôt sur les successions, dont le taux est fixé sur la base d'une double progression (degré de parenté entre l'héritier et le de cujus et la valeur de l'héritage) peut atteindre des taux supérieurs à 50% de l'héritage et l'on considère, en général, que le niveau d'imposition se trouve à la limite de ce qui est admissible avant de devenir confiscatoire[(69)].

En matière d'impôt sur le revenu, contrairement à la doctrine établie au sujet d'autres impôts, la jurisprudence argentine ne s'est pas prononcée, le taux pouvant aller jusqu'à 45%, ce qui a été critiqué par H.A. García Belsunce, qui prône la nécessité d'appliquer le même taux de 33% que la Cour suprême a utilisé au sujet d'autres impôts[(70)]. En Allemagne, l'impôt sur le revenu peut atteindre le taux de 53%, et l'on considère obsolète (idée que le taux maximal devrait être de 50% du revenu. Même en matière d'impôt sur les intérêts, il peut atteindre jusqu'à 53% à condition qu'il ne touche pas l'épargne (capital) en soi. En Hollande, même s'il a été considéré que l'impôt sur le revenu ne doit pas être supérieur à 80% des enrichissements, aucune disposition constitutionnelle ne l'interdit[(71)].

---

(64) YERSIN, *cit. supra*, note 27, p. 5.
(65) ATF 1051a 220 = JT 1981.1555 et 1556 *ibid.*, pp. 5-6 et 13.
(66) MUβGNUG, *cit. supra*, note 5, p. 8.
(67) GARCÍA BELSUNCE, *cit. supra*, note 21, p. 21.
(68) *Cit. supra*, note 3, p. 9.
(69) MUβGNUG, *cit. supra*, note 5, p. 12.
(70) *Cit. supra*, note 21, pp. 22-25.
(71) MUβGNUG, *cit. supra*, note 5, pp. 3 et 9; LANGEREIS, *cit. supra*, note 12, p. 3.

En Suède, il n'y a pas de limite constitutionnelle au montant des impôts, mais M. Bogdan considère que:

> *An income tax (meaning here the sum of all taxes income) amounting to or exceeding the total income must be considered to be an expropriatory measure, which may not be carried out without compensation. The same applies, in my view, to a wealth tax amounting to or exceeding the taxpayer's total wealth, and to any other tax that is not lower than its base*(72).

En fait, dans cette matière -comme le signale R. Muβgnug- la seule limite générale qui peut être établie est dérivée des autres garanties que la Constitution établit, dans le sens que l'impôt sur le revenu *«may not be raised by the legislator to levels at which the debtor is deprived of the means required for living and doing business in free self-determination»*(73). En Suisse, en revanche, la Constitution fédérale fixe les taux maximaux de l'impôt fédéral direct sur le revenu des personnes physiques à 11,5%. En matière d'impôts cantonaux sur la richesse ou sur les grandes fortunes et sur leur revenu, le Tribunal fédéral suisse n'a pas estimé qu'en soi cet impôt avait un caractère confiscatoire, même si la charge fiscale sur le revenu pouvait atteindre 46,3%. Il a considéré de même qu'une imposition totale de 67,6% perçue au cours de trois années successives sur un même revenu immobilier n'était pas confiscatoire(74).

Pour finir, il faut aussi signaler en matière d'impôt sur la plusvalue que la Cour suprême argentine a estimé confiscatoire un impôt qui absorbe la plus grande part de la valeur d'un immeuble touché par l'impôt et, éventuellement, tout revenu pouvant produire pendant trente-six ans, alors que la propriété n'avait bénéficié des ouvrages publics concrets (voie pavée) que pour 12% de la valeur(75). En Suisse, au contraire, un impôt sur la plus-value de 60%, qui représente, pris ensemble avec d'autres impôts sur les bénéfices immobiliers, un impôt de 80% de la plus-value immobilière, n'a pas été estimé confiscatoire par le Tribunal fédéral. Pas davantage il n'a été considéré inconstitutionnel le fait de soumettre à un impôt sur la plus-value la partie d'une indemnisation d'expropriation qui représente un bénéfice immobilier(76).

III. LA GARANTIE DE L'EGALITE (GENERALITE ET JUSTICE DE L'IMPÔT)

Mais, mise à part la garantie de la propriété privée, spécifiquement en ce qui concerne le pouvoir d'imposition de l'Etat, la deuxième garantie constitutionnelle qui impose une limite à l'exercice du pouvoir de ce pouvoir est la garantie de l'égalité qui exige, en matière fiscale, que le système impositif réponde à des

(72) *Cit. supra*, note 6, p. 6.
(73) MUβGNUG, *cit. supra*, note 5, p. 2.
(74) ATF 1021 a 220 = JT 19781524 YERSIN, *cit. supra*, note 27, pp. 4, 5 et 13.
(75) FALLOS, 136, 161; GARCÍA BELSUNCE, *cit. supra*, note 21, p. 30.
(76) YERSIN, *cit. supra*, note 27, p. 6.

principes de généralité et de justice fiscale. Dans beaucoup de cas le principe est établi dans les constitutions, non seulement de manière générale en tant que garantie des citoyens, mais en particulier en relation au système impositif. Par exemple, dans la Déclaration des droits de l'homme et du citoyen de 1789, en fixant la contribution commune indispensable pour l'entretien de la force publique et pour les dépenses de fadministration, prévoit qu'«elle doit être également répartie entre tous les citoyens en raison de leurs facultés»[(77)]. Or, dans le monde contemporain, le principe est établi plus précisément. Par exemple, la Constitution italienne exige que «le système impositif s'inspirera de critères de progressivité [...]»[(78)]; la Constitution du Guatemala (1987) établit que «le système impositif doit être juste et équitable»[(79)]; la Constitution d'Espagne (1978) prévoit que le système impositif doit être «juste, inspiré des principes d'égalité et de progressivité»[(80)], et la Constitution du Vénézuéla (1961) établit que «le système impositif cherchera la juste distribution des charges selon la capacité économique du contribuable, compte tenu du principe de la progressivité [...]»[(81)].

Néanmoins, dans la plupart des constitutions ces postulats ne sont pas expressément fixés dans les textes, mais ils découlent de la garantie générale de l'égalité[(82)], c'est pourquoi toute imposition inégale est confiscatoire. Comme le fait remarquer P.M. Gaudemet, une contribution qui de par sa nature dépossède le contribuable du patrimoine qu'il détient, est confiscatoire parce que:

> Elle ne peut être également répartie entre tous les contribuables, car elle conduirait à détruire toute la propriété privée au profit de l'Etat. Elle changerait de ce fait la structure de la société ... et méconnaîtrait alors le principe de (égalité devant les charges publiques qui, en France, a valeur constitutionnelles[(83)].

Le principe de l'égalité et de généralité appliqué à la matière fiscale a même conduit aux Etats-Unis à l'annulation, sur la base du «equal protection clause of the fourteenth amendment» d'impôts des états de l'Union qui établissaient des discriminations à l'encontre des non résidents[(84)].

Mais si, conformément au principe de la généralité, tous les citoyens doivent contribuer sans discrimination aux dépenses communes, la répartition des charges que de telles dépenses impliquent doit être égale, mais en conformité à la capacité économique des contribuables respectifs. L'égalité en matière impositive exige donc, essentiellement, (application d'un critère de justice qui doit être satisfait par

(77) Art. 13.
(78) Art. 53.
(79) Art. 243.
(80) Art. 31.1.
(81) Art. 223.
(82) YERSIN, *cit. supra*, note 27, pp. 9-10; BOGDAN, *cit. supra*, note 6, p. 5; HADARI, *cit. supra*, note 11, p. 3; GARCÍA BELSUNCE, *cit. supra*, note 21, p. 35; DARBY, *cit. supra*, note 3, p. 12; MUβGNUG, *cit. supra*, note 5, p. 6.
(83) *Cit. supra*, note 3, pp. 7-8.
(84) DARBY, *cit. supra*, note 3, p. 12.

le traitement inégal des personnes se trouvant dans une situation inégale(85). L'imposition donc doit s'adapter à la capacité économique de chaque personne pour qu'elle ne soit pas injuste.

L'on peut dire que le principe de l'imposition conformément à la capacité économique (capacité de contribution) des personnes, est un principe constitutionnel (explicite ou implicite) dans le constitutionnalisme contemporain. Nous avons déjà signalé quelques constitutions qui le prévoient, comme c'est le cas de celles du Vénézuéla et d'Espagne. Dans d'autres cas, comme en Allemagne, le principe constitutionnel a été établi par le Tribunal constitutionnel fédéral dans le sens que les citoyens doivent être assujettis aux impôts «seulement proportionnellement à leurs moyens» ou, en d'autres mots, «conformément à leur capacité financière». Pour cela le Tribunal constitutionnel fédéral a estimé que la Constitution interdit les *«strangulating confiscatory taxes»* qui *«excessively burden those affected and fundamentally impinge upon their financial circumstances»*(86).

En tout cas, le concept de capacité contributive en soi ne permet pas d'établir une distinction claire entre impôts confiscatoires et impôts élevés mais non confiscatoires; c'est la raison pour laquelle en Allemagne, d'autres critères complémentaires ont été développés. Dans ce sens-là, R. Muβgnug met en avant les suivants: d'abord, le principe que les impôts, en particulier, doivent laisser entre les mains de la personne un minimum de moyens de subsistance, raison pour laquelle les personnes qui gagnent moins de ce dont elles ont besoin pour vivre, doivent être exonérées d'impôts. En outre, il est indiqué que le principe de la capacité exige qu'à toute personne soit laissé le revenu suffisant pour assumer le niveau de vie approprié à son occupation et à son revenu, ceci étant assuré par le principe de la progressivité(87). Ensuite, le principe de l'imposition équitable, dans le sens que le principe de la capacité contributive doit prendre en compte les autres charges que doit supporter ou assumer le contribuable, comme par exemple, les charges alimentaires familiales. Le Tribunal constitutionnel fédéral a adopté, en ce sens, d'importantes décisions pour protéger les contribuables contre les impôts touchant de façon injuste la famille. De cette façon, le caractère confiscatoire de l'impôt ne découle pas de son taux élevé, mais des effets confiscatoires qu'il pouvait avoir sur les individus qui devaient le payer(88).

Dans la même optique, en Suisse, et partant du principe constitutionnel de l'égalité, le Tribunal fédéral a établi en matière de justice fiscale les trois principes suivants: l'universalité et l'égalité de l'imposition et la proportionnalité de la charge fiscale fondée sur la capacité économique du contribuable. En contrôlant la constitutionnalité des dispositions légales cantonales, le Tribunal fédéral a distingué deux formes d'égalité: l'égalité horizontale selon laquelle des citoyens à capacité contributive semblable doivent supporter des impôts de même

(85) Modesto Ogea MARTÍNEZ-OROZCO, «Los preceptos constitucionales en materia tributaria en el derecho comparado» in *XIX Semana de estudios de derecho financiero*, Madrid 1972, pp. 388-89.

(86) MUβGNUG, *cit. supra*, note 5, pp. 2 et 6.

(87) *Ibid.*, p. 6.

(88) *Ibid.*, p. 7.

importance, et l'égalité verticale, qui consiste à comparer la situation financière des contribuables modestes à celle des citoyens dont la situation est favorable ou meilleure, et à fixer les charges fiscales des contribuables entre eux en fonction de leur capacité contributive(89). S'agissant de l'égalité horizontale, signale D. Yersin, le Tribunal fédéral suisse considère que le principe d'égalité est contraignant et limite strictement la marge d'appréciation du Législateur; sa jurisprudence dans ce domaine est abondante et la protection des citoyens relativement étendue; dans ce sens, les citoyens ont la garantie qu'à situation égale, ils ne feront pas l'objet d'une imposition confiscatoire par rapport à d'autres contribuables(90). Par contre, le contrôle en ce qui concerne l'égalité verticale a été plus prudent. Le Tribunal fédéral a dit que:

> En ce qui concerne la progression, il ne peut vérifier que si la réglementation arrêtée peut être justifiée par des motifs objectifs et si elle n'est pas manifestement contraire au principe de l'universalité, de l'égalité et de la proportionnalité(91).

On doit indiquer aussi qu'en Suisse, quant à l'application du principe de la progression, ont été pris en compte les effets de l'inflation dans le sens que, dans la plupart des cantons, un système d'indexation des barèmes d'impôts a été établi de sorte que la plupart des contribuables ne voient plus leur charge fiscale augmenter artificiellement en raison de l'accroissement purement nominal de leur revenu ou de leur fortune(92).

D'autre part, en ce qui concerne l'application des principes de justice fiscale, la possibilité de procéder à une confiscation impositive -parce qu'injuste- peut aussi découler de l'accumulation sur un contribuable de plusieurs impôts de sorte que ces impôts nuisent à sa capacité contributive. Comme l'indique P.M. Gaudemet:

> Le prélèvement fiscal peut devenir confiscatoire lorsque plusieurs impôts, qui isolément non pas d'effet confiscatoire, exercent, du fait de leur réunion, un effet confiscatoire sur le contribuable qui les subit(93).

Pour éviter cet effet confiscatoire de la double ou multiple imposition, quelques constitutions, comme celle du Guatemala, interdisent expressément «la double ou multiple imposition interne»(94). Néanmoins, ceci est exceptionnel; ce qui est normal est que l'on traite plutôt des limitations légales à l'exercice du pouvoir impositif pour éviter la double ou multiple imposition, même lorsque dans des pays, comme la Suède, la double imposition qui, par exemple, touche la totalité du revenu d'un contribuable, n'est pas considérée inconstitutionnelles(95). Cependant, il est certain que, dans la plupart des pays, ont été établies des protections légales diverses contre la double ou multiple tribulation. Ainsi en France, par exemple, pour éviter que le total de l'impôt sur le revenu et de l'impôt

(89) YERSIN, *cit. supra*, note 27, p. 9.
(90) *Ibid.*
(91) *Ibid.*, p. 10.
(92) *Ibid.*, p. 7.
(93) *Cit. supra*, note 3, p. 11.
(94) Art. 243.
(95) BOGDAN, *cit. supra*, note 6, p. 6.

de solidarité sur la fortune dû par un contribuable prenne un caractère confiscatoire, le Code général des impôts (1989) [96], dispose que ce total ne peut pas excéder 70% du revenu de ce contribuable. Si ce pourcentage était dépassé, l'impôt de solidarité sur la fortune serait réduit de l'excédent ainsi constaté[97]. De cette façon, c'est le Législateur qui protège contre les effets confiscatoires de la double imposition, en établissant une limite en pourcentage au-delà de laquelle les impositions dues prendraient un caractère confiscatoire.

En tout cas, la question de la double ou multiple imposition se pose avec des caractéristiques spéciales, dans les systèmes étatiques fédéraux, où le pouvoir d'imposition a été distribué verticalement, de façon à ce que les différents niveaux du Pouvoir public ont compétence pour établir des impôts. La double imposition alors, peut aussi apparaître entre impôts nationaux et impôts des états, sans que pour autant elle puisse être considérée en soi confiscatoire[98]. Elle le deviendrait dès lors qu'elle toucherait à la capacité de contribution du contribuable, et partant, lorsqu'elle est injuste.

En Argentine, par exemple, la limite du cumul de deux ou plus d'impôts sur un même fait imposable est généralement celle établie par la Cour suprême pour l'imposition, à 33%, où a été fixé le concept du caractère confiscatoire de l'imposition[99]. Cependant, étant donné qu'il s'agit d'une création jurisprudentielle, la question est de déterminer la portée du contrôle de constitutionnalité en matière de double imposition; on se demande si ladite portée passe outre la limite constitutionnelle, lequel des impôts doit être déclaré inconstitutionnel? En Argentine, il n'y a pas de règle de prééminence des impôts nationaux sur les provinciaux et vice-versa, c'est pourquoi faute de solution générale de la jurisprudence, l'on apensé que la solution au problème est de limiter chacun des impôts concourant à la limite que la jurisprudence a fixée au caractère confiscatoire de chaque impôt[100].

En tout cas, le problème de la double imposition se pose aussi dans les rapports des impôts nationaux et locaux (des communes) comme en France[101] et dans le rapport des impôts établis par plusieurs états d'une Fédération, comme c'est le cas aux Etats-Unis, spécialement en matière d'impôt sur les échanges entre les états[102]. Dans ce cas, lesdits impôts:

> *In order to pass constitutional scrutiny under the Commerce clause, must be allocated under a formula that seeks to reach only that portion of the gross receipts attributable to the interstate trader's business activities within the taxing State* [103].

---

(96) Art. 885y
(97) GAUDEMET, *cit. supra*, note 3, p. 11.
(98) GARCIA BELSUNCE, *cit. supra*, note 21, pp. 32-33.
(99) *Ibid.*, p. 34.
(100) *Ibid.*, p. 37.
(101) GAUDEMET, *cit. supra*, note 3, pp. 10-11.
(102) DARBY, *cit. supra*, note 3, pp. 10, 11 et 15.
(103) *Ibid.*, pp. 10 et 11.

IV. LA GARANTIE DE LA LIBERTÉ ÉCONOMIQUE

Outre la garantie de la légalité de l'impôt, de la garantie de la propriété, et de la garantie de l'égalité, la quatrième des garanties constitutionnelles qui s'érige en limitation aux impositions confiscatoires est la garantie de la liberté économique. En effet, de même que l'exercice du pouvoir d'imposition ne peut pas éteindre ou détruire le droit de propriété, l'exercice dudit pouvoir ne peut non plus éteindre ou empêcher l'exercice de la liberté d'industrie et de commerce. Toutefois, bien sûr que celle-ci est garantie constitutionnellement, comme tel est le cas dans la plupart des pays occidentaux.

En matière fiscale, cette garantie de la liberté économique et de la libre initiative privée exige, avant tout, que le système impositif s'établisse de façon à protéger l'économie aussi bien publique que privée[(104)]. Ainsi l'exige la Constitution du Vénézuéla, lorsqu'elle dit que le système impositif doit chercher «la protection de l'économie nationale et l'élévation du niveau de vie du peuplen»[(105)].

Ceci suppose, concrètement, que les impôts ne peuvent pas être établis de façon à empêcher, par exemple, le libre développement du commerce sur le territoire d'un Etat. C'est le cas des Etats-Unis où l'on considère que:

> *The Commerce clause made the United States a national common market, prohibiting the States from setting up barriers, through regulation or taxation, which unreasonably impede the free flow of commerce throughout the land*[(106)].

Les impôts ne peuvent pas non plus être établis de façon à rendre l'exercice d'une activité excessivement difficile ou impossible. Comme le dit D. Yersin se référant à la Suisse, «l'impôt doit être supportable pour une entreprise travaillant dans des conditions normales et doit laisser au propriétaire un juste bénéfice»[(107)]. En revanche, si l'impôt n'est pas supportable par l'entreprise, l'empêchant de réaliser son activité économique, cet impôt doit être considéré en principe, confiscatoire. Dans ce sens, par exemple, la Cour suprême des Etats-Unis a concédé un:

> *Injunctive relief to a coconut oil manufacturing company from a federal oleomargarine tax partly because it found that paying the tax would destroy his business*[(108)].

Donc la garantie de la liberté économique, en tant que limite à l'exercice du pouvoir impositif de l'Etat, implique qu'il ne peut y avoir des impôts dont le but est d'interdire une activité économique. C'est-à-dire, sont considérés confiscatoires les impôts interdisant des activités économiques; les tribunaux allemands considèrent ainsi les impôts dans la fixation desquels le Législateur ne poursuit pas des buts fiscaux, mais cherche à empêcher l'activité taxée en lui

---

(104) *V.* au sujet de l'Allemagne PALAO TABOADA, *cit. supra*, note 13, pp. 295 et 306.

(105) Art. 223.

(106) DARBY, *cit. supra*, note 3, p. 10.

(107) *Cit. supra*, note 27, pp. 7 et 8.

(108) *Miller c. Standard Nut Margarine Co.*, 284 U.S. 498, 510 (1932), DARBY, *cit. supra*, note 3, p. 15.

imposant une charge insupportable même s'il ne l'interdit pas ouvertement[(109)]. Dans un sens similaire, le Tribunal fédéral suisse a résumé sa jurisprudence en la matière, en signalant qu'un impôt doit être considéré prohibitif

a) Si, ajouté aux frais d'exploitation, il exclut un bénéfice convenable même en appliquant les prix pratiqués dans la branche; b) si, transféré à (acheteur, c'est-à-dire ajouté aux prix de vente, il empêche le commerçant de soutenir efficacement la concurrence des autres entreprises de la branche, auxquelles il peut être comparé[(110)].

En Argentine, s'agissant des impôts à l'importation, ont été considérés confiscatoires les impôts dans les cas où n'a pas été possible leur transfert vers le consommateur et que, de ce fait, ont été absorbés par le contribuable, la taxe ayant touché le capital employé à l'importation ou à l'élaboration du produit, ou bien une partie substantielle du revenu à obtenir avec l'aliénation ultérieure dudit capital[(111)].

Même s'il est vrai que la garantie de la liberté économique suppose l'interdiction des impôts prohibitifs, parce que confiscatoires, elle ne peut empêcher qu'au moment de fixer certains impôts, outre leurs buts fiscaux, ils aient pour objet la mise en oeuvre de politiques publiques tendant à dissuader la réalisation d'activités économiques dans des domaines ou secteurs déterminés. Aux Etats-Unis, par exemple, comme l'indique J.J. Darby *«the Courts see no constitutional impediment to extensive Congressional use of the commerce and taxing power to regulate and suppress a wide range of national and local activity»*[(112)]. En Allemagne, le même principe de constitutionnalité des impôts dissuasifs d'activités économiques a été établi par le Tribunal constitutionnel fédéral, dans plusieurs cas. Premièrement, concernant l'impôt sur les machines de jeu, lequel a été attaqué parce que l'on considérait qu'il avait luimême forcé les exploitants de machines à cesser leur activité. Le Tribunal constitutionnel, cependant, a considéré que l'impôt avait seulement diminué drastiquement les bénéfices des exploitants, mais qu'il ne les avait pas éliminés[(113)]. En deuxième lieu, concernant l'impôt ayant taxé le transport terrestre de longue distance des entreprises, établi pour décongestionner les routes et ouvrir de nouveaux marchés au chemin de fer, le Tribunal constitutionnel a estimé que l'impôt n'avait pas provoqué la cessation d'activité des entreprises, mais seulement un changement dans la façon de conduire l'affaire[(114)]. Dans le même sens, comme l'observe R. Muβgnug:

---

(109) MUβGNUG, *cit. supra*, note 5, p. 9-10.

(110) AFT 87 132 (YERSIN, *cit. supra*, note 27, pp. 9 et 15).

(111) GARCIA BELSUNCE, *cit. supra*, note 21, p. 28. GARCIA BELSUNCE, se référant à ces impôts, signale qu'«on ne saurait nier à l'Etat la faculté de créer des impôts, consommation avec des objectifs extra-fiscaux prohibitifs ou dissuasifs moyennant des taxes tendant à atteindre cet effet. Dans cette hypothèse, on ne peut pas alléguer du caractère confiscatoire de l'impôt, seulement si l'importateur a contracté l'acquisition d'une marchandise par carte de crédit irrévocable ou bien a vendu le produit élaboré si celui-ci est d'origine nationale, car seulement dans de tels cas il existe des droits subjectifs privés protégés par des garanties constitutionnelles, lesquels droits seraient lésés par un impôt confiscatoire sur le capital ou sur le revenu, selon le cas». *ibid.*

(112) DARBY, *cit. supra*, note 3, p. 13.

(113) BV erf GE 31, p. 8 et ss. MUβGNUG, *cit. supra*, note 5, p. 10.

(114) BV erf GE 16, p. 147 et ss. *ibid.*

It is thus unobjectionable, for instance, that the price for die consumption of tobacco and spirits is noticeably increased by special taxes for reasons of health policy. Constitutional law also permits that the keeping of dogs is made expensive by the dog tax, and that, with more than one dog, it turns into an almost unaffordable luxury. The dog tax does not aim merely at raising revenue. The Legislator may use it to prevent an excessive increase in the number of dogs in the cities as well[115]

En tout cas, la possibilité d'utiliser le pouvoir impositif de l'Etat à des fins parafiscales, pour dissuader ou rendre plus difficile l'exercice de certaines activités, ne saurait impliquer une restriction des autres libertés constitutionnelles. Pour cette raison, la dernière des limitations à l'exercice du pouvoir impositif de l'Etat est établie par la garantie constitutionnelle des libertés individuelles.

V. LA GARANTIE DES LIBERTÉS INDIVIDUELLES

En effet, l'exercice du pouvoir impositif non seulement ne peut pas conduire à l'extinction de la propriété ou à l'interdiction de l'exercice de la liberté économique, mais encore il ne peut pas être conçu comme une limitation ou une restriction des autres libertés individuelles garanties constitutionnellement. Par exemple, par le biais de l'imposition, on ne peut pas limiter la liberté de la presse, la liberté religieuse ou la liberté de contracter mariage.

En ce qui concerne la liberté de la presse en Allemagne, d'après R. Muβgnug *«a newspaper tax is out of question, because it would impinge upon the freedom of the press and information»*[116]. Dans le même sens, concernant les Etats-Unis, J.J. Darby indique que *«the first Amendment guarantees the freedom of the press. Although the press is subject to non-discriminatory taxation the same as other businesses, it may not be singled out and taxed in a manner that lends itself to the suppression of opinions objectionable to the government»*[117]. Sans doute, ces mêmes critères existent-ils dans tous les pays dont les constitutions garantissent la liberté de la presse.

Les mêmes principes s'appliquent en ce qui concerne la liberté religieuse. Selon R. Muβgnug, en Allemagne, *«a taxation of religious services would be an unconstitutional encroachment on the freedom of religion»*[118]. Sur le même sujet par rapport aux EtatsUnis, J.J. Darby signale ce qui suit:

> *The first Amendment also pertains to the freedom of religion. It provides a religious guarantee divided into two points: 1) the establishment clause, prohibiting an established church and in the opinion of some erecting a wall of separation between church and State; and 2) the Free Exercise clause prohibiting the government from interfering with religion. A non-discriminatory tax on property owned by religious institutions does not violate the first Amendment (Gibbons v.*

(115) *Ibid.*, p. 11.
(116) *Ibid.*
(117) *Cit. supra*, note 3, p. 9.
(118) *Cit. supra*, note 5, p. 11.

District of Columbia, 116 U.S. 404 (1885)), but neither does an exemption from State and local taxes of real property used exclusively for religious purposes (Waltz v. Tax Commission, 397 U.S. 664 (1970)) [119].

Quoiqu'il en soit, J.J. Darby observe que les problèmes se posent lorsque l'impôt touche, non pas le privilège d'accomplir un service religieux, mais une activité que le groupe religieux considère comme partie intégrante de son ministère[120].

Enfin, en ce qui concerne les libertés individuelles, un autre exemple de limitation à l'exercice du pouvoir impositif de l'Etat découle de la liberté de contracter mariage. En effet, un impôt sur le mariage serait en soi inconstitutionnel car il limiterait la liberté et le droit de se marier qui, de plus, doit faire (objet d'une protection spéciale[121]. En outre, le Tribunal constitutionnel allemand a estimé comme un impôt «caché» sur le mariage l'augmentation de la taxe impositive résultant de l'obligation des époux de déclarer conjointement l'impôt sur le revenu, par rapport à ce que chacun doit payer individuellement. Dans ces cas, le Tribunal a estimé que cette augmentation, bien qu'elle n'avait pas d'effets confiscatoires, constituait un obstacle considérable à la libre décision de se marier[122].

CONCLUSION: LA GARANTIE JURIDICTIONNELLE

Dans les notes précédentes, d'un point de vue de droit comparé, nous avons analysé les limites constitutionnelles aux impositions confiscatoires. Celles-ci, ou bien sont établies expressément dans les textes constitutionnels, ou bien découlent des principes constitutionnels et, en tout cas, ont leur fondement dans la consécration par un texte constitutionnel écrit et rigide, d'une série de garanties fondamentales. Donc, la question des limites au pouvoir d'imposition ne peut se poser que dans les pays où il existe une constitution écrite et rigide; d'où la difficulté de soulever la question dans des pays comme l'Israël, où il n'existe pas de constitution écrite et rigide dans un sens moderne. Ainsi en découle du rapport de Y. Hadari. De plus, la question peut se poser seulement en des termes justes dans les constitutions qui consacrent les garanties des droits de propriété et de liberté économique; d'où la difficulté ou l'impossibilité de son traitement dans des pays où de telles garanties ne sont pas établies, comme c'est la cas de la Tchécoslovaquie, comme l'a montré le rapport de Messieurs les professeurs J. Nemcova et J. Zemanek.

Or, dans les constitutions s'établit le pouvoir d'imposition de l'Etat en tant que l'une des manifestations du pouvoir public. Néanmoins, comme tout pouvoir

---

(119) *Cit. supra*, note 3, pp. 9-10.

(120) *The Jimmy Swaggart Ministries v. Board of Equalization of California*, 204, Cal. App. 3d 151 (1988); *Texas Monthly Inc. v. Bob Bullock*, 109 S. Ct. 890 (1989) *cit. supra*, note 3, p. 10.

(121) MUβGNUG, *cit. supra*, note 5, p. 11; Venezuela, art. 73 de la *Constitution*.

(122) EV erf GE 6, p. 55 et ss. (MUβGNUG, *cit. supra*, note 5, p. 11).

public, le pouvoir impositif n'est pas illimité. Non seulement son exercice est soumis à des règles constitutionnelles organiques qui l'attribuent à certains organes de l'Etat, le Législateur, par exemple, mais aussi ce pouvoir est soumis à des limitations dérivées de la déclaration constitutionnelle des droits fondamentaux des citoyens et des garanties constitutionnelles qui s'établissent en ce qui concerne lesdits droits.

Mais comme dans l'ensemble des règles constitutionnelles, il ne servirait à rien d'établir le principe de la suprématie constitutionnelle et celui de la limitation à l'exercice des pouvoirs de l'Etat, sans que parallèlement l'on n'établisse une juridiction constitutionnelle qui permet aux citoyens d'exercer le contrôle de la constitutionnalité des actes impositifs. Celle-ci étant la véritable garantie face aux impositions confiscatoires, car, en définitive, la garantie juridictionnelle est «la garantie des garanties» des droits constitutionnels.

Pour cela, dans les pays où il n'y a pas de juridiction constitutionnelle, comme c'est le cas de la Hollande, selon le rapport de Ch.J. Langeréis, la question des limites aux impositions confiscatoires est un problème d'ordre légal, qui se résout en des limites à l'activité administrative impositive (recouvrements excessifs, réclamations administratives).

Ainsi donc, la matière des limitations constitutionnelles aux impositions confiscatoires dans tous les pays où elles existent a été la juridiction constitutionnelle qui les a définies et précisées. Dans les systèmes de contrôle concentré de la constitutionnalité, comme en Autriche et en Allemagne, c'est le tribunal constitutionnel de chaque pays qui a établi une jurisprudence en la matière. Ceci découle clairement des rapports de D. Roessler et R. Muβgnug. Il en va de même pour la Suisse en ce qui concerne le contrôle de constitutionnalité de lois cantonales, comme il ressort du rapport de D. Yersin.

Dans les systèmes de contrôle diffus de constitutionnalité, comme c'est le cas de l'Argentine et des Etats-Unis, c'est la Cour suprême qui a défini peu à péu une doctrine jurisprudentielle très riche en la matière, ce que MM. H.A. García Belsunce et J.J. Darby font clairement ressortir dans leur rapport. C'est le cas aussi des systèmes mixtes de contrôle de constitutionnalité comme c'est le cas de la Suisse, tel qu'il en résulte du rapport de D. Yersin en ce qui concerne la doctrine du Tribunal fédéral.

A l'opposé, dans des pays où la juridiction constitutionnelle ne s'est pas développée, comme c'est le cas de la Suède, ainsi qu'il en ressort du rapport de M. Bogdan, le contrôle judiciaire est encore faible.

L'on pourrait dire la même chose en ce qui concerne la France, même si on doit considérer que le travail du Conseil constitutionnel pendant les trois derniers lustres a été de très grande importance, s'agissant du développement de la justice constitutionnelle. Cependant, le fait qu'il s'agisse d'un contrôle a priori, réservé à certaines autorités publiques, a empêché le contribuable d'avoir un accès direct à ladite juridiction. C'est pourquoi, comme il ressort clairement du rapport de P.-M. Gaudemet, il n'y a pas de décisions du Conseil en la matière, la question restant posée en des termes doctrinaux.

III. — DROIT CONSTITUTIONNEL DE L'INTÉGRATION

§ 8. LES PROBLEMES CONSTITUTIONNELS DE L'INTEGRATION LATINO-AMERICAINE

Cours donné à la *Faculté Internationale pour l'enseignement du droit comparé*, Session de Paris, Institut de droit comparé de l'Université de Paris, octobre 1967[(*)]

INTRODUCTION

Considérer que l'intégration est la condition fondamentale pour assurer et accélérer le développement économique, constitue une prémisse dans l'étude du développement économique de l'Amérique latine. C'est pour cela que nous estimons qu'il faut commencer ce cours sur les problèmes constitutionnels du futur Marché commun latino-américaine, en partant aussi de l'affirmation de notre croyance en la future intégration économique latino-américaine et en sa nécessité non seulement comme facteur essentiel du développement de la région, mais encore comme seule issue actuelle au sous-développement dans lequel elle se trouve. Et cela parce qu'on pourrait penser du titre de ce Cours que celui qui les fait est un de ces juristes dont le dogmatisme et le formalisme les font s'opposer à toute idée de développement économique et social. C'est cependant vraiment tout le contraire, parce que nous croyons précisément que le droit doit, dans nos pays, être au service du développement et par conséquent de 1a réforme sociales nous avons estimé indispensable de présenter les problèmes que la structure juridique actuelle de l'Amérique latine pose à l'intégration, avec le but de les résoudre et leur chercher des solutions, compte tenu de la réforme nécessaire des structures non préparées pour les nouvelles exigences économiques et sociales.

C'est qu'en effet, l'intégration économique de l'Amérique latine se présente à nos pays comme une nécessité non seulement économique, mais aussi essentiellement politique, de réalisation ne souffrant aucun délai.

Nous devons donc insister sur cette nécessité politique et économique que représente l'intégration latino-américaine avant d'en faire ressortir les problèmes juridiques.

(*) Publié, polycopié, en français: *Les problemes constitutionnelles de l'integration latino-americaine*, Association Internationale de Droit Comparé, Faculté Internationale pour l'enseignement du droit comparé (Strasbourg), Session d'automne, n° 753, Madrid 1968, (polycopié), 33 pp.; et en en spagnol: *Los problemas constitucionales de la integración económica latinoamericana*, Banco Central de Venezuela, Caracas 1968, 131 pp.

I. NÉCESSITÉ DE L'INTEGRATION ÉCONOMIQUE EN AMERIQUE LATINE

1. Aspects politiques

Il s'agit, tout d'abord, d'une nécessité de caractère politique. En effet, durant ce XXème siècle, le système international s'est caractérisé par un haut degré de stratification internationale, c'est-à-dire, par l'existence d'inégalités frappantes de puissance, de richesse et de prestige entre les pays, lesquelles ne s'étaient jamais rencontrées au cours de l'histoire de manière aussi marquée.

Il est certain qu'il a toujours existé des différences entre les Nations, ayant donné lieu dans les temps modernes à des périodes de prépondérance espagnole, française et anglaise. Pourtant, ces périodes ne peuvent pas être comparées avec l'actuelle étape de prépondérance américaine et soviétique, caractérisée par la relation qu'il faut faire entre le potentiel économique de ces pays et leur puissance internationale, fait qui, auparavant, n'existait pas. C'est pour cela que l'on dit que le trait caractéristique de l'actuelle période de prépondérance américaine et soviétique réside dans le fait que le soutien de la puissance internationale et militaire de ces pays basée sur leur avancement technologique, est leur potentiel économique.

Or le fait que ces deux pays soient les seuls qui, actuellement, possèdent la structure économique suffisante leur permettant de prendre part à l'avance technologique avec applications militaires, leur ouvrant ainsi les portes de la puissance mondiale, a provoqué la détérioration ou l'affaiblissement considérable du *status* international des autres nations.

Gustavo Lagos, Directeur de l'Institut pour l'Intégration de l'Amérique latine, a utilisé très à propos, dans plusieurs de ses travaux[(1)], le mot grec *atimia* qui signifie «perte ou dégradation de *status*», pour qualifier cette détérioration. Cette *atimia* est précisément le trait marquant actuel en Amérique latine, à tel point, et ceci est un fait connu, que celle-ci se trouve être la seule région sous développée de l'Occident. C'est du reste sur cette même base que les pays latino-américaine commencent, par ailleurs, à être classés parmi les «pays neufs» au même titre que les pays africains bien que leur indépendance de l'Espagne date déjà de plus d'un siècle.

Or cette dégradation de *status* a produit ses effets et plus particulièrement sur la souveraineté. Effectivement les systèmes politiques nationaux latino-américaine ont perdu la capacité de se défendre par eux-mêmes dans les milieux internationaux. Par ailleurs, leur dépendance économique est tellement prononcée que leur stabilité interne, bien souvent, est sujette à l'appui économique externe. De plus, du fait de cette dégradation, ces pays sont dans l'impossibilité de créer individuellement le cadre politique et les institutions qui leur sont nécessaires

---

(1) Gustavo LAGOS, «Aspectos políticos, legales e institucionales de la integración económica de América latina», en *Boletín de la Integración*, n° 7, Buenos Aires, junio 1966, p. 3; Gustavo LAGOS, «La integración de América latina y su influencia en el sistema internacional», in BID, INTAL, *La integración latinoamericana. Situación y perspectiva,* Buenos Aires 1965, pp. 160-165; Gustavo LAGOS, *International Stratification and Underdeveloped Countries,* Univ. N. Carolina 1963, pp.3-34.

pour promouvoir et protéger leur développement, et surtout, se trouvent dans l'incapacité de faire progresser ce développement par leurs propres moyens.

C'est à la suite de cette situation de dégradation de *status* provenant de l'important degré de dépendance internationale, qu'apparaît donc la nécessité politique de l'intégration économique en Amérique latine.

En effet, en Amérique latine, comme en Europe après la guerre, ce haut degré de stratification et d'inégalité internationale a permis d'engendrer des forces nouvelles tendant à la restructuration du système des Etats-Nations en grandes communautés politiques et économiques pour atténuer leur inégalité. C'est pour cette raison que les arguments politiques qui s'opposent à l'intégration et qui ont pour fondement la notion de «souveraineté» ne sont pas valables. Etant donné que la souveraineté des pays latino-américaine est en réelle dégradation, c'est un véritable anachronisme de se baser sur ces «souverainetés» du café, de l'étain, des bananes, du sucre ont du pétrole[(2)], pour s'opposer à l'intégration. C'est peut-être alors dans ce domaine qu'apparaît d'autant plus évident le paradoxe selon lequel les éventuelles cessions de souveraineté qu'entraîne nécessairement une intégration économique, sont le fondement pour la naissance d'états intégrés, réellement souverains dans un système international stratifié.

Cependant, s'il est bien exact que l'intégration économique en Amérique latine apparaît comme une nécessité politique, ceci n'est pas en vue de la convertir en puissance mondiale qui puisse subordonner d'autres pays, mais simplement dans le but de lui laisser trouver sa place dans l'histoire, c'est-à-dire, en premier lieu, pour lui permettre de participer aux processus politiques du système international desquels elle serait exclue et, en second lieu, pour lui permettre de parvenir à son développement économique par l'intermédiaire de cette intégration[(3)].

C'est pour cela également que l'intégration est une nécessité économique dont la réalisation est indispensable pour les pays de l'Amérique latine.

2. Aspects économiques

En effet, il y a quelques années, l'Amérique latine, désunie comme elle l'est maintenant, voulait réaliser son développement économique en compartiments étanches à l'aide de marchés nationaux, manquant évidemment des moyens

(2) *V.* Peter NEHENIKIS, *Latin America: Myth and Reality,* 1966, p. 204, *cit.* par Emilio J. CÁRDENAS, «Hacia un derecho comunitario latinoamericano», *Derecho de la Integración,* INTAL, BID, n° 1, Buenos Aires, Octubre de 1967, p. 34.

(3) *Cf.* Gustavo LAGOS, *El proceso de integración de América latina. Significado y dimensiones,* Conferencia pronunciada en la Universidad Nacional de La Asunción, con motivo de la «Sexta Asamblea de Gobernadores del Banco Interamericano de Desarrollo», avril de 1965, INTAL (polycopié), p. 4; Raúl PREBISCH, José Antonio MAYOBRE, Felipe HERRERA y Carlos SANZ DE SANTAMARÍA, «Perspectivas para la creación del Mercado Común Latinoamericano», in BID-INTAL, *La integración latinoamericana; situación y perspectivas, cit.,* p. 191; Francisco A. PINTO, «Necesidad de un sistema institucional y jurídico para la integración latinoamericana», in BID, *Factores para la integra/ción de América latina,* Fondo de Cultura Económica, México 1966, p. 168.

économiques suffisants pour financer la haute technologie que ce développement exigeait et exige encore[4].

Face à des pays de faible pouvoir d'achat, comme l'étaient et le sont encore les pays latino-américains, une politique générale d'industrialisation, dont le but fondamental était de parvenir à substituer les importations, fut créé pendant la décennie 1950-1960[5]. Les résultats de cette politique, bien qu'ayant été profitables en ce qui concerne le développement de l'industrialisation de ces pays, ne peuvent pas être qualifiés de positifs quant à la réelle substitution des importations, puisque si ces dernières ne se font plus en ce qui concerne les produits de consommation et quelques produits intermédiaires simples, en revanche, elles continuent en ce qui concerne les combustibles, les capitaux et autres produits intermédiaires nécessaires à la nouvelle et timide transformation des économies nationales.

Donc, plutôt qu'une véritable substitution des importations c'est un changement dans leur composition qui s'est effectuée sans toutefois en modifier substantiellement le montant.

Par ailleurs, ce processus de substitution d'importations qui a été et est toujours de rigueur dans quelques pays latino-américains, s'est accompagné d'un protectionnisme exagéré dont les conséquences ont été une hausse notable des prix mettant obstacle à l'exportation de la production obtenue.

Conformément à cette politique, ainsi que l'ont déclaré les quatre économistes consultés par le Président du Chili, Eduardo Frei, dans un document déjà célèbre, sur les bases de la future intégration latine-américaine, les pays d'Amérique latine:

> Repliés sur eux-mêmes, continuent d'essayer de produire toutes sortes de biens et continuent de faire d'un côté de la frontière tout ce qui devrait se faire de l'autre[6].

En tout cas, l'Amérique latine a compris qu'en tant que facteur fondamental du développement dont elle a besoin et face auquel elle est engagée, les possibilités réelles de cette politique touchent à leur fin du fait qu'elle s'appuie sur les marchés nationaux[7].

En effet, ainsi que nous l'avons déjà en partie signalé, les caractéristiques essentielles de la politique d'industrialisation en vue de substituer les importations, qui, avec le temps a prouvé son inefficacité, sont, en premier lieu, qu'elle s'est faite à prix élevés sans idée d'économie, sur lesquels a influencé

---

(4) *Cf.* PREBISCH, MAYOBRE, HERRERA y SANZ DE SANTAMARÍA, «Perspectivas para la creación del Mercado Común Latinoamericano», *loc. cit.*, p. 190; Gustavo LAGOS, *El proceso de integración de América latina. Significado y dimensión, cit.*, p. 17.

(5) *Cf.* Braulio JATAR DOTTI, *La integración económica latinoamericana en el presente, B.C.V.*, Caracas 1966, pp. 42 y ss; CEPAL, *Problemas y perspectivas del desarrollo industrial latinoamericano*, Buenos Aires 1964, 168 p.

(6) PREBISCH, MAYOBRE, HERRERA y SANZ DE SANTAMARÍA, «Perspectivas para la creación del Mercado Común Latinoamericano» *loc. cit.*, pp. 190, 195, 196.

(7) *Cf.* Instituto Latinoamericano de Planificación Económica y Social, *La integración económica y los planes nacionales de desarrollo,* diciembre de 1964, «Primer Curso sobre Integración de América latina», INTAL, doc. CUR F. 1/DID/REP/25, Buenos Aires, 7-10-65, p. 6.

considérablement une grande protection douanière; en second lieu, qu'elle s'est fondée sur de faibles niveaux d'efficacité par suite de l'étroitesse des marchés nationaux avec, par conséquent, l'impossibilité qui en découle, de profiter des avantages d'une économie à grande échelle de spécialisation industrielle[(8)].

Le défaut essentiel du processus, observé sous un angle régional, réside dans le fait qu'il a été considéré exclusivement du point de vue national, c'est-à-dire, qu'il a été fondé sur des marchés nationaux qui constituent les éléments de base du calcul économique des entreprises et la base de son expansion. Si l'Amérique latine maintient cette politique, elle est condamnée à obtenir une production très inférieure à ses possibilités, principalement à cause de l'actuelle segmentation de ce qui devrait être un grand marché.

Ce qui a permis d'orienter les activités des pays latino-américains à la réunion qui s'est terminée par la Déclaration et la Charte de Punta del Este en 1961, c'est la conviction que le grand marché et le grand espace économique sont indispensables pour réaliser une production réellement efficiente et à bas prix et pour parvenir à la spécialisation et à la division du travail, qu'il n'est pas possible d'obtenir au sein étroit des marchés nationaux.

Ainsi, dans la Charte ci-dessus mentionnée, les Républiques latino-américaines ont considéré:

> Nécessaire d'élargir les marchés nationaux comme condition indispensable pour accélérer le processus de développement économique du continent et comme moyen adéquat pour obtenir une plus grande production grâce à la complémentarité et la spécialisation industrielle [(9)].

A partir de ce moment le plan d'action intégral pour attaquer le problème du sous-développement s'effectue simultanément sur trois fronts intégrés: les programmes nationaux de développement économique et social; l'intégration économique et la protection des produits de base d'exportation.

De même, depuis lors, l'intégration économique est le moyen fondamental pour atteindre le développement économique auquel la politique d'industrialisation ne pouvait parvenir seule[(10)].

---

(8) *Cf.* Instituto Interamericano de Estudios Jurídicos Internacionales, *Problemática jurídica e institucional de la integración de América latina. Ensayo de sistematización,* Edición Provisional, Washington 1967, p. 22; PREBISCH, MAYOBRE, HERRERA y SANZ DE SANTAMARÍA, «Perspectivas para la creación del Mercado Común Latinoamericano», *loc. cit.,* p. 196.

(9) *V.* Instituto Interamericano de Estudios Jurídicos Internacionales, *El sistema interamericano. Estudio sobre su desarrollo y funcionamiento,* Madrid 1966, p. 551.

(10) *Cf.* Mario CARCAMO STARDO, «Aspectos administrativos de la integración», en Banco Central de Venezuela, *Conferencias Dictadas en el Curso sobre Venezuela y la Integración de América latina,* Vol. I, Caracas, doc. CUR-NAC. (1) VLA/DOC/129, p. 5; Fernando MATEO, *Las experiencias de integración en América latina y las particularidades que presentan frente a la teoría convencional,* Seminario sobre Aspectos Jurídicos de la Integración para Profesores de Derecho, *cit.,* INTAL, doc. CURSO P.G. 1/dt./20, 6-3-67, p. 17; Francisco A. PINTO, «Necesidad de un sistema institucional y jurídico para la integración latinoamericana», *loc. cit.,* p. 168; Felipe HERRERA, «Perspectivas de la integración de América latina», in BID-INTAL, *La integración latinoamericana. Situación y perspectivas, cit.,* p. 169; PREBISCH, MAYOBRE, y SANZ DE SANTAMARÍA, «Perspectivas para la creación del Mercado Común Latinoamericano», *loc. cit.,* p. 195; Instituto Interamericano de Estudios Jurídicos Internacionales, *Problemática jurídica e institucional*

De cette manière, l'intégration économique, en tant que but immédiat de l'Amérique latine, n'est pas une fin en soi, mais un moyen pour atteindre des conditions favorables de développement par ses propres moyens, qui assurent ainsi aux pays, les niveaux économiques et sociaux rendus possibles par la technologie contemporaine.

Et c'est peut-être cet aspect de la nature même de l'intégration latine-américaine qui différencie davantage ce processus de celui de l'intégration européenne. En effet, en Amérique latine il ne s'agit pas d'intégrer les économies telles qu'elles sont, mais de les intégrer pour créer les conditions d'un développement économique et social harmonique dans la région. Alors les objectifs de l'intégration d'une part, et du développement d'autre part, se complètent et les moyens à utiliser pour y parvenir doivent s'adapter aux deux processus(11).

En Europe, en revanche, les structures existantes permettaient et même favorisaient le processus d'intégration du fait qu'il s'agissait de sociétés industrielles à maturité(12). Entre autres facteurs, l'Europe possédait un système de communications et de transports hautement développé qui favorisait en grande partie le commerce interrégional existant. En Amérique latine, au contraire, ce système n'existe pas et l'un des objectifs de l'intégration est de le créer.

Par ailleurs, l'une des caractéristiques du processus européen était, ainsi qu'il a été déjà dit, l'existence d'un considérable commerce interrégional et le but de l'intégration économique a été fondamentalement de le libérer, en éliminant les barrières douanières. En Amérique latine, au contraire, l'objectif principal de son intégration économique n'est pas de «libérer» un commerce pratiquement inexistant dans cette région, mais plutôt de créer ou promouvoir pour l'avenir(13) de solides échanges inter zones, en parallèle avec les mesures de libération douanières.

De plus, contrairement à la situation européenne, il ne pourrait être immédiatement établi un système de libre concurrence tel que l'a déterminé le Traité de Rome. Ceci empêcherait peut-être le développement de l'industrialisation auquel aspirent certains pays, en signifiant pour ceux dont le développement est plus faible, un traitement égal parmi des niveaux différents(14). C'est ainsi, que parallèlement aux mesures libératrices du commerce, il faut établir des mesures de planification d'inversion et d'assistance technique et financière en faveur de ces pays. C'est seulement lorsqu'ils présenteront les

---

de la Integración de América latina, cit., p. 20 y siguientes y 31. Vid. Bela BALASSA, *El derecho económico y la integración*, México 1965, 151 p.

(11) *Cf.* INTAL, *El papel del derecho en un proceso de integración económica*, Buenos Aires 1966, p. 8.

(12) *Cf.* Rómulo ALMEIDA, «Origen, estructura, funcionamiento y problemas de la Asociación Latinoamericana de Libre Comercio», in BID-INTAL, *La integración latinoamericana. Situación y perspectivas, cit.*, p. 34; Ben MOORE, «Algunas implicaciones para América latina del experimento de integración europea», in BID, *Factores para la integración latinoamericana, cit.*, pp. 73 ss.

(13) *V.* Francisco A. PINTO, «Necesidad de un sistema institucional y jurídico para la integración latinoamericana», *loc. cit.*, p. 172

(14) *V.* Fernando MATEO, *Las experiencias de integración en América latina y las particularidades que presentan frente a la teoría convencional, cit.*, p. 18.

conditions d'efficacité voulue, qu'il sera possible de les laisser entrer graduellement dans le jeu plus libre du commerce interrégional.

C'est ainsi, par ailleurs, qu'apparaît le rôle prépondérant de l'Etat en ce qui concerne la création des conditions de développement qui facilitent l'intégration au moyen de la consolidation d'une infrastructure adéquate(15). Intégration pour le développement et planification pour le développement sont actuellement les deux politiques générales de l'Amérique latine, qui se complètent l'une l'autre.

En tout ces, ainsi que l'ont affirmé les économistes Prebisch, Mayobre, Herrera et Sanz de Santamaría dans le document mentionné qu'ils présentèrent au Président chilien, en Amérique latine:

> L'intégration n'est pas un processus qui peut se réaliser ou non. Il est d'une importance tellement capitale pour obtenir l'accélération du développement économique et social de l'Amérique latine, si sérieusement compromis par des facteurs internes et externes, qu'il faut attaquer de façon décisive (16).

Ces postulats, par ailleurs, non seulement sont restés des opinions doctrinales mais ont été également introduits dans des textes constitutionnels. Toi est le cas, par exemple, de la Constitution du Vénézuéla, dont l'article 108 établit:

> La République du Vénézuéla favorisera l'intégration économique latino-américaine. Dans ce but, il sera tenté de coordonner les ressources et les efforts de façon à stimuler le développement économique et augmenter la sécurité et le bien-être commun (17).

En définitive et pour conclure notre brève indication fui' les aspects économiques de la nécessité de l'intégration latino-américaine, les avantages de ce processus pour nos pays se résument comme suit(18):

1. En premier lieu, elle permet l'utilisation au maximum des facteurs de production du fait que, grâce au principe de la spécialisation dans l'économie à grande échelle, l'on peut parvenir à une meilleure localisation des unités de production dans la zone.

2. En second lieu, elle signifie l'élargissement des marchés consommateurs, permettant la production en masse et la concurrence .

3. En troisième lieu, elle implique l'accélération du processus d'intégration des économies nationales.

4. Et en quatrième lieu, elle aide à renforcer la capacité de négociation de l'Amérique latine dans le domaine international grâce au renforcement des prix d'exportation qui constituent une source inestimable pour le financement du développement.

---

(15) *V.* Bela BALASSA, *Teoría de la integración económica,* México 1964, p. 11.

(16) Prebich, MAYOBRE, HERRERA, SANZ DE SANTAMARÍA, «Perspectivas para la creación del Mercado Común Latinoamericano», *loc. cit.,* p. 215.

(17) Constitution d'Uruguay, 1966, art. 6

(18) *Cf.* BID, *Factores para la integración latinoamericana, cit.,* p. 22-23; Instituto Interamericano de Estudios Jurídicos Internacionales, *Problemática jurídica e institucional de la integración de América latina, cit.,* pp. 27-28.

Pour conclure, et après avoir analysé les aspects politiques et économiques de la nécessité de l'intégration latino-américaine, l'on peut signaler que l'Amérique latine a certainement atteint un degré suffisant de maturité pour pouvoir prendre conscience du fait qu'une prompte intégration est l'unique voie de sortie[19] dont elle dispose pour assurer sa survivance historique et politique ainsi que son développement économique.

II. ETAT ACTUEL DU PROCESSUS D'INTEGRATION LATINO-AMERICAINE

En effet, dans le processus de formation de blocs politico-économiques nés du groupement de petites nations souveraines, l'on distingue généralement trois étapes: la coopération, l'intégration et l'unification.

La coopération se caractérise par un pacte selon lequel les Etats participants décident de parvenir conjointement certains buts d'intérêt commun, en conservant séparément leur souveraineté totale et leur entière liberté. C'est cette étape que traverse l'Amérique latine en cherchant par tous les moyens la manière de la dépasser.

En second lieu l'intégration est caractérisée par le fait que les Etats participants cèdent quelques-unes de leurs prérogatives de souveraineté à des organismes communs de décision, pour constituer un espace commun dans lequel les personnes, les biens, les services et les capitaux circulent librement et soient assujettis au même traitement, ceci joint à l'harmonisation des politiques sous une direction supranationaux.

C'est dans cette période que l'Amérique latine entre timidement avec certaines variations dans le domaine centre américain et sud américain.

En dernier lieu vient l'unification qui se caractérise par la fusion des Etats dont la souveraineté est réduite essentiellement aux aspects de caractère local.

Or, pour l'Amérique latine, face à ces trois étapes, l'unification constitue pour le moment une utopie mais il est certain qu'elle y parviendra si la marche n'est pas interrompue; la coopération n'est pas suffisante pour accélérer notre développement et gagner la position à laquelle nous prétendons dans l'ensemble des nations; l'intégration est devenue indispensable pour parvenir à ces fins[20].

Cependant et bien que la marche vers l'intégration centraméricaine soit beaucoup plus avancée que celle de l'Amérique du Sud, c'est seulement en avril dernier (1966) que la Déclaration des Présidents d'Amérique, rendue au cours de leur réunion de Punta del Este, a défini clairement la politique collective à suivre pour l'avenir de l'intégration latino-américaine[21].

---

(19) *Cf.* BID, *Factores para la integración latinoamericana, cit.*, p. 49: Alberto NATALE, *La integración latinoamericana y el problema constitucional,* Rosario 1967, p. 4.

(20) *Cf.* BID, *Factores para la integración latinoamericana, cit.*, p. 46-47.

(21) *Cf. Boletín de la Integración,* nº 15, Buenos Aires, febrero de 1967, p. 58.

Dans ce document, les Présidents des Républiques d'Amérique latine, partant de l'idée que l'intégration économique représente un instrument collectif pour accélérer le développement latino-américain, ont résolu:

> De créer de façon progressive à partir de 1970, le Marché Commun latino-américain qui devra fonctionner substantiellement dans un délai maximum de quinze ans.

En accord avec cette déclaration:

> Le Marché Commun latino-américain sera fondé sur la base du perfectionnement et de la convergence progressive de l'Association latino-américaine de libre Commerce (ALALC) et du Marché Commun centre américain, en tenant compte de l'intérêt des pays d'Amérique latine non engagés dans de tels systèmes.

Il a été déclaré, de plus, qu'entre ces deux systèmes, le processus de convergence s'effectuera en étapes de coopération, liaison et intégration(22).

L'analyse de la structure et les problèmes afférents aux deux processus d'intégration latino-américaine sera réalisé dans ce cours, par d'autres conférenciers. Nous limiterons à exposer les problèmes juridiques les plus marquants posés par le futur Marché Commun latino-américain aux pays d'Amérique latine.

III. EXIGENCES DU MARCHE COMMUN LATINO-AMERICAINE: LES PROBLÈMES CONSTITUTIONNELS

En effet, la décision prise par les Présidents d'Amérique latine pose plusieurs problèmes juridiques provenant des exigences d'un Marché Commun face au système juridique et institutionnel d'Amérique latine qui ne vise pas précisément un but d'intégration.

Dans ce sens, les exigences principales du futur marché commun latino-américain sont au nombre de trois:

1. En premier lieu, la création d'organismes communs de caractère supranationaux avec faculté d'imposer ses décisions avec une valeur *erga omnes* vis-à-vis des Etats membres et de leurs ressortissants.

2. En second lieu, l'octroi au Droit communautaire de la possibilité de prévenir dans les droits internes d'une hiérarchie supérieure à la loi et même à la Constitution.

3. La restriction de l'exercice du contrôle de la constitutionalité exercé amplement dans les pays latine-américains, en ce qui concerne les actes communautaires et les traités d'établissement du Marché Commun.

La possibilité juridique de ces trois exigences dans la structure actuelle des systèmes latino-américains pose divers problèmes qui ont été réunis sous le nom générique de: «La question constitutionnelle de l'intégration» et que nous essaierons d'exposer et de discuter avec vous ces jours prochains.

---

(22) *V. Boletín de la Integración*, nº 17, Buenos Aires, april 1967, p. 162 ss.

PREMIER PROBLÈME
LA CRÉATION D'ORGANISMES COMMUNAUTAIRES SUPRANATIONAUX

La première des exigences signalées provenant de la création d'un Marché Commun latino-américain est la nécessité de créer des organismes communs supranationaux. Cette première exigence nous pose le premier problème juridique à analyser lequel réside dans le fait de savoir si la structure actuelle des systèmes constitutionnels latino-américains, permet la création de tels organismes.

En effet, partant du fait que les organismes intergouvernementaux du modèle du Droit international classique sont incapables de mener à bien un programme d'intégration économique, ce qui en Amérique latine, par exemple, a été prouvé par l'échec partiel de la dernière réunion des Ministres des Affaires Etrangères de l'ALAC à Asunción (Paraguay) il faut conclure que le futur Marché Commun latino-américain aura besoin d'une organisation supranationaux, dont les pouvoirs lui permettront de prendre des décisions de caractère obligatoire pour les Etats membres et leurs ressortissants, faisant abstraction d'ultérieures ratifications nationales de celles-ci.

Ceci pose deux sortes de problèmes juridiques fondamentaux:

1. En premier lieu, les problèmes relatifs à la détermination de la possibilité constitutionnelle dans l'actuelle structure latino-américaine de créer cette organisation et de la doter de pouvoirs qui auparavant, appartenaient de nature aux Etats et sur lesquels ceux-ci n'ont plus compétence. Ceci nous conduira à préciser s'il est indispensable ou non de procéder, au préalable, à une réforme constitutionnelle.

2. En second lieu, les problèmes relatifs à la possibilité constitutionnelle par laquelle les actes communautaires émanant de l'Institution supranationaux pourraient avoir une validité immédiate dans les Etats membres sans avoir besoin de recours dans chaque cas aux procédés classiques de sa ratification. Voyons séparément ces deux sortes de problèmes que nous pose la première exigence d'un Marché Commun latino-américain.

I. L'ETABLISSEMENT D'ORGANISMES COMMUNAUTAIRES DE COMPETENCES SUPRANATIONAUX.

En premier lieue le problème relatif à l'établissement d'organismes communautaires de compétences supranationaux.

En effet, nous avons déjà signalé que l'ordre juridique communautaire ou le processus d'intégration économique, exigeant l'attribution de compétences déterminées et de pouvoirs des Etats en faveur des institutions communes. Cette attribution de compétences implique, en tout cas, l'établissement de limitations aux compétences des Etats ou le transfert de celles-ci à l'organisme supranational.

Ce phénomène particulier au processus d'intégration a donné naissance à de nombreux commentaires doctrinaux concernant les répercussions sur le concept de souveraineté de cette limitation des compétences des Etats et leur transfert à des entités supranationaux(23).

1. La notion de souveraineté

Sans entrer dans la polémique qu'a engendrée par lui même le concept de souveraineté, lequel à cause de ses multiples sensu est demeuré sans signification précise (il s'est produit pour le concept de «souveraineté» quelque chose de semblable à ce qui s'était produit pour celui de «service public» en Droit Administratif); nous pouvons en tout cas admettre que la notion de souveraineté exprime substantiellement le caractère du pouvoir de l'Etat plutôt que son contenu. Cela veut dire que la souveraineté ainsi que le précise P. Reuter, signifie le caractère du pouvoir de l'Etat c'est-à-dire le caractère selon lequel ce pouvoir ne peut être soumis à aucun autre pouvoir de *la même nature*(24).

La souveraineté, en tant que caractéristique du pouvoir de l'Etat, se manifeste alors essentiellement dans le rapport de l'Etat souverain avec les autres Etats souverains(25) et cela implique en conséquence qu'un Etat souverain ne doit pas être soumis à un autre considéré comme tel.

C'est de cette relation entre états souverains qu'apparaissent alors toutes ces notions de souveraineté qui se réfèrent plutôt à leurs conséquences qu'à leur nature même. Entre autres la conception dite traditionnelle de la souveraineté qui voit celle-ci comme un ensemble d'attributs essentiels et inhérents à la personnalité même de l'Etat et qui, par conséquent, sont inaliénables(26). Le sens réel de cette notion est que cet ensemble d'attributs inhérents à la personnalité de l'état sont inaliénables vis-à-vis d'un autre Etat souverain. Donc, la notion de souveraineté qui est apparue au moment de l'essor des Etats Nations, devient inapplicable dans son contenu multiple et varié aux relations internationales contemporaines.

En effet, bien que des limitations à la compétence de certains Etats se produisent en faveur d'organisations supranationaux dont la charge est de veiller sur un intérêt commun et non sur l'intérêt d'un autre Etat, ces limitations au sens strict du mots, ne doivent pas être qualifiées de restrictions à la souverainetés ainsi que semble le faire la Cour de Justice des Communautés européennes dans le célèbre affaire *Costa* puisque ces limitations n'ont pas lieu vis-à-vis d'un autre

(23) *V.* Leontín CONSTANTINESCO, «La supranacionalidad de las Comunidades Europeas», in *Anuario Uruguayo de Derecho Internacional,* Vol. IV, 1965-1966, Montevideo 1966, pp. 49-70.

(24) P. REUTER, *Institutions internationales,* Paris 1955, p. 123 *cit.* par Enrique PECOURT, *La soberanía de los Estados ante la organización de las Naciones Unidas,* Barcelona 1962, p. 29.

(25) *Cf.* Manuel María DÍEZ, *Derecho administrativo,* Vol. I, Buenos Aires 1963, p. 38.

(26) *Cf.* Instituto Interamericano de Estudios Jurídicos Internacionales, *Mesa Redonda sobre la integración de América latina y la cuestión constitucional,* Washington 1967, p. 12; Instituto interamericano de Estudios jurídicos internacionales, *Problemática jurídica e institucional de la integración de América latina, cit.,* pp. 639, 783, 802.

Etat souverain et que ce n'est que dans ce affaire que le concept de souveraineté doit entrer en jeu.

Par conséquent, nous partageons l'opinion de Nicola Catalano concernant le transfert de compétence à des organismes communautaires, c'est-à-dire, à une entité nouvelle dont l'Etat fait partie. Cela ne peut pas être qualifié de délégation de souveraineté du fait que cette dernière caractérise le protectorat internationale, c'est-à-dire, la soumission d'un pouvoir d'Etat souverain à un autre considéré comme tel(27).

Au contraires dans le cas de communautés économiques les restrictions ou les limitations à la compétence des Etats ne se font pas en faveur d'un autre Etat, mais en faveur des nouvelles entités communautaires lesquelles, dans le cas de l'Amérique latine, auront à leur charge l'obtention d'un intérêt commun: le développement économiques dans lequel évidemment, tous les Etats trouveront leurs intérêts. C'est cet intérêt commun auquel par ailleurs les Etats membres ne peuvent parvenir d'une autre manière par eux-mêmes.

Pour cela, l'Institut interaméricain d'études juridiques internationales, a signalé à ce sujet que:

> La compatibilité constitutionnelle de l'ordre juridique supranationaux provient de sa nature même, puisque ses buts ne sont autres que faciliter et permettre d'atteindre des objectifs que chaque Etat ne pourrait atteindre par ses propres moyens, en raison de la complexité du phénomène économique moderne (28).

En tout cas, en présence du phénomène de l'intégration économiques avant d'essayer d'expliquer le transfert de compétence à des organismes supranationaux en recourant à un nouveau concept de la souveraineté, pour le justifier, il est préférable d'admettre qu'il est inapplicable face au phénomène de l'intégration; et, nous insistons sur ce fait, parce qu'en réalité, il ne s'agit pas de délégation de souveraineté, ni de soumission d'un Etat à un autre, mais de la sauvegarde et de l'obtention d'un intérêt commun dans lequel se trouve matériellement engagée la vie institutionnelle de l'Etat même grâce à la remise de certains pouvoirs à des entités supranationaux fondée sur l'idée d'égalité et de réciprocité.

Pour cela, Felipe Herrera, Président de la Banque Interaméricaine de Développement a signalé clairement:

> Ceci n'est pas un problème de délégation de souveraineté mais plutôt d'affirmation de celles-ci dans des domaines plus étendus et avec d'autant plus l'assurance de subsister dans l'avenir. Car les souverainetés asphyxiées dans des espaces réduits sont celles dont le risque d'être asservies, demeure plus grand (29).

---

(27) Nicola CATALANO, *Manual de derecho de las Comunidades europeas,* INTAL-BID, Buenos Aires 1966, p. 28, Nicola CATALANO, «La posición del derecho comunitario dentro del derecho de los Estados Miembros», en Instituto Interamericano de Estudios Jurídicos Internacionales, *Relaciones entre el derecho comunitario y el derecho nacional,* Washington 1967, p. 185

(28) *V.* Instituto Interamericano de Estudios Jurídicos Internacionales, *Problemática jurídica e institucional de la integración de América latina, cit.,* p. 810.

(29) *Cit.* par F.V. GARCÍA-AMADOR, «Introducción a la problemática jurídica e institucional de la integración», en *Boletín del Instituto Centroamericano de Derecho Comparado,* nº 5-6, Tegucigalpa 1965-

2. Le transfert de pouvoirs

En tout cas, même si l'on n'a pas recours à la figure de la délégation de souveraineté, l'intégration économique implique certainement le transfert de pouvoirs à des organismes communautaires qu'accompagnent des limitations à leur exercice de la part des Etats membres.

Or, avant d'analyser les modalités de ce transfert de pouvoirs dans les pays d'Amérique latine, face au futur Marché Commun latino-américain, il est nécessaire de signaler qu'actuellement, ces pays prennent part dans les traités qui autorisent des organismes internationaux à prendre à la majorité, des décisions valables *erga omnes* et qui ne sont pas seulement des recommandations classiques[30].

Parmi ces cas se trouvent, par exemple, la Charte des Nations Unies et le Traité Interaméricain d'Assistance Réciproque. Dans la premières le Conseil de Sécurité des Nations Unies peut prendre des décisions, conformément à l'article 25, décisions que les Etats membres «conviennent d'accepter et d'accomplir».

Dans le second, conformément à l'article 20, «les décisions de l'Organisme de Consultation seront obligatoires pour tous les Etats». Elles pourront comprendre par exemple, le rappel des chefs de mission, la rupture des relations diplomatiques, la rupture des relations consulaires, l'interruption partielle ou totale des relations économiques ou des communications, et même l'utilisation de l'armée.

Il est certain que des Traités de ce genre impliquent des limitations à la compétence des Etats membres; cependant les compétences limitées correspondent dans l'ensemble des systèmes latino-américains, aux Pouvoirs Exécutifs respectifs qui ont à leur charge la direction et la conduite des relations diplomatiques et qui, comme dans le cas du Vénézuéla, peuvent prendre les mesures nécessaires en vue de la défense de la République, l'intégrité du territoire et de sa souveraineté en cas d'urgence internationale.

Au contraire un mécanisme d'intégration économique en substance, plus que le transfert de compétences exécutives à des organismes supranationaux implique le transfert de pouvoirs normatives et juridictionnelles[31]; donc, l'établissement du futur marché commun latino-américain aura pour conséquence la limitation des pouvoirs normatifs et juridictionnels des organismes de l'Etat.

Or l'attribution à des organismes communautaires de pouvoirs normatifs accordés constitutionnellement au pouvoir législatif ainsi que de pouvoirs juridictionnels accordés constitutionnellement aux tribunaux nationaux, implique une dérogation aux normes de la Constitution et donne naissance au problème de la compatibilité de cette attribution de compétences, avec les systèmes

---

1966, p. 7; et par F.V. GARCÍA-AMADOR. La integración latinoamericana. Su problemática jurídica e institucional» en *Anuario Uruguayo de Derecho Internacional,* Vol. IV, 1965-1966, Montevideo 1966, p. 18.

(30) *Cf.* Instituto Interamericano de Estudios Jurídicos Internacionales, *Problemática jurídica e institucional de la integración de América latina, cit.*, pp. 366-367.

(31) *Cf.* Nicola CATALANO, «La posición del derecho comunitario dentro del derecho de los Estados miembros», *loc. cit.*, p. 182.

constitutionnels actuels. Dans ce sens, il suffit de signaler, par exemple, que l'attribution de compétences de juridiction réservées aux tribunaux nationaux pourrait signifier une violation de la garantie individuelle consacrée par la plupart des constitutions latino-américaines selon laquelle: «personne ne pourra être jugé que par ses juges naturels», c'est-à-dire, ceux désignés par le propre système constitutionnel[32].

En tout cas il faut convenir que le problème de la compatibilité ne se présente pas plus que dans les Etats membres d'une communauté, régis par des constitutions dites rigides, c'est-à-dire, des constitutions qui établissent des principes intangibles et prévoient des procédures spéciales pour toute modification apportée à ces principes, ce qui, en conséquence, limite les pouvoirs du législateur qui est dans l'obligation de respecter les principes établis par la Constitution. Ces constitutions rigides impliquent par ailleurs la nullité des actes violatrices de ses normes, établissant donc un contrôle de la constitutionnalité des lois en rapport avec les règles, constitutionnelles intangibles; ce contrôle est assuré grâce à des procédures spéciales généralement par l'intermédiaire d'une Cour constitutionnelle[33].

Or ce problème qui ne peut ne doit être ignoré, se présente de façon manifeste et généralisée en Amérique latine où tous les pays ont une Constitution rigide.

En Europe, en réalité, le problème de la compatibilité s'est présenté seulement en termes juridiques dans le cas de l'Allemagne et de l'Italie dont les constitutions rigides prévoient un contrôle constitutionnel. Dans les autres pays, ainsi que le fait observer Catalano, le problème est avant tout politique, mais cela n'a pas empêché que les Pays-Bas et le Luxembourg, par exemple, aient apporté certaines modifications à leur Constitution après avoir signé le Traité de Paris en 1951 et avant de signer les Traités de Rome; et que la Belgique soit en train de prévoir une réforme similaire[34].

Or, et bien que le problème de la compatibilité se présente en Europe seulement en ce qui concerne l'Allemagne et l'Italie, celui-ci a trouvé une solution dans les constitutions de ces deux pays étant donné que l'article 11 de la Constitution italienne permet des possibles «limitations à la souveraineté», indispensables pour un ordre juridique assurant la paix et la justice entre les nations, et que l'article 24 de la Constitution allemande rend possible le transfert de droits de souveraineté à des institutions internationales. Par conséquent, en se basant sur ces normes selon lesquelles la Constitution elle-même tolère des limitations à sa force normative, le problème perd suffisamment de poids pour douter du possible transfert des pouvoirs de la «souveraineté» à des organismes communautaires.

---

(32) En ce qui concerne de système italien, *v.* Nicola CATALANO, «La posición del derecho comunitario dentro del derecho de los Estados miembros, *loc. cit.*, p. 184.

(33) *Cf.* Nicola CATALANO, «La posición del derecho comunitario dentro del derecho de los Estados miembros», *loc. cit.*, p. 182. James BRYCE, *Constituciones flexibles y Constituciones rígidas,* Madrid 1952, pp. 94 ss.

(34) *V.* Nicola CATALANO, «La posición del derecho comunitario dentro del derecho de los Estados miembros», *loc. cit.*, p. 183

3. Situation constitutionnelle en Amérique latine face au projet de Marché Commun latino-américain

La situation constitutionnelle actuelle de l'Amérique latine est, au contraire, très différente de la situation européenne.

D'une part, elle est similaire à celle de l'Allemagne et de l'Italie quant aux constitutions rigides qui limitent les pouvoirs du législateur pour les modifier, et qui prévoient un contrôle de la constitutionnalité des lois.

D'autre part, elle est similaire à la situation belge par le fait que les constitutions latino-américaines ne contiennent aucune disposition permettant la limitation des pouvoirs des organes constitutionnels des Etats membres en faveur d'organismes internationaux, et encore moins le transfert à ceux-ci des facultés appartenant à leurs organes constitutionnels.

Au contraire, si l'on étudie le texte de quelques constitutions latino-américaines, l'on trouve plutôt des dispositions précises qui interdisent toute délégation ou tout transfert de facultés constitutionnelles, surtout celles du Pouvoir législatif.

En effet, à Costa Rica, en Honduras et au Nicaragua, bien qu'il s'agisse de pays de l'Amérique Centrale dont les constitutions ont des normes tendant à intégration politique, l'on trouve des dispositions qui établissent expressément le caractère intransmissible des facultés du Pouvoir législatif.

Donc, en lignes générales et mises à part les exceptions indiquées plus haut, il est possible d'affirmer qu'en Amérique latine, il n'y a pas de dispositions expresses interdisant ou permettant le transfert de compétences, et qu'en tout cas, les dits textes constitutionnels, y compris ceux de l'Uruguay et du Vénézuéla contenant des dispositions générales concernant l'intégration, n'ont pas été structurés, certainement dans le but de rendre viables des actes créateurs d'un Marché Commun latino-américain.

Cependant, et malgré l'absence en général d'interdictions précises concernant le transfert de pouvoirs, il ne faut pas oublier qu'il s'agit, dans tous les cas, de constitutions rigides, n'autorisant aucune modification par la seule volonté du Pouvoir législatif et encore moins sur la base d'interprétations pour autant qu'elles soient guidées par des critères d'efficacité.

C'est pour cette raison que nous ne pouvons pas être entièrement d'accord avec les conclusions de la Table Ronde célébrée à Bogota en février 1967, dont le but était de discuter les problèmes de la «question constitutionnelle» dans l'intégration de l'Amérique latine et qui était organisée par l'Institut Interaméricain d'Etudes Juridiques Internationales. A cette Table Ronde il a été conclu que les textes constitutionnels latino-américains «ne sont pas incompatibles en matière de principes avec l'attribution à des organismes internationaux de facultés pour prendre des décisions *erga omnes* dans les affaires relatives à l'ordre économique et social communautaire latino-américain considéré» et qu'en conséquence, «il n'y aurait pas d'incompatibilité constitutionnelle dans la conclusion d'un traité constitutif du futur Marché Commun latino-américain» [35].

Au cours de la Table Ronde bien qu'il ait été dit que la question constitutionnelle ne pourrait être résolue jusqu'à savoir exactement quel genre de facultés seraient transférées, et qu'ainsi les conclusions furent formulées en matière de principes, l'on est parti de l'idée qu'il était nécessaire de recourir à des critères d'interprétation réalistes, fondés sur les interprétations et applications réalisés dans la pratique.

Il est certain que le problème du transfert de pouvoirs posé par l'intégration latino-américaine ne doit pas être examiné selon les mêmes dogmes et conceptions selon lesquels peuvent et doivent être examinés les problèmes constitutionnelle posés par l'activité de l'Etat dans les relations internationales en général, surtout lorsque, comme c'est le cas en Amérique latine, l'intégration se conçoit comme un facteur de développement économique. En effet, bien que les constitutions centraméricaines comme celles de Costa Rica, El Salvador et Honduras, contiennent aussi des dispositions précises qui interdisent les restrictions à la souveraineté, l'interprétation adéquate du terme a permis de constituer le Marché commun centre américain[36].

Cependant, en ce qui concerne le transfert de pouvoirs, il ne s'agit pas d'un problème de caractère politique mais du strict ordre juridique. Ce qui a été mentionné précédemment sur les nouvelles modalités interprétatives auxquelles il est nécessaire de recourir, en présence du phénomène de l'intégration est absolument correct du point de vue politique face à la nécessité de l'intégration économique latino-américaine. Mais au moment de résoudre la question constitutionnelle, il ne s'agit plus exactement d'un problème d'interprétation mais d'application de normes constitutionnelles qui n'autorisent aucune dérogation par voie législative et encore moins par voie interprétatives En présence de constitutions rigides, le problème d'un possible transfert de pouvoirs d'organes constitutionnels à des organismes supranationaux, alors que ces constitutions ne les autorisent pas expressément, est insoluble à moins de recourir, comme il se doit, à une réforme constitutionnelle. C'est ce qu'a déjà entrepris de faire le Chili qui, ainsi que dans quelques autres domaines, est l'un des pays d'avant garde pour tout ce qui concerne la solution des problèmes latino-américains.

---

(35) Instituto Interamericano de Estudios Jurídicos Internacionales, *Mesa Redonda sobre la integración de América latina y la cuestión constitucional, cit.*, p. 25.

(36) *Cf.* Instituto Interamericano de Estudios Jurídicos Internacionales, *Problemática jurídica de la integración de América latina, cit.*, pp. 780-781. Ricardo GONZÁLEZ CAMACHO, *Nota de la Secretaría Permanente del Tratado General de Integración Económica Centroamericana,* SIECA/CE-XVII/77, Guatemala 25 de agosto de 1965.

II. VALIDITÉ INMMEDIATE DES ACTES COMMUNAUTAIRES

Mais la problème du transfert de compétence donne naissance à un autre relatif à la validité immédiate que requièrent les actes communautaires dans les Etats membres.

En effet, l'intégration, non seulement suppose l'existence d'organismes communautaires dotés de pouvoir de décision qui limitent les facultés des Etats membres, mais elle exige aussi que ces décisions aient une validité immédiate dans les dits Etats. C'est ainsi qu'en raison des sérieux obstacles que représentent les systèmes traditionnels de célébration des accords internationaux, spécialement pour les formalités d'approbation et de ratification, le processus d'intégration exige l'abandon de tels systèmes, et l'adoption de formules moins formalistes et plus simplifiées[37] lesquelles entre autres facteurs impliquent une plus large capacité du pouvoir exécutif pour agir sur le plan international sans l'approbation législative et la ratification ultérieure.

En ce sens, dans le rapport de la commission juridique du Parlement européen sur la Primauté du droit communautaire sur le droit des Etats membres, dont le Rapporteur a été F. Dehousse, il a été clairement établi:

> Qu'il serait impossible d'appliquer les Traités, si, pour l'exécution des règlements communautaires, l'intervention des organes constitutionnels des Etats membres était nécessaire pour insérer lesdits règlements dans les ordres juridiques nationaux. A part le retard qui surviendrait inévitablement dans l'exécution, la nécessité d'une norme de réception laisserait réaliser une appréciation sur l'opportunité de la norme communautaire[38].

Donc, l'exigence de validité immédiate des actes communautaires dans les Etats membres a non seulement une justification pratique mais aussi substantiellement juridique fondée sur le principe de l'égalité. Les Etats membres dans une communauté économique doivent entrer sur un plan absolu d'égalité. Permettre aux organes constitutionnels d'un Etat membre d'apprécier l'opportunité de la norme communautaire et de l' approuver ou non équivaudrait à ce qu'une partie puisse se soustraire à l'application de la norme communautaire, chose qui serait contraire à la nature même de la communauté.

Or ¿quelle est l'actuelle situation constitutionnelle en Amérique latine face à l'exigence de validité immédiate des décisions communautaires et à la nécessité selon laquelle les pouvoirs exécutifs devraient avoir une large capacité pour obliger leurs Etats sur le plan international?.

---

(37) *Cf.* F. DEHOUSSE, «Informe de la Comisión Jurídica del Parlamento Europeo relativo a la primacía del derecho comunitario sobre el desarrollo de los Estados miembros», Instituto Interamericano de Estudios Jurídicos Internacionales, *Relaciones entre el derecho nacional, cit.*, p. 114; Instituto Interamericano de Estudios Jurídicos Internacionales, *Problemática jurídica e institucional de la integración de América latina, cit.*, p. 787.

(38) F. DEHOUSSE, «Informe de la Comisión Jurídica del Parlamento Europeo relativo a la primacía del derecho comunitario sobre el derecho de los Estados miembros», *loc. cit.*, p. 114.

La presque totalité des textes constitutionnels latino-américains exigent expressément la formalité de l'approbation parlementaire et la ratification, pour tout acte du pouvoir exécutif imposant des obligations internationales à l'Etat, sans aucune distinction concernant la nature, le contenu ou l'objet du traité ou accord international.

Dans ce sens, par exemple, la Constitution vénézuélienne est une exception; elle autorise le pouvoir exécutif à conclure des traités ou des accords en forme simplifiées sans l'intervention du pouvoir législatif dans les cas suivants: quand il s'agit d'exécuter ou de perfectionner des obligations préexistantes de la République; quand il s'agit d'exécuter des actes ordinaires dans les relations internationales; quand il s'agit d'appliquer des principes expressément reconnus par la République et quand il s'agit d'exercer des facultés que la loi attribue formellement au pouvoir exécutif.

Cependant, si telle est la situation d'exception, il est certain que la pratique actuelle de réaliser des traités ou accords «en forme simplifiée» s'est généralisée en Amérique déplaçant ainsi progressivement le traité classique et forme(39), ceci en marge et à l'encontre évidemment des normes constitutionnelles qui, dans ce cas sont expresses.

Par ailleurs, l'amplification de fait des pouvoirs du pouvoir exécutif pour obliger internationalement les Etats latine-américains, s'est réalisée de même dans les deux décisions d'organismes internationaux auxquelles celui-ci participe avec son vote. Des exemples typiques de ces cas existent dans le Système Interaméricain dans lequel quelques changements ont même affecté des dispositions de caractère substantiel. Par exemple, les interprétations et applications dont a fait l'objet le Traité interaméricain d'assistance réciproque durant les dernières années par l'extension du domaine de validité de l'institution de la légitime défense à des formes d'agression expressément exclues dans l'article 3 du Traité. De même en ce qui concerne les changements apportés à la structure institutionnelle du système, il faudrait mentionner aussi à titre d'exemple celui qui a autorisé le Conseil de l'Organisation des Etats Américains à exercer des compétences que le Traité réserve à l'organe de consultation.

Les exemples démontrent alors quelle est la situation de fait. qui a prévalu dans la pratique sur les facultés des pouvoirs exécutifs pour obliger internationalement les Etats latino-américains. Cependant, évidemment, en présence des normes constitutionnelles formelles mentionnées, il ne peut pas être conclut ainsi que l'a fait l'Institut Interaméricain d'Etudes Juridiques Internationales que «les constitutions latino-américaines dans leur application pratique confèrent une grande capacité aux Pouvoirs Exécutifs pour obliger internationalement l'Etat» (40); mais bien au contraire, il faut conclure qu'étant donné qu'il s'agit d'une pratique inconstitutionnelle, il devient nécessaire de procéder à une réadaptation

(39) Instituto Interamericano de Estudios Jurídicos Internacionales, *Problemática jurídica e institucional de la integración de América latina, cit.*, p. 791.

(40) Instituto Interamericano de Estudios Jurídicos Internacionales, *Problemática jurídica e institucional de la integración de América latina, cit.* p. 793.

des textes constitutionnels plus en accord avec la réalité et avec les exigences des relations internationales contemporaines.

Donc si par suite des exigences imposées par le futur Marché Commun latino-américain, la création d'organisme communautaires supranationaux auxquels il est nécessaire de transférer des pouvoirs d'Etat déterminées, même en l'absence de normes constitutionnelles expresses, fait penser à la nécessité d'une réforme du système constitutionnel latino-américain, c'est-à-dire en matière de validité et d'exécution interne immédiate des actes communautaires, en présence de normes constitutionnelles expresses qui exigent l'intervention des pouvoirs législatifs elle fait penser à plus forte raison à la nécessité de procéder à une réforme constitutionnelle dont l'objet serait d'adapter les textes à la réalité des relations internationales contemporaines.

*

Par le fait même de ce qui vient d'être exposé nous pouvons donc tirer les conclusions suivantes concernant le premier problème juridique posé par l'établissement du futur Marché latino-américain.

En premier lieu, en ce qui concerne la nécessité de créer des organismes communautaires avec compétences supranationaux transférées par les Etats membres, il faut conclure qu'en l'absence de normes constitutionnelles qui autorisent ces transferts et qu'en raison de ce qu'il s'agit de constitutions rigides, il y a incompatibilité constitutionnelle et il devient nécessaire de réformer les textes constitutionnels respectifs.

Il est certain, ainsi qu'il a été signalé au cours de la Table Ronde organisée par l'Institut Interaméricain d'Etudes Juridiques Internationales à Bogota en février 1967, qu'il n'y a pas, à ce sujet, de normes expresses interdisant ou autorisant ledit transfert de pouvoirs et qu'en présence du phénomène de l'intégration il faut recourir à de nouveaux mécanismes d'interprétation(41).

Cependant, en présence de constitutions rigides et en raison de la nature des. problèmes exposés, il ne s'agit plus d'un problème d'interprétation mais de réforme constitutionnelle(42).

(41) Instituto Interamericano de Estudios Jurídicos Internacionales, *Mesa Redonda sobre la integración de América latina y la cuestión constitucional, cit.*, p. 16.

(42) *Cf.* Leontín CONSTANTINESCO, *Las relaciones del derecho comunitario con el derecho de los Estados miembros*, Seminario sobre Aspectos Jurídicos de la Integración para Profesores de Derecho, Buenos Aires, INTAL, 6 al 31 de marzo de 1967, doc. Curso P.G. 1/dt./7, 26-11-67, Buenos Aires, pp. 28, 88; Emilio J. CÁRDENAS, «Hacia un derecho comunitario latinoamericano», *loc. cit.*, pp. 49-50; Emilio J. CÁRDENAS, «En torno a la constitucionalidad de un eventual Mercado Común Latinoamericano», *Jurisprudencia Argentina*, Buenos Aires, 12-13 de febrero de 1967; Alberto A. NATALE, *La integración latinoamericana y el problema constitucional, cit.*, p. 12 ss.

En effet, l'on ne parviendra absolument à rien en établissant des organismes communautaires avec le système constitutionnel actuel fondés sur des interprétations faites ou non selon un critère «d'efficacité» si, en premier lieu, on n'a pas et on ne peut pas l'avoir, l'assurance que cette interprétation sera invariablement la même pour tous les Etats membres; en second lieu, si le `traité respectif approuvé par la loi possède le même rang et la même valeur que celle-ci; et en troisième lieu, si subsiste la possibilité d'exercer un contrôle de la constitutionnalité du Traité respectif et des actes communautaires.

En vertu de cela et du fait qu'un processus d'intégration économique ne peut pas être fondé sur des simples interprétations qui le mettent en danger, il est indispensable de recourir à une réforme constitutionnelle. Ceci a été le cas de l'initiative du Chili où il a été prévu d'ajouter le paragraphe suivant à l'article 43 de la Constitution:

> Grâce au vote favorable de la majorité des Députés et Sénateurs en exercice, des Traités assignant, en conditions de réciprocité, des attributs ou des compétences à des institutions supranationaux destinées à promouvoir et consolider l'intégration des Nations d'Amérique latine, pourraient être conclu [(43)].

Par ailleurs, et en second lieu, quant à la nécessité selon laquelle les actes communautaires du futur Marché Commun doivent avoir une validité immédiate dans les Etats membres par suite de l'exigence, par presque toutes les constitutions latino-américaines de l'intervention du pouvoir législatif dans les actes internationaux du pouvoir exécutif qui établissent des obligations pour l'Etat, apparaît de même l'utilité d'une réforme constitutionnelle[(44)] qui adapte les textes mentionnés à la réalité contemporaine. Ce serait créer un Marché Commun sur des bases insuffisantes et peu solides que de laisser l'existence des actes communautaires sujette à des interprétations sans garantie d'uniformité et de permanence.

Dans ce sens, l'on pourrait suivre les données déjà signalées de la Constitution vénézuélienne.

DEUXIÈME PROBLÈME: LA HIÉRARCHIE DU DROIT COMMUNAUTAIRE

Le second problème parmi les trois que nous avons voulu faire ressortir au cours de ce cours et qui doit être résolu dans les systèmes juridiques latino-américains comme condition y pour l'établissement du Marché Commun latino-américain, est celui de la hiérarchie du droit communautaire vis-à-vis du droit national des Etats membres.

---

(43) *V.* Emilio J. CÁRDENAS, «Hacia un derecho comunitario latinoamericano», *loc. cit.*, p. 49. Alberto A. NATALE, *La integración latinoamericana y el problema constitucional, cit.*, pp. 11-12.

(44) *Cf.* Instituto Interamericano de Estudios Jurídicos Internacionales, *Problemática jurídica e institucional de la integración de América latina, cit.*, p. 808.

En effet, le deuxième trait fondamental d'un processus d'intégration, en plus de la création d'organismes de compétence supranationaux, est celui de la nécessaire supériorité hiérarchique du droit communautaire vis à vis du droit national. C'est uniquement sur cette base que l'efficacité de l'ordre juridique d'un processus d'intégration est concevable. C'est ainsi que Nicola Catalano a signalé que la primauté du droit communautaire constituez d'une part, une exigence juridique indiscutable, et d'autre part, une nécessité pratique inéluctable car dans le cas contraire, toute la structure existante court le risque de se convertir en lettre morte(45).

La nécessité de la primauté du droit communautaire sur le droit national a été largement défendue par la doctrine européenne, fondamentalement pour plusieurs raisons parfaitement applicables au Marché Commun latino-américain.

I. FONDEMENTS DE LA SUPÉRIOTITE

En effet, les traités qui instituent une communauté économique sont essentiellement des traités multilatéraux et non bilatéraux. Il s'agit donc des corps normatifs qui règlent en même temps et à la fois, les relations pour tous les Etats membres. De là le caractère égalitaire et communautaire des droits et obligations qu'ils établissent et qui sont les bases de la Communauté. L'objectif commun que poursuivent les Etats en s'intégrant en communauté économiques ne peut en effet être réalisé, qu'en se fondant sur l'idée démocratique de l'égalité de tous les Etats membres à l'intérieur de cette Communauté et par rapport à elle.

Cette idée de l'égalité sur laquelle nous insistons, est à la base de toute communauté économique, et implique que le droit communautaire ait un effet égal, un contenu égal, une amplitude et une application égale dans tous les Etats membres. C'est-à-dire, et ceci pour reprendre les mots de Leontin Constentinesco, que le droit communautaire doit avoir la même signification: la même force obligatoire et une catégorie invariable dans tous les Etats membres(46).

Si, au contraire, chaque Etat membre pouvait déterminer de manière autonome et unilatérale la valeur du droit communautaire, sa signification, et sa force obligatoire dans son droit national, le principe de l'égalité ne serait plus garanti et il deviendrait difficile de parler d'une réelle communauté économique, puisque son existence serait douteuse.

---

(45) Nicola CATALANO, «La posición del derecho comunitario dentro del derecho de los Estados Miembros», *loc. cit.*, p. 189. *Cf.* Leontín CONSTANTINESCO, *Las relaciones del derecho comunitario con el derecho de los Estados miembros, cit.*, p. 89; Instituto Interamericano de Estudios jurídicos internacionales; *Problemática jurídica e institucional de la integración de América latina, cit.*, p. 808.

(46) *V.* Leontín CONSTANTINESCO, *Las relaciones del derecho comunitario con el derecho de los Estados miembros, cit.*, p. 13.

C'est pour ces raisons que dans le Rapport de la Commission Juridique du Parlement Européen, relatif à la primauté du droit communautaire sur le droit des Etats membres, il est affirmé catégoriquement que:

> S'il était reconnu à tous les Etats membres, le pouvoir de décider eux-mêmes au sujet de l'effet du droit communautaire sur leurs territoires respectifs, l'ordre juridique qui est en préparation serait bouleversé et ceci donnerait lieu, comme par le passé, à autant de systèmes juridiques que d'Etats membres [47].

C'est pour éviter une telle situation violatrice du principe d'égalité qui doit primer au sein de toute communautés que l'on exige, comme préliminaires de base d'un processus d'intégration économique, que le droit communautaire ait un rang supérieur au droit interne.

Ceci entraîne toute une suite de conséquences.

II. CONSEQUENCES DE LA PRIMAUTE

En premier lieu, c'est la garantie indispensable pour permettre au droit communautaire d'avoir la même signification dans tous les Etats membres, c'est-à-dire une interprétation et une application unitaires et uniformes. C'est seulement en ayant une catégorie supérieure au droit national que le droit communautaire est susceptible d'avoir cette signification égale dans les pays membres, et ceci, entraîne, en outre, comme conséquence, l'obligation pour les tribunaux nationaux d'accepter et de respecter l'interprétation unitaire que fait l'organisme juridictionnel de la communauté[48] sur le droit communautaire, et également, l'obligation pour les Parlements nationaux d'appliquer en forme unitaire le droit communautaire conformément aux directives données par les organismes communs.

Par ailleurs, comme nous le verrons en détail au moment de l'analyse du troisième problème juridique posé par le futur Marché Commun latino-américaine, la priorité du droit communautaire sur le droit national entraîne comme conséquence la restriction dans le domaine national des possibilités de contrôle de la constitutionnalité des actes communautaires.

Par ailleurs, la reconnaissance d'une hiérarchie supérieure au droit communautaire vis-à-vis du droit national est là condition indispensable pour permettre d'adapter[49] au droit communautaire les droits nationaux non préparés pour l'intégration. C'est donc la voie nécessaire pour obtenir l'harmonisation et, s'il le faut, l'unification des législations.

---

(47) F. DEHOUSSE, «Informe de la Comisión Jurídica del Parlamento Europeo relativo a la primacía del Derecho comunitario sobre el derecho de los Estados miembros», *loc. cit.*, p. 182.

(48) *Cf.* Leontín CONSTANTINESCO, *Las relaciones del derecho comunitario con el derecho de los Estados miembros, cit.*, p. 14.

(49) Instituto Interamericano de Estudios Jurídicos Internacionales, *Problemática jurídica e institucional de la integración de América latina, cit.*, p. 808.

Or cette primauté du droit communautaire sur le droit national implique, par ailleurs, la transformation fondamentale des règles traditionnelles d'interprétations en raison de l'impossibilité d'appliquer le principe *lex posterior derogat priori*.

De cette manière, une loi nationale postérieure ne peut déroger ni aux Traités qui instituent la communauté économique ni aux normes communautaires d'application des Traités données par les organismes communs ou en exécution de leurs décisions obligatoires[50]. C'est dans ce dernier cas que réside la nouveauté essentielle de cette exigence.

III. LA SITUATION CONSTITUTIONNELLE EN EUROPE

Or cette exigence fondamentale de l'établissement du futur Marché Commun latino-américain qui consiste en la primauté nécessaire du droit communautaire vis à vis du droit national des Etats membres pose, à cause de la structure actuelle du système constitutionnel latino-américain, de graves problèmes qu'il faut résoudre. A ce sujet, il faut savoir que la situation latino-américaines face à ces exigences, diffère substantiellement de la situation européenne.

En effet, étant donné l'évolution institutionnelle que l'Europe avait réalisée dans le domaine des relations internationales, le problème de la priorité du droit international sur le droit national au moment de l'apparition de l'ordre communautaire, était plus ou moins résolu uniformément.

Le Conseiller d'Etat, Maurice Lagrange a résume ainsi cette orientation:

> La primauté est la caractéristique de tout, traité, dans ce sens qu'en accord avec la conception moderne qu'on rencontre avec peu de variations dans le système constitutionnel de tous les Etats membres, les dispositions des traités ratifiés régulièrement possèdent une valeur supérieure celle de la législation interne [51].

En effet, dans l'Europe des Six, la situation était, et est toujours substantiellement la suivante, en présence de cette exigence: d'une part, il existe différentes constitutions qui consacrent la primauté des Traités sur la législation interne, comme c'est le cas en France, en Hollande et en Allemagne. En France, comme le signale l'article 55 de 1a Constitution de 1958, des sa publication le traité dûment ratifié possède «une hiérarchie supérieure à celle des lois, sous réserve, pour chaque accord ou traité, de son application par l'autre partie». Il n'y a donc aucun doute que le traité prime sur la loi interne et que celle-ci ne peut pas déroger à une disposition de ce dernier. Cependant le problème est latent quant à l'existence de fait de cette disposition, puisqu'il n'y a aucune possibilité de

---

(50) *Cf.* F. DEHOUSSE, «Informe de la Comisión Jurídica del Parlamento Europeo relativo a la primacía del derecho comunitario sobre el derecho de los Estados miembros», *loc. cit.*, pp. 116, 117, 129.

(51) Maurice LAGRANGE, «La primacía del derecho comunitario sobre el derecho nacional», in Instituto Interamericano de Estudios Jurídicos Internacionales, *Relaciones entre el derecho comunitario y el derecho nacional, cit.*, p. 158.

sanctionner la violation éventuelle de cette norme par une loi interne ultérieure, à cause de l'absence du contrôle de la constitutionnalité des lois en vigueur.

En Allemagne la situation est en principe résolue par l'article 25 de la Loi Fondamentale qui établit que «les règles générales du droit international font partie intégrale du droit fédéral», et «qu'elles ont primauté par rapport aux lois» avec la possibilité de créer directement des droits et des obligations pour les ressortissants du territoire fédéral. Bien que, concernant l'application de cette disposition Constitutionnelle ainsi que celle d'un certain nombre d'autres, les Tribunaux aient donné des solutions divergentes, c'est en tout cas la Cour Constitutionnelle qui a compétence en cas de conflit.

Quant à la Hollande elle se trouve être le seul Etat membre de la Communauté européenne qui ait résolu de manière satisfaisante le problème des effets juridiques d'un Traité international en relation avec la loi interne, par la voie des modifications apportées à sa Constitution et 1953 et en 1956, consacrant la primauté des traités sur les lois, et établissant l'incompétence des Tribunaux nationaux à se prononcer sur la constitutionnalité des traités internationaux ou des lois.

Par ailleurs, en second lieu; l'on trouve la Constitution du Luxembourg qui ne prévoit pas expressément la primauté des Traités sur les lois internes. Cependant, l'inexistence du contrôle de la constitutionnalité et l'autorisation constitutionnelle pour le transfert au moyen d'un traité à des institutions de droit public international de l'exercice des attributions réservées par la Constitution elle-même aux pouvoirs législatif, exécutif et judiciaire, ont amené la Cour Suprême de Justice du Luxembourg à établir l'obligation pour le juge, d'appliquer les dispositions d'un traité international en vigueur même si celui-ci est incompatible avec une loi promulguée antérieurement.

En troisième lieu, se trouve le système belge, dont la Constitution ne contient pas de dispositions relatives aux relations existantes entre le droit international et le droit interne. D'autre part cette Constitution ne permet pas non plus un contrôle de la Constitutionnalité des lois ni des Traités et déclare l'incompétence du Parlement en matière de traités internationaux. L'interprétation que l'on a généralement fait de ce problème fait penser que la loi et le Traité ont le même rang et c'est pour cela que récemment, en raison de l'importance pratique du problème dans l'application des Traités européens, l'on a pensé à une réforme constitutionnelle.

Enfin, dans ce simple exposé de la situation constitutionnelle de l'Europe des Six sur le problème de la hiérarchie des Traités vis-à-vis du droit interne, se trouve le système italien qui est peut-être le plus semblable aux systèmes latino-américains en raison des problèmes qu'il fait naître.

En effet, la Constitution italienne ne mentionne rien en ce qui concerne lès relations entre le droit interne et les Traités. Cependant, elle prévoit un contrôle constitutionnel des lois étant donné sa rigidité et elle permet, ainsi que nous l'avons vus un transfert de pouvoirs à des organismes internationaux. Cette situation a donné naissante à la célèbre décision de la Cour Constitutionnelle italienne du 7 mars 1964, dictée dans le affaire *Costa v. ENEL*, et dans laquelle celle-ci a affirmé clairement que les accords internationaux ont dans l'ordre juridique italien, le rang de lois ordinaires et, en tant que lois ordinaires, elles peuvent souffrir des dérogations en vertu de lois ultérieures. Face à cette décision, dans ses conclusions devant la Cour de Justice des Communautés européennes, Maurice Lagrange s'est référé:

> Aux répercussions désastreuses, sur le fonctionnement du système institutionnel établi par la Traité et par conséquent, sur l'avenir même du Marché Commun, qui seraient provoquées par le maintien d'une jurisprudence de ce genre [(52)].

Or il est évident que le problème des relations entre le droit communautaire et le droit interne se présente selon des caractéristiques propres, différentes des relations classiques entre le droit international et le droit internes et qu'il exige des solutions uniformes dans tous les Etats membres. Ceci est la conséquence du principe d'égalité qui doit primer dans la communauté économique.

D'après les dispositions constitutionnelles analysées l'on peut déduire que si effectivement l'Europe a évolué considérablement en cette matière, il n'y a cependant pas encore de solution uniforme au problème dans le domaine de la communauté. C'est pour ces raisons que certains auteurs, par exemple Catalano, se réfèrent principalement au cas italien que présente les inconvénients majeurs font dépendre la solution de ce problème de la hiérarchie du droit communautaires, de la solution donnée au premier des problèmes que nous avons exposé, c'est-à-dire, celui du transfert de pouvoirs aux organismes supranationaux[(53)].

En effet, si l'on admet le transfert de pouvoirs autorisé par la plupart des constitutions européennes, ceci implique une limitation de la compétence ordinaire des organes constitutionnels des Etats membres, entre autres ceux du Parlement. Donc, ainsi que l'a signalé le rapport juridique du Parlement Européens précédemment cité et dont le Rapporteur était F. Dehousse «les Etats membres ne peuvent légiférer, ni adopter des mesures d'exécution dans le domaine où il a été donné compétence exclusive aux instances communautaires» [(54)]. Le contraire, c'est-à-dire la violation d'un traité, consisterait non seulement en la violation d'une obligation internationale, mais aussi en un abus de pouvoir en raison d'incompétence du fait de la restriction de compétence acceptée par le Parlement, en vertu de l'approbation du dit Traité.

En tout cas, en Europe, le problème a donné lieu à des divergences doctrinales et jurisprudentielles d'une certaine importance, à tel point que Leontin Constantinesco a défendu avec clairvoyance l'idée d'une réformé constitutionnelle

---

(52) «Conclusiones del Abogado General Sr. Maurice LAGRANGE, en el Caso *Flaminio Costa v* ENEL», in Instituto Interamericano de Estudios Jurídicos Internacionales, *Relaciones entre el derecho comunitario y el derecho nacional, cit.*, p. 87.

(53) Nicola CATALANO, «La posición del derecho comunitario dentro del derecho de los Estados miembros», *loc. cit.*, pp. 183-187.

(54) F. DEHOUSSE, «Informe de la Comisión Jurídica del Parlamento Europeo relativo a la primacía del derecho comunitario sobre el derecho de los Estados miembros», *loc. cit.*, p. 118

semblable à celle qui a été faite par la Hollande, principalement à cause de l'exigence de la primauté, sur le droit interne, légal et constitutionnel, non seulement du droit communautaire primaire, mais aussi du droit communautaire secondaire[(55)]. La nécessité de cette réforme est confirmée par la décision du Conseil d'Etat français du 1er mars 1958 qui a décidé la primauté d'une ordonnance française du 19 septembre 1962 sur le règlement n° 19 de la CEE.

Cependant, il faut convenir que le problème de la primauté du droit communautaire sur le droit national jouit, en Europe, de quelques solutions partielles fondées, ou bien sur les normes constitutionnelles qui donnent une hiérarchie supérieure aux Traités vis-à-vis des lois, ou bien sur l'absence d'un centrale de 1a constitutionnalité des lois, ou encore sur les conséquences dos transferts des compétences que certaines constitutions autorisent.

IV. LA SITUATION LATINO-AMERICAINE

Un Amérique latine, la situation face au futur Marché commun latino-américain est totalement différente de celle de l'Europe. En effet, nous pourrions dire que d'une part, elle ressemble à la situation belge quant au silence que gardent les constitutions en ce qui concerne le problèmes et, d'autre part, qu'elle ressemble à la situation italienne, mais sans l'autorisation constitutionnelle pour le transfert de pouvoirs à des organismes supranationaux.

En effet, en premier lieu, étant donné le caractère des constitutions latino-américaines, il n'y a aucun doute à affirmer que dans tous nos pays, le principe de la suprématie constitutionnelle prime de manière absolue, non seulement sur chaque droit internes mais encore sur les Traités. De plus certaines constitutions, comme colles de l'Argentine de l'Equateur, du Guatemala, du Mexique, du Nicaragua et du Paraguay contiennent des clauses précises relatives à cette suprématie constitutionnelle sur les Traitées, bien qu'en forme générale, d'autres constitutions expriment le respect du droit international ou visent l'intégration latino-américaine, ou encore tendent à la coopération solidaire entre les pays d'Amérique latine, comme c'est le cas de la plupart des constitutions centre américaines et de celles de l'Equateur, du Paraguay, du Brésil, de l'Uruguay et du Vénézuéla.

En second lieu, ainsi qu'il été signalé, aucune des constitutions latino-américaines ne permet le transfert de compétences de leurs organes constitutionnels à des organismes supranationaux. De plus, certaines constitutions centre américaines, comme celles de Costa Rica, El Salvador, Honduras et Nicaragua interdisent expressément la délégation des compétences de leurs organes constitutionnels.

En troisième lieu, aucune des constitutions latino-américaines ne résout pas expressément le problème des relations entre les traités et la législation interne;

(55) Leontín CONSTANTINESCO, *Las relaciones del derecho comunitario con el derecho de los Estados miembros, cit.*, p. 88.

c'est pour cette raison que l'on accepte que les Traités aient égalité de rang avec la loi et qu'ils soient ainsi régis par les principes traditionnels d'interprétation de la loi ultérieur et de le loi spéciale. La Colombie représente la seule et unique exception à cette uniformité, du fait que son système, exemple très caractéristique du monisme, n'est pas en controverse avec le principe par lequel la Constitution nationale ainsi que les Traités avec les puissances étrangères et autres organismes internationaux, régulièrement conclus, sont lois suprêmes de l'Etat et comme telles, prévalent sur d'autres normes qui pourraient s'opposer à elles. Conformément à cela, la Cour Suprême colombienne a refusé de décider la primauté de la loi sur la constitutionnalité des Traités internationaux.

Il faut signaler de plus, qu'en ce qui concerne le Brésil, bien qu'il n'y ait pas de dispositions constitutionnelles expresses à ce sujet, la doctrine s'est inclinée en faveur de la thèse par laquelle les Traités internationaux dûment conclus dérogent à toute législation antérieure qui s'oppose à eux; à leur tour ils ne peuvent pas être dérogés par une législation ultérieure qui ne se rapporte pas explicitement à eux[56].

Au Vénézuéla, d'autre part, bien que l'orientation générale et traditionnelle de la jurisprudence ait été de donner aux Traités le même rang d'égalité que la loi, récemment en 1965 la Cour Suprême s'est déclarée incompétente pour juger un recours d'inconstitutionnalité du Traité d'extradition conclu avec les Etats-Unis, bien qu'elle ait considéré ce Traité au même rang que la loi et, par conséquent, soumis à la Constitution. Cette décision, en tout cas, a été fortement critiqué à cause de ses implications politiques et son faible fondement juridique, et parce qu'elle n'assume pas la position du monisme face au problème[57].

Comme conclusion, face au problème constitutionnel que représente pour l'Amérique latine son incorporation au futur Marché Commun latino-américain, en raison de l'exigence de la primauté du droit communautaire sur le droit interne, nous pouvons signaler ce qui suit:

Tout d'abord, le premier des problèmes juridiques exposé, c'est-à-dire celui de la création d'organismes communautaires de compétences supranationaux ayant été résolu avec la nécessité d'une réforme constitutionnelle en Amérique latine pour permettre le transfert des pouvoirs; il est évident que la solution apportée à ce deuxième problème juridique que nous sommes en train d'analyser, et relatif à la hiérarchie du droit communautaire vis-à-vis du droit national, ne peut être fondée sur l'argument du transfert de pouvoirs ainsi que l'a bien dit N. Catalano en se référant au système italien.

Par conséquent, et en second lieu, en Amérique latine le problème exposé ne peut avoir que deux solutions: ou bien recourir à une réforme constitutionnelle avec tous les inconvénients qu'elle comporte ou bien recourir à la voie de l'interprétation judiciaire[58].

---

(56) *Cf.* Emilio J. CÁRDENAS, «Hacia un derecho comunitario latinoamericano», *loc. cit.*, p. 41-42.

(57) *Cf.* Gonzalo PÉREZ LUCIANI, «El Control Jurisdiccional de la constitucionalidad de leyes aprobatorias de tratados internacionales», *Revista de la Facultad de Derecho*, Universidad Católica Andrés Bello, n° 4, 1966-1967, p. 293 ss.

(58) *Cf.* Emilio J. CÁRDENAS, «Hacia un derecho comunitario latinoamericano», *loc. cit.*, p. 49

Au sujet de cette dernière, nous pouvons tirer la même conclusion que celle déjà exposée au moment d'analyser le premier problème: un processus d'intégration économique ne peut être fondé sur des interprétations séparées des Etats membres sans garantie d'uniformité et encore moins de permanence. Ceci signifierait non seulement l'instabilité de la communauté respective, mais encore la menace de violation du principe d'égalité qui est sa base même.

Donc le problème n'est pas d'interprétation judiciaire mais de réforme constitutionnelle[(59)].

En définitive alors nous pouvons signaler comme solution au deuxième problème confronté par l'Amérique latine face au futur Marché Commun, c'est-à-dire celui des exigences de la primauté du droit communautaire primaire et secondaire sur l'ordre juridique nationale, qu'il est indispensable de recourir à une réforme constitutionnelle qui permette, non seulement le transfert de compétences d'organes constitutionnels à des organismes supranationaux, mais confère également une hiérarchie supérieure au droit national et même aux normes constitutionnelles nationales, aux Traités qui créent le Marché commun et aux actes émanant des organismes communautaires.

Ceci nous conduit alors au troisième et dernier des problèmes juridiques que nous avons voulu exposer dans ce cours, c'est-à-dire à celui de la restriction nécessaire du recours d'inconstitutionnalité prévu dans le droit des Etats membres pour l'existence effective d'une communauté économique.

TROISIÈME PROBLÈME: LE CONTRÔLE DE LA CONSTITUTIONNALITÉ

En effet, nous avons signalé qu'on raison du principe d'égalité qui doit inspirer toute communauté économique, les Etats membres ne peuvent ni doivent pas se soustraire unilatéralement aux obligations communautaires, même par l'intermédiaire de décisions séparées de leurs organismes juridictionnels respectifs qui déclarent l'inconstitutionnalité des actes communautaires.

Ceci implique alors, en tant que fondement de toute communauté économique, que les Etats membres doivent restreindre la marge de leur contrôle de la constitutionalité, principalement face aux actes communautaires et aux traités qui instituent la Communauté. Comme conséquence, dans les pays où il est consacrée ce contrôle de la constitutionnalité, il faut reconnaître que non seulement le droit communautaire primaire mais encore le secondaire possèdent un rang non seulement supérieur aux lois internes, mais aussi aux constitutions, c'est-à-dire

(59) *Cf.* Leontín CONSTANTINESCO, *Las relaciones del derecho comunitario con el derecho de los Estados miembros, cit.*, p. 88

qu'en cas de conflit, le droit communautaire doit primer sur les textes constitutionnels[(60)].

C'est ainsi que Leontin Constantinesco a exprimé que face au problème se présente un véritable dilemme: «ou bien l'on admet le contrôle de la constitutionnalité des règlements communautaires, ce qui signifierait la supériorité des constitutions nationales sur les règlements, ou bien l'on ne l'admet pas et ceci signifie, non seulement la primauté des réglementations sur les lois mais aussi la supériorité de celles-ci sur les constitutions». Face à ce dilemme, la survivance d'une communauté dans laquelle les effets du droit communautaire doivent être les mêmes, exige l'adoption de la seconde alternative, la seule compatible avec le caractère communautaire[(61)].

Dans la Communauté Européenne les Etats membres, exception faite des Pays-Bas, n'ont pas capté à temps l'exigence du processus d'intégration et n'ont pas élaboré les solutions appropriées. En tout cas, le problème, dans une Communauté de Six Etats, existe seulement dans deux de ceux-ci, l'Allemagne et l'Italie, qui reconnaissent et admettent expressément le contrôle de la Constitutionnalité des Traités et actes communautaires. En Italie, la situation est plus grave du fait que la Cour Constitutionnelle a décidé que le droit communautaire posséderait le même rang que la loi. En Allemagne, la décision de la Cour Constitutionnelle sur le renvoi que lui a fait le Tribunal des Finances de Rhénanie-Palatinat le 14 novembre 1963, a été favorable au droit communautaire.

En tout cas, en Amérique latine, le problème est totalement différent, non seulement parce que dans nos systèmes constitutionnels, il existe une tradition plus grande et plus longue en ce qui concerne le contrôle de la constitutionnalité agité, mais aussi parce que le problème se pose dans presque tout les pays latino-américains.

I. LE CONTRÔLE DE LA CONSTITUTIONALITÉ DANS LE RÉGIME CONSTITUTIONNEL LATINO-AMERICAIN

En effet, le contrôle judiciaire de la constitutionnalité suppose évidemment l'existence d'une Constitution qui délimite le champ d'action des pouvoirs de l'Etat, ainsi que d'une Constitution rigide, c'est-à-dire, qui échappe aux possibilités de modifications de la part du pouvoir législatif ordinaire, car dans le cas contraire, comme en Angleterre par exemple, c'est le principe par lequel la loi ultérieure prime sur la loi antérieure.

---

(60) *Cf.* Leontín CONSTANTINESCO, *Las relaciones del Derecho Comunitario con el Derecho de los Estados Miembros, cit.*, pp. 20-21.

(61) Leontín CONSTANTINESCO, *Las relaciones del derecho comunitario con el derecho de los Estados miembros, cit.*, p. 19

Ces deux caractéristiques, la rigidité constitutionnelle et le contrôle de la constitutionnalité, nous montre certainement les traits fondamentaux du régime constitutionnel latino-américaine

En effet, en Amérique latine, c'est à la suite de l'influence du système constitutionnel de l'Amérique du Nord, qu'a régi, dès le début dé l'indépendance de ces pays, le principe de la *Supremacy of the Constitution* en ce qui concerne les lois ordinaire défini pour la première fois dans la décision de la Cour Suprême des Etats-Unis, et rédigé par le *Chief Justice* John Marshall en 1803, à l'occasion du affaire *Marbury v. Madison.*

En effet, le concept de suprématie constitutionnelle ou supra légalité constitutionnelle accepté on Amérique latine, implique que la Constitution est supérieure aux autres corps légaux et que, sur elle, il ne peut y avoir aucune autre législation La supra légalité suppose alors au moins une double catégorie de préceptes juridiques: les uns de caractère suprême ou primaire, et les autres dénommés secondaires ou ordinaires, lesquels par leur nature, doivent être inéluctablement assujettis aux dispositions des premiers(62).

Dans ce sens, la rigidité constitutionnelle se convertit en garantie de cette suprématie, et il ne servirait a rien que la loi fondamentale soit suprême, si elle pouvait être facilement modifiée au moyen du procédé pour l'altération des lois ordinaires.

Or la conséquence essentielle de ce principe de la suprématie constitutionnelle est que tout acte contraire à la Constitution est nul. En effet, dans les systèmes constitutionnels de l'Amérique latine, en accord avec les principes de suprématie de la Constitution et sa rigidité, l'on admet que ces principes seraient inefficaces et même utopiques s'il n'existait pas un moyen de tutelle pour le régime constitutionnel, qui assure l'empire de la suprématie. Il ne suffit plus alors que la Constitution soit la loi fondamentale de l'Etat; il faut qu'il existe un remède juridique pour la faire respecter. Il en résulte donc que sans contrôle de la constitutionnalité il n'y a pas vraiment de suprématie de la Constitution.

II. LE CONTRÔLE DE LA CONSTITUTIONNALITÉ

Or, suivant cette orientation, tous les pays latino-américains reconnaissent un contrôle varié de la constitutionnalité avec prédominance -sauf en ce qui concerne l'Equateur dont le contrôle est soumis au Congrès- du système de contrôle juridictionnel, c'est-à-dire réalisé par le Pouvoir Judiciaire dont la charge essentielle est d'appliquer les normes légales, de les interpréter et de résoudre leurs conflits.

---

(62) *Voto salvado de José Gabriel SARMIENTO NÚÑEZ a la Sentencia por la cual se declara sin lugar la demanda de nulidad del ordinario 14 del artículo II de la Ley Aprobatoria entre Venezuela y los Estados Unidos de Norte América, intentada por el Doctor Tito Gutiérrez ALFARO*, Imprenta Nacional, Caracas 1965, pp. 20-21.

Par ailleurs, l'exercice de ce contrôle dans les systèmes latino-américains peut revêtir deux formes fondamentales: il se réalise soit par voie d'action, soit par voie d'exception. Dans le régime de contrôle juridictionnel par voie d'action, son fonctionnement se déroule selon un processus judiciaire autonome dont le but est de déclarer l'inconstitutionnalité de la loi ou de l'acte réclamé. En échange, dans le contrôle par voie d'exception, la loi ou l'acte violateur de la Constitution ne s' attaque pas par voie directe devant une autorité judiciaire, mais se réalise à titre de défense dans un procès préalable, ou l'un des antagonistes invoque l'inconstitutionnalité de la loi crue l'on veut appliquer.

Le contrôle de 1a constitutionnalité peut revêtir, par ailleurs deux autres formes parallèles selon la terminologie utilisée par Mauro Cappelletti; de il peut s'agir d'un contrôle diffuse, qui corresponde à plusieurs organismes judiciaires ordinaires ou bien d'un contrôle concentré en vertu de sa centralisation en un seul organisme judiciaire. Au premier cas correspond le système dit américain et au second l'autrichien[(63)]. Généralement, le contrôle par voie d'action correspond à un contrôle concentré et le contrôle par voie d'exception à un contrôle diffusé. Cependant il est possible d'admettre que le contrôle par voie d'exception soit parallèle au concentré, à cause de l'incompétence de l'organisme judiciaire ordinaire pour en décider l'exception.

En Amérique latine, ainsi que nous l'avons signalé, l'existence du contrôle de la constitutionnalité est généralisé; cependant celui-ci revêt dos formes très variées. Un exemple caractéristique dé ces formes, intéressant pour les Européens, car il n'a pas de parallèle en Europe, est le contrôle de la constitutionnalité exercé au Vénézuéla, lequel est à la fois concentré et diffuse et qui est réalisé, non seulement par voie d'action mais aussi par voie d'exception, c'est-à-dire que la garantie de la suprématie de la Constitution est protégée au maximum.

En effet, dans le système vénézuélien, il existe en premier lieu un contrôle de la constitutionnalité des lois et autres actes de rang légal, où sont inclus les actes de gouvernement, par voie d'action populaire. Conformément à cette action populaire, tout ressortissant de la République jouissant de capacité juridique peut avoir recours, à n'importe quel moment, devant à la Cour Suprême de Justice pour dénoncer l'inconstitutionnalité d'un acte d'Etat. La décision de la Cour à ce sujet, est de déclarer ou non sa nullité en raison de l'inconstitutionnalité de l'acte, avec efficacité *erga omnes*. Ce genre de contrôle comportant la dite efficacité; né poutre être effectué que par la Cour Suprême et il s'agit donc d'un contrôle concentré par voie d' action.

Mais, en outre, le système vénézuélien reconnaît, un deuxième contrôle de la constitutionnalité équivalant au contrôle diffuse. En effet en accord avec le Code de procédure civile tous les organes judiciaires de la République possèdent la faculté de préjuger au sujet de la constitutionnalité des lois et de décider leur non-application, afin d'observer le texte constitutionnel. La décision de l'organe judiciaire n'implique évidemment pas l'annulation de la loi, mais uniquement sa

(63) Mauro CAPPELLETI, «El control judicial de la constitucionalidad de las leyes en el derecho Comparado», *Revista de la Faculta de Derecho de México,* n° 61, Vol. XVI, 1966, pp 30 ss.

non application au cas concret. Les effets en sont donc relatifs, c'est-à-dire *inter-partes*. Il faut observer, en outre, que la question d'inconstitutionnalité résolue par les juges ordinaires peut surgir non seulement quand elle est posée par voie d'exception par les parties, mais aussi quand le juge ordinaire se rend compte par lui-même de l'inconstitutionnalité. Il s'ait donc ici d'un contrôle diffusé qui peut être aussi provoqué par voie d'exception.

III. EXTENSION DU CONTRÔLE DE LA CONSTITUTIONNALITÉ AUX TRAITES

Or, en Amérique latine, le contrôle de la constitutionnalité des lois réalisé sous des formes aussi variées que celles que nous avons signalées, s'étend uniformément aux traités internationaux, sauf en ce qui concerne la Colombie comme unique exception[(64)]. En effet, si le problème du rang des Traités vis-à-vis de la loi n'est pas résolu constitutionnellement, il est possible d'exercer un contrôle sur la constitutionnalité de ceux-ci, en considérant leur rang légal dans presque tous les pays latino-américains.

Dans ce sens, le cas colombien se détache de manière particulière du reste du panorama constitutionnel latino-américain constituant un exemple clair du monisme. En effet, la Cour Suprême de Colombie, bien qu'elle soit chargée de sauvegarder l'intégrité de la Constitution, s'est refusée à plusieurs reprises d'invalider des Traités internationaux réfutés, comme violateurs de la Constitution. Cette attitude du Haut Tribunal colombien a eu pour conséquence, dans la pratique, que les Traités deviennent presque hors d'atteinte de tout essai de réfutation et obtiennent ainsi une véritable primauté du fait de l'absence de contrôle juridictionnel qui pourrait remettre en question leur validité.

Il faut souligner, par ailleurs, que si récemment la Cour Suprême vénézuélienne s'est déclarée incompétente pour décider la nullité d'un traité pour inconstitutionnalité, cette décision n'a aucun fondement juridique sérieux et c'est la raison pour laquelle elle a été très critiquée, en raison de ses implications politiques. En effet, il se déroule actuellement devant cette Cour un procès criminel contre un ex-président de la République pour le délit de péculat. L'extradition de l'accusé de ce délit a été autorisée par le Gouvernement des Etats-Unis sur la base du Traité d'extradition signé entre les deux pays et c'est précisément la nullité pour inconstitutionnalité de ce Traité qui avait été demandée à la Cour et face auquel elle s'est déclarée incompétente.

Or l'existence d'un contrôle ample et varié de la constitutionnalité des lois s'étendant aux Traités internationaux étant l'une des caractéristiques du régime constitutionnel de l'Amérique latine, il est évident que face au Marché Commun latino-américain, nos pays doivent procéder à une restriction de ce contrôle quant

---

(64) *Cf.* Instituto Interamericano de Estudios Jurídicos Internacionales, *Problemática jurídica e institucional de la integración de América latina, cit.* p. 793.

au droit communautaire qui s'établira tant primaire que secondaire. Dans le cas contraire, le futur Marché Commun se maintiendrait sur des bases contraires au principe d'égalité et, par conséquent, serait condamné à disparaître.

Cette exigence du futur Marché Commun latino-américain face au problème du contrôle de la constitutionnalité pourrait de même se résoudre suivant deux voies: soit celle de l'interprétation, soit celle de la réforme constitutionnelle.

Il est certain, ainsi crue l'a affirmé l'Institut Interaméricain d'Etudes Juridiques Internationales, qu'une interprétation guidée selon un critère «d'efficacité» pourrait donner lieu, comme dans le cas de la Colombie, à exclure les Traités et les actes internationaux du contrôle de la constitutionnalité[(65)]. Cependant, et nous avons ici la même réponse qu'en ce qui concerne les deux problèmes précédents: l'existence d'un droit communautaire exige certaines garanties nationales indispensables afin qu'il ne puisse être lui-même invalidé ultérieurement. Un Marché Commun latino-américain ne peut pas être fondé sur des interprétations qui ne garantissent même pas l'uniformité et la permanence. La même instabilité de la jurisprudence latino-américaine en la matière le démontre. C'est pour ces raisons que nous considérons que «l'entreprise» du régionalisme économique ne peut pas demeurer assujettie au danger latent des déclarations d'inconstitutionnalité de la part des Tribunaux nationaux, qui de cette manière délivrent les Etats membres de leurs obligations communautaires[(66)].

En outre, les solutions qui ont permis à la doctrine européenne de mettre au moins en discussion l'amplitude du contrôle de la constitutionnalité en Allemagne et en Italie, et qui sont basées sur l'autorisation constitutionnelle pour le transfert de compétences qui implique une limitation à la compétence des organes constitutionnels, n'existant pas on Amérique latine.

Donc et en tant que conclusion au dernier problème qui se pose aux pays latino-américains quant à la création du futur Marché Commun, il faut en arriver à la réforme constitutionnelle nécessaire qui élimine le contrôle de la constitutionnalité sur les actes communautaires et leur reconnaissent une hiérarchie supérieure, non seulement en relation aux lois mais aussi à 1a Constitution elle-même.

CONCLUSIONS GÉNÉRAUX

Donc, l'analyse des trois problèmes juridiques fondamentaux posés par le futur Marché Commun latino-américaine fait ressortir la nécessité de conclure en conformité avec Leontin Constantinesco: «Il ne s' agit pas des problèmes d'interprétation mais de réforme constitutionnelle».

---

(65) *V.* Instituto Interamericano de Estudios Jurídicos Internacionales, *Problemática jurídica e institucional de la integración de América latina, cit.*, p. 793

(66) *Cf.* Emilio J. CÁRDENAS, «Hacia un derecho comunitario latinoamericano», *loc. cit.*, p. 38.

Il est certain que l'Amérique latine ne peut pas attendre la réforme de ses textes constitutionnels pour procéder à la création du Marché Commun, car non seulement la procédure est très lente, mais surtout parce qu'un processus d'intégration tel que celui qui est en train de se faire en Amérique latine et qui est essentiel pour assurer sa survivance historique, politique et économique ne peut pas admettre du retard. L'intégration, dans ce sens, est un projet dynamique et changeant qui une fois commencé, ne peut plus s'arrêter quels que soient les problèmes qu'il rencontre.

Cependant, si nous considérons que les pays d'Amérique latine ne doivent pas attendre les réformes constitutionnelles nous considérons par contre indispensable que les juristes et les politiciens soient conscients de l'importance des problèmes posés, car, généralement, les économistes qui ont ou entre leurs mains la direction du processus ne se sont pas rendu compte de l'importance de ceux-ci.

Donc, en raison de la transcendance intrinsèque des problèmes signalés il ne reste rien d'autre à faire sinon de conclure, avec les mots de Emilio J. Cardenas, mon collègue au Séminaire relatif aux Aspects juridiques de l'intégration latino-américaine, célébré à Buenos Aires en mars 1967:

> On ne peut que qualifier de simplistes las solutions faciles qui, fondées sur des interprétations souples des textes constitutionnels, laissent entr'ouvertes des brèches dans lesquelles peuvent s'infiltrer diverses attaques relatives à la constitutionnalité du schéma de l'intégration, qui représentent en même temps un ébranlement des fondements mêmes de la structure commune.

§ 9. LE DROIT COMMUNAUTAIRE EUROPÉEN: UNE EXPERIENCE POUR L'INTEGRATION ANDINE

Rapport au *Third ECSA-World Conference*, The European Union in a Changing World, Bruxelles, 19-20 September 1996(*)

INTRODUCTION

La conclusion de Traité de Rome sur les Communautés économiques, puis le passage à la Communauté européenne et enfin le Traité de Maastricht sur la création de l'Union européenne, l'intégration du vieux continent a toujours compté, et compte encore, sur le soutien du droit constitutionnel interne des pays membres. En Europe, le processus d'intégration, dans toutes ses étapes, a donc toujours été précédé d'ajustements des constitutions des Etats membres. Ce pour permettre et faciliter le processus et éviter, autant que possible, tout conflit entre les implications juridiques de l'intégration économique de la Communauté et de l'Union, d'une part, et les dispositions des constitutions internes des Etats membres d'autre part. L'incorporation des pays membres aux processus d'intégration économique, de communauté et d'union n'a pas posé de problème constitutionnel aux juristes européens, qui l'ont toujours considérée *for granted* - comme diraient les britanniques- sans lui accorder d'importance particulière. Ce processus a été, de fait, le plus naturel et normal que pouvaient suivre les droits nationaux pour s'adapter à l'intégration.

En Amérique latine, en revanche, et peu importe que certains défenseurs outranciers de l'intégration prétendent l'ignorer ou l'éviter, le problème constitutionnel représente bel et bien le problème juridique le plus important de l'intégration. S'il n'est pas résolu, le processus sera privé des fondements juridiques solides requis pour réussir. Contrairement aux pays européens, les constitutions des pays latino-américains, à quelques importantes exceptions près, ne résolvent pas les problèmes juridiques liés à l'entrée dans des processus d'intégration de nature économique. Dès lors, aucun soutien décisif du droit constitutionnel des pays ne vient appuyer le transfert de compétences vers les organes communautaires supranationaux, une exigence dans toute intégration. Ainsi, on veut aller plus loin dans le processus du *Mercosur* ou faire du Pacte Andin (Accord sous régional andin d'intégration) une Communauté andine, mais de manière générale, les problèmes constitutionnels posés par ces processus demeurent sans solution.

(*) Publié in *The European Union in a Changing World*, Third ECSA-World Conference 19-20 September 1996, Commission Européenne, Bruxelles 1998, pp. 559-628.

Une intégration suppose la création d'organes supranationaux devant être investis de pouvoirs appartenant traditionnellement aux organes constitutionnels des Etats, le qui implique que les organes nationaux voient leurs compétences diminuer au profit de l'action des organes supranationaux. En effet, le droit communautaire doit primer sur le droit interne de manière automatique et immédiate dans tous les Etats membres, sur ceux-ci comme sur leurs citoyens. Et ces derniers ne peuvent plus contrôler la constitutionnalité du droit communautaire auprès des cours suprêmes ou tribunaux constitutionnels de leurs pays. L'intégration est donc un processus qui ne peut pas reposer sur des interprétations constitutionnelles pouvant diverger d'un Etat à l'autre, mais bien au contraire sur de solides réformes et normes constitutionnelles le permettant et l'autorisant.

Dans cette matière comme dans bien d'autres, le droit communautaire européen représente une expérience d'une grande valeur pour l'intégration latino-américaine et partiellement pour l'intégration andine. Nous devons en tenir compte pour en tirer les leçons. Tel est le but de ce document: analyser l'expérience européenne sous l'angle constitutionnel, afin de la comparer avec la situation en Amérique latine et plus particulièrement entre les pays andins.

Le problème constitutionnel de l'intégration n'a pas eu en Europe l'importance qu'il mérite car sa solution a toujours précédé les différentes étapes du processus. Toutefois, la ratification du Traité de Maastricht constituant l'Union européenne l'a fait resurgir en mettant clairement en évidence la relation intime qui unit le droit constitutionnel et le droit international public, dont la symbiose, en définitive, est à l'origine du droit communautaire supranational. Dans presque tous les pays européens, la ratification du Traité de Maastricht a suscité l'accomplissemend de réformes constitutionnelles (comme en Allemagne, en France et en Espagne), souvent par référendums (comme en France), et l'exercice, par les cours constitutionnelles, d'un contrôle de la constitutionnalité des lois ratifiant le Traité (comme ce fut le cas, par exemple, en Allemagne, en France et en Espagne). Il apparaît clairement que, finalement, le droit communautaire en Europe s'est fondé et se fonde encore, sur les constitutions nationales. Parce que les règles de l'Etat de droit ont été respectée, l'intégration européenne et la construction de l'Union ont pu progresser.

Il est permis d'affirmer, en d'autres termes, que par le Traité de Maastricht, le droit constitutionnel a acquis un rôle de premier plan dans l'intégration européenne. Le droit communautaire ne pourra plus désormais évoluer sans le soutien décisif du droit constitutionnel. Même en Europe, les décisions de la Cour Constitutionnelle Fédérale allemande, du Conseil constitutionnel français et du Tribunal Constitutionnel espagnol, qui ont toutes provoque des reformes, ont réellement mis un frein au volontarisme excessif dans la construction juridique de l'intégration. Pour la première fois, en effet, il s'agissait d'aspects essentiels et traditionnels de la souveraineté des Etats, tels que le droit passif au suffrage, la politique économique ou la politique monétaire. Cependant, malgré cet apparent regain d'intérêt pour l'aspect constitutionnel du processus, l'intégration économique européenne et la formation du droit communautaire ont pu progresser uniquement grâce à l'appui permanent du droit constitutionnel. La constitutionnalisation du processus a donc été une constante, des les années cinquante jusqu'à aujourd'hui.

En Amérique latine, au contraire, si le volontarisme intégrateur à outrance s'est également montré, les acteurs fondamentaux du processus ont relégué au second plan, voire ignoré, la question des exigences constitutionnelles de l'intégration. C'est ainsi que l'intégration, notamment au sein du Groupe andin, n'a bénéficié que d'un fondement constitutionnel faible, voire inexistant.

Si nous voulons extraire les expériences du droit communautaire européen au bénéfice de l'intégration andine, il importe de préciser en premier lieu quelles sont les exigences constitutionnelles posées par tout processus d'intégration ou de formation d'un droit communautaire, afin de déterminer ensuite quelle a été la réponse du droit constitutionnel en Europe et dans les pays latino-américains.

I. EXIGENCES CONSTITUTIONNELLES DES PROCESSUS D'INTÉGRATION

Un processus d'intégration -et c'est ce qui ressort de l'expérience européenne- requiert un changement dans la relation entre le droit international public et le droit interne des pays. En effet, les organes intergouvernementaux classiques ne peuvent à eux seuls mettre en oeuvre ce genre de processus: une politique commune doit être définie, d'où la nécessité d'organes communautaires communs. C'est ainsi que des nouvelles exigences apparaissent, pour lesquelles il a fallu dépasser le schéma constitutionnel classique d'approbation des traités par des lois pour leur insertion dans le droit national.

La nécessité absolue de créer des organes supranationaux et non simplement intergouvernementaux, implique des exigences, dont certaines se répercutent sur le cadre constitutionnel interne de chaque pays. *Premièrement,* les organes supranationaux ainsi créés doivent pouvoir prendre des décisions obligatoires pour tous les Etats membres. *Deuxièmement,* ces décisions des organes supranationaux doivent découler de l'exercice de compétences incombant traditionnellement aux institutions constitutionnelles des Etats membres. Il est donc primordial que les institutions nationales transfèrent des pouvoirs et des compétences -qu'ils perdent donc- aux organes supranationaux. *Troisièmement,* les décisions supranationales doivent être directement et immédiatement applicables dans les Etats membres, tant aux pouvoirs publics qu'aux pour le citoyens, sans qu'il soit nécessaire que les institutions constitutionnelles nationales, désormais limitées, interviennent pour approuver ces décisions ou pour les incorporer au droit national. Et *quatrièmement,* le droit communautaire ainsi produit doit échapper au contrôle de constitutionnalité qu'exercent les cours constitutionnelles nationales, tout en demeurant soumis au critère de conformité avec les Traités d'intégration, auquel doit veiller une Cour supranationale de justice, ce qui traduit la primauté du droit communautaire.

D'un point de vue constitutionnel, donc, les exigences juridiques de tout processus d'intégration impliquent le transfert aux organes supranationaux, de pouvoirs et de compétences propres aux institutions des Etats membres, à savoir, le législatif, l'exécutif et le judiciaire. Ces institutions nationales se retrouvent ainsi limitées dans leurs pouvoirs et compétences. Un tel phénomène se concrétise, par exemple, par une autre exigence juridique primordiale de tout processus d'intégration: la nécessité pour le droit communautaire, produit par les organes supranationaux, de primer sur le droit interne. Puisque ce droit communautaire possède la même importance et la même force de loi que le droit national, l'égalité de tous les Etats membres est garantie, ce qui serait impossible si chaque pays l'adaptait à son propre droit national.

En conséquence, le droit communautaire doit être applicable immédiatement, sans adaptation, dans tous les Etats membres. Il devient alors obligatoire pour les pouvoirs législatifs nationaux qui ne peuvent pas y déroger et doivent, en outre, adapter les législations nationales aux directives émanant de l'organe communautaire. Les décisions supranationales ont aussi force de loi pour les exécutifs nationaux, qui doivent les exécuter sur le plan interne. Le droit communautaire prime également pour les cours et tribunaux de justice, dont les décisions doivent le respecter et se plier aux interprétations juridiques émises par la Cour supranationale de justice. Toutes ces exigences limitent indubitablement les pouvoirs des institutions constitutionnelles des Etats membres. Or, le droit constitutionnel ne le permet que si les constitutions nationales elles-mêmes le prévoient et le concèdent.

Il y à une autre conséquence juridique-constitutionnelle inévitable dérivée de l'établissement d'organes supranationaux pouvant produire le droit communautaire. Il s'agit de la limitation du pouvoir des cours constitutionnelles de contrôler la conformité du droit communautaire avec les constitutions nationales. En effet, si les cours constitutionnelles des Etats membres pouvaient contrôler la constitutionnalité du droit communautaire, l'égalité des Etats membres ne serait qu'illusoire car, chacun pourrait se soustraire individuellement à ses obligations communautaires, ce qui serait incompatible avec l'intégration.

Les exigences juridiques posées par l'intégration imposent, et ont imposé en Europe, aux institutions constitutionnelles de chaque Etat membre, de s'adapter au processus d'intégration. Et en Europe, quarante ans de réformes se sont écoulés pendant lesquels les Etats membres ont ajouté des dispositions spécifiques aux constitutions nationales.

Ces réformes, ces nouvelles dispositions constitutionnelles sont les seules qui peuvent garantir que les parlements nationaux perdent des compétences législatives pour les matières transférées aux organes supranationaux. De fait, ces transferts doivent être autorisés expressément et implicitement par les constitutions nationales. De cette manière seulement peut-on s'assurer que les parlements nationaux ne pourront plus légiférer dans les matières transférées au niveau supranational, ou en tout cas qu'ils le feront conformément aux lignes directrices tracées par l'organe supranational, et qu'ils ne voteront aucune loi dérogatoire.

Les réformes constitutionnelles constituent également la seule façon d'obliger les cours et tribunaux de justice des Etats membres à appliquer le droit communautaire, en primauté sur le droit interne, directement, sans qu'aucun acte ne soit nécessaire pour l'incorporer au droit national (tel que l'Arrêt *Nicolo* du Conseil d'Etat français l'a établi le 20/10/1989) et même de les contraindre à consulter la Cour supranationale de Justice sur l'interprétation uniforme du droit communautaire, avec l'obligation d'en respecter les décisions.

En outre, en vertu des nouvelles dispositions des constitutions nationales, les cours suprêmes ou tribunaux constitutionnels dans les pays perdent l'attribution de contrôle de la constitutionnalité des normes communautaires. Dans les systèmes de contrôle diffus de la constitutionnalité des normes, ce sont les juges qui perdent leur capacité d'inappliquer le droit communautaire pour inconstitutionnalité lors de la résolution de cas concrets.

En définitive, il est impossible de mettre en oeuvre une intégration sans apporter une réponse constitutionnelle à ces exigences au niveau du droit interne. Cette réponse n'est autre que l'insertion de nouvelles dispositions dans les constitutions permettant de modifier les compétences des organes constitutionnels nationaux et de les transférer aux organes supranationaux, en limitant ainsi l'exercice de leurs attributions. En s'appuyant sur ces normes, les parlements nationaux peuvent évidemment céder des compétences émanant de la constitution nationale et en attribuer l'exercice à des organes supranationaux. Toutefois, comme le souligne l'arrêt du 1er juillet 1992 de la Cour constitutionnelle espagnole, les parlements ne peuvent pas «disposer de la Constitution, elle même en contrevenant ou en permettant de contrevenir à ses dispositions», en ajoutant que les normes constitutionnelles autorisant le transfert de compétences ne peuvent pas être utilisées comme un instrument pour contrevenir ou changer des mandats ou interdictions prévues par la Constitution, car tel norme n'est pas la voie légitime pour «la réforme constitutionnelle implicite ou tacite».

En d'autres termes, l'intégration n'est possible que si elle respecte les constitutions nationales: soit les constitutions nationales autorisent expressément le transfert des compétences des institutions constitutionnelles nationales vers les organes supranationaux, ce qui limite évidemment leurs pouvoirs et réduit donc la souveraineté de chaque Etat (ce qui était admis; par exemple, par le Conseil constitutionnel français, dans ses décisions du 30/12/76, du 22/05/85 et du 23-25/07/91); soit les constitutions nationales sont muettes à ce sujet, et alors elles doivent être révisées et réformées pour autoriser les transferts de compétences et pour légitimer de telles limitations de pouvoirs des institutions nationales.

Le problème, bien sûr, n'est pas nouveau. La preuve en résulte des quarante anèes d'expérience européenne d'intégration économique, de Communauté et enfin d'Union. De fait, aucun pas en avant n'a été réalisé que si la question constitutionnelle n'a été dûment étudiée et résolue au préalable. Tout le processus a pu être mené grâce aux dispositions constitutionnelles des Etats membres, depuis bien avant la signature du Traité de Rome en 1957; avant même la conclusion du Traité de la Communauté du Charbon et de l'Acier en 1951. Quant au Traité de Maastricht, certes, au vu de l'approfondissement du droit communautaire qu'il suppose, il a mis plus encore en relief le besoin d'adapter les constitutions au processus d'Union européenne. Preuve en est le débat constitutionnel large et exemplaire qu'il a suscité en France, dans lequel le Conseil constitutionnel, par sa décision n° 921308 du 9 avril 1992, déterminait que «l'autorisation de ratifier en vertu d'une loi un Traité sur l'Union européenne ne peut être donnée que par une révision constitutionnelle», et qui s'est terminé par le référendum du 20 septembre 1992. Mais le problème n'est pas nouveau et il n'a d'ailleurs jamais cessé, ces dernières années, d'attirer une attention permanente dans les pays européens.

II. L'EXPÉRIENCE EUROPÉENNE DANS LA RÉPONSE CONSTITUTIONNELLE APPORTÉE AUX EXIGENCES DU PROCESSUS D'INTEGRATION

Lors de la signature du Traité de Paris en 1951, les exigences constitutionnelles de l'intégration pouvaient être résolues dans les trois pays d'Europe continentale ayant eu un rôle fondamental dans la deuxième guerre mondiale, à savoir l'Allemagne, l'Italie et la France. En outre, ces pays disposaient d'un contrôle de constitutionnalité *des* lois, quoique dans une bien moindre mesure en France.

Ainsi, la Loi fondamentale de la République fédérale allemande, de 1949, établit:

> *Article 24:* 1. La Fédération peut, par des lois, transférer des droits de souveraineté à des institutions internationales.
>
> 2. La Fédération peut entrer dans un système de sécurité collective et réciproque pour sauvegarder la paix et, à cette fin, consentir à des limitations de sa souveraineté pour autant qu'elles soient susceptibles de mener à un ordre pacifique et durable en Europe et entre les peuples du monde, et de le garantir.
>
> 3. La Fédération doit adhérer, pour là solution de conflits internationaux, à des conventions portant sur la juridiction d'un arbitrage international qui soit général et obligatoire.

De même, selon l'article 11 de la Constitution italienne de 1947,

> *Article 11*: L'Italie accepte, dans de conditions de passivité ou de réciprocité avec les autres Etats, les limitations de sa souveraineté nécessaires pour créer un groupe susceptible de garantir la paix et la justice entre les Nations; soutient et favorise les organisations internationales tendant à cette fin.

Quant à la Constitution française de 1946, son préambule précise que:

> Sous réserve de réciprocité, la France consent aux limitations de souveraineté nécessaires à l'organisation et à la défense de la paix.

Plus tard, après la signature du Traité de Paris et avant la conclusion du Traité de Rome en 1958, d'autres pays procédèrent à des réformes de leurs constitutions pour résoudre les exigences constitutionnelles découlant de l'intégration. Aux

Pays-Bas, la réforme de 1953-54 incorpora au texte les articles 63 et 67, qui stipulent:

> *Article 7*: À condition d'observer, le cas échéant, les dispositions de l'article 63, il est permis de confier, par ou en vertu d'un traité, des compétences législatives, administratives et juridictionnelles à des organisations de droit international...
>
> *Article 63*: Lorsque l'exige le développement de l'ordre juridique international, un traité peut s'écarter des préceptes établis par la Constitution; dans ce cas, la ratification devra se faire expressément et les Chambres des Etats généraux ne pourront approuver le projet de loi correspondant que, par une majorité des deux tiers des votes émis.

Au Grand Duché de Luxembourg, la réforme constitutionnelle de 1956 insérait l'article 49bis selon, lequel:

> *Article 49bis*: Par voie de traité et temporairement, l'exercice d'attributions réservées par la Constitution aux pouvoirs législatif, exécutif et judiciaire peut être transféré à des institutions de droit international.

Plus tard, en 1971, la Belgique réforma sa Constitution de manière similaire en ajoutant l'article 25bis qui stipule:

> *Article 25bis*: L'exercice de pouvoirs déterminés peut être confié, par un traité ou une loi, à des institutions de droit international public.

Le problème constitutionnel posé par le transfert de compétences d'institutions nationales vers des organes supranationaux était donc résolu à la création et au démarrage des Communautés européennes. Soit par les constitutions, soit par l'absence de mécanismes internes de contrôle de constitutionnalité, comme en Belgique dans les années soixante.

Mais le problème s'est également posé dans les pays ayant mis en place une solution constitutionnelle expresse, comme en Italie ou en Allemagne. En effet, dans ces pays existait aussi une Cour constitutionnelle gardienne de la constitutionnalité des lois. Dès lors, le thème du transfert de pouvoirs à des organes supranationaux fut posé et on peut dire qu'il fut résolu par la décision du 18/10/67 de la Cour constitutionnelle de la République fédérale allemande, selon laquelle:

> Les institutions de la Communauté économique européenne exercent des droits souverains que les Etats membres ont conféré à la Communauté qu'ils ont créée.
>
> La Communauté économique européenne est une institution inter Etats à laquelle la République fédérale allemande a transféré certains droits souverains. A dès lors été créée une nouvelle entité publique, autonome et indépendante des autorités des Etats membres: les actes par elle posés ne nécessitent aucune ratification de la part des Etats membres et ceux-ci ne peuvent pas les annuler. Le Traité de la Communauté économique européenne est en quelque sorte la Constitution de la Communauté.

C'est pourquoi la Cour constitutionnelle conclut cette décision en soulignant que les actes posés par les institutions de la Communauté ne sont pas ceux des autorités publiques allemandes. En conséquence, la constitutionnalité de ces actes ne peut pas être contrôlée:

> Les réglementations du Conseil et de la Commission sont des actes d'une autorité supranationale spéciale créée par le Traité et clairement différente des Etats membres.

Plus tard, d'autres Etats s'incorporèrent à la Communauté. Là aussi, la question constitutionnelle entraîna des réformes successives des constitutions pour permettre l'entrée de ces Etats à la Communauté.

Le Danemark n'eut pas à réformer sa Constitution, dont le texte de 1953 établissait déjà:

> *Article 2*: 1. Les attributions dont sont investies les autorités du Royaume par cette Constitution peuvent être déléguées par une Loi, aux termes fixés par celle-ci, à certaines autorités internationales créées en vertu d'une convention adoptée par un accord réciproque avec d'autres Etats en vue de soutenir la coopération et l'ordre juridique internationaux.
>
> 2. L'adoption d'un projet de loi allant dans ce sens nécessite une majorité des cinq sixièmes des membres du Parlement. Si cette majorité n'est pas atteinte alors que celle requise pour l'adoption des lois ordinaires l'est bien, et si le gouvernement persiste dans son projet de loi, alors celui-ci sera soumis aux électeurs du Parlement aux fins de son approbation ou désapprobation, conformément aux règles stipulées par l'article 42 sur les référendums.

Dans d'autres pays, c'est par des réformes constitutionnelles que le problème fut résolu, comme en Grèce en 1975:

> *Article 28*: 2. Pour répondre à un intérêt national important et soutenir la collaboration avec d'autres Etats, il est possible de conférer, par traité ou accord international, des compétences prévues par cette Constitution à des organes d'organisations internationales; la ratification d'un tel traité ou accord nécessite l'adoption d'une loi votée par une majorité des trois cinquièmes du total des députés.
>
> 3. La Grèce peut procéder librement, par des lois votées par la majorité absolue du total des députés, à des limitations de l'exercice de la souveraineté nationale, à condition d'être imposées par un intérêt national important, de ne pas porter préjudice aux droits de l'homme et aux fondements du régime démocratique et d'être mises en place sur la base du principe de légalité et dans des conditions de réciprocité.

Après sa réforme de 1978, la Constitution espagnole précisait:

> *Article 93*: Une loi organique peut autoriser la conclusion de traités conférant à une organisation ou des institutions internationales l'exercice de compétences découlant de cette Constitution. Il incombe aux Cours générales ou au gouvernement, selon les cas, de veiller au respect de ces traités et des résolutions émanant des organismes internationaux ou supranationaux bénéficiaires de la cession de compétences.

Les articles 10 et 93 des constitutions de la Suède et de la Norvège, respectivement, vont dans le même sens.

Dans tous les cas mentionnés, les réformes constitutionnelles ont eu lieu préalablement à l'entrée des pays dans la Communauté européenne. Les nouvelles normes furent rédigées dans ce but; pour permettre la création d'organes supranationaux, le transfert à leur bénéfice de pouvoirs et compétences des institutions constitutionnelles nationales et l'application immédiate du droit communautaire.

L'Europe a également pu satisfaire une autre des exigences constitutionnelles inhérentes au processus d'intégration, à savoir l'indispensable primauté du droit communautaire sur le droit interne, grâce à la longue tradition européenne de reconnaître la primauté des traités dûment ratifiés sur le droit national. De manière générale, la situation à cet égard, au début du processus, était la suivante:

D'une part, et premièrement, les constitutions de certains pays, comme celles de la France, des Pays-Bas et de l'Allemagne, consacraient déjà la primauté des traités sur les législations nationales. Ainsi, en France, l'article 55 de la Constitution de 1958 stipule que:

> Les traités ou accords régulièrement ratifiés ou approuvés ont, dès leur publication, une autorité supérieure à celle des lois, sous réserve, pour chaque accord ou traité, de son application par l'autre partie.

Le traité prime ici indubitablement sur la loi interne qui, en outre, ne peut pas déroger à une disposition du traité. Toutefois, le problème reste latent à l'égard de l'effectivité de cette norme. En effet, rien ne permet d'en sanctionner la violation éventuelle par une loi ultérieure, vue l'absence de contrôle à posteriori de la constitutionnalité des lois. Mais ceci n'a pas empêché la doctrine de considérer qu'il appartient à la Cour de cassation ou au Conseil d'Etat, selon l'interprétation donnée à la décision du 15/01/75 du Conseil constitutionnel, de déterminer la norme applicable lorsqu'un conflit surgit entre le droit national et le droit communautaire en préférant toujours ce dernier dans des conditions de réciprocité.

En Allemagne, la situation était en principe résolue par l'article 25 de la Loi fondamentale qui stipule que «les règles générales du droit international font partie intégrante du droit fédéral» et qu'elles «priment sur les lois, créant ainsi directement des droits et obligations pour tous les habitants du territoire fédéral». Même si, en appliquant ce dispositif constitutionnel et d'autres, les tribunaux avaient trouvé des solutions divergentes, c'est à la Cour constitutionnelle fédérale qu'incombait la compétence en cas de conflit.

Au début des années soixante, les Pays-Bas étaient le seul Etat membre de la Communauté européenne à avoir résolu de manière satisfaisante le problème des effets juridiques d'un traité international sur les lois internes, grâce aux revisions constitutionnelles de 1953 et de 1956. La primauté des traités sur les lois nationales y était consacrée, ainsi que l'incompétence des tribunaux nationaux en matière de contrôle de la constitutionnalité des traités internationaux ou des lois.

Deuxièmement, la Constitution du Luxembourg ne mentionnait pas la primauté des traités sur le droit interne. Cependant, l'absence du contrôle de la constitutionnalité d'une part et l'autorisation de la Constitution de transférer l'exercice d'attributions réservées par elle aux pouvoirs législatif, exécutif et judiciaire à des institutions de droit international, conduisirent la Cour suprême de justice du Luxembourg à décider que le juge devait appliquer les dispositions d'un traité international en vigueur, même s'il était incompatible avec une loi promulguée antérieurement.

Troisièmement, la Constitution belge ne contenait aucune disposition concernant les relations entre le droit international et le droit interne. En outre, elle ne permettait aucun contrôle de constitutionnalité des lois ni des traités et déclarait le Parlement incompétent en matière de traités internationaux.

L'interprétation généralement donnée au problème laissait penser que loi et traité avaient le même rang. C'est pourquoi, étant donné l'importance pratique du problème dans l'application des traités européens, une révision constitutionnelle a du avoir lieu.

À propos de la situation constitutionnelle au départ de l'Europe des Six, lors de la création du Marché commun européen, et du problème de la supériorité des traités sur le droit interne, une dernière situation était celle du système italien qui, sans doute, est celui qui présente le plus de similitude avec les systèmes latino-américains en raison des problèmes qu'il posait.

La Constitution italienne ne mentionnait pas les relations entre le droit interne et les traités mais, vu son manque de flexibilité, elle prévoyait un contrôle constitutionnel des lois et permettait, nous l'avons vu, le transfert de compétences à des organes internationaux. Cette situation mena la Cour constitutionnelle italienne à prendre sa fameuse décision du 7 mars 1964, concluant l'affaire de *Costa vs. ENEL*, selon laquelle «les accords internationaux possèdent, dans la hiérarchie italienne, le rang de lois ordinaires et, comme toute loi ordinaire, ils peuvent être dérogés par des lois postérieures». En fait, cette décision avait des conséquences catastrophiques pour le fonctionnement du système institutionnel mis en place par le Traité; elle pouvait remettre en question l'avenir même du marché commun. Toutefois, après la sentence de la Cour de justice des Communautés Européennes du 9 mars 1978 (affaire *Simmenthal*), la Cour constitutionnelle italienne changea sa doctrine par sa décision du 08/06/84 et admit qu'un juge ordinaire puisse inappliquer les lois postérieures s'opposant aux normes communautaires directement applicables.

Un élément apparaît donc clairement, à savoir, que le problème des relations entre le droit communautaire et le droit interne présente des caractéristiques qui lui sont propres et qui sont différentes des relations classiques entre le droit international et le droit interne. En outre, il requiert des solutions uniformes dans tous les Etats membres. Telle est la conséquence de l'égalité qui prime dans la communauté économique.

Des dispositions constitutionnelles analysées, on déduit que, si aux premiers pas de l'intégration économique, l'Europe avait considérablement progressé dans cette matière, elle ne disposait pas toutefois de solution uniforme au problème. En conséquence, et surtout en raison du cas italien qui avait fait naître des inconvénients plus graves, la solution au problème de la hiérarchie du droit communautaire dépendait de la solution au premier problème constitutionnel que nous avons mentionné, à savoir celui du transfert de compétences à des organes supranationaux.

En effet, une fois admis le transfert de compétences par la plupart des constitutions européennes, la compétence ordinaire dés organes constitutionnels des Etats membres, et notamment les parlements, se retrouvait limitée. Les Etats membres n'étaient donc plus à même de légiférer, ou d'adopter des mesures exécutives, dans les matières pour lesquelles les organes communautaires avaient désormais la compétence exclusive.

C'est la raison pour laquelle, dans sa décision du 15/07/64 pour l'affaire *Costa vs. ENEL* renvoyée par les tribunaux italiens conformément à l'article 177 du Traité, la Cour de justice des Communautés européennes signalait que:

> De manière différente aux traités ordinaires, le Traité instituant les Communautés économiques européennes a créé son propre système juridique qui s'est incorporé aux systèmes juridiques des Etats membres lors de l'entrée en vigueur du Traité. En tant que tel, il est donc obligatoire dans tous les Etats. Ceux-ci, quoique dans des domaines limités, ont restreint leurs droits de souveraineté et ont créé un corps de lois applicables tant pour leurs ressortissants que pour eux-mêmes. L'incorporation, dans les lois de chaque Etat membre, de dispositions ayant leur origine dans la Communauté et, de manière plus générale, dans l'esprit et les termes du Traité, entraîne l'impossibilité pour les Etats membres d'adopter unilatéralement des mesures ultérieures dans un ordre juridique par eux accepté sur la base de la réciprocité... L'aboutissement des objectifs du Traité en serait menacé et la prohibition de la discrimination... serait violée si le droit communautaire en venait à s'appliquer différemment d'un Etat à l'autre en conséquence de législations nationales ultérieures qui lui seraient contradictoires.

Quoiqu'il en soit, force est de reconnaître que le problème de la primauté du droit communautaire sur le droit national a été résolu en Europe, sur la base de normes constitutionnelles accordant aux Traités la supériorité sur les lois ou sur la base des transferts de compétences autorisés par certaines constitutions. Ainsi, au début des années 90, pour le développement de l'Union Européenne et l'approbation du Traité de Maastricht, tous les Etats membres de la Communauté avaient adapté leurs constitutions aux exigences de l'intégration.

Entre les années cinquante et les années quatre-vingt, le problème constitutionnel posé par l'intégration avait donc trouvé une solution dans tous les Etats membres de la Communauté économique européenne. Malgré tout, avec l'établissement de l'Union Européenne par le Traité de Maastricht en 1992, le problème constitutionnel de l'intégration revint au centre des débats, étant donné qu'il touchait à des aspects fondamentaux de la souveraineté des Etats membres, comme le droit passif au suffrage ou la politique économique et monétaire.

Dans toute l'Europe se multiplièrent donc les révisions constitutionnelles, référendums et décisions des cours constitutionnelles, dont la plus importante fut celle de la Cour constitutionnelle fédérale allemande, le 12/10/93, selon laquelle:

> Le fait, pour une association d'Etats comme l'Union européenne, d'assumer des pouvoirs souverains, résulte d'habilitations qui ont été données à cet effet par des Etats toujours souverains agissant régulièrement, dans le domaine international, par le biais de leurs gouvernements respectifs et orientant ainsi le processus d'intégration. Cet exercice de la puissance publique est donc déterminé, en tout premier lieu, par le pouvoir gouvernemental. Dès lors qu'une telle puissance publique communautaire repose sur une volonté formée, à l'origine, par chacun des peuples de la communauté, et peut, en ce sens, être considérée comme démocratique.

III. LA SITUATION CONSTITUTIONNELLE EN AMÉRIQUE LATINE PAR RAPPORT AU PROCESSUS D'INTÉGRATION ANDINE

C'est depuis 1960 que l'on tente de dévélopper le processus d'intégration en Amérique latine, lorsque fut créée l'Association latino-américaine de Libre échange (*ALALC*). Du point de vue constitutionnel, cependant, le processus le plus important est le Groupe andin, créé par l'Accord d'intégration sous-régionale andine, souscrit à *Cartagena* le 26/05/69. Ce processus, depuis l'adoption du Protocole de Modification de *Trujillo*, souscrit le 13/03/96 par les présidents de la Bolivie, de la Colombie, de l'Equateur, du Pérou et du Vénézuéla, prétend créer la Communauté andine.

En Colombie, la question constitutionnelle de l'intégration latino-américaine, et en particulier de l'intégration andine, n'a été résolue qu'à la signature de l'Accord de *Cartagena*, par l'ajout du paragraphe 18 à l'article 76 de la Constitution du pays, portant sur les attributions du Congrès exercées par les lois:

> 18. Approuver ou désapprouver les traités et conventions conclus par le gouvernement avec d'autres Etats ou avec des entités de droit international.
>
> Par la voie de traités ou conventions approuvées par le Congrès, l'Etat peut s'astreindre pour que, sur les bases de l'égalité et de la réciprocité, soient créées des institutions supranationales dont l'objet soit dé soutenir ou de consolider l'intégration économique des Etats.

Ce paragraphe ajouté correspond au paragraphe 16 de l'article 150 de la Constitution colombienne de 1991, qui autorise au Congrès pour:

> Approuver ou désapprouver les traités et conventions conclus par le gouvernement avec d'autres Etats ou avec des entités de droit international.
>
> Par la voie de ces traités, l'Etat peut, sur des bases d'équité, de réciprocité et de convenance nationale, *transférer partiellement certaines attributions à des organes supranationaux* dont l'objet soit de soutenir ou de consolider l'intégration économique avec d'autres Etats.

En outre, l'article 227 de la Constitution de 1991 stipule que:

> *Article 227*: L'Etat soutient l'intégration économique, sociale et politique avec les autres nations et notamment avec les pays de l'Amérique latine et des Caraïbes par la conclusion de traités qui, sur des bases d'équité, d'égalité et de réciprocité, créent des *organes supranationaux*, ou dont l'objet soit la création d'une communauté latino-américaine de nations. La loi peut établir le suffrage direct pour la constitution du Parlement andin et celle du Parlement latino-américain.

Aucun autre pays signataire de l'Accord de *Cartagena* (la Bolivie, le Chili, l'Equateur et le Pérou) n'a résolu les exigences constitutionnelles posées par l'intégration, ce qui contraste avec la prévision des normes colombiennes. Quant au Vénézuéla, qui a souscrit à l'Accord en 1973, la Constitution de 1961 n'établissait qu'une clause de principe à l'égard de l'intégration, par son article 108:

Article 108: La République favorise l'intégration économique latino-américaine; à cette fin elle peut chercher à coordonner ressources et efforts pour encourager le développement économique et relever le bien-être et la sécurité communes.

Malgré ces déficiences et l'absence de soutien constitutionnel, l'Accord de Cartagena fut approuvé dans tous les pays, à l'exception du Chili, par des lois d'approbation ou des mesures exécutives de valeur égale. Au Chili, vu que par le caractère dérivatif de l'Accord par rapport au Traité de Montevideo instituant l'*ALALC*, il était facile d'incorporer l'Accord au droit interne avec la seule ratification de l'exécutif, toutefois ce fut cette facilité qui poussa l'exécutif, en 1974, à décréter la sortie définitive du Chili du Groupe andin:

La Colombie avait déjà révisé sa Constitution pour jeter des bases solides pour son incorporation à un processus d'intégration. Mais même là, la Loi 8e du 21, mars 1973, ratifiant l'Accord de *Cartagena*, établissait, dans son article 2, que:

Article 2: Le gouvernement national peut faire entrer en vigueur les décisions de la Commission et du Conseil de l'Accord sous régional andin, à condition que celles-ci ne modifient la législation ou ne concernent des matières appartenant au Législateur.

Si ces décisions relèvent de matières appartenant au Législateur ou si elles modifient la législation en vigueur ou si le gouvernement n'a pas été investi de facultés juridiques antérieures, ces décisions doivent être soumises au Congrès par le gouvernement aux fins de leur approbation et entrée en vigueur.

De cette manière, la loi approuvant l'Accord de *Cartagena* imposait un frein au processus d'intégration en rejetant le principe d'application immédiate du droit communautaire et en réservant au législateur interne l'approbation de toutes les décisions de la Commission andine touchant à des matières dé la compétence du Congrès ou entraînant une modification de la législation interne en vigueur. Le législateur niait ainsi l'idée de transfert de pouvoirs législatifs à la Commission de l'Accord et le principe d'application immédiate des décisions communautaires au niveau interne.

En Colombie comme au Vénézuéla, il existe, depuis le XIXe siècle, un contrôle concentré -additionelment au contrôle diffus- de la constitutionnalité des lois. Ce contrôle est exercé par une action populaire et est attribué aujourd'hui à la Cour constitutionnelle. Mais jusqu'en 1992 il était du ressort de la Cour suprême de justice, dans laquelle avait été créé une chambre constitutionnelle.

L'article 2 de la loi d'approbation de l'Accord de *Cartagena* fut ainsi contestée par une action d'inconstitutionnalité selon laquelle il contrevenait au paragraphe 18 de l'article 76 de la Constitution, qui autorisait précisément le contraire de la disposition visée par l'article. Par la décision du 27/02/75, la Cour suprême de justice colombienne annula l'article contesté. Elle reconnaissait ainsi l'existence, dans l'ordre constitutionnel, d'un transfert de compétences aux organes communautaires, impliquant «une perte de pouvoirs législatifs» du Congrès, une figure «dont l'incorporation au droit interne a nécessité une réforme constitutionnelle» inclue dans l'article 76, au paragraphe 18 de la Constitution.

A cet égard, la Cour signalait que:

Après la réforme, aucun doute ne subsiste quant à la capacité dont peuvent jouir certaines organisations internationales de légiférer, avec effets en Colombie, dans des matières de leur compétence, aux termes fixés par la Constitution.

C'est sur cette base que la Cour suprême a annulé l'article 2 de la Loi d'approbation de l'Accord de Cartagena car il contrevenait à la Constitution en «établissant des conditions à une capacité du gouvernement que la Constitution n'a pas conditionnée». En conséquence, il y avait une contradiction «notoire» entre la disposition législative et l'ordre constitutionnel.

C'est ainsi que fut résolu le problème constitutionnel de l'intégration en Colombie. En outre, la Cour suprême de justice de ce pays, en appliquant le droit communautaire, déclarait en 1988, que:

> Vu le caractère supérieur du droit communautaire, autorisé par notre Constitution, une norme légale nationale antérieure qui soit contraire à une norme appartenant au droit d'intégration doit être considérée comme dérogée, selon le fonctionnement de ce phénomène dans le droit colombien, ou suspendue ou déplacée, comme il est d'usage de l'appeler dans le droit communautaire; une loi nationale postérieure et contraire à ce droit doit être considérée comme étant inconstitutionnelle, non pas tant pour la force de loi ou le respect que doivent avoir les traités constitutifs ou initiaux, qui constituent des sujets de controverses, mais parce que la compétence de législation en ces matières, comme attribut de la souveraineté nationale, est passée des autorités internes aux autorités communautaires, un passage fondé sur une obligation spécifique de la Constitution. *Il existe clairement une limitation et un transfert de pouvoirs des autorités nationales au bénéfice des organes supranationaux qui, du fait du transfert ou de la cession, gagnent la compétence concernée.*

En Colombie, la situation juridique-constitutionnelle de l'intégration fut également réglementée par la Constitution de 1991, tant par le paragraphe 16 de l'article 150 que par l'article 227. Toutefois, cette situation contraste avec certaines réformes constitutionnelles récentes. Ainsi, la Constitution péruvienne de 1993 prévoit expressément un principe contraire aux exigences de l'intégration en établissant, dans son article 56, que:

> *Article 56*: Les traités doivent être approuvés par le Congrès avant leur ratification par le Président de la République, à condition qu'ils concernent les matières suivantes:
>
> 1. Droits de l'homme
> 2. Souveraineté, pouvoir ou intégrité de l'Etat
> 3. Défense nationale
> 4. Obligations financières de l'Etat
>
> Doivent également recevoir l'approbation du Congrès les traités qui créent, modifient ou suppriment des tributs; qui exigent un modification ou dérogation à une loi; et dont l'exécution requiert des mesures législatives.

Dans le cas du Vénézuéla, on l'a vu, la Constitution de 1961 n'inclut qu'une clause de principe (Art. 108), selon laquelle «la République favorise l'intégration économique latino-américaine» et le débat constitutionnel s'est ouvert dans les mêmes termes qu'en Colombie. Toutefois, vue l'absence d'une norme constitutionnelle précise, et malgré une action pour inconstitutionnalité de la loi d'approbation de l'Accord de *Cartagena*, le résultat a été radicalement opposé à la solution colombienne.

En effet, pour la loi approuvant l'Accord de *Cartagena* de 1973, ainsi que pour celles relatives aux décisions les plus importantes de la Commission de l'Accord touchant des matières législatives internes, telle que la décision concernant les investissements étrangers, le Congrès vénézuélien -allant dans le même sens que la norme de la loi d'approbation de Colombie, annulée ensuite par la Cour suprême de justice de ce pays- ajouta une «déclaration interprétative» par laquelle il indiquait le sens précis qu'il attribuait aux dispositions de l'Accord:

> *Paragraphe Premier*: Les décisions de la Commission de l'Accord qui modifient la législation vénézuélienne ou concernent des matières relevant de la compétence du pouvoir législatif, requièrent l'approbation, par loi, du Congrès de la République.

Comme en Colombie, cette norme fut contestée par une action d'inconstitutionnalité auprès de la Cour suprême de justice. Mais contrairement à l'évolution en Colombie, quinze ans auparavant, la décision du 10/07/90 de la Cour déclara le non-lieu de l'action en considérant que la norme ne violait en rien la Constitution de 1961. Selon la décision:

> Notre Congrès n'a pas accepté déléguer sa compétence à la Commission et cette détermination ne contrevient en rien à la Constitution. Au contraire, elle présente la transcendance de l'acte souverain de l'organe chargé de promulguer les lois, de les déroger, de les modifier ou de les réformer ainsi que d'exercer en exclusivité les actes requérant, selon la Constitution, d'une loi.

C'est ainsi que, par décision de l'organe judiciaire chargé du contrôle concentré de la constitutionnalité des lois, l'exigence fondamentale du processus d'intégration restait insatisfaite.

Quoiqu'il en soit, avant cette décision de la Cour suprême, le Congrès avait en 1983, sanctionné la loi d'approbation du Traité instituant la Cour de justice de l'Accord de *Cartagena* et y avait ajouté, tout comme la déclaration interprétative de la loi d'approbation de l'Accord, un article rédigé en ces termes:

> *Article 2:* Les décisions de la Commission modifiant la législation vénézuélienne ou concernant des matières relevant de la compétence du pouvoir législatif, requièrent l'approbation, par loi, du Congrès de la République.

Ainsi, selon ces normes et jusqu'en 1992, la pratique du Congrès vénézuélien consistait à approuver par des lois les décisions de la Commission de l'Accord de *Cartagena* concernant des matières législatives. Les décisions qui ne requièrent pas cette approbation, telle que celles relatives à la propriété industrielle, ne furent jamais appliquées au pays.

Néanmoins, le Traité de création de la Cour de justice de l'Accord de *Cartagena* établissait, dans son article 2, que:

> Les décisions de la Commission sont applicables dans les pays membres dès la date de leur approbation par la Commission.

Cette norme est justement contraire aux dispositions de l'article 2 de la Loi d'approbation du Traité. Mais selon l'interprétation qu'elle reçut, l'application immédiate des décisions de la Commission ne concernait que les décisions n'ayant pas pour objet des matières relevant de la compétence du législateur. Telle fut la pratique jusqu'en 1992: les décisions de la Commission influant sur la législation vénézuélienne furent approuvées par des lois ou ne furent jamais appliquées au Vénézuéla.

Mais la situation changea en 1992 en raison des exigences pratiques du processus d'intégration. Ainsi, à partir du N° 4284 de la *Gaceta Oficial* du 28/06/92, le gouvernement commença à publier, sans approbation législative ou acte officiel ou note d'information, les décisions de la Commission de l'Accord, y compris celles touchant à des matières relevant du législatif. Ce fut le cas pour les décisions suivantes: Décision 282 sur les normes antidumping; Décision 284 sur les normes restrictives des importations; Décision 285 sur les normes relatives à la libre concurrence; -Décision 291 sur le régime des capitaux étrangers; Décision 292 sur les entreprises multilatérales; Décision 313 sur le Régime commun de propriété industrielle et sa réforme; Décision 344, publiée en 1994, modifiant la Loi de la propriété industrielle de 1955; Décision 351 fixant le régime commun en matière de droits d'auteur et connexes, qui modifie la Loi sur les droits d'auteur.

Le gouvernement a même réglementé certaines de ces décisions, comme dans le cas du Règlement de la Loi sur les droits d'auteur et de la Décision 351 de la Commission de l'Accord de *Cartagena* (par le décret N°618 du 11/04/95). La Cour suprême de justice elle-même a appliqué, dans ses décisions, le texte de certaines de ces Décisions, notamment la Décision 344 fixant le régime commun de propriété industrielle (affaire *Nintendo,* CSJ-SPA du 03/08/95).

C'est donc en l'absence de disposition constitutionnelle *ad hoc* et d'une manière manifestement contraire aux normes stipulées dans les lois d'approbation des deux instruments les plus importants de l'intégration andine, à savoir l'Accord de *Cartagena* et le Traité instituant la Cour de justice de l'Accord, que le Vénézuéla avance dans le processus d'intégration, sur la base d'interprétations, sans fondement constitutionnel solide. Dans cette matière, le seul élément sérieux d'un point de vue constitutionnel et qui montre la nécessité de doter le processus d'intégration d'un socle solide, est la proposition d'incorporer à la réforme de la Constitution, à l'étude depuis trois ans, dans la norme relative à l'intégration, le paragraphe suivant:

> Dans le cas de traités ayant pour objet de soutenir et de consolider ce processus, il peut être convenu d'attribuer aux organismes et institutions d'intégration, l'exercice de certaines compétences que la présente Constitution confère aux pouvoirs de l'Etat. Les décisions de ces organismes ou institutions auront dès lors un effet immédiat sur la population dans les termes fixés par le- traité[*].

La situation constitutionnelle dans les autres pays membres de l'Accord de Cartagena est à cet égard aussi précaire qu'au Vénézuéla, voire plus. Dans le .cas du Pérou, nous l'avons vu, la Constitution exige expressément l'approbation législative des traités modifiant ou dérogeant à une loi ou dont l'exécution requiert des mesures législatives (article 56). En Equateur, l'article 2 de la Constitution de 1992, qui inclut une sorte de préambule, stipule uniquement que l'Etat équatorien:

(*) Une norme similaire finalement á été incorporé dans la nouvelle Constitution de 1999, (art.153).

Soutient également la communauté internationale ainsi que la stabilité et le renforcement de ses organismes et, partant, la communauté ibéro américaine, en tant que système efficace pour le développement de la communauté de peuples unis par des liens de solidarité, nés d'une identité commune d'origine et de culture.

En Bolivie, la réforme constitutionnelle de 1994 ne fait aucune référence au processus d'intégration.

Toutefois, malgré la précarité des fondements constitutionnels du processus d'intégration andine, la Cour de justice de l'Accord de *Cartagena* a touché, à plusieurs reprises, à des aspects fondamentaux des exigences constitutionnelles de l'intégration. Ainsi, sa décision du 10/06/87 (affaire *nullité de la Décision 252* du Conseil) parle du:

Processus d'intégration au sein du Pacte andin comme étant une manifestation de souveraineté conjointe et partagée des pays membres; il ne peut donc être ignoré ni altéré par aucun d'eux et encore moins par leurs organes de gouvernement .... Tout processus d'intégration consiste, fondamentalement, à dépasser les limites nationales des pays cherchant à s'intégrer afin d'aboutir à une entité supérieure fonctionnant comme telle, de manière conjointe.

Dans une autre décision rendue à la même date (affaire de *nullité de la Décision 253* du Conseil), la Cour souligne que:

L'ordre juridique de l'Accord de *Cartagena* est *impératif, d'application obligatoire* dans tous les pays membres et doit être respecté et appliqué par eux et bien sûr par les organes de l'Accord, ainsi que par tous les organismes et fonctionnaires exerçant des attributions dans le cadre de cet ordre juridique; celui-ci regle le processus d'intégration se traduisant par une *communauté de droit,* qui est celle que constitue le Pacte Andin.

Dans la même année, une décision fut rendue le *03/12/87* à partir de la Décision *85* de la Commission de l'Accord. Elle constatait que, par la création de la Cour de Justice, les Etats membres avaient "délégué à cet organe judiciaire communautaire" l'interprétation des normes communautaires. La décision signalait en outre:

Il convient de souligner que l'ordre juridique de l'intégration andine prévaut dans son application sur les normes internationales ou nationales car il s'agit d'une *caractéristique essentielle du Droit communautaire,* condition fondamentale pour la construction de l'intégration.

Par ailleurs, la Commission de l'Accord l'avait déjà reconnu lors de sa XXIXe période de sessions, en 1980, lorsqu'elle déclara:

a) L'ordre juridique de l'Accord de *Cartagena* possède sa propre identité et son autonomie; il s'agit d'un droit commun faisant partie des ordres juridiques nationaux; b) l'ordre juridique de l'Accord dans le cadre de ses compétences, prévaut sur les normes nationales sans que puissent s'y opposer des mesures ou actes unilatéraux des pays membrés; c) les décisions impliquant des obligations pour les Etats membres entrent en vigueur à la date qu'elles fixent ou, le cas échéant, à la date de l'Acte final de la réunion correspondante, conformément à l'article 21 du Règlement de la Commission; en conséquence, ces décisions acquièrent force de loi et leur, application est exigible dès le jour de leur entrée en vigueur.

Enfin, les présidents de la Bolivie, la Colombie, l'Equateur, le Pérou et le Vénézuéla en signant l'Acte de Caracas en 1991, à l'occasion du Cinquième Conseil présidentiel andin, ont exposé expressément, en ce qui concerne les aspects institutionnels et le respect de l'ordre juridique andin, la volonté de:

> a) Réitérer le principe d'application directe des décisions de la Commission de l'Accord de Cartagena, conformément à l'article 3 du Traité instituant la Cour de Justice; et de prier les autorités nationales de les appliquer sans restriction et d'en promouvoir la diffusion.

L'intégration andine, on le voit, progresse suivant deux rythmes: le premier; volontariste, engagé envers l'intégration, de la part des pouvoirs exécutifs des Etats membres; le second, tout à fait sceptique en ce qui concerne l'intégration, de la part des organes législatifs des Etats membres qui s'appuient sur l'absence de solutions constitutionnelles appropriées susceptibles de satisfaire les exigences de l'intégration. Inutile de dire que par ce double rythme, le processus d'intégration ne peut pas avancer sérieusement. Et tel est, du point de vue institutionnel, le problème de l'intégration andine.

IV. LA VOCATION INTÉGRATRICE DES CONSTITUTIONS D' AUTRES PAYS LATINO-AMÉRICAINS

Un élément qui contraste clairement avec la précarité institutionnelle de l'intégration andine et donc de la perspective à venir de la Communauté andine, est le fait que d'autres pays latino-américains, qui ne participent à aucun processus d'intégration de l'importance du Pacte andin ont, peu à peu, incorporé à leurs constitutions des normes vouées clairement vers l'integration. C'est le cas de constitutions du Paraguay, du Nicaragua, de l'Argentine et du Costa Rica.

C'est la Constitution paraguayenne de 1992 qui consacre le plus amplement l'intégration latino-américaine. Il est permis d'affirmer que les exigences posées par tout processus d'intégration sont satisfaites par l'article 145 de ce document, qui reconnaît de manière explicite un ordre juridique supranational:

> *Article 145*: La République du Paraguay admet, dans des conditions d'égalité avec d'autres Etats, un ordre juridique supranational qui garantisse le respect des droits de l'homme, de la paix, de la justice, de la coopération et du développement aux échelons politique, économique, social et culturel.
>
> Telles décisions ne pourront être adoptées que par la majorité absolue de chacune des Chambres du Congrès

Par ailleurs, la Constitution de 1986 du Nicaragua, révisée en 1995, consacre, dans son article 5, les principes et fondements qui régissent les relations internationales du pays. L'article termine en ces termes: «Le Nicaragua privilégie l'intégration et favorise la reconstruction de la grande Patrie centro-américain; pour le réitérer à l'article 8: Le peuple du Nicaragua est de nature multiethnique et fait partie de la nation centro-américaine».

L'article 9 jette ensuite les bases d'une conception très large de l'intégration latino-américaine:

> *Article 9*: Le Nicaragua soutient fermement l'unité centro-américaine; appuie et défend tous les efforts visant l'intégration politique et économique et la coopération en Amérique Centrale, ainsi que les efforts déployés pour établir et préserver la paix dans la région.
>
> Le Nicaragua aspire à l'unité des peuples de l'Amérique latine et des Caraïbes, selon les idéaux unitaires de Bolivar et de Sandino.
>
> En conséquence, le Nicaragua doit participer, avec les autres pays centro-américains et latino-américains, à la création des organismes nécessaires à ces fins ou à leur élection.
>
> Ce principe est régi par la législation et les traités correspondants.

Dans le même ordre d'idées, la Constitution argentine adopte un critère très large de l'intégration latino-américaine. Elle va donc plus loin que la simple déclaration de principes, ce qui se traduit par un réel transfert de compétence et de juridiction à des organes supranationaux. Ainsi, le paragraphe 24 de son article 75 -ajouté par la révision constitutionnelle de 1994- attribue au Congrès la compétence de:

> Approuver des traités d'intégration qui délèguent des compétences et la juridiction à des organisations super-étatiques, dans des conditions de réciprocité et d'égalité, et qui respectent l'ordre démocratique et les Droits de l'homme. Les normes ainsi edictées sont supérieures aux lois.
>
> L'approbation de tels traités avec des Etats de l'Amérique latine nécessite la majorité absolue de la totalité des membres de chaque Chambre...

Ce critère est également présent dans la Constitution du Costa Rica, dont la dernière réforme, en 1995, confère aux traités internationaux la primauté sur les lois nationales:

> *Article 7*: Les traités publics, les conventions internationales et les concordats, dûment approuvés par l'Assemblée législative, sont dotés d'une autorité supérieure aux lois dès leur promulgation ou à partir de la date arrêtée dans leur texte.

Mais en outre, cette Constitution reconnaît expressément le transfert de compétences pouvant découler d'un traité d'intégration, en incluant dans les attributions de l'Assemblée législative la compétence suivante:

> *Article 121*: Approuver ou désapprouver les conventions internationales, traités publics ou concordats. Les traités publics ou conventions internationales attribuant ou transférant certaines compétences à un ordre juridique communautaire, afin de concrétiser des objectifs régionaux et communs, nécessitent l'approbation de l'Assemblée législative, par une majorité d'au moins deux tiers de la totalité de ses membres.

Par ailleurs, le processus d'intégration latino-américain est également conçu dans les constitutions du Guatemala et du Salvador.

La Constitution guatémaltèque de 1985, réformée en 1993, aborde l'intégration économique en mentionnant la communauté centro-américaine par rapport aux autres Etats formant la Fédération d'Amérique Centrale. Toutefois, elle reconnaît la supériorité du droit international, c'est à dire sa valeur et sa hiérarchie supérieures à l'ordre juridique interne en matière de Droits de l'homme (art. 46), ainsi que la possibilité de formuler des politiques conjointes avec les autres Etats en vue du progrès de leurs nations respectives (art. 151).

Une approché similaire du processus d'intégration se retrouve dans la Constitution de 1983 du Salvador. Outre l'intégration économique, sociale et culturelle avec les autres républiques américaines, le texte salvadorien mentionne l'intégration *humaine* et parle de l'intégration centro-américaine de la même manière que les constitutions du Guatemala et du Nicaragua. Elle exprime son adhésion, sous réserve d'une consultation populaire, à la reconstruction totale ou partielle de la République d'Amérique Centrale, unitaire, fédérale ou confédérée (art. 89).

La Constitution salvadorienne prévoit aussi le mécanisme de création et de transfert de fonctions à des organismes supranationaux, en signalant que l'intégration doit être menée par des instruments internationaux, sous forme de traités ou de conventions. Mais contrairement à d'autres pays qui reconnaissent explicitement la *prééminence de l'ordre international* sur le droit interne, au Salvador est consacré le principe selon lequel les traités et conventions internationales ont une valeur et une hiérarchie égales aux lois nationales.

A un autre groupe appartiennent les Etats qui, à l'instar du Vénézuéla, fondent leur conception de l'intégration et leurs relations internationales sur une déclaration de principe. C'est le cas du Brésil, du Honduras et de Cuba.

La Constitution de 1988 du Brésil jette les fondements de ses relations internationales en dix postulats décrits à l'article 4 et par un paragraphe unique selon lequel:

> La République fédérative du Brésil aspire à l'intégration économique, politique, sociale et culturelle des peuples de l'Amérique latine, en vue de la création d'une communauté latino-américain de nations.

De même, la Constitution de 1996 de l'Uruguay, dans son article 6, établit que:

> La République vise l'intégration sociale et économique des Etats latino-américains, notamment en ce qui concerne la défense commune de leurs produits et matières premières; elle favorise, en outre, la complétude de leurs services publics.

La Constitution du Honduras, quant à elle, ne fournit également qu'une déclaration de principes par son article 335:

> L'Etat agence ses relations économiques sur la base d'une coopération internationale juste, de l'intégration économique centraméricaine et du respect des traités et conventions auxquels il souscrit, pour autant qu'ils ne contreviennent pas à l'intérêt national.

Dans le même ordre d'idées, la Constitution cubaine de 1992, dans son article 12, paragraphe c), stipule uniquement ce qui suit:

> Réaffirme sa volonté d'intégration et de collaboration avec les pays de l'Amérique latine et des Caraïbes, dont l'identité commune et la nécessité d'avancer ensemble vers l'intégration économique et politique aux fins d'une véritable indépendance, devraient nous permettre d'occuper la place qui nous revient dans le monde.

CONCLUSION

Après l'approbation du Traité de Maastricht, nous l'avons vue, l'Europe a mené un processus de constitutionnalisation du droit communautaire, vu l'importance que la question constitutionnelle de l'intégration a acquise. Dès lors, des réformes constitutionnelles eurent lieu dans presque tous les Etats membres, pour permettre les nouvelles normes communautaires en matière de nationalité et de régime électoral, de politique économique et de politique monétaire.

Toutefois, force est de constater que le droit constitutionnel en Europe a toujours été en harmonie avec le processus d'intégration, déjà avant la signature du Traité de Paris en 1951. Tous les pas en avant réalisés depuis plus de quarante ans, des Communautés économiques à l'Union européenne, ont toujours été précédés du soutien des constitutions des Etats membres. Celles-ci ont toujours prévu explicitement et expressément le nécessaire transfert de compétences et de pouvoirs à des organes supranationaux communautaires afin d'asseoir le processus. D'où la limitation des compétences des institutions constitutionnelles nationales et l'application directe et immédiate du droit communautaire dans les pays, vue sa supériorité sur le droit interne. Etant donné le caractère, normal et naturel des solutions constitutionnelles aux exigences de l'intégration, le sujet n'a sans doute pas reçu l'importance qu'il mérite.

La situation de l'intégration de l'Amérique latine, et notamment au sein du Groupe andin, contraste avec la situation européenne. Ainsi, dépourvus du soutien constitutionnel adéquat, les pays ont voulu entrer dans un processus d'intégration, mais ils ont omis de satisfaite les exigences constitutionnelles et se sont basés sur les seules appréciations politiques et économiques, voire, au mieux, sur de précaires interprétations constitutionnelles. Telle a été l'évolution du Pacte Andin, où seule la Colombie a apporté une réponse constitutionnelle satisfaisante aux exigences institutionnelles posées par l'intégration.

Sur de tels fondements précaires, le processus ne peut pas continuer et risque de produire de nouvelles frustrations. C'est dans ce sens que l'expérience du droit communautaire européen et sa formation constitutionnelle devraient représenter un point d'intérêt pour le processus d'intégration andine.

§ 10. CONSTITUTIONAL IMPLICATIONS OF REGIONAL ECONOMIC INTEGRATION

General Report to the *XV International Congress of Comparative Law*, International Academy of Comparative Law, Bristol, September, 1998[*]

INTRODUCTION

It could be said that regional integration processes, particularly the European one, have been and are being implemented, above all, thanks to the contributions of constitutional law. Conversely, nonetheless, experts in constitutional law have paid insufficient attention to them. They have been analysed generally from the political and economic perspectives, and from the legal point of view, specialists in economic and public international law have studied them.

In general, however, the fact is that the existence and implementation of regional integration in Europe, has been the result of the evolution of constitutional law, materialized in constitutional revisions and amendments in each of the Member States. Even the idea of supranationality, more than a concept of public international law, is a concretion of constitutional law in order to adapt the old concept of sovereignty.

For example, if each and every Constitution of the member States of the European Union -as has occurred over the past fifty years- had not included *expressis verbis* provisions limiting the powers of State bodies, in order to allow transfers to supranational or community bodies and had they not included provisions regarding the pre-eminence of community law in relation to internal law, it would have been impossible to achieve the current status of the European Union. This explains why the Treaty of Maastricht of 1992 and the Treaty of Amsterdam of 1997, important steps in the regional integration process, triggered the largest number of constitutional revisions on the European continent, almost simultaneously. [1]

It is for this reason that, three decades ago, one of the greatest contemporary comparative lawyers, Leontin Constantinesco, in referring to the institutional aspects of regional integration stated, with reason -both then and now- that the

(*) Published in spanish: *Las implicaciones constitucionales de la integración económica regional*, Caracas 1998, 169 pp.

(1) See Jean-Claude MASCLET and Didier MAUS (dir), *Les Constitutions nationales à l'épreuve de l'Europe*, Paris 1993.

problems they originated were not of interpretation, but rather of constitutional reform.[(2)]

In Europe, in all the cases constitutional amendment and support to implement the legal transformation required by regional integration, were so obvious and elemental. Because they were both necessary and indispensable, little attention needed to be given them from the point of view of constitutional law. In fact, it wasn't until after the conclusion of the European Union's Treaty of Maastricht of 1992 and of its modification by the Treaty of Amsterdam of 1997, and of changes that they introduced in the European community, such as the economic and monetary union; foreign policy and common security; Union citizenship; free transit of individuals and an increase in the powers of the European Parliament, that the subject of regional integration began to attract the interest of constitutionalists, both from the internal point of view of the Constitutions of each country, as well as from the point of view of the theory of the Constitution with the development of the idea of a European Constitution.[(3)]

It is precisely for this reason that Subject IV B3 -the constitutional implications of regional integration processes- was selected for the XV *International Congress in Comparative Law*, to be held in Bristol in 1998, which we will study as the General Reporter.

We have been dealing with this topic for some thirty years now,[(4)] and more recently by examining the regional integration of the Andean Group[(5)]. Therefore, in preparing this General Report we have used prior studies on the subject[(6)] as a starting point, in addition to the National Reports that we have received on the topic.

With respect to the National Reports presented within the framework of the Congress, the following have been received:

Canada:	Vilaysoun Loungnarath, *Les implications constitutionelles, pour un Etat de la participation à un processus d'intégration régionale,* 55 pp.
Finland:	Erkki Mennola, *The European Integration and the changing constitutional status of the Local and Regional Authorities.* A Dynamic Perspective, 10 pp.

(2) Leontin CONSTANTINESCO, *Las relaciones del derecho comunitario con el derecho de los Estados miembros*, Seminario sobre Aspectos Legales de la Integración para Profesores de Derecho, INTAL, Buenos Aires, March 1967, p. 88.

(3) See Jean-Claude MASCLET, "Rapport introductif", in Jean-Claude MASCLET and Didier MAUS (dir) *Les Constitutions nationales..., op. cit.*, p. 7; also see Santiago MUÑOZ MACHADO, "Espagne", in *Ibid.*, p. 43.

(4) Allan R. BREWER-CARÍAS, *Les problemes constitutionnels de l'integration latino-americaine,* Faculté Internationale pour l'enseignement du Droit Comparé, Strasbourg, Fascicule N° 753, session d'automne, Madrid 1968, (mimeograph), 32 pp.; *Los problemas constitucionales de la integración económica latinoamericana,* Caracas 1968, 131 pp.

(5) Allan R. BREWER-CARÍAS, *Le droit communautaire: une expérience pour l'integration andine,* Third ECSA-World Conference, The European Union in a Changing World, Brussels 19-30 September 1996, Working Group N° 10. The EU and Latin America, Brussels, 1996, 21 pp.

(6) Allan R. BREWER-CARÍAS, *Instituciones Políticas y Constitucionales,* Vol. II. *El Poder Público: Nacional, Estadal, Municipal,* Caracas-San Cristóbal 1996, pp. 311 and ff.

France:	Jacqueline Dutheil de la Rochère, *Les implications constitutionelles pour un Etat de a participation à un processus d'integration régional,* 15 pp.
Germany:	Ingolf Pernice, *Constitutional Law Implications for a State Participating in a Process of Regional Integration. German Constitution and "multilevel constitutionalism,"* 25 pp.
Italy:	Paolo, Caretti, University of Florence, *Constitutional implications of the process of European Integration,* 11 pp.
Japan:	Hiroshi Otsu, University of Tokai, *Les problemes constitutionnels japonais relatifs a l'integration régionale en Asie de l'Est,* 22 pp.
Netherlands:	Bruno de Witte, University of Maastricht, *Les implications constitutionnelles, pour un Etat de la participation a un processus d'integration régionale,* 16 pp.
Switzerland:	Karine Siegwart, University of Zurich, *Implications constituionelles pour un Etat de la participation à un processus d'integration régionale,* 32 pp.
United Kingdom:	John W. Bridge, University of Exeter, *Constitutional Implications for the United Kingdom of Participation in Regional Integration in Europe,* 50 pp.
USA:	George A. Bermann, *Constitutional Implications of U.S. Participation in Regional Integration,* 18 pp.

Of the ten National Reports received, six dealt with countries that are actively participating in the European regional integration process, as is the case of *Germany, Finland, France, Italy, the Netherlands* and *the United Kingdom*, but each with particular characteristics that make them very interesting, comparatively speaking. *Switzerland*, on the other hand, is a country that requested adhesion to the European Union in 1992, but is not yet a member. The other three National Reports are from three countries that are not participating in any regional integration processes, namely *Canada,* the *United States* and *Japan,* and whose Constitutions have no provisions that would allow them to actively participate in this type of process.

The National Report from *Japan*, by Professor Hiroshi OTSU from the University of Tokai, mainly includes quasi-extralegal comments on the topic of integration because there is really no regional integration experience in the Asian region. In the economic sphere, noteworthy is ASEAN (1967) whose members are Indonesia, Malaysia, Singapore, the Philippines and Thailand, but which is still nothing more than an unofficial incentive that was neither created by a Treaty nor does it have permanent bodies. The "Accord on common preferential tariffs for the ASEAN Free Trade Area (AFTA)" was concluded in 1992, but without any idea of creating neither supranational bodies nor community law. Nonetheless, Professor Otsu's report critically demonstrates the very limited probability of Japan's participating in any type of regional integration, mainly because of the opposition of the United States, whose influence on Japanese policies has always been a determining factor ever since the signing of the San Francisco Peace Treaty (1951). Professor Otsu's conclusion is the following:

> With respect to regional integration, if the Cabinet wishes in the future to actively commit to community bodies, basing its decision on the willingness of the majority of the Deputies, it may enter into any treaty, even a treaty that conflicts with the Constitution, but on condition of receiving the consent of the United States. (7)

In the U.S. National Report, Professor George A. Bermann from Columbia University, New York, underscores the lack of constitutional experience with supranational regimes in the country, despite the longevity of the U.S. Constitution. After analysing the legal implications of the U.S. experience of participating in international economic organizations such as the GATT, the WTO, as well as CUSFTA and NAFTA, he concludes by indicating the following problem:

> US membership in supranational legal regimes remains very real. Not only are treaty regimes subject to the procedural and substantive requirements of the US Constitution, but Congress has taken very firm steps in implementing such treaties to ensure that US legislative authority is not impaired as a result of such treaties or of the agreements and rulings adopted pursuant to them. (8)

Professor Vilaysoun Loungnarath from the University of Montreal, in relation to Canada also stresses the participation of that country in NAFTA, and because this is an agreement for a free trade area that does not imply supranationality, correctly points out the lack of constitutional repercussions in internal laws. Almost the entire report studies a project called the *Partenariat*(9) to be established between Canada and Quebec if the latter province becomes independent. In analysing this agreement and on the basis of the *Entente* of June 12, 1995, signed by the separatist parties of Quebec, professor Loungnarath establishes a parallel between this future project and the European regional integration process with the adhesion of the United Kingdom, bearing in mind that Canada also has a dualist system that requires approval of Treaties by law so that they may become instruments that are recognized by internal law.

With regard to the European National Reports that have been received, as we stated earlier, they have very interesting aspects that will be useful for comparison purposes.

In the National Report of *France,* Professor Jacqueline DUTHEIL DE LA ROCHÈRE from the University of Paris 2, deals with the most important constitutional aspects of France's participation in European integration, stressing

---

(7) Hiroshi OTSU, *Les problèmes constitutionnels japonais relatifs a l'integration regional en Asie de l'Est,* Rapport National au XV Congrès Internationals de Droit Comparé, Bristol 1998.

(8) George A. BERMANN, *Constitutional Implications of U.S. Participation in Regional Integration,* National Report to the XV International Congress of Comparative Law, Bristol 1998.

(9) See Vilaysoun LOUNGNARATH, *Les implications constitutionnelles, pour un Etat, de la participation à un processus d'intégration régionale,* Rapport Canadien au XV Congrès Internationale de Droit Comparé, Bristol 1998, pp. 3.

that in 1952 and 1958, when the Treaties of the European Communities were signed, there were no major constitutional difficulties mainly because of an absence of a body for judicial review of constitutionality, other than political, given the limited powers of the Constitutional Council pursuant to the Constitution of 1946. On the contrary, although the ratification of the Sole European Act in 1986 took place without bringing the question of constitutionality before the Constitutional Council, with the ratification of the Maastricht Treaty in 1992 and the Treaty of Amsterdam in 1997, the Constitutional Council decided regarding the incompatibility of both of these and the Constitution, resulting in the constitutional reform of 1992 that incorporated provisions regarding the European Union and which, in the near future, will produce a new constitutional reform to allow for the ratification of the Treaty of Amsterdam.

The decisions of the Constitutional Council have broadly discussed the subject of limits to sovereignty as a result of regional integration, as well as the transfer of powers to supranational entities, imposing a limitation that they can never affect the essential exercise of national sovereignty. In other words, regional integration is constitutionally limited by the condition that the exercise of national sovereignty by the State cannot be infringed, under any circumstances, which is why Professor Dutheil de la Rochère, points out that in France, "the question of the acceptable degree of a transfer of sovereignty is always the subject of political and legal debate."(10)

In the national report from Italy, Professor Paolo Caretti from the University of Florence, analyses the Italian constitutional process with respect to European integration beginning with the Constitution of 1948. Although it could not foresee Italy's participation in a process of building supranational organizations, which appeared in Europe years later, it does however contain an article on "international vocation," specifically article 11 that permit limiting sovereignty to guarantee peace and justice among nations. The broad interpretation of this article by the Constitutional Court enabled the incorporation of Italy into the European Community. Professor Caretti, however, stresses the impact of the Treaties of Maastricht and Amsterdam on European Constitutions to the degree that Italy is discussing a constitutional reform to specifically provide for its participation in the European Union.

The National Report from the Netherlands by Professor Bruno de Witte, from the University of Maastricht, describes the constitutional revision process that took place in that country in 1953, motivated precisely by the adoption of the CECA Treaty of Paris of 1951 and which later served as a basis for the participation of the Netherlands in European integration, without the need for subsequent amendments. In this context, although the Constitution of the Netherlands makes no direct reference to the European Union, the Netherlands has long been considered the country that is constitutionally best adapted to the

(10) See Jacqueline DUTHEIL DE LA ROCHERE, *Les implications constitutionnelles pour un Etat de la participation à un processus d'integration régional,* Rapport français au XV Congrés International de Droit Comparé, Bristol 1998, p. 1.

European requirements because since 1953 it has had a constitutional framework open to integration. We should add to this the fact that the Netherlands has no system for controlling the constitutionality of government actions, such as those attributed by other countries to the Constitutional Courts.

The National Report from Germany, by Professor Ingolf Pernice, of the University of Mannheim particularly stresses the constitutional topic of the transfer of sovereignty to supranational entities as a requirement of the regional integration process that has its basis in Article 24.1 of the Constitution of the German Federal Republic. Professor Pernice points out that this article was incorporated into the Constitution as a result of the lesson learned by Germany from the historical failure of the classic concept of the Nation-State in the two world wars and shows how the German Federal Republic, from its beginnings, was constituted to become a member of a broader political system. The Professor ends by stating that because of the European integration process and the "constitutional mutations" that have been experienced:

> Constitutional law in Germany –and this applies equally to other Member States– cannot be read only in the text of the *grundgesetz*, but must also be construed in its "context" formed by the Constitution and legislation of the European Community, or in the future, the European Union. (11)

From this point of view, Professor Pernice points out that both legal systems - the constitutional and that of the European Union- are interrelated and complementary, which he considers to be elements of one "sole constitutional system" that he calls "multilevel constitutionalism" (12) which is in a continuous process of change, both with respect to the European Constitution, as well as the national constitutions.

As regards the *United Kingdom*, the National Report by Professor John W. Bridge, from the University of Exeter, describes in detail the very profound, almost revolutionary changes that the United Kingdom's accession to the European Union provoked in the British Constitution; traditionally characterized by being an unwritten Constitution, with parliamentary sovereignty and a dualist system. Therefore, in 1972, the year in which the United Kingdom acceded to the Union, although constitutional revision in the United Kingdom was not similar those used in continental Europe, a constitutional revision did take place by adoption of the *European Communities Act* 1972, whose ratification it might be said amended the British Constitution. While this Act is in force in the United Kingdom, it can be said that the United Kingdom complies with constitutional requirements of regional integration, and although the principle of parliamentary sovereignty might make it seem that Parliament can modify or repeal the Act at any time, nonetheless because of constitutional convention this cannot occur while the United Kingdom is a member of the European Union.

---

(11) See Ingolf PERNICE, *Constitutional law implications for a state participating in a process of regional integration. German Constitution and "multilevel constitutionalism"*, German Rapport to the XV International Congress on Comparative Law, Bristol 1998, pp. 2 and 3.

(12) *Op.cit.*, p. 4.

With respect to Finland, the National Report prepared by Professor Erkki Mennola of the University of Tampere, does not really deal with the constitutional aspects of regional integration and the reforms that would have to be made to the Constitution of Finland for that country's accession to the European Union. The National Report rather refers to a very interesting aspect derived from the European Process, which is the effect of regional integration on local and regional government levels in each Member State. He points out, in this manner, how the regional integration process, has reinforced the status of local and regional authorities of each Member State indicating, moreover, the growing participation of regions and cities on the European level. Professor Mennola particularly refers to the authorization granted on the European level to regional institutions to become relevant partners in the European Union as has occurred in the case of the cross-border cooperation agreements (Interregional programmes) that promote a Europe without borders. In this regard, noteworthy are the manifestations of the European Parliament geared to promoting more radical constitutional changes in favour of regionalization and the regional institutions within the Member States.

Lastly, as regards Switzerland, the National Report prepared by Professor Karin Siegwart of the University of Zurich should be mentioned, which studies the case of a European State that is not a member of the European Community, but has requested accession. For accession, as in the case of the 15 Member States, the Swiss Constitution will have to be reformed to permit the transfer of powers from the Swiss Federal entities, and even from the Cantons, to European supranational entities.

Taking in to account these National Reports and individual research on this subject, we have prepared this General Report in which we will compare the European and Latin American regional integration processes, particularly that of the Andean Community. We chose the Latin American regional integration process because it is the one that is most similar to the European process insofar as goals and intentions are concerned, but with the salient difference, of precisely a constitutional nature, that the Latin American countries have not generally complied with the constitutional requirements of a regional integration process.

I. CONSTITUTIONAL REQUIREMENTS OF REGIONAL INTEGRATION IN THE EUROPEAN EXPERIENCE BEFORE THE MAASTRICHT TREATY (1951-1992)

1. Contrast between Constitutional Issues

As we stated earlier, the European regional integration process since the signing of the Treaty of Paris on the Economic Community of Coal and Steel CECA (1951) and the Treaty of Rome on the Economic Community and EURATOM (1958), the passage through the European Community (1986) and the establishment of the European Union with the Maastricht Treaty (1992), perfected by the Treaty of Maastricht (1997), and perfected by the Treaty of Amsterdam (1997), has always had the support of the Constitutions of the Member States. In other words, the European integration process, in all its phases, has always been preceded by a rearrangement of the Constitutions of the Member States, in order to allow the process and ease its way avoiding, whenever possible, all conflict between the juridical significance of economic integration, the Community and the Union, and the provision of the Constitutions of Member States. Thus, European lawyers have considered the constitutional solution of the progressive incorporation of Member States into European integration, communities and the Union to be natural and logical and the subject has not been assigned any significant importance because it has been the most natural and normal process that could have been followed by internal laws in adapting to community processes.

On the other hand, in Latin America, no matter how flagrantly certain integrationists try to ignore or overlook it, the constitutional problem of integration is the most important legal problem of integration because, if it is not resolved, the solid juridical basis that the regional integration process requires cannot exist. In contrast to what occurred in Europe, the Constitutions of Latin American countries, with a few important exceptions, do not resolve the legal problems of participating in a community-type economic integration process. Therefore, the transfer of powers from internal constitutional bodies to the supranational community bodies as a requirement of a regional integration process does not have the decisive backing of the Constitutions of the countries. There is a general willingness to make headway with respect to *Mercosur*, or even in transforming the Andean Pact (the Sub regional Andean Integration Agreement) within the Andean Community, but a solution has not been found to the constitutional problems that these processes imply.

An integration process requires the establishment of supranational bodies to which powers that have traditionally been held exclusively by the constitutional bodies of the States ought to be transferred. Because of this regional integration process, national entities find that they are limited in exercising their powers by the actions of the supranational bodies. In this context, community law must be preferentially, immediately and automatically applied over internal law, in all Member States, to both the national entities and citizens. The national constitutional bodies also find that they cannot control the constitutionality of community law before the Supreme Courts or Constitutional Courts of the country.

A process of this type cannot be founded on constitutional interpretations given it in each Member State, but rather on solid amendments and constitutional regulations that may allow and authorize the process.

It is precisely for this reason that constitutional problems of regional integration, although they have not had special relevance in Europe because they always had been resolved before any progress was made, nonetheless, were again addressed at the ratification of the Maastricht Treaty, which gave birth to the

European Union and at the ratification of the Treaty of Amsterdam. Now, the close relationship between constitutional law and international public law was clearly demonstrated and their symbiosis is the origin of supranational community law. Also, as Professor Pernice stated, the implications of constitutional law derived from the participation of Member States in the European Union are of a nature that "they cannot accommodate more aspects of international public law" because it is "a question of not only adapting the Constitutions, but also of the general constitutional culture with respect to the multiple and necessary interactions between the two levels of government for a society of citizens with one multiple, or at least two identities: national and European." (13)

The Maastricht Treaty ratification process in 1992, in almost all the European countries, led to constitutional amendments (as in Germany, France and Spain), many of which were accomplished via a consulting referendum (as in France) and after the exercise of control of the constitutionality of the laws approving the Maastricht Treaty by the Constitutional Courts. The process thus highlighted the fact that community law in the European countries was based on and is ultimately based on the Constitution of each such country, so that progress in the integration process and the formation of the European Union was possible because of compliance with the rule of law. The same is occurring with respect to the ratification of the Treaty of Amsterdam of 1997. The process thus stressed that community law in the European States, in the final analysis, has been based on and is based on the Constitution of each State so that progress in the integration process and in the formation of the European Union has been made possible by complying with the rules of law.

In other words, with the Maastricht Treaty and the Treaty of Amsterdam, it can be said that constitutionalism has taken on a determining role in European integration, so that community law cannot progress any further without the decisive aid of constitutional law. It may even be said that the decisions of the German Federal Constitutional Court, of the French Constitutional Council and of the Spanish Constitutional Court at the beginning of the nineties, which led to important constitutional reforms in each of these countries, were a wake-up call regarding the legal set up of the regional integration process. For the first time, it touched upon essential and traditional aspects within the ambit of national sovereignty, such as: the passive right to vote, security of citizens crossing borders, and monetary policies.

However, despite this apparent awakening of interest in the constitutional topic of regional integration, the truth is that, in Europe, the economic integration process and the establishment of community law have only made headway because of the permanent support of constitutional law of each Member State; consequently, the constitutional element has been a constant in the process for about the past fifty years.

---

(13) See Ingolf PERNICE, *Rapport..., cit.*, p. 8.

By contrast, in Latin America, where integrationist wilfulness has been notorious, the fundamental players in the process have delayed addressing the constitutional requirements of integration and have even downplayed the point, so that the integration process of, for example, the Andean Group, now the Andean Community, has had a very weak constitutional foundation, which, in many cases, has been nonexistent.

On the contrary, in each of the fifteen States that form part of the European Union, an adaptation process of their Constitutions to the requirements of regional integration had occurred and they expressly incorporated into their Constitutions provisions relating to the regional integration process. Of course, these provisions are neither uniform nor have the same scope, but they do provide a constitutional basis for supranationality in each country. Professor Francisco Rubio Llorente, from the Autonomous University of Madrid, has summarized the situation of the constitutional bases for integration in Europe as follows:

> The Constitutions of all the Member States that have written Constitutions (that is, all except Great Britain) include some sort of provision regarding the EC.
>
> However, these provisions differ greatly. The first important difference is with respect to the purpose of the constitutional provision. In some cases it is limited to authorizing the incorporation of the country into the EC in generic terms; in others (Ireland), this authorization is given by express reference to founding Treaties, that thereby and in a certain sense acquire constitutional ranking, accompanied by a provision that attributes a direct effect and absolute precedence to derived community law in the internal system of laws; in yet others, (Portugal and Great Britain, although naturally in the latter case), the regulation is not found in the Constitution, but in a law enacted by Parliament (*European Communities Act*) and the precept is limited to granting validity in the internal system of laws to the derived community law, although without an indication as to precedence.
>
> Even is we limit the comparison to those Constitutions that are the most numerous and which contain a generic authorization for incorporation into the EC, the differences are also quite appreciable:
>
> - In certain cases authorization is given to accept "limitations of sovereignty" (France - Preamble of 1946, Italy - article 11, and Greece - article 28.3); in others to *transfer* "sovereign powers" (Germany, article 24) or simply "certain powers" or those attributed by the Constitution (all others, including Greece - article 28.2 - that surprisingly uses both formulas).
>
> - Some Constitutions condition the transfer to the requirement that this be done "within specific limits" (Denmark), or only "temporarily" (Luxembourg), or under conditions of equality (Italy), or reciprocity (France), while in other Constitutions the transfer is made without any condition attached (such as Belgium, article 25 bis; Spain, article 93; Great Britain; Ireland, article 28.4.3, and Portugal).
>
> - Other Constitutions grant authorization of transfers for specific purposes. The Constitutions enacted immediately after WW II (France, Italy and Germany) have references to peace and international security; Denmark's Constitutions addresses order and international cooperation; that of Greece, surprisingly makes a reference to "an important national interest." The States, which do not include conditions, do not indicate any purpose.
>
> - Lastly, with respect to the procedure for incorporation, the most pronounced difference is between those Constitutions that provide a procedure analogous to

constitutional reform (Denmark, Greece, Holland, Ireland and Luxembourg) and those others that use the ordinary procedure (Germany, Belgium, France, Great Britain, Italy and Portugal). (14)

All these constitutional provisions for regional integration were introduced into the Constitutions of the Member States as the integration process advanced from the Treaty of Paris of 1951 to the Maastricht Treaty of 1992, and are being modified because of the Treaty of Amsterdam of 1997.

2. Constitutional Situation prior to the Treaty of Paris (1951): Germany, Italy, France

On April 18, 1951, adhering to the proposal formulated a year earlier by Minister Schumann, six European countries, Belgium, the Federal German Republic, France, Italy, Luxembourg and the Netherlands (Holland), signed the Treaty that established the Economic Community of Coal and Steel (CECA).

When the Treaty of Paris was signed in 1951, although the post-war Constitutions had not been approved with a process of supranationality in mind, it could be said that the constitutional requirements of the regional integration process were met in the three countries that played the principal roles in World War II: Germany, Italy and France and which, in addition, had also incorporated systems to control the constitutionality of laws by Constitutional Courts, although to a lesser degree in France (the Constitutional Council).

A. German Federal Republic

The Constitution of 1948 of the German Federal Republic stated the following in article 24:

> Article 24. 1. The Federation may, by law, transfer rights of sovereignty to international institutions.
>
> 2. The Federation may join a reciprocal, security system to safeguard peace *and will consent, in this regard, to limiting its rights of sovereignty,* so that a peaceful and lasting order may be achieved in Europe and among the peoples of the world, and to guarantee such order.
>
> 3. The Federation, in resolving international conflicts, will adhere to conventions regarding international arbitration jurisdiction of a general and binding nature.

Thus, with this "integration clause," (15) the possibility of transferring powers from national bodies to supranational entities was constitutionally resolved, allowing for the idea of economic supranationality.

---

(14) Francisco RUBIO LLORENTE, "Integraci6n supranacional" in E. GARCÍA DE ENTERRÍA and M. CLAVERO ARÉVALO, (ed.), *El derecho público a finales del siglo. Una perspectiva iberoamericana*, Madrid 1997, pp. 722-23.

(15) See Ingolf PERNICE, *Rapport..., cit.*, p. 9.

Similarly, article 25 of the Constitution, also provided a solution for the topic of the relationship between international law and internal law by establishing that "the general rules of international law are an integral part of federal law," and that "they take precedence over the other laws, directly creating rights and obligations for the inhabitants of the federal territory." Although in applying this and other constitutional devices the courts had reached diverging opinions, it was the Federal Constitutional Court that, at all times, had jurisdiction in case of conflict.

As a result, from the very beginning, the Federal Constitutional Court acknowledged the precedence of community law over internal laws, thereby following the doctrine of the European Community Court of Justice as stated in the case *COSTA* vs. *ENEL* (1964). In its decision of October 18, 1967, the Federal Constitutional Court in fact qualified the rules adopted by community institutions as constituting their own system of laws that neither belongs to international law nor to the national laws of the Member States. In another decision of July 9, 1971, it requested that national judges apply community law over conflicting national laws, which they replace. (16)

Since its 1967 decision, the Federal Constitutional Court had, however, established an important reservation with respect to the provisions of the Constitution regarding fundamental constitutional rights. It declared in its decision of May 29, 1974, that article 24 of the Constitution which refers to the transfer of powers to international and also supranational entities, has constitutional limitations derived from the elements that configure the identity of the German constitutional system, among which are the fundamental constitutional rights that cannot be diminished. Thus, the Federal Constitutional Court reaffirmed its own authority to exercise control over the constitutionality of community regulations and their relationship to fundamental rights, despite the fact that a pre-trial decision had been requested from the European Community Court of Justice in one specific case. The Federal Constitutional Court considered, therefore, that the level of protection provided by the community bodies had not achieved the level of protection provided by its internal laws. (17)

Subsequently, after the European Community Court of Justice specifically acknowledged in the *Hoechst* case (9-21-89) that the list of fundamental rights protected by community bodies included not only those contained in the European Convention on Human Rights, but also those embodied in the constitutional tradition of the Member States, the German Constitutional Court accepted that there was no reason to assume that the level of protection for those rights was insufficient under community law. The German Constitutional Court went on to state that it would no longer exercise its jurisdiction with respect to the applicability of derived community law and; consequently, it would not control that law in the light of the rights and liberties provided for in its Constitution. (18)

---

(16) See Rudiger STOTZ, "La primauté du droit communautaire en Allemagne", *Revue française de droit administratif*, N° 6, Paris 1990, p. 957.

(17) *Ibid.*, p. 958.

(18) *Ibid.*, pp. 959-960.

B. Italy

The Constitution of 1947 of the Italian Republic establishes the following in article 11:

> Article 11. Italy ... accepts under conditions of passiveness or reciprocity with the other States, *the limitations placed on its sovereignty* required to create a group that will ensure peace and justice among nations; promotes and favours organizations working to achieve that goal.

Although this article was drawn up when there was no question of a regional integration process like the one that subsequently took place in Europe, it did provide a constitutional basis for the transfer of power from national bodies to international organizations, and later, to community bodies.

However, in Italy, a country with a deeply rooted dualist tradition, the Constitution makes no mention of the relationship between internal law and Treaties, while providing for constitutional control of laws through the Constitutional Court. This situation led to the decision of March 7, 1964, of the Italian Constitutional Court in the *COSTA* vs. *ENEL* case where the Court very clearly upheld that:

> Under Italian law, international agreements have the ranking of ordinary laws which, like any ordinary law, can be repealed by other subsequent laws. (19)

This decision had disastrous effects on the functioning of the institutional system established by the Treaty of Rome and it might also be said that the decision affected the very future of the common market. However, after the decision of March 9, 1978 (*Simmenthal* case) of the European Community Court of Justice the Italian Constitutional Court, in its decision of June 8, 1984, modified its doctrine admitting that the Court could resolve the inapplicability to the case of subsequent laws that oppose directly applicable community regulations.

In all these cases, what is patently clear in a regional integration process, is that the relationships between community law and the internal laws of the different countries have very specific problems that are quite different from the classic relationships between international law and internal law and, therefore, require uniform solutions by all Member States. This is the result of the equality that prevails in an economic community.

According to the constitutional provisions analysed of the six countries that comprise the European Communities, it is possible to deduce that when the economic integration process began, although Europe had evolved considerably in this regard, it had not yet found a uniform solution for the problem in the community ambit. Consequently, and above all in the Italian case, where the greatest number of inconveniences had arisen, the solution to the problem as to the hierarchy of community law was contingent upon the solution to the first

(19) See Nicola CATALANO, *Manual de derecho de las comunidades europeas*, Buenos Aires 1966, pp. 190 ss.

problem of regional integration; that is, the possibility of the transfer of national powers to supranational entities.

In fact, once the transfer of powers had been authorized by most of the European Constitutions, this meant that the regular powers of the constitutional bodies of the member states, among them Parliament, would be limited. Consequently, the Member States could not legislate nor adopt executive measures with respect to matters for which exclusive jurisdiction had been granted to community bodies.

As a result, the European Community Court of Justice, in its decision in the *COSTA vs. ENEL* case of 7-15-1964, after the case had been remitted by the Italian courts pursuant to article 177 of the Treaty, stated:

> Unlike ordinary Treaties, the one that established the European Economic Community has created its own legal system that was incorporated into the legal systems of the Member States when the Treaty went into effect and, as such is binding upon them… even though in limited areas the Member States have restricted their sovereign rights and have created a body of laws applicable to citizens as well as themselves. The integration into the laws of each member country of provisions that have their basis in the Community, and more generally, in the spirit and the terms of the Treaty, makes it impossible for the Member States to unilaterally enact subsequent measures with respect to a legal system of laws that they have accepted on a reciprocity basis… the attainment of the objectives of the Treaty would be endangered and the prohibition against discrimination … would be violated if community law were to have a different strength from one State to another because of subsequent inconsistent national legislation. (20)

Nonetheless, the year after that decision was adopted, the Italian Constitutional Court, in the case *Acciaierie San Michele* decision N° 98 of 1965, formulated the argument that community provisions could, under no circumstances, repeal fundamental principles contained in the Italian Constitution; therefore, based on that hypothesis, it reserved the right to declare unconstitutional ordinary laws which had authorized the ratification and enforcement of community treaties. (21)

Later, in decision N° 183 of 1973 (the *Frontini et Pozzani* case), the Constitutional Court ruled that the transfer of legislative powers to the European Community was based on article 11 of the Constitution, which authorizes the limitation of sovereignty required to ensure peace and justice among nations, and in decision N° 232 of 1975 (*Industrie Chimiche Italia Centrale*) the Constitutional Court accepted the supremacy of community regulations over subsequent internal laws. However, the procedural mechanism provided to enable that supremacy was having the judge with original jurisdiction remit the matter to the Constitutional Court, so that the latter would have to verify the compliance of Italian Law with

---

(20) See the text of Miguel Ángel ALEGRE MARTÍNEZ, "La primacía del derecho comunitario sobre el ordenamiento jurídico estatal: aspectos constitucionales", *Revista de derecho político,* UNED, N° 38, Madrid 1993, p. 100. Also see Jean-Claude MASCLET, *Les grands arrêts de droit communautaire,* Paris 1995, pp. 17 and ff.

(21) See in Vittorio DI BUCCI, "L'application de droit communitaire en Italie", *Revue français du droit administratif,* N° 6, Paris 1990, p. 975.

article 11 of the Constitution. [22] In other words, in Italy, the Constitutional Court did not acknowledge the Italian judges' authority to decide regarding the non-application of a subsequent law alleging a conflict with community regulations, but rather maintained that the matter should be brought before the Constitutional Court. Thus, the Constitutional Court avoided the principle of supremacy and maintained a monopolistic control over the laws.

With respect to decision N° 232/1989 of the Constitutional Court, Professor Caretti stated:

> The Court first affirmed its competence to declare the constitutional illegitimacy of an executory law for an EEC treaty (or at least that part which allows a Community law prejudicial to the above-mentioned "counter limits" to produce effects on the internal legal system); it then verified the constitutional legitimacy of the law (drawn from the interpretation of Art. 177 of the treaty) which allows the Court of Justice to calibrate the temporal effects of decisions which are prejudicial to the nullity of the rules.
>
> The Court subsequently declared that any decision of the Court of Justice contravenes the right to legal protection if it does not allow the subjects on trial (as well as any subjects involved in proceedings already being heard by a national judge prior to the date of a sentence nullifying the Community law under dispute) the right to avail themselves of the declaration of nullity of a Community law. [23]

The European Community Court of Justice had made a contrary pronouncement in the *Simmenthal* case of March 9, 1978, when although it acknowledged the supremacy of community law over a subsequent national law, it deemed that a national judge did have the authority to apply a community regulation, by stating the following:

> By virtue of the principle of supremacy of community law, as regards the internal law of the Member States, the provisions of the Treaty and the directly applicable acts of institutions have the effect of not only making all provisions that are contrary to existing national legislation legally inapplicable, as a result of the entry in force of the former, but also, to the degree that these provisions and acts are an integral part of and have priority ranking in the body of laws applicable in the territory of each Member State, they can impede approval of new legislative acts, if these are incompatible with community regulations. [24]

In addition, in the same *Simmenthal* case, with regard to the authority of national judges to decide the non-application of subsequent laws that may be in conflict with community law, the European Community Court of Justice, openly contradicting the opinion of the Italian Constitutional Court, stated the following:

> Any imposition of a national legal code and all legislative, administrative or judicial action aimed at reducing the efficacy of Community Law by not granting the judge with jurisdiction to apply this law, would be incompatible with the requirements inherent to the very nature of Community Law at the very moment it is applied. The judge must have the

(22) *Ibid.*, p. 975. *Cf.* Paolo CARETTI, *Constitutional Implications of the Process of European Integration*, Italian Report to the International Congress of Comparative Law, Bristol 1998, pp. 1 and 5.

(23) P. CARETTI, *Rapport…, cit.*, p. 5.

(24) See Jean-Claude MASCLET, *Les grands arrêts…, op. cit.*, p. 44.

> authority to do all that is necessary to eliminate national legislative provisions that may prove to be obstacles, in the future, to ensuring the full efficacy of community regulations.
>
> This would be the case if under the hypothesis of a contradiction between a provision of Community Law and a subsequent national law, the solution of the conflict were to be reserved for an authority other than the judge called upon to ensure the application of Community Law, and invested with the power of decision. (25)

Lastly, in this decision, the Court of Justice also specified that the judge with original jurisdiction has the obligation to ensure the full effect of Community laws deciding, if necessary, not to apply national laws, without asking or waiting for the elimination of the latter by any constitutional procedure. It therefore stresses that:

> The possible subsequent national provisions that are in conflict with community laws, should legally be considered inapplicable, without having to wait for their elimination by the legislator (repeal) or by other constitutional bodies (declaration of unconstitutionality), especially if we consider that, in the second case, until the declaration in question is made, the national law is fully applicable, while community laws cannot be in effect and, therefore, cannot be fully and uniformly applied thereby not guarantee the particular subjective rights deriving from the situation. (26)

After this decision of the European Community Court of Justice, the Italian Constitutional Court modified its case law and admitted that the judge with original jurisdiction should be in charge of invalidating subsequent laws that conflict with Community regulations directly applicable under the internal legal system. In this regard, decision N° 170 of 1984 (*Granital* case) must be mentioned, but in it, in keeping with the dualist principle, the Constitutional Court reserved for itself two spheres of control of constitutionality. In the first place, if action taken by community institutions might violate the fundamental principles of the Italian constitutional system and the inalienable rights of the individual, the judge with original jurisdiction must remit the issue of the constitutionality of ratification laws and implementation of community treaties to the Constitutional Court. In the second place, if an Italian law impedes or prejudges essential principles contained in community treaties, then the Constitutional Court must exercise control. (27)

C. France

When the Treaty of Paris of 1951 and the Treaty of Rome of 1958 were signed, the Constitution of 1946 was in effect in France, which, established the following in its preamble:

> Under the reciprocity reservation, France agrees to the limits placed on its sovereignty that are needed for organization and in defence of peace.

---

(25) *Ibid.*, p. 45.

(26) See Miguel Ángel ALEGRE MARTÍNEZ, *op. cit.*, pp. 115 and ff.

(27) See Vittorio DI BUCCI, *op. cit.*, pp. 976 and 977.

This article that was repeated in the Preamble of the Constitution of 1958 by remittance to the Preamble of the Constitution of 1946 also provided sufficient constitutional foundation for the creation of supranational bodies and the transfer of powers these. In addition, with regard to the relationship between international law and internal law, article 55 of the 1958 Constitution establishes that, as of its publication any duly ratified treaty has "a superior hierarchy to that of laws under reserve in each agreement or Treaty for its application by the other party." There is no doubt then that the Treaty takes precedence over internal law and that the latter cannot repeal a provision of the former.

With respect to the direct effect of European Community laws, as a result of the principle of the superior authority of treaties proclaimed by article 55 of the French Constitution, this has been accepted by the Courts, except for the Council of State which, in its decision *Min. de l'Intérieur c/Cohn Bendit* of December 22, 1978, denied the possibility of appellants to directly invoke the provisions of a non-executed directive to support an annulment recourse against an individual administrative act, because it is exclusively within the jurisdiction of national authorities to "adapt legislation and regulations to directive." [28] This case law, which is contrary to community case law, however, left the possibility open to invoking the nonconformity with the directive of a national measure for adaptation, based on which an individual act had been enacted.

In any event, as pointed out by Professor Dutheil De La Rochère, regardless of the case law of the Council of State, the administrative jurisdiction has evolved and admitted that the directive, although not developed internally, does have an effect for appellants under internal law. Thus, for example, in the *Alitalia* decision of February 3, 1984, it was decided that the intervention of a community act (directive for fiscal harmonization), which modifies law, authorizes the appellant to claim abrogation of regulatory laws that are incompatible with the objectives of the directive. [29]

The problem, however, revolves around the effectiveness of Article 55 of the French Constitution because there is no possibility of punishing a possible violation of the norm by a subsequent internal law, due to the absence of the subsequent control of the constitutionality of laws. In addition, for a long time the Courts have considered that they did not have the power to decide regarding the non-application a national law that was subsequent to a Treaty or contrary to it. [30] Nonetheless, this has not prevented the opinion that it is the responsibility of the Cassation Court or of the *Conseil d'Etat*, according to article 55 of the Constitution, to determine which law is applicable if there is a conflict between a national and community law, always giving preference to the latter, under the condition of reciprocity.

In the evolution of case law, decision N° 75-54 of January 15, 1975 of the Constitutional Council regarding the termination of a pregnancy must be stressed,

---

(28) See J. DUTHEIL DE LA ROCHERE, *Rapport..., cit.*, pp. 2 and 3.

(29) *Ibid.* p. 3.

(30) *Ibid.* p. 4.

which established the principle that a law that conflicts with a Treaty would not necessarily be against the Constitution and, therefore, the council refused to consider Treaties as forming part of the standards of reference for controlling constitutionality. The interpretation of this decision allows the judge with original jurisdiction to acknowledge his own authority to apply community law and, more generally, conventional international law instead of the internal law, even when the latter is enacted after the incorporation of the international norm into internal law (for example, the decision of the Cassation Court of May 24, 1975 in the *Sociéte des cafés Jacques Vabre* case).

Later, on the basis of decision N° 82-216 of September 3, 1986, the Constitutional Council underscored its case law, indicating with regard to article 55 of the Constitution, that it must be respected even when the Law remains silent. Consequently, it is then the responsibility of the different State entities to ensure the application of international agreements in the framework of their respective competencies. Pursuant to this doctrine, therefore, both the judges with original jurisdiction as well as those with jurisdiction under administrative law, have the authority to ensure respect for the hierarchy of regulations. Noteworthy in this vein of thought is the *arrêt Nicolo* of the National Council (10-20-89) in which the Conseil d'Etat assumed its authority to make the Treaty take precedence over a subsequent law by invalidating the latter, [(31)] which has been extended to regulations and directives. [(32)]

In this way, the respective Constitutions of Germany, Italy and France established the basis in internal constitutional law for the transfer of authority from constitutional bodies of the States to supranational community organizations, as well as for the prevalence of community law over national law and, therefore, the possibility of juridical review of constitutionality by Constitutional Courts posed no threat to the process, since there was an appropriate constitutional foundation for integration.

In the other three CECA countries (Belgium, Luxembourg and the Netherlands), the solution in the absence of constitutional backing for supranationality was totally political, supported by the fact that no type of juridical review of constitutionality existed at that time in the laws of those countries. This meant that the decision made by governments and Parliaments, as to whether or not to join CECA, could not be constitutionally questioned under internal law.

---

(31) See references in M. LONG, P. WEIL, G. BRAIBANT, P. DELVOLVE, B. GENEVOIS, *Les grands arrêts de la jurispurdence administrative*, 9e (ed.), Paris 1990, pp. 749 and ff. Also see Louis FAVOREU, "L'décision Nicoló et l'integration de la règle internationale et communutaire dans l'ordre juridique français," *Revue française de droit administratif*, N° 5, 1989, pp. 992 to 1008. *Cf.* J. DUTHIER DE LA ROCHERE, *Rapport…*, *cit.*, p. 5.

(32) See J. DUTHIER DE LA ROCHERE, *Rapport…*, *cit.*, p. 6.

3. Constitutional Changes brought about as a Consequence of the Treaty of Paris (1951) prior to the Treaty of Rome (1958): the Netherlands, Luxembourg

As a result of the signing of the Treaty of Paris, the Netherlands and Luxembourg amended their Constitutions to provide enough of a constitutional foundation for the integration process.

A. The Netherlands

During the 1953-1954 constitutional reform, the Netherlands added articles 63 and 67 into the text of the Constitution, which state the following:

> Article 67. Provided that the provisions of Article 63 are observed, if necessary, legislative, administrative and jurisdictional powers may be granted to international law organizations by means of a treaty or by virtue of same…

While article 63 established that:

> Article 63. When the development of an international system of laws so requires, a treaty can diverge from the precepts of the Constitution. In such a case, ratification can only be expressly granted and the Chambers of Congress can only approve the corresponding law project by a two-thirds majority of the votes cast.

After the overall constitutional review of 1983, numbers 92 and 91, paragraph 1, now identifies these regulations.

As Professor de Witte points out, with article 67 (art. 92), the government and parliament of the times wanted to exclude all future constitutional doubt as to the possibility of attributing, by means of an international agreement, "supranational" powers to an organizations such as CECA. He therefore affirms:

> Afterwards, there has never been a question as to whether article 92 could serve as the constitutional basis for the increasingly broader transfer of powers that has been effected under the European integration treaties, particularly the 1957 EEC Treaty, the European Act of 1987 and the 1992 European Union Treaty. (33)

But more important even than the provision of article 67 (art. 92) of the Constitution attributing constitutional powers to supranational bodies, was the incorporation into the text of the Constitution of express provisions establishing both the direct effects of future international treaties, as well as their precedence over internal law. Consequently, article 66 (art. 93) acknowledged the direct applicability of international law and approved the monism thesis, while article 65 (art. 94) declared that national laws that conflict with the rules of international law, would not be applicable. The texts of these regulations are as follows:

---

(33) Bruno DE WHITE, *Les implications constitutionelles, pour un Etat, de la participation a un procès d'integration regionale,* Rapport néerlandais au Congrès de l'Academie International de Droit Comparé, Bristol 1998, p. 3.

> Article 93. The provisions of treaties and of decisions reached by international public law organizations that because of their content can be binding have mandatory force as of their publication.
>
> Article 94. The legal provisions in effect in the Kingdom, are not applicable if their application is incompatible with the provisions of treaties or decisions of the organizations of international law that they bind.

These provisions, unique for their time, as Professor de Witte pointed out, ten years later influenced the formulation by the European Community Court of Justice of its own doctrine on the direct effects and supremacy of community law. [34]

Additionally, the constitutional protection for supranationality was sealed into the Constitution of the Netherlands with the incorporation of a new article, 60.3 (art. 120) which stated that judges couldn't exercise control of constitutionality, not only as regards laws, but also treaties.

Therefore, as Professor de Witte points out, when the European Community Court of Justice, in the sixties and seventies, established its own doctrine on the direct effects and supremacy of community law[35] in the *Van Gend en Loos, Costa and Simmenthal* cases of 1963, 1964 and 1978, respectively, Dutch jurisdictions were in a unique position among the six Member States of the era because they had constitutional instruments that were perfectly adapted to their community "mandate" [36] Consequently, even the issue that arose in the *Van Gend en Loos* case was brought up by a Dutch court, based on the Dutch Constitution itself. [37]

Professor de Witte goes on to stress that the subsequent evolution of case law has diverged from this rapprochement. While judges in other countries usually prefer to search for the source of supremacy and of the direct effects of community law in their own Constitutions, despite the very clear Dutch texts, most authors limit the application of articles 93 and 94 exclusively to international law and not to community law, the latter of which imposes itself by its own strength. Judges have avoided issuing pronouncements on this point and have acknowledged supremacy of community law without indicating whether or not the source is the Constitution, as seen in the recent decision of the Council of State in the *Metten vs. Ministre des Finances* case (1995). [38]

B. Luxembourg

In Luxembourg, the constitutional reform of October 25, 1956, whose aim was to allow the signing of the Treaty of Rome, incorporated article 49 bis into the text, which establishes:

---

(34) *Ibid.*, p. 7.

(35) See Jean-Claude MASCLET, *Les grands arrêts..., op. cit.*, pp. 14, 17 and 43.

(36) See Bruno DE WITTE, *Rapport..., cit.* p. 11.

(37) *Ibid.*, p. 11. See Sacha PRECHAL, "La primauté de droit communautaire aux Pays-Bas," *Revue française de droit administratif,* N° 61, Paris 1990, pp. 981-982.

(38) See Bruno DE WITTE, *Rapport..., cit.*, p. 12.

> Article 49 bis. It is possible, through a treaty, to temporarily authorize institutions of international law to exercise the powers reserved by the Constitution for the legislative, executive and judicial branches of government.

However, the Constitution of Luxembourg did not expressly regulate the precedence of Treaties over internal laws. The fact that there was no control of constitutionality and in view of the constitutional transfer to international public law institutions, via treaties, of powers reserved by the Constitution itself for the legislative, executive and judicial branches, led the Luxembourg Supreme Court of Justice to decide in an appeal, on July 14, 1954, that the judge must apply the provisions of an international Treaty that is in force, even though it may be incompatible with a previously enacted law. On the basis of this case law, judges have not applied national laws that are contrary to Treaties. On the other hand, the opinion of the Council of State, in its decision of November 21, 1984, affirmed that the precedence of a regulation of international law, which has direct effects on the internal body of laws, is derived from the very nature of conventional international law, by virtue of the fact that:

> Treaties which have created community law have implemented a new system of laws in relation to which the Member States have limited the exercise of their sovereign powers in the areas determined by those treaties. (39)

Thus, with the constitutional problem resolved in five of the six CECA Member States, on March 25, 1957, all of them signed the treaties that established the European Economic Community (EEC) and EURATOM, known as the Treaties of Rome that went into effect on January 1, 1958. Then they signed the 1965 Treaty that merged the executive bodies of the European Communities, which went into effect on July 1, 1967.

4. Constitutional Amendment brought about as a Consequence of the Treaty of Rome (1958): Belgium, and the Reaffirmation of Supranationality in European Constitutional Systems

Of the six Member States of the European Community, in 1958 only Belgium had not adapted its Constitution to provide an acceptable foundation for supranationality. However, the problem had no practical effects at the time because the non-existence of a system of judicial review of the constitutionality of laws and the reform was begun in late 1971, with the incorporation of article 25 bis into the Constitution, which reads as follows:

> Article 25 bis. It is possible to grant the exercise of specific powers to institutions of public international law, by means of a treaty or law.

The principle of the supremacy of community law over internal law was acknowledged by the decision of May 27, 1971 of the Belgian Court of Cassation (*Etat belge c. Fromagerie franco-suisse*), which decided as follows:

---

(39) See Marc THILL, "La primauté et l'effect direct du droit communautaire dans la jurisprudence luxembugeoise," *Revue française de droit administratif*, N° 6, Paris 1990, pp. 978-980.

Considering that when there is a conflict between a regulation of internal law and one of international law which has direct effects on the internal system of laws, the rule established by the Treaty should prevail, then the pre-eminence of the latter derives from the very nature of conventional international law.

Considering that this is so *a fortiori* when a conflict exists, as in this specific case, between a regulation of internal law and one of community law then, in effect, the Treaties that have created community law have instituted a new system of laws in favour of which the Member States have limited the exercise of their respective sovereign powers in the area that the treaties shall determine. [40]

Moreover, it could be said that from the moment the European Community was established and began functioning, the constitutional problem represented by the transfer of powers from national constitutional bodies to supranational ones was either resolved by the provisions of the Constitutions, or by the absence of internal judicial review mechanisms for constitutionality, as in the case of Belgium in the seventies.

But even in those countries that had a specific constitutional solution to the requirements of integration, such as Germany and Italy, since Constitutional Courts existed with powers to control constitutionality, the topic of the possibility of transferring powers to supranational bodes was raised, and it could be said solved by the decision of 10.18.67 of the German Federal Constitutional Court, which stated that:

The institutions of the European Economic Community exercise sovereign rights that the Member States have ceded in favour of the Community they have established.

The European Economic Community is an inter-state institution to which the German Federal Republic has transferred certain sovereign rights. A new public authority has, therefore, been created which is autonomous and independent of the authorities of the Member States; its actions do not require ratification by the Member States, nor can they annul such actions. The Treaty of the European Economic Community is as though it were the Constitution of the Community.

Because of this, the German Constitutional Court concluded its decision by stressing that the actions of the institutions of the community are not actions of German public authorities and, therefore, their constitutionality is not subject to judicial review. The Court also pointed out that:

The regulations of the Council and of the Commission are acts of a special, supranational, public authority created by the Treaty and clearly separate from the Member States. [41]

Later, during the phase of progressive incorporation of new European members into the Community, successive constitutional amendments took place in those countries that had not resolved the constitutional issue to allow accession and to resolve the constitutional requirements of integration.

---

(40) Guy LEGUIME, "La primauté du droit communautaire en Belgique," *Revue française de droit administratif*, N° 6, Paris 1990, p. 961.

(41) See Rudiger STOTZ, *op. cit.*, p. 957.

5. Constitutional Amendments prior to the 1972 Accessions: Ireland, the United Kingdom, Denmark

After the Treaty of Rome of the "Europe of Six" went into effect, other European countries began to request accession to the European Community such as Ireland (1961, 1967), the United Kingdom (1961, 1967), Denmark (1961, 1967), Norway (1962, 1967) and Sweden (1967). The Treaties for accession of Denmark, Ireland, Norway and the United Kingdom were signed on January 22, 1972. The Treaty was approved in Ireland by referendum (May 10, 1972); the Parliament of the United Kingdom adopted the *European Communities Act* on July 13, 1972; and Denmark approved its accession in a referendum on October 2, 1972. In the case of Norway, its accession to the European Community was rejected in the referendum of September 25, 1972.

As a consequence, on January 1, 1973, the European Community was expanded to nine members, by the addition of three new partners: Ireland, the United Kingdom and Denmark to the original six (Belgium, Germany, France, Italy, Luxembourg and the Netherlands). Very important constitutional amendments were implemented in these three new countries before the signing of the accession treaties to the European Community, in order to allow the incorporation of these States into the regional integration process.

A. Ireland

Ireland incorporated a specific regulation into its Constitution during the 1972 reform (3rd amendment), which expressly refers to the founding Treaties of the European Community, and whereby these acquire constitutional ranking. The Constitution also specifically established the direct effect and absolute supremacy of derived community law in the internal system of laws.

In effect, article 29.4 of the Constitution of *Ireland* establishes the following:

> Art. 29.4. 3. The State may become a member of the European Community (established by the Treaty of Coal and signed in Paris on the 18th day of April, 1951), the European Economic Community (established by Treaty signed at Rome, on the twenty-fifth day of March, 1957), and the European Atomic Energy Community (established by Treaty signed at Rome, on the twenty-fifth day of March, 1957).
>
> The State may ratify the Single European Act (signed on behalf of the Member States of the Community at Luxembourg on 17th day of February, 1986 and at The Hague, on the twenty-eighth day of February, 1986).
>
> 4. The State may ratify the Treaty of the European Union, signed in Maastricht on the seventh day of February 1992, and may become a member of that Union.

The same article 29, in ordinal 4.5, also establishes the following:

> Art. 29.4. 5. No provision of this Constitution invalidates laws enacted, acts done or measures adopted by the State necessitated by the obligations of membership of the European Union or the Communities; or prevents laws enacted, acts done or measures

> adopted by the European Union by the Communities, or by the institutions thereof, or by bodies competent under the Treaties establishing the Communities, from having the force of Law in the State.

The 1972 *European Communities Act* also introduced community law into the national system of laws as a part of it, according to the provisions of those Treaties (Section 2).

Therefore, the Constitution guarantees supremacy of community law over constitutional law and the right of the nation to apply community law. It is for this reason then that it is not possible to use the argument of the unconstitutionality of community law before the judges. This matter has been confirmed, for example, in the decision of the *High Court* in the *Crotty v. An Taosiseach* case, which described the effects of article 29.4.3 as follows:

> The Constitution could not now be invoked to invalidate any measure which the State was directed by the institutions of the E.E.C. to take arising our of the exercise of their powers, nor to invalidate any regulation or any decision of the European Court which had direct effect within this State by virtue of the provisions of the Treaties; and that therefore was a very far-reaching amendment to the provisions of the Constitution. (42)

On the other hand, in a decision adopted in the *Pigs and Bacon Commission v. McCarren* case, in 1972, judge Castello explained the effect of the *European Communities Act* in the following terms:

> The effect of [Section 2 of the *European Communities Act* 1972] is that Community law takes legal effect in the Irish legal system in the manner in which Community law itself provides. Thus, if according to Community law a provision of the Treaty is directly applicable so that rights are conferred on individuals, whom national courts must enforce, an Irish court must give effect to such a rule. And, *if according to Community law, the provisions of Community law take precedence over a provision of national law in conflict with it, an Irish court must give effect to this rule.* That Community law enjoys precedence over a conflicting national law has been made clear in a number of recent decisions of the European Court and most recently in case 106/77 *Administrazione delle Finanze dello Stato v. Simmenthal.* (43)

B. The United Kingdom

With the adoption of the *European Communities Act* of 10-1-72 by the United Kingdom, an important reform was made in the unwritten Constitution of that country, which has been incorporated as a constitutional convention and which, in a certain manner, has given shading to two of the most distinctive principles of the British Constitution: parliamentary sovereignty and the dualist criterion with respect to Treaties.

As Professor Bridge pointed out in his Report, by the use of the treaty-making power, Parliamentary enactments have played a central role in the United

---

(42) See Mark ROAYNE, "La primauté de droit communautaire en Irlande," *Revue française de droit administratif*, N° 6, Paris 1990, p. 973.

(43) *Ibid.*, p. 974.

Kingdom's membership of the European Union, so that the act of ratification of the Treaty of accession approved by the *European Communities Act* 1972 of 12 October 1972, amended the United Kingdom Constitution(44), making it possible to consider that Act (Part I) as part of the parliamentary source of constitutional law.

The Act, not only identified present and future European Union Treaties to which the Act applied, but make all European Union laws, both pre-and post-accession, intended to have direct applicability and effect in the member States, actually have that applicability and effect in the United Kingdom. Additionally, the Act recognized the United Kingdom's obligation to implement those European Union laws which do not have direct applicability or effect; laid down that any existing or future United Kingdom legislation is to be construed and have effect subject to European Union law; and established a necessary relationship between the courts of the United Kingdom and the Court of Justice of the European Union, which recognizes and accepts the ultimate authority of the latter on all questions regarding the meaning, effect and validity of European Union laws. (45)

The United Kingdom Parliament does not usually play a part in treaty-making; but further constitutional amendments have given it authority over certain types of post-accession European Union treaties in the sense that the *European Communities Act* 1972 (Section 1,3) expressly requires Parliamentary approval of post-accession treaties "entered into by the United Kingdom", particularly, agreements which amend the existing constitutive treaties of the European Union, as treaty amendments to admit new Member States, to make provision for direct elections to the European Parliament, to provide for the financing of the European Union, to establish the European Economic Area have; and treaty to increase the powers of the European Parliament. All of them may not be ratified unless first approved by an Act of Parliament. (46)

Anyway, the *European Communities Act* 1972 did not incorporate into internal law the Treaties in force at the time of accession through express re-enactment, but by reference. Instead of reproducing the actual Treaty texts, which called for domestic implementation and enforcement, the authorizing Act lists the relevant Treaties and, by a general clause, declares that to the extent to which they are to have legal effect in the United Kingdom they should have that effect. The authorizing Act also makes provision for post-accession European Union Treaties. It empowers Her Majesty's Government, by *Order in Council*, to declare treaties to be regarded as "Community Treaties" as defined by the authorizing Act, including treaties "*ancillary to the Treaties*". The draft of an *Order in Council* for this purpose is subject to the approval by resolution of each House of Parliament. The effect of the *Orders in Council* is to make those Treaties conclusively subject to the *European Communities Act* and thus, where relevant,

---

(44) John W. BRIDGE, *Constitutional Implications for the United Kingdom of Participation in Regional Integration in Europe*, National Report to the XV International Congress on Comparative Law, Bristol 1998, pp. 4-5.

(45) *Ibid.*, p. 6

(46). *Ibid.*, p. 7

to have legal effect in the United Kingdom. An *Order in Council* is not, however, necessary in respect of an agreement, which already falls within the definition of a "Community Treaty".

Thus, Professor Bridge concluded:

> European Union treaties are accorded a special 'treatment' by the United Kingdom Constitution which distinguishes them from all other treaties to which the United Kingdom is a party. (47)

Regarding the supremacy of European Union law in relation to domestic law the authorizing Act does not contain any express reference. Professor Bridge says:

> That supremacy is effectively guaranteed in the United Kingdom by the combined operation of provisions of sections 2 and 3 of the Act. Section 2(1), as has been seen, gives present and future European Union law legal force in the United Kingdom and creates the concept of enforceable Community rights. Since the doctrine of supremacy is part of that law, the subsection makes it part of the law of the United Kingdom. (48)

On the other hand, two further provisions of the Act guarantee the effectiveness of that doctrine. Section 2(4) provides that:

> Any enactment passed or to be passed, other than contained in this Part of this Act, shall be construed and have effect subject to the foregoing provisions of this section.

In the words of Professor Bridge:

> Present and future Acts of the United Kingdom Parliament are made subject to the rule of the supremacy of European Union law which is an enforceable Community right. (49)

Second, section 3 (1) provides that

> For the purposes of all legal proceedings any question as to the meaning or effect of any of the Treaties, or as to the validity, meaning or effect of any Community instrument, shall be treated as a question of law (and, if not referred to the European Court, be for determination as such in accordance with the principles laid down by and relevant decision of the European Court or any court attached thereto).

Thus Professor Bridge concluded:

> In all matters of European Union law the courts of the United Kingdom are to defer to the decisions of the Court of Justice which are the repository of the doctrine of supremacy. Supremacy "is thus recognized in the United Kingdom by virtue of domestic legal processes and legal theory" rather than by any international legal doctrine of monism.
>
> By these provisions, the *European Communities Act* does not attempt to guarantee the supremacy of European Community law by forbidding the United Kingdom Parliament to enact conflicting legislation nor to declare such legislation to be invalid. Instead, it denies effectiveness to any such legislation within the legal systems of the United Kingdom. (50)

---

(47) *Ibid.*, pp. 20-21

(48) *Ibid.*, p. 25. *Cf.* comments by Iñigo DEL GUAYO CASTIELLA, *Judicial Review y justicia cautelar*, Madrid 1997, pp. 34 and ff.

(49) *Ibid.*, p. 25

(50) *Ibid.*, p. 26. *Cf.* comments by Iñigo DEL GUAYO CASTIELLA, *op. cit.*, pp. 39 and ff.

As a consequence of the *European Communities Act* 1972, by accepting article 5 of the European Community Treaty, the United Kingdom has voluntarily accepted limitations on its sovereign powers whether they be executive, legislative or judicial. In other words, "the legal powers and functions of United Kingdom state institutions are, since the accession of the United Kingdom to the European Communities in 1973, now to be exercised subject to or in accordance with European [Union] law. (51)

In respect of executive powers, *jus tractatus* of the United Kingdom in areas that impinge on the European Union must be exercised under the terms and in accordance with the procedures of the European Union. Regarding legislative powers, in the light of article 5 of the European Community Treaty, the United Kingdom has agreed not to exercise its own legislative powers so as to intervene in matters properly the concern of the European Union.

Anyway, the implementation of these limitations in the United Kingdom appears to confront the doctrine of the sovereignty of the United Kingdom Parliament. As Professor Bridge pointed out " *de facto*, if not strictly *de jure*, that confrontation has been successfully averted", adding:

> The United Kingdom Parliament *de jure* has unlimited and illimitable legislative power. When the United Kingdom joined the European Union its domestic law was brought into line with European Union law by means of the *European Communities Act* 1972 through a simple operation of the principle *lex posterior derogat priori*. A potential problem concerned the exercise of Parliament's legislative power after the commencement of the United Kingdom's membership. The exercise of that power is always subject to *de facto* practical constraints. Domestically those constraints include the pressure of public opinion, accountability to the electorate and a consequent sense of responsible government. There is also a presumption that Parliament will not legislate contrary to the international obligations of the United Kingdom. It is relevant here to recall that under the United Kingdom's system of parliamentary government; the United Kingdom Government through its majority in the House of Commons effectively controls the exercise of Parliament's legislative power. The Government also represents the United Kingdom on the Council, which is the principal legislative body of the European Union. From its position as a participant in European Union law-making the United Kingdom Government will be aware of the 'occupied field' and, given its continuing loyalty to the European Union, it will not be likely to introduce redundant or conflicting legislation into the United Kingdom Parliament. Thus in practice the United Kingdom Government is unlikely to allow or even to acquiesce in the use of Parliament's powers to flout the obligations of membership. This practice may indeed be the basis of an emerging constitutional convention to that effect. As the terms of reference of the European Union expand and its objectives are realized so the scope of the 'occupied field' will increase with further consequential practical limitations on the freedom of action of the United Kingdom Parliament. (52)

With regard to the United Kingdom courts, constitutional limitations on their powers result from the statutory relationship, which they now have with the both

(51) See *Halsbury's Laws of England*, 4th Ed. 1996, Vol. 8.2, *cit.* in John W. BRIDGE, *Rapport...*, *cit.*, p. 8

(52) *Ibid.*, pp. 9-11.

the law of the European Union and with its Court of Justice. European Union law is now part of the law to be applied and enforced by the United Kingdom courts. Professor Bridge give us this account in relation to the attitude of the judgments of the United Kingdom court since the accession, which have been replete with acknowledgments of the supremacy of European Union law:

> For example: where there is a "conflict with our domestic law the effect of the [European Communities] Act of 1972 is to require that Community law shall prevail" (Esso *Petroleum v Kingswood Motors Ltd.* (1974) QB 142); "English law, both statute and common law, [is] subject to Community law, in those fields in which Community laws have been passed" (*R.* v *Secchi* (1973) CMLR 819; "The Treaty...is the supreme law of this country, taking precedence over Acts of Parliament" (*Stoke-on-Trent City Council v B & O plc* (1990) 3 CMLR 31).
>
> The courts of the United Kingdom have adopted an essentially interpretative approach to the doctrine of supremacy. The basis of this was laid in two judgments of Lord Denning in 1979. In *Shields v. E. Coomes (Holdings) Ltd* (1979) 1 All ER 456, CA). He said the following with reference to the obligation to ensure that European Union law prevails over inconsistent domestic law:
>
> It seems to me that when the Parliament of the United Kingdom sets up a tribunal to carry out its treaty obligations, the tribunal has jurisdiction to apply Community law, and should apply it, in confident expectation that this is what Parliament intended. If such a tribunal should find any ambiguity in the statutes or any inconsistency with Community law, them it should resolve it by giving the primacy to Community law.

Lord Denning also elaborated on that theme in *Macarthy's Ltd.* v *Smith*:

> In construing our statute, we are entitled to look to the Treaty as an aid to its construction; but not only as an aid but as an overriding force. If on close investigation it should appear that our legislation is deficient or inconsistent with Community law by some oversight of our draftsmen then it is our bounden duty to give priority to Community law. Such is the result of s. 2(1) and (4) of the European Communities Act 1972 (1979) 3 All ER 325, at 329, CA).

Then he added:

> I pause here, however, to make one observation on a constitutional point. Thus far I have assumed that our Parliament, whenever it passes legislation, intends to fulfil its obligations under the Treaty. *If the time should come when our Parliament deliberately passes an Act with the intention of repudiating the treaty...and says so in express terms then I should have thought that it would be the duty of courts to follow the statute of our Parliament.* (53)

Reference also should be made to the decision of the House of Lords of May 18, 1989, in the *Regina c/Secretary of State for Transport, ex parte Factortame Ltd.,* case, which decided regarding the compatibility with community law of certain provisions of the 1988 *Merchant Shipping Act*, a law enacted after the *European Communities Act* 1972. By excluding the application of the subsequent law rule the decision interpreted that by virtue of *the European Communities Act*, the provisions of the aforementioned law had no effect insofar as they conflicted

(53) *Ibid.*, pp. 31-32. *Cf.*, comments regarding these décisions of Lord Denning in Iñigo DEL GUAYO CASTIELLA, *op. cit.*, pp. 39 to 42.

with community laws that had a direct effect on internal law. (54) The decision denied the possibility of adopting precautionary measures of suspending enforcement of the law, but when the issue was brought before the European Court of Justice, the latter admitted that possibility in its decision of June 19, 1990. (55) Consequently, the House of Lords provisionally ordered the suspension of certain provisions of the *Merchant Shipping Act* until the Court of Justice made a pronouncement regarding its compatibility with community law. The importance of the decision is that outside the scope of community law, the British judge cannot order suspension of the application of laws. (56)

In addition, it should be pointed out that pursuant to case law of the decisions adopted in the cases *Factortame* (1990-1991-1992), the *House of Lords,* in another ruling of March 3, 1994, in the *Equal Opportunities Commission and another v. Secretary of State for Employment* case, admits that any Court (and not just the House of Lords) can make a direct and general pronouncement, without any specific application, declaring that a Law of the British Parliament contradicts either community law, the Treaties, or any secondary law or any law derived from the preceding. (57)

C. Denmark

In the case of the incorporation of Denmark into the European Community there was no need for constitutional amendments, because since 1953 the Constitution had mandated the following:

> Article 20. 1. The powers invested in the authorities of the Kingdom under this Constitution may be delegated by a law, under the terms established in such a law, to specific international authorities created by virtue of an agreement adopted by reciprocal agreement with other States, in order to promote cooperation and international legal order.
>
> 2. To adopt a law project in this regard, a majority of five-sixths of the members of Parliament is required. If that majority is not reached, but the majority required to adopt ordinary law projects is reached, and the Government maintains the project, it will be submitted to the electors of Parliament for approval of rejection, under the rules specified in article 42 relating to referendums.

---

(54) See Anthony ARNULL, "La primauté du droit communautaire au Royaume Uni," *Revue française de droit administratif,* N° 6, Paris 1990, p. 985.

(55) See Jean-Claude MASCLET, *Les grands arrêts..., op. cit.,* pp. 81 and ff. *Cf.*, comments by Iñigo DEL GUAYO CASTIELLA, *op. cit.,* pp. 96 and ff.

(56) *Ibid.,* p. 986. Regarding the *Factortame* case see comments by E. GARCÍA DE ENTERRÍA, *La batalla por las medidas cautelares*, Madrid 1996, pp. 105 and ff.

(57) See comments by E. GARCÍA DE ENTERRÍA. "Un paso capital del derecho constitucional británico: el poder de los jueces para enjuiciar en el abstracto y con alcance general las leyes del Parlamento por su contradicción con el derecho comunitario (sentencia *Equal Opportunities Commission* de la Cámara de Lores, de 3 de marzo de 1994)", *Revista de instituciones europeas,* Vol 21, n° 3, Madrid 1994, pp. 745 and ff.

In this way, the Danish Constitution expressly established the transfer of powers to supranational entities, via a Treaty, with the possibility of having the transfer approved by a referendum.

With respect to the effects of community law, the Danish Constitution made no provision and, traditionally, the dualist concept was followed. However, Law N° 447 of October 11, 1972 on the accession of Denmark to the European Community, approved by referendum, in transforming the community legal system into internal law, established the following:

> Art. 3. 1. The provisions of the treaties referred to in article 4 are in effect in Denmark insofar as they are, according to community law, directly applicable in Denmark.
>
> 2. The same rule applies to act that, prior to Denmark's accession to the Community, were adopted by Community institutions and published in the *Journal Officiel des Communautes*.

According to all those provisions, the Danish judge, in the case of subsequent laws, applies the rule of interpretation wherein it is presumed that those laws have a content that in conformity with the Treaties; therefore, they should be interpreted in a way that eliminates all incompatibility. On the basis of the rule of presumption, the judge should presume that the legislator did not wish to enact a rule that would conflict with community law, and must give the local law a content that is in keeping with community law. (58)

6. Constitutional Amendments prior to the Accessions of the Eighties

In 1975, Greece requested accession to the European Community while Spain and Portugal made their requests in 1977. The Act of accession of Greece was signed on May 28, 1979, with Greece becoming the eleventh member of the European Community on January 1, 1981. Four years later, on June 12, 1985, the Acts of accession of Spain and Portugal were signed and the membership in the Community increased to twelve, as of January 1, 1986.

These three countries amended their constitutions in advance to constitutionally allow their accession to the European Community.

A. Greece

In 1975, Greece incorporated an article into its Constitution, which states the following:

> Article 28. 2. To address an important matter that is in the national interest and promote the collaboration with other States, it will be possible to attribute, by means of a treaty or international agreement, powers provided for in the Constitution to international bodies, although in order to ratify the treaty or agreement a law that has been enacted by three-quarters of all deputies, will be required.

(58) See Henrik VONS HOLSTEIN, "Le droit communautiare dans le système jurisdique danois," *Revue française de droit administratif*, n° 6, Paris 1990. pp. 962-964.

> 3. Greece will freely proceed, by means of a law voted on by the absolute majority of all deputies, to limit the exercise of national sovereignty, insofar as such limits are imposed by a matter of significant national interest; do not violate human rights and the foundations of the democratic system; and are effected on the basis of principles of legality and under conditions of reciprocity.

In addition, the same article of the Constitutions establishes that:

> Article 28. 1. Generally accepted standards of international law, as well as international agreements, from the date they are ratified by Law and go into effect pursuant to their respective provisions, are an integral part of internal Greek law and take precedence over any provision of a contrary law.

Despite certain indecisiveness and some confusion, these provisions of the Constitution have led Greek courts to acknowledge the precedence of community law over internal law. (59)

B. Spain

The Spanish Constitution of 1978 makes the following provision:

> Article 93. Through an Organic Law the celebration of treaties that grant an international organization or institutions the exercise of powers derived from the Constitution may be authorized. It is the responsibility of Parliament or Government, depending on the case, to guarantee compliance with these treaties and with the resolutions issued by international or supranational organizations that have been granted those powers.

The Constitution added the following in article 96.1:

> Validly signed international treaties, once officially published in Spain, will form a part of the internal system of laws.

The position of treaties in the internal system of laws was not clearly resolved by the Spanish Constitution, but the precedence of community law over the law of the countries was accepted, based on the attribution and exercise of powers by Community bodies and, in addition, based on the constitutional provision of article 96.1, which states that treaties cannot be repealed, amended or suspended by national laws, except in the manner provided for in the treaties themselves, or in accordance with the general standards of international law. (60)

C. Portugal

In the case of Portugal, the following regulations were incorporated into the Constitution of 1982 which was subsequently revised in 1989:

---

(59) See Cassilios CHRISTIANOS, "Les juridictions helléniques face à la primauté de droit communautaire," *Revue française de droit administratif,* n° 6, Paris 1990, pp. 969 to 972.

(60) See Miguel Ángel ALEGRE MARTINEZ, *op. cit.*, pp. 126 and ff.; José Manuel SOBRINO HERRERA, "La reception et la place dans l'ordre jurisdique espagnol des normes conventionelles internationales et des actes normatifs des organisations internationales," *Revue française de droit administratif,* n° 6, Paris 1990, pp. 965 and ff.

Article 7.5. Portugal participates in reinforcing the European identity and in intensifying the consolidation of actions of the European Nations in favour of peace, economic progress and justice in relations among the countries.

Article 8. 1. The regulations and principles of general or common international law are an integral part of Portuguese law.

2. The regulations that appear in regularly ratified or approved international conventions are incorporated into the internal system of laws of the country as soon as they are officially published and remain in effect while they bind the Portuguese State internationally.

3. The regulations enacted by the competent bodies of international organizations in which Portugal participates, are directly incorporated into the internal system of laws of the country, provided that this is foreseen in the constitutive treaty.

In addition to expressly foreseeing the transfer of powers, the regulation, much like the case of Spain, regulates the precedence of community law with direct effects, in the internal system of laws, more than its applicability. Different decisions have been adopted by national courts regarding the application of community law, but without really resolving the topic of precedence. The Constitutional Court, in its decision of February 1, 1989, even declared unconstitutional some articles of a national law enacted in executing certain community laws. The Court maintained that it has the authority to exercise control over the constitutionality of the internal application of regulatory provisions, since they are internal laws that are regulated by the Constitution of Portugal insofar as jurisdiction and the form of elaborating them are concerned.[61]

Based on the preceding analysis it may be stated that in these three cases, constitutional reform took place before the countries joined the European Community. Therefore, the regulations were adopted with an eye to the integration of those countries into the Community, so that they allowed the creation of supranational bodies and the transfer to them of powers and competencies of national constitutional bodies, as well as the immediate application of community law.

II. THE CONSTITUTIONAL QUESTIONS DERIVED FROM THE MAASTRICHT TREATY (1992) AND FROM THE AMSTERDAM TREATY (1997)

1. Constitutional Impact of the European Union's 1992 Maastricht Treaty

On February 7, 1992, at Maastricht, the Member States of the European Community signed the Treaty of the European Union. The ratification process of the Treaty, because of its innovative content, led to constitutional debates in

(61) See Arnaldo PINTO, "L'application du droit communautaire au Portugal", *Revue française de droit administratif*, nº 6, Paris 1990, pp. 983-984.

almost all the countries of the European Community. In many of them, new constitutional amendments were needed, while in others the political decision regarding the Treaty was submitted to a referendum, and still yet in others, the Constitutional Courts decided regarding unconstitutional actions and actions for judicial review relating to the Treaty that left the road open to advancing the process.[62]

In other words, because the "transfer of powers from national entities to community entities constitutes the very essence of the community order,[63] the Maastricht Treaty gave birth to the constitutional debate regarding regional integration, particularly as regards the boundaries of existing constitutional authorizations and the transfer of powers. The debate also revolved around whether or not the Member States could, with those authorizations, transfer any of their powers, including those that are essential to a nation's sovereignty. The first constitutional issue then centred on the acknowledgment of the right of residents of other Member States of the Union to actively and passively vote in municipal elections, an issue which touches on one of the essential political rights of any democratic nation. In the second place, there was a constitutional debate generated by the provisions of the Treaty of the European Union regarding a common economic policy and the requirement imposed on Member States to implement their policies in keeping with those of the Union. This latter issue implies an essential limitation on monetary policy if a Central Bank of Europe and a sole European currency exist. In these cases, as the French Constitutional Council pointed out in Decision 92-308 of 4-9-92, despite the existence of constitutional clauses that accepted the transfer of competencies to supranational bodies, as for example the Preamble to the French Constitution of 1946, repeated in the Preamble to the Constitution of 1958, the amendments implied that "a member State would be stripped of its own powers in an area in which the essential conditions of the exercise of national sovereignty are at stake," meaning that, in order to be accepted, a reform of the French Constitution was required before the Treaty could be ratified.[64]

Although the debate was more general and determining in Germany and France, it did not have uniform constitutional repercussions in all of Europe.[65]

---

(62) See, Jean-Claude MASCLET and Didier MAUS (dir), *Les Constitutions nationales à l'épreuve de l'Europe, cit.;* G. GOYARD (dir), *Les Constitutions et l'Europe*, Paris 1992; M.F. LABOUZ (dir), *Les accords de Maastricht et la Constitution de l'Union Europeene*, Paris 1992; *Revue française de droit constitutionnel,* nº 12 (Les Constitutions européenes et le Traité de Maastricht), Paris 1992.

(63) See Didier MAUS, "Synthèse" in Jean-Claude MASCLET and Didier MAUS (dir) *Les Constitutions nationales..., op. cit.*, p. 229).

(64) See the text in Jean-Claude MASCLET, *Les grands arrêts..., op. cit.,* pp. 119 and ff. Also see Bruno GENEVOIS, "Note," *Revue française de droit administratif,* 1992, p. 373.

(65) Santiago MUÑOZ MACHADO, *La Unión Europea y las mutaciones del Estado*, Madrid 1993, pp. 27 and ff.

A. Netherlands

In some countries it was thought that the Maastricht Treaty could be ratified without the need for constitutional reform, since the constitutional clauses that allowed for the transfer of powers to supranational bodies covered the new amendments of the European Union. This was the case of the Netherlands, where, as Professor de Witte points out, the Constitution imposes no substantial limits on authorizing the transfer of competencies to supranational organizations, which, in any event, are approved by Parliament and the notion of sovereignty, from the juridical point of view, cannot be used to establish any limits. (66) Moreover, in the case of the Maastricht Treaty, although the Dutch Constitution establishes the requirement of parliamentary approval, with a higher majority in the case of Treaties containing provisions that repeal or lead to a repeal of Constitutional regulations (art. 91.3); nonetheless, it was not considered necessary to resort to that procedure of a "simplified revision" of the Constitution and the Treaty was approved by a simple majority.

In all cases and in spite of debates, it was considered that with respect to economic and monetary policy, the constitutional reserve for the legislator (art. 106) allowed for the transfer of competencies to the Community, and as to expanding the right to vote in municipal matters, the Dutch Constitution had already granted foreigners that right since 1983. (67)

B. Belgium

In the case of Belgium, although the Council of State had determined that it would be inadvisable to approve the Treaty of the European Union before revising Article 4, ordinal 2 of the Belgian Constitution, which reserved the exercise of political rights for Belgians, based on article 25 of the same Constitution which broadly authorizes the possibility of the transfer of powers to supranational entities, the Treaty of Maastricht was ratified without first reforming the Constitution. That reform has been considered indispensable. (68)

C. United Kingdom

There was a similar constitutional situation in the United Kingdom. The ratification of the Maastricht Treaty was achieved with a parliamentary modification of the *European Communities Act* 1972, by inserting into the latter, a reference to the European Union Treaty and its protocols. This too occurred with the *European Communities (amendment) Act 1993* and with the *European*

(66) *Rapport…, cit.*, p. 5.

(67) *Ibid.*, pp. 4-5

(68) See Jean-Claude MASCLET, "Rapport introductif" and Francis DELPEREE, "Belguique" in Jean-Claude MASCLET and Didier MAUS, *Les Constitutions nationales…, op. cit.*, pp. 9 and 34.

Union (accessions) Act 1994. Although at Maastricht the United Kingdom had negotiated important protocols that exempted the United Kingdom from going on to the third phase of Economic and Monetary Union and from applying its social policies, the Treaty ratification process in this country was slow and complex. It was voted on 76 times in Parliament, and each time the constitutional topic was addressed with proposals on the need for a referendum to ratify the Treaty. As Professor Bridges points out, referendums have never been a part of British constitutional law or practice (except with respect to local or regional matters) because, usually, General Elections resolve the problems of popular support. (69) In certain cases, however, if a topic has not been debated in General Elections, as was the case of the United Kingdom's membership in the European Community, politically a referendum was promised and took place in 1975, but was purely of a consulting nature. (70) The topic of the referendum was again broached in 1993, but did not amount to more than a political debate.

It should be pointed out, nonetheless, that with the ratification of the Treaty of the European Union of 1992, after the signing of the treaty, the United Kingdom passed the *European Communities (amendment) Act* 1993, which declared certain titles and Protocols of the Treaty to be subject to the *European Communities Act* 1972, and also approved the increase in the powers of the European Parliament. The government's intention to ratify the Treaty was challenged by way of judicial review by Lord Rees-Mogg before the *High Court*, where the most important questions of British constitutional law were aired dealing with the power to ratify treaties without the approval of Parliament. The *High Court*, in its decision of July 30, 1993, dismissed the appeal basing its arguments on the fact that Parliament had approved the Maastricht Treaty and that the questioned Protocol was part of the Treaty. (71)

D. Denmark

In other countries, the constitutional topic of the Maastricht Treaty was resolved by consulting with the people and by voting. In Denmark, accession to the European Community had been approved by referendum (10-2-72). Another referendum was held on June 2, 1992 in which 50.7% of the Danish people voted against ratifying the Maastricht Treaty. But the following year, after the reservations of Denmark had been accepted (sole currency and defence policy), yet another referendum was held on May 18, 1993 in which 56.8% of the Danish people voted in favour of the Treaty.

In any event, from the constitutional point of view it could be said that the provisions of article 20 of the Danish Constitution that permit the transfer of

---

(69) *Ibid.*, p. 13.

(70) *Ibid.*, p. 15.

(71) See the reference to the case *R. v. Secretary of State for Foreign and Common Wealth Affairs*, ex parte Rees-Mogg, (1994) 1 All ER 457, Cd, eb J.W. BRIDGE, *Rapport..., cit.*, p. 43 and ff.; and in Iñigo DEL GUAYO CASTIELLA, *op. cit.*, pp. 54 to 65.

powers to supranational entities are sufficiently broad to provide a basis for the ratification of the Treaty of Maastricht.(72)

E. Spain

In other countries, however, the Constitution had to be amended before ratifying the Maastricht Treaty. This was the case in Spain where the Maastricht Treaty was first submitted by the government representative to the Constitutional Court (art. 95 of the Constitution) for review of constitutionality to determine whether or not there was a need to modify the Constitution prior to ratifying the Treaty of the European Union, but the constitutional debate was confined to article 13.2 of the Constitution which limited the passive right of Spaniards to vote and did not grant that right to foreigners. This was contradictory to article 8B, item 10 of the Maastricht Treaty, which made citizens of the Union both electors and candidates in municipal elections.

The Spanish Constitutional Court, in its decision of July 1, 1992, in analysing article 93 of the Constitution which authorizes the transfer of competencies to supranational bodies, emphasized that the authorization was basically limited by the Constitution itself, and that "the words of the Constitution cannot be contradicted except by an express amendment." Thus, the Constitutional Court ruled that article 93 of the Constitution could not be a mechanism for informally amending the Constitution by stating:

> Moreover, article 93 of the Constitution would also be unsuitable for use as an instrument to contradict or rectify mandates or prohibitions contained in the basic regulation because that precept is neither the legitimate channel for an "implicit or tacit" constitutional amendment, nor could such a contradiction of constitutional imperatives, through the treaty, be called an attribution of the exercise of competencies in coherence with the article.

The Court subsequently ratified this opinion by indicating:

> By virtue of article 93, Parliament can, in summary, assign or grant the exercise of "competencies derived from the Constitution." *They may not avail themselves of the Constitution itself and cannot countermand, nor allowing its determinations to be countermanded, because the power of constitutional review is neither a "power" whose exercise may be assigned, nor does the Constitution permit its own amendment by channels other than its Title X*; that is, through procedures and guaranties therein established and by the express *amendment* of the text. This is the conclusion we must reach pursuant to article 95.1 and it should be stressed that the operation that consists of exempting constitutional statements by means of a treaty (...) was proposed but not accepted in the constituent process (art. 55.3 of the Constitution Project, and with another scope, amendment number 343 to the Constitution Project, submitted to the Senate).

---

(72) See Hjalte RASUMUSSEN, "Danemark" in Jean-Claude MASCLET and Didier MAUS (dir), *Les Constitutions nationales..., op. cit.*, p. 41.

As for the Treaty issue of making citizens of the European Union equal in standing with Spanish citizens so that they can participate in municipal elections, the Court stressed that rights such as passive suffrage:

> … Can only be granted to foreigners by amending the Constitution. This constitutional limitation would disappear –and with it the very binding force of the Constitution– if (…) the legislator could coin or stamp nationalities *ad hoc* for the sole and exclusive purpose of eluding the validity of the limitation contained in article 13.2. EC.

The Court ended by saying that there is a contradiction between the community precept and article 13.2 of the Constitution that is "unyielding via interpretation," therefore:

> The only means available under the Law to overcome this antinomy and to ratify or sign that treaty are, thus, the means provided by the Constitution in article 95.1: prior revision of the part of the basic regulation that today imposes the conclusion reached in this statement. (73)

Because of the decision of the Constitutional Court, the Constitution was amended so that it would acknowledge the "right to passive suffrage in municipal elections for a generic set of individuals (nationals of other Member States of the European Community) who are not Spanish citizens." (74) The amendment was passed and the words "and passive" were added to the expression "active suffrage" in article 13.2, and Spain ratified the Treaty. (75)

As a result, the regulation contained in article 13.2 was drafted as follows:

> Article 13.2. Only Spanish citizens are entitled to the rights acknowledged in article 23, except for the provisions that a treaty or law can establish regarding the active and passive right to suffrage in municipal elections, by virtue of reciprocity criteria.

However, in spite of the simplified reform of the Spanish Constitution, which was reduced to the issue of the right to vote of European citizens, the constitutional effect of the ratification of the Treaty of Maastricht has been deemed to be more far reaching(76) because it affects other constitutional issues that were not included in the Spanish debate. Among these issues, without a doubt, is the limitation of autonomous communities as a result of the transfer of powers.

F. Luxembourg

As a result of the Maastricht Treaty, although the Constitution of Luxembourg, since its reform in 1956, has a provisions (article 49 bis) that permits the transfer

---

(73) See the text of the decision in *Revista de instituciones europeas,* Vol. 19, nº 2, Madrid 1992, pp. 633-655.

(74) *Ibid.,* p. 654.

(75) See general references to the Spanish case, Francisco RUBIO LLORENTE, "La Constitution espagnole et le Traité de Maastricht", *Revue française de droit constitutionnel,* nº 12, Paris 1992, pp. 651 and ff. ; Antonio LOPEZ CASTILLO, *Constitución e integración* , Madrid 1996.

(76) See Santiago MUÑOZ MACHADO, "Espagne" in Jean-Claude MASCLET and Didier MAUS (dir), *Les Constitutions nationales…, op. cit.,* pp. 51 and ff.

of powers reserved by the Constitution for the legislative, executive and judicial branches to international entities, there was also a need for constitutional reform in order to grant citizens of the European Union the right to vote in municipal elections. However, the Council of State in its opinion of 5-27-92 did not consider that attribution of article 8B of the Treaty of Maastricht contrary to articles 52 and 107 of the Constitution.[77]

Nonetheless, in spite of many constitutional discussions, the Treaty of Maastricht was ratified and the Constitution was reformed.[78]

G. France

In other countries like France and Germany, the constitutional debate was more intense because it was not confined exclusively to the aspects relating to the passive right of suffrage in municipal elections, but also to other matters such as accepting the powers of the European Central Bank and regulations concerning the issuing of money.

The case of France is noteworthy because the debate regarding the compatibility of the Maastricht Treaty and the Constitution took place while the Treaty was being discussed, even within the government, particularly in relation to the vote for foreigners in municipal elections and the issues of the transfer of sovereignty. One month after the Treaty was signed, on March 11, 1992, the President of the Republic requested prior judicial of the constitutionality of the Treaty by the Constitutional Council, in order to determine whether the constitutional commitments assumed by way of the Treaty might conflict with the Constitution, and whether or not authorization for the ratification of the Treaty should be preceded by a revision of the Constitution.

The Constitutional Council issued its decision DC Nº 92-308 on April 9, 1992 (known as Maastricht 1), declaring that certain clauses of the Treaty not only conflicted with the 1958 Constitution, but also threatened national sovereignty and, therefore, a prior amendment of the Constitution would be indispensable.[79]

In fact, the Constitutional Council was of the opinion that granting the passive right of suffrage to foreigners violated the Constitution because, in France, local elected official constitute the electoral body of the Senate. As for the clauses of the Treaty regarding economic and monetary union, the Constitutional Council determined that:

---

(77) See Marc THEWES, "Luxembourg", in Jean-Claude MASCLET and Didier MAUS (dir), *Les Constitutions nationales…, op. cit.*, p. 193.

(78) See Didier MAUS, "Synthèse," in Jean-Claude MASCLET and Didier MAUS (dir), *Les Constitutions nationales…, op. cit.*, p. 230.

(79) A detailed commentary on the decision appears in Joël RIDEAU, "France", in Jean-Claude MASCLET and Didier MAUS (dir), *Les Constitutions nationales…, op. cit.*, pp. 67 to 107.

> The creation of a similar objective would translate into putting into practice a monetary policy and a sole exchange rate policy under such modalities that a member State would be stripped of its competencies, in an ambit in which the essential conditions for exercising national sovereignty are being considered. (80)

The Constitutional Council concluded by stating its opinion that the Treaty was unconstitutional because it threatens national sovereignty, and by acknowledging that simple Treaties cannot transfer "the competencies that are a part of the essential conditions for sovereignty" to supranational bodies. In this way, the constitutional clause of the Preamble, related to the transfer of powers was considered to be limited, in the sense that there were matters reserved for the domain of sovereignty.

The result of the decision of the Constitutional Council was the approval of Constitutional Law of revision N° 92-554, of June 25, 1992, that incorporates Title XVI regarding "European Community and the European Union" into the Constitution. The contents of that section are equivalent to those of the Maastricht Treaty that had been considered unconstitutional, and the previously mentioned law also reformulated articles 2, 54 and 74. (81)

The aforementioned Title begins with article 88-1, which reads as follows:

> The Republic participates in the European Community and in the European Union that is made up of States that have freely elected, by virtue of the Treaties that have instituted them, to jointly exercise certain of their powers.

Regarding the most debated topics, article 88-2 established the following with respect to the third phase of the monetary Union and the common visa policy:

> Under the reciprocity reserve and the modalities of the Treaty signed on February 7, 1992 for the European Union, France agrees to transfer those powers needed to create the European Economic and Monetary Union, as well as to determine the provisions for the passage across the external borders of the member States of the European Community.

Article 88-3, on the other hand, regulated the matter of local elections and repercussions in the Senate, thus:

> Under the reciprocity reserve and the modalities of the Treaty signed on February 7, 1992 for the European Union, the right to active and passive suffrage in municipal elections may be granted to citizens of the Union, residing in France. These citizens may not hold the office of Mayor or Assistant, nor participate in appointing electors for the Senate, or take part in electing members of the Senate. In this regard, the provisions of the Law with the same text approved by both Chambers will take precedence.

On August 14, 1992, exercising the power granted by the amendment made in article 54 of the Constitution as to the competency to request the required judicial review of constitutionality, a group of Senators again requested a pronouncement from the Constitutional Council regarding the conformity of the Maastricht Treaty with the amended Constitution. In its decision DC N° 92-312 of September

---

(80) See in Jean-Claude MASCLET, *Les grands arrêts…, op. cit.*, pp. 119 and ff. See also in Oliver BEAUD, "La souveranité de l'Etat, le pouvoir constituant et le Traité de Maastricht", *Revue française de droit administratif*, n° 6, Paris 1990, pp. 1045 and ff.

(81) Regarding constitutional review see Joël RIDEAU, *op. cit.*, pp. 107 to 125.

2, 1992 (Maastricht 2), the Constitutional Council was of the opinion that the Treaty of the European Union contained no clauses that might conflict with the Constitution and that it could be immediately ratified by means of a ratifying Law. [82] That Law was submitted for ratification in the referendum convened by Decree of July 1, 1992, of the President of the Republic, which took place on September 21, 1992 and was approved by a scant margin (51.40%). In addition, the Constitutional Council rejected controlling the constitutionality of the law in its decision of September 23, 1992 (Maastricht 3).

The following year, toward the end of 1993, a new constitutional amendment was approved in France at the time that the *Schengen* Agreements on control of passports were to be applied.

It is important to point out that the first of the decisions of the Constitutional Council regarding the Treaty of the European Union of April 9, 1992 (Maastricht 1), continued with the doctrine already established in decision DC N° 85-188 of May 22, 1985 (regarding additional Protocol N° 6 to the European Convention on Human Rights) by stating that it "did not affect the essential conditions for exercising national sovereignty." [83] Specifying the articles of reference for judicial review of constitutionality by the Constitutional Council, that are only not only limited to authorizing the Preamble dealing with the limitation or transfer of powers to supranational entities, but also with the exercise of sovereignty. The Maastricht 2 decision of the Constitutional Council stated the following:

> As a result of these texts of constitutional value (Declaration of Human Rights of 1789, Preambles to the Constitutions of 1946 and 1958, and a number of articles of the Constitution of 1958) respect for national sovereignty does not preclude that, based on the aforementioned provisions of the Preamble of the Constitution of 1946[84], France may conclude, under the reciprocity reserve, international commitments, with a particular view to the creation and establishment of an independent international organization with its own decision-making powers, as a result of the *transfer of powers* agreed to by the Member States. However, if international commitments signed for this purpose contain a clause that is contrary to the Constitution or that *infringe the essential conditions for the exercise of national sovereignty,* authorization to ratify them requires constitutional review. [85]

H. Federal German Republic

The case of Germany is worthwhile mentioning where the debate regarding the constitutionality of the Maastricht Treaty was very intense leading to the amendment of the Bonn Constitution.

---

(82) See text in Jean-Claude MASCLET, *Les grands arrêts..., op. cit.,* pp. 119 and ff. See also in Bruno GENEVOIS, "Le Traité sur l'Union Européenne et la Constitution révisée. A propos de la décision de Conseil Constitutionnel N° 92-312 DC du 2 Septembre 1992," *Revue française de droit administratif,* N° 9, Paris 1992, pp. 1007 and ff. See comments regarding this decision in Joël RIDEAU, *op. cit.,* pp. 125 to 134.

(83) See reference in J. DUTHEIL DE LA ROCHERE, *Rapport..., cit.,* p. 10.

(84) "Under the reciprocity reserve, France, (is) aware of the limitations to sovereignty required for the organization and defense of peace."

(85) See reference in J. DUTHEIL DE LA ROCHERE, *Rapport..., cit.,* p. 10.

In contrast to the Spanish and French constitutional systems, the Bonn Constitution does not provide for prior judicial review of the constitutionality of Treaties by the Federal Constitutional Court. Therefore, despite the broad clause for transferring power to supranational bodies (art. 24) and after a long and important political debate, Parliament decided that the Constitution ought to be amended to expressly authorize the transfer of competencies that the Maastricht Treaty implied.

The required amendment, in the first place, affected article 28 of the Constitution to ensure the active and passive right to vote for citizens of the Union, as required by article 8-B.1 of the Treaty, and in the second place, it also affected article 88 of the Constitution that regulated the Federal Bank (*Bundesbank*), in order to ensure the monetary policy of the European Union. But, in addition, it was also deemed advisable, from the constitutional point of view, to add scope to the provisions of article 24.1 of the Constitution, which regulated the transfer of powers to supranational entities, in order to establish a specific mechanism to allow the Federal Republic to participate in the European Union designed by the Maastricht Treaty, which was and is capable of reaching levels of development and depth that even exceed those established in the Treaty. Therefore, a few weeks after the passing, on December 18, 1992, of the ratification Law for the European Union Treaty, the Law amending the Bonn Constitution went into effect on December 21, 1992.

As for the transfer of powers, that Law incorporated a new article 23 which, in addition to regulating the impact of regional integration on the *Länder*, stated the following:

> Article 23. 1. In order to contribute to achieving a united Europe, the German Federal Republic participates in the development of the European Union, which is bound by the principles of a Social and Democratic State, as well as by the federal and subsidiarity principle, and guarantees protection of fundamental rights on a level essentially comparable to that guaranteed by this Constitution. To this effect, the Federation may grant the exercise of sovereign rights by law and with the consent of the Federal Council. Article 79.2 and 79.3 apply to the founding of the European Union, as well as to the modification of its founding Treaties and to other analogous regulations, whenever there is an amendment made in the text of the Constitution, or when such an amendment is possible.
>
> 2. Both the Federal Diet and the *Länder* participate through the Federal Council in matters that are specific to the European Union. The Federal Government will have to report to the Diet and the Federal Council, in a general manner and as soon as possible...

The constitutional amendment also incorporated a new section 1 a) into article 24 which states:

> Insofar as the *Länder* have jurisdiction to exercise public powers and functions, with the consent of the Federal Government, they can attribute the exercise of sovereign rights to institutions that function across borders (*grenznachbarshfliche Einrichtungen*).

And a new paragraph was included in article 28 addressing the subject of passive suffrage by citizens of the Union in legal elections, establishing the following:

> In elections held by local supra-municipal authorities (*Kreise*) and within the municipalities (*Gemeinden*) those individuals who are nationals of Member States of the European Community will also be electors and may be elected under Community law.

While article 88 adds the following text which deals with the creation of the *Bundesbank*:

> Within the framework of the European Union the functions and powers (of the *Bundesbank*) may be attributed to the Central Bank of Europe which must be independent and strive to ensure price stability as its principal objective.

The law of revision also introduced other amendments to articles 45, 50, 52.3, 115,e, 2 second paragraph of the Constitution.

In this way, constitutional reform in Germany, which reflects the "constitutional nature of the integration process," (86) as in France, provided for the participation of the Federal German Republic in the European Union through the Constitution, but with certain reservations, such as those derived from the principle of the Social and Democratic State, protection of fundamental rights, the federal principle, the principle of subsidiarity and the independence of the Central Bank of Europe. (87)

After constitutional reform, the Ratification Law of the Treaty of the European Union was signed on December 28, 1992.

Different actions for judicial review were filed before the Federal Constitutional Court against that Ratification Law and the constitutional amendment Law of December 21, 1992. The Federal Constitutional Court, in its decision of October 12, 1993, resolved the questions by declaring that the Ratification Law was not unconstitutional and it was deposited only after the Court's decision was adopted.

The Federal Constitutional Court considered that the Treaty of the European Union had created an Association or Union of States to pursue an increasingly closer rapprochement with the countries of Europe, rather than a State, headquartered in a European country organized according to the state structure. The aforementioned Treaty would respect the independence and sovereignty of its Member States, and the public authority exercised by the communities would be derived from the assignment of the exercise of that power by the Member States, while the sovereign States, if they so desired, could also revoke that authority by availing themselves of the right inherent to any sovereign State to denounce constituent Treaties.

As a result, the European Union is definitely a creation of the constitutional laws of its Member States, as manifested by the decision, which declares:

---

(86) See Ingolf PERNICE, *Rapport..., cit.*, p. 12.

(87) See Ingolf PERNICE, *Rapport..., cit.*, p. 13; Mariano BACIGALAPO, "El impacto del Tratado de la Unión Europea in la reforma constitucional alemana de 21 de diciembre de 1992: el nuevo artículo de la Ley Fundamental de Bonn", *Revista española de derecho constitucional*, nº 39, Madrid 1993, pp. 161 and ff.

> The fact that an association of States such as the European Union assumes sovereign powers is the result of the authorization granted for this purpose by the sovereign States, regularly acting in the international sphere through their respective governments, thereby orienting the integration process. This exercise of public power is, therefore, first determined by the power of the government. Consequently, a community public power of this type depends, from the very beginning, on the declared willingness of each of the countries of the community and may therefore be considered democratic. [(88)]

It follows then that the democratic legitimacy of the Union has been provided by the national Parliaments and, therefore, the integration process is definitely rooted in the national Constitutions, consolidating the idea of State sovereignty, which imposes insurmountable limits on the assignment of powers.

The decision of the German Federal Constitutional Court, on the other hand, affects the principle established by the European Community Court of Justice regarding the relationship between community and national laws, by considering them to be two different legal orders, denying the Constitutional Courts the power to review the validity of community law from the point of view of fundamental rights. As Professor Francisco Rubio Llorente points out,

> Once these principles have been included in the national Constitutions, it is difficult to maintain this distinction and with it the theory of the lack of jurisdiction of national Courts, which the German Federal Constitutional Court has emphatically denied, thereby revoking its own prior case law. [(89)]

In fact, in its decision of October 12, 1993, the Federal Constitutional Court reserved for itself the power (in order to more closely review, than in preceding years, the compatibility of derived community law with national fundamental rights) of also verifying whether community juridical acts respect or exceed the limits of the assigned sovereign rights. As a result, what the Federal Constitutional Court has definitively reserved is the authentic review of community laws from the jurisdictional point of view, confined of course to the scope of the sovereignty of the German State. [(90)]

I. Portugal

The case of Portugal should also be mentioned, where constitutional reform was required before accession to the Maastricht Treaty[(91)] and where the following modifications were implemented.

A new paragraph 6 was added to article 7, which reads:

(88) See Torsten STEIN, "La sentencia del Tribunal Constitucional Alemán sobre el Tratado de Maastricht", *Revista de instituciones europeas,* Vol 21, nº 3, Madrid 1994, pp. 745 and ff.

(89) *Op. cit.*, p. 732.

(90) See Mariano BACIGALAPO, "La constitucionalidad del Tratado de la Unión Europea en Alemania (la sentencia del Tribunal Constitucional Federal de 12 de octubre de 1993" *Gaceta Jurídica de la C.E. y de la Competencia,* nº 21, Madrid, April 1994, p. 40.

(91) See María Luisa DUARTE, "Portugal," in Jean-Claude MASCLET and Didier MAUS (dir), *Les Constitutions nationales..., op. cit.,* p. 211.

> Article 7.6: Under conditions of reciprocity, with respect to the principle of subsidiarity and in view of the economic and social cohesion, Portugal may subscribe agreements relating to the common exercise of powers needed to create the European Union.

And a new paragraph 5 was added to article 15 with the following text:

> Article 15.5. Under conditions of reciprocity, the Law may attribute to citizens of the Member States of the European Union residing in Portugal, the right to elect and be elected a deputy to the European Parliament.

While Article 105 of the Constitution was modified to state:

> Article 105. The Bank of Portugal, as a national central bank, collaborates in defining and implementing the monetary and financial policy and in issuing the currency, pursuant to Law.

And letter f of article 166 provides that:

> Article 166. The Parliament of the Republic, together with other institutions:
>
> f) Shall, pursuant to law, follow-up on and observe the participation of Portugal in the process of creating the European Union.

Whereas article 200, 1, letter I, indicates that:

> Article 200, 1. The government, in exercising its political functions shall:
>
> i) Present to the Parliament of the Republic, in a timely manner and pursuant to the provisions of letter f) of article 166, the information relating to the process of creating the European Union.

The opinion of the Parliamentary Commission on constitutional matters provided the basis for these constitutional reforms, which unanimously agreed that there was a contradiction between certain articles of the Constitution and certain clauses of the Maastricht Treaty, necessitating the modification of some articles of the Constitution so that the Treaty could be ratified. (92)

2. Constitutional Reforms prior to the Accessions of 1995: Austria, Finland and Sweden

A. Conditions for Accession

Since its founding, the European Community was conceived of as an open organization so that, according to the CECA Treaty, any European State could request accession, a concept that was included in article 237 of the European Community Treaty and in article 205 of the EURATOM Treaty. When the Treaty of the European Union went into effect, article 237 was replaced by article 0 with identical contents.

---

(92) See Jorge MIRANDA, "Portugal" in Joël RIDEAU (dir), *Les Etats membres de l'Union Européenne. Adaptations, mutations, resistance,* Paris 1997, p. 392.

The request for accession must be unilaterally formulated by the States before the European Council and must be analysed by the Commission in light of the overall possibilities and problems of the petition. In 1993, in Copenhagen, the European Council specified: the criteria to which the Commission should adhere in elaborating the provisional decision. Those Copenhagen criteria reflect the economic and political conditions needed for accession, although they do not offer a detailed list of conditions nor objective valuation parameters. The Council has determined that compliance with the following criteria is required:

> 1) Democratic and institutional stability (rule of law, multi-party system, human rights, protection for minorities, pluralism, etc.); 2) well-functioning market economy to confront the pressure of internal market competition; 3) capacity to assume the rights and duties derived from the legal system of the European Union; 4) acceptance of the objectives of the political union and of the economic and monetary union (EMU); 5) capacity to admit new Member States without affecting the dynamics of integration.

Without a doubt, this last point reflects the principal interest of the Union of preserving its legal system and safeguarding the realistic prospect of a subsequent in-depth examination of the integration process.

At the Madrid Summit, the European Council also pointed out the need for establishing the prior conditions for the gradual and harmonious integration of associated countries, specifically by developing a market economy, *adapting their administrative structures and by creating stable economic and monetary conditions.*

Of course, among the institutional conditions that each country must comply with in order to assume the rights and duties derived from the legal framework of the European Union, are *the constitutional requirements of the regional integration process* that have been complied with in each of the 15 Member States of the European Union, and with which the countries requesting accession are complying.

In this context, Sweden submitted its candidacy for accession to the European Community in 1967 and reiterated its petition on July 1, 1991, while Austria requested membership in the European Community on July 17, 1989, and Finland did likewise on March 18, 1992.

Negotiations for the accession of Norway, Austria, Finland and Sweden were concluded on March 16, 1994, but again, when a vote was taken in Norway on November 27-28, 1994, 52.2% of Norwegians voted against Norway's participation in the European Union. In Austria, in the referendum of June 12, 1994, 66.4% of Austrians voted in favour of accession to the European Union; in Finland, 57% of its citizens voted for accession to the European Union in the referendum of October 16, 1994, and in Sweden, 52.2% voted in favour of the country's accession to the European Union in the referendum of November 13, 1994. Consequently, on January 1, 1995, Austria, Finland and Sweden became Member States of the European Union thereby increasing the membership to 15. But before this could take place, as in the case of all the other Member States, they had to reform and adjust their Constitutions to the requirements of regional integration and of the European Union, particularly the Maastricht Treaty.

B. Austria

In the case of Austria, accession to the European Union took place as a result of the Constitutional Act that was approved by referendum on June 12, 1994, and which authorized the competent constitutional institutions to conclude the Treaty for accession to the European Union.

Accession to the European Union thus provoked the most decisive and important modification of the Austrian Constitution since 1920, because in addition to the Federal constitutional law regarding accession by Austria to the European Union (BGB1 N° 744/1994), the Federal constitutional law for the amendment of the Federal Constitution (BGB1 N° 1013/1994) was also passed incorporating new articles 23 a) to 23 f) and 151 relative to the European Union.(93)

C. Finland

The Constitution of Finland is globally integrated by four Acts of Parliament: the Constitution Act of 1919; the Parliament Act of 1928; The Ministerial Responsibility Act of 1922 and the Act on the High Court of Impeachment of 1922. None of the aforementioned Acts includes written provisions regarding the possibility of transferring legislative, judicial or executive powers to an international organization or a supranational body, and in relation to international law, section 33 of the Constitution Act establishes that the President must, before ratifying a treaty, seek the active approval of Parliament if the treaty in question contains "provisions within the Legislative Sphere". (94)

But the Constitution Act (Section 95) and the Parliament Act (Section 94) include a provision on the possibility of making exceptions to the constitutional enactments, through the procedure prescribed for amending the Constitution itself; therefore, the legislator has the power to enact Acts of Parliament which clearly stand in conflict with the Constitution, provided that a sufficient qualified majority is reached. An exceptive enactment is approved in the same procedure as amendments to the Constitution, regulated in Section 67 of the Parliament Act. (95)

As a consequence of the constitutional provisions, exceptive enactments have not been an exceptional phenomenon in Finnish political life (between 1919 and 1995) and altogether 869 exceptions to the Constitution were enacted through this procedure. This system of exceptive enactments provides an explanation for the fact that also international Treaty that conflict with the Constitution can be made. In this case, a modified procedure is used. In effect, according to Section 69,

(93) See Patrick SCHULZ, "Austriche" in Joël RIDEAU (dir), *Les Etats membres de l'Union Européene. Adaptations, mutations, resistances,* Paris 1977, pp. 43 to 46.

(94) See Martin SCHEININ, or Tuomas OJANEN, "Finland", in Joël RIDEAU (dir), *Les Etats Membres..., op. cit.*, p. 186.

(95) *Ibid.*, p. 186.

subsection 1 of the Parliament Act, a majority of two-thirds of the votes cast is sufficient for approving an Act of Parliament that incorporates into domestic law an international treaty that is in conflict with the Finnish Constitution.

The consent of Parliament for international ratification, as required by Section 33 of the Constitution Act, is given by a simple majority even in relation to treaties that conflict with the Constitution. [96] Therefore, as indicated by M. Scheinin and T. Ojanen, "the Accession Treaty of Finland to the European Union was approved by simple majority decision in Parliament accompanied by the adoption of an Incorporation Act (N° 1540 of 1994), through the procedure required for the domestic implementation of international treaties that conflict with the Finnish Constitution. This means that a majority of two third in Parliament was needed for the decision to incorporate the Accession Treaty" [97]

The above-mentioned features of the Finnish Constitution mean that no amendments to the Constitution were necessary in order to enable Finland's accession to the European Union, it being sufficient that the Parliament consented to the Accession Treaty and the Treaty was incorporated into domestic law as an exceptive enactment, approved by a majority of two-thirds of Parliament. [98] The exceptive enactment was required since the European Union membership and the transfer of State powers to supranational institutions in that connection was regarded as being in conflict with Section 1 (sovereignty) and Section 2 (distribution of powers) of the Constitutional Act.

Additionally, it must be mentioned that prior to the parliamentary decision-making or the Accession Treaty, a consultative referendum was held on 16 October 1994; the second referendum in Finland's history.

It must be pointed out that in addition to the Act of the Accession Treaty, certain constitutional amendment linked to the accession to the European Union, but not actually required by it, were made in order to secure the influence of Parliament and parliamentary control in those spheres of State power that were transferred to supranational institutions through the accession (Act N° 1116/93; Act 1551, 1994). In this manner, different articles of the Parliament Act specifically mention the European Union (art. 4 a); 54 a); 54 b); 54 d); 54 e); 54 f); y 54 g).

Act N° 1540 of 1994 which incorporated into domestic law the Treaty of Finland's accession to the European Union, stated that the accession treaty as well as other related treaties, are prescribed to be "in force as they have been agreed upon". Even through the Incorporation Act is silent on the hierarchical status of community law and on its supremacy and direct effect, it has been considered that this clause means that community law has, within the Finnish legal order, such legal effect as is prescribed by community law itself. Therefore, no specific rules on the hierarchy of norms or on direct effect are needed. [99]

(96) *Ibid.*, p. 186.
(97) *Ibid.*,
(98) *Ibid.*, p. 187.
(99) *Ibid.*, p. 191.

Anyway, as there is in Finland no Constitutional Court or other Court capable of examining the constitutionality of Acts of Parliament, the issue of the constitutionality of the Incorporation Act of the accession treaty could not be challenged after Parliament and the President approved the Act.

D. Sweden

The case of Sweden should be examined because its Constitution of 1974 had a constitutional provision (art. 5) pursuant to which the power to make national decisions could not be transferred to a supranational institution, except "within certain limits." Consequently, the transfer of power and areas of sovereignty that was needed for Sweden's accession to the European Union could not take place on the basis of that provision, and the Constitution of Sweden had to be reformed in order for it to join the European Union.

Therefore, from the moment the government stated its interest in having Sweden accede to the European Union in 1990, a parliamentary commission was appointed to prepare the necessary constitutional amendments. This led to the 1995 reform of the Constitution that incorporated a provision into article 5 of Chapter 10 of the Constitution, which states the following:

> Parliament may assign its right of decision to the European Community, provided the latter guarantees rights and liberties in a manner equivalent to the stipulations contained in this Constitution and in the European Convention which guarantees human rights and liberties. Parliament will decide the assignment of powers by a majority of three-quarters of the votes cast. The decision of Parliament may likewise be adopted by means of the valid procedure for establishing a fundamental law.

In this way, Sweden incorporated into its Constitution a specific reference to the European Community in a constitutional amendment that was considered necessary to permit the accession of Sweden to the European Union. Additionally, the entire question of the European Union was submitted to a referendum.[100]

3. Constitutional Impact of the Treaty of Amsterdam of 1997

On March 29, 1996, the Intergovernmental Conference on the revision of the Maastricht Treaty was inaugurated in Turin, at which time it was decided to establish a 12-month term for presenting proposals for reforming the European Union with respect to justice and internal affairs, rapprochement to the citizen, transparency, improvement of institutional efficacy, and the structure of decision making in the foreign policy of the European Union. The objective was definitely to reform the Treaty of Maastricht in order to create a strong institutional structure to provide Europe with the necessary mechanisms for confronting the

---

(100) See Olof RUIN, "Suède", Joël RIDEAU (dir), *Les Etats membres..., op. cit.*, pp. 439 to 441.

rapid evolution, which was affecting living conditions, the culture and the economy of the European States.

The reform process culminated with the signing of the Treaty of Amsterdam on June 16 and 17, 1997, conceived as a new Treaty for Europe that is being considered by the European States and with respect to which Europeans are to express their opinions by means of referenda or through the Parliaments of the Member States.

The Treaty of Amsterdam has 4 great objectives, which are to:

1. Transform employment and the rights of citizens into the cornerstone of the Union;

2. Suppress the last obstacles to free transit and reinforce security;

3. Ensure that the voice of Europe is better heard throughout the world; and

4. Make the institutional structure of the Union more efficient in preparation for the subsequent expansion of the Union.

In this manner, the Treaty of Amsterdam seeks to consolidate each of the three principal pillars that have sustained the actions of the European Union since the Maastricht Treaty went into effect in 1993, and which are: the European Communities; foreign policy, common security, and cooperation in the ambits of justice and internal affairs.

It should be pointed out that the Treaty includes a chapter on employment, in parallel, to provisions relative to the economic and monetary union, so that the social and economic Europe are combined, and the stimulation of a high level of employment becomes one of the major objectives of the Union.

In addition, the Treaty reinforces the individual rights of the citizens of Member States, by including new provisions such as the one stating that the European Union is based on principles of liberty, democracy, respect for human rights and fundamental freedoms, as well as the rules of law, allowing its citizens recourse to the Court of Justice to redress acts by institutions that may violate their fundamental rights. Among the individual rights acknowledged by the Union, the Treaty regulates, for example, the rights of all citizens residing in a Member State to have access to documents of European institutions.

The Treaty likewise regulated the new mechanisms for suppressing the final obstacles to free transit by European citizens, concomitantly reinforcing the means of guaranteeing security, particularly when threatened by delinquency, drug trafficking, or the networks set up to abet illegal immigration. In this regard, the Treaty subjects to community rules most of the cooperation in the area of justice and internal affairs, as for example the policy on visas, issuing of residency permits, asylum procedures and cooperation in matters involving civil justice. It should also be mentioned that the Treaty of Amsterdam incorporates into the institutional guidelines of the European Union, the *Schengen* Agreement of June 1990, which had been signed outside the framework of the Community and which establishes one sole European space in which there are no border checkpoints on highways nor at airports in thirteen of the Member States, with the exception of the United Kingdom and Ireland.

Now, the ratification of the Treaty of Amsterdam by the Member States of the European Union has again brought up the constitutional question of regional integration because of its impact on internal laws.

Of interest is the constitutional reform underway in Italy where the special Parliamentary Commission approved a project on November 4, 1997, to reform the entire second half of the Constitution by introducing a section devoted to "The Participation of Italy in the European Union." Professor Paolo Caretti explains that,

> In this section the formalities and limitations concerning Italy's participation in the construction of the Union are set forth. Different from normal international treaties, any future changes in European treaties involving further limitations to national sovereignty must be approved by Parliament (law authorizing ratification) by means of a special procedure requiring a qualified majority (an absolute majority of the members of each chamber), and the eventual submission of the law approved by Parliament to popular referendum if so requested by either one-third of the members of either Chamber or eight hundred thousand electors or five regional councils.
>
> It is further established that Italy's adhesion to ED treaties cannot, in any case, jeopardize the supreme principles of the national constitutional order or the inviolable human rights; Italy must encourage the construction of a legal system founded on democratic principles and subsidiarity.
>
> In addition, the proposed constitutional reform establishes the right of Parliament to participate and control the government's activities concerning the European Union, particularly in establishing national policy, the adoption of legislative community measures and the appointment of Italian members to European institutions. (101)

It should also be noted that a constitutional reform process is taking place in Greece, in order to proceed to the ratification of the Treaty of Amsterdam.

The topic of the constitutionality of the Treaty of Amsterdam has also been discussed in France under similar conditions to the discussions regarding the constitutionality of the Maastricht Treaty. In fact, the Treaty of Amsterdam was also submitted to constitutional review by the Constitutional Council, upon the joint initiative of the President of the French Republic and the Prime Minister, which adopted Decision DC N° 97-394 of December 31, 1997, resolving that the Treaty contained provisions that are contrary to the Constitution, particularly with respect to visas, transit of foreign nationals and asylum.

As Professor Dutheil de la Rochère has stated, the Constitutional Council, in its decision of December 31, 1997, has followed a path very similar to the one that guided the Maastricht 1 decision of April 9, 1992. Recurring to the applicable articles of reference, which includes article 88-1 of the Constitutional reform of 1992, the Constitutional Council reviewed the Treaty of Amsterdam of October 20, 1997, to determine whether it implied new transfers of powers that might affect the essential conditions of the exercise of sovereignty and, as a result, restrictively interpreted articles 88-1 and 88-2 of the Constitution. With respect to visas, asylum, immigration and crossing borders, the procedure provided in the

(101) See Paolo CARETTI, *Rapport..., cit.*, pp. 3 and 8.

Treaty of Amsterdam for adoption of community decisions without ratification by the Member States, by a qualified majority vote or by "co-decision", despite the fact that they will be approved by the unanimous vote of the Council of the Union, was considered by the Constitutional Council to be capable of infringing the exercise of sovereignty because these are particularly sensitive powers of the State.[(102)]

In any event, as a result of this decision of the Constitutional Council, France may not ratify the Treaty of Amsterdam without first reforming its Constitution.

4. Problem of the Constitutional Aptitude of Countries that have Requested Accession to the European Union.

As was stated, the Europe of 15, without a doubt, has increasing perspectives for expansion. For that purpose, many countries have applied for accession to the European Community and the European Union.

As we have seen, Norway has requested accession to the European Community on three occasions: in 1962, then in 1967 approved in 1972 with the signing of the respective treaties, and then in 1992 with membership approved in 1994. On the last two occasions, the referenda of September 25, 1972 and November 27-28, 1994 rejected Norway's accession to the European Community and the European Union. *Turkey* requested accession to the Community on April 14, 1987 and *Cyprus* and *Malta* followed on July 4 and 16, 1990, respectively.

Switzerland took the initiative and applied for accession to the European Community on May 26, 1992 and, at present, is in the process of negotiating its membership, but as Professor Karine Siegwart of the University of Zurich points out, a special article referring to European integration will need to be incorporated into the Swiss Constitution. In effect, she stresses that the accession of Switzerland to the European Union will require constitutional solutions not only to ensure the direct application and supremacy of community law internally, but also to establish the limitations that such integration implies with respect to Parliament, the cantons and the Swiss Federal Courts.[(103)]

On April 1 and 8, 1994, Hungary and Poland requested accession to the European Union and on June 22 and 27, 1995, Romania and Slovakia followed suit. Then Latvia, Estonia and Lithuania applied on October 27, November 28 and December 8, 1995, respectfully, followed by Bulgaria on December 14, 1995, the Czech Republic on January 17, 1996, and Slovenia on June 10, 1996.

None of the Constitutions of these countries makes any specific reference to the European Union or to the transfer of legislative, executive and judicial powers to community institutions; neither do they regulate the possibility of the direct application of Community law nor its supremacy over home law. Overall, they do

(102) See J. DUTHEIL DE LA ROCHERE, *Rapport..., cit.*, pp. 14 and 15.

(103) Karine SIEGWART, *Implications constitutionnelles pour un Etat de la participation à un processus d'integration régionale*, Rapport Suisse sur le Sujet IV pour le Congrès de Bristol 1998.

establish the requirement of approval of the Treaties by means of a law and, as a general rule, they attribute equal value to internal legislation. Consequently, without any doubt, as has occurred in the case of the fifteen Member States of the European Union in the last 50 years, in order to be admitted as members, these States will have to adapt their Constitutions to the requirements of regional integration.

III. THE CONSTITUTIONAL REQUIREMENTS OF INTEGRATION PROCESSES AND THE LATIN AMERICAN EXPERIENCE

1. The Regional Integration Processes as a Product of Constitutional Provisions.

A regional integration process, as it results from the European experience, poses a different type of relationship between international public law and the internal laws of the different countries, due to the fact that these processes cannot be developed with solely classical intergovernmental institutions, but require supranational community institutions in order to establish a common policy. This situation leads to a series of entirely new requirements for whose establishment and development the old constitutional scheme of approval of treaties by law, for incorporation into the internal legal systems of the countries, has been superseded.

In fact, the undeniable need to establish supranational or community institutions and not just intergovernmental institutions, poses a series of requirements, among which are the following, which have repercussions on the constitutional ambit of each country:

First, the supranational institutions to be established must be able to make decisions that are binding for the Member States.

Second, the decisions of the supranational institutions must be adopted through the exercise of powers that were traditionally held by the constitutional institutions of each Member State; therefore, it is imperative for their creation that the constitutional institutions of the Member States transfer the powers they are giving up, in certain cases, to the supranational entities.

Third, the decisions adopted by the supranational institutions must be directly and immediately applicable in all Member States, both to State institutions as well as to citizens, without the need for any type of approval or incorporation into internal law by intervention of the Member State's constitutional institutions (particularly Parliaments), which are limited in exercising their powers.

And *fourth,* community laws as enacted by the supranational institutions not only takes precedence over internal law, but cannot be examined by the Constitutional Courts of each Member State and are subject to judicial review by a supranational Court of Justice that is to determine their conformity with the Treaties, a situation that reflects the supremacy of community law.

From the constitutional point of view, these legal requirements of an integration process imply the necessary transfer of sovereign powers from the constitutional institutions (the legislative, executive and judicial branches of each Member State) to the supranational body. This implies limiting the powers and competencies of these constitutional entities. These limitations are essential due to the fact that an integration process must ensure that community laws enacted by the supranational institutions have supremacy over internal laws of the Member States, guaranteeing equality for all and that community law has the same significance and the same force in all of them. This, however, cannot be assured if community law is enforced pursuant to each Member State's internal law.

The implication here is that community law needs to be applied immediately and without adaptation in all the Member States and; consequently, that it is mandatory *first,* in order to ensure that the national legislative institutions do not repeal such laws and, in addition, they need to legislate in accordance with the guidelines established by the community entities; *second* it must be binding for the national executive institutions are in charge of implementation locally, and for the Courts that have to apply them in their decisions, while adhering to the interpretations of community law adopted by the supranational Court of Justice. All the preceding, without a doubt, signifies a limitation of the powers of the constitutional institutions of the Member States, which is only possible in constitutional law if foreseen and permitted by the Constitutions of each Member State.

But there is another unavoidable legal-constitutional consequence of the creation of supranational institutions with the capacity to generate community law, which consists of limiting the power of the Constitutional Courts to examine conformity of community law with the Constitutions of Member States. Otherwise, if the Constitutional Courts of each Member State were to be given the power to determine the constitutionality of community law, then the equality of those States would be an illusion, because they would individually be able to circumvent their community obligations, a situation which is incompatible with the integration process.

All these legal demands of the integration process were discussed and resolved in Europe through a process of adapting local constitutional institutions of the Member States to the community process, and this can only be done, and in effect was accomplished in Europe over the last fifty years, by express constitutional provisions that were incorporated through amendments to the Constitutions of each Member State as the integration process advanced.

Only by means of constitutional reforms and provisions exclusively can the powers of national Parliaments in matters transferred to supranational institutions, be limited; transfers that must be authorized expressly in their Constitutions. This is the only way to guarantee that there will be powers that have been transferred to supranational institutions with respect to which the Parliaments will not be able to legislate, or else that they will only be able to legislate adhering to the guidelines established by the community entity, as well as to ensure that Parliaments will not be able to enact repealing laws.

In the same vein of thought, only through constitutional can it be ensured that national Courts will be obliged to apply community law with supremacy over internal laws, directly and without any State act of incorporation into national legal systems, and that the supranational Court of Justice must be consulted about the uniform interpretation of community law, by whose decisions the Member States will be bound.

In addition, it is only through these constitutional reforms and provisions that the Supreme Courts or Constitutional Courts of the Member States with lose their power to review the constitutionality of community laws, and in those systems where there is a diffuse method of judicial review, the judges will lose the authority to decide not to apply community law in resolving specific cases, by arguing unconstitutionality.

In any event, if these requirements are not resolved constitutionally under internal law, the integration process will not advance and the constitutional solution will be to establish a provision in national Constitutions to enable modification of the powers of national constitutional institutions, in order to transfer them to supranational institutions, thereby limiting their exercise by the aforementioned national institutions.

Of course, on the basis of such constitutional regulations, the national Parliaments will be able to assign or attribute the exercise of powers derived from the Constitutions to the supranational institutions, but as the Spanish Constitutional Court pointed out in its decision of July 1, 1992, with respect to the Maastricht Treaty, "they cannot avail themselves of the Constitution itself and decide against it, or allow decisions contrary to its provisions." The Spanish Constitutional Court added that those Constitutional articles which authorize the transfer of powers may not be used as instruments to countermand or rectify mandates or prohibitions contained in the Constitution, because those precepts cannot be the legitimate channel for "implicit or implied" constitutional reform.

In other words, integration can only take place pursuant to the national Constitutions. It must be the national Constitutions that formally and expressly authorizes the transfer of powers from national constitutional institutions to supranational ones, with the consequent limitation of the former's powers and of the sovereignty of each Member State (this was admitted by the French Constitutional Council in its decisions of 12-30-76; 5-22-85 and 7-23/27-91). If the national Constitutions make no reference to this matter; then, they must be revised or reformed to legitimise such a transfer of powers and limitations to the authority of the national constitutional institutions.

This problem, of course, is not new, based on the experiences of almost fifty years of economic integration in Europe where no step has been taken without due attention to and resolution of the constitutional question. The process was implemented thanks to the provisions of the Constitutions of the Member States dating from before the signing of the Treaty of Rome, in 1957 and even before the signing of the Treaty of Coal and Steel (CECA) in 1951. Nonetheless, because of its importance with respect to community law, the Treaty of Maastricht of 1992, has stressed even more the need for constitutional adaptation to the European Union process, as has been shown by the detailed and exemplary constitutional debate in France, where the Constitutional Council, in Decision N° DC 92-308 of April 9, 1992, established that "the European Union Treaty cannot be authorized by a law until after a constitutional review has taken place," a process which culminated with the referendum of August 20, 1992. A similar decision was adopted when the Treaty of Amsterdam was signed in 1997. But the problem is neither new nor did it cease to attract attention in the different European countries during the years prior to the creation of the European Union.

2. Constitutional Obstacles to Regional Integration

In view of the foregoing, it is with reason that in his paper on the "Constitutional Implications of U.S. Participation in Regional Integration" Professor Bermann stated "constitutional constraints on U.S. membership in supranational legal regimes remain very real." (104)

In fact, in the United States, the way of entering into a supranational regimen could be by formal international treaty, which according to Art. II, sec 2, d-1 of the Constitution, entails negotiation by the Executive branch, approval by 2/3 of the Senators present at the vote, and ratification by the Executive. According to the Supreme Court, a treaty entered into in that way must "be regarded in courts of justice as equivalent to an act of the legislature." (105)

The executive agreements, without the intervention of Congress for establishment of international relations, only refer to agreements in connection with the exercise of executive powers. Therefore, according to the *Restatement* (third) of the Foreign Relation Law of the United Sates (Sec. 303), an international agreement becomes United States law if it is: a) properly adopted as a treaty; b) authorized by a properly adopted prior treaty (an executive agreement pursuant to a treaty), c) authorized or approved by Congress on a matter within Congress' legislative jurisdiction (a congressional-executive agreement); or d) entered into by the President under the President's own constitutional authority (a sole executive agreement). (106)

Now then, according to the Supremacy Clause (Art. VI, Sec. 2 of the Constitution), the treaties have ranking of Federal laws and take precedence over the laws of the States and in any event are subject to the Constitution. Therefore, the Supreme Court has indicated that no treaty "can confer power on the Congress, or on any other branch of Government, which is free from the restraints of the Constitution." (107)

---

(104) *Op.cit.*, p. 18.
(105) *Foster v. Neilson,* 27 US (2 Pit) 254, 314 (1829), in G. BERMANN, *op. cit.*, p. 2.
(106) *Ibid.*, pp. 2-3.
(107) See *Reid v. Covest,* 354 US 1, 16 (1957) in G. BERMANN, *ibid.*, p. 5.

On the other hand, as Professor Bermann points out, the Supremacy Clause does not give, and has not been construed to give, to duly signed and ratified treaties an authority superior to that of federal legislation. Rather, the Supreme Court has maintained the view that, in the event of conflict between a treaty and a federal statute, it is the enactment that comes *lates in timo* that prevails. (108) Consequently, a federal statute will be given effect by the courts even if it is in conflict with a prior international treaty; and a treaty will be given effect by the courts even though it is in conflict with a previous federal statute.

It is precisely on the basis of these principles that there are problems with the GATT, which has never taken the form of a Treaty in the United States, so that the President tends to seek some affirmative expression of Congressional assent to trade agreements, thus giving such agreements the force of statutory law. (109) In addition, in implementing legislation of the World Trade Organization (WTO), it specifically established that:

> No provision of any of the Uruguay Round Agreements, nor the application of any such provision to any person or circumstance, that is inconsistent with any law of the United States, shall have effect ... Nothing in this Act shall be construed to amend or modify any law of the United States ... or to limit any authority conferred under any law of the United States. (110)

Additionally, reference should be made to the legislation project regarding the "WTO Dispute Panel Review Board" being discussed by Congress, composed of five federal judges, that would be empowered to review WTO Panel decisions that are adverse to the United States, in order to determine whether the panel "demonstrably exceeded its authority," acted "arbitrarily or capriciously," or added to the obligations or diminished the rights of the United States under the Uruguay Round Agreements." (111)

With criteria and regulations of this nature, most assuredly the constitutional constraints on the United States to participating in a regime of supranationality, as pointed out by Professor Bermann, are "very real."

3. Constitutional Aspect of Regional Integration in the Andean Community

A. Absence of a Constitutional Base for Andean Integration: The Colombian Exception

The drive to strengthen the integration process in Latin America can be traced back to 1960 to the establishment of the Latin American Free Trade Association (LAFTA). From the constitutional perspective, however, the most impressive

(108) See *Chae Chan Ping v. United States* (The Chinese Exclusion Case), 130 US 581 (1889); *Whitney v. Robertson,* 124, US 190, 194 (1884); *The Cherokee Tobacco,* 78 US (11 wall), 616 (1870), in G. BERMANN, Rapport..., *cit.*, p. 10.

(109) *Ibid.* G. BERMANN, *Rapport*..., *cit.*, pp. 13 and ff.

(110) *Ibid.*, p. 16.

(111) *Ibid.*, p. 17.

process is that of the *Andean Group*. The Andean Group is the result of the Sub regional Andean Integration Agreement of June 26, 1969, signed in *Cartagena*, and through the adoption of the Amending Protocol of Trujillo (March 10, 1996) signed by the Presidents of Bolivia, Colombia, Ecuador, Peru and Venezuela, is now referred to as the *Andean Community*. (112)

The constitutional question of Latin American integration (widely discussed, particularly during the sixties(113)) was only resolved in the wake of the signing of the *Cartagena* Agreement, in Colombia, by means of the constitutional reform of 1968 with the incorporation of item 18 into Article 76 relating to the powers attributed to Congress:

> Ordinal 18: Approve or reject the treaties or agreements signed by the Government with other States or international law entities.
>
> Through these treaties or agreements, built on the basis of equality and reciprocity, the State may partially transfer specific attributions to supranational institutions aimed at promoting or consolidating economic integration with others.

This Article is the equivalent to Article 150, ordinal 16 of the 1991 Constitution conferring the following functions to Congress:

> Approve or reject treaties signed by the Government with other States or international law entities.
>
> Through these treaties, the State, on the basis of equity, reciprocity, and national convenience, may *partially transfer certain functions to supranational organizations*, whose purpose it is to promote or consolidate economic integration with other States.

In addition, Article 227 of the 1991 Constitution provides for the following:

> Article 227. The State shall promote economic, social, and political integration with the rest of the countries, and especially with the countries of Latin America and the Caribbean by signing treaties, which on the basis of equity, equality and reciprocity, could lead to the establishment of *supranational organizations*, and even a Latin American community of nations. The law may establish direct elections for the Constitution of the Andean Parliament and Latin American Parliament.

In sharp contrast with the precise articles of the Colombian Constitution, none of the other signatory States to the *Cartagena* Agreement (Bolivia, Chile, Ecuador, Peru and Venezuela) have found ways to accommodate for the needs spurred by the integration process within their respective Constitutions.

---

(112) Act approving the Amending Protocol of the Subregional Andean Integration Agreement (*Cartagena* Agreement) of March 1, 1996, *Official Gazette of the Republic of Venezuela*, nº 36116, of 12-30-96.

(113) In general, see Alberto A. NATALE, *La integración latinoamericana y la cuestión constitucional*, Buenos Aires 1997; Emilio J. CÁRDENAS, "En torno a la constitucionalidad de un eventual Mercado Común Latinoamericano," *Jurisprudencia argentina*, Buenos Aires, 12-13 February 1967; Arturo FAJARDO MALDONADO, "Soberanía y derecho internacional en el proceso de integración económica centroamericana", *Revista de la Facultad de Ciencias Jurídicas y Sociales*, Universidad de San Carlos de Guatemala, nº 3 to 6, 1967-68, p. 49 to 82; Instituto Interamericano de Estudios Jurídicos Internacionales, *Mesa Redonda sobre la integración de América latina y la cuestión constitucional*, Universidad Nacional de Colombia, Bogotá, 6-8 February 1967, *Informe de la Secretaría Nacional*, Washington 1967, 106 pp.; Allan R. BREWER-CARÍAS, *Los problemas constitucionales de la integración económica latinoamericana*, Caracas 1968.

In this regard, in Venezuela (which joined the *Cartagena* Agreement in 1973), only one clause based on principle was established in its Constitution, vis-à-vis integration, similar to Article 108 of the 1961 Constitution providing:

> Article 108. The Republic *shall favour* Latin American economic integration. For this reason, it shall work to coordinate resources and efforts to foster economic development and increase common well-being and security.

These deficiencies and the absence of constitutional backing did not stop any of the Andean countries from adhering to the *Cartagena* Agreement. All of them, except Chile, adhered by approving the Treaty by laws or executive acts that had the same authority as a law. In the case of Chile, incorporation of the Agreement into domestic law was by executive act, on the basis of the ties to the Montevideo Treaty of LAFTA, which resulted in Chile's definite severance from the Andean Group in 1974, also via an executive decree.

B. The Constitutional Debate in the Context of Constitutional Jurisdictions: Colombia and Venezuela

Nonetheless, even in Colombia's case, where the Constitution was reformed to provide the solid foundation needed to move forward with the integration process, Law 8 of March 21, 1973, which approved the *Cartagena* Agreement, in article 2 states the following:

> Article 2. The National Government may put into force the decisions of the Commission and Board of the Andean Sub regional Agreement provided the legislation is not modified or that it is not fall under the jurisdiction of the Legislator.
>
> The Government shall submit these decisions, for their approval and entry into force, to Congress whenever they treat matters that fall under the jurisdiction of the Legislator or modify existing legislation or when the government has not been invested with previous legal powers.

According to this provision, the Colombian law that approved the *Cartagena* Agreement, without taking into account the new article incorporated into the Constitution of 1968, banned the immediate application of community law internally and reserved for Congress the right to approve each and every one of the decisions of the Commission of the *Cartagena* Agreement, on issues that are the competence of the Congress or that modify existing legislation. (114) What this did was to set down the legislators' rejection of any notion of transferral of legislative powers to the Commission of the Agreement and of the immediate application of community decisions at the domestic level, despite constitutional approval.

In Colombia and Venezuela, in addition to a diffuse system of judicial review of constitutionality of law there coexists, since the past century, a concentrated system of judicial review of constitutionality of laws, which is exerted by popular

---

(114) See Jaime VIDAL PERDOMO, "Aspectos Jurídicos de la aprobación del Acuerdo de Cartagena", *Revista de la Cámara de Comercio de Bogotá*, nº 11, Bogotá, June 1993, p. 35-39.

action, now in Colombia, the hands of the Constitutional Court (until 1992, the Supreme Court held this control).

In view of this, Article 2 of the Colombian law approving the *Cartagena* Agreement was brought before the Supreme Court alleging its unconstitutionality because it was considered to go against Article 76, ordinal 18 of the Constitution, which authorized the opposite of that provided for. The Supreme Court of Justice of Colombia, in the decision reached on February 27, 1975, annulled the objected article, which resulted in the recognition of the existence, within the framework of a constitutional order, of the possibility of a transfer of authority to the community bodies. This entailed that Congress underwent a "loss of legislative powers," a "legal definition whose inclusion in the national systems has made constitutional reform a necessity" provided for under Article 76, ordinal 18 of the Constitution.

Hence, the Court pointed out the following:

> After the reform there is no longer any questioning to be made as regards the authority to be exercised by certain international organizations in the realm of legislating, with effects in Colombia, on matters of their competence, under the terms set forth in the Constitution.

Based on this, the Supreme Court annulled article 2 of the Law Approving the *Cartagena* Agreement, having considered that it went against the Constitution, "when it established assumptions" in respect of Government abilities which the Constitution had not accounted for," giving rise to a "notorious" conflict between the legislative provision and the Constitutional order. (115)

The solution found for the constitutional problem vis-à-vis integration in Colombia was such that even the Supreme Court of Justice, in the subsequent application of the Andean Community Law, reached the following decision on August 1, 1988:

> Based on the pre-eminent nature of community law, authorized by our Constitution, a previous national law that contradicts an integration law is to be deemed derogated, based on the application of this phenomenon in the Colombian law, or *suspended or replaced as is generally said in that type of law;* and a subsequent national law is to be considered unconstitutional, not so much because of the force it has or the respect merited by the constituting or initial treaties but because the authority to govern these issues, as a power of national sovereignty, has been transferred from the domestic authorities to the community authorities and this has been done pursuant to the specific precept of the Political Charter. *Undoubtedly, a limitation exists and the transfer of authorities from the national powers to supranational institutions which, by conferral or cession, acquires the respective competence.* (116)

The legal constitutional situation of integration in Colombia, which was also regulated under specific terms in the 1991 Constitution, in Article 150, ordinal 16 as well as in Article 227, does nevertheless contrast with a number of recent constitutional reforms, such as that of Peru in 1993, whose Constitution expressly provided for a totally opposite principle than that required by integration by stating the following in Article 56:

---

(115) Consulted in the original.

(116) See Galo PICO MANTILLA, *Derecho andino*, 2nd Edition, Quito 1992, pp. 66 and 67.

Article 56. Treaties shall be approved by Congress prior ratification by the President of the Republic, when these treat the following subjects:

1. Human Rights,
2. Sovereignty, authority or integrity of the State,
3. National Defence,
4. Financial obligations of the State.

Congress must also grant its approval for treaties that create, modify, or eliminate taxes; for those that require modification or derogation of a law and those which need legislative measures for their execution.

As indicated, in the case of Venezuela, the Constitution has only one clause relating to principle (Article 108) whereby: "The Republic shall favour Latin American economic integration, "and the constitutional debate that arose was presented much in the same terms as in Colombia. However, because no conclusive constitutional text existed, the result, following an action brought before the Supreme Court against the Law Approving the *Cartagena* Agreement, on the basis that it was unconstitutional, was entirely opposite to the solution found in Colombia.

In effect, in the Venezuelan Law Approving the *Cartagena* Agreement of 1973, (117) as well as the most important Decisions of the Commission of the Agreement relating to national legislative issues, the Congress -following the same line as the decision in Colombia's Approval Law annulled by that country's Supreme Court- added an "interpretative declaration" indicating the exact interpretation it had made of the provisions of the Agreement in the following text:

Paragraph One: The decisions of the Commission of the Agreement that modify Venezuelan legislation or that concern issues that fall under the jurisdiction of the Legislative Branch must be approved by a Law of the Congress of the Republic.

In Venezuela, as in Colombia, the law was submitted before the Supreme Court alleging that it was unconstitutional. The Venezuelan Supreme Court decision of July 10, 1990 -in contrast with the Colombian decision reached 15 years earlier- overruled the lawsuit because it considered that the law did not violate the 1961 Constitution. The Court ruled:

Our Congress did not accept to delegate its authority to the Commission, and this choice in no way goes against the Constitution, it does just the opposite because it has the transcendence of a sovereign act of the body responsible for setting up and derogating, modifying or reforming laws, as well as for exclusively exercising those decisions that stem from a Law.

Consequently, on the basis of the decision set down by the Supreme Court, in charge of the review relating to the constitutionality of laws, the fundamental requirement of the integration process had been impaired. (118)

---

(117) See *Official Gazette* n° 1620, Special Edition, November 1, 1973.

(118) See references in Allan R. BREWER-CARÍAS, "El control de la constitucionalidad de las leyes aprobatorias de tratados internacionales y la cuestión constitucional de la integración latinoamericana", *Revista de derecho público*, n° 44. Caracas 1990, p. 225-229.

In 1983, before the decision of the Supreme Court, Congress had ratified the Law for the Approval of the Treaty of the Court of Justice of the *Cartagena* Agreement(119), which incorporated, in a similar manner to the "interpretative declaration" of the Law Approving the Agreement, an article with the following text:

> Article 2. Decisions set forth by the Commission that modify Venezuelan legislation or that treat issues that are under the authority of the Legislative Branch require approval in the form of a Law of the Congress of the Republic.

Based on these articles, in Venezuela the general practice until 1992 was that congressional law approved all decisions of the Commission of the *Cartagena* Agreement regarding legislative matters. Those, which were not approved by a law of the Congress, such as in the case of decisions relating to industrial property (Decisions 85 and 311), were not applied in the country.

Nevertheless, the Treaty itself that created the Court of Justice of the *Cartagena* Agreement set forth in its Second Article that:

> The Member States are subject to the decisions reached by the Commission from the moment that latter approves them.

This decision, which is in direct conflict with that provided for under Article 2 of the Law Approving the Treaty itself, was interpreted as having meant to be applicable only for those matters that were not under the jurisdiction of the legislative branch. It operated in this manner until 1992 and hence all decisions of the Commission that were related to the legislative powers were either approved by Law in each case or were not applied in Venezuela.

The situation, however, took a radically different turn in Venezuela, as of 1992, as a result of the practical requisites that were a natural consequence of the integration process. Following the issuing of *Official Gazette* No. 4284 of June 28, 1992, the National Executive branch began to publish in said Gazette without prior legislative approval and without any executive note making any mention of the matter. And hence, the Decisions of the Commission of the Agreement, including those that affect legislative matters, such as Decision 282 on Antidumping Regulations; Decision 284 on Restrictive Export Regulations; Decision 285 on Restrictive Regulations on Free Competition; Decision 291 on the Foreign Capital Regime; Decision 292 on Multinational Enterprises; Decision 313 on the Common Regime for Industrial Property and its Reform; Decision 344 published in 1994, modifying the Industrial Property Law of 1955; Decision 351 on the Common Regime for Copyrights and Related Rights, which modifies the Copyright Law.

The National Executive has regulated some of these decisions. A case that can be pointed out is the executive regulation of the Copyright Law and Decision 351

(119) See *Official Gazette*, Special Edition nº 3216 of 7-7-83. See comments on the text in Allen R., BREWER-CARÍAS, "La proyectada creación del Tribunal del Acuerdo de *Cartagena* y la cuestión constitucional en el proceso de integración económica latinoamericana" in *Primeras Jornadas Nacionales de Derecho Comparado D. Roberto Goldschmidt*, Caracas 1978, Maracaibo 1978, p. 148-197.

of the Commission of the *Cartagena* Agreement. [120] Moreover, the Supreme Court itself has applied the text of some of these Decisions when issuing its own, of which Decision 313 on the Common Industrial Property Regime is a clear example. [121]

Based on the aforementioned, one surmises that Venezuela has taken on the integration process relying solely on interpretations of the law and with no solid constitutional framework. No constitutional provisions were set up and, further, Venezuela's form of proceeding conflicts openly with that set forth in the Approving Laws of the two most significant instruments of the Andean integration process, namely the *Cartagena* Agreement and the Treaty that creates the Court of Justice of the Agreement.

It should nonetheless be noted that, as of 1996, the "interpretative declaration" clause incorporated by Congress into the Law Approving the *Cartagena* Agreement of 1973 was eliminated in the Law Approving the Amending Protocol to the Agreement on Andean Sub regional Integration (*Cartagena* Agreement) dated March 10, 1996[122] (Protocol of *Trujillo*). Similarly, the interpretative clause that had been included in the Law approving the Treaty for the establishment of the Andean Court of Justice was eliminated in the Law approving the Amending Protocol to the *Cartagena* Agreement dated May 28, 1996. [123]

However, the constitutional reasoning which made it possible to include the aforementioned interpretative clause in the laws approving said Treaties of 1973 and 1983, respectively, continue to be the same, since the Constitution has not been amended to conform to the constitutional requirements of Andean integration. As a result, the fact that the clause has not been included in the Amending Protocols to the Treaties has borne no change as regards the constitutional situation generated by the fact that no regulation has been provided in the Constitution to authorize transferring that authority, currently held by legislators, to bodies within the framework of the Andean Community. In fact, the *Cartagena* Agreement explicitly provides for this in the area of Industrial Property. In this case, pursuant to Article 52 of the *Cartagena* Agreement Codification[124], the common regime for industrial property requires that the General Secretariat *submit it for the consideration* of its Member States, so that these adopt it. According to the Agreement, the Member States "assume the responsibility of adopting the measures deemed necessary to implement" this common regime. Therefore, this excludes any direct application of the decisions made by the Commission on this issue in the Member States.

According to article 128 of the Venezuelan Constitution, which follows the dualist model:

---

(120) Decree nº 618 of 4-11-95.

(121) The *Nintendo* case, CSJ-SPA of 8-3-95.

(122) *Official Gazette* nº 36116, December 30, 1996.

(123) *Official Gazette* nº 5187, Special Edition, December 5, 1997.

(124) Decision nº 406 dated June 25, 1997, *Official Gazette of the Cartagena Agreement* nº 278, Lima July 4, 1997.

> Article 128. International treaties or conventions signed by the National Executive *shall be approved by a special law* to make these valid, unless they serve as vehicles to execute or perfect previously existing obligations of the Republic, to apply principles which it expressly recognizes, to execute regular acts in the system of international relations or to exercise powers specifically assigned by the law to the National Executive branch. However, the Congressional Delegate Commission may authorize the temporary execution of international treaties or conventions whose urgency so requires, and these shall be submitted, in all cases, to the subsequent approval or rejection of the Congress.
>
> In any case, the National Executive shall provide a full account to Congress, during its following sessions, in respect of the international agreements reached, indicating the nature and contents with full precision, regardless of whether they require or do not require Congressional approval.

Based on this one can say that it contradicts article 2 of the Treaty for the Establishment of the Court of Justice of the Andean Community, whose 2 article reads as follows:

> Article 2. The Member States are subject to the Decisions from the moment these decisions are approved by the Andean Council of Ministers of Foreign Affairs or by the Commission of the Andean Community.
>
> Article 3. The Decisions of the Andean Council of Ministers of Foreign Affairs or of the Commission and the Resolutions of the General Secretariat *will be directly applicable to Member States as of the date of their publication in the Official Gazette of the Agreement*, unless a later date is provided in the decisions.
>
> When the text so provides, the Decisions shall need to be incorporated in the domestic law, by means of an express document indicating the date of entry into force in each Member State.

This law undoubtedly stems from the most classic of the formulas that treat the issue of supranationality in the area of regional integration as regards the European experience, in which case the Constitutions of all 15 Member States of the European Union allow for the transfer of authorities to supranational bodies and limits on the authorities of Parliaments for matters governed by Community law, and generally speaking, the immediate and priority application of this Community law has been regulated.

But in countries whose constitutions do not resolve these constitutional aspects, as in the case of Venezuela, it is not possible to surpass constitutional obstacles by means of interpretation. No matter how large a will exists to make integration a reality, it will not be possible in Venezuela unless there is a constitutional reform. This was also true for Europe. At the same time, it is equally false to assume that the Constitution has been reformed as a result of the ratification of the Treaties of *Cartagena* and of the Court of the Justice of the Andean Community.

The Venezuelan Constitution does not allow this. Nor does the Constitution of Venezuela permit interpreting that all the decisions reached under the framework of the Commission of the *Cartagena* Agreement, including those amending domestic legislation, "stem from" previously existing obligations of the Republic, and that pursuant to article 128 of the Fundamental Text they would not require being approved by Law. This would in fact mean completely ignoring the meaning and content of article 128 of the Constitution in order to modify it by interpretation.

This backs the need to build strong pillars for the integration process in Venezuela has led to the proposal to encompass the Constitutional reform (the reform has now been in the study process five years) in the regulation concerning integration with a paragraph reading as follows:

> In the case of treaties whose objective is the promotion or consolidation of the process, integration organizations or institutions can be granted the authority to exercise certain powers which this Constitution conferred on the State. The decisions made by these organizations or institutions will have a direct effect on the country to the extent that this is established by the Treaty.(*)

C. Situation of other Andean Countries and the Lack of a Solution to the Constitutional Issue

The constitutional situation in the rest of the Member States of the *Cartagena* Agreement is just as precarious as in Venezuela or more so. Reference has already been made to Peru, whose Constitution explicitly requires legislative approval for any Treaty that modifies or derogates a Law or calls for legislative measures for its execution (Article 56).

In the case of Ecuador, a preamble that forms part of Article 2 of the 1992 Constitution only points out that the State of Ecuador:

> Also upholds the international community, as well as the stability and strengthening of its organizations, and in this framework, the Iberian-American integration, as an effective system to bring about the development of the peoples linked by the solidarity forged from their cultural origins and identity.

In the case of Bolivia, the 1994 Constitutional reform made no reference to the Andean integration process.

D. Willingness to Integrate without the Constitutional Backing of the Bodies of the *Cartagena* Agreement

In spite of the constitutional weakness of the integration process, several decisions of the Court of Justice of the *Cartagena* Agreement have treated and reached decisions vis-à-vis fundamental aspects of constitutional requirements of the integration process. Hence, in a decision reached on June 10, 1987 (the case of the invalidity of Decision 252 of the Board), the following was said concerning the integration process in the Andean Pact:

> A manifestation of total and shared sovereignty of its Member States, for which reason none of these States can ignore or alter this, nor can any of their government entities… All

---

(*) A similar norm was finally included in the new 1999 Constitution.

> integration processes consist, fundamentally, in surpassing the countries' national boundaries of the countries that are working to integrate to ensure the emergence of a greater unit which functions as such, jointly as one. (125)

In another judgment, also dated June 10, 1987 (invalidity of Decision 253 of the Board), the Tribunal pointed out that:

> The legal system established under the *Cartagena* Agreement is *imperative, and its application is mandatory*, in all the Member States and it must be respected and complied by all, and by the Bodies of the Board, as well as by all the organizations and officials that fulfil duties stemming from this regulatory framework, which governs the integration process being met in a *community of law* established under the Andean Pact. (126)

That same year, in a decision dated December 3, 1987, issued on the occasion of the interpretation of Decision 85 of the Commission of the Agreement, upon realizing that by establishing the Court of Justice Agreement, the interpretation of community rules relating to Andean Law had been "conferred to the juridical body of the Community", stating:

> The need to spell out that the application of the legal system of Andean integration prevails over that of international or national regulations, because it is an *essential trait of Community Law,* as a basic requirement for the building of integration. (127)

The Commission of the Agreement had also formulated this view during its XXIX Session in 1980, stating that:

> a) The legal system of the *Cartagena* Agreement has its own identity and autonomy, and embodies a general law and forms part of national legal systems; b) the legal system of the Agreement prevails, in the framework of its authorities, over national decisions, and Member States cannot oppose it either through unilateral measures or actions; c) Decisions that entail obligations on behalf of the Member States enter into force on the stipulated date or, on the date of the Final Act of the respective meeting, for other cases, pursuant to Article 21 of the Regulation of the Commission. As a result, these Decisions gain strength and their compliance can be demanded from the date of their entry into force.

Further, in the Act of Caracas, dated May 1991, signed by the Presidents of Bolivia, Colombia, Ecuador, Peru, and Venezuela, on the occasion of the Fifth Andean Presidential Council, explicit reference was made, regarding institutional aspects and compliance of the Andean legal system, to the will to:

> a) Reiterate the principle of direct application of the Decisions of the Commission of the *Cartagena* Agreement, as set forth in Article 3 of the Treaty for the Creation of the Court of Justice, and to instruct national authorities to apply these decisions without restrictions and to promote their dissemination.

For this reason, as mentioned earlier, Article 2 of the Amending Protocol to the Treaty, which sets up the Court of Justice of the Andean Community, reiterates this principle.

---

(125) See Galo PICO MANTILLA, *op. cit.*, p. 58.
(126). *Ibid.*, p. 59.
(127) *Ibid.*, p. 60.

Andean integration, without any doubt, is following two different paces: one of these is marked by willingness and the commitment to integrate manifested by the Executive bodies of the Member States, while the second pace evidences total scepticism vis-à-vis the process itself, which is in the hands of the legislative bodies of these same Member States, forced to contend with the lack of adequate constitutional solutions to meet the requirements demanded by integration. One cannot expect the process to make any serious progress while this duality continues to exist. Seen from the institutional standpoint, the total lack of a constitutional base in Member States (except for Colombia) is the crux of the problem that faces Andean integration.

4. Integrationist Vocation in other Latin American Constitutions

Contrasting sharply with the limited constitutional base in place for Andean integration, a number of Latin American countries that are not presently parties to integration processes of the same dimension as that of the Andean Pact have been incorporating a variety of decisions in their Constitutions evidencing the willingness to strive for integration. This will, without a doubt, facilitate the institutional development of MERCOSUR, to name an example.

This is the case, in South America, of the Constitutions of Paraguay and Argentina, and in Central America of the Constitutions of Nicaragua and Costa Rica.(128)

The 1992 Constitution of Paraguay amply upholds Latin American integration, and one could go as far as assuring that the requisites set by the integration process are summed up in Article 145, which *explicitly* acknowledges a supranational legal order:

> Article 145. The Republic of Paraguay, in condition of equality with all other States, accepts a supranational legal order that guarantees the observance of human rights, peace, justice, cooperation and development in the political, economic, social and economic planes.
>
> These decisions may only be adopted by absolute majority in each Body of Congress.

Along these same lines, the Constitution of Argentina adopts a broad criteria vis-à-vis the Latin American integration process, going much further than merely formulating a declaration of principles. In the case of Argentina, authority, in effect, can be transferred from authorities and jurisdictions to supranational organizations.(129) In Article 75, paragraph 24, it in fact includes as part of the

(128) See text of these Constitutions in Luis ORTIZ ÁLVAREZ and Jacqueline LEJARZA (compilators), *Constituciones hispanoamericanas,* Caracas 1996.

(129) See Eduardo Pablo JIMÉNEZ, "Aspectos constitucionales de la integración", *Boletín informativo Asociación argentina de derecho constitucional*, Año XIII, n° 139, November 1997, p. 8-14; Martín R. PANCALLO D'AGOSTINO, "La normativa constitucional y los procesos de integración", *Boletín informativo de Asociación argentina de derecho constitucional*, Año XIII, n° 140, December 1997, pp. 7-9.

powers of Congress -text incorporated in the constitutional reform of 1994- the following:

> Approve integration treaties that delegate authority and jurisdiction to supranational organizations under conditions of reciprocity and equality and that respect the principles of democracy and human rights. The decisions formulated as a result have greater hierarchy than laws.
>
> The approval of these treaties with Latin American States will call for an absolute majority of all the members of each Chamber.

The Constitution of Nicaragua of 1986, which was recently reformed in 1995, adopts in Article 5, the principles and fundamental bases that govern its international relations, stipulating in the last part of the article that: "Nicaragua privileges integration and encourages the reconstruction of the greater Central American Nation", reiterating this in Article 8: "The people of Nicaragua is by nature multiethnic and an integral part of the Central American Nation."

In Article 9, however, it sets down the bases for a very broad interpretation for Latin American integration under the following terms:

> Article 9. Nicaragua is firm in its defence of Central American unity, and supports and promotes all efforts aimed at ensuring political and economic integration and cooperation in Central America, as well as efforts to establish and maintain peace throughout the region.
>
> Nicaragua hopes that the peoples of Latin America and the Caribbean will join as one, inspired by the ideals of Bolívar and Sandino.
>
> For this reason, Nicaragua shall *participate with the other countries of Central America and Latin America in the establishment or election of the necessary organizations to achieve these goals.*
>
> *This principle shall be governed by respective treaties and legislation.*

This criterion is also developed in the Constitution of Costa Rica, whose last reform dates back to 1995, when international treaties were granted more hierarchy than national laws under Article 7:

> Public treaties, international agreements and arrangements duly approved by the Legislative Assembly, shall be of a higher level of authority from the moment they enter into force or from an assigned date.

Moreover, the Costa Rican Constitution makes explicit recognition of the process of transferring authority that could stem from integration treaty by providing the following, among the powers corresponding to the Legislative Assembly:

> Article 121. 4. Approve or reject international agreements, public treaties and arrangements. The public treaties and international agreements that grant or transfer given authorities to a community legal system, for the purpose of carrying out regional and joint objectives, shall require the Legislative Assembly's approval, by vote of no less than 2/3 of all its members.

Although under different terms, the Constitutions of both Guatemala and El Salvador also take Latin American integration into account.

In the case of the 1985 Constitution of Guatemala, which was reformed in 1993, economic integration is treated from the standpoint of the Central American community's relationship with all other States that make up the Central American Federation. It does nevertheless recognize the *pre-eminence of International Law,* that is, awarding a higher level of value and hierarchy to it than to the domestic system in the realm of human rights (article 46); as well as the possibility of formulating joint policies with related States for the purpose of ensuring progress for their countries (Article 151).

A similar approach to the integration process is gleaned from the 1983 Constitution of El Salvador, which in addition to economic, social, and cultural integration with the other American republics, also makes reference to *human* integration, and specifically mentions Central American integration in a manner comparable to that of the Constitution of Guatemala and that of Nicaragua, manifesting its consent, prior consultation with the people, of the total or partial reconstruction of the Republic of Central America, in a unitary, federal or confederate manner (Article 89).

At the same time, it also provides for a mechanism to create and transfer functions to supranational organizations by indicating that integration shall forge ahead through international tools in the form of either treaties or conventions.

Unlike other countries that explicitly recognize the *pre-eminence of the international system* over domestic law, the Constitution of El Salvador establishes the principle granting international treaties and conventions the same value and hierarchy as its national laws, and the courts can apply the provisions of treaties that are contrary to Constitutional precepts (articles 144 and 149), In contrast, however, the Constitution in referring to integration states that the respective treaties may contemplate "*the creation of organizations with supranational functions…*" (Art. 89).

States whose constitutions are similar to the Venezuelan constitution form part of a different context. For these cases, the Constitutions set down a declaration of principles vis-à-vis integration, which serves as the platform for its international relations. This is the case of the Constitutions of Brazil, Uruguay, Honduras and Cuba.

The Brazilian Constitution of 1988 establishes the fundamental bases that govern international relations in ten principles set forth under Article 4, with a single paragraph providing that:

> The Federative Republic of Brazil will strive for economic, political, social, and cultural integration of the peoples of Latin America in an effort to establish a Latin American community of nations.

Similarly, Article 6 of the Constitution of Uruguay of 1966 provides for the following:

> The Republic will seek the social and economic integration of the Latin American States, especially as regards the joint defence of their products and raw materials. Likewise, it will favour the effective complementation of its public services.

The Constitution of Honduras, for its part, sets down a declaration of principles in Article 35, which states:

> The State shall structure its economic relations on the basis of fair international cooperation, Central American economic integration, and respect of treaties and agreements it signs which do not enter into conflict with national interests.

Along this same train of thought, the Cuban Constitution of 1992 simply states the following in Article 12c):

> Reasserts its willingness to participate in integration and cooperate with the countries of Latin America and the Caribbean, whose shared identity and historical need to move forward as a whole towards economic and political integration to achieve true independence would make enable us to attain the place we merit in the globe.

CONCLUSION

As stated, after the approval of the Maastricht Treaty and of the Amsterdam Treaty of the European Union, it has been said that, in Europe, these seem to have spurred a constitutionalisation process of community law as a result of the growing importance conferred to the concept of constitutional problems of the integration process. Practically all the Member States have undertaken processes of constitutional reform in order to adopt the new community norms on nationality and electoral regimes, as well as for economic and monetary policies.

The truth of the matter however is that, in Europe, constitutional law has always gone hand in hand with the integration process from the signing of the Paris Treaty in 1951. The advances of this process in Europe during the last 40 years, beginning with the Economic Communities and reaching what is today the European Union, have been supported by the Constitutions of the respective Member States which had taken special care to provide for the transfer of power and authorities to supranational community bodies to ensure the continuity of the process, while also curtailing certain powers of the constitutional authorities of the Member States; and establishing the direct and immediate application of community law in the countries in relation with internal law. The constitutional elements needed to successfully carry forward the integration process have not received enough attention perhaps because they seem so evident and natural.

In contrast with the European process, the countries of Latin America, and particularly the Andean Group, have attempted to execute an integration process without meeting the constitutional requisites. The countries of Latin America have only focused on political and economic considerations, and at most, very elementary constitutional interpretations. The Andean Pact illustrates this only too well in which case only one Member State, namely Colombia, has found a constitutional solution to comply with the institutional requisites of the integration process.

The process can certainly not be expected to advance under such straining and uncertain bases. Many setbacks can surely be encountered and in this respect the European experience with community law and the constitutional path it followed must certainly become a focal point for the Andean integration process.

IV. — JUSTICE CONSTITUTIONNELLE COMPARÉE

§ 11. JUDICIAL REVIEW IN COMPARATIVE LAW

Course of Lectures given as Simon Bolivar Professor in the *LL.M. Course*, Faculty of Law, University of Cambridge, UK, 1985-1986[*]

INTRODUCTION

Judicial Review, in its original North American sense, is the power of courts to decide upon the constitutionality of legislative acts, in other words, the judicial control of the constitutionality of legislation.

It has been said that judicial review is the most distinctive feature of the North American constitutional system[1] and we must add that, in fact, it is the most distinctive feature of almost all the constitutional systems in the world today. All over the world, with or without similarities to the North-American system of judicial review, the courts -special constitutional courts or ordinary courts- have the power to declare a law unconstitutional. Accordingly, they have the power to refuse to enforce it, because it is considered null or void, and in some cases, they have the power to declare the annulment of the said unconstitutional law.

As we all know, the system of the United Kingdom is quite different and we could even say that the main feature that also distinguishes the British constitutional system is precisely the lack of judicial review of legislation. Perhaps that is why Professor D.G.T. Williams of this Faculty said:

> Most British judges and the vast majority of British lawyers must have had little or no contact with the problems and workings of judicial review.[2]

This substantial difference between the constitutional systems of the United Kingdom and, in general, the other constitutional systems in the world derives from a few but very important principles, unique to the British constitution, and influencing all of them. It is the principle of the sovereignty of Parliament, called by Dicey the "secret source of strength of the British constitution" or "element of power which has been the true source of its life and growth."[3]

(*) An abridge and revised version of this Course of Lectures was published in 1989: *Judicial Review in Comparative Law* (Foreword by J.A. Jolowicz), Cambridge Studies in International and Comparative Law, Cambridge University Press, Cambridge 1989, 406 pp.

(1) E.S. CORWIN, "Judicial Review", *Encyclopaedia of the Social Sciences*, Vol. VII-VIII, p. 457.

(2) D.G.T. WILLIAMS, "The Constitution of the United Kingdom", *Cambridge Law Journal*, 31,(1) 1972-B, p. 277.

(3) A.V. DICEY, *England's Case Against Home Rule* (3rd. ed. 1887), p. 168 quoted by D.G.T. WILLIAMS, *loc. cit.*, p. 277.

This principle, with all its importance in constitutional law in Great Britain, is, at the same time, the most powerful obstacle to judicial review of the constitutionality of legislation. It implies that even if it is true that the courts in this country are the ultimate guarantors the rule of law, they are bound to apply an Act of Parliament whatever view the judges take of its morality or justice, or of its effects on important individual liberties or human right.[4] And this is because of the absence of a written constitution in the modern constitutional form, with its entrenched declaration of fundamental rights and liberties.

It will suffice at this point to quote the words of Lord Wilberforce in the House of Lords case of *Pickin* v. *British Railways Board* in 1974, in a conclusive way with regard to the consequences of parliamentary sovereignty and also concerning the absence of judicial review of legislation. In that particular case, it was stated:

> The idea.... that an Act of Parliament, public or private, or a provision in an Act of Parliament, could be declared invalid or ineffective in the courts on account of some irregularity in Parliamentary procedure, or on the ground that Parliament in passing it was misled, or on the ground that it was obtained by deception or fraud, has been decisively repudiated by authorities of the highest standing from 1842 onwards. The remedy for a Parliamentary wrong, if one has been committed, must be sought from Parliament, and cannot be gained from courts.[5]

Therefore, this course on *Judicial Review in Comparative Law* naturally will not be related to the British constitutional system and could not be written from a British lawyer's point of view. Rather, it will be, and ought to be, a course on comparative foreign law on the subject in which we will study the most important systems of judicial means and actions that could be brought before the courts by individuals to obtain control of the legislation by the courts.

Because they are means which can also lead to judicial control of the constitutionality of legislation we will also study the most important actions that could be brought before the courts by individuals for the defence and protection of their fundamental freedoms and rights established in the constitution.

In this respect, the course will be divided into six parts. In the first part, we will study the concept of what is called in continental and Latin-American law, l'*Etat de droit*, *Estado de Derecho*, *Stato di diritto* or *Rechtstaat*; terms that do not have an exact equivalent in English. The expressions *legal state*, state *according to law* or r*ule of law* have been used for the same purpose, though we think there is no real equivalent.

In this first part, we will study the main features of the modern *Etat de droit*, and in particular, the consequences of the limitation and distribution of state powers; the principle of legality, as a basic concept more related to the idea of the English concept of the rule of law; and the establishment of entrenched

---

(4) T.R.S. ALLAN, "Legislative Supremacy and the Rule of Law: Democracy and Constitutionalism", *Cambridge Law Journal*, 44, 1, 1985, p. 116.

(5) A.C. 765 (1974)- See the text also in O. HOOD PHILLIPS, *Leading Cases in Constitutional and Administrative Law*, London 1979, pp.1-6. See the comments in P. ALLOTT, "The Court and Parliament: Who whom?", *Cambridge Law Journal*, 38, 1, 1979, pp. 80-81.

fundamental liberties and rights. All these features are related to the process of the constitutionalization of the *Etat de droit*, which we will refer to in the second part with particular historical references to the process of constitutionalization or constitutionalism in North America, France and Latin America in the late eighteenth and early nineteenth centuries. This concept of the state according to the law, old and new, is the one that leads us, in the non British contemporary constitutional systems, to the possibility of a judicial review of all the acts of the state, including, the judicial control of the constitutionality of legislative acts.

In the other four parts of the course, we will study in particular the judicial review of the constitutionality of legislation, which can be considered as we mentioned, one of the main consequences of the constitutionalization of the modern *Etat de droit*.

This judicial review of the constitutionality of legislation, in other words, of laws and other legislative acts, requires at least three conditions for it to function in a given constitutional system. In the first place, it requires the existence of a written constitution, conceived as a superior and fundamental law with clear supremacy over all other laws. Secondly, such a constitution must be of a "rigid" character, which implies that the amendments or reforms that may be introduced can only be put into practice by means of a particular and special process, preventing the ordinary legislator from doing so. And thirdly, the establishment in that same written and rigid constitution, of the judicial means for guaranteeing the supremacy of the constitution, over all other state acts, including legislative acts.

Judicial review of legislation as the power of courts to decide upon the constitutionality of legislation has been considered one of the main contributions of the North American constitutional system to the political and constitutional sciences.[6] However, the so-called "American system" of judicial review is not the only one that exists in present constitutional law. There is also the so called "Austrian system" of judicial review, originally established in the 1920 Austrian constitution and the mixed systems, mainly in Latin America, that have adopted the main feature of both the American and Austrian systems.

The main distinction between both systems of judicial review of legislation, the American and the Austrian systems is based on the judicial organs that can exercise this power of constitutional control: The "American system" entrusts that power of control to all the courts of a given country. It is for this reason that the system is considered to be a decentralised or diffused one. On the contrary, the "Austrian system" entrusts the power of control of the constitutionality of laws either to one existing court or to a special court, and it is therefore considered a centralised or concentrated control system.

In the course, we will study the most important systems of each of those two types of judicial review. Within the "American system", we will analyse not only the North American system, but also a few of those systems that have been

(6) J.A.C. GRANT, "El control jurisdiccional de la constitucionalidad de las leyes: una contribución de las Américas a la Ciencia Política", *Revista de la Facultad de Derecho de México*, 45, 1962, pp. 417-437.

influenced by it including various Latin-American systems, such as the Mexican, and Argentinean systems. We will study also others that have developed in many of Britain's former colonies such as Canada, Australia and India, and those that over a certain period were influenced by the North American system such as the Japanese constitutional system in 1947.

Within the so-called "Austrian system" we will examine the most important continental European systems of constitutional courts or tribunals, such as the Austrian, the German, the Italian and the Spanish. We will also consider, although it is an incomplete centralised system, the French constitutional council system and its very important recent developments.

However, there are also mixed systems of control of the constitutionality of legislation. They combine the decentralised systems, characterised by the assignment of power of control to all judges with the features of the centralised system that empower the Supreme Court to declare the annulment of any particular law by means of a "popular action" that can be brought before the Supreme Court by any individual. The Colombian and Venezuelan systems offer good examples of this and also in an incomplete form, does the Swiss system. We will analyse individually and comparatively the most important of all those systems of judicial review or control of the constitutionality of legislation.

Finally, we will also study particular aspects of the control of constitutionality, related to fundamental liberties and rights. As we have already mentioned, one of the main features of the process of constitutionalization of the *Etat de droit* has been the formal establishment of an entrenched declaration of fundamental liberties and human rights in written constitutions with adequate guarantees. Within such guarantees, there are judicial means for the protection of such liberties and rights, in particular special judicial actions, claims or writs established for that purpose by a given legal order.

Apart from the classic "writ of habeas corpus", there are the special "action for protection" (*amparo*) of fundamental rights developed since the last century in most Latin American countries, including the broadly known *juicio de amparo* -literally "judgment of protection"- of Mexico, and the recently developed equivalent recourse for protection in continental Europe, particularly in Germany and Spain. We will refer to all those institutions as a means for judicial review of legislation.

Therefore, this course will refer to judicial review of the constitutionality of legislative acts in comparative law in legal systems other than the system of Great Britain, where the control of the constitutionality of acts of Parliament by the courts is inconceivable and the protection of fundamental rights is ensured by the courts by means of ordinary remedies of common law and equity and not by special judicial means.

PART I
THE MODERN STATE SUBMITTED TO THE RULE OF LAW (*ETAT DE DROIT*)

I. THE MODERN *ETAT DE DROIT*

The subject of judicial review or judicial control over the exercise of power is, undoubtedly, one of the basic and most characteristic elements of all contemporary states. Due to the submission of the state to the rule of law, one can say that at present time, all states have some system of judicial control or review over activities resulting from the exercise of public powers. In this respect we can also say that the concept of judicial review over the exercise of power is essentially related to the classical but current concept of what in English terminology is known, as we have already mentioned, as the state according to law or the state according to the rule of law, equivalent to the German *Rechtstaat*, the French *Etat de droit*, the Spanish *Estado de Derecho* and the Italian *Stato di Diritto*. This concept of the state according to law is based on the principle that not only must all the power of the public bodies forming the state stem from the law, or be established by law, but also that those powers are limited by law.

According to this concept, the law becomes, as far as the state is concerned, not only the instrument whereby attributions of its bodies and officials are established, but also the instrument limiting the exercise of those functions. Consequently, the *Etat de droit*, or state according to the rule of law, is essentially a state with limited powers and subject to some form of judicial control. This obviously, has numerous connotations in the evolution of the modern state and also presents features peculiar to each of the major contemporary legal systems.

That is why we have considered it necessary, before studying the systems of judicial review in comparative law, to begin by detailing some of the characteristic elements of the *Etat de droit* in the modern world and reviewing briefly its historical evolution.

In the continental legal systems, in the course of the historical evolution of the modern state, as opposed to the Absolute state and the economic doctrine of mercantilism that sustained it, the *Etat de droit* emerged together with liberalism, which also sustained it. The historical event which marked the transition from one political -economic system to another was the French Revolution (1789). However, the change took place following a theoretical preparation that lasted for several decades prior to the Revolution.

Naturally, we do not intend to enter into a historical analysis of the evolution of the *Etat de droit* as one of the phases of the modern state. we believe, however, that it is essential to refer to certain aspects of that evolution so as to explain the basis of judicial control of the exercise of power in the modern world.

The *Etat de droit is*, as we have said, a state according to law, or to put it in a better way, a state whose power and activity are regulated and controlled by legal rules. Basically, therefore, the *Etat de droit* consists of the rule of law; law understood, in this context, to mean the normative acts which make up the legal order of the state.

Seen from this standpoint, the *Etat de droit* as a state with powers regulated and limited by the law and other legal instruments is the opposite of any form of absolute or Totalitarian state. That is to say, it is the opposite of any type of state possessing unlimited power, in the sense of power not subjected to legal control, or at least, insufficiently regulated and subject to law.

Therefore, the ideas of judicial control of state activity and limitation of state power by subjection to the law emerge as the central concepts involved in the *Etat de droit* always related to the fundamental rights and liberties.

In line with the foregoing, it can be said that the *Etat de droit* is characterised by the following fundamental principles:

In the first place, there is the principle of limitation of state power by the classical division into the legislative, executive and judiciary, to guarantee liberty and to curb possible abuse of one power in relation to another; and the consecration of the necessary autonomy of the Judiciary, even to control the submission of the state to the law.

The second principle that characterises the *Etat de droit* is that of the rule of law, that is to say, the subjection of the state to the law, not only to formal law, but also to all the sources of the legal order of a given state. This implies, therefore, that all state bodies are subject to the law of that same state, and particularly to the law as enacted by Parliament. This has especially given rise to the principle of legality applied to government or administrative actions, according to which, the administration must act in accordance with the law and can be judicially controlled to that end. Consequently, a series of procedures has been established for the purpose of controlling administrative action in particular, but also to control the constitutionality of laws, as protection against despotism on the part of the legislative power.

These principles have led to others inherent in the *Etat de droit*: On the one hand, that of the primacy of the legislation regulating all state activity, both of the executive and of the judiciary, the law being understood in this context, basically, to mean the formal law, that is to say, laws drawn up by the legislative bodies of the state (Parliament); and on the other hand, the establishment of a hierarchical system of the legal order and consequently of the various rules comprised therein. This system classifies the different rules in various ranks, according to their respective sphere of validity, usually in relation to a supreme or higher law, which is the constitution.

The third principle that identifies the *Etat de droit* is the recognition and establishment of fundamental rights and liberties, as a formal guarantee contained in constitutional texts and providing for their effective enjoyment as well as political and judicial means of control to ensure such enjoyment.

These are all principles or expressions of a common objective essential to the *Etat de droit*: The limitation of power, which emerged in contrast to the unlimited power of the Absolute monarch in what has been considered the first historical form of the continental modern state, namely the absolute state.

Indeed, it can be said that the modern state came into being when the feudal regime was dissolved as a result, among other factors, of a process of centralisation of power, giving rise to the European continental monarchies, in which political power was concentrated in a Sovereign, as a superior political unit in contrast with the territorial dispersal of power characteristic of feudalism. Thus the modern state came into being as an absolute state, a concept in which the idea of concentration of power was added to that of the absolute and perpetual sovereignty of the monarch, constituting supreme, absolute and perpetual power over the citizens of a republic.

Thus, Bodino(7) or Bodin, in his *Six Books of a Commonwealth* published in 1576, translated into English in 1606 and once used as a text book in Cambridge,(8) referred to Sovereignty as a condition for the existence of a state (a Commonwealth) by including it in his definition. He said:

> A Commonwealth may be defined as the rightly ordered Government of a number of families, and of those things which are their common concern, by a sovereign power.
>
> Sovereignty is that absolute and perpetual power vested in a commonwealth which in Latin is termed *majestas*...(9)

The modern state, represented in this sovereign monarchy, was what Hobbes termed the Leviathan (1651) the unitary personification of a multitude of men.

In Hobbes own words:

> A multitude of men, are made one person, when they are by one man, or one person, represented: so that it be done with the consent of every one of that multitude in particular. For it is the unity of the representer, not the unity of the represented that make the person one. And it is the representer that bears the person and but one person; and unity, cannot otherwise be understood in multitude.(10)

This *Leviathan*, is no doubt, the Modern state.(11)

During the seventeenth and eighteenth centuries, this modern state was identified as we said with the absolute monarchies of the continent, in which all power was concentrated in one person, "the king", who exercised it in an unrestricted manner. Moreover, sovereignty was a personal attribute of the Monarch, and for this reason he was totally exempt from control in the exercise

---

(7) I. BODIN, *The Six Books of a Commonwealth*, London 1606 (ed. by Kenneth Douglas MC RAE), Cambridge, Mass 1962, Book I, Clap. VIII, p. 84.

(8) P. ALLOTT, "The Courts and Parliament: Who whom?, *Cambridge Law Journal*, 38, (1) 1979, p. 104.

(9) Quoted by P. ALLOTT, *loc. cit*, p. 104 from trans. Tooley (1960), Chaps. I and VIII of Book I.

(10) T. HOBBES, Leviathan (ed. John Plamenatz), London 1962, Chap. XVI, p. 171. *Cf.* M. M. GOLDSMIDT, *Hobbes' Science of Politics*, NY 1966, p. 138.

(11) A. PASSERIN D'ENTRÈVES, *The Notion of the State. An Introduction to Political Theory*, Oxford 1967, p. 11.

of his power, in view of his divine origin.(12) The monarch had only one duty, namely that of ensuring public order and the happiness of his subjects in the interest of the state, which is the reason for the existence not only of the recourse to *Raison d'Etat*,(13) but also of the exercise of the full powers characteristic of absolutism, in which the monarch was exempt from responsibility.

This exemption from responsibility is reflected in the classical expression "The crown can do no wrong" or *le roi ne peut mal faire*.

In systems such as the English one, this did not change until 1947, when, following the *Crown Proceeding Act,* it became possible to hold the Crown responsible before the Courts.(14) In any case, in the absolute state, the subject had no rights vis-à-vis the monarch; his only duty was to obey.

By contrast with the continental systems, the British experience is special. As Jennings stated, absolutism never developed in English history, except for a brief period under the Commonwealth, (1653) and even then, only moderately.(15)

Since the beginning of the thirteenth century, the king's authority in England was limited by his barons and that struggle is clear in the Magna Carta of 1215, considered the origin and source of English constitutional law.(16) This Great Charter, as is well known, did not legislate for Englishmen generally, but really attempted to safeguard the rights of different classes according to their different needs, and therefore, churchmen, lords, tenants, and merchants were separately provided for.(17) Even though the Magna Carta with its clauses placing limitations upon arbitrary power, has been considered the first attempt to express in precise legal terms some of the leading ideas of constitutional government in England, its interpretation by lawyers, historians and politicians and mainly by the courts, has subsequently led to the consideration of the document as a mean of safeguarding people's liberties even if the *liberi homines* were originally excluded from its clauses.(18)

Subsequently, kings had to fight against the landowners and they did not always win. When the feudal lords disappeared, there was already a Parliament strong enough to limit royal authority, take over part of the king's power, discuss its

---

(12) *Idem* p. 44-202.

(13) *Idem* p. 44.

(14) J.A. JOLOWICZ, "Torts", *International Encyclopaedia of Comparative Law*, Vol. XI, Chap. 13, (Procedural Questions), p. 13-41; H.W.R. WADE, *Administrative Law*, Oxford 1971, p. 17.

(15) I. JENNINGS, *The Law and the Constitution*, London 1972, p. 46. "No King of England has ever been regarded by his contemporaries as an Absolute Monarch. The very concept is unknown in English Law", I. JENNINGS, *Magna Carta*, London 1965, p. 13. King Charles I in the trial opened in Westminster Hall 20-1-1649 refused to plead, as he would not recognize the jurisdiction of the Court or indeed of any court. He said, "The King cannot be tried by any superior jurisdiction on earth." On 21-1-1649 he was sentenced to dead. See M. ASHLEY, *England in the Seventeenth Century,* 1972, p. 89.

(16) W. HOLDSWORTH, *A History of English Law*, Vol. II, Fourth Ed., London 1936, Reprinted 1971, p. 209.

(17) *Idem* p. 211.

(18) *Idem* p. 211.

limits and even, at times, to destroy a king whose ideas and actions transcended the limits considered reasonable by Parliament.(19)

In this context, the Revolution of 1642 was not really a social revolution, like the French, aimed at destroying a despotic system of government and the society on which it was based. Fundamentally, it was the result of a political struggle between king and Parliament.

The result of the Civil War that developed in England from the year 1642 and lasted 18 years was to make personalised monarchies impossible in future as well as to impede Parliament from attempting to perpetuate itself in defiance of public opinion. Thus, when the monarchy was restored after the Civil War, the whole position both of the monarchy and of Parliament had been altered.

Particularly after that Revolution, Parliament attained a position in the state which it had never possessed before, in the sense that it became as permanent a part of the government as the king himself, no longer a body to be called occasionally to assist king's government by sanctioning new legislation.(20)

It must be stated also that if it is true that as a result of that Revolution the authoritative position of Parliament had been secured, so had the supremacy of the law and mainly because of the increased national desire to see the law really supreme after the nation's experience under the Protectorate which had constantly found itself needing to violate the law.

That is why Sir William Holdsworth in his book *A History of English Law* said that the alteration of the relationship between king, Parliament and the courts and consequently of the executive, legislative and judicial powers led them to begin to assume the legal position which they hold in modern law.(21) That was undoubtedly facilitated because of the enactment of the *Instrument of Government* or 1653, considered to be the first written constitution in the modern world(22) in the sense of a higher law not to be modified by Parliament.

However, the political developments in England up to the Restoration led eventually to the final victory of Parliament in 1689 regarding the other powers of the state.

With this Parliamentary supremacy, it can be said that the rule of law system, in the liberal sense, has existed in England, and it was, as a matter of fact, an Englishman, John Locke, theoretician of the English Revolution, who laid the basis for the doctrine of the Liberal state, which had so much influence on continental law, and on the notion of the modern *Etat de droit*.

As we have previously said the modern *Etat de droit* is characterised by a few but very important features that have been developed over the last two centuries, and we think it is worthwhile studying, for our purpose of further analysis, judicial review or protection of the constitution.

---

(19) I. JENNINGS, *The Law and the Constitution*, *cit.* p. 46-47.
(20) W. HOLDSWORTH, *op. cit.*, Vol. VI, p. 161-162.
(21) *Idem* p. 163.
(22) P. ALLOT, *loc. cit.*, p. 97.

We want to analyse the main features or characteristics of the *Etat de droit* classifying them into three different parts: firstly the limitation of state power as a guarantee of freedoms; secondly, the submission of the state to the rule of law, that is to say in continental law terms, to the principle of legality; and thirdly, the establishment of fundamental rights and liberties in a constitution.

II. LIMITATION OF POWER AS A GUARANTEE OF LIBERTY

The first feature of the state according to law is the existence of a system of division or separation of powers. This means that Parliament or the legislative power draws up the legal rules, and the administrative and judicial bodies are responsible for enforcing them. This system of separation of powers, or rationalization of power, is also established as a guarantee to citizens of their respective rights, considering as legislators, in the strictly formal sense, only those elected bodies aimed at representing the people. Consequently, the executive body, despite the normative faculties with which it is endowed, cannot be considered as legislator, in the sense of drawing up rules which might, for example, limit individual rights and guarantees.

Furthermore, this system of separation of powers contains a fundamental component, namely the autonomy and independence of judges, which also serves to guarantee individual rights. Consequently, neither person holding legislative office, nor the executive can be considered as judges.

However, in the *Etat de droit* regime, the system of separation of powers is not absolute and rigid, since there are numerous interrelations between the various state bodies, which must exercise mutual control and limitation, through the so called system of weight and counterweight, or checks and balances, which, in fact, balances the system of state power. This system is characterized by several factors one of which is the supremacy of the legislative power, as creator of the law vis-à-vis the executive and the judiciary, who are responsible for enforcing that law. But this primacy of the legislator is not necessarily tantamount to sovereignty, and to avoid absolutism on the part of the legislator, or what has been called "elected dictatorship",(23) the legislative power is necessarily subjected to the constitution. Thus, since the Legislator is limited by the constitution, a system must be set up to control the constitutionality of his acts, either by ordinary courts or by special courts, to guarantee the constitutionality of the laws.

But in this system of separation of powers, as we have already pointed out, the independence of the judiciary vis-à-vis the legislator and the executive is a

(23) HAILSHAIN, *Elective Dictatorship*, 1976, quoted by P. ALLOTT, "The Courts and Parliament: Who whom? *Cambridge Law Journal*", Vol. 38, 1, 1979, p. 115. Hogg also has said that Parliament lead become "virtually an elective dictatorship. The party system makes the supremacy of a government like, the present, automatic and almost unquestioned." Quoted by M. ZANDERS, *A Bill of Rights*?, London 1980, p. 5.

fundamental element of the *Etat de droit* to such an extent that one can say that the genuine state according to the law is the one in which judges are autonomous and independent and, naturally, the one in which procedural guarantees exist, to avoid abuse of authority on the part of the judges.

Now, this principle of the separation of powers is at the very origin of the *Etat de droit*, as conceived by the theoreticians of absolutism, particularly Locke, Montesquieu and Rousseau.

1. Theoretical Backgrounds

In effect, John Locke, in his *Two Treatises of Government* (1690), became the first ideologist of the reaction against absolutism when he advocated the limitation of the monarch's political power. He based his proposal on the consideration of man's natural condition and the social contract of the society, which gave birth to the state. In Locke's opinion, the reason why men enter into a social contract is to preserve their lives, liberties and possessions, the three basic assets that he regards, in general, as "property." And it is this "property" that gives men political status. In Locke's own words:

> For liberty is to be free from restraint and violence from others which cannot be, where there is no Law: But freedom is not, as we are told, a liberty to dispose, and order, as he wishes his person, action, possessions, and his whole Property.(24)

Naturally, this social contract as conceived by Locke, changed man's natural condition, and could not give rise to the formation of a government under which men would be placed in a worse situation than they had previously been in. Consequently, an absolute government could not even be considered legitimate as a civil government was. If the state emerged as a protector of "natural rights" which did not disappear with the social contract, their actual disappearance due to the action of an absolute state would justify resistance to the abuse of power.(25)

Now within the measures designed to rationalize and limit power, Locke developed his classical distribution of state functions, some of which he regarded as powers. In paragraph 131 of his book *Two Treatises of Government*, Locke said the following:

> And so whoever has the legislative or supreme power of any Common-wealth, is bound to govern by established standing Laws, promulgated and known to the people and not by Extemporary Decrees; by indifferent and upright Judges, who are to decide Controversies by those Laws; and to employ the force of the Community at home, only in the Execution of such Laws, or abroad to prevent or redress Foreign Injuries, and secure the Community from Inroads and Invasions.(26)

---

(24) J. LOCKE, *Two Treatises of Government* (ed. Peter Laslett), Cambridge 1967, paragraph 57, p. 324.

(25) *Idem*, p. 211.

(26) *Idem*, p. 371.

So, Locke distinguished four state functions, that of legislating, of judging, of employing forces internally in the execution of the laws and of employing those forces abroad, in defence of the community. He gave the name of *legislative power* to the first function, that of making the laws "to which the other powers are, and must be subordinated"[(27)] as he said. The third function he called the *executive power*, which involved "the execution of the municipal laws of the society within the latter and above its parts"[(28)] or components. The fourth function he called the federative power, which includes "the power of war and peace, leagues and alliances, transactions with all persons or communities outside the state."[(29)]

Of all the functions he assigned to any sovereign state, the only one which he did not regard as a "power" was the *function of judging*, with respect to which Peter Laslett, in his introduction to Locke's book, indicates that "it was not a separate power, but a general attribution of the state."[(30)]

In this effort to rationalize state functions, the novelty of Locke's thesis lies in the distinction between the faculty of legislating and that of employing the forces in the execution of the laws. In this context, it was not necessary to individualize the power of judging, which, particularly in England, was a traditional state function.

In any case, it is important to note that Locke confined himself to rationalizing and systematizing the functions of the sovereign state, but did not actually formulate a theory on the division of powers, much less their separation. What is more, no thesis can be inferred from Locke's work to the effect that the power of the state had to be placed in different hands to preserve liberty or guarantee individual rights, whilst allowing for the parts to coincide.[(31)] He did however admit that if the powers were placed in different hands, a balance could be achieved; as he stated in his book: "balancing the Power of Government, by placing several parts of it in different hands.[(32)]

Perhaps then, Locke's fundamental contribution to the principle of the division of power lay in his criteria, according to which the executive and federative power must necessarily be in the same hands.[(33)] Also, his criteria of the *supremacy of the legislative power* over the others, to the extent that both the executive function and that of judging had to be performed in execution of, and in accordance with the laws adopted and duly published.[(34)] For Locke, this

(27) *Idem* paragraphs 134, 149, 150, p. 384, 385. Peter LASLETT commentaries, "Introduction", p. 117.

(28) *Idem*, p. 117.

(29) *Idem*, p. 383. In relation to the name given by LOCKE to this power he said: "if any one pleases. So the thing be understood, we are indifferent as to the name." *Idem*, p. 383.

(30) P. LASLETT, "Introduction", *loc. cit.*, p. 118.

(31) *Idem*, p. 117-118.

(32) *Idem*, p. 107, 350.

(33) *Idem*, p. 118.

(34) M.J.C. VILE, *Constitutionalism and the Separation of Powers*, Oxford 1967, p. 36. (LOCKE: "There can be one supreme power, which is the legislative, to which all the rest are and must be subordinated", "for what can give laws to another, must need be superior to him", Chap. XIII, p. 149-150).

supremacy of the legislative power was precisely the consequence of the supremacy of Parliament over the monarch, resulting from the 1689 Revolution which, *supremacy*. we have mentioned, is the most characteristic feature of English public law, compared to continental systems.

This theory of the division of power, that had such a great influence on modern constitutionalism, mainly because of its conversion from the "division of power" to the "separation of power" both in the French Revolution and in the American and Latin-American Revolutions, had its fundamental formulation in Montesquieu's equally well known work.

According to Montesquieu, political liberty only existed in those states in which the power of the state, together with all corresponding functions, was not in the hands of the same person or the same body of magistrates.[(35)] That is why, in his famous work *De l'Esprit des Lois*, he insisted that "it is an eternal experience that any man who is given power tends to abuse it; he does so until he encounters limits... In order to avoid the abuse of power, steps must be taken for power to limit power."[(36)]

From his comparative study of the various states existing at the time (174 8), Montesquieu reached the conclusion that England was the only state, the direct aim of which was political liberty. That is why, in the well-known Chapter VI of Volume XI of his book, he undertook to study the "constitution of England", and from that study he formulated his theory of the division of power into three categories:

> Legislative power, power to execute things which depend on international law, and power to execute things which depend on civil lawn the first case, the prince or magistrate makes laws for a period of time or for ever. In the second case, he makes peace or war, sends or receives ambassadors, establishes security, takes measures against invasion. In the third case, he punishes crimes, or settles disputes between individuals. The latter we shall call the power to judge, and the other simply the executive power of the state.[(37)]

Following Locke's example, Montesquieu defined various state functions or faculties, rather than division of power: the function of making laws, that of judging and that of executing laws, the latter encompassing what Locke called executive and federative power.

However, the novelty of Montesquieu's division of power, and what distinguishes it from Locke's approach, is, on the one hand, his proposal that to guarantee liberty, the three functions must not be in the same hands. On the other hand, that in the division of power, they were to *be* on an equal footing, otherwise power could not curb power. In the same Chapter VI of Volume XI of De l'Esprit des Lois, Montesquieu expressed the following opinion:

---

(35) A PASSERIN D'ENTRÈVES, *The Notion of the State. An introduction to Political Theory*, Oxford 1967, p. 120.

(36) MONTESQUIEU, *De l'Esprit des Lois* (ed. G. Truc), Paris 1949, Vol. I, Book XI, Chap. IV, p. 162-163.

(37) *Idem*, Vol. I, pp. 163-164.

> When legislative power and executive power are in the hands of the same person or the same magistrate's body, there is no liberty... Neither is there any liberty if the power to judge is not separate from the legislative and executive powers... All would be lost if the same man, or the same body of princes, or noblemen or people exercised these three powers: that of making the laws, that of executing public resolutions and that of judging the wishes or disputes of individuals.(38)

As a result of all this, Montesquieu stated:

> Those princes who wanted to become despots, always began by taking possession of all the magistracies.(39)

Underlying this whole conception, there was also, of course, the concept of liberty, seen from the same standpoint as Locke. Montesquieu even said, in terms very similar to those used by Locke:

> It is true that in democracies the people seem to do what they want; but political liberty does not consist of doing what one wants. In a state, that is to say, in a society in which laws exist, liberty can only consist of being able to do what one should want to do, and not being obliged to do what one should not want to do.(40)

But in contrast to what existed according to the English constitution which he *was then* analysing, Montesquieu's concept involved no proposal whatsoever that any particular public authority should have priority over another. It is true that by defining the legislative authority as the "general will of the state" and the executive authority as the "execution of that general will",(41) it could be inferred that the latter, as far as the execution itself was concerned, was to submit to the will of the former, but not, of course, in the sense of political subordination. On the contrary, he conceived the three authorities as being so equal that they could act as a mutual restraint, as the only possible form of co-operation for the maintenance of political liberty. That is why Montesquieu concluded with his famous proposal: "these three powers should constitute a rest, or inaction. But since, as all things, they must necessarily move, they will be forced to move in concert."(42)

It is clear, in any case, that Montesquieu's concept like Locke's theory was devised for Absolutism. Both were theoreticians of absolutism. That is why their concepts of the division of the sovereign's power were a legal doctrine rather than a political postulate. In other words, the theory does not answer the question about who is to exercise sovereignty, but how power should be organized to achieve certain objectives.(43)

---

(38) *Idem*, Vol. I, p. 164. In the same Chap. VI, Book XI MONTESQUIEU added that "Were (the judiciary power) joined with the legislative, the life and liberty of the subject would be exposed to arbitrary control; for the judge would, be then the legislator. Were it joined to the executive power, the judge might behave with violence and oppression." *Cf.* Ch. H. MCILWAIN, *The High Court of Parliament and its Supremacy*, Yale 1910, pp. 322-323.

(39) *Idem*, Vol. I, p. 165.

(40) *Idem*, Vol. I, Book XI, Chap. III, p. 162.

(41) *Idem*, Vol. I, p. 166.

(42) *Idem*, Vol. I, p. 172.

(43) A. PASSERIN D'ENTREVES, *op. cit*, p. 121.

But in addition to Locke's and Montesquieu's contributions to the definition of the limitation of power, in the political theory, which led to continental reaction against the Absolute state, and the appearance of the *Etat de droit*, Rousseau's concept of law occupies a place of paramount importance. This concept subsequently led to the postulate of the submission of the state to the Law, which is of its own making. That is to say, it gave rise to the principle of legality and consolidation of the *Etat de droit* itself.

In effect, as Rousseau himself said, the social pact or contract is the solution to the problem of finding a form of association: "which defends and protects, with the whole common force, the person and goods of each member of the association, and in which each person, united with all, nevertheless obeys only himself and remains as free as before."(44)

Thus he said, "the transition is made from the natural to the civil state."(45) But, as Rousseau himself pointed out, "through the social pact we have given birth to the political body; we must now endow it with movement and a will, through legislation."(46)

Thus, -and this was the novelty of his proposal- it is the law, as a manifestation of the sovereign state resulting from the social pact, which sets the state in motion and provides it with the necessary will, since it is a question of "acts resulting from the general will and dealing with a general issue." Thus Rousseau not only built up the theory of the law as an "act of the general will", to which the conduct of the state itself and that of private individuals must be subjected, but he also established the principle of the generality of the law, which was to subsequently lead to the reaction against privileges, which is another basic element of the *Etat de droit.*(47)

However, Rousseau limited state functions to two: the making of laws and their execution, to which he applied the same terminology as Montesquieu: legislative power and executive power.(48) Nevertheless, it is not a question here either of a doctrine of separation of powers, but, along the same lines as Locke and Montesquieu, a doctrine of the division of one single power that of the sovereign, resulting from the social pact or from the integration of the general will.(49)

Neither was Rousseau in favour of placing the two functions of power -the expression of the general will by means of laws and the execution of those laws- in the same hands. So, adopting the same approach as Montesquieu, he also recommended that different bodies exercise them, although, unlike Montesquieu, he insisted on the need for the subordination of the body executing the law to the body making it. This, in Locke's approach and in the English system, was to

(44) J.J. ROUSSEAU, *Du Contract Social* (ed. Ronald Grimsley), Oxford 1972, Book I, Chap. IV, p. 114.

(45) *Idem*, Book I, Chap. VIII, p. 119.

(46) *Idem,* Book II, Chap V, p. 134

(47) *Idem*, Book II, Chap, V, p. 136.

(48) *Idem*, Book III, Chap, I, p. 153.

(49) R. GRIMSLEY, "Introduction", in ROUSSEAU, *op. cit*, p. 35.

ensure the subsequent supremacy of the legislation and the law, developed later in Europe. Furthermore, the supremacy of the law was to be the corner stone of public law within the framework of the *Etat de droit* in Europe, allowing the development of the principle of legality, particularly with regard to government.

In this respect Rousseau agreed with Montesquieu. Rousseau in fact stated: "Therefore, we understand a Republic to be any state which is governed by laws."[(50)] Montesquieu, for his part defined the "state" as "a Society in which laws exist."[(51)] Which is also a declaration of the fact that the existence of laws was a fundamental requisite for the existence of the state.

2. The American and French Revolutions

It can generally be said that the writings of Locke, Montesquieu and Rousseau made up the whole theoretical and political arsenal for the reaction against the absolute state and its replacement by the state according to law based on the separation of powers, as a guarantee of liberty. That reaction was to occur in Continental Europe, with the French Revolution (1789), and in North America, with the Independence (1776), based on the exaltation of individualism and liberty.

In effect, all the political theories previously y mentioned were based on the analysis of man's natural situation and the achievement of the social pact or contract which established a sovereign as a mechanism for the protection of liberty. This was the basis for the subsequent exaltation of individualism and the political consecration of rights, not only of the citizens of a particular state, but also those of man, with the consequent construction of political and economic liberalism.

It was also considered necessary for the power of the state, as a product of the social pact, to be divided and rationalized, to prevent its abuse by the sovereign. To that end, state functions were systemized and power was divided, thereby paving the way for the adoption of a different and more radical formula: that of the "separation of powers", as a *guarantee* of liberty.

As Madison pointed out at the beginning of American constitutionalism:

> The accumulation of all powers, legislative, executive, and judiciary in the same hands, whether of one, a few, or many, and whether hereditary, self-appointed or elective, may justly be pronounced the very definition of Tyranny.[(52)]

That is why the principle of the separation of powers was one of the essential elements of the American constitution. For example, the constitution of Massachusetts (1780) contained categorical expressions:

---

(50) *Idem*, Book III, Chap. VI.
(51) MONTESQUIEU, *op. cit.*, Book XI, Chap. III, p. 162.
(52) J. MADISON, *The Federalist* (ed. B.F. Wright), Cambridge, Mass 1961, n° 47, p. 336.

> In the government of this Commonwealth, the legislative department shall not exercise the executive and judicial powers, or either one of them: The executive shall never exercise the legislative and judicial powers, or either one of them: The judicial shall never exercise the legislative and executive powers, or either one of them: to the end it may be a government of laws not of men.(53)

Moreover, the sovereign's power was considered to be updated by the production of laws, which were believed to be not only indispensable for the existence of the state itself, but also a guarantee of civil and political liberty. And the legislative function occupied a superior position to that of the other executive functions.

Consequently, in this concept arising out of the French Revolution, all acts, both of the Sovereign and of private individuals, were subjected to the law, understood to be an act of the general will. This gave rise to the principle of legality.

The *Etat de droit* and liberalism are, therefore, based on the concepts of liberty, separation of powers, supremacy of the law and the principle of legality. As a result, the essence of the *Etat de droit* from the beginning, in contrast to the absolute state, lies in the principle of the submission of the state and its administration to legality, which is to say, the necessary regulation of the state by the law, which must set limits on power.

However, such submission was not always guaranteed definitively in European countries and in all those, which adopted the *Etat de droit* model. At the beginning, for example, the separation of powers in France presented the non-interference of one power with another in such a fashion that the judicial power could not guarantee individuals that government would be submitted to legality. Proof of this was the famous Law of Judiciary Organisation of 16-24th of August 1790, which specified:

> Judiciary functions are, and shall always be separate from administrative functions. Any interference by judges in the activities of the administrative bodies, or any summons issued to the administrators by the said judges, for reasons relating to their functions, shall constitute a breach of duty.(54)

Subsequently, the Law of 16 *Fructidor* of the year III (1795) ratified that:

> The Courts are forbidden, under penalty of law, to take cognisance of administrative acts, whatever their nature.(55)

---

(53) Art. XXX. *Massachusetts General Law Annotated*, St. Paul, Minn. Vol. 1-A, p. 582. In 1776, the constitution of Virginia, also had a declaration on separation of powers, considered as "The most precise statement of the doctrine which had at that time appeared." M.J.C. VILE, *Constitutionalism and the Separation of Powers*, *cit.*, p. 118. Article III of that constitution stated: "The Legislative, Executive and Judiciary departments, shall be separate and distinct, so that neither exercise the potters properly belonging to the others; nor shall any person exercise the powers of more than one of them at the same time, except that the Justice of the County Courts shall be eligible to either House of Assembly."

(54) J. RIVERO, *Droit Administratif*, Paris 1973, p. 129; J.M. Auby et R. DRAGO, *Traité de contentieux administratif*, Paris 1984, Vol. I, p. 379.

(55) J. RIVERO, *op. cit.*, p. 129.

As a result, the evolution of administrative jurisdiction in France, as jurisdiction separate from the judicial order for judging the government itself, constituted an extreme form of separation of powers. If the government or administrators were to be judged, a special jurisdiction, different and separate from the judicial power, had to be set up and that developed through a lengthy process which led, eventually, to the establishment of the *Conseil d'Etat*.

On the other hand, in the concept of Parliament and the law resulting from the French Revolution, any kind of control over the constitutionality of the laws in continental Europe was inconceivable, and this continued to be the case up to the beginning of the present century. As we will see, there is still no system of direct control over the constitutionality of the laws in France, and it was only in the post-war periods the twenties, and later in the forties, that a system of this kind was developed in other European countries, but which is still inconceivable in the British legal system.

In any case, throughout the last century and during the present one, the evolution of the principle of the separation of powers and the primacy of the legislator has shown a growing tendency both towards the submission of the state and all its bodies to the law and to legality, and towards the establishment of judicial controls to that end, either by means of special tribunals separate from judicial power, or by the use of the courts of the judiciary itself. This submission and control led, *inter alia*, to the very birth of administrative law in Europe and even in England, as an autonomous branch of the legal sciences as at the end of the last century.

The struggle for the submission of government to legality is an irreversible victory of the *Etat de droit* and has been implanted throughout the world nowadays.

The characteristics of the separation of powers naturally vary from one country to another and its original justification as a guarantee of liberty has been forgotten. In many cases it has been used for purposes never originally envisaged. In England for example, the separation of powers was maintained, but for the purposes of the supremacy of Parliament over the various state bodies, that is to say, to subject the courts and tribunals to Parliament, and even to allow the courts the possibility of controlling the administrative authorities. The same doctrine also prevailed in the United states of North America, but for the purpose of clearly separating the executive and legislative functions, and enabling the Supreme Court to even declare acts of Congress invalid, whereas in France, the principle was used to make the legislative power supreme, but taking the separation to the extreme of preventing ordinary courts from controlling the legality of administrative acts, and eliminating any possibility of controlling the constitutionality of the legislator's acts.[(56)]

The North American constitution can indeed be considered a classical example of the division of powers, although it contains no precept specially designed for

(56) I. JENNINGS, *The Law and the Constitution*, London 1972, p. 25-28.

that division. The principle is, however, patent in several rules stipulating, for example, that all legislative powers are entrusted to Congress; that executive power is granted to the president; and that the judicial power of the United states is in the hands of the Supreme Court.[(57)] The rigidity of the division of powers is also evident from the fact that the Cabinet is absolutely independent from Congress, with which it has no formal communication.[(58)]

The principle has, however, undergone several changes, due to the constitution itself, to judicial interpretation, and to constitutional practice. In the first place there is, together with the principle of the separation of powers, a system of checks and balances, whereby the Executive has some participation in legislative power by veto and the annual address to Congress and in judicial power through the prerogative to pardon. Regarding the executive's right to appoint offices and ratify treaties, this requires the consent of the legislator, who also performs judicial functions in cases of impeachment, and is responsible, within the limits of the constitution, for the organization of judicial power. Finally, the courts are authorized to establish their rules of procedure, which is undoubtedly a legislative function, and they have also developed the power even to control the actions of Congress itself.[(59)]

3. The Sovereignty of Parliament

But in the concept of the separation of powers as a system of distributing power in such way that power curbs power, the English system was at variance.

Despite Montesquieu and all the literature produced in the eighteenth century with reference to England, as a living example of the separation of powers, the fact is that such separation has never been a reality and the situation at that time was, and has always been, that of the *heureux melange* -the successful mixture- to which Voltaire referred.[(60)]

Be that as it may, British constitutional history shows a series of groups and institutions contending the domination and participation in state power. This has brought about the phenomenon of a balance of powers, which has constantly given rise to a system of restriction and counter-restriction, although in the United Kingdom one power has always prevailed over the others. In general, the predominant power has been that of Parliament, but it fact the predominant power has been considered to be that of the government, due to its control over the House of Commons and to the practice of delegated legislation.

---

(57) Arts. 1,1; 2,1 and 3,1.

(58) M. GARCÍA-PELAYO, *Derecho constitucional comparado*, Madrid 1957, p. 350.

(59) *Idem*, p. 350 and 351. In general, A and S. TUNC, *Le système constitutionnel des Etats Unies d'Amerique*, 2 vols. Paris 1954.

(60) Quoted by M. GARCÍA-PELAYO, *op. cit.*, p. 283. *Cf.* G. MARSHALL, *Constitutional Theory*, Oxford 1971, p. 97.

In this sense, Philip Allott in an article published a few years ago in the Cambridge Law Journal stated:

> The Executive has acquired an overall position of dominance, extending its authority in all three of the functional branches of Government -legislative, executive and judicial-. Above all, it has acquired a practical control over the House of Commons in Parliament, from which it has virtually excluded the House of Lords as a countervailing power.(61)

This fact has been pointed out by almost all the constitutional lawyers of the United Kingdom(62) and that is why Wade and Phillips in their book on constitutional and Administrative Law pointed out that "In absence of a written constitution, there is no formal separation of power in the United Kingdom."(63) and particularly between the legislative and the executive power; that the practical needs of the parliamentary government have obliged Parliament to trust governmental policy and accept the cabinet's wishes as far as the legislative programme is concerned, but retaining the right to amend, criticise, question and ultimately to annul, and also that practical needs have demanded considerable delegation to the executive of the power of rule regulation.(64)

But in spite of these facts, it is certainly clear that in the United Kingdom legal system, the idea of parliamentary sovereignty has been traditional, breaking with the continental and American principle of separate powers, which mutually curb each other.

This principle of parliamentary sovereignty is characterized *inter alia,* by the following elements:

In the first place, because of the absence of any formal distinction between constitutional and ordinary laws, which implies that in the absence of a written constitution, Parliament can, at any time, institute, by the ordinary method of law-making, reforms of a constitutional nature. Therefore, "the authority of Parliament to change the law is unlimited" and "since the sovereignty of Parliament is recognised by law, -said T.R.S. Allan, in an article published in the last issue of *The Cambridge Law Journal*,- it would be contrary to the rule of law to deny full force to enactments which change existing law."(65)

The second element that characterizes the principle of sovereignty of Parliament is the absence of any possibility of control over parliamentary activity.

---

(61) P. ALLOTT, *loc. cit.*, p. 115.

(62) For example, T.R.S. ALLAN has noted out that "the political consequence of the legal arrangement (that perceive the constitution as a legal order subject to, and dominated by, an unrestrained and all-powerful sovereign: the Parliament) is the overwhelming authority of a government with a majority of seats in the House of Commons", and that "It is this concentration of power which is seen as a threat to fundamental rights and liberties. constitutional restraints are therefore needed to protect such rights from irresponsible legislative encroachment; the need is to counteract the "helplessness of the law in face of the legislative sovereignty of Parliament" (Sir Leslie Scarman), in "Legislative Supremacy and the rule of Law: Democracy and constitutionalism", the *Cambridge Law Journal*, Vol. 44, (1), 1985, pp. 111-112.

(63) E.C.S. WADE and G. GODFREY PHILLIPS, *Constitutional and Administrative Law*, (9th ed. by A.W. BRADLEY), London 1985, p. 53.

(64) *Idem*, p. 49, 564.

(65) T.R.S. ALLAN, *loc. cit.*, p. 122.

This implies that there is no court competent to decide upon the constitutionality of laws or acts of Parliament. Consequently, any act of Parliament, whatever it's content, must be applied by the courts of justice, and in no case can those courts fail to apply the said rules.

As Dicey said at the very beginning of his *An Introduction to the Study of the Law of the Constitution*,

> The principle of Parliamentary sovereignty means neither more nor less than this, namely, that Parliament... has, under the English constitution, the right to make or unmake any law whatever; and, further, that no person or body is recognised by the law of England as having a right to override or set aside the Legislation of Parliament.(66)

And regarding the courts, in the case of R. v. Jordan in 1967, a Divisional Court stated clearly that as Parliament was supreme, "there was no power in the courts to question the validity of an Act of Parliament."(67)

We have also mentioned the very important decision of the House of Lords, made in 1974 in the case of the *British Railways Board* v. *Pickin* in which Lord Reid stated that:

> The idea that a court is entitled to disregard a provision in an Act of Parliament on any ground must seem strange and startling to anyone with any knowledge of the history and law of our constitution", adding, "no court of justice can inquire into the manner in which (an Act) was introduced into Parliament, what was done previously to its being introduced, or what passed in Parliament during the various stages of its progress through both Houses of Parliament,

and concluding precisely that:

> The function of the Court is to co construe and apply the enactments of Parliament. The court has no concern with the manner in which Parliament or its officers carrying out its Standing Orders perform these functions;(68)

The third point that emerges from the principle of the supremacy of Parliament is that the law created by Parliament, that is to say, *the statutes*, have primacy over common law and over any form of legal creation. As stated by the Chancery Division in the case of *Cheney* v. *Conn (Inspector of Taxes)* in 1968:

> What Statute says and provides is itself the law, and the highest form of law that is known to this country. It is the law which prevails over every other form of law, and it is not for the Court to say that a parliamentary enactment, the highest law in the country, is illegal.(69)

The fourth principle derived from the sovereignty of Parliament is that of the power of Parliament to prevail over judicial decisions themselves, since a bill

---

(66) A.V. DICEY, *An Introduction to the Study of the Law of the Constitution*, (Introduction by E.C.S. WADE), 10th Ed. 1973, p. 39-40.

(67) O. HOOD PHILLIPS, *Leading Cases in Constitutional and Administrative Law*, London 1979, p. 1.

(68) *Idem*, p. 2-5.

(69) *Idem*, p. 28. That is why, we think, George Winterton said that "the rule of law comes to mean rule of law as enacted by Parliament, and not the rule of the ancient common law ", in "'the British Grundnorm: Parliamentary Supremacy re-examined", *The Law Quarterly Review*, Vol. 92, 1976, p. 596.

could even be approved for the purpose of legalizing an illegal act, or exempting somebody from the legal consequences of a committed act. This is why it is said that "the legal authority of Parliament is absolute, not limited."[70]

For instance, Parliament's term of office, according to one of the conventions, is five years, but this period might be extended. Parliament can also regulate succession to the Throne, exclude persons who are not members of a particular religion, limit royal prerogatives, change the state religion, in short, make any decision with no limitation whatsoever. The principle implies that any act of Parliament can always be revised and changed by a subsequent act, either expressly or, in the case of conflict, implicitly. Consequently, important acts of Parliament such as the Habeas Corpus Act 1679, the Bill of Rights 1689, the Act of Settlement 1700, the Statute of Westminster 1931 and even the European Economic Communities Act 1972 can very well be revised by Parliament. No special majority is needed for this.[71]

Parliamentary sovereignty, in this form, is without doubt, one of the most important features of the constitutional system of the United Kingdom.

One of the consequences of parliamentary sovereignty, as pointed out by Prof. H.W.R. Wade, is that there are no constitutional guarantees, in the United Kingdom neither is there anything similar to what happens with written and rigid constitutions, which can only be changed by special procedures. This is undoubtedly an exception in the modern world, since most countries, even in the English speaking world have a written constitution represented by a formal document, protected, as a fundamental law, against any attempt by simple majorities to introduce reforms.[72]

However, not only are constitutional guarantees non existent in the United Kingdom, nor does it seem possible to create them, as Prof. H.W.R. Wade said, since, if an ordinary act of Parliament can reform any law, then it is impossible for Parliament itself to declare a law or statute to be non reformable, or only reformable subject to certain conditions. In other words, Parliament cannot modify or destroy its own "continuing sovereignty" for the courts will always obey its commands.[73]

In any case, parliamentary sovereignty in the United Kingdom as it exists today, has a profound effect on the position of judges. They are not guardians of a constitution or of constitutional rights, with, for example, power to declare certain legislative acts unconstitutional, as is the case with the Supreme Court of the United states.

That is why, no entrenched Bill of Rights can be adopted in this country. The adoption of it would, of course, involve the exercise of judicial review by the courts, that is to say, the power of domestic courts to protect certain fundamental

(70) T.R.S. ALLAN, *loc. cit.* p. 129. Also see E.C. WADE and G. GODFREY PHILLIPS, *op. cit.*, pp. 61-62.

(71) H.W.R. WADE, *Administrative Law*, 5th ed. Oxford 1984, p. 27.

(72) *Idem*, p. 28.

(73) *Idem*, p. 28. See also G. Winterton, *loc. cit.*, p. 597.

freedoms even against the legislature itself,[74] and that would be against the principle of the sovereignty of Parliament.

Sir Ivor Jennings summarized the consequences of this main principle of the constitution of this country saying that parliamentary sovereignty essentially means two things. In the first place, it means that Parliament can legally pass legislation dealing with any matter: in Ivor Jennings words,

> Parliament may remodel the British constitution, prolong its own life, legislate ex-post facto, legalise illegalities, provide for individual cases, interfere with contracts and authorize the seizure of property, give dictatorial powers to the Government, dissolve the United Kingdom or the British Commonwealth, introduce communism or socialism, or individualism or fascism, entirely without legal restriction.[75]

That is to say that as there is no written or rigid constitution in the United Kingdom, Parliament is not limited by any text or superior fundamental rule. So, there is no possibility of exercising any kind of judicial control over the conformity of Parliamentary acts with a higher law, which means in our perspective that the principle of the rule of law is not applicable to Parliament.

4. The Distribution of Power

The idea of the state according to law with or without parliamentary sovereignty is based on the concept of the limitation and distribution of power, which may be observed in three aspects.

In the first place, it can be observed in a distribution of power between the state itself, on the one hand, and individuals or citizens on the other, in the sense that a sphere of liberty is established for individuals and citizens, even as a fact existing prior to the state. This implies limitations to state powers, in the sense that the faculty of the state to invade the sphere of fundamental rights is, in principle, limited.

This is true, in a certain way even in the United Kingdom with Parliamentary supremacy, the absence of an entrenched Bill of Rights and the unthinkable judicial review of legislation. As Winterton pointed out:

> For centuries, and certainly at the time of the 1688 Revolution, the concept of practically "inalienable" personal liberties has been a very strong feature of the British constitution: it is implicit in the British concept of the Rule of Law, and has led to the doctrine of natural justice in administrative law, as well as the rules for interpreting statutes so as not to threaten individual liberty.[76]

The second aspect of the distribution of power in the *Etat de droit* relates to its organization by means of a principle of distribution of power between constituent and constituted power. Constituent power belongs and corresponds to the people

(74) D.G.T. WILLIAMS, "The constitution of the United Kingdom", *The Cambridge Law Journal*, 31, (1), 1972-B, p. 279.

(75) I. JENNINGS, *The Law and the Constitution, cit.*, p. 147.

(76) G. WINTERTON, *loc. cit.*, p. 599.

who are sovereign and is reflected in a constitution, so that constituent act can only be taken by the latter, in accordance with the provisions of the constitution itself. Thus the bodies of the constituted power cannot invade the activities which correspond to the constituent power established in the constitution, and that is why all invasions of those activities invalidate acts taken in such a way.

Third and last, this principle of the distribution of power in the *Etat de droit* also refers to the organisation of state power itself in the sphere of constituted power, by means of a system of division of power consisting of a series of attributions to the different state bodies.

This principle of organization or distribution of power has two connotations: in the first place, the classical horizontal division or separation of powers, that distinguish the various branches of public power in a nation, between the legislative, the executive (government and administration) and the judicial bodies. The aim of this division and distinction is to establish reciprocal restrictions and controls between the various state powers, and they are normally established in the constitution.

In addition to this, there is a second, vertical connotation that seeks a distribution of state power among its different territorial levels, resulting, for example, in the Federal state or politically decentralised forms of state. In these, the different territorial levels (national, federate states or Regions and Municipalities) exercise part of the public power, also within a system of distribution of jurisdictions established by the constitution.

These three forms of distribution and limitation of state powers bring in constitutional matters, and necessarily lead, when adopted by a state, to a system of judicial review to control the illegitimate invasions or interferences of one of such powers in the sphere reserved to the other. That exists, more or less in the constitutional system of the Western World today, because these countries have written and rigid constitutions with a formal declaration of fundamental rights and have either a federal organization or other systems of political decentralization.

In the constitutional system of the United Kingdom there is, on the contrary, no entrenched Bill of Rights, though the judicial protection of fundamental rights cannot imply the invalidation of acts of Parliament. No distinction is made between constituent and constituted powers due to the absence of a written constitution and the principle of sovereignty and supremacy of Parliament, though there is no control over the constitutionality of Parliamentary acts. Finally, the constitutional system is a unitarian one, with no power distributed in territorial units that could restrain the powers of Parliament, though there is no control of constitutionality of the vertical distribution of power.

III. SUBMISSION OF THE STATE TO THE LAW

The second main feature of the concept of the *Etat de droit* is the submission of the state to the law, which implies that all the actions of the public bodies of a given state and its authorities and officials must be carried out subject to the law and within the limits set by the law. Hence, there is the expression state according to the rule of law or in the Continental sense *Etat de droit*.

This principle is, perhaps, one of the main features of legal system today, although there are certainly as many interpretations as there are legal systems and even authors. It is also referred to by various expressions: For instance as we said, in the Continental and Latin-American legal systems, this principle of the submission of the state to the law is commonly identified with the "principle of legality"; in the American system, with the whole idea of constitutionalism or government under the law; and in the British constitutional system by the classical expression "rule of law."

All these expressions ultimately mean that state bodies should be subject to the law, although it is certain that these assertions do not always have the same meaning and scope in every system.

For instance, Sir Ivor Jennings said that the rule of law or government according to law, means "that all power came from the law and that no man, be he King or Minister or private person, is above the law."(77)

But, we may ask what about the sovereign, and in the case of the British constitution, what about Parliament? Jennings referred to "the Government according to law", and we could ask: does he include Parliament in that expression?, can we say that the whole principle of the state according to the law or submitted to the law, that is to say, that all power of state bodies came from the law, is also applicable to the British constitutional system? Or is it true that in general terms, the rule of law in the British legal system is rather a principle related to government, in the sense that the executive must be enforced by the courts, and is not a principle related to Parliament?

1. The Sovereign and the Law

We think we can start our approach to the analysis of this principle of the submission of the state to the law, as one of the main features of modern constitutionalism, by following the statement made by Prof. H.L.A. Hart in his book, *The Concept of Law*, when he said:

> Whenever there is law, there is a sovereign incapable of legal limitation.(78)

Consequently, in all modern legal systems, we can distinguish two powers: that of the constituent, that is to say, the sovereign body, and that of the constituted, formed by all the state organs. This is, as we have seen, one of the main consequences of the principle of limitation of state power: the division in a given society between the constituent and the constituted power, bearing in mind that

(77) I. JENNINGS, *Magna Carta*, London 1965, p. 9.

(78) H.L.A. HART, *The Concept of Law*, Oxford 1961, p. 70. On p. 65 asserts: "in every society where there is law there is a Sovereign" ... "everywhere the existence of law implies the existence of such a. sovereign."

the constituent power is in the hands of the sovereign, who exercises it with no legal limitation whatsoever, and that all the constituted powers are, on the contrary, limited above all by the rules laid down by the sovereign or constituent body. That is why this sovereign said Hart, "makes law for his subjects and makes it from, a position outside any law." Therefore, "there are, and can be, no legal limits on his law-creating powers." He concluded by saying "the legally unlimited power of the sovereign is his definition."(79)

In similar terms, C.M. McIlwain, speaking on the sovereign said: "it is the highest body legally able to make rules for the subject, and itself free of the law."(80)

If we therefore accept this theory, and the principle that in all legal order there is a sovereign not submitted to the law or legal limitations, how can we talk about the *Etat de droit* or the state submitted to the law?

This question, leads us again to the problem of sovereignty and the sovereign and in particular, to the task of identifying within the bodies and organs of the state, which one is the sovereign and therefore, not subjected to the law.

In a democracy, as Austin stated and this is in the essence of the *Etat de droit* it is not the elected representatives who constitute or form part of the sovereign body but the electors. Hence in England, Austin said, "speaking accurately, the members of the House of Commons are merely trustees for the body by which they are elected and appointed: and consequently the sovereignty always resides in the king's peers and the electoral body of the Commons." Similarly, he held the opinion that in the United states, sovereignty of each state of the Federal Union, "resides in the state's government as forming one aggregate body, meaning by a state's government not its ordinary legislature but the body of citizens which appoints its ordinary legislature."(81)

With regard to this distinction in a democracy, between the sovereign itself, the people, and the organs of the state, the Germans have made a useful distinction between what they choose to call the sovereign and the sovereign organ. (*Trager der Staatgewalt* or *Staatorgan*).82) The sovereign that is to say the electoral body, has no legal limitations as a constituent power, but the sovereign organs not only have limitations imposed on them by the constituent power in the constitution, but are also subject to various types of control, even the political one by the same people who set them up, throughout for instance, by referendum.

In this perspective, we must again consider the concept of parliamentary sovereignty. In this respect, Hart points out the following alternative:

(79) *Idem*, p. 64-5.

(80) C.M. McIlwain, *Constitutionalism and the Changing World*, Cambridge 1939, p. 31.

(81) J. Austin, *The Province of Jurisprudence Determined* (ed. H.L.A. Hart), London 1954 Lec. VI, p. 230, 231, 251, quoted by H.L.A. Hart, *op. cit.*, p. 72.

(82) C.M. McIlwain, *op. cit.*, p. 31.

> There could only be legal limits on legislative power if the legislator were under the orders of another legislator whom he habitually obeyed; and in that case he would no longer be sovereign. If he is sovereign he does not obey any other legislator and hence there can be no legal limits on his legislative power.(83)

And that is, precisely, the main question. Is the legislative organ legally bound to observe constitutional restriction imposed by a constituent power, that is to say, by the people as sovereign? In that case, the legislative body would not then be the sovereign but only the sovereign organ, Conversely is the legislative body in a state, free of the Law and therefore with no constitutional or legal limits to its power because it is the only body that established the law of a country, without legal restriction? In this case it would be the sovereign itself.

We must generally accept that in the modern world, almost all legal systems establish legal limitations on the exercise of legislative organ power, normally incorporated in a written and rigid constitution, and do not identify the sovereign with that legally limited legislator or Parliament but rather with the people as an electoral body.

"Austin himself did not identify the sovereign with the legislature even in England" Hart said. This was his view although the queen in Parliament is, according to normally accepted doctrine, free from legal limitations on its legislative power, and so is often cited as a paradigm of what is meant by "a sovereign legislature" in contrast with Congress or other legislatures limited by a 'rigid' constitution."(84)

But in spite of this general principle of the sovereignty of Parliament in the British constitution in the legal state perspective as state subjected or submitted to law, even in the United Kingdom as a democracy, we must admit that the sovereign is in fact not really Parliament but the people of this country, as an electoral body. And that the real difference between the British constitution and the other constitutional systems in the world, is that of the degree of delegation of sovereign power given by the people to the legislative organ, in other words, "the manner in which the sovereign electorate chooses to exercise its sovereign power."(85)

Professor Hart pointed out the distinction in the following passages from his book:

> In England, ... the only direct exercise made by the electorate of their share in the sovereignty consists in their election of representatives to sit in Parliament and the delegation to them of their sovereign power. This delegation is, in a sense, absolute since, though a trust is reposed in them not to abuse the powers thus delegated to them, this trust in such cases is a matter only for moral sanctions, and the courts are not concerned with it, as they are with legal limitations on legislative power.(86)

By contrast, Hart added:

---

(83) H.L.A. HART, *op. cit.*, p. 65.
(84) *Ibid*, p. 72.
(85) *Ibid*, p. 72.
(86) *Ibid*, p. 73.

> In the United States, as in every democracy where the ordinary legislative is legally limited, the electoral body has not confined its exercise of sovereign power to the election of delegates, but has subjected them to legal restrictions. Here the electorate may be considered an "extraordinary and ulterior legislature" superior to the ordinary legislative which is legally "bound" to observe the constitutional restrictions and, in cases of conflict, the courts will declare the acts of the ordinary legislature invalid. Here then, in the electorate, is the sovereign free from all legal limitations which the theory requires.(87)

Then we can conclude by saying that this principle of the *Etat de droit* or of the state according to the law, implies that the sovereign body which has no legal limitations, can only be the people as electorate, and therefore that all state organs or bodies are subject to the law.(88) And law here means not only what we call in the continental systems "formal law", that is to say, a statute or act of Parliament, but also all the rules that constitute the legal order, in its hierarchical frame work with the constitution as the supreme norm or *grundnorm*.

In the constitutional systems with written constitutions, therefore when we referred to the state according to or subject to the law, in the word law, we must include all the sources of the legal order: the constitution itself and all the other norms deriving there from. On the contrary, the sense of the term "law" in the expression "rule of law" in the constitutional systems with non-written constitutions, basically means, "rule of law as enacted by Parliament,"(89) which in principle, with its sovereignty delegated by the sovereign has no legal limits on its activity.

And we say in principle, because in spite of everything that is said about the unlimited, absolute, omnipotent, all-powerful or unrestrained powers of Parliament that we find in almost all written works about constitutional law in Britain, it must be admitted that Parliament has in fact lot of limitations, precisely those that have kept the British constitution more or less unaltered since the end of the Glorious Revolution and the Declaration of Rights in 1689.

Lolme's famous statement that "Parliament can do everything but make a woman a man and a man a woman",(90) although not entirely impossible nowadays, is no more than an exaggeration tending to mean that Parliament has no legally entrenched limits upon its actions, because of the absence of a written and rigid constitution. But it does not mean that there could be arbitrariness in the exercise of Parliamentary Powers, and that in certain aspects, in political practice, there are absolutely no limits over Parliaments.

Firstly, there are some Acts of Parliament that can be considered at least from the perspective of constitutional law, as "constituent documents" limiting parliamentary action. In this respect, J.D.B. Mitchell qualified as "constituent documents" the Acts of Union of 1707 and the Ireland Act of 1800, even though the limitations imposed by them upon Parliament -he said-, are established "in

(87) *Ibid*, p. 73.

(88) J.D.B. MITCHELL, *Constitutional Law*, Edinburgh 1968, p. 62.

(89) G. WINTERTON, "The British Grundnorm: Parliamentary Supremacy re-examined", *The Law Quarterly Review*, 92, 1976, p. 596.

(90) I. JENNINGS, *Parliaments*, Cambridge 1961, p. 2.

such a way that any infringement of them is improbable."[(91)] He also mentions as limits upon Parliament, those established by convention, that is to say, habits of thought which are the product of Parliamentary life. Like that related to the "doctrine of mandate" which states that a government which has lost general support in the country should not force major legislation through Parliament shortly before an election, even though such legislation may have been in its electoral programme.[(92)]

There are, moreover, limits in political practice, imposed y Parliament itself, that undoubtedly bind other Parliaments, in such a way that Parliament cannot reverse what a previous Parliament had done. For instance, one cannot imagine that Parliament could reverse the Statute of Westminster 1931, which limits the power of Parliament to legislate over a dominion without its consent;[(93)] nor can one imagine that Parliament could reverse the acts granting independence to the dominions or territories overseas and thus try to take away their independence.[(94)]

In the same context, discussions have taken place concerning the primacy of European community law in relation to domestic statutes, both before and after the European Communities Act 1972 was passed. In accordance with that Act, Community law must have primacy over domestic law, and therefore, Parliament must not enact future acts that conflict with Community Law, unless it amends the European Community Act itself. While the United Kingdom remains a member of the Community, in would be difficult in practice, for Parliament to exercise its legislative power through acts contradicting the application of Community Law.[(95)]

On the other hand, we can also say that limitations upon arbitrary powers have been fixed in the national tradition of this country, and perhaps it has been because of the absences of real threats against the constitution that the need to establish entrenched limits to the power of Parliament has not arisen.

As J.M. Snee pointed out in a Conference held in Harvard Law School on the occasion of the Bicentennial of John Marshall, in 1955:

---

(91) J.D.B. MITCHELL, *op. cit.*, p. 69-75.

(92) *Ibid*, p. 56, 66, 67.

(93) Section 4 of the Statute of Westminster, provides: "No Act of Parliament of the United Kingdom passed after the commencement of this Act shall extend, or be deemed to extend, to a Dominion as part of the law of that Dominion, unless it is expressly declared in that Act that that Dominion has requested, and consented to, the enactment thereof." *Cf.* C. TURPIN, *British Government and the Constitution*, London 1985, p. 27. In a contrary sense, Ilamish R. GRAY said that "The general tendency of constitutional lawyers is to reject the interpretation of section 4 which requires Parliament as a matter of law to act in a particular way for any particular purpose", in "The Sovereignty of the Imperial Parliament", *The Modern Law Review*, 23 (6), 1960, p. 647.

(94) For example, The Zimbabwe Act, 1979, Section I (2) provides: "On and after Independence Day Her Majesty's Government in the United Kingdom shall have no responsibility for the government of Zimbabwe; and no Act of the Parliament of the United Kingdom passed on or after that day shall extend, or be deemed to extend to Zimbabwe as part of its law'. *Cf.* C. TURPIN, *op. cit.*, p. 27.

(95) *Cf.* F.A. TRINDADE, "Parliamentary Sovereignty and the Primacy of European Community Law", *The Modern Law Review*, 35 (4), 1972, p. 375-402; S.A. DE SMITH, "The Constitution and the Common Market: a tentative appraisal", *The Modern Law Review*, 34 (6), 1971, p. 597-614; H.W.R. WADE, "Sovereignty and the European Communities", *The Law Quarterly Review*, 88, 1972, p. 1-5.

No British Parliament today would dare to put into practice the statement made by Lord Chancellor Northington in 1766 during the debate on the repeal of the Stamp Act:

Every Government can arbitrarily impose laws on all its subjects; there must be a supreme dominion in every state: whether monarchical, aristocratic, democratic, or mixed. And all the subjects of each state are bound by the laws made by government.

Nonetheless, the absolute supremacy of Parliament remains the orthodox doctrine of English constitutionalism, as expressed by Sir Hartly Shawcross in a speech reported in *The Times* 13 May 1946:

Parliament is sovereign; it can make any laws. It could ordain that all blue-eyed babies shall be destroyed at birth; but it has been recognised that it is no good passing laws unless you can be reasonably sure that, in the eventualities which they contemplate, these laws will be supported and can be enforced.

The English, of course, with an irritating but sublime confidence in their institutions are sure that no Parliament would so act.(96)

This confidence is largely justified in the United Kingdom even though there is no judicial review or control of the constitutionality of acts of Parliament, mainly because of the continuity of constitutional rule in the last three hundred years. Also because in spite of the absence of judicial review of Statutes as Professor A. Goodhart pointed out twenty years ago,

> Judges, however, usually manage to get their own way: The House of Lords has been able to attain some of the same results which in the United states, are achieved by the first ten amendments. By a convenient fiction it assumes that Parliament always intends that its statutes will accord with natural justice; no statute will therefore be constructed to be retrospective or to deprive a person of a fair hearing or to prevent freedom of speech unless Parliament has so provided in the most specific terms.(97)

Accordingly, one can agree that some kind of limitation upon parliamentary power to enact legislation, in the United Kingdom has been developed by means of judicial interpretation, based on presumptions. So, as Prof. J. D. B. Mitchell said:

> A statute is presumed, in the absence of clear words to the contrary, not to take away property without compensation, not to exclude the jurisdiction of the court, not to be retrospective, not to impose taxation.(98)

It has also been considered that precisely through such presumptions, effective protection can be given to fundamental rights and liberties, and therefore, arguments had arisen in the sense that with this presumptions of interpretation it is uncertain that the enactment of a formal Bill of Rights as part of English law would achieve better protection of traditional liberties. On the contrary, T.R.S. Allan said,

> A common law presumption which commands the loyalty of the judges is as powerful an instrument for interpreting legislation so as to safeguard individual liberties as an enacted Bill of Rights.(99)

---

(96) J.M. SNEE, S.J. "Leviathan at the Bar of Justice", in A.E. SUTHERLAND (ed.), *Government under Law*, Cambridge, Mass 1956, p. 106-107.

(97) A.L. GOODHART, "Legal Procedure and Democracy", *The Cambridge Law Journal*, 22,1, April 1964, p. 52. *Cf.* J.D.B. MITCHELL, *op. cit.*, p. 13.

(98) J.D.B. MITCHELL, *op. cit.*, p. 66.

However, in most other countries, the people or the electorate sovereign do not unluckily always have the confidence English people have in their own legislative organ or in presumptions of interpretation. On the contrary, experience abroad has shown that it has been precisely because of the actions of Parliaments, dominated by circumstantial majorities, that the worst attacks against human rights have been committed. On the other hand, in other countries the sovereign does not unluckily fear fictions or presumptions, duly applied, as a means of judicial protection of human rights. Whereas the majority of other countries today(100) feels the need to establish a written and rigid constitution, with an entrenched declaration of fundamental rights and liberties, precise dispositions for the limitation and distribution of state powers, mainly of the legislator and of the executive, and giving judges substantial power of control over the submission of all state organs to the constitution and to the law. From there comes the concept of the legal state.

2. The Law and the Legal Order

As we said at the beginning, in this expression, *Etat de droit* or state according to the law, or simply "the rule of law" mainly in legal systems with written constitutions the world "law" must be understood, not only in the sense of acts of Parliaments, Congress or legislative bodies, that is to say, Statutes in English terminology, but in the broader sense of legal order, comprising all the norms that regulate a given society according to its political constitution. In the same broader sense the expression "principle of legality" used in continental law, as equivalent to the rule of law, must be understood.

Therefore, "legality", in contemporary constitutional law is not only the submission to "formal law" as an act passed by the legislator, as it used to be in the last century in relation to administrative actions and as a consequence of the principle of the supremacy of the law, but means today submission to law as the legal order, including, the constitution and other deriving sources of law. Furthermore, in the contemporary world, the rule of law or the principle of legality not only refers to the submission of the executive to law controlled by the courts, but also the submission of all the state organs to the laws that regulate its functioning. In this sense, the principle of legality or the rule of law applicable to Parliament or to the legislative body, in systems with written constitution, are the rules contained in that constitution.

However, as we said from the historical point of view, the principle of legality in continental Europe was understood in the restricted sense. It was considered

(99) T.R.S. ALLAN, "Legislative Supremacy and the Rule of Law: Democracy and Constitutionalism", *The Cambridge Law Journal*, 44, (1), 1985, p. 135.

(100) With the exemption of the United Kingdom, New Zealand and Israel, all other countries of the world have written constitutions. *Cf.* O. HOOD PHILLIPS, *Reform of the Constitution*, London 1970, p. 4; F.M. AUBURN, "Trends in Comparative Constitutional Law", *The Modern Law Review* 35 (2), 1972, p. 129.

that, if the state was to be subject to the law, "law" in this expression was understood in its formal sense to mean an act issued by the legislator, considered to be the body representing the people, and as the expression of the general will.

In this sense, the law as an act of the legislative body, was what Locke used to define the liberty of man under the law: He said:

> The liberty of man in society is to be under no other legislative power but the established, by consent, in the commonwealth; nor under the dominion of any will or restraint or any law, but what that legislative shall enact according to the trust put in it.(101)

Also, law, as the expression of the general will, in Rousseau's terminology was that enacted by the legislator.(102)

In this sense, the French Declaration of the Rights of Man and Citizen of 1789 was drafted and in which article 6 states the following:

> The Law is the expression of the general will; all citizens have the right to participate personally, or through their representatives, in its formation.(103)

Undoubtedly, in France during the last century (19th century) and throughout the present one (20th century), in general this restricted sense has generally been the one of the term "law" referred to the principle of legality

For instance, Raymond Carré de Malberg, one of the most important and classical constitutional writers of the beginning of this century, wrote the following, about the formal criteria for the definition of law:

> The parliamentary act of legislation resembles the work of an organ enjoying, in regard to the formulation of the laws, an exclusive special power, and in this sense it constitutes an act of the state power.

And he added,

> In the assembly of the deputies representing the Nation, the citizens themselves, all the citizens, in their capacity as constituent members of the nation are represented and thus participate in making laws.(104)

In this tradition, the law, as an expression of the general wills enacted by Parliament, was the fundamental guarantee of liberty. Moreover, the laws proposed for the limitation of power at the time of the begining of the *Etat de droit* and after the French Revolution, were not as far as their contents were concerned, the statutes or laws usually approved by today's Parliaments, but "laws of liberties"(105) that is to say, laws designed to enable the members of the

---

(101) J. LOCKE, *Two Treatises of Government* (ed. Peter Laslett), Cambridge 1967, Chapter 4.

(102) J.J. ROUSSEAU, *Du Contrat Social* (ed. Ronald Grimsley), Oxford 1972, Book II, Chap V, p. 136-; Book III, Chap IV, p. 163.

(103) See in W. LAQUEUR and B. RUBIN, *The Human Rights Reader*, 1979, p. 119. *Cf.* G. DE RUGGEIRO, *The History of the European Liberalism*, Boston 1967, p. 67.

(104) Carré DE MALBERG, *La loi, expression de la volonté générale*, 1931, quoted by M. LETOURNEUR and R. DRAGO, "The Rule of Law as Understood in France", *American Journal of Comparative Law*, 7, 1958, p. 148.

(105) E. GARCÍA DE ENTERRÍA, *Revolución francesa y administración contemporánea*, Madrid 1972, p. 16.

social body to evolve freely mainly because of the fact that the state had, as its main function, to enable the exercise of liberties by the citizens. That was the essence of liberalism in its political perspective, and in this regard, the Declaration of the Rights of Man and the Citizen stated:

> The aim of every political association is the preservation of the natural and inalienable rights of Man; these rights are liberty, property, security and the resistance to oppression.
>
> Liberty consists of the power to do whatever is non injurious to others; thus, the enjoyment of natural rights of every man has for its limit, only those that assure other members of society the enjoyment of those same rights; such limits may be determined by the law.(106)

This restricted meaning of the term law, as a formal law, in the definition of the principle of legality has been followed in contemporary times by French administrative writers(107) even though some followed the broader sense of the law, as "legal order", in the definition of the principle of legality(108) or of what Hauriou once called the *bloc legal* or *bloc de la legalite* (109.)

In any event, the reason for this narrow sense of the law regarding the principle of legality in France, even in modern times and in spite of the written constitutions adopted by that country since 1791, is that it has normally been formulated in relation with the control of the executive or administration, due to the traditional concept in France of the supremacy of the law, and also to the traditional absence of any protection given to the people against legislative actions contrary to the constitution(110) with the exception of the recent development of the control of the constitutionality of laws by the constitutional Council.

In effect, with the development of the judicial control of the constitutionality of laws in France, thanks to the functioning of the constitutional Council and its recent decisions, and with the spreading of the American and Austrian models of judicial review of the constitutionality of legislative acts in legal systems with written constitutions, the difference between the constitution, as constituent rule and the law, meaning act of Congress or of the legislative power, subordinate to the former, is now accepted, and with it, the expansion of the principle of legality or rule of law.

In this perspective, the acts of the legislative body are *per se* derivative norms of the constitution and therefore subordinate to it. Consequently, the rule of law or the principle of legality in the contemporary *Etat de droit* also comprises the "rule of the constitution" or the "principle of constitutionality", and therefore

---

(106) Arts. 2 and 4. See in W. LAQUEUR and B. RUBIN, *op. cit.*, pp. 118-119.

(107) Ch. EISENMANN, "Le droit administratif et le principe de legalité", *Etudes et documents*, Conseil d'Etat, n° 11, Paris 1957, p. 25-40; N. LETOURNEUR and R. DRAGO, *loc. cit.*, p. 149.

(108) A. DE LAUBADERE, *Traité elémentaire de droit administratif*, Paris, n° 369; G. VEDEL, *La summission de l'administration a la loi* (extrait de la *Revue Al Ouanoun Wal Igtisad*, 22e année, Le Caire) no. 26, 31, 47, 58, 94, 165, 166, quoted by Ch. EISENMANN, *lot.cit.*, pp. 26-27.

(109) Ch. EISENMANN, *loc. cit.*, p. 26.

(110) A. TUNC, "Government under Law: a Civilian View" in Arthur E. SUTHERLAND (ed.), *Government under Law*, Cambridge, Mass 1956, p. 43.

those acts issued in direct execution of the constitution are submitted to it and can be controlled; hence the judicial control of the constitutionality of laws.

Now, two things we must pick up from what we have said:

First, that the principle of legality or rule of law in our context is referred to the state, namely to all state organs and powers, and not only to one mainly the executive or administrative power. As a result in a state with a written constitution, the legislative body is also bound by the principle of legality or the rule of law, in the sense that its activities are legally limited and, therefore, it can also be judicially controlled in most countries as is the administration.

Second, we must also stress that in the expression principle of legality or rule of law, the term "law" must be understood in the broader sense of legal order and not in the formal sense of act of Parliament or statute, thus comprising the constitution itself, the formal laws, and all the norms established in a legal system deriving from the constitution.

This approach leads us to the need to identify the basic trends of a legal system to determine which norms are applicable to each organ of the state, in other words, to establish the confines of the legality to which the various organs of the state are submitted.

In this sense, we must say above all that in all legal systems(111) in general, a distinction between those rules which form the constitution itself, as a higher positive law, and on the other hand, those provisions or rules of law which may be made by an authority delegated by the constitution exists and must exist. In other words, a distinction must be established between constituent law and ordinary legislation.

As McIlwain pointed out when referring to Bodin's thoughts on the matter:

> There is and there must be, in a every free state, a marked difference between those laws which a government makes and may therefore change, and the one which make the Government itself. The Government... is "free of the law" (said Bodin)... but by this he meant free only of the ordinary laws which the government itself has made or may make. He does not include among these laws, the fundamental principle of the constitution under which the government itself comes into being, which defines and sets bounds to the supreme organ in the government so created... The... supreme authority established and defined by a fundamental law is bound absolutely by that law, though he is free of all other laws.(112)

This distinction between constitutional rules of law and ordinary legislation, we stress, is of a fundamental character in modern constitutionalism, mainly of course, in written constitutional systems. If, as we have said, the principle of legality is that of the conformity or of the submission of all state acts to the law, in other words, the principle according to which all the activities of a state must conform to the Law, it is undoubtedly necessary to determine which is the rule of

(111) G. MACCORMACK, "Law and Legal System", *The Modern Law Review*, 42 (3), 1979, p. 285-290: "Legal system" understood as a collection of rules of law that have in common their interrelation in a particular order, mainly hierarchical.

(112) Ch. H. MCLLWAIN, *Constitutionalism and the Changing World*, Cambridge 1939, p. 73.

law which each act of the state must conform to. For this purpose, the rules of law that comprise a legal system, are deliberately or spontaneously, usually organized in a hierarchical way, so that there are norms of superior level that prevail over norms of inferior level.

3. Hierarchical or Graduated Legal System and the Confines of the Principle of Legality

Kelsen's theory of a legal system as a hierarchy of norms is without doubt, a useful method for identifying the hierarchical relation between the rules of law composing a legal system. In this sense, each norm belonging to the system usually has its derivation in another norm, ending the chain of derivation in a *Grundnorm* or constitution, which is the ultimate reason for the existence of all the norms of the whole system.

When sneaking of "derivation" Kelsen referred to the mode of creation of norms, in the sense that a norm is always created according to a power established by another norm.(113)

Kelsen said:

> A plurality of norms or of rules of law constitute a unity, a system or an order when their validity depends on, in the final analysis, a unique rule or norm. This fundamental norm is the common source of validity of all the rules or norms that belong to the same order and form its unity. A rule of law thus belongs to a given order only when the possibility exists of making its validity depend on the fundamental norm that is on the foundation of this order.(114)

This theory of the graduated systemisation of the legal order in a hierarchical way, with the constitution at the apex was developed by Adolf Merkl, from the same so-called "school of Vienna" to which Hans Kelsen also belonged, mainly on the grounds of administrative law.(115) We refer to it, because it give us a good method of logical order for constructing a legal system containing the various normative levels involved in a legal order of any state at a particular point in time. It also provides us with a logical explanation for the formal validity of each of those normative levels. It also gives us the formal confines of the "legality" of each act of the state organs, related to the leveled position of each norm that is created in that legal system.

In effect, the positive law of any state, at a given point in time, consists not only of the laws as formal acts of Parliament, but also of other normative bodies, such

---

(113) H. KELSEN, *General Theory of Law and State*, trans. Wedberg, rep. 1901, p. 110 et seq., quoted by G. MacCormack, *loc. cit.*, p. 286.

(114) H. KELSEN, *Pure Theory of Law*, Chap. IX; *Teoría pura del derecho*, Buenos Aires 1981, p. 135.

(115) It was Adolf MERKL, from the same 'School of Vienna' who developed the legal system as a hierarchy of norms in the grounds of administrative law. See A. Merkl, *Teoría general del derecho administrativo*, Madrid 1935, p. 7-2. See also H. KELSEN, "La garantie juridictionnelle de la constitution (La Justice constitutionnelle)", *Revue du droit public et de la science politique en France et a l'ètranger*, Paris 1928, pp. 197-257.

as delegate legislation, regulations, customs, the general principles of law and a whole series of other rules, including case law, certain specific and individualized ones such as contracts, court judgments and various types of administrative acts and provisions. All these precepts that make up the legal order in force at a given time not only have different origins but also different ranks, and it is not a question of considering them as co-coordinated rules in juxtaposition.(116) On the contrary, every legal order has a hierarchical structure, with its rules distributed in various strata, more or less one above the other. But within this hierarchy, there must necessarily be a formal connection between the rules, because they are linked organically, despite their different origins and characteristics.

Consequently, the legal order cannot be interpreted as a mere inorganic and disorderly aggregate of components, or simply as a chance juxtaposition of rules. On the contrary, to fully understand the legal order of a state, all such components must be arranged in hierarchical order, so that they form a legal system, with various types of norms unified and related. That is to say, they must follow a systematic order, with relations of co-ordination and dependence between the different parts.

Now, as we have said, the principle, which establishes the relationship between all those legal rules of such varied origin, rank and scope, shaping them into a system, is the existence of a common basis of validity, in the form of a fundamental or superior rule. Thus, a set of rules of law constitutes a relatively independent legal system when the justification or validity of them all has its derivation in a single rule, on which they are all formally based. And this single rule is referred to, in relation to all the others, as the fundamental rule or the constitution.

This method of the construction of the legal order in force by means of a graduated system of rules is based on the fact that the creation of a legal rule is always founded on another legal rule. One can, therefore, speak of a superior rule and of an inferior one. For example, the establishment of ordinary laws or acts of Parliament is regulated by the constitution; the decision as to who is to enact delegate legislation and how it is to be enacted, is regulated by certain formal laws. Then judicial decisions and their procedural rules are subject to previous legal rules established in formal law and delegate legislation. Likewise, the validity rules of administrative acts are established in ordinary laws, delegate legislation and other general regulations, and so on.

Thus, the principle of the internal connection of a legal system consists of basing the validity of certain rules on the validity of others. According to this method, it can be said that each category of rules is based on others of higher ranking, and at the same time, serves as the basis for others of lower ranking. Consequently, the whole legal order in force constitutes a system, which is graduated in hierarchical structures, and in which each link depends on others while supporting others.

---

(116) H. KELSEN, *Teoría pura... cit.*, p. 147.

In accordance with this method, the validity of all the rules of a given legal order, ultimately, stems from the constitution, the latter being understood to mean the rule which regulates the whole structure of the legal system, which is at the apex of the legal order and on which, finally, the latter is based.

This method referring to the forms of submission of state organs and activities to the rule of law is not only applicable to legal orders with written constitutions, but also applies to those systems with unwritten constitutions. In the former, the application of the theory of the graduated or hierarchical system of rules is evidently clear, precisely because a formal constitutional document established as a supreme constituent rule exists. Whereas in other legal systems without written constitutions the process of systemization of the legal order is much more complicated, and that is why the legal system here consists of an amalgam of heterogeneous rules, established in statutes and common law,(117) which are applied by courts as rules of law, also including ancient laws enacted centuries ago, conventions, delegate legislation and so on.

In either case, the formal systemization of a legal order is nevertheless indispensable to the determination of the scope of application of the law to state bodies, because in both cases, situations very often arise in which two provisions, antagonistic in their content, apparently claim to be in force. In such cases it will always be necessary to find out which of the two is in force, to determine which one ranks higher or lower in the event of conflicts between two or more rules of law, which appear to be in force, and which state body is competent to decide which one is in force and which one is not.

In short, to solve the issue of the formal validity of the precepts applied to state bodies, it is necessary to formally systematize the whole set of rules of law in a unified structure, from the logical point of view. And that is precisely the reason why the method of the graduated system of rules of law provides an appropriate tool.

With this method, in the overall analysis of the legal order, it is possible to distinguish between those acts of state whose execution is immediately related to the constitution, that is to say, which are issued directly on the basis of constitutional powers, and those, whose execution is not directly related to the constitution and which are actually issued on the basis of powers that establish rules of law inferior to the constitution.

Among the acts immediately related to the constitution are, primarily, the "formal laws", that is to say, acts of Parliament issued in accordance with the provisions of the constitution, as well as formal acts of a legislative nature, drawn up by the politically decentralized territorial entities. For example, in a Federal state, there are the laws issued by the legislative bodies of the member states of the Federation; or the formal acts, also of a legislative nature, of the local and municipal authorities, when the latter have political autonomy.

---

(117) "The law is today an amalgam of common law and statute law of such an interdependent kind that it is often difficult to say whether a particular result is determined by the statute or by ordinary case Law." P.S. ATIYAH, "Common Law and Statute Law", *The Modern Law Review*, 48, (1), 1985, p. 5.

In all such cases, the laws as formal acts of the legislative bodies constitute a direct exercise by them of a competence contained in the constitution of the state itself. Therefore, they are produced on the basis of a competence established in the constitution and exercised in direct execution of the constitution.

That is why we have said that in relation to acts of Parliaments, for instance, the rule of law that establishes limitations on its activities is the "rule of the constitution", in the sense that in a written constitutional system, the legislative body finds its confines of legality in the norms of the constitution. The principle of legality in relation to the legislative body, therefore, implies submission to the constitution, and judicial control over its acts can only be of a constitutional character.

In legal systems with written constitutions not only are the formal laws acts of direct execution of the constitution, but there are also acts of Parliament which are issued on the basis of attributions provided for directly in the constitution, and which are not defined as "formal laws" because they are not instruments regulating the conduct and activities of individuals, as is the case of normative parliamentary acts that regulate the organization and procedures of the legislature internally. They are what are called *interna corporis*, that is to say, acts that regulate the functioning of the Houses.

Parliament can also pass other acts, which are not "formal laws" nor acts with internal effects, and which are also issued on the basis of the direct execution of constitutional attributions. In many written constitutions, in effect, and because of the check and balance system of the separation of powers, a multitude of legislative interventions in executive activities has been established in a way that certain executive acts require, as a condition of validity, the approval of Congress or of the Legislative Assembly. That happens, for instance, in the appointment of some high ranking state officials in domestic administration or in the diplomatic corps; in contracting foreign loans or in the approval of various budget modifications. In many countries, the executive requires the approval, or the authorization of Congress, before taking any such actions.

All these acts of Parliament, even though they are not formal laws, enjoy the same formal hierarchy as the formal Law, in the sense that they are only submitted to the constitution, which regulates them. They are, therefore, subject to the principle of legality but in the sense of subjection to the constitution, and can also be judicially reviewed to enforce the constitutional rule to which they must be in accordance.

In these constitutional systems of written constitutions, this fundamental document also attributes in some cases direct powers to the head of state to exercise certain activities, which are not subject to regulation by the ordinary legislator. In such cases, there is the question of powers attributed by the constitution to the head of state, or of government, who exercises them, precisely, on the basis of those constitutional attributions, which can neither be regulated nor limited by the legislator through acts of Parliament.

Here it is a question of acts which normally concern the "government" in the political sense, and which are reserved for the head of state or of government. It is what is termed in European continental law "acts of government" or "political acts", more or less equivalent to the North American notion of "political questions", which, being acts of direct execution of the constitution, are not submitted to regulation by formal law, and are exercised by the head of state, based on the direct provisions of the constitution. Consequently, these acts of government also rank equal to formal laws, and they are only subject to what is established by the constitution, which determines its confines of legality.

Because of the traditional absence of judicial control of the constitutionality of state acts, and because of the limited power conferred upon the administrative judicial courts or tribunals in France and in other continental European countries, the doctrine of the *actes de gouvernement* or "political acts" as an exception to the principle of legality was developed during this century in the sense that they were not subject to judicial control by the administrative judicial courts.

In France, the decisions of the *Conseil d'Etat* declaring its incompetence to control such acts, led to the development of that doctrine, establishing a distinction between administrative action, which should be subject to judicial control, and governmental action, which was not subject to such control. This governmental action was progressively reduced to basically two fields: the acts of the head of state or of government in relation to the legislative body, for instance the power of the executive to submit bills to the legislature, and acts concerned with international relations, for example, the process of making or denouncing a treaty.(118) On the contrary, in a legal system with judicial review of the constitutionality of state acts, these "acts of government" if it is true that they would escape judicial review of the administrative judicial court because they are not subject to "formal law" and they are not administrative acts, they would nevertheless be subject to judicial control of the constitutionality. Here, again those acts of the head of state or of government are undoubtedly subject to the principle of legality, but here also legality means constitutionality (submission to the rule of the constitution). Therefore, if there were no system of judicial review of constitutionality, ordinary courts for administrative judicial control acts would declare their incompetence to control these on the grounds of unconstitutionality and not because they would have been an exception to the rule of law. Here again, in relation to each state act, the question is of the definition of the confines of what legality means to them, so as to establish its validity conditions.

In addition to the so called "acts of government" within the acts of the head of state or of government, in direct execution of the constitution, we can also add the so-called "decree laws", which rank equal to the "formal law" and which are produced in those cases in which the constitution attributes certain legislative powers to the executive power, that is to say, to the head of state. In such cases it is not simply a matter of delegating legislation but it is a question of acts with the force of "formal law", as far as their rank and content are concerned, and not

(118) A. TUNC, "Government under Law: a Civilian View", *loc. cit.*, pp. 46-47.

issued by the ordinary legislator or by Parliament, but by the head of state or of government.

By virtue of their legislative content, these are normative acts of government which are also issued in direct execution of the constitution, on the basis of power established directly by the constitution, or on some occasions, delegated by Parliament in accordance with the provisions of the constitution. In such cases, the Decree-laws have the same hierarchy as ordinary formal Laws; although, by virtue of their content, ordinary formal law enacted by Parliament could replace them.

In all these cases, acts issued by constitutional bodies are acts in direct execution of the constitution and are, therefore, submitted only to the constitution. The principle of legality of the *Etat de droit*, that is to say, the necessary submission of state bodies to the law, as far as these constitutional bodies and acts issued in execution of the constitution are concerned, is tantamount to submission to the constitution. As we have already said, in these cases, "legality" is equivalent to "constitutionality" for Parliament and for the head of state, or government, in other words, submission to the constitution, or action in conformity with the rules established by the constitution and within constitutional limits.

Nevertheless, in the formal systematisation of the legal order, within this graduated system of production of rules and their execution, apart from all those acts issued in direct execution of the constitution, the rest of the state bodies, particularly in the administrative and judicial field, exercises its powers not in direct execution of constitutional rules, but rather in direct execution of the "legislation", that is to say of the formal laws or acts of parliament and even acts of government or decree-laws issued by the appropriate constitutional bodies, in turn, in direct execution of the constitution.

Thus, all administrative activities are ultimately acts in immediate execution of the "legislation", and mediate execution of the constitution, that is to say, in direct execution of the "legislation" and indirect execution of the constitution.

Consequently, the extent of the administration's submission to legality in the *Etat de droit* is greater than that of the submission to the rule of law of the supreme state bodies. Congress or Parliament is submitted to the constitution and also when the head of state or of government issues an act of government, he is only restricted by the constitution; whereas the administrative bodies and authorities are involved in a much more extensive area of legality, since they are submitted to the "legislation" and execute it. That is why in this field the principle of legality has taken on the meaning it normally has in relation to administrative action in the contemporary state.

This approach to the graduated system of legal order for the analysis of legal systems, as we have said, has enormous implications in the area of judicial control of the activities and actions of the state.

In effect, it would be no use formulating the principle of legality in the *Etat de droit,* in the sense of submission of the state to the rule of law, if some mechanism were not set up, whereby individuals could control the effective submission of state bodies to the law, by court action. This obviously leads us to the two major aspects of judicial review in the modern world, which are, of course, conditioned by the degree of execution of the acts of state vis-à-vis the constitution.

In effect, in those systems in which a written constitution exists, the maximum demonstration of the principle of legality is reflected in the establishment of two major systems of judicial control over the exercise of power: the control of constitutionality and the control of legality in the strictest sense of the term.

In the case of state acts issued in direct execution of the constitution, that is to say, acts of Parliament, such as statutes or *interna corporis*; or acts of the head of state or of government, such as acts of government, issued on the basis of powers granted directly and exclusively by the constitution, these must be subject to some system of judicial control of constitutionality for it, to be a *Etat de droit* in the fullest sense of the term.

It is to this end, for example, that constitutional tribunals have been set up in the European continental states, as constitutional bodies, with the basic aim of controlling the constitutionality of state acts issued in direct execution of the constitution.

The constitutionality of laws and acts as pertaining to the internal regulations of Parliament has been especially controlled, as well as that of acts of government and decree-laws.

It is not by chance that the countries in Europe in which the first constitutional tribunals were set up were precisely those in which the organization of the constitutional system was directly influenced by Kelsen's theory of a legal system as a hierarchy of norms. The precise purpose of these tribunals was to judge cases of unconstitutionality of state acts issued in direct execution of the constitution. That was the situation in Austria and Czechoslovakia in 1920, where the constitutions and legal systems of those countries were directly influenced by the doctrine of the Viennese School. But it was not until the nineteen-forties that constitutional tribunals were established in continental Europe, to judge the constitutionality of laws and acts of government, particularly those having the force of law.

On the other hand, we must stress that precisely because of the absence of a constitutional body entrusted with the control of the constitutionality of state acts in direct execution of the constitution, together with the expansion of the principle of legality in relation to administrative acts, this led, in many cases, to a distortion of the situation of the *Etat de droit*. Such distortion can be seen in the development of the previously mentioned doctrine of the "act of government" or "political act", aimed at excluding the judgment of the legality of certain state acts issued by the head of state from the competence of the administrative judicial courts. Thus, the famous doctrine of the "acts of government" in French law, or "political acts" in Italian or Spanish law, which was developed long before constitutional tribunals were established in those countries. As we have said, according to that doctrine, it was supposed that there were certain executive acts that, although improperly considered as administrative acts, were not, however, submitted to the control of legality by the administrative judicial courts. This was because they were considered to have been formulated initially for political reasons, or later, when the day of that doctrine was coming to an end, because it was considered that they referred to issues stipulated directly in the constitutions with reference to the relations between the different state powers or constitutional bodies, or to other states in the international order.

As we said, such acts were actually exempt from submission to administrative judicial control or from control of administrative legality, not because they were administrative acts issued for political reasons but because, contrary to what was asserted, they were not really administrative acts. In effect, they were acts of government issued in direct execution of the constitution, and the only control to which they could be submitted was the control of constitutionality, that means submission to the rule which was executed by their issuance, namely, the constitution itself. Since there was no control of the constitutionality of state acts in those countries, there could be no judicial control over such acts, which contributed to the distortion of the doctrine of the "act of government." In countries such as Spain and Italy, the subsequent establishment of control over the constitutionality of laws and executive acts with the force of laws resulted in the reduction or disappearance of the doctrine of the judicial immunity of political acts. They now come under the control of the constitutional tribunals.

In France, since there is no genuine control of the constitutionality of acts in execution of the constitution yet, the doctrine of the exemption of "acts of government" from judicial control still exists, giving rise to an area which is immune to the control of legality typical of the *Etat de droit*.

Now, in the United Kingdom legal system, in the absence of a written constitution, in the sense of a formal document of the nature of a fundamental law governing the basic principles of the actions of state bodies and establishing a set of entrenched rights and constitutional guarantees, there can be, of course, no judicial control over the constitutionality of certain acts. Consequently, when there is no written constitution, in a graduated legal system, there is nothing in the nature of a fundamental rule or constitution to serve as a source of validity of lower-ranking laws.

In the absence of any such formal constitution serving as a fundamental law, as we have seen the sovereign act in the British system is precisely the act of Parliament; hence the principle of parliamentary sovereignty which implies that as Parliament is not submitted to any superior rule, it produces the superior rules itself. In this sense, an act of Parliament is not submitted to any other rule, and its constitutionality could not, therefore, be controlled with respect to any formal document.

Consequently, in the British legal system, a control of the constitutionality of acts of Parliament is inconceivable in the terms provided for in continental, European or American legal systems. Hence, the establishment of a precise hierarchy in the production of rules of law is also very difficult, since there is no such written constitution and finally the supreme rule is the rule of Parliament. Besides, there are no degrees of validity among statutes.(119)

Nevertheless, in relation to the legal order below the acts of Parliament we think a system of a graduated or hierarchical legal order can, in fact, be developed and that it is possible to establish a systematisation more or less of the entire legal order, based, naturally, on the concept of the superiority of acts of Parliament.

In any case, apart from acts issued in direct execution of the constitution in graduated legal systems which have given rise to the systems of judicial control of constitutionality, it is evident that the principle of legality plays a more important role at the second level of execution of the legal order, that is to say, those state acts issued in direct execution of the "legislation, or in indirect execution of the constitution. Here the principle of legality has developed in the fullest sense of the term, particularly in connection with the administration, both in the continental European and in the United Kingdom legal systems, giving rise to the judicial control of the legality of administrative acts or action, and therefore, to administrative law itself.

But this principle of legality, mainly in legal systems with written constitutions implies, of course, not only that the executive or administrative power is subject to the rule of law, but that the other organs of the state, including the legislative organs, are also subject to the rule of law. Therefore, what the rule of law is all about, in relation to which each state organ is submitted, varies and has a different confine or ambit, depending on the position that each norm or state act has in the hierarchical legal system. That is why, for the legislator, legality means constitutionality or submission to the constitution; as for the head of the state, with regard to acts of government, legality also means subjection to the constitution. In such cases, they are adopted in direct execution of the constitution, without the interference of acts of Parliament, so that they are submitted only to the constitution.

4. Principle of Legality and the Executive

As far as executive and judicial powers are concerned, the principle of legality or the rule of law has a wider sense. It includes not only the constitution itself, but also all state acts with a general and normative character, and especially those of "legislative" level that include not only acts of Parliament, but also all other state acts with the same legal force, as are those acts of the head of state issued within its constitutional powers. In the principle of legality related to the executive all the other sources of legal rules that bind administrative action are also included as well as the general principles of law, or principles of natural justice that are to be observed by public administration.

(119) *Halsbury's Laws of England*, 4th Ed. London 1974, Vol. 8, p. 531.

In this respect, it is obvious, in the contemporary public legal systems, that the principle of legality in relation to the executive and to administrative of action, is in fact, of more importance.

However, in the evolution of the contemporary state, the principle of legality was traditionally referred to the submission of the administration to the law, in the sense of "formal law", that is to say, acts issued by Parliament, it being understood by this that public administration always had to act on the basis of a pre-existent rule of law.

But, in continental legal systems, this principle of legality originally confined to submission to the formal law has been expanded to the extent that the term "legality" has become synonymous to legal order, in the sense that in a graduated legal system, the administration must be submitted to all the superior rules governing its activities. In this context, therefore, law is not just law in the formal sense, but it also includes international treaties signed by the respective states, delegate legislation and other resolutions of a general nature, as well as decree-laws and any other normative sources of law applied to the administration, including, the general principles of law.

Naturally, this principle of legality referring to public administration has been particularly implemented by the establishment of a system of control of the administration through the courts, either the ordinary courts or special administrative judicial courts, and by the establishment of the principle of the responsibility of the state, particularly for damage caused to individuals by state actions.

In short, the principle of legality in relation to the executive implies the establishment of a system of judicial review of administrative actions; that is to say, it demands the establishment of a system of administrative justice to control the submission of public administration, precisely, to legality.

In this sense, in the *Etat de droit*, unlike the situation in absolutist regimes, the activities of the administration are subject to complete judicial supervision through the judicial mechanisms provided for in ordinary law, or established in a particular administrative law system, and implemented through actions granted to individuals, to control any legal infractions which may be committed by the administration itself.

Occasionally, the theory of discretionary powers opened a void in the principle of legality, but, little by little, the progressive judicial control of these discretionary acts has been allowed with the result that, despite the liberty granted to the administration to make decisions, such acts are also submitted to a judicial control of legality. They are no longer considered in any country as an exemption to the principle of legality as was originally thought mainly under French administrative law.

When granting discretionary powers, the law lives the administration certain amount of freedom to take the most convenient action or decision according to its own interpretation. But it has been accepted and established through the judicial control of administrative action, that discretionary power has limits, and cannot transform itself into arbitrariness. Therefore, various limits to the exercise of discretionary power have been identified in continental European administrative law, derived from the principles of proportionality, rationality, non-discrimination, equity and justice.

It has also been accepted that the use of discretionary powers by the administration cannot lead to the violation of the general principles of administrative procedure, in particular, those connected to the right to a fair due process of law, granting the general right to citizens to look for their own defence. A demonstration of this is the right to a hearing before an administrative action could be taken, so that the individual who may be affected by that such a decision could have the opportunity to express his position regarding the administrative action and argue his rights.

All these principles leading to limiting discretionary power, even though originated in case law, have frequently been formally established in various countries in formal laws relating to administrative procedures. Venezuela can serve as an example of this process of formalization of the limits to discretionary power. Its Administrative Procedures Act of 1981[(120)] for instance, states in article 12:

> Art. 12. When a norm of a Statute or of a general regulation issued by the Executive, leaves an administrative measure or decision to be made by the competent authority on his own understanding such a measure or decision must maintain due proportionality and adequacy with the facts and aims established in the norm, and follow all the procedural rules and formalities needed for its validity and effectiveness.

That is to say, when an administrative authority has been granted by an act of Congress or by a general executive regulation, enough liberty to take any measure or make any decision based on its own understanding of the circumstances and timing of the given action, it must, first, respect the principle of proportionality of the administrative action; second, it must seek the aims for which the discretionary powers were granted; third, it must observe the due fitness of the facts within such rules established in the norm; and fourth, it must always respect the procedural steps required for the validity and effectiveness of the administrative action.

Thus, the first limit of the discretionary power in that law is the duty imposed by it on all administrative authorities to respect due proportionality between the facts that motivated the administrative actions, and the consequences established in the latter. In that respect, if the norm authorises the administrative organ, for example, to apply a fine or penalty measured against two extremes, in accordance with its appreciation of the gravity of the offence, the action, that is to say, the fine or penalty imposed must have some proportion with the actual facts which occurred and which causes the administrative action deriving from rationality justice and equity.

---

(120) A.R. BREWER-CARÍAS, *El derecho administrativo y la Ley orgánica de procedimientos administrativos*, Caracas 1982, p. 379-414.

This principle of proportionality as a limit to discretionary power leads to another, the principle of equality and non discrimination, in the sense that if in relation to a given fact a measure has been taken or a decision has been made against an individual, the same measure or decision must be made against other individuals, if the facts coincide. Of course, this also implies that the principle of impartiality as a general principle of administrative action, is also a limit on discretionary power.

But the norm of the Venezuelan Administrative Procedures Act that we are referring to as an example, also establishes as a limit on discretionary power, the need for a administrative authority to try to attain when taking a measure or making a decision, the aims established in the norm when granting power to public administration. Any deviation in obtaining or pursuing those aims can lead to judicial control of the administrative action by means of illegality, though the so called *détournement de pouvoir* in French administrative law.

Moreover, that same article of the Venezuelan Administrative Procedure Act established, also as a limit upon discretionary powers, the due fitness of the actual facts that motivated an administrative action with the ones established in the particular norm. That means that public authority must first determine the fact that had occurred; second, it must prove them, through the usual or technical means required; and third, it must qualify them appropriately, and finally, the facts must coincide with the ones established in the norm authorising the action. All these steps must be taken in accordance with the already mentioned principles of equality, impartiality and justice, so that any violation thereof leads to illegality.

Finally, the norm states that in the use of discretionary powers by public administration the administrative organ must always respect the procedural steps normally required for the validity and effectiveness of the administrative action. Within these procedural rules, we must underline the right to defend oneself that must be guaranteed in all administrative actions and which derives from the constitution itself. This right of every citizen to look for his own defence leads in the Administrative Procedures Act of Venezuela, to the formal establishment of a few other and derivative rights of the individual vis-à-vis public administration. For instance, the right to be heard always before a decision can be made that affects his rights and interests; the right to participate in administrative procedures that could affect those rights and interests; the right to be formally and personally notified of every decision that may affect him; the right to have access to all official documents filed in the dossier concerned and the right to copy those documents; the right to present evidence before the public administration in one's own defence; and the right to be notified of the means of appeal or other actions that the individual can use for his defence whether administrative or judicial.(121)

Therefore, as we can deduce from this example of a formal establishment of limits on discretionary powers by statute and not only by means of case law, the principle of legality related mainly to administrative action, has expanded

(121) *Ibid*, p. 112-118.

considerably. All such limits on the discretionary powers of the executive, although now established, as we have seen from the Venezuelan example in particular laws or statues, have undoubtedly been developed through judicial decisions, (case law), even in civil law legal systems.

Of course, in common law legal systems, these limits have also been established in case law, particularly through the principles of natural justice.(122)

All these systems have in common the exclusion of the consideration of discretionary power as an exemption of the principle of legality or the rule of law, as well as the acceptance that even in its discretionary power granted by law, administrative action is entirely submitted to the rule of law.

But in relation to this exemption to the principle of legality as it was treated in continental European legal systems, a few decades ago, the same can be said of so-called government or political acts.

As we have said, in continental Europe, certain acts of the executive, such as political acts, were traditionally seen as being exempt from submission to legality. Nevertheless, even though such acts cannot be considered as administrative acts, not only has the Legal state made an effort to gradually reduce the number of such political acts exempt from control, but with the establishment in continental Europe of constitutional tribunals, it has been possible, in some countries to control the constitutionality of such acts of government, as acts in direct execution of the constitution.

In short, all the activities of the executive must be submitted to the principle of legality and must, therefore, be submitted to judicial review. Because of this, it is possible to demand that the administration be held responsible for damages caused by its actions. Of course, when we say that all activities of the executive must be submitted to the law, this naturally also includes all the normative activities of the executive itself, such as, regulations and different forms of delegated legislation, which are also submitted to review by independent judicial bodies.

5. The Rule of Law and Dicey's Concepts

As we said at the beginning, in the United Kingdom legal system, what the continental European legal systems call the principle of legality is included under the general term of "rule of law." It is true that this "rule of law" generally means the same as the *Etat de droit* for continental states, that is to say, it is the laws that govern, not men.

However, there is perhaps a radical historical difference between the two systems: whereas the *Etat de droit* came into being on the continent as a rational system substituting the *Ancien Régime*, the "rule of law", since monarchical absolutism was unknown in England, is directly linked to the medieval doctrine

(122) See in general, P. JACKSON, *Natural Justice*, London 1979, p. 224.

of the *Reign of Law* in the sense that law, whether it be attributed to supernatural or human sources, ought to rule the world.(123)

Therefore, as Professor E.C.S. Wade said, Dicey did not invent the notion of the rule of law(124) but was the first writer to systematize and analyse the principle. That is why we think it is impossible to refer to the rule of law in the United Kingdom, without referring in one way or another to Dicey's approach, which has tended to govern modern discussion, on the subject.(125)

According to Dicey's classical definition, the rule of law means three things: the absolute predominance of the law; equality before the law; and the concept according to which the constitution is the result of the recognition of individual rights by judges.

With regard to the first meaning, Dicey stated that by rule of law,

> We mean... that no man is punishable or can be lawfully made to suffer in body or goods except for a distinct breach of law established in the ordinary legal manner before the ordinary courts of the land. In this sense, the rule of law is contrasted with every system of government based on the exercise by persons in authority of wide, arbitrary, or discretionary powers of constraint.(126)

As Dicey himself stated, in this sense, the rule of law means:

> The absolute supremacy or predominance of regular law as opposed to the influence of the arbitrary power, and excludes the existence of arbitrariness of prerogative, or even wide discretionary authority on the part of the Government. Englishmen are ruled by the law, and by the law alone; a man may with us be punished for a breach of law, but he can be punished for nothing else.(127)

In relation to this first meaning of the rule of law, we must observe that, as we have said, discretionary powers granted to government by the law is not necessarily equivalent to arbitrariness, on the contrary the government itself has limits in its exercise.

We must also observe when considering this first meaning of Dicey's rule of law, that whilst it is true that the government lacks arbitrary power, it is clear, however, that that power lies on Parliament, since, unlike the legislative bodies of other countries, Parliament's powers are not limited by a constitution. Consequently, the British Parliament, by virtue of its sovereignty, possesses, in principle, unlimited-powers, not only to establish general rules, but also individual rules with any content.

Arbitrary regulation is not, therefore, constitutionally excluded, although, in principle, it must take the form of an act of Parliament or be authorized by such

(123) W. HOLDSWORTH, *A History of English Law*, Vol. II, London 1972, p. 121. *Cf.* E.C.S. WADE, “Introduction” to A.V. DICEY, *An Introduction to the Study of the Law of the Constitution*, London 1973, p. xcii.

(124) E.C.S, WADE, “Introduction”, *loc. cit.*, p. xcii.

(125) J.D.B. MITCHELL, *op. cit.*, p. 53.

(126) A.V. DICEY, *op. cit.*, p. 188.

(127) *Ibid,* p. 202. In this concept, regular law is understood to mean statute law and common law, but the former has supremacy over the latter.

an act. But bearing in mind government's factual supremacy over Parliament, because of the fact that the latter's decisions are determined by the former owing to the party system, the result is that the decision on measures is actually made, in the last resort, by the government, which may request action from Parliament, even after having taken such measures. Thus, for example, it has been said Parliament ratified and legalized in 1931 a series of illegal acts issued by the Cabinet with reference to the abolition of the gold standard. In this case, the arbitrary power of Parliament served to sanction illegal acts.(128)

According to Dicey, the rule of law also means legal equality. In this sense, Dicey wrote:

> We mean in the second place, when we speak of the rule of law as a characteristic of our country, not only that with us no man is above the law, but (what is a different thing), that here every man, whatever be his rank or condition, is subject to the ordinary law of the realm and amenable to the jurisdiction of the ordinary tribunals.(129)

However, in explaining this second meaning, he went further, also applying the concept to government officials. He said:

> It means, again, equality before the law, or the equal subjection of all classes to the ordinary law of the land administered by the ordinary law courts. The rule of law in this sense excludes the idea of any exemption of officials or other from the duty of obedience to the law which governs other citizens or from the jurisdiction of the ordinary tribunals.(130)

In this sense, Dicey's concept of the rule of law, excludes the idea of any exemption in favour of public officials or other individuals, and naturally also excludes any idea of administrative judicial special courts in the French manner.

As a consequence of this statement, is his famous mistaken approach to "administrative law", which concludes that "there can be with us nothing really corresponding to the "administrative law", *droit administratif* "or the "administrative tribunals" (*tribunaux administratives*) of France.(131)

Dicey really denounced what he understood French administrative law to be. He said that the *Droit Administratif* rested at bottom on various "leading ideas alien to the conceptions of modern Englishmen", and within which he referred to the idea:

> That in France, the government and every servant of the Government, possesses, as representative of the nation, a whole body of special rights, privileges, or prerogatives as against private citizens, and that the extent of these rights, privileges or prerogatives is to be determined on principles different from the consideration which fix the legal rights and duties of one citizen towards another.(132)

---

(128) I. JENNINGS, *The Law and the Constitution, cit.* p. 57-58

(129) A.V. DICEY, *op. cit.*, p. 193.

(130) *Ibid.* p. 202-203.

(131) *Ibid.* p. 203.

(132) *Ibid.* p. 336-337. "An individual in his dealing with the state does not, according to French ideas, stand on anything like the same footing as that on which he stands in dealing with his neighbor", p. 337.

All these privileges and prerogatives referred to by Dicey lead to what he considered to be the main one in the French system: the existence of special administrative courts to judge public bodies and officials ranked in a separate system of judicature different to the judicial power, having at its apex not the *Court de Cassation* but the *Conseil d'Etat*.

It has long been realized in Great Britain that Dicey's picture of administrative law was wrong[(133)] and that legal equality does not mean that the state bodies would be submitted to the same laws applicable to ordinary citizens. As Professor J.D.B. Mitchell stated:

> While the subjection of officials to law is desirable, it does not follow that this should in all cases, or generally, be a subjection to the law which is applicable to the ordinary citizen" (because)... it is clear that the powers of government cannot be those of an ordinary citizen... and that as far as rights are concerned public bodies and public officials cannot be governed by the ordinary law.[(134)]

Therefore, if it is desirable that the executive must in principle be subject to the same law as that governing the citizens, this does not, of course, exclude the possible need for the government, in view of its very nature, to have special prerogatives and powers. What the principle of the rule of law actually requires is that the government be granted no unnecessary privileges or exemptions in relation to ordinary laws. In this respect, for example, the fact that the crown could not be taken to court on the grounds of responsibility constituted an unnecessary privilege, which was eliminated in 1947 by the Crown Proceeding Act.[(135)]

In any event, in relation to this second meaning of the rules of law as developed by Dicey, we can conclude by saying that it really implies that government bodies should be subject to the law. In this same sense, we can say based on the principle of the sovereignty of Parliament, that is to say, that Parliament, in its capacity as the legislature, is sovereign and exempt from any legal control, that the principle of the rule of law means, that all government actions must be carried out in accordance with the law. In particular, when applied to administrative or governmental authorities, it implies that all of such authorities, when issuing any act, must do so by means of an authorization granted in a law that, in general, must be understood to be an act of Parliament. In other words, the rule of law implies that any government act, which may affect some individual rights or liberties, must be carried out strictly under the authority of an act of Parliament.

But the principle of the rule of law does not consist solely of submission to formal law. It also implies, as we have seen, the need for the administrative authority to submit to the principles and rules which limit any discretionary power granted to the said authority by an act of Parliament. That is the reason why it has been said that the principle of the rule of law was developed in relation to the administration, on the basis of judicial limitations upon the powers which

---

(133) H.W.R. WADE, *Administrative Law*, Oxford 1984, p. 25.

(134) J.D.B. MITCHELL, *op. cit.*, p. 58.

(135) H.W.R. WADE, *op. cit.*, p. 24.

may have been granted to the administrative authorities by acts of Parliament.[136] The object of all this is to prevent and avoid abuse in the exercise of discretionary powers.

In addition to the foregoing, the principle of the rule of law, as a specific manifestation of the *Etat de droit* and of the principle of legality in the United Kingdom legal system, implies that claims brought by individuals against administrative and government acts and officials must be judged by the judicial authority, that is to say, by judges completely independent of the executive bodies. Naturally, the principle of legality does not necessarily require that these judicial bodies that control administrative actions be separate from the ordinary judicial bodies. What legality and the state according to law demand is that control be exercised by judicial bodies, and in the countries with common law systems particularly in the United States and the United Kingdom, disputes between the administration and individuals are settled by the ordinary law courts.[137]

Thus, contrary to the practice in the French system, in which disputes relating to the control of the legality of administrative action are brought before administrative courts organized separately from the judicial hierarchy, but independent of the government, in the British system, the right to have the public administration appear before ordinary courts and independent judges, in matters of control of legality, is one of the most important elements of the concept of the rule of law.

The third meaning of the rule of law according to Dicey is that the constitution was the result of the recognition of individual rights by judges, and therefore, that these rights were not the result of a written constitution.

Dicey explained this third meaning of the rule of law as follows:

> We may say that the constitution is pervaded by the rule of law on the grounds that the general principles of the constitution (as for example the right to personal liberty, or the right of public meeting) are with us the result of judicial decisions determining the rights of private persons in particular cases brought before the courts; whereas under many foreign constitutions the security (such as it is) given to the rights of individuals results, or appears to result, from the general principles of the constitution.[138]

In other words, he described this third meaning of his conception of the rule of law by saying that this expression

> May be used as a formula for expressing the fact that with us the law of the constitution, the rules which in foreign countries naturally form part of a constitutional code, are not the source but the consequence of the rights of individuals, as defined and enforced by the courts.[139]

---

(136) L.L. JAFFE and E.G. HENDERSON, "Judicial Review and the Rule of Law: Historical Origins", *The Law Quarterly Review*, 72, 1956, pp. 345-364. See in general, B. SCHWARTZ and H.W.R. WADE, *Legal Control of Government*, Oxford 1978, p. 350.

(137) J.M. EVANS, *de Smith's Judicial Review of Administrative Action*, Fourth Ed., London 1980, p. 11.

(138) A.V. DICEY, *op. cit.*, p. 195.

(139) *Ibid*, p. 203.

We do not think that this third meaning can be sustained firmly nowadays. The rights of individuals that a state have to ensure and protect today are not only personal liberties such as free speech which Dicey was concerned with but rather, rights such as the protection of physical well-being, having a proper home, being educated, having social security, a proper environment, etc., that cannot be the creation of judge-made law, on the contrary it requires complex legislation.(140) That is to say, "the common law does not assure the citizens economic or social well being."(141)

Therefore, if it is true that ordinary courts continue to play a fundamental role in the protection of individual rights, it is also true that statutory regulations are required for the enforcement of such rights. Thus, they cannot only be the result of the courts enforcement but also undoubtedly of their establishment in acts of Parliament. Also, we have to bear in mind the primacy of statutory law over common law, thus the latter can always be modified by Parliament, and the most fundamental liberties may be removed by statute.

Thus, Dicey's faith in the common law as the primary legal means for the protection of citizen's liberties against the state has been superseded and the experience of many western countries with entrenched declarations of human rights imposing legal limits upon the legislature to infringe it, has proved to be of value.

Any way, despite the well known expansion of Dicey's concepts, particularly in regard to his distrust of administrative law, this discipline widely developed in this country during the present century (20th century), and within its own rules, new concepts arose regarding the rule of law, always related to governmental action and more closely to the principle of legality developed in continental Europe.

In order to understand this change, it will suffice to recall here two of the new and recent approaches to the matter.

The first is the concept developed by Professor H.W.R. Wade in his well-known book on *Administrative Law*, in which he identified five different although related meanings of the rule of law. First, that all governmental action must be taken according to the law, in the sense that all administrative acts that infringe individual rights must be authorised by law. Second, that government should be conducted within a framework of recognised rules and principles that restrict discretionary power, in the sense that an essential part of the rule of law is that of a system of rules for preventing the abuse of such discretionary power. Third, that disputes as to the legality of acts of government are to be decided upon by courts that are wholly independent of the executive, which in this country are the ordinary courts of law. Fourth, that the law should be even-handed between government and citizen, in the sense that even though it cannot be the same for both, the government should not enjoy unnecessary privileges or exemptions

(140) J.D.B. MITCHELL, *op. cit.*, p. 54-55.

(141) E.C.S. WADE and G. GODFREY PHILLIPS, *Constitutional and Administrative Law*, London 1982, p. 89.

from ordinary law. And fifth, outside the sphere of public administration, the rule of law means that no-one should be punished except for legally defined crimes, a principle that applies, however, to administrative action in the sphere of administrative sanctions.(142)

In another more descriptive perspective, Joseph Raz enumerated a few principles, which can be derived from the basic idea of the rule of law, which undoubtedly complement the previously mentioned view of Professor Wade. Those principles are as follows: All laws should be prospective, open and clear; laws should be relatively stable; the making of particular laws should be guided by open, stable, clear and general rules; the independence of the judiciary must be guaranteed; the principles of natural justice must be observed; the courts should have review powers over the implementation of those principles; the courts should be easily accessible; and the discretion of the crime prevention agencies should not be allowed to hinder the law.(143)

All these meanings or principles related to the concept of the rule of law, in the British constitutional system and since Dicey's conception, are, of course, mainly related to the activities of the executive or government, and mainly to administrative action. Parliament, because of its sovereignty, is not included in the principle.

Therefore, because of the absence of a written constitution and the already mentioned principle of parliamentary sovereignty, Parliament, has in fact no entrenched law to which it must be kept submitted. Thus, it has no legal limits upon its activities, and its acts cannot be judicially reviewed because no court has the power to control their constitutionality. Here lies the real difference, nowadays, between the concept of the rule of law in the British constitutional system and the principle of legality in the legal states of continental Europe and America.

In continental Europe and America, the concept of the principle of legality also includes the legislative in the sense that Congresses, General Assemblies or Parliaments are , in general, submitted to and limited by the constitution, established as a written and rigid higher law, and that submission is judicially controlled by ordinary or special courts with sufficient power in some cases, even to annul unconstitutional laws.

Up to now, we have referred to two principles of the *Etat de droit* in the contemporary world, that of the distribution and limitation of state powers, and that of the submission of all state bodies to the principle of legality or the rule of law.

Now we whish to refer to the third of the main features of the *Etat de droit* that of the establishment of an entrenched bill of rights normally in a written constitution, that historically has always been essential to the notion of the *Etat de droit* and, of course, to liberalism.

(142) H.W.R. WADE, *op. cit.*, p. 22, 24.
(143) J. RAZ, "The Rule of Law and its Virtue", *The Law Quarterly Review*, 93, 1977, p. 198-202.

IV. THE DECLARATION OF FUNDAMENTAL RIGHTS AND LIBERTIES

In effect, as we said, the third characteristic of the *Etat de droit* is the establishment of a set of fundamental rights and liberties, normally enumerated in a formal declaration of constitutional rank or in a written constitution, in an entrenched way and with the necessary guarantees and legal security to prevent its violation by the state itself.

In this sense, the first characteristic of this formal establishment of fundamental rights is that it is one of the main consequences of the already mentioned principle of the distribution of powers essential to the state according to law.

We have said that the distribution of power finally reveals itself in three ways: first, in a distribution of power between the citizen and the state; secondly, in a distribution of power between constituent and constituted powers; and thirdly, in a distribution of power within the constituted power in a horizontal or vertical way, giving rise to the classical separation of state powers or to a politically decentralised form of the state.

The first form of distribution of powers, between citizens and the state is, precisely, the one related to the establishment of fundamental rights and liberties: the *Etat de droit* or state according to law always implies that there is a sphere of liberties granted to citizens out of reach of the state, and that the state also has powers and prerogatives to ensure its functions, ruled by particular rules different to those applied to individuals. This distribution of power between citizens and state, implying the formal establishment of fundamental rights and liberties for the former, must be, of course, of an entrenched form, resulting from a constituent power, and, therefore, not subject to amendment by ordinary legislation.(144)

In any case, the constitutional establishment of fundamental rights appears as a central element of liberalism, as a result of the distinction between state and society and of course of the *Etat de droit*. In the latter, its aims are considered as being the protection, guarantee and fulfillment of human rights and fundamental liberties, contrary to those of the absolute or totalitarian state, where these rights do not exist.

That is why at its origin, the distribution of power between a citizen's sphere of liberties and state powers lead to the concept in which, in principle, individual liberty was unlimited, whereas the powers of the state were limited, precisely because the state was set up for the protection of the former.

1. Theoretical Backgrounds and Historical Antecedents

This conception lies beneath the whole construction of the *Etat de droit* from the very beginning of its philosophical background, and again, we must recall

---

(144) As O. HOOD PHILLIPS said: "The provision that cannot be amended by ordinary legislative procedure are said to be "entrenched." *Reform of the Constitution*, London 1970, p. 3.

Locke's concepts in his *Two Treatises of Government* (1690), without doubt, the great classic of the most liberal tradition, and the book that most influenced the birth of the *Etat de droit*.

In effect, the establishment of a political or civil society according to Locke, as opposed to absolute monarchy, implies an agreement between men,

> To join and unite into a community for their comfortable, safe, and peaceful living one among the other, in a secure enjoyment of their properties and a greater security against any that are not of it.(145)

Thereof, the power granted to the commonwealth, and in particular to the legislative, -he said-,

> Is not, nor can possibly be absolutely arbitrary over the lives and fortunes of the people, for it being but the joint power of every member of the society given up to that person or assembly which is legislator, it can be no more than those persons had in a state of nature before they entered into society and gave up to the community; for nobody can transfer to another more power than he has in himself, and nobody has an absolute arbitrary power over himself, or over any other, to destroy his own life, or take away the life or property of another. A man, as has been proved, cannot subject himself to the arbitrary power of another; and having in the state of nature no arbitrary power over the life, liberty, or possession of another, but only so much as the law of nature gave him for the preservation of himself and the rest of mankind, this is all he does or can give up to the commonwealth, and by it to the legislative power, so that the legislative can have no more than this. Their power, in the utmost bounds of it, is limited to the public good of the society. It is a power that has no other end but preservation, and therefore can never have a right to destroy enslave, or designedly to impoverish the subject.(146)

On this basis, Locke defined the "end of government" as "the good of mankind", and stated that "all the power government has is only for the good of the society." Therefore, opposed to civil society was the absolute arbitrary power or government without settled standing laws. Those, he said,

> Can neither of them consist with the end of society and government which men would not quit the freedom of the state of nature and tie themselves up under, were it not to preserve their lives, liberties, and fortune, and by stated rules of right and property to secure their peace and quiet. It cannot be supposed that they should intend, had they a power so to do, to give to any one, or more, an absolute arbitrary power over their persons and estates, and put a force into the magistrates hand to execute his unlimited will arbitrarily upon them. This -he ended- were to put themselves into a worse condition than the state of nature, wherein they had a liberty to defend their right against the injuries of others, and were upon equal terms of force to maintain it, whether invaded by a single man or many in combination.(147)

The conclusion of all this conception regarding to fundamental rights, or "property", as Locke identified them, was that,

(145) J. LOCKE, *Two Treatises of Government*, quoted in W. LAQUER and B. RUBIN ed., *The Human Rights Reader*, New York 1979 p. 64.

(146) *Idem*, p. 65.

(147) *Ibid*, p. 66.

> The supreme power cannot take from any man part of his property without his own consent; for the preservation of property being the end of government and that for which men enter into society, it necessarily supposes and requires, that the people should have property.(148)

In this perspective, as we have seen, all the construction of the *Etat de droit* apparatus as opposed to that of the absolute state was based on the idea of the existence of man's liberties, that were inalienable and which cannot be renounced, and that the state was to be set up for the protection and maintenance of such liberties.

In this same sense, the other two theoreticians of the state, whose ideas helped the setting up of the liberal state, are clear and eloquent. Rousseau when referring to the nature of the rights of citizens, said:

> To renounce one's liberty is to renounce one's quality as a man, the rights and also the duties of humanity... such a renunciation is incompatible with man's nature, for to take away all freedom from his will is to take away all morality from his actions. In short, a convention which stipulates absolute authority on the one side and unlimited obedience on the other is vain and contradictory.(149)

Montesquieu, for his part, argued, as we have seen, that "political liberty" was to be found only in "moderate governments", that is to say, those where "there is no abuse of power",(150) and those only exist in systems -he thought-, like the English, where power checked power. Thus there is his theory of the distribution of power as a pre-requisite for political liberty.

In this context, England again had a long tradition, and even though the idea of "natural rights" has been said to be "strictly an (English) commodity for export, particularly to France, and to the American colonies",(151) the truth is that it had a tremendous influence both on English tradition of liberty and abroad.

The *Magna Carta* of 1215 is often referred to as the first declaration of fundamental rights. But in reality this Charter was the result of the struggle between the centripetal and centrifugal feudal forces, that is to say, on the one hand the king's forces, particularly as a result of the tyranny of King John, and the established central institution which administered a common law; and on the other hand, the forces of the barons of the kingdom, which sought disintegration which would mean independence and power, as well as the combined forces of landowners, ecclesiastics and traders.(152)

As a result of that struggle, the Great Charter was a formal charter in the feudal sense, that is to say, a free grant by the king. In fact, however, it resulted in a code for reforming laws passed by the whole body of barons and bishops, and thrust

---

(148) *Ibid*, p. 67

(149) J.J. ROUSSEAU, *The Social Contract*, quoted in W. LAQUER and B. RUBIN (ed.), *op. cit.*, p. 70.

(150) MONTESQUIEU, *The Spirit of Laws*, quoted in W. LAQUER and B. RUBIN (ed.), *op. cit.*, p. 68-69.

(151) K. MINOGUE, "'The History of the Idea of Human Rights", in W. LAQUER and B. RUBIN (ed.), *op. cit.*, p. 6.

(152) W. HOLDSWORTH, *A History of English Law*, Vol. II, London 1971, p. 207-208. *Cf.* F.W. MAITLAND, *The Constitutional History of England*, Cambridge 1968, p. 67.

upon a reluctant king.(153) That is why it opened a new chapter in English history and has been seen as the origin and source of English constitutional law.(154)

But, as we mentioned, the Great Charter is one of many formal examples of stipulations between the king and the feudal knights; in that sense, it was a *stabilimentum* or an enactment formulated by the king, church, barons and merchants as partners in the legislative powers of the nascent state, contained in a probatory document called a Charter. Thus, the Charter set forth a series of rights of a heterogeneous nature, all relating to the different classes participating in its enactment. Its clauses were classified into five groups; those granting the liberty of the church; those dealing with what is called feudal grievances; those relating to trade; those relating to central government; and those that placed limitation upon arbitrary power.(155)

In reality, therefore, the Great Charter contained nothing resembling a general declaration of fundamental rights of the English people. The freemen whose rights the document refers to were not all but just a fraction of Englishmen, particularly the barons, and if it is true that in some clauses the Magna Carta mentioned all *liberi homines* in a sense that could include the villain, as Sir William Holdsworth said,

> It is fairly clear that they were thus protected, not because it was intended to confer any rights upon them, but because they were the property of their lords, and excessive amercements would diminish their value.(156)

Thus, if it is true that the Magna Carta guaranteed all freemen certain rights of protection against the abuse of royal power, this is something quite different from a modern declaration of the rights of man and the citizen. In those days, only the Barons were *liberi homines*; they alone were *liberi* and they alone were considered as *homines*. Thus, historically speaking, the Magna Carta was an agreement between a feudal aristocracy and its king, to whom it renewed its homage in exchange for guaranteed rights. In that context the Magna Carta's 63 chapters contained limitations on the judiciary for example, the affirmation that no freeman could be imprisoned or arrested, except by a legal court, composed of people of his own class, or in accordance with the law of the land; limitations upon taxation power, and above all, the establishment of a resistance committee in the event of failure to maintain these prescriptions.

Thus, there is no reference in the Magna Carta to the people as a whole, and this could not be otherwise, since such a reality had not yet made its appearance in history. Naturally, those historical facts do not detract from its crucial importance in British constitutional history, due basically to the symbolic association attached to it.

What is true, is that the modern concept of fundamental rights, related originally to the idea of natural rights, only appears in more modern times after

(153) F.W. MAITLAND, *op. cit.*, p. 67.
(154) W. HOLDSWORTH, *op. cit.*, Vol. II, p. 209.
(155) *Idem*, p. 212.
(156) *Idem*, p. 212.

the medieval age finished in the course of the sixteenth century, and when the idea of duty gave way to the idea of rights(157) and due, as we have seen, in political theory to the theoreticians of the absolute state. Thus, the first formal expression of this new concept can be found in the writ of *Habeas Corpus* developed by English courts, precisely because of the influence and interpretation of the Magna Carta. As Sir William Holdsworth pointed out:

> Whether or not the famous clause of Magna Carta, which enacted that 'no free man shall be taken or imprisoned or diseased or exiled or in any way destroyed except by the lawful judgment of his peers or by the law of the land', was intended to safeguard the principle that no man should be imprisoned without due process of law, it soon came to be interpreted as safeguarding it. Because it was interpreted in this way, it has exercised a vast influence, both upon the manner in which the judges have developed the writs which could be used to safeguard this liberty, and upon the manner in which the Legislature has assisted that development.(158)

And precisely, the Habeas Corpus Act of 1679 is perhaps the first formal law in modern times related to a fundamental right, that of personal liberty, although it was applied only to detention for 'any criminal or supposed criminal matters'. It was passed to secure that persons detained on criminal charges were brought speedily to trial and to ensure that the power to detain persons on criminal charges was not abused.(159)

The first formal act that refers to fundamental liberties in a wider sense in modern time is undoubtedly the *Bill of Rights* of 1689, enacted at the end which of the English Revolution of 1688-1689, and which marks the ultimate triumph of Parliament in its struggle against the crown.

This act of Parliament, adopted by the new true Parliament which resulted from the Convention Parliament in 1689, gave undoubted legal authority to all the provisions contained in the Declaration of Rights presented in February 1689 to Prince William and Princess Mary of Orange when the convention offered them the crown of England, and which contained all the major resolutions of the convention. Therefore, its contents, more than just a statement of rights, have been considered as a political document containing 'the rights of the nation'(160) as had previously been established by legislation.(161)

Regarding rights, however, the Bill of Rights gave legal effect to those rights mentioned in the Declaration by means of a provision stating that:

---

(157) "A common and useful way of describing the change from the medieval to the modern world is to say that the idea of *duty* gave way to the idea of right." K. MINOGUE, *loc. cit.*, p. 5.

(158) W. HOLDSWORTH, *op. cit.* Vol. IX, London 1966, p. 104.

(159) E.C.S. WADE and G. GODFREY PHILLIPS, *Constitutional and Administrative Law*, ninth edition by A.W. BRADLEY, London 1980, p. 456.

(160) L.G. SCHWOERER, *The Declaration of Rights, 1689,* 1981, p. 19, 291.

(161) That is why W. HOLDSWORTH considered that in the Bill of Rights there is no "statement of constitutional principles", *op. cit.*, Vol. VI, London 1971, p. 241.

> All and singular the rights and liberties asserted and claimed in the said declaration, are the true, ancient, and indubitable rights and liberties of the people of this Kingdom, and so shall be esteemed, allowed, adjudged, deemed, and so taken to be.(162)

But in fact, the Declaration of Rights cannot only be thought of as a document tending only to restore the old and acknowledged rights of Englishmen which had been grievously violated by King James II. It must also be regarded, like the Bill of Rights, as a radical reforming document in the sense that it resolved long-standing disputes in ways favourable to Parliament and the individual, and according to the libertarian political principles that the Revolution embodied.

As L.G. Schwoerer stated in his study of the Declaration of Rights 1689, that Declaration and the Bill of Rights:

> Dealt with royal prerogatives that lie at the very heart of sovereignty; royal power respecting law, military authority, and taxation. They sought also to strengthen the role of Parliament, by claiming the rights of free election, free speech, free debate, free proceedings, and frequent meetings. And they guaranteed rights to the individual - to petition the King without fear of reprisal, to bear arms (under certain restrictions)' and to be protected against certain judicial procedures (excessive bail, excessive fines, cruel and unusual punishments, and the granting and promising of fines and forfeitures before conviction).(163)

In so doing, this document must be thought of as the necessary ingredient of the Revolution 1688-1689 so as not to be seen as a simple *coup d'Etat*. On the contrary, the Revolution has been thought of as real, not only because it destroyed the essential elements of the *ancien regime*, but also because it also restored certain rights which had been assaulted by the Stuarts and, in resolving certain long-term controversies, it created a new kingship. Thus in the new political system which was born, the principles of divine-right monarchy, the idea of direct hereditary succession, the prerogatives of the king over law, the military, taxation and judicial procedures which were to the detriment of the individual, all underwent radical changes; and Parliament definitively gained supremacy in its struggle against the king.

This revolution has been considered by Schowerer as

> The greatest, in the sense of being the most effective, of the revolutions that occurred in early modern European history. And its legacy was ongoing in the revolution (and the document accompanying it) that occurred at the end of the eighteenth century in the American colonies.(164)

The importance of the Bill of Rights 1689, therefore, lies in two principal aspects: first, because it paved the way for the transition from the ancient system of class rights towards modern individual rights in the sense that the Bill of Rights declared individual rights not of some privileged classes but of English people as a whole; and second, because of its influence in the first declarations of fundamental rights in modern times, those of the English colonies of North America.

---

(162) Quoted by P. ALLOT, "'The Courts and Parliament: Who Whom?, *The Cambridge Law Journal*, 38 (1), 1979, p. 98.

(163) L.G. SCHWOERER, *op. cit.*, p. 283.

(164) *Idem*, p. 291.

2. The American and French Declarations and Their Influence

In fact, it has been considered that the first of the formal declarations of individual rights in the modern constitutional sense are the bills of the American colonies. They differed from the English precedents, mainly because in establishing those rights, they did not refer to rights based on the common law and tradition, but rather to the rights derived from human nature and ratio. Thus the rights declared in the Bill of Rights of those colonies were natural rights which "do pertain to...(the people) and their posterity, as the basis and foundation of government" as the Virginia Declaration of Rights, 12-6-1776 stated.[(165)]

In the brief preamble to that Declaration, the relation between natural rights and government was clearly established, and thus the direct influence of Locke's theories in the sense that political society forms itself upon those rights as the basis and foundation of government.

The first three sections of the Declaration clearly followed these ideas:

> *Section 1*: That all men are by nature equally free and independent and have certain inherent rights, of which, when they enter into a state of society, they cannot by any compact, deprive or divest their posterity; namely, the enjoyment of life and liberty, with the means of acquiring and possessing property, and pursuing and obtaining happiness and safety.
>
> *Section 2*: That all power is vested in, and consequently derived from, the people; that magistrates are their trustees and servants and at all times amenable to them.
>
> *Section 3*: That government is, or ought to be, instituted for the common benefit, protection, and security of the people, nation, or community; of all the various modes and forms of government, that is best which is capable of producing the greatest degree of happiness and safety, and is most effectually secured against the danger of maladministration; and that, when any government shall be found inadequate or contrary to these purposes, a majority of the community hath an indubitable, inalienable, and indefensible right to reform, alter, or abolish it, in such manner as shall be judged most conducive to the public weal.[(166)]

In addition, Section 4 established the prohibition of privileges and Section 5 prescribed the separation of powers and the temporal condition of public offices.

From these sections in the Declaration, the theory of the social contract or pact, based on the existence of inherent and inalienable rights of man is clear; and the democratic basis of government also as its best and must just form, thus the theory of democratic representation through free elections (Section 7); and the right of resistance, a product itself of the social pact.

The other eleven sections are devoted to regulating a few fundamental rights, among which are the right to a speedy trial, with due guarantees; the right not to be condemned to excessive fines or to cruel and unusual punishment, and the freedom of the press.

---

(165) See the text in J. HERVADA and J.M. ZUMAQUERO, *Textos internacionales de derechos humanos*, Pamplona 1978, p. 25.

(166) *Idem*, p. 27-29.

The same fundamental liberal principles of the Virginia Declaration can also be found in the Declaration of Independence of the United States of America, approved less than one month later (4-7-1776). It stated:

> We hold these truths to be self-evident. that all men are created equal; that they are endowed by their Creator with certain unalienable rights; that among these are life, liberty, and the pursuit of happiness; that, to secure these rights, government is instituted among men, deriving their just powers from the consent of the governed; that, whenever any form of government becomes destructive of these ends, it is the right of the people to alter or to abolish it and to institute new government, laying its foundation on such principles/and organizing its powers in such form, as to them shall seem most likely to effect their safety and happiness'.(167)

These declarations, undoubtedly, marked the beginning of the democratic and liberal era of the modern state according to law although the 1787 constitution of the United states did not contain a declaration of fundamental rights, it nevertheless constituted one of the main characteristics of American constitutionalism, that influenced modern constitutional law.(168) The 1787 constitution was criticized for the fact that it did not include a statement of fundamental rights, but that lack was resolved two years later when ten amendments to the constitution were drafted by the first Congress and approved on 25 September 1789 just one month after the French Declaration of the Rights of Man and Citizen.(169)

In effect, on 27 August 1789 the representatives of the French People, organized in the National Assembly, approved a Declaration of the Rights of Man and the Citizen, where all the fundamental rights of man were recognized and proclaimed in seventeen articles. The undoubted influence upon it of the American Declarations was decisive, particularly in the principle itself of the need of a formal declaration of rights, and in its contents. The mutual influences between the two continents at the time are well known: the French philosophers, including Montesquieu and Rousseau were studied in North America; French participation in the War of Independence was important; Lafayette was a member of the drafting committee of the Constituent Assembly which produced the French Declaration and who submitted his own draft based on the Declaration of Independence and the Virginia Bill of Rights; the *repporteur* of the constitutional Commission proposed "transplanting to France the noble idea conceived in North America"; and Jefferson himself was present in Paris in 1789, having succeeded Benjamin Franklin as American Minister to France.(170)

Anyway, the main objectives in both declarations were the same: to protect the citizen against arbitrary power and to establish the rule of law.

---

(167) *Idem*, p. 37.

(168) Ch. H. McIlwain, *Contitutionalism and the Changing World*, Cambridge 1939, p. 66.

(169) See the text in W. Laqueur and B. Rubin, *op. cit.*, p. 106-118. *Cf.* A.H. Robertson, *Human Rights in the World*, Manchester 1982, p. 7.

(170) J. Rivero, *Les libertes publiques*, Paris 1973, Vol. I, p. 45; A.H. Robertson, *op. cit.*, p. 7.

However, it is certain that the French Declaration was, of course, more directly influenced by the thoughts of Rousseau and Montesquieu. The drafters of the Declaration took from Rousseau the principles of considering the role of society as being related to the natural liberty of man, and the idea that the law, as the expression of the general will passed by the representatives of the nation, cannot be an instrument for oppression. They also took from Montesquieu his fundamental distrust of power, and therefore, the principle of separation of powers.(171) Of course, the rights proclaimed in the Declaration were natural rights of man, thus inalienable and universal. These were not rights that political society granted, but rights belonging to nature inherent in human beings.

This conception is clear in the text of the Declaration issued by the representatives of the French people, by "considering that the ignorance, forgetfulness or contempt of the rights of man are the sole causes of public misfortunes and of the corruption of government." The Declaration was, then, a perpetual reminder of the "natural inalienable and sacred rights of man."(172)

The first articles of the Declaration that recognized and proclaimed the rights of man and citizen, were, undoubtedly, a sort of compilation of all the liberal principles based on the ideas of Locke, Montesquieu and Rousseau, and concretised in the American Revolution. They were:

1. Men are born and remain free and equal in rights; social distinctions may be based only upon general usefulness.
2. The aim of every political association is the preservation of the natural and inalienable rights of man; these rights are liberty, property, security, and resistance to oppression.
3. The source of all sovereignty resides essentially in the nation; no group, no individual may exercise authority not emanating expressly therefrom.
4. Liberty consists of the power to coo whatever is not injurious to others; thus the enjoyment of the natural rights of every man has as its limits only those that assure to other members of society the enjoyment of those same rights; such limits may be determined only by law.
5. The Law has the right to forbid only actions which acre injurious to society. Whatever is not forbidden by law may not be prevented, and no one may be constrained to do what it does not prescribe.
6. Law is the expression of the general will all citizens have the right Lo concur personally, or through their representatives in its formation; it must be the same for all, whether it protects or punishes...
16. Every society in which the guarantee of rights is not assured or the separation of powers not determined, has no constitution at all.(173)

The rest of the Declaration concerned with individual rights, for instance, the principle *nullum crimen nulla poena sine legge*; the presumption of innocence until a declaration of guilt; the right of free expression and to free communication of ideas and opinions, considered in the Declaration as "one of the most precious

(171) J. RIVERO, *op. cit*, p. 41-42.
(172) See the text in J. HERVADA and J.M. ZUMAQUERO, *op. cit.*, p. 39-40; W. LAQUEUR and B. RUBIN, *op. cit.*, p. 118.
(173) *Idem*, pp. 41-49 and pp. 118-119.

of the rights of man"; and the right to property considered "sacred and inviolable."

We could say that the whole process of the development of the *Etat de droit* on the basis of this third, general feature, of the establishment of a declaration of rights, took its lead from these two formal declarations, the American and the French, subsequently incorporated into written constitutions.(174) They first had an impact in Latin America, long before in other European countries.

In this sense, what can be considered as the third formal declaration of rights by an independent state in constitutional history was the Declaration of Rights of the People adopted by the Supreme Congress of Venezuela in 1811 four days before the formal Independence Act of the 5th July 1811 was issued.(175) The content of that Declaration followed the French one but in much more detail in its enumeration of rights, including new ones in relation to the previous American and French Declarations, such as the right to industrial and commercial freedom and the freedom to work; the right to consider ones home as inviolable, and the right to petition before authority without limitation. The Declaration was also incorporated as a final Chapter of the first of all Latin-American constitutions, the Venezuelan one of 21st December 1811 in 59 articles.(176)

Afterwards, the declarations of fundamental rights by all the newly the independent states of Latin America at the beginning of last century spread as a basic constitutional feature of our countries.

In any case, it must be said that in general, the American -North American and Latin-American- and the French declarations of rights were different in their content and meaning.

In the French Declaration, it was not a case of establishing a new state but of the continuation of a national state already in existence. Therefore, the concept of the citizen was taken for granted whereas in the American Declarations, new states were being built upon a new basis. In consequence the purpose of the French Declaration, as stated in its introduction, was to solemnly remind all members of the community of their rights and duties. Hence the new principle of individual liberty appeared only as an important modification within the context of a political unity already in existence.

Whereas in the North American and Latin-American declarations, the enforcement of rights was an important factor in the independence process, and thus of the building of the new states upon a new basis, particularly the principle of the sovereignty of the people with all its democratic content. Therefore, on the American Continent, the solemn Declaration of Fundamental Rights signified the establishment of principles on which the political unity of the nations was based, and the validity of which was recognized as the most important supposition in the emergence and formation of that unity.

---

(174) The French declaration was incorporated in the preamble to the constitution of 1791.

(175) See the text in A. R. BREWER-CARÍAS, *Las Constituciones de Venezuela*, Madrid 1985, pp. 175-177.

(176) *Idem*, p. 196-200.

In any case, after this process developed during the first decades of the last century (19th century), we can say that the general declaration of fundamental rights and liberties became normal practice all over the world. Therefore, it is difficult to find in the last and present centuries (19th and 20th century) written constitutions without a declaration or an enumeration of fundamental rights including not only the traditional liberties of men, but also the new social and economic rights developed during this century (20th century) within the framework of the welfare state.

The general situation today is that declarations of fundamental rights have existed and exist in almost all countries, particularly as a part of their written constitutions. Moreover, after the horrors that were seen during the World War II, those declarations have even been internationalised not only as simple declarations without the means to enforce them, like the Universal Declaration of Human Rights and the American Declaration of Rights and Duties of Man, both of 1948, but also as formal international conventions and treatises, like the International Pacts of Civil and Political Rights and on Economic, Social and Cultural Rights 1966; the European Convention for the Protection of Human Rights and Fundamental Freedoms 1950; and the American Convention on Human Rights 1969, texts that in most of the countries that ratified them, are considered as formal laws and as part of the law of the land.[(177)]

In any case, what can be considered as a particular feature of the declarations of rights in the Legal state is that in general they were and are normally incorporated in written constitutions. Besides, those written constitutions had been and are also rigid, therefore the declarations of fundamental rights are normally entrenched declarations in the sense that the ordinary legislator cannot eliminate or modify their contents.

Of course, not all the rights contained in those declarations as fundamental ones are formally established in the same manner. Some of them, particularly traditional individual rights, like the right to live, are established in an absolute way in the sense that no legislation can be passed limiting its enjoyment. On the contrary, other rights are established in a way that the constitution itself allows for the possibility of the Legislator to regulate or limit those rights but only within the limits established in the constitution. However, in some cases, the constitutional authorization for the legislative power to regulate certain rights is established in a way that legislation must be passed for its effective enjoyment. That happens in some countries, where for instance, the right to strike in public services can only be exercised in cases expressly established in a law.

In any case, the establishment of an entrenched declaration of fundamental rights and freedoms, in a written and rigid constitution, implies that the first and most important guarantee of those rights is the principle of a "legal reserve" in favour of the legislative power for their regulation and limits according to what is

(177) See the text in M. TORRELLI and R. BAUDOUIN, *Les droits de l'homme et les libertes publiques par les textes*, Montreal, 1972, p. 388; J. HERVADA and J.M. ZUMAQUERO, *Textos internacionales de derechos humanos*, *cit.*, p. 994.

determined in the constitution. That means, in all cases in which the constitution allows possible further regulation and limits to the enjoyment of rights, that those regulations and limits can only be established through formal laws or acts of Parliament. Therefore, the executive itself cannot set any limit whatsoever on constitutional rights. Only exceptionally, in the constitutional systems that allow the possibility for Parliament to delegate legislative powers to the executive, can it be possible, within the limits of the delegation, for the executive through delegate legislation or decree-Law, to establish regulations in relation to some rights.

Thus, within the concept of the state submitted to law, the principle relating to individual rights and liberties, which stipulates that an *Etat de droit* is one in which the state can only intervene in the sphere of individual liberties on the basis of a formal law, has a special meaning. A state according to law is, therefore, one in which intervention in individual liberties is only possible through formal law, and in which the administration cannot, therefore, invade this reserve granted to formal law.

This concept of the *Etat de droit* is evidently built against the administration, bearing in mind that only a state in which all administrative actions are subject to the law is really an *Etat de droit*. That is why the principle of legality related to the administration has been so characteristic of this concept of the state, together with the consequent establishment of a series of guarantees against abuse of power by the administration.

Naturally, in this concept of the *Etat de droit*, in which the law has supremacy over the administration and in which individual rights can only be regulated by the law, there is another fundamental characteristic, namely that of judicial independence, which is the only instrument capable of guaranteeing adequate judicial control over the exercise of power by the administration. Hence the definition of the *Etat de droit* as one in which judicial control of the administration exists, also referred to as a "state of Justice."

Therefore, in the constitutional *Etat de droit* or state according to the rule of law, the establishment and regulation of constitutional rights with or without possible further regulation by the legislator, implies the need of a system of guarantees of such rights: on the one hand, as already explained, guarantees of regulation and limitation through the so-called "legal reserve", and on the other guarantees against abuse of public powers in relation to those rights, through judicial mechanisms ensuring their implementation, either by means of the ordinary judicial remedies or through special ones, like the writ of *habeas corpus*, concerning individual liberty, or through special "actions of protection" to protect all constitutional rights or, in general, the means for the judicial control of the constitutionality of laws which may violate those rights.

3. The Situation of Fundamental Rights in the British Constitutional System

England has rightly been called the land of liberalism: Locke was English, Montesquieu's system is based on his interpretation of the English constitution; and from the point of view of positive law, the declarations of rights have their antecedents in English constitutional history. Because of those antecedents, in general, liberal democratic constitutions nowadays normally contain a declaration of rights. However, in the United Kingdom, in the absence of a written constitution, and apart from references to historical statutes, there is no declaration or special code relating to fundamental rights; therefore. as Sir Ivor Jennings has said, "there are no fundamental rights" and "there is no special protection for "fundamental rights."[(178)]

Consequently, the rights of the British people equivalent, of course, to those established elsewhere in entrenched declarations, are based on two assumptions: in the first place, that citizens can do or say anything, provided it is not an infringement of a law or of other citizens' rights; and in the second place, that the authorities can only do what is permitted by statutory or common law.[(179)] Consequently, in the United Kingdom legal system, rights are expressed, in principle, not positively, but negatively. Hence, strictly speaking, rather than rights they are liberties.

That is why, as E.C.S. Wade and G. Godfrey Phillips pointed out "the approach of the law in Britain to the citizen's liberty has often been to treat it as a residual concept: The citizen may go where he pleases, and do or say what he pleases provided he does not commit a criminal offence or infringe the rights of others."[(180)] Accordingly, we can say that in the system of this country, the principle is that "anything is lawful which is not unlawful", in other words, "it is lawful to do anything which is not unlawful or which cannot be prohibited by public authorities."[(181)] Therefore, the essence of the provisions related to fundamental rights regulation in Britain is founded upon whom can establish unlawful actions or prohibit them. Naturally, these limits must be found primarily in legislation, that is to say, in Acts of Parliament.[(182)]

It was precisely this negative approach to fundamental rights in England that led Dicey to establish a contrast between the continental and the English constitutions, as we have seen, saying that on the continent, individual rights result, or appear to result, from the general principles of the constitution,"

---

(178) I. JENNINGS, *The Law and the Constitution*, London 1972, p. 40, 259.

(179) M. GARCÍA PELAYO, *Derecho constitucional comparado*, Madrid 1957, p. 278.

(180) E.C.S. WADE and G. GODFREY PHILLIPS, *Constitutional and Administrative Law*, ninth edition by A.W. BRADLEY, London 1982, p. 441.

(181) I. JENNINGS, *op. cit.*, p. 41, 262. "It asserts the principle of legality, that everything is legal that is not illegal."

(182) Delegated Legislation in relation to fundamental rights, in principle, is only Possible in cases of state of emergency in accordance with the Emergency Powers Act 1920. E.C.S. WADE and G. GODFREY PHILLIPS, *op. cit.*, p. 567.

whereas in England, "the general principles of the constitution (as for example the right to personal liberty, or the right of public meeting) are... the result of judicial decisions determining the rights of private persons in particular cases brought before the courts." As a result of which, -Dicey concluded- "the rules which in foreign countries naturally form part of a constitutional code, are not the source but the consequence of the rights of individuals, as defined and enforced by the courts."(183)

Dicey's views in relation to the situation of this country were expressed exactly one hundred years ago. The first edition of *An Introduction to the Study of the Law of the Constitution* was published in 1885. At that time, the role of Parliament and the Courts was quite different from today, and moreover, we have to consider the impact upon fundamental rights of the Welfare state or the Social *Etat de droit* as it is called in Continental Europe.

As makers of law Professor J.D.B. Mitchell said, "the courts have declined in importance. In part this is the obvious result of the development of Parliament, in part it is the result of changes in ideas about the functions of a state."

Moreover, he added,

> The development of the Welfare state has meant that rights with which individuals are increasingly concerned, protections or hedges against poverty, ill health, and the like, cannot be the creation of judge-made law as could be the -rights of speech, etc., with which Dicey was concerned. These newer rights can only be the result of complex legislation.(184)

And it has been so, even though the role of ordinary courts continues to be important as the ultimate guardians of fundamental rights, and not as their creators.

Nevertheless, despite all the British tradition, discussions have been held in the United Kingdom particularly during the last two decades, on the need and possibility of the enactment of an entrenched Bill of Rights.

The principal argument for a Bill of Rights is to restrain excess or abuse of power by public authorities, and it has been thought that with a Bill of Rights, the power to bring legal actions against the state and agencies of government will improve, in other words, it has been thought that a Bill of Rights is potentially a more fruitful source of remedies.(185)

This arguments in favour of the enactment of a Bill of Rights has been summarized by P.S. Atiyah, as follows:

> That there ought to be, and are, certain basic human rights which ought not to be at the mercy of a government and legislature; that -governments and legislatures derive their power from the people, and that the people cannot be assumed to have granted away unlimited and despotic powers just because they have elected a Parliament (by a process

(183) A.V. DICEY, *An Introduction to the Study of the Law of the Constitution*, with an "Introduction" by E.C.S. WADE, 1973, p. 195, 196, 203. See also WADE comments, p. CXVIII.

(184) J.D.B. MITCHELL, *Constitutional Law*, Edinburgh 1968, p. 55.

(185) M. ZANDER, *A Bill of Rights?*, London 1985, p. 27.

> set by Parliament itself); that a majority of the people is no doubt entitled to elect a majority government and parliament to represent their views, but this does not give, and ought not to give, that government and parliament unlimited power to oppress the minority or minorities; and that at the very least, the basic structure of the democratic process-which alone gives legitimacy to the power of governments and parliaments ought to be entrenched so as to be unalterable by Parliament.[(186)]

Evidently, these arguments in favour of the enactment of a Bill of Rights in Britain, that follow the most orthodox liberal tradition, must take into account the well known principle of Parliamentary sovereignty. An entrenched Bill of Rights would limit the powers of the ordinary legislator to modify it, which is contrary to the main principle of the British constitution. On the other hand, a Bill of Rights formally entrenched in the constitution would mean that judges would become the ultimate arbiters of the powers of Parliament, and that, -it has been said- would be disastrous unless judges could be persuaded to alter their traditional methods of interpretation. "For traditional and crabbed methods of interpretation - P.S. Atiyah said-, could often lead to the invalidation of legislation which is absolutely necessary to keep pace with changing values or conditions; huge tensions would then build up in the legal and political system, and general discredit could be thrown on the law."[(187)]

The main arguments against the enactment of a Bill of Rights have been exposed, clearly summarized and critiqued by Michel Zander in his pamphlet entitled *A Bill of Rights*?,[(188)] originally published ten years ago (1975). Among those arguments we may point out the following:

In the first place, it has been said that a Bill of Rights is an "un-British way of doing things,"[(189)] based on the well known apprehensiveness to written constitutions or constitutional documents, that in constitutional law derives from Dicey's concepts. To say that a Bill of Rights is "un-British" says M. Zanders, "is to show an ignorance of history."[(190)] In fact, as we have seen, this country invented the in Bill of Rights with the Magna Carta in 1215 and the Bill of Rights in 1689; it influenced the Declaration of Rights in the American Colonies 1776 and the content of the first ten amendments of the North-American constitution (1789); and in more recent times, the United Kingdom has been the main exporter of the ideas of fundamental rights and freedoms established in an entrenched way, to the Commonwealth countries on a scale without parallel in the rest of the world.[(191)] All the countries of the Commonwealth, except New Zealand, have written constitutions and a formal declaration of fundamental rights.

---

(186) P.S. ATIYAH, *Law and Modern Society*, Oxford 1983, p. 109.

(187) *Idem*, p. 111.

(188) London 1985, p. 106.

(189) *Idem*, p. 43.

(190) *Ibidem*, p. 44.

(191) A. LESTER, "Fundamental Rights: The United Kingdom Isolated?" *Public Law*, spring 1984, p. 56, 57; M. ZANDERS, *op. cit*, p. 28-30. To realize the extent of this contribution, we only have to mention the amendments adopted by the British Parliament in 1982, in regard to the British. North American Act 1867, renamed in 1982 the constitution Act 1867, in which the Canadian Charter of Rights and Freedom

The second argument against the enactment of a Bill of Rights is that it is not needed because human rights are adequately protected in Britain. This has also been the main argument used to justify(192) why the European Convention on Human Rights has not been transformed into domestic law in the United Kingdom. "At the time of ratification, -Drzemczewski said- the government of the day assumed that domestic law was in full conformity with the Conventions provisions, and successive governments have since that time expressed the opinion that the rights and freedoms enumerated are in all cases already secured in domestic law."(193) In relation to this argument, Professor Zander, bearing in mind that in Britain a system of remedies rather than of rights exists, said that "the existing ways of getting remedies all leave much to be desired",(194) and in fact, as Anthony Lester pointed out in his recent article about the isolation of the United Kingdom concerning fundamental rights and the European Convention, "no other country which belongs to the convention systems has been faced with so many cases" of importance, adding:

> It is not the sheer volume of cases which is so telling, but the proportion of cases declared admissible by the commission and of cases decided against the United Kingdom.(195)

The third argument against the enactment of a Bill of Rights is based on the principle of sovereignty of Parliament, as we have seen. A Bill of Rights needs to be entrenched, and that would restrict Parliament's freedom to legislate in the future. As professor O. Hood Phillips said:

> The primary characteristic of our constitution is the legislative supremacy of Parliament. This means that Parliament can pass a law on any subject matter, even. of a fundamental constitutional nature, and can do so by the ordinary procedure of an Act of Parliament... this legally unlimited power of Parliament to make laws on any subject matter is a corollary of the absence of "entrenched" provisions and of the flexible nature of the British constitution. It also follows that we have no strictly fundamental rights.(196)

Along the same line of thought, Professor H.W.R. Wade says:

> ...The one inherent limit on (Parliamentary omnipotence, which is the consequence of that omnipotence itself, is that the Parliament of today cannot fetter the Parliament of tomorrow with any sort of permanent restraint, so that entrenched provisions are impossible.(197)

But in practice even this substantive formal argument is not really an obstacle to an entrenched Bill of Rights. Anthony Lester said in his article:

---

was included at the same time in which the last vestige of the colonial relationship with regard to constitutional amendments in Canada disappeared.

(192) M. ZANDERS, *op. cit.*, p. 45.

(193) Q.Z. DRZEMCZEWSKI, *European Human Rights Convention in Domestic Law. A Comparative Study*, Oxford 1985, p. 178.

(194) M. ZANDERS, *op. cit.*, p. 45.

(195) A. LESTER, *loc. cit.*, p. 65.

(196) O. HOOD Phillips, *Reform of the Constitution*, *cit*, p. 11, 12.

(197) H.W.R. WADE, *Constitutional Fundamentals*, London 1980, p. 25.

> Normally only the very young have fantasies o£ omnipotence. Growing up involves accepting the necessity for laws, rules and limits. A mature Parliament would not insist upon the continuous assertion of its fanatical absolute powers at the expense of individual justice. A, mature Parliament would use its sovereign law-making powers to confine those powers within proper constitutional limits.(198)
>
> In any case, the fact is that even if a Bill of Rights were adopted in an entrenched way, that would only imply that the provisions of the Bill of Rights would prevail unless subsequent enactment explicitly stated otherwise, which would not prevent the express will of Parliament from prevailing in the end. It would mean, however, "that the courts could strike down a statute as being contrary to the Bill of Rights unless it contained an express provision modifying the Bill of Rights to that extent.(199)

This leads us to a final argument against the enactment of an entrenched Bill of Rights in this country, related to the powers of courts to review acts of Parliament. As Professor D.G.T. Williams pointed out:

> An entrenched Bill of Rights would, of course, involve the exercise of judicial review by English and other courts of the United Kingdom, in the sense that would entrust domestic courts of a blank cheque to protect certain fundamental freedoms even against the legislature itself.(200)

Therefore, the real problem of a Bill of Rights, adopted in the ordinary, constitutional way of impeding its modification by ordinary legislation, in a constitutional system like the British one, is that it could imply the powers of courts to review the conformity of acts of Parliament with that Bill which could not be acceptable in the British constitutional system, unless greater modification of the constitution itself took place.

All these arguments could be overcome if the United Kingdom limited its search for establishing a positive code of rights and freedoms, by granting domestic status to the European Convention on Human Rights and therefore, allowing the courts to apply and interpret the Convention and to secure speedy and effective domestic remedies for the citizens of this country against the violation of their fundamental human rights.(201) This, it seems, is the best alternative to the matter today,(202) although it involves a number of questions regarding relations between international law and English law and the interpretation of the Convention in English law.(203)

In any case, if it is true that because of the absence of a declaration of rights protected by a constitutional supra-legality in the United Kingdom, there are in general no legal guarantees whatsoever for the existence of those rights faced with the will of Parliament, and this fact can lead both, to an expansion of the field of forbidden activities and to the granting of ample powers to authorities, the discussion in some respects is definitely a theoretical one.

---

(198) A. LESTER, *loc. cit.*, p. 71.

(199) M. ZANDERS, *op. cit.*, p. 70.

(200) D.G.T. WILLIAMS, "The Constitution of the United Kingdom", *The Cambridge Law Journal*, 31, (1), 1972, p. 277.

(201) A. LESTER, *loc. cit.*, p. 66.

(202) M. ZANDERS, *op. cit.*, p. 83-89.

(203) J. JACONELLI, *Enacting a Bill of Rights. The Legal Problems*, Oxford 1980, p. 270-277.

The validity of rights in this country, at least from the point of view of a foreign lawyer, is inseparable from the total structure of the British constitution. Consequently, abolishing freedom and liberties would be tantamount to abolishing the entire British constitution, which makes no sense.

In any event, what we wanted to point out is that in the modern *Etat de droit*, further to the limitation of powers and the submission of all state organs to the rule of law, its third main feature is the existence of a formal declaration of fundamental rights and liberties, normally of an entrenched character and embodied in a written constitution. This is the general trend in today's constitutional law, with the exception, on this last point, and at least formally, of the United Kingdom constitutional systems, because of the absence of a Bill of Rights.

We have to refer now to the three main features or characteristics of the *Etat de droit* or state according to law at the present time, and to its development.

We have analysed the principle of limitation of powers, from its original conception as a division of powers to its final constitutional consecration as separation of powers. We also mentioned the various interpretations of this separation that each country can make, and finally we stressed the three meanings of the principle in the contemporary *Etat de droit*: the division of powers between state powers and the rights and liberties of citizens; the division between constituent and constituted powers; and within the latter, the division or separation of powers, in the horizontal way between legislative, executive and judiciary, and in the vertical way, between the different levels of political decentralization when it exists.

We have also seen the main consequences of the second leading feature of the *Etat de droit*: namely the submission of state organs to the rule of law, which led us not only to the analysis of the legal system as a hierarchical legal order with a written constitution at its apex, as generally exists in almost all countries to the world today, but also to establish the contrast with the British constitutional system, where the principle of the sovereignty of Parliament prevails over any other rule. In any case, we have seen how the submission of the state to the rule of law, in systems with or without written constitutions, has brought about the development of the principle of legality, and the reduction of its former exceptions, particularly on the sphere of discretionary powers.

Finally, we have also considered the third feature of the *Etat de droit*, namely the adoption of an entrenched declaration of fundamental rights and freedoms, and its historical development, and expansion all over the world, and the particular problems it poses for the British constitutional system.

Now, the development and adoption of these three elements of the Modern *Etat de droit* with all the diversities peculiar to each legal system, have been followed, in one way or another, by a process of constitutionalization, generally reflected by its incorporation in a written and often rigid constitution, as a fundamental and basic norm of the legal system. That is why the process of constitutionalization of the *Etat de droit* has been considered another of its basic aspects.

We now want to refer to that process of constitutionalization, particularly from a historical point of view, and its direct consequence namely, judicial review.

PART II
PROCESS OF CONSTITUTIONALIZATION OF THE *ETAT DE DROIT*

I. THE WRITTEN CONSTITUTIONAL PROCESS

The consolidation and further development of the *Etat de droit* from the beginning of the last century is, undoubtedly, closely related to the process of constitutionalization of the state. This process was characterized by the establishment of a system of norms of a higher level in a given legal order, containing in a global way, the basic rules related to the fundamental functions of the state, its different organs and powers and its interrelations, and related to the fundamental rights and liberties of the citizens.

Thus, the constitutionalization of the state according to law started two hundred years ago with the introduction of written constitutions in the practice of politics. These written constitution were conceived as formal documents containing the will of the people considered as sovereign in regard to the political organization of a nation. As a consequence of this process, the organs of the state, including kings and parliament, were converted, precisely, into such organs of the state, and sovereignty was in general depersonalised and attributed to the people represented by those organs.

During the last two centuries, after the approval of the first of the written constitutions of modern times, the Constitution of the United States of America in 1787, the practice of written constitutions had spread and written constitutions exist in almost every country in the world today, with very few exceptions, among which is that of the United Kingdom. Of course, the fact that in this country and in a few others such as Israel or New Zealand there is no written constitution, does not mean that there is no constitution at all. On the contrary, in these countries a collection of rules exists, partially written, partially unwritten, which establishes, regulates and governs its government.(204) Thus the constitutionalization of the state according to law has also taken place in constitutional systems with no written constitutions.

In any case, this process of constitutionalization of the *Etat de droit*, reflected in a constitution, has produced a system of guarantees of individual liberties, which are specified in the recognition of fundamental rights; the establishment of the division of powers; provision for the people's participation in legislative power by means of popular representation; and submission of the state to the rule of law. Most important of all in the context of modern constitutions, it has produced a system that responds to a political decision of society, adopted by the people, as a constituent power through a particular constituent assembly.

---

(204) M.C. WHEARE, *Modern Constitutions*, Oxford 1966, p. 1, 2.

In particular, the principle of separation of powers, with its distinction between legislative, governmental and administrative bodies and courts of justice, has been considered a necessary content of any constitution since the eighteenth century, except in socialist countries, because it is thought, in itself, to be the organic guarantee against abuse of power on the part of the state. We have only to remember the article 16 of the 1789 French Declaration of the Rights of Man and the Citizen, which reads as follows:

> Every society in which the guarantee of rights is not assured or the separation of powers not determined has no Constitution at all.(205)

As we have said, the first written constitution in modern times was the American Constitution of 1787, the United States being the first common law country to have parliamentary sovereignty replaced by the paramount law of a constitution given by the people, and its enforceable fundamental rights.(206) Indeed, the idea of a higher and fundamental law established as a social contract had also English origins and antecedents in the process of colonization.

The higher law background of the American Constitution,(207) can be traced back to the medieval doctrine of the supremacy of law, drawn from the pages of the works on the laws of England, by the greatest English medieval lawyer, Bracton (1569) mainly interpreted by Sir Edward Coke. This principle led to a reaction against the doctrine of the divine right of kings, based on the doctrine of divine origin of law upon which the basis of civil society is built, and on the principle that law is supreme above king and people equally.(208)

1. Historical Origins

Written constitutions of modern times, one can say, do not have their formal historical origins in the medieval charters, but particularly in the *Instrument of Government* (1653), considered to be the first written constitution in constitutional history.

Nevertheless, the remote antecedents of written constitutions can be found in the medieval formal pacts made between a prince and his vassals, or a prince and popular representation, which was subsequently taken as the expression of the will of the people.

Certainly, in the Middle Ages, these written agreements, which were called charters, were established between the Princes and their barons. The most famous of them is the *Magna Carta* of 1215. However, these documents were not constitutions in the modern sense of the word, although their legal nature has been interpreted in various ways. They have been termed laws, because they

---

(205) See in W. LAQUEUR and B. RUBIN, *The Human Rights Reader*, 1979, P. 120.

(206) A. LESTER, "Fundamental Rights: The United Kingdom Isolated", *Public Law*, 1984, p. 58.

(207) See in general, F. CORWIN, *"The Higher Law" Background of American Constitutional Law*, New York 1955

(208) T.F.T. PLUCKNETT, *A Concise History of the Common Law*, London 1956, p. 49.

were issued by the king and took the form of royal concessions, and as such, they have even been described as public law contracts. They have also been present throughout British history, acting either as a factor of real integration, or as the ideological content of competition between parties, or as a symbol of the parliamentary party. And as of the eighteenth century, they even symbolized the spirit of the constitution in its entirety.

Actually, the Magna Carta was the result of a resistance movement by the privileged barons against the crown policy during the reign of King John (1199-1216).[209] It was just one of the many general charters established between the prince and his barons, guaranteeing them privileges in exchange for certain commitments on their part, which were created in feudal times.

Consequently, none of the distinctions belonging to modern constitutional law can be applied to medieval relations. The Magna Carta was a *stabilimentum*, that is to say, an agreement or stipulation lacking any precise sense of political law. The fact that it was in writing is no argument in favour of a constitution, and its very name, Magna Carta, is not explained historically by the fact that it contained a fundamental law in the sense of modern constitutions; it was a popular description to distinguish it from the *Carta Foresta* or Chart of the Forest of 1217 relating to hunting rights.[210]

The original name of the Magna Carta was *Cartam Libertatis* or *Carta Baronum*. It was only centuries later, during the Revolution, with Parliament's struggle against the absolutism of the Stuarts, that the modern sense was attributed to it, making it the origin of a Liberal constitution. But as Carl Smith has pointed out, it would be a historical error to see, even if only by approximation, anything in it analogous to a modern liberal or democratic constitution.[211] Nevertheless, in medieval times, it was considered to be an unalterable, fundamental and perpetual[212] part of the enacted law, and was confirmed by different kings more than thirty times thus being an important part of the progress of common laws.[213]

In the same English context, the first example of a modern written constitution is undoubtedly the *Instrument of Government* 1653, which was the result of the only real break that had occurred in English constitutional history and its political continuity.[214]

In effect, the Great Civil War, which started in 1642 and divided the country into Parliamentarians and Royalists, can be thought of as the final step in the long struggle between the parliament and the king. With its religious, economic and political causes and mutual accusations of breaking and subverting the

(209) See in general, I. JENNINGS, *Magna Carta*, London 1965, p. 9.
(210) W. HOLDSWORTH, *A History of English Law*, Vol. II, 1971, p. 207, 219.
(211) C. SCHMIDT, *'Teoría de la Constitución* (Spanish ed), México 1961, p. 52-53.
(212) Ch. H. MCILWAIN, *The High Court of Parliament and its Supremacy*, Yale 1910, p. 64-65.
(213) W. HOLDSWORTH, *op. cit.*, Vol. II, p. 219.
(214) M.C. WHEARE, *Modern Constitutions*, Oxford 1966, p. 9. *Cf.* J.D.B. MITCHELL, *Constitutional Law*, Edinburgh 1968, p. 27.

fundamental law,[(215)] it brought about the execution of King Charles I, the destruction of the whole system of central government and the assumption of the government of the country by the Long Parliament (1649-1660).

Charles I went on trial and was executed in January 1649, and soon afterwards the monarchy and the House of Lords were abolished and England was named a Commonwealth or free state, under the control of the Army and of Oliver Cromwell.[(216)] Parliament carried out the wishes of the army, except when setting a limit on its own powers and its own existence. After long and futile negotiations, Cromwell finally dissolved Parliament by force in 1653. To take its place, he invited a number of proven Puritans to form an Assembly of Saints that shortly afterwards resigned their powers, and gave back their authority to Cromwell. Then the Council of army officers produced a written constitution for the government, known as the Instrument of Government 1653,[(217)] which shows all the features of a constitution as we understand it today.

The Instrument of Government made Oliver Cromwell "Lord Protector" of the Commonwealth of England, Scotland and Ireland, which he had united under one government. It conferred executive powers upon the Protector assisted by a Council of State containing both civilian and military members conceived as a body independent of both Protector and Parliament, that was to be elected including representatives of Scotland, Ireland and England.[(218)] However, when the Parliament met, not all its members accepted the "fundamentals" of the Protectorate Government and refused to accept the constitution under which it was assembled. Eventually it was dissolved mainly because it attempted to deprive Cromwell of sole control over the army; and Cromwell again found himself obliged to rule by means of the army.[(219)] This happened again and again until his death in 1658. As Sir William Holdsworth said of Cromwell: "He was the only man who could control the army, and consequently the only man who could have any chance of establishing civil, as opposed to, military government."[(220)] Therefore, King Charles II was restored soon afterwards by a new Parliament under the terms of the Declaration of Breda 1660, which contained four principles or conditions: a general amnesty, liberty of conscience, security of property and payments of arrears to the army.[(221)] This Declaration was, indeed, not a constitution in the sense of the Instrument of Government, because in fact the Restoration meant a return to the old form of government, and no constitution was needed to that end. As K.C. Wheare said:

> Those who speak of an unbroken line of development in the history of English government... have a good deal of truth on their side. There was a break and an attempt to make a fresh start with a Constitution, but it failed, and the former order was restored.[(222)]

---

(215) M. ASHLEY, *England in the Seventeenth Century*, London 1967, p. 76, 79, 80, 82.
(216) *Cf.* W. HOLDSWORTH, *op. cit.*, Vol. VI, p. 146; M. ASHLEY, *op. cit.*, p. 91-92.
(217) W. HOLDSWORTH, *op. cit.*, p. 146; M. ASHLEY, *op. cit*, p. 106.
(218) W. HOLDSWORTH, *op. cit.*, p. 154-155.
(219) W. HOLDSWORTH, *op. cit.*, p. 147; M. ASHLEY, *op. cit.*, p. 102.
(220) W. HOLDSWORTH, *op. cit.*, p. 148.
(221) *Ibid*, p. 165.
(222) K.C. WHEARE, *op. cit.*, p. 10.

As we have said, the Instrument of Government (1653) and its modifications mainly through the Humble Petition and Advice[223] has been unanimously considered as the first written constitution in constitutional history of modern times. The immediate purpose of it was to establish a permanent and inviolable rule vis-à-vis the changing majority resolutions of Parliament. In all governments, Cromwell said, something fundamental is required, something like a Great Charter which is permanent and invariable, or if you wish, absolutely invulnerable. For example, the stipulation that Parliament can never declare itself to be a permanent corporation was, in Cromwell's opinion, one such fundamental principle.[224]

Thus, historically speaking, one can say that the idea of a constitution arose out of the need to formally determine the composition or fundamental functions of the instruments of government. It is generally a sign of order, following institutional chaos created by a great political or social revolution, when a nation is liberated from a foreign conqueror, or when a nation is formed by the merging of small political units. It is on such occasions of historical and political decisions to reorganize or create a state that constitutions have come into being.

As Jennings has pointed out, that need arose in England in 1653, when the Parliament, having created an army to destroy the king, was destroyed by its own creation.[225] In this sense, the *Instrument of Government, which* made Cromwell *Lord Protector* and established a new legislature, was the first and only example of a written constitution in England. It only remained in force for a few years, and almost survived Cromwell himself.

However, this constitution anticipated many of the constitutional developments of the nineteenth and twentieth centuries. As Sir William Holdsworth pointed out, this Instrument of Government and its immediate modifications:

> Were the first attempt that Englishmen had made to construct a written constitution, and therefore they raised for the first time all the problems connected with its construction. Thus we get the idea of a separation of powers as a safeguard against the tyranny both of a single person and a representative assembly; the idea of stating certain fundamental rights of the subject; and the idea of rendering these rights permanent, by denying validity to any legislation which attempted to affect them..[226]

In any case, with that sole exception, England has never had a written constitution, which, I insist, does not mean that it has no constitution. The institutions required for the performance of various functions of the modern legal state have been set up in the United Kingdom, in keeping with political needs and following a permanent process of invention, reform and transformation. Hence Jennings' statement:

> If a Constitution consists of institutions and not of the paper that describes them, the British Constitution has not been made, but has grown, and there is no paper.[227]

---

(223) W. HOLDSWORTH, *op. cit.*, p. 157.
(224) Quoted by C. SCHMIDT, *op. cit.*, p. 45.
(225) I. JENNINGS, *The Law and the Constitution*, London 1972, p. 7.
(226) W. HOLDSWORTH, *op. cit.*, p. 157.
(227) I. JENNINGS, *op. cit.*, p. 8.

2. The American Constitution (1787)

The modern practice of written constitutions actually began in the United States of America when the colonies separated from England, declaring themselves independent States (1776) and formulating their constitutions in writing. A Continental Congress in 1776 even invited all the colonies of the Union to draw up their own constitutions, as a political decision of the people.[(228)]

The movement towards independence from England began in the United States long before independence was finally declared in 1776, and the independent spirit developed through the colonial assemblies, which had grown in power and influence during the first half of the eighteenth century, by resolving many of the colonists' problems at local level.[(229)] This assembly spirit was undoubtedly one of the main factors in the independent process. That is why the Declaration and Resolves of the First Continental Congress, 14 October 1774, bearing in mind that "assemblies have been frequently dissolved, contrary to the rights of the people, when they attempted to deliberate on grievances, resolved that 'the inhabitants of the English colonies in North America, by the immutable laws of nature, the principles of the English constitution, and the several charters or compacts", had their own rights, among which was:

> A right peaceably to assemble, to consider their grievances, and petition the king; and that all prosecutions, prohibitory proclamations, and commitments for the same, are illegal.[(230)]

Therefore, the process of separation of the English colonies in America from the mother country took place on the basis of two fundamental elements: the process towards independence of each one of the colonies, through their own representative governments; and the process towards the unity of the colonies, through the continental congresses. According to what was said by one of its principal protagonists, John Adams, "The Revolution and the Union developed gradually from 1770 to 1776."[(231)]

During that period, it was initially a process of intercolonial agreements designed to establish economic boycotts in resistance to the tax pretensions of England. In this context, the first joint meeting of historical and constitutional significance between these colonies was the New York Congress of 1765, which met to demonstrate the colonies' rejection of the Stamp Act passed by the English Parliament on 22 March 1765. This Act placed stamp duties on all legal documents, newspaper pamphlets, college degrees, almanacs, liquor licences and playing cards, and aroused hostility that spread in the colonies.

---

(228) A.C. McLaughlin, *A Constitutional History of the United States*, New York 1936, p. 106-109.

(229) R.L. Perry, (ed.), *Sources of our Liberties. Documentary Origin of Individual Liberties in the United States Constitution and Rights*, 1952, p. 261

(230) *Idem*, p. 287, 288.

(231) Quoted by M. García-Pelayo, *Derecho constitucional comparado*, Madrid 1957, p. 325.

Besides the social and economic causes of this rejection, the political reaction was based on the cry "no taxation without representation." Thus the 3rd, 4th and 5th rights declared in the Resolutions of the Stamp Act Congress 19 October 1765 stated:

> 3rd That it is inseparably essential to the freedom of a people, and the undoubted rights of Englishmen, that no taxes should be imposed on them, but with their own consent, given personally, or by their representatives.
>
> 4th. That the people of these colonies are not, and from their local circumstances, cannot be represented in the House of Commons in Great Britain.
>
> 5th. That the only representatives of the people of these colonies, are persons chosen therein by themselves; and that no taxes ever have been, or can be constitutionally imposed on them, by their respective legislatures.(232)

In this Congress although a "due subordination to that august body, the Parliament of Great Britain", was declared, its representative character was questioned on the grounds that the taxes established in the Stamp Act had not been approved by the Colonial Assemblies. England annulled the Stamp Act, but imposed a series of customs duties on colonial products.

By 1774, it had become clear that the problems of individual colonies were really the problems of them all, and that brought about the need of united action by the Colonies, with the result that Virginia proposed that an annual Congress be held to discuss the joint interests of America. Thus, in 1774 the First Continental Congress met in Philadelphia with representatives from all the colonies, except Georgia.

The main political element discussed in the congress was the authority the colonies should concede to the Parliament, and on what grounds: either the law of nature, the British Constitution or the American charters.(233) It was decided that the law of nature should be recognized as one of the foundations of the rights of the colonies, and therefore not only the common law. Thus the Congress declared, as a Right of the inhabitants of the English Colonies in North America, in the same sense of the Resolutions of the Stamp Act Congress:

> That the foundation of English Liberty, and of all free government, is a right in the people to participate in their legislative council; and as the English colonists are not represented, and from their local and other circumstances, cannot properly be represented in the British Parliament, they are entitled to a free and exclusive power of legislation in their several provincial legislatures, where their rights of representation can alone be preserved in all cases of taxation and internal polity, subject only to the negative of their sovereign, in such manner as has been heretofore used and accustomed...(234)

Thus, in these resolutions, loyalty to the king was maintained, but the parliament was denied competence to impose taxes on the colonies.

---

(232) R.L. PERRY (ed.), *op. cit.*, p. 270.

(233) Ch. F. ADAMS (ed.) *The Works of John Adams*, Boston 1850, II, p. 374 quoted by R.L. PERRY, *op. cit.*, p. 275.

(234) R.L. PERRY (ed.), *op. cit.*, p. 287.

As a result of this Congress, economic war was declared with the suspension of imports and exports to England. The economic war rapidly became a military one and the Congress met again in Philadelphia and adopted the "Declaration of the Causes and Necessity of Taking up Arms" of 6 July 1775, as a reaction against the "enormous", and "unlimited power" of the Parliament of Great Britain. Therefore, the American Revolution can be considered a revolution against the sovereignty of the English Parliament.

One year later, the second continental Congress, in its session of 2 July 1776, adopted a proposition whereby the colonies declared themselves free and independent:

> That these United Colonies are, and of right, ought to be, Free and Independent States; that they are absolved from all allegiance to the British Crown, and that all political connexion between them, and the state of Great Britain, is, and ought to be, totally dissolved.(235)

The Congress agreed to draw up a declaration proclaiming to the world the reasons for the separation from its mother country, and on the 4th July, the Declaration of Independence was adopted, in formal ratification of the act already executed.

This document is of universal historical interest, for it was the first time that juridical-political-rationalist legitimacy had made its appearance openly in history. There was no longer the recourse to common law, nor to the rights of Englishmen, but exclusively to God and to the laws of nature. There was no longer the recourse to the Bill of Rights, but to self-evident truths, namely:

> That all men are created equal; that they are endowed, by the Creator, with certain unalienable rights; that among these are life, liberty, and the pursuit of happiness. That to secure these rights, Governments are instituted among men, deriving their just powers from the consent of the governed; that whenever any form of government becomes destructive of these ends, it is the right of the people to alter or to abolish it, and to institute a new government, laying its foundation on such principles and organizing the powers in such form, as to them shall most likely effect their safety and happiness.(236)

Consequently, anything, which was not rationally adapted to the objectives established, was unjustified and illegitimate, and, the state was also organized in the most adequate way to achieve the said objectives.

Apart from the importance of this document for the United States, it is undoubtedly also of universal significance: its basic premise, as a syllogism, is constituted by all those acts of the crown which, according to Locke, define tyranny, and the conclusion of the syllogism is obvious: by violating the pact uniting him to his American subjects, the king had lost all claim to their loyalty, and consequently, the colonies became independent states.

Obviously, once the colonies had acquired their independence, they had to regulate their own political organization. Moreover, after the king's proclamation

(235) *Idem*, p. 317.
(236) *Idem*, p. 319.

of rebellion on 23 August 1775, the Congress just before the Declaration of Independence urged all colonies to form separate governments for the exercise of all authority. It resolved:

> That it be recommended to the respective assemblies and conventions of the United Colonies, where no government sufficient to the exigencies of their affairs has been hitherto established, to adopt such government as mall, in the opinion of the representatives of the people, best conduce to the happiness and safety of their constituents in particular and America in general.(237)

Thus, the Bill of Rights and the Constitution or Form of Government of Virginia were adopted on 12 June 1776, and the other Constitutions of the States were adopted after the Declaration of Independence until 1787.

These colonial constitutions were of fundamental importance both for constitutional history in general and for the history of the United States itself, since they undoubtedly represented the triumph of the rational normative concept of the constitution, which could already be glimpsed in the Declaration of Independence. Furthermore, there were written systematic and coded constitutions, many of which were preceded by a table of rights inherent in human beings. In accordance with that table of rights the organic part of the constitution was set, adopting, naturally, as a fundamental principle the division of powers, which also made its entry for the first time in constitutional history with the principle of the sovereignty of the law.

Therefore, the rational normative concept of the constitution, with its table of rights, its division of powers, its sovereignty of the law, its distinction between constituent and constituted power, and its division of the constitution into a dogmatic and organic part, comes from America and its colonial constitutions, from where it proceeded to Europe, to the French Declaration of 1789, and through it, to modern constitutional law.

The idea of a Confederation or Union of Colonies was also formulated at the same time as the Declaration of Independence, thereby satisfying the need for a political union mainly derived out of the conduct of the war. Hence the adoption by the Congress, on 15th November 1777, of the "Articles of Confederation " is considered to be the First constitution.(238) It established a confederation and perpetual union between the States, the aim of which was the "common defence, the security of their Liberties and their mutual and general welfare"(239) in a system in which each state retained "its sovereignty, freedom and independence"(240) and any power, jurisdiction and right not expressly delegated to the United States in Congress.

The result was that the sole body of the Confederation was the Congress, in which each state had a vote. Consequently, the Confederation lacked direct

(237) *Idem*, p. 318. A.C. McLaughlin, *op. cit.*, p. 107-108.

(238) R.B. Morris, "Creating and Ratifying the Constitution", *National Forum. Towards the Bicentennial of the Constitution*, fall 1984, p. 9.

(239) A.C. McLaughlin, *op. cit.*, p. 131.

(240) *Idem*, p. 137; R.L. Perry, (ed.), *op. cit.*, p. 399.

taxation power, depended economically on the contributions of the States, had no executive body and only an embryonic form of judicial organization. Despite its weakness, the Confederation succeeded in carrying on the war for 7 years until it won. Following the victory, the precariousness of the Confederation made it necessary to establish a greater power to achieve national integration and a Federal Convention was called to meet, "for the sole and express purpose of revising the articles of Confederation."(241)

This led in 1787 to the adoption by the Congress of the Constitution of the United States that was the result of a series of general compromises(242) between the political and social components of the independent colonies, of which the following are the most outstanding:

In the first place, the compromise between Federalists and Antifederalists, which provided the Union the necessary competences for its existence, while maintaining the autonomy of the Federate States. From this compromise emerged the form of the Federal state,(243) which appeared for the first time in constitutional history as a political organization of States, through a system of political decentralization or vertical separation of powers. This compromise was one of the main contributions of the North American Constitution to modern constitutional law.

The second great compromise reflected in the constitution was, as a result of a long brewing confrontation, the compromise between large and small States of the Union regarding representation. That is to say, between a Congress in which the States would be represented in proportion to their population and a Congress with a confederate type of representation. The result was a bicameral system in which the House of Representatives was to be made up of a number of deputies proportional to the population of each state, whereas the Senate would comprise two representatives per state, regardless of its size, thus providing equality among the states.(244)

In relation to the latter, the third compromise of the Constitution was that between the North and the South, that is to say, the compromise between free states and pro-slavery states, according to which the slave population was estimated at three fifths in relation to the white population for the purposes of determining the population of each state, both for the appointment of representatives and for tax purposes.

The great slavery issue was also to produce a fourth compromise concerning the question of import and export duties and, therefore, on the import of slaves or its abolition. The middle ground solution led to the adoption of a clause impeding

(241) R.L. Perry (ed.), *op. cit.*, p. 401.
(242) M. García-Pelayo, *op. cit.*, p. 336-337.
(243) R.B. Morris, *loc. cit.*, p. 12, 13; M. García-Pelayo, *op. cit.*, p. 336; A.C. McLaughlin, *op. cit.*, p. 163.
(244) M. García-Pelayo, *op. cit.*, p. 336; R.B. Morris, *loc. cit.*, p. 10; A.C. McLaughlin, *op. cit.*, p. 179.

the Congress from making any decision prohibiting slave importation for twenty years, until the year 1808.[245]

The fifth compromise that we can identify in the American Constitution is that between democracy and the interests of the ruling classes, to avoid despotism when voting. Thus, limited mechanisms for voting were established, based on private property, as well as a mechanism for direct election of representatives to the House of Representatives as established by each state, and indirect election to the Senate.

The last and final compromise reflected in the constitution was the establishments of a system of separation of powers at federal level, thus, a check and balance system. Therefore, in addition to the legislative body, a strong presidency was provided for, to be occupied by a President elected for four years, by means of a system of indirect suffrage; and a Supreme Court was created, made up of judges elected for life by the two bodies furthest from the masses, the president and the Senate, being granted power to declare the unconstitutionality of acts issued by the other powers against the constitution. Separation of powers and judicial review of the constitutionality of legislative acts are another two main contributions of the American constitution to modern constitutional law.

In addition to these compromises of the constitution of the United States, we must turn our attention to another two main contributions of America to constitutional law: First, constitutionalism itself, in the sense of the adoption of all those compromises of forms of government in a written constitution as fundamental law, and second republicanism, as an ideology of the people against monarchy and hereditary aristocracies,[246] based on political representation.

Eighteenth century Americans decided upon revolution to repudiate royal authority and to erect a republic in its place. Thus, Republicanism and to become republican was what the American Revolution had been about. That is why "the people" who then became the sovereign in constitutional history gave the constitution.

The constitution adopted in 1787, however, was conceived basically as an organic document, regulating the separation of powers within the organs of the new state, both horizontally and vertically among the legislative, the executive and judicial powers and between the states and the United States in accordance with the federal System.

In spite of the colonial antecedents, and of the proposals made in the Convention, it did not contain a Bill of Rights, except the right to representative government. The protests of the opponents of the new Federal system, led particularly by the antifederalits, during the ratification process brought about the adoption of the First Ten Amendments to the Constitution, on the 15th December 1791, containing the American Bill of Rights.[247]

---

(245) R.B. MORRIS, *loc. cit.*, p. 11; A.C. MCLAUGHLIN, *op. cit.*, p. 185.

(246) G.S. WOOD, "The Intelectual Origins of the American Constitution", *National Forum*, *cit.*, Fall 1984, p. 5.

(247) See the text in R.L. PERRY (ed.), *op. cit.*, pp. 432-433.

3. The French Constitution (1791)

After the American Revolution, the constitutionalization of the Legal state was followed by the French Revolution 1789 and the adoption of the third constitution in the world, the French one dated 3 September 1791, the Polish Constitution promulgated on the 3rd May of the same year, 1791, being the second.(248)

Two years after the approval of the American Constitution and thirteen years after the Declaration of Independence of the United States, the French Revolution (1789) developed into a social revolution aimed at liquidating the *Ancient Regime*, represented by an absolute and personal monarchy.(249) The problem here, was not how to find a common denominator between thirteen independent states and build a new state from the remains of the English colonies as was the case in the American constitutional process, but rather, how to transform an over-centralized state constructed around the old French monarchy, where the state was the monarch (*L'Etat c'est Moi*), into a new form of state in which the people, through the concept of the nation, were to participate. A revolution was needed and its first result was the weakening of the monarchy itself.

After 14th July 1789, two main decisions were made by the French National Assembly: the abolition of seigniorial rights on 4th August and the Declaration of the Rights of Man and of the Citizen on 26th August, both in 1789. Two years later, the First French Constitution of 3rd September 1791 was adopted, which even though still a monarchical constitution, it conceived the king as a delegate of the nation and subject to the sovereignty of the Law. The fact was that from that process onwards, the state was no longer the king, as an absolute monarch, but the organized people in a Nation subject to a constitution.

The Constitution of 1791 adopted a structure which later proved to be classical for the development of modern constitutional law, and which has been witnessed in some of the American States' constitutions. This structure established a clear distinction between a dogmatic part, containing individual rights and the limits and obligations of the state power, and an organic part, establishing the structure, attributions and relations between the various state bodies.(250)

The Constitution began with the Declaration of the Rights of Man and of the Citizen, already adopted by the Assembly on 26th August and approved by the king on the 5th October 1789. This text was inspired by the Declarations of the American States recently emancipated from England, mainly the Virginia Bill of Rights (1776). However, this does not mean that the Declaration was not basically a French one, a pure work of rationalism, inspired directly by the thoughts of Rousseau and Montesquieu.(251)

---

(248) A.P. BLAUSTEIN, "The United States Constitution. A Model in Nation Building", *National Forum*, *cit.*, p. 15.

(249) A. DE TOCQUEVILLE, *The Old Regime and the Revolution* (L'Ancien Régime et la Revolution)

(250) M. GARCÍA-PELAYO, *op. cit.*, p. 463.

(251) J. RIVERO, *Les Libertes Publiques*, Vol. I, Paris 1973, p. 38-42.

This Declaration of Rights that preceded the constitution can be characterized by the following major features: In the first place, its content constituted a formal adhesion to the principles of natural law and to the "natural" rights with which Man is born, so that the Law simply recognizes or declares them, but does not establish them. Thus the declaration had a universal character. It was not a declaration of Frenchmen's rights but the acknowledgement by the revolutionaries, of the existence of the fundamental rights of man, for all time and for all States. That was why De Tocqueville compared the political revolution of 1789 with a religious revolution, by saying that in the fashion of great religions, the political revolution established general rules, and adopted a message that spread abroad. This important aspect of the Declaration is related to the fact that the rights declared were natural rights.(252)

Secondly, under Rousseau's influence, the Declaration was based on man's natural bounty, which implicitly rejected the idea of original sin, for as it stated:

> Ignorance, forgetfulness and contempt of the rights of Man are the sole causes of public misfortunes and of the corruption of governments.

Thirdly -and this is fundamental- from the legal and political point of view, the powers of the state were limited, inasmuch as it had to act within the limits imposed on it by such rights and consequently, under the sovereignty of the law, a principle which is established in the constitution.

Moreover, both the Declaration of Rights and the constitution itself were based on the affirmation of national sovereignty, introducing a concept which has been fundamental in French constitutional law, as it marked the beginning of a new basis for the legitimization of state power, as opposed to the monarchical legitimacy of the past, as well as a new assumption for the reorganisation of state bodies.

In the French Constitution, the idea of the nation emerged for the purpose of depriving the king of his sovereignty; but as sovereignty existed only in a person who exercised it, the concept of the nation emerged, as a personification of the people. To use Berthelémy's words:

> There was a sovereign person who was the King. Another sovereign person had to be found to oppose him. The men of the Revolution have found that sovereign person in a moral person: the Nation. They have taken the Crown away from the King and have placed it on the head of the Nation.(253)

But the nation in revolutionary theory was identified with what Sièyes called the "Third Estate." The Third Estate in the revolutionary States-General, compared to the other two "estates" (the nobility and the clergy), was the lower state or the nation as a whole. *Quest-ce que le Tièrs?* Was the question posed by

---

(252) A. DE TOCQUEVILLE, *op. cit.*, quoted by Y. MADIOT, *Droits de l'Homme et Libertes Publiques*, Paris 1976, p. 46.

(253) BERTHELEMY-DUEZ, *Traité elémentaire de droit constitutionnel*, Paris 1933, p. 74, quoted by M. GARCIA-PELAYO, *op. cit.*, p. 461.

Sièyes in his book, and the answer he gave was "all", "all the nation."[(254)] The privileged strata was excluded from the concept of the nation, confined then to the bourgeoisie.

The bourgeoisie, as stated by Sièyes, sought the "modest intention of having in the States General or Assembly an influence equal to that of the privileged",[(255)] but the real situation, and particularly because of its economic power and the reaction against privileges, led the bourgeoisie to obtain power, through the French Revolution, with popular support.[(256)] The French a Revolution, therefore has been considered a Revolution of the bourgeoisie, for the bourgeoisie and by the bourgeoisie,[(257)] and was basically an instrument against privileges and discrimination and for seeking equality of all men in the enjoyment of their rights. Thus the Declaration of Rights of Man and of Citizen was qualified as being "the ideological expression of the triumph of the bourgeoisie."[(258)]

Anyway, sovereignty was in the Nation, as the Declaration of Rights expressly established:

> The source of all sovereignty is essentially in the nation; no body, no individual can exercise authority that does not proceed from it in plain terms.[(259)]

Therefore, after the Revolution, the basis of public authority in France ceased to be the divine right of the personal monarch, and started to be the sovereignty of the nation (*souveraineté nationale*), that was not to be exercised directly by the nation, but through its representatives.[(260)]

Thus, the French constitution was also a representative constitution, since the nation exercised its power through representatives, and it is precisely in the structure of representation that the social significance of the Revolution was specifically reflected, because, in accordance with the system of suffrage which was established, a large number of citizens was excluded from electoral activity.[(261)]

Moreover, the French constitution established another principle of modern public law, which is particularly developed in France and which is summarized in

---

(254) E. SIEYES, "*Quést-ce que le tièrs Etat?*" (Ed. R. ZAPPETI), Genève 1970, p. 121.

(255) *Idem*, p. 135.

(256) "The people -the not privileged- of course where the ones that supported the Third State, that is to say, the bourgeoisie, because they did not have other alternative, in the sense that they could not support the nobility or the clergy, who represented the privileges." G. DE RUGGIERO *The History of the European Liberalism*, Boston 1967, p. 74.

(257) G. DE RUGGIERO, *op. cit.*, p. 75, 77.

(258) J.L. ARANGUREN, *Ética y política*, Madrid 1963, p. 293, 297, quoted by E. DÍAZ, *Estado de derecho y sociedad democrática*, Madrid 1966, p. 80.

(259) Art. 3.

(260) Although ROUSSEAU considered representative regime incompatible with the principle of national sovereignty: "Sovereignty consists in the general will and the general will cannot be represented; deputies of the people are only commissioners; they can decide nothing definitely." *Contract Social*, 3, 15, quoted by J. BRISSAUD, *A History of French Public Law*, London 1915, p. 546.

(261) Under the influence of Sièyes, the Constitution established two categories of citizens: active citizens and passive citizens. G. LEPOINTE, *Histoire des institutions du droit public français au XIX Siècle.1789-1914*, Paris 1953, p. 44.

the following statements: "There is no authority in France superior to that of the law"[(262)] and the law was considered to be "the expression of the general will."

This is an affirmation of the legal state and of the idea that it is not men who command, but laws. Hence the state bodies could demand obedience only insofar as they are an expression of the law, to the extent, said the constitution, that the king himself "only reigns by law, and it is only in the name of the law that he can demand obedience."[(263)]

The first constitution of France of 1791, despite of the Revolution, continued to establish a monarchical government: the exercise of the executive power and a share, though very limited, of the legislative power was conferred upon the king. But he was nothing more than the chief public functionary; he was considered a delegate of the nation, subject to the sovereignty of the law. Consequently, the monarch became a state body for the first time, and the ancient institution of divine right became a body of positive law. The king became king of the French people instead of king of France.[(264)]

Finally, the constitution also established a system of strict separation of powers, in accordance with what was stated in the Declaration of Rights of Man and the Citizen, in the sense that:

> Any society in which the separation of power is not determined has no constitution at all.[(265)]

However, in the French system of separation of powers a clear predominance of the legislative power was shown. Thus, the king neither convened, nor suspended, or dissolved the assembly; he had the power of veto, but only for suspension, and could not take any initiative, although he could invite the legislative body to take something into account.

The assembly, for its part, had no control over the executive, since the king's person was sacred and inviolable; ministers were only subject to penal responsibility. However, the assembly had important executive attributions such as the appointment of principal officials, the surveillance of departmental administration, the declaration of war, the ratification of treaties, etc.[(266)]

In Europe, therefore, since the French Revolution in 1789 and the 1791 constitution, constitutions during last century were generally the result of Revolutions, establishing the fundamental scheme of the *Etat de droit* with fundamental rights and division of powers, and with an additional characteristic, namely that the state was organized from a negative standpoint vis-à-vis its own powers, that means keeping in mind the protection of the citizens against the abuse of state power. Consequently, the ways and means of control over the state were even more organized than the state itself.

---

(262) "Il n'y a point en France d'autorite superieur a celle de la loi." M. GARCÍA-PELAYO, *op, cit.*, p. 465-466.

(263) Art. 4, Chap II, Sec. 1.

(264) G. LEPOINTE, *op. cit.*, p. 44.

(265) Art. 16.

(266) G. LEPOINTE, *op. cit.*, p. 45, 49.

In this process of constitutionalization of the *Etat de droit*, the principle of constitutional rigidity was also established, in the sense that the constitution was really fundamental. It was a fundamental law, which could not be modified by ordinary legislation, requiring special procedures for its amendment. This gave rise to the development of the theory of constituent power. In the French example, this presupposed that the people were an existential political entity. As a result of the Revolution, the people became the subject of constituent power, became aware of their political capacity of action and provided themselves with a constitution, based on the assumption, clearly stated, of their political unity and capacity of action.

The constitution was then the fundamental law of the state, and was not to be modified easily. Thus, the distinction between the constituent power of the people and the legislative power was developed, and consequently the distinction between constitutional acts (*lois constitutionelles*) and ordinary laws. The Nation always retained the right to change its constitution, but this could only be done following the means, which had been prescribed in the constitution itself. Nevertheless this did not prevent changes in the constitution and because of the revolutionary struggles, four constitutions were adopted in the eleven years between 1789 and 1800: that of 3-14 September 1791; 24th June 1793; 5 *Fructidor*, year III (1795); and that of 22nd *Frimaire*, year VIII (1800).

Any way, the significance of the French Revolution lies in the fact that it led to the establishment of an *Etat de droit*, in the sense that it produced a constitution which limited and controlled the exercise of state power, thereby endowing the modern state with a new political character. In this system, the nation, as subject of the constituent power, confronted the absolute monarch, eliminated his absolutism and completely took his place, which actually led to an increase in the power of the state itself.

Naturally, the American model exerted considerable influence in this respect: the Declaration of Independence of 1776 and the American Constitution of 1787 itself, were also the result of the decision adopted by the people of the United States, although, in the case of the United States, it was not a matter of transforming a state already in existence, as was the case in France, but rather a question of the constitution of a new political formation, the act of providing a constitution to accompany the political foundation of a new state.

4. The Inspiration of France and America and the Latin American Constitutionalism

After the American and French revolutions aimed at creating a republican federal state in the American case or to transform an absolute monarchical state into a republican state in the French case, the constitutionalization of the legal state in their respective constitutions at the end of the eighteenth century was followed all over the world, mainly in Latin America and Europe during the nineteenth century.

In Europe, the French constitution of 1795 particularly inspired the Spanish constitution of Cadiz 1812 and the Norwegian constitution of 1814,(267) but in Latin American countries, being colonies of Spain and Portugal, the influence of the American and French revolutions and constitutionalism was immediate and definitive. We will refer only to one of the Latin American countries, Venezuela, not only because it is our own country, but also because it was the first Latin American country to gain independence from Spain, the third country in the world whose Declaration of Rights of the People was approved by an elected Congress, and where the first of the Latin American constitutions was sanctioned in 1811.

In effect, one of the first reactions against the Spanish monarchy inspired by the French Revolution, was the so-called *San Blas* conspiracy in Madrid, intended to take place on the 3rd February 1796. It ended before it began; the conspirators were detained the day before, went on trial and a few of them deported to the colonies for life imprisonment. The principal conspirators, including Juan Bautista Picornell, were sent to Venezuela, where they managed to get in touch with local conspirators, and in 1797 they developed what has been called the conspiracy of Gual y España, named after the two main participants: Manuel Gual and Jose María España.

Even though the conspiracy failed, it remained as the most serious attempt at liberation in all Latin America, and also produced one of the most important documents that inspired the subsequent constitutionalization process in our countries.

The conspirators published a booklet entitled Rights of Man and Citizens, in 1797 with an "address to the Americans", that in fact was a translation of the French Declaration of Rights of Man and the Citizen contained in the 1795 French Constitution.(268)

The importance of this document was that it inspired the Declaration of Rights of the People, approved by the first Venezuelan Congress four days before the Declaration of Independence was proclaimed on 5th July 1811, which at the same time was inspired by the American Declaration of Independence.

Therefore, Latin America received the direct influence of both revolutions, the American and the French and altogether at the beginning of its constitutionalization process, of the French Declaration of Rights of Man and Citizens and of the American Declaration of Independence. Subsequently, the first of the Latin-American Constitutions, the Federal Constitution of the States of Venezuela of 21st December 1811, followed not only all the general trends of the constitutionalization process of the *Etat de droit* existing at the time(269) but also the fundamental ideas of Hobbes, Bodin, Locke, Montesquieu and Rousseau, all reflected in the articles of the constitution.

---

(267) J.A. HAWGOOD, *Modern Constitutions since 1787*, London 1939, p. 51.

(268) P. GRASES (ed.), *Derechos del hombre y del ciudadano*, Caracas 1959, p. 105-121.

(269) See the texts in A.R. BREWER-CARÍAS, *Las Constituciones de Venezuela*, Madrid 1985.

In effect, the constitution firstly followed the formal shape of the French, containing 228 articles, much more than the few articles in the American constitution. It was also conceived in the way constitutions were afterwards developed, with both a dogmatic and an organic part. The dogmatic part contained a declaration of "The Rights of lean that are recognized and that are to be respected in the state" in 58 articles much more than the French model. The organic part established the fundamental framework of the state and its organs, in 140 articles.

Secondly, the constitution was adopted by the "people of the States of Venezuela, using our sovereignty", following the general trend of the American and French process in relation to the concept of national sovereignty and representation. The article 144 of the constitution, in this respect established:

> 144. The sovereignty of a country or supreme power to govern or direct community interests equitably essentially and originally lays in the general mass of its inhabitants, and is exercised by means of agents or representatives appointed and established in accordance with the Constitution.

Thus, continued article 145 and 146:

> 145. No individual, no family or portion or group of citizens, no particular corporation, no village, city or county can confer upon itself national sovereignty, which is inalienable and indivisible, in essence and origin. Neither may any individual exercise governmental public functions unless it has been obtained by the Constitution.
>
> 147. Magistrates and officials of Government, invested with any kind of authority whether in the Legislative, Executive or Judicial Departments, consequently are simple agents and representatives of the people in their functions and are always responsible to the inhabitants for their public conduct through legal and constitutional means.

Thirdly, the constitution was conceived as a manifestation of the social contract according to Locke's and Rousseau's concepts, to protect the rights of the people once renounced to the natural condition of man. In this sense, the articles 141 and 142 stated:

> 141. Once men have set themselves up in a Society, they renounce that unlimited and licentious liberty in which their passions easily led them to indulge, passions characteristic only of the wild state. The establishment of a society presupposes the renouncement of those ill-fated rights, the acquisition of other sweeter and more pacific rights and subjection to certain mutual duties.
>
> 142. The social pact assures each individual the enjoyment and possession of his goods, without prejudice to the right of others to have theirs.

The articles 151 and 152 also stated:

> 151. The aim of society is the common happiness, and governments have been instituted to make man secure, protecting his physical and mental faculties, improving the sphere of his enjoyment and to produce the honest and equitable exercise of his rights.
>
> 152. These rights are liberty, equality, property and security.

Fourthly, the supremacy of law was formally declared in accordance with Rousseau's concept as the expression of the general will, and secured by sanctioning illegal acts as tyrannical. In this respect, the articles 149 and 150 stated:

> 149. The law is the free expression of the general will or of the majority of the citizens, indicated by the body of its representatives legally constituted. The law is founded on justice and on the common needs and must protect public and individual liberty against any oppression or violence.
>
> 150. Those acts committed against any person which do not fall within the cases and forms determined by the law, are iniquitous, and when they involve the usurpation of constitutional authority or the liberty of the people, they shall be considered to be tyrannical.

Fifthly, the constitution adopted the principle of separation of powers in accordance with Montesquieu's thoughts.

In the preamble to the constitution, when establishing the basis of the federal pact, it was stated:

> The various functions of the authority entrusted to the Confederation shall never be performed together. The Sovereign Power must be divided into Legislative, Executive and Judicial power, and entrusted to different bodies, independent both reciprocally and in their respective faculties.

Furthermore, article 189 stressed that:

> The three essential government departments, namely the Legislature, the Executive and the Judiciary must be as separate and mutually independent as is required by the nature of a free government or as is in keeping with the links which bind together the system of the Constitution in indissoluble friendship and unity.

Finally, the Venezuelan Constitution of 1811 adopted the federal form of the state following the American model, as a mean to unite several former colonial provinces that were highly decentralized in the Spanish system of colonial government. The federal scheme adopted in the United States was then the ideal system to be adopted in the now independent state, in which the provinces, kept their "sovereignty, liberty and independence" in all matters not assigned by the Federal Pact to the general authority of the Confederation.

But in fact, the federal form adopted in the organisation, establishing a weakened power in the federal government, undoubtedly provoked the crisis of the First Republic and the beginning of a ten-year war of independence. The crisis was also provoked by the absence of a unipersonal executive, because originally our country had a collective triunviral executive.

Simon Bolivar, in whose honour the Simon Bolivar Chair of this University is named, criticised the adoption of the federal form of the state in the first constitution and attributed the absence of political stability and continuity, mainly facing the counter offensive of the Spanish Empire, to the weakened and powerless republic that resulted from it. In 1815, in effect, he said:

> In the same way that Venezuela has been the American Republic that has made most progress in its political institutions, it has also been the clearest example of the inefficiency of the federal-democratic form for our nascent states.(270)

Four years later, in 1819, on the same matter, he insisted:

---

(270) S. BOLÍVAR, "Carta de Jamaica" (1815), in *Escritos Fundamentales*, Caracas 1982, p. 97.

> The more I admire the excellencies of the Federal Constitution of Venezuela, the more I am persuaded of the impossibility of its application to our state and from my point of view it is a prodigy that whose model in the North part of America be still in force, so prosperily...(271)

Bolívar qualified the North American federal constitution as the most perfect at the time, but blamed the 1811 Venezuelan legislators for being:

> Seduced by the dazzling shine of happiness of the American people, thinking that the blessings they enjoy are the exclusive result of its form of government and not of the character and customs of its citizens. And in effect, the example of the United States because its prosperity, was too flattering so as not to be followed.(272)

He finished his argument against the federal form of the state, arguing that at the beginning of the republic, we were not yet prepared for a highly decentralized form of vertical division of power, and for adopting weak central government. He expressed conclusively, in relation to the copying of the North American federal system,

> I think that it would be better for America to adopt the Koran, than the government of the United States even if it is the best in the world.(273)

But in spite of Bolivar's recommendations, federalism in particular, spread throughout Latin America. Venezuela has always had a federal system of government and it is still a Federal state. In the same way, all the other large states in Latin America have a federal form of government, as is the case of Argentina, Brazil and Mexico.

Anyway, American and French constitutionalism inspired the process, both of independence and constitution framing all the Latin American States during the first half of the last century, which adopted the general trends of the constitutionalization of the *Etat de Doit*. The same influence happened to develop in most European countries.

The constitutionalization process of North America and France soon brought about the development of constitutional an political studies, and perhaps the first of the constitutional thinkers of modern times was Alexis de Tocqueville. Tocqueville was a Frenchman who visited the United States in the 1830's to study the penitentiary system and finished by publishing one hundred and fifty years ago, one of the most important books in the history of constitutional law:*Democracy in America* (1835), followed a few years later by another very important book of his own, this time related to the French Revolution and its constitutionalization process: The *Ancient Regime and the Revolution* (1856).

These two books have undoubtedly influenced the process of constitutionalization and democracy all over the world since their publication. Their influence upon the conception of the *Etat de droit* was definitive.

(271) S. BOLÍVAR, "Discurso de Angostura" (1819), in *Escritos Fundamentales*, *cit*, p. 120.

(272) *Idem.*

(273) S. BOLÍVAR (letter to D.F. O'LEARY), in *Escritos Fundamentales*, *cit.*, p. 200, 201.

We want to stress the impact of the American process of constitutionalization in modern constitutional law, but we want to do so through De Tocqueville's prism as a continental European constitutional and political thinker when he discovered for Europe the principles of democracy and constitutionalism that had occurred on the other side of the Atlantic. It is also a way of celebrating the one hundred and fiftieth anniversary of the publication of his *Democracy in America* in 1835.

II. GENERAL TRENDS OF CONTEMPORARY CONSTITUTIONALISM

In effect, one can say that the fundamental principles and institutions of modern constitutional law had their factual origin in the American Revolution. This event and the whole process of independence and constitutionalism in the United States radically transformed the constitutional trends of the time, and established the basis of contemporary constitutional law.

An exceptional witness to those processes was Alexis De Tocqueville, perhaps the first modern constitutional thinker of the last century, whose studies regarding the American and French Revolutions and their constitutional consequences were considered as masterpieces by his contemporaries in France and other European countries. Today, these books are still essential works for understanding the fundamental changes and trends that took place after the American and French Revolutions, as well as the causes of those processes.

Our intention, as we said, is to stress the fundamental contributions of the American Revolution to constitutional theory and Law, through De Tocqueville's prism, which we consider a fundamental one, since it was a European continental approach to the North American constitutional process, still unknown in this part of the world in the 1830's .[(274)]

De Tocqueville, for instance, stressed among the points of departure of the Anglo-Americans and its importance for the future, the situation of the English colonies in the seventeenth century and particularly that of New England.

He stated:

> All the general principles on which modern constitutions rest, principles which most Europeans in the seventeenth century scarcely understood and whose dominance in Great Britain was then far from complete, are recognised and given authority by the laws of New England; the participation of the people in public affairs, the free voting of taxes, the responsibility of governments officials, individual freedom, and trial by jury – all these things were established without question and with practical effect.[(275)]

---

(274) J.P. MAYER, "Foreword", A. DE TOCQUEVILLE, *Democracy in America* (edited by J.P. Mayer and M. Lerner), London 1968, p. XIII-XXXIII.

(275) A. DE TOCQUEVILLE, *op. cit.*, p. 50.

Those "general principles on which modern constitutions rest", as De Tocqueville called them, today and after the American independence, are the following:

First, the notion of constitution itself, as a written document, of permanent value, containing a fundamental or higher law, which form the basis of the constitutionalization process.

Second, the notion of democracy itself, the democratic regime or state and the concept of sovereignty belonging to the people and not to state organs.

Third, the political centralization or decentralization of the state, as a basic element for its organization and its reflections on the Federal form of the state and upon the development of local government.

Fourth, the principle of separation of powers, and the different forms of government, particularly presidential or parliamentary governments.

Fifth, the role of the Judicial power, the Supreme Court of Justice and the judicial control of the constitutionality of legislation, and in the sixth place, the establishing of an entrenched declaration of fundamental rights and liberties.

All these six principles were, and still are, general principles on which modern and contemporary constitutions rested and still rest, and that identifies the modern *Etat de droit.* All those principles were analysed by De Tocqueville in relation to the American systems to which he dedicated his book even though in its Introduction of his book he said that he was:

> Very far from believing that they (the Americans) have found the only form possible for democratic government,(276)

and that he did

> Not think that American Institutions are the only ones, or the best, that a democratic nation might adopt.(277)

Any way, he studied all of them and made fundamental and still valid reflections on them, which we want to comment upon.

1. Constitutionalism

The first of the principles of present constitutional law is constitutionalism, that is to say, the trust which men place in the power of words formally written down to keep a government in order.(278)

As we have said, written constitutions in the modern world, with the exception of Cromwell's *Instrument of Government* 1653, can be considered a North American political invention based on three elementary notions: that of a greater

(276) *Idem*, p. 17.
(277) *Ibid*, p. 285.
(278) W.H. HAMILTON, "Constitutionalism", *Encyclopaedia of the Social Sciences*, Vol. III, IV, p. 255.

and higher law placed above government and individuals; that of fundamental rights of individuals, which must be guaranteed in regard to the state, and that of a charter, where the submission of the state to the law, limiting its powers, and individual rights were to be expressly written, with some sense of permanence.

This practice of written constitutions was initiated in the English colonies in America when they became independent states in 1776, giving rise to the rational-normative concept of the constitution, as a written and systematic document, referring to the political organization of society, establishing the powers of the different state bodies and generally preceded by a list of rights inherent in man. Thus, the general division of the contents of modern constitutions into an organic and a dogmatic part, the former comprising the concept of separation of power and supremacy of the law, and the latter the declaration of fundamental rights. As we have seen, subsequent to the Declaration of Rights and the Constitution of Virginia in 1776, the practice of written constitutions spread to Europe and Latin America.

The basic element in the process of constitutionalization or of constitutionalism, is, of course, the concept that the constitution is a supreme and fundamental law, placed above all state powers and individuals. In this respect De Tocqueville when comparing the constitutions of France, England and the United States, pointed out:

> In France, the Constitution is, or is supposed to be, immutable. No authority can change anything in it; that is the accepted theory.
>
> In England, Parliament has the right to modify the Constitution. In England, therefore, the Constitution can change constantly, or rather it does not exist at all. Parliament being the legislative body, is also the constituent one.
>
> American political theories are simpler and more rational -he said-.
>
> The American Constitution is not immutable, as in France; it cannot be changed by the ordinary authority of society as in England. It is a thing apart; it represents the will of the whole people and binds the legislators as well as plain citizens but it can be changed by the will of the people, in accordance with established forms ...[(279)]

And he concluded:

> In America, the Constitution rules both legislators and simple citizens. It is therefore the primary law and cannot be modified by a law. Hence it is right that the courts should obey the Constitution rather than all the laws.[(280)]

From this came as a consequence, the concepts not only of written constitutions, but also of rigid ones, and above all, the notion of the supremacy of the constitution that by the time De Tocqueville visited the United States, had been developed by Chief Justice Marshall in the famous *Marbury v. Madison* case 1803 decided by the Supreme Court. In relation to this principle of Constitutional Supremacy, in that case it was stated:

---

(279) A. DE TOCQUEVILLE, *op. cit.*, p. 123.

(280) *Idem*, p. 124.

> It is a proposition too plain to be contested, that the Constitution controls any legislative act repugnant to it; or, that the legislature may alter the Constitution by an ordinary act.
>
> Between these alternatives there is no middle ground. The constitution is either a superior paramount law, unchangeable by ordinary means, or it is on a level with ordinary legislative acts, and, like other acts, is alterable when the legislature shall please to alter it.(281)

In the same case, Marshall then concluded with his formidable proposition related to written constitutions:

> Certainly all those who have framed written constitutions contemplate them as forming the fundamental and paramount law of the nation, and consequently, the theory of every such government must be, that an act of the legislature, repugnant to the constitution, is void.
>
> This theory is essentially attached to written constitutions, and is, consequently, to be considered by this court as one of the fundamental principles of our society.(282)

Constitutionalism through written, rigid and supreme constitutions is a principle developed as a general trend in modern and contemporary constitutional law, and is followed in almost all countries in the world, except in the United Kingdom and a very few other countries. In any case, it has been the common trend in Latin-American constitutionalism ever since 1811.

2. Democracy and the People's Sovereignty

The second of the principles developed in constitutional and political practice in the modern world, influenced by American constitutionalism is that of democracy as republicanism based on the concept of people's sovereignty. With the American Revolution, the traditional monarchical legitimacy of government was definitively substituted. The sovereign was no longer the monarch, but the people, and therefore the practice of democratic government was initiated in the modern world.

This was a fundamental concept in De Tocqueville's work, forming the very title to his book *Democracy in America*, in which he said:

> Any discussion of the political laws of the United States must always begin with the dogma of the sovereignty of the people.(283)

A principle that De Tocqueville considered to be "over the whole political system of the Anglo-Americans."(284)

He added:

---

(281) *Marbury v. Madison*, 5 U.S. (1 Cranch) 137, 2L, Ed. 60 (1803). See text in R.A. ROSSUM and G. Alan TARR, *American Constitutional Law. Cases and Interpretation*, New York 1983, p. 70.

(282) *Idem*, p. 70.

(283) A. DE TOCQUEVILLE, *op. cit.*, Vol. 1, p. 68.

(284) *Ibid*, p. 78.

> If there is one country in the world where one can hope to appreciate the true value of the dogma of the sovereignty of the people, study its application to the business of society, and judge both its dangers and its advantages: that country is America.(285)

To that end he devoted his book, precisely to study democracy in America.

Of course, democracy developed in America long before independence, and De Tocqueville located its exercise "in the provincial assemblies, especially that of the township" where it "spread secretly"(286) during colonial rule. But once the American Revolution broke out:

> The dogma of the sovereignty of the people came out from the township and took possession of the government; every class enlisted in its cause; the war was fought and victory obtained in its name; it became the law of laws.(287)

In accordance with this dogma of the sovereignty of the people, when it prevails in a nation, -he said-, "each individual forms an equal part of that sovereignty and shares equally the government of the state."(288) Thus he asserted that "America is the land of democracy.(289)

The title of the chapter one of the second part of his book said: "Why it can strictly be said that the people govern in the United States," and in its first paragraph De Tocqueville said:

> In America the people appoint both those who make the laws and those who execute them; the people form the jury which punishes breaches of the law. The institutions are democratic not only in principle but also in all their developments; thus the people *directly* nominate their representatives and generally choose them annually so as to hold them more completely dependent. So direction really comes from the people, and though the form of governments is representative, it is clear that the opinions prejudices, interests, and even passions of the people can find no lasting obstacles preventing them from being manifest in the daily conduct of society.(290)

But one of the main aspects to which De Tocqueville referred in relation to democracy, was "the main causes tending to maintain a democratic republic in the United States."(291) He said:

> Three factors seem to contribute more than all others to the maintenance of a democratic republic in the New World.
>
> The first is the federal form adopted by the Americans, which allows the Union to enjoy the power of a greater republic and the security of a small one.
>
> The second are communal institutions which moderate the despotism of the majority and give the people both a taste fox freedom and the skill to be free.
>
> The third is the way judicial power is organized. I have shown -he said- how the courts correct the aberrations of democracy and how, though they can never stop the movements of the majority, they do succeed in checking and directing them.(292)

---

(285) *Ibid*, p. 68.
(286) *Ibid*, p. 69.
(287) *Ibid*, p. 69.
(288) *Ibid*, p. 78-79.
(289) *Ibid*, p. 216.
(290) *Ibid*, p. 213.
(291) Title of Charter IX of 2nd part, *op. cit.*, p. 342.

Thus, he established the relation between democracy and decentralization, and he stated that the problems of the "omnipotence of the majority" and even the "tyranny of the majority"[293] was tempered by the almost non-existence of administrative centralization in North America,[294] and by the influence of the American legal profession.[295]

Democracy as a form of government, always attained or maintained, is the second general trend in modern and contemporary constitutionalism, inspired by the American constitutional process. All the constitutions in the world established it as a basic component of their political systems, and is the sign of our times, even though its maintenance has not always been secured.

3. The Vertical Distribution of State Powers: Federal State, Decentralisation and Local Government

In his study of the American constitution, one of the aspects to which De Tocqueville devoted much of his attention due to its importance to democracy, was that of political decentralisation or the vertical distribution of state powers among different political territorial units; the third main feature of modern constitutionalism.

He observed:

> In no country in the world are the pronouncements of the law more categorical than in America, and in no other country is the right to enforce it divided among so many hands.[296]

He stressed that "nothing strikes a European traveller in the United States more than the absence of what we call government or administration .... Functions (are) multiplied... (and) by sharing authority in this way its power becomes, it is true, both less irresistible and less dangerous, but it is far from being destroyed.[297]

He concluded his observation:

> There is nothing centralized or hierarchical, in the constitution of American administrative power, and that is the reason why one is not at all conscious of it. The authority exists but one does not know where to find its representative.[298]

De Tocqueville observed that the distribution of powers in the vertical sense, in North America, was not produced by a process of decentralization but rather of centralization, in the sense that the township, the country and the States, first

---

(292) *Idem*, p. 354.
(293) *Idem*, p. 304, 309.
(294) *Idem*, p. 323.
(295) *Idem*, p. 324.
(296) *Ibid*, p. 87.
(297) *Ibid*, p. 86.
(298) *Ibid*, p. 87.

existed so that "The federal government was the last to take shape in the United States."[(299)]

In his own words:

> In most European nations political existence started in the higher ranks of society and has been gradually but always incompletely, communicated to the various members of the body social.
>
> Contrariwise, in America one may say that the local community was organized before the county, the county before the States; and the state before the Union.[(300)]

Referring to New England, he stated that the local communities there had taken complete and definite shape as early as 1650, and he stressed:

> Inside the locality there was a real active life which was completely democratic and republican. The colonies still recognised the mother country's supremacy; legally the state was a monarchy, but each locality was already a lively republic.[(301)]

Thus, from this historical approach, the importance that De Tocqueville assigned to local government as the source of democracy is classical. His famous words concerning local government are well known and always valid:

> The strength of free peoples resides in the local community. Local institutions are to liberty what primary schools are to society; they put it within the people's reach; they teach people to appreciate its peaceful enjoyment and accustoms them to make use of it.[(302)]

And he added: 'In the townships, ... the people are the source of power, but nowhere else do they exercise their power so directly';[(303)] that is why, he insisted, local institutions "exercise immense influence over the whole of society",[(304)] and concluded by saying that "political life was born in the very heart of the townships."[(305)]

Regarding the federal form of the state, a product of the process of political centralization in a highly decentralized society, De Tocqueville said:

> This constitution, which at first sight one is tempted to confuse with previous federal constitutions, in fact rests on an entirely new theory, a theory that should be hailed as one of the great discoveries of political science in our age. [(306)]

And in fact, one can say that the federal state came into being in history with the American constitution 1789, and even though the word "federal" or "federation" is not used in the constitution, it was in the United States that this form of political organisation was born.[(307)]

---

(299) *Ibid*, p. 72.
(300) *Ibid*, p. 51.
(301) *Ibid*, p. 51.
(302) *Ibid*, p. 74.
(303) *Ibid*, p. 75.
(304) *Ibid*, p. 75.
(305) *Ibid*, p. 79.
(306) *Ibid*, p. 192.
(307) *Cf.* M. GARCÍA PELAYO, *Derecho constitucional comparado*, Madrid 1957, p. 215, 341.

It did not respond to a previous scheme, but to practical need: the purpose was to seek a formula that made the existence of independent states compatible with a central power with enough attributions to act by itself at federal level.

This new institution, De Tocqueville said, cannot be compared to the confederations that existed in Europe well before the American constitution, mainly because the central power in the American constitution as he observed, "acts without intermediary on the governed, administering and judging them, as do national governments," adding:

> Clearly here we have not a federal government but an incomplete national government. Hence a form of government has been found which is neither precisely national nor federal; but things have halted there, and the new word to express this new thing does not yet exist.(308)

This "new thing" is precisely what in constitutional law is known as federal state, and although De Tocqueville admired its novelty, he also pointed out its defects, and clearly observed that it was not a product for export.

He said,

> The Constitution of the United States is like one of those beautiful creations of human diligence which give their inventors glory and riches but remains sterile in other hands.(309)

In this sense, in his book De Tocqueville referred to the case of Mexico in the 1830's with its imported federal system but his remarks can be applied to all Latin America. Tries Federal organization of the state was, precisely, one of the main features of American constitutionalism that was immediately followed by almost all large Latin-American countries.

In contrast to the centralized states of Europe, and the national concentration of political power, De Tocqueville pointed out that "the most fatal of all defects which I regard as inherent in the federal system is the comparative weakness of the government of the Union", adding that "a divided sovereignty must always be weaker than a complete one."(310)

As we have said, this weakness referred to the federal form of the state, once adopted in the Venezuelan constitution 1811, 6 months after the Declaration of Independence, and which was precisely one of the main causes of the failure of the First Republic the following year. Thus, of Simon Bolivar definitively asserted in a letter to the governor of one of the Venezuelan provinces, (Barinas), on 12 August 1813:

> Never the division of power had established and perpetuated governments; only its concentration had infused respect for a nation.(311)

We mentioned before that Bolivar expressed all his life bitter criticism regarding the federal form of the state and its adoption in Venezuela, and always

---

(308) A. DE TOCQUEVILLE, *op. cit.*, p. 194.
(309) *Ibid*, p. 203.
(310) *Ibid*, p. 204.
(311) S. BOLÍVAR, *Escritos Fundamentales*, Ed. 1982, p. 63.

advocated a concentrated form of state power. In addition, for example, in his famous Manifesto of *Cartagena* of 1812, written the year following the sanctioning of the Constitution and after the failure of the First Republic, he expressed:

> What make the government of Venezuela more weaken was the federal form it adopted, following the exaggerated expression of the rights of man that by allowing them to self-government, braked the social pacts, and leads nations to anarchy. That is the real situation of the Confederation. Each Province had an independent government; and in accordance with its example, each Township wanted equal powers and adopted the theory that Man and towns the prerogative of establishing, as they liked the government that best suited them... The federal system, if it is true that is the most perfect and oriented to provide human happiness in society, is nevertheless, the most opposed to the interests of our new-born States.(312)

Later, in his address to the Angostura Congress, in 1819, he persisted in the same idea:

> The Venezuelans -he said- were not to get the magnificent federal system suddenly after the independence. We were not prepared for so much welfare; the good as well as the evil can kill when it is sudden and excessive. (313)

Finally, one year before his death, in a letter to his former aide-de-camp, Daniel Florencio O'Leary, he definitively qualified the federal system as a

> Regularized anarchy, or better still, the law that establishes the implicit duty of disassociation and destruction of the state with all its individuals.(314)

But in spite of Bolivar's remarks and criticism of Federations, in Venezuela's case, since those days of independence and after the 1830 constitution, the form of our state has always been federal, and in the name of federation we had our bloodiest civil war and social revolution in the middle of last century: the Federal War of 1858-1863.

On the other hand, all the largest states of Latin America and of the world today have a federal form, to an extent that the federal system of government covers more than a half of the earths surface.

Anyway, although De Tocqueville was also a critic of the federal form of state, he conversely praised the beneficial effects of political decentralization and local government. He said:

> The partisans of centralization in Europe maintain that the government administers localities better than they can themselves; that may be true when the central government is enlightened and the local authorities are not, when it is active and they lethargic, when it is accustomed to command and they to obey...

But when people are enlightened, awake to their own interests, and used to thinking for themselves, as he had seen in America, he said that he was:

---

(312) *Idem*, p. 61-62.
(313) *Idem*, p. 140.
(314) *Idem*, p. 200, 201.

> Persuaded that in that case the collective force of the citizens will always be better able to achieve social prosperity than the authority of the government.(315)

He finally declared that:

> The political advantages derived by the Americans from a system of decentralization would make me prefer that to the opposite system.(316)

4. Separation of Powers and Presidential System of Government

In the constitution of the United States of 1787, and previously, in the various constitutions of the former colonies, the fourth principle of modern constitutionalism, the principle of separation of power within the more orthodox doctrine at the time, was formally expressed for the first time.

For instance, the first of those constitutions, the one of Virginia in 1776, stated (Art. III):

> The Legislative, Executive and Judiciary departments, shall be separate and distinct, so that neither exercise the powers properly belonging to the other; nor shall any person exercise the powers of more than one of them at the same time...

The American constitution has no similar norm within its articles, but its main objective was precisely to organize the form of government, within the principles of the separation of powers, but allowing various interferences between them in a check and balance system. Particularly, regulating the powers of the executive in what was a new way, giving rise to presidentialism as opposed to parliamentarism, and to a particular shape of the judiciary, never previously known in constitutional practice.

De Tocqueville referred, in his book, to these two aspects of the principle.

Regarding the executive power, he immediately pointed out that in the United States, "maintenance of the republican form of government required that the representative of executive power should be subject to the national will"; thus, "the president is an elective magistrate... the one and only representative of the executive power of the nation."(317) But, he noted, "in exercising that power he is not completely independent."(318)

That was one of the particular consequences of the check and balance system of separation of powers adopted in the United States, but without making the executive dependent on parliament, as in parliamentary systems of government. That is why when comparing the European parliamentary system with the presidential system of the United States, De Tocqueville referred to the important part that the executive power played in America in contrast with the situation of a constitutional king in Europe.

(315) A. DE TOCQUEVILLE, *Democracy in America*, *cit.*, p. 110.
(316) *Idem*, p. 113, 115.
(317) *Idem*, p. 148.
(318) *Idem*, p. 149.

A constitutional king, he observed, "cannot govern when opinion in the legislative chambers is not in accord with his."[(319)] In the presidential system, he said, conversely, the sincere aid of Congress to the president "is no doubt useful, but it is not necessary in order that the government should function."[(320)]

The separation of powers and the presidential system of government was followed very closely, sooner or later, in all Latin American republics after Independence or after the monarchical experience that a few countries had.

Thus, one can say that presidentialism is the sign of our constitutional system of government, and to such an extent, that parliamentarism has never developed in Latin America. This is rather a European form of government that Europe never managed to export to Latin America.

5. The Role of the Judiciary

But among the American born constitutional institutions, the one that perhaps has the most distinguished originality is the role assigned to the judicial power in the system of separation of powers. This is true even at the present time, and was so when De Tocqueville visited North America. He devoted a separate chapter of his book to the powers of judges and to its great political importance, beginning with this assertion:

> Confederations have existed in other countries besides America, and there are republics elsewhere than on the shores of the New World; the representative system of government has been adopted in several European States; but so far, I do not think that any other nation in the world has organized judicial power in the same way as the Americans.[(321)]

Three aspects of the organization and functioning of judicial power can be considered as a fundamental American contribution to constitutional law: the political role of judges; the institution of a Supreme Court; and judicial review of legislation. De Tocqueville noticed all three aspects.

The first thing he observed in the American institutions was the "immense political power"[(322)] attributed to judges, which he considered "the most important political power in the United States."[(323)] The reason for this immense power, said De Tocqueville:

> Lies in this one fact: the Americans have given their judges the right to base their decisions on the Constitution rather than on the laws. In other words, they allow them not to apply laws which they consider unconstitutional.[(324)]

(319) *Ibid*, p. 155.
(320) *Ibid*, p. 156.
(321) *Ibid*, p. 120.
(322) *Ibid*, p. 122, 124.
(323) *Ibid*, p. 120.
(324) *Ibid*, p. 122.

Therefore, "there is hardly a political question in the United States which does not sooner or later turn into a judicial one";[325] thus the fundamental changes in political and social life in the United States that have been led by the Supreme Court decisions in all American history.

The second fundamental aspect of the Judiciary in American institutions, De Tocqueville stressed, was the high standing of the Supreme Court among the great authorities in the state. De Tocqueville observed:

> The Supreme Court has been given higher standing than any known tribunal, both by the nature of its rights and by the categories subject to its jurisdiction... a mightier judicial authority has never been constituted in any land.[326]

De Tocqueville explained these powers of the Supreme Court, in which he said, "the peace, prosperity, and very existence of the Union rest continually", by saying the following:

> Without (the judges of the Supreme Court)... the Constitution would be a dead letter; it is to them that the executive appeals to resist the encroachments of the legislative body, the legislature to defend itself against the assaults of the executive, the union to make the states obey it, the states to rebuff the exaggerated pretensions of the Union, public interest against private interest, the spirit of conservation against democratic instability.[327]

Thus, the whole system of check and balance in the separation of powers, in the United States relied and still relies on the Supreme Court, and on the power of judges to control the constitutionality of legislation, precisely, the third main feature of the judiciary in North America.

In effect, in relation to the supremacy of the constitution, De Tocqueville observed that it "touches the very essence of judicial power; it is in a way the natural right of a judge to choose among legal provisions that which binds him most strictly."[328] This led to the control of the constitutionality of law, a creation of American constitutionalism, referred to by De Tocqueville with these simple and logical words:

> If anyone invokes in an American court a law which the judge considers contrary to the Constitution, he can refuse to apply it. That is the only power peculiar to an American judge, but great political influence derives from it.[329]

This was termed as being the "very essence of judicial duty" by John Marshall in the famous *Marbury v. Madison case* (1803), when referring to written constitutions and their fundamental and superior character, in relation to the other laws of society. This duty of the courts to consider acts of the legislature repugnant to the constitution void, was described in that famous case with the following logical arguments:

---

(325) *Ibid*, p. 184.
(326) *Ibid*, p. 184.
(327) *Ibid*, p. 185.
(328) *Ibid*, p. 123.
(329) *Ibid*, p. 124.

> If an act of the legislature, repugnant to the Constitution, is void, does it, notwithstanding its invalidity, bind the courts, and oblige them to give it effect? Or, in other words, though it be not law, does it constitute a rule as operative as if it was a law? This would be to overthrow in fact what was established in theory, and would seem, at first view, an absurdity too gross to be insisted on. It shall, however, receive a more attentive consideration.

Then concluding:

> It is emphatically the province and duty of the judicial department to say what the law is. Those who apply the rule to particular cases must, of necessity, expound and interpret that rule. If two laws conflict with each other, the courts must decide on the operation of each.
>
> So, if a law be in opposition to the Constitution; if both the law and the Constitution apply to a particular case, so that the court must either decide that case conformably to the law, disregarding the Constitution; or conformably to the Constitution, disregarding the law; the court must determine which of these conflicting rules governs the case. This is the very essence of judicial duty.[330]

This judicial duty, discovered by the North Americans, is another of the major contributions of American constitutionalism to contemporary constitutional law, and has been followed and developed all over the world judicial constitutional control, however, is essentially related to the federal form of the state as a mean to control unauthorized invasions and interferences between the decentralized powers of the state. That is why in all the Latin American countries with federal organizations, judicial review of legislation was immediately established under the American influence, a few decades before the first continental ever European experiences in the matter.

Today and ever since the last century, judicial review or control of constitutionality of laws is a general trend of Latin American legal systems, but in a much more original way than the North American system. Various Latin American countries, for instance, as is the case of Venezuela and Colombia since the last century, combine the North American system of judicial review that allows all courts to decide upon the applications of laws on constitutional grounds, with the power of the Supreme Court of Justice to declare a law void with general effects, when considered unconstitutional by means of a popular action granted to all citizens even without particular interest in the matter. This second control is an original Latin American mean of judicial review, developed only with approximate similarities after the twenties and in the forties in some continental European countries.

6. The Entrenched Declaration of Fundamental Rights and Liberties

The sixth major contribution of North American constitutionalism to modern constitutional law has been the practice of establishing formal and entrenched declarations of fundamental rights and liberties. As we have said, the first modern

(330) *Marbury v. Madison*, S.U.S. (1 Cranch), 137; 2 L. Ed. 60 (1803).

declaration of this kind was adopted in the American colonies the same year of the Declaration of Independence, and in this sense the Declaration of Rights of Virginia 1776 is famous.

These declarations of the rights of man were new in history mainly because they were not based on common law or tradition, as the 1689 English Bill of Rights was, but on human nature. They were natural rights of people, declared politically by the new constituent powers of the colonies as a limit on state powers.

However, as we have also said, the American constitution, 1787, did not include a bill of rights in its articles, which aroused several objections during the convention. This led to the approval, two years later, of the first ten amendments that the American Bill of Rights contained.

Alexander Hamilton, justifying the absence of a Bill of Rights in the Constitution, said:

> That bills of rights, in the sense and to the extent in which they are contended for, are not only unnecessary in the proposed Constitution, but would even be dangerous. They would contain various exceptions to powers not granted; and, on this very account, would afford a colourable pretext to claim more than were granted.

He finished his argument by asking:

> For why declare that things shall not be done which there is no power to do?.[(331)]

This concept of rights as limitations of state powers was followed in the first ten amendments of the constitution but adding to it the concept of rights as natural rights of man established in the Declaration of Independence 1776. They both influenced all the formal and entrenched declarations of human rights that were adopted later, particularly the French Declaration of Rights of Man and the Citizen, (1789), and through the latter, the Latin American declarations, up to the present, where those declarations have been internationalised.

However, De Tocqueville did not devote particular comments in his book to the declaration of rights, undoubtedly, because by the time he visited America, the French Declaration of 1789 was already famous and unique. Nevertheless, he referred to specific rights, particularly important in North America like equality, freedom of press and political association,[(332)] and not always with complete acceptance. For instance, referring to freedom of press, he said:

> I admit that I do not feel toward freedom of the press that complete and instantaneous love which one accords to things by their nature supremely good. I love it more from considering the evils it prevents than on account of the good it does.[(333)]

North American Independence (1776) and the North American constitution (1787) were the immediate results of a great revolution that gave birth to a new state; but at the same time they brought about an authentic revolution in the area of political and constitutional institutions in the world, giving rise to new forms of

(331) A. HAMILTON in *The Federalist* (ed. B.F. Wright), Cambridge, Mass 1961, n° 84, p. 535.
(332) A. DE TOCQUEVILLE, *op. cit.*, Vol. 1, p. 222, 232.
(333) *Idem*, p. 222.

government and political acts. After the American Revolution, written constitutions, republicanism and sovereignty of the people, federal states, separation of powers in a system of check and balance, presidentialism and judicial review, were all new institutions that spread throughout the world. In the first place, they influenced definitively the shape of Latin American constitutionalism that began to develop twenty years afterwards.

Alexis De Tocqueville was the first European raised in the European continental system of law to study the importance and impact of the American Revolution one hundred and fifty years ago and led the way to major transformations of constitutional institutions in Europe. That is why we consider that we can still say today the same as John Stuart Mill wrote in 1840 about De Tocqueville's Democracy in America, in the sense that it was not only "the first philosophical book ever written on democracy as it manifests itself in modern society", but it was also a book that marked "the beginning of a new era in the scientific study of politics."(334)

Its influence all over the world, therefore, has been outstanding not only because of the book itself, but also because its aim was to study the American institutions that contributed the most to the shaping of modern constitutionalism.(335)

III. THE *ETAT DE DROIT* AND JUDICIAL REVIEW

The *Etat de droit* or the state according to the rule of law, as we have seen, can be characterized by three main trends:

First, as a state in which powers are limited, as a guarantee of liberty, and that limitation is established through a system of distribution and separation of powers.

The *Etat de droit*, in this perspective, is the contrary of the absolute state, and this limitation of powers is expressed in three sorts of state power distribution: in the *first place*, by a distinction between the powers of the state themselves and an area of liberties, freedoms and rights of citizens that are beyond the sphere of state action. In the *second place*, by a distinction in the state between constituent power, attributed to the people as sovereign electorate, which demonstrate its activity normally through a written constitution and the constituted powers, represented by the organs of the state, comprising the legislature, all submitted to the constituent powers will. Finally, in the *third place*, by a separation of powers within the constituted organs, in a vertical and horizontal way. In the vertical

(334) J.S. MILL, *The Edinburgh Review*, October 1840, n° CXLV, p. 3, quoted by J.P. MAYER, "Tocqueville's Democracy in America: Reception and Reputation", in A. DE TOCQUEVILLE, *op. cit.*, Vol. I, p. XIX.

(335) See for example, the references to the influence of DE TOCQUEVILLE book regarding judicial review in México, in R.D. BAKER, *Judicial Review in México. A Study of the Amparo Suit*, Austin 1971, p. 15.

way, the separation of powers leads to a system of political decentralization throughout state organs at various territorial levels, including the federal form of the state. In the horizontal way, the separation of powers leads to the classical division between the legislative, executive and judicial organs, with their respective powers in a check and balance system with established mutual interference and restraint.

The second main feature of the *Etat de droit* besides the distribution and separation of powers, is that the state is submitted to the rule of law, in the sense that all state organs are submitted to limits imposed by the law. Therefore, the only body not submitted to legal limitations is the sovereign, identified in most States with the electoral body. This is, as we have said, the constituent power whose actions are normally reflected in a written constitution.

In relation to the state organs, however, the rule of law or the principle of legality implies their necessary submission to the law, varying the scope or ambit of legality, in relation to the level that the particular acts of those state organs have in the graduated or hierarchical system of rules of law that, in general, can be established in all legal systems. In this context, we have said that legality in relation to state organs, means" legal order" and not just an act of the legislative organ. Therefore it could just mean "constitutionality", or submission to the constitution, if a particular act is issued in direct execution of the constitution; or "legality" in a broader sense, as submission to the legal order, if a state act is issued in indirect execution of the constitution. Regarding the administration, this is the traditional meaning of legality.

Finally, apart from the principles of distribution of powers and of the submission of the state to the rule of law, we have also referred to the third main feature of the modern *Etat de droit*, that of the establishment of an entrenched Bill of Rights, as a guarantee to individuals against state organs, normally in a written constitution.

These three main characteristics of the *Etat de droit*, in contemporary constitutional law, have been constitutionalized, in the sense that they have been formally established in a written and rigid constitution. Therefore, the *Etat de droit* implies that the principles of distribution and separation of powers, the subjection of the state organs to the rule of law, and the declaration of rights and liberties must all be embodied in a written constitution formulated in an entrenched way so as to be protected from changes introduced by the ordinary legislator.

However, all these principles of the *Etat de droit* and their establishment in a written and rigid constitution require some means of protection to guarantee the existence of the limits imposed on the state organs and on the enjoyment of individual rights. In this respect the argument of John Marshall in the famous *Marbury v. Madison case* decided by the United States Supreme Court was precise:

> To what purpose are powers limited, and to what purpose is that limitation committed to writing, if these limits may, at any time, be passed by those intended to be restrained? The distinction between a government with limited and unlimited powers is abolished, if those limits do not confine the persons upon whom they are imposed, and if acts prohibited and acts allowed are of equal obligation.[336]

Moreover, along the same line of argument we can ask to what purpose are state powers limited, to what purpose is the principle of legality established, to what purpose are fundamental rights and liberties formally declared, and to what purpose are all those principles committed to writing in a constitution considered as fundamental law, if there is no mean of guaranteeing the existence and permanence of said limits, of the state organs submission to legality and of the effective enjoyment of the citizens, rights and liberties?

Therefore, the *Etat de droit* with all its characteristics, only exists if these means of protection of the Constitution and of legality are established, and if the judiciary is in charge of making those means of protection of the constitution effective.[337] Consequently, the courts in the *Etat de droit* must ensure the effectiveness of the limits imposed on the state organs, their submission to the rule of the constitution and to the principle of legality, and the enjoyment of the fundamental rights and liberties of individuals.

Thus, there is no *Etat de droit*, if there is no power granted to the courts of the state to control the submission of the state organs to the rule of law.

Therefore, we can say that the basic element of the *Etat de droit* or state submitted to the rule of law or to the principle of legality is the existence of a system of judicial review, aimed at controlling that submission to the rule of law of all the state acts, particularly, of legislative, administrative and even judicial acts. The two fundamental objectives of this system of judicial review are obviously: one to ensure that all those acts of the state are adopted or issued in accordance to the law of the said state; two, to ensure that state acts respect the fundamental rights and liberties of citizens.

Thus, we can distinguish two main judicial review systems in the contemporary *Etat de droit*: On the one hand, a system which seeks to control the conformity of all state acts to the law; and on the other hand, a system which seeks to guarantee the fundamental rights and liberties of individuals; both giving individuals, precisely, a fundamental right to accede to justice by means of judicial actions aimed at obtaining such control.

---

(336) *Marbury v. Madison*, 5.U.S. (1 Cranch) 137; (1803); 2 L, Ed 60 (1803). See the text in R.A. ROSSUM and G. A. TARR, *American Constitutional Law. Cases and Interpretation*, New York 1983, p. 70.

(337) See in general, H. KELSEN, "La garantie juridictionnelle de la Constitution (La justice constitutionnelle)", *Revue du droit public et de la science politique en France et à l'étranger*, T. XLV, Paris 1928, p. 197-257.

1. Judicial Control of the Conformity of State Acts with the Rule of Law

As we said, the first of these systems of judicial review or control, has the purpose of ensuring the effective submission of state acts to the rule of law or to the principle of legality. However, as we have seen, the sphere or confines of "legality" are certainly not the same for all state acts. In other words, "legality" does not mean the same for all acts of the state. Its meaning or the confines of legality for each of these acts, depends on the rank the specific act holds in the legal order, particularly in relation to the constitution or to the supreme law of the land.

So, one distinction above all can be traced in legal systems with written constitutions, namely that between state acts that are issued in direct execution of the constitution, and acts that are issued in indirect execution of the constitution. This distinction between state acts, leads, of course, to a distinction between the systems of judicial review or control that are laid down.

In effect, as we have studied, there are some state acts that are adopted in direct execution of the constitution, in the sense that they are acts that have their origin in powers granted directly in the constitution and itself to the state organ that produces them, and to which they must be submitted. In relation to these acts, the system of judicial review has and can only have the purpose of ensuring that the said acts are issued or adopted in accordance to the constitution itself. In this case, as Hans Kelsen pointed out in 1928:

> The guarantee of the constitution means guarantees of the regularity of the constitution's immediate subordinated rules, that is to say, essentially, guarantee of the constitutionality of laws.(338)

Therefore, with regard to those acts of the state, "legality" as we already know, is equivalent to "constitutionality", and judicial review or control of legality is also equivalent to judicial control or review of the constitutionality of such acts.

Of course, this distinction between acts issued in direct execution of the constitution and acts issued in indirect execution of the constitution, and consequently, the distinction between judicial control of constitutionality and the judicial control of legality only exists in the strictest sense of the term, in those legal systems possessing a written constitution as a fundamental law constituting the superior source of the whole legal order. Therefore, in systems without a written constitution, and where acts of Parliament are the supreme law, the distinction cannot be made and a system of judicial review of constitutionality cannot exist.

On the contrary, this control of constitutionality in legal systems with written constitutions has been developed particularly in relation to legislative acts, that is to say, to normative acts of Parliament. Hence, one usually speaks of judicial

(338) H. KELSEN, *loc.cit.*, p. 201.

control of the constitutionality, of legislation or simply of "judicial review of the constitutionality of legislation."[339]

In effect, if Parliament, Congress or the National Assembly as a representative of the sovereign people, is and must be the supreme interpreter of the law, and through the law, of the general will, it always does so in execution of constitutional rules, particularly in those cases where a written and rigid constitution exists, which cannot, therefore, be changed by the ordinary legislator. Consequently, the law as an act of Parliament is always submitted to the constitution, and when it exceeds the limits established by that constitution, the act of Parliament is unconstitutional and, therefore, liable to be annulled. As stated in the *Marbury* v. *Madison case* by the United States Supreme Court in 1803:

> Certainly all those who have framed written constitutions contemplated them as forming the fundamental and paramount law of the nation, and consequently, the theory of every such government must be, that an act of the legislature, repugnant to the Constitution, is void.[340]

Judicial control or review of constitutionality, therefore, affords the courts the possibility of determining the unconstitutionality of the laws, deciding not to apply them giving preference to what is stated in the constitution, and, in some cases, allowing some special courts to declare with general effect the nullity of the law considered unconstitutional.

But in legal systems with judicial review of constitutionality, all other acts of the legislature other than formal laws, which are also issued by Parliament in direct execution of the constitution, can also be submitted to judicial control of constitutionality likewise. This is the case, for example, of internal regulations for the functioning of legislative bodies, and of parliamentary acts of specific effect, issued for the purpose of authorising or approving some executive acts, like the appointment of some officials, or the adoption of some budget changes. All these acts, in written constitutional legal systems, are subject to and must be adopted according to the constitution, and therefore, can be judicially controlled to ensure their submission to the fundamental rules of the constitution.

Moreover, not only the acts of legislative bodies are subject to judicial control of constitutionality. In general, all acts of state bodies and organs issued in direct and immediate execution of the constitution are also subject to such control.

In particular, acts of government with or without the same force of formal law, issued by the head of state or by the government in direct execution of powers provided for directly in the constitution, and which due to the distribution of powers, cannot be regulated by Parliament, are also subject to judicial control of constitutionality.

In short, it is through this system of judicial review of the constitutionality of state acts that the effective submission of state organs to the constitution can be

---

(339) M. CAPPELLETTI, *Judicial Review in the Contemporary World*, Indianapolis 1971, p. VII.
(340) *Marbury v. Madison*, 5.U.S. (1 Cranch), 137; (1803); 2 L, Ed. 60, (1803).

ensured when they execute it directly. Therefore, this is possible only in legal systems with written constitutions, where the courts have such powers of judicial review.

Consequently, when there is no written constitution, or when although this fundamental law exists, the courts do not have the power to control the constitutionality of legislative acts, the legal situation is very similar.

As Professor J.D.B. Mitchell pointed out:

> The mere fact of there being a written Constitution does not by itself necessarily mean that courts play any greater role in protecting individual rights or policing the Constitution.
>
> Where there is such a Constitution but courts do not possess the power to declare legislation unconstitutional, the only means by which the courts can protect the basic principles of that constitution from encroachment of erosions is by the restrictive interpretation of legislation. In such circumstances the position of the courts and the protection for fundamental constitutional principles do not differ materially from those which exist when there is no written Constitution.[341]

Therefore, the real difference between a legal system with a written constitution and one without a written constitution really lies in the powers granted to the courts to control the constitutionality of state acts. Professor Mitchell also mentioned this in relation to the British constitutional system:

> The real contrast with our own system is afforded by a system under which there is not only a written constitution but also a recognised power in the courts to declare legislation invalid as being unconstitutional.[342]

In any case, the control of the constitutionality of formal laws, or of any other state act issued in direct execution of the constitution, is only possible in those constitutional systems possessing a written constitution and , furthermore, where the constitution is rigid, that is to say, it cannot be changed through the channel of ordinary legislation.

The rules established in this type of constitution are, of course, applied directly, and the constitution itself occupies a pre-eminent rank in the hierarchy of the legal order. In this respect, it is precisely in the countries where the courts have been granted the power to control the constitutionality of the laws that the juridical-normative nature of the constitutions, that is to say, their obligatory nature, is clearest. Likewise, it is in those countries that the principle of the hierarchical pre-eminence of the constitution in relation to the ordinary laws has its origin.

This first system of judicial review of constitutionality, particularly of legislation is generally organized in two ways: by assigning the power to decide upon the unconstitutionality of laws to all the courts of the particular judicial order of a state, or by reserving that power to one judicial organ only, the Supreme Judicial Court of the country or to a special constitutional court or tribunal, giving rise to the distinction between the diffuse and concentrated

(341) J.D.B. MITCHELL, *Constitutional Law*, Edinburgh 1968, p. 13.
(342) *Idem*, p. 13.

systems of judicial review of constitutionality to whose study this book is devoted.

Apart from state acts adopted in direct execution of constitutional powers granted to state organs, in particular, legislative acts and acts of government, there are other state acts adopted in direct execution of the "legislation", that is to say, the first level of constitutional execution, whose legality not only means submission to the constitution but also to all the other rules of law comprised in the legal order. Therefore, in relation to those acts, particularly administrative and judicial acts, "legality" means submission to the legal order considered as a whole, and the *Etat de droit* must provide the means for judicial control or review to ensure the effective submission of the state organs to the rule of law when issuing such acts. This has led to the establishment of systems of judicial review of administrative actions and of judicial review of judicial decisions themselves in the modern *Etat de droit*.

Regarding the judicial review of administrative action, or judicial control of administration, one can say that it is more developed in modern constitutional and administrative law, particularly as a result of the submission of administration to the principle of legality. So important has this system of judicial review been, that one can even say that judicial review of administrative action has given rise to the development of administrative law itself, not only in continental European countries but also in common law countries. It is through the exercise by the courts of their inherent power to control the legality of administrative action, that the fundamental principles of administrative law have been developed, particularly during the present century.

Therefore, judicial review of administrative action is the power of the courts to decide upon the legality of the activities undertaken by the administrative organs of the state, in other words, to decide in relation to the submission of the activities of the executive organs of the state to the law or rather to the principle of legality. Law, understood in this context, means legal order, that is to say, not only the formal law, but also all the norms and rules that are comprised in the legal order, including, of course, the constitution itself.

There is a substantial difference with regard to the organization of judicial review of administrative action, between the legal systems influenced by the European continental countries, mainly France, and the systems influenced by the Anglo-American common law countries. Judicial review in the Latin and German tradition is the power of special courts to decide on the legality of administrative action, when demanded through special judicial means, or actions granted to individuals with the necessary standing to bring an action to declare a particular administrative act void. This led to the development *of* the *contentieux administrative* recourses in continental Europe that are to be decided by special judicial-administrative courts. In some cases, these special courts were established completely separated from the ordinary courts, as is the case in France of the *jurisdiction contentieux administrative*. In other cases, the special judicial administrative courts are established within the ordinary judicial order, in the same manner as there are special courts in labour law, civil law or commercial law. In all these cases, not only are the remedies for judicial review special ones, but the courts that are to exercise the review power, are also special.

By contrast with this situation, the common law tradition on judicial review generally implies that the ordinary courts of justice are the ones that exercise the power of judicial review of administrative action through the ordinary remedies established in common law and also used in private law, although it is certain that in more recent times special remedies of public law have been developed.

Any way, all over the world, the most traditional and popular judicial control of the submission of the state to the rule of law has been the judicial review of administrative action.

However, the term *Etat de droit* does not only imply the need for systems of judicial review of the constitutionality of legislation and acts of government, and the judicial review of administrative action, in other words, the judicial control of legislative and administrative action to ensure its conformity with the rule of law, but also the need for establishing a system of judicial control of judicial decisions themselves.

The courts are, in effect, typical "executive" bodies of the state. Consequently all their activities in the application of the law must be submitted to the whole legal order, comprising the constitution, the formal laws and delegate legislation, and the regulations and other normative acts of the state organs. Consequently, in the *Etat de droit*, court decisions must be also subject to judicial control, which is normally implemented through two mechanisms.

On the one hand, the ordinary appeal systems that allow for control of the decisions of the inferior courts by the superior courts, within the hierarchy of the judicial system; and on the other, the system of control of the legality of judicial decisions through extraordinary remedies, as happens in continental law, for example with the *recours de cassation*, developed in the systems influenced by continental European procedural law.

By these means of control, Supreme Courts have the power to verify the legality of decisions made by inferior courts, and deciding upon them, taking into account the merits of the decision under appeal, or just controlling the legal aspects of the decision in the recourse of cassation. In this case, it is also a matter of control of the legality of state acts.

All these three systems of control of the submission of the state organs and acts to the rule of law, the control of the constitutionality of legislation, the judicial review of administrative action, and the judicial control of courts decisions, are basically a question of formal control, which seeks to determine the conformity of state decisions with the superior rules contained in the legal order, applicable to the concrete act. Of all three, the first one related to the control of the constitutionality of legislation, the protection of the constitution being its fundamental objective when its norms are executed directly by state organs, will be the subject in the subsequent parts of this course.

2. Judicial Guarantees of Fundamental Rights

Apart from these judicial systems of control of state acts to ensure their submission to the principle of legality or to the rule of law, there is another system of control of state actions aimed specially at the protection of fundamental rights and liberties generally established in the constitution and which is normally established in the constitution as a guarantee for the effective fulfilment of such rights and liberties.

We have seen, in effect, that the principle of distribution of powers in the legal state, expresses itself in various ways, among them, in a system of distribution of powers between on the one hand, the sphere of the citizens and individuals which are granted by the constitution with various fundamental rights and liberties, that cannot be eliminated or restricted unless by the means established in the constitution; and on the other hand, the powers of the state organs. This distribution of powers is normally established in a written constitution or in an entrenched Bill of Rights, so that invasions of the sphere of fundamental rights and liberties by the state or even by other individuals, are subject to judicial control or protection.

This judicial protection of fundamental rights, in the end, is also a protection of the constitution itself because such rights and liberties are established in the constitution, and therefore, all violations or infringements upon such rights and liberties are at the same time, violations of the constitution.

The *Etat de droit* has developed mechanisms to assure the protection of these fundamental rights and liberties and to avoid their violation mainly by public bodies, either by actions brought before the ordinary courts through ordinary actions or remedies, or by special actions of protection brought before ordinary courts or before a special constitutional court.

As this course mainly deals with judicial review of the constitutionality of legislation, we will also refer to the judicial protection of these fundamental rights, particularly through special actions, when in order to protect them, the courts must also exercise their powers of judicial review of legislation.

As we can see, the concept of the *Etat de droit* is closely related to the judicial control of legality in a way that there is no state according to law if there is no judicial control of legality of state acts. Also, effective judicial control of legality of state acts cannot exist except within the frame of the *Etat de droit*.

The *Etat de droit*, as we have seen, implies the submission of all state organs and acts to the legal order, which the constitution has at its apex. This is the supreme law, to which all state acts must be submitted. Therefore, the control of the submission of state acts to the constitution, when exercised by the courts, is an essential aspect of the *Etat de droit* and is the one we are going to analyse in the four subsequent parts of this course, in which we will study the judicial control of constitutionality, mainly of legislation.

PART III

THE FOUNDATION OF JUDICIAL REVIEW OF THE CONSTITUTIONALITY OF LEGISLATION

I. THE LIMITED STATE ORGANS AND JUDICIAL REVIEW

Judicial review of constitutionality is the power of the courts to control the conformity with the constitution of acts of state, particularly of legislative acts, issued in direct execution of the constitution.

Therefore, in principle, judicial review can only exist in legal systems in which there is a written constitution, imposing limits on the state organs' activities and within such organs, on Parliament in particular. As a result, the power of the courts to control the constitutionality of state acts is not necessarily a consequence of the sole judicial power, but of the legal limitations imposed on state organs, particularly on Parliament and on the government, in a constitution established as a supreme law.

In this sense, judicial review of the constitutionality of state acts is the ultimate consequence of the consolidation of the *Etat de Droit* where the state organs are not sovereign, are subject to limits imposed by a constitution having the force of a superior law, and in particular, when the legislator is limited in his legislative action and there is judicial control over the "legality of laws."

Professor Paul Duez stressed the argument a few decades ago in an article published in the *Mélanges Hariou* when he wrote:

> Modern Public Law establishes as an axiom that Governments are not sovereign and that in particular, the Parliament is limited in its legislative action by superior legal rules, that it could not infringe; Acts of Parliament are submitted to the law, and no Act of Parliament can be contrary to the law.(343)

This is the principle accepted today in France but certainly not the one accepted in that country sixty years ago when Professor Duez wrote his essay and when the principle of the sovereignty of the National Assembly was still in force. That is why this article is of historical importance in France. In effect, Professor Duez, by establishing the principle of the limitation of all state organs by a constitution as a superior rule, added:

> But it is not sufficient to proclaim such a principle: it must be organized, and practical and effective measures, must be adopted to ensure it.(344)

Subsequently, he referred to the very important French system of judicial control related to public administration and to administrative action, through the *recours pour excès de pouvoir*; nevertheless, he said:

---

(343) P. DUEZ, "Le contrôle juridictionnel de la constitutionalité des lois en France", *Mélanges Hauriou*, Paris 1929, p. 214.

(344) *Idem*, p. 214.

> The spirit of legality requires that a similar control be established in relation to legislative action,[345]

And concluded by saying that,

> There is not a real organized democracy, and a Legal state (*Etat de Droit*), except only where this control of legality of laws (Acts of Parliament) exists and functions.[346]

The logic of Professor Duez's statement in our perspective is certainly impeccable: No organ of the and state can be considered sovereign; and all state organs, particularly, the legislator in its actions are submitted to limit established in superior rules, embodied in a constitution.

Therefore, acts of Parliament must always be submitted to the law, and cannot be contrary to the law. Consequently, the spirit of legality imposes the existence and functioning not only of a control of legality of administrative acts, but also of a control of the legality of laws, as acts of Parliament. Only in countries where this control exists, are there truly organized democracies and *Etat de Droit*.

Therefore, this judicial control of the "legality of laws" is, precisely, the judicial control of the constitutionality of legislation and of other state acts issued in direct execution of the constitution, in relation to which legality means "constitutionality." Thus, there is the existence of judicial review of constitutionality that we are now going to study.

This judicial review of constitutionality is normally possible, of course, not only in those legal systems that have a *written* constitution as a supreme rule embodying the fundamental values of society, but when that superior rule is established in a rigid or entrenched way, in the sense that it cannot be modified by ordinary legislation. In principle, it is in a system of this kind that all the organs of the state are limited by and subject to the constitution and must therefore pursue their activities according to this supreme law.

This implies therefore, that not only are the traditional state organs for executing the law –the administration and the judges– subject to the law (Constitution and "legislation"), but that the organs which create the "legislation", particularly the legislative bodies, are also subject to the constitution.

Of course, a written and rigid constitution, situated at the apex of a legal system, not only demands that all the acts issued by state organs in direct execution thereof should not violate the constitution, but must also provide a guarantee to prevent or sanction such violations.[347] Thus, the judicial review of constitutionality as the power of the judiciary to control the submission of state organs to the superior rule of the country.

---

(345) *Idem*, p. 215.
(346) *Ibid*. p. 215.
(347) *Cf.* H. KELSEN, "La garantie juridictionnelle de la Constitution (La Justice constitutionnelle)" *Revue du droit public et de la science politique en France et à l'étranger*, T. XLV, 1928, p.197-257.

1. Execution of the Constitution and Control

Anyway, we have said a hierarchy of rules exists in all legal systems with written and rigid Constitutions.

Evidently, not all state acts have, therefore, the same level of derivation in creating legal rules. There are acts that directly and immediately execute the constitution, and that are subject to this superior rule alone; there are also state acts which execute the constitution in an indirect way, being at the same time acts issued in direct and immediate execution of "legislation", thus directly subject to it. Among the former are, basically, the formal laws and other acts of Parliament and acts of government issued in accordance with their constitutionally attributed powers; and among the latter, there are the administrative and the judicial acts.

In a *Etat de Droit* then, the guarantee of the rule of law must be established at the two mentioned levels of creation or derivation of legal rules by way of three judicial systems of control: first, the judicial review of constitutionality, established to control state acts issued in direct execution of the constitution; second, the judicial control of administrative action basically established regarding administrative acts; and concerning judicial acts issued by courts, the judicial control system is thirdly established by systems of appeal or cassation.

Moreover, in the *Etat de droit,* which implies that in the constitution fundamental rights and liberties are established, judicial mechanisms of control must also be provided to protect and guarantee such rights against any act by the state that may violate them, and even against acts by individuals which may so affect them.

Our objective, in the subsequent parts of this course is to analyze the first of these systems of judicial control previously mentioned, judicial review of constitutionality, which, we insist, fundamentally refers to the acts of the state constitutional organs, in which the rule of law becomes the "rule of the constitution"; since they are acts that execute the constitution itself, directly and immediately.

2. State Acts Submitted to Control

Therefore, one of the acts subject to judicial review of constitutionality are formal laws or acts of Parliament, and it is precisely because of this that judicial review of constitutionality is often identified with the judicial review of the constitutionality of legislation.(348) However, laws are not the only state acts issued in direct execution of the constitution, and as an expression of constitutional powers. So too are other acts of Parliament, such as internal parliamentary rules of procedure and even other parliamentary acts that do not have the form of law and that are not normative, such as those established in the

(348) See, for example, M. CAPPELLETTI, *Judicial Review in Contemporary World*, Indianapolis 1971, p. VII.

constitution regarding the relations between the Congress or Assembly and the other constitutional organs of the state. All these acts adopted by Parliament are subject to the constitution because they are issued by virtue of powers attributed directly in that fundamental text. Thus, in a *Etat de droit* they must also be liable to judicial review of constitutionality.(349)

Apart from these acts of Parliament, however, the government, in a *Etat de droit*, also issues acts that directly execute the constitution, which have the same status as laws in the hierarchical legal system, and which, in some cases, even have the same force as formal law.

In fact, in contemporary constitutional law, the government issues acts with the same force as the formal laws in a variety of forms, either as delegate legislation or because of powers established in the constitution itself. In these cases, they are executive acts with legislative content, and with the same ranking, force and power of derogation as the formal law established in acts of Parliament. For this reason, such executive acts issued in direct execution of the constitution are not administrative acts, but acts of government with normative and legislative content. Thus, they are also liable to judicial review of constitutionality.(350)

But we have seen that the government also has powers established in the constitution to produce certain acts without any legislative interference, for instance when declaring a state of siege or the restriction of constitutional guarantees; when directing international relations or when vetoing an act of Parliament. All these acts, shaped by the continental European doctrine of administrative law, as "acts of government", are also subject to judicial review of constitutionality. It is true that in the traditional criteria of administrative law, such "acts of government" were developed to exclude them from judicial administrative control either because of their political content or motives or because they were issued by the government in its relations with other constitutional bodies, particularly with Parliament.(351) Nevertheless, as we have seen, these acts are also subject to the constitution, and they are also liable to be submitted to judicial review of constitutionality.(352)

Moreover, in contemporary legal systems and leaving aside problems arising from monist and dualist conceptions, international treaties and agreements are also subject to judicial review of constitutionality in the *Etat de droit*(353) whether this be directly, or by review of the acts of Parliament or government that introduce them into domestic law, also by virtue of constitutional powers granted to those state organs.

Therefore, all state acts issued in direct execution of the constitution in legal systems with written constitutions are subject to judicial review of constitutionality.

---

(349) *Cf.* H. KELSEN, *loc. cit.*, p. 228.
(350) *Idem*, p. 229.
(351) See the classical work of P. DUEZ, *Les actes de gouvernement*, Paris 1953.
(352) *Cf.* H. KELSEN, *loc. cit.*, p. 230.
(353) *Idem*, p. 231.

3. The Variety of Judicial Review

It is evident, however, that in comparative law no single system for judicial review of constitutionality exists, but rather a very varied range of systems in which not even all the state acts mentioned can be subject to judicial review.

In fact, different criteria can be adopted for classifying the various systems of constitutional justice or judicial review of the constitutionality of state acts, particularly of legislation,(354) but all are related to a basic criteria referring to the state organs that can carry out constitutional justice functions.

In effect, judicial review of constitutionality can be exercised by all the courts of a given country or only by the Supreme Court of the country or by a court specially created for that purpose.

In the first case, all the courts of a given country are empowered to judge the constitutionality of laws. This is the case in the United States of America, thus this system has been identified as the 'American system', because it was first adopted in the United States particularly after the famous *Marbury* v. *Madison* case decided by the Supreme Court in 1803. This system is followed in many countries with or without a common law tradition. This is the case, for example, in Argentina, Mexico, Greece, Australia, Canada, India, Japan, Sweden, Norway and Denmark. This system is also qualified as a diffuse system of judicial review of constitutionality,(355) because judicial control belongs to all the courts from the lowest level up to the Supreme Court of the country.

By contrast, there is the concentrated system of judicial review, in which the power to control the constitutionality of legislation and other state organs issued in direct execution of the constitution is assigned to a single organ of the state, whether to its Supreme Court or to a special court created for that particular purpose. In the latter case, it is also called the Austrian system because it was first established in Austria, in 1920. This system also called the "European model" is followed, for instance, in Germany, Italy, and Spain. It is called a concentrated system of judicial review, as opposed to the diffuse system, because the power of control over the constitutionality of state acts is given only to one single constitutional body that can be the Supreme Court of a given country or as in the Austrian or European model, to a specially created constitutional court 'or tribunal, that even though it exercised judicial functions, in general, it is created by the constitution outside ordinary judicial power, as a constitutional organ different to the Supreme Court of the country.

In regard to the judicial organs that can exercise the power of controlling the constitutionality of laws, other countries have adopted a mixture of the above mentioned diffuse and concentrate systems, in the sense that allow for both types

(354) See in general M. CAPPELLETTI, *op .cit.*, p. 45 and M. CAPPELLETI and J.C. ADAMS, "Judicial Review of Legislation: European Antecedents and Adaptations", *Harvard Law Review*, 79, 6, April 1966, p. 1207.

(355) M. CAPPELLETTI, "El control judicial de la constitucionalidad de las leyes en el derecho comparado", *Revista de la Facultad de Derecho de México*, 61, 1966, p. 28.

of control at the same time. Such is the case in Colombia and Venezuela where all courts are entitled to judge the constitutionality of laws and therefore decide autonomously upon their inapplicability in a given process, and the Supreme Court has the power to declare the unconstitutionality of laws in an objective process. One can say that these countries have a diffuse and concentrated parallel system of judicial review at one and the same time, perhaps the most complete in comparative law.

But regarding the so-called concentrated systems of judicial review, in which the power of control is given to the Supreme Court or to a constitutional court, other distinctions can be observed.

In the first place, in relation to the moment at which control of the constitutionality of laws is performed, it may be prior to the formal enactment of the particular law, as is the case in France, or the judicial control of the constitutionality of laws which can be exercised by the court after the law has come into effect, as is the case in Germany and Italy.

In this respect, other countries have established both possibilities as is the case Spain, Portugal and Venezuela. In the latter, a law sanctioned by Congress prior to its enactment, can be placed by the president of the republic before the Supreme Court to obtain a decision regarding its constitutionality, and also the Supreme Court can judge the constitutionality of the law after it has been published and has come into legal effect.

Moreover, in relation to the concentrated systems of judicial review, two other types of control can be distinguished regarding the manner in which review is required either incidentally or through an objective action. In the first place, the constitutional question is not considered justiciable unless it is closely and directly related to a particular process, in which the constitutionality of the concrete law is not normally necessary to the unique issue in the process. In this case, judicial control is incidental, and the Supreme Court or constitutional tribunal can only decide when it is required to do so by the ordinary court that has to decide the case. In this circumstance, it is basically the function of the ordinary courts, upon hearing a concrete case, to place the constitutional issue before the constitutional court.

Of course, the incidental nature of judicial review is essential to diffused control systems and, therefore, to all legal systems that follows the American model.

But in the field of the concentrated system of judicial review, the control granted to the constitutional court can also be exercised through direct action where the constitutionality of the particular law is the only issue in the process, without reference or relation to a particular process.

In this latter case, another distinction can be made, in relation to the *locus standing* to exercise the direct action of unconstitutionality: in most countries with a concentrated system of judicial review, only other organs of the state can place the direct action of constitutionality before the constitutional court, for instance, the head of government, or a number of representatives in Parliament.

Other systems of concentrated judicial review grant the action of constitutionality to individuals, whether requiring that the particular law affects a fundamental right of the individual, or by means of a popular action, in which any citizen can request the constitutional court or Supreme Court to decide upon his claim concerning the constitutionality of a given law, without particular requirement regarding his standing.

As we have seen, the basic division we can establish regarding the various systems of judicial review, depends in our opinion, upon the concentrated or centralized or diffuse or decentralized character of judicial control of constitutionality, that is to say, when the power of control is given to all the courts of a given country or to one special constitutional court or to the Supreme Court of that country. We have also said that some countries have even adopted both systems of judicial review that developed in parallel. Related to this main classification, as we said, other criteria can be adopted to identify the various systems of judicial control of the constitutionality of laws: the incidental and the principal or objective action systems.

But in relation to the main distinction between the diffuse and concentrated systems of judicial review, we can also distinguish other criteria for classifying the various systems, according to the legal effects given to the particular judicial decision of review.

Within this scope, we can distinguish decisions with *in casu et inter partes* or *erga omnes* effects, that is to say, when the judicial decision has effects only within the parties in a concrete process, or when it has general effects applicable to everyone.

For instance, in the diffused systems of judicial review, according to the American system, the decision of the courts in principle, only has effect relating to the parties of the process; effects that are closely related to the incidental character of judicial review.

Whereas in the concentrated system of judicial review, following the Austrian model, when the judicial decision is a consequence of the exercise of a objective action, the effects of such a decision are general, with *erga omnes* validity.

Thus, in the diffused systems of judicial review a law declared unconstitutional with *inter partes* effects, in principal is considered null and void, with no effect whatsoever. Therefore, in this case the decision in principle is retroactive in the sense that has *ex tunc*, or *pro pretaerito* consequences; that is to say, the law declared unconstitutional is considered never to have existed or never to have been valid. Thus, this decision, in principle, has "declarative" effects, in the sense that it declares the pre-existing nullity of the unconstitutional law.

In the concentrated systems of judicial review, on the contrary, a law declared unconstitutional, with *erga omnes* effect, in principle is considered annullable. Therefore, in this case, the decision is prospective, in the sense that has *ex nunc*, *pro futuro* consequences, that is to say, the law declared unconstitutional is considered as having produced its effect until its annulation by the court, or until the moment determined by the court subsequent to the decision. In this case, therefore the decision has "constitutive" effects, in the sense that the law will become unconstitutional only after the decision has been made.

Nevertheless, this distinction related to the effects of the judicial decision regarding the unconstitutionality of a law is not absolute. On the one hand, if it is true that in the diffuse systems of judicial review, the decision has *inter partes* effects, when the decision is adopted by the Supreme Court, as a consequence of the *stare decisis* doctrine, the practical effects of the decision, in fact, are general, in the sense that it binds all the lower courts of the country. Therefore, as soon as the Supreme Court has declared a law unconstitutional, no other court can apply it.

On the other hand, in concentrated systems of judicial review, when a judicial decision is adopted on an incidental issue of constitutionality, some constitutional systems have established that the effects of that decision are only related in principle, to the particular process in which the constitutionality question was raised, and between the parties of that process, even though this is not the general rule.

In relation to the declarative or constitutive effects of the decision, or its retroactive or prospective effects, the absolute parallelism with the diffuse and concentrated systems has also disappeared.

In the diffuse systems of judicial review, even though the effects of the declarative decisions of unconstitutionality of the law, are *ex tunc, pro pretaerito*, in practice exceptions have been made in civil cases to allow for the invalidity of the law not to be retroactive: In the same manner, in the concentrated systems of judicial review, even though the effects of the constitutive judicial decisions of unconstitutionality of the law, are *ex nunc, pro futuro*, in practice exceptions were needed to be made in criminal cases to allow for the invalidity of the law to be retroactive, and benefit the accused.

Our purpose in the subsequent parts of the course is to study all these systems of judicial review of constitutionality of state acts, and particularly of legislation in comparative law. To that end we will analyze the most important legal systems in contemporary constitutional law, classifying them in accordance with the main distinctions we have made between the diffuse and the concentrated systems of judicial review.

Before doing so, however, we consider it necessary to examine the juridical foundations of the judicial review of constitutionality, in which we will recall various aspects previously mentioned but particularly, relating them to the judicial review of constitutionality in the *Etat de droit* bearing in mind that if it is true that judicial review appeared with the *Etat de droit* at the beginning of the last century in the American Constitution, it has been the most recent trend it adopted in contemporary legal systems.

In analyzing those foundations of the judicial review of constitutionality in comparative law, we will refer to what has been called the legitimacy of judicial review, which was one of the main subjects of the 1984 Colloquium of the International Association of Legal Sciences, held in Uppsala.[356]

---

(356) L. FAVOREU and J.A. JOLOWICZ (ed.), *Le contrôle juridictionnel des lois. Légitimité, effectivité et developments récents*, Paris 1986, p. 316.

4. The Controlled and Limited Legislator

Judicial Review, it has been said, is "the culmination of the building of the *Etat droit*[(357)] and is the direct consequence of its constitutionalization process, that is to say, of the adoption of a constitution as a higher law, in which the organization of state powers and their limits are established and to which the fundamental rights of individuals are declared and guaranteed.

In this sense, judicial review as the power of the courts -ordinary or special constitutional courts- to control the constitutionality of legislation is, without doubt, the ultimate triumph of the individual against the absolute power of state organs, and particularly, against the supremacy and sovereignty of Parliaments.

Even in its origin, in the same manner as American constitutionalism emerged as a reaction against the sovereignty of the English Parliament, judicial review in its original American conception, was also a reaction against the legislative body and its powers.[(358)] The Congress, like all state organs, was to be submitted to the Constitution and therefore, all the laws of Congress sanctioned in violation of the Constitution were to be considered null and void. On the contrary, the Constitution would be a dead letter, or as Alexander Hamilton said: "would amount to nothing."[(359)]

This conception is in the logic of the *Etat de droit*, and in this sense, Professor Jean Rivero, in his synthesis Report to the 2nd Colloquium held in Aix-en-Provence in 1981 on the subject "Cours Constitutionelles Européennes et Droits Fondamentaux" pointed out:

> The logic of the *Rechstaat* places the Constitution at the summit of the pyramid of norms, from which all other norms draw their validity. But we must recognize that over a long century this logic was stopped... because of the myth of the supremacy of the law, and therefore, to attain the last stage of the building of the Legal state, the one in which the legislator itself is subject to a superior norm, (the concept of the law) ought then to be transformed.[(360)]

Therefore, judicial review is the direct consequence of the culmination of the building of the *Etat de droit*, as a state whose organs are limited in their actions by a Constitution, which additionally establishes the fundamental rights of individuals and its means of protection against those state organs, and particularly, against the legislator. This led Professor Rivero to affirm that:

> The evolution of the *Etat de Droit* produced of course in relation to the French constitutional system, what Professor Rivero considered the extraordinary phenomenon of the acceptance of a superior authority to the legislator itself, in charge of imposing the respect of the Constitution on the legislator, possible.[(361)]

---

(357) P. Lucas MURILLO DE LA CUEVA "El examen de la constitucionalidad de las leyes y la soberanía parlamentaria", *Revista de estudios politicos*, 7, Madrid 1979, p. 200.

(358) E.S. CORWIN, *"The 'Higher Law' Background of American Constitutional law"*, NY 1955, p. 53 (Reprinted from *Harvard Law Review*, Vol. XLII, 1928-1929 (p. 149-185 and 365-409).

(359) Alexander HAMILTON, *The Federalist* (ed. by B. F. Wright), Cambridge, Mass 1961, p. 491.

(360) J. RIVERO, "Rapport de Synthèse", in L. FAVOREU (ed.), *Cours constitutionnelles européennes et droit fondamentaux*, Aix-en-Provence 1982, p. 519.

(361) *Idem*. p. 519.

The constitutionalization of the *Etat de droit* therefore, is essentially linked to the idea of judicial review, and this is why Professor Mauro Cappelletti in one of his reports to the same Colloquium in Aix-en-Provence said that,

> Constitutionalism, in its most advanced state, has needed a state organ or a group of state organs, sufficiently independent of "political powers -the legislative and the executive- in order to protect a superior and relatively permanent rule of law, against the inherent temptations of power.[(362)]

These independent organs are the courts, considered as being the politically "less dangerous" or the "weakest" of the three state powers in charge of controlling the submission of the Legislative and Executive powers to the Constitution.

Therefore, the subject of judicial review of constitutionality, is essentially related to all the fundamental aspects of the contemporary state as a *Etat de droit* and particularly those relating to constitutionalism; to the separation of powers and to the role of Parliament; to the form of the state and particularly, to Federalism and political decentralization; to the system of Government, and to the fundamental rights of the individual. All these elements of the *Etat de droit* have undoubtedly served as a means to justify the need to establish a system of judicial review of the constitutionality of legislation and other state acts and of its legitimacy. They have also served to justify arguments in some cases, against the emergence of such control. In studying the foundations of judicial review of constitutionality I will then consider some of their main arguments for and against, as have been developed in contemporary constitutional law.

Anyway, we must admit that the possibility of a judicial control of the constitutionality of legislation and other state organs, only has its full juridical sense in a *Etat de droit* where the following principles derive from the submission of state organs to the rule of law: first, the principle of the organization of state powers in such a way as to eliminate all possibility of the unlimited exercise of power; secondly, the principle of a legal guarantee established against arbitrariness in the functioning of the state organs; thirdly, the establishment of the fundamental rights of individuals, as a limit upon the state itself; and fourthly, the formal expression of the afford mentioned principles in a fundamental law or Constitution, as a basic legal rule of state action.

II. THE CONSTITUTION AND ITS SUPREMACY

The *Etat de droit* is obviously closely related to the idea of a constitution as a fundamental norm and to the theory of a graduated or hierarchical system of the

---

(362) M. CAPPELLETTI, "Necessité et légitimité de la justice constitutionnelle" in L. FAVOREU (ed.) *Cours constitutionnelles européennes et droit fondamentaux*, *cit*, p. 483. Also reproduced in *Revue internationale de droit compare*, 1981, (2), p. 647.

legal order, as Professor Manuel García Pelayo, former President of the Spanish Constitutional Tribunal said, it implies:

> That the constitution as a fundamental positive norm, links all the public powers, including Parliament, and thus, consequently, the law cannot be contrary to constitutional precepts, to those principles which arise or are to be inferred from them, and to the values which it aspires to put into practice. This, -he concluded-, is the essence of the *Estado de Derecho.*(363)

Therefore, the fundamental rule in the *Etat de droit*, as we have seen, is the primacy of the rule of law in the sense that all state organs are subject to the rule of law. This fundamental rule shows itself, above all, in two ways: first, in the primacy of the constitution over acts of Parliament and over all other state acts, particularly those issued in direct execution of the constitution; and second, in the primacy of acts of Parliament over all other state acts regulated by it, and to which they must be submitted.

However, when we say that the first consequence of the constitutionalization process in the *Etat de droit* is the primacy of the constitution this does not mean, of course, that the only constitutional norms that have primacy are the sole formal written articles of the constitution, but also the entirely of the fundamental values that are the pillar of the constitution itself and that, at the same time, are to be inferred from its norms. The role of the judiciary in this aspect, as we will see, has been and is essential.

1. The Constitution as a Higher and Effective Law

The whole possibility of judicial review of constitutionality is not only the ultimate result of the consolidation of the *Etat de droit*, but also in particular, of the notion of the constitution as a higher and fundamental positive law itself with the characteristics of an effective law. That is to say, the constitution conceived "not as a mere guideline of a political, moral, or philosophical nature, but as a real law, itself a positive and binding law, although of a superior, more permanent nature than ordinary positive legislation."(364)

Therefore, one of the fundamental trends in modern constitutionalism is the concept of a constitution as a normative reality and not as an occasional political compromise of political groups, changeable at any moment when the equilibrium between them is modified. In this sense in the contemporary world, constitutions are effective juridical norms, which overrule the whole political process, the social and economic life of the country, and which give validity to the whole

(363) M. GARCÍA PELAYO, "El Status del Tribunal Constitucional", *Revista española de derecho constitucional*, 1, Madrid 1981, p. 18.

(364) M. CAPPELLETTI, *Judicial Review of Legislation and its Legitimacy. Recent Development. General Report. International Association of Legal Sciences*, Uppsala 1984, (mineo), p. 20 ; also published as the "Rapport Général" in L. FAVOREU and J.A. JOLOWICZ (ed.). *Le contrôle juridictionnel des lois. Légitimité, effectivité et développement récents*, Paris 1986, pp. 285-300.

legal order.[365] In this sense, constitution, as a supreme real and effective norm, must contain rules applicable directly to state organs and to individuals.

In relation to the state, constitution today has the same fundamental character that it had in the origins of constitutionalism in North America, and that were later changed in Europe during the course of the last century.

The constitution was originally a fundamental law limiting state organs, and it declared the fundamental rights of individuals, as a political consensus given by the people themselves and, therefore, directly applicable for the courts. The adoption of this concept in continental Europe with the French Revolution was later modified by the monarchical principle, which turned the concept of the constitution into a formal and abstract code of the political system, given by the monarch, and not to be applied by the courts. The constitution in this context had no norm directly applicable to individuals who were only ruled by the formal laws, and even though it contained an organic part, the absence of means of judicial review brought about the loss of its normative character.

Nevertheless, in the European continental legal systems, the concept of the constitution has changed and is again closer to its original conception as a higher law with norms applicable to state organs and to individuals, judged by the courts. In this sense, we can consider as valid the terms of the American Supreme Court decision in *Trop.* v. *Dulles*, 1958, in which the following was stated in relation to the normative character of the constitution:

> The provisions of the constitution are not time-worn adages ox hollow shibboleths. They are vital, living principles that authorise and limit governmental powers in our nation. They are rules of government. When the constitutionality of an act of Congress is challenged in this Court, we must apply those rules. If we do not, the words of the constitution become little more than good advise.[366]

Therefore, in contemporary legal systems, constitutions are not those simple pieces of "good advise" or "time-worn adages"; on the contrary, their contents are of a normative character, which rule both governments and individuals. This is in true even in France, where in the traditional constitutional system after the 1875 Constitutional Laws, due to the exclusion of the declaration of rights from the text of the constitution,[367] its provisions were considered not to be directly applicable to individuals.

However, after recent decisions of the Constitutional Council adopted in the seventies, the *bloc de la constitutionalité*[368] has been enlarged to include the Declaration of Rights of Man and Citizens of 1789, the Preambles of the 1946 and 1958 Constitutions, and the fundamental principles recognised by the laws of

---

(365) E. García de Enterría, *La Constitución como norma y el Tribunal Constitucional*, Madrid 1985, pp. 33, 39, 66, 71, 177, 187.

(366) 356 US 86 (1958).

(367) J. Rivero, *Les libertes publiques*, Vol. 1, Paris 1973, p. 70.

(368) L. Favoreu, "Le principe de constitutionalité. Essai de definition d'après la jurisprudence du Consel constitutionnel", in *Recueil d'etudes en l'honneur de Charles Eisenmann*, Paris 1977, p. 33.

the Republic.[369] This has led Professor Jean Rivero to say with regard to the creation of the law by the constitutional judge, that with the decisions of the Constitutional Council, based on "the constitution and particularly on its Preamble", a revolution has taken place. He wrote:

> In a single blow, the 1789 Declaration, the 1946 Preamble, the fundamental principles recognised by the laws of the Republic, have been integrated into the French constitution, even if the Constituent did not want it. The French constitution, has doubled its volume through the single will of the Constitutional Council.[370]

This normative character of the constitution, relating to state organs and to individuals, and its enforcement by the Courts, has also brought about a change in the so-called "programmatic norms" of the constitution, which have been considered as norms directly applicable only to the legislator.[371]

In effect, it is current to find in modern constitutions, even in the context of social and economic rights, norms that are, in fact, formulated as a political guideline directed to the legislator. This has led to the consideration that those constitutional norms were not directly applicable to individuals until the legislator itself had adopted formal laws in accordance with the "programme" established in the constitution. Therefore, only laws, issued for its legal development were to be applied by the courts.

The normative character of the constitution on the contrary, as a fundamental trend of contemporary constitutionalism, tends to overcome this programmatic character attributed to certain constitutional norms, and seek its enforcement by the courts as norms directly applicable to individuals, so as not to consider them as those pieces of "good advise" referred by Chief Justice Warren to in the *Trop v. Dulles case* (US. 1958). Therefore, those "programmatic norms" or provisions of state aims must be also enforceable by the courts as principles that must orientated the actions of the state.

Nevertheless, in contemporary constitutional law and in relation to judicial review, this judicial control of the constitution is essentially possible not only when a constitution exists as a real norm enforceable by the courts, but also when it has supremacy over the whole legal order, in the sense that it has primacy over all the rules of law contained in a given legal system. This supremacy of the constitution over the other rules of law, and particularly over acts of Parliament implies that the constitution is the supreme norm which establishes the supreme values of a legal order. From this position of supremacy, it can be taken as the parameter for the validity of the remaining legal rules of such a system.

---

(369) L. FAVOREU, *Le contrôle juridictionnel des lois et sa légitimité. Développements récents en Europe Occidentale*, Association Internationale des Sciences Juridiques, Colloque d'Uppsala 1984, (mineo), p. 8 ; also published in L. FAVOREU and J.A. JOLOWICZ, *op. cit.*, pp. 17-68.

(370) J. RIVERO, "Rapport de Synthèse" in L. FAVOREU (ed.), *Cours constitutionnelles europeenes et droit fondamentar,* Aix-en-Provence 1982, p. 520.

(371) E. GARCÍA DE ENTERRÍA, *op. cit.*, p. 37, 69. *Cf.* P. BISCARETTI DI RUFFIA and S. ROZMARYN, *La Constitution comme loi fondamentale dans les Etats de l'Europe occidentale et dans les Etats s ocialistes*, Torino 1966, p. 39.

2. English Background of the Constitutional Supremacy and the American Constitutionalism

This concept of the constitution as a higher law is, undoubtedly, the great creation of American constitutionalism, and a contribution to the universal history of law, and it is the basis of the very notion of judicial review.

This concept, particularly in North America, as developed by Edward S. Corwin in his well known work *The 'Higher Law' background of American Constitutional Law*,(372) incorporates the tradition of natural law in the version of Locke and Coke as the "law of laws", the "immutable law", that is to say, *lex legum*, *lex aeterna* and *lex immutabile.* That law was given concrete form in the pacts and charters of the American colonies, and later formalised as a fundamental law in a solemn document, precisely that document which was to become known by the term "constitution."

The concept of the constitution as a supreme or fundamental law, derived in North America from the technique of judicial review, which developed that constitutional supremacy stemmed, in fact, from English *common law*, considered as a fundamental law.

Prior to the seventeenth century, in the English system, *common law* as non legislated law, prevailed over statutes, considered as singular or exceptionally created norms in relation to the previously established common law.(373) This technique of the predominance of common law over statutes, or as Chief Justice Edward Coke stated, "the traditional supremacy of the common law over the authority of Parliament"(374) led to the famous *Bonham's case* 1610, in which Coke stated, that:

> It appears in our books, that in many cases, the common law will control acts of Parliament, and sometimes adjudge them to be utterly void: for when an act of Parliament is against common right and reason, or repugnant, or impossible to be performed, the common law will control it and adjudge such act to be void.(375)

That "common right and reason" was, undoubtedly, something fundamental, something permanent; in short, a higher law, binding on Parliament and on ordinary courts.

One of these fundamental laws, according to Coke, was precisely the *Magna Carta* of which he said was called

---

(372) E.S. CORWIN, *The 'Higher Law' Background of American Constitutional Law*, NY 1955; Reprinted from *Harvard Law Review*, Vol. XLII, 1928-1929, p. 149-185 and 365-409.

(373) M. CAPPELLETTI, *Judicial Review in the. Contemporary World,* Indianapolis 1971, p. 36-37.

(374) Quoted by E.S. CONWIN, *op. cit.*, p. 38. Regarding the inconsistance of Coke's views see W. HOLDSWORTH, *A History of English Law*, Vol. V, London 1966, p. 475.

(375) See the quotation and its comments in Ch. H. MCILWAIN, *The High Court of Parliament and its Supremacy*, Yale 1910, p. 286-301. See the criticisms on Lord Coke's concepts in L.B. BOUDIN, *Government by Judiciary*, NY 1932, Vol. I, p. 485-517.

> Magna Charta, not for the length or largeness of it... but... in respect of the great weightiness and weighty, greatness of the matter contained in it; in a few words, being the fountain of all the fundamental laws of the realm.[(376)]

The Magna Charta was, therefore, considered a fundamental law and it is in this sense that it must be considered as the remote antecedent of modern constitutions.

But, with regard to the concept of a higher law binding acts of Parliament, Corwin referred to another case *Day* v. *Savadge* 1614, where Chief Justice Hobart, even though without direct reference to Bonham's case, stated:

> Even an act of Parliament, made against Natural Equity, as to make a Man Judge in his own cause, is void in itself; for *jura naturae sunt immutabilia* and they are *leges legum.*[(377)]

After the 1688-1689 Revolution, the principle of the supremacy of Parliament took place in English law and, therefore, the principle of general submission to legislative power. Even though, twelve years after the Revolution, Chief Justice Holt commented on Dr. *Bonham's* Case in the case City of *London v. Wood*, 1701 stating:

> And what my Lord Coke says in Dr. Bonham's Case... is far from any extravagancy, for it is very reasonable and true saying, that if an act of Parliament should ordain that the same person should be party and judge, or which is the same thing, judge in his own cause, it would be a void act of Parliament; for it is impossible that one should be judge and party, for the judge is to determine between party and party.[(378)]

Nevertheless, Holt accepted the principle that,

> An act of Parliament can do no wrong" thus the supremacy of Parliament was already accepted, even though he considered that if it was against the principles of natural law -today's natural justice- it would only look pretty odd.[(379)]

It must be said that this supremacy of Parliament had a paradoxical direct effect on the development of judicial review in North America in the sense that before the Declaration of Independence, laws passed by the colonial legislatures were in several cases, pronounced invalid as contrary to the laws of England or to the colonial charters.[(380)] Therefore, as Mauro Cappelletti has said,

> Though the Glorious Revolution of 1688 marked the triumph of Legislative supremacy in England, the American colonies had nonetheless inherited both Coke's ideas regarding the subordination of Crown and Parliament to higher law and a judiciary accustomed to interpreting and at times ignoring legislative acts violating higher principles... Paradoxically the Glorious Revolution not only did not hinder, but rather it spurred the development of the new doctrine of judicial review.[(381)]

In his same book about *Judicial Review in the Contemporary World*, Cappelletti insisted on the same idea:

---

(376) E.S. CORWIN, *op. cit.* p. 54-55

(377) *Idem*, p. 52.

(378) *Idem*, p. 52.

(379) Ch. H. MCILWAIN, *op. cit.*, p. 307

(380) C.P. PATTERSON, "The Development and Evaluation of Judicial Review", *Washington Law Review*, 13, 1938, p. 75, 171, 353.

(381) M. CAPPELLETTI, *Judicial Review in the Contemporary World*, *cit.*, p.-38-39.

> The principle of parliamentary supremacy - and hence the supremacy of positive law which was introduced in England following the Glorious Revolution of 1688, produced quite different results in America than in England. In England the result was to remove every control over the validity of legislation from the judges, despite the early successes of Lord Coke's doctrine. In America, on the contrary, the result was to empower the colonial judges to disregard local legislation not in conformity with the English law. Thus the apparent paradox has been explained: how the English principle of the uncontrolled supremacy of the legislature helped, rather than hindered, the formation in America of an opposite system.[(382)]

In this way, if it is true that the dictum in *Dr. Bonham's case* after the final triumph of Parliament over the Crown had no place of importance in judicial decisions in England, it passed to America. As Professor E.S. Corwin said,

> To join there the arsenal of weapons being accumulated against Parliament's claims to sovereignty.[(383)]

Thus, the North American colonist linked up directly with the tradition of Coke, regarding the subordination of Crown and Parliament to a higher law embodied to a great extent in a particular document, that were after the Declaration of Independence the constitutions adopted by the new states. That is why in a few states, particularly in Pennsylvania and Vermont, after 1776, the idea that state laws could not be repugnant to their basic laws was emphasised; and the courts of New Jersey started to put the idea of judicial review into practice in 1780.[(384)]

During the Constitutional Convention of 1787 the problem of judicial review was only considered incidentally, and the discussions on the matter were related more to the supremacy of the constitution over the states legislation. Thus the principle that the constitution is the supreme law of the land which should be applied by judges, notwithstanding any disposition to the contrary in the constitutions or laws of the member states appears incorporated in the 1787 constitution. It is what is known as the "Supremacy Clause."[(385)]

We must additionally stress that in Article I, Section 9, some limitations where imposed on Congress in the constitution[(386)] and in 1789 the first amendment of the constitution, with the other nine aimed at establishing a Bill of Rights, was conceived as a limit on Legislative Power, stating that

> Congress shall make no law respecting an establishment of religion, or prohibiting the free exercise thereof; or abridging the freedom of speech or of the press; or the right of the people peaceable to assemble, and to petition the Government for a redress of grievances.

---

(382) *Idem*, p. 40.

(383) E.S. CORWIN, *op. cit.*, p. 53.

(384) W.J. WAGNER, *The Federal States and their Judiciary*, The Hague 1959, p. 87-88.

(385) Article VI, paragraph 2nd of the constitution state: "This constitution, and the Laws of the United States which shall be made in pursance thereof; and all Treaties made, or which shall be made, under the Authority of the United States, shall be the Supreme Law of the Land; and the Judges in every State shall be bound thereby, anything in the constitution or Laws of any State to the contrary notwithstanding."

(386) For instance: "The privilege of the Writ of Habeas Corpus shall not be suspended, unless when in cases of Rebellion or Invasion the public Safety may require it. No Bill of Attainder-or ex post facto law shall be passed."

The "supremacy clause", the constitutional limitations imposed on Congress by the constitution and the authority given to the Supreme Court to "extend to all causes, in law and equity, arising under this constitution" (Article III, section 2), together with the "higher law" background of the constitutional system, led to the formal adoption of the doctrine of constitutional supremacy and therefrom of judicial review.

The supremacy of the constitution, considered as a higher and fundamental law was first developed in 1788 by Alexander Hamilton in *The Federalist*. When referring to the role of the courts as interpreters of the law; he stated:

> A constitution is, in fact, and must be regarded by the judges, as a fundamental law. It therefore, belongs to them to ascertain its meaning, as well as the meaning of any particular act proceeding from the legislative body. If there should happen to be an irreconcilable variance between the two, that which has the superior obligation and validity ought, of course, to be preferred; or, in other words, the constitution ought to be preferred to the Statute, the intention of the people to the intention of their agents.

He added in response to the assertion that "the rights of the courts to pronounce legislative acts void, because contrary to the constitution" would "imply a superiority of the judiciary to the legislative powers", the following:

> Nor does this conclusion -that the Courts must prefer the constitution over statutes- by any means supposes a superiority of the judicial to the legislative body. It only supposes that the power of the people is superior to both; and that where the will of the legislature, declared in its Statutes stands in opposition to that of the people declared in the constitution, the judges ought to be governed by the latter rather than the former. They ought to regulate their decisions by the fundamental laws, rather than by those which are not fundamental.

Thus, his conclusive assertion that:

> No legislative act, therefore, contrary to the constitution, can be valid. To deny this, would be to affirm, that the deputy is greater than his principal; that the servant is above his master; that the representative of the people are superior to the peoples themselves; that men acting by virtue of powers, may do not only what their powers do not authorise, but what they forbid.

Thus, in *The Federalist*, Hamilton not only developed the doctrine of the supremacy of the constitution, but more importantly the doctrine of "the judges as guardians of the constitution", as the title of letter No. 78 reads, where Hamilton said, considering the constitution as a limit to state powers and particularly to the Legislative authority, that,

> Limitations of this kind can be preserved in practice no other way than through the medium of courts of justice, whose duty it must be, to declare all acts contrary to the manifest tenor of the constitution, void. Without this, all the reservations of particular rights or privileges would amount to nothing.(387)

The First Congress, in the first judiciary act of 1789 contemplated the possibility of invalidating statutes "repugnant to the constitution, treaties or laws

---

(387) *The Federalist* (ed. by B.F. Wright), Cambridge, Mass 1961, p. 491 -493

of the United States" by the courts. This led the Federal Circuit Court in 1795 (*Vanhorne's Lessee v. Dorrance*) and in 1800 (*Cooper v. Telfair*) to declare state laws void on the grounds that they were repugnant to the states and to the federal constitutions.(388)

In fact, the principle of the supremacy of the constitution was first developed in relation to the legislation of the Federal states, in *Vanhorne's Lessee v. Dorrance* (1795), a federal circuit court case in which Justice William Paterson declared a Pennsylvania Statute invalid. In his charge to the jury, comparing the system of England and America, he said:

> Some of the judges in England, have had the boldness to assert, that an act of Parliament made against natural equity, is void; but this opinion contravenes the general position that the validity of an act of Parliament cannot be drawn into question by the judicial department; It cannot be disputed, and must be obeyed. The power of parliament is absolute and transcendent; it is omnipotent in the scale of political existence. Besides, in England there is no written constitution, no fundamental law, nothing visible, nothing real, nothing certain, by which a Statute can be tested. In America, the case is widely different: Every state in the Union has its constitution reduced to written exactitude and precision.

And he asked:

> What is a constitution? It is the form of government, delineated by the mighty hand of the people, in which certain First principles of fundamental laws are established. The constitution is certain and fixed; it contains the permanent will of the people, and is the supreme law of the land; it is paramount to the power of the legislation, and can be revoked or altered only by the authority that made it.

Along the same line of thought, he also referred to legislation, by asking:

> What are legislatures? Creatures of the constitution; they owe their existence to the constitution; they derive their powers from the constitution; it is their commission; and, therefore, all their acts must be conformable to it, or else they will be void. The constitution is the work or will of the people themselves, in their original, sovereign, and unlimited capacity. Law is the work or will of the legislature in their derivative and subordinate capacity. The one is the work of the Creator, and the other of the creature. The constitution fixes limits to the exercise of legislative authority and prescribes the orbit within which it must move.

Justice Paterson concluded his statement delivered in 1795 by saying to the jury

> In short, gentlemen, the constitution is the sum of the political system, around which all legislature, executive and judicial bodies must revolve. Whatever may be the case in other countries, yet in this, there can be no doubt, that every act of the legislature, repugnant to the constitution, is absolutely void....(389)

Following these trends, and despite the Framers of the constitution intending that judicial review be one of the fundamental principles of the American constitutional system or not, it was first established in relation to federal laws in

(388) W.J. WAGNER, *op. cit.*, p. 90-91.

(389) 2. Dallas 304 (1795). See the text in S.I. KUTLER (ed.), *The Supreme Court and the Constitution. Readings in American Constitutional History*, NY 1964 , p. 7-13.

the Case celebrated *Marbury v. Madison* Case 1803.[390] In it the principle of supremacy of the constitution was the basic argument for the exercise of that power of judicial review by the Supreme Court.

In effect, Chief Justice Marshall aiming to determine whether the Supreme Court in accordance with the constitution, could exercise the authority given it by the Judiciary act 1789 to issue writs of mandamus to public officers, and considering that it "appears not to be warranted by the constitution", decided to "inquire whether a jurisdiction so conferred can be exercised", and to that end he developed the doctrine of the supremacy of the constitution based on the question "whether an act repugnant to the constitution can or can not become the law of the land."

To answer this question, he followed a logical approach, establishing first the principle of the supremacy of the constitution. He started his argument by accepting the idea of an "original right" of the people to establish the principles regulating "their future government", as "the basis on which the whole American fabric had been erected." This original right to adopt those "fundamental" and "permanent" principles, he considered, was a very great exertion, so was not to be "frequently repeated."

This "original and supreme will", he said, "organises the government... assigns to different departments their respective powers... (and) establishes certain limits not to be transcended by those departments." He considered that the government of the United States was of that kind, in which "the powers of the legislature are defined and limited", and it was precisely for the purpose "that those limits may not be mistaken, or forgotten", that a written constitution containing those fundamental and permanent principles was adopted.

He then asked:

> To what purpose are powers limited, and to what purpose is that limitation committed to writing, if these limits may, at any time, be passed by those intended to be restrained? The distinction between a government with limited and unlimited powers is abolished if those limits do not confine the person on whom they are imposed, and if acts prohibited and acts allowed are of equal obligation.

Thus, he stressed the alternative as:

> A proposition too plain to be contested that the constitution controls any legislative act repugnant to it; or, that the legislative may alter the constitution by an ordinary act;

in relation to which, he stated:

> Between these alternatives there is no middle ground. The constitution is either a superior paramount law, unchangeable by ordinary means, or it is on a level with ordinary legislative acts, and, like other acts, is alterable when the legislature shall please to alter it.
>
> If the former part of the alternative be true, then a legislative act contrary to the constitution is not law; if the latter part be true then written constitutions are absurd attempts on the part of the people to limit a power in its own nature illimitable.

---

(390) 5.U.S. (1 Cranch), 137; 2 L. Ed 60 (1803). In relation to this case see in general E.S. CORWIN, *The Doctrine of Judicial Review. Its Legal and Historical Basis and other Essays*, Princeton 1914, p. 1-78.

Of course, his conclusion was that the constitution was the "fundamental and paramount law of the nation", a principle that he considered "as one of the fundamental principles of our society." Therefore, he accepted the principle that "an act of the legislature repugnant to the constitution is void", considering "the very essence of judicial duty" to determine the rules that govern the case when a law is in opposition to the constitution. In such cases, he concluded, "the constitution is superior to any ordinary act of the legislature, the constitution and not such ordinary acts, must govern the case to which they both apply." The contrary, -he stated-, would mean to give "to the legislature a practical and real omnipotence... would be the same as prescribing limits and declaring that those limits may be passed at pleasure all of which, -he concluded-, would "subvert the very foundation of all written constitutions."

After this case, the principle of the supremacy of the constitution in the sense that it overrides any other law inconsistent with it, became one of the main features of modern Constitutionalism, and of course, of the possibility itself, of judicial review of legislation.

Nevertheless, the supremacy of the constitution in modern times is not only a matter of implication according to the logic of the *Marbury v. Madison* case, but is a consequence, in many cases, of express declarations in that sense in the constitution itself, as was the classic case of the 1920 Czechoslovakian constitution, which stated in article I, 1:

> All the laws contrary to the Constitutional Charter, to its parts and also to the Laws that modify or complement it, are invalid.

This sort of express declaration, considered by Hans Kelsen as one of the "objective guarantees" of the constitution,(391) can be as a common trend in contemporary constitutionalism, particularly, in the constitutions of Latin America(392) and Africa.(393) In the latter, as B.O. Nwabueze said:

> When a court declares a statute invalid for unconstitutionality it is merely acting as a mouthpiece, an instrumentality, of the constitution.(394)

However, the concept of Constitutional supremacy, the constitution considered as a fundamental and higher law built up by American Constitutionalism, was not followed in Europe in the last century, and was only adopted in the 20th century. This European immunity regarding the supremacy of the constitution and judicial review, taking into account the historical process developed after the French Revolution, is explained by the development of the monarchical principle, as a consequence of the restoration of the monarchical idea that made the monarch a

---

(391) H. KELSEN, "La guarantie juridictionnelle de la constitution. La Justice constitutionnelle", *Revue du droit public et de la science politique en France et à l'étranger*, Paris 1928, p. 214.

(392) The Venezuelan constitution 1961 for example in article 46 establishes: "Every act of the Public Power which violates or impairs the rights guaranteed by this constitution is void...."

(393) Constitution of Uganda (Art. 1), Kenya (Art. 3), Nigeria (Art. 1), Swaziland (Art. 2). *Cf.* B.C. NWABUEZE, *Judicial Control of Legislative Action and its Legitimacy. Recent Development* (African Regional Report), International Association of Legal Science. Uppsala Colloquium 1984 (mineo), p. 2.

(394) *Idem*, p. 2.

preconstitutional source of power, all reducing the constitution to a simple formal code given by the monarch regarding the relation of the organs of the state, without any other outcome and in particular, without a dogmatic part related to fundamental rights and applicable to the citizen.(395) Additionally, both the principle of parliamentary sovereignty and the extreme interpretation of the separation of powers, the doctrine that gave the legislator immunity from the judicial power also contributed to the non-adoption of the principle of the supremacy of the constitution.

In Europe, the reception of the doctrine of supremacy of the constitution and of judicial review took place only after the First World War, mainly through the constitutional system designed by Hans Kelsen for his own country, Austria, and reflected in the 1920 Austrian constitution. It was also reflected in the constitution of Czechoslovakia in the same year.

Years later, after the Second World War, the Austrian system of constitutional supremacy and judicial review was adopted in Germany and Italy and through their influence, in other European constitutional systems.

As Professor Louis Favoreu recently pointed out, it has only been over the last decades that Europe has "rediscovered" the constitution as a superior law which establishes certain fundamental values of society out of reach of temporary or passing majorities, transferring the traditional sacred character of acts of Parliament to the constitution. Therefore, the constitution has been "rejuridicised" in the sense of now being considered as a fundamental law directly enforceable by the judges and applicable to individuals.(396)

3. Supremacy and Rigidity of the Constitution

We have said that judicial review of constitutionality, particularly of the constitutionality of legislation, translated into a judicial control of legislative action, firstly requires the existence of a written constitution, a product of a constituent sovereign power, the people, conceived as a fundamental and enforceable real law with direct effects on both state organs and individuals. We have also said that for the existence of judicial review, the constitution is also required to have a hierarchical pre-eminence, superiority or supremacy over all the constituted powers established by the constitution itself.

This supremacy of the constitution is, of course, closely related to its rigid character, which means that the norms of the constitution are immune to the powers of the ordinary legislator. This characteristic of the constitution is the general trend in constitutional law all over the world, with the exception of

(395) E. García de Enterría, *op. cit.*, p. 55-56

(396) L. Favoreu, *Le contrôle juridictionnel des lois et sa légitimité. Développements récents en Europe occidentale*, *doc. cit.*, p. 23.

systems like those of the United Kingdom, New Zealand and Israel, which have unwritten constitutions, therefore flexible ones.(397)

In principle, judicial review is essentially related to rigid constitutions,(398) although not all the countries with this kind of constitution have a system of judicial review, and it has also been accepted that even in systems with flexible constitutions some kind of judicial review is possible. Nevertheless, as we have said, the judicial control of the constitutionality of legislation finds its complete sense and meaning, in constitutional systems, with written and rigid constitutions, in which the fundamental law is adopted in an entrenched way, implying that its amendments and reforms can only take place through special procedures and not through ordinary legislative processes.

In this sense, for instance, Professor Maurice Duverger considered conclusively that "the existence of a judicial control of the constitutionality of laws needs the constitution to be a rigid constitution and not a flexible constitution."(399) And in fact, it is in the framework of rigid constitutions that one may distinguish between constitutional and ordinary norms, and where the principle of constitutional supremacy is definitively accepted.

In rigid constitutional systems the principle of *lex superior derogat legi inferiori* is the one to be applied when judging the constitutionality of laws; whereas in flexible constitutional systems, in which the constitution does not have the character of supreme law, the conflict between legal norms is not that expressed by Chief Justice Marshall in the *Marbury v Madison* case, but between norms of equal rank. Therefore, in such cases, the traditional principles of interpretation: *lex posterior derogat legi priori* and *lex specialis derogat legi generali*(400) are in fact normally applicable. Consequently, judicial review is closely related to rigid constitutions, even though as we have said, not all the countries that have rigid constitutions, have a system of judicial review.

Nevertheless, if it is true that in flexible constitutional systems the absence of an entrenched constitutional text allows the ordinary legislator to reform or amend the constitution, and, therefore, prevent the development of an effective system of judicial review, it has been correctly pointed out that some distinction can be established between constitutional norms and ordinary legislative norms, not with regard to their formal aspects but in relation to their content. In rigid constitutions, the difference between these norms is especially a formal one, in the sense that constitutional norms are only amendable through special procedures, but the distinction also exists in flexible constitutions even though not in a formal sense, but in relation to the content of such norms.(401)

---

(397) J. BRYCE, *Flexible Constitutions and Rigid Constitutions*, Spanish edition: *Constituciones flexibles y constituciones rígidas*, Madrid 1962, p. 19.

(398) See in contrary, G. TRUJILLO FERNÁNDEZ, *Dos Estudios sobre la constitucionalidad de las leyes*, La Laguna 1970, p. 11, 17.

(399) M. DUVERGER, *Institutions politiques et droit constitutionnel*, Paris 1965, p. 222.

(400) P. DE VEGA GARCÍA, "Jurisdicción constitucional y crisis de la Constitución", *Revista de estudios políticos*, 7, Madrid 1979 p. 94.

(401) G. TRUJILLO FERNÁNDEZ, *op. cit.*, p. 17, 18.

Thus if it is true that in flexible constitutions, judicial review in the formal sense cannot exist, it is not impossible in the substantive sense regarding the content of the norms.(402)

In this respect we can also say that in systems with flexible constitutions, certain conditions over reforming some acts of Parliament, allowing the formal control of the "constitutionality" of legislation can be established. In some respects, it is Israel's case that we must stress, a country that we said, has a non-written constitution.

In effect, in the 1948 Declaration of the Establishment of the State of Israel adopted on the eve of the termination of the British Mandate over Palestine, some fundamental principles were proclaimed by the People's Council, among which it was stated that a constitution was "to be drawn up by the Constituent Assembly not later than the 1st of October, 1945."(403) The constitution was never drafted and instead the Knesset passed what is called the *Harari* Resolution, in which "the Constitutional Legislative and Judicial Committee" was charged "with the duty to prepare a draft constitution for the state", following these guidelines:

> The constitution shall be composed of individual chapters in such a manner that each of them shall constitute a basic law in itself. The chapters shall be brought before the Knesset to the extent at which the Committee will terminate its work and all chapters together will form the state constitution.(404)

It has been considered that with this Resolution, the constituent powers inherent in the first Knesset have passed on to all successive Knessets, and in its "continuing constituent authority" the Knesset has approved various "basic laws" related to the Knesset itself, to Israeli lands, to the president of the state, to the government, to the state economy, to the Army, and to Jerusalem Capital of Israel.(405) Some of these "basic laws" have been passed in an entrenched way, in the sense that their repeal or amendments can be adopted only by "a majority of the members of the Knesset." Among these "basic laws" is the "Basic law: The Knesset" passed in 1958, in which the Knesset limited its own parliamentary supremacy.

In 1969, the problem of the reviewability of ordinary legislation that is inconsistent with the basic laws was placed before the Supreme Court and was decided upon in the case *Bergman v Minister of Finance*.(406) The facts were the following: the Knesset passed a law providing for the financing of the political

---

(402) P. Lucas MURILLO DE LA CUEVA, "El examen de la constitucionalidad de la leyes y la soberanía parlamentaria", *Revista de estudios políticos*, 7, Madrid 1979, p. 206.

(403) A. SHAPIRA, *The Constitution and its Defense in Israel: Fundamentals, Guarantees Emergency Powers and Reform*, Internacional Congress on the constitution and its Defense, U.N.A.M. México 1982, (mimeo), p. 2-5. See also A. SHAPIRA, "Judicial Review without a Constitution: The Israeli Paradox", *Temple Law Quarterly*, 56, 1983, p. 405.

(404) A. SHAPIRA, *The Constitution ..., cit.*, p. 8.

(405) *Idem*, p. 9.

(406) 23. P.D. (1) 693 (1969). See the references in J.D. WHYTE, *Judicial Review of Legislation and its Legitimacy: Developments in the Common Law World*, International Association of Legal Sciences, Uppsala Colloquium 1984, p. 57; A. SHAPIRA, *The Constitution... op. cit.*, p. 9-13.

parties' election costs, out of public funds, and the funds were to be distributed in proportion to the party's representation in the outgoing Knesset and not in strictly equal terms. Dr. Bergman, a Tel-Aviv lawyer, challenged this statute as being inconsistent with the “Basic law-The Knesset”, which provided not for proportional participation in the election but “for general, national... equal... elections”, and he challenged the Statute considering that it was passed by the Knesset by less than the required absolute majority of its total membership for its amendment. The Supreme Court, although it did not expressly decide upon the constitutional questions, by stating that it was “far from purporting to affect whosoever the sovereignty of the Knesset as the legislative authority”, in fact opened the way to judicial review of legislation inconsistent with the Basic Laws.(407) The decision, in fact, offered the Knesset two possible courses of action: it could either re-enact the Financing law, tainted with inequality as it was, by the absolute majority needed under the Basic law: the Knesset; or it could rectify the legislative scheme of financing so as to remove there from the unacceptable element of inequality.

Reacting to the *Bergman* case, the Knesset took two steps to rectify its mistakes: first, it adopted an amendment to the Financing law which cured its original defect of inequality; second, the Knesset passed, by an absolute majority, the Election law, 1969, which provided that:

> For the purpose of removing doubt it is hereby laid down that the provisions contained in the Knesset Election law are from the date of their coming into effect valid for ever legal proceeding and for every matter and purpose.(408)

The *Bergman* decision is without doubt of particular importance and as Professor Amos Shapira has pointed out, it can lead the way to judicial review of constitutionality in a country like Israel, with an unwritten and flexible constitution. Of course the Supreme Court did not invalidate the challenge law, but did not hesitate to investigate its validity by looking at the legislative journals to see if the Financial law had or had not been passed by an absolute majority. Furthermore, it did not declare the defective Financing law as unconstitutional and void, but ordered the Minister of Finance not to give effect to the law; it recognised the sovereignty of the Knesset or Parliament, but acknowledged the constituent power of the Knesset to bind itself and its successors through an entrenched clause of its Basic law. Finally, it was careful not to establish a precedent but really it revolutionised the Israeli legal system “by introducing *de facto* judicial supervision of the constitutionality of primary legislation.”(409)

In conclusion, a principle of differentiation between higher law (Basic Laws) and ordinary law (regular Knesset legislation) can almost be established in Israel, even if it does not have a written constitution and the constitution is flexible; and after the *Bergman* decision a principle of judicial review can also be distinguished, even though it seems, it is only the beginning of a long ongoing process.

---

(407) J.D. WHYTE, *op. cit.*, p. 58.
(408) A. SHAPIRA, *The Constitution..., cit.*, p. 10.
(409) *Idem*, p. 11.

Of course, this special situation is exceptional and evidently not resolved definitively. What is admitted is that the supremacy of the constitution and judicial review of legislation is normally found in legal systems with written and rigid constitutions.

4. The Supremacy and the Unwritten Constitutional Principles

Nevertheless, this assertion leads us to another problem related to written constitutions and to the possibility of judicial review. The problem concerning the scope of judicial review powers regarding the formal text of written constitutional rules and the admissibility of judicial review of legislation based on the unwritten principles and values of the written constitution. In other words, the question to determine is whether judicial control of the constitutionality of legislation must only be exercised in relation to norms contained in written articles of the constitution, or whether it can be exercised in relation to non written norms that result from deduction from the constitution and its spirit.(410)

The problem regarding the active role of the supreme Court has been widely discussed in North America particularly over the protection of fundamental rights, and has produced two antagonistic alternatives concerning the role of judges in judicial review: the interpretative and the non-interpretative role.(411)

According to the interpretative method, constitutional judges are limited to the application of the concrete norms established in the written constitution itself or clearly implicit therein; this was the model originally followed by Hamilton and Chief Justice Marshall and according to which legislation can only be invalidated by a deduction, whose fundamental premise is clearly found in the constitution.

At the other extreme, the non-interpretative model wants judges to go beyond the literal references of the constitution and to execute the norms that are not to be found within the boundaries of the written document, but that form the permanent and fundamental values of a given society and its political system.

In Thomas Grey's opinion, the purest form of the non interpretative model, which he considered almost dead in North America, recognises the general principles of republican government and natural justice of human rights, establish limitations on legislative authority, the actual words of the written text of the constitution or even its existence not being important.(412) This non interpretative

---

(410) L. FAVOREU "Rapport général introductif" in L. FAVOREU (ed.), *Cours constitutionnelles... cit.*, p. 45

(411) J.H. ELY, *Democracy and Distrust. A Theory of Judicial Review*, 1980, p. 1-2; T. GREYZ, "Do We Have an Unwritten Constitution", *Stanford Law Review*, 27 1975, p. 703; T. GREY "Origins of the Unwritten Constitution: Fundamental Law in American Revolutionary thought", *Stanford Law Review*, 30, 1978, p. 843-847; E. GARCÍA DE ENTERRÍA, *op. cit*, p. 210-221; M. CAPPELLETTI, "El formidable problema del control judicial y la contribución del análisis comparado", *Revista de estudios políticos*, 13, Madrid 1980, p. 68-69 ("The Mighty Problem" of Judicial Review and the Contribution of Comparative Analysis, in *Southern California Law Review*, 1980, p. 409); B. CAINE, "Judicial Review: Democracy Versus Constitutionality", *Temple Law Quarterly*, 56, (2), 1973, p. 298.

(412) T. GREY, "Origins...", *loc. cit.*, p. 844.

model was followed by the Warren Court in the decisions concerning the discrimination issues and the protection of minorities,[(413)] bearing in mind that the 1789 constitution and the 1791 amendments did not establish the principle of equality and that the XIV Amendment (1868) only established an equal protection clause.[(414)]

The question regarding the choice between the interpretative model and the non-interpretative model, has been, and almost certainly will continue to be, one of the most important issues of the role of constitutional justice and of judicial review of legislation. The adoption of one model or the other depends, in fact, on the content of the constitution itself and on the way the articles of the constitutional text are written, and when they were written. The fact is that when a constitution is two centuries old, like the American one, it is impossible to solidify the known intentions of the framers who lived in a patriarchal society, which vanished long ago, particularly in relation to the so-called open-ended or open clauses of the constitution.[(415)] Those must be determined and that is the role of the courts.

Of course, the situation is different in constitutional systems with modern and detailed constitutional codes, where the non-interpretative model is difficult to develop, and in any case, the adoption of one model or the other depends on the juridical tradition of the particular country.

For instance, in the sphere of fundamental rights, the Swiss federal tribunal has largely developed the non-interpretative model for the protection of fundamental rights. In effect, important fundamental rights like personal liberty, freedom of opinion, the right to a previous hearing are not in the text of the federal constitution, but are recognised by the federal tribunal as non-written constitutional rights. In this respect, it has been said, the tribunal does not interpret the constitution but rather perfects it, because it considers it its duty as a constitutional judge to do so, and justifies this attitude by the fact that its function is precisely to guarantee the foundations of the democratic, and federal state submitted to the law.[(416)]

But on the contrary, as Professor Theo Ohlinger pointed out, the Austrian constitutional court does not follow a similar method of law making, and considers itself bound to the constitutional text even though it has to be interpreted. Nevertheless, this interpretation is considered as being of great importance in Austria because the most important norms of the constitution related to fundamental rights were written in the last century and have a formalistic and lapidarian style.

---

(413) See particularly *Brown v. Board of Education of Topeka*, 347 U.S. 483 (1954). See the text in S.I. KUTLER (ed.) *op. cit.*, p. 548-552.

(414) *Cf.* J.H. ELY, *op. cit*, p. 79-90; E. GARCÍA DE ENTERRÍA, *op. cit.*, p. 216-217. See also R. BERGER, *Government by Judiciary. The Transformation of the Fourteen Amendment*, 1977.

(415) J.H. ELY, *op. cit*, p. 13; E. GARCÍA DE ENTERRÍA, *op. cit*, p. 211.

(416) T. OHLINGER, "Object et portée de la protection des droits fondamentaux Cours constitutionnelle antrichienne", in L. FAVOREU (ed.), *Cours constitutionnelles ...*, p. 335-336.

But even in those cases, the positivist orientation of the constitutional court is determinant and shows itself in a careful application of interpretative methods. Thus, when the constitutional court considers that the absence of a constitutional norm in a particular context is wrongful its role is to ask the constitutional legislator to fill the gap, considering itself incompetent to do so.(417)

In the sphere of the protection of fundamental rights, the role of the French Constitutional Council during the last decade as an example of the non-interpretative model must be stressed. It has been considered that the constitutional judges in France have not only surpassed the pure interpretative model, but have also reached the purest form of the non interpretative judicial control model, when they have decided to control the conformity of executive legislation to "general principles" or undefined, vague and non written "republican traditions", which have been "found" by the judges and defined as having a superior law rank.(418)

In this sense, the attitude of the French Constitutional Council radically changed in the 70's.After the important decision adopted on 16th July 1971(419) concerning the liberty of association, the following contrasting position resulted: in 1958, when the constitution was drafted, in the Consultative Constitutional Committee it was considered that the role of the Constitutional Council was not to ensure the respect of the provisions of the preamble to the constitution; on the contrary, in 1971, the Constitutional Council accepted the positive law value of the preamble to the 1958 constitution with all its consequences(420) regarding what Professor Favoreu called the *bloc de constitutionnalité.*(421)

In effect, the preamble to the 1958 French constitution says:

> The French people, solemnly proclaim their subjection to the rights of Man and to the national sovereignty principles as have been defined by the Declaration of 1789, confirmed and completed by the Preamble to the constitution of 1946.

This preamble to the constitution was considered by the Constitutional Council itself, up to the 70's only as a principle for the orientation of constitutional interpretation, its competence being "strictly limited" by the constitutional text.(422)

Nevertheless this attitude changed after the Constitutional Council decision of 16th July 1971, when it was decided that a proposed law establishing a procedure to set up preliminary judicial controls for the acquisition of legal capacity by association was against the constitution. The proposed law was an amendment

---

(417) *Idem*, p. 346.

(418) M. CAPPELLETTI, "El formidable problema..., *loc. cit.*, note 20, p. 69.

(419) See in L. FAVOREU and L. PHILIP, *Les grandes décisions du Conseil Constitutionnel*", Paris 1984, p. 222-237.

(420) L. FAVOREU, "Rapport général introductif", *loc. cit.*, p. 45-46.

(421) L. FAVOREU, "Le principe de Constitutionalité. Essai de definition d'apres la jurisprudence du Conseil Constitutionnel", *Recueil d'etude en Hommaqe a Charles Eisenman*, Paris 1977, p. 34.

(422) L. HAMON, "Contrôle de Constitutionalité et protection des droits individuels. Apropos de trois decisions récents du Conseil Constitutionnel", *Recueil Dalloz Sirey 1974*, Chronique XVI, p. 85.

bill to a 1901 law relating to non-profit making associations submitted by the government to the National Assembly in 1970, which the Council considered unconstitutional,[(423)] using the following argument:

The 1958 constitution through the preamble to the 1946 constitution referred to the "fundamental principles recognised by the laws of the Republic" among which the principle of liberty of association must be listed.

In accordance with this principle, associations were to be constituted freely and could publicly develop their activities, the only condition being to make a previous declaration, - whose validity was not to be submitted to a previous intervention by either administrative or judicial authorities.

Thus, the Constitutional Council decided that the limits imposed on associations by the proposed bill establishing a prior judicial control of the said declaration were unconstitutional. In this way, Professor Rivero said,

> The liberty of association, which is not expressly established either in the Declaration or by the particularly needed principles of our times, but which is only recognised by a Statute of 1 July 1901, has been recognised by the Constitutional Council decision, as having a constitutional character, not only as a principle, but in ′relation to the modalities of its exercise.[(424)]

The significance of this decision was summarised by Professor Barry Nicholas, in an article published in the *Public Law Journal* in 1978, by saying:

> It made an unambiguous breach with the constitutional tradition of the supremacy of *loi*. It declared beyond any question that even within the area set aside for legislation by article 34 of the constitution there were fundamental principles, which Parliament could not alter or contravene. And above all, it declared that those fundamental principles were to be found not only in the constitution proper but also in its Preamble and via that Preamble, in the Preamble of 1946 (and presumably also in the Declaration of 1789).[(425)]

The decision of 16th July 1971 on the liberty of association is an example of the creative will of fundamental rights by the Constitutional Council, even though for that purpose it has based its decision on the preamble to the constitution, and through it, in what the preamble to the 1946 constitution considered the "fundamental principles recognised by the laws of the Republic." In general, therefore, to establish a fundamental right or liberty as such a "fundamental principle", the Constitutional Council has based itself on a particular existing statute, as happened with the liberty of association which was recognised by the Statute of 1 July 1901.

---

(423) See the Constitutional Council decision in L. FAVOREU and J. PHILIP, *Les grandes décisions du Conseil Constitutionnel, cit.*, p. 222. See the comments of the 16 July 1971 decisions in J. RIVERO, "Note", *L'Actualité Juridique. Droit Administratif*, 1971, p. 537; J. RIVERO, "Principes fondamentaux reconnus par les lois de la Republique; une nouvelle categorie constitutionnelle?", *Dalloz 1974*, Chroniques, p. 265; and J.E. BARDSLEY, "The Constitutional Council and Constitutional Liberties in France", *The American Journal of Comparative Law*, 20, (3), 1972, p. 43; B. NICHOLAS, "Fundamental Rights and Judicial Review in France", *Public Law*, 1978, p. 83.

(424) J. RIVERO, "Les garanties constitutionnelles des droits de l'homme en droit français", *IX Journees Juridiques Franco-Latino Americaines*, Bayonne 21-23 mai 1976 , (mimeo), p. 11.

(425) B. NICHOLAS, *loc. cit.*, p. 89.

But in other cases,[426] as has happened with the right to self defence, the Constitutional Council has not based itself in a particular Statute for deducing a liberty based on "the fundamental principles recognised by the laws of the Republic." In effect, in a decision dated 19th-20th January 1981[427] the Constitutional Council radically changed the previous situation regarding the right to one's own defence, which was considered by the *Conseil d'Etat* simply as a general principle of law.[428] Conversely, after the 1981 decision, the Constitutional Council recognised it as part of the "principles and rules of constitutional value", an expression used by the Constitutional Council,

> To designate in a generic manner all the norms that, without being contained in the text of the constitution itself, have Constitutional rank.[429]

Therefore, in France, "conformity with the constitution" as a consequence of the principle of constitutionality, is not understood today strictly as conformity with an express disposition of the constitution. On the contrary, since the 1970's, the notion of constitutional norms that could serve as reference norms to control the constitutionality of legislation is progressively understood in a wider sense, comprising dispositions or principles outside the constitutional text, and in particular, the Declaration of 1789, the preambles to the 1946 and 1958 constitutions, the fundamental principles recognised by the laws of the Republic, and the general principles of constitutional value.[430] All these sources of the principle of constitutionality enjoy the same supremacy character as the written articles of the constitution.

Anyway, the discussion concerning the need of a written or unwritten norm of reference to allow for the judicial control of the constitutionality of legislation is a permanent one, with different solutions in the various systems of judicial review,[431] even though a clear tendency to allow the non-interpretative method of judicial review and the active role of the constitutional judge can be observed.

---

(426) Decisions of 8 Nov 1976; 2 Dec 1976; 20 July 77, 19 January 1981; 20 January 1981, *Cf.* the quotations in F. LUCHAIRE, "Procedures et techniques de protection des droits fondamentaux. Conceil Constitutional français", in L. FAVOREU (ed.), *Cours constitutionnelles europeenes ..., cit.*, p. 69, 70, 83.

(427) L. FAVOREU et L. PHILIP., *Les grandes décisions..., cit.*, pp. 490, 517.

(428) *Cf.* D.G. LAVROFF, "El Consejo Constitutional francés y la garantía de las libertades públicas", *Revista española de derecho constitucional*, 1 (3), 1981, pp. 54-55; L. FAVOREU et L. PHILIP, *Les grandes décisions..., cit.*, p. 213.

(429) L. FAVOREU "Les décisions du Conseil Constitutiornel dans l'affaire des nationalisations", *Revue du droit public et de la science politique en France et à l'étranger*, T. XCVIII, n° 2, Paris 1982, p. 401.

(430) L. FAVOREU, "L'application directe et l'effect indirect des normes constitutionnelles", *French Report to the XI International Congress of Comparative Law*, Caracas 1982, (mineo), p. 4

(431) See E. SMITH, "Contrôle juridictionnel de la législation et sa légitimite. Dévelopment récents dans les cinq pays scandinaves", *Rapport au Symposium de l'Association Internationale des Sciences Juridique*, Uppsala 1984, (mimeo), p. 61. Also published in L. FAVOREU and J.A. JOLOWICZ (ed.), *Le contrôle juridictionnel des lois..., cit.*, pp. 225-282.

5. The Adaptation of the Constitution and its Interpretation

Nevertheless, it is obvious that the normal and customary type of judicial control of constitutionality that has developed in all constitutional systems, where the principle of the supremacy of the constitution is established, is based on the existence of written rules in the constitution, to which all state organs, particularly the legislator, must conform. In this case, of course, the basic problem regarding judicial review of constitutionality, based on the interpretative model, refers to the degree of clarity of the particular constitutional text and, consequently, to the possibility of judicial review of legislation in relation to vague, imprecise or undetermined notions contained in constitutional articles and to the need for the constitutional judge to adapt the text of the constitution to ensure its effectiveness and supremacy.

As mentioned, the situation varies depending on the modernity or antiquity of the constitution, on the numerous or few provisions or regulations of the constitutional text, and on the preciseness or vagueness of the articles of the constitution.

But even modern constitutions, particularly concerning fundamental rights are written down in a synthetic, vague and elusive way, and their norms are generally expressed in ambiguous terms, full of worthy characteristics, like liberty, democracy, justice, dignity, equality, social function, public interests,(432) all of which lead to the need for an active role by judges, when interpreting what have been called, the "precious ambiguities",(433) in which constitutions are written down.

Anyway, these vague and ambiguous phrases of constitutions, always express certain concepts or values related to the general foundations of the given society and its political system, and it is in relation to these that the constitutional judge must play his creative role determining the exact meaning of the concept.

They are what in the continental European legal systems are called the "undetermined legal concepts" or "imprecise juridical notions"(434) that are of course, also included in the constitution, more than anything because of its general character. The constitutional judge must fill in these concepts, pinpoint and determine their boundaries through an interpretative process, bearing in mind basically, the superior values followed by the constitution, and generally established in the preamble or in its first articles.

---

(432) M. CAPPELLETTI, "Necessité et légitimité de la justice constitutionelle" in L. FAVOREU (ed.), *Cours constitutionelle européenes et droit fundamentaux*, Paris 1982, p. 474

(433) "If it is true that precision have a place of honor in the writting of a governmental decision, it is mortal when it refers to a constitution which wants to be a lively body." S.M. HUFSTEDLES, "In the Name of Justice", *Stanford Lawyers*, 14, (1), 1979, p. 3-4 quoted by M. CAPPELLETTI, "Nécessité et légitimité ...", *loc. cit*, p. 474. See the references in E. GARCIA DE ENTERRIA, *op, cit*, p. 229; L. FAVOREU, *Le contrôle juridictionnel des lois et sa légitimité..., cit*., p. 32.

(434) F. SAINZ MORENO, *Conceptos jurídicos, interpretación y discrecionalidad administrativa*, Madrid 1976; E. GARCÍA DE ENTERRÍA, *La lucha contra las inmunidades de poder en el derecho administrativo*, Madrid 1980, p. 32.

The position of the judge facing the constitution, therefore, is not different from the position he normally has facing all other laws, which must be interpreted, and if it is true that the judges must not substitute the legislator in deducing concepts which could be against what is written in the law, neither must they interpret the constitution in a way so as to arrive at concepts that could be contrary to the constitutional text and its fundamental values.(435)

But the constitutional judge always has an additional duty compared to the ordinary judge: he must defend the constitution and particularly, the values that are at its foundation at a given time. That is why the constitutional judge in his interpretative process must adapt the constitution to the current values of society, and of the political system, in order precisely, "to keep the constitution alive."(436) To that end, undoubtedly, the constitutional judge must develop a creative activity so as to allow the current and effective application of constitutions written, for instance, in the 19th century, to control the constitutionality of legislation.

In this respect, the constitution cannot be seen as a static document. On the contrary, it must be adapted to the evolution of social needs and institutions. The role of the constitutional judge in this process of adaptation of the constitution has been crucial, as the role of the North American Supreme Court has demonstrated. In this respect, it suffices to recall the important decisions of the Supreme Court in the matter of discrimination in the educational system.

When referring to the XIV Amendment, for example, Chief Justice Warren said in *Brown v. Board of Education of Topeka* in 1954:

> In approaching this problem we cannot turn the clock back to 1868 when the Amendment was adopted, or even to 1896 when *Plessy v. Ferguson* was written. We must consider public education in the light of its full development and its present place in American life throughout the Nation. Only in this way can it be determined if segregation in public schools deprives these plaintiffs of the equal protection of the laws.

This assertion led Chief Justice Warren to conclude then,

> That in the field of public education the doctrine of "separate but equal" has no place. Separate educational facilities are inherently unequal. Therefore, we hold that the plaintiffs, and others similarly situated from whom the actions have been brought are by reason of the segregation complained of, deprived of the equal protection of the laws guaranteed by the Fourteenth Amendment.(437)

In the same sense, this adaptation of the constitution by the constitutional judge has recently been demonstrated in France by the Constitutional Council in the well known Nationalisation case in 1982 in which the article concerning the right of property in the Declaration of the Rights of Man and Citizen of 1789 was applied, and the right to property itself was then declared as having constitutional force. In its decision of 16 January 1982,(438) even though the article of the

(435) F. LUCHAIRE, "Procedures et techniques ...", *loc. cit.*, p. 83.
(436) M. CAPPELLETTI, "El formidable problema ...", *loc. cit.*, p. 78.
(437) 347 U.S. 483 (1954) . See the text in S.I. KUTLER (ed.) *op.cit.*, p. 550.
(438) See in L. FAVOREU et L. PHILIP, *Les grandes décisions ...*, *cit.*, p. 525-562.

Declaration concerning property rights was considered obsolete and that its interpretation could not be given other than in a completely different sense to that which applied in 1789,[(439)] the Constitutional Council stated that:

> Taking into account that if it is true that after 1789 and up to the present, the aims and conditions of the exercise of the right to property have undergone an evolution characterised both, by a notable extension of its application to new individual fields and by limits imposed by general interests, the principles themselves expressed in the Declaration of Rights of Man have complete constitutional value, particularly regarding the fundamental character of the right to property, the conservation of which constitutes one of the aims of political society, and located on the same rank as liberty, security and resistance to oppression, and also regarding the guarantees given to the holders of that right and the prerogatives of public power.[(440)]

In this way, the Constitutional Council not only created constitutional right by giving the 1789 Declaration constitutional rank and value, but also adapted the "sacred" right to property established two hundred years ago, to the limitable right of our times, although its conservation led to the declaration by the Constitutional Council of certain articles in the Nationalisation act, as unconstitutional.

Anyway, what is certain today is that in all constitutional systems with written constitutions, the principle of constitutional supremacy exists so that constitutions are supreme laws, whose norms prevail over all others in a given legal order; and as we have said, this principle of the supremacy of the constitution applies not only to its written articles, but also to non written norms that can be deduced from the constitution by constitutional judges, as forming the superior values that lay at the foundation of a given society and of its political system.

Of course, the principle of the supremacy of the constitution would be a dead letter if the constitutional system did not provide for a whole set of constitutional guarantees to give effectiveness to the said constitutional supremacy. One of these guarantees is precisely, judicial review, that is to say, the powers given to judges -ordinary judges or special constitutional courts- to control the constitutionality of legislation and of all other state acts.

III. THE JUDICIAL GUARANTEE OF THE CONSTITUTION

One of the basic elements of the state submitted to law in systems with written constitutions is the principle of the supremacy of the constitution over all other norms in the legal order and over all state acts. Therefore, the supremacy of the constitution itself, being the foundation of the state and the basis of the whole legal order, implies that acts of Parliament and of the other organs of the state, cannot be contrary to the rules embodied in the constitution.

---

(439) L. FAVOREU, *Le contrôle juridictionnel des lois et sa légitimité...*, *cit.*, p. 32.

(440) L. FAVOREU et L. PHILIP, *Les grandes décisions...*, p. 526. *Cf.* L. FAVOREU, "Les décisions du Conseil Constitutionnel dans l'affaire des nationalisations", *loc. cit.*, p. 406.

However, this supremacy also implies not only submission to the procedural and organic rules established in the constitution, but also the respect of the fundamental rights of individuals contained therein. As we have seen, modern constitutions contain both an organic and a dogmatic part. The former refers to the organisation of the state, the distribution and separation of powers and the procedural rules for its functioning. The latter refers to the fundamental rights of individuals and to the limits imposed on state organs regarding such rights. This implies, for instance, in relation to the legislative organ, not only the need to respect the rules of distribution of power, so as not to invade the powers assigned to the executive or judicial organs, but also to act in accordance with the procedural rules established in the constitution for the sanctioning of statutes. But it also implies that the legislator, when approving any statute, cannot in any way violate the fundamental rights guaranteed in the constitution.

Therefore, regarding its supremacy, the constitution must not only be seen as an organic and procedural rule, but also as a substantive rule. Therefore, for instance, a statute could be unconstitutional not only because procedural irregularities have taken place during its formation, but also when its contents are contrary to the principles established in the constitution regarding the rights of individuals. Then unconstitutionality could be not only formal, but also substantive.[441]

But the supremacy of the constitution in itself would be juridically imperfect if there were no specially established guarantees to protect the constitution against unconstitutional acts of the state or against any breach in the constitutional order. Constitutional supremacy would mean nothing if there were no particular means of protection of the constitution, established namely in the organic and procedural rules contained in its norms and in the fundamental rights enumerated in its dogmatic part.

1. Judicial Review and the End of Parliamentary Absolutism

Two types of guarantees of the supremacy of the constitution can be distinguished: the political and the judicial guarantee. In general, the political guarantee of the constitution is exercised by the supreme representative political organ of the state, and is commonly adopted in legal systems where an extreme interpretation of the principle of the separation of powers or at the other extreme the principle of the unity of state powers prevails. This was the traditional solution in France up to the establishment of the Constitutional Council in the 1958 constitution, where the National Assembly was the only state power that could control the constitutionality of legislation; and it is the solution in almost all socialist countries, where the supreme representative political organ is the only one that can control the constitutionality of legislation.

---

(441) H. KELSEN, "La garantie juridictionelle de la constitution (La Justice constitutionnelle)", *Revue du droit public et de la science polotique an France et à l'étranger*, J. XLV, Paris 1928, p. 206.

Obviously, this system identifies the controlled organs with the organs of control,[442] and has been criticised in the socialist world, as being an inconvenient system for the protection of the constitution, or at least a system with an "insufficient suitability."[443]

As we mentioned, the argument in favour of this kind of means for the protection of the constitution is based on the principle of the unity of state power and on the rejection of the principle of separation of powers that characterises the public law system in socialist countries, which implies the supremacy power of the representative political organ of the state. Therefore, the logical consequence of this supremacy is the exclusion of the possibility of giving the power to control the constitutionality of laws to any other organ, and to consider any control that could be exercised by any other organ of the state different to the representative supreme one, illegitimate including the judicial organ.[444]

Nevertheless, three of the socialist countries, Yugoslavia, Czechoslovakia and Poland, have established a judicial guarantee of the constitution, assigning the power of control of the constitutionality of legislation to special constitutional courts, based on the principle of the supremacy of the constitution and accepting, undoubtedly, a principle of separation of state powers.[445]

On the other hand, in systems with an extreme interpretation of the separation of powers or where the principle of the supremacy of Parliament still prevails, no system of judicial control of the constitutionality of legislation can, of course, be accepted. As we mentioned before, that was the situation in continental Europe, after the French Revolution and up to recent years, and is still the situation in the United Kingdom. In Europe, the monarchical regime and the principle of representation developed through the elected legislator, led to the adoption of the principle of the supremacy of Parliament over other state powers and, consequently, to the principle of the primacy of laws or acts of Parliament over other legal rules.

During the last century, in effect, it was inconceivable to the concept of liberalism, that there could be any deviation from the principle of the supremacy of the law as the expression of the general will; and this principle made it simply unthinkable, that Parliament could ever commit an error with respect to the

---

(442) P. BISCARETTI DI RUFFIA, "Les Constitutions européenes: notions introductives" in P. Biscaretti di Ruffia and S. ROZMARYN, *La constitution comme loi fondamentale dans les Etats de l'Europe occidentale et dans les Etats socialistes*, Torino 1966, p. 70.

(443) P. NIKOLIC, *Le contrôle juridictionnel des lois et sa légitimité. (Developnements récents dans les pays socialistes)*, Rapport, Association Internationale des Sciences Juridiques, Uppsala 1984 (mineo), p. 14. Also published in L. FAVOREU and J.A. JOLOWICZ (ed.), *Le contrôle juridictionnel des lois. Légitimité, effectivité et développements récents*, Paris 1986, p. 71-115.

(444) *Idem.*, p. 17.

(445) P. NIKOLIC said in its Raport to the Uppsala Coloquium that the introduction of this judicial control of the constitutionality of legislation in some socialist countries does not mean the introduction of important elements of the separation of powers in the assambly's government system (*doc. cit.*, p. 19), but in explaining the suitables of that judicial control he said that it is exercise by an authority known and recognised *separately* and *different* from the legislative power, because it is precisely its legislative activity the one that it must control and evaluate (*doc.cit.*, p. 21).

constitution. The enemy of the constitution, in the liberal framework of the last century, was really the executive -the monarch- who was tempted to put his individual will before that of the people, as expressed in Parliament. Thus, the possibility that Parliament could be in error or act mistakenly was not conceivable.

This myth of the assembly as the absolute expression of the general will of the people, in which the certain and infallible collective spirit reposes, was without doubt, a historical product of French Jacobinism.

In effect it was Jacobinism, based on the absolute representative principle of the general will, which led to the dogma of parliamentary sovereignty in France. According to this principle, all power over the Assembly was resolutely proscribed and, of course, the judiciary power was a simple executive instrument of the laws passed by the Assembly, with absolutely no liberty even to interpret the laws. Thus, the well known figure of the *référé législatif* according to which judges were obliged to consult the National Assembly when they had doubts about the interpretation of a Statute.(446)

This limitation was based on the purest tradition of the thoughts of Montesquieu, who considered the national judges, "... as no more than the mouth that pronounces the words of the law, mere passive beings, incapable of moderating either its force or rigor";(447) and was expressly established in the well known Statute of 16-24 August 1790 referred to the judiciary organisation. Article 10 of this law regulated the separation between Legislative and judicial power, by saying that, "the courts could not take part directly or indirectly in the exercise of legislative power, neither prevent nor suspend the execution of acts of the legislative body..." adding in article 12 that the Courts "could not make regulations, but they must always address themselves to the legislative body when they think it necessary to interpret a Statute or to make a new one."(448) The *référé législatif* then was the instrument of the legislative body for interpreting the laws, which could not even be done by the judges.

Therefore, it was precisely this Jacobin principle of the assembly, a product of the French Revolution, which maintained the negation of the legitimacy of the courts to be able to annul the normative products of the assembly for a long time; and in the United Kingdom it is precisely the same principle of the sovereignty of Parliament a product of the glorious Revolution of 1688, which actually prevents the courts from controlling the constitutionality of legislation. The judges, in accordance with this principle must apply laws and of course, interpret them, but they are not to control them because acts of the legislative body are the expression of the sovereign will of the people.

---

(446) E. GARCÍA DE ENTERRÍA, *La Constitución como norma y el Tribunal Constitucional*, Madrid 1981, p. 164.

(447) Quoted by Ch. H. MCILWAIN, *The High Court of Parliament and its Supremacy*, Yale 1910, p. 323

(448) Quoted by E. GARCÍA DE ENTERRÍA, *op. cit.*, p. 164, note 88.

In this traditional framework of the separation of powers, a system of judicial review of the constitutionality of laws was considered a violation of the principle of parliamentary sovereignty, based on the pre-eminence of the legislative power over other state powers. This was because Parliament was constituted by the representatives of the people who, as such, in the representative democratic state represented the sovereign. Through this approach, any intervention by a constitutional body to limit the autonomy of the supreme representative organ of the state was considered inadmissible, and therefore, legislation could only be controlled by that supreme representative organ.

In any case, it is clear that this principle of popular sovereignty expressed in modern constitutions today as the basic dogma of the democratic *Etat de droit* is a political principle which refers to the constituent power of the state, represented in all the constituted bodies of the state, and not to the power of one or other of the constituted bodies which exercise public power. It thus cannot lead to a discussion about the relative sovereignty of the constituted state bodies, since all the bodies of the state are the product of the sovereign, and are its representatives. Thus, it makes no sense today to preach the sovereignty of Parliament, to reject a mechanism, which guarantees the constitution to which Parliament is also subject.

To reinforce the argument in another way, it should not be forgotten that in presidential and Parliamentary democratic systems, the president of the republic or the head of government are designated by popular election, and are thus also a product of the sovereignty of the people, just as Parliament is. From the moment the constitution attributes sovereignty to the people, it is definitely clear that this quality cannot be affirmed in one body of the state with respect to another; therefore all the powers of state and all the bodies which carry them out find their legitimacy in the people. Thus, no constitutional body is or can be really sovereign, not even the Chambers of Parliament,[449] and all of them must be submitted to the constitution.

Furthermore, it should not be forgotten that in contemporary democracies, political and social forces produce a greater relativity in the constitutional functions of the state bodies, converting Parliament into a forum for the political parties and subjecting the government to necessary negotiations with them and with trade unions and pressure groups. On many occasions, this primacy of the parties has erased the principle of the separation of powers and has conversely led to its factual concentration in the hands of the government and or those of the parties themselves. Thus there can be no doubt about the need to adopt measures which serve to guide the activities of state bodies and those of the parties themselves, within constitutional channels.[450]

In any case, exception being made of the United Kingdom, this very myth of parliamentary sovereignty was broken in Europe. Review of constitutionality really appeared in Europe after the great crisis brought about by the First World

---

(449) P. Lucas MURILLO DE LA CUEVA, "El examen de la constitucionalidad de las leyes y la soberanía parlamentaria", *Revista de estudios políticos*, 7, Madrid 1979, p. 212.

(450) *Idem*, p. 212.

War and by the tragedies that political irrationality caused throughout Europe. This led both to the transformation of the constitution into a normative code that could be directly applicable and enforceable, and to the establishment of a constitutional body for constitutional justice, which would ensure the supremacy of the constitution not only over the executive power which, apart from this, was controlled by another type of tribunal -but basically over Parliament; that is to say, over legislative acts, and particularly, the laws. Consequently, the sovereignty of Parliament ceased to be above justice, and judicial review of constitutionality was to become the instrument governing the subjection of Parliament to the constitution when, as a result of occasional majorities, the balance was upset among state powers, or in the rationality of political and social relations themselves. In fact, the terrible lessons learnt from the abuses of the Nazi and Fascist regimes in Europe, doubtlessly brought about a complete change in the existing myths and theories in Europe regarding the infallibility of the law. Thus, as Professor Favoreu pointed out, the Rousseaunian myth of the infallibility of the law and, thus, of Parliament which expresses the general will, began to collapse, and the celebrated formula, according to which the legislator could do no wrong, began to be re-examined.(451)

This European experience generated a skeptical wisdom regarding Parliaments and representativeness, and as Professor Mauro Cappelletti said, "it was realised that there was too much illusion in the Liberal democratic theory" in the sense that most often the reality was far from the myth of the supremacy of the peoples will and that "Parliaments and their legislation, too, would become instruments of despotic regimes; and that majorities could themselves be brutally oppressive."(452) In fact, the legislators of Weimar Germany and Mussolini's Italy failed as guarantors of freedom. On the contrary, they became the instruments of circumstantial majorities for consolidating totalitarian regimes. Consequently, these two countries learnt from experience and in their new post-war constitutions they not only established entrenched fundamental values, freedoms and rights out of the reach of Parliament, but adopted the principle of the judicial review of constitutionality of laws, as it was previously established in the Austrian system in the 1920's.

In this way, the awareness that it was necessary to protect liberties not only from the executive, but also from the legislative grew. As Professor Jean Rivero described,

---

(451) L. FAVOREU, *Le contrôle juridictionnel des lois et sa légitimité. Développements récents en Europe occidentale*. Association Internationale des Sciences Juridiques. Colloque d'Uppsala 1984 (mineo), p. 22. Published as "Actualité et légitimité du contrôle juridictionnel des lois en Europe Occidentale", in *Revue du droit public et de la science politique en France et à l'étranger*, Paris 1984 (5), p. 1147 and 1201. Also published in L. FAVOREU and J.A. JOLOWICZ (ed.), *Le contrôle juridictionel des lois. Légitimité, effectivité et developments récents*, Paris 1986, p. 17-68.

(452) M. CAPPELLETTI, *Judicial Review of Legislation and its Legitimacy. Recent Developments*, General Report. International Association of Legal Science Colloquium, Uppsala 1982, (mimeo), p. 19. Also published in L. FAVOREU and J.A. JOLOWICZ (ed.), *Le contrôle juridictionnel des lois... cit.*, p. 285-300.

> The old idea that marked the liberal 19th century, that of the protection of liberty *by the law*, tended to be substituted by the experimental idea of the need of protection of liberties *against the law*. This evolution made the extraordinary phenomenon of the acceptance of a superior authority to the Legislator itself, of an authority in charge to impose upon the Legislator the respect of the constitution possible.(453)

Thus, European continental countries adopted the review of the constitutionality of laws following a different path from that of the North-American system, adopting the principle of judicial review for other reasons. According to what Professor Louis Favoreu said, the European phenomenon was less in response to a problem of legal logic -that is, in the *Marbury v. Madison* tradition, that a law contrary to the constitution could not be applied- than to a political logic. It was the fear of oppression by a parliamentary majority, which was decisive in the change in the position of the continental European countries regarding the review of the constitutionality of laws.(454)

This political logic of judicial review can also be found in the fact that the myth of representativeness of the general will as expressed by those elected, has broken down in many countries, particularly because the legislative body is frequently made up of men chosen by the political parties, and who definitely represent these parties, not being really, in fact, representatives of the general will.

Anyway, the idea that certain number of fundamental values should be established beyond the reach of a circumstantial or temporary majority, is what led, in-one way or another, to the transfer of the traditional sacredness of the law to the constitution.

Thus it was, after the Second World War, that the European continental countries "rediscovered the constitution as a text of juridical character"(455) or rather, when they discovered the true fundamental nature of the constitution as a higher and supreme law, applicable to all state organs and enforceable by the courts. In the words of Professor Mauro Cappelletti, what is really new in modern constitutionalism

> Is the serious attempt to conceive the constitution not as a mere guideline of a political, moral, or philosophical nature, but as a real law, itself a positive and binding law although of a superior, more permanent nature than ordinary positive legislation.(456)

And of course, this positive and superior law was to be applied to the legislator as well as to all the state organs. The Constitutional Council in France expressly declared that in the well-known Nationalisation decision of 16 January 1982, which stated that:

> Considering that if article 34 of the constitution places "the nationalisation of companies and its transfer from .the public to the private sector", in the sphere of the statute, that disposition as well as the one that assigns the role of determining the

(453) J. RIVERO, "Rapport de Synthese" in L. FAVOREU (ed.), *Cours constitutionnelles européenes et droit fondamentaux*, Aix-en-Provence 1982, p. 519.

(454) L. FAVOREU, *Le contrôle juridictionnel…, doc. cit*., p. 22.

(455) L. FAVOREU, *Le contrôle juridictionnel…, doc.cit*., p. 23.

(456) M. CAPPELLETTI, *doc. cit*., p. 20.

fundamental principles of the right to property, to the statute, does not excuse the legislator, when exercising its powers, from the respect of the principles and rules of constitutional value that are imposed upon all state organs.[(457)]

Professor Louis Favoreu, when referring to this decision of the Constitutional Council qualified it as a "fundamental affirmation of the complete realisation of the *Etat de droit* in France" comparing it to the previous situation in which the legislator "in fact escaped, if not legally, from the submission to a superior rule."[(458)]

Therefore, the supremacy of the constitution over Parliament marked the end of Parliamentary absolutism,[(459)] transformed the old concept of parliamentary sovereignty and led the way to constitutional review in France through the Constitutional Council, even though in a limited way and previously in a more complete way in other countries in continental Europe like Austria, Germany and Italy.

Another factor that contributed to the appearance of mechanisms for judicial review of the constitutionality of laws was the transformation of the very notion of "law" in the sense of an act of Parliament or statute. In fact, statutes -the work of the legislator, once the expression of the general will in the tradition of the XIX century- came to be seen, with the evolution of parliamentary systems, as acts adopted by both the parliamentary majority and the government, through a system of connecting vessels, through the political parties. In this form, the statutes are not necessarily the expression of the general will, approved by a solid and mythical majority, but as Professor Jean Rivero said, they are "no more than the expression of the governmental will approved by a solidarian majority."[(460)] Moreover, with the evolution of the tasks of the state, the law has tended to become a more technical product, whose content as a result, frequently even escapes the effective control of Parliament, since it is the technocrats within the administration, who draw it up and settle its real content, without effective participation of members of Parliament. Therefore, judicial review is an effective tool to control the constitutionality of such acts of Parliament or statutes that are the expression of governmental will, rather than the expression of the general will.

Anyway, the supremacy of the constitution and its enforceable character over the legislative body has led to the adoption of judicial rather than political guarantees of the constitution, the latter being proven ineffective as the French example of the Conservative Senates (*Sénat Conservateur*) of the 1799 and 1852 constitution showed. Constitutions commonly established a distribution of state powers among the various state organs, and basically, assigned fundamental powers to the legislative body, which used to be considered unable to do wrong,

---

(457) See in L. FAVOREU and L. PHILIP, *Les grandes décisions du Conseil Constitutionnel*, Paris 1984, p. 527. See also L. FAVOREU, "Les decision du Conceil Constitutionnel dans l'affaire des nationalisations", *Revue du droit public et de la science politique en France et à l'étranger*, 1962, p. 400.

(458) L. FAVOREU, "Les decisions du Conceil Constitutionnel...", *doc. cit.*, p. 400.

(459) J. RIVERO "Fin d'un absolutism", *Pouvoirs*, 13, Paris.1980, pp. 5-15.

(460) J. RIVERO "Rapport de synthesè", *doc. cit*, p. 519.

as the expression of the general will. Therefore, politically speaking, its self control is really an illusion. But constitutions also establish fundamental rights of individuals and minorities even against majoritarian will; hence, as Professor Cappelletti correctly said, "no effective system of review can be entrusted to the electorate or to persons and organs dependent on and strictly accountable to, the majority's will"[461] that is to say to the representative legislator itself.

Therefore, contrary to the political systems of review of the constitutionality of legislation, the common trend of contemporary constitutionalism in constitutional systems with written constitutions is the existence of judicial means of protection of the constitution, through the assignment of effective powers of judicial control of the constitutionality of legislation to the courts, either ordinary or special constitutional courts.

2. Judicial Review and its Legitimacy

Thus one of the traditional powers of the state, the judicial power, considered the "least dangerous" of all state powers[462] and in fact, being the politically less dangerous of the state organs, has been given the power to defend the constitution and to control the constitutionality of legislation. This has, of course, led to the endless discussion of what Professor Cappelletti called "the mighty problem of judicial review", that is to say, the discussion related to the legitimate or illegitimate power given to state organs that are not responsible to the people, to control the acts of those who, on the contrary, are politically responsible,[463] or from another angle, the democratic or non-democratic character of judicial review.[464]

Of course, the discussions have been developed either to justify the absence of judicial review in systems in which the sovereignty of Parliament prevails, or to criticise judicial review when judges have shown an outstanding activism in the adaptation of the constitution, in creating non-written constitutional rules or in attributing constitutional character to certain rules. In this context, judicial review has been considered illegitimate because it is believed that non-elected bodies must not control elected bodies of the state, and that non-elected state bodies must not determine which norm of the state is law, that is to say, which is constitutional or unconstitutional.

We think that this really is an abstract and Byzantine discussion, and that it will remain endless, mainly because it is orientated as if there were a problem of abstract legitimacy of judicial review that could be resolved in an abstract way, identifying democracy with sole representativeness. The problems of judicial

---

(461) M. CAPPELLETTI, *doc. cit*, p. 23.

(462) A. BICKEL, *The Least Dangerous Branch. The Supreme Court at the Bar of Politics*, Indianapolis 1962.

(463) M. CAPPELLETTI, "El formidable problema del control judicial y la contribución del análisis comparado", *Revista de estudios políticos*, 13, Madrid 1980, p. 61-103 ('The Mighty Problem' of Judicial Review and the contribution of comparative analysis", *Southern California Law Review*, 1980, p. 409).

(464) M. CAPPELLETTI, *Judicial Review of Legislation and its Legitimacy...*, *doc. cit*, pp. 24-32.

review or of the powers assigned to judges to control the constitutionality of legislation cannot be explained or criticised on the grounds of legitimacy or illegitimacy considering the democratic principle as sole representativeness. Democracy does not exhaust itself in representativeness because it is as well, above all, a way of living, in which individual liberty and fundamental human rights are to be respected to a point that we can say that no effective judicial review of constitutionality is possible in undemocratic regimes,(465) particularly because in such regimes there cannot be effective independence of judges; and "it is clear that judicial review cannot be practised efficiently where the Judiciary has no guarantee of its independence."(466)

That is also why in most European countries it has been noted that after periods of dictatorship, systems of judicial review of constitutionality have been established, as was the case of Germany, Italy, Spain and Portugal.(467)

Therefore, in a representative and democratic regime, the power attributed to judges to control the deviations of the legislative body and the infringements by the representative body of fundamental rights is absolutely democratic and legitimate.(468) As Professor Jean Rivero stated in his final report to the 1981 International Colloquium of Aix-en-Provence on the protection of fundamental rights by constitutional courts in Europe:

> I think that the (judicial constitutional) control marks progress, in the sense that democracy is not only a way of attribution of power, but also a way of exercising it. And I think that all that reinforces the fundamental liberties of citizens goes along with the democratic sense.(469)

Along this same line of thought, Professor Eduardo García de Enterría referring to constitutional liberties and fundamental rights as limits imposed on state powers, stated:

> If the constitution established them, it is obvious that an occasional parliamentary majority who ignore or infringe them, is very far from being legitimate to do so based on the majoritarian argument, and is rather revealing its abuse of power and its possible attempts at exclusion of minorities. The protective function of the Constitutional Tribunal confronting that abuse, annulling the legislative acts which make an attempt on the liberty

---

(465) "An efficient system of judicial review is totally incompatible with any antilibertarian, absolute, dictatorial regime, as is ample proven by historical experience and comparative study" M. CAPPELLETTI, *Judicial Review of Legislation and its legitimacy…*, *loc. cit.*, p. 11.

(466) J. CARPIZO and H. FIX-ZAMUDIO, *The Necessity for and the Legitimacy of the Judicial Review of the Constitutionality of the Laws in Latin America, Recent Development,* International Association of Legal Sciences. Uppsala Colloquium 1984 (mimeo), p. 22. Published in spanish "La necesidad y la legitimidad de la revisión judicial en América Latina. Desarrollo reciente", *Boletín mexicano de derecho comparado*, 52, 1985, pp. 31-64. Also published in L. FAVOREU and J.A. JOLOWICZ (ed.), *Le contrôle juridictionnel des lois...*, *cit.*, pp. 119-151.

(467) L. FAVOREU, *Le contrôle juridictionnel des lois et sa légitimité...*, *doc. cit.*, p. 24. *Cf.* P. DE VEGA GARCÍA, "Jurisdicción Constitucional y Crisis de la Constitución", *Revista de estudios políticos*, 7, Madrid 1979, p. 108.

(468) E.V. ROSTOW "The Democratic Character of Judicial Review", *Harvard Law Review*, 193, 1952.

(469) J. RIVERO "Rapport de Synthese", *loc. cit.*, p. 525-526. *Cf.* M. CAPPELLETTI, *Judicial Review of Legislation and its Legitimacy...*, *doc. cit*, p. 32.

> of a few or all citizens, is the only effective instrument against infringement; there is no other possible alternative if one prefers to have an effective guarantee of liberty, that could make it more than simply rhetoric in a constitutional document.[470]

This was also the main argument put forward by Hans Kelsen in his very important article published in the French *Revue du Droit Public et de la Science Politique en France et a l'étrangèr* in 1928, when arguing against the majoritarian argument. He said:

> If one sees the essence of democracy, not in the all powerful majority, but in the constant compromises between the groups represented in Parliament by the majority and the minority, and consequently in the social peace, constitutional justice appears as a means particularly proper for the achievement of this idea. The simple threat of an action to be brought before the Constitutional Court can be an adequate instrument in the hands of the minorities for preventing unconstitutional violations of juridically protected interests by the majority, and consequently being able to oppose the majority dictatorship, which is not less dangerous to social peace than the minority one.[471]

But democratic legitimacy of judicial review does not arise only through judicial protection of fundamental rights, but also through the protection of the organic part of the constitution, that is to say, through the control of the systems of distribution of powers adopted in the constitution.

In this respect, we must point out that the problem of legitimacy has never been posed regarding the vertical distribution of state powers in the politically decentralised or federal systems; on the contrary, judicial review is essentially and closely related to federalism.[472]

That is why the form of the state, and particularly federalism, as a vertical form of distribution of power, is among the most important political principles that have led to the establishment of judicial review of legislation and upheld its justification in contemporary constitutional law.

Federalism requires the affirmation of certain degree of supremacy for federal laws with regard to local, regional or state laws; and similarly with regard to the sphere of powers attributed to them, according to the system adopted for the vertical distribution of power. Thus it is not by chance that those countries with federal form of state and with politically decentralised state organisation were among the first to establish judicial review of the constitutionality of legislation. This happened in the United States of America and in all the federal states of Latin America in the last century. It also happened in Europe, in Germany, which has a federal form of state, and in the decentralised forms of the Italian regional state and the Spanish Autonomous Communities state.

In all these cases, it is evident that the need for judicial review or the establishment of a constitutional court is justified by the demand for a constitutional body, which could settle conflicts of powers between the national and regional bodies. One of the fundamental tasks of the constitutional courts in

(470) E. GARCÍA DE ENTERRÍA, *op. cit.*, p. 190.
(471) H. KELSEN, *loc. cit.*, p. 253.
(472) W.J. WAGNER, *The Federal States and their Judiciary*, The Hague 1959, p. 85.

Austria, Germany, Italy and Spain, for example, is precisely the resolution of conflicts between the levels of the national state and the member states of the Federation, or the political regions, or the Autonomous Communities, according to the country, and similarly, conflicts that may arise between the regions or states themselves, or between them and the national level. Thus, it is political decentralisation, both in the federal states and in the so-called regional state that has encouraged the appearance and consolidation of constitutional tribunals responsible precisely for the function of constitutional review of legislation to guarantee the constitutional balance of the state and the territorial bodies. That is why, in federal states, or in politically decentralised states there are no doubts about the legitimacy of judicial review of constitutionality, and no debate has arisen on the matter, except to justify its existence and necessity.(473)

Therefore, the problems of legitimacy of judicial review of constitutionality are not referred to the guarantee of the constitution concerning federalism or political decentralisation or to the guarantee of the fundamental rights of the individual. These constitute limitations on legislative power in reference to which judicial control is exercised without discussion.(474)

Nevertheless, the same can not be said about the horizontal distribution or separation of powers. Even though it also imposes limitations on the legislative power, the acceptance of judicial review of the constitutionality of legislation has here prompted discussions over its legitimacy, based, particularly, on the notion of supremacy of Parliament over the other state powers. But on the other hand, it has given fundamental arguments in favour of judicial review, precisely, as the counter-weight's essential element, which should be established among the various state powers to guarantee the constitution.

In effect, the separation of powers as a consequence of the horizontal distribution of state powers among the state organs essentially requires an independent mechanism to guarantee the organic part of the constitution. This system of control is essential to the distribution of power particularly between the legislative and the executive power. Between them it is necessary to establish a third counterweight system so as to maintain the equilibrium that the constitution lays down. Thus, the powers granted to the judicial organs to control the constitutionality and legality of administrative actions, accepted without debate has been essentially related to the *Etat de droit*, as well as to control the constitutionality of legislation.

However, the tradition of the principles of Parliamentary supremacy on the one hand, and of separation of powers on the other, have been so powerful in Europe,

---

(473) In this sense, Hans KELSEN said in 1928 that "it is in Federal States where the constitutional justice aquiered the most considerable importance. It is not excesive to affirm that the political idea of the Federal State is not entirily realized without the institution of a constitutional Tribunal", *loc. cit.*, p. 24. *Cf.* L. FAVOREU, *Le contrôle juridistionnel des lois et sa légitimité...*, *doc. cit.*, p. 35.

(474) *Cf.* B.O. NWABUEZE, *Judicial Control of Legislative Action and its Legitimacy-Recent Developments*. African Regional Report. International Association of Legal Sciences. Uppsala Colloquium, 1984, (mimeo) p. 23. Also published in L. FAVOREU and J.A. JOLOWICZ (ed.), *Le contrôle juridictionnel des lois...*, *cit.*, p. 193-222.

that these have led to impeding ordinary judicial bodies from any possibility of judging the constitutionality of legislation, even though judicial review of legislation has been developed, but assigned to new constitutional organs. In this manner, the need for judicial review of legislation as a guarantee of the constitution has been adjusted to the principle of separation of powers that has traditionally considered any attempt to control the constitutionality of legislation an inadmissible intrusion by the judicial body in the sphere of the legislator.

It has been this confrontation between the need for constitutional judicial review as a guarantee or means of protection of the constitution and the principle of separation of powers that in continental Europe led to the creation of special constitutional bodies with the particular and special jurisdictional task of controlling the constitutionality of legislation, although not being part of the traditional structure of the Judiciary. Therefore the solution to said confrontation has been resolved by creating new constitutional bodies above the traditional horizontal separation of powers, -equally above the legislator, the executive and the courts- to ensure the supremacy of the constitution with respect to them all.

The "Austrian System" of judicial review or the "European model" as it has also been qualified[(475)] is characterised by the fact that constitutional justice has been attributed to a constitutional body organised outside ordinary judicial organisation, that is to say, outside the ordinary courts, and thus not integrated within the general structure of the Judiciary. The members of the constitutional tribunal, court or council do not become so by way of a judicial career, but rather are appointed, basically by political bodies, and in particular, by the Parliament and the executive. This system has given rise to a special constitutional organ, which, despite it's not being integrated within the Judiciary, resolves legal controversies according to the law, and thus pursues a proper jurisdictional activity.

These constitutional courts, councils or tribunals have been considered the "supreme interpreters of the constitution" as the Spanish Constitutional Tribunal Organic law qualified it[(476)]or as the "custodian of the constitution."[(477)] Professor Eduardo García de Enterría, currently (1985) judge in the European Court of Human Rights, referring to the Spanish Constitutional Tribunal, qualified it as a "commissioner of the Constituent power to sustain the constitution and to maintain all the constitutional organ in their strict quality of constituted powers,"[(478)] and the former president of the same Spanish Constitutional Tribunal Professor Manuel García Pelayo considered it "as a constitutional organ, established and structured directly in the constitution", and that:

---

(475) M. CAPPELLETTI, *Judicial Review of Legislation and its Legitimacy...*, p. 26; L. FAVOREU, "Actualité et légitimité du contrôle juridictionnel des lois en Europe occidental", *loc. cit.*, p. 1149.

(476) Art. 1. Ley Orgánica del Tribunal Constitucional, Oct. 1979, *Boletín Oficial del Estado*, nº 239.

(477) G. LEIBHOLZ, *Problemas fundamentales de la democracia*, Madrid 1971, p. 148.

(478) E. GARCÍA DE ENTERRÍA, *op. cit.*, p. 198.

> As regulator of the constitutionality, of the state action, it is the one called upon to give full existence to the *Estado de derecho* and to ensure the validity of the distribution of powers established in the constitution, both essential components in our times of the true Constitutional state.[(479)]

In this sense, and established as constitutional organs separately regarding the traditional legislative, executive and judicial organs, the European constitutional courts are conceived as being the supreme guarantor of the distribution of power in its various senses we have referred to.[(480)]

First of all, there is the distribution of the sphere of state power and the sphere of society; that is to say, between the powers of the state and the rights and liberties of individuals and groups. This principle of distribution of powers, expressly established in constitutions when they guarantee the rights and liberties of citizens must, moreover, be jurisdictionally guaranteed. This power of guaranteeing fundamental rights is frequently a power given to ordinary tribunals as well as to constitutional courts by means of "writs for protection" (*amparo*). In such cases, the courts are the guardians of the limits on the power of the state imposed by the constitution in relation to the respect for fundamental individual rights and liberties.

In the second place, there is the distinction between the constituent power and the constituted power. The effectiveness of this division is not limited to the moment only when the constitution is adopted, but should be demonstrated throughout its validity, as a result of its very existence. The function of constitutional justice is precisely that of guaranteeing that the constituted powers act within limits established by the constituent power, as set down in the constitution. It is thus the aim of the constitutional court to be the custodian of the primacy of the constituent power over the constituted power. Thus, even in cases of preventive review of constitutionality, when a collision arises between a norm and the constitution, either the norm is not to be sanctioned, or a constitutional reform must take place.

The third system of distribution of power is the horizontal division, that is to say, its distribution among constitutional bodies of the same constitutional rank. This division is also guaranteed by the constitutional courts, both at the level of the central powers of the state, and at other territorial levels. In this respect, at the level of the constitutional bodies of the state, for example, it is the constitutional court that is called upon to resolve conflicts of powers between, for example, the Government and Congress, or between the Chamber of Deputies and the Senate, or between other bodies of constitutional rank. In the horizontal distribution of power at lower territorial levels, the constitutional tribunal must also resolve conflicts that arise between the authorities at those levels.

The fourth aspect of the division of power is the vertical division, which consists in the distribution of powers among the various political decentralised

---

(479) E. García Pelayo, "El Status del Tribunal Constitucional", in *Revista española de derecho constitucional*, 1, Madrid 1981, p. 15.

(480) *Cf.* M. García Pelayo, *loc. cit*, p. 20.

levels of the state: the powers of the national state; those at intermediate level, whether these be federal member states or autonomous regions or communities of the regional states; and thirdly, those at the municipal or local level. In these cases, the state structured by a system of vertical distribution of powers must ensure that the various legislative provisions at the different levels do not invade the sphere of power of other levels. For example, there should be no invasion of the powers of the communities or regions by the national level or of those of the member states of a federation, and vice-versa. The same holds good for the municipal level: the constitutional court is precisely the body that must ensure that the municipal powers that are normally guaranteed in the constitutions or by acts issued at national or intermediate levels are not to be invaded.

Thus, the fundamental reason for justifying the establishment of constitutional court in continental Europe relates to the solution of conflicts between state bodies, since within the constitutional organisation, the constitutional court is the body in a position to prevent the invasion of the powers of others by one constitutional power, and objectively to ensure the maintenance of the balance that the constitution has established in the separation of powers.

In this way, the sharing of power among the national powers -for example, between Parliament and Government- and also the system of the distribution of powers among the powers in a vertical sense by the process of political decentralisation -whether this be federalism, or regionalism or purely and simply, any system of local political decentralisation- all these demand that there be a body to maintain a balance between these various powers, and this, without doubt, should be either a constitutional court or the supreme court of a given country.

But in the case of constitutional courts even though created as constitutional organs, independent and separate from the traditional legislative, executive and judicial organs of the state, and particularly, not within the organisation of the Judiciary, they always decide upon constitutional conflict by means of a jurisdictional action. Therefore, constitutional courts, as is the case of ordinary courts on the American judicial the review model or the supreme judicial court on the Latin American model, exercise constitutional justice and have a jurisdictional function.

Therefore, constitutional courts cannot be considered the "negative legislator" as Hans Kelsen considered,[(481)] but rather as constitutional organs with a jurisdictional function.

In effect, in order to refute the objection to constitutional justice based on the principle of separation of power, Hans Kelsen argued that the constitutional tribunal when annulling an act of Parliament, did not exercise jurisdictional activity but a negative legislative activity. He said:

---

(481) H. KELSEN, *loc. cit.*, p. 226.

> To annul a Statute, is to establish a general norm, because the annulment of a Statute has the same general character of its adoption, being, we can say, the same adoption but with a negative sign, and consequently in itself, a legislative function.[(482)]

In reality, the constitutional court when annulling a statute does not repeal it, and the annulment it can pronounce is not made based on discretionary powers but on legal criteria, applying a superior rule, the constitution, thus in no way does it exercise a legislative function.[(483)]

Its function is jurisdictional as is that assigned to the ordinary court[(484)] but characterised as being a guarantee of the constitution. And, if it is true that constitutional judges in many cases decide political issues when considering the constitutionality of legislative acts, they do so by legal methods and criteria, in a process initiated by a party with the required standing. And even in cases in which constitutional justice allows the possibility of exercising a popular action[(485)] to obtain a decision upon the unconstitutionality of a law by the Supreme Court, as is the case in Venezuela and Colombia, the judicial activity is developed by a process in which the Supreme Court decides a judicial controversy, although there are no proper parties in the traditional procedural law sense.

Nevertheless, the court must only act on the formal instance of or at the request of a person whose rights or interests are infringed by the particular law, and cannot decide on its own initiative. Therefore, the role of a constitutional judge can in no way be considered a legislative function, but rather jurisdictional.

Anyway, as we have said, judicial review of constitutionality both on the American or European models, is conceived as being a constitutional guarantee of the distribution and limitation of state powers established in the constitution, exercised by independent bodies either the ordinary or special constitutional judges. Furthermore, constitutional judges are also the guarantee of the functioning of the particular system of government resulting from the way state powers are distributed, and of democracy itself. Its legitimacy lies in there.

In effect, judicial review can be considered one of the tools for ensuring the solution of political and social conflict, and therefore, for contributing to the peaceful development of democratic political activity, in resolving conflicts of a political nature. In Professor E. García de Enterría's words, judicial review is a "formidable instrument of political and social integration of society"[(486)] and this has proven to be so in resolving political conflicts between government and minorities, which the electorate cannot assist in resolving. As Professor L. Favoreu pointed out:

---

(482) *Idem*, p. 224.

(483) A. PÉREZ GORDO, *El Tribunal Constitucional y sus funciones*, Barcelona 1982, p. 41.

(484) H. KELSEN, eventually, accepted this view, *loc. cit.*, p. 226.

(485) *Cf.* the argument in a contrary sense of B.O. NWABUEZE, *Judicial Control of Legislative Action* ..., *loc. cit.*, p. 3.

(486) E. GARCÍA DE ENTERRÍA, *op. cit.*, p. 192.

> When the majority and the opposition conflict on important issues without having recourse to an electoral decision, it is evident that recourse to a constitutional judge to decide upon the law adopted by the majority, has the virtue of calming the debate and transforming it more serenely. In many cases, when the decision of the constitutional judge has been adopted, the controversy is extinguished.[(487)]

In this respect, and as an illustration of this legitimacy of judicial review, Professor Favoreu in his comparative analysis of recent development of judicial review in continental Europe stressed the political conflict that arose from the sanctioning of laws in referring to abortion. The controversy raged in every country, both in Parliament and in public, but once decisions were made on the issue by the constitutional judge, the conflict died down.[(488)] The same happened in France over the most important aspects of the socialist government's programme once executed in the early eighties, particularly in relation to nationalisation and to decentralisation processes and which subsequently died down after the Constitutional Council adopted its corresponding decisions in 1982.[(489)]

The same happened, for example, in Spain, with the law for the Harmonisation of the Autonomous Communities. Once the constitutional tribunal resolved the conflict over the powers of the state and the Autonomous Communities in 1983, the debate declined in its intensity.[(490)]

Judicial review has also been a guarantee of the constitution when working as an instrument for the maintenance of political stability and continuity in democratic societies and, particularly, in parliamentary systems of government.

In fact, parliamentary systems of government are generally linked with judicial review, and in continental Europe, we can observe that in all the countries with a system of judicial review of constitutionality of legislation, a parliamentary or quasi-parliamentary regime exists. In the case of Germany, Italy and Spain in the classical way and also in the cases of France, Austria and Portugal where even though a government responsible to Parliament exists, a president elected by the people also exists. Anyway, the counter-weight of the opposition to a strong government supported by a parliamentary majority is judicial review. As Professor Favoreu said:

> There is a certain institutional logic in the political functioning of parliamentary systems of government, to encourage the development of mechanisms of judicial review of constitutionality as a reaction against the great power of the government block.[(491)]

Judicial review as a guarantee of political stability and continuity in parliamentary regimes has a shown itself to be a very important instrument when lessening the effects of political changes resulting from the alternation in power,

---

(487) L. FAVOREU, *Le contrôle juridictionnel des lois et sa légitimité*, *cit.*, p. 6.

(488) *Idem*, p. 36.

(489) L. FAVOREU, "Les decisions du Consel Constitutionnel dans l'affaire des nationalisations", *loc. cit.*, p. 377; "Décentralisation et constitution", *Revue du droit public et de la science politique en France et à l'étranger*, Paris 1982, p. 1259-1295; and L. FAVOREU (ed.), *Nationalisations et constitution*, 1982.

(490) P. BON, F. MODERNE and Y. RODRIGUEZ, *La justice constitutionnelle en Espagne*, 1984, p. 168.

(491) L. FAVOREU, *Le contrôle juridictionnel des lois et sa légitimité*, *doc. cit.*, p. 25.

particularly when a change in the majority in Parliament and in the government happens after a few years of leadership of one political force or party. This alternation of contrasting policies has occurred in almost all countries in continental Europe over recent decades, and was of particular importance in France in the early eighties.

In a recent article concerning "The Constitutional Council and the alternance", Professor Louis Favoreu demonstrated how the French Constituional Council, instead of being a restraint upon or an obstacle to political alternance, has been "the guarantor of the alternance":

> The Constitutional Council has first of all, permitted the alternance through the canalisation of the stream of change, ensuring its regulation; and furthermore with its decisions has given a regularised authentic certification to the measures taken by the new majority. In the end, the legislation of the new majority has passed through some kind of filter, but once the dispositions have been filtered and sifted, its promulgation gave a definitive juridical force to the dispositions, and it is no longer possible to attack them (at least on the grounds of its conformity with the constitution.[(492)]

This happened in France for example, with the laws concerning nationalisation, decentralisation, university teaching and municipal officials, between 1982 and 1984.[(493)] It also happened in Spain in the early eighties, and the example of the laws concerning the decentralisation process through the harmonisation of the Autonomous Communities, the *Rumasa* nationalisation and university teaching is clear.[(494)]

In such situations, the existence of constitutional review of legislation has had precisely the effect of avoiding any rapid breakdown in the constitutional balance, since the laws and reforms approved by the new majority were submitted to review by the constitutional judges, to determine which could be enacted according to the constitution, and which laws and reforms require constitutional review. Of course, as Professor Favoreu pointed out, in these cases, constitutional review may mean a restraint on the possibilities for action open to the majority with respect to the proposed reforms. On the other hand, if these reforms are brought into question before a constitutional Judge, and his verdict declares them to be in accordance with the constitution, in a certain way it authenticates them and they enjoy a supplementary authority.[(495)]

However, the defence of the constitution is not only an essential role of constitutional justice in order to guarantee the various systems of distribution of powers between the constituted organs of the state, and to ensure political stability and continuity, even in situations of political alternance of majorities, but also, as we mentioned, to guarantee the fundamental rights and liberties of

---

(492) L. FAVOREU, "Le Conseil Constitutionnel et l'alternance", *Revue française de science politique (La constitution de la Cinquienne Republique*, 34, (4-5), Paris 1984, pp. 1005-1114.

(493) L. FAVOREU, "Libertes locales et libertes universitaires. Les décisions du Conseil Constitutionnel du 20 janvier 1984", *Revue du droit public et de la science politique en France et à l'étranger*, 1984, pp. 687-730.

(494) P. BON, F. MODERNE and Y. RODRIGUEZ, *op. cit.*, p. 168, 217.

(495) L. FAVOREU, *Le contrôle juridictionnel des lois et sa légitimité*, *doc. cit.*, p. 37.

individuals. This is, as we said, an essential part of the *Etat de droit* and one of the basic arguments used to defend the legitimacy of judicial review.

In effect, constitutional justice and judicial review of the constitutionality of legislation are bound up with the effective establishment of fundamental rights. Therefore, the need for the establishment of a system of judicial review also arises when there are entrenched declarations of fundamental rights and liberties linked with the constitutional values of a given society.

Nevertheless, even though the idea of fundamental rights established in a constitution, as a superior and effective rule of law in an entrenched way, has historical antecedents, it did not appear in Europe until after the Second World War. Therefore, the problem of establishing a system of judicial review, exception made to the Austrian and Czechoslovakian systems in the 1920's only arose in Europe after the Second World War, as a mean for defending the rights of man, precisely because these suffered the greatest violations in Europe. Here, once again, it is not by chance that it was in Italy and Germany when, for the first time in their constitutional texts, the validity of the rights of man and the need to organise mechanisms for their defence was affirmed, and among which, was the review of constitutionality of legislation.

At the other extreme, the absence of entrenched fundamental rights of individuals with constitutional rank, as a limit upon the legislator, is one of the main reasons for the absence of a system of judicial review of constitutionality, as happened in the United Kingdom. That is why Professor D.G.T. Williams correctly pointed out:

> The underlying problem either of an entrenched bill of Rights or of an entrenched federal structure for the United Kingdom is judicial review", because "the adoption of a Bill of Rights would, of course, involve the exercise of judicial review by the English Courts" that is to say, the power of domestic courts, "to protect certain fundamental freedoms even against the legislative itself.[(496)]

Anyway, what is definitely true in constitutional systems with written constitutions is that if the constitution pretends to be a supreme, obligatory and enforceable law, the constitutional system must establish means for its defence and guarantee. On the contrary, as Hans Kelsen used to say:

> A constitution without guarantees against unconstitutional acts, is not completely obligatory in its technical sense... A constitution in which unconstitutional acts and particularly, unconstitutional laws, remains valid because its unconstitutionality cannot lead to its annulment, is more or less, equivalent from a juridical point of view, to a desire without obligatory force.[(497)]

The judicial guarantees of the constitution, that is to say, the power given to judges -ordinary judges or special constitutional courts- to declare the unconstitutionality of state acts issued in violation of the constitution, or to annul those acts with general effects is, therefore, an essential part of the *Etat de droit.*

---

(496) D.G.T. WILLIAMS, "The Constitution of the United Kingdom", *Cambridge Law Journal*, 31 , 1972, pp. 278-279.

(497) H. KELSEN, *doc. cit.*, p. 250.

It is a power to ensure precisely, that all state organs are submitted to the rule of law and, therefore, that they will respect the limits imposed upon them by the constitution, according to the system[(498)] of distribution of state powers adopted and that they will also respect the fundamental rights and liberties declared in the constitution itself.

Of course, there is no unique and uniform system of constitutional justice to guarantee and defend the constitution, nor is there one ideal system, which can be applicable to all countries. In contemporary constitutional law each country has developed its own system and precisely, it is to study their fundamental trends in comparative law that we will devote the following three parts, in which we will analyse separately the diffuse system of judicial review, the concentrated system of judicial review, and the mixed system of judicial review, which correspond, in broad terms, to three different models: the American, the European and the Latin American.

PART IV

THE DIFFUSE SYSTEM OF JUDICIAL REVIEW

I. GENERAL FEATURES

The diffuse system of judicial review empowers all the judges and courts of a given country to act as a constitutional judge, in the sense that when applying the law, they are allowed to judge its constitutionality and therefore, not to apply a law in the concrete process when they consider it unconstitutional and void, giving priority to the constitution.

1. The Logic of the System

From a logical and rational point of view, this general power of all judges and courts to act as constitutional judges is the obvious consequence of the principle of the supremacy of the constitution. If the constitution is the supreme law of the land, in cases of conflict between a law and the constitution, the latter must prevail and it is the duty of the judiciary to say which law is applicable in a particular case. As Justice William Paterson stated in *Vanhorne's Lessee* v. *Dorrance* (1795) almost two hundred years ago:

(498) As M. HIDEN said, "probably there are as many methods of securing the constitutionality of laws and regulations as there are countries with a written constitution", in "Constitutional Rights in the Legislative Process: the Finnish System of Advance Control of Legislation", in *Scandinavian Studies in Law* , 17, Stockholm 1973, p. 97.

> If a legislative act oppugns a constitutional principle the former must give way, and be rejected on the score of repugnance. I hold it to a position equally clear and sound, that, in such case, it will be the duty of the court to adhere to the constitution, and to declare the act null and void.(499)

Or as it was definitively stated by Chief Justice Marshall in *Marbury* v. *Madison* (1803):

> Those who apply the rule to particular cases, must of necessity expound and interpret that rule... so, if a law be in opposition to the constitution... the court must determine which of these conflicting rules governs the case: This is the very essence of judicial duty. If then, the courts are to regard the constitution, and the constitution is superior to any ordinary act of the legislature, the constitution, and not such ordinary act, must govern the case to which they both apply.(500)

Thus, supremacy of the constitution and judicial review as the power of all judges to defend the constitution and to control the constitutionality of legislation are essentially linked. That is why regarding the constitutions and laws of the federal states it was expressly established in the well known "supremacy clause" of Article VI, Section 2, of the American constitution, which states:

> This constitution, and the laws of the United states which shall be made in Pursuance thereof; and all Treaties made, or which shall be made, under the Authority of the United States, shall be the supreme law of the land; and the Judges in every state shall be bound thereby, anything in the constitution or laws of the state to the contrary notwithstanding.

This supremacy clause was extended to federal laws in *Marbury* v. *Madison* through a logical and rational interpretation and application of the principle of the supremacy of the constitution, and has been expressly established in a general sense, as a positive rule in other countries.

In this sense, for instance, since 1910 Article 215 of the Colombian constitution established:

> In all cases of incompatibility between the constitution and the law, the constitutional dispositions will preferably be applied.(501)

In a similar sense, since 1897 the Venezuelan Civil Procedural Cod has also established in Article 20 that:

> When a law in force whose application is required, collides with any constitutional disposition, the courts will preferably apply the latter.(502)

---

(499) *Vanhorne's Lessec v. Dorrance*, 2 Dallas 304 (1795). See the text in S.I. KUTLER (ed.), *The Supreme Court and the Constitution. Readings in American Constitutional History*, NY 1984, p. 8.

(500) *Marbury* v. *Madison*, 1 Cranch 137 (1803). See the text in S.I. KUTLER (ed.), *op. cit.*, p. 29.

(501) See in J. ORTEGA TORRES (ed.), *Constitución Política de Colombia*, Bogotá 1985, p. 130. The origin of this norm can be traced up to the Legislative act, n° 3, Art. 40, 1910.

(502) The text is the one of the 1985 Civil Procedural Code. With similar words it was adopted in article 10 of the 1897 and 1904 Codes, and article 7 of the 1916 Code.

2. The Compatibility of the System with All Legal Systems

Therefore, the diffuse system of judicial review of constitutionality of legislation is not a system peculiar to the common law system of law, incompatible with the civil or Roman law tradition, at all. On the contrary, it has existed since the last century in most Latin American countries, all of them being part of the Roman law family of legal systems.

This is the case of Mexico, Argentina and Brazil, which followed the American model and is also the case of Colombia and Venezuela, in which a mixed system of judicial review is followed.

It has also existed in Europe in countries with a Civil law tradition, like Switzerland and Greece. In Switzerland, the diffuse system of judicial review was first established in the 1874 constitution, even though in a limited way. Also in a limited manner, the Swiss system currently allows the courts to decide on constitutional grounds, upon the applicability of legislative acts of the cantons but not of federal laws.(503) In Greece, where a mixed system is also adopted, the 1975 constitution entrusts all courts with the power to apply no legal dispositions whose contents they consider to be contrary to the constitution.(504) In particular, Article 95 establishes:

> Art. 95. The courts shall be bound not to apply laws, the contents of which are contrary to the constitution.

Therefore, the diffuse system of judicial review exists and has functioned in legal systems with a common law tradition as well as those with a Roman law tradition. Thus, we do not agree with what Professors Mauro Cappelletti and John Clarke Adams said, in the sense that a fundamental incompatibility exists between the diffuse system of judicial review and the legal systems based on Roman law(505) or as Professor Cappelletti said elsewhere, when referring to the sole experience of Italy and West Germany prior to the creation of constitutional court, in the sense that those countries "fully revealed the unsuitability of the decentralised method for civil law countries."(506)

---

(503) H. FIX-ZAMUDIO, *Los tribunales constitucionales y los derechos humanos,* México 1980, pp. 17, 84; A. JIMÉNEZ BLANCO, "El Tribunal Federal suizo", *Boletín de Jurisprudencia Constitucional*, Cortes Generales, 6 Madrid 1981, p. 477.

(504) Art. 93, H. FIX-ZAMUDIO, *op. cit.*, p. 162; L. FAVOREU, *Le contrôle juridictionnel des lois et sa légitimité, Développements récents en Europe occidentale*. Association Internationale des Sciences Juridiques, Colloque d'Uppsala, 1984 (mimeo), p. 14. Also published in L. FAVOREU and J.A. JOLOWICZ (ed.), *Le contrôle juridictionnel des lois. Légitimité, effectivité et développements récents*, Paris 1986, pp. 17-68.

(505) M. CAPPELLETTI and J.C. ADAMS, "Judicial Review of Legislation: European Antecedents and Adaptations", *Harvard Law Review*, 79 (6), 1966, p. 1215.

(506) M. CAPPELLETTI, *Judicial Review in the Contemporary World*, Indiannapolis 1971, p. 59. In similar sense M. FROMONT considered that it is "difficult to admit" the diffuse system of judicial revue in countries with a roman law tradition. See "Preface" in J.C. BEGUIN, *Le contrôle de la constitutionalité des lois en Republique Federale d'Allemagne*, Paris 1982, p. 218.

In our opinion the arguments in favour of the concentrated system of judicial review cannot be settled on the grounds of unsuitability or suitability with a particular system of law, but with the particular constitutional system adopted regarding the supremacy of the constitution. If the principle of constitutional supremacy is adopted, the logical and necessary consequence is the powers of the courts to decide which norm is to be applied when a contradiction exists between a particular law and the constitution, being obliged to give priority to the constitution as their very duty, regardless of the particular common law or Roman law system of the given country.

Another question relates to the practical legal effects of the adoption of a diffuse system of judicial review. In the absence of any kind of judicial review system in Europe before the 1920's and with the traditional framework of separation of power based on the sovereignty of the legislator and of the law, and the distrust of the courts to control legislative action, the criticisms of the diffuse systems of judicial review from the European side of the Atlantic are as old as the existence of the European model itself. For example, Hans Kelsen, the creator of the Austrian model in Europe referred to the problems raised by the diffuse system for justifying the "centralisation of the power to examine the regularity of general norms", stressing "the absence of unity in the solutions" and "the legal uncertainty " that results when a "court abstains from applying a regulation and even a law as irregular, while another court does the contrary."(507) In this same sense, Professors Mauro Cappelletti and John Clarke Adams stressed that the diffuse systems of judicial review "can lead to grave uncertainty and confusion, as one court may decide to enforce a Statute that another court will find invalid."(508)

But these problems exist in both common law and Roman law systems that followed the diffuse system of judicial review, and are not essentially peculiar to the countries with Roman law systems that have adopted it, as Professors Cappelletti and Adams seemed to demonstrate, basing their arguments on the corrective effects that regarding those problems have the doctrine of *stare decisis*, peculiar to the common law systems of law and alien to the Roman law systems. Their argument is as follows:

> Under the Anglo-American doctrine of *stare decisis*, a decision by the highest court in any jurisdiction is binding on all lower courts in the same jurisdiction, and thus as soon as the court has declared a law unconstitutional, no other court can apply it. The court does not need a specific grant of the power to declare a law invalid, nor must it decide anything beyond the applicability of the law in question to the concrete case; *stare decisis* does the rest by requiring other courts to follow the precedent in all succeeding cases. Thus, although the unconstitutional statute may remain on the book, it is a dead law.

Thus they finished their argument by saying that:

---

(507) H. KELSEN, "La guarantie juridictionnelle de la constitution (La Justice constitutionnelle)", *Revue du droit public et de la science politique en France et à l'étranger*, 1928, p. 218.
(508) *Loc. cit.*, p. 1215.

> *Stare decisis*, however, is not normally part of the Roman law systems, and thus in these systems, the courts are not generally bound even by the decisions of the highest court.(509)

Professor Cappelletti later developed the argument in his book *Judicial Review in the contemporary world*, when he said:

> Since the principle of *stare decisis* is foreign to civil law judges, a system which allowed each judge to decide on the constitutionality of statues could result in a law being disregarded as unconstitutional by some judges, while being held constitutional and applied by others. Furthermore the same judicial organ, which had one day disregarded a given law, might uphold it the next day, having changed its mind about the law's constitutional legitimacy. Differences could arise between judicial bodies of a different type or degree, for example, between ordinary courts and administrative tribunals or between the younger, more radical judges of the inferior courts and the older, more tradition conscious judges of the higher courts... The extremely dangerous results could be a serious conflict between the judicial organs and grave uncertainty as to the law.(510)

We insist that those problems deriving from the very principle of supremacy of the constitution exist in countries with both Common and Roman law systems of law, and if it is true that the doctrine of *stare decisis* is a correction of the problems, it is not absolute, because, as we know, not all cases in which constitutional matters are decided upon by lower courts can go before the United States Supreme Court which is the one that decides in a discretional way, which cases are to be considered by it.(511)

On the other hand, and even though the doctrine of *stare decisis* as known in Common law countries does not apply in those with a Roman law tradition, those who have adopted a diffuse system of judicial review have normally developed, in parallel, their own corrections to the problems posed with similar effect. For instance, in the Mexican system of *amparo*, the constitution established the principle that the particular law of *amparo* should establish the cases in which the *jurisprudencia* namely, the precedents derived from previous decisions of the federal courts, were to be considered obligatory.(512) Thus, the *Amparo law* has established the cases in which the supreme court and also other collegial circuit court decisions are to be considered as obligatory precedents, which happens only after five consecutive decisions to the same effect, uninterrupted by any incompatible ruling, have been rendered. The effects of the *jurisprudencia* even partially, have been considered equivalent to those resulting from the rule of *stare decisis*.

Furthermore, in the Mexican system of *Amparo*, the so called "*amparo* against laws" has also been developed as an extraordinary action of unconstitutionality of self-executing laws which could directly affect the rights of an individual, and

(509) *Idem*, p. 1215.
(510) M. CAPPELLETTI, *op. cit.*, p. 58.
(511) 28 U.S. Code, Secc. 1254, 1255, 1256, 1257. See also Rule n° 17 of the Supreme Court.
(512) Art. 107, Section XIII, paragraph 1 of the Constitution (ammendment of 1950-1951).

that can be brought before the federal courts, allowing these courts to judge the unconstitutionality of a law without any relation to a particular process.[513]

Along the same line of facts, in Argentina and Brazil, countries that also closely followed the American model in the sense of the power granted to all the courts to decide upon the inapplicability of a law based on constitutional considerations, an institution called the "extraordinary recourse of unconstitutionality" has been developed, which can be brought before the supreme court against judicial decisions adopted at the last instance, when a federal law is considered as unconstitutional and inapplicable by a court.[514] In these cases, the decision adopted by the Supreme Court has *in casu et inter partes* effects, but being adopted by the highest court has factual binding effects upon the inferior court.[515] In the same sense, in some European countries with a Roman law tradition which have adopted the diffuse system of judicial review, special judicial mechanisms have been established to overcome the problems deriving from contradictory decisions of different courts on constitutional issues. It is the case in Greece in which the 1975 constitution regulates a special highest court with powers to decide upon the unconstitutionality of laws, when contradictory decisions on the matter have been adopted by the state Council, the court of cassation or the auditory court. In such cases, the decisions of the special highest court have absolute and general effect regarding the constitutionality of laws.[516]

Finally, in the other mentioned countries with a Roman law tradition where the diffuse system of judicial review has been adopted, the correction to the problems of uncertainty and conflictiveness have been established by adopting a mixed model of judicial review, that is to say, by having the diffuse and concentrated systems operate in parallel. In Latin America it is the case in Guatemala,[517] Colombia and Venezuela. Particularly in the last two in parallel with the diffuse systems of judicial review legally established in positive law, the concentrated system of judicial review also exists; and through it, the supreme court is empowered to formally annul a law on the grounds of unconstitutionality with *erga omnes* effects, as required through a *popular action* that can be brought before the Supreme Court by any inhabitant of the country whosoever.

Therefore, in parallel with the powers of every court to decide the inapplicability of a law considered unconstitutional in a concrete case, the

---

(513) R.D. BAKER, *Judicial Review in México. A Study of the Amparo Suit*, Austin 1971, pp. 164, 250-251, 256, 259.

(514) H. FIX-ZAMUDIO, *Veinticinco años de evolución de la justicia constitucional 1940-1965*, México 1968, pp. 26, 36; J. CARPIZO and H. FIX-ZAMUDIO, "La necesidad y la legitimidad de la revisión judicial en América latina. Desarrollo reciente", *Boletín mexicano de derecho comparado*, 52, 1985, p. 33. Also published in L. FAVOREU and J.A. JOLOWICZ (ed.), *Le contrôle juridictionnel des lois. Légitimité, effectivité et développements récents*, Paris 1986, pp. 119-151.

(515) J.R. VANOSSI and P.E. UBERTONE, *Instituciones de defensa de la Constitución en la Argentina*, UNAM, Congreso Internacional sobre Ia Constitución y su Defensa, México 1982 (mimeo), p. 32.

(516) E. SPILIOPOULOS, "Judicial Review of Legislative Acts in Greece", *Temple Law Quarterly*, 56, (2), Philadelphia 1983, pp. 496-500.

(517) J.M. GARCÍA LAGUARDIA, *La defensa de la Constitución*, México 1983, p. 52.

Supreme Court has the power to annul with general effect the laws contested as being unconstitutional.[518]

In the same sense, other European countries with a Roman law tradition which have adopted the diffuse system of judicial review, have also adopted the features of the concentrated systems in parallel giving the supreme court of the country the power to annul unconstitutional laws. It is the case in Switzerland where even though no constitutional judicial control is allowed regarding federal laws, the federal court has the power to declare the unconstitutionality of canton laws, with *erga omnes* effects when required by a special public law recourse in cases of violations of fundamental rights.[519]

Therefore, in the same sense of the development of the doctrine of *stare decisis* in the common law system countries, to resolve the problems of uncertainty and the possible conflictive character of judicial decisions made by different courts upon the unconstitutionality of laws which the diffuse system of judicial review could bring about, the countries with a Roman law tradition that have adopted the same diffuse system of judicial review have also developed various particular legal mechanisms to prevent the evil effect of those problems, either by giving obligatory character to precedents or by granting the necessary powers to declare the unconstitutionality of statutes to the supreme court of the country in some cases even with general and binding effects.

The eventual problems posed by the diffuse control of constitutionality of legislation, therefore, are common to countries with either common or Roman law systems of law, and cannot lead by themselves to consider the diffuse system of judicial review "incompatible" with the civil or Roman law system of law of a given country by the fact that in the latter the rule of *stare decisis* does not exist.

As we said, the only fact of compatibility that is absolute in this respect is that when the principle of the supremacy of the constitution exists, the logical consequence is the power of all judges, which are charged with applying the law, to decide upon the inapplicability of legislation when it contradicts the constitution, giving preference to the constitution itself. This was the original system of judicial review after the triumph of the constitution over the legislator.

Nevertheless in the European countries with a Roman law system of law, the traditional distrust of judicial power has led the way to the establishment of the concentrated system of judicial review, which has brought about the rediscovery of constitutional supremacy by other means. But this cannot lead us to consider the diffuse control of the constitutionality of legislation as being incompatible with civil or Roman law legal systems.

---

(518) A. R. BREWER-CARÍAS, *El control de la constitucionalidad de los actos estatales*, Caracas 1977; L.C. SACHICA, *El control de la constitucionalidad y sus mecanismos*, Bogotá 1980.

(519) E. ZELLWEGER, "El Tribunal Federal suizo en calidad de Tribunal Constitucional", *Revista de la Comisión Internacional de Juristas*, Vol. VII (1), 1966, p. 119; H. FIX-ZAMUDIO, *Los Tribunales constitucionales ..., cit.*, p. 84.

3. The Rationality of the System

As we have said, the essence of the diffuse system of judicial review is the very notion of constitutional supremacy: if the constitution is the supreme law of the land prevailing over all other laws, no state act contrary to the constitution can be an effective law, on the contrary, it must be considered as null and void. In the words of Chief Justice Marshall, if the constitution is "the fundamental and paramount law of the nation... an act of the legislature, repugnant to the constitution, is void."(520) In this respect, the effective guarantee of the supremacy of the constitution is that acts repugnant to it are in fact null and void, and as such have to be considered by the courts that are the state organs called upon to apply the laws.

A. The Nullity of the Unconstitutional State Act

The first aspect that shows the rationality of the diffuse system is the principle of the nullity of state acts and particularly of legislation repugnant to the constitution.

In principle, the nullity of a state act means that an act that pretends to be a juridical state act, objectively is not, because it is irregular in the sense that it does not correspond to the conditions established for its enactment by a norm of a superior rank. This was what Hans Kelsen called an "objective guarantee" of the constitution,(521) and it means that a state act that is null and void cannot produce any effect, and does not need another state act to be produced to withdraw its usurped quality of state act. On the contrary, if such another state act were needed, then the guarantee would not be the nullity of the state act, but its annullability.

Thus, in strict logic, the supremacy of the constitution means that all state acts that violate the constitution are null and void; and therefore, theoretically, all public authorities and even individuals could be entitled to inspect its irregularity, to declared its existence and to consider the act neither valid nor obligatory. Of course, this could lead to juridical anarchy and, therefore, positive law normally establishes limits upon this power to examine the regularity of state acts, and reserves this power to the judges. Therefore, a state act that violates the constitution and is, therefore, null and void can only be examined by the courts and only the courts have the power to consider it as null and void.

However, even though the limits imposed by positive law on the examination power of the nullity of state acts exists, this fact does not mean that the guarantee of the constitution ceases to be the nullity of the state act and is converted into annullability. On the contrary, the nullity of the unconstitutional state act persists, but with the limitation deriving from the legal reserve granted to the judges to declare, in exclusivity, its nullity.

---

(520) *Marbury v Madison* 5 US (1 Cranch), 137. (1803). See the text in S.I. KUTLER (ed.), *op. cit.*, p. 29.

(521) H. KELSEN, *loc. cit.*, p. 214.

Thus, up to that moment, the irregular state act must be considered by other public authorities, particularly administrative authorities and by individuals, as being effective and obligatory; but once a judge declares it unconstitutional in relation to a particular process, then the act becomes null and void regarding that process.

In conclusion, in the diffuse systems of judicial review, the duty of all judges and courts is to examine the constitutionality of laws, and to declare, when necessary, that a particular law or statute should not be applicable to a particular process which the judge or the court is considering, because it is unconstitutional and therefore must be considered null and void.

B. The Power of All Courts

This leads us to the second aspect of the rationality of the diffuse system of judicial review, which is that the power to declare the unconstitutionality of legislation is assigned to all the judges in a given country.

In effect, if the constitution is the supreme law of the land, and the principle of supremacy is accepted, then the constitution overrides any other law inconsistent with it, whether this is expressly established in the written text of the constitution or is an implicit consequence of its supremacy. Consequently, the laws that violate the constitution or in any way are contrary to its norms, principles and values are, as we have said, null and void, and cannot be applied by the courts, which must give preference to the constitution.

Then all courts must decide the concrete cases they are considering, as Chief Justice Marshall said, "conformably to the constitution, disregarding the unconstitutional law" this being "of the very essence of judicial duty."(522) Therefore, this role in the diffuse system of judicial review must correspond to all courts and not only to one particular court or tribunal, and must not be seen only in terms of power conferred upon the courts, but of the courts duty(523) to decide in conformity with the rule of the constitution, disregarding the laws contrary to its norms.

C. The Incidental Character of the system

This duty of all courts to give preference to the constitution and, therefore, not to apply laws which they consider unconstitutional and consequently null and void, leads us to the third aspect that shows the rationality of the diffuse system of judicial review of the constitutionality of legislation, which is that this duty of the courts can only be accomplished *incidenter tantum*, through a particular process

(522) *Marbury v. Madison*, 5 US (1 Cranch), 137, (1803).

(523) Confront B.C. NWABUEZE, *Judicial Control of Legislative Action and its Legitimacy. Recent Development*. African regional report. International Association of Legal Sciences. Uppsala Colloquium, 1984 (mimeo), pp. 2-3. Also published in L. FAVOREU and J.A. JOLOWICZ (ed.), *Le contrôle juridictionnel des lois. Légitimité, effectivité et développements récents*, Paris 1986, p. 193-222.

that has been brought before them, and where the unconstitutionality of a particular law is neither "the issue" nor the principal issue in the process.

Therefore, a process must be initiated before a court on any matter or subject whatsoever, the diffuse system of judicial review of constitutionality being, consequently, always an incidental system of review. In it, the question of the unconstitutionality of a law and of its inapplicability is raised in a concrete case or process whatever its nature and in which the applicability or not of the concrete law is considered by the judge relevant to the decision of the case.

Hence, in the diffuse system of judicial review the main purpose of the process and of the court decision is not the abstract constitutionality or unconstitutionality of a law, or its applicability or inapplicability but rather the resolution of the concrete civil, criminal, administrative, commercial, or labour case.

The question of constitutionality thus is only an incidental aspect of a process, which must be considered by the judge only to resolve the applicability or not of a law to the decision of the concrete case, when there are questions concerning its unconstitutionality.

D. The Initiative Power of the Courts

Now, if it is a duty of the judges to apply the constitution in a concrete decision and not to apply a law considered unconstitutional to the resolution of the case, it must be said that in principle the fourth aspect of the rationality of the diffuse system must allow the judge to consider the constitutional question even on his own initiative, and therefore, even when none of the parties in the particular process have raised the question of the constitutionality of the law before the judge.

In fact, this is the direct consequence of the guarantee of the constitution, established as an objective guarantee which means the nullity of laws contrary to its norms, and is also the consequence of the reserve granted to the judges to declare the nullity and, consequently, the inapplicability of the unconstitutional law in a particular case.

Within this framework, the unconstitutionality of a law in relation to a particular process, cannot be left to the sole instance of one of the parties, and on the contrary, even if the parties do not raise the question of unconstitutionality before the judge, he has the duty of considering it and on his own initiative decide upon the unconstitutionality of a law.

Even though this aspect of the rationality of the diffuse system of judicial review is followed in many countries as in the case of Venezuela and Greece,[(524)] we must admit that, in general, procedural rules in most countries forbid courts to consider any questions on their own initiative, even questions of the constitutionality of laws, when deciding concrete cases.[(525)]

---

(524) L. SPILIOTOPOULOS, "Judicial Review of Legislative Acts in Greece", *loc. cit.*, p. 479.

(525) As B.C. NWABUEZE has said: "The fact that the duty is, and can only be performed at the instance of a person aggrieved by a violation of the law of the constitution by government reinforce the

In any case, the common trend in this aspect of the rationality of this system of judicial review, is that the question of constitutionality can only be incidental through a particular process, always of course initiated by a party.

E. The *Inter Partes* Effects of the Court Decision

The fifth and final aspect of the rationality of the diffuse system of judicial review concerns the effects of the decision adopted by the court in regard to the constitutionality or applicability of the law in the concrete process; and this aspect of the effect of the judicial decision refers to two questions: first, who does the decision affect? And second when do the effects of the decision begin?

In relation to the first question, the rationality of the diffuse system of judicial review is that the decision adopted by the court only has effects regarding the concrete parties, in the concrete process in which the decision is adopted. That is to say, in the diffuse system of control of the constitutionality of legislation, the decision adopted upon the unconstitutionality and inapplicability of a law in a case only has *in casu et inter partes* effects related to the concrete case and exclusively to the parties who have participated in the process, and therefore, it cannot be applied to other individuals. This is a direct consequence of the aspect previously mentioned regarding the incidental character of the diffuse system of review as raised in a concrete process.

In effect, if the courts decision upon the constitutionality and applicability of a law on the grounds of constitutionality can only be adopted in a particular process developed between concrete parties, the logic of the system is that the decision only applies to that particular process and to those concrete parties and, hence, can neither benefit nor prejudice any other individual or any other process.

Thus, if a law is considered unconstitutional in a judicial case decision, this does not mean that the law has been invalidated and that it is not enforceable and applicable elsewhere. It only means that concerning the particular process and parties in which the inapplicability of the law has been decided by the court, the law must be considered unconstitutional, null and void, with no effect regarding other cases, other judges or other individuals.

Nevertheless, to avoid the uncertainty of the legal order and of contradictions in relation to the value of the laws, corrections have been made to these *inter partes* effects through the *stare decisis* doctrine or through positive law, when the decision is adopted by the Supreme Court of a given country.

---

legitimacy of the function. What this means is that, given a justiciable violation of the constitution by the legislature, however flaGRANT, the court cannot, on its own initiative, intervene. It must wait until moved by someone", *doc. cit.*, p. 3. See the discussion on the matter, and the opinion in contrary sense in J.R. VANOSSI and P.E. UBERTONE, *op. cit.*, p. 24; in G. BIDART CAMPOS, *El derecho constitucional del poder*, Vol. II, Chap. XXIX; and in J.R. VANOSSI, *Teoría constitucional*, Vol. II, Buenos Aires 1976, pp. 318-319.

F. The Declarative Effects of the Court Decision

These *inter partes* effects of the judicial decision in the diffuse system of judicial review are closely related to the other question concerning the effects of the decision in time, namely to when the declaration of unconstitutionality is to be effective, and also, of course, to the already mentioned aspect of the nullity as a guarantee of the constitution.

In effect, we have said that the first and foremost fundamental aspect of the rationality of the diffuse system of judicial review is that of the supremacy of the constitution over all state acts that leads to the consideration that laws contrary to the constitution are null and void, the most important guarantee of the constitution. Consequently, when a court decides upon the constitutionality of a law and declares it unconstitutional and inapplicable in a concrete case, it is because it considers the law null and void, as if it had never existed.

Therefore, the decision has *declarative* effects: it declares that a law is unconstitutional and consequently, that it has been unconstitutional ever since its enactment. Thus, the law whose inapplicability is decided upon, is considered by the court as never having been valid and as always having been null and void. That is why it is said that the decision of the court, as it is a declarative one, has *ex tunc*, *pro-pretaerito* or retroactive effects in the sense that they go back to the moment of the enactment of the statute considered unconstitutional preventing it from having any effect, of course, only concerning the concrete case decided by the court and regarding the intervening parties. The legislative act declared unconstitutional by a court in the diffuse system of judicial review, as a result, is considered as being null and void *ab initio*, and consequently is not annulled by the court who only declare its pre-existing nullity.

4. Conclusion

In conclusion, we can say that as a matter of fact, the principle the rationality of the diffuse system of judicial review works as follows:

The constitution has a supreme character over the whole legal order; thus, acts contrary to the constitution cannot have any effects, and are considered null and void.

All Courts have the power and duty of applying the constitution and the laws and, therefore, to give preference to the constitution over statutes, which violate it, and to declare them unconstitutional and inapplicable to the concrete process developed before the court.

The power and duty of the courts to consider a statute unconstitutional giving preference to the constitution can only be exercised in a particular process initiated by a party, where the constitutional question is only an incidental matter, and when its consideration is necessary to resolve the case.

This court judgment regarding the unconstitutionality and inapplicability of a statute in a particular process can be taken by the judge on his own initiative, because it is his duty to apply and respect the supremacy of the constitution.

The decision adopted by the court concerning the unconstitutionality and inapplicability of a law only has *inter partes* effects regarding the concrete case in which it is made; and it is of a declarative effect in the sense that it only declares the *ab initio* nullity of the statute. Thus, when declaring the statute unconstitutional and inapplicable, in fact, the decision has *ex-tunc*, and *pro pretaerito* effects in the sense that they are retroactive to the moment of the enactment of the statute, considered as not having produced any effect regarding the concrete process and parties.

Of course, this logic of the diffuse system of judicial review is not always absolute, and each legal system has developed corrections to the possible deviation that each one of the aspects of the rationality of the system may produce, concerning the nullity or annulability of the unconstitutional act; the power assigned to all or a limited number of courts to review constitutionality; the incidental character of the system; the initiative of judges or the need of a party requirement of the constitutional question; the *inter partes* or *erga omnes* effect of the decision and its declarative or constitutive character.

In analysing the most important diffuse systems of judicial review of the constitutionality of legislation we will refer to all those aspects of the rationality of the system and its special modifications.

II. THE AMERICAN SYSTEM OF JUDICIAL REVIEW

The most important example of the diffuse system of judicial review is, without doubt, the one developed in the United States of America since the beginning of the last century. The diffuse system of judicial review, therefore, can be considered as a North American constitutional product in origin. That is why this system of judicial review is also known in comparative law, as the "American system" [(526)]1), particularly, when opposed to one of the types of the concentrated system of judicial review, known as the "Austrian system" also because its origins are in the 1920 Austrian constitution. Judicial review is, consequently, not only the most distinctive feature of the American Constitutional system, but also one of the main contributions of American Constitutionalism to the theory and practice of constitutional law.

---

(526) M. CAPPELLETTI, *Judicial Review in the Contemporary World*, Indianapolis 1971, p. 46.

1. Judicial Review and Judicial Supremacy

When Alexis De Tocqueville visited America more than a hundred and fifty years ago, and described the political system of the United States, he stressed, in particular, the way Americans had organised their judicial power, which he considered unique in the world.(527) His observations about the powers of the courts, which he believed, "the most important power" of the country,(528) were directly referred to the powers for judicial review, whose basic trends can still be elaborated from them. He specifically pointed out that "that immense political power"(529) of the American courts, "lies in this one fact" -he said -:

> The Americans have given their judges the right to base their decisions on the constitution rather than on the laws. In other words, they allow them not to apply laws which they consider unconstitutional.(530)

Following the same idea, he said:

> If anyone invokes in an American Court a law which the judge considers contrary to the constitution, he can refuse to apply it.(531)

This power of American judges, De Tocqueville stressed, was "the only power peculiar to an American judge";(532) today, it must be said, it is the power common to all judges in legal systems with a diffuse system of judicial review.

Nevertheless, what was peculiar to the American system was that the power of all courts to "pass upon the constitutionality of legislative acts which fall within their normal jurisdiction to enforce and.... to refuse to enforce such as they find to be unconstitutional and hence void",(533) was not expressly established in the constitution. It was deduced from the whole constitutional system by the Supreme Court, particularly by Chief Justice John Marshall in the famous *Marbury* v. *Madison* case 1803,(534) based on two main arguments, first, the supremacy of the constitution, as a fundamental law, to which all other laws must be submitted; and second, the power and duty of the courts to interpret the laws, and not to apply laws repugnant to the constitution, which ought to be considered null and void.(535)

---

(527) Alexis DE TOCQUEVILLE, *Democracy in America* (ed. by J.P. MAYER and M. LERNER), The Fontana Library, London 1968, Vol. 1, p. 120.

(528) *Idem*, p. 122

(529) *Ibid*, pp. 122, 124.

(530) *Ibid*, p. 122.

(531) *Ibid*, p. 124.

(532) *Ibid*, p. 124.

(533) E.S. CORWIN, "Judicial Review" *Encyclopedia of the Social Sciences*, Vols. VII-VIII, p. 457.

(534) "... the responsability for introducing the practice (of judicial review of legislative acts) as a rule for the federal courts is placed primarily on the great chief justice." Ch. G. HAINES, *The American Doctrine of judicial supremacy*, Berkeley 1932, p. 122.

(535) E.S. CORWIN, "*Marbury v. Madison* and the Doctrine of Judicial Review", *Michigan Law Review*, 12, 1914, p. 538.

This fundamental duty of the American courts has been clearly summarised by the Supreme Court in the United *States* v. *Butler* case in 1936, with the following words:

> The constitution is the supreme law of the land ordained and established by the people. All legislation must conform to the principles it lays down. When an act of Congress is appropriately challenged in the Courts as not conforming to the constitutional mandate the judicial branch of the Government has only one duty, -to lay the article of the constitution which is invoked beside the Statute which is challenged and to decide whether the latter squares with the former.
>
> All the Court does, or can do, is to announce its considered judgment upon the question. The only power it has, if such it may be called, is the power of judgment. This Court neither approves nor condemns any legislative policy. Its delicate and difficult office is to ascertain and declare whether the legislation is in accordance with, or in contravention of, the provisions of the constitution; and, having done that, its duty ends.[536]

According to this doctrine, the courts in the American system of judicial review are considered the special custodians or guardians of the terms of the written constitution,[537] not only of the "national" constitution but also of the constitutions of the various states.

According to the federal system, three branches of judicial review have been distinguished in the United States: a "national" judicial review, referring to the power of all courts to pass judgment upon the validity of acts of Congress under the United States Constitution; a "federal" judicial review, referring to the power and duty of all courts to prefer the United States Constitution over all conflicting state constitution provisions and statutes; and a "state" judicial review, referring to the power of state courts to pass judgment upon the validity of acts of the state legislatures under the respective state Constitutions.[538]

The "national" judicial review branch was the only one not expressly established in the constitution, and was deduced from the constitutional system by the Supreme Court. Whereas the "federal" judicial review branch was expressly established in what has been considered to be the "supremacy clause" of the constitution;[539] and the "state" judicial review branch is generally regulated in the constitutions of the states. Due to its importance, we will refer our comments on the general trends of the diffuse American system of judicial review, mainly to the "national" judicial review branch and the role of the Supreme Court.

However, before doing so, it must be pointed out that the power of judicial review in the American system derived from the concept of judicial supremacy can be exercised over all state acts, and not only over legislative acts. Therefore, all acts of Congress, constitutions and statuses of the states, all acts of the government and administration and even judicial acts are submitted to judicial

---

(536) 297 US. (1936).

(537) Ch. G. HAINES, *op. cit.*, pp. 23, 221, 222.

(538) E.S. CORWIN, "Judicial Review", *loc. cit.*, p. 457

(539) Article VI, 2. See the comments of R. BERGER, *Congress v. The Supreme Court*, Cambridge, Mass 1969, pp. 223-284.

review of constitutionality[(540)] and even though no treaty has ever been held to be unconstitutional by the courts,[(541)] in the leading *Missouri* v. *Holland* case (1920) it was clearly expressed that the constitutional validity of treaties and legislation resting on treaties may appropriately be the subject of judicial inquiry.[(542)]

Anyway, because of the importance of the subject to comparative analysis, we will basically refer to judicial review of legislative acts.

2. Judicial Review as a Power of All Courts

First of all, it must be said that judicial review as the power to control the constitutionality of legislation is a faculty conferred upon all courts and judges in the United States. Therefore, in the United States there is no special judicial body empowered to decide upon the constitutionality of state acts, particularly of legislation. Thus, all the courts, state courts, federal courts and the Supreme Court have the power of judicial review of constitutionality, and none of them have their jurisdiction limited in any special way at all, over the decision of constitutional questions.

Consequently, courts always decide upon constitutional matters or issues when they arise in the course of a concrete case and are necessary to the decision of the case brought before the court within its ordinary jurisdiction.

In general, and restricting our comments to the federal judicial system, courts, organised in the pyramidal format usual in contemporary legal systems, have either original or appellate jurisdiction. General original jurisdiction in the federal judicial system in the United States is vested in the "district courts" which are a large number of tribunals of territorial competence located throughout the country, generally coinciding with the territories of the states. The jurisdiction of these "district courts" extends to numerous types of controversies, particularly, civil and criminal cases arising out of the laws of the United States, controversies between citizens of different states, cases in which the United States is a plaintiff or defendant, *habeas corpus* proceedings, and cases arising out of federal civil rights litigation originating from violations by state officers of the constitutional rights of the plaintiff seeking damages or other relief.[(543)] It is in the course of these controversies that constitutional issues may be raised.

---

(540) *Cf.* A. TUNC and S. TUNC, *Le système constitutionnel des Etats Unis d'Amerique*, Paris 1954, Vol. II, p. 272

(541) P.G. KAUPER, "Judicial Review of Constitutional Issues in the United States" in H. MOSLER (ed.), Max-Planck-Institut für Ausländisches öffentliches recht und Völkerrecht, *Verfassungsgerichtsbarkeit in der Gegenwart* (Constitutional Review in the World Today) Internationalen Kolloquium, Heildelberg 1961), Köln-Berlin, 1962, p. 628.

(542) *Missouri v. Holland*, 252 US 346 (1920) where the Court found that a "treaty in question does not contravene any prohibitory words to be found in the constitution" concluding that "we are of opinion that the treaty and statute must be upheld..."

(543) 28 US Code sec. 1331, 1332, 1345, 1346, 2241, 1343.

Over district courts, in the federal judicial system, there are the United States "courts of appeal." Federal judicial districts are organised into larger judicial units known as "circuits" and in each of these there is one court of appeal. These courts of appeal in the American system do not have original jurisdiction and are strictly appellate tribunals, with very extensive jurisdiction derived from the fact that all the final decisions of the district courts may be appealed against, at them. The work of these courts of appeals in the federal judicial system is very important due to the fact that they perform the function of ultimate appellate courts, bearing in mind that only the most important cases can be taken from a court of appeal to the Supreme Court.

Additionally, it must be pointed out that if it is true that in general the jurisdiction of the courts of appeal is directed to the review of the decisions of a federal district court, by statute they have been given appellate jurisdiction to review the decisions of some important federal administrative agencies (e.g. National Labour Relations Board, Federal Power Commission), and special federal courts, like tax courts, in which constitutional issues frequently arise.

In other federal matters, there are specialised courts with original and appellate jurisdiction separate from the general system of the district and circuit courts, as in the case of the Court of Customs and Patent Appeals, the Court of Military Appeals and the Court of Claims.(544)

At the apex of the federal judicial system is the United States Supreme Court, which has not only an appellate jurisdiction, but also an original jurisdiction established in the constitution that cannot be enlarged upon by Congress.(545) The original jurisdiction refers to "cases affecting ambassadors, other public ministers and Consuls, and those in which a state shall be party"(546) and it is classified by the United States Code, in Sec. 1251, title 28, as exclusive and non-exclusive jurisdiction. It states as follows: The original and exclusive jurisdiction refers to all controversies between two or more states; and the original but not exclusive jurisdiction refers to all actions or proceedings brought by ambassadors or other public ministers of foreign states or to which consuls or vice consuls of foreign states are parties; all controversies between the United States and a state; and all actions or proceedings by a state against the citizen of another state or against aliens.

To summarise, the original jurisdiction of the Supreme Court refers to cases that may be brought directly before the court, which includes cases to which a state is a party and cases involving ambassadors. Disputes between two states commonly referring to conflicts regarding boundaries, water or mineral rights can be heard only by the Supreme Court, but other cases under the original non exclusive jurisdiction of the court can be heard alternatively by a district court.(547)

---

(544) *Cf.* L. BAUM, *The Supreme Court*, Washington 1981, p. 10.

(545) *Cf. Marbury v. Madison*, 5 US (1Cranch) 137 (1803); *Muskrat v. United States*, 219 US, 346, (1911).

(546) Art. III, section 2 of the constitution.

(547) *Cf.* L. BAUM, *op. cit.* p. 11.

Consequently, because of the limited and less important nature of the original jurisdiction of the Supreme Court, it is evident that its most important activity as interpreter of the constitution and the laws and treaties of the United States is developed through its appellate jurisdiction, in which it operates as the court of last resort.

In this respect, particularly in the field of constitutional matters, the Supreme Court appears as "the most important tribunal in the American system"(548) with a very broad appellate jurisdiction regulated by Congress, to ensure a final, authoritative, and uniform interpretation of the constitution and the laws and treaties of the United States.

Thus, the Supreme Court is authorised to review all decisions of the United States Courts of Appeal,(549) which, as we have seen, have the power to review the decisions of all the district courts so that in general the appellate jurisdiction of the Supreme Court can be extended to all cases originating in the federal court system.

In addition, the Supreme Court has appellate jurisdiction to review the decisions of the highest court of the various states, in all cases of federal laws, that is to say, cases that draw into question the validity of a federal statute or treaty or the validity o a state statute or where otherwise a claim of right under the constitution, treaties or laws of the United States is involved.(550) Finally, the Supreme Court also has appellate jurisdiction to review the decisions of specialised federal Courts, like the Court of Claims, the Court of Customs and Patent Appeals and the Court of Military Appeals.(551)

However, apart from the appellate jurisdiction following the hierarchical pattern of the judicial system, there are also cases in which the Supreme Court can act as an appellate court of last resort to review decisions of the federal district courts brought directly to the Supreme Court by means of an appeal. In this respect, the US Code establishes a right to appeal to the Supreme Court from the decision of any federal court, including federal district courts, "holding an act of Congress unconstitutional in any civil action, suit, or proceeding to which the United States or any of its agencies, or any officer or employee thereof, as such officer or employee, is a party."(552) Likewise the United States may appeal directly to the Supreme Court against any decision of a federal district court dismissing a criminal proceeding or setting aside a criminal conviction on the grounds of unconstitutionality of the federal criminal statute.(553) Finally, the US Code also allows any party to appeal directly "to the Supreme Court from an order granting or denying, after notice and hearing, an interlocutory or permanent injunction in any civil action, suit or proceeding required by any act of Congress

---

(548) B. SCHWARTZ, *American Constitutional Law*, Cambridge 1955, p. 129.

(549) 28, US Code 1254 which referes to the methods through which cases in the court of appeals may be reviewed by the Supreme Court.

(550) 28. US Code, 1257.

(551) 28. US Code, 1255, 1256.

(552) 28. US Code, 1252.

(553) 18. US Code, 3731.

to be heard and determined by a district court of three judges",[554] which is needed when either a federal or state statute is questioned on the grounds of its constitutionality.

3. The Mandatory or Discretionary Power of the Supreme Court for Judicial Review

As we can realise, the appellate jurisdiction of the Supreme Court is enormous so that the right to appeal to the highest tribunal has been restricted. Moreover, the Supreme Court has been progressively made the judge as to whether or not it would receive an appeal to it, being allowed to refuse to hear a case when it feels that the question involved is not one of sufficient importance.

The appellate jurisdiction of the Supreme Court, therefore, is twofold: mandatory and discretionary, the latter being the most important in the number of cases reviewed.

The main reform in this respect was taken by the 1925 Judiciary act[555] through which the discretionary appellate jurisdiction was widened, bearing in mind the public interest. This discretionary power to determine the cases to be heard by the court has changed the character of the Supreme Court as an ultimate appellate tribunal or an ordinary judicial body. As Professor B. Schwartz pointed out, it has resulted that today, the Supreme Court:

> Is a Court of Special Resort for the settlement only of such question as it deems to involve a substantial public concern, rather than the concerns only of private persons as such.[556]

The distinction between the mandatory and the discretionary appellate jurisdiction of the Supreme Court depends on the methods established in the US Code through which three cases may be reviewed by the Supreme Court. These three methods are the appeals, the petitions for writ of certiorari and the certifications.

A. Right to Appeal and Mandatory Appellate Jurisdiction.

Obligatory or mandatory appellate jurisdiction exists when a right of appeal is granted to a party to bring a case before the Supreme Court, and this is restricted to the following cases, all related to constitutional justice:

a. Cases in which a federal court, even district courts, has held an act of Congress to be unconstitutional, if the federal government is a party.[557]

---

(554) 28. US Code 1253, 2281, 2282, 2284.

(555) See TAFT, "The Jurisdiction of the Supreme Court under the Act of February 13, 1925", *Yale Law Review*, 35, 1925, p. 2.

(556) B. SCHWARTZ, *op. cit.*, p. 139.

(557) 28 US Code, 1252.

b. Cases in which a federal court of appeal has held a state statute to be invalid as repugnant to the constitution, treaties or laws of the United States.[558]

c. Cases in which a state supreme court has drawn into question the validity of a treaty or statute of the United States (act of Congress) and the decision is against its validity.[559]

d. Cases in which a state supreme court has drawn into question the validity of a statute of any state on the grounds of its being repugnant to the constitution treaties or laws of the United States, and the decision is in favour of its validity.[560]

e. Cases decided by special three-judge federal district courts, bearing in mind that a special three judge federal court must be set up through the enlargement of the federal district court where normally only one judge sits to hear the case when a proceeding is initiated to enjoin either a federal or state statute on the grounds of its constitutionality.[561]

As can generally be seen, the right to appeal and the mandatory appellate jurisdiction of the Supreme Court are established when important constitutional issues are in question, and particularly, when an act of Congress is considered to be unconstitutional by a federal court or a state supreme court, or when a state statute has been considered to be unconstitutional by a federal court of appeal, or its constitutionality has been questioned before a state supreme court.

B. The Discretionary Appellate Jurisdiction and the Writ of Certiorari

In all other cases, whether or not they involve constitutional issues, the United States Supreme Court is authorised to review all the decisions of the federal courts of appeals, and of the specialised federal courts, and all the decisions of the supreme courts of the states involving issues of federal law, but on a discretionary basis, when considering a petition for a writ of certiorari.

In effect, in all such cases in which there is no right of appeal established and where the mandatory appellate jurisdiction of the Supreme Court is not established, they can reach the Supreme Court as petitions for certiorari, where a litigant who has lost in a lower court, petitions the Supreme Court to review the case, setting out the reasons why review should be granted.[562] This method of seeking review by the Supreme Court is expressly established in the following cases:

---

(558) 28 US Code, 1254, 2.

(559) 28 US Code, 1257, 1 (Cases in which a State Supreme Court has ruled an act of Congress unconstitutional).

(560) 28 US Code 1257, 2 (Cases in which a State Supreme Court has upheld a State law against a claim that it conflicts with the constitution or a federal law).

(561) 28 US Code 1253, 2281, 2282, 2284.

(562) L. BAUM, *op. cit.*, p. 81.

a. Cases decided by the federal court of appeals, granted upon the petition of any party to any civil or criminal case, before or after rendition of judgment or decree.(563)

b. Cases decided in the Court of Claim granted on petition of the United States or the claimant.(564)

c. Cases decided in the Court of Customs and Patent Appeals.(565)

d. Cases decided by the supreme courts of the states where the validity of a treaty or statute of the United States is drawn into question or where the validity of a state statute is drawn into question on the grounds of its being repugnant to the constitution, treaties or laws of the United States, or where any title, right, privilege or immunity is specially set up or claimed under the constitution, treaties or statues of, or commission held or authority exercised under the United States.(566)

In all these cases, as the Supreme Court's Rule No. 17 establishes when referring to the "considerations governing review on certiorari":

> A review on writ of certiorari is not a matter of right, but of judicial discretion, and will be granted only when there are special and important reasons therefore.(567)

The same Rule No. 17 adopted by the Supreme Court, listed the factors that might prompt the court to grant certiorari even though without "controlling nor fully measuring the court's discretion", as follows:

> a. When a federal court of appeal has rendered a decision in conflict with the decision of another federal court of appeal on the same matter; or has decided a federal question in a way in conflict with a state court of last resort; or has so far departed from the accepted and usual course of judicial proceedings, ox has so far sanctioned such a departure by a lower court, as to call for an exercise of this Court's power of supervision;
>
> b. When a state court of last resort has decided a federal question in a way in conflict with the decision of another state court of last resort or of federal court of appeal;
>
> c. When a state court or a federal court of appeal has decided an important question of federal law which has not been, but should be, settled by this Court, or has decided a federal question in a way in conflict with applicable decisions of this Court.(568)

According to this Rule, consequently, in order to promote uniformity and consistency in federal law, the following factors might prompt the Supreme Court to grant certiorari: 1. Important questions of federal law on which the court has not previously ruled; 2. Conflicting interpretations of federal law by lower courts; 3. Lower courts decisions that conflict with previous Supreme Court decisions; and 4. Lower court departures from the accepted and usual course of judicial proceedings.(569)

---

(563) 28 US Code, 1254, 1.
(564) 28 US Code, 1255, 1.
(565) 28 US Code, 1256.
(566) 28 US Code, 1257, 3.
(567) Section 1. see in L. BAUM, *op. cit.*, p. 86.
(568) *Idem.*
(569) *Cf.* R.A. ROSSUM and G.A. TARR, *American Constitutional Law*, New York 1983, p. 28.

Of course, review may be granted on the basis of other factors, or denied even if one or more of the above mentioned factors is present. The discretion of the Supreme Court is not limited, and it is the importance of the issue and the public interest viewed by the Court in a particular case, which leads the Court to grant certiorari and to review some cases.

C. The Jurisdiction of the Supreme Court in Cases of Certification

Apart from the appeals and the petition for writ of certiorari, the appellate jurisdiction of the Supreme Court can be exercised through the request of certification by a federal court of appeal or by the Court of Claims, although it is very rarely employed.

In effect, the US Code establishes in section 1254, as one of the methods through which the decisions of the courts of appeals may be reviewed by the Supreme Court, the following:

> By certification at any time by a court of appeal of any question of law in any civil or criminal case as to which instructions are desired, and upon such certification the Supreme Court may give instructions or require the entire record to be sent up for decision of the entire matter in controversy.(570)

As a result, certification is the procedure whereby a lower federal court requests instruction from the Supreme Court on a point of law, relevant to the case under consideration. In these cases of certified questions, the Supreme Court is obliged to consider and answer the questions put to it. (571) In this situation, the Supreme Court does not normally deal with the whole case, but sends its instructions back to the court of appeal, even though the Court is authorised to require the entire case to be brought before it.

4. The Incidental Character of Judicial Review

A. Cases and Controversies

Judicial review of legislation, whether exercised by lower courts or by the Supreme Court in its original or appellate jurisdiction, is always a power that can only be exercised by the courts within the context of a concrete adversary litigation, when the constitutional issue becomes relevant and necessary to be resolved in the decision of the case.

In this respect, as we said, there is no special type of proceeding required for raising constitutional issues in the courts. As Professor Paul G. Kauper pointed out in his study on judicial review of constitutional issues in the United States:

(570) 28 US Code, 1254, 3.
(571) P.G. KAUPER, p. 579, 608.

> The constitutional question, if relevant to the disposition of the case and if asserted by a proper party in interest in an adversary proceeding, may be raised regardless of the nature of the proceeding. Thus it may be raised in the course of a civil proceeding between private parties where damages or other relief are sought; as a defence in a criminal proceeding under the criminal laws of the United States, as the basis for an injunction sought by a party in a proceeding directed either against public authorities or private persons to restrain the enforcement of a statute or an administrative order or other administrative action, in a mandamus proceeding to compel the performance of a public duty, in a damage action brought against the United States to collect taxes or to enforce a federal administrative order or in a declaratory judgment proceeding designed to obtain a judicial declaration of rights between opposing parties.[572]

Thus, the incidental character of judicial review, essential to the diffuse system, is the main trend of the American system, and has been developed by the Supreme Court by interpreting the expressions "cases" and "controversies" used in Article III, Section 2 of the constitution.

Therefore, no abstract judicial review of the validity of legislation is authorised in the United States[573] and judicial review by the courts can only be exercised within the limits of a concrete case or controversy, at the request of a party. In this respect, Justice Sutherland in *Frothinaham* v. *Mellon* (1923) was definitively conclusive:

> We have no power per se to review and annul acts of Congress on the grounds that they are unconstitutional. The question may be considered only when the justification for some direct injury suffered or threatened, presenting a justiciable issue, is made to rest upon such an act. Then, the power exercises is that of ascertaining and declaring the law applicable to the controversy.[574]

And in this same respect, it was stated in *Muskrat* v. *United States* (1911),

> By cases and controversies are intended the claims of litigants brought before the courts for determination by such regular proceedings as are established by law or customs for the protection or enforcement of rights, or the prevention, redress, or punishment of wrongs. Whenever the claim of a party under the constitution, laws, or treaties of the United States takes such a form that the judicial power is capable of acting upon it, then it has become a case. The term implies the existence of present or possible adverse parties whose contentions are submitted to the court for adjudication.[575]

---

(572) P.G. KAUPER, *loc. cit.*, pp. 586-587. *Cf.* J.A.C. GRANT "El control jurisdiccional de la constitucionalidad de las leyes: una contribución de las Américas a la ciencia política", *Revista de la Facultad de Derecho de México*, 45, México 1962, pp. 425-429.

(573) In words of Chief Justice Stone, the Court has "considered practice not to decide abstract, hypothetical or contingent questions" *Alabama Federation of labor v. Mc. Adory*, 325 US, 450 (1945), p. 461.

(574) *Frothingham v. Mellon*, 262, US 447 (1923).

(575) *Muskrat v. United States*, 219 US, 346, (1911) In this case Justice Day, comenting *Marbury v. Madison* (1803), said: "In that case, Chief Justice MARSHALL, who spoke for the Court, was careful to point out that the right to declare an act of Congress unconstitutional could only be exercised when a proper case between opposing parties was submitted for judicial determination; that there was no general veto power in the Court upon the legislation of Congress; and that the authority to declare an act unconstitutional sprung from the requirement that the courts in administering the law and pronouncing judgement between parties to a case, and choosing between the requirements of the fundamental law

Therefore, judicial review of constitutionality has only an incidental character in the United States, as an issue brought before the court in a concrete case or controversy. That is why Justice Brandeis in his concurring opinion to *Ashwander* v. *Tennessee Valley Authority* (1936), said that:

> The Court will not pass upon the constitutionality of legislation in a friendly, non-adversary, proceeding, declining because to decide such questions is legitimate only in the last resort, and as a necessity in the determination of real, earnest and vital controversy between individuals.(576)

Consequently, the courts must not decide constitutional questions when they are convinced that the parties are acting in accord. "It never was thought -added Justice Brandeis in his concurrent opinion already mentioned- that, by means of a friendly suit, a party beaten in the legislature could transfer to the courts an. inquiry as to the constitutionality of the legislative act."(577)

Nevertheless, the need for cases or controversies to seek judicial review of the constitutionality of legislation does not prevent the possible questions of constitutionality from being raised in a declaratory judgment.

Even though discussed by the courts in applying state legislation, after the 1934 Federal Declaratory Judgment Act, it has been definitively accepted that, provided all other jurisdictional requirements are satisfied, federal courts are authorised to declare the rights of the parties in a case before them, although a specific form of remedy, such as a judgment for damages or an equitable decree, is not sought by the petitioner.(578)

In any case, it has been pointed out that even though of declaratory character, these judgments are not mere advisory opinions, in the sense that to be accepted a genuinely adversary proceeding between parties asserting appropriate interests must exist.(579) Thus, declaratory judgments are considered cases or controversies, and can be used to obtain a judicial decision upon constitutional issues.(580)

On the other hand, we must point out that judicial review being a power conferred on all courts to review the constitutionality of legislation in cases and controversies, the United States is not always necessarily a party in the proceedings, because, as we have seen, the constitutional question can be raised in any type of proceeding even when is it developed between private parties. Nevertheless, in all cases when the United States or any agency officer or employee thereof is not a party, and wherein the constitutionality of any act of Congress affecting the public interest is drawn into question, the court shall certify such facts to the attorney general, and shall permit the United States to intervene for presentation of evidence and for argument on the question of

---

established by the people and embodied in the constitution and an act of the agents of the people, acting under authority of the constitution should enforce the constitution as the Supreme Law of the land."

(576) *Ashwander v. Tennessy Valley Authority* 297 US 288 (1936), p.345.

(577) *Idem.*

(578) 28. US Code, secc 2201.

(579) *Maryland Casualty Co. v. Pacific Coal and Oil Co.*, 312, US. 270 (1941).

(580) *Nashville, C. and St. L. Ry. Co v. Wallace*, 288 US, 249 1933.

constitutionality. In such cases, the United States shall have all the rights of a party.[581]

Even if the consideration of constitutional issues must be confined to cases or controversies, the invalidity of the legislation must be raised by a party with sufficient standing and its resolution being necessary and indispensable for the decision of the case. In this respect, the Supreme Court has developed a few rules that have been considered as "self-restraint"[582] over its judicial review powers, particularly in three aspects specifically related to the incidental character of judicial review. The standing requirement and the evident and indispensable character of the constitutional question.

B. The Personal Interest and the Constitutional Question.

First of all, within a case or controversy, the court has developed the principle of the need of the constitutional issue to be alleged by a party and particularly, by a party that must show that it is the proper party with personal interest. As we have mentioned in *Frothinqham* v. *Mellon* (1923) the court expressly established that the constitutional questions:

> May be considered only when the justification for some direct injury suffered or threatened, presenting a justiciable suit is made to rest upon such an act...[583]

Along the same lines of thought Justice Brandeis said in the case *Ashwander* v. *Tennessee Valley Authority*, "the Court will not pass upon the validity of a statute upon complaint of one who fails to show that he is injured by its operation."[584] Therefore, to raise an issue of validity of a statute, the necessary standing to sue is required and to have such standing the party involving the invalidity of a statute must show, as was stated in *Frothingham* v. *Mellon* (1923):

> Not only that the statute is invalid, but that he has sustained or is immediately in danger of sustaining some direct injury as the result of its enforcement, and not merely that he suffers in some indefinite way in common with people generally.[585]

In this respect, and when considering the due standing of taxpayers to question the budget decisions of Congress[586] Chief Justice Burger in *United States* v. *Richardson* (1974), refereed to the always valid:

---

(581) 28 US Code, secc 2403.

(582) See H.J. ABRAHAM, *The Judicial Process*, NY 1980, p. 373. These self-restrain has been summarized by Justice Rutledge as followed: "... Constitutional issues affecting legislation will not be determined in friendly, nonadversary proceedings; in advance of the necessity of deciding then; in broader terms than required by the precise facts to which the ruling is to be applied; if the record presents some other ground upon which the case may be disposed of; at the instance of one who fails to show that he is injured by the statute's operation, or who has availed himself of its benefits; or if a construction of the statute is fairly possible by which the question may be avoided", *Rescue Army v. Municipal Court of Los Angeles*, 331 US 549, (1947) p. 569.

(583) *Frothingham v. Mellon*, 262 US 447 (1923).

(584) *Ashwander v. Tennessy Valley Authority*, 297 US 288 (1936), p. 346.

(585) *Frothingham v. Mellon*, 262 US 447, (1923), p. 488.

> Basic principle that to invoke judicial power the claimant must have a "personal stake in the outcome"... or a "particular concrete injury"..."that he has sustained... a direct injury"... in short, something more than generalised grievances.(587)

Therefore, not only is a case or a controversy needed for judicial review, but also that the constitutional issue should be alleged by a party with the necessary standing, that is to say, based on "his own legal rights and interests" affected by the act whose validity is questioned."(588) Moreover, even in cases in which the Supreme Court allows persons or organisations or public authorities not party to a case before it, to file a brief as *amicus curae*, this only happens when they have a special interest in the matter, have applied for it to the Court or acted with the consent of the parties, their briefs being intended to support or supplement the arguments of the parties.(589)

Anyway, without the limitations imposed on the parties regarding standing to raise constitutional questions as stated by Justice Powell in *Wart* v. *Seldin* (1975) it would mean that:

> The courts would be called upon to decide abstract questions of wide public significance even though other governmental institutions may be more competent to address the questions and even though judicial intervention may be unnecessary to protect individual rights...(590)

The action to review the constitutionality of a law in the federal courts, therefore, is clearly not the *actio popularis* that exists in some concentrated and mixed systems of judicial review. On the contrary, in the United States, as Professor B. Schwartz pointed out:

> Citizens cannot bring it in the interest of the community as a whole, to see that the rule of law is respected by the legislative and executive branches. Unless the action is brought by one who has a direct personal interest, he does not have the standing required to bring the suit.(591)

But the requirement of standing to sue and to raise the constitutional question is not sufficient to be considered by the court; the party that alleges the invalidity of a statute must demonstrate its invalidity. The Supreme Court has, in this sense, established that there is a presumption of constitutionality and validity in the statutes approved by Congress, unless the opposite is clearly demonstrated.(592)

---

(586) See *Flast v. Cohen* 392 US. 83 (1968).

(587) *United States v. Richardson*, 418, US. 966 (1974). *Cf. De Funis v. Odegaard*, 416, US 312 (1974).

(588) *Warth v. Seldin*, 422 US 490 (1975).

(589) *Cf.* L. BAUM, *op. cit.*, pp. 74, 80, 91.

(590) *Warth v. Seldin*, 422 US 490 (1975).

(591) B. SCHWARTZ, *op. cit.*, p. 151.

(592) *Ogden v. Saunders*, 12 Wheaton, 213 (1827) Justice Washington said: 'It is but a decent respect due to the wisdom, integrity and patriotism of the legislative body, by which any law is passed, to presume in favour of its validity' . Also in *Cooper v. Telfair*, 4 Dallas (4.US) 14 (1800) Justice Washington said: 'The presumption indeed, must always be in favour of the validity of laws, if the contrary is not clearly demostrated'.

C. The Evident and Indispensable Unconstitutionality

This presumption of validity and constitutionality of the statutes lead us to the second of the self-restraints developed by the Supreme Court regarding its powers of judicial review. It is that the Court should declare an act of Congress unconstitutional, only when its invalidity is clear and undoubtedly established and demonstrated. The principle was established by Chief Justice Marshall in *Fletcher* v. *Peck* (1810), saying:

> The question whether a law be void for its repugnance to the constitution, is, at all times, a question of much delicacy, which ought seldom, if ever, to be decided in the affirmative, in a doubtful case... But it is not on slight implication and vague conjecture that the legislature is to be pronounced to have transcended its powers, and its acts to be considered as void. The opposition between the constitution and the law should be such that the judge feels a clear and strong conviction of their incompatibility with each other.[(593)]

Therefore, even though adopted by a majority of votes, the decision of the Supreme Court upon the unconstitutionality of an act of Congress must be based on clear, evident and conclusive reasons for its invalidity.

The third self-restraint developed by the Supreme Court upon its judicial review powers, also closely related to the need for a case or controversy where the constitutional issue is to be raised, is that the invalidity of a statute must only be resolved by the court when the decision upon the constitutionality or unconstitutionality of an act of congress is "absolutely necessary to the decision of the case."[(594)] Consequently, the courts must not decide upon the unconstitutionality of a statute, when it would not necessarily change its definitive decision over the rights of the parties; for example, when the question has insufficient relation with the controversy or when there are other ways of satisfying the claim of a party, without referring to the constitutional issue raised.

Chief Justice Marshall in *Ex parte Randolph* (1833) enunciated the rule, when saying:

> No questions can be brought before a judicial tribunal of greater delicacy than those which involve the constitutionality of a legislative act. If they become indispensably necessary to the case, the Court must meet and decide them; but if the case may be determined on other points, a just respect for the legislative requires that the obligation of its laws should not be unnecessarily and wantonly assailed.[(595)]

In this respect, Justice Brandeis, in his concurring opinion to *Ashwander* v. *Tennessee Valley Authority* (1936) insisted on one of the rules under which the Supreme Court has avoided passing upon a large part of the entire constitutional question by stating:

---

(593) *Fletcher v. Peck*, 6 Cranch 87 (1810).

(594) *Burton v. United States*, 196, US. 283, 295 quoted in *Ashwander v. Tennessy Valley Authority*, 297 US 288 (1936).

(595) *Ex parte Randolph*, 20 Fed. Cas. 242 (1833) quoted by W.J. WAGNER, *The Federal States and their Judiciary*, The Hague 1959, p. 97.

> The Court will not pass upon a constitutional question, although properly presented by the record, if there is also some other ground upon which the case may be disposed of.... thus, if a case can be decided on either of two grounds, one involving a constitutional question, the other a question of statutory construction or general law, the court will decide only the latter.(596)

Along the same lines, in *Crowell* v. *Benson* (1932), it was stated:

> When the validity of an act of the Congress is drawn in question, and even if a serious doubt of constitutionality is raised, it is a cardinal principle that this Court will first ascertain whether a construction of the statute is fairly possible by which the question may be avoided.(597)

Therefore, the decision upon the validity or invalidity of a statute must be indispensable and unavoidable in the resolution of the case; thus, if there are other ways of resolving the controversy avoiding the constitutional question, the court must follow that path. This leads to the criteria developed by the Supreme Court in the sense that statutes must be constructed, and interpreted, if possible, so as to avoid constitutional issues, and that the courts must draw interpretations in order to achieve this result.(598)

D. The Exception: Political Questions

Even when a constitutional issue is raised in a case or controversy by a party with the required standing, and the resolution of the invalidity of a statute being indispensable for the resolution of the case, the Court has considered as non justifiable certain "political questions" mainly related to the "separation of powers" and particularly with "the relationship between the judiciary and the co-ordinate branches of the Federal Government."(599)

The main source of questions considered as political and thus non justiciable by the Supreme Court are related to foreign affairs which involves as the Supreme Court stated in *Ware* v. *Hylton* (1796) "considerations of policy, considerations of extreme magnitude, and certainly entirely incompetent to the examination and decision of a Court of Justice."(600) Decisions concerning foreign relation therefore, as stated by Justice Jackson in *Chicago and Southern Air Lines* v. *Waterman Steamship Co.* (1948):

> Are wholly confined by our constitution to the political departments of the government. ... They are decisions of a kind for which the Judiciary has neither aptitude, facilities nor responsibility and which has long been held to belong in the domain of political power not subject to judicial intrusion or inquiry.(601)

---

(596) *Ashwander v. Tennessy Valley Authority*, 297, US. 288 (1936).

(597) *Crowell v. Benson*, 285 US 22 (1932), quoted in *Ashwander v. Tennessy Valley Authority*, 297, US. 288 (1936).

(598) *United States v. Congress of Industrial Organization* 335 US 106 (1948).

(599) *Baker v. Carr*, 369 US 186 (1962).

(600) *Ware v. Hylton*, 3 Dallas, 199 (1796)

(601) *Chicago and Southern Air Lines v. Waterman Steamship Co.*, 333 US 103 (1948) p. 111.

Even though developed mainly in the foreign affairs sphere, the Supreme Court has also considered certain matters relating to the government of internal affairs, a political question, and thus non justiciable; like the decision as to whether a state must have a republican form of government, which in *Luther* v. *Borden* (1849) was considered a "decision binding on every other department of the government, and could not be questioned in a judicial tribunal."[(602)]

Any way and even though that through the decisions of the Supreme Court, a list of "political questions" that the Court has considered as non-justifiable can be elaborated, the ultimate responsibility in determining them corresponds to the Supreme Court.

As the Court said in *Baker* v. *Carr* (1962):

> Deciding whether a matter has in any measure been committed by the constitution to another branch of government, or whether the action of that branch exceeds whatever authority has been committed, -said the Court- is itself a delicate exercise in constitutional interpretation, and is a responsibility of this Court as ultimate interpreter of the constitution...[(603)]

5. The Decision Upon the Constitutionality of the Statutes

Setting apart the problems related to political questions, considered by Professor Schwartz as a possible and undesirable exception to the principle of legality,[(604)] once a judicial decision is adopted by the courts on a constitutional issue, the classic problem of the effects of the judicial decision must be resolved.

The general "principle", in this matter, is that a judicial decision in matters of control of constitutionality in a diffuse system of judicial review, has *in casu et*, *inter partes* and *ex tunc* retroactive effects, that is to say, as a consequence of the decision the act considered unconstitutional must be understood for the parties in the case, to be null and void and as never having existed. This principle, however, has been tempered in its concrete application due to the requirements of legal reliability and justice.

A. The *Inter Partes* Effect and the *Stare Decisis* Doctrine

In effect, the decision adopted by an American court concerning a constitutional question in principle has relevancy only for the parties to the case. Thus the decision has no *per se* general effects and these effects do not apply *erga omnes*. The statute declared unconstitutional is not annulled by the court nor repealed by it, the legislature which enacted a statute being the only one who has the power to do so. Consequently, the statute declared null and void by a court continues on the books not withstanding the adverse decision on its validity.

(602) *Luther v. Borden*, 48 US (7 Howard), 1 (1849).
(603) *Baker v. Carr*, 369 US 186 (1962).
(604) B. SCHWARTZ, *op. cit.*, p. 157

Nevertheless, when the decision upon the unconstitutionality of a statute is adopted by the Supreme Court, as far as the inferior courts are concerned the rule *stare decisis et non quieta movere* (let the decision stand) applies and the inferior courts are bound by the decision of the Supreme Court. In practice, the statute may be considered as no longer enforceable since it may be supposed that after the Supreme Court decision, if any other proceedings are brought under the same statute, they too will result in dismissal, because it may be anticipated that the Supreme Court which held the statute to be unenforceable in one case will find it equally unenforceable in the next case arising under it.[(605)]

On the other hand, it must be borne in mind that the Supreme Court, when ruling upon the constitutionality of a statute, interprets the constitution declaring at the same time which is the supreme law of the land. This declaration has binding effects on all state bodies though, including, as we said, the judiciary. This was expressly resolved by the Supreme Court in the *Cooper* v. *Aaron* case (1958) in which the Court reaffirmed the binding effects of its previous decision in the *Brown* v. *Board of Education of Topeka* case (1954)[(606)] on segregation practices in education over all state bodies whether executive, legislative or judiciary.

In *Cooper* v. *Aaron,* the Court said:

> Article VI of the constitution makes the constitution the Supreme law of the land. In 1803, chief Justice Marshall, speaking for a unanimous Court, referring to the constitution as the fundamental and paramount law of the nation, declared in the notable *Marbury v. Madison* case... that "It is emphatically the province and duty of the judicial department to say what the law is." This decision declared the basic principle that the federal judiciary is supreme in the exposition of the laws of the constitution, and that principle has ever since been respected by this Court and the Country as a permanent and indispensable feature of our constitutional system. It follows that the interpretation of the Fourteenth Amendment enunciated by this Court in the Brown case is the supreme law of the land, and Art. VI of the constitution makes it of binding effect on the states anything in the constitution or laws of any state to the contrary notwithstanding...[(607)]

Therefore, we can say that the principle of *stare decisis* applies in the United States regarding the binding effects of the decisions of the Supreme Court over inferior courts, contributing to the uniformity of the interpretation of the constitution and tending to avoid contradictory decisions on constitutional issues by the Courts.

However, the *stare decisis* rule is not absolute, and in the United States it has less rigidity than in the British legal system,[(608)] particularly regarding the Supreme Court itself. As Justice Brandeis said in *Burnet* v. *Coronado Oil and Gas Co. (1972) stare decisis:*

---

(605) *Cf.* P.G. KAUPER, *loc. cit.*, p. 611.

(606) 347 US 483 (1954).

(607) *Cooper v. Aaron*, 358 US 1 (1958).

(608) *Cf.* A. TUNC and S. TUNC, *Le droit des Etats Unies d'Amérique. Sources et techniques*, Paris 1955, p. 174; B. SCHWARTZ, *op. cit.*, p. 159.

> Is usually the wise policy, because in most matters it is more important that the applicable rule of law be settled than that it be settled right ... But in cases involving the Federal constitution, where corrections, through legislative action are practically impossible, this Court has often overruled its earlier decisions. The Court bows to the lessons of experience and the force of better reasoning, recognising that the process of trial and error, so fruitful in the physical sciences, is appropriate also in the judicial function.[(609)]

"If adherence to precedent were the only judicial virtue -said Professor Bernard Schwartz-, it could hardly be gain said that the Supreme Court since 1937 has been among the least virtuous of modern judicial tribunals."[(610)]

In fact, over the last fifty years, one of the outstanding features of the Supreme Court of the United States has been the frequency with which it has repudiated its earlier attitude toward questions of constitutionality, not following decisions handed down by its predecessors and overruling many of its earlier decisions, "some of which had been regarded as settled in American law for the better part of a century."[(611)] This attitude of the Supreme Court has been explained by Justice Reed delivering the opinion of the Court in *Smith* v. *Allwright* (1944), in which a previous constitutional interpretation was overruled, with the following words:

> In reaching this conclusion we are not unmindful of the desirability of continuity of decisions in constitutional questions. However, when convinced of former error, this Court has never felt constrained to follow precedent. In constitutional questions, where corrections depend upon amendments and not upon legislative action, this Court throughout its history has freely exercised its power to re-examine the basis of its constitutional decisions. This has long been accepted practice, and this practice has continued to this day. This is particularly true when the decision believed erroneous is the application of a constitutional principle rather than an interpretation of the constitution to extract the principle itself.[(612)]

Nevertheless, even in its application to the lower courts, the *stare decisis* principle concerning Supreme Court decisions has different scope depending on the contents of the decision. For instance, in some situations a statute may be held to be invalid, only in its application to the situation before the court and not invalid on its face, in which case the statute may continue to have validity in its application to other situations.[(613)] The binding effect of a Supreme Court decision, therefore, will depend upon the nature of the attack on the statute, whether on its validity or only on its application to the party by reference to facts peculiar to it.

---

(609) *Burnet v. Coronado Oil and Gas Co.* 285 US 393 (1932), p. 406.

(610) B. SCHWARTZ, *The Supreme Court. Constitutional Revolution in Retrospect*, New York 1957, p. 345.

(611) B. SCHWARTZ, *American Constitutional Law, cit.*, p. 159.

(612) *Smith v. Allwright*, 321 US 649 (1944).

(613) *Cf.* P.G. KAUPER, *loc. cit.*, pp. 611, 617.

B. The Nullity of Unconstitutional Acts and the Retroactive Effects of the Courts Decisions

As far as the effects of the judicial decision on constitutional issues is concern, additional to the problems posed by the *inter partes* effect and the *stare decisis* doctrine concerning Supreme Court decisions, in a diffuse system of judicial review like the American one, the courts do not annul the statute considered unconstitutional, but only declare its nullity and invalidity, considering the unconstitutional act void and null *ab initio*. This was the general principle applied to the American system during the last century, which implied that the decisions of the Court on matters of constitutionality had *ex-tunc* and retroactive effects. This was the doctrine defined in the circuit Court *Vanhorne's Lessee* v. *Dorrance* case (1795) in which it was considered that a void act

> Never had constitutional existence; it is a dead letter, and of no more virtue or avail, than if it never had. been made... (614)

A hundred years later, (in *United States* v. *Realty* (1895) the Supreme Court expressed the same principle in more conclusive way, by saying that an:

> Unconstitutional act of Congress is the same as if there were no act.(615)

Previously, in *Norton* v. *Selby County* (1886) the court had also said, that an

> Unconstitutional act is not a law; it confers no rights; it imposes no duties; it affords no protection; it creates no office; it is, in legal contemplation, as inoperative as though it had never been passed.(616)

Thus, the traditional principle of the nullity of the unconstitutional act, and therefore, the declarative effects of the judicial decision that considers a statute void and null, as if "it had never been passed" or if it "never had been made" was also applied in the United States. Consequently, judicial decisions on constitutional questions were considered to have *ex tunc* effects, thus, having retroactive effects.

Nevertheless, the rigidity of this doctrine led to a change in its application, and to establishing whether or not the retroactive effects of the decisions regarding each case in particular would apply, particularly because of the negative or unjust effects that could be produced by the possible decisions of the court regarding the effects already factualy produced by the statute considered invalid, and because of the binding effect of the Supreme Court decisions upon the lower court,. This was expressly stated by Justice Clark in *Linkletter* v. *Walker* (1965), in which the Supreme Court applied new constitutional rules to cases finalised before the promulgation of other rulers. The Court said:

---

(614) *Venhorn's Lessee v. Dorrance*, 2 Dallas, 304 (1795).
(615) *United States v. Realty Co.*, 163 US 427 (1895), p. 439.
(616) *Norton v. Selby County*, 118 US 425 (1886), p. 442.

> Petitioner contends that our method of resolving those prior cases demonstrates that an absolute rule of retroaction prevails in the area of constitutional adjudication. However, we believe that the constitution neither prohibits nor requires retrospective effect. As Justice Cardozo said, we think the federal constitution has no voice upon the subject. Once the premise is accepted that we -are neither required to apply, nor prohibited from applying a decision retrospectively, we must then weigh the merits and demerits in each case by looking to the prior history of the rule in question, its purpose and effect, and whether retrospective operation will further or retard its operation...(617)

Therefore, considering that "the past cannot always be erased by a new judicial decision",(618) the retroactive effects of the Supreme Court decisions in constitutional issues has been applied in a relative way. "The questions -said the Supreme Court in *Chicot County Drainage District* v. *Baxter State Bank* (1940)-, are among the most difficult of those that have engaged the attention of courts, state and federal, and it is manifest from numerous decisions that an all-inclusive statement of a principle of absolute retroactive invalidity cannot be justified."(619)

In this sense, Professor J.A.C. Grant said in his classical study on "The legal Effects of a Ruling that a Statute is Unconstitutional", contrary to what the Supreme Court said in *Norton* v. *Selby County* in 1886, "An unconstitutional act may give rise to rights. It may impose duties. It may afford protection. It may even create an office. In short, it may not be as inoperative as though it had never been passed."(620) Therefore, the Supreme Court has recognised its authority to give or to deny retroactive effects to its ruling on constitutional issues, and the Supreme Courts of the states have done the same during recent decades.

For instance, in criminal matters, the Courts has given full retroactive effects to its rules when they benefit the prosecuted. In particular it has given retroactive effects to decisions in the field of criminal liability, permitting prisoners on application for *habeas corpus* to secure their release on the grounds that they are being held under authority of a statute which subsequent to their conviction was held to be unconstitutional.(621) The Court has also given retroactive effects to its decisions on constitutional matters, as referred to by Professor J.A.C. Grant, when it considers the rules essential to safeguard against convicting innocent persons, such as the requirement that counsel be furnished at the trial (*Gideon* v. *Wainwright*, 327 US, 335, 1963), or when the accused is asked to plead (*Arsenault* v. *Massachusetts*, 393 US 5, 1968), or when it is sought to revoke the probation status of a convicted criminal because of his subsequent conduct (*McConnell* v. *Rhay*, 393, US, 2, 1968), as well as the rule requiring proof beyond a reasonable doubt (*Ivan* v. *City of New York*, 407 US, 203, 1972). Its ruling concerning the death penalty has also been made fully retroactive (*Witherspoon* v. *Illinois*, 391, US, 510, 1968).(622)

---

(617) *Linkletter v. Walker*, 381 US 618 (1965).

(618) *Chicot County Drainage District v. Baxter State Bank*, 308 US 371 (1940), p. 374.

(619) *Idem*.

(620) J.A.C. GRANT, "The Legal Effect of a Ruling that a Statute is Unconstitutional', *Detroit College of Law Review*, 1978, (2), p. 207.

(621) *Ex parte Siebold*, 100 US 371, (1880).

(622) J.A.C. GRANT, *loc.cit.*, p. 237.

In other criminal cases, the position of the Court has been to give no retroactive effects to its rulings on constitutional issues when it also benefits the prosecuted. As Professor Grant says, in 1977 the Supreme Court held that any change in the interpretation of the constitution that has the effect of punishing acts which were not penalized under the earlier interpretation cannot be applied retroactively, since as it stated in *Marks* v. *United States* (1977), "the notion that persons have a right to fair warning of that conduct which will give rise to criminal penalties, is fundamental to our concept of constitutional liberty."[(623)]

Therefore, the rule of retroactiveness on prospectiveness of the effects of the Courts decisions in criminal cases is not absolute, and has been applied by the Court considering the justice of its application in each case. Consequently, when the decision has not for instance affected the "fairness of a trial" but only the rights to privacy of a person, the Court has denied the retroactive effects of its ruling. Such was the case in *Linkletter* v. *Walker*, (1965) where Justice Clarke delivering the opinion of the Court stated:

> In ... the ... areas in which we have applied our rule retrospectively the principle that we applied went to the fairness of the trial, the very integrity of the fact finding process. Here ... the fairness of the trial is not under attack. All that petitioner attacks is the admissibility of evidence (illegally seized), the reliability and relevancy of which is not questioned, and which may well have had no effect on the outcome...[(624)]

Therefore, as Professor Grant reported, when the purpose is merely to protect the privacy of the individual or to improve police standards, as in the case of new rules as to searches through electronic surveillance (*Desist* v. *United States*, 394, US, 244, 1969), or in connection with a lawful arrest (*Hill* v. *California*, 401, US, 797, 1971), police questioning, leading to confessions (*McMann* v. *Richardson*, 397, US, 759, 1970) or the use of incriminating reports filed by the accused (*Mackey* v. *United States*, 401 US, 667, 1971), the doctrine of non retroactiveness adopted in *Stovall* v. *Denno*[(625)] has been applied.[(626)]

It must also be mentioned that even in cases of rules related to the idea of the type of trial necessary to guard against convicting the innocent, the rules established by the Supreme Court have been made wholly prospective when to give them retroactive effect would impose what the Court considers unreasonable burdens upon the government brought about at least in part by its reliance upon previous rulings of the Supreme Court. This happened in *De Stefano* v. *Woods* (1968), which established that state criminal trials must be by jury[(627)] and in *Adam* v. *Illinois* (1972), established the right to counsel at the preliminary hearing whose retroactivity the Court said, "could seriously disrupt the administration of our criminal laws."[(628)]

---

(623) *Marks v. United States*, 430 US 188 (1977), p. 191; J.A.C. GRANT, *loc.cit.*, 238.
(624) *Linkletter v Walker*, 381, US, 618 (1965).
(625) *Stovall v. Denno*, 388, US, 293, (1967).
(626) J.A.C. GRANT, *loc.cit.*, 237.
(627) *De Stefano v. Woods*, 392, US, 631 (1968).
(628) *Adams v. Illinois*, 405, US, 278 (1972).

On the other hand, in civil cases, it has been considered that the new rule established in a court decision on constitutional matters, cannot disturb property rights or contracts previously made. In this respect, the Supreme Court in *Gelpcke* v. *Dubuque* (1864) considered that a decision of the Supreme Court of Iowa, was to be given prospective effect only, by stating:

> The sound and true rule is, that if the contract, when made, was valid by the laws of the state as then expounded... and administered in its courts of justice, its validity and. obligation cannot be impaired by any subsequent action of legislation, or decision of its courts altering the construction of the law.(629)

This doctrine of prospectiveness was also developed and applied by state supreme courts regarding liability for acts of dependants. For instance the Supreme Court of Illinois in 1958 considered "unjust, unsupported by any valid reason, and (without) ... rightful place in modern day society" the rule previously established by the same Court (1898), that held that a school district cannot be held liable for the careless acts of the drivers of its school buses. In principle, the overruling of the 1898 decision could have led to its application retroactively; nevertheless bearing in mind that its full retroactivity might endanger the fiscal integrity of many small school districts, the Court stated:

> Retrospective application of our decision may result in great hardship to school districts, which have relied on prior decisions upholding the doctrine of tort immunity of school districts. For this reason we feel justice best be served by holding that, except as to the plaintiff in the instant case, the rule herein established shall apply only to cases arising out of future occurrence.(630)

Finally it must also be stated that in administrative cages, the doctrine of *de facto* officers has lead to the adoption of the prospective rule effects of the decisions on judicial review. In this respect, in *State* v. *Carroll* (1871) the Supreme Court of Connecticut stated that a statute "... which creates an office and provides an officer to perform its duties, must have the force of law until set aside as unconstitutional by the courts",(631) thus the invalidity of the office could not affected the acts accomplished by the *de facto* officer.

C. The Practical Effects of the Decision on Judicial Review

As we have said, there are no special types of proceeding required for the raising of constitutional issues in the courts; therefore, the constitutional question car be raised incidentally in any type of proceeding. Nevertheless, in the United States, particular types of proceedings and remedies that are usually used for raising constitutional issues have been traditionally identified. These are apart from the declaratory judgment proceeding, the request for an injunction, for a writ

---

(629) 68 US (1 Wall) 175 (1864).

(630) *Molitor v. Kaneland Community Unit Dist. nº 302*, 18 III. 2d at 25, 162 N.E. 2d at 96. quoted by J.A.C. GRANT, *loc. cit.*, p. 220.

(631) *State v. Canoll*, 38 Conn. 449, (1871), quoted by J.A.C. GRANT, *loc. cit.*, p. 232.

of mandamus or for a writ of habeas corpus[(632)] which result in having concrete and particular effects, referred to constitutional justice.

For instance, the injunction against enforcement of a statute by a prosecutor or by public agencies is the most drastic remedy available in a case raising constitutional issues. It is equity proceeding of preventive and negative effects. It consists in the prohibition established regarding a subject to enforce certain acts that could be prejudicial to other subjects. Therefore, it is a preventive and protective proceeding, and its effects would depend on whether the decision holding a statute invalid considered the statute void in its face or invalid only in its application to factual circumstances peculiar to the person raising the issue. In this respect, Professor P.G. Kauper said, if an injunction is sought against the enforcement of a statute on the grounds that it is void on its face as an impairment of constitutional rights, the court's decree may be broad enough to prevent further enforcement of the statute against any other person, with the practical effect of making the statute completely unenforceable.[(633)]

Another remedy commonly used for controlling the constitutionality of statutes is the request for a writ of *mandamus*, which consists in a judicial order directed to a public officer, commanding him to perform certain acts regarding the petitioner which he is obliged to perform.[(634)]

Finally, another remedy that is also used to test the constitutionality of a statute is the request for a writ of *habeas corpus* through which a person, who is being held in custody on a charge of violating a criminal statute, alleges its invalidity. If the claim in this proceeding is sustained, the court orders the release of the petitioner from official custody.

III. THE DIFFUSE SYSTEM OF JUDICIAL REVIEW IN LATIN AMERICA

In the middle of the 19th century, the American system of judicial review influenced most of the Latin-American systems, which we can say, generally adopted in one way or another, the diffuse system of judicial review. Alexis De Tocqueville's influential book, *Democracy in America*,[(635)] has been considered as having played a fundamental role in the adoption of the system, particularly

---

(632) G.H. JAFFIN, "Les modes d'introduction du contrôle judiciaire de la constitutionalité des lois aux Etats-Unis", in *Introduction a l'etude du droit comparé, Recueil d'etudes en l'honneur d'Eduard Lambert*, Paris 1938, Vol. II, p. 256.

(633) P.G. KAUPER, *loc. cit.*, p. 620.

(634) 28 US Code 1361.

(635) The first edition in Spanish of the book was issued in 1836, one year after the French and English edition. On the influence of the DE TOCQUEVILLE book on the matter, see J. CARPIZO and H. FIX-ZAMUDIO, "La necesidad y la legitimidad de la revisión judicial en América Latina. Desarrollo reciente", in *Boletín Mexicano de Derecho Comparado*, 52, 1985, p. 33; R.D. BAKER, *Judicial Review in México. A Study of the Amparo Suit*, Austin 1971, pp. 15, 33.

regarding the Latin American countries with a federal form of state all of whom adopted a form of constitutional justice, as was the case in Argentina (1860), Mexico (1857), Venezuela (1858) and Brazil (1890). The system was also adopted in other countries like Colombia (1850) which had a brief federal experience, and even without connection with the federal form of state, in the Dominican Republic (1844) where it is still in force.(636)

Most of the Latin American systems of judicial review moved from the original diffuse system towards a mixed system, by adding concentrated aspects of judicial review, or adopting the mixed system from the beginning, but the Argentinean system remained the most similar to the American model,(637) though with its own natural characteristics. The Mexican system also remained as a diffuse system but with the peculiarities of the *juicio de amparo* (trial for constitutional protection), which has produced a unique and complex institution.

That is why when considering the diffuse system of judicial review in Latin America, we will now refer to the Argentinean and Mexican systems, leaving the analysis of the Brazilian, Colombian and Venezuelan systems to when we study the mixed systems of judicial review.

1. The Argentinean System

A. Judicial Control of the Constitutionality as a Power of All Courts

The constitution of the Republic of Argentina of 1860 established in articles 31 and 100, in terms very similar to those of the American constitution, the principles of constitutional supremacy and the role of the judiciary.

Article 31, in similar terms to the "supremacy clause" of the American constitution, established:

> This constitution, the laws of the Nation that the Congress consequently approves and the treaties with foreign powers, are the supreme law of the Nation, and the authorities of each Province are obliged to conform to it, notwithstanding any contrary disposition which the provincial laws or Constitutions might contain.

On the other hand, article 100 referring to judicial power, established:

---

(636) The 1844 constitution, as well as the 1966 constitution (Art. 46) established that 'are null and void all Laws, Decrees, Resolutions, Regulations or Acts contrary to the constitution'. Consequently all the Courts can declare an act unconstitutional and not applicable to the concrete case. *Cf.* M BERGES CHUPANI, "Report" in *Memoria de la Reunión de Cortes Superiores de Justicia de Ibero-America, El Caribe, España y Portugal*, Caracas 1983, p. 380.

(637) A. E. GHIGLIANI, *Del control jurisdiccional de constitucionalidad*, Buenos Aires 1952, who speaks about "Northamerican filiation" of the judicial control of constitutionality in Argentinian law, p. 6, 55, 115. *Cf.* R. BIELSA, *La protección constitucional y el recurso extraordinario. Jurisdicción de la Corte Suprema*, Buenos Aires 1958, p. 116; J.A.C. GRANT, "El control jurisdiccional de la constitucionalidad de las Leyes: una contribución de las Américas a la ciencia política", *Revista de la Facultad de Derecho de México*, UNAM, T. XII, 45, 1962, p. 652; C.J. FRIEDRICH, *The Impact of American Constitutionalism Abroad*, Boston 1967, p. 83.

> The Supreme Court and the inferior Court of the Nation, are competent to try and decide all cases related to aspects ruled by the constitution, by the laws of the Nation and by the Treaties with foreign nations.

Therefore, in similar terms to the American constitution, the 1860 Argentinean constitution established no norm expressly conferring no judicial review power upon the Supreme Court or the other courts. Thus, in a similar way to the American process, judicial review in Argentina was also a creation of the Supreme Court, based on the principles of supremacy of the constitution and judicial duty when applying the law; and the first case in which it was exercised regarding a federal statute was the *Sojo* case, (1887), also concerning the unconstitutionality of a law that tried to enlarge the original jurisdiction of the Supreme Court[(638)] as was the *Marbury* v. *Madison* case.

Nevertheless, the question of the powers of the judiciary to control the constitutionality of legislation was a matter of discussion in the Panama Constitutional Convention in 1857-1858, where the predominant opinion on the subject was: first, the character of the constitution as a supreme law and the power of the courts to maintain that supremacy over the laws which infringed upon it; second, the limits imposed over the constituted powers by popular sovereignty, so that laws contrary to the principles embodied in the constitution, could not be binding on the courts; and third, that the judiciary was precisely the branch of the state organs which ought to have enough power to interpret the constitution regarding the other state powers.[(639)]

Therefore, through the work of the courts, the Argentinean system of judicial review has been developed over the last century as a diffuse system[(640)] in which all the courts have the power to declare the unconstitutionality of legislative acts, treaties,[(641)] executive and administrative acts and judicial decisions, whether at national or provincial levels.[(642)] This power of judicial review is, of course, reserved to the courts and the executive cannot decide not to apply a statute on unconstitutional grounds.

---

(638) *Cf.* A.E. GHIGLIANI, *op. cit.*, p. 5; R. BIELSA, *op. cit.* p. 41, 43, 179 who speaks about a "pretorian creation" of judicial review by the Supreme Court, *op. cit.*, p. 179. *Cf.* J.R. VANOSSI and P.F. UBERTONE, *Instituciones de defensa de la Constitución en la Argentina*, UNAM, Congreso Internacional sobre la Constitución y su defensa, México 1982, (mimeo), p. 4; H. QUIROGA LAVIE, *Derecho constitucional*, Buenos Aires 1978, p. 481. Previously in 1863 the firsts Supreme Court decisions where adopted in constitutional matters but refered to provincial and executive acts. *Cf.* A.E. GHIGLIANI, *op. cit.*, p. 58.

(639) *Cf.* A.E. GHIGLIANI, *op. cit.*, p. 58.

(640) N.P. SAGÜES, *Recurso Extraordinario*, Buenos Aires 1984, Vol. I, p. 91. J.R. VANOSSI and P.F. UBERTONE, *op. cit.* p. 2, 14. See also J.R. VANOSSI, *Teoría constitucional*, Buenos Aires, Vol. II, *Supremacía y control de constitucionalidad*, Buenos Aires 1976, p. 155.

(641) In particular, regarding the unconstitutionality of Treaties and the posibility of the Courts to control them, A.G. GHIGLIANI, *op. cit.*, p. 62; J.R. VANOSSI, *Aspectos del recurso extraordinario de inconstitucionalidad*, Buenos Aires 1966, p. 91, and *Teoría constitucional*, *op. cit.*, Vol. II, p. 277.

(642) *Cf.* R. BIELSA, *op. cit.*, pp. 120-148. J.R. VANOSSI and P.F. UBERTONE, *doc. cit.*, p. 6.

Therefore, in Argentina, the power to control the constitutionality of state acts is not reserved to one single judicial body or a group of them; it concerns all courts, of course, within the scope of the jurisdiction that each of them has.

In Argentina, being a federal state, the organisation of the judiciary led to two court systems established from their origin following the American model:(643) National and provincial courts. The provincial courts have jurisdiction over all matters of "ordinary law," (*derecho común*) like civil, commercial, criminal, labour, social security, and mining law and public provincial law (constitutional and administrative provincial law). In each Province there are courts of first and second instances, and at their apex a Superior Provincial Court.

At the national level, the national courts have jurisdiction over all matters regulated by "federal law"; particularly concerning constitutional and administrative law cases and in all cases in which the nation is a party or foreign diplomatic agents are involved. The organisation of the national courts is as follows: National courts with territorial jurisdiction in the first instance; national chambers of appeals, in the second instance, and at the apex the Supreme Court of Justice, that also acts as a third instance.(644)

The Supreme Court of Justice, the only judicial body created in the constitution and considering itself "final interpreter of the constitution" or as the defendant of the constitution",(645) has two sorts of jurisdiction: original and appellate. The original jurisdiction is established in the constitution and, therefore, is not enlargeable by statute, and concerns all matters related to ambassadors, ministers and foreign consuls and to which the Provinces are party.(646)

In its appellate jurisdiction, the Supreme Court has jurisdiction through two sorts of appeals: ordinary and extraordinary. In its appellate jurisdiction through ordinary appeals, the Supreme Court has the power of reviewing the decisions of the national chambers of appeal in the following cases:

1. Cases in which the nation is a party according to an amount fixed periodically;

2. Cases concerning extradition of criminals sought by foreign countries.

3. Cases concerning the seizure of ships in time of war and other cases concerning maritime law.(647)

In these cases of appellate jurisdiction through ordinary appeal, the Supreme Court acts as a court of third instance and last resort reviewing the whole case decided by the national chambers of appeals.

However, as we have said, the appellate jurisdiction of the Supreme Court of Justice can also be exercised through what has been called an "extraordinary appeal" that is in fact an "extraordinary recourse" that the party in a case decided

---

(643) *Cf.* R. BIELSA, *op. cit.*, p. 57; A.E. GHIGLIANI, *op. cit.*, p. 55.
(644) *Cf.* J.R. VANOSSI and P.F. UBERTONE, *doc. cit.*, p. 14-18; A.E. GHIGLIANI, *op. cit.*, p. 76.
(645) R. BIELSA, *op. cit.*, p. 270; J.R. VANOSSI and P.F. UBERTONE, *doc. cit.*, p. 18.
(646) Art. 101.
(647) *Cf.* R. BIELSA, *op. cit.*, p. 60-61; J.R. VANOSSI and P.F. UBERTONE, *doc. cit.*, p. 19.

by the national chambers of appeals and by the Superior Courts of the Provinces can bring before the supreme Court, in particular cases related to constitutional issues and with special conditions. This is, undoubtedly, the mean through which the Supreme Court normally decides upon the final interpretation of the constitution when reviewing the constitutionality of state acts, and consequently it is the most important mean for judicial review.

Before studying this "extraordinary recourse" we will refer to the general trends of the incidental character of the Argentinean diffuse system and its consequences.

B. The Incidental Character of Judicial Review

In effect, as a diffuse system of judicial review, the Argentinean system is essentially an incidental one, in which the question of constitutionality is not the principal object of a process; thus the constitutional issue can be at any moment and at any stage of any proceeding. This incidental character has led to considering the Argentinean System of judicial review, as an "indirect" control system,(648) because the constitutional issue can only be raised in a judicial controversy, case or process, normally through an exception, at any moment before the decision is adopted by the court, and therefore not necessarily in the *litis contestatio* of the proceeding.(649)

The principal condition for raising constitutional questions is that they can only be raised in a "judicial case" or litigation between parties;(650) therefore, they cannot be raised as an abstract question before a court, and the courts cannot render declarative decisions upon unconstitutional matters.(651)

Nevertheless, the existence of a case or controversy in which the constitutional question could be raised is not only necessary, it is also indispensable that the question be raised by a party in the process with due interest in the matter, that is to say, which alleges a particular injury in his own right caused by the statute considered invalid.(652)

Consequently, the court on its own cannot raise constitutional issues in the Argentinean system. Thus, even if the court is convinced of the unconstitutionality of a statute, if a party has not raised the question, the Court is bound to apply the Statute to the decision of the case.(653) In this respect, it must be stressed that even though this has been the judicial doctrine invariably applied

---

(648) A.E. GHIGLIANI, *op. cit.*, p. 75.

(649) A.E. GHIGLIANI, *op. cit.*, p. 76.

(650) Art. 100 of the constitution; *Cf.* R. BIELSA, *op. cit.*, p. 213, 214; A.E. GHIGLIANI, *op. cit.*, p. 75; J.R. VANOSSI and P.F. UBERTONE, *doc. cit.*, p. 23.

(651) *Cf.* R. BIELSA, *op. cit.*, p. 213, 214; A.E. GHIGLIANI, *op. cit.*, p. 80; S.M. LOZADA, *Derecho Constitucional Argentino*, Buenos Aires 1972, Vol. I, p. 342.

(652) S.M. LOZADA, *op. cit.*, p. 342; A.E. GHIGLIANI, *op.cit.*, p. 82; J.R. VANOSSI and P.E. UBERTONE, *doc. cit.*, p.23.

(653) R. BIELSA, *op. cit.*, p. 198, 214; H. QUIROGA LAVIE, *op. cit.*, p. 479.

by courts, some authors have considered that the constitutional questions can be decided by courts without being raised by a party, based on the principle of constitutional supremacy and the notion of "public order."[(654)]

Nevertheless, an exemption to the need for party intervention when raising the constitutional issue has been established by the Supreme Court, allowing that the court can consider constitutional questions on its own, only in matters concerning the jurisdiction of the courts themselves and their functional autonomy. Consequently, the Supreme Court decided upon the unconstitutionality of a statute that enlarged its original jurisdiction of the supreme Court of Justice established in the constitution, although not being raised by a party.[(655)]

Furthermore and related to the incidental or indirect character of judicial review in the Argentinean system, the constitutional question raised in a case particularly due to the presumption of constitutionality of all statutes,[(656)] must be of an unavoiding character, in the sense that its decision must be essential to the resolution of the case which depends on it.[(657)] Moreover, the constitutional question must be clear and undoubted. Therefore, the declaration of unconstitutionality being considered an act of extreme gravity and the last ratio of the legal order, the court must abstain its consideration when there are doubts about the issue.[(658)] Thus when an interpretation of the statute avoiding the consideration of the constitutional question is possible the court must follow this path.[(659)]

Finally, it must be said that in the Argentinean system, the Supreme Court of Justice has developed the same exception to judicial review established in the American system, concerning political questions, even though the constitution does not expressly establish anything on the matter.[(660)] These political questions are related to the "acts of government" of "political acts" doctrine developed in continental European law, and within which we can mention the following: the declaration of state of siege; the declaration of federal intervention in the provinces; the declaration of "public use" for means of expropriation; the declaration of war; the declaration of emergency to approve certain direct tax contributions; acts concerning foreign relations; the recognition of new foreign states or new foreign state governments; the expulsion of aliens, etc., In general, within these political questions there are acts exercised by the political powers of the state in accordance with powers exclusively and directly attributed to them in the constitution,[(661)] which can be considered the key element for their identification.

---

(654) G. BIDART CAMPOS, *El derecho constitucional del poder*, Vol. II, Chap. XXIX; J.R. VANOSSI, *Teoría constitucional*, *op. cit.*, Vol. II, p. 318, 319.

(655) *Cf.* J.R. VANOSSI and P.E. UBERTONE, *doc. cit.*, 25; .R. BIELSA, *op. cit.*, 255; H. QUIROGA LAVIE, *op. cit.*, p. 479.

(656) A.E. GHIGLIANI, *op. cit.*, p. 89, 90.

(657) A.E. GHIGLIANI, *op. cit.*, p. 89; S.M. LOSADA, *op. cit*, p. 341.

(658) H. QUIROGA LAVIE, *op. cit.*, p. 480.

(659) A.E. GHIGLIANI, *op. cit.*, p. 91.

(660) J.R. VANOSSI and P.E. UBERTONE, *doc. cit.*, p. 11.

(661) *Cf.* A.E. GHIGLIANI, *op. cit.*, p. 85; H. QUIROGA LAVIE, *op. cit.*, p. 482; S.M. LOSADA, *op. cit.*, p. 343; J.R. VANOSSI and P.E. UBERTONE, *doc. cit.*, p. 11, 12.

C. The "Extraordinary Recourse" before the Supreme Court of Justice and Judicial Review

We have said that the Supreme Court of Justice is vested in the Argentinean system, like it is in the United States, with two sorts of jurisdiction: original and appellate jurisdiction, and in the latter two other sorts can be distinguished: ordinary appellate jurisdiction and "extraordinary appellate jurisdiction" that can be exercised by the Supreme Court through the so called "extraordinary recourse", which accomplishes a similar result to the request for writ of *certiorari* in the United States Supreme Court activities.

But of course, the "extraordinary recourse" is quite different to the American request for writ of *certiorari*, in the sense that the Supreme Court of Justice does not have discretionary powers in accepting extraordinary recourses. Thus, in the Argentinean system, all the appellate jurisdiction of the Supreme Court, whether ordinary or extraordinary, is a mandatory jurisdiction, exercised as a consequence of a right the parties have, whether to appeal or to introduce the extraordinary recourse.

Nevertheless, the difference between the ordinary appeal and the extraordinary recourse is that although called "extraordinary appeal" this recourse is not properly an appeal: it is rather an autonomous recourse. When it is exercised, the Supreme Court does not act as a mere third instance court,(662) particularly because the Court does not review the motives of the judicial decision under consideration, regarding the facts; its power of review being concentrated only in aspects of law regarding constitutional questions. That is why it has been said that the Supreme Court as a consequence of an extraordinary recourse, "does not act *jure litigatoris*" but *jure constitutionis*, does not judge a *questio facti*, but a *questio juris*."(663)

This substantive difference between the function of the Supreme Court as a consequence of the exercise of an appeal or an extraordinary recourse is followed by another formal difference, particularly, that contrary to the appeal, the extraordinary recourse must be motivated and founded on constitutional reasons.(664)

Even though it is called "extraordinary" it must be said that the ordinary appeal being reduced to the review of very few decisions of the National Chambers of Appeals, the "extraordinary recourse" is the judicial means through which the parties can most commonly reach the Supreme Court of Justice in order to obtain judicial review of constitutionality of state acts.(665) Particularly because, as we have mentioned, not only the definitive decisions of the National Chambers of Appeals can be the object of an extraordinary recourse but also the definitive decisions of the Superior Courts of the Provinces where the generality of ordinary law cases reach.

---

(662) *Cf.* N. P. SAGÜES, *op. cit.*, p. 270; pp. 185, 221, 228, 275.
(663) R. BIELSA, *op. cit.*, p. 222
(664) *Cf.* R. BIELSA, *op. cit.*, pp. 245, 252.
(665) *Cf.* J.R. VANOSSI and P.E. UBERTONE, *doc. cit.*, p. 19.

Now, the exercise of this extraordinary recourse is submitted to various particular rules, which must be stressed:

First of all, the extraordinary recourse can only be exercised in connection with constitutional matters, thus its importance regarding judicial review. In this respect, the extraordinary recourse can be exercised in three cases:

a. When in a case the question of validity of a treaty, an act of Congress or of another authority exercised in the Nation's name has been raised, and the judicial decision has been against the validity of the particular act;

b. When the validity of an act or decree of the Provincial authorities has been questioned on the grounds of its repugnance to the constitution, treaties or acts of Congress, and the judicial decision has been in favour of the validity of the particular act.

c. When the interpretation of a clause of the constitution, of a treaty or of an act of Congress or other national act has been questioned, and the judicial decision has been against the validity of a title, right, privilege or exemption founded in the said clause which has been a matter of the case.[666]

As a creation of the Supreme Court of Justice doctrine, the extraordinary recourse against "arbitrary judicial decisions" has also been accepted, being considered arbitrary judicial decisions those in which the right to defend one self in a proceeding is said to have been violated. It has also been accepted in cases of so called "institutional gravity", when the Supreme Court can be reached even though the extraordinary recourse would be normally inadmissible; and in cases when an "effective deprivation of justice" has been committed.[667]

The second rule referred to the admissibility of the extraordinary recourse states that the constitutional question must have been discussed in the proceeding in the lower courts, and considered in its decision, before it can be brought before the Supreme Court through the extraordinary recourse.[668] Therefore, the Supreme Court has rejected the recourse when the constitutional issue has not been discussed in the lower courts and has not been considered in the decision.[669] Furthermore, the constitutional issue must have been maintained in the various judicial instances in the lower courts and not abandoned by the interested party. On the contrary, the Supreme Court would reject the extraordinary. Recourse.[670]

In the third place, all the other aspects of the incidental character of judicial review already mentioned apply, of course, to the admissibility of the extraordinary recourse, and particularly the fact that it must be exercised by a party with direct interests in the matter, whose rights are affected by the decision regarding the invalidity of a statute, and that the solution of the constitutional question must be unavoidable and indispensable for the decision of the case.

---

(666) Statute 48, Art. 14. *Cf.* J.R. VANOSSI and P.E. UBERTONE, *cit.* p. 20; R. BIELSA, *op. cit.*, p. 210, 211; N.P. SAGÜES, *op. cit.*, p. 272.

(667) *Cf.* J.R. VANOSSI and P.E. UBERTONE, *doc. cit.*, p. 20.

(668) *Cf.* R. BIELSA, *op. cit.*, pp. 190, 202, 203, 205, 209.

(669) *Cf.* R. BIELSA, *op. cit.*, p. 204.

(670) *Cf.* R. BIELSA, *op. cit.*, p. 260.

Regarding standing, it must be pointed out that in the Argentinean system, it is expressly accepted that public bodies whose acts have been questioned on the grounds of unconstitutionality and also the Public Prosecutor, have the quality of party regarding the exercise of the extraordinary recourse.(671)

D. The Effects of the Decision on Judicial Review

Finally, in the Argentinean system of judicial review, as a pure diffuse system, we must refer to the effects of the decision adopted by the courts when exercising their powers of judicial review of constitutionality.

First of all, it must be said that judicial decisions adopted on matters of constitutionality, whether adopted by inferior courts or by the Supreme Court when they consider a law to be unconstitutional, simply do not apply the invalid statute by giving preference to the constitution, but do not annul it. The courts in Argentina do not have the power to annul or repeal a law. That power is reserved to the legislator, and the only thing they can do is to refuse its application to the concrete case when they consider it unconstitutional.(672) The statute, therefore, when considered unconstitutional and non-applicable by the judge, is considered null and void, with no effect whatsoever(673) in the particular case. This leads to the consideration of the retroactive effect of the decision, bearing in mind its declarative character, thus *ex tunc, pro praeterito.* We insist, however, that the statute remains valid and generally applicable and even the same court can change its criteria about its unconstitutionality and apply it in the future.(674)

That is why these effects of the judicial decision on constitutional matters, in the Argentinean system are strictly *inter partes* effect, a consequence of the diffuse character of the system. Thus the decision considering the nullity of a statute has effect only in connection with the particular process where the question has been raised and between the parties which have intervened in it and, therefore, has no *erga omnes* effects at all.(675)

On the other hand, in the Argentinean system, the decision on judicial review, even the decisions of the Supreme Court on constitutional issues are not obligatory for the other courts or the inferior courts.(676) Moreover, even though in the 1949 constitutional reform it was expressly established that the interpretation adopted by the Supreme Court of Justice upon the articles of the constitution would be considered binding on the national and provincial courts,(677) this article of the constitution was later repealed and the situation today is the absolute power

(671) *Cf.* R. BIELSA, *op. cit.*, pp. 237, 238.
(672) *Cf.* R. BIELSA, *op. cit.*, pp. 197, 198, 345; N.P. SAGÜES, *op. cit.*, p. 156.
(673) *Cf.* A.E. GHIGLIANI, *op. cit.*, p. 95.
(674) *Cf.* R. BIELSA, *op. cit.*, p. 196; A.E. GHIGLIANI, *op. cit.*, p. 92, 97; N. P. SAGÜES, *op. cit.*, p. 177.
(675) *Cf.* H. QUIROGA LAVIE, *op. cit.*, p. 479.
(676) *Cf.* R. BIELSA, *op. cit.*, pp. 49, 198, 267; A.E. GHIGLIANI, *op. cit.*, pp. 97, 98.
(677) Art. 95 of the 1949 Constitution. *Cf.* C.A. AYANAGARAY, *Efectos de la declaración de inconstitucionalidad*, Buenos Aires 1955, p. 11; R. BIELSA, *op. cit.*, p. 268.

of all courts to render their judgment autonomously with their own constitutional interpretation.

Nevertheless, it is certain that the Supreme Court of Justice being the highest court in the country with wide appellate jurisdiction, particularly through the extraordinary recourse, its decisions have a definitive influence upon all the inferior courts particularly when a doctrine has been clearly and reiteratedly established by the Court.[678]

E. The Recourse for *Amparo* and Judicial Review

Finally, regarding the Argentinean system, discussions have arisen concerning the possibility of the exercise of the diffuse system of judicial review, by the courts, when deciding recourse for *amparo* (constitutional protection) brought before them for the protection of fundamental rights. These recourses for constitutional protection can also be considered a creation of the courts,[679] particularly of the Supreme Court, beginning with the well known *Angel Siri* case decision of 27 December 1957,[680] in which the competence of ordinary courts to protect the fundamental rights of citizens, against violation from public authorities actions or from individuals was definitively accepted,[681] through a special judicial means known as the *recurso de amparo*.

Now since its acceptance and despite the diffuse system of judicial review followed in Argentina, the Supreme Court established the criteria of the incompetence of the *amparo* judge to review the constitutionality of legislation, reducing the powers of the judge of *amparo* to decide only on acts or facts that could violate fundamental rights. Thus it was established that the *amparo* could not be granted when the complaint contained the allegation of unconstitutionality of a law on which the said acts or facts were based. Thus, the Supreme Court considered that the judicial decision in cases of recourse for *amparo* could not have declarative effects regarding the unconstitutionality of laws, due to the summarised nature of its proceeding.[682] This doctrine was followed later by law 16.986 of 18 October 1966 about the recourse for *amparo*, in which it was expressly established that the "action for constitutional protection (*amparo*) will not be admissible when the decision upon the invalidity of the act will require.... the declaration of the unconstitutionality of laws, decrees or ordinances."[683]

Nevertheless, and more recently in 1967, the Supreme Court, without declaring the unconstitutionality of the above mentioned disposition of law 16.986 in the

(678) *Cf.* J.R. VANOSSI and P.E. UBERTONE, *doc. cit.*, p. 32.

(679) *Cf.* G. R. CARRIO, *Algunos aspectos del recurso de amparo,* Buenos Aires 1959, p. 9; J. R. VANOSSI, *Teoría constitucional*, *cit.*, Vol. II, p.277.

(680) See G. R. CARRIO, *op. cit.*, p.10.

(681) See the Samuel Kot Ltd. case of 5 September, 1958, S.V. LINARES QUINTANA, *Acción de amparo*, Buenos Aires 1960, p. 25.

(682) See the *Aserradero Clipper SRL* case (1961), J. R. VANOSSI, *Teoría constitucional*, *cit.*, Vol. II, p. 286.

(683) Art. 2,d.

Outon case,[(684)] in an implicit way, decided its inapplicability and accepted the criteria that when considering *amparo* cases, the courts have the power to review the unconstitutionality of legislation, which has been supported by the leading constitutional law authors of the country.[(685)]

Anyway, the acceptance of this means of judicial review of legislation, through the action for protection (*amparo*), could lead to a direct action of unconstitutionality, although of a diffuse character, which differs from the incidental normal character of the constitutional review system, which is commonly exercised as a consequence of an exception raised by a party in a concrete process, whose main objective is not the constitutional question.

On the contrary, in the action of *amparo* when founded on reasons of unconstitutionality of a law on which the concrete act that violates the fundamental right that the petitioners seek to be protected is based the unconstitutionality of the laws becomes a direct issue of the action itself. That is why it has been said that by accepting this feature of the action for protection, the Supreme Court has opened the way to a new direct means of judicial review of constitutionality of legislation.[(686)]

2. The Mexican System of Judicial Review of the Constitutionality of Legislation

Also under the influence of the North American system of judicial review, as described by Alexis De Tocqueville,[(687)] a diffuse system of judicial review was adopted in the Mexican 1847 constitution,[(688)] by assigning to the federal courts the duty to "protect" the rights and freedoms established in the constitution, against any attack from the Legislative and Executive powers either of the Federation or of the states.

Article 25 of the Acts of Reforms of 1847, established:

> The courts of the federation will protect (*ampararán*) any inhabitant of the Republic in the exercise and conservation of the rights granted to him in the constitution and the constitutional laws, against any attack by the Legislative or Executive powers, whether of the Federation or of the states; the said courts being limited to give protection in the particular case to which the process refers, without making any general declaration regarding the statute or the act which brings it about.[(689)]

---

(684) Outon case of 29 March 1967. J. R. VANOSSI, *Teoría constitucional*, *cit.*, Vol. II, p. 288.

(685) G. J. BIDART CAMPOS, *Régimen legal del amparo*, 1969; G. J. BIDART CAMPOS, "El control de constitucionalidad en el juicio de amparo y la arbitrariedad o ilegalidad del acto lesivo", *Jurisprudencia argentina*, 23-4-1969; N. P. SAGÜES, "El juicio de amparo y el planteo de inconstitucionalidad", *Jurisprudencia argentina*, 20-7-1973; J. R. VANOSSI, *Teoría constitucional*, *cit.*, Vol. II, pp.288-292.

(686) J. R. VANOSSI, *Teoría constitucional*, *cit.*, Vol. II, p.291.

(687) *Cf.* R.D. BAKER, *Judicial Review in México. A Study of the Amparo Suit*, Texas 1971, p. 15, 33.

(688) The Constitution of Yucatan of 1841 adopted the institution of *amparo* only in relation to that State. *Cf.* R.D. BAKER, *op. cit.*, p. 17.

(689) See the text in J. CARPIZO, *La Constitución Mexicana de 1917*, México 1979, p. 271; R.D. BAKER, *op. cit.*, p. 23; and H. FIX-ZAMUDIO, "Algunos aspectos comparativos del derecho de amparo en

A similar article was definitively adopted later in the 1857 constitution, which produced, through a very important and special process, a unique jurisdictional institution, known as the *juicio de amparo*, ("trial for protection"), based today on the provisions of the constitutional text published in 1982, following the lines established in the 1917 constitution.

This "trial for protection" although it is the only judicial means which can be used for judicial review of the constitutionality of legislation, does not only have that purpose being a very complex institution which comprises at least five different judicial actions and proceedings which are generally differentiated between in countries with a civil law tradition. That is why before referring to the so called *amparo* against laws, a modality of the trial for protection which could be considered as a particular means of judicial review of the constitutionality of legislation, we will refer to the various aspects comprised in the trial for protection (*amparo*) and its relation to judicial review.

A. The Trial of *Amparo* and the Diffuse System of Judicial Review

The present bases of the trial for *amparo* are established directly in the constitution, which first of all, reserves the proceeding to the jurisdiction of the federal courts. In this respect, article 103 of the constitution states:

> Art. 103. The federal courts shall decide all controversies that arise:
>
> i. Out of law or acts of the authorities that violate individual guarantees;
>
> ii. Because of laws or acts of the federal authority restricting or encroaching on the sovereignty of the states;
>
> iii. Because of laws or acts of State authorities that invade the sphere of federal authority.

Therefore, only the federal courts have the power of judicial review and the trial for *amparo* can only be brought before them.(690)

The basic constitutional provisions related to this trial for *amparo* are established at the beginning of article 107 of the constitution:

> I. A trial for *amparo* shall always be held at the instance of the injured party.
>
> II. The judgment shall always be such that it affects only private individuals being limited to affording them shelter (*ampararlos*) and protection in the special cases to which the complaint refers, without making any general declaration as to the law or act on which the complaint is based.

In accordance with the entire provisions of this article 107 of the constitution, and of the regulations of the *Amparo* Law, the trial for *amparo* originally sought

---

México y Venezuela", *Libro Homenaje a la Memoria de Lorenzo Herrera Mendoza*, Caracas 1970, Vol. II, p. 336. See also H. FIX-ZAMUDIO "A Brief Introduction to the Mexican Writ of Amparo", *California Western International Law Journal*, San Diego 1977, p. 313.

(690) *Cf.* R.D. BAKER, *op. cit.*, p. 91; J.A.C. GRANT, "El control jurisdiccional de la constitucionalidad de las leyes: una contribución de las Americas a la ciencia politica", *Revista de la Facultad de Derecho de México*, Vol. XII, 45, 1962, p. 657.

as a proceeding for the protection of constitutional rights and freedoms, today comprises five different aspects which in most civil law countries correspond to five different judicial proceedings. These five different aspects of the trial for *amparo*, have been systematised by Professor Héctor Fix-Zamudio,[691] as follows:

The first aspect of the trial for *amparo* is the so called *amparo de la libertad* (protection of liberty) in which the *amparo* proceeding functions as a judicial means for the protection of fundamental rights established in the constitution. In this respect the trial for *amparo* could be equivalent to the request for a writ of *habeas corpus* when it seeks the protection of personal liberty, but can also serve as the protection of all other fundamental rights established in articles 1 to 29 when violated by an act of an authority.[692]

The second aspect of the trial of *amparo* is that it also proceeds against judicial decisions[693] when it is alleged that they have incorrectly applied legal provisions, which results in the so called *amparo judicial* or *amparo casación*, that is to say, in a judicial recourse very similar to the recourse of cassation that exists in civil and criminal procedural law in the civil law countries, to control the legality of judicial decisions.

The third aspect of the trial for *amparo* is the so-called *amparo administrativo* through which it is possible to impugn administrative acts that violate the constitution or the statutes.[694] This aspect of the trial for *amparo* results in a means for judicial review of administrative action, equivalent to the French born *contentieux administratif* extended to almost all civil law countries.

The fourth aspect of the trial for *amparo* is the so called *amparo agrario* which is set up for the protection of peasants against acts of the agrarian authorities which could affect their agrarian rights, regulated by the agrarian reform provisions particularly referred to collective rural property.[695]

Finally, the fifth aspect of the trial for *amparo*, is the so called *amparo contra leyes* (*amparo* against laws), which can be used to impugn statutes that violate the constitution, which results in a means of judicial review of the constitutionality of legislation, exercised in a direct way in the absence of any administrative act of enforcement or judicial act of application of the statute considered unconstitutional. This aspect of the trial for *amparo* has been considered as the most specific in constitutional justice aspects.[696]

---

(691) H. FIX-ZAMUDIO, *El juicio de amparo*, México 1964, p. 243, 377; H. FIX-ZAMUDIO, "Reflexiones sobre la naturaleza procesal del amparo", *Revista de la Facultad de Derecho de México*, 56, 1964, p. 980. H. FIX-ZAMUDIO, "Algunos aspectos comparativos del derecho de amparo en México y Venezuela", *loc. cit.*, p. 345; H. FIX-ZAMUDIO, "Lineamientos fundamentales del proceso social agrario en el derecho mexicano" in *Atti della Seconda Assemblea. Istituto di Dirito Agrario Internazionale a Comparato*, Vol I, Milán 1964, p. 402.

(692) *Cf.* R.D. BAKER, *op. cit.*, p. 92.

(693) Art. 107, III, V.

(694) Art. 107, IV.

(695) Art. 107, II.

(696) H. FIX-ZAMUDIO, "Algunos problemas que plantea el amparo contra leyes", *Boletín del Instituto de Derecho Comparado de México*, UNAM, 37, 1960, 15, 20.

In all these five aspects of the trial for *amparo*, this particular means of constitutional judicial protection can be used as a means of judicial review of the constitutionality of legislative acts, in which cases they have the common trends of the diffuse system of judicial review, the fifth aspect of the *amparo* against laws, having additional peculiarities.

In effect, all the four first mentioned aspects of the trial for *amparo* can be used as a means for judicial review of legislation when a constitutional question, having been raised in a particular proceeding, the courts decide the case, based on a statute considered to be unconstitutional. In such cases, the party which alleges being injured in its private rights or interests by the decision, can exercise a recourse of *amparo* against the judicial decision, seeking judicial review of legislation.(697) In these cases, the recourse of *amparo*, being a review of a judicial decision, must be brought before a Collegiate Circuit Court or the Supreme Court of Justice, according to their respective jurisdictions.(698)

In cases of this direct *amparo* brought before the Collegiate Circuit Courts, the constitution confers the power of reviewing them, only when constitutional issues are involved, to the Supreme Court. In particular, the constitution states:

> Decisions, in direct *amparo* rendered by a Collegiate Circuit Court are not revisable unless the decision involves the unconstitutionality of a law or establishes a direct interpretation of a provision of the constitution, in which case it may be taken to the Supreme Court of Justice, limited exclusively to the decision of actual constitutional questions.(699)

Nevertheless, the same constitutional provision states, the Collegiate Circuit Courts decisions in direct *amparo* are not revisable if they are based "on a precedent established by the Supreme Court of Justice as to the constitutionality of a law or the direct interpretation of a provision of the constitution."

Anyway, in all these cases of *amparo*, judicial review of legislation has an incidental character regarding a concrete judicial proceeding in which the constitutional question is raised and which brings about the use of the "recourse" of *amparo*, against the judicial decision which applied the unconstitutional statute.

Judicial review of legislation through the trial for *amparo*, therefore, has the general trends of the diffuse systems of judicial review according to the North American model,(700) even though with a few very important particular features which result from this unique judicial proceeding.

First of all, as we mentioned, the jurisdiction for a trial for *amparo* being reserved to the federal courts, judicial review of the constitutionality of legislation in Mexico is not a power of all courts but attributed only to the federal courts.

---

(697) H. FIX-ZAMUDIO, "Aspectos comparativos del derecho de amparo..." *loc. cit.* p. 358, 359; "Algunos problemas que plantea el amparo...", *loc. cit.*, p. 22, 23.

(698) Art. 107, V,VI. *Cf.* H. FIX-ZAMUDIO, "Algunos problemas que plantea el amparo...", *loc. cit.*, p. 22

(699) Art. 107, IX.

(700) J.A.C. GRANT, *loc. cit.*, p. 657.

Secondly, the *amparo* trial being initiated either through a recourse of *amparo* in its first four aspects or through an action in the fifth aspect of the *amparo* against laws, is always developed against a "public authority", whether it be the judge who has dictated the judicial decision or the administrative authority that has produced the administrative act which are both the object of the recourse of *amparo*; or the legislative authorities that have approved the statute which is the object of the *amparo* against laws action. This aspect reveals another substantial difference between the Mexican system and the general diffuse system, in which the parties in the process in which a constitutional question is raised, continue to be the same.(701)

As we have said, in the first four aspects of the trial for *amparo,* the proceedings are initiated through a recourse of *amparo* normally exercised against a judicial decision, the situation being different in the fifth aspect of the trial for *amparo,* so called *amparo* against laws, in which judicial review of constitutionality of legislation is sought through an "action of unconstitutionality", rather than through a recourse, which action is exercised against the legislative bodies that approved the challenged statute.

B. The *Amparo* against Laws

In effect, as we have said, one of the five aspects of the trial for *amparo* is the so called "*amparo* against laws", whose peculiarity regarding the other aspects of the trial for *amparo* consists in the fact that in this case, it is a proceeding initiated through a direct action brought before a federal district court(702) by a plaintiff, against a particular statute, the defendants, being the supreme organs of "the state" which intervened in the process of formation of the statute, namely, the Congress of the Union, or the state Legislatures which produced it; the President of the Republic or the Governors of the states which enacted it, and the Secretaries of state which countersigned it and ordered its publication.(703) In these cases, the federal district courts decisions are revisable by the Supreme Court of Justice.(704)

The *amparo* against laws, therefore, is a direct action against a statute, the existence of a concrete administrative act or judicial decision for its enactment or its application not being necessary to its exercise.(705) Nevertheless, the constitutional question involved in this action is not an abstract one, and that is why only the statutes that inflict a direct injury on the plaintiff, without the necessity of any other intermediate or subsequent state act, can be the object of this action.(706) Therefore, the object of this action is self-executing statutes, that

(701) *Idem*, p. 657-661.
(702) Art. 107, XII.
(703) H. FIX-ZAMUDIO, "Algunos problemas que plantea el amparo...", *loc. cit*., p. 21.
(704) Art. 107, VIII,a.
(705) *Cf.* R.D. BAKER, *op. cit*., p. 164.
(706) Self-executed Statutes (auto-aplicativas). *Cf.* R.D. BAKER, *op. cit.* p. 167; H. FIX-ZAMUDIO, "Algunos problemas que plantea el amparo...", *loc. cit.* p. 24.

is to say, statutes that with their sole enactment, cause personal and direct prejudice to the plaintiff. That is why, in principle, the action seeking the *amparo* against laws must be brought before the court within 30 days after their enactment. Nevertheless, the action can also be brought before the Court within 15 days after the first act of enactment of the said statute so as to protect the plaintiff's rights to sue.[(707)]

C. The Effects of the Decision on Judicial Review

Regarding the effects of the judicial decision on any of the aspects of the trial for *amparo*, in which judicial review of constitutionality is sought whether in a pure incidental way or through the action to request an "*amparo* against laws", since the institution of the trial for *amparo* in the middle of the last century, the constitution has expressly established that the courts cannot "make any general declaration as to the law or act on which the complaint is based", the judgment affecting "only private individuals" and limited to affording them shelter and protection in a special case to which the complaint refers."[(708)] Therefore, a decision in a "trial for *amparo*" in which judicial review of legislation is accomplished, can only have *inter partes* effects, and can never consist of general declarations with *erga omnes* effects.

Therefore, the courts in their decisions regarding the unconstitutionality of a statute do not annul or repeal it; therefore, the statute remains in the books and can be applied by the courts, the only effect of the declaration of its unconstitutionality being directed to the parties in a concrete process.

On the other hand, it must be said that the decisions of the trials for *amparo*, whether or not referred to judicial review, do not have general binding effects even regarding other courts, and are only obligatory to other courts in cases of established *jurisprudencia,* that is to say, of obligatory precedent. The constitution does not expressly establish when an obligatory precedent exists and refers to the special Organic law of the Constitutional Trial to specify "the terms and cases in which the *jurisprudencia* of the courts of the federal judicial power is binding, as well as the requirements for modifying it."[(709)] According to that Organic law *jurisprudencia* is established by the Supreme Court of Justice or by the Collegiate Circuit Courts when five consecutive decisions to the same effect, uninterrupted by any incompatible rulings are rendered,[(710)] but it can be modified

(707) Art. 21. Amparo Law. *Cf.* H. FIX-ZAMUDIO, "Algunos problemas que plantea el amparo...", *loc. cit.*, p. 32. *Cf.* R.D. BAKER, *op. cit.* p. 171.

(708) Art. 107, II, The principle is named the "Otero formula" due to its inclusion in the 1857 constitution under the influence of Mariano Otero. *Cf.* H, FIX-ZAMUDIO, "Algunos aspectos comparativos del derecho de amparo..." *loc. cit,.* p. 360; and H. FIX-ZAMUDIO, "Algunos problemas que plantea el amparo...", *loc. cit.*, p. 33, 37.

(709) Art. 107, XIII, 1.

(710) Art. 192, 193. See the quotations in R.D. BAKER, *op. cit.*, pp. 256, 257.

when the respective Court pronounces a contradictory judgment with a qualified majority of votes of its members.[(711)]

Nevertheless, as *jurisprudencia* can be established by the federal Collegiate Circuit Courts and by the Supreme Court, contradictory interpretations of the constitution can exist, having binding effects upon the lower courts. In order to resolve these conflicts, the constitution establishes the power of the Supreme Court or of the Collegiate Circuit Court to resolve the conflict, when the contradiction is denounced by the Chambers of the Supreme Court or another Collegiate Circuit Court; by the Attorney General or by any of the parties to the cases in which the *jurisprudencia* was established.[(712)] Anyway the resolution of the contradiction between judicial doctrines, has the sole purpose of determining one single *jurisprudencia* on the matter, and does not affect concrete juridical situations, derived from the contradictory judicial decisions adopted in the respective trials.[(713)]

Finally, regarding the practical effects of the trial for *amparo*, it must be stressed that the constitution establishes a particular preliminary remedy during the trial for *amparo*, which consists of the possible suspension of the application of the contested state act, which in certain aspects is similar to the injunction in the North American system but reduced to an *injunction pendente litis*.[(714)] In this respect, article 107 of the constitution established that:

> Contested acts may be subject to suspension in those cases and under conditions and guarantees specified by law, with respect to which account shall be taken of the nature of the alleged violation, the difficulty or remedying the damages that might be incurred by the aggrieved party by its performance, and the damages that the suspension might cause to third parties and the public interest.[(715)]

As we can see, although having peculiarities that can not be reproduced in any other legal system, the trial for *amparo* remains within its own particular trends, a means for judicial review that follows the features of the diffuse system of judicial review.

IV. THE DIFFUSE SYSTEM OF JUDICIAL REVIEW IN EUROPE AND IN OTHER CIVIL LAW COUNTRIES

The diffuse system of judicial review, apart from the Latin American experiences, has also been followed in other civil law countries, particularly in Europe (in Greece and in some Scandinavian countries) and in Japan. Other European countries with a civil law tradition have also adopted the diffuse system

(711) Art. 194. See the quotations in R.D. BAKER, *op. cit.* p. 263.
(712) Art. 107, XIII. See the comments, in R.D. BAKER, *op. cit.*, p. 264.
(713) Art. 107, XIII. See the comments in J.A.C. GRANT, *loc. cit.* p. 662.
(714) J.A.C. GRANT, *loc. cit.*, p. 652, note 33.
(715) Art. 107, X.

of judicial review, but mixing its features with elements of the concentrated systems, as is the case of Portugal and Switzerland, which we will analyse when studying the mixed systems of judicial review.

1. The Diffuse System of Judicial Review in Greece

In effect, after its establishment in the United States, and additional to the Latin American experiences, the diffuse system of judicial review was also followed in Greece, whose system has been considered to be "very similar to the United States' system of judicial review."(716)

A. General Trends

Based on the principle of the supremacy of the constitution, and on the rigid character of the 1844 and 1864 constitutions, the notion of judicial review was originally formulated by the Supreme Court of Greece in 1847, with limited scope, as the power of all courts to examine in a concrete litigation between parties, whether legislative act "bears all the forms that are necessary, according to the constitution, for the establishment of a legislative decision",(717) thus reduced to the formal constitutionality of statutes. In the same decision, the Court excluded the courts' judicial review power to examine the substantive constitutionality of statutes by stating that its jurisdiction did not include the examination of "the contents of the legislative decision, because it cannot be assumed that the Power, which represents the sovereignty of the state, is acting unlawfully."(718) Later, in 1871 and 1879, the Supreme Court reversed its opinion regarding the limited scope of judicial review and considered that judicial review could refer to a statute when it "is in evident contradiction with a superior provision of the constitution" in which case "the court has the power not to apply it in the case that the court is hearing."(719)

The first constitution which expressly established judicial review powers of all courts was the 1927 constitution, in which article 5 was amended to include an interpretative clause, which in the Greek constitutional system has the same legal force as constitutional provisions, in which it was stated that "the true sense" of the provision which declares that the "judicial Power is vested in independent courts subject only to the law."(720)

---

(716) E. SPILIOTOPOULOS, "Judicial Review of Legislative Acts in Greece", *Temple Law Quarterly*, 56 (2), Philadelphia 1983, p. 57.

(717) Judgment n° 198 (1847), quoted in E. SPILIOTOPOULOS, *loc. cit.*, p. 471.

(718) *Idem*, p. 471.

(719) Judgments n° 18 (1871) and n° 23 (1897), quoted by E. SPILIOTOPOULOS, *loc. cit.*, p. 472.

(720) Art. 5.

> Is that the courts have the duty not to apply statutes, the contents of which are contrary to the constitution.[721]

This express constitutional norm concerning judicial review, even though eliminated from the constitution after 1935, and in accordance with the previous judge-made principle continued to be applied by the Supreme Court and the Council of state as a matter of "supplementary custom" of the constitution.[722] As Professor Epaminondas Spiliotopoulos said:

> On the basis of this judge-made law, and in the absence of the express constitutional provisions that had previously existed in the 1927 constitution, scholars of public law supported the theory that the power of the courts to review the constitutionality of statutes and to deny applications of those statutory provisions they considered unconstitutional derived from a supplementary custom of the constitution.[723]

The constitution of 29 September 1968, published by the military dictatorship, and even though without real enforcement particularly on the grounds of judicial review, re-established its constitutional basis by stating in article 118, that

> The courts have the duty not to apply provisions of statutes, legislative decrees and rules, which have been enacted in breach of the constitution or are contrary to its contents.[724]

This principle was also established later in the present 1975 constitution, in which it is stated that "The courts shall be bound not to apply laws, the contents of which are contrary to the constitution."[725] Along the same line of principles, article 87 of the constitution states:

> Judges shall in the discharge of their duties be subject only to the constitution and the laws; in no case whatsoever shall they be obliged to comply with provisions enacted in abolition of the constitution.[726]

Thus, judicial review of legislation in the Greek constitutional system is an express constitutional duty and power of all judges, that can be exercised as in all the diffuse systems of judicial review, only when the courts decide upon a concrete case in which the challenged statute applies.

Nevertheless, contrary to the general rule in the common law countries, in which the constitutional question must always be raised by a party in the proceeding, in the Greek system, judicial review is a real duty and the courts can on their own and without party requirements, review the constitutionality of legislation. In this respect, as we have seen, the Greek system of judicial review follows the strict logic of the diffuse system, as is the case in Venezuela, but not the general pattern of the common law world.[727] Therefore, in Greece, the courts

---

(721) See in E. SPILIOTOPOULOS, *loc. cit.*, p. 472, note 43.
(722) *Cf. Idem*, 470, note 30 and p. 474.
(723) *Idem*, p. 475.
(724) See in *Información Jurídica*, 300, Madrid 1969, p. 103.
(725) Art. 93, 4.
(726) Art. 87, 3.
(727) *Cf.* B.O. NWABUEZE, *Judicial Control of Legislative Action and its Legitimacy. Recent Developments*. IALS, Uppsala Colloquium, 1984, (mimeo), p. 3; also published in L. FAVOREU and J.A.

can proceed with the review *ex officio*, without a specific request being submitted by the litigants challenging the constitutionality of a statute. Of course, if such a request is presented, and this can only be by a party with personal interests in the matter, the court must examine the constitutional issue. But Professor Spiliotopoulos has said,

> In the absence of a specific request, the court may itself raise the questions when a doubt regarding the constitutionality of such a statute or provision arises during the adjudication of the case.[(728)]

Finally it must be said that in accordance with the general trends of the diffuse system of judicial review, the contents of the decisions of the courts according to the constitution is not to apply the unconstitutional statue, which is considered as null and void, hence, with no effect whatsoever regarding the concrete case. That is why, for instance, if the act held unconstitutional had abrogated or amended a previous statutory provisions, the Council of state has considered that the abrogation or amendment never took place, and has applied the previous provision as if it were effective and unammended.[729)]

Therefore, the unconstitutional statute is not annulled by the courts, but only declared null and void, the decision having only *inter partes* effects. Furthermore, the courts' decisions upon constitutional questions are not binding regarding the same or another court in other cases where the same statutory provision may be challenged. Thus the *stare decisis* doctrine does not apply in the Greek system, and if the decisions of the Supreme Court or of the Council of state are followed by the inferior courts of the judiciary, it is due to practical reasons derived from the factual influence of the Supreme courts.[(730)]

B. Constitutional Justice and Conflicting Judicial Review Adjudications: the Special Highest Court

The diffuse system of judicial review in Greece, though very similar to the one developed in the United States of America, has a substantial differential element within it, derived from the particular organisation of the Greek judiciary.

In effect, the basic judicial bodies in Greece are organised in two fundamental and separate branches, with some similarities to the French model: a civil and criminal judiciary with a Supreme Court at its apex, and an administrative judiciary with a council of state at its apex.[(731)] Therefore there are two supreme judicial bodies with final appellate jurisdiction in the ordinary civil and criminal

---

JOLOWICZ, *Le contrôle juridictionnel des lois. Légitimité, effectivité et développements récents*, Paris 1986, pp. 193-222.

(728) E. SPILIOTOPOULOS, *loc. cit*, p. 479.

(729) See judgment n° 2241 (1953), quoted by E. SPILIOTOPOULOS, *loc. cit.*, pp. 485, 123.

(730) *Cf.* E. SPILIOTOPOULOS, *loc. cit.*, p. 486.

(731) Art. 93-97, 1975 constitution. *Cf.* E. SPILIOTOPOULOS, *loc. cit.*, pp. 475-477, The Council of State although originally created in 1835, it initiated its functioning in 1929. *Cf.* E. SPILIOTOPOULOS, *loc. cit.*, p. 472, note 45.

jurisdiction or in the administrative jurisdiction. Additionally the constitution establishes a third separate branch of the judicial power attributed to the Comptrollers Council, mainly concerned with public audit and financial matters.[732]

All the courts of the three branches of the judicial powers have the power of judicial review, and therefore, it can happen that the Supreme Court, in civil or criminal case, the Council of state, in administrative cases, or the Comptrollers Council, in audit matters, may render contradictory and conflicting judgments on constitutional issues, which could produce legal uncertainty.

To resolve possible conflicting decisions on constitutional matters between these judicial organisations, the 1968 constitution established a Constitutional Court,[733] which the 1975 constitution transformed into a Special Highest Court. The jurisdiction of this Special Highest Court has approximated the Greek system of judicial review to the mixed systems[734] but owing to its peculiar character due to the existence of three separate judicial organisations, its functions are rather a corrective effort regarding the inconsistencies that the diffuse system may cause in the three branches of the judiciary.

This Special Highest Court, according to article 100, has jurisdiction not only over constitutional aspects, bur also over electoral matters and the settlement of controversies related to the designation of rules on international law.[735] Furthermore, it acts as a jurisdictional conflict court like the French Tribunal of Conflicts;[736] but basically it acts as the final resort court for the settlement of controversies on constitutional matters between the supreme courts of the Judicial Power. In this respect, the constitution gives jurisdiction to this Special Highest Court, for the

> Settlement of controversies on whether a law enacted by Parliament is fundamentally unconstitutional, or on the interpretation of provisions of such law when conflicting judgments have been pronounced by the Council of State, the Supreme Court of the Comptrollers Council.[737]

This Special Highest Court is composed of the president of the Council of state, the president of the Supreme Court and the President of the Comptrollers Council, four Councilors of state and four members of the Supreme Court and when acting in the settlement of controversy on constitutional matters, its composition shall be expanded to include two ordinary law professors of the law schools of the country.[738]

---

(732) Art. 98-99.

(733) Art. 106. See in *Información Jurídica, cit.* p. 99-100. *Cf.* the comments regarding this Tribunal in H. FIX-ZAMUDIO, *Los Tribunales constitucionales y los derechos humanos*, UNAM, México 1980, pp. 160-161.

(734) *Cf.* H. FIX-ZAMUDIO, *op. cit.*, p. 162.

(735) Art. 100, 1, a,b,c,f.

(736) Art. 100,1,d.

(737) Art. 100,1,e.

(738) Art. 100,2.

According to the special law or statute no. 345 of 1978, which regulates the procedure to be followed by the Special Highest Court to settle controversies, a "controversy" arises when one of the supreme courts, when examining the constitutionality of a statute involved in the case, forms an opinion contrary to an opinion already expressed by another supreme court covering the same statute.(739) In that case, the controversy may be submitted to the Special Highest Court, in two ways incidental or principal.

The first means of an incidental character allows the supreme court whose opinion created the controversy to refer a preliminary judgment concerning the question of constitutionality, directly to the Special Highest Court, the final adjudication of the case being postponed. The second means of a principal character can be exercised when the Supreme Court concerned does not postpone its final adjudication and renders it, and the question can be brought before the Special Highest Court through a petition by the Minister of Justice, the Public Prosecutor of the Supreme Court, the state Commissioner to the Comptroller's Council, and the state Commissioner to the Administrative Justice; and also, by any person who has a legally protected interest including the party who has lost the case.(740)

The Special Highest Court examines only the question of constitutionality referred or submitted to it, and the decision rendered on the matter has *erga omnes* effects.(741) According to Article 100, of the constitution, "provisions of law declared unconstitutional shall be invalid as of the date of publication of the respective judgment, or as of the date specified by the ruling." Therefore, the decision of the Special Highest Court in principle, annuls the unconstitutional act, with *ex nunc*, prospective effects, but the Special Highest Court can give its decision retroactive effects.(742)

Consequently, if after the Special Highest Court decision, a lower court renders a decision with respect to the constitutionality of a statute contrary to the opinion of the Special Highest Court, the litigants have the right to make an appeal, and if the said decision is adopted by one of the Supreme Courts, the parties have the right to submit a petition for a new hearing.(743)

However concerning the case in which the constitutional question was raised, the immediate effects of the Special Highest Court decision are different regarding the incidental or principal characters of the proceeding. If the proceeding was an incidental one and the final adjudication was postponed in a supreme court, after the judgment of the Special Highest Court is pronounced, the Supreme Court must continue its proceeding consistent with the Special Highest Court ruling.

---

(739) Art. 48, 2 quoted in E. SPILIOTOPOULOS, *loc. cit.*, p. 497.
(740) *Cf.* E. SPILIOTOPOULOS, *loc. cit.*, p. 497.
(741) Art. 51, Statute 345. quoted in E. SPILIOTOPOULOS, *loc. cit.*, p. 498, note 199.
(742) E. SPILIOTOPOULOS, *loc. cit.*, p. 500.
(743) Art. 51, statute 345. quoted in E. SPILIOTOPOULOS, *loc. cit.*, p. 499.

But if the proceeding before the Special Highest Court was a principal one, and the supreme court concerned pronounced a final judgment prior to the Special Highest Court decision, instead of postponing it, that decision does not automatically have effect upon the Supreme Court final adjudication. Its results are that the litigants have the right within ninety days from the date on which the judgment of the Special Highest Court is pronounced to submit a special petition and demand a new hearing of the case by the Supreme Court, which then must apply the Special Highest Court ruling.[(744)]

Thus, in spite of the existence of this Special Highest Court to settle conflicting decisions on constitutional issues, and of the effects of its decision, it can be, considered that the general trends of the diffuse system of judicial review continue to prevail in the Greek system.

2. Judicial Review in Some of the Scandinavian Countries.

The other European countries with a diffuse system of judicial review are some of the Nordic or Scandinavian Countries, all of which have a parliamentary system of government and a unitarian form of the state. In particular in Sweden, Norway, Denmark and Iceland, a diffuse system of judicial review of legislation can be identified,[(745)] with the general trends of the North American model.[(746)]

In Finland, even though the general legal opinion is that no judicial review of legislation is accepted, and that there are no cases in which a court has questioned the constitutionality of an act of Parliament, the constitutional basis for judicial review is established although not regarding acts of Parliament, but inferior regulations.

According to Art. 92 of the Finnish constitution act of 1919, "if a provision in a decree is contrary to a constitutional or other law, it shall not be applied by a judge or other official."[(747)]Commenting on this article, Mikael Hiden, said: "any official or authority is empowered, and is duty bound, not to apply any legal provision below the level of acts of Parliament if he or it deems the provision to be contrary to the constitution or any act of Parliament."[(748)] Nevertheless, Hiden said, according to predominant legal opinion and due to the absence of courts decisions, it can be accepted that "the Finnish system does not recognise the judicial review of legislation in the most significant meaning of that expression, i.e. as exercised by courts in applying the law in a litigation";[(749)] instead, a

(744) *Idem.*

(745) *Cf.* E. SMITH, *Contrôle juridictionnel de la législation et sa légitimité. Développements récents dans les cinq pays scandinaves*, AISJ, Colloque Uppsala, 1984, (mimeo), pp. 2, 3, 4, 7, 50, 74. Also published in L. FAVOREU and J.A. JOLOWICZ, (ed.), *Le contrôle juridictionnel des lois..., cit.*, pp. 225-282.

(746) *Idem, doc. cit.*, p. 12.

(747) See in M. HIDEN, "Constitutional Rights in the Legislative Process: the Finnish System of Advance Control of Legislation" *Scandinavian Studies in Law*, 17, Stockholm 1973, p. 97.

(748) *Idem*, p. 97, 98.

(749) *Ibidem*, p. 98. *Cf.* E. SMITH, *doc.cit.*, p. 12.

system of control of legislation only exists prior to its enactment, during the legislative process, in which judicial bodies can intervene. In effect, the President of the Republic can request opinion on a bill before presenting it to Parliament, either from the Supreme Court or the Supreme Administrative Court or from both.(750) In fact, this is a form of "pre Parliamentary" control, and the decision of the courts in these cases is merely an "advisory opinion." Nevertheless, this form of preventive control of the constitutionality of legislation, added to the political control developed over bills in Parliament, seems to occupy an important place in the system.(751)

It must also be stressed that in Sweden there is also a preventive system of judicial review of bills. In this respect Article 8:18 of the constitution creates a "Council of the Laws" which is formed by members of the two highest courts of the Country (Supreme Court and Supreme Administrative Court), which is in charge of giving advice, among other things, on the relations between a bill and the Constitutional text, at the request of the Government and of Parliament.(752) This control, it must be said, only refers to bills drafted by the Government, and consequently cannot be exercised regarding the laws finally adopted by Parliament, and in no case is the advisory opinion of the Council obligatory either fox the Government or for Parliament.(753) That is why it has not been considered in the strictest sense as a judicial review control.(754)

Now, excluding Finland, in the other Scandinavian countries, as we have said, a system of judicial control of the constitutionality of legislation is accepted, even though with a very different longevity, beginning with Norway from 1890; and finishing with Sweden from 1960.(755)

The common fundamental trends of the judicial control of the constitutionality of legislation in the four Nordic countries, following the general features of the North American system of judicial review, have been summarised by Professor Eivind Smith, as follows:

First, the power of judicial review is attributed to all judges. Thus, there are not specialised judicial organs in charge of this control.

Second, constitutional questions must be raised in cases or controversies in ordinary civil criminal or administrative litigation, by a party having personal interests to do so.

Third, the constitutional issue raised in a particular process must only be decided upon if it is unavoidable for the resolution of the concrete case, and the judge has a certain criteria concerning the unconstitutionality of the act, which would depend on the degree of precision of the constitution.

---

(750) M. HIDEN, *loc. cit.*, p. 106.
(751) E. SMITH, *doc. cit.*, p. 12.
(752) See in E. SMITH, *op. cit.*, pp. 12, 20.
(753) E. SMITH, *doc. cit.*, p. 20.
(754) *Idem*, p. 20.
(755) *Idem*, pp. 7-8.

Fourth, because constitutional questions must be considered in accordance with the normal procedural rules, the effects of the judicial decision on the matter, only applies to the parties in the process. The judges do not annul the laws but only limit their decisions to not applying the unconstitutional act to the concrete case, without *erga omes* effects.[756]

It has been in Sweden where the power of the courts to control the constitutionality of legislation, has been more recently recognised in the 1974 constitution.

In article 11:14 it states:

> When a (judicial or administrative) court finds a (legislative or executive) disposition contrary to the constitution or to other superior rules, or when it finds that the proceeding rules have not been observed in an essential point during the process of elaboration of the above mentioned disposition, it will be inapplicable.[757]

Even though this article, as written down could lead to the admissibility of *ex officio* powers of the courts to declare an unconstitutional statute inapplicable, in practice, the incidental character of the system where only a party can raise the constitutional issue in a particular process, is accepted.[758]

Anyway, although article 11:14 establishes a very broad system for judicial review, it must be stressed that the same article establishes a substantial restriction to the power conferred upon the judges to control the unconstitutionality of Acts of Parliament, when establishing that when the disposition whose unconstitutionality has been raised is adopted by Parliament or by the Government, the inapplicability can only be pronounced when the on record error is a "manifest" one.[759] Thus the determination of the manifest errors by the courts is an important restraint upon their control power vis-à-vis the political organs of the state.

Finally, we must also say that in Norway, where Professor Cappelletti and Adams found "at least in theory the most comprehensive power of judicial review found anywhere",[760] additional to the power of all courts to declare incidentally on the settlement of a specific case, the invalidity of statutes contrary to the constitution, the Supreme Court of the country can also be requested by Parliament to give advisory opinions on the constitutionality of Statutes.

3. The Diffuse System of Judicial Review in Japan

But outside the European and Latin American continents, a diffuse system of judicial review can also be identified in the Japanese Constitutional system. In

(756) *Idem*, p. 10-12, 62, 67, 74.
(757) See in E. SMITH, *doc. cit.*, p. 16.
(758) E. SMITH, *doc.cit.*, p. 18.
(759) See in E. SMITH, *doc.cit.*, pp. 17, 22.
(760) M. CAPPELLETTI and J.C. ADAMS, "Judicial Review of Legislation: European Antecedents and Adaptations", *Harvard Law Review*, 79, (6), 1966, p. 1217

effect, contrary to the tradition of the legal system of the country,[(761)] the 1946 constitution of Japan, drafted under overwhelming American influence,[(762)] established the basis of the diffuse system of judicial review in the country, regulated in only one Constitutional article, which states the following:

> Art. 81: The Supreme Court is the court of last resort with power to determine the constitutionality of any law, order, regulation or official act.[(763)]

In spite of the ambiguity of the text, and of the absence of any statutory regulation regarding its content[(764)] the Supreme Court has considered that the courts review power provided for in the constitution, "has been developed through interpretation of the American constitution."[(765)] Thus the system has developed as a diffuse judicial review system, in which no direct or abstract action can be brought before the Supreme Court to challenge a statute. This was expressly resolved by the Supreme Court in a 1952 decision involving an action brought directly before the Court by the Chairman of one of the main political parties for the declaration of unconstitutionality of a National Police Force. The Court dismissed the action and held that the judicial review power is part of the ordinary judicial power and its exercise is conditioned by the existence of a concrete case of litigation that must be started in an appropriate lower court.[(766)]

Therefore, the Japanese judicial review system follows the theory of the diffuse system of judicial review as developed in the United States of America. Hence, judicial review is a power of all courts exercised within their own jurisdiction, the Supreme Court being at the apex of the judiciary.

The constitutional questions therefore, can only be raised in a particular case or controversy between actual parties, in which the challenged state act directly affects the legal relationship between those parties.[(767)] The object of control can be "any law, order, regulation or official act", which includes of course, any normative state act. Discussions have been held regarding the reviewability of international treaties and although there has not been any decision by the Supreme Court considering the unconstitutionality of a treaty, the court has not excluded, in principle, its power to declare its unconstitutionality. In the *Sunagawa* case (1959), when dealing with the Japan-US Security Treaty it is understood that the Court took the position that Treaties are also subject to

---

(761) *Cf.* Y. TANIGUCHI, *Judicial Control of Legislation and its Legitimacy in Japan*, IALS, Uppsala Colloquium 1984 (mimeo), p. 2. Also published in L. FAVOREU and J.A. JOLOWICZ (ed.), *Le contrôle juridictionnel des lois..., cit.*, pp. 175-190.

(762) *Cf.* Y TANIGUCHI, *doc. cit.*, p. 7,3; Y. HIGUCHI, "Evolution récente du contrôle de la constituionnalité sous la Constitution japonaise de 1946", *Revue internationale de droit comparé*, 31, (1), Paris 1979, p. 22; T. FUKASE and Y. HIGUCHI, *Le constitutionnalisme et ses problèmes ou Japon. Une approche comparative*, Paris 1984, p. 28; J.D. WHYTE, *Judicial Review of Legislation and its Legitimacy: Developments in the Common Law* World, IALS, Uppsala Colloquium 1984 (mimeo), p. 61. Also published in L. FAVOREU and J.A. JOLOWICZ, *Le contrôle juridictionnel des lois..., cit.*, pp. 155-174.

(763) See in Y. TANIGUCHI, *doc.cit.*, p. 2; J.D. WHYTE, *doc. cit.*, p. 62.

(764) T. FUKASE and Y. HIGUCHI, *op.cit.*, p. 298.

(765) Grand Bench, July 8, 1948: Keishu 2-8-801 quoted by Y. TANIGUCHI, *doc.cit.*, p. 2, note 3.

(766) Y. TANIGUCHI, *doc. cit.*, p. 3.

(767) J.D. WHYTE, *doc.cit.*, p. 64

judicial review, although the Court abstained from deciding upon the unconstitutionality of that Treaty, on the grounds of considering the issue "highly political" and in which "the unconstitutionality did not reveal itself in a clear and evident way."[(768)]

This position of the Courts lead not only to the "political questions" doctrine/ but to the rule of the presumption of constitutionality of Statutes, which means that a Constitutional issue must only be decided when unavoidable for the resolution of the case, and when there is no other way of interpreting the Statute to avoid its unconstitutionality.[(769)]

Regarding the effects of the decisions adopted in judicial review, the principle of the nullity of unconstitutional state acts is accepted. Consequently, the Courts decisions do not annul the unconstitutional act, only declare its inapplicability to the concrete case, and with *inter partes* effects.[(770)] Discussions have taken place regarding the retroactive effects of the decision,[(771)] but bearing in mind the wide acceptance by the Supreme Court of deciding upon the unconstitutionality of statutory provisions no longer in force,[(772)] the retroactive effects of the decision, in principle, are evident.

The role of the Supreme Court of Japan regarding judicial review, contrary to the American Supreme Court, has been considered as passive, in the sense that in the 40 years of enforcement of the constitution, the Supreme Court has only held statutes unconstitutional in three cases, decided between 1933 and 1976.[(773)] Before 1973, the active character of judicial review referred mainly to statutory provisions no longer in force [(774)] or to the affirmation of the constitutionality of challenged statutes,[(775)] and it was only after 1973 that the Supreme Court declared the unconstitutionality of a few statutory provisions. First, of an article of the Penal code concerning parricide which prescribed a more severe penalty for murder of a close relative than for ordinary homicide as violating the equality under the law clause.[(776)] Later, in 1975, the Supreme Court declared the unconstitutionality of a provision of the pharmaceutical affairs act which prescribed that a newly opened pharmacy had to be not less than a certain distance from an existing one, as violating the freedom to choose one's

(768) T. FUKASE and Y. HIGUCHI, *op. cit.*, p. 299; Y. TANIGUCHI, *doc. cit.*, p. 9.

(769) Y. TANIGUCHI, *doc. cit.*, p. 14; T. FUKASE and Y. HIGUCHI, *op. cit.*, p. 299.

(770) Y. TANIGUCHI, *doc. cit.*, p. 16; T. FUKASE and Y. HIGUCHI, *op. cit.*, p. 299.

(771) Y. TANIGUCHI, *doc. cit.*, pp. 16-17.

(772) Y. TANIGUCHI, *doc. cit.*, p. 11.

(773) *Cf.* Y. HIGUCHI, *loc. cit.*, pp. 22, 31; T. FUKASE and Y. HIGUCHI, *op. cit.*, pp. 300, 307; Y. TANIGUCHI, *doc. cit.*, p. 17; J.D. WHITE, *doc. cit.*, p. 64.

(774) Y. TANIGUCHI, *doc. cit.*, p. 11.

(775) Y. TANIGUCHI, *doc. cit.*, p. 14; T. FUKASE and Y. HIGUCHI, *doc. cit.*, p. 301

(776) *Aizawa v. Japan* 27 Sai-han Keishu 256 (1973); Grand Bench, April 4, 1973, Keishu 27-3-265 quoted in J.D. WHYTE, *doc. cit.*, p. 64; Y. TANIGUCHI, *doc. cit.*, p. 10, note 16; Y. HIGUCHI, *loc. cit.*, p. 31.32; T. FUKASE and Y. HIGUCHI, *op. cit.*, p. 308.

occupation.(777) Finally, in 1976, the Supreme Court declared unconstitutional a provision of the Public Office Election Law fixing the electorate for each election district, as violating the equality under the law clause as a consequence of the inequalities derived from the movement of population into the cities.(778)

After this judicial activism of the Supreme Court, developed between 1973 and 1976, over recent years there have been no new decisions by the Court declaring the unconstitutionality of Statues. This has been interpreted as a return to the previous doctrine of the "interpretation of laws according with the constitution" developed in the sixties.(779)

Finally it must be said that the doctrine of *stare decisis* is not accepted in Japan.(780) Thus the inferior courts are not legally bound by the decisions of higher courts, particularly by the decisions of the Supreme Court which refers only to the concrete case in which they are pronounced. Nevertheless, the authority of the Supreme Court produces de facto binding effects of its decisions upon the inferior courts.(781)

On the other hand, the Supreme Court is not bound bay its own decisions, and has the power to override its previous decisions even on constitutional matters. This happened precisely in the Patricide case (1933) in which the Court overrode a previous 1950 decision in which it considered the constitutionality of Article 200 of the Penal Code which established the aggravation of the penalty for the parricide.(782)

V. SOME ASPECTS OF THE DIFFUSE SYSTEM OF JUDICIAL REVIEW IN COMMONWEALTH COUNTRIES.

Even though followed in various civil law countries as we have seen, the diffuse system of judicial review of the constitutionality of legislation can nevertheless be considered a common trend in common law countries with written constitutions, which are the overwhelming majority. As we have seen, in civil law countries, the diffuse system of judicial review, in its classical features, is a rare institution to be found only in a few countries in Latin America and in Europe, and in other civil law countries like Japan. In most of the civil law countries, which have adopted the diffuse system of judicial review, in fact, it has

(777) *K.K. Sumiyoshi v. Governor of Hiroshima Prefecture*, 665 Saibansho Jiho 1 (1975); Grand Bench, April 30, 1975 Minshu 29-4-572 quoted in J.D. WHYTE, *doc. cit.*, p. 65; Y. TANIGUCHI, *doc. cit.*, p. 10, note 17; Y. HIGUCHI, *loc. cit.*, p. 32; T. FUKASE and Y. HIGUCHI, *op. cit.*, pp. 308-309.

(778) *Kurokawa v. Chiba Prefecture Election Commission*, 30, Sai-han Minshu 223 (1976), Grand Bench, April 14, 1976, Minshu 30-3-223, quoted in J.D. WHYTE, *doc. cit.*, p. 65; Y. TANIGUCHI, *doc. cit*, p. 11 note 19; Y. HIGUCHI, *loc. cit.*, pp. 32-33; T. FUKASE and Y. HIGUCHI, *op. cit.*, pp. 309-310.

(779) Y. HIGUCHI, *loc. cit.*, p. 33; T. FUKASE and Y. HIGUCHI, *op. cit.*, p. 310.

(780) J.D. WHYTEP, *doc. cit.* p. 63.

(781) T. FUKASE and Y. HIGUCHI, *op. cit.*, 299.

(782) Y. HIGUCHI, *loc. cit.*, pp. 31-32.

not remained in its pure and classical form, but has normally been mixed with trends of the concentrated system of judicial review. Therefore, it is in the common law world in which the diffuse system of judicial review has expanded.

In particular, and contrary to the situation of the United Kingdom constitutional system, the diffuse system of judicial review, is a common constitutional trend in almost all the commonwealth countries, formerly part of the British Empire. Thus, the majority of these countries have adopted a radically different principle for their constitutional system to the one, which prevails in the United Kingdom, where no judicial review of legislation is accepted.

In the establishment of this different constitutional system in the commonwealth countries, although due to various factors, the United Kingdom has nevertheless played, paradoxically, an important role.

In effect, it must firstly be said that all the commonwealth countries, with the single exception of New Zealand[(783)] have written constitutions and, in general, entrenched declarations of fundamental rights. Particularly during the processes of independence of the commonwealth countries developed during this century, or in the process of reshaping its constitutional system, as was the case of Canada in 1982, it is evident that the Westminster Parliament played a fundamental role in the drafting or establishing of the respective constitutional rules of the countries and in promoting the formal and entrenched declarations of fundamental rights.[(784)] Thus, written constitutions, considered as the supreme law of the land in each of the commonwealth countries, with entrenched declarations of fundamental rights, presupposed the establishment of limits upon state powers, and particularly, upon legislative power.

Consequently, the principle of the sovereignty of Parliament, considered as a constitutional law "curiosity"[(785)] peculiar to the British constitutional systems, is not followed in most commonwealth countries,[(786)] in which Parliament is submitted to constitutional restraint as are all other state powers. The constitution, therefore, is considered the supreme law of the land, and consequently, any state act contrary to its dispositions, is considered null and void. For instance, this is expressly stated in the constitutions of the West Indian countries,[(787)] and of Nigeria in which it is declared that "if any law is inconsistent with the provisions of this constitution, this constitution shall prevail and that other law shall, to the

---

(783) *Cf.* J.D. WHYTE, *Judicial Review of Legislation and its Legitimacy: Developments in the Common Law World*, International Association of Legal Sciences, Uppsala Colloquium 1984, (mimeo), p. 89; Also published in L. FAVOREU and J.A. JOLOWICZ (ed.), *Le contrôle juridictionnel des lois. Légitimité, effectivité et developments récents*, Paris 1986, pp. 155-174. M. ZANDER, *A Bill of Rights?*, London 1985, p. 30.

(784) A. LESTER, "Fundamental Rights: the United Kingdom Isolated?," *Public Law*, 1984, pp. 56-57; J.D. WHYTE, *doc. cit.*, pp. 96-97.

(785) S.O. GYANDOH Jr., "Interaction of the Judicial and Legislative Process in Ghana since Independence", *Temple Law Quaterly*, 56, 2, Philadelphia 1983, p. 354.

(786) *Cf.* A.R. CARNEGIE, "Judicial Review of Legislation in the West Indian Constitutions", *Public Law*, London 1971, p. 276; Ch. OKPALUBA, "Challenging the Constitutionality of Legislative Enactment in Nigeria: the Factor of Locus Standi", *Public Law*, London 1982, p. 110; S.A. GYANDOH, Jr., *loc. cit.*, 351; E. MCWHINNEY, *Judicial Review*, Toronto 1969, p. 7.

(787) A.R. CARNEGIE, *loc. cit.*, p. 276; J.D. WHYTE, *doc. cit.*, p. 32

extent of the inconsistency be Void."[788] Also, concerning fundamental rights, the Indian constitution states that "the state shall not make any law which takes away or abridges the rights conferred by this Part (Part III, Fundamental Rights) and any law made in contravention of this clause shall, to the extent of the contravention, be void."[789] Thus the doctrine of parliamentary sovereignty has been substituted in the commonwealth countries by the principle of constitutional supremacy, even though discussions have arisen in some countries regarding the British model. For instance, S.N. Ray, said of the Indian constitutional system,

> The framers of the Indian constitution were inclined in favour of the British principle of Parliamentary supremacy, but although they adopted the English model of Parliamentary government and made Parliament the focus of political power in the county and the dominant machinery to realise the goal of social revolution, they did not make it a sovereign legislature in the same sense and to the same extent as the British Parliament was sovereign. They placed as much supremacy in the hands of the legislature as was possible within the bounds of a written constitution with a federal distribution of powers and a bill of rights. In its turn, the judiciary has been assigned a superior position in relation to the legislature but only in certain respects. The constitution endows the judiciary with the power of declaring a law as unconstitutional if that is beyond the competence of the legislature according to the distribution of powers provided by the constitution, or if that is in contravention of the Fundamental Rights guaranteed by the constitution.[790]

This Indian dilemma between Parliamentary Supremacy and judicial review was explained in an adequate way in the well known *A.K. Goplan v. State of Madras* case (1950) in which it was stated:

> In India the position of the judiciary is somewhere in between the Courts in England and the United States. While in the main leaving our Parliament and the state Legislatures supreme in their respective legislative fields, our constitution has, by some of the articles put upon the Legislature certain specified limitations.... in so far as there is any limitation on the legislative power, the Court must on a complaint being made to it, scrutinise and a ascertain whether such limitation has been transgressed and if there has been any transgression the Court will courageously declare the law unconstitutional, for the Court is bound by its oath to uphold the constitution.... Our constitution, unlike the English constitution, recognises the Courts supremacy over the legislative authority ... confined to the field where the legislative power is circumscribed by limitations put upon it by the constitution itself... But our constitution, unlike the American constitution, does not recognise the absolute supremacy of the Court over the legislative authority in all respects, for outside the restricted field of constitutional limitations our Parliament and the state Legislatures are supreme in their respective legislative fields and in that wider field there is no scope for the Court in India to play the role of the Supreme Court of the United States.[791]

---

(788) Ch. OKPALUBA, *loc .cit.*, p. 110.

(789) See in S.N. RAY, *Judicial Review and Fundamental Rights*, Calcuta 1974, p. 270.

(790) *Idem*, pp. 69-70.

(791) AIR 1950 SC 27; 1950 SCR 88 at 286-87, 288-90, quoted in S.N. RAY, *op. cit.*, p. 72-73. See the comments in pp. 259-268.

Anyway, what is definitive in the Commonwealth Countries is that written Constitutions impose certain limits upon the legislature, particularly in relation to fundamental rights and to the vertical distribution of state powers, especially through the federal form of state which has contributed to the adoption of judicial review.(792)

However, even within the principle of parliamentary supremacy in the constitutional system of the United Kingdom, it must be also noted that the practice of judicial review regarding the former colonies and some commonwealth countries has also been a legacy of the United Kingdom constitutional system, because of the role played by the Privy Council as the final appellate Tribunal for the overseas Empire, particularly when exercising judicial review of the Constitutions of the self governing members of the Commonwealth and the concomitant power to strike down as invalid, those laws passed by the Parliament, of those countries contrary to the rules of the Imperial Parliament.(793) As Edward McWhinney pointed out:

> The Privy Council was the highest appellate tribunal of the old British Colonial Empire, and it exercised the right to scrutinise colonial legislation and ordinances and the administration thereof to ensure their conformance to the provisions of the Imperially granted constitution or charter of the colony concerned and ultimately to ensure their conformance to the principles of Imperial constitutional law as a whole.(794)

It must be said that this jurisdiction of the Privy Council remained in force until as late as 1949, when it was generally swept away by legislation of the individual commonwealth countries with a few exceptions (i.e. Australia, Trinidad and Tobago and New Zealand), in favour of the jurisdiction of the Supreme Courts of those countries. Thus, the Supreme Courts of the Commonwealth countries can be seen as the "lineal successors to the Privy Council",(795) and that is why it has been said regarding Canada that "after the abolition of the appeal to the Privy Council, the Canadian Supreme Court, for example, continues to exercise the power of judicial review in relation to legislation passed by the Canadian Parliament."(796) In a similar way, the High Court of Australia assumed the power to invalidate, on the grounds of unconstitutionality, legislation passed by the Australian Parliament on certain matters established on the Australian constitution, and in respect to which, therefore, "any appeal to the Privy Council was prohibited by the constitution."(797)

---

(792) See particularly in relation to federalism and judicial review Ch. OKPALUBA, *loc. cit.* p. 111; E. MCWHINNEY, *op. cit.*, p. 14; and in relation to fundamental rights and judicial review, J.D. WHYTE, *doc. cit.*, p. 38.

(793) E. MCWHINNEY, *op. cit.*, p. 49, 57; S.O. GYANDOH Jr., *loc. cit.*, p. 355

(794) E. MCWHINNEY, "Constitutional Review in the Commonwealth", in H. MOSLER (ed.), Max-Planck-Institut für Ansländisches öffentliches recht and Völkerrecht, *Ve Verfassungsgerichtsbarkeit, in der Gegenwart*, Internationalen Kolloquium, Heidelberg 1961, Köln Berlin 1962, pp. 77-78.

(795) E. MC WHINNEY, "Constitutional review ...", *loc. cit.*, p. 78.

(796) E. MC WHINNEY, *Judicial Review, cit.*, pp. 58-59.

(797) *Idem.*

Apart from all those British antecedents, it is also accepted that judicial review of the Constitutionality of legislation, even though not always expressly established in the Constitutions of the commonwealth countries, was also widely developed in these countries under the influence of the American system of judicial review whose fundamental trends were received particularly during recent decades.(798) That is why, it can be said that in general terms, the system of judicial review in the commonwealth countries, follows the general trends of the diffuse system of judicial review, but with the particular feature that in all matters related to general law and of course, constitutional questions, the Supreme Courts of the Commonwealth Countries, following the British pattern have the final appeal jurisdiction.(799)

On the other hand some Commonwealth Countries have expressly established in their constitution, the jurisdiction of the Courts to judge upon constitutional questions regarding legislation, and in particular, they have established the jurisdiction of the Supreme Court on the matter.

For instance, the constitution of the Republic of Ireland provides that the jurisdiction of the High. Court, and, on appeal, of the Supreme Court, shall extend "to the question of the validity of any law having regard to the provisions of the constitution."(800)

A similar system exists in Trinidad and Tobago. The High Court of Justice has wide ranging jurisdiction, including interpretation of the constitution. The Appellate Division of the Supreme Court is vested in the Court of Appeal, and there is an appeal as of right to it from decisions of the High Court on constitutional questions and fundamental rights. The peculiar regulation concerning Trinidad and Tobago, is that when the question is one of interpretation of the constitution from the Court of Appeal, there is an appeal to the Judicial Committee of the Privy Council.(801) Nevertheless, as Chief Justice C.A. Kelsick said:

> The Supreme Court of Trinidad and Tobago) as guardian of the constitution has the power to declare null and void Acts of Parliament which violate the provisions of chapter 1 or other entrenched provisions of the constitution where the act is not passed in the prescribed manner with the requisite majority for an alteration of those provisions.(802)

The constitution of India distinguishes between an original and appellate jurisdiction of the Supreme Court. The original and exclusive jurisdiction of the Supreme Court extends to:

---

(798) *Cf.* E. MC WHINNEY, *Judicial Review*, *cit.*, pp. 236, 237; E. MC WHINNEY, "Constitutional Review", *loc. cit.*, pp. 79, 83, 87. Regarding India, *Cf.* S.N. RAY, *op. cit.*, p. 4, 72.

(799) *Cf.* J.D. WHYTE, *doc. cit.*, p. 11; E. MC WHINNEY, "Constitutional review..." *loc. cit.*, p. 83.

(800) *Cf.* B. CHUBB, *The Constitution of Ireland*, Dublin 1966, p. 31; *Cf.* K.C. WHEARE, *Modern Constitutions*, Oxford 1966, p. 101; J.D. WHYTE, *doc. cit.*, 72

(801) C.A. KELSICK, "Report", in *Memoria de la reunión de Presidentes de Cortes Supremas de Justicia de Iberoamérica, el Caribe, España y Portugal*, Caracas 1983, p. 419.

(802) *Idem*, p. 686

> Any dispute between the Government of India and one car more states; or between the Government of India and any state or states on one side and one or more other states on the other; or between two or more states, if and in so far as the dispute involves any question on which the existence or extend of a legal right depends.(803)

The appellate jurisdiction of the Supreme Court in appeals from High Court an constitutional matters, is established as follows:

> An appeal shall lie to the Supreme Court from any judgment, decree or final order of a High Court in the territory of India, whether in a civil, criminal or other proceeding, if the High Court certifies that the case involves a substantial question of law as to the interpretation of this constitution.(804)

Nevertheless, the constitution states that the Supreme Court may grant special leave to appeal when "the High Court has refused to give such a certificate" and "it is satisfied that the case involves a substantial question of law as to the interpretation of this constitution."(805)

Other Commonwealth countries have established an exclusive jurisdiction of the Supreme Court on Constitutional issues, which leads to the adoption of a concentrated system of judicial review although it has been considered as being generally "intolerant" with the common law legal systems.(806) As we will see, such is the case in Papua New Guinea whose constitution gives the Supreme Court exclusive jurisdiction over questions of interpretation and application of Constitutional law, subject to the constitution. Consequently, when such a question arises in any Court or tribunal it shall be referred to the Supreme Court.(807) Special jurisdiction is also given to the Supreme Court to enforce the fundamental Rights provisions of the constitution as well as to the National Court.(808)

As we mentioned, in general terms, the judicial review system followed in the commonwealth countries, is the diffuse system of judicial review, in accordance with the American model. Thus, it is traditional in these countries that courts *per se* and in an abstract way do not initiate actions, and that constitutional issues must be raised in a case or controversies, by a litigant with personal interest in the matter.(809) Nevertheless, a few exceptions to this principle could be found in the Commonwealth Countries Constitutional systems.

For instance, the constitution of Canada establishes the power of the Supreme Court to deliver "advisory opinions" ruling on an abstract constitutional issue referred to it by the federal government.(810) In a similar way, the constitution of India empowers

---

(803) Art. 131. See in S.N. RAY, *op. cit.*, p. 290

(804) Art. 132,1.

(805) Art. 132,2

(806) E. MC WHINNEY, "Constitutional Review ...", *loc.cit.*, p. 80

(807) Art. 18, 19. See in J.D. WHYTE, *doc. cit.*, p. 25. *Cf.* in relation to Uganda, T.M. FRANCK, *Comparative Constitutional Process*, London 1968, p. 75.

(808) Art. 57, 1. See in J.D. WHYTE, *doc. cit.*, p. 25.

(809) *Cf.* S.N. RAY, *op. cit.*, pp. 77-89; Ch. OKPALUBA, *loc. cit.*, p. 112; E. MC WHINNEY, "Constitutional Review...", *loc.cit.*, pp. 83, 84

(810) E. MC WHINNEY, "Constitutional Review ", *loc. cit.*, p. 83.

the president to refer questions of laws or fact of particular nature or importance, to the Supreme Court to obtain opinion upon them-and the Court may, after such hearing as it thinks fit, report to the President its opinion there on.(811)

It must also be stressed that the constitution of the Republic of Ireland gives the President of the Republic the power to refer bills to the Supreme Court for an opinion as to whether the bill or any of its provisions is repugnant to the constitution.(812)

Finally, it must be said that due to the influence of the functioning of the British judicial organisation,(813) the *stare decisis* principle generally applies in the Commonwealth Countries, thus the decisions on Constitutional questions adopted by the Supreme Court even though of *inter partes* effects, have binding effects on the inferior courts. That is expressly stated in the constitution of India, where article 141 establishes that "the law declared by the Supreme Court shall be binding on all courts within the territory of India."(814) Nevertheless, regarding the Supreme Courts own decisions, the principle has been interpreted in a flexible way. The *stare decisis* doctrine, the Supreme Court has pointed out, is not an inflexible rule of law and cannot be allowed to perpetuate errors of the Supreme Court to the detriment of the general welfare of the people.(815)

PART V
CONCENTRATED SYSTEMS OF JUDICIAL REVIEW

I. GENERAL FEATURES

The concentrated system of judicial review, contrary to the diffuse system, is basically characterised by the fact that the constitutional system empowers one single state organ of a given country to act as a constitutional judge, in the sense of being the only state organ to decide upon constitutional matters regarding legislative acts and other state acts with similar rank or value, in a jurisdictional way.

This state body with the monopoly of acting as a constitutional judge, can either be the Supreme Court of Justice of the country, in its character as the highest court in the judicial hierarchy or it can also be a special Constitutional Court, Council or Tribunal, specially created by the Constitution to act as the only constitutional judge, and organised outside the ordinary judicial hierarchy. In both cases, the common trend regarding the activity of those bodies is that as constitutional judges they exercise a jurisdictional activity.

(811) Art. 143. See in S.N.RAY, *op. cit.*, p. 294.

(812) B. CHUBB, *op. cit.*, p. 22, 31; J.D. WHYTE, *doc. cit.*, p. 72.

(813) J.D. WHYTE, *doc. cit.*, p. 11; E. MCWHINNEY, Judicial Review, *op. cit.*, p. 17.

(814) See in S.N. RAY, *op. cit.*, p. 293

(815) *Bengal Immunity v. State of Bihar*, AIR 1955 SC 661; (1955), 2 SCR 603, quoted by S.N. RAY, *op. cit.*, p. 85. *Cf.* P. TRIKAMDAS, "El Tribunal Supremo de la India", *Revista de la Comisión Internacional de Juristas*, Vol. VIII, nº 1, 1967, p. 106.

Therefore, the concentrated system of judicial review of the constitutionality of legislation, even though generally identified with the "European model" of special constitutional courts,[(816)] does not necessarily imply the existence of a special Constitutional Court, constitutionally organised separate from the ordinary judiciary. It only implies the assignment to a single state organ, which exercises jurisdictional activity, of the duty and power to act as a constitutional judge. This is the essence of the concentrated character of the system, contrasted with the diffuse system, whether the organ with constitutional justice power is the highest court of the judiciary or is a special constitutional body created outside the ordinary judicial organisation, not being essential to the distinction.

1. Logic of the System

From a logical and rational point of view, it can also be said that this power assigned to one state organ with jurisdictional activity to act as constitutional judge, is a consequence of the principle of the supremacy of the Constitution. In these systems of concentrated constitutional justice, the Constitution being the supreme law of the land, in cases of conflict between a state act and the Constitution, it is obvious that the latter must also prevail. But the constitutional system, in these cases, does not always empower all courts to act as constitutional judges, and in certain cases, it reserves the power to act as a constitutional judge to the Supreme Court of Justice or to a special constitutional court particularly regarding certain acts of the state, which in cases of contradicting the Constitution, only the supreme court or the constitutional court has the power to annul it.

Therefore, it can be said that, in general terms, the logic of the system is also the supremacy of the constitution and the duty of the courts to say which law is applicable in a particular case,[(817)] but with a concrete limitation: the power to judge the unconstitutionality of legislative acts and other state acts of similar rank or value is reserved to the Supreme Court of Justice or to a Constitutional Court or Tribunal. Thus, in the concentrated system of judicial review, all courts only have the power to act as a constitutional judge and to decide upon the constitutionality of the other norms applicable to the case, other than statutes or acts adopted in direct execution of the Constitution.[(818)]

Consequently, the concentrated system of judicial review, based on the same principle of the supremacy of the Constitution, when reserving constitutional

(816) M. Cappelletti, *Judicial Review in the Contemporary World*, Indianapolis 1971, pp. 50-53.

(817) *Cf.* W.K. Geck "Judicial Review of Statutes: A Comparative Survey of present Institutions and Practices", *Cornell Law Quarterly*, 51, 1966, p. 278.

(818) *Cf.* M. García Pelayo, "El 'Status' del Tribunal Constitucional", *Revista española de derecho constitucional*, 1, Madrid 1981, p. 19; E. García de Enterría, *La Constitución como norma y el Tribunal Constitucional*, Madrid 1981, p. 65. In particular, in concentrated system of judicial review, the tribunals or courts empowered with administrative justice functions have always the power of acting as constitutional judge regarding administrative acts. See C. Frank, *Les functions juridictionnelles du Conseil d'Etat dans l'ordre constitutionnel*, Paris 1974.

justice functions regarding certain state acts, to the Supreme Court or to a special Constitutional Court, cannot be developed by deduction through the work of the Supreme Court decisions, like it happened in the diffuse system of judicial review, as was the case for example, of the United States of America, the Republic of Argentina and some Commonwealth countries.

On the contrary, of course, due to the limits that the system imposes on the duty and power of all judges to say which law is applicable in the cases they are to decide, only when prescribed *expressis verbis* through constitutional regulations is it possible to establish the concentrated system of judicial review. It is the constitution, as the supreme law of the land, the only text that can establish limits upon the general power and duty of all courts to say which is the law applicable in a particular case, and assign that power and duty in certain cases regarding certain state acts, to a specific constitutional body, whether it be the Supreme Court of Justice or a constitutional court or tribunal.

Therefore, the concentrated system of judicial review can only be a jurisdictional system established and regulated expressly in the constitution, and the state organs to which the constitution reserves the power to act as constitutional judges regarding certain state acts, are always constitutional bodies, that is to say, state organs expressly created and regulated in the constitution whether they be the Supreme Court of Justice of a given country or a specially created constitutional court, tribunal or council.

2. Compatibility of the System with all Legal Systems

Consequently, the concentrated system of judicial review of the constitutionality of legislation is not a system that can be considered peculiar to the civil law system of law, and incompatible with the common law tradition. It is only a system that must be expressly established and regulated in a written Constitution and it can therefore indifferently exist in systems with a common law tradition or with a civil law basis, though it is most commonly followed in civil law countries.

For instance, in Papua New Guinea, a country that gained its independence from Australia in 1975 and, therefore, with a common law tradition, the Constitution gives the Supreme Court exclusive jurisdiction over questions of interpretation and application of constitutional law, subject to the Constitution. Therefore, when such a question arises in any court or tribunal, it shall be referred to the Supreme Court.(819) In a similar sense, the 1966 Constitution of Uganda also established an exclusive jurisdiction of the High Court on constitutional matters. In this respect, article 95 stated that:

> Where any question as to the interpretation of this Constitution arises in any proceedings in any court of law, other than a court-martial, and the court is of the opinion

(819) Art. 18 and 19 of the Constitution. See in J.D. WHYTE, *Judicial Review of Legislation and its Legitimacy:Developments in the Common Law World*, IALS, Uppsala, Colloquium 1984, (mimeo), p. 25.

that the question involves a substantial question of law, the court may, and shall if any party to the proceedings so request, refer the question to the High Court consisting of a bench of no less than three judges of the High Court.

The same article added:

> Where any question is referred to the High Court in pursuance of this article, the High Court shall give its decision upon the question and the court in which the question arose, shall dispose of the case in accordance with that decision.(820)

We must also refer to the system established in Ghana in the 1960, 1969 and 1979 Constitutions, which vested the Supreme Court with original and exclusive jurisdiction to exercise the power of judicial review. In effect, article 42 of the 1960 Constitution and article 106 of the 1969 Constitution stated:

> The Supreme Court shall have original jurisdiction in all matters where a question arises whether an enactment was made in excess of the powers conferred on Parliament by or under the Constitution, and if any such question arises in the High Court or an inferior court, the hearing shall be adjourned and the question referred to the Supreme Court for decision.(821)

Additionally, article 2 of the 1969 Constitution established a direct action that could be brought before the Supreme Court to seek judicial review, as follows:

> A person who alleges that an enactment or anything contained in or done under the authority of that or any other enactment is inconsistent with, or in contravention of, any provision of this Constitution, may bring an action in the Supreme Court for a declaration to that effect.(822)

For the purpose of that declaration, added the Constitution, the Supreme Court shall "make such orders and give such directions as it may consider appropriate for giving effect to or enabling effect to be given to the declarations so made."(823) Those provisions regarding judicial review were also adopted in the 1979 Constitution,(824) but since 1971, they were interpreted by the Supreme Court to reduce the referral of proceeding cases to the Supreme Court, and to avoid referrals of frivolous submissions.(825)

Anyway, even though it is certain that the system of judicial review has not always functioned in some Commonwealth countries because of democratic instability,(826) what is certain is that the concentrated system of judicial review exists and has functioned in legal systems, with a common law tradition. Thus, there is the expression of Professor Edward McWhinney in the sense that common law "practice has always been intolerant of the notion of specialised,

---

(820) See in T.M. FRANCK, *Comparative Constitutional Process. Cases and Materials*, London 1968, pp. 75-76.

(821) See in S.O. GYANDOH Jr., "Interaction of the Judicial and Legislative Processes in Ghana since Independence", *Temple Law Quarterly*, 56, 2, Philadelphia 1983, pp. 365-366, 370.

(822) *Idem*, p. 370.

(823) Art. 2, *Idem*, p. 370.

(824) *Idem*, p. 384.

(825) *Republic v. Maikankan* (1971) 2 G.L.R., 473 quoted by S.O. GYANDOH Jr., *loc. cit.*, p. 386.

(826) See in relation to Ghana the comments of S.O. GYANDOH Jr., *loc. cit.*, p. 395.

expert, tribunals on the continental model" [827] must be understood as referring to the specialised constitutional court, tribunal or council European system, but not, as he said, to a system "where jurisdiction is determined and limited in terms of subject matters,"[828] which refers to the very concept of the concentrated system of judicial review, when, for instance, assigned to a Supreme Court of Justice of a given country and not to a special non-judicial constitutional organ.

The concentrated system of judicial review cannot be reduced to the constitutional systems in which a constitutional court, tribunal or council exists; having produced a distortion of the approach to the system the misleading identification of the concentrated system with the European model of specialised constitutional courts, council or tribunal.

In effect, though the concentrated system of judicial review is also known as the "Austrian system"[829] or as the "European model",[830] based on the existence of a specialised constitutional court, tribunal or council created, in the constitution, with the power to act as a constitutional judge although organised outside the ordinary judiciary, we must insist that the feature that characterises the system is not the existence of such a special constitutional court, tribunal or council at all, but the exclusive attribution to a single constitutional state body of the power to act as a constitutional judge regarding certain state acts, whether that body be the existing Supreme Court of Justice of the country or a specially created constitutional court, council or tribunal.

The adoption of the system is always a constitutional option and decision according to the concrete circumstances of each country, but it does not necessarily imply the creation of special constitutional courts or bodies to ensure constitutional justice. In Europe, for instance, the flourishing of constitutional courts, tribunals or councils for the exercise of the concentrated system of judicial review, can only be seen as a concrete consequence of a peculiar constitutional tradition regarding the principles of the supremacy of the law, the separation of powers and the traditional fear of the judges to control legislative acts[831] and cannot lead to considering that "the" model of the concentrated system of judicial review consists in the creation of a constitutional body outside the ordinary judiciary to act as constitutional judge. Well before the European "discovery" of constitutional justice by creating those special constitutional courts or tribunals

---

(827) E. McWhinney, "Constitutional Review in the Commonwealth", in H. Mosler (ed.), Max-Plank-Institut für Ausländisches öffentliches recht and völkerrecht, *Verfassungs gerichtsbarkeit in der Gegenwart*, Internationales Kolloquium, Heidelberg, 1961, Köln-Berlin 1962, p. 80

(828) *Idem*, p. 80.

(829) M. Cappelletti, *op. cit.*, p. 50; J. Carpizo and H. Fix-Zamudio, "La necesidad y la legitimidad de la revisión judicial en América latina. Desarrollo reciente", *Boletín Mexicano de Derecho Comparado*, 52, 1985, p. 36.

(830) L. Favoreu, "Actualité et légitimité du contrôl juridictionnel des lois en Europe occidentale", *Revue du droit public et de la science politique en France et à l'étranger*, Paris 1985 (5), p. 1149. Also published in L. Favoreu and J.A. Jolowicz (ed.), *Le contrôle juridictionnel des lois, Légitimité, effectivité et développments récents*, Paris 1986, pp. 17-68.

(831) *Cf.* M. Cappelletti, *op. cit.*, p. 54; M. Cappelletti and J.C. Adams, "Judicial Review of Legislation: European Antecedents and Adaptation", *Harvard Law Review*, Vol 79, (6), 1966, p. 1211.

after the First World War, ever since the middle of the last century (19th century), other countries with a civil law tradition have developed concentrated systems of judicial review by attributing the original and exclusive jurisdiction to annul statutes and other state acts with similar rank and effects to their Supreme Courts of Justice when contrary to the constitution. This has been the common trend of the Latin American constitutional system, even though mixing the concentrated with the diffuse system of judicial review.

Therefore, from what we have said, three conclusions can be drawn: First, the concentrated system of judicial review can only exist when it is established *expressis verbis* in the constitution, therefore, it cannot be developed by interpretation of the principle of the supremacy of the constitution. Second, the concentrated system of judicial review characterised by the granting to one single constitutional body of the functions of constitutional justice, is compatible to any legal system, whether common law or roman law legal systems, even though it has widely developed in the civil law countries. Third, the concentrated system of judicial review does not only imply the attribution of the functions of constitutional justice to a special constitutional court, tribunal or council created separate to the ordinary judicial organisation. It also exists when constitutional justice functions are attributed to the existing Supreme Court of Justice of the country, even though in the latter case the system generally tends to mix its trends with elements of the diffuse system of judicial review.

3. Rationality of the System

As we have said, in a similar way as in the diffuse system of judicial review, the essence of the concentrated system of judicial review is also the very notion of the supremacy of the constitution: if the constitution is the supreme law of the land prevailing over all other laws, no state act contrary to it can be an effective law; on the contrary, it must be considered as null and void. Thus the main element that leads to the differentiation between both systems of judicial review is not, of course, a possible different notion of the constitution and its supremacy, but the type of guarantee adopted in the constitutional system to maintain that supremacy. As Hans Kelsen pointed out in 1928, these "objective guarantees" are the nullity or the annulability of the unconstitutional act. Nullity means -as he explained- the unconstitutional state act cannot be considered objectively as a juridical act, therefore in principle it is not necessary to take away its quality of usurped juridical act, by means of another juridical act. In this case, theoretically, everybody, public authorities or individuals would have the right to examine the regularity of the acts considered null and void, to declare the irregularity and to consider such acts as non valid and non obligatory. On the contrary, if another juridical act is necessary to establish the nullity of the unconstitutional act, the guarantee of the constitution would not be of nullity but of annulability.[(832)]

(832) H. KELSEN, "La guarantie juridictionelle de la Constitution. La Justice constitutionnelle", *Revue du droit public et de la science politique en France et à l'étranger*, Paris 1928, p. 214.

As we have seen, the nullity of unconstitutional state acts is the guarantee of the constitution that leads to the diffuse system of judicial review, even though as Kelsen pointed out, positive law normally restricts this power that anybody has of considering irregular acts as null and void,(833) and tends to attribute it exclusively to the courts, which is the general situation today due to the need for legal reliability.

On the other hand, it is precisely the other guarantee of the constitution, the annulability of the unconstitutional state acts, which leads to the concentrated system of judicial review.

A. Annulability of Certain Unconstitutional State Acts

In effect, the first aspect that shows the rationality of the concentrated system of judicial review is the principle of the annulability of certain state acts, particularly statutes and other acts issued in direct execution of the Constitution, when they are considered to be contrary to the constitution.

This annulability of a state acts as an objective guarantee of the constitution, and contrary to the situation concerning the nullity of such acts, means that a state act, even if it is irregular or unconstitutional, once issued by a public body it must be considered as such a state act, and therefore, valid and effective, until it is repealed by the same organ which produced it or until it is annulled by another state organ with constitutional powers to do so. It is precisely in the concentrated systems of judicial review, in which the constitution assigns the power to annul certain state acts when considered unconstitutional, to only one state organ, whether it be to the existing supreme court of justice or to a special constitutional body created separate from the ordinary judiciary, but with jurisdictional functions to act as a constitutional judge.

In fact, we must bear in mind that in the concentrated systems of judicial review, the annulability of state acts is not really the only guarantee of the constitution, and is always accompanied by the nullity. In a certain way it is a restriction to the nullity rule resulting from the violation of the constitution.

We have said, in effect, that in the case of the nullity of unconstitutional state acts that exist in the diffuse system of judicial review, in order to avoid juridical anarchy, positive law limits the theoretical general power that public authorities and individuals have to declare the inexistence of an unconstitutional state act and to consider it invalid, and reserves this power to the judges. This means that in fact, the unconstitutional state act can only be examined by the courts and only the courts have the power to consider it null and void, which means that up to that moment, the irregular act must be considered by other public authorities and individuals as being effective and obligatory. In the diffuse system of judicial review, once the court declares the invalidity of the unconstitutional act in relation to a particular process, then the act becomes null and void regarding that process.

(833) *Idem*, p. 215.

It can be said that, in principle, this same situation exists even in constitutional systems with a concentrated system of judicial review regarding all other state acts different to those which can only be annulled by the Constitutional or the Supreme Courts. In effect, as we have said, regarding state acts of lower levels in the hierarchy of norms, for instance, administrative acts with normative effects, all judges in a concentrated system of judicial review normally have the power to consider them null and void when unconstitutional, with respect to the particular process in which they are questioned. In such cases, the guarantee of the constitution is the nullity of the unconstitutional state act, even though only the courts can assume it.

Therefore, what is peculiar to the concentrated system of judicial review is that constitutional positive law establishes an additional limitation concerning the effects of the unconstitutionality of state acts, in the sense that concerning certain acts, the power to declare their unconstitutionality and invalidity and therefore, to consider them to be without effect, has been exclusively reserved to one constitutional organ: the existing supreme court of justice or a special constitutional court, tribunal or council. In those cases, and regarding such certain acts, normally being legislative acts and other state acts of similar rank or effect in the sense of being issued in direct execution of the constitution, the guarantee of the constitution has been reduced to the annulability of the state act considered unconstitutional.

In conclusion, in constitutional systems with a concentrated system of judicial review, the duty of all judges and courts is also to examine the constitutionality of statutes and other state acts. Nevertheless when the state act questioned on the grounds of unconstitutionality is a statute or other state act issued in direct execution of the constitution, the ordinary courts cannot judge its unconstitutionality, That power is reserved to a special constitutional court or to the supreme court of a given country, which can annul the act. In this case the guarantee of the constitution is the annulability, in which case, the act is annulled with general effects, and not only considered or declared null and void in a particular case.

Leaving aside this particular reserve -which is the feature of the concentrated system of judicial review- all other courts, regarding the normative state acts not included in the reserve, have the power to examine their unconstitutionality. Moreover, when necessary the courts have the power to establish their inapplicability to a particular process that the court is considering, because it is unconstitutional and therefore must be considered null and void. In those other cases, the guarantee of the constitution certainly is the nullity.

B. Power of a Special Constitutional Body Regarding the Annulment of Certain State Acts on the Grounds of Unconstitutionality

This leads to the second aspect of the rationality of the concentrated system of judicial review, which is that the power to declare the nullity of legislation is assigned to one single constitutional organ with jurisdictional functions, whether it be the existing supreme court of a country or a specially created constitutional court, tribunal or council. Therefore, the concentrated system has a double particularity: first that the power to annul unconstitutional acts is assigned to a single constitutional organ with jurisdictional functions. Second, that the reserve assigned to that constitutional body to judge the unconstitutionality and declare the nullity of state acts concerns not all state acts, but rather a limited number of them normally identified with statutes (legislation) and other acts of Parliament or of the government issued in direct execution of the constitution, thus being subject to the sole rule of the constitution.

We have said that the concentrated system of judicial review does not necessarily imply the assignment of the power to annul statutes to a specially created constitutional court, tribunal or council in the European fashion, and that power can be assigned to the existing Supreme Court of Justice of a given country, as happened well before the constitutional court fashion developed after the 1920's in continental Europe.

In effect, since the middle of the last century (19th century), many Latin American countries have adopted a concentrated system of judicial review by assigning the supreme court of the country with the power to declare the nullity of legislation. This was the case in Colombia and Venezuela in which an authentic concentrated system of judicial review has existed since 1850 and in which the supreme courts have the monopoly of annulling statutes. It is true that normally the concentrated systems of judicial review in Latin America developed in the last hundred and thirty years have moved towards a mixed system of judicial review in which the diffuse and the concentrated systems of judicial review coexist. That is the system that currently exists, for instance in Colombia, Venezuela and Guatemala, which we will analyse further on in our course. Yet, some Latin American systems have remained concentrated ones, as is the case in Uruguay and Paraguay, in which countries the Supreme Court of Justice has exclusive and originative jurisdiction to declare the unconstitutionality of statutes.[(834)]

Of course, the modality of the concentrated system of judicial review that consists in establishing a special constitutional body, whether court, tribunal or council to act as a constitutional judge vested with original and exclusive power to annul statutes and other similar acts in rank or effects, because of its novelty, has marked the development of constitutional, justice during the recent decades, since the first constitutional courts were established in Austria and Czechoslovakia in 1920. The system was later adopted in Germany and Italy, after the Second World War, and more recently in Spain and Portugal. It has also been adopted in some socialist countries (Yugoslavia, Czechoslovakia and Poland) and has been developed with particular trends, in France. Under the

(834) H. GROS ESPIELL, *La Constitución y su Defensa*. Uruguay, UNAM, Congreso Internacional sobre la Constitución y su defensa México, 1982, (mimeo) p. 7; J.P. GATTO DE SOUZA, "El control constitucional de los actos del poder público", *Memoria de la reunión de Presidentes de Cortes Supremas de Justicia de Iberoamérica, el Caribe, España y Portugal*, Caracas 1983, p. 661; L.M. ANGAÑA, "Ponencia" (Paraguay), *idem*, p. 551.

influence of the European model, but in an incomplete way the system was adopted in the early seventies in Chile, where a Constitutional Tribunal was established, and more recently in Ecuador and Peru, where Constitutional Guarantees Tribunals have been created.

We will refer to all these experiences, but firstly we will concentrate our comments on the European model and in particular, on the analysis of the various Constitutional Courts experiences.

As we have said, even though constitutionalism developed in the theory and practice of constitutional law since the beginning of the last century (19th century), mainly as a contribution of the North American experience, it must be admitted that continental European constitutionalism remained on the fringes of the American conceptions, and a system of constitutional justice was not accepted in Europe until after the First World War, and took place through two paths. One concluded in the *Weimar* Constitution (1919), whereby Germany established a Tribunal entrusted with jurisdiction to settle disputes between the state constitutional powers, and more specifically, between the different territorial powers, vertically distributed as a result of the federal organisation of the state. The second was the Austrian system, the personal masterpiece of Professor Hans Kelsen, who conceived a system first expressed in the 1920 Austrian constitution and perfected by the 1929 constitutional reform.

In any case, it can be considered that the incorporation of a system of constitutional justice in Europe was due to the influence of Hans Kelsen's pure theory of law. This theory, as we have mentioned, conceived the constitutional norm as the grounds for the validity of all the norms of a given legal order, with a fundamental corollary: the need for a state body to guarantee the constitution, that is to say, to settle disputes over the consistency of all legal norms, both specific and general, with the superior hierarchy on which they are based, and in the last instance, with the constitution.[(835)]

Kelsen himself established quite clearly that constitutional justice was in itself a special case of a more general issue, which consisted of the guarantee of the consistency of an inferior norm to a superior norm from whence it arose and its contents were determined. In the end constitutional justice was a guarantee of the constitution resulting from the "juridical pyramid" of the legal order whereby the unity and hierarchy of its different norms were established.

However, it should be noted that in addition to Austria, and also under the influence of Kelsen, Czechoslovakia was the first European country to adopt a system of constitutional control in the constitution of 29 February 1920.[(836)] The grounds for the establishment of the Czechoslovakian concentrated system of constitutional control are to be found, to be sure, in the existence of a constitutional norm, which explicitly sets forth the supremacy of the constitution

(835) H. KELSEN, *loc. cit.*, pp. 201-223.

(836) Art. I.1. See in P. CRUZ VILLALON, "Dos modos de regulación del control de constitucionalidad: Checoslovaquia (1920-1938) y España (1931-1936)", *Revista española de derecho constitucional*, 5, Madrid 1982, p. 119.

over the rest of the legal order, by stating that, "All laws contrary to the Constitutional Charter and any part thereof, as well as laws that modify and complement it, are considered null and void";[837] and by explicitly prohibiting the courts from the possibility of exercising diffuse control over the constitutionality of laws.[838] In addition, the constitution established the obligation for all courts to consult with the Constitutional Tribunal, in cases of the enforcement of a law deemed to be in violation of the constitution. Those elements led to the concentration of constitutional jurisdiction to judge the constitutionality of laws in a single body, the Constitutional Tribunal, which continued to exist until 1938.[839]

Kelsen's conception of the concentrated system of judicial review, contrary to the diffuse system which, as we have seen, implies that all judges are entitled to abstain from enforcing laws they deem contrary to the Constitution, therefore results in the attribution of the exclusive power to declare the unconstitutionality of a law, and annul it, to a single state body, the constitutional tribunal, to which all courts must refer when they are in the situation of having to enforce a law of doubtful constitutionality. Consequently, in this system, ordinary courts lack the power to refrain from enforcing unconstitutional laws on their own.

In its original theoretical conception, this concentrated system of judicial control of constitutionality attributed to a special court, was not conceived by Kelsen as being the exercise of a jurisdictional function but rather as "a system of negative legislation."[840] In fact, a constitutional court does not specifically decide upon the unconstitutionality of statutes on any assumption of a single fact; this is reserved for the *a quo* court raising the question of constitutionality. Its competence is normally limited to the purely abstract issue of the logical compatibility, which must exist between the statute and the constitution. Therefore, in this purely logical judgement, as there is no real enforcement of the law in any specific case, it was considered that it was not the case of jurisdictional activity which implied a concrete decision. This led Kelsen to maintain that when the constitutional tribunal declares a statute unconstitutional, the decision having *erga omnes* effects was a typical legislative action, hence the common assumption that the constitutional tribunal's decision has the force of law. That is also why it is considered that until that decision is adopted, the statute is valid and that explains why judges of ordinary courts are obliged to enforce it.[841]

---

(837) Art. I.1., *idem*.

(838) Art. 102 established "The courts can verify the validity of executive regulations, when deciding upon a specific question of laws; concerning statutes they can only verify if they have been correctly published", see in P. CRUZ VILLALON, *loc. cit.*, p. 135.

(839) It also should be noted that the Rumanian constitutional regime also established a system of judicial review of laws, in Article 103 of the Fundamental Charter of 29 March 1923. However, it was conferred only on the Court of Cassation, and later on it was eliminated by the People's Republic, under Soviet influence, from the terms of the Fundamental Law of 1948.

(840) H. KELSEN, *loc. cit.*, pp. 224-226. See the comments of E. GARCÍA DE ENTERRÍA, *op. cit.*, pp. 57-132.

(841) H. KELSEN, *loc. cit*, pp. 224-225.

Kelsen developed this conception as an answer to the possible objections that the jurisdictional control of legislative action could produce, based on the concept of the supremacy of Parliament so embodied in European constitutional law. Thus, by forbidding ordinary judges to abstain from enforcing the laws and granting the power to declare a statute unconstitutional with *erga omnes* effect to the constitutional court, the judiciary was subject to the laws adopted by parliament. At the same time, the primacy of the constitution over Parliament could be maintained. In this way, it was considered that the constitutional tribunal instead of competing with parliament became its logical complement. Its function was reduced to judging the validity of a statute with simple and rational logic, completely separate from the need to settle disputes in specific cases, and acting as a negative legislator, albeit a legislator which does not act spontaneously but at the request of the parties involved. In this way, legislative power was for Kelsen divided into two bodies: the first, parliament, the holder of political initiative, the positive legislator; and the second, the constitutional tribunal, entrusted with the power to annul laws which violate the constitution.(842)

Under this conception, of course, the constitutional court needed to be a constitutional body separate from all traditional state powers: thus it was not a judicial body.(843)

Anyway, today, even though the jurisdictional character -non legislative- of the activity developed by these special constitutional bodies rejecting its supposed negative legislator character(844) is accepted without discussion, the conception of attributing constitutional justice functions to a specially created constitutional body (constitutional court, tribunal or council) generally not located within the judiciary organisation has prevailed in continental Europe, and has given way to the "European model" of judicial review. This model developed in a certain way as the result of a compromise between the need of a system of constitutional justice derived from the notion of constitutional supremacy, and the traditional European conception of the separation of powers which denied the power to invalidate statutes to all judicial organs.(845)

Nevertheless, as we have said, it is improper to identify the concentrated system of judicial review with this "European model", because it is also a concentrated system, one in which the exclusive and original jurisdiction to annul statutes and other state acts is conferred upon the existing Supreme Court of Justice of a given country, and located at the apex of the judiciary organisation. Thus, the second aspect which shows the rationality of the concentrated system of judicial review is the assignment of the role of constitutional judge to annul statutes with *erga omnes* effects, to one single constitutional organ whether it be the supreme court of justice of a given country or a specially created constitutional court, tribunal or council.

---

(842) See the comments on KELSEN's thought in E. GARCÍA DE ENTERRÍA, *op. cit.*, pp. 57, 58, 59, 131, and 132-133.

(843) H. KELSEN, *loc. cit.*, p. 223.

(844) M. CAPPELLETTI and J.C. ADAMS, *loc. cit.*, pp. 1218-1219.

(845) M. CAPPELLETTI, *op. cit*, p. 67.

C. Principal and Incidental Character of the System

Contrary to the diffuse system of judicial review, which is always of an incidental character, the concentrated system of judicial review can have either a principal or incidental character, in the sense that constitutional questions regarding statutes may reach the supreme court or the constitutional court, by virtue of a direct action or request brought before the court or by reference of the question to the court, from a lower court, where the constitutional question has been raised in a concrete proceeding, either *ex-officio* or through the initiative of a party.

Therefore, the third aspect that shows the rationality of the concentrated system of judicial review of the constitutionality of legislation, in which the power to annul statutes is attributed to a single court, is that the constitutional question can either reach the supreme court or the constitutional court, in a direct or principal form, through the exercise before the court of an action against the statute; or in an incidental form, when the constitutional issue is raised in a particular process in a lower court in which case the judge must refer his decision to the supreme court or the constitutional court, in order to subsequently render his final resolution of the case in accordance with the Supreme Court or Constitutional Court adjudication.

In both cases, the control of the constitutionality of legislation is a concentrated one, because one single organ is authorised to pass judgement upon the constitutionality of a statute, but this essential feature does not imply that the constitutional question must only be raised either in a principal or in an incidental way. It can be either one form or the other, or through both in parallel, depending on the concrete positive law regulations. Therefore, in our opinion, there is no evidence in comparative law, to identify the concentrated system of judicial review with the principal character of the method of reviewing the constitutional question, in which such a question is entirely disassociated from a concrete case. If this was true in the original Austrian system established in 1920, it is no longer true in contemporary constitutional law,(846) where the concentrated system of judicial review can result from both methods, principal or incidental. In the principal method, the constitutional issue regarding a statute is the only and principal question of the process initiated through the exercise of a direct action that can be brought before the supreme court or the constitutional court, either by someone through an *actio popularis* or within some *locus standing* rules or by specific public officials and authorities. In the incidental method the constitutional issue is raised before an ordinary court as an incidental question aspect of a process, or the court can raise it *ex-officio*. This court is the one which must refer the constitutional question to the decision by the supreme court or by the constitutional court, the suspension of the decision of the concrete case being necessary until the constitutional issue is resolved by the supreme court or the constitutional court.

(846) *Cf.* M. CAPPELLETTI, *op. cit*, pp. 69-72.

D. Initiative Power on Judicial Review

The constitutional question relating to the validity of a statute, as we have seen, is normally raised in the supreme court or in the constitutional court through an action or through reference by a lower court and in both cases, the constitutional judge must decide the issue on the basis of the law and without considering the facts.

In both cases, as we said, the constitutional question must be raised before the Supreme Court or the constitutional court, which does not have self initiative to act as a constitutional judge.(847) Thus the principle *nemo iudex sine actore* applies. But once a constitutional question has reached the court as a result of an action or of a lower court referral, the principle *ne iudex iudicet ultra petitum partis* does not apply. That is to say, the constitutional court as constitutional judge, once required by a party or through incidental means, has *ex-officio* powers to consider other questions of constitutionality, other than those already submitted.

However, if it is true that the supreme court or the constitutional court does not have its own initiative to initiate the constitutional justice proceeding regarding legislation, on the other hand it must be said that in the incidental method of concentrated judicial review, the lower courts that must refer the decision of the constitutional issue to the constitutional judge, can have the initiative in raising the issue for referral to the supreme court or to the constitutional court. That is to say, the ordinary courts when raising constitutional issues in the incidental method are not always bound by the requirements of the parties or of the public prosecutor, and when considering the particular case, they can raise the constitutional question *ex-officio* and refer it to the Supreme Court or the constitutional court for decision.

This is the consequence of the principle of the supremacy of the constitution and of the duty of all judges to apply the law. Moreover, if it is true that in the concentrated system of judicial review, the constitution has forbidden the ordinary courts to act as constitutional judges, this could not mean that if they consider a statute applicable to the decision of a concrete case unconstitutional, they do not have the power to raise the constitutional question and cannot refer it to the constitutional judge. The contrary would mean a break in the principle of constitutional supremacy and in the role of the judiciary when applying the law.

E. *Erga Omnes* Effects of the Court Decision

The fifth and final aspect of the rationality of the concentrated system of judicial review as in the diffuse system, also concerns the effects of the decisions

---

(847) Exceptionally, the Federal Constitutional Tribunal of Yugoslavia has *ex officio* powers to initiate a proceeding of judicial review of legislation. See Art. 4, Law of the Constitutional Court of Yugoslavia. 31-12-1963, in B.T. BLAGOJEVIC (ed.), *Constitutional Judicature*, Beograd 1965, p. 16.

adopted by the supreme court or the constitutional court in regard to the constitutionality of the statute, according to the constitutional question posed in the action or in the lower court referral. This aspect of the effects of the judicial decision also refers in such cases, to two questions: first, whom the decision affects; and second, when do the effects of the decision begin.

In relation to the first question, the rationality of the concentrated system of judicial review is that the decision adopted by the constitutional court or the supreme court acting as a constitutional judge, has general effects, thus it applies *erga omnes*. This is particularly exact when judicial review is sought by a direct action brought before the constitutional court or the supreme court, in which there is no concrete case between parties whatsoever and in which proceeding there are no real parties in the strictest sense. When a direct action is brought before the constitutional judge, the process relation is not between a plaintiff and a defendant but basically between a petitioner and a statute whose constitutionality is challenged. In this case, the process is considered an objective process; consequently, the object of the decision upon the unconstitutionality of the statute being its annulment, its effects necessarily must be *erga omnes* and cannot be *inter partes* basically because of the absence of the said proper parties.

Nevertheless, in the concentrated system of judicial review even when sought by incidental methods, when a constitutional issue regarding a statute is raised in a concrete proceeding and the lower court refers it to decision by the supreme court or the constitutional court, its decision being concentrated on aspects regarding law only and not facts, also has *erga omnes* effects, that is to say, they are not limited to the concrete process and parties in which the constitutional question was originally raised.

In effect, in both cases of concentrated systems of judicial review, sought by principal or incidental methods, the supreme court or the constitutional court decides in abstract a question of constitutionality of a statute, without any reference to facts or to the concrete process in which the constitutional issue may be raised, if it be so. Therefore, the constitutional judge in the concentrated system is not deciding a constitutional issue only to decide a concrete case between parties. The constitutional judge, as we said, in these cases does not decide a concrete case, but only a question of constitutionality of a statute, therefore, the logic of the system is that the decision must apply in general, to everybody and to all state organs, thus the *erga omnes* effects.

Thus if a law is considered unconstitutional by the Constitutional Court or by the supreme court acting as constitutional judge, this means that the law thereof is annulled and cannot be enforceable and applicable not only to the resolution of a particular case, but elsewhere.

F. Constitutive Effects of the Supreme Court or Constitutional Court Decision

These *erga omnes* effects of the judicial decision in the concentrated system of judicial review are closely related to the other question concerning the effects of the decision in time, namely as to when the declaration of unconstitutionality is to be effective, and of course, as to the already mentioned aspect of the annulability of certain state acts, as a guarantee of the constitution.

In effect, we have said that the first and foremost fundamental aspect of the rationality of the concentrated system of judicial review, as it is in the diffuse system, is that of the supremacy of the constitution over all state acts which leads to the consideration that the laws contrary to the constitution must be null and void. We have also said that, even if the guarantee of the constitution in the concentrated systems of judicial review in principle is also the nullity of the unconstitutional state acts, regarding certain state acts, like the legislative ones, the constitution has restricted its own guarantee by reserving the appreciation and declaration of its nullity to only one single constitutional organ: the supreme court or a specially created constitutional court, tribunal or council, to which the exclusive power of declaring the nullity of the said state acts has been granted.

Consequently, when a constitutional judge decides upon the unconstitutionality of a law and establishes it, the decision has a *constitutive* effect: it declares the nullity of a law because it is unconstitutional, the law having produced effects up to the moment in which its nullity is established. Thus the law, whose nullity is declared and established, is considered in principle by the court as having been valid up to that moment.

That is why it is said that the decision of the court, as it is a constitutive one, has *ex-nunc*, *pro futuro* or prospective effects, in the sense that, in principle, they do not go back to the moment of the enactment of the statute considered thereon unconstitutional, the effects produced by the annulled statute until that annulment being considered valid.

The legislative act declared unconstitutional by a constitutional judge in the concentrated system of judicial review, therefore, is considered as a valid act until its annulment by the court, having produced complete effects until the moment, when the court annuls it.

Nevertheless, this element of the logic of the concentrated system of judicial review is normally tempered by the constitutional system itself, when a distinction is established between the unconstitutionality errors, or defects that can affect statutes, whether they produce its absolute or relative nullity. Therefore, in cases when constitutional errors that may affect a statute produce an absolute nullity, when the annulment of the statute is decided upon by the constitutional judge, it evidently produces as an outcome *ex-tunc* effects of the decision, because a statute considered null and void in an absolute form is not capable of producing any effect. Thus in those cases, the annulment of the statute has *pro-pretaerito* or retroactive effects, being considered null and void *ab initio*. On the contrary, if the constitutional errors or defects of the statute, which lead to its annulment by the constitutional judge, are not so grave as to produce its absolute nullity but only its relative nullity, the effects of the annulment of the statute are only *ex-nunc*, *pro futuro*.

4. Conclusion

In conclusion we can say that as a matter of principle, the rationality of the diffuse system of judicial review works as follows:

The Constitution has a supreme character over the whole legal order; thus, acts contrary to the Constitution cannot have any effects, and are considered null and void.

In principle, and concerning state acts of a lower rank in the legal order, all courts have the power and the duty to apply the constitution and the laws, and therefore, to give preference to the constitution and statutes over those state acts which violate them, and to declare them unconstitutional and inapplicable to the concrete process developed before the courts. Nevertheless, regarding certain state acts, normally statutes (laws) and other acts issued in direct execution of the constitution, this fundamental text expressly reserves the power to examine and declare the unconstitutionality of such acts, and to annul them to one single constitutional organ, whether it be the supreme court of a given country or a specially created constitutional court, tribunal or council.

This power of the particular constitutional judge to declare the nullity of certain state acts, can only be exercised when required whether by means of a direct action brought before it against the unconstitutional statute, to be examined in an abstract way, or when a lower court refers a constitutional question that has been raised in a concrete process to the constitutional judge. In the latter case, the incidental character of the issue has suspensive effects, and the case before the ordinary court will only be decided after the constitutional judge has rendered his decision on the constitutionality of the statute, also in an abstract way without referring to the facts of the concrete process.

The judgement of the Constitutional Court must then be taken when required through a principal or incidental method, regarding the constitutionality of legislation, it not being possible to raise the constitutional question *motu proprio* or *ex-officio* by the constitutional judge. Nevertheless, when the constitutional question is brought before the constitutional judge it has *ex-officio* power to consider other constitutional issues; and in cases of incidental means the lower court that raised the issue has *ex-officio* powers to do so, and is not limited to the parties' initiative.

The decision adopted by the court concerning the unconstitutionality of a law, has *erga omnes* effects regarding all state organs and individuals; and it is of a constitutive effect in the sense that it pronounces the nullity of the statute, thus, it annuls it. When declaring the nullity of the statute, therefore, the decision has *ex-nunc*, and *pro futuro* effects in the sense that they are not retroactive. In that case the annulled act must be considered as having produced its effects as a valid act prior to its annulment, unless when it is considered that it is affected by an absolute nullity.

Of course, in the concentrated systems of judicial review, this logic is not always absolute, and each legal system has also developed corrections to the possible deviation that each one of the aspects of the rationality of the system may produce concerning the nullity or annulability of the unconstitutional act; the initiative of the court; the *inter partes* or *erga omnes* effects of the decision and its declarative or constitutive character.

In analysing the most important concentrated systems of judicial review of the constitutionality of legislation particularly to those that follow the European model, we will refer to all the aspects of the rationality of the system and its special modifications.

II. ORIGIN OF THE "EUROPEAN MODEL" OF JUDICIAL REVIEW AND THE AUSTRIAN SYSTEM OF THE CONSTITUTIONAL TRIBUNAL

1. European Antecedents

The concentrated system of judicial review based on the assignment of the exclusive power to control the constitutionality of legislation to a single constitutional state body, specially created outside the normal organisation of the judicial power, is basically a European institution: it was originated in Europe, where it was developed particularly after the two World Wars, and has remained in Europe[(848)] giving rise to the so called "European model" of judicial review[(849)] also qualified as the "Austrian system."[(850)] It is not, of course, the only expression of the concentrated system of judicial review, because as we have mentioned, its essence is not the existence of a constitutional court or tribunal established separate from the ordinary judicial power, but the concentration of powers of judicial review of the constitutionality of legislation in one single organ, that can perfectly be the existing supreme court of a country situated at the apex of judicial power.[(851)] Therefore, the concentrated system of judicial review is not equivalent to the "European model", which is only one of its expressions, although the most notable one.

(848) Exceptionally and without doubt, under the European influence, some Latin American Countries have established Constitutional Tribunals. Is the case of Chile, Guatemala, Ecuador and Peru, with various and different control power that except in the case of Guatemala (J.M. GARCÍA LAGUARDIA, *La Defensa de la Constitución*, UNAM, México, 1983, p. 52) lead to the conclusion that the similarities with the European model are more a matter of names or denominations, than of power of control. See in general, H. FIX-ZAMUDIO, *Los tribunales constitucionales y los derechos humanos*, UNAM, México, 1980; H. FIX-ZAMUDIO, Veinticinco años de evolución de la justicia constitucional 1940-1965, UNAM, México, 1968.

(849) L. FAVOREU, "Actualité et légitimité en contrôle juridictionnel des lois en Europe occidental", *Revue du droit public et de la science politique en France et à l'étranger*, Paris 1984 (5), p. 1149. Also published in L. FAVOREU and J.A. JOLOWICZ (ed.), *Le contrôle juridictionnel des lois. Légitimité, effectivité et développments récents*, Paris 1986, pp. 17-68.

(850) M. CAPPELLETTI, *Judicial Review in the Contemporary World*, Indianapolis 1975, p. 46.

(851) In the system followed, for instance in Uruguay, Panama, and Paraguay, and in the Latin American Countries that follows a mixed system (Venezuela and Colombia i.e.)

The "Austrian system" was originated in Europe after the First World War under the influence of the ideas and direct work of Hans Kelsen, particularly regarding the concept of the supremacy of the constitution and the need for a jurisdictional guarantee of that supremacy;(852) but it was also a direct result of the absence of a diffuse system of judicial review of the constitutionality of legislation whose exclusion was expressly or indirectly established in the Constitution.

In this respect, the Austrian Constitution has traditionally established a prohibition directed towards ordinary judges, to "examine the validity of laws, decrees or international treaties duly enacted";(853) and the Czechoslovakian Constitution of 1920 indirectly led to the same principle when reducing the powers of ordinary judges regarding laws, to only "verify if they have been correctly published."(854)

Therefore, if the diffuse system of judicial review was prohibited, and reticence regarding judges to control legislation was still a main pillar of the doctrine of separation of power, the only means through which the supremacy of the constitution could be guaranteed was by creating a constitutional organ, not being part of the Judicial power, and originally even without jurisdictional powers, in charge of controlling the constitutionality of legislation, but as a "negative legislator."(855)

According to these fundamental conditioning ideas, the first constitutional tribunals were established in Czechoslovakia and Austria, in their respective Constitutions of the 29 February and 1st October 1920. The Czechoslovakian Tribunal during its existence did not develop an effective control of constitutionality, it disappeared in 1938(856) and was only re-established under the socialist system in 1968.(857) Nevertheless, its original regulations can be considered as the first antecedents of the European model of judicial review.

The general trends of that Czechoslovakian system, were the following:

The Constitution expressly established the principle of its supremacy, considering "invalid" statutes contrary to its regulations and to the constitutional laws,(858) but, as we said, reduced the role of the courts regarding the statutes, to only "verify if they have been correctly published."(859) Thus the monopoly for

(852) H. KELSEN, "La garantie juridictionnelle de la Constitution (La Justice constitutionnelle), *Revue du droit public et de la science politique en France et à l'étranger*, Paris 1928, pp. 197-257.

(853) Art. 89.1 See. E. ALONSO GARCÍA, "El Tribunal Constitucional austriaco" in *El Tribunal Constitucional*, Instituto de Estudios Fiscales, Madrid 1981, Vol I, p. 414; M. CAPPELLETTI, *op. cit*., p. 72.

(854) Art. 102. See P. CRUZ VILLALON, "Dos modos de regulación del control de constitucionalidad: Checoslovaquia (1920-1938) y España (1931-1936), *Revista española de derecho constitucional*, 5, 1982, p. 135.

(855) H. KELSEN, *loc. cit*, pp. 223, 224 and 226.

(856) P. CRUZ VILLALON, *loc. cit*., pp. 129-139.

(857) P. NIKOLIC, *Le contrôle juridictionnel du lois et sa légitimité*, IALS, Uppsala Colloquium 1984, (mimeo), p. 46. Also published in L. FAVOREU and J.A. JOLOWICZ (ed.) in *Le contrôle juridictionnel des lois... cit*., pp. 72-112.

(858) Art. I, 1 of the Introductory Law to the Constitution.

(859) Art. 102.

the appreciation of the unconstitutionality of statutes whether of the national Parliament or of the legislatures of the autonomous territorial units, was attributed to a Constitutional Tribunal created in the Constitution [(860)] and regulated by a special law enacted immediately after the enactment of the Constitution.[(861)] This constitutional body had only constitutional justice power with no other kind of attribution.[(862)]

The question of the unconstitutionality or invalidity of statutes could only be brought before the Constitutional Tribunal in an abstract way through a "recourse of unconstitutionality of statutes",[(863)] without any relation to a particular case. Thus the method for seeking judicial review was a direct one through a direct action exercised only by some legislative and judicial state organs: the Chambers of the National Assembly, the Supreme Court, the Supreme Administrative Court and the Electoral Tribunal.[(864)]

The Constitutional Tribunal did not have *ex-officio* powers on constitutional issues [(865)]18) and the action could only be brought before the Tribunal within a period of 3 years following the publication of the statute.[(866)]

Finally, the effects of the decision of the Constitutional Tribunal were *erga omnes* and *ex-nunc*, *pro-futuro*, from the day of the publication of the decision.[(867)]

Due to its permanence and its reestablishment in 1945 the Austrian Constitutional Tribunal, created in the 1920 Constitution, was to be the leading institution of the "European" concentrated system of judicial review. Hans Kelsen, a member himself of the Constitutional Tribunal until 1929, formulated the original general trends of the institution, very similar to the Czechoslovakian one. They were reviewed by the constitutional amendments of 1925 and 1929, the latter being a fundamental one which gave the Tribunal its actual shape embodied in the 1945 Constitutional Law which has also been amended many times.[(868)]

2. The Austrian Constitutional Tribunal

The Austrian Constitutional Tribunal is regulated in the 1945 Constitution[(869)] as a constitutional organ established separate from the Judicial Power. Its basic

---

(860) Art. III, 2 of the Introductory Law to the Constitution

(861) Law of the Constitutional Tribunal of 9 March 1920.

(862) *Cf.* P. CRUZ VILLALON, *loc. cit.*, p. 135.

(863) Art. 121, a) of the Constitution.

(864) Art. 9, Law of the Constitutional Tribunal.

(865) *Cf.* P. CRUZ VILLALON, *loc. cit.*, p. 138.

(866) Art. 12. Law of the Constitutional Tribunal.

(867) Art. 20. Law of the Constitutional Tribunal.

(868) *Cf.* E.A. GARCIA, *loc. cit.*, p. 413; M. CAPPELLETTI, *op. cit.*, p. 71; F. ERMACORA, "Procédures et techniques de protection des droits fundamentaux. Cour Constitutionnelle autrichienne", in L. FAVOREU (ed.) *Cours constitutionnelles européennes et droit fundamentaux*, 1982, p. 189.

(869) Arts.137-148, Constitution of I May 1945. See a Spanish version of the Constitution in I. MÉNDEZ DE VIGO, "El Verfassungsgerichthof (Tribunal Constitucional Austríaco)", *Boletín de Jurisprudencia Constitucional*, Cortes Generales, 7, Madrid 1981, pp. 555-560.

regulations are established in the special Federal Law of the Constitutional Tribunal of 1953 modified on various occasions[(870)] and in the Interior Rules of the Tribunal enacted by itself[(871)] in accordance with its auto-regulatory power, which confirms its independence in the political system.

It is conceived as a constitutional organ independent of the other organs of the state, although its members are appointed by the executive power with participation of the legislative power.[(872)] In accordance with article 147 of the Constitution, the Tribunal is composed of a President, a Vice-President, twelve members and six alternate members. The President, the Vice-President, six members and three alternate members are appointed by the President of the Republic following a proposal from the Federal Government, and they must be chosen from among magistrates, public officers and University Law professors. The other six members and the other three alternate members are appointed by the President of the Republic following a proposal formulated by the National Council and the Federal Council, which are the legislative organs.

Consequently, the appointment of the members of the Tribunal follows the normal political rules of the country and the normal influence of the political parties,[(873)] which was clearly envisaged by Kelsen in 1928, when referring to the danger of political influence over the activities of the Tribunal. He said:

> If this danger is particularly important, it is preferable to accept the legitimate participation of the political parties in the formation of the Tribunal, rather than its hidden and uncontrollable influence...[(874)]

Nevertheless, the constitution has established various restrictions to secure the impartiality of the Tribunal members establishing a marked participation of the legal profession,[(875)] and forbidding the members of the government or of the legislative organs or the principal leaders of the political parties to be members of the Tribunal. In particular, concerning the President and Vice-President of the Tribunal, they must not have occupied a political position for at least four years previous to their appointment.[(876)]

In a different way to the Czechoslovakian antecedent in which the Constitutional Tribunal was conceived exclusively as a constitutional judge, the Austrian Constitutional Tribunal combines its functions of judicial review, with other powers related to political and organic matters. These other attributions are the following:

---

(870) Law n° 85, 1953. See in T. OHLINGER, *Legge sulla Corte Costituzionale Austriaca*, Firenze, 1982.

(871) Art. 148 of the Constitution. The Internal Regulation of the Tribunal of 1946, can be seen in T. OHLINGER, *op. cit*, p. 137.

(872) See the general considerations made in this respect by H. KELSEN, *loc. cit.*, pp. 226-227.

(873) F. ERMACORA, *loc. cit.*, pp. 190-191.

(874) H. KELSEN, *loc. cit.*, p. 227.

(875) Art. 147.3. *Cf.* H. KELSEN, *loc. cit.*, p. 227.

(876) Art. 147.4.

In the first place, a series of jurisdictional powers to settle controversies in which the political bodies of the Federal state are involved. Some of these controversies are derived from the Federal system and the vertical distribution of state power, and are as follows:

First, the Constitutional Tribunal has jurisdiction regarding patrimonial actions against the Federation, the States, (*Lander*) the districts, the municipalities or associations of municipalities, when they could not be resolved in an ordinary judicial procedure or by administrative resolution.[877] Therefore, these actions are exceptional and suppletory and are referred to patrimonial relations regulated by public law.[878]

Second, the Constitutional Tribunal has jurisdiction to resolve all conflicts between constitutional organs, and particularly, conflicts of jurisdiction between administrative and judicial authorities; conflicts of jurisdiction between courts, and in particular, the conflict over the distribution of state powers in the vertical way, between the Federation, and the *Lander*, or between the *Lander*.[879] It must also be said that regarding conflicts between the Federation and member states, article 138, paragraph 2 of the Constitution attributes the Constitutional Tribunal specific powers concerning the interpretation of the Constitution to determine when hearing a request of the Federal or States government before a concrete conflict has arisen, whether the regulation of a specific matter is constitutionally assigned to the Federal legislator or to the States legislatures. In this case, the decision prevents disputes over the powers attributed in the vertical distribution of state power, because it is adopted before any state act is issued, and by adopting it the constitutional tribunal is empowered to interpret the constitution on those matters.[880]

Finally, regarding the federal conflicts of powers, the third attribution of the Constitutional Tribunal is to interpret agreements adopted between the different levels of the Federal state, particularly between the Federation and the *Lander* or between the *Lander*, all as a result of the cooperative federalism system followed in Austria.[881]

In the second place, the Constitutional Tribunal has another series of jurisdictional powers regarding elections and referenda. First the Tribunal is empowered to decide upon actions that could be brought before it against the election of the President of the Federation, of the representatives to the Assemblies, of the representatives of the organs of the Professional Associations, and against the elections of government officials to the *Lander* and at municipal level. It also has jurisdiction to resolve the loss of the respective mandate of

(877) Art. 137.

(878) *Cf.* E. ALONSO GARCÍA, *loc. cit.*, pp. 421-422.

(879) Art. 138.

(880) *Cf.* F. ERMACORA, *loc. cit.*, p. 191. In this case it is considered that the Constitutional Tribunal exercises a "previous judicial review of status": W.K. GECK, "Judicial Review of Statutes: a Comparative Survey of Present Institution and Practices", *Cornell Law Quarterly*, 51, 1966, p. 266.

(881) Art. 138.a. and 15,a.

elected representatives.(882) On the other hand, the Tribunal also has jurisdiction to decide upon any claim against the result of a referendum directed to approve certain laws.(883)

In the third place, the Constitutional Court also has jurisdiction to decide upon accusations brought before it, against the supreme organs of the Federation or of the *Lander*, based on constitutional liability derived from illegalities,(884) the decision of which could produce the loss of office and even the temporal loss of political rights.(885)

Finally, in the fourth place, the Constitutional Tribunal is empowered to act as a constitutional judge controlling the constitutionality of laws, executive regulations and Treaties, and also granting constitutional protection against the violation of fundamental rights. These final attributions are directly related to judicial review.

3. The Constitutional Tribunal and Judicial Review

In effect, among the various jurisdictional powers of the Constitutional Tribunal in the Austrian system, the Constitution assigns it the role of constitutional judge, with power to review the constitutionality of statutes, treaties and executive regulations, in a concentrated way, which can be sought by two methods: principal and incidental.

The first aspect to be noticed in the Austrian system is that the exclusive power to review the constitutionality of state acts assigned to the Constitutional Tribunal, not only includes legislative acts, but also treaties and executive regulations.

Regarding legislative acts, judicial review refers to federal and *Lander* statutes(886) and concerning international treaties, the Constitutional Tribunal has had the power to decide upon their "illicity" or unconstitutionality only since 1964.(887) In both cases, the state acts object of judicial review can be considered acts issued in direct execution of the constitution, regarding which the control of constitutionality is the consequence of the hierarchical expression of the legal order.(888) In accordance with that scheme, judicial review of executive regulations, normally subordinated to the legislation, is generally attributed in Europe to the administrative jurisdiction and not to the Constitutional Courts.

But in spite of such general trends according to H. Kelsen's thought on the matter, judicial review of executive regulations in Austria is also attributed to the Constitutional Tribunal. In this respect, Professor Kelsen said:

---

(882) Art. 141.
(883) Art. 141,3.
(884) Art. 142.
(885) Art. 142.4.
(886) Art. 140,1.
(887) Art. 140.a.*Cf.* H. KELSEN, *loc. cit.*, p. 232.
(888) *Cf.* H. KELSEN, *loc. cit.*, pp. 228-231.

> Without doubt these executive regulations are not acts immediately subordinate to the Constitution; their irregularity immediately consists of their illegality and only in a mediate way, their constitutionality. If, in spite of that, we propose to extend the attributions of the constitutional jurisdiction to them, it is not due to the mentioned relativity of the opposition between direct and indirect constitutionality, but taking into consideration the natural boundary between general and particular juridical acts.[(889)]

Consequently, according to Kelsen, only the particular acts of state (administrative or judicial) were to be excluded from constitutional jurisdiction.[(890)] Thus, executive regulations, or administrative acts with general effects, were also submitted to the jurisdiction of the Constitutional Tribunal. And this happened in Austria, where the Constitution assigns power to the Tribunal to decide upon the "illegality" of the decrees of the federal or *Lander* authorities and even of the ordinances at local level and the general regulations of professional associations.[(891)]

4. Methods of Control and the *Ex-Officio* Powers of the Constitutional Tribunal

According to the Constitution, there are two basic methods for seeking the jurisdiction of the Constitutional Tribunal, through a direct petition or action and in an incidental way, although in its original 1920 feature, the only established method was the principal one, exercised through a petition reserved only to certain political organs of the state.[(892)] The 1929 and 1975 constitutional reforms enlarged the standing requirements to interpose the direct petition, and in 1929 the incidental method of judicial review was also established. Additionally, the Constitutional Tribunal has been empowered by the constitution to raise constitutional issues *ex-officio*. It is also possible to distinguish another method of seeking judicial review, this time, indirect, as a consequence of the exercise of the constitutional protection actions or complaints regarding fundamental rights. Thus, five different methods seeking judicial review can be distinguished in the Austrian system.

A. Direct Petition for Unconstitutionality

The first method is the direct petition for unconstitutionality of statutes that can be brought before the Constitutional Tribunal, as follows: regarding federal statutes, at the request of the government of the *Lander* or of one third of the members of the National Council (Parliament); and regarding the *Lander* statutes, at the request of the Federal government, the Constitutions of the Lander being

---

(889) *Idem*, p. 230.
(890) *Idem*, p. 233.
(891) Art. 139, 1. *Cf.* E. ALONSO GARCÍA, *loc. cit.*, p. 434.
(892) *Cf.* M. CAPPELLETTI, *op. cit.*, pp. 72- 73.

authorised by the Federal Constitution to give the right to petition to one third of the members of their legislatures.[(893)] It must be noted that by granting standing to interpose the direct petition to one third of the representatives in the legislative bodies, the 1975 constitutional reform has given the opposition a means for controlling the laws adopted by the majority,[(894)] following the trends developed in other European countries.

Regarding executive regulations, the direct petition of illegality can be brought before the Constitutional Tribunal, by the governments of the *Lander* if the object of judicial review is a federal decree; and if it is a decree of the Lander executive authorities, by the Federal Government and also by the municipalities regarding executive acts of local government control.[(895)]

Regarding international treaties, the Constitution disposes the analogous application of the previous mentioned rules, differentiating between Treaties approved by the National Council and those enacted by executive means.[(896)]

B. Direct Action of Unconstitutionality

Nevertheless, in the Austrian system the direct request for unconstitutionality is not only reserved to political organs. Since the 1975 constitutional reform, a direct action or recourse has also been granted to individuals who can bring it directly before the Constitutional Court, but only when they deem their rights directly violated by a statute or an executive regulation. It is necessary that the norm in question be directly applicable to them, without any other further judicial decision or individual administrative act.[(897)] In this case, the claimant must express in his action, how the statute, without any further judicial decision or administrative act, can really affect his rights directly. Therefore, this action or constitutional complaint, is not an *actio popularis*, which was not recommended by Kelsen for the purpose of judicial review,[(898)] on the contrary, it is an action submitted to specific requirement for standing.

On the other hand, the action cannot be brought directly before the Constitutional Tribunal against a statute, if there have been judicial decisions or administrative acts enforced in application of the said statute. Therefore, if any possibility of an administrative or judicial decision to be produced in a reasonable degree still exists, recourse must first be interposed against those decisions before the Administrative Court, or other Court of Justice or even the Constitutional Court itself. In those cases, the constitutional issue could be raised in an incidental way or *ex-officio* by the Constitutional Court.[(899)]

---

(893) Art. 140, 1.
(894) Art. 139, 1.
(895) *Cf.* L. FAVOREU, *loc. cit.*, p. 1152.
(896) Art. 140, a.
(897) Art. 140, 1
(898) H. KELSEN, *loc. cit.*, p. 245.
(899) *Cf.* L. FAVOREU, *loc. cit.*, p. 1153.

C. Incidental Method for Judicial Review

The constitutional question concerning state acts cannot only be brought before the Constitutional Tribunal through a direct petition or action. Since the 1929 constitutional reform an incidental method for judicial review has been established in Austria, enlarged later, in 1975.

According to the constitution, the constitutional question regarding statutes, could reach the Constitutional Tribunal by a referral formulated by the administrative court, the supreme court of justice or any court of appeal when they must apply the law in a concrete proceeding.(900) Regarding executive regulation, the constitutional question through the incidental means for its annulation, could be brought before the constitutional tribunal by any court.(901)

In such cases, the incidental referral formulated before the Constitutional Tribunal has suspensive effects regarding the concrete proceeding in which the constitutional question has been raised, which could only be continued after the constitutional tribunal's judgment has been adopted.(902)

Even though the supreme courts and the courts of appeal do not have judicial review power in the Austrian system, which is concentrated, this incidental means for judicial review gives them in a certain way, as Professor Cappelletti pointed out, not only the power but the duty "not to apply laws whose constitutionality is in doubt, without having first heard the binding judgment of the Constitutional Court,"(903) which means that those courts have the power to appreciate the unconstitutionality of legislation, though not to annul laws.

D. *Ex-Officio* Powers for Constitutional Review

Apart from the two principals and from the incidental methods of judicial review, the Constitution empowers the Constitutional Tribunal to raise on its own initiative, any constitutional question regarding statutes and executive regulations, in cases developed before the Tribunal, in which a statute or an executive regulation must be applied for resolution.(904) This could be considered as a fourth method of judicial review in the Austrian system also envisaged by Hans Kelsen(905) although it is not unlimited. The Constitution establishes that even though the Tribunal could have the conviction that a statute is unconstitutional because it was enacted in an unconstitutional way, if the complete annulment of the statute could mean a manifest prejudice against the juridical interests of the individual claimant in a direct action, or of the plaintiff in the proceeding in

---

(900) Art. 140.1.
(901) Art. 139.1.
(902) Art. 57 Law of the Constitutional Tribunal.
(903) M. CAPPELLETTI, *op. cit.*, p. 74.
(904) Art. 139, 1 and 140.1, 3.
(905) H. KELSEN, *loc. cit.*, p. 247.

which an incidental question was brought before the Tribunal, it must not annul the statute.[(906)]

E. Indirect Means for Judicial Review and the Protection of Fundamental Rights

Finally, in the Austrian system a fifth method of judicial review can be distinguished through which the Constitutional Tribunal could be called upon to decide upon the unconstitutionality of statutes, in an indirect way, as a consequence of the exercise of a direct recourse or complaint for constitutional protection of fundamental rights.

In effect, the Constitution established the right of individuals to bring before the Constitutional Tribunal recourses or complaints against administrative acts when the claimant alleges that they infringe a right guaranteed in a constitutional law.[(907)] This is the basic rule that has contributed to the development of a special judicial means of protection of fundamental rights in Europe, although in a concentrated way which establishes the difference with the recourse for protection developed in Latin American countries.

However, the relation between this recourse for protection of fundamental rights against administrative acts of particular effect and judicial review of constitutionality, is that it could also be based on the allegation that the administrative act prejudiced the claimant because it has applied an illegal decree, an unconstitutional law or an international treaty contrary to the rule of law,[(908)] in which cases the Constitutional Tribunal must decide upon the constitutional issue.

5. Effects of Judicial Review

In all these five methods of judicial review of legislation the decision of the Constitutional Tribunal upon the constitutionality of statutes and decrees, when declaring the unconstitutionality of state acts, has *erga omnes* effects, thus binding on all the courts and administrative authorities.[(909)] The decision has also *constitutive* effects in the sense that it annuls the statute or the decree, *pro-futuro*, *ex-nunc*.

Nevertheless, the Tribunal has powers to annul statutes or decrees already repealed, thus without formal validity,[(910)] which, in principle, supposes the retroactive effects of the judicial review, this being an exception to the *ex-nunc* effects.

Anyway, according to the general rule of prospectiveness, proposed as a matter of principle by Hans Kelsen,[(911)] the factual situations or the situations verified

(906) Art. 140, 3.
(907) Art. 144.
(908) Art. 144.
(909) Art. 139, 6; 140, 7.
(910) Art. 139, 4; 140, 4. *Cf.* H. KELSEN, *loc. cit.*, p. 234.

before the annulment of the statute or decree, will continue to be submitted to its regulation, except in the case considered in the decision, unless the Tribunal decides otherwise.(912) Thus, the Tribunal in its own decision can temper the possible negative consequences of the *ex-nunc* rule.

But in general the effects of the Tribunal decision only begin the day of the publication of the consequent repeal of the annulled act, by the executive authority concerned, unless the Tribunal establishes a delay for the expiration of the effects of the annulled act(913) not in excess of one year. In such cases, and on a purely discretionary basis, the Tribunal can postpone the beginning of the ex-nunc effects due to the annulment of the statute.

On the other hand, concerning statutes, their annulment could bring about a situation in which other statutes previously repealed by the annulled one, will restart their validity beginning the day in which the annulment is effective, unless the Tribunal decides otherwise,(914) which confirms the *ex-nunc* effects.

Finally, regarding treaties, the Constitutional Court has no power to annul them directly when unconstitutional, but must only declare their unconstitutionality which implies, first that the treaty could not be applicable from the day in which the decision is made public by the state organ which is due to execute it, unless the tribunal fixes a delay in which the treaty could continue to be applied;(915) and second, that if the treaty is due to be applied by laws or decrees, any of these will cease to have effects.(916)

III. JUDICIAL REVIEW IN THE FEDERAL REPUBLIC OF GERMANY: THE FEDERAL CONSTITUTIONAL TRIBUNAL

1. The Weimar Antecedents

Also after the Second World War, and under the federal Constitution of *Weimar* of 11 August 1919, the basic elements for the development of a constitutional system of judicial review were established in Germany, although dispersed

(911) H. KELSEN, *loc. cit.*, p. 242. For instance, regarding the Austrian system, L. Adamouch stated in 1954: "To the decision of the Constitutional Tribunal which declares that the unconstitutionality of a statute, one cannot assigne a simple declarative value; it do not establishes that a concrete statute has been null from its origin, whose effects are to be nul *ex-tunc*, that is to say, as it were an act without any juridical value from its origin; on the contrary, the decision of the Constitutional Tribunal only annules the unconstitutional statute, that is to say, destroys *ex nunc* its juridical existence, exactly as it would have been abolished by a successive legislative act, and as that this act would have ended its juridical existence." in "Esperienza della Corte Constituzionale della Republica Austriaca", *Revista italiana per la scienze giuridiche*, Milan 1954.

(912) Art. 139, 6; 140, 7.

(913) Art. 139, 5; 140, 5.

(914) Art. 140, 6.

(915) Art. 140 a, 1.

(916) Art. 140 a, 2.

among a set of courts and tribunals. In particular, a limited system of concentrated judicial review can be found within the powers attributed to the Tribunal of the Empire (*Reichsgericht*), the highest court in the ordinary judiciary, which had powers to resolve the compatibility of laws passed by member states of the Federation (the *Lander*) with Imperial legislation.[917] Another special court, the Tribunal of state Justice (*Staatsgerichthof*), had the special task of resolving constitutional litigation arising within a *Lander* which lacked special courts to do so; also, public law conflicts arising between different *Lander* or between the Empire and one *Lander*, when these cases fell outside the jurisdiction of any other court of justice of the Empire.[918] This Tribunal of state Justice was also empowered to try accusations against the President, the Chancellor and the Imperial Ministers, for infractions of the Constitution.[919]

But during the *Weimar* Republic, discussions were developed regarding the powers of all courts to control the constitutionality of laws when deciding cases submitted for their decision, and the Tribunal of the Empire adopted particular judicial decisions in this respect.

The decision of the *Reichsgericht* of 4 November 1925 is famous. In it, the Tribunal in accordance with article 102 of the Constitution which established the submission of the judges to the laws, stated:

> The submission of the judge to the law does not exclude the power of the judge to question the validity of statutes of the Empire or of certain of its dispositions when they are in opposition to other pre-eminent dispositions that must be observed by the judge. This is the case when a statute is in opposition to a juridical principle established in the Imperial Constitution...[920]

And the Imperial Tribunal concluded in a way which can be considered as the general admission of the diffuse system of judicial review in Germany by stating in a very similar way to what was stated in the *Marbury* v. *Madison* case:[921]

> The Imperial Constitution, not containing any disposition in accordance to which the decision upon the constitutionality of a statute of the Empire would have been taken away from the judges and transferred to another specific organ, the power and the duty of the judge to examine the constitutionality of statutes of the Empire must be recognised.[922]

(917) Art. 13 of the Constitution. *Cf.* the text in F. RUBIO LLORENTE, "E1 Tribunal Constitucional alemán", *Revista de la Facultad de Derecho*, UCV, 18, Caracas 1959, p. 116; J.C. BÉGUIN, *Le contrôle de la constitutionnalité des lois en Republique Fédérale d'Allemagne*, Paris 1982, p. 19; F. SAINZ MORENO, "Tribunal Constitucional federal alemán", *Boletín de Jurisprudencia Constitucional*, Cortes Generales, 8, Madrid 1981, p. 603; G. MÜLLER, "E1 Tribunal Constitucional federal de la República Federal de Alemania", *Revista de la Comisión Internacional de Juristas*, Vol VI, Ginebra 1965, p. 222.

(918) Art. 19 of the Constitution.

(919) Art. 59.

(920) See the quotations in C.J. FRIEDRICH, "The Issue of Judicial Review in Germany", *Political Science Quarterly*, 43, 1928, p. 188; H.G. RUPP, "Judicial Review in the Federal Republic of Germany", *The American Journal of Comparative Law*, 9, 1960, p. 31; J.C. BÉGUIN, *op. cit.*, p. 15.

(921) H.G. RUPP, *loc. cit.*, p. 31.

(922) See note 4, supra.

Anyway the situation of the system up to 1933 was not completely clear, and judicial review of federal laws by all courts, particularly lower courts whose decisions were unable to be reviewed through appeals by the Supreme Court, was not always accepted and was frequently criticised.[(923)] This led to an important change in the establishment of a system of constitutional justice in West Germany, in the Constitution of the Federal Republic of Germany of 23 May 1949.

2. Concentrated System of Judicial Review in West Germany and its Coexistence with a Limited Diffuse System of Review

In effect, the Constitution of 1949 created a Federal Constitutional Tribunal which, although being part of the Judicial Power as are all other federal and *Lander* courts[(924)] is considered the "supreme guardian of the Constitution"[(925)] having "the last word on the construction of the Federal Constitution."[(926)] Thus it is the state organ in which all constitutional jurisdictional questions have been concentrated.

To accomplish this role of constitutional judge, the Federal Constitutional Tribunal was organised in the federal law referred to in the Constitution[(927)] as a constitutional organ of the Federation, "autonomous and independent regarding all other constitutional organs,"[(928)] even with self-regulatory powers.[(929)]

The status of the Federal Constitutional Court, as a constitutional organ, is also reflected in its composition. According to the Constitution, its members are elected by the fundamental politico-representative organs of the Federation: the *Bundestag* (National Council) and the *Bundesrat* (Federal Council), in equal numbers in each case, but the elected members may not be members of both Councils or of the Federal government nor of any of the corresponding organs of a Land.[(930)] All the members of the Tribunal are considered to be federal judges, although only a proportion of them must be elected from active federal judges.[(931)]

---

(923) *Cf.* J.C. BÉGUIN, *op. cit.*, p. 13-21; H.G. RUPP, *loc. cit.*, p. 32; M. CAPPELLETTI, *Judicial Review in Contemporary World*, Indianapolis 1971, pp. 50-51-59,64.

(924) Art. 92.

(925) G. MÜLLER, *loc. cit.*, p. 216; F. SAINZ MORENO, *loc. cit.*, p. 606.

(926) H.G. RUPP, "The Federal Constitutional Court and the Constitution of the Federal Republic of Germany", *Saint Louis University Law Journal*, Vol XVI, 1971-1972, p. 359.

(927) Art. 94,2. The Law on the Organization and Procedure of the Federal Constitutional Tribunal (FCT. Law) was published the 12 March 1951. See the whole text in F. RUBIO LLORENTE, *loc. cit.*, pp. 125-167. The Law has been modified in various opportunities: 1956, 1959, 1963 and 1970. The present text up to date is of 3 February 1971, modified in 1974 and 1976. *Cf.* F. SAINZ MORENO, *loc. cit.*, p. 604.

(928) Art. 1,1 FCT Law.

(929) Art. 30, 2 FCT Law, The Interior regulation of the Tribunal was published in 1975 and reformed in 1978.

(930) Art. 94, 1. Constitution.

(931) The Tribunal is divided in two Chambers (*Senaten*), each one with 8 judges, three of them elected from active federal judges. Arts. 4, 5. FCT Law.

Based on all these constitutional provisions regarding the organisation, composition and powers of the Federal Constitutional Court it has been considered by one of its former Presidents, a "neutral power" within the state. It has a constitutional pre-eminence over all other state organs, particularly because of the various powers that the Constitution assigns it related to constitutional justice and judicial review powers, and which has also been considered, as "not having been conferred to any other constitutional tribunal, or supreme court" in any other country.[(932)]

The Federal Constitutional Tribunal, therefore, is the expression of a concentrated system of judicial review, particularly of federal and *Lander* statutes, established to "protect the legislator against the ordinary judicial power",[(933)] but its establishment did not eliminate completely the diffuse system of judicial review in West Germany, which in a limited way is exercised by all courts. In other words, according to the general trend in all concentrated systems of judicial review, the concentration of the powers of constitutional justice in one single organ, is only established regarding certain state acts, with the result that in relation to all other state acts not specified in the concentrated powers, the supremacy of the constitution allows all the other courts to control their constitutionality in a diffuse way. This general trend is followed in the West German system.

In effect, according to article 93, section 2 of the Federal Constitution, in matters of judicial review of legislation, the Federal Constitutional Tribunal has the exclusive power to review the constitutionality of federal laws and laws of the *Lander*, but considering as such, the laws that have been passed by the legislators established in the 1949 Constitution. Therefore, statutes adopted before 1949, can be the object of judicial review in a diffuse system by all courts, as well as executive regulations or normative decrees, whose constitutional judicial review is not reserved to the Federal Constitutional Tribunal.[(934)] Nevertheless, pre-constitutional legislation can be constitutionally reviewed by the Federal Constitutional Tribunal but only by means of the direct action which leads to the abstract control of norms [(935)]

Therefore, the West German constitutional system has established a concentrated system of judicial review by attributing exclusive powers to control the constitutionality of state acts, and particularly of legislation to the Federal Constitutional Tribunal. It has also established so by allowing the ordinary courts the power of review in a diffuse system regarding pre-constitutional legislation and executive regulations.

On the other hand, it must also be stressed that as a consequence of the federal system, the Federal Constitution has not reserved the absolute monopoly of the concentrated system of judicial review to the Federal Constitutional Court. In

(932) G. MÜLLER, *loc. cit.*, pp. 216-221.
(933) J.C. BEGUIN, *op. cit.*, p. 93.
(934) *Cf.* G. MÜLLER, *loc. cit.*, p. 233; J.C. BEGUIN, *op. cit.*, p. 69, 94.
(935) *Cf.* G. MÜLLER, *loc. cit.*, p. 234.

general, each *Lander* has its own constitutional court empowered to control the violations of the *Lander* constitutions and to settle constitutional litigations within each *Lander*.(936)

3. Federal Constitutional Tribunal as a Constitutional Jurisdiction

But at the federal level, the Federal Constitutional Tribunal as the supreme guardian of the Constitution, has the monopoly of its defence derived from a very wide range of powers attributed to it in the Constitution, and in accordance with which, in the federal law which regulates its functioning and organisation.(937) These powers, all of a jurisdictional nature, can be classified into six groups of attributions through which the tribunal guarantees the protection of the politico-constitutional order; the distribution of state powers; the electoral representative character of the political system; the protection of fundamental rights; the interpretation of the Constitution, and control of the constitutionality of all normative state acts.

The first group of jurisdictional powers of the Federal Constitutional Tribunal relates to what may be called the protection of the politico-constitutional order embodied in the Constitution, or in other words, the protection of the state against actions taken by political parties, individuals or public officials. In relation to political parties, which in the constitutional system of the Federal Republic are the main means by which "the political will of the people"(938) is formed, the Constitutional Tribunal is empowered to declare them unconstitutional, when

> By reason of their aims or the behaviour of their adherents (they) seek to impair or destroy the free democratic basic order or to endanger the existence of the Federal Republic of Germany.(939)

The protection of the state against individuals is regulated in the Constitution particularly as a consequence of the abuse of the exercise of certain freedoms and liberties, which could endanger the constitutional order. In this respect, the Federal Constitutional Tribunal is empowered(940) to decide upon the deprivation of the freedom of speech, especially the freedom of the press, the freedom of education, the freedom of assembly, the freedom of association, the secrecy of mail, post and telecommunications, property and the right of asylum, by those who abuse those rights by using them to fight against the fundamental and free democratic order, and who consequently make themselves unworthy of those freedoms.(941)

---

(936) *Cf.* J.C. BEGUIN, *op. cit.*, p. 27, 43-46.

(937) Art. 93, Constitution.

(938) Art. 21, 1 Constitution.

(939) Art. 21, 2. Constitution. In 1952 and 1956, the Tribunal declared unconstitutional a neo-nazi party (*sozialistischen Reichspartei*) and the communist party (*Kommunistische Partei Deutschlands*). *Cf.* he reference in F. SAINZ MORENO, *loc. cit.*, p. 622.

(940) Art. 18 Constitution.

(941) Art. 36-42 FCT Law.

Finally, regarding state officials, the Constitutional Tribunal functions as protector of the state being empowered to take cognisance of accusations brought against the Federal President by the *Bundestag* or the *Bundesrat* for voluntary infraction of the Constitution or of other federal laws;[(942)] and of accusations brought against federal judges who undermine the principles of the Constitution, or the constitutional order of a Land.[(943)]

The second group of constitutional jurisdictional powers of the Federal Constitutional Tribunal relates to the institutional functioning of the state and empowers the tribunal to resolve constitutional conflicts and litigations regarding the vertical and horizontal distribution of state powers.

In this respect, regarding the federal form of the state, the Tribunal has jurisdiction in cases of "difference of opinion over the rights and duties of the Federation and the *Lander*, particularly in the execution of federal law by the Lander and in the exercise of federal supervision;"[(944)]28) and "on other disputes involving public law, between the Federation and the *Lander*, between different *Lander* or within a *Lander*, unless recourse to another court exists."[(945)]

But also in relation to the vertical distribution of powers, the Constitutional Tribunal has jurisdiction to resolve conflicts between the Federal and *Lander* powers and the municipalities, in the sense that it shall decide "on the complaints of unconstitutionality, entered by municipalities or association of municipalities on the grounds that their right to self-government... has been violated by a law other than a Land law open to complaint to the respective Land Constitutional Court."[(946)] This competence leads directly to one of the means of judicial review of legislation.

On the other hand, regarding the horizontal distribution of state power, that is to say, the resolution of conflicts between the constitutional organs of the Federation, the Federal Constitutional Tribunal shall decide upon the interpretation of the Constitution, "in the event of disputes concerning the extent of the rights and duties of a highest federal organ or of other parties concerned who have been vested with rights of their own by the Constitution or by a regulation of a highest federal organ."[(947)]

These "highest federal organs" whose conflicts must be decided upon by the Tribunal, are the *Bundestag*, the *Bundesrat*, the President of the Federation, the Federal Government and the Permanent Commission of the *Bundestag*. The political parties have also been considered as having quality to allege violations to their rights as participants in constitutional life.[(948)]

(942) Art. 61 Constitution.
(943) Art. 98, 2 Constitution.
(944) Art. 93, (1), 3 Constitution.
(945) Art. 93, (1), 4 Constitution.
(946) Art. 93, (1), 46 Constitution.
(947) Art. 93, (1), 1 Constitution.
(948) J.C. BÉGUIN, *op. cit.*, p. 40.

The third group of constitutional jurisdictional powers attributed to the Federal Constitutional Tribunal concerns the electoral-representative basis of the political system, in relation to which the Tribunal must resolve "the claims against the decisions of the *Bundestag* over the validity of an election or the acquisition or loss of the condition of representative to the *Bundestag*";(949) and also, the recourses against *referenda* when a new division of the federal territory is adopted as a result of the modification of the boundaries of the *Lander*.(950)

The fourth group of constitutional jurisdictional powers assigned to the Constitutional Tribunal concerns the protection of fundamental rights and freedoms against the state. Specifically the Federal Constitution empowers the Tribunal to decide "on complaints of unconstitutionality", which may be entered by any person who claims that one of his basic constitutional rights has been violated by public authority.(951) This power of the Constitutional Tribunal established in the 1951 Statute of the Tribunal and only regulated in the 1969 amendment to the Constitution, has given rise to a very important recourse for the protection of fundamental rights against public authorities, as is the "trial for *amparo*" developed in Latin America called the "constitutional complaint" which has contributed to the consideration of fundamental rights and freedoms as a limit upon the powers of the state.

The fifth group of constitutional jurisdictional powers of the Federal Constitutional Court related to constitutional justice, concerns the interpretation and application of the Constitution and of federal legislation. Two attributions of the Constitutional Tribunal can be distinguished regarding the interpretation of the Constitution. First, the power of the Tribunal to decide cases in which a constitutional court of a *Lander*, when interpreting the Federal Constitution, intends to deviate from a decision previously made by the Federal Constitutional Tribunal or by the constitutional court of another *Lander*.(952) Second, the power of the Tribunal to resolve upon the continuity of the validity of a pre-constitutional law as federal law.(953)

Regarding the application of federal law, a third attribution of the Constitutional Tribunal may be distinguished regarding international law which in accordance with the Constitution forms part of the federal law.(954) In this respect, if in the course of a litigation before a court, doubt exists as to whether a rule of public international law is an integral part of federal law and whether such a rule directly creates rights and duties for the individual, the court shall obtain a decision from the Federal Constitutional Court.(955)

Finally, the sixth group of constitutional jurisdictional powers attributed to the Federal Constitutional Tribunal, as a constitutional judge, are the powers to

(949) Art. 41, 2 Constitution; Art. 13, 3 FCT Law.
(950) Art. 29 Constitution. *Cf.* G. MÜLLER, *loc. cit.*, p. 229.
(951) Art. 93, (1), 4,a). Constitution.
(952) Art. 100, 3 Constitution.
(953) Art. 126 Constitution.
(954) Art. 2,2 Constitution.
(955) Art. 100, 2 Constitution.

control the constitutionality of normative state acts, comprising legislative acts. It is precisely this function of verifying the constitutionality of normative state acts, in which the character of the Tribunal reveals itself in full, as the constitutional organ laid down in the Constitution for the purpose of judicial review of legislation.

For the accomplishment of these functions, the constitutional questions regarding normative acts of the state can reach the Constitutional Tribunal by three methods: a direct request or complaint brought before the Tribunal; an incidental referral placed before the Tribunal by a lower court; or through an indirect way when the Constitutional Tribunal must decide upon the unconstitutionality of a state act, for the resolution of another of the constitutional jurisdictional proceedings different to the abstract or concrete control of normative acts of the state.

4. Constitutional Control of Normative State Acts Through Direct Requests or Complaints

The first method established in the Federal Constitution for the purpose of judicial review of state normative acts is through the exercise of a direct request, action or complaint brought before the Federal Constitutional Tribunal with the purpose of seeking its decision exclusively upon the unconstitutionality of a statute or other normative act of the state.

This direct means for judicial review, according to the constitution, can be exercised through two specific actions: first, by a request formulated by some state organs, called the abstract control of norms; and second, by the exercise of a constitutional complaint brought by any person who claims that one of his fundamental rights has been violated by the specific statute or act, or by a Municipality who claims that its right to self-government has been violated by a federal law.

A. Request for the Abstract Control of Norms

The request for the abstract control of norms (*Die abstrakte Normenkontrolle*), that is to say, the exercise of judicial review powers by the Constitutional Tribunal without reference to a particular case or process, is established in article 93, section 1, N° 2 of the Constitution, when it states that the Constitutional Tribunal shall decide:

> In case of differences of opinion or doubts on the formal and material compatibility of federal law or *Lander* law with this Basic Law, or on the compatibility of *Lander* law with other federal laws, at the request of the Federal Government, of a *Lander* Government or of one third of the *Bundestag* members.[956]

(956) Also see Art., *76-88* FCT Law.

This power attributed to the Constitutional Tribunal has led to the development of what may be called an "objective" judicial review proceeding because it has as its only purpose the ensuring of the maintenance of the hierarchy system of norms, in an abstract way.[(957)]

As we said, the Constitution gives the right to formulate the request only to the Federal Government, the Government of a *Lander* and to one third of the *Bundestag* members,[(958)] allowing in the latter case the parliamentary minorities to have access to the Tribunal, and challenge the statutes approved by the majority. It also establishes that the representatives of the interested constitutional organs that have participated in the formation of the challenged normative act must be heard[(959)] by the Tribunal. Nevertheless, it must be said that in the proceeding there are no proper parties.[(960)]

The request, in fact, is formulated against a state act, not against a state organ, and the Constitutional Tribunal must decide the constitutional question in an abstract way, being allowed, moreover, to raise other constitutional questions *ex-officio* regarding the challenged act, or other of its articles.[(961)]

The objective character of the proceeding and the powers of the Constitutional Tribunal as a guardian of the Constitution are, furthermore, confirmed by the fact that even when a request is withdrawn by the state organ, the Tribunal can continue the proceeding when it is justified as being in the general interest.[(962)]

On the other hand, it must be said that this objective proceeding for the abstract control of the norms, refers to all normative state acts. Thus, it is not a proceeding for this sole purpose of judicial review of legislative acts in its formal sense, but can be referred to any other normative act of the state, including pre-constitutional statutes, executive normative decrees and international treaties and even, constitutional amendments.[(963)] In particular, all the statutes through which international treaties are approved, are subject to judicial review, and it has been applied, for example, in relation to state acts concerning the laws of the European Community.[(964)] But even though the general trend of judicial review of legislation in West Germany is its *a posteriori* character regarding treaties an exception to this principle is established, in the sense that the Constitutional Tribunal decision upon the constitutionality of its approving statute, must be adopted after its sanction but before the treaty begins its effects.[(965)]

---

(957) *Cf.* J.C. BÉGUIN, *op. cit.*, p. *60;* H.G. RUPP, "Judicial Review...", *loc. cit.*, p. *35;* G. MÜLLER, *loc. cit.*, p. 231.

(958) Art. 76 FCT Law.

(959) Art. 77 FCT Law.

(960) *Cf.* J.C. BEGUIN, *op. cit.*, p. 61*;* G. MÜLLER, *loc. cit.*, p. 231.

(961) Art. 78 FCT Law. *Cf.* J.C. BÉGUIN, *op. cit.*, p. 61*;* F. SAINZ MORENO, *loc. cit.*, p. 613.

(962) *Cf.* J.C. BÉGUIN, *op. cit.*, p. 61; F. SAINZ MORENO, *loc. cit.*, p. 613.

(963) *Cf.* J.C. BEGUIN, *op. cit.*, p. 63.

(964) L. CONTASTINESCO, "L'introduction et le contrôle de la constitutionnalité des traités et en particulier des traites européens en droit allemand", *Revue belge de droit international*, 2, 1969, pp. 425-459.

(965) *Cf.* F. SAINZ MORENO, *loc. cit.*, p. 613.

B. Constitutional Complaint Against Statutes

But the abstract control of norms, additional to the request formulated by state political organs, can also be exercised by the Federal Constitutional Tribunal as a result of a constitutional complaint that any person can bring before the Tribunal when he claims that one of his basic or fundamental rights has been directly violated by a normative state act. This "constitutional complaint", only constitutionalised in 1969 was originally established in the 1951 Federal Statute of the Constitutional Tribunal,(966) and is conceived as a special judicial means for the protection of fundamental rights and freedoms against any action of the state organs which violates them. Therefore, it is not a specific action only directed to obtain judicial review of legislation, but it can be used for that purpose, when exercised against a statute.

The constitutional complaint after the 1969 constitutional amendment is expressly established in article 93, section 1, N° 4a of the Constitution when attributing the Federal Constitutional Tribunal power to decide:

> On complaints of unconstitutionality, which may be entered by any person who claims that one of his basic rights or one of his rights under paragraph (4) of article 20, under articles 33, 38, 101, 103, or 104 has been violated by public authority.(967)

Therefore, the constitutional complaint can be brought before the Tribunal against any state act, whether legislative, executive or judicial, but in all cases, it can only be exercised once the ordinary judicial means for the protection of the fundamental rights that have been violated, are all exhausted.(968) Consequently, the constitutional complaint is a subsidiary mean of judicial protection of fundamental rights,(969) and if there are other judicial recourses or actions that can serve the purpose of protecting fundamental rights, the constitutional complaint is not admissible, except when the Constitutional Tribunal considers the matter as being of general importance or when it considers that the claimant is threatened by a grave and irremediable prejudice if it is sent to the ordinary judicial means for protection.(970)

As we said, the constitutional complaint can be exercised directly against a statute or any other normative state act on the grounds that it directly impairs the fundamental rights of the claimant. In that case, it leads directly to the exercise of a judicial review of normative state acts function by the Constitutional Tribunal. As a result of this constitutional complaint, the statute when unconstitutional must be declared null. (971)

---

(966) Art. 90. FCT Law.

(967) See also Arts. 90-96 FCT Law.

(968) Art. 90, 2 FCT Law.

(969) Art. 19.4 of the Constitution establishes in general that "Should any person's rights be violated by public authority resource to the courts shall be open to him. If jurisdiction is not specified, recourse shall be to the ordinary courts."

(970) Art. 90, *2* FCT Law.

(971) Art. 95, 3, B FCT Law.

The basic condition for the admissibility of constitutional complaints against laws is, of course, the fact that the challenged statute or normative state act, must personally affect the claimant's fundamental rights, in a direct and current way, without the need for any further administrative application of the norm. On the contrary, if this further administrative application is needed, he must wait for the administrative execution of the statute and complain against it. This direct prejudice caused by the normative act on the rights of the claimant, as a basic element for the admissibility of the complain, justifies the delay of one year after its publication established for the introduction of the action before the Tribunal.[(972)] It also explains the power of the Constitutional Tribunal to adopt provisional protective measures regarding the challenged statute, *pendente litis*, in the sense that the Tribunal can even theoretically, suspend the application of the challenged law.[(973)]

Finally, regarding this constitutional complaint, article 93, section 1, N° 4b of the Constitution, also empowers the constitutional tribunal to decide:

> On complaints of unconstitutionality, entered by communes (municipalities) or association of communes (municipalities) on the ground that their right to self-government under article 28 has been violated by a law other than a *Lander* Law open to complaint to the respective land constitutional court.

Hence, the direct constitutional complaint against laws is not only attributed to individuals for the protection of their fundamental rights, but also to the local government entities, for the protection of their autonomy and right to self-government guaranteed in the Constitution, against federal statutes that could violate them. In these cases, it also results in a direct means of judicial review of statutes of legislation.

5. Incidental Method of Judicial Review

The second method established in the Federal Constitution for the purpose of judicial review of statutes, is the incidental method, called the concrete control of norms (*Konkrete Normenkontrolle*) established in article 100 of the Constitution, as follows:

> If a court considers unconstitutional a law the validity of which is relevant to its decision, the proceeding shall be stayed, and a decision shall be obtained from the *Lander* court competent for constitutional disputes if the Constitution of a Land is held to be violated, or from the Federal Constitutional Court if this Basic Law is held to be violated. This shall also apply if this Basic Law is held to be violated by *Land* Law or if a *Land* Law is held to be incompatible with a federal law.[(974)]

According to this constitutional provision, the concentrated system of judicial review of legislation in the West German constitutional system is, of course,

---

(972) Art. 93, 1, B FCT Law.

(973) Art. 32 FCT Law. *Cf.* J.C. BÉGUIN, *op. cit.*, p. *158-163;* F. SAINZ MORENO, *loc. cit.*, p. 626.

(974) See also Arts. 80-82 FCT Law.

confirmed. It is so mainly because of the implicit prohibition for the courts to control the constitutionality of statutes, although as we have seen, they retain power to control the constitutionality of pre-constitutional legislation and of executive normative acts of the state in a diffuse manner.

Therefore, contrary to the abstract control of norms, in which the petition can refer to any normative state act, the concrete control of norms only refers to statutes in its formal sense.(975)

In this incidental method of judicial review, the constitutional question of a statute always reaches the Constitutional Tribunal through the referral made by any court(976) before the Tribunal, when in a concrete proceeding being developed before it the court considers a law unconstitutional, the validity of which is relevant to its decision in the case. Therefore, the constitutional question in this case, is always of an incidental character, related to the decision of a concrete case by a court; thus it must be related to a case and be determinant to its resolution.

In this case, if it is true that the courts do not have the power to declare statutes null, and do not have *ex-officio* power to decide not to apply them, conversely they have the power to appreciate the unconstitutionality of the statutes, (977)61) by formulating a referral of a constitutional question before the Constitutional Tribunal.

Furthermore, the judge must be convinced of the unconstitutionality of the statute, that is why he must lay the foundations of his referral to the Tribunal, by explaining in which way his decision depends on the validity of the statute, and which constitutional disposition it is incompatible with.(978)

On the other hand, the referral of constitutional questions of statutes to the Federal Constitutional Tribunal is a power attributed to the courts, which can be exercised *ex-officio*, and whose exercise is not submitted to the will of the parties. Consequently, the referral the courts may send to the Constitutional Tribunal is independent from the parties allegations concerning the unconstitutionality of a statute provision,(979) thus the incidental method of judicial review that it may bring about is not necessarily motivated by an exception alleged by a party.

Anyway and although being of an incidental character, the powers of the Constitutional Tribunal are limited to the consideration of the constitutional question raised in the referral. Thus the Constitutional Tribunal does not review the case on its merits and only decides the question of whether or not the statute which a lower court considers unconstitutional, is repugnant to the Constitution.(980) That is why this proceeding for judicial review, in the concrete

---

(975) *Cf.* G. MÜLLER, *loc. cit.*, p. 233; F. SAINZ MORENO, *loc. cit.*, p. 614.

(976) *Cf.* G. MÜLLER, *loc. cit.*, p. 232; F. SAINZ MORENO, *loc. cit.*, p. 614; H.G. RUPP, "Judicial Review ..." *loc. cit.*, p. 32.

(977) *Cf.* J.C. BEGUIN, *op. cit.*, p. 92.

(978) Art. 80,2 FCT Law.

(979) Art. 80, 3 FCT Law.

(980) Art. 81 FCT Law.

control of norms, like the abstract control of norms, is also considered an objective proceeding.(981) Thus, once the Constitutional Tribunal decides upon the constitutional question referred to it by a lower court, the latter must resume the proceedings and render its judgment in accordance with the Constitutional Tribunal decision which has general binding effects.(982)

6. Indirect Method of Judicial Review

As we have seen, the basic means for the concentrated system of judicial review in the Federal Republic of Germany are petitions for the abstract control of norms and constitutional complaints against laws that can be brought before the Constitutional Tribunal, in a direct way, on the one hand. On the other hand, there are the referrals made by any court before the Constitutional Tribunal through the incidental method, to seek a concrete control of statutes. Additional to these means for review, in the West German constitutional system one can distinguish a third method of judicial review of legislation, which can be considered an indirect one, due to the fact that the powers of review of the Constitutional Tribunal are not exercised as a consequence of a direct request or of a constitutional complaint against a statute or of a incidental referral made to it by a lower court, but as an indirect question that can be raised in a proceeding that is developed before the Constitutional Court, conceived as having another direct or immediate purpose, different to the sole constitutional review of a statute.

This indirect method for judicial review of the unconstitutionality of statutes, can be developed in the following principal situations:

In the first place, as a consequence of a constitutional complaint for the protection of a fundamental right when exercised, not directly against a statute, but against a judicial decision which is considered to have violated the rights and freedoms of a person because it applied a statute which is alleged to have been unconstitutional.(983) In this case, the Constitutional Tribunal must decide upon the unconstitutionality of the statute indirectly challenged before it.

In the second place, the Constitutional Tribunal can also exercise its powers of judicial review of legislation in an indirect way, when deciding upon conflicts between constitutional organs of the Federation,(984) that is to say, disputes concerning the extent of the rights and duties of the highest federal organs established in the Constitution. In cases of conflict, for instance, between the President and the *Bundestag*, the proceeding has a subjective character, thus it is developed in a contradictory way between parties, and can lead to an indirect control of the constitutionality of statutes, only when the act that causes

---

(981) *Cf.* J.C. Beguin, *op. cit*, P. 93.
(982) Art. 31, 1 FCT Law.
(983) Art. 93, 1, 4,a) FCT Law.
(984) Art. 93, 1, 1 Constitution.

prejudices to the rights and duties of a state organ is a statute, particularly those directed to regulate the functioning of public powers. In this case, however, it is considered that the court does not have annulatory powers regarding the statute unless the abstract control of norms method is accumulated.(985)

7. Effects of the Decisions of the Federal Constitutional Tribunal on Judicial Review and its *Ex-Officio* Powers

Now, regarding the effects of the federal constitutional tribunal decisions when exercising its powers of judicial review of the constitutionality of normative state acts, particularly of legislation, the general rule is that the tribunal declares the nullity of the unconstitutional provision of the statute or normative act. In this respect, article 78 of the Federal Law of the Constitutional Tribunal established that:

> If the Constitutional Tribunal reach the conviction that the federal law is incompatible with the Constitution, or that the law of a *Lander* is incompatible with the Constitution or with another norm of federal law, it declares its nullity in its decision.(986)

This decision can be in accordance with the contents of the petition, the constitutional complaint or the court referral, according to the method used for obtaining judicial review, but in adopting it the Constitutional Tribunal is not bound by their respective contents, in the sense that it has *ex-officio* powers to raise another constitutional question and thus, to decide, *ultra petita*. That is why the same article 78 of the Federal Law of the Constitutional Tribunal established that:

> If other dispositions of the same statute are incompatible with the Constitution, or another norm of federal law, the Constitutional Tribunal can declare them null at the same time.

The decisions of the Constitutional Tribunal are always obligatory for all constitutional organs of the Federation and of the *Lander*, as well as for all the authorities, the courts(987) and, of course, for the individual. Thus, courts decisions, including those adopted in a judicial review proceeding, have *erga omnes* effects. In particular, in cases of abstract or concrete control of norms, exercised through a petition of a state organ or through a referral by a lower court in which the Constitutional Tribunal declares the nullity of a statute, the decision has the same force as a statute(988)) in the sense of its obligatory *erga omnes* character, including the Constitutional Court itself.(989)

However, contrary to Hans Kelsen's conception of the effects of the decision of the constitutional judge in a concentrated system of judicial review when

---

(985) *Cf.* J.C. BÉGUIN, *op. cit.*, pp. 78-81; F. SAINZ MORENO, *loc. cit.*, p. 612.

(986) See also Art. 95, 2 FCT Law.

(987) Art. 31, 1 FCT Law.

(988) Art. 31, 2 FCT Law.

(989) R. BOCANEGRA SIERRA "Cosa Juzgada, vinculación, fuerza de ley en las decisiones del Tribunal Constitucional alemán", *Revista Española de Derecho Constitucional*, nº 1, 1981, p. 269.

declaring the nullity of a statute,[990] and to the Austrian model, in accordance with the German constitutional tradition [991] in cases of abstract and concrete control of norms and when deciding upon a constitutional complaint against a statute, when a statute is declared null, it is understood that it is declared null and void *ab initio*, that is to say, the decision of the Tribunal has *ex-tunc*, retroactive effects.[992] This traditional doctrine is confirmed by the fact that the legislator in the Federal Law of the Constitutional Tribunal has expressly limited its scope by establishing that after a statute has been declared null because of its unconstitutionality, only criminal proceedings can be reviewed in cases in which the final judicial decision would have been based on the said statute declared null.[993] All other final and non-reviewable judgments and administrative acts resting on the statute declared null, will stand unchangeable, but their enforceability, if not yet made, would be illicit.[994]

Finally, it must be stressed that in the West German system of judicial review, the criterion of the presumption of constitutionality of statutes[995] also exists as a matter of principle, according to which the Constitutional Tribunal has tended not to declare statutes null on the grounds of unconstitutionality, if it is possible to interpret them as consistent with the Constitution. In this sense, the Constitutional Tribunal, in many cases, has followed the method of "interpretation according to the Constitution" through which avoiding the declaration of the nullity of a statute, which would be unconstitutional if interpreted in a certain manner, it has nevertheless considered it valid within the ambit of another interpretation established by the Tribunal "according to the Constitution."[996]

In other cases, even though the Constitutional Tribunal has considered a statute unconstitutional, in order to avoid a possible vacuum in the legal order that could be produced by the nullity of the state act, the declaration of nullity is not adopted. Instead, the court only declares its "simple unconstitutionality" and in some cases has referred the matter to the Legislator to rectify the unconstitutional disposition.[997] Finally, in other cases, the Constitutional Tribunal, although considering a statute consistent with the Constitution, has, nevertheless, referred the matter to the legislator with indications for the rectification of the statute, so as to convert it into being "absolutely constitutional" and, therefore, avoiding any possible future declaration upon its unconstitutionality.[998]

---

(990) H. KELSEN, "La garantie juridictionnelle de la Constitution (La Justice constitutionnelle), *Revue du droit public et de la science politique en France et à l'étranger*, Paris 1928, p. 243.

(991) J.C. BEGUIN, *op. cit.*, pp. 209-228.

(992) *Cf.* F. SAINZ MORENO, *loc. cit.*, p. 624; H.G. RUPP, "Judicial Review...", *loc. cit.*, p. 37; R. BOCANEGRA SIERRA, *loc. cit.*, p. 268.

(993) Art. 79, 1 FCT Law.

(994) Art. 79, 2 FCT Law.

(995) H.G. RUPP, "Judicial Review...", *loc. cit.*, p. 38; J.C. BÉGUIN, *op. cit.*, p. 185.

(996) *Cf.* J.C. BÉGUIN, *op. cit.*, pp. 184-207; F. SAINZ MORENO, *loc. cit.*, p. 625.

(997) Art. 32,2 and 79 FCT Law. *Cf.* J.C. BÉGUIN, *op. cit.*, p. 232-266; F. SAINZ MORENO, *loc. cit.*, p. 624.

(998) *Cf.* C. BÉGUIN, *op. cit.*, p. 266-293; F. SAINZ MORENO, *loc. cit.*, p. 624-625.

IV. JUDICIAL REVIEW IN ITALY: THE CONSTITUTIONAL COURT

1. Constitutional Compromise and the Constitutional Court as its Guarantor

Immediately after the Second World War, and even before the creation of the Federal Constitutional Tribunal in the Federal Republic of Germany, the Constitution of the Italian Republic of 1st January 1948 also created a Constitutional Court, charged with controlling the constitutionality of statutes and other state acts with the same force, as the basic element of a concentrated system of judicial review of constitutionality. Nevertheless, the system only started to function in 1956 when the Constitutional Court initiated its activities. Up to that year, the pre 1948 Constitution system of judicial review persisted, being on the contrary a diffuse system of judicial review according to which, all ordinary courts had the power not to apply statutes they considered unconstitutional, when resolving concrete cases to which the said statutes applied.[(999)]

The radical change in the system can be attributed to various factors, but above all, to the new rigid character attributed to the 1948 Constitution contrasting with the flexible one of the monarchical Fundamental Law (*Statuti Albertini*) of 1848,[(1000)] thus the need to protect the Constitution against the legislative power particularly after the totalitarian experiment of fascism, and the need to protect and defend fundamental rights and freedoms regarding state powers,[(1001)] give way to a concentrated system of judicial review. The constitutional court, therefore, was conceived as the organ in charge of the guarantee of the "constitutional compromise" embodied in the Constitution to establish a democratic regime in which the powers of the state organs were limited.[(1002)] As Professor Giovanni Cassandro, former member of the Constitutional Court said:

> The Court is the constitutional organ which secures the balance among the various powers of the state, preventing any one of them from trespassing the limits imposed by the Constitution, and thus ensures an orderly development of public life and the observance of the Constitutional rights of citizens.[(1003)]

---

(999) M. CAPPELLETTI, "La justicia constitucional en Italia", *Boletín del Instituto de Derecho Comparado de México*, 30, 1960, p. 41; M. CAPPELLETTI, *Judicial Review in the Contemporary World*, Indianapolis 1971, p. 50.

(1000) *Cf.* A. PIZZORUSSO, "Procedures et techniques de protection des droits fondamentaux. Cour Constitutionnelle italienne", in L. FAVOREU (ed.), *Cours constitutionnelles europeeures et droit fondamentaux*, Paris 1982, p. 195; J. RODRIGUEZ-ZAPATA y PEREZ, "La Corte Constitucional Italiana: ¿Modelo o advertencia?, in *El Tribunal Constitucional*, Instituto de Estudios Fiscales, Madrid 1981, Vol. III, p. 2416.

(1001) *Cf.* G. CASSANDRO, "The Constitutional Court of Italy", *American Journal of Comparative Law*, 8, 1959, p. 3.

(1002) *Cf.* F. RUBIO LLORENTE, *La Corte Constitucional italiana*, Caracas 1966, pp. 2-4.

(1003) G. CASSANDRO, *loc. cit.*, p. 12; *Cf.* J. RODRÍGUEZ-ZAPATA y PÉREZ, *loc. cit.*, p. 2417.

Therefore, the Constitutional Court in Italy, as the guarantor of the Constitution,[(1004)] was also established as a "constitutional organ",[(1005)] independent from all other state organs, although not in an express positive law way as was the case of the Federal Constitutional Tribunal in West Germany[(1006)] or of the Constitutional Tribunal in Spain.[(1007)] Nevertheless, the position of the Constitutional Court as an independent and paritarian constitutional organ has been recognised without discussion, and is reflected in various aspects concerning the status of its members, its administrative and budgetary autonomy, the absence of any external control that could be exercised over it,[(1008)] and its auto-regulatory powers.[(1009)]

Furthermore, the independence of the Constitutional Court regarding the traditional organs of the state guaranteed by Constitutional Law N° 1 of February 1948, also results from the paritarian form established for the appointment of its members, which is attributed not only to the politico-representative organs of the state as is the case in West Germany, but to the three traditional powers of the state: the President of the Republic, the Parliament and the Judicial Power. In effect, in accordance with the Constitution[(1010)] and Statute N° 87 (1953) concerning the Court,[(1011)] the Constitutional Court is composed of fifteen members, appointed in the following manner: five are appointed by the ordinary and administrative judicial order, as follows: three by the Court of Cassation, one by the Council of state and one by the Court of Accounts, chosen from among members of the judiciary, even retired members.

The second five members are elected by Parliament, both chambers sitting in joint session, by a majority of three fifths of the members of the assembly, chosen from among judges, ordinary professors of law in universities, or lawyers having practised twenty years or more before the supreme judicial organs of the Republic; and the last five members are appointed by the President of the Republic.

As we said, the Constitutional Court is conceived in the Italian constitutional system, as a constitutional organ independent from the other state organs, in

(1004) The Constitutional Court in its decision n° 13 of 1960 the Court defined its functions, as essentialy "the exercise of a function of constitutional control, of the supreme guarantee of the observance of the Constitution ... by the Constitutional organs of the state and of the Regions" (quoted by F. RUBIO LLORENTE, *loc. cit.*, p. 10, note 27); and in his decision n° 15 of 1969 has defined itself as the "highest organ for the guarantee of the republican order, to which exclusively corresponds ensure the rule of the Constitution over all the other constitutional agents." Quoted by J. RODRÍGUEZ-ZAPATA y PÉREZ, *loc. cit.*, p. 2420.

(1005) A. SANDULLI, "Sulla posizione della Corte Costituzionale nel sistema degli organi supremi dello Stato", *Rivista trimestrale di diritto pubblico*, 1960, p. 705.

(1006) Art. 1,1, Federal Law of the Federal Constitutional Tribunal (1951).

(1007) Art. 1,1, Organic Law of the Constitutional Tribunal (1978).

(1008) A. SANDULLI, *loc. cit.*, p. 718: *Cf.* J. ROGRÍGUEZ-ZAPATA y PÉREZ, *loc. cit.*, p. 2428-2441; G. CASSANDRO, *loc. cit.*, pp. 13-14.

(1009) Art. 14 Statute n° 87 of 11 March 1953, Norms on the Constitution and Functioning of the Constitutional Court. See the text in F. RUBIO LLORENTE, *op. cit.*, pp. 48-55.

(1010) Art. 135.

(1011) Statute n° 87 (1953), Arts. 1-4.

charge of maintaining the power balance among them. For that purpose it was created separate from the traditional state powers, and particularly from the Judicial Power, regarding which the Constitutional Court itself established differences.(1012)

But although not being a judicial organ, discussions were developed at the beginning of the functioning of the Constitutional Court regarding the nature of the powers it exercised. In this respect, its judicial character was rejected, and the idea of the negative legislator was initially accepted(1013) under the influence of Hans Kelsen. But eventually, the jurisdictional character of the functions of the Court is today the predominant thesis initially due to the work of Professor Mauro Cappelletti.(1014) Thus, like the other European Constitutional Courts particularly the Austrian and Spanish Tribunals, the Constitutional Court in Italy is conceived as an independent constitutional body separate from the Judiciary, which exercises jurisdictional functions when resolving and deciding upon conflicts regarding the constitutionality of state acts and the submission of all the activities of the state organs to the Constitution. Therefore, as happened in the Austrian and German experiences, the Constitutional Court in Italy not only has powers of judicial review of legislation. It can also settle other constitutional disputes particularly deriving from the vertical and horizontal systems of distribution of state powers adopted in the Constitution, although not in the wider sense of the West German system.

2. Jurisdiction of the Constitutional Court

In effect, three main sets of competences of the Constitutional Court can be identified in accordance with the Constitution.

The first general attribution of the Constitutional Court is related to the settlement of "conflict of attribution", which may arise among the powers of the state. These conflicts of attributions or powers can derive from the vertical distribution of state powers, particularly regarding the Regions, and the horizontal distribution of state powers among the constitutional organs.

In effect, the Italian Republic has been constitutionally organised as a "Regional State", which is a form of political decentralization very close to the federal form of state, but with its own peculiarities. Nevertheless, what both forms of political decentralization have in common is a basic distribution of state powers in the vertical sense, over territorial autonomous units, called "Regions" in the Regional State. Therefore, similar to the functions of the Federal

---

(1012) Decision nº 13, 23 March 1960. Quoted by F. RUBIO LLORENTE, *loc. cit.*, p. 10.

(1013) P. CALAMANDREI, *La illegittimitá costituzionale delle leggi nel processo civile*, Padova, 1950, p. 57; H. FIX-ZAMUDIO, "La aportación de Piero CALAMANDREI al derecho procesal constitucional", *Revista de la Facultad de Derecho de México*, 24, 1956, p. 191.

(1014) M. CAPPELLETTI, *La giurisdizione costituzionale dele libertá* (Primo studio sul ricorso costituzionale con particolare riguardo agli ordinamenti tedesco, suizzero a austriaco), Milano 1955, p. 112; M. CAPPELLETTI, "La justicia constitucional ...", *loc. cit.*, p. 52; F. RUBIO LLORENTE, *loc. cit.*, pp. 10-13.

Constitutional Tribunal in West Germany, which must settle controversies between the Federation and the *Lander*, in the Italian Republic the Constitutional Court has the power to resolve and settle conflicts of attributions that may arise between state and Regions, if the state invades the sphere of Regional authority or if a Region exceeds its own sphere[(1015)] invading the National state powers or between the regions themselves, if they invade the attributions of other Regions.

The conflict, in such cases, arises as a consequence of administrative acts, and when deciding it, the Constitutional Court not only decides to which level of state powers the challenged attribution belongs, but has the power to annul the administrative act that brought it about,[(1016)] also to suspend *pendente litis* its effects, when serious reasons to do so exist.[(1017)]

It must be said that these are the only cases in which the Italian Constitutional Court can declare the nullity of an administrative act, having no other jurisdiction to judge the unconstitutionality of administrative acts.[(1018)]

However, the conflicts of attributions between the state and the Regions can also have their origin in legislative acts of the state. In that case their resolution by the Constitutional Court is made through a direct means for judicial review of legislation exercised by the Regions and to which we will refer later on.

But as we said, in the Italian constitutional system the conflict of attributions may not only arise between the vertically distributed state powers, but also between the powers constitutionally assigned to the various national constitutional organs.

In this respect, the Constitutional Court also has jurisdiction to resolve these conflicts "for the delimitation of the sphere of attributions determined for the various powers by constitutional norms",[(1019)] for instance, between the Chamber of Deputies and the Senate, or between the President of the Republic and Parliament. But it is obvious that the conflict of attributions between the state powers in the horizontal distribution of the state power in the Italian constitutional system, is not only possible between the traditional three powers of the state, but can also arise regarding other state organs, not subordinated to them, for instance, the Superior Council of the Judicature, the Court of Accounts, and the National Economic Council. In this respect, Professor Aldo Saudulli, also a former Constitutional Court judge, has said that the expression "state powers" must be understood to comprise "all the bodies of the state organisation which, in accordance with the constitutional order, are in such a situation that its activities are not subject to any kind of external control by any other state organ (even constitutional state organs)."[(1020)]

(1015) Art. 134 Constitution; Art. 39 Statute n° 87.

(1016) Art. 38 Statute n° 87.

(1017) Art. 40 Statute n° 87.

(1018) F. RUBIO LLORENTE, *op. cit.*, p. 16.

(1019) Art. 37 Statute n° 87.

(1020) A. SANDULLI, "Die Verfassungsgerichtsbarkeit in Italia", in E. MOSLER (ed.), *Verfassungsgerichsbarkeit in der Gegenwart* (Constitutional Review in the World Today), Max-Plank-

Anyway, in all these cases of conflicts of attributions between constitutional organs of the state, the Constitutional Court must resolve the sphere of attributions conferred upon the various state powers by constitutional norms, [(1021)] and must declare to which state organ the challenged power belongs, and when an act has been produced inflicted with incompetence, the Court must also annul it.[(1022)]

The second general competence of the Constitutional Court, in a similar way to the Austrian and West German systems, refers to cases of accusations against or of impeachment of the President of the Republic for crimes of undermining the Constitution and high treason, and against the President of the Council of Ministers and the Ministers for crimes committed by them in the exercise of their functions.[(1023)] The accusation in these cases can only be brought before the Court by Parliament, which must vote on it in a joint session of its two chambers.

The third jurisdictional power of the Constitutional Court refers to referenda and the Constitution empowers the Court to judge upon the admissibility of derogatory referenda that can be presented for the abrogation of ordinary laws, exception being made of taxation and budget laws, laws granting amnesty and pardon, and laws authorising the ratification of international treaties.[(1024)] Nevertheless, the statute referred to in article 75 of the Constitution, which must regulate the above mentioned admissibility conditions and modalities for the derogatory referenda, has not yet been approved.

Finally, the fourth set of jurisdictional powers of the Constitutional Court of Italy refers to judicial review of the constitutionality of legislation, that is to say, to laws (statutes) and other state acts with the same force to which we will refer next.

Thus, the Italian Court does not have jurisdiction over electoral matters and political parties[(1025)] as the West German Federal Constitutional Tribunal has, and more important to notice, the Italian Constitutional Court does not have powers to act as a direct guarantor of fundamental rights and freedoms, not having attributions to decide upon constitutional complaints or recourses for constitutional protection as they exist in the West German, Austrian and Spanish systems of constitutional justice,[(1026)] particularly, when exercised against laws.

Institut Internationalen Kolloquium, Heidelberg, 1961, Köln-Berlin 1962, p. 310; quoted by F. RUBIO LLORENTE, *op. cit.*, p. 36.

(1021) Art. 37, Statute nº 87.

(1022) Art. 38, Statute nº 87.

(1023) Arts 90, 134 Constitution. Statute nº 20, of 25 January 1962. See the text in F. RUBIO LLORENTE, *op.cit.*, p. 55-61.

(1024) Art. 74, 75 Constitution; Art. 2 Constitutional Statute nº 1, 11 March 1953. See the text in F. RUBIO LLORENTE, *op. cit.*, pp. 46-47.

(1025) Regarding political parties Professor RUBIO LLORENTE says that the Constitutional Court can only decide upon the constitutionality or unconstitutionality of them, only by indirect means when a question of constitutionality is referred to the Court concerning a statute sanctioned based on article 18 (prohibition of secret on paramilitary societies), 49 (freedom of association in political parties), or on the Transitory Disposition XII (prohibition of any form of reorganization of the fascist party) through which a party or a political organization could be dissolved. F. RUBIO LLORENTE, *op. cit.*, p. 16.

(1026) *Cf.* A. PIZZARUSSO, *loc. cit.*, p. 168.

Nevertheless, the need for a direct action before the Constitutional Court was a matter of discussion during the drafting of the Constitution. Moreover, in one of the first drafts of the text, the main form of judicial review of legislation was established through a direct recourse of unconstitutionality that could be brought before the Constitutional Court, as an *actio popularis*, accessible to all citizens without the need of an injury to be done to their subjective rights, an action that needed to be exercised during a one year period after the publication of the statute.[(1027)] This proposal for a popular action of unconstitutionality was later rejected, mainly due to political reasons,[(1028)] the means for judicial review of legislation being reduced basically to an incidental system of judicial review concentrated in the Constitutional Court, combined with a limited principal means of review and a preventive system established only regarding certain state acts.

3. Scope of Judicial Review in the Italian System

Therefore, the Italian system of judicial review of constitutionality is a concentrated system according to which the Constitutional Court is the only state body to have exclusive jurisdiction to determine the conformity of legislation with the Constitution, comprising in the term "legislation", as established in the Constitution, the laws (statutes) and other state acts with the force of law,[(1029)] either of the National state or of the Regions. As a result, formal laws are subject to constitutional control. Also the decree-laws, enacted by the executive by virtue of parliamentary delegation,[(1030)] or in cases of urgency,[(1031)] those considered as being "acts with force of law." On the other hand, the *interna corporis* of Parliament, issued in direct execution of the Constitution, are also subject to constitutional control by the Constitutional Court[(1032)] taking into account their similar rank to statutes, in the hierarchy of the legal order.

Other points should be stressed with respect to these "legislative" acts, which are subject to control. The first is the admissibility of control of constitutionality in the case of laws contrary to the Constitution but passed before their enactment and which, in principle, could be considered to have been tacitly repealed by it. The Constitutional Court has accepted exercising control upon these pre-constitutional laws but only through the incidental method when the issue of constitutionality is raised before an ordinary judge in a concrete case and he refers the question for examination by the Constitutional Court.[(1033)]

(1027) F. RUBIO LLORENTE, *op. cit.*, pp. 4-5.

(1028) *Idem*, pp. 5-6.

(1029) Art. 1. Constitutional Statute nº 1, 9 February 1948.

(1030) Art. 75 Constitution.

(1031) Art. 77 Constitution. These Decree-Laws issued in emergency situations must be submitted to Parliament the following day of its enactment and only when they are convalidated by Parliament, they can be questioned on constitutional grounds.

(1032) *Cf.* F. RUBIO LLORENTE, *op. cit.*, p. 23.

(1033) Decision nº 1, 1956. Quoted by F. RUBIO LLORENTE, *op. cit.*, p. 35; *Cf.* G. CASSANDRO, *loc. cit.*, p. 5.

The second aspect refers to the actual enforcement of the laws submitted to control; and specifically as to whether it is possible to raise the issue of constitutionality with respect to repealed laws, which have already lost their force. The Italian Constitutional Court has repeatedly declared its competence to hear disputes concerning the constitutionality of these repealed laws, thus no longer in force, considering that they could have created situations, the persistence of which after their repeal, could have justified constitutional control.[1034]

The third aspect has to do with the objective of this control, which is not only a substantive control in the sense of determining if the statute is consistent with the constitution in its normative contents or not, but also a formal control over acts submitted to constitutional review, regarding the procedures followed for its sanctioning.[1035]

On the other hand, the jurisdictional powers of the Constitutional Court to review the constitutionality of legislation, refer not only to the confrontation of legislative acts with the constitution itself, but also to "constitutional laws" that can be enacted in accordance with article 138 of the Constitution to amend it. The *bloc* of constitutionality, therefore, is particularly composed, other than the principles, which could be deduced from the constitutional text, of the Constitution and the "constitutional laws" to which all other norms must conform. But the "constitutional laws" being regulated for their enactment by the Constitution, which establishes their scope and possible contents, can also be submitted to constitutional review by the Constitutional Court.[1036]

Finally, regarding the scope of judicial review exercised by the Constitutional Court, one must stress the discussions that have arisen as a consequence of the terms used in article 134 of the Italian Constitution, in the sense that the Constitutional Court has jurisdiction to settle disputes dealing with "constitutional legitimacy" of laws and state acts with force of law,[1037] which could lead to the conclusion as happened in the administrative justice field regarding the control of administrative acts, that the Court could control the merits of legislative activities.

In principle, this power attributed to the Constitutional Court deals only with matters of abstract repugnancy of state acts with the Constitution in the sense that the Court must control the submission of the legislator to the constitution and the limits to its activities established in it, the Court not being authorised to judge upon the motives and merits the legislator could have had when enacting a statute. In this respect, the 1953 Statute N° 87 of the Constitutional Court expressly states:

> Art 28. The Constitutional Court control over the legitimacy of laws or an act with force of law, excludes any value judgement of policy nature and any judgement upon the use Parliament makes of its discretionary power. But even with a text of this clarity, the

(1034) Decision n° 4, 1959. Quoted by F. Rubio Llorente, *op. cit.*, p. 22.

(1035) *Cf.* G. Cassandro, *loc. cit.*, p. 4.

(1036) G. Cassandro, *loc. cit.*, pp. 3-4. *Cf.* F. Rubio Llorente, *op. cit.*, p. 20.

(1037) The term is also used in article 1, Constitutional Statute n° 1, 9 February 1948; and in arts 23-36 Statute n° 87, 1953.

Constitutional Court, always within the ambit of this norm, since 1960, has controlled the "arbitrariness" or "non arbitrariness" of the legislator concerning the legislation enacted in relation to the principle of equality and non discrimination, and the "rationality" of the distinctions established in legislation.(1038)

4. Incidental Method of Judicial Review

As we have said, the basic means for raising questions of constitutionality of legislation before the Constitutional Court and undoubtedly, the most important means for keeping statutes and legislative acts within the framework of the Constitution in the Italian system, is the incidental method expressly regulated in the 1948 Constitutional Statute N° 1, which contained the norms related to the trials of constitutional illegitimacy and to the independence guarantees of the Constitutional Court. Article 1 of that Constitutional Statute, states:

> The question on the constitutional illegitimacy of a law (statute) or of an act of the Republic with force of law, raised *ex officio* or alleged by one of the parties in the course of a trial, and not evidently considered unfounded by the judge, must be referred to the Constitutional Court for its consideration.

This incidental method of judicial review has been regulated in the 1953 Statute N° 87 in which its fundamental provisions are to be found, which reinforce the concentrated incidental character of the Italian system of judicial review.(1039)

In accordance with this 1953 Statute N° 87, in the course of a process developed before a court, either party or the Public Prosecutor may raise the question of constitutional legitimacy in the form of a petition, indicating, firstly the provisions of the law or the act with force of law of the state or of the Region, containing defects of "constitutional illegitimacy"; and secondly, the provisions of the Constitution or of the "constitutional laws" which have allegedly been violated.

Once the issue of constitutionality is raised before the ordinary judge, he must made a decision referring the issue to the Constitutional Court, when it is a "prejudicial" question, that is to say, if the case does not allow him to take a decision avoiding the issue of "constitutional legitimacy", and also when the judge considers that the issue raised before him is not evidently unfounded.(1040) In other words, if the judge considers that the issue of constitutionality has sufficient basis and its resolution is essential for the decision of the process, then he must decide upon the existence of both conditions and therefore refer the question to the Constitutional Court, sending with the referral the statement made by the parties or by the Public Prosecutor and the whole file of the case, whose proceeding must be suspended.

(1038) *Cf.* The Court Decisions and the opposite doctrine on this matter in F. RUBIO LLORENTE, *op. cit.*, pp. 17-19; and G. ZAGREBELSKI, "Object et portée de la protection des droits fondamentaux. Cour Constitutionnelle italienne", in L. FAVOREU (ed.), *Cours constitutionnelles européenes et droits fondamentaux*, Paris 1982, p. 330.

(1039) M. CAPPELLETTI, "La justicia constitucional...", *loc. cit.*, pp. 44, 45.

(1040) Art. 23, Statute n° 87, 1953.

The judge, in a motivated decision, can reject the constitutional question alleged by the parties or by the Public Prosecutor when he considers that it has no relevance to the case or has no due foundation. However, this rejection does not prevent the parties from later raising the question in any stage of the proceeding.[1041]

But as the 1948 Constitutional Statute N° 1 and the 1953 Statute N° 87 state, the issue of constitutional legitimacy may also be raised *ex-officio* by the judge hearing the case. In that event, he must also make a decision in which he must include the precise indication of the provisions of the law or of the acts with the force of law considered unconstitutional, as well as the norms of the Constitution or of the constitutional laws deemed to have been violated by the challenged statute. The judge must also justify in his decision the "prejudicial" character of the question and the reasons for considering the statute unconstitutional.

Anyway, when raising the constitutional question concerning the constitutional illegitimacy of a statute or of a state act with force of law, the judge is not bound by the will of the parties: he can reject their allegations upon constitutional issues and can raise them *ex-officio*. In all such cases, it is the judge who must decide upon the unconstitutionality of the statutes, although he has no power to annul them and his powers are limited to referring the question to the Constitutional Court.

Furthermore, neither is the Constitutional Court when considering the constitutional question referred to it, bound by the parties of the original process in which the constitutional issue was raised; therefore, even if those parties of the *a quo* process must be called upon and heard, as well as the executive authority concerned (President of the Council of Ministers or of the Regional Board),[1042] the proceeding developed before the Court, is not an adversary one developed *inter partes*, rather it is of a non adversary and objective nature, developed independent of the will of the parties and even in cases of abandonment of action or when a voluntary dismissal of the case has taken place.[1043]

As we have said, in the Italian system of judicial review, this incidental method is the most important mean for seeking constitutional review of legislation and, therefore, it has been considered as having limited scope, particularly regarding statutes that could directly affect individual rights. As Professor Cappelletti said:

> The inconvenience of this system results from the fact that certain statutes, particularly those called by the Mexican constitutional doctrine auto-applicable (auto effective or auto-executive), could immediately infringe the juridical sphere of certain individuals, without the need of being "concretised" by an executive or applicative act; thus, at least regarding these laws, the sole incidental control of constitutional legitimacy, could appear as insufficient.[1044]

(1041) Art. 24, Statute n° 87, 1953.

(1042) Art. 25, Statute n° 87, 1953. The parties or the public official may not appeal before the Court, Art. 26. *Idem*.

(1043) Art. 22, Complementary Norms of the Court. *Cf.* F. RUBIO LLORENTE, *op. cit.*, p. 24; G. CASSANDRO, *loc. cit.*, p. 6; A. PIZZORUSSO, *loc. cit.*, p. 176.

(1044) M. CAPPELLETTI, "Judicial Review...", *loc. cit.*, p. 45.

5. Direct Method of Judicial Review and its Regional Scope

But in spite of its predominant incidental concentrated character, the Italian system of judicial review also allows a direct method of judicial review, although limited, and in a certain way very closely related to the powers of the Court to resolve conflicts of attributions between state and Regions.

In effect, article 2 of Constitutional Statute N° 1 of 9, February 1948 attributes the resolution of questions of constitutional illegitimacy to the Constitutional Court brought before it through a direct action that can only be exercised by a Region against national legislation or statutes of other Regions. This article states the following:

> Art 2. When a Region deems that a statute or an act with force of law of the Republic invades the sphere of competences attributed to it in the Constitution, it can present before the Court, upon deliberation of the Regional Board, the question of constitutional illegitimacy within thirty days of the publication of the statute or of the act with force of law.[(1045)]

Therefore, the first recourse or direct action of unconstitutionality accepted in the Italian constitutional system is the one that the Regions could bring before the Constitutional Court against legislative acts of the Republic, which in fact, results in a conflict of attributions between national and regional levels,[(1046)] not based on an administrative act, but rather on a statute or other national act with force of law, particularly decree-laws. Nevertheless, this action or recourse cannot be brought before the Court the other way round, that is to say, by the Republic against the Regional statutes, in which cases the question must be treated as a conflict of attributions in the sense already mentioned.[(1047)]

On the other hand, the direct action or recourse of unconstitutionality in accordance with the 1948 Constitutional Statute N° 1 can also be brought before the Constitutional Court by a Region against a statute or another act with and force of law of another Region and considered constitutionally illegitimate, when it deems its competences have been violated by it.[(1048)]

The proceedings in such cases of direct action are considered in a sense as adversary, because contrary to the situation in the incidental method, in the principal one the will of the parties carries weight in the sense that the "waiver of the action, if accepted by all parties, extinguishes the proceeding."[(1049)]

6. Preventive Method of Judicial Review of Regional Legislation

Finally, the Constitution also establishes a preventive means of judicial review but limited only to controlling the constitutionality of regional legislation[(1050)] by

(1045) See also Art. 32 Statute n° 87, 1953.
(1046) *Cf.* F. RUBIO LLORENTE, *op. cit.*, p. 25.
(1047) Art. 39 Statute n° 67, 1953.
(1048) Art. 2; See also Art. 33 Statute n° 87, 1953.
(1049) Art. 25, Complementary Norms of the Court. *Cf.* G. CASSANDRO, *loc. cit.*, p. 8.
(1050) Art. 127 Constitution.

the Constitutional Court, by attributing to the Council of Ministers the power to bring a direct action or recourse against regional statutes, before their enactment, before the Court, within fifteen days following the formal information that the President of the Regional Board must send when a regional bill is approved in a second vote by the Regional Council.[1051]

In these cases, when the preventive judicial review request is brought before the Court, the enactment of the challenged regional statute must be suspended until a decision is adopted[1052] in which case, if it is of unconstitutionality, its promulgation would be impossible.

7. Effects of the Constitutional Court Decisions

In all cases of judicial review of the constitutionality of legislation, the Constitutional Court must decide, "within the limits" of the action or referral,[1053] which are the norms considered "illegitimate", that is to say, unconstitutional. Thus, in accordance with the terms of Statute N° 87, it has been considered that the Constitutional Court does not have *ex-officio* powers to consider other constitutional issues different to those submitted to it by the referral in the incidental method or in the action or recourse in the direct or principal method of judicial review. In this respect, the Court has powers only to declare "which other legislative dispositions whose illegitimacy is a consequence of the decision adopted",[1054] but cannot declare the unconstitutionality of legislative dispositions other than those indicated in the referral by the ordinary judge or in the direct action.

On the other hand, the Constitutional Court decision in which the unconstitutionality of a statute is declared, has *erga omnes* effects and therefore, the act "cannot be applied onwards from the day following the publication of the decision."[1055] Therefore, it must be considered that the decision has a constitutive character[1056] in the sense that it annuls the unconstitutional statute, its effect being *ex-nunc*, *pro futuro*. This rule, has been widely discussed[1057] and the Constitutional Court has interpreted the constitutional norm (art 136) which states that the act declared unconstitutional cannot be applied onwards from the day after the publication of the Court decision, in the sense that:

> The decision upon the unconstitutionality, if it is true that it leaves out all the effects irrevocably produced by the norm declared unconstitutional, on the contrary it produces effects upon the juridical situations not yet exhausted, when they are still susceptible to being regulated in a different manner as a consequence of the decision. Thus the

(1051) Art. 31 Statute n° 87, 1953.
(1052) Art. 128 Constitution.
(1053) Art. 27 Statute n° 87, 1953.
(1054) Art. 27 *Idem*.
(1055) Art. 136 Constitution; Art. 30, Statute n° 87, 1953.
(1056) *Cf.* G. CASSANDRO, *loc. cit.*, p. 6.
(1057) *Cf.* F. RUBIO LLORENTE, *op. cit.*, p. 12 and 29-33.

> declaration of unconstitutionality of a statute produces its inapplicability to all the relations judicially controverted as and when they are still not the object of a decision with *res judicata* force, with the consequence that in all stages of the trial, the judge even *ex-officio* must take into account the said decision of constitutional illegitimacy when deciding the concrete juridical relation of a case, in the same way and to the same extent as if it were a *ius superveniens.*[(1058)]

This criterion of the Constitutional Court, in fact, confirms the constitutive character of the effects of the decisions declaring the unconstitutionality of statutes, whose exceptions are established in the 1953 Statute N° 87, in which the retroactive effects of the decision are only applicable in criminal cases, when a judicial condemnation has been pronounced based on a statute declared unconstitutional, in which case its execution and its criminal effects must cease.[(1059)]Another indirect exception of the *ex-nunc* effects of the decision results from the already mentioned possibility of annulment of statutes already repealed.[(1060)]

Another issue, which has been raised regarding the effects of the Constitutional Court decision on issues of constitutional illegitimacy, is that of the effects of the decision, which reject the question of unconstitutionality for lack of foundation. Initially Professor Calamandrei maintained that these decisions were to be considered authentic interpretations of the Constitution, that should prevent future challenges and therefore had *erga omnes* effects.[(1061)] Discussions have taken place regarding the matter, and today it can be said that the same Constitutional Court has limited the effects of its decisions declaring the lack of foundations of the unconstitutionality issue, to the principal process in which the issue was first raised; therefore, that decision has a binding efficacy on the concrete case, with the full authority of *res judicata.*[(1062)] To reach this conclusion, it has been considered that because the general norm of the Italian legal system is to limit the effects of judicial decisions to the case in dispute, the norm of Article 136 of the Constitution, which attributes *erga omnes* effects to declarations of unconstitutionality has an exceptional character, which cannot be the object of extensive interpretation. The result is that this *erga omnes* character cannot be applied to decisions that dismiss or reject issues of unconstitutionality.[(1063)]

Another criterion that have been exposed are that of the preclusive effect of the Court decision, in the sense that the incidental question of constitutionality cannot be raised twice in the same process in its original form. Nevertheless, this does not preclude the possibility of it being raised in another process, or even, that the parties could raise new issues of unconstitutionality judged negatively by the Court on a previous occasion.[(1064)]

(1058) Decision n° 3491, 1957. Quoted in F. RUBIO LLORENTE, *op. cit.*, p. 30.
(1059) Art. 30 Statute n° 87, 1953.
(1060) See note n° 1034.
(1061) P. CALAMANDREI, *op. cit.*, p. 71.
(1062) *Cf.* F. RUBIO LLORENTE, *op. cit.*, pp. 32-33.
(1063) M. CAPPELLETTI, "La justicia constitucional… ", *loc. cit.*, pp. 56-57.
(1064) *Idem*, p. 57.

V. JUDICIAL REVIEW IN SPAIN: THE CONSTITUTIONAL TRIBUNAL

1. Second Spanish Republic Antecedents: Constitutional Guarantees Tribunal

The third European experience in establishing a concentrated system of judicial review, after the 1920 Czechoslovakian and Austrian constitutional justice regulations, was developed in the Second Spanish Republic, in accordance with the Constitution of 9 December 1931, which created a Tribunal of Constitutional Guarantees. The system established was a concentrated system of judicial review, in which the direct influence of the Austrian experience and the thoughts of Hans Kelsen, can be found,(1065) although with its own peculiarities and also with its own historical antecedents in the projects of the First Republic in 1873.(1066)

In effect, the 1931 judicial review system was conceived as a concentrated one, in which the Tribunal of Constitutional Guarantees had exclusive powers to judge upon the constitutionality of statutes, through two methods: an incidental and a principal one. Additionally, the Constitution regulated recourse of constitutional protection (*recurso de amparo*) also to be exercised before the Tribunal for the protection of fundamental rights.

The incidental mean for judicial review was established in article 100 of the Constitution, which stated:

> When a court of justice would have to apply a law (statute) which it deems to be contrary to the Constitution, it must suspend the proceeding and send a consultative request to the Tribunal of Constitutional Guarantees.

Additionally, the Constitution assigned competence to the Tribunal of Constitutional Guarantees to take cognisance of the "recourse of unconstitutionality of laws"(1067) conceived as an autonomous action, which could be exercised before the Tribunal by the Public Prosecutor, the Government of the Republic, the Regions and by "any individual or collective person, even if it was not directly injured",(1068) which in fact converted it into a popular action.

Nevertheless, this concentrated system of judicial review so broadly established in the 1931 Constitution was reduced in the Organic Law of the Tribunal enacted in 1933. In it, the "recourse of unconstitutionality of laws" was conceived only as an incidental mean of judicial review, sought *ex-officio* by a court or as a consequence of an exception raised in a concrete proceeding by the party whose

---

(1065) J.L. MELIÁN GIL, *El Tribunal de Garantías Constitucionales de la Segunda República Española*, Madrid 1971, pp. 16-17, 53; P. CRUZ VILLALON, "Dos modos de regulación del control de constitucionalidad: Checoslovaquia (1920-1938) y España (1931-1936), *Revista española de derecho constitucional*, 5, 1982, p. 118.

(1066) J.L. MELIÁN GIL, *op. cit.*, p. 9; N. GONZÁLEZ-DELEITO DOMINGO, *Tribunales constitucionales. Organización y funcionamiento*, Madrid 1980, p. 21.

(1067) Art. 121. See the text in J.L. MELIÁN GIL, *op. cit.*, p. 11; N. GONZÁLEZ-DELEITO DOMINGO, *loc. cit.*, p. 22.

(1068) Art. 123. *Idem.*

rights could result in being affected by the application of the challenged statute, or by the Public Prosecutor.(1069) In this way, the system, exclusively incidental, was distanced from the Austrian model and followed trends of the diffuse system of judicial review regarding the effects of the Tribunal decisions declaring the unconstitutionality of state acts, in the sense that they were not *erga omnes* but were reduced only regarding "the concrete case of the recourse or the consultation."(1070) Thus, the statutes were not annulled by the Tribunal but only considered inapplicable to the concrete case.(1071) The Organic Law of the Constitutional Guarantees Tribunal was broadly criticised for this restriction regarding constitutional dispositions, and was the first to be the object of a recourse of unconstitutionality.(1072) Anyway, less than five years after the promulgation of the Constitution, it was repealed in 1936 and with it, the system of judicial control of constitutionality was eliminated. It has only been with the publication of the new democratic Constitution of 27 December 1978 that a new system of judicial review has been established in Spain, with the creation of the Constitutional Tribunal later regulated in the "Organic Law of the Constitutional Tribunal" of 3 October 1979.(1073)

2. Constitutional Tribunal as a European Model

Having been established after the consolidation of the main continental European experiences of constitutional justice, the Spanish judicial review system adopted the most important features of the European model, being influenced by the West German, Italian and French regulations. That is why, up to the creation of the Constitutional Tribunal in Spain, it was said that the Federal Constitutional Tribunal of West Germany had the widest jurisdiction on constitutional matters compared to any other tribunal or supreme court in the world.(1074) After 1978, this assertion was no longer true, and the Constitutional Tribunal of Spain was the one generally considered as the constitutional organ with the most complete jurisdiction in constitutional matters.(1075) But today, at least on the grounds of judicial review and constitutional justice, this can be said in Europe, of the Constitutional Tribunal of Portugal established in the 1982 Constitutional revision, in which a mixed system of judicial review of legislation has been established.

(1069) Art. 30-33. Organic Law 1933. See in J.L. MELIÁN GIL, *op. cit.*, pp. 14, 29.

(1070) Art. 42, *Idem*, p. 30.

(1071) J.L. MELIÁN GIL, *op. cit.*, p. 30.

(1072) *Idem*, p. 45; N. GONZÁLEZ-DELEITO DOMINGO, *op. cit.*, p. 23.

(1073) Organic Law 2/1979. See the text in *Boletín Oficial del Estado*, nº 239, 5 October, 1979.

(1074) G. MÜLLER, "El Tribunal Constitucional Federal de la República Federal de Alemania", *Revista de la Comisión Internacional de Juristas*, Vol VI, (2), 1 5, p. 221.

(1075) *Cf.* E. GARCIA DE ENTERRIA, *La Constitución como norma y el Tribunal Constitucional*, Madrid 1981, p. 137; P. BON, F. MODERNE and Y. RODRIGUEZ, *La justice constitutionnelle en Espagne*, Paris 1982, p. 41; L. FAVOREU, "Actualité et légitimité du Contrôle juridictionnel des lois en Europe occidentale." *Revue du droit public et de la science politique en France et à l'étranger*, Paris 1984 (5), p. 1154.

Nevertheless, the Spanish system can be considered as an illustrative example of the concentrated European model of judicial review[(1076)] which has proved its workability over recent years.

Of course, not all the normative acts of the state are subject to exclusive constitutional review by the tribunal, and as in other European countries it is admitted that the preconstitutional legislation even though reviewable by the tribunal, can be reviewed in a diffuse way by all courts.[(1077)]

Anyway, in accordance with the Constitution, the Constitutional Tribunal is conceived as a constitutional organ, thus independent and separate from the Judicial Power, but with jurisdictional functions as the guarantor of the constitutionality of state action.[(1078)] In this respect, article 1 of the Organic Law 2/1979 concerning the Tribunal, expressly establishes that:

> The Constitutional Tribunal, as the supreme interpreter of the Constitution, is independent from the other constitutional organs and it is only submitted to the Constitution and to this Organic Law.

According to article 159 of the Constitution, the tribunal is composed of 12 members appointed from among magistrates and public prosecutors, university professors, public officials and qualified lawyers with over 15 years practice. The members of the tribunal are appointed by the king, in the following manner: four are appointed on the proposal of a three fifths majority of the members of Congress; four on the proposal of the same majority of the Senate; two on the Government's proposal; and two on the proposal of the General Council of the Judicial Power. Thus, as happens in the Italian system, all the three traditional powers of the state intervene in the appointment of the members of the Tribunal. As also happens in the other European systems, so as to avoid the politicalisation of the Tribunal, the Constitution is quite explicit as to the incompatibilities with respect to its members. It stipulates that the status of being a member of the Constitutional Court is incompatible with any representative mandate, with political and administrative posts, with directive functions in a political party or trade union, or employment by them, with a judicial or public prosecutor career and with any other professional or commercial activity. It is also stipulated that the members of the Constitutional Tribunal have the same incompatibility as the members of the Judiciary.

(1076) P. BON, F. MODERNE and Y. RODRÍGUEZ, *op. cit.*, p. 41.

(1077) J. SALAS, "El Tribunal Constitucional Español y su competencia desde la perspectiva de la forma de Gobierno: sus relaciones con los poderes Legislativo, Ejecutivo y Judicial", *Revista española de derecho constitucional*, 6, 1982, p. 165.

(1078) M. GARCÍA PELAYO, "El Status del Tribunal Constitucional", *Revista española de derecho constitucional*, 1, 1981, pp. 11-34; F. RUBIO LLORENTE, "Sobre la relación entre Tribunal Constitucional y poder judicial en el ejercicio de la jurisdicción constitucional", *Revista española de derecho constitucional*, 4, 1982, pp. 35-67, As an independent organ it also has autoregulatory powers: Art. 2,2 Organic Law 2/1979.

The competences of the Tribunal can be classified into three main groups: the resolution of constitutional conflicts between state powers; the decision of the recourses of constitutional protection (*recursos de amparo*) of fundamental rights; and the control of the constitutionality of legislation.

The first major group of powers assigned to the Constitutional Tribunal refers to the resolution of constitutional conflicts between state organs, in accordance with the vertical and horizontal systems of distribution of state powers adopted by the Constitution. In Spain, the Constitution has organised the form of the state, as a "State of Autonomous Communities", in a similar way to the Regional state formula of the Italian Constitution; therefore, a particular system of political decentralization has been adopted, in which the Autonomous Communities are the most important pillars of the territorial organisation of the state.[(1079)] Therefore, the Constitutional Tribunal is empowered to resolve "the conflicts of attributions between the state and the Autonomous Communities and conflicts between the latter."[(1080)]

But within this same sort of jurisdiction, the Constitutional Tribunal has been empowered by the Organic Law that regulates it to resolve conflicts of competences or attributions between the constitutional organs of the National state, that is to say, those conflicts that confront "the Government with the Congress of Deputies, the Senate or the General Council of the Judicial Power; or any of those constitutional organs between themselves."[(1081)] The justification of the competence of the Constitutional Tribunal in conflicts between constitutional bodies, as in all the other European constitutional justice systems, seems evident. Any conflict between political entities is, in itself, a constitutional conflict, which questions the organic system established by the Constitution itself. Consequently, the Constitutional Tribunal is the only adequate body for the settlement of such conflicts, which affect the very essence of the Constitution, the distribution of powers, which it establishes, and the competences distributed by it.

The judgments pronounced in settlement of conflicts of competence have *inter partes* effects because the content of these judgments basically consists of a declaration on the entitlement of the constitutional bodies, for example, Congress, the Senate or the General Council of the Judiciary, to the competence in dispute.[(1082)]

However, when the declaration on entitlement implies the declaration of the nullity[(1083)] of the normative provision issued by the body declared to be incompetent, the judgment must be published for it to have *erga omnes* effects.[(1084)]

(1079) Art. 2, 137, 143 Constitution.
(1080) Art. 161, 1,c Constitution; Art. 60-72 Organic Law 2/1979.
(1081) Art. 59, 3; 73-5 Organic Law 2/1979.
(1082) Art. 75, 2 Organic Law 2/1979.
(1083) *Idem.*
(1084) Art. 164, 1 Constitution.

The second major block of attributions of the Constitutional Tribunal relates to the decision of the *recursos de amparo* (recourse for constitutional protection). It can be directly brought by individuals before the Constitutional Tribunal, when they deem their constitutional rights and liberties violated by dispositions, juridical acts or simple factual actions of the public powers of the state, the Autonomous Communities and other public territorial entities or by their officials.(1085) This recourse for the protection of fundamental rights cannot be exercised directly against statutes, which violate fundamental rights in a direct way,(1086) as in the West German system. Therefore, it can only be exercised against administrative or judicial acts and acts without force of law produced by the legislative authorities,(1087) and only when the ordinary judicial means for the protection of fundamental rights have been exhausted.(1088) Consequently, the recourse for *amparo* in general results in a direct action against judicial acts (1089) and can only indirectly lead to judicial review of legislation when the particular state act challenged by it is based on a statute considered unconstitutional.(1090)

Finally, the third group of attributions of the Constitutional Tribunal refers to judicial review of legislation, which can be exercised through a direct or principal recourse or in an incidental way. The Constitutional Court can also exercise the power of judicial review in an indirect way and regarding certain state acts, in a preventive way. Therefore, four different means of judicial review of legislation can be distinguished in the Spanish system.

3. Direct Control of the Constitutionality of Legislation

The first of the means through which judicial review powers can be exercised by the Constitutional Tribunal, and upon which it is empowered to decide, is through the "recourse of unconstitutionality against laws and normative acts with force of law",(1091) through which "the Constitutional Tribunal guarantees the primacy of the Constitution and judges the conformity or inconformity" of the laws and normative acts with force of law with it.(1092)

In a very similar way to the Italian formula, the state acts that can be the object of this direct recourse of unconstitutionality are the laws (statutes) and other state acts with the same force of laws, which include the "Statutes of Autonomy" approved by Parliament for the Autonomous Communities, and also the organic laws and the ordinary laws approved by Parliament;(1093) international

(1085) Art. 161, 1, b) Constitution; Art. 41, 2 Organic Law 2/1979.
(1086) *Cf.* . GARCÍA DE ENTERRÍA, *op. cit.*, p. 151.
(1087) Art. 42 Organic Law 2/1979.
(1088) Art. 43, 1 Organic Law 2/1979.
(1089) *Cf.* FAVOREU, *loc. cit.*, pp. 1155-1156.
(1090) Art. 55,2 Organic Law 2/1979.
(1091) Art. 161,1,a Constitution.
(1092) Art. 27,1 Organic Law 2/1979.
(1093) Art. 27,2, a,b) *Idem.*

treaties;[(1094)] the *interna corporis* regulations of the Chambers and Parliament;[(1095)] the other normative acts of the National state with force of law, including the decree-laws enacted by the Government,[(1096)] either through delegate legislation[(1097)] or in cases of urgent and extraordinary necessity;[(1098)] and finally, the normative regulations of the legislative assemblies of the Autonomous Communities. [(1099)]

It must also be noted that pre-constitutional laws can also be controlled on the ground of their constitutionality by the Constitutional Tribunal even though, as we said, they can be declared inapplicable by any judge when considered unconstitutiona1,[(1100)] particularly because the Constitution expressly states in its Derogatory Disposition, N° 3, that "all dispositions repugnant to what is established in this Constitution are repealed."

This recourse of unconstitutionality can be brought before the Constitutional Tribunal by the President of the Government, the "Peoples Defendant", fifty Deputies or fifty Senators;[(1101)] and also by the Collegiate executive organ and the Legislative Assemblies of the Autonomous Communities when the challenged acts are laws or other state acts with similar force of law which affect their respective autonomy ambit.[(1102)] In any case, the recourse can only be brought before the Tribunal within a delay of three months following the publication of the challenged act.[(1103)]

The radical difference between the direct action or recourse of unconstitutionality established in Spain, and the Italian model in which, for instance, the standing of the Government is limited to challenging only the regional laws, must be stressed. On the contrary, in the Spanish system, the standing attributed to the various political organs, including the President of Government, implies their right to challenge any law or state act with force of law on the grounds of unconstitutionality.[(1104)]

But regarding the dispositions and decisions of the organs of the Autonomous Communities that can be challenged by the Government, what the Constitution establishes is the suspensive character of the recourse in relation to the challenged acts.[(1105)]

(1094) Art. 27,2,c) *Idem*.

(1095) Art. 27,2,d) *Idem*.

(1096) Art. 27,2 ,b) *Idem*.

(1097) Art. 82 Constitution.

(1098) Art. 86 Constitution.

(1099) Art. 27,2,f) Constitution.

(1100) Art. 27,2,f) Constitution.

(1101) This has been expressly admitted by the Constitutional Tribunal. *Cf.* J. SALAS, *loc. cit.*, pp. 165-166.

(1102) Art. 162,1,a) Constitution; Art. 32,1 Organic Law 2/1979.

(1103) Art. 33 Organic Law 2/1979.

(1104) S. GALEOTTI and B. ROSSI, "El Tribunal Constitucional en la nueva Constitución española: Medios de impugnación y legitimados para actuar", *Revista de estudios políticos*, 7, Madrid 1979, p. 125.

(1105) Art. 30 Organic Law

Just as in the West German system, the aim of this direct action on the ground of unconstitutionality is to exercise an abstract control over normative state acts, without reference to a particular conflict in which it would be necessary to elucidate the constitutional issue. Thus, in these cases it is simply a question of an abstract discrepancy over the interpretation of the Constitution in relation to a particular law.[(1106)] On the other hand, and although the state organs whose normative acts must be called upon and could be heard[(1107)] the proceeding for the decision of this recourse of unconstitutionality can be considered an objective one in which the political organs which initiated it and the representatives [(1108)] of the state organs whose statutes and acts are challenged, do not have the strict procedural position of parties[(1109)] the abandonment of the recourse not being conceivable.[(1110)]

4. Incidental Method of Judicial Review of Legislation

The second method of judicial review in the Spanish system is the incidental one, established in article 163 of the Constitution as follows:

> When a judicial organ considers in a process, that a norm with rank of law applicable to the case and on whose validity its decision depends, could be contrary to the Constitution, it must refer the question to the Constitutional Tribunal in the manner and with the effects established in the law, which in any case will be of a suspensive character.[(1111)]

The first aspect that must be stressed regarding this incidental means of judicial review is that in the Spanish system, the judges are the only organs authorised to raise the constitutional question, although they can act either *ex-officio* or on the instance of a party.[(1112)] Therefore, the parties can raise the constitutional question, at any stage in the concrete process, but it is the judge who must appreciate it in a non appealable decision,[(1113)] and only when he considers the specific norm contrary to the Constitution, must he refer the question to the Tribunal.

In accordance with the Organic Law that regulates the Tribunal, this constitutional question can be raised by the Judge only once the proceeding in the concrete case has concluded and within the delay to decide the case, that is why the issue does not have suspensive effects, in the sense that the proceeding must continue up to the stage of possibility of the adoption of the final decision.[(1114)]

(1106) E. García de Enterría, *op. cit.*, p. 140.
(1107) Art. 34 Organic Law 2/1979.
(1108) Art. 82,1 *Idem*.
(1109) J. González Pérez, *Derecho procesal constitucional*, Madrid 1980, p. 101.
(1110) *Idem*, p. 197.
(1111) See also Art. 35,1 Organic Law 2/1979.
(1112) Art. 35,2 *Idem*.
(1113) *Idem*
(1114) See J.M. Rodríguez Oliver, "Sobre los efectos no suspensivos de la cuestión de inconstitucionalidad y la Ley Orgánica 2/79 de 3 de Octubre" *Revista española de derecho administrativo*, 25, Madrid 1980, pp. 207-222.

The referral must express the statute or norm with force of law whose constitutionality is questioned, the constitutional norm that is supposed to be infringed and the judge must specify and justify to what extent the decision in the concrete proceeding depends on the validity of the norm in question, that is to say, he must justify the pre-judiciary character of the constitutionality of the statute or normative act regarding the concrete process.

Anyway, before adopting his own decision on the matter, the judge must hear the Public Prosecutor and the parties regarding the constitutional issue.(1115) But once the issue of unconstitutionality has been raised before the Constitutional Tribunal, the parties of the *a quo* proceeding have no right to intervene in the constitutional process, the Constitutional Tribunal only being obliged to notify the question to the representatives of the organs whose acts have been challenged, in order to allow them to argue before the Tribunal on the matter.(1116)

Regarding this incidental mean for constitutional review, different regulations that exist in the Spanish system in relation to the German model must be stressed: in the latter, the incidental constitutional question can only be raised by a court before the Constitutional Tribunal when the judge is convinced of the unconstitutionality of the particular statute; whereas in the Spanish system it is sufficient for the judge to consider that the applicable norm "could be contrary to the Constitution" though, more similar to the Italian system in which the judge must raise the constitutional question only when he considers that it is not evidently unfounded.(1117)

5. Indirect Means of Judicial Review of Legislation

Apart from the direct and incidental methods of judicial review, in the Spanish system a third method for seeking before the Constitutional Tribunal judicial review of legislation in an indirect way can be distinguished, when the constitutional question is raised in other constitutional processes developed before the Tribunal, whose objectives are not the direct review of legislation. This can happen in cases of conflicts of attributions between constitutional organs and in cases of recourses for constitutional protection (*amparo*) of fundamental rights.

The first case refers to constitutional conflicts regarding competences or attributions directly assigned by the Constitution, the statutes of autonomy and the Organic or ordinary Laws, intended to delimit the ambit of their competences. These conflicts may oppose the state and the autonomous communities, two or more of which, and the Government with the Congress of Deputies and the Senate or the General Council of the Judicial Power.(1118) In such cases, the Constitutional Tribunal has admitted for instance, that if the conflict arises from

(1115) Art. 35,2 Organic Law 2/1979.
(1116) Art. 37,2 *Idem.*
(1117) *Cf.* S. GALEOTTI and B. ROSSI, *loc. cit.*, p. 134.
(1118) Art. 59 Organic Law 2/1979.

an executive regulation which is additionally considered to be based on an unconstitutional statute, in those cases the constitutionality of the latter must be reviewed by the Tribunal.(1119)

Anyway, the Constitution establishes that if the controverted attribution would have been assigned by a statute or a norm with rank of law, the conflict of competence must be carried out from the beginning or from when the issue of unconstitutionality is raised, in the same procedural manner established for the recourse of unconstitutionality.(1120)

The other indirect means of judicial review of legislation can be found as a consequence of the exercise of a recourse for the protection (*recurso de amparo*) of fundamental rights that can be brought before the Tribunal by any person with direct interest in the matter, against state acts of a non legislative character.(1121) However, if the recourse for protection is based on the fact that the challenged state act is based on a statute that at the same time infringes fundamental rights or freedoms, the Tribunal must proceed to review its constitutionality through the procedural rules established for the direct action or recourse of unconstitutionality.(1122)

Regarding this indirect method of judicial review of legislation, the Constitutional Tribunal has considered that the interpretation of the Organic Law concerning its functioning, particularly its article 52,2,

> Compels one to understand that the unconstitutionality of a statute that violates fundamental rights and liberties could be alleged by the claimant, from which it can be deduced that a direct claim of unconstitutionality by individuals is admissible, although limited to the laws which violate or prejudice the rights and liberties established in the Constitution and to cases in which the claimant has suffered a concrete and actual injury in his own rights and always that constitutional protection is irrescindable from the unconstitutionality of the statute.(1123)

6. Preventive Judicial Review System of Legislation

Apart from the systems of direct and incidental control of the constitutionality of legislation, and from the indirect means of judicial review, which can be referred to laws and other acts with force of law, including, international treaties, Organic Laws and Statutes of Autonomies of the Autonomous Communities, these state acts can also be the object of a preventive system of judicial review, which can be considered, in the Spanish system, as being an important innovation compared the German and Italian models, and more along the lines of the French system.(1124)

(1119) Decision nº 39/1982. Quoted in J. SALAS, *loc. cit.*, p. 148, note 23.
(1120) Art. 67 Organic Law 2/1979.
(1121) Art. 161,1,b) Constitution; Art. 41,2 Organic Law 2/1979.
(1122) Art. 52,2 Organic Law 2/1979.
(1123) Decisions 55/57/1981. Quoted in J. SALAS, *loc. cit.*, p. 148, note 23.
(1124) E. GARCÍA DE ENTERRÍA, *op. cit.*, p. 156.

In particular, the Spanish Constitution expressly establishes that the signing of international treaties, which contain dispositions contrary to the Constitution, imposes a previous constitutional review. Therefore, the Government, or either of the Chambers of Parliament, can request the Constitutional Tribunal to decide whether a contradiction between an International Treaty to be signed and the Constitution[(1125)] exists or not. In this case, it is evident that the constitutional review system adopted is a preventive one and regarding international treaties, it coexists with the direct, incidental and indirect means for judicial review of constitutionality that can also be exercised regarding them. All these means of review can be used not only indifferently, but also even successively.[(1126)] Anyway, when the preventive mean of control is requested, the Court must hear the representative of the state organs concerned.[(1127)]

However, although the preventive system of control is only established in the Constitution regarding international treaties, due to the fact that it authorises the legislator to assign any other competences to the Constitutional Tribunal,[(1128)] the Organic Law 2/1979 has extended preventive control of constitutionality to the statutes of autonomy and to organic laws, regarding that it is possible to exercise "a recourse of unconstitutionality, with previous character", by the same political organs that can exercise the direct recourse of constitutionality against them.[(1129)] This preventive mean of control is specifically important regarding the Statutes of Autonomy of the Autonomous Communities which must be approved by referendum.[(1130)] Although a direct recourse could be exercised against them, it is obvious that a preventive control as established in the Organic Law, could avoid political difficulties deriving from the possible annulment of a statute after its approval by referendum.

It must also be noted that regarding Organic Laws, when it is an Organic Law directed for the approval of an international treaty,[(1131)] its preventive constitutional control produces in addition, another means of controlling the constitutionality of international treaties, this time an indirect-preventive mean of control, due to the close link between the approval law and the treaty.[(1132)]

In such cases of preventive control of constitutionality the effects vary regarding the act subject to control: if it is an international treaty not definitively consented to by the state yet, and the tribunal declares that it contradicts the Constitution, its definitive enactment could only be possible through a reform of the Constitution;[(1133)] regarding statutes of autonomy or organic laws, the

(1125) Art. 95 Constitution.

(1126) M. ARAGÓN, "El control de constitucionalidad en la Constitución Española de 1978", *Revista de estudios políticos*, 7, Madrid 1979, p. 183.

(1127) Art. 78,2 Organic Law 2/1979.

(1128) Art. 161 ,1,d) Constitution.

(1129) Art. 79 Organic Law.

(1130) Art. 152,2 Constitution.

(1131) Art. 93 Constitution.

(1132) P. BON, F. MODERNE and Y. RODRÍGUEZ, *op. cit.*, p. 260.

(1133) Art. 95,1 Constitution.

declaration of the unconstitutionality of their dispositions has binding effects and, therefore, it implies that the procedure for their definitive adoption cannot continue unless they were suppressed by the respective state organ.[1134] Anyway, in this latter case, the decision of the tribunal rejecting or declaring the unconstitutionality of dispositions of a statute of autonomy or of an organic law, does not prejudge the future decision that could be taken if direct recourses of unconstitutionality are exercised against them, after their enactment.[1135]

7. Effects of the Decision of the Constitutional Tribunal on Judicial Review

Now, regarding the effects of the decisions of the Constitutional Court in matters of judicial review of the constitutionality of legislation, the Spanish constitutional and legal system provides a few dispositions in which the different situations that can result are regulated.

The first aspect resolved in positive law refers to the power of the Constitutional Tribunal as a constitutional judge, and as supreme interpreter of the Constitution, in the sense that a question of unconstitutionality of a statute cannot be raised *ex-officio* by the Tribunal. However, once the issue has been brought before it, the Tribunal has *ex-officio* powers to raise other unconstitutionality questions regarding the particular challenged norm, and can "found the declaration of unconstitutionality in the violation of any other constitutional disposition, being invoked or not in the course of the process."[1136] Moreover, it can also extend the declaration of unconstitutionality to other dispositions of the statute, when a partial challenge has been made, in cases of correction or as a consequence of the declaration of the challenged dispositions.[1137]

The second aspect established in the Constitution relates to the force attributed to Constitutional Court decisions, as supreme interpreter of the Constitution, in the sense that they "have the value of *res judicata* from the day following its publication", and of course, as in all the European constitutional courts, against such decisions it is not possible to exercise any recourse.[1138] Thus the decisions adopted by the Constitutional Court in any proceeding of judicial review, are "obligatory regarding all public powers and have general effects from the date of their publication in the Official Journal of the state."[1139]

The third aspect expressly regulated in the Constitution and the Organic Law of the Tribunal concerns the effects of the decision regarding to whom they apply, and when they begin, and an important distinction is made between the decision that declares the unconstitutionality of a norm and those decisions that reject the alleged unconstitutionality.

(1134) Art. 79,4,b) Organic Law 2/1979.
(1135) Art. 79,5 *Idem*.
(1136) Art. 39,2 Organic Law 2/1979.
(1137) Art. 39,1 *Idem*.
(1138) Art. 164,1 Constitution.
(1139) Art. 38,1; and Art. 87,1 Organic Law 2/1979.

Regarding the decisions that declare the unconstitutionality of a statute or other norms with force of law through any of the means for judicial review, either when the Constitutional Court decides upon a recourse of unconstitutionality, or when it decides upon a question of constitutionality raised incidentally, or when it declares the unconstitutionality of a statute through an indirect way, in all such cases the Constitution establishes its *erga omnes* effects, in the sense that they "have full effects regarding everybody."[(1140)] Additionally, in cases of incidental means of judicial review, the Constitutional Court must immediately inform the respective court that must decide the process, which in its turn must notify the parties to it. In this case, the Organic Law of the Tribunal states that "the judge or court would be subject to the decision from when it learns about it, and the parties from when they are notified."[(1141)]

On the other hand, according to the provisions of the Constitution, the "declaration of unconstitutionality" or "declaration of nullity" of a statute means its annulment, the guarantee of the Constitution being the annulability of the unconstitutional state acts rather than their nullity. Consequently, the statute declared unconstitutional is annulled, having the declaration *ex-nunc*, *pro futuro* effects.[(1142)] That is why the Constitution expressly establishes that "the decisions already adopted in judicial proceedings will not lose their *res judicata* value",[(1143)] and the Organic Law of the Tribunal also establishes that:

> The decisions which declare the unconstitutionality of statutes, dispositions or acts with force of law; will not allow the review of judicial proceedings ended by decisions with *res judicata* force in which the unconstitutional act would have been applied.[(1144)]

However, as is the general trend in the concentrated system of judicial review in Europe, the exception to the *ex-nunc* effects is established regarding criminal cases, in which a limited retroactive effect is permitted, extended to administrative justice decisions in cases of administrative sanction cases. Article 40, 2 of the Organic Law of the Tribunal in this respect establishes the possibility of reviewal of judicial processes, in cases of:

> Criminal or administrative justice processes concerning sanctioning proceedings in which, as a consequence of the nullity of the applied norm, a reduction of the penalty or sanction results, or an exclusion, exemption or limitation of liability also results.

Constitutional review of legislation by the Constitutional Tribunal, apart from the direct recourse or the incidental means, can also be exercised as a consequence of an indirect question that can be raised in a proceeding of a recourse for protection (*amparo*) of fundamental rights, or in cases of conflict of attributions between constitutional organs or between the state and the Autonomous Communities. In the first case, the declaration of unconstitutionality

(1140) Art. 164,1 Constitution; 38,1 Organic Law 2/1979.

(1141) Art. 38,3 Organic Law 2/1979.

(1142) *Cf.* J. AROSEMENA SIERRA, "El recurso de inconstitucionalidad", in *El Tribunal Constitucional*, Instituto de Estudios Fiscales, Madrid 1981, Vol. I, p. 171.

(1143) Art. 161,1,a) Constitution.

(1144) Art. 40,1 Organic Law 2/1979.

of a statute considered unconstitutional applied in a particular act that affects the fundamental rights of an individual is possible, and its effects are the same as already mentioned.[(1145)] In cases of conflict of attributions, the Organic Law of the Tribunal authorises it to annul the acts that originate the conflicts or were adopted invading competences of other organs, and to decide what might be necessary regarding the situations created based on the annulled act as produced by it.[(1146)]

On the other hand, the Organic Law of the Constitutional Tribunal expressly regulates the effects of the decisions in cases of rejection of the question raised before it as well, and two solutions have been given depending on the nature of the rejection. In effect, if it is a rejection based on the constitutional question in its substantive aspect, in the sense that the Tribunal considers the unconstitutional allegations are invalid, the rejection decision will prevent any other future allegation of the constitutional question "through the same means", founded in the violation of the same constitutional norm.[(1147)] Thus, if the constitutional question was raised through a recourse or direct action of unconstitutionality, the rejection of the action does not prevent the possibility of the question being raised through an incidental means of review.

But also in cases of recourses of unconstitutionality against statutes, dispositions or acts with force of law, if the rejection was based on formal reasons, the decision will not prevent the same statute, disposition or act being the object of a constitutional question raised when applied in other processes,[(1148)] and of course of another recourse in which the formal questions would have been corrected.

VI. CONSTITUTIONAL JUSTICE IN THE SOCIALIST EUROPEAN COUNTRIES

The European model of judicial review, based on the attribution of the powers to control the constitutionality of statutes and other legislative acts to one constitutional organ of the state has, additional to the experiences of Western Europe, also been followed in some socialist countries, in a way that can be considered dissident insofar as the traditional socialist concept of the organisation of the state is concerned.

In effect, one of the basic principles of the constitutional systems of the socialist countries mainly derived from the influence of Soviet constitutionalism is the principle of the unity of state powers based on the assignment of all legislative and executive powers of state to its representative democratic body.

(1145) Art. 55,2 *Idem*.
(1146) Arts 66; 75,1 *Idem*.
(1147) Art. 38,2 *Idem*.
(1148) Art. 29,2 *Idem*.

Thus, this representative political organ of the state is conceived as the supreme organ of state power, and as the only one able to create the law and control the activities of all other state organs.(1149) This concept, of course, implies the rejection of any form of separation of state powers,(1150) at least theoretically, and in a certain way, regarding the legislative body, of the difference between the constituent and the constituted bodies of the state. The Constitutions of the socialist countries in general have a pre-eminent character over the whole legal order(1151) but at the same time, the organ that can control the submission to the constitutional rule is the supreme organ of the state, which is the one that can also modify the Constitution. Consequently, an essential incompatibility exists between the principle of the unity of state power and the supremacy and sovereignty of parliament which represents the popular will, with any sort of judicial control of the constitutionality of statutes adopted by parliament, exercised by an extra parliamentary organ.(1152)

Nevertheless, three socialist countries, Yugoslavia, Czechoslovakia and Poland have developed advanced systems of constitutional justice. That must be seen as a sign of departure from the principle of the unity of state power even though it is commonly rejected by socialist authors, who see those experiences more as a departure from the Soviet interpretation of the principle, than from the principle itself. For instance, referring to the Yugoslav theory and system, Vladimir Krivic, a former President of the Constitutional Court of the Socialist Republic of Slovenia, said that it:

> Represents no departure from the principle of the unity of powers, but a departure from the rigid, formalistic, strictly dogmatic, bureaucratic Stalinist conception of the unity of authority with its wrong ideas about the function of legality and the status of the judicature under the socialist order.(1153)

Nevertheless, being considered a departure or not from the principle of the unity of power, the adoption of concentrated systems of judicial review in some socialist countries is generally based on a principle of vertical distribution of state powers, normally with a federal form which, as V. Krivic said, "calls, *ipso facto*, for an agency whose independent and authoritative status the republics and the Federal authority";(1154) and it is also based on the limitations imposed upon the

---

(1149) S. ROZMARYN, "La Constitution, loi fondamental de l'Etat socialist" in P. BISCARETTI DI RUFFIA and S. ROZMARYN, *La Constitution comme loi fondamentale dans les Etats de l'Europe occidentale et dans les Etats socialistes*, Turin 1966, p. 108.

(1150) P. NIKOLIC, *Le contrôle juridictionnel des lois et sa legalité. Développements récents dans les pays socialistes*, IALS, Uppsala, Colloquium, 1984, (mimeo) p. 15. Also published in L. FAVOREU and J.A. JOLOWICZ (ed.) *Le contôle juridictionnel des lois. Légitimité, effectivité et développements récents*, Paris 1986, pp. 71-115. P. KASTARI, "Le caracter normatif et la préeminence hierarchique des Constitutions", *Revue International de Droit Comparé*; Paris 1966, p. 843.

(1151) S. ROZMARYN, *loc. cit.*, p. 99; P. NIKOLIC, *op. cit.*, p. 7; P. KASTARI, *loc. cit.*, p. 841.

(1152) H. ROUSSILLON, "Le problème du contrôle de la constitutionnalité des lois dans les pays socialistes", *Revue du droit public et de la science politique en France et à l'étranger*, 1977, p. 76; S. ROZMARYN, *loc. cit.*, p. 108. *Cf.* P. NIKOLIC, *op. cit.*, p. 17.

(1153) *V.* KRIVIC, "Foreword", in B.T. BLAGOJEVIC (ed.), *Constitutional judicature*, Beograd 1965, p. 6.

(1154) *V.* KRIVIC, *loc. cit.*, p. 4.

politic representative organ of the state in the Constitution, regarding other state bodies. Additionally, the declaration of fundamental and self-government rights, has justified the establishment of an extra parliamentary and independent state organ for controlling the constitutionality of statutes and other normative acts of the state organs.(1155)

The first socialist country to establish a Constitutional Court was Yugoslavia in 1963, and, more recently, Czechoslovakia followed the example in 1968. In Poland, the 1982 Constitution has established a limited jurisdictional control of constitutionality of statutes. It means that the created Constitutional Court does not decide definitively upon their unconstitutionality, but must only refer its appreciation to the decision of the legislative organ in its character as the supreme organ of power.(1156) Thus, only in the Yugoslav and Czech systems, is it possible to distinguish a jurisdictional organ with powers to annul legislative acts.

1. Judicial Review in Yugoslavia: the Constitutional Court

The Constitution of Yugoslavia and the Constitutions of its Federated Socialist Republics, promulgated in April 1963 and reformed in 1975, in effect, established what can be considered an advanced concentrated system of judicial review. The main idea is "to prevent violations of the system laid down by the Constitution and usurpation of rights to the prejudice of citizens or self-governing bodies, as well as to enforce respect for law and the Constitution by all, the highest social organisms and state officials included."(1157) The system brought about the establishment of a Constitutional Court of Yugoslavia, regulated by a special statute promulgated the same year 1963, as well as the establishment of Constitutional Courts in the six Republics of the Federation.(1158)

A. Jurisdiction of the Constitutional Court

The Constitutional Court is conceived as an "independent Federal organ" whose main function is to "ensure protection of constitutionality and legality on the basis of the Constitution acting within its rights and duties as laid down by the Constitution",(1159) which it accomplishes through three basic sets of attributions concerning the settling of disputes between the socio political communities, the protection of fundamental rights and liberties, and judicial review of constitutionality.

(1155) P. NIKOLIC, *op. cit.*, p. 21.
(1156) P. NIKOLIC, *op. cit.*, p. 52.
(1157) *V.* KRIVIC, *loc. cit.*, p. 5.
(1158) Law of the Constitutional Court of Yugoslavia (CCY), 31 December 1963. See the text in B.T. Blagojevic (ed.), *op, cit.*, pp. 15-36; *V.* KRIVIC, *loc. cit.*, p. 3.
(1159) Art. 1, Law CCY, 1963. The Court is also authorized to "independently adopt its Rules of Procedures and other general acts affecting its organization and operation." Art. 16 Law CCY.

The first set of attributions confers the Constitutional Court powers to "settle disputes involving rights and duties between the federal authority and a Republic, between the Republics, and between other socio political communities from the territory of different Republics."[(1160)] This power of the Court is, undoubtedly, one direct consequence of the establishment in the Federative Socialist Republic of Yugoslavia, of a series of autonomous solutions to its fundamental political, economic and social aims, which separate it from the Soviet model. In accordance to which V. Krivic said, "the autonomy of numerous organisms, including in the first place the self-governing working organisations and communes, and their extensive powers in the making of bye-laws made it imperative to set up a social agency which would ban bureaucratic interference with the competencies of the "inferior" self-governing bodies on the part of the superior ones, and which would perform the same function "horizontally" between the various self-governing organisations and bodies."[(1161)]

When resolving these conflicts or disputes of competencies, the Court has the power to fix a particular obligation for a socio-political community and to order the elimination of the consequences brought about by the act or action which caused the violation or interference of attributions.[(1162)]

It must also be said that besides conflicts between socio-political organs of the state, the Constitutional Court has also competence to settle all "conflicts of jurisdiction that may arise between courts of law and federal authorities, and also between courts of law and other state authorities from the territory of different Republics."[(1163)]

The second set of attributions of the Constitutional Court relates to the protection of self governing rights and other fundamental rights and liberties granted by the Constitution, in cases where said rights and liberties are violated by a particular act or action on the part of federal or central authorities whose activities in the exercise of public powers extend to the whole territory of Yugoslavia.[(1164)] This power of the Court is exercised when a proposal for protection is presented only when the ordinary recourse for the protection of such rights and liberties have already been exhausted,[(1165)] and is presented "by any one who had his right of self-government or other fundamental rights or liberties as granted by the Constitution, violated", as well as by a socio-political organisation on behalf of their members.[(1166)]

This "proposal for protection", as we said, can only be presented before the Constitutional Court against a "particular act or action of an authority or organisation."[(1167)] Thus it is not possible against normative acts; and the ruling of

(1160) Art. 43, Law CCY, 1963.
(1161) *V.* Krivic, *loc. cit.*, p. 4.
(1162) Art. 44, Law CCY, 1963.
(1163) Art. 46, *Idem.*
(1164) Art. 36,1 *Idem.*
(1165) Art. 36,3 *Idem.*
(1166) Art. 37 *Idem.*
(1167) Arts 36, 39 *Idem.*

the Court must consist, subject to the circumstances of the case, of the abolition of the act and of the elimination of the consequences brought about by such an act.(1168)

Finally, the third set of attributions relates to the area of judicial review, the Constitutional Court is empowered to review "the constitutionality and legality of prescriptions and other general acts" with binding authority,(1169) and this attribution is conceived, basically, as a power of the Court that can be exercised *ex-officio*, or when hearing a request for constitutional review presented by state organs or by individuals. This power of judicial review exercised by the Constitutional Court, allows it to make rulings concerning the compatibility of laws with the Constitution; the compatibility of a republican law with federal law; and the compatibility of other dispositions and general acts made by authorities and organisations with the Constitution, with Federal Law and with other Federal dispositions.(1170)

B. *Ex-Officio* Powers of the Constitutional Court

The Constitutional Court is empowered by the law that regulates its functioning to "initiate the procedure for judging the constitutionality and legality of a disposition or other general acts on its own initiative", in which case any member of the Court may request such a procedure to be initiated and a decision to be taken thereupon.(1171)

The Court can also on its own initiative give its opinion concerning "the compatibility of the Constitution of a republic with the Constitution of Yugoslavia" to the Federal Assembly,(1172) and it is also authorised to "offer opinions and proposals to the Federal Assembly for the enactment and amendment of laws, for the provision of authentic interpretation and for taking measures to ensure constitutionality and legality and protect the self-governing rights and the other rights and liberties of citizens and organisations"(1173)

These *ex-officio* powers of the Yugoslav Constitutional Court to initiate, in a general way, judicial review of legislation, and to give its opinion on constitutional matters without formal request to the Federal Assembly are, perhaps, the most distinguishable features of the Yugoslav system, which are not to be found in any other legal system.

C. Request for Judicial Review and Popular Action

The Constitutional Court of Yugoslavia can also exercise the powers of judicial review, when a request is presented before the Court by some state organs, or by

(1168) Art. 39 *Idem.*
(1169) Art. 2 *Idem.*
(1170) Art. 17 *Idem.*
(1171) Art. 4 *Idem.*
(1172) Art. 18 *Idem.*
(1173) Art. 3 *Idem.*

any person through a popular action. In the first case, when the request is presented by "authorities of organisations specified under the Constitution" or by an assembly of a commune, a district or an autonomous province, or by Federal Secretaries or Republican Secretaries, or by authorities of a socio-political community,[(1174)] the Court is obliged to initiate the procedure "for considering the constitutionality" of legislation.[(1175)] In the second case, when a popular action is exercised by individuals, the Court shall itself decide whether to initiate the procedure or not. [(1176)]

It is important to notice that this popular action established in the Yugoslavian system which authorises "anyone" to request the Constitutional Court to initiate a procedure for judicial review of legislation[(1177)] is also exceptional in European countries, even though in such cases the Court is not obliged to initiate it, which confirms its own powers on the matter. Moreover, in cases of judicial review proceedings, when a request has been made, it must also be mentioned that the Constitutional Court is not bound by the points raised in the proposal concerned but may also examine the constitutionality of other dispositions or acts not challenged by the proponent as unconstitutional.[(1178)]

D. Decision of the Constitutional Court on Judicial Review

Finally, concerning the decisions of the Constitutional Court on judicial review of constitutionality of statutes, it must be noticed that contrary to the situation in other European countries, the decision of the Yugoslavian Court upon the unconstitutionality of a norm does not cause the immediate annulment of the normative act, and in fact, three different stages can be distinguished in the proceeding.

First of all, prior to making a decision, the Constitutional Court, having regard to the circumstances brought out within the preliminary procedure, may give an opportunity to the representative body or other authority or organisation concerned to eliminate the incompatibility of a disposition or other general act with the Constitution and/or Federal Law.[1179)] In this way, the Court avoids declaring an act unconstitutional, allowing the state organ to make the necessary corrections to it. In this stage and concerning the challenge of republican law when incompatible with the Constitution or with federal law or in cases of incompatibility between republican law with federal laws which the Court finds contrary to the Constitution, the Court can rule that the dispositions of the republican law or of the federal law are not to be applicable pending the issue of its final decision.[(1180)]

(1174) Art. 19 *Idem*.
(1175) Arts 4, 19 *Idem*.
(1176) Art. 4 *Idem*.
(1177) Art. 4 *Idem*.
(1178) Art. 23 *Idem*.
(1179) Art. 24 *Idem*.
(1180) Art. 25 *Idem*.

Secondly, in cases of incompatibility between federal law and the Constitution, or between republican law and the Constitution or federal law, the Constitutional Court does not annul the act immediately. However, it must announce its ruling to the parties concerned and notify the Federal or the republican Assemblies concerned, allowing them to bring the challenged act into conformity with the Constitution or the Federal Law.

In the third place, the Law of the Court establishes that if the public authority does not correct the unconstitutional act within six months from the date when the Constitutional Court announced its decision, then "the Court shall issue a ruling establishing that the law involved has ceased to have effect",[1181] or in cases of incompatibility between the republican law and the Constitution or with federal law, the Court may "abolish such republican law if it involves a manifest violation of the prerogative of the federal authorities."[1182] These decisions, of course, have binding authority [1183] and have *erga omnes* effects.

Even though the Law of the Court uses two expressions for the qualification of its decisions, upon unconstitutionality of normative acts, abrogation or abolishment of the unconstitutional challenged act, particularly when referring to statutes at federal or republican level or in relation to other normative acts different to statutes,[1184] in both cases, the general effect of the decision in time is equivalent to the annulment of the act, thus, *ex-nunc*, *pro futuro*. Therefore, the annulled act "shall not be applicable as from the date of publication of the Courts' ruling in the official gazette of the Federation",[1185] and neither the dispositions or other general acts serving for the enforcement of the unconstitutional statute; shall be applicable if the ruling of the Court implies that such acts are contrary to the Constitution.[1186] Additionally, regarding the future, the Court can give its opinion as to which legal rules are to be applicable pending the issue of a new statute conforming to the Constitution to replace the one invalidated. [1187]

Now, regarding the particular relations originated by the statute declared unconstitutional, even when they have begun before the date of publication of the Court's decision, the unconstitutional act shall not be applicable to them if a valid settlement of the relations is still pending on that date.[1188]

Regarding final and valid acts issued in particular cases in application of the unconstitutional law, the law of the tribunal establishes a general difference according to the abrogation or the abolition of the unconstitutional act. When the normative act has been abolished the law of the tribunal in a general exception to the *ex-nunc* effects, it assigns to anyone who may have had a right of his violated by a valid particular act issued in application of the unconstitutional normative act

(1181) Art. 25 *Idem.*
(1182) Art. 25 *Idem.*
(1183) Arts 2,2; 72 *Idem.*
(1184) Art. 26 *Idem.*
(1185) Art. 29 *Idem.*
(1186) Art. 30 *Idem.*
(1187) Art. 34 *Idem.*
(1188) Art. 29 *Idem.*

to seek review of such act by the Court of Law or other authority that issued it; and they must do so within a delay of six months after the publication of the Court decision.(1189)

Additionally, the Court can also rule that a court of law or other competent authority concerned is to be bound to review all acts or certain categories of particular acts produced based on the unconstitutional statute on the demand of citizens or organisations whose rights were violated. (1190)

In relation to all other Court decisions on constitutional review matters, the Law of the Court establishes a few exceptions to the *ex-nunc* effects, and allows for the retroactive applicability of the annulment, particularly in criminal cases and violations of self-governing rights.(1191) In particular, in criminal cases, the Law of the Constitutional Court gives the right to whoever had criminal sanctions imposed upon him, to seek the review of such act by the Court of Law or other competent authority that imposed the sanction.(1192)

Finally, it must be stressed that the powers of the Constitutional Court are also very significant in the interpretation of the Constitution in cases in which the Court does not find a law or other normative act incompatible with the Constitution, but considers that in practical application such a law has been constructed in a manner contrary to the Constitution. In such cases, the Court may lay down, through a decision, the significance thereof corresponding to the Constitution to be observed when enforcing such law or other normative act.(1193)

2. Control of Constitutionality in Czechoslovakia: the Federal Constitutional Court

As we have said, Czechoslovakia was the first European country to have a concentrated judicial review system established in its Constitution of 1920, which created a Constitutional Court that existed until 1938.(1194) After the Second World War, the Constitution of 1948 followed the Soviet model, thus without any form of judicial review of constitutionality, and it has been in the Constitution of 27 October 1968 in which not only a definitive federal form of state was adopted, but also a concentrated system of judicial review was established, following the Yugoslav model.(1195) Thus, there is a Federal Constitutional Court and two Constitutional Courts in each of the Republics of the Czech federation.

(1189) Art. 32 *Idem*.

(1190) Art. 31,4 *Idem*.

(1191) Art. 31,1,2 *Idem*.

(1192) Art. 31,1 *Idem*.

(1193) Art. 28 *Idem*.

(1194) *Cf.* P. CRUZ VILLALON, "Dos modos de regulación del control de constitucionalidad: Checoslovaquia (1920-1938) y España (1931-1936), *Revista española de derecho constitucional*, 5, 1982, p. 115.

(1195) *Cf.* H. FIX-ZAMUDIO, *Los tribunales constitucionales y los derechos humanos*, México 1980, p. 129; P. NIKOLIC, *op. cit.*, p. 46.

Judicial review power of the Federal Constitutional Court relates to all laws enacted by the Federal Assembly and by the Czech National Councils, as well as to all the general provisions of the administrative bodies, both of the Federation and of the Federated Republics.(1196)

As happens with decisions of unconstitutionality adopted by the Yugoslav Constitutional Federal Court, the decisions of the Czech Court do not imply the immediate cessation of the effects of the challenged act, but rather, imply only the obligation, following the publication of the decision, for the bodies that passed the provisions contrary to the Fundamental Charter, or as the case may be, contrary to the Federal Law, to redraft them and make them consistent with the Constitution. They have six months to carry out this task. The challenged dispositions only cease to be effective when this time period has elapsed.(1197)

The Czech Federal Constitutional Court is also empowered to settle disputes of competences between the bodies of the Federal Republic and those of one or other of the two Federated Republics, or between the internal organs of the latter.(1198)

Lastly, among the most important attributions of the Constitutional Federal Court of Czechoslovakia is that of the protection of the rights and freedoms established in the Constitution against their violation by provisions or acts of the Federal Authorities, when the ordinary law does not establish any other jurisdictional safeguards.(1199)

VII. CONCENTRATED SYSTEMS OF JUDICIAL REVIEW IN LATIN AMERICA

Judicial review has a long tradition in Latin America, and over the course of more than a century it has been adopted in one way or another in all Latin American countries. As we have seen, some have adopted the diffuse system of judicial review, as is the case in Argentina and Mexico. In most countries, a mixed system is followed, in which the diffuse system functions in parallel with the concentrated system of judicial review assigned to the Supreme Court or to a specially created Constitutional Court.

Nevertheless, examples can also be found of a pure concentrated system in which the powers of judicial review of constitutionality of legislation have been exclusively attributed to the Supreme Court of Justice of the country or to a specially created Constitutional Court, or in some cases, to both in parallel. This are the systems we will now refer to, leaving for the last part of this book the study of the concentrated systems of judicial review exercised by a supreme court or a constitutional court mixed with the diffuse system of judicial review.

(1196) Art. 86, 1; Art. 87 Constitutional Law. See in P. NIKOLIC, *op. cit.*, p. 48.

(1197) Art. 93, 90 Constitutional Law. See in P. NIKOLIC, *op. cit.*, p. 49.

(1198) Art. 92 Constitutional Law. See in H. FIX-ZAMUDIO, *op. cit.*, p. 131.

(1199) Art. 92 Constitutional Law. See in H. FIX-ZAMUDIO, *op. cit.*, p. 132.

1. Supreme Court of Justice as a Concentrated Organ for Judicial Review: Panama, Uruguay, and Paraguay

As we said, some Latin American countries have established a concentrated system of judicial review by assigning the exclusive power to control the constitutionality of legislation to their Supreme Court of Justice, as the judicial organ situated at the apex of the judiciary. As an example of this modality, the constitutional systems of Panama, Uruguay and Paraguay can be mentioned.

In this respect the Constitution of Panama established the exclusive power of the Supreme Court of Justice to "guard the integrity of the Constitution,[(1200)] and to control the constitutionality of legislation, through two means: a direct action or an incidental referral sent by a lower court.

The direct action is conceived as a popular action that could be brought before the Supreme Court by "any person", denouncing the unconstitutionality of laws, decrees, decisions, or acts whether on a substantive or formal basis. In this case, the decision must be adopted by the Court after hearing the Solicitor General of the Nation.[(1201)]

But the Constitution also establishes that when in an ordinary judicial process, the judge, *ex-officio* or at the request of any of the parties, notices that the legal or executive normative act applicable to the case is unconstitutional, he must submit the question of unconstitutionality to the Supreme Court, while being allowed to continue the proceeding of the case until the decision stage.[(1202)]

In both cases, the decision of the Supreme Court is obligatory,[1203)] and non revisable.[(1204)]

In the Uruguayan system, the Constitution [(1205)] attributes exclusive and original jurisdiction to declare the unconstitutionality of statutes and other state acts with force of law to the Supreme Court of Justice, whether based on substantive or formal reasons.[(1206)] In accordance with the Constitution, the declaration of unconstitutionality of a statute and the inapplicability of the disposition encumbered by it, could be requested from the Supreme Court by all who deem their direct, personal and legitimate interests have been injured.[(1207)] Thus a requirement of standing, very similar to the one established regarding judicial review of administrative action, is established.

(1200) Article 188, 1. Constitution.

(1201) Article 188, 1.

(1202) Article 188, 2.

(1203) Art. 188, *in fine*.

(1204) Art. 189.

(1205) The system was originaly established in 1934 and 1951.See H. GROSS ESPIELL, *La Constitución y su Defensa, Uruguay*, Congreso La Constitución y su defensa, UNAM, 1982 (mimeo), p. 7, 11. The system was maintained in the 1966 Constitution, in the Institutional Act nº 8 of 1977 and in the Institutional Act nº 12 of 1981. *Idem*, pp. 16-20.

(1206) Art. 256.

(1207) Art. 258. *Cf.* H. GROSS ESPIELL, *op. cit.*, pp. 27, 28; J.P. GATTO DE SOUZA, "Control de la constitucionalidad de los actos del poder público en Uruguay", *Memoria de la Reunión de Presidentes de Cortes Supremas de Justicia de Iberoamérica, El Caribe, España y Portugal*, Caracas 1982, pp. 661-662.

The competence of the Supreme Court on judicial review, can be sought through two means: first, through a direct action, when there is no judicial proceeding pending of decision; second, through an incidental means, through a referral made before the Supreme Court by any court.

This second mean can be exercised *ex-officio* by the lower court, or as a consequence of an exception raised by any party.[(1208)] In this case, the judge must refer a briefing of the question to the Supreme Court and should continue with the proceeding up to the stage of deciding upon the case. After the Supreme Court has adopted its decision, the court must make its own decision in the case in conformity with the latter.[(1209)]

In both cases, in the Uruguayan system, the effects of the Supreme Court decisions are exclusively referred to the concrete case, having effects only regarding the proceedings in which they were adopted.[(1210)] Of course this disposition is clear regarding the incidental means of judicial review but, not in cases in which the constitutional question has been raised through a direct action. In such cases Statute N° 13747 of 1969[(1211)] concerning the constitutional justice process establishes that the decision has efficacy to prevent the applicability of the norms declared unconstitutional regarding who has exercised the action and obtained the decision, being allowed to use it as an exception in any judicial proceeding, including the judicial review of administrative action.[(1212)]

Following the Uruguayan model, we must also mention the system of Paraguay in which the Constitution empowers the Supreme Court to decide upon actions and exceptions in order to declare the unconstitutionality and inapplicability of dispositions contrary to the Constitution."[(1213)] As we said, the proceeding can be initiated through an action or an exception, and in the latter case, the proceeding in the concrete case must continue until the decision stage. In any case, the decision of the Supreme Court only has effects regarding the concrete case or the petitioner.[1214)]

2. Parallel Concentrated System of Judicial Review Attributed to a Supreme Court and the Constitutional Tribunal: Chile and Ecuador

Among the Latin American Countries, we must refer to the cases of Chile and Ecuador, whose constitutional systems have established a concentrated system of judicial review, but attributing it to two separate constitutional organs: the Supreme Court of Justice, through incidental means, and a Constitutional Tribunal, through direct means.

(1208) Art. 258.
(1209) Arts 258, 259.
(1210) Art. 259.
(1211) See in H. GROSS ESPIELL, *op. cit.*, p. 29.
(1212) *Idem.*
(1213) Arts 200, 207.
(1214) L.M. ARGAÑA, "Control de la constitucionalidad de las leyes en Paraguay", en *Memoria de la Reunión de Presidentes de Cortes Supremas de Justicia de Iberoamérica, El Caribe, España y Portugal*, Caracas 1983, pp. 550-551; 669-671.

A. The Chilean Experience

(a) Supreme Court of Justice and the Incidental Method of Judicial Review

Since the 1925 constitutional reform in Chile, the second paragraph of article 86 authorises the Supreme Court of Justice to declare the inapplicability of a law in force, on the grounds of unconstitutionality. This reform substantially modified the previously existing situation, in which the unanimous opinion was that the Courts could not declare the inapplicability of an unconstitutional law, since there was no constitutional provision granting them that power. Consequently, the 1925 reform represented an important step towards the control of the constitutionality of law.(1215)

This norm of the Constitution still in force states as follows:

> The Supreme Court, in the concrete cases which it is conducting or in cases which were raised before it through recourses originated in proceedings developed before other courts, can declare any legal disposition contrary to the Constitution inapplicable to that case. This recourse can be exercised in any stage of the proceeding, without its suspension.

Consequently, the Constitution establishes a concentrated system of judicial review of incidental character before the Supreme Court of Justice, through the institution called the "recourse of inapplicability of statutes."(1216)

However, this system of judicial review did not, of course, resolve constitutional conflicts between state organs, many of which were originated in questions of unconstitutionality of statutes and other norms of equal force. The continuous conflict between those organs which was one particularity of political life in Chile, was one of the main factors that contributed to the establishment of a constitutional organ, other than the Supreme Court, to settle that type of conflict.(1217) Thus, the constitutional reform of 21 January 1970 created a Constitutional Tribunal with a variety of functions of judicial review and relating to the settlement of conflicts of attributions between the state organs. The Tribunal was dissolved in 1973 as a result of a military coup that dissolved the Congress. Since the main function of the Constitutional Court was to settle conflicts between the executive and the legislature, and since the latter could not appear before the Court, due to the fact that the National Congress had been dissolved, the existence of the Court was no longer justified. Thus the Court ceased to function.(1218) The Constitutional court was later re-established by articles 81 and 83 of the political Constitution approved by referendum on 11 September 1980, and drawn up by the Military Junta, in the exercise of its constituent power. The Court was assigned attributions similar to those

---

(1215) *Cf.* O. TOVAR TAMAYO, *La jurisdicción constitucional*, Caracas 1983, p. 103.

(1216) See the text in H. FIX-ZAMUDIO, *Los tribunales constitucionales y los derechos humanos*, México 1980, p. 143, note 251.

(1217) E. SILVA CIMMA, *El Tribunal Constitucional de Chile (1917-1973)*, Caracas 1977, p. 12-20.

(1218) E. SILVA CIMMA, *op. cit.*, p. 219; H. FIX-ZAMUDIO, *op. cit.*, p. 150.

established by the Fundamental Charter of 1970, and its functioning is regulated in the Organic Constitutional Law of 12 May 1981 passed by the Government Junta.[1219]

(b) The Constitutional Tribunal and its Powers

In accordance with these recent regulations, the attributions of the tribunal are the following:[1220]

In the first place, it is competent to judge upon the constitutionality of organic laws, prior to their promulgation, or of those, which interpret a particular precept of the Fundamental Charter.

It is also authorised by means of a request to exercise preventive control over any issues, which may arise during the processing of ordinary project of law, or constitutional amendments, as well as international treaties submitted for the approval of Congress.

It is also competent to resolve issues of constitutionality concerning executive decrees with force of law; claims against the President of the Republic when he fails to promulgate a law, when he should have done so, or when he promulgates a different text, or issues unconstitutional decrees or regulates subjects reserved to formal law.

The Court also decides upon conflicts arising regarding decrees or resolutions issued by the President of the Republic, when the Office of the General Comptroller, on the grounds of unconstitutionality, has denied the registration of which.

In the second place, the Court is authorised to settle other issues, other than the control of constitutionality, particularly the constitutionality of the calling of plebiscites, as well as questions relating to an individual's constitutional or legal eligibility for appointment to the office of Minister of state.

These powers of the Constitutional Court were originally established in 1970, and the 1980 Constitution additionally grants it attributions not included in the 1970 Constitution, particularly the competence to judge the unconstitutionality of organisations and political parties or movements, as well as the responsibility of persons who transgress, or have transgressed the constitutional order of the Republic,[1221] more in consonance with the military regime.

Now, in the area of judicial review the Chilean Constitutional Tribunal has been empowered to review the constitutionality of legislation through two specific ways: a preventive control and a limited *a posteriori* control.

(1219) H. FIX-ZAMUDIO, "Dos leyes orgánicas de tribunales constitucionales latinoamericanos: Chile y Perú", *Boletín mexicano de derecho comparado*, 51, 1984, p. 943.

(1220) Art. 82, Constitution 1980.

(1221) H. FIX-ZAMUDIO, "Dos leyes orgánicas...", *loc. cit.*, p. 947.

(c) Preventive Control of Constitutionality of Legislation

In the first place, the Constitution establishes the power of the Tribunal to resolve constitutional questions that could arise during discussions of Organic Constitutional Laws, of statutes intended to interpret a constitutional disposition of any bill or project of constitutional amendment and of international treaties submitted to Congress for approval.[1222]

In all such cases, following the French model, the control exercised by the Constitutional Tribunal is a preventive one, and can be obligatory or exercised through a petition. In the case of Organic Constitutional Laws and of statutes that interpret a constitutional disposition, the preventive control of the Tribunal is obligatory, in the sense that the President of the corresponding Chamber of Congress must always send such texts to the Tribunal within five days after being sanctioned. Thus, this preventive control is not only obligatory but is also exercised *ex-officio* by the tribunal, and that is why in this case, the proceeding is not adversary. If in its decision the Tribunal considers one or more of the text dispositions unconstitutional, it must send it back to the corresponding Chamber, where its President in his turn must send it to the President of the Republic for promulgation, but without the dispositions considered unconstitutional

In the case of other bills, projects of constitutional amendments or international treaties, the exercise of the preventive control by the Constitutional Tribunal is only possible when a petition is formulated before the promulgation of the text, and during the discussion of the project, by the President of the Republic or by any of the Congress Chambers or by one fourth of their members. That is why the petition does not have suspensive effects over the legislative procedure and the proceeding before the Tribunal is an adversary one: the Tribunal must notify the interested constitutional organs and hear their arguments. The decision of the Tribunal considering unconstitutional dispositions of a project of a statute or a treaty, prevents its promulgation.[1223]

(d) Judicial Review Powers of the Constitutional Tribunal through Direct Means

Additional to the preventive control of legislation, the Constitutional Tribunal has also powers of judicial review of an *a posteriori* character, but only exercised regarding decrees with force of law, that is to say, those issued by the President of the Republic, by virtue of powers delegated by Congress, and also regarding presidential powers when promulgating statutes. Thus substantive judicial review of constitutionality of legislation by the Constitutional Tribunal does not proceed against statutes once in force, but only against executive decrees with force of law.

(1222) Art. 82 Constitution 1980, Art. 26-37 Organic Law 1981. See the comments in H. FIX-ZAMUDIO, "Dos leyes orgánicas ...", *loc. cit.*, p. 948.

(1223) *Idem*, p. 949.

In the first case; regarding the unconstitutionality of decree laws, the powers of the Tribunal on matters of unconstitutionality are exercised when a request is brought before it after a decision has been adopted by the General Comptrollers Office regarding the registration or not of the decree. In effect, in Chile, one of the traditional functions of the General Comptrollers Office has been the control of executive decrees, which results in their registration, or rejection of it. As a consequence, controversies traditionally arise as regards the constitutionality or legality of the executive decrees, when the Office of the General Comptroller raises objections concerning there in compatibility with the Constitution.

Prior to the existence of the Court, these controversies were settled by one of the parties, that is to say, by the executive, which could insist on the registration of the decree, which, in the Comptroller's opinion, might be unconstitutional, with the backing of the signatures of all the Ministers.[(1224)]

This situation was changed after the 1970 constitutional reform, according to which if the General Comptrollers Office rejects a decree law, the President of the Republic can no longer insist on it being registered. Instead, within a time limit of 30 days after the rejection, the President can raise the question before the Constitutional Court, which has the last word on the matter of unconstitutionality. Likewise, if, on the contrary, the General Comptroller registers a decree law, either of the Chambers of Congress, or more than one third of their active members, is authorised to raise the issue of unconstitutionality of the decree law before the Tribunal, also within a time limit of 30 days from the publication of the decree.

The procedure in such cases is of an adversary character, and the Tribunal can declare the unconstitutionality of the decree law, with binding effects, in which case it cannot be enforced. But, if the Tribunal declares that the disposition of the decree law is constitutional, the decision has also binding effects and particularly the Supreme Court of Justice cannot declare it inapplicable when exercising its concentrated diffuse powers of judicial review.[(1225)]

In the second place, the *a posteriori* judicial review powers of the Constitutional Tribunal can also be exercised regarding statutes but only in relation to the formalities of their promulgation by the President of the Republic. In effect, the Constitution attributes the Tribunal competence to resolve claims that can only be exercised by the Chambers of Congress, in cases in which the President of the Republic does not promulgate a statute when he should, or when he promulgates a text other than the one that proceeds constitutionally.[(1226)] In such cases, the constitutional review control does not in fact refer to the substantive aspects of the statutes, but only to the way the President of the Republic exercises his power when promulgating statutes, the decision of the Tribunal being directed to the correction of the promulgation.

(1224) H. FIX-ZAMUDIO, *op. cit.*, p. 148, 149; O. Tovar Tamayo, *op. cit.*, pp. 132-133.

(1225) H. FIX-ZAMUDIO, "Dos leyes orgánicas ", *loc. cit.*, pp. 949-950; O. TOVAR TAMAYO, *op. cit.*, p. 137.

(1226) Art. 82. See H. FIX-ZAMUDIO, "Dos leyes orgánicas…", *op. cit.*, p. 949.

B. Parallel-Concentrated System of Judicial Review in Ecuador and the Tribunal of Constitutional Guarantees

Among the Latin American countries that have adopted a double concentrated system of judicial review attributed to two different constitutional organs, the case of Ecuador must also be mentioned, in which the Supreme Court of Justice has exclusive power to judge the constitutionality of legislation through a diffuse system, and the Tribunal of Constitutional Guarantees is empowered to exercise judicial review of legislation in a concentrated way. Both systems of judicial review are based on the principle of supremacy of the Constitution expressly established as follows:

> The Constitution is the supreme law of the state. The secondary norms and all others of inferior hierarchy must maintain their conformity with the constitutional dispositions. The laws (statutes), decrees, ordinances, dispositions, international treaties or accords which, in any way, would be in contradiction with the Constitution or alter its disposition, will have no value. [1227]

In accordance with this proclaimed constitutional supremacy, the constitution of 1909, reformed in 1983, assigns the power to exercise judicial review power in a diffuse way, to the Chambers of the Supreme Court of Justice, to the Tax Tribunal and to the Administrative Justice Tribunal by, attributing them competences to declare in concrete cases taken over from a lower court, the inapplicability of any legal norm contrary to the Constitution."[1228] This decision according to the express provision of the Constitution, "does not have obligatory force but only in the concrete case in which it is pronounced", thus its effects are *inter partes*.

However, the same 1978 Constitution also established an institution called the Tribunal of Constitutional Guarantees, with a wide composition of its members in charge of watching out for the execution of the Constitution, by requesting actions from authorities and public officials.[1229] The Tribunal was originally empowered to formulate observations regarding decrees, accords, regulations or resolutions dictated in violation of the Constitution or the Statutes, once hearing the authorities, which dictated them. If its observations were not followed, the Tribunal was authorized to publish them in the press and notify the National Chamber of Representatives, for them to take a resolution.[1230]

This Tribunal of Constitutional Guarantees was also empowered to take cognisance of complaints that any citizen could bring before it when the

---

(1227) Art. 137. Constitution of 15 January 1978.

(1228) Art. 138. Constitution.

(1229) Art. 141, 1 Constitution. The Tribunal is composed by 3 members elected by the National Chamber of Representatives; the President of the Supreme Court of Justice; the Attorney General; the President of the Supreme Electoral Tribunal; one representative of the President of the Republic; one representative of Workers; one representative of the Association of employers; and two representatives of the people, elected by electoral bodies composed by the Mayors of Cantons and by the rovincial authorities Art. 140. Constitution.

(1230) Art. 141, 2 Constitution.

Constitution had been violated. In such cases, the Tribunal could prepare the accusation against the public official involved, and was to send it to the National Chamber of Representatives, for their prosecution.(1231)

But in accordance with the constitutional reform approved in 1983, in force since 1984(1232) the Tribunal of Constitutional Guarantees has also been attributed the exclusive power to suspend the effects of unconstitutional legislative acts, in what can be considered a concentrated system of judicial review. This power, up to the constitutional reform of 1983 had been attributed to the Supreme Court of Justice.

In effect, since 1984, the Tribunal of Constitutional Guarantees has had the exclusive power to "suspend totally or partially, at any moment, *ex officio* or following a party's petition, the effects of laws (statutes), ordinances or decrees that were unconstitutional whether in substance ox in form."(1233) This "suspension" of the effects of legislation is, undoubtedly, an important judicial review remedy regarding unconstitutional acts, although the Tribunal must submit its decision for the National Chamber of Representatives resolution. In accordance with the Constitution neither the decision of the Tribunal nor the resolution of the National Chamber of Representatives has "retroactive effects,(1234) although they have *erga omnes* effects.

This can be deduced, particularly regarding the Tribunal "suspensive" decision, from what is established in the Constitution regarding the inapplicability of legislation by the Chambers of the Supreme Court, the Tax Court or the Administrative Justice Court with *inter partes* effects in processes developed before them.

In these latter cases, it must be stressed that these courts must notify their decisions to the Supreme Court, which if it accepts the criterion must inform the Tribunal of Constitutional Guarantees which could exercise its competences to suspend the effects of the challenged act.(1235)

VIII. PREVENTIVE JUDICIAL REVIEW SYSTEM IN FRANCE: THE CONSTITUTIONAL COUNCIL

All the concentrated systems of judicial review that follow the European model can be characterised by the establishment of various means of judicial control of the constitutionality of legislation once in force, that is to say, once enacted and after its juridical normative effects have begun. Only in an exceptional way do

(1231) Art. 141, 3 Constitution.

(1232) G. ZAMBRANO PALACIOS, "Control de la constitucionalidad de los actos del poder público", *Memoria de la Reunión de Presidentes de Cortes Supremas de Justicia de Iberoamérica, El Caribe, España y Portugal*, Caracas 1983, pp. 677, 678.

(1233) Art.138. Constitution 1978.

(1234) Art. 138. Constitution 1978.

(1235) Art. 138 Constitution 1978.

some European concentrated systems allow for a preventive means of control regarding certain state acts, as happens in Italy with regional legislation and in Spain with organic laws and international treaties.

The basis for the existence of an *a posteriori* judicial review system has been the overcoming of the dogma of the sovereignty of parliament and of the law, and of the rigidities of the principle of separation of powers. As we have seen, judicial review implies the existence of a written and rigid constitution with normative character directly applicable to individuals, through which limits are imposed upon all constitutional organs, even the legislator, whose activities must conform to its text and therefore can be subject to jurisdictional review.

Those principles overcome by the European countries that followed the concentrated system of judicial review, have been of particular importance in the development of the French constitutional system, and if it is true that the contemporary trends of constitutionalism have also affected its traditional basis, it has been only for the establishment of a preventive system of judicial review, which undoubtedly is an incomplete system for the review of legislation deemed unconstitutional.

Of course, the adoption of a preventive system of judicial review in France and the activity developed by the Constitutional Council have been considered of revolutionary character[(1236)] because they mean the acceptance of the principle of constitutionality and the submission of the legislator to constitutional limits,[(1237)] but if it is compared with the system of judicial review adopted in the other European countries, we must conclude by considering that the French judicial review system is a limited one,[(1238)] the statutes once in force not being submitted to constitutional justice control.

1. Historical Background

The French preventive system of judicial review of legislation was definitively established in the Constitution of 5 October 1958, in which the Constitutional Council was regulated[(1239)] as a constitutional organ of the state in charge of the preventive review of legislation, that is to say, of the role of establishing its "conformity with the Constitution... before its promulgation."[(1240)] As we have said, this institutional innovation is the result of a reaction against at least two of

(1236) J. RIVERO, *Le Conseil Constitutionnel et les libertés*, Paris-Aix-en-Provence 1984, p. 168.

(1237) L. FAVOREU, "Le principe de constitutionnalité. Essai de definition d'après la jurisprudence du Conseil Constitutionnel", *Recueil d'etudes en Hommage a Charles Eisenmann*, Paris 1977, pp. 33-48.

(1238) See the comments concerning the legitimacy of the *a priori* French systems of control in a comparative perspective in L. FAVOREU "Actualité et légitimité du contrôle juridictionnel del lois en Europe occidentale", *Revue du droit public et de la science politique en France etàa l'étranger*, Paris 1984 (5), p. 1183-1187. Also published in L. FAVOREU and J.A. JOLOWICZ (ed.), *Le contrôle juridictionnel des lois. Légitimité, effectivité et développements récents*, Paris 1986, pp. 17-68.

(1239) Arts 56-63 Constitution 1958.

(1240) Art. 61.

the traditional bases of the French constitutional system: the absolutism of the law and the rejection of any judicial interference regarding other state powers, particularly parliament.

In effect, one of the most important political dogmas resulting from the French Revolution was the deep mistrust of the revolutionary legislator regarding judges, which denying them any possibility of controlling the other state powers, particularly the legislator and the executive. This antijudicial reaction had its political grounds in the role played by the pre-revolutionary *Parlements*, as Higher Courts, when examining the laws and decrees submitted to them to ensure that they did not contain "anything contrary to the fundamental laws of the Kingdom" which gave them an important conservative political power.[(1241)]

This distrust of the judicial power led to an extreme revolutionary interpretation of the principle of separation of powers. It resulted in prohibiting all judges not only from reviewing legislative and administrative acts, which explains why, in its origin, the Court of Cassation was a legislative organ and why the Council of state was an executive organ, but even from interpreting the laws, which power was also reserved to the legislator exercised by decree enacted at the request of the judges through the so-called *reféré législatif*, when there were any doubt about the text of a law.[(1242)] Therefore, as Montesquieu regarded them, the judges were *la bouche de la loi*, that is to say, "the mouth that pronounces the words of the law, mere passive beings, incapable of moderating either its force or rigour."[(1243)]

This extreme interpretation of the separation of powers, the supremacy of the law and the role of judiciary had up to this century (20th century) a tremendous influence on the shaping of continental constitutional law. That is why, as we have seen, it has only been during recent decades that a change has been introduced in Europe, particularly through the adoption of systems of judicial review of legislation, even though not by the ordinary judges or by the Supreme Courts of the countries, but by a specially created constitutional tribunal as a constitutional organ but with jurisdictional power.

The same lines were followed in the establishment of the Constitutional Council in France, but perhaps with a more political than jurisdictional character at least in its origin in which direct antecedents can be found in French constitutional history.

In effect, the French tradition before the creation of the Constitutional Council in 1958 was the attribution of the function of guaranteeing the Constitution to a special political body. This happened with the Conservative Senate of the Constitution of the year VIII of the 22 *Frimaire*, and with the attributions of the

(1241) M. CAPPELLETTI, *Judicial Review in the Contemporary World*, Indianapolis 1971, pp. 33-35; F. Luchaire, *Le Conseil Constitutionnel*, Paris 1980, pp. 5-6.

(1242) *Idem*

(1243) MONTESQUIEU, *De l'Espirit of Laws*, Book XI, Ch VI, quoted by Ch. H. MCILWAIN, *The High Court of Parliament and its Supremacy*, Yale, 1910, p. 323.

Senate in the Constitutional Charter of 1852.[(1244)] It was repeated in the 1946 Constitution, which attributed the undertaking of the preventive control of the constitutionality of the laws sanctioned by the National Assembly to a political body called the *Comite Constitutionnel*, to determine if their promulgation required a previous amendment of the organic part of the Constitution. Consequently, it was a very limited system of constitutional control. As a result, if the Committee deemed that the law was in fact contrary to the Constitution, it was returned to the Assembly for reconsideration, and if the Assembly confirmed its first decision, then it was necessary to proceed to reform the Constitution just as if it were a revision explicitly requested. However, the law could not be enacted until the reform had been concluded.[(1245)]

2. The Constitutional Council and its Jurisdiction

Based on the background of the French tradition and of the 1946 Constitutional Committee, the 1958 Constitution created the Constitutional Council,[(1246)] which in accordance with Maurice Duverger's ideas was a kind of "supreme political jurisdiction" entrusted with power to control the constitutionality of the law and the regularity of presidential and parliamentary elections. The term "political jurisdiction" used by Duverger to describe this body expresses the rather atypical[(1247)] and ambiguous[(1248)] nature of the institution: it is assigned the role of a judge, but must exercise its activities in the political arena, and more important, with political motivations. Its members enjoy the independence of all Magistrates and judges, but are politically recruited and appointed.

Therefore discussions have traditionally arisen in France regarding the jurisdictional character of the Constitutional Council,[(1249)] which today are definitively admitted even giving rise to a distinction between the "judicial power" and a more broad "jurisdictional power", the latter being constructed to comprise other than ordinary judiciary and administrative justice functions, the constitutional justice attributions of the Constitutional Council.[(1250)]

(1244) C. FRANCK, *Les functions juridictionnelles du Conseil Constitutionnel et du Conseil d'Etat dans l'ordre constitutionnel*, Paris 1974, pp.44-46; F. LUCHAIRE, *op. cit*., pp. 10-11.

(1245) F. LUCHAIRE, *op. cit*., p. 13.

(1246) The Constitutional Council is ruled by Title VII, article 53 to 63 of the 1958 Constitution, (*Journal Official* du 5-10-1958) and by the Organic Law nº 58-1067 of 7th November, 1958. (*Journal Officiel* du 9-11-1958). Article 61, 2 of the Constitution was modified on 21st October, 1974 by a Constitutional Reform; and the Organic Law of the Tribunal was modified by the Organic Law nº 59-223 of 4th February 1959 (*Journal Officiel* du 7-2-1959) and by the Organic Law of 26-12-1974 that followed the Constitutional ammendment.

(1247) W.K. GECK, "Judicial Review of Statutes: a Comparative Survey of Present Institutions and Practices", *Cornell Law Quarterly*, 51, 1966, pp. 256-259.

(1248) A. HAURIOU, *Institutions politiques et droit constitutionnel*, Paris.

(1249) F. LUCHAIRE, "Le Conseil Constitutionnel. Est-il une juridiction", *Revue du droit public et de la science politique en France et à l'étranger*, 1979; F. Luchaire, *op. cit*., pp. 33-56.

(1250) T. RENOUX, *Le Conseil Constitutionnel et l'autorité judiciaire. L'elaboration d'un droit constitutionnel juridictionnel*, Paris 1984, p. 19.

In accordance with the Constitution, the composition of the Constitutional Council, other than by *ex-officio* members who are the former Presidents of the Republic, is composed of nine members appointed in a paritarian way, three by the President of the Republic, three by the President of the National Assembly and three by the President of the Senate.(1251)

The functions of the Council members are incompatible with those of members of Government, of Parliament and of the Economic and Social Council.(1252) Council members cannot be appointed to any public office(1253) during their term, nor are they allowed to take political stands on issues which have been or could be susceptible to a decision by the Council.(1254) They are also prohibited from accepting positions of responsibility or administrative posts in any political party or group, nor can they mention their post in any document which could lend itself to publication on any public or private activity.(1255)

The Constitutional Council, in addition to its consultative attributions, in the area of judicial review is also the judge of the constitutionality of legislation and of electoral and referendum disputes. Therefore, three types of competences can be distinguished for the Constitutional Council: to act as a consultative body, to exercise electoral jurisdiction and to control the constitutionality of legislation.

The first of the competences attributed to the Constitutional Council refers to the exercise of a series of functions of a consultative nature, and indeed, of political importance. These consultative functions refer to determining when the President of the Republic is unable to perform his functions,(1256) and to give its opinion regarding the situations and measures to be taken in cases of extraordinary circumstances.(1257)

In the first case, the consultative functions of the Council are directed towards preventing the President of the Republic from exercising his functions, in which it wields genuine decision-making power, when requested by the government when it considers the President of the Republic unfit to carry out his functions.

We should stress that the Constitution does not define the notion of being "unfit to perform" (*empêchement*) insofar as it does not specify if it means a physical disability or unfitness resulting from sickness or an accident. Thus the power of appreciation of the Constitutional Council is practically unlimited. If the Constitutional Council declares the unfitness or disability of the President to be of a definitive nature, it must call new elections between twenty and fifty days following its decision. Nevertheless, the Constitutional Council can confirm the existence of a *force majeure* preventing it from calling the election, in which case, as would occur in the event of temporary incapacity, the President of the

(1251) Art. 56 Constitution; Art. 1, Organic Law 58-1067.
(1252) Art. 57 Constitution; Art. 4, Organic Law 58-1067.
(1253) Art. 5 Organic Law 58-1067.
(1254) Art. 7 Organic Law 58-1067.
(1255) Art. 2, Decret 13-1-1959. See in F. LUCHAIRE, *op. cit.*, p. 71.
(1256) Art. 7. Constitution.
(1257) Art. 16. Constitution.

Republic would be replaced by the President of the Senate, who is empowered to exercise all of the former attributions, with the exception of the right to dissolve the Assembly, or to call a referendum.[(1258)]

The second consultative function of the Constitutional Council concerns the opinion it must give when consulted by the President of the Republic regarding the situation and the measures that must be taken when a serious and immediate threat against the institutions of the Republic, the independence of the Nation, the integrity of its territory or the execution of international accords exists, or when the regular functioning of the constitutional public powers is interrupted. In order to adopt the necessary measures in the circumstances, the President as well as the Prime Minister and the President of the Assemblies must consult the Constitutional Council, which must refer to the conditions established in the Constitution for the exercise of extraordinary powers in which case the opinion must be published.[(1259)]

Additionally, the Constitutional Council must be consulted on all measures that the President of the Republic intends to take under Article 16 of the Constitution, in which case, the opinion of the Constitutional Council would not be published.[(1260)]

The second group of competences of the Constitutional Council deals with its role as Supreme Electoral Tribunal, not only for parliamentary elections, but also for presidential elections and referenda.[(1261)] Regarding parliamentary elections, the Constitutional Council has constitutional powers to decide upon the regularity of elections of Deputies and Senators[(1262)] and as a result the Council can annul any election or can amend its reported results and is even empowered to declare another candidate as having been regularly elected.[(1263)] To this end, every parliamentary election can be challenged before the Tribunal, within a ten day period, by any elector of the respective electoral circumscription, following a contradictory procedure in which the contested parliamentary assembly and the candidate whose election is under question are entitled to make observations.[(1264)]

Regarding the control of presidential elections[(1265)] the powers of the Constitutional Council are not restricted to the settlement of disputes, that is to say, they are not reduced to reviewing the regularity of an election if contested, but to watch out for the regularity of the elections. To this effect, the Constitutional Council, in the case of a challenged presidential election, is entrusted with the task of adopting and proclaiming the final results of the

---

(1258) Arts 7, 11, 12. Constitution. Art. 31 Organic Law 58-1067.
(1259) Art. 16. Constitution. Arts 52, 53 Organic Law 58-1067.
(1260) Art. 54 Organic Law 58-1067.
(1261) Art. 58-60. Constitution.
(1262) Art. 59. Constitution.
(1263) Art. 41 Organic Law 58-1067.
(1264) Art. 39,40 *Idem*.
(1265) Art. 30 *Idem*.

electoral process.(1266) Moreover, the Constitutional Council *ex-officio*, when it has evidence of serious irregularities which could prevent the sincerity of the election and affect its overall result, can pronounce the nullity of the election, in which case the government must fix a new date for a new election.(1267)

On the other hand, the Constitutional Council also participates in the electoral process when the government deems it necessary to replace the normal vote counting procedure, carried out at the level of the heads of Departments, and of the territories, by a centralized vote count taken in Paris. In accordance with the Organic Law on the Presidential Election the decree establishing this measure must have the favourable opinion of the Constitutional Council,(1268) thus granting this body the real decision-making power in the matter.

Anyway, regarding disputes over presidential elections, only the Prefects or Heads of the respective territories may exercise a recourse before the Constitutional Council within the 48 hours following the closure of the ballot count,(1269) but electors have no right to exercise such a recourse. Nevertheless, this restriction of standing is balanced when considering the already questioned *ex-officio* powers of the Council to annul an election.

The third competence regarding electoral disputes of the Constitutional Council relates to the control of referenda. In this respect the Council must be first consulted on the organisation of the operations of the referendum,(1270) that is to say, its technical application. Second, it must supervise both the operations and the final vote count, and then proclaim the results.(1271)Third, in the case of disputes relating to the referendum, the Constitutional Council also examines and decides on every claim raised before it.(1272) The Organic Law of the Constitutional Council does not clearly establish who is entitled to make such claims, but, in view of the nature of a referendum, that is to say, a popular consultation via direct votes, it could be considered that every elector has the right to request a decision from the Constitutional Council.(1273) Anyway, if the Council confirmed irregularities, it must decide then, in a sovereign manner, whether to maintain the operation of the referendum or to change it, making a statement on its partial annulment.(1274)

The third group of competencies of the Constitutional Council is the control of constitutionality of legislation, of a preventive character, which is conceived in the Constitution basically as a mean of preventing encroachment of competencies between the constitutional organs of the state, and particularly to keep parliament

---

(1266) Art. 27 Organic Law 58-1064 7-11-58 concerning the election of the President of the Republic. *Journal Officiel* du 9-11-58.
(1267) Art. 22 Organic Law 58-1064.
(1268) Art. 23 *Idem*.
(1269) Art. 19 *Idem*.
(1270) Art. 46 Organic Law 58-1067.
(1271) Art. 60 Constitution. Art. 51 Organic Law 58-1067.
(1272) Art. 50 Organic Law 56-1067.
(1273) *Cf.* F. LUCHAIRE, *op. cit.*, p. 277.
(1274) Art. 50 Organic Law 58-1067.

within its constitutional boundaries. Thus, in its origin, the Constitutional Council was established as the guarantor of the organic part of the Constitution and only after 1971, has it also been considered, although indirectly, as the guarantor of the fundamental rights of the citizen against the laws.[1275]

This control of the constitutionality of legislation, as we said, is conceived in France as a preventive or *a priori* control in the sense that it is exercised over acts not yet enforced, because they have not been enacted. Regarding laws, the control only proceeds against statutes sanctioned by the Assemblies but not yet promulgated by the President of the Republic, and it is precisely this aspect, which brings about the great difference between the French system of judicial review and the other European systems, in which the main control of constitutionality is jurisdictionally exercised against acts that have been promulgated and that are in force.

In accordance with the French Constitution, the judicial review powers of the Constitutional Council can be classified into two groups: the preventive control of the constitutionality of non promulgated legislation; and the preventive control over the distribution of normative powers between the law and the executive regulations.

3. Preventive Control of the Constitutionality of non Promulgated Legislation

The preventive control of the constitutionality of non promulgated legislation, is exercised by the Constitutional Council in two ways: in a compulsory way regarding parliamentary regulations, and organic laws, and in a facultative way regarding ordinary laws and international treaties.

A. Obligatory Control of the Constitutionality of Organic Laws and Parliamentary Regulations

In accordance with article 61 of the Constitution, organic laws and the internal regulations of parliamentary assemblies before they are promulgated, must be submitted to the Constitutional Council for its decision as to whether they are consistent with the Constitution.

In the case of Organic Laws, the Prime Minister who must state, when appropriate, if the decision is urgent, must submit them to the Constitutional Council. In the case of parliamentary regulations or modifications to the regulations adopted by one of the Assemblies, they must be submitted to the Constitutional Council by the President of the Assembly.[1276]

(1275) J. RIVERO, *op. cit.*, pp. 13-14.

(1276) Art. 61 Constitution. Art. 17 Organic Law 58-1067.

B. Facultative Control of the Constitutionality of Ordinary Laws and of International Treaties

In addition to organic laws and parliamentary regulations, the President of the Republic, the Prime Minister or the President of one of the Assemblies can also submit ordinary laws before their enactment to the Constitutional Council. Moreover, the 1974 Constitutional reform adds a new option: 60 representatives or senators may submit the question of constitutionality regarding ordinary laws to the Constitutional Council,[1277] thereby giving minorities the means to challenge majority decisions.

This facultative control of constitutionality also applies to international treaties and in this case, the Constitutional Council must decide whether an international treaty contains clauses contrary to the Constitution, when requested by the President of the Republic, the Prime Minister or the President of one of the Assemblies, in which case the authorisation for its signing or for its approval could only be possible after a constitutional reform takes place.[1278]

The proceeding in this case is contradictory and the authority that submits an international treaty or a law to the Constitutional Council for constitutional control, must immediately notify such action to the other authorities entitled to require a decision of the Constitutional Council.[1279]

C. Suspensive Effects of the Recourses and the Decision of the Council

In any case in which the Constitutional Council is requested for control of constitutionality before the enactment of organic laws, parliamentary regulations, ordinary laws and international treaties, as soon as the Council hears the request, it has suspensive effects and the promulgation of the normative text under challenge is suspended.[1280] The Council has a month to make a decision, although in an urgent case, the government may request that this term be reduced to eight days.[1281]

The decision of the Council that must be motivated and published in the *Journal official*[1282] can be to declare that the challenged statute is not contrary to the Constitution, in which case the suspensive delay of its promulgation ends.[1283] But the decision of the Constitutional Council may be to declare the normative text unconstitutional, in which case the non promulgated normative text cannot be promulgated nor enforced.[1284]

(1277) Art. 61. Constitution.
(1278) Art. 54. Constitution.
(1279) Art. 54, 61. Constitution. Art. 18 Organic Law 58-1067.
(1280) Art. 61. Constitution.
(1281) Art. 61. Constitution.
(1282) Art. 20 Organic Law.
(1283) Art. 21 Organic Law 58-1067.
(1284) Art. 62. Constitution.

In relation to international treaties, as we have said, if the Constitutional Council decides that an international treaty contains a clause contrary to the Constitution, the authorisation to ratify or approve it must be postponed until the Constitution has been amended.[(1285)]

The declaration of unconstitutionality by the Constitutional Council always takes two forms regarding the text of the challenged act: if the Constitutional Council deems that an unconstitutional provision of a statute is inseparable from the rest of the text, the full text of the law therefore cannot be promulgated;[(1286)] on the contrary, if the Council deems that the unconstitutional provisions can be separated from the text, the President of the Republic can either enact the incomplete text, or call for a second discussion by the Chambers.[(1287)]

In any case, the decision of the Constitutional Council is not revisable and has binding effects on all public powers and administrative and jurisdictional authorities.[(1288)]

4. Preventive Control of the Distribution of Normative Competences

Concerning preventive judicial review, another fundamental competence of the Constitutional Council is intended to protect the distribution of normative competences between the law and the executive regulations. In effect, the 1958 French constitution, deviating from the parliamentary tradition of modern states and as a result of an obvious antiparliamentary reaction, established a system for the distribution of competences between parliament and government, based on assigning parliament exclusive power over matters expressly enumerated in the Constitution, which resulted in an extreme restriction of parliamentary powers.

In effect, in accordance with Article 34 of the Constitution, a list of subjects whose regulation is attributed to the competence of parliament is enumerated covering the statutes it can dictate and Article 37 lays down that in all other matters, outside those that form the domain of the law (statute), the regulatory powers upon them are attributed to the executive, thus reducing the power of parliament to a series of clearly enumerated subjects and leaving the remainder of the normative competences to the executive power.

This system of distributing normative state powers, of course, causes innumerable disputes between the law and the executive regulations, thus between parliament and the executive power, which the Constitutional Council must settle. Therefore, to resolve conflicts, the Council must intervene to ensure the compliance of constitutional provisions, but without examining the definitive normative text. Here the Constitutional Council really intervenes at the time of drafting the respective texts, to authorise or to prohibit their continuation until the

(1285) Art. 54. Constitution.

(1286) Art. 22 Organic Law 58-1067.

(1287) Art. 23. *Idem*.

(1288) Art. 62. Constitution.

final version of the text is ready. Of course, this competence of the Council is exercised in two aspects with regard to statutes and to the exercise of the regulatory executive powers.

A. Preventive Control of Bills

In the first aspect, the intervention of the Council concerns the procedure for the drafting of statutes and their reforms. In effect, the Government may be opposed to the continuation of the discussion of a bill by the Assembly, when it considers that it includes matters which are not under the domain reserved to the law in Article 34 of the Constitution, and in the organic laws adopted for their enforcement, and when it deems it contrary to the powers of normative character assigned to Government.(1289)

In this case, the President of the Assembly involved can come to an agreement with the government opposition whereby neither the proposal nor the reform is discussed. If, however, it disagrees with the government, the Constitutional Council is called upon to settle the conflict by any of the interested organs and must adopt the decision within an 8-day period. In that case, the discussion of the law or of the legislative amendment to which the government is opposed is immediately suspended.(1290) In addition, the authority that requests the intervention of the Constitutional Council in the conflict, must notify all other authorities with the same competence to request a decision from the Constitutional Tribunal.(1291)

B. Constitutional Control of Statutes Regarding Executive Regulations

The second intervention of the Constitutional Council in the distribution of competences between the law and executive regulations, concerns the exercise of regulatory power by the government, when it attempts to modify statutes that can occur in two different cases. Firstly, when the statute in question has been adopted before the delimitation of the legislative domain in the 1958 Constitution but the matters concerned enter within the executive normative powers. Secondly, when the statutes have been adopted after the 1958 delimitation, invading the executive normative powers but were not submitted to the control of the Constitutional Council before enactment.

Under the first hypothesis, the government is free to modify the existing pre-constitutional statutes, which refer to matters of the domain reserved to it by the Constitution. In such cases, the Government is only obliged to adopt the

---

(1289) Art. 41. Constitution.
(1290) Art. 27 Organic Law 58-1067.
(1291) *Idem.*

corresponding decree, after it has requested and obtained a consultative opinion from the Council of state.[(1292)]

The second hypothesis deals with the exercise of executive regulatory power to modify statutes adopted by Parliament after the 1958 Constitution, in areas that fall under the executive normative domain. In such cases, the government is empowered to pass the respective regulatory decree only when the Constitutional Council has declared the executive regulatory nature of the matter.[(1293)] In this way, if a government, through neglect or by deliberate political will does not submit a non promulgated statute which falls outside the domain reserved for the legislative power to the Constitutional Council before its enactment, successive governments are not bound by this decision and can submit the statute in question to the Constitutional Council, and if it declares its executive regulatory subject character, the government can modify it quite simply by decree.[(1294)]

Therefore, in the field of the delimitation of normative competences between executive regulatory power and statutes, the control of the Constitutional Council does not really apply to executive regulations themselves, only to the statutes. Executive regulations and the possible encroachment they might make upon the domain reserved to the legislator by Article 34 of the Constitution are subject to control by the Council of State which could lead to the divergences of criterion between the latter and the Constitutional Council.[(1295)]

5. Substantive Control of Constitutionality of Legislation and the Principle of Constitutionality

As we have seen, the fundamental role attributed to the Constitutional Council in France, in accordance with the 1958 Constitution, relates to controlling the conformity of legislation with the Constitution in a preventive way. But the 1958 Constitution being basically an organic constitution, that is to say, one in which the distribution of powers between the different state organs is its main objective, in the first decade of its functioning, the Constitutional Council acted as the guardian of the maintenance of that distribution particularly regarding the relation between parliament and government, in other words the relations between the law (Statutes) and the executive regulatory powers.

The French Constitution, as we have seen, does not have an express declaration or enumeration of constitutional rights, which led to it being interpreted as a text not directly applicable to individuals, the only declaration of the Constitution concerning fundamental rights of individuals being its Preamble in which it is stated that

(1292) Art. 37. Constitution.
(1293) Art. 37. Constitution.
(1294) See also Arts 24-26 Organic Law 58-1067.
(1295) C. Franck, *op. cit.*, p. 167.

> The French people solemnly proclaim their adherence to the Rights of Man and to the principles of national sovereignty as have been defined in the Declaration of 1789, confirmed and completed by the Preamble of the 1946 Constitution.

A similar Preamble was established in the 1946 Constitution, which the then Constitutional Committee considered as not being directly enforceable.(1296) Nevertheless, no special provision in this respect was established in the 1958 Constitution.

This normative reality led the Constitutional Council to enlarge its own judicial review powers in what has been considered its *Marbury* v. *Madison* decision(1297) the one adopted on the 16 July 1971 concerning the freedom of associations (1298)63); in which to declare a statute sanctioned by parliament unconstitutional, the Council based itself on the Preamble and through it on the "fundamental principles recognised by the laws of the Republic and the Declaration of the Rights of Man and the Citizen of 1789." Within these principles and rights, the Council assigned constitutional rank to the freedom of associations and declared the unconstitutionality of a statute it deemed contrary to it, thus, to the Constitution.(1299) Consequently, not only was the "bloc of constitutionality" enlarged by the Constitutional Council, which, since then, has comprised, other than the formal text of the Constitution, the fundamental principles recognised by the laws of the Republic and the Declaration of the Rights of Man and the Citizen of 1789,(1300) but the Council has also become the guardian of freedoms.(1301)

Therefore, the Constitutional council has claimed for itself the power and duty to control the conformity of non promulgated statutes, not only according to Articles 34 and 37 of the Constitution, which govern the distribution of competences between parliament and the executive normative powers, but also according to the Constitution in full, which includes the general principles of a constitutional character as they arise from the Universal Declaration and from the Preamble, and the fundamental rights of individuals. Of course, in pursuing this task, the recourse opening the way for parliamentary minorities to seek judicial review through the 1974 constitutional amendment, has been of fundamental importance, as it has shown in other basic decisions of the Council, like the one

(1296) Art. 34. Constitution 1946. *Cf.* J. RIVERO, *op. cit.*, p. 11; L. FAVOREU, "Le principe ...", *loc. cit.*, p. 34.

(1297) J. RIVERO, *op. cit.*, p. 140.

(1298) See in L. FAVOREU and L. PHILIP, *Les grandes decisions du Conseil Constitutionnel*, Paris 1984, pp. 222-237.

(1299) *Cf.* other comment upon the decision in B. NICHOLAS, "Fundamental Rights and Judicial Review in France", *Public Law* 1978, pp. 82-92; J. E. BEARDSLEY, "The Constitutional Council and Constitutional Liberties in France", *The American Journal of Comparative Law*, 20, 1972, p. 431-452; C. FRANCK, *op. cit.*, p. 208.

(1300) *Cf.* F. LUCHAIRE, "Procédures et techniques de protection des droits fondamentaux. Conseil Constitutionnel Francais", in L. FAVOREU (ed.), *Cours constitutionnelles européenes et droits fondamentaux*, Paris 1982, pp. 64-73.

(1301) M. CAPPELLETTI, "El formidable problema del control judicial y la contribucion del análisis comparado", *Revista de estudios políticos*, 13, Madrid 1980, p. 71.

adopted on the 16 January and 11 February 1982 in the *nationalisation* case,[1302] in which the "bloc of constitutionality" was again enlarged, to comprise the "principles and rules of constitutional value"[1303] to which the Legislator is also submitted.

Finally, it must be mentioned that in addition to these transformations pressured by the Constitutional Council decisions regarding submission of all state organs to the Constitution and its principles, including the legislator, the control of constitutionality of legislation has also been enlarged through the work of the other main jurisdictional organs in France, the Council of State and the Court of Cassation.

In particular, the Council of State since its decision *Sindicat General des Ingenieurs-Counceils* of 26 June 1959[1304] has exercised constitutional control over executive normative acts (decree laws) adopted in accordance with the powers attributed to the executive in Article 37 of the Constitution, not regarding the possible submission of executive regulations to the statutes sanctioned by Parliament because of the equally distributed powers of both constitutional organs, but regarding the Constitution, and moreover, "the general principles of law which result basically from the Preamble of the Constitution" which "are imposed on the regulatory executive authority, even in the absence of a legislative disposition."[1305]

On the other hand, the Court of Cassation in a very important decision of 24 May 1975, *Administration des Douanes v Société Cafés Jacques Varbre S.A.*,[1306] led the way to the exercise of a diffuse system of judicial review in France, by establishing the power of courts to refuse to apply statutes promulgated after the treaties of the European Economic Community, contrary to those treaties which in the French constitutional system (as are all international treaties) have "authority superior to statutes."[1307] This possibility of a diffuse system of judicial review of course, could lead to its general admissibility, in particular regarding statutes contrary to the fundamental rights of individuals, not only because the European Convention of Human Rights ratified by France is part of the French legislation,[1308] but also because of the express acceptance by the Constitutional Council of the constitutional rank, value and character of the fundamental rights contained in the 1789 Declaration. Of course, to that end, the

---

(1302) See in L. FAVOREU and L. PHILIP, *op. cit.*, pp. 524-562. See the comments in L. FAVOREU (ed.) *Nationalisations et Constitution*, Aix-en-Provence, 1982; J. RIVERO, *op. cit.*, pp. 109-125.

(1303) L. FAVOREU, "Les decisions du Conseil Constitutionnel dons l'affaire des nationalisations", *Revue du droit public et de la science politique en France et à l'étranger*, 1982, p, 401.

(1304) See in *Recueil Sirey* Jurisprudence, 1959, p. 392 (note Drago). See the comments on C. FRANK, *op. cit.*, p. 200; M. CAPPELLETTI, "El formidable problema... ", *loc. cit.*, p. 70.

(1305) See in C. FRANCK, *op. cit.*, p. 200.

(1306) See in *Dalloz* (Jurisprudence), 1975, p. 497. See the comments in M. CAPPELLETTI and W. COHEN, *Comparative Constitutional Law*, Indianapolis 1979, pp. 156-168; M. CAPPELLETTI, "El formidable problema...", *loc. cit.*, p. 72.

(1307) Art. 55. Constitution.

(1308) *Cf.* A.Z. DRZEMCZEWSKI, *European Human Rights Convention in Domestic Law. A Comparative Study*, Oxford, p. 71.

reluctance of the courts to control the constitutionality of statutes so traditional in France, must be overcome, and that is a fundamental task they have in the future, to which achievement the three principal jurisdictional organs of the state have led the way.

IX. LIMITED CONCENTRATED SYSTEM OF JUDICIAL REVIEW IN BELGIUM: THE ARBITRATION COURT

Finally, regarding the concentrated systems of judicial review in Europe, a limited version can be identified in Belgium. In effect, due to the establishment of a decentralised political form of the state in Belgium, first programmed in the 1970 constitutional reform and later executed in the 1980 constitutional reform,(1309) in a similar way to the "Regional state" organisation formula adopted in Italy and Spain, the need for the establishment of an independent constitutional organ to resolve conflicts between the various political entities, brought about the creation of an Arbitration Court for that purpose in the same 1980 amendment to the Constitution.(1310)

In effect, in accordance with that constitutional reform, the Kingdom of Belgium was divided into Regions and Communities, as political decentralised units in which organisation and functioning the linguistic and ethnic divisions of the country play a fundamental role. Thus, conflicts between national power and those attributions assigned to the Regions and Communities need to be resolved. Hence, the creation of the Court of Arbitration composed of 12 members: six French speaking members, who form the French language part of the Court, and six Flemish speaking members who represent Flemish speaking communities. The members of the Court are appointed by the king for life, from a list with twice the number submitted by the Senate, adopted by a two thirds majority of its members present. The candidates who must be over 40 years of age, must either have held posts for five years as judicial or administrative magistrates, or be professors of law, or they must have been members of the Senate or of the Chamber of Deputies for at least eight years. Both linguistic groups must share an equal distribution of the two above-mentioned categories.(1311)

(1309) F. PERIN, *La nouvelle subdivision du Royaume: les Communautes et les Regions*, XI Congrès International du Droit Comparé, Caracas 1982, (mimeo), p. 10. See the text in *La Constitution belge et ses lois d'application*, Cabay, Louvain-La-Neuve, 1985.

(1310) Art. 107 Constitution (29-7-1980) See also "Loi portant l'organisation, la competence et le fonctionnement de la Cour d'arbitrage" (L.C.A.) 28-6-83, in *La Constitution belge..., cit.*, p. 105. *Cf.* L. FAVOREU, *Le contrôle juridictionnel des lois et sa légitimité. Dévelopments récents en Europe occidentale*, AILS, Uppsala Colloquium 1984, (mimeo), p. 15. Also published as "Actualité et Légitimité du contrôle juridictionnel des lois en Europe occidentale", *Revue du droit public et de la science politique en France et à l'étranger*, 1984 (5), p. 1166; and also in L. FAVOREU and J.A. JOLOWICZ (ed.), in *Le contrôle juridictionnel des lois.Légitimité, effectivité et développments récents*, Paris 1986, pp. 17-68.

(1311) Arts. 21, 22, L.C.A.

The Court of Arbitration has been conferred a limited competence to judge the conformity of laws and decrees only with respect to the rules established in or based on the Constitution to determine the respective competences of the state, of the communities and of the regions."[(1312)] Therefore, the judicial review powers of the Court are referred exclusively to certain disputes of competences between state bodies, in a similar way to the powers attributed to the constitutional tribunals on the European model.

The powers of the Arbitration Court can be exercised through direct or incidental means. In effect, the first method of seeking judicial review regarding conflicts of attributions is through a direct recourse brought before the Court by the Council of Ministers or by the executive body of the communities or the regions, requesting the annulment of any legislative act on the grounds that it infringes the vertical distribution of powers established in the Constitution. The right of the Presidents of the legislative assemblies to bring before the Court this direct action at the request of two thirds of their members is also foreseen. In any case, the recourse must be presented before the Court within the period of one year following the publication of the challenged act,[(1313)] and the Court can decide, when demanded by a party, to suspend the application of the challenged statute or decree, in which case it must decide the recourse within a delay of three months.[(1314)]

The final Court decisions on the matter can declare the nullity of the unconstitutional act, "having absolute *res judicata* authority from its publication in the *Moniteur Belge*",[(1315)] which means that they have *erga omnes* effects. Additionally, it has been considered that such decisions have retroactive effects,[(1316)] thus, *ex-tunc*, *pro praeterito*.

The second method through which a constitutional question can reach the Court of Arbitration is the incidental one, when the issue is referred to the Court by any ordinary court before which, in a concrete case, the question of conformity of a statute or a decree with the constitution, on matters of vertical distribution of state powers, has been raised.[(1317)] The ordinary courts do not have *ex-officio* powers to refer constitutional questions before the Court, but have an important appreciation power when considering the issue raised by a party in the case.[(1318)]

Anyway, the decision of the Court of Arbitration in these incidental judicial review cases, has binding effects, not only upon the ordinary court that has referred the question, but also upon all other courts that must intervene in the same case.[(1319)]

(1312) Art. 1, 1 L.C.A.
(1313) Art. 2, 1 L.C.A.
(1314) Art. 8, L.C.A.
(1315) Art. 7, L.C.A.
(1316) L. FAVOREU, *loc. cit.*, p. 1168
(1317) Art. 15, 2 L.C.A.
(1318) L. FAVOREU, *loc. cit.*, p. 1168
(1319) Art. 17, L.C.A.

PART VI

THE MIXED SYSTEMS OF JUDICIAL REVIEW

As we have seen, the systems of judicial review followed in comparative constitutional law can be classified into two main groups: the diffuse systems of judicial review, in which all courts have the power and duty to judge the constitutionality of legislation and to decide not to apply statutes when they deem them unconstitutional; and the concentrated systems of judicial review, in which the power to declare the unconstitutionality of statutes and to annul them is attributed to a single constitutional organ, either the Supreme Court of the country or a specially created Constitutional Court. In general, with their own particular trends, and as a consequence of the principle of the supremacy of the constitution, all the countries in the world with written and rigid constitutions have adopted one or other system.

Nevertheless, in accordance with their general trends, and having their common basis in the principle of the supremacy of the Constitution, those systems of judicial review of the constitutionality of legislation are not only compatible with all legal systems thus existing and functioning, either in countries with a common or Roman law tradition. Moreover, they can coexist in a particular country, giving rise to what we have called the mixed system of judicial review in which the maximum protection of the Constitution is established, at least formally in the Fundamental Charter. In Europe, a mixed system of judicial review exists in Portugal and in a more limited way in Switzerland, and many of the countries in Latin America follow this mixed pattern, as are the cases of Colombia, Venezuela, Guatemala and Brazil.

I. CONTROL OF CONSTITUTIONALITY IN THE PORTUGUESE REPUBLIC

The Constitution of the Republic of Portugal approved by a Constituent Assembly in April 1976 established the basis of a mixed system of judicial review of the constitutionality of legislation, in which the Council of the Revolution, its Constitutional Commission and the ordinary courts played a very important role,[1320] giving birth to the most complete system of judicial review in Europe, in which the basic elements of the European model and of the French system were adopted in parallel with elements of the diffuse system of judicial review. That mixed system of judicial review was maintained in the First

(1320) See in general J. CAMPINOS, *La Constitution portugaise de 1976 et sa garantie*, UNAM, Congreso sobre La Constitución y su Defensa, (mimeo), México, Agosto 1982; M. GONZALO, "Portugal; El Consejo de la Revolución, su Comisión Constitucional y los Tribunales ordinarios como órganos de control de la constitucionalidad", *Boletín de jurisprudencia constitucional*, Cortes Generales, 8, Madrid 1981, pp. 630, 640.

Revision of the Constitution approved by the Constitutional Law N° 1/82 of 30th September 1982,(1321) in which it is regulated as we said, by what can still be considered today, the most complete system of judicial review in Europe.

1. The principle of Constitutional Supremacy and its Consequences

The 1982 Constitution is not only a written and rigid Constitution,(1322) but is expressly conceived as the supreme law of the *Lander*, to which all other state acts must be submitted. In this respect, Article 3 of the Constitution states:

> The state shall be subject to the Constitution and based on democratic legality.
>
> The validity of the laws and other state acts of the autonomous regions and local authorities shall depend on their being in accordance with the Constitution.

The consequence of this supremacy clause is also expressly established in the text of the Constitution, in which article 277 states:

> Provisions of law that infringe a provision of the Constitution or the principles laid down therein are unconstitutional.

Therefore, the supremacy of the Constitution and of the principles laid down in its provisions implies that laws and state acts contrary to them are unconstitutional and thus, invalid. Of course, the consequence of this assertion is the establishment of a complex system of judicial review of the constitutionality of state acts, in which a diffuse system exists in parallel with a concentrated system attributed to a Constitutional Court.

The Constitutional Court" was created by the Constitution, within the judicial power,(1323) as a constitutional organ "competent to judge whether acts are unconstitutional and illegal" in accordance with its provisions" (1324) and also competent to judge questions related to the exercise of its functions by the President of the Republic and to electoral matters.(1325) The Constitutional Court is composed of thirteen judges, ten being named by the Assembly of the Republic and three co-opted.(1326)

2. Diffuse System of Judicial Review and the Direct Appeal Before the Constitutional Court

In accordance with article 207 of the Constitution

> The Courts shall not apply unconstitutional provisions or principles to matters brought before them.

(1321) Published in the *Diario da Republica*, 1st series, n° 227.
(1322) Article 290 establishes material limits to constitutional revision.
(1323) Art. 212.
(1324) Art. 213,1.
(1325) Art. 213,2.
(1326) Art. 284.

This constitutional provision authorises all the courts of the country not to apply unconstitutional provisions or principles, which comprise not only statutes, but also decree-laws, executive regulations, regional acts or any other normative state acts, including international treaties. Therefore, the Constitution establishes the power of all courts not to apply norms they deem unconstitutional in the concrete case, and also a real duty to do so. Thus, it is a power that can be exercised *ex-officio* by any court although any party in the concrete case or the Public Prosecutor can raise the constitutional question.

The control of the constitutionality of legislation, therefore, is a diffuse control attributed to all courts regarding the concrete cases in which the issue is raised, and which the courts must resolve when deciding the case. Thus, when they consider a norm unconstitutional, the norm is considered invalid regarding the concrete case, that is to say, with *inter partes* effects as well as *ex-tunc*, *pro praeterito* effects, in the sense that regarding the case and the concrete parties, the normative act is considered as never having been valid.

However, in the Portuguese constitutional systems, the most interesting feature of this diffuse system of judicial review, is the direct appeal established before the Constitutional Court against judicial decisions in which constitutional questions are decided, in a similar way to the extraordinary recourse of unconstitutionality, in the Argentinean and Brazilian systems or to the direct appeals before the Supreme Court in the United States.

In effect, in what is called the "concrete scrutiny for the constitutionality" following West German terminology, but in a very different way to the "concrete control of norms" developed by the West German Federal Constitutional Tribunal, article 280 of the Portuguese Constitution establishes the right to appeal before the Constitutional Tribunal against any court decisions when they firstly, refuse to apply any provision of law on the grounds that it is unconstitutional: or secondly, when they apply a provision of a law the unconstitutionality of which has been raised during the proceedings.[1327]

This appeal must be compulsory exercised by the Department of the Public Prosecutor in cases in which a court of justice refuses to apply any provision of an international convention, a legislative act or a regulative decree on the grounds that it is unconstitutional.[1328] But in cases in which a court applies a provision of law the unconstitutionality of which has been raised by a party during the proceeding, then only that party has the right to appeal before the Constitutional Court.[1329]

But the powers of the Constitutional Court to hear appeals against lower court decisions in Portugal are not limited to constitutional control, but to diffuse control of legality, in the following cases:

(1327) Art. 280,1,a,b.
(1328) Art. 280,2.
(1329) Art. 280,4.

First, when the courts refuse to apply a provision of a regional instrument on the grounds that it is illegal since it violates the statute of the autonomous regions or general law of the Republic; second, when the courts refuse to apply a provision of an instrument emanating from an organ of supreme authority on the grounds that it is illegal since it violates the statutes of an autonomous region; and thirdly, when the court applies a provision the illegality of which has been raised during the proceedings on the grounds of violating regional autonomies. In this latter case, only the interested party which raised the question has the right of appeal.(1330)

On the other hand, the Public Prosecutor is obliged to appeal against court decisions in which a provision of law previously judged unconstitutional or illegal by the Constitutional Tribunal itself is applied.(1331)

In any of these cases of appeals before the Constitutional Court, they shall be restricted to the question of unconstitutionality or illegality depending on the case.(1332) Therefore, the Tribunal does not review the case on its facts, its judicial review powers being limited to the constitutional question.

The Constitutional Tribunal decisions in these cases of constitutional review through appeals have effects only regarding the concrete case, thus they are *inter partes*, and only when the Constitutional Court has judged any provision of law unconstitutional in three concrete cases, can it judge and rule with generally binding validity on the unconstitutionality of the law.(1333)

3. Concentrated System of Judicial Review and the Powers of the Constitutional Tribunal

In parallel with the diffuse system of judicial review, the Constitution of the Portuguese Republic has also established a concentrated system of judicial review of legislation, not only of promulgated state acts, thus *a posteriori* to their efficacy, but also in a preventive way, following the French model.

A. Preventive Control of Constitutionality

In effect, a preventive control of constitutionality is established regarding international treaties and agreements, formal laws and decree-laws, when the Constitutional Tribunal is requested by the President of the Republic; and regarding regional legislative decrees or executive normative acts, when requested by the Ministers of the Republic.

In the first case, article 278 of the Constitution establishes:

(1330) Art. 280, 3,a,b,c; 280,4.

(1331) Art. 280,5.

(1332) Art. 280,6.

(1333) Art. 281,2.

> The President of the Republic may request the Constitutional Court to judge preventively the constitutionality of any provision of an international treaty that has been submitted to him for ratification, and acts sent to him for promulgation as a law or decree-law or an international agreement the act of approval of which has been sent to him for signature.[1334]

Nevertheless, as we said, regional legislative acts and other executive normative acts can also be submitted to the Constitutional Tribunal for preventive constitutional review by the Minister of the Republic regarding "any provision of a regional legislative decree or a decree implementing a general law of the Republic that has been sent to them for signature."[1335]

In such cases of preventive judicial review, if the Constitutional Court rules that a provision of any act or international agreement is unconstitutional, the act must be vetoed by the President of the Republic or by the Minister concerned, and must be sent back to the organ that approved it.[1336] In principle, the act must not be promulgated or signed unless the organ that approved it expurgates the provision judged unconstitutional[1337] the possibility of requesting another preventive control of constitutionality of the reformulated act being expressly authorised.[1338]

But in cases of Treaties or laws, one can say that the Tribunals' decisions are not absolutely imperative and can be enacted in spite of their unconstitutional defect, if the Assembly of the Republic adopts a decision maintaining the provisions judged unconstitutional.

In effect, in cases in which the Assembly does not expurgate the unconstitutional provision of an international treaty found to be unconstitutional by the Tribunal, it could be ratified if the Assembly approves it by a two third majority of the members present.[1339] In a similar way in cases of formal law, even when their unconstitutionality has been declared by the Tribunal through a preventive means of control, the Assembly of the Republic can confirm them by a two thirds majority of the members present.[1340] In such cases, in spite of the constitutional objection the acts can be enforced, the majority required for its confirmation or ratification not being the same required for constitutional revision.[1341]

B. Abstract Control of Constitutionality

The constitutionality of legislation can also be the object of an "abstract scrutiny" by the Constitutional Tribunal, exercised through a direct mean or action.

(1334) Art. 278,1.
(1335) Art. 278,2.
(1336) Art. 279,9.
(1337) Art. 279,2.
(1338) Art. 279,3
(1339) Art. 279,4.
(1340) Art. 279,2.
(1341) Art. 288,1.

In effect, the unconstitutionality of any provision of law can be the object of a request that can be formulated before the Constitutional Court by the President of the Republic, the President of the Assembly of the Republic, the Prime Minister, the Ombudsman, the Attorney-General, or one tenth of the members of the Assembly of the Republic.[(1342)] Additionally, the regional assemblies or the chairmen of the regional governments can also exercise the direct request of unconstitutionality against laws, on the grounds that the rights of the autonomous regions have been violated.[(1343)] The Constitution also regulates this direct request or action on the grounds of their illegality, against regional acts on the basis that the statute of the region or general law of the Republic has been violated, in which case, additional to the public bodies mentioned above, the Minister of the Republic in the autonomous region is entitled to formulate it.[(1344)]

The effects of the Constitutional Tribunal decisions in these cases of abstract control of norms are also expressly regulated in the Constitution. In effect, it stated that its decisions in cases of direct request of unconstitutionality has generally binding effects, thus *erga omnes*, "as from the entry into force of the provision ruled unconstitutional or illegal and shall determine the restoration with retroactive effects, of the provisions that it may have revoked."[(1345)] Regarding pre-constitutional legislation, that is to say, if the unconstitutionality of a norm is due to infringement of a later constitutional provision, the ruling of the Court shall produce effects only as from the entry into force of the new constitutional provision.[(1346)]

These two express dispositions of the Constitution lead to the consideration that the general rule existing in the Portuguese system of judicial review is that decisions declaring the unconstitutionality of a state act, have *ex-tunc*, *pro praeterito* effects, except in "cases already judged", which, in principle, "shall be safeguarded, except if the Constitutional Court decides otherwise when the provision concerns penal or disciplinary matters or illegal acts in violation of mere social rules and is less favourable to the accused."[(1347)]

Anyway, the powers of the Tribunal in this respect are very wide, and the Constitution expressly establishes that "when required by legal security, reasons of equity or public *interest* of exceptional importance, which shall be justified, the Constitutional Tribunal may fix the effects of unconstitutionality or illegality in a more restrictive way",[(1348)] thus, being possible to correct the inconvenient effects that could be produced by the rigidity of the retroactive general effects of the decisions.

(1342) Art. 281,1,a.

(1343) Art. 281,1,a. The archipelagos of the Azores and Madeira have been organized within the state, as Autonomous Regions. Art. 227.

(1344) Art. 281,1,b. See also Art. 281,1,c.

(1345) Art. 282,1.

(1346) Art. 282,2.

(1347) Art. 282,3.

(1348) Art. 282,4.

4. Unconstitutionality by Omission

Finally, in the Portuguese constitutional system, additional to the preventive and *a posteriori* means of judicial review, the Constitution assigns the Constitutional Court powers to exercise another means of control of the constitutionality of state action, in what is called the "unconstitutionality by omission", which is not to be found in any other Western European country and follows in a certain way, the powers attributed to the Constitutional Tribunal of Yugoslavia.

In effect, the Constitution establishes that

> At the request of the President of the Republic, the Ombudsman or, on the grounds that the rights of the autonomous regions have been violated, the President of the regional assemblies, the Constitutional Tribunal shall judge and verify failure to comply with the Constitution by omission on the part of the legislative acts necessary to implement the provisions of the Constitution.
>
> When the Constitutional Court verifies the existence of unconstitutionality by omission, it shall communicate the fact to the competent legislative organ.

This exceptional power attributed to the Constitutional Tribunal was originally established in the 1976 Constitution as the result of the negotiations carried out by the Council of the Revolution in 1975, on behalf of the Armed Forces Movement, and the Political Parties, with a view to establishing a certain number of principles which were to be compulsorily observed and maintained by the respective parliamentary groups in the Constituent Assembly.(1349)

Up to the sanctioning of the 1982 First Revision of the Constitution, in which this "constitutional control by omission" was definitively established, it was exercised on two occasions by the then Council of the Revolution. In 1977, it recommended the adoption of legislative measures to the Assembly of the Republic with a view to enforcing the norms of Article 46 of the 1976 Constitution, whereby, among other aspects, organisations with a fascist ideology were banned. The main contribution made by this Council decision lay in having spelt out the necessary conditions for the existence of "legislative omission." In the first place, it established that the constitutional norm could not be self applicable and secondly, that the competent body to adopt the legislative measures must have violated its obligation to dictate norms, to a degree that it obstructed the observance of the constitutional norm by the very ones for whom the legal mandate was intended. Therefore, this condition was not verified if the legal order contained any prescriptions which made the constitutional norm applicable.(1350)

In a second case, in 1978, the Council of the Revolution recommended the competent legislative bodies to adopt legislative measures for guaranteeing the applicability of Article 53 of the Constitution to domestic servants, which conferred upon these workers the right to rest and recreation, by limiting the

(1349) J. CAMPINOS, *loc. cit.*, p. 35.
(1350) *Idem*, p. 42.

length of the working day, establishing the weekly rest period as well as periodic paid holidays. On this second occasion, the essential contribution of the decision lay in the extensive interpretation carried out by the Constitutional Commission regarding the initiative to request control by omission,[1351] which in the 1982 Constitution was reduced to the President of the Republic or the Ombudsman at the national level, and to the Presidents of the Regional Assemblies in cases of violation of the rights of the autonomous regions.

II. LIMITED MIXED SYSTEM OF CONSTITUTIONAL JUDICIAL REVIEW IN SWITZERLAND

The other European country that has adopted a mixed system of judicial review, although in a very limited way, is Switzerland, where judicial review is accepted regarding cantonal laws and federal executive regulations, but absolutely excluded regarding federal legislation.

1. The Absence of Judicial Review Over Federal Legislation

In effect, since the main constitutional reform of 1874 in which the judicial federal courts were organised, the Federal Tribunal was vested with the task of seeing that the Constitution and federal laws were observed[1352] and in particular, the following clause was inserted in article 113 of the Constitution:

> In all cases above mentioned the Federal Tribunal shall administer the laws passed by the Federal Assembly, and such ordinances of that Assembly as are of general application. It shall likewise act in accordance with treaties ratified by the Federal Assembly.[1353]

This norm, even though referred to what in Switzerland are called "cases of public law", that is to say, cases arising from conflicts between the confederation and the cantons or between cantons themselves, was soon interpreted by the Federal Tribunal as being applicable to all other cases, particularly to civil and criminal law cases, in the sense that in all judicial cases the Federal Tribunal was always bound to apply the laws as enacted by the federal legislature, without having any power to review or control their constitutionality. On the other hand, this was a consequence of the principle of the supremacy of Parliament and its laws over all other state organs and acts, including the judiciary and it was also a consequence of the idea that democracy demanded the recognition of the absolute character of the will of the people's representatives, or of that expressed by the people themselves. Thus, the primacy of the Legislature was unquestioned as the

---

(1351) *Idem*, p. 42.

(1352) Art. 90. Constitution 1874. See the text in W.J. WAGNER, *The Federal States and their Judiciary*, The Hague 1959, p. 104.

(1353) Art. 113. Constitution 1874.

supreme authority, the courts not being qualified to question and discuss the validity of applicability of federal legislation."(1354) That is why in a decision adopted in 1876, the Federal Tribunal stated:

> It must be recognised as a principle of ...the Swiss federal and cantonal constitutional law that the authority of the legislative powers is supreme, and the Courts are not empowered to deny the validity and applicability of a law or decree enacted by the legislative authorities on the grounds that their content is repugnant to the Constitution; it belongs to them only to check formally whether they really face a law enacted in a way conforming to the Constitution (1355)

It can be said that this doctrine is still the one prevailing in Switzerland, in spite of efforts to modify it,(1356) and a similar clause to that of article 113 was for instance inserted in the 1912 constitutional amendment, in which it was stated regarding administrative justice cases that "The administrative court shall apply federal legislation and treaties approved by the Federal Assembly." (1357)

Consequently, in the Swiss system, no judicial review is admitted either by the Federal Tribunal or by any other court in the country regarding federal laws and other acts of general effects of the federal legislature,(1358) and also regarding executive decrees with force of federal law adopted by the Federal Council executing extraordinary powers.(1359)

Therefore, judicial review is limited in Swiss constitutional system only to cantonal laws and to executive regulations at federal level, and it can be exercised, either in a diffuse or a concentrated way.

2. Limited Diffuse System of Judicial Review

In effect, regarding cantonal law, which, of course, due to the federal form of the state must conform to the Constitution, and also regarding federal executive regulations, not considered as "federal legislation", all the courts have the power in the Swiss system to control their constitutionality.

(1354) E. ZELLWEGER, "El Tribunal Federal suizo en calidad de Tribunal Constitucional", *Revista de la Comisión Internacional de Juristas*, 7, 1966, p. 114.

(1355) B. GER. 2, 98, 105 (1876). Quoted by W.J. WAGNER, *op. cit.*, p. 105; and E. ZELLWEGER, *loc. cit.*, p. 126.

(1356) See for example, A. GRISEL, "Réflexious sur la juridiction Constitutionnelle et Administrative en Suisse", *Etudes et documents*, 28, Conseil d'Etat, Paris 1976, pp. 262-272.

(1357) Art. 114 A. See the text in W.J. WAGNER, *op. cit.*, p. 106.

(1358) The 1962 "Federal Law on Assembly procedures and on the form, publication and validity of legislative acts" defines them as follows: "Federal Laws are legislative acts of unlimited duration containing rules of law. Legislative acts containing rules of law are all general or abstract norms "which imposes obligations on, or grants rights to individuals and corporations, or regulates the organization, jurisdiction or functions of authorities, or establishes a procedure." Federal resolutions of general and binding effect are legislative acts of unlimited duration containing rules of law. See in E. Zellweger, *loc. cit.*, p. 125.

(1359) E. ZELLWEGER, *loc. cit.*, p. 127.

Indeed, as in any diffuse system of judicial review, this verification of the constitutionality of state acts, is only of an incidental and prejudicial character, motivated by the need to apply a particular cantonal norm in a concrete case. The provision that is considered to have violated the Constitution or federal law, is not annulled by the Judge, who only declares it not applicable to the resolution of the case.[(1360)]

On the other hand, even though, no judicial review is admitted regarding federal legislation, it has been recognised the power of all courts to verify whether a statute to be applied in a concrete case has or has not been duly published, thus, a diffuse system of judicial review is possible regarding federal legislation but only limited to formal aspects concerning its publication.[(1361)]

3. Limited Concentrated System of Judicial Review

In parallel with the limited diffuse system of judicial review, in the Swiss system a limited concentrated system of judicial review attributed to the Federal Tribunal has also been established, exercised by means of a direct action called the "recourse of public law."

In effect, this Federal Tribunal, as the supreme judicial organ of the country, is the supreme and last instance in all judicial cases, and particularly in criminal, civil and administrative cases, for which it is divided into various sections.

One of these sections is the Public law and administrative law section, through which the Federal Tribunal acts as the court of last resort in all administrative justice cases, and as a constitutional court.[(1362)]

In its character as constitutional judge, the Federal Tribunal through the "Public Law division" of its Public Law and Administrative Section is particularly empowered to resolve and settle conflicts of competences resulting from the distribution of state powers within the Federal system. It can also decide the public law recourses that can be brought before it on constitutional matters.

Regarding the first set of attributions of the Tribunal in the settlement of conflicts of attributions, its Public Law Division is in charge of resolving conflicts of attributions that may arise between federal and cantonal authorities, as well as those that may arise between cantons themselves in connection with the delimitation of the legal domain attributed to them.[(1363)]

However, where the constitutional justice powers of the Tribunal are more specifically related to judicial review matters are in the second of the competences attributed to it, concerning the resolution of public law recourses that can be brought before it on constitutional matters, against cantonal dispositions.

(1360) E. ZELLWEGER, *loc. cit.*, p. 127.

(1361) W.J. WAGNER, *op. cit.*, p. 106; A. JIMÉNEZ BLANCO, "El Tribunal Federal suizo." *Boletín de jurisprudencia constitucional*, Cortes Generales, 6, Madrid 1981, p. 478.

(1362) *Cf.* E. ZELLWEGER, *loc. cit.*, p. 119; A. JIMÉNEZ BLANCO, *loc. cit.*, p. 478.

(1363) *Cf.* A. JIMÉNEZ BLANCO, *loc. cit.*, p. 479; E. ZELLWEGER, *loc. cit.*, p. 119.

In the Swiss system, in effect, the recourse of public law is conceived as the means for controlling the conformity of cantonal acts(1364) particularly normative and other acts of the cantonal Legislature,(1365) with federal law, and can be exercised by any interested individual or corporation, for the following reasons: 1°) Violation of any of the citizens' constitutional rights; 2°) violation of "concordats", that is to say, public law agreements between cantons; 3°) violation of international treaties, except in cases of infringement of civil or criminal law provisions contained in some treaties by decision of the cantonal authorities; and 4°) violation of federal law dispositions relating to the delimitation of areas of competence of the authorities.(1366)

Also considered as public law recourses, are those concerning the citizens' right to vote, and those relating to cantonal elections and voting, regardless of the cantonal constitutional or federal law provisions applicable.(1367)

These Public law recourses before the Swiss Federal Tribunal are essentially of a subsidiary nature, that is to say, they are only admissible when the alleged violation of the right cannot be brought before any other judicial authority through other legal means established either under federal or cantonal law.(1368) Consequently, the action cannot be admitted unless all existing cantonal remedies have been exhausted. Nevertheless, this requisite of previous exhaustion of ordinary legal procedures does not apply to actions relating to the violation of freedom of establishment, the prohibition of double taxation in fiscal matters, the citizen's right to appear before his "natural" judge, and the right to legal aid,(1369) which can be brought before the Federal Tribunal in a principal way.

Citizens and "corporations" whose rights are violated by cantonal acts or provisions of general binding effect or who, even in the absence of any such violation, are personally affected by the said acts or provisions, are entitled to bring a public law recourse.(1370) The term "corporation" is understood by law to mean private law entities, which includes companies and professional associations.(1371)

Exceptionally, a public law action could also be brought before the Tribunal by public law entities, to protect their sphere of autonomous action vis-à-vis administrative bodies of higher rank. In this respect, for example, a municipality can impugn acts of the canton of which it is a dependency, by means of a public law recourse brought, in this case, on the grounds of violation of municipal autonomy.(1372)

(1364) The conformity of administrative federal acts with federal law is also judge by the Federal Tribunal but through the recourse of administrative law. *Cf.* A. GRISEL, *loc. cit.*, p. 255.

(1365) The control of the constitutionality of Cantonal Constitution have been excluded. *Cf.* E. ZELLWEGER, *loc. cit.*, p. 124.

(1366) Art. 84 Law of Judiciary Organization. See the text in E. ZELLWEGER, *loc. cit.*, p. 120.

(1367) Art. 85, a Law of Judiciary Organization.

(1368) Art. 84,2 *Idem. Cf.* A. GRISEL, *loc. cit.*, p. 255; E. ZELLWEGER, *loc. cit.*, p. 122; W.J. WAGNER, *op. cit.*, p. 109.

(1369) Art. 86,2 Law of Judiciary Organization.

(1370) Art. 88 *Idem.*

(1371) E. ZELLWEGER, *loc. cit.*, p. 123.

(1372) *Idem*, p. 123.

In general, the Tribunal does not have *ex-officio* powers to consider constitutional questions other than those denounced in the recourse by the claimant, and it has refused to consider facts not alleged in the ordinary judicial proceeding previously exhausted.[(1373)]

In any such case of the exercise of these constitutional justice powers, when the Federal Tribunal considers that a cantonal act is unconstitutional, it annuls the act with *erga omnes* effects,[(1374)] thus applicable to everybody and not only to the parties involved in the proceedings.

III. MIXED SYSTEM OF JUDICIAL REVIEW IN VENEZUELA

As we have seen, a complete mixed system of judicial review in Europe only exists in Portugal; and in Switzerland it also exists but in an incomplete form. The European countries have chosen to follow either the diffuse system, or more recently, the concentrated system of judicial review, attributed to a specially established constitutional court, tribunal or council. That is why the experiences of Austria, West Germany, Italy and Spain have given rise to what has been called the European model of judicial review.

We have also seen that in other parts of the world, particularly in Latin America, the two main systems of judicial review, the diffuse and the concentrated, have also been followed, but with a particular trend, namely, that of the important role generally attributed to the Supreme Court of Justice of the country. In those which follow the American model, the Supreme Court of Justice appears as the supreme interpreter of the Constitution, through the extraordinary recourses that can be brought before it; and in those which have adopted a concentrated system of judicial review, the power to declare the unconstitutionality of legislation and to annul laws is attributed exclusively to the Supreme Court of the country, the establishment of a Constitutional Court separate from the Supreme Court, being exceptional.

But in Latin America mixed systems of judicial review established since the middle of the last century, (19th century), it can also be distinguished in a few countries giving rise to what can be considered today as a Latin American model of judicial review. This mixed system has developed particularly in Brazil, Colombia, Guatemala and Venezuela, to which we will now refer to, beginning by analysing the Venezuelan system, perhaps the most complete mixed system together with that of Colombia.

(1373) A. GRISEL, *loc. cit.*, p. 255.

(1374) W.J. WAGNER, *op. cit.*, p. 109.

1. Constitutional Supremacy and Judicial Review

The Venezuelan constitutional system is based on the principle of constitutional supremacy, the Constitution being considered as a normative charter not only organising the exercise of public power, but also establishing the fundamental rights of citizens. Thus, it is considered an embodiment of positive norms directly applicable to individuals, a characteristic that has developed from the very beginning of our constitutional process in 1811.(1375) This principle of the supremacy of the Constitution has inevitably led to the development of a system of judicial review of constitutionality of state acts, established more than a hundred years ago.(1376) The Supreme Court of Justice explained the system in 1962 when deciding a popular action brought before it against the Law of approval of the Extradition Treaty signed with the United States of America, as follows:

> The existence of a judicial control of the constitutionality of state acts exercised by the Highest Tribunal of the Republic, has been traditional in Venezuela, and is indispensable in any regime, which pretends to subsist as a state submitted to the rule of Law (*Estado de Derecho*). The unconstitutionality is always anti-juridical and contrary to the principle that compels the Public Power, in all of its branches, to subject itself to the constitutional and legal norms, which define its attributions. The unconstitutionality is an outrage against the citizen's rights and against the legal order in general, which have their supreme guarantees in the Fundamental Law of the state. In countries ruled freely, all private or governmental activities must necessarily be maintained within the limits established in the Fundamental Charter, which prescriptions, as the solemn expression of the popular will in the Public Law sphere, are norms of inescapable observance for those who govern and those who are governed, from the most humble of citizens up to the highest powers of the state. From the principles established in the Constitution, from the norms drawn up by it, whether in its organic or in its dogmatic parts, the laws and all dispositions enacted after must be simple developments; and as unconstitutional and thus, improper they would be considered if they exceed that character, as unconstitutional and also improper as would be any other act of the Public Powers which openly contravenes what is established in the fundamental Law.(1377)

As a consequence of this principle of constitutional supremacy, the 1961 Venezuelan Constitution, following a constitutional tradition that can be traced back to the 1858 Constitution(1378) established in article 215 the competence of the

(1375) See Allan R. BREWER-CARÍAS, *Instituciones políticas y constitucionales*, Caracas 1985, Vol. I, p. 342.

(1376) See the comments regarding the mixed system of judicial review of constitutionality as a consequence of the principle of the supremacy of the Constitution, in R. FEO, *Estudios sobre el Código de procedimiento civil venezolano*, Caracas 1904, Vol. I, pp. 26-35; R. MARCANO RODRÍGUEZ, *Apuntaciones Analíticas sobre las materias fundamentales y generales del Código de procedimiento civil venezolano*, Caracas, Vol. I, pp. 36-38; BORJAS, *Comentarios al Código de procedimiento civil*, Caracas Vol. I, pp. 33-35.

(1377) Supreme Court of Justice in Plenary Session, 15-3-62. See in *Gaceta Oficial* nº 760 Extra., 22-3-62, pp. 3-7.

(1378) See J. G. ANDUEZA, *La jurisdicción constitucional en el derecho venezolano*, Caracas 1955 p. 46.

Supreme Court of Justice to review the constitutionality of laws and other normative acts of the national, state or municipal deliberative bodies, of executive regulations and acts of government adopted by the President of the Republic. That is to say, it provides for judicial review of the constitutionality of all state acts; judicial and administrative acts also being subjected to special means for reviewing their legality and constitutionality through the recourses of cassation and appeals, and through special administrative judicial actions.

In particular, judicial review of constitutionality of state acts at the national level is referred to laws and other acts with the same rank or force of law (other acts of parliament without the form of law, and Decree Laws and other government acts), and to executive regulations adopted by the national executive. At the member state level of our Federation, judicial review refers to laws issued by the Legislative Assemblies; and, at the municipal level, to Municipal Ordinances adopted by the Municipal Councils. This review power of the constitutionality of state acts allows the Supreme Court of Justice to declare them null and void when they violate the Constitution. It thus constitutes a concentrated system of control of the constitutionality of laws and other state acts.

Moreover, Article 20 of the Civil Proceedings Code allows all Courts and Tribunals of the Republic to declare all normative state acts inapplicable in a given case, when they consider them unconstitutional and, hence, to give preference to constitutional rules. Thus, the system here established is also a diffuse system of judicial review. Therefore, as now happens in the Portuguese system, it can be said of the Venezuelan system of judicial review of the constitutionality of laws and other state acts, that it is one of the most extensive in comparative law, since it mixes the diffuse system of judicial review of the constitutionality of laws with the concentrated systems.[(1379)]

With respect to this mixed character of the Venezuelan system, the Supreme Court has analysed the ambit of judicial review of the constitutionality of laws in our country, and has pointed out that this is the responsibility

> Not only of the Supreme Court of the Republic, but also of the judges in general, whatever their rank and standing may be. It is sufficient for an official to form part of the judiciary for him to be a custodian of the Constitution and, consequently, to apply it's ruling preferentially over those of ordinary laws... Nonetheless, the application of the fundamental rules by the judges, only has effects in the concrete case at issue and, for that very reason, only affects the interested parties to the conflict. In contrast, when constitutional illegitimacy in a law is declared by the Supreme Court when exercising its sovereign function, as the interpreter of the Constitution, and in response to the pertinent action, the effects of the decision extend *erga omnes* and have the force of law. In the first case, the review is incidental and special, and in the second, principal and general. When this happens -that is to say when the recourse is autonomous- the control is either formal or

(1379) See in general, Allan R. BREWER-CARÍAS, *El control de la constitucionalidad de los actos estatales*, Caracas 1977; and also "Algunas consideraciones sobre el control jurisdiccional de la constitucionalidad de los actos estatales en el derecho venezolano", *Revista de Administración Pública*, 76, Madrid 1975, pp. 419-446.

material, depending on whether the nullity has to do with an irregularity relating to the process of drafting the law, or whether -despite the legislation having been correct from the formalist point of view- the intrinsic content of the ruling suffers from substantial defects.(1380)

Consequently, the Venezuelan system of judicial review is a mixed one, in which the diffuse system functions in parallel with the concentrated system of judicial review assigned to the Supreme Court of Justice.

2. Diffuse System of Judicial Review

As we have said, the Venezuelan Civil Procedure Code since 1897 has established the following, in article 20:

Art. 20. When the law whose application is demanded conflicts with any provision of the Constitution, the judges will give preference to the latter.(1381)

According to this norm, the diffuse system of judicial review allows any judge, from the lowest judicial rank to the Supreme Court of Justice, to decide not to apply a law in a concrete case that conflicts with any provision of the Constitution when the application of that law is demanded by a party to litigation. This is, no doubt, the basic consequence of the principle of the supremacy of the Constitution, as considered since the beginning of the present century by all the commentators of the Code.(1382)

According to this power attributed to all judges, the diffuse system of judicial review in Venezuela can be characterised by the following trends:

A. Pre-eminence of the Constitution and the Nullity of Unconstitutional Acts

Firstly as we have said, the power attributed to all judges to control the constitutionality of legislation is the natural consequence of the principle of the supremacy of the Constitution. The judges are bound by the Constitution and have the duty to apply it; therefore, if a law is unconstitutional, they cannot apply it and must give preference to the Constitution, because an unconstitutional law can have no value.

(1380) See Federal Court (which in 1961 was substituted by the Supreme Court of Justice), 19-6-1953 *Gaceta Forense*, 1, 1953, pp. 77-78.

(1381) The text of the norm in Spanish is as follows: "Cuando la ley vigente, cuya aplicación se pida, colidiere con alguna disposición constitucional, los jueces aplicarán ésta con preferencia." The text was originally adopted in the 1897 Code (Art. 10), followed by the 1904 Code (Art. 10) and the 1916 Code (Art. 7). In the 1985 Code the only change introduced in relation to the previous text, is the word "judges" which substituted the word "Tribunals." See the text of the 1897, 1904 and 1916 Codes in *Leyes y Decretos Reglamentarios de los Estados Unidos de Venezuela*, Caracas 1943, Vol. V.

(1382) See note 2, Supra.

It must be said that this was the basic principle established ever since the beginning of our constitutionalism, in the 1811 Constitution in which it has been considered that an implicit diffuse judicial review system was adopted.(1383)

In effect, article 227 of the 1811 Constitution established:

> The present Constitution, the laws to be adopted in its execution and the Treaties to be subscribed under the authority of the Union Government will be the supreme law of the state in the whole Confederation, and the authorities and inhabitants of the provinces are bound to religiously obey and observe them without excuse or pretext; but the laws enacted against the text of the Constitution will have no value unless they fulfil all the required conditions for a just and legitimate revision and sanction.(1384)

According to this norm, in the same sense as the American model, unconstitutional laws were considered null and void, as they could have no effect whatsoever.

The guarantee of the Constitution in that case was the nullity of the unconstitutional act, and not its annulability. Thus the judges were not bound to apply unconstitutional laws and acts, the contrary, as established in the 1830 Constitution, all public officials had the duty not to "obey or execute orders evidently contrary to the Constitution or the laws."(1385)

Now concerning fundamental rights and freedoms, ever since the 1893 Constitution the *nullity* of the laws, which violated or harmed them, as their basic guarantee has been expressly established.(1386) That is why the present 1961 Constitution expressly establishes that

> Art.46: Every act of the Public Power which violates or impairs the rights guaranteed by this Constitution is void, and the public officials and employees who order or execute it shall be held criminally, civilly or administratively liable, as the case may be, and orders of superiors manifestly contrary to the Constitution and the laws may not serve as an excuse.

Consequently, it can be said that since the 1811 Constitution, the diffuse system of judicial review of legislation, based on the principle of the supremacy of the Constitution and the nullity and infectivity of unconstitutional acts, has existed in Venezuela following the implicit North American constitutional trends, particularly until 1897, when it was expressly established as a power of all judges in the Civil Procedure Code.

It must be mentioned also that in the 1901 Constitution, following the approval of the 1897 Civil Procedure Code, the power of all judges to control the constitutionality of laws was ratified. In that Constitution, competence to declare which disposition would prevail in a concrete case, when a lower judge *motu proprio* or at party instance, would have referred a constitutional question to the

---

(1383) H. J. LA ROCHE, *El control jurisdiccional de la constitucionalidad en Venezuela y Estados Unidos*, Maracaibo 1971, p. 24; T. "El recurso de inconstitucionalidad en la Constitución venezolana de 1811", in *El pensamiento constitucional de Latinoamérica* 1810-1830, Congreso de Academias e Institutos Históricos, Actas y Ponencias, Caracas 1962, Vol. 3, p. 208.

(1384) See in Allan R. BREWER-CARÍAS, *Las Constituciones de Venezuela*, Madrid 1985, p. 203.

(1385) Art. 186. See in Allan R. BREWER-CARÍAS, *Las Constituciones ..., cit.*, p. 353.

(1386) Art. 17. See in Allan R. BREWER-CARÍAS, *Las Constituciones..., cit.*, p. 531.

Supreme Court, was attributed to the Supreme Court. Nevertheless, it was expressly established that this referral did not have suspensive effects on the procedure, and that the lower judge was empowered to decide the constitutional question if through the opportunity of adopting his own decision, the Supreme Court opinion was not received by the lower court.(1387)

Anyway, historically and in the present constitutional system, our country has always had, following the American model, a diffuse system of judicial review according to which all courts have the power to examine the constitutionality of laws and not to apply them when considering them to be unconstitutional, giving preference to the Constitution. Of course, the expression "laws" used in the Civil Procedure Code has always been interpreted in an extensive way, comprising not only formal laws approved by Congress, but also all normative state acts, including executive regulations.

B. Incidental Character of the System and the *Ex-Officio* Powers of the Judges

Following the general trends of all diffuse systems of judicial review, the Venezuelan system also has an incidental character, that is to say, the judge can only review the constitutionality of a law and decide not to apply it, when deciding a concrete case brought before him by a party, in which the constitutional question is not, of course, the principal issue submitted for his decision, but only an incidental question regarding the law which the judge must apply for the resolution of the case as required by a party.

Therefore, the power of judges to control the constitutionality of legislation can only be exercised within a concrete adversary litigation, regarding the law whose application is demanded by a party, and when the constitutional issue is relevant to the case and necessary to be resolved in their decision. But in the Venezuelan system, the constitutional issue itself can be raised *ex officio* by the judge when deciding the concrete case it not being required, as happens in the North American system, to be alleged by a party. Therefore, the Venezuelan diffuse system of judicial review although incidental, is not a control that it is exclusively exercised through an "exception of unconstitutionality"(1388) rose by a party. On the contrary, it can be exercised by the judge, *motu proprio* as stated in the 1901 Constitution.(1389)

(1387) Art. 106, 8 in Allan R. BREWER-CARÍAS, *Las Constituciones ..., cit.*, pp. 579-580. See the comments regarding this norm in R. FEO, *op. cit.*, Vol. I, pp. 32-33.

(1388) See a contrary opinion in H.J. LA ROCHE, *op. cit.*, pp. 137, 140, 150, 162; and in J.G. ANDUEZA, *op. cit.*, pp. 37-38.

(1389) Art. 106, 8.

C. Effects of the Judicial Decision and Absence of Extraordinary Means of Appeals or Recourses

On the other hand, the nullity of unconstitutional laws, particularly those that violate fundamental rights; being the guarantee of the Constitution, the decision of the courts in the diffuse system of constitutional control has declarative effects. That is to say, the judge when deciding not to apply a law in a concrete case declares it unconstitutional and, therefore, considers it unconstitutional ever since its enactment (*ab initio*), thus as never having been valid and as always having been null and void. Consequently, the decision of the court in the concrete case evidently has *ex-tunc* and *pro pretaerito* or retroactive effects, preventing the unconstitutional and inapplicable law from having any effect in the case. Thus, the judge's decision is not a declaration "of nullity" of the law he considered unconstitutional, but rather a declaration that the law "is unconstitutional." In declaring the law inapplicable to the concrete case, he plainly judges that the law could never have produced effects in the particular case; he judges it not to have existed and never to have done so. In other words, when he declares that the law is inapplicable to a particular case which was supposed to have been governed, in the past, by a law whose applicability is demanded by one of the parties to the case, the Judge is "ignoring" the -in his opinion- unconstitutional law, and thus considering it never having had effects on the particular case brought before him.

Of course, these declarative and *ex-tunc* effects of the decision, only refer to the concrete parties, in the concrete process in which the decision is adopted.

Thus, the decision only has *in casu et inter partes* effects,[(1390)] as a consequence of the incidental character (*incidenter tantum*) control. Therefore, if a law has been considered unconstitutional in a concrete judicial case decision, and the judge decided not to apply it to the case but gave preference to the Constitution, this does not mean that the law has been invalidated and is not enforceable and applicable elsewhere. According to the Civil Procedure Code, judges have no competence to make declarations of the nullity of the unconstitutional law, or to annul it, these attributions being exclusively assigned in the Constitution to the Supreme Court.[(1391)] Thus, in the diffuse system of review, the decision in which the judge decides not to apply a law in the concrete case only means that concerning that particular process and parties, the law must be considered unconstitutional, null and void, but with no effects regarding other cases, other judges or other individuals.

Therefore, the fact that a law is declared inapplicable by reason of unconstitutionality by a judge in a particular case does not affect its validity nor is it equivalent to a declaration of nullity. The law as such continues to be valid, and will only lose its general effects if repealed by another law [(1392)] or if annulled by the Supreme Court of Justice.[(1393)]

(1390) See the Federal Court decision of 19-6-1953, in *Gaceta Forense* n° 1, 1953, pp. 77-78.

(1391) *Cf.* R. MARCANO RODRÍGUEZ, *op. cit.*, Vol. I, p. 37.

(1392) Art. 177, 1961 Constitution.

(1393) Art. 215, 3, 4, 1961 Constitution.

In any case, in the Venezuelan procedural system, the *stare decisis* doctrine has no application at all, the judges being sovereign in their decisions, only submitted to the constitution and the law. Therefore, decisions regarding the inapplicability of a law considered unconstitutional do not have binding effects, neither regarding the same judge who may change his legal opinion in other cases, nor regarding other judges or courts, even if the decision is made by a higher court. On the other hand, unlike the American or Argentinean systems, in the Venezuelan system of constitutional judicial control, there are no extraordinary means of appeal or recourses against judicial decisions in which constitutional questions are involved that could be brought before the Supreme Court.

On the contrary, judge's decisions are only subject to the ordinary means of appeal and to the recourse of cassation, following the general rules established in the Civil Procedural Code. It was only in the 1901 Constitution that the Federal Court was assigned the power to establish general criterion in constitutional matters referred to by lower courts, when a constitutional issue was raised in concrete judicial cases, which power was eliminated in the subsequent constitutional reform of 1904. In effect, article 106, 8 of the 1901 Constitution established as an attribution of the Federal Court, to

> Declare in the shortest possible delay which disposition must prevail in the special case which is referred to it *motu proprio* or at the instance of the interested party by the authority which is due to apply the law, in the delay established for adopting its decision, when the said authority considers that a collision exists between the Federal or state Laws with the Constitution of the Republic.[1394]

Notwithstanding this consultative power of the Federal Court, when a referral was made before it, it had no suspensive effect in the concrete process, which, said the 1901 Constitution, was not to be stopped and when the opportunity to decide it came without having received the Federal Court opinion, the lower court was to decide in accordance with the Civil Procedure Code, that is to say, reviewing by itself the constitutionality of legislation, in the concrete case.

Nevertheless, the possible contradictions that could arise between different court decisions, with the consequent uncertainty in the legal order, have been corrected ever since 1858 in Venezuelan constitutional system, through the establishment, in parallel with the diffuse system of judicial review, of a concentrated system of constitutional control assigned to the Supreme Court of Justice.

3. Concentrated System of Judicial Review

A. Historical Antecedents

In effect, in parallel with the diffuse system of judicial review a concentrated system of judicial review has existed in Venezuela ever since the 1858

(1394) Art. 106,8. See the text in Allan R. BREWER-CARÍAS, *Las Constituciones de Venezuela, cit.* p. 579.

Constitution by attributing the power to annul laws and other normative state acts, with general effects, when declared unconstitutional, to the Supreme Court.

The 1858 Constitution in effect, attributed competence to the Supreme Court to

> Declare the nullity of legislative acts sanctioned by the Provincial Legislatures, when petitioned by any citizen, when they are contrary to the Constitution.[(1395)]

Thus, in 1858 a popular action was established to seek the control of the constitutionality of legislative acts adopted at provincial level. It was a limited concentrated judicial review system, which did not refer to the national legislative act, but it can be considered the direct antecedent of the current popular action established after 1893. It was originally intended to protect the invasions by the Provinces of the competences of the Central Power, and that is why in the 1864 Constitution that consolidated the Federal form of the state, the principle of protection was reverted so as to sanction the invasions of the competences and rights of the Member States by the Federal level. In this sense, the 1864 Constitution expressly established that:

> Art 92. Any act of Congress or of the National Executive which violates the rights of the Member States guaranteed by the Constitution or which harm its independence, must be declared null by the High Court, when the majority of the Legislatures demand it.[(1396)]

Thus, the 1864 Constitution eliminated the popular action and limited the standing to seek judicial review of legislation to the legislatures of the state members of the Federation. Nevertheless, that same Constitution attributed competence to the Federal High Court to declare which law was in force when collisions existed between the national laws, these and the member states legislation, and between the laws of the various member states[(1397)] which authorised some sort of judicial review regarding the legislation of the member states in relation to federal regulations.

This situation stood invariable until 1893, when the constitutional reform of that year extended the powers of judicial review of legislation of the Supreme Court to a point very similar to the present one.

The 1893 Constitution attributed competence to the Federal High Court to

> Declare which is the law, decree or resolution in force when a collision exists between the national acts, or those with one of the States, or between the acts of the States, and any of those acts with the Constitution.[(1398)]

In this way, the Supreme Court powers of judicial review of constitutionality were re-established, extended not only to laws, but also to decrees and resolutions, and maintaining the protective norm of the rights of the member states against the invasions of their competences by the federal or national power.[(1399)]

(1395) Art.113, 8. *Idem*, p. 392.
(1396) Art. 92. *Idem*, p. 422
(1397) Art. 89, 9. *Idem*, p. 422
(1398) Art. 110, 8. *Idem*, p. 540
(1399) Art. 123. *Idem*, p. 541

On the other hand, in the same 1893 Constitution, the guarantee of the fundamental rights of citizens was established for the first time in our constitutional history in an express form, by stating that:

> The rights recognised and established in the Constitution will not be harmed or damaged by the laws which regulate their exercise, and those which do so will be considered unconstitutional and will have no effects.(1400)

Finally, the same 1893 Constitution assigned the Federal High Court powers to declare the nullity of all state acts that could be dictated by a usurped authority or as a consequence of a direct or indirect request by force or by a subversive people's gathering,(1401) acts which were expressly declared null in the text of the Constitution.(1402)

Therefore, as a result of all these constitutional dispositions, we can say that it was in 1893 that a complete and effective concentrated system of judicial review was established in Venezuela, followed by the diffuse system of judicial review expressly established four years later in the Civil Procedural Code of 1897.

The system of the 1893 Constitution, with the only exception of a short period of three years between 1901 and 1904,(1403) has more or less been maintained in all subsequent constitutional texts and reforms but with a tendency to widen the means of control. In effect, in 1925 the possibility of also declaring the nullity of the Municipal ordinances that violated the Constitution was added to the powers of the Supreme Court,(1404) and in 1936, Executive Regulations were added to the list of acts submitted to constitutional judicial review.(1405) Anyway, it was in the 1936 Constitution adopted after the end of a 35 year dictatorship, that the concentrated system of judicial review was definitively established when the Constitution assigned the Supreme Court, then the Federal and Cassation Court, power to declare the nullity of all acts of the Public Powers which violated the Constitution.(1406)

Finally, it must be said that in parallel with the regulations of judicial review of the constitutionality of legislation (national, state and municipal legislation), after the 1925 Constitution(1407) the system of judicial review of administrative action was also expressly established giving way to the development of the judicial control of administrative acts through an administrative jurisdiction established within the Judiciary.(1408) Constitutional jurisdiction, therefore, was reserved to

---

(1400) Art. 17. *Idem*, p. 531

(1401) Art. 110, 9. *Idem*, p. 540.

(1402) Arts. 118, 119, *Idem*, p. 541

(1403) The 1901 Constitution eliminated the atributions of the Supreme Court to control directly the constitutionality of legislation and only established and incidental diffuse control based in a referral of the constitutional question to the Supreme Courts by the lower courts. Art. 106, 8. See the text in Allan R. BREWER-CARÍAS, *Las Constituciones... cit.*, p. 579.

(1404) Art. 34 and Art. 120,11. *Idem*, p. 705-706.

(1405) Art. 34 and Art. 123, 11. *Idem*, p. 824

(1406) Art. 123, 11. *Idem*, p. 824.

(1407) Art. 120, 12. *Idem*, p. 715.

(1408) Allan R. BREWER-CARÍAS, *El control de la constitucionalidad... cit.*, pp. 27-29.

the Supreme Court and in general terms, is only concerned with legislative acts whether at national, state or municipal level, or national acts enacted in direct execution of the Constitution, like Decree-Laws and other acts of government.[(1409)]

In this respect, the 1961 Constitution in force today establishes as a competence of the Supreme Court of Justice the power to declare in the first place, the total or partial nullity of national laws and other acts of the legislative bodies that are in conflict with the Constitution. In the second place, it can declare the total or partial nullity of state laws, Municipal Ordinances and other acts of the deliberative bodies of the States and Municipalities that are in conflict with the Constitution; and third, the nullity of regulations and other acts of the National Executive when they violate the Constitution.[(1410)]

These attributions have been developed by the organic Law of the Supreme Court of Justice of 1976,[(1411)] in which it can be said, all state acts of a normative character (legislation of the three territorial levels and executive regulations) and all other state acts issued in direct execution of the Constitution are submitted to judicial review of constitutionality by means of a direct popular action.[(1412)] This action or recourse of unconstitutionality leads, indeed, to an *a posteriori* judicial review, exercised after the challenged acts have come into effect, which is the most important and most commonly exercised. But in the Venezuelan constitutional system, an *a priori* judicial review, particularly of national legislation, can also be distinguished, exercised by the Supreme Court at the request of the President of the Republic, before the promulgation of the laws. Therefore, the concentrated system of judicial review can be both preventive and *a posteriori*.

B. Preventive Control of Constitutionality of Laws

In effect, since 1945, the Venezuelan Constitution has expressly established the possibility of a judicial preventive control of the constitutionality of national laws, including the special laws through which Congress approves international treaties, by the Supreme Court of Justice, at the request of the President of the Republic, and as a consequence of its powers of veto regarding legislation approved by Congress.[(1413)] The present 1961 Constitution in article 173 establishes, in effect, the procedure for the enactment of laws, and in particular the possibility of the Presidential veto to legislation, in the following way.

(1409) *Idem*, pp. 33-114

(1410) Art. 215, ord. 3,4 and 6.

(1411) Art. 42, ord. 1,2,3,4,11,12 of the Organic Law of the Supreme Court of Justice (LOCSJ), 30-7-76, *Gaceta Oficial* nº 1893 Extra, 30-7-76.

(1412) Nevertheless, the Supreme Court has established in a decision of the Plenary Session of 29-4-1965 that the Laws of approval of international treaties could not be submitted to judicial review. See the decision and critics in Allan R. BREWER-CARÍAS, *El control de la constitucionalidad... cit.*, pp. 48-52.

(1413) Art. 91, Constitution 1945. See in Allan R. BREWER-CARÍAS, *Las Constituciones... cit.*, p. 850. In the same sense, Art. 90, Constitution 1953, *Idem*, p. 947.

The President of the Republic shall promulgate the law within ten days after the date of receipt, but within that period, with the approval of the Council of Ministers, he may ask Congress for its reconsideration, giving an explanation with reasons, in order to amend certain provisions or withdraw its sanction of all or part of the law. The Chambers in joint session shall decide on the points raised by the President of the Republic and may write a new text for the provisions objected to and those connected therewith.

When a decision has been adopted by two thirds of those present, the President of the Republic shall proceed with the promulgation of the law within five days following its receipt, and he may not offer new objections. But when a simple majority has reached the decision, the President of the Republic may choose between promulgating the law or returning it again to Congress within the same five-day period for a new and final reconsideration. In this latter case the decision of the Chambers in joint session is definitive, even by a simple majority, and promulgation of the law must be made within five days following its receipt.

In any case -adds article 173 of the Constitution- if the objection is based on unconstitutionality, the President of the Republic may, within the period fixed for the promulgation of a law, that is to say, within five days following the receipt of the law after Congress' reconsideration, have recourse to the Supreme Court of Justice, requesting its decision as to the alleged unconstitutionality.(1414) The Court shall decide within a period of ten days, counted from the date of receipt of the communication from the President of the Republic. Nevertheless, if the Court denies the complaint of unconstitutionality, or does not decide within the aforementioned period, the President of the Republic must promulgate the law within five days after the decision of the Court or the expiration of the period indicated.(1415)

On the contrary, if the Court accepts the alleged unconstitutionality it must decide the case and that will prevent the sanctioned law from being promulgated.(1416)

Although the Constitution does not establish the possibility and consequences of a delayed decision of the Court upon the unconstitutionality of a law at the request of the President, after the expiry of the delay of ten days established in the Fundamental text, it can be considered that the expiry of that delay and the subsequent compulsory promulgation of the law, do not prevent the Court from the possibility of declaring the nullity of the law once in effect, based on its concentrated powers of judicial review of promulgated legislation.

(1414) Art. 42,2 LOCSJ attributed powers to the Court to "decide upon the Unconstitutionality of laws requested by the President of the Republic before its promulgation."

(1415) Art. 173. 1961 Constitution.

(1416) Thus, in this case, Article 175 of the Constitution which confers the President and Vice-President of the Congress to promulgate laws not promulgated by the President of the Republic, within the prescribed delay, does not apply.

C. Direct Control of Constitutionality

Additionally to the diffuse and preventive systems of judicial review in the Venezuelan constitutional system, the control of the constitutionality of legislation -national, state and municipal legislation- and other state acts issued in direct execution of the Constitution, can also be exercised in a concentrated way by the Supreme Court of Justice at the request of any body, through a popular action, whose antecedents can be traced back to 1858.

(a) Popular Action and the Principal Character of the Process

In effect, the fundamental feature of the judicial review powers of the Supreme Court to control the constitutionality of legislation is that it has been set up as a consequence of a popular action, that is to say, of a recourse open to any inhabitant of the Republic in full possession of his rights.[1417]

Thus, the concentrated system of judicial review in Venezuela is always of a principal character, which can only be exercised by the Supreme Court when a popular action is brought before it. This popular action, as stated by the Supreme Court in 1971, is open to:

> Any member of the general public (hence its name) is intended to defend a public interest which is, at the same time, the simple interest of the petitioner who, for this reason alone, need not be vested with any other standing or judicial interest.

For this reason, the popular action in Venezuela is instituted, the Court has added:

> To contest the validity of an act by the Public Power, which by virtue of its normative and general character, acts *erga omnes* and thus its validity affects, and is of interest to all, equally.[1418]

From this stems one of the great differences between the popular action of unconstitutionality and actions seeking judicial review of administrative acts. The first requires no special standing: a "simple interest" in legality is sufficient. By contrast, if an administrative act with individual effects is contested in the administrative jurisdiction, it is required that the petitioner is entitled to some subjective right, or have a personal,- legitimate and direct interest in the legality of the act.[1419]

(1417) See the decision of the Federal Court (CF) of 2-2-60 in *Gaceta Forense* nº 27, Caracas 1960, pp. 107-108; and the decision of the Supreme Court of Justice, in Politico-Administrative Chamber (CSJ-SPA) of 3-10-63, *Gaceta Forense* nº 42 Caracas 1963, pp. 16-20; of 6-4-64, *Gaceta Oficial* nº 27.373 of 21-2-64; of 30-5-63 *Gaceta Forense* nº 52, Caracas 1968, p. 109; and of 25-9-73, *Gaceta Oficial* nº 1643 Extra. 21-3-74.

(1418) See CSJ-SPA, 18-2-71 in *Gaceta Oficial* nº 1472 Extra. 11-6-71. *Cf.* CSJ-SPA, 6-2-64 in *Gaceta Oficial* nº 27373, 21-2-64.

(1419) See, for example, CSJ-SPA, 18-7-71 in *Gaceta Oficial* nº 1472 Extra. 11-6-71. See article 121 LOCSJ.

But regarding the popular action, it must be pointed out that its popularity, traditionally wider, has been restricted in some way since 1976 by the Organic Law of the Supreme Court of Justice, which requires that the challenged law must violate "the rights and interests of the petitioner" in some way.[1420]

In this way, the traditional, absolutely "popular" nature of the action of unconstitutionality has been legally restricted, but, without it ceasing to be a "popular action."

In effect, this restriction can be considered reasonable, and can only affect standing in extreme cases: for instance, if the challenged law is a law of a member state, at least it is required that the petitioner be resident of the said state or has some particular interest located in that state.[1421]

Anyway, doubts about the extent of the restriction to the popularity of the action have been clarified by the Supreme court, which has considered that the legal reference to the need that the challenged law affected "the rights and interests" of the petitioner does not mean that the popular action has been eliminated, and that a special standing requirement has been established to bring such action before the Court. The object of the popular action, the Court has said, is the "objective defence of the majesty of the Constitution and its supremacy" and if it is true that the Organic Law of the Supreme Court requires that the petitioner is affected in his rights or interests, this expression must be interpreted in a "restrictive way." Thus the Court has concluded that when the popular action is exercised against legislative acts,

> A presumption exists that at least relatively, the challenged act of general effects, affects the rights or interests of the petitioner in his condition as a Venezuelan citizen in some way unless the contrary shows itself evident from the text of the complaint.[1422]

Anyway, from this popular character of the recourse of unconstitutionality another difference results regarding the recourses established for reviewing administrative action. As the action of unconstitutionality refers to legislative acts, thus with general effects or those with the same rank as laws, it is not subject to any expiry period; it is inextinguishable.[1423] However, judicial actions against administrative acts, when referred to acts with particular effects must be exercised within a delay of six months,[1424] after which they expire.

In relation to the popular nature of the action of unconstitutionality, it is also clear that, as it is open to any person whose rights and interests have been violated, the fact that deficiencies may exist in the petitioner's legal representation is no impediment to acceptance of the recourse, since the supposed legal representative could equally well bring the action in a personal capacity.[1425]

(1420) Art. 112 LOCSJ.

(1421) Allan R. BREWER-CARÍAS, *El control de la constitucionalidad... cit.*, p. 122.

(1422) See decision of the Supreme Court of Justice in Plenary Session (CSJ-CP) of 30-6-82 in *Revista de Derecho Público* nº 11, Caracas 1982, pp. 135-138.

(1423) See CSJ-SPA, 3-10-63 in *Gaceta Forense* nº 42, 1963, pp. 20-21.

(1424) Art. 134 LOCSJ.

(1425) See CF 12-6-52, *Gaceta Forense* nº 1, Caracas 1953, pp. 48-50; CF 22-2-60, *Gaceta Forense* nº 27, 1960, pp. 107-108; and CSJ-SPA, 25-9-73, in *Gaceta Oficial* nº 1643 Extra. 21-3-74.

On the other hand, not only individuals and public corporations have standing to bring a popular action of unconstitutionality before the Supreme Court, but the Prosecutor General is also entitled to do so[(1426)] and, in general, any public officer. Thus, even the President of the Republic has been recognised by the Supreme Court as having standing to bring a popular action against legislative acts before the Court.[(1427)]

(b) Objective Character of the Process

The direct consequence of the popular character of the action for requesting judicial review of legislation by the Supreme Court in the Venezuelan system is the objective character of the process developed before the Court. The action is not presented against a state organ, for example, the Congress or the President of the Republic at all, but is only directed against a state act: the law. Thus, there are no parties to the process in the strictest sense. The petitioner is not a plaintiff and there is no defendant in the strict sense. The process is a judicial process against a state act, for instance a law, which can be initiated by any individual or corporation, or by any public official, even a member of the Supreme Court in his personal capacity. Thus, if it is true that the Court in itself does not have self initiating power to act as a constitutional judge, and an action must be brought before it for exercising its powers of judicial review,[(1428)] this popular action could personally be exercised by a member of the Court.

On the other hand, as there are no defendants in the process it is not required that any person be summoned;[(1429)] and only the head of the legislative body and the Prosecutor General are notified, the latter in cases in which he himself is not the petitioner.[(1430)] In any case, the Court must order the publishing of a notice requesting the intervention of any interested person in the process. Thus, in the same way that any citizen whose rights and interests have been prejudiced may exercise the action of unconstitutionality of laws and other state acts of legislative rank, so any citizen with the same simple interest has the right to present writs and briefs to the Court, against or in defence of the law or act being challenged.[(1431)]

In any case, the popular action of unconstitutionality must be brought before the Supreme Court by means of a petition for remedy in which the petitioner must clearly state the act which he is impugning[(1432)] and indicate precisely the breach of the Constitution denounced - that is to say, both the grounds for the petition

(1426) Art. 116 LOCSJ.

(1427) See CSJ-SPA 3-10-63 in *Gaceta Forense* nº 42, 1963, pp. 19-20.

(1428) Art. 82 LOCSJ

(1429) See Federal and Cassation Court in Politico-Administrative Chamber (CFC-SPA) 20-11-40, in *Memoria de la Corte Federal y de Casación*, 1941, pp. 264-268.

(1430) Art. 116 LOCSJ.

(1431) Art. 137 LOCSJ. Before the promulgation of the 1976 LOCSJ, see in contrary sense CSJ-CP, 12-6-68 in *Publicaciones del Senado*, 1968, p. 190; and CSJ-SPA, 27-5-70, *Gaceta Forense* nº 68, 1970, p. 111.

(1432) Art. 113 LOCSJ. *Cf.* CSJ-SPA, 23-1-69 in *Gaceta Forense* nº 63, 1969, p. 95.

and the constitutional rules that are said to have been violated.[1433] However, given that this is a popular action in which the validity of a law and the supremacy of the Constitution are at stake, in our opinion the Court is able to appraise by virtue of its function, whether the contested act is in breach of the Constitution, as a result of defects not alleged by the petitioner,[1434] and does not have to limit the hearing to the unconstitutionality denounced by it.[1435] Therefore if it is true that the popular action must be brought before the Court by a petitioner[1436] the Supreme Court is not totally subject to his will, and if the petitioner for instance, abandons the action once undertaken, the Court is empowered to continue with the hearing.[1437]

(c) Grounds for the Action

The only grounds that can be claimed for the action of unconstitutionality are violations or collisions with the Constitution; that is to say, grounds of unconstitutionality[1438] whether of a substantive or of a formal or adjective character.

The Supreme Court of Justice, however, has maintained that not all constitutional rules, when violated, provide grounds for the exercise of judicial review.

On the contrary, it has frequently been required that a directly operative rule is at issue, and the Court has not annulled a law when violations of a programmatic rule have been alleged.[1439] This does not mean, however, that judicial review of legislation cannot be exercised based on constitutional principles.

For instance, article 50 of the Constitution expressly establishes that:

> Art 50. The enunciation of rights and guarantees contained in this Constitution must not be construed as a denial of others which, being inherent in the human person, are not expressly mentioned herein. The lack of a law regulating these rights does not impair the exercise thereof.

(1433) Art. 113 LOCSJ. *Cf.* decision of the Federal and Cassation in Plenary Session (CFC-CP), 14-12-50 in *Gaceta Forense* nº 6, 1950, pp. 46-47; CSJ-SPA, 11-8-64, *Gaceta Forense* nº 45, 1964, pp. 185-186.

(1434) In this respect, the Attorney General's Office has indicated that the constitutionality of legislative acts is a matter of prime public interest. Thus, in cases in which such matters are considered, the judges powers are not, nor can be, limited by what is alleged or proven in the complaint. See *Doctrina de la Procuraduría General de la República 1963*, Caracas 1964, pp. 23-24.

(1435) As has been held by the Supreme Court. See CSJ-CP, 15-3-62. *Gaceta Oficial* nº 760 Extra, 22-3-62. In this respect, J.G. ANDUEZA holds that the decision of the Court may not contain *ultra petita*, *op. cit.*, p. 37.

(1436) Art. 82 LOCSJ

(1437) Art. 87 LOCSJ, *Cf.* J.G. ANDUEZA, *op. cit.*, p. 37

(1438) Reasons of illegality may not thus be alleged. See CSJ-SPA, 13-2-68, in G*aceta Forense* nº 59, 1969, pp. 85-86.

(1439) See CSJ-CP, 12-6-69, in *Gaceta Forense* nº 65, 1969, p. 10; CSJ-SPA, 27-4-69, in *Gaceta Forense* nº 64, 1969, p. 23; and CSJ-SPA, 13-2-68 in *Gaceta Forense* nº 59, pp. 85-86.

Thus, the Supreme Court of Justice could exercise judicial review control of legislation, on the grounds of violations of rights inherent in the human person, not enunciated expressly in the Constitution.

Anyway, the complaint of unconstitutionality must necessarily involve a "logical link -by way of a serious and necessary motivation- between the act contested and the rule which is said to have been broken by it."[(1440)] For this reason, the Court has considered complaints of infractions of constitutional rules to be formally insufficient when such a link does not appear in the petition.

In any case, it is clear that the act, which is challenged, may constitute a breach of the Constitution when it contradicts the spirit and purpose of a constitutional rule,[(1441)] and not only when there is a literal contradiction between the rules and the challenged act.

(d) Content of the Court's Decision

According to the provisions of the Organic Law of the Supreme Court of Justice, in its final decision, the Court, once the grounds on which the action has been founded have been examined, shall declare the nullity of the challenged act or of its articles when accepted.[(1442)]

Accordingly, the Court is under an obligation to examine *all* the grounds on which the action founded, but the Organic Law does not limit this appraisal solely to those grounds alleged by the petitioner. In view of the issue of unconstitutionality involved in these popular actions, in my opinion as the procedure is in the nature of an inquiry, the Court is able to assess grounds for unconstitutionality, which are not alleged by the petitioner.

Regarding the contents of the decision, the Supreme Court pointed out in 1966 that:

> It is the function of the Court, when exercising its power to review the constitutionality of acts of the legislative bodies, to declare the nullity of the act which is challenged if it is in any way in conflict with the precepts of the Constitution, and as a consequence of that declaration, to proclaim the legal annulment or, alternatively, to sustain it in full force instead of the assumptions which were advanced.[(1443)]

(1440) See CSJ-SPA, 21-12-67, in *Gaceta Forense* nº 58, 1968, p. 68.

(1441) See the decision of the Federal Court, 25-3-58, in *Gaceta Forense* nº 19, 1958, p. 58. To the contrary, the Attorney General's Office has maintained that an infraction of the "motives" of the Constitution cannot be the cause for the annulment of a legal text. See *Doctrina de la Procuraduría General de la República 1964*, Caracas 1965, p. 158. Elsewhere, however, the same Attorney General's Office has held that the Constitution is being violated when the law intends to achieve ends different to those proposed by the Constitution, and not only when there exists some literal contradiction between the rule in the Constitution and the legal rule. See *Doctrina de la Procuraduría General de la República 1969*, Caracas 1970, p. 111. In general, on the various grounds for unconstitutionality of laws, see *Doctrina de la Procuraduría General de la República 1966*, Caracas 1967, pp. 170-174.

(1442) Articles 119 and 130

(1443) See CSJ-SPA, 20-1-66, in *Gaceta Forense* nº 51, p. 13. *Cf.* CFC-SPA, 2-12-41, in *Memoria de la Corte Federal y de Casación*, 1942, pp. 335-338, and 13-7-42, in *Memoria de la Corte Federal y de Casación*, 1943, pp. 174-175.

In 1976, however, the Organic Law of the Supreme Court of Justice, in the provisions common to the popular action and to the recourses for judicial review of administrative action, includes an article which after insisting that "In its final decision, the Court shall declare whether or not the nullity of the act which is being contested is admitted, and shall determine the effects of its decision over time",[(1444)] it adds the following:

> Art. 131- ...Also, according to the terms of the corresponding petition, the Court may order the payment of sums of money and the restitution of damages, for whose origin the Administration has responsibility and may also make the necessary provisions for re-establishing the subjective legal situations prejudiced by the activity of the administration.

The placing of this rule might lead us to think that the Court's verdict when deciding upon a popular action may have a condemnatory content. However, the references the article makes to "the Administration" and to "administrative activity" would make it inapplicable to any supposed responsibility of the state for a legislative act. This shows the legislature's intention of confining the damages claimed only to cases of judicial review of administrative action.

Finally, it must be said that the decision of the Supreme Court can also be that of rejecting the action when without grounds, and in particular, if the Court considers that the action was rash and obviously unfounded, it can impose a fine on the petitioner,[(1445)] through which the possible inconveniences that can be produced by the popular character of the action, can be overcome.

D. Effects of Concentrated Control Decisions

As we have seen, the Court decision in the concentrated system of judicial review can be that of accepting the petition and thus, declaring the nullity of the unconstitutional challenged law, or it can also be that of rejecting the action dismissing the alleged unconstitutionality of the law. The effects of those decisions, are, of course, different, as the Supreme Court has established.

(a) Effect of the Dismissal Decisions

In effect, in cases in which the Court decision is to declare the action unjustified, thus considering the reported unconstitutional defects to be without basis, the effects of the decision are *erga omnes* with respect to the constitutionality of the law, at least as far as it concerns the challenged articles and the defects reported.[(1446)] Moreover, in relation to these rejected defects, the decision has the force of *res judicata*, which, of course, does not extend to other similar legislative acts, which may be contested for the same defects. In this respect, the Civil Cassation Chamber of the Supreme Court of Justice has

(1444) Art. 131. Repeating what is expressed in article 119.

(1445) Art. 119.

(1446) See CSJ-CPA, 20-1-66, in *Gaceta Forense* n° 51, 1966, p. 13.

analysed this problem when considering the effects of a decision of the Politico-Administrative Chamber of the same Supreme Court in which a Municipal Ordinance was annulled on the grounds of unconstitutionality. The situation was as follows: the Politico Administrative Chamber of the Supreme Court in a previous decision had dismissed a popular action exercised on the grounds of unconstitutionality against a Municipal Ordinance of one Municipality of the Republic (in the case of the *Bocono* District); and in a civil and different procedure in which a Municipal Ordinance of another Municipality (in the case of the *Valera* District) -but similar to the former- had to be applied, a party alleged its constitutionality, bringing before the Cassation Chamber of the Supreme Court the previous decision of the Politico-Administrative Chamber.

In this respect the Cassation Chamber stated that:

> It is to be observed that, although said decision produces *res judicata erga omnes*, this is limited strictly to the matter itself which was decided on, that is, the constitutionality of the ordinance of the *Bocono* District, and there can be no question of extending it to that of the *Valera* District, nor to any other, despite the fact that they deal with the same matter and that their regulations are, by chance, similar.
>
> In this case, the question of the constitutionality of the *Valera* District Ordinance was raised, both as incidental and as an exception, and the lower courts which decided in this case were completely at liberty to consider and decide, under Article 7 of the Civil Procedures Code, whether or not the Ordinance brought before them was unconstitutional, without being bound to any *res judicata* whatever, because there was no such thing. They found that the Ordinance in question is not unconstitutional, and ordered that it be complied with.
>
> The same occurs with this Civil, Mercantile and Labour Cassation Chamber , which is not bound in the least by the *res judicata* pronounced in some different matter, in which a decision was reached on the constitutionality of an Ordinance, different from the one which is required to be complied with here. Had the decision of the Political and Administrative Chamber dealt with the *Valera* District ordinance, then for this Chamber -as for all- the constitutionality of that Ordinance would have been beyond discussion, as it would have been covered by *res judicata.*
>
> As it is not precisely that Ordinance which is at issue, but another different one, this Chamber has the full and absolute jurisdiction, liberty and discretion to decide, for the purposes of these proceedings, whether the Ordinance that is in question here is in conflict with the National Constitution or not, in terms of the infractions of which the challenged judicial decision is accused, as a result of the lower judge having complied with the provisions of that Ordinance which, according to the appellant, are unconstitutional.
>
> The criterion established by that Politico Administrative Chamber when setting out the grounds for its decision, merits the greatest respect and attention from this Civil Cassation Chamber when reaching verdicts on similar matters, but does not bind it -in the same way that its own criterion on matters decided previously does not bind it- if it finds sufficient reasons to modify it.(1447)

A few basic principles can be deduced from this Supreme Court decision of 1963:

(1447) See Civil, Commercial and Labor Cassation Chamber of the Supreme Court of Justice, (CSJ-SCCMT), 12-12-63, in *Gaceta Forense* nº 42, 1963, pp. 667-672.

First, the absolute powers of all judges to control the constitutionality of legislation through the diffuse system of judicial review.

Second, the power of the Supreme Court to control the constitutionality of legislation in a concentrated way, the decisions adopted in this case, having *erga omnes* effects.

Third, the *res judicata* effects of the decisions of the Supreme Court concerning the constitutionality of legislation, either when a legislative act is annulled or when a popular action of unconstitutionality is dismissed, only refers to the particular and specific law challenged before the Court, and cannot be extended to other legislative acts.

Therefore, the decision of the Supreme Court dismissing a popular action against a legislative act, and thus, admitting its constitutionality, has *erga omnes* and *res judicata* effects in the sense that the constitutionality of the act must be accepted by all courts who are bound to follow the criterion established by the Supreme Court. Hence, they cannot through their diffuse judicial review powers decide not to apply the law on the grounds of its constitutionality. Particularly in another decision of the Civil, Mercantile and Labour Cassation Chamber of the Supreme Court of Justice of 1971, the Court was even clearer. It established that a decision by the Politico Administrative Chamber of the Court in which it dismissed a popular action of unconstitutionality should necessarily be applied by the Cassation Chamber, as well as by all Courts, as it was a pronouncement with *erga omnes* force. By virtue of this, the Cassation Chamber allowed a remedy for cassation, sought with respect to a lower court decision which had not applied a Politico Administrative Chamber's decision which had considered a municipal act valid, disallowing a petition for its annulment.(1448)

(b) Effects of Decisions Declaring the Nullity of the Legislative Act

The decision of the Court when declaring the challenges legislative act annulled -either totally or with respect to those of its articles against which action is lodged- it produces cessation of the effects of the act, and the Court being also

(1448) See CSJ-SCCMT, 11-8-71, in *Gaceta Forense* nº 73, 1971, p. 477. In this respect, the Attorney General's Office has described the effects of a declaration denying a popular action of unconstitutionality, in the following terms: "The decision on constitutionality grounds like any other judicial decision, produces *res judicata*. That... obtained in objective jurisdiction, whether it be favourable or unfavourable, always produces effects *erga omnes*. Consequences of great interest, such as that of irrevocability, follow from this principle. When the Federal Court declares the action inadmissable because the state act which is challenged lacks the defects which are denounced against, this decision may not be reviewed as it enjoys all the characteristics of any decision which produces *res judicata*: it may not be discussed nor changed." "In a case in which the Federal Court has denied a popular action of unconstitutionality, and nonetheless, this is brought again, for the same reasons and supported by the same constitutional provisions, the Court must disallow the new action as this is already *res judicata*. In consequence, the Court should apply *ex-officio* the previous decision or decide the exception of *res judicata* filed by the Attorney General. (J.G. ANDUEZA, *La Jurisdicción Constitutional en el derecho venezolano*, Universidad Central de Venezuela, Facultad de Derecho, Vol. II, Caracas, p. 99)". See *Doctrina de la Procuraduría General de la República 1963*, Caracas 1964, p. 199.

authorized to declare null all other acts carried out on the basis of the act which is declared null.[1449]

In such cases, the effects of the Court's decision, as we said, are of general value that is to say *erga omnes* and the Supreme Court itself has always maintained this. For instance in 1938, the former Federal and Cassation Court sustained the following:

> The Federal and Cassation Court is the highest level in the judicial hierarchy; *res judicata* established by it, even supposing it were mistaken doctrinally, is the last word by the Judiciary, against which nothing and nobody can prevail in law, neither the Court itself, nor the other two Powers(of the state). As it is a federal institution with exclusive power to annul -*erga omnes*- the laws and acts of the Public Power, which are in violation of the Constitution, it thus constitutes the sovereign interpreter of the constitutional text and of ordinary laws, and the sole judge of acts by the Public Powers and high officials of state. Any official, however high-ranking he may be, or any of the other Public Powers which seek their own interpretation of the Law to prevail over the interpretation and application established by the Court when reaching decisions and verdicts on the same matter, usurps power and violates the Constitution and the laws of the Republic.[1450]

In this respect, the same former Federal and Cassation Court described its decisions in 1939 as "provisions complementary to the Constitution and Laws of the Republic, which produce *erga omnes* effects";[1451] and in a decision in 1949 it indicated that its decisions "come to form a special legislation, arising from the secondary Constitutive Power which this High Court exercises in these matters."[1452]

The former Federal Court that followed the latter as the constitutional body for judicial review of legislation agreed with this criterion, and in 1953, indicated that as its decisions have *erga omnes* effects, they "take on force of law."[1453]

More recently, the Civil, Mercantile and Labour Cassation Chamber of the Supreme Court of Justice was precise in this respect in a decision on 12 December, 1963:

> Absolute review of constitutionality is exercised firstly by the full-court session of the Supreme Court of Justice (*Pleno* Court) when it declares the nullity of a national law by reason of its unconstitutionality. This decision deprives the law, or that part of it which is annulled, of effect, and has the force of *res judicata, erga omnes*. This nullity is declared as a result of what is known as a popular action.
>
> A similar power is exercised by the Politico-Administrative Division of this Supreme Court, also by popular action -but only with respect to state laws and Municipal ordinances- and its verdict also produces *res judicata, erga omnes*.

(1449) See CSJ-CP, 4-4-74, in *Gaceta Oficial* nº 1.657, Special, 7-6-74.

(1450) See CSJ-SPA, 17-11-38, in *Memoria de la Corte Federal y de Casación 1939*, pp. 330-334.

(1451) See CFC-SPA, 21-3-39, in *Memoria de la Corte Federal y de Casación 1940*, p. 176.

(1452) See CFC-SPA, 16-12-40, in *Memoria de la Corte Federal y de Casación* 1941, p. 311.

(1453) See CF, 19-6-53, *Gaceta Forense* nº 1, 1953, pp. 77 and 78. The Supreme Court has also held in a decision of its Politico Administrative Chamber that "the effects of the decisions issued by the Court when exercising this power only extend to the time during which the constitutional precet on which they are based continues valid." See in *Gaceta Forense* nº 62, 1968, p. 106-113.

> This is to say that the declaration of the constitutionality or unconstitutionality of a law by principal (popular) action is definitive and produces effects against everyone, since that supposed law ceases to be such from the moment it is declared unconstitutional. The same occurs with state Laws and Municipal Ordinances which are pronounced unconstitutional.(1454)

Consequently, according to the doctrine established by the Court, the verdict declaring the unconstitutionality of a law, and thereby annulling it, has *erga omnes* effects and an absolute character as *res judicata*.

E. Question of the Temporal Effects of Concentrated Constitutional Review

In the context of the effects of Supreme Court decisions declaring nullity of laws by reason of unconstitutionality, the fundamental problem that doubtlessly arises in Venezuela is that of the moment in which these are produced. In other words: Is the law which is declared null considered to have produced effects until declared null by the Court, or is it considered, on the contrary, never to have produced effects? From another point of view: Does the Court's decision have effect from the moment it is published, or are its effects retroactive to the moment the act that has been annulled was first published?

The Organic Law of the Supreme Court of Justice of 1976, as we have seen, does not resolve the question. It only establishes that in its decision, the Supreme Court must "determine the effects of its decision in time."(1455) Now, with, two systems of judicial review: the diffuse and the concentrated systems, existing in parallel in the Venezuelan constitutional system, the confusion about the judicial review decision effects in both cases, and the application of the doctrine of the nullity guarantee of the diffuse system to the concentrated system, ignoring the difference between them, has been frequent.

Of course, in order to define this problem accurately, it is necessary to distinguish clearly the effects of the diffuse system of judicial review of constitutionality of state acts totally different from the effects of the concentrated system of judicial review of constitutionality. As we have said, the confusion, which has existed between the effects of these two types of review, has lead to error even within the Supreme Court Chambers themselves.

(a) Principles Referring to Both Systems of Judicial Review

We have said, in effect, that under the diffuse system of judicial review, any judge in a concrete case may appraise the constitutionality of a law, decide it is unconstitutional, and thus, not apply it to the resolution of the case in question, with *inter partes* effects. In this way, all judges of the Republic are constitutional

(1454) See CSJ-SCCMT, 12-12-63, in *Gaceta Forense* nº 42, 1963, pp. 667 to 672.
(1455) Art. 119 and 131 LOCSJ

judges. We have also pointed out that, in Venezuela, a concentrated system of judicial review assigned to the Supreme Court of Justice, also exists. In this role, it is considered the supreme interpreter[(1456)] and defender[(1457)] of the Constitution, responsible for being the balancing point in the application of the principle of the separation of powers, [(1458)] (84) when deciding whether the "juridical extinction" of legislative acts challenged through a popular action or when maintaining them in full force.[(1459)]

The effects of constitutional review differ in the two cases, and in the absence of a law specifically governing constitutional jurisdiction,[(1460)] solutions must be found in comparative law, which have frequently been utilized by the Supreme Court of Justice when reaching its decisions. But, indeed, it is neither appropriate nor possible to apply the characteristics of constitutional review of laws in the American model, which is exclusively diffuse in nature, to constitutional review of laws as exercised by the Supreme Court of Justice of Venezuela, which is a concentrated one.

As we have said, in the diffuse system of judicial review of the constitutionality of law assigned in Venezuela to all Courts, the decision declaring the inapplicability of a law considered unconstitutional in a concrete case does not affect its validity. Thus it has only a declarative effect, extended only *inter partes*, and *pro pretaerito*. In the words of André and Susan Tunc in their masterful analysis of the North American constitutional system, with respect to decisions in the diffuse system of judicial review:

> The law is neither repealed nor annulled. It is purely and simply not recognized, as if it were not a law, but rather, it could be said, a simple appearance of law, and the rights of the parties are regulated as if it had never been approved... The Court is limited, purely and simply, to ignore the law ... From (which)... stems the retroactive effect of the declaration of unconstitutionality.[(1461)]

Consequently, the "retroactivity" of the declaration of inapplicability of a law only makes sense when we bear in mind that the judge considers it never to have produced effects, in which case the declaration of unconstitutionality operates *ex tunc*, as it is simply a decision declaring pre-existing unconstitutionality or nullity. In this respect, for instance, we have said that it is justified to deliberate on the constitutionality of a law, which, although already repealed, was applied while still in force to the particular case, which the judge is hearing. Although the

---

(1456) This implies the irreversibility of its decisions. See Article 211 of the Constitution. The doctrine has, however, been established for many years by the Court itself. See, for example, CFC-SPA, 17-11-38, in *Memoria de la Corte Federal y de Casación 1939*, p. 330.

(1457) See CFC-SPA, 4-3-41, in *Memoria de la Corte Federal y de Casación* 1942, p. 128-130.

(1458) See CFC-SPA, 3-5-39, in *Memoria de la Corte Federal y de Casación 1940*, p. 217; and 17-4-41, in *Memoria de la Corte Federal y de Casación 1942*, p. 182.

(1459) See CSJ-SPA, 20-1-66, in *Gaceta Forense* nº 51, 1968, p. 13.

(1460) See, for example the Draft Constitutional Jurisdiction Law in Comisión de Administración Pública, *Informe sobre la reforma de la administración pública nacional*, Caracas 1972, Vol II, p. 47 et seq. See the text also in Humberto J. LA ROCHE, *op. cit.*, pp. 215-238.

(1461) See A. and S. TUNC, *Le système constitutionnel des Etats Unies d'Amerique*, Paris 1954, Vol. II, pp. 294 and 295.

law may already have been repealed at the time of the decision, the declaration that it is inapplicable is important to the proceedings.(1462)

However, as we already know, these effects of the diffuse system of judicial review are quite different to those of the concentrated system of judicial review, as have been clearly developed in comparative law. In the concentrated system of judicial review as exercised by the Supreme Court in the Venezuelan system, the Court "declares the nullity" of the law(1463) that is to say, annuls it. Up to the moment when the Court's decision is published, the law must be considered valid and effective, producing all its effects despite its unconstitutionality.

In fact, as Professor Cappelleti indicated, when emphasising the difference between the concentrated and diffuse methods of constitutional review:

> It can be said that, while the United States' system of judicial review of constitutionality of laws has a purely *declaratory character*, conversely, the Austrian system has the nature of a *constitutive* control of invalidity, and consequent inefficacy of laws contrary to the Constitution. From this, it is quite coherent to conclude that while in the first system, the effects (purely declarative) operate *ex tunc* that is, retroactively -it is, in effect, a simple declaration of a pre-existing nullity-, in the Austrian system, on the contrary, the effects of the decision of unconstitutionality (which are constitutive, that is to say, of annulment, operate *ex nunc*, and thus *pro futuro*, which excludes retroactive effects of the annulations.(1464)

To this difference between the diffuse and concentrated constitutional judicial review systems of legislation, another fundamental one must be added - in the latter, the "general" nature of the annulment, which while lacking retroactive effects (since, as has been said, these are *ex nunc* or *pro futuro*), as we have seen do however operate *erga omnes*.(1465)

Anyway, what can definitively be said in comparative law is that in general the most important systems of concentrated constitutional judicial review of laws attribute general effects backwards to the past (that is, *ex tunc*, *pro praeterito*) to all decisions in which unconstitutionality and nullity of laws is declared.

(1462) It has thus been said that, if the judicial verdict passed in constitutional review of laws has retroactive effects, as occurs with diffuse review, then clearly reapealed laws may be annulled, since this puts an end to the effects which the law may have produced while in force. See J.G. ANDUEZA, *op. cit.*, pp. 56-57.

(1463) Art. 215, paragraphs 3 and 4. 1961 Constitution.

(1464) See Mauro CAPPELLETTI, "El control judicial de la constitucionalidad de las leyes en el derecho comparado" *Revista de la Facultad de Derecho de México*, 61, 1966, p. 58-59.

(1465) See, for example, CFC-SPA, 17-11-38, in *Memoria de la Corte Federal y de Casación 1939*, pp. 330 334; CF. 19-6-53, in *Gaceta Forense* n° 1, 1953, p. 77; CSJ-CP, 29-4-65, published by the *Imprenta Nacional*, Caracas 1965, pp. 113-116. *Cf. Doctrina de la Procuraduría General de la República 1963*, Caracas 1964, pp. 199-201. In other words, as CAPPELLETTI points out, "once the decision of unconstitutionality is pronounced, the corresponding law is deprived of effects in a general manner, exactly as if it had been abrogated by a subsequent law, and vice versa, all the legislative provisions prior to the unconstitutional law regain their validity" (*loc. cit.*, p. 59). Thus, the effects of the concentrated constitutional review system are radically different from the particular, *inter partes* effects of the diffuse constitutional review system.

Hence, those decisions are not merely declaratory, nor do they have retroactive effects, but are solely constitutive. In systems like those Italy and Germany, as we have seen, which do attribute certain effects backwards to the past to the Constitutional Courts decisions in which a law is annulled, in general, these are fundamentally restricted to criminal matters. The solution adopted by these legislations is logical. It would have monstrous repercussions on juridical stability to maintain that the effects of decisions declaring the nullity of a law considered unconstitutional are merely declaratory, and that acts, which took place before the law was declared null, are thus taken as never having been passed. It might, however, be equally unjust in criminal cases, if decisions passed under a law, which is subsequently annulled, were not affected by its annulment. This is why the Italian and German legal systems establish an exception, regarding criminal cases, to the principle that the effects of decisions declaring the nullity of laws deemed unconstitutional only produce effects towards the future.

Moreover, the situation of conflict that could arise between juridical stability and criminal decisions, as we have also mentioned, has lead the North American Supreme Court to establish the programmatic exceptions to the opposite principle. We have seen that constitutional review being diffuse in character in the United States, the effects of decisions declaring laws unconstitutional are merely declaratory and thus retroactive in nature. Despite this, however, case law has extended this retroactive nature only to criminal cases. On the contrary, it respects the effects produced in civil and administrative matters on the basis of a law, which is declared unconstitutional.[(1466)]

Now, as the constitutional judicial review power that the 1961 Venezuelan Constitution attributes to the Supreme Court of Justice[(1467)] is similar to that termed concentrated in comparative law, it is evident that, in the absence of any constitutional or legal positive rule, the effects of the declaration of nullity of a law on the grounds of its unconstitutionality can only be produced *erga omnes*, but towards the future. That is to say, in principle, Supreme Court decisions are constitutive, *pro futuro* with *ex nunc* effects, which cannot generally be extended backwards to the past, thus they cannot be retroactive. This criterion can be said, is followed not only by authors on constitutional law,[(1468)] but also by decisions of the Supreme Court of Justice, although the Court has not been consistent in the matter.

(1466) *Cf.* M. CAPPELLETTI, *loc. cit.*, pp. 63-64.

(1467) Article 215, Paragraphs 3 and 4.

(1468) In his book on *La jurisdicción constitucional en el derecho venezolano*, (*cit.*), José Guillermo ANDUEZA has abundantly and finally demonstrated that the decision declaring nullity by reason of unconstitutionality which all acts by the Public Powers enjoy, means that these produce all their legal effects until such time as they are pronounced null by the Court. Consequently, the Court's decision should necessarily respect the effects which the state act produced while it was in force" (p. 93), since "it produces a change in the effects of a state act. That is to say, the sentence renders ineffective a previously valid act." (p. 94). According to ANDUEZA himself, and following the most orthodox doctrine, "what characterizes constitutive sentences is the absence of retroactive effects. These continue always *pro-futuro*, *ex nunc*; that is to say, that the decision produces its effects from the day of its publication", (p. 94). We do not then share the opinion of J. J. LA ROCHE, *El control jurisdiccional en Venezuela y Estados Unidos*, *cit.*, p. 153.

In effect, the Supreme Court of Justice in Venezuela is divided into three Chambers: the Politico-Administrative, the Civil Cassation and the Criminal Cassation Chambers, and can also act in *Pleno* or Plenary session. According to the Constitution, the concentrated system of judicial review is exercised only in *Pleno* and by the Politico-Administrative Chambers, which sustain the criterion of the constitutive effects of their decisions. This criterion has been contradicted by the Civil Cassation Chamber, which does not have powers of concentrated judicial review, when it has interpreted the effects of the decisions of the former.

(b). Criterion of the Constitutional Organs with Powers to Annul Laws: The Supreme Court in Pleno and its Politico-Administrative Chamber

In effect, the Supreme Court has expressly maintained that:

> Laws are made to be executed, and should thus be accomplished even when, contingently, they may be declared constitutionally null, as the result of a sufficient action. They are only rendered invalid by the definitive decision declaring their nullity.[1469]

In other words, in the corresponding decision by the Supreme Court, declaring the nullity of a law on the grounds of its unconstitutionality, it limits itself to "proclaiming the juridical annulment" of the law to which objection is made.[1470] That is to say, the Supreme Court has maintained that laws produce all their effects until they are annulled since, as it indicated in another decision, "acts which are annullable are valid and, once passed, fully produce all their effects until they are declared null."[1471] and, while the effects of decisions declaring nullity by reason of unconstitutionality are general and *erga omnes* in nature,[1472] it is clear that, when it declares a law to be null, the Supreme Court's decision comes to form part, *mutatis mutandis* -as the Supreme Court has said- of "a special legislation arising from the secondary Constitutive Power which this High Court exercises",[1473] since such decisions "are complementary provisions of the Constitution and laws of the Republic."[1474]

In other words, as the Supreme Court, it has stated the effects of these decisions "extend *erga omnes* and have the force of law."[1475]

Thus, if a law, declared null on the grounds of its unconstitutionality, is deprived of effect in a general manner by the respective decision, just as if it had been abrogated by a later law, it is clear then that just as the law cannot have retroactive effects, so neither can the decision declaring the law's nullity which is

---

(1469) CFC, 20-12-40, *cit.*, by J.G. ANDUEZA, *op. cit.*, p. 90.

(1470) See CSJ-SPA, 20-1-66 in *Gaceta Forense* nº 51, 1966, p. 13.

(1471) See CSJ-SPA, 15-2-67 in *Gaceta Forense* nº 55, 1967, p. 70.

(1472) *Cf.* CFC-SPA, 17-11-38, *Memoria de la Corte Federal y de Casación 1939*, p. 330; 21-3-39, *Memoria de la Corte Federal y de Casación 1940*, p. 176; 16-12-40, *Memoria de la Corte Federal y de Casación 1941*, p. 311; and of the CF, 19-6-53, in *Gaceta Forense* nº 1, 1953, pp. 77 and 78.

(1473) See CFC-SPA, 16-12-40, in *Memoria de la Corte Federal y de Casación 1941*, p. 311.

(1474) See CFC-SPA, 21-3-39, in *Memoria de la Corte Federal y de Casación 1940*, p. 176.

(1475) See CF, 19-6-53, in *Gaceta Forense* nº 1, 1953, pp. 77, 78.

deemed to have "force of law" as the same Supreme Court has considered. This affirmation is so logical that, in some Latin American constitutional systems, the classic principle of the lack of retroactivity of laws(1476) has been expressly extended to decisions of the Supreme Court or of the Tribunal of Constitutional Guarantees as happens in Ecuador.(1477)

This principle that the effects of the Supreme Court's decisions declaring the nullity of laws considered unconstitutional are not retroactive, stems from the nature of the decisions, which are *constitutive* and not declaratory. It was expressly recognized by the Politico Administrative Chamber of the Supreme Court itself when, in 1965, it decided to declare the nullity of a Municipal Ordinance which created a tax contravening a prohibition contained in paragraph 4 of Article 18 of the Constitution,(1478) and rejected the petitioner's request "that the Municipality be ordered to repay the sums of money which it had received by collecting the contribution under discussion ..." as it was considered unfounded.(1479)

In this way, the Court acknowledged the nature of its decision to annul the ordinance, as being constitutive and having effects towards the future, since otherwise, had it had considered the effects of the decision to be merely declaratory, *ex tunc*, it would have proceeded to order the Municipality to repay as requested.

Later, in 1968, the Court emphasized the presumption of the constitutionality of laws when it pointed out that

> National legislative acts, once passed and published, keep their effectiveness and validity until such time as they are repealed by the body which passed them or are annulled by the Court and, meanwhile, their legitimacy also extends to actions taken by other authorities under powers which the laws attribute to them.(1480)

(1476) Article 44 of the Constitution.

(1477) Art. 141,4. Constitution of Ecuador 1983. See the comments of J.G. ANDUEZA, *op. cit.*, p. 94.

(1478) Art. 18,4. 1961 Constitution.

(1479) See CSJ-SPA, 18-11-65, *Gaceta Forense* nº 50, 1967, p. 111. This was also the criterion of the former Federal and Cassation Court in Cassation Chamber when, in a decision in 27 February, 1940, it expressly decided the following: "The decision which is appealed, to deny the action, is founded on the fact that the Municipal Ordinance which gave rise to the fine being placed to the plaintiff for an infraction of one of its Articles, was issued by a competent authority and produced all its effects until the day it was declared null by the Federal and Cassation Court, which was the Tribunal which was competent for this purpose. The effects of the verdict of cassation cannot be made retroactive to the date that Ordinance expired, but rather they are produced from the date of that decision. As, on the other hand, the plaintiff did not appeal against the fine, he agreed to the fiscal sanction that was imposed on him, and the decision appealed concludes that there was no undue payment. The damages claimed as a consequence of that payment are thus denied. This Court considers that the grounds stated, on which the lower court bases his decision are according to the legal principles which govern this matter. In our Administrative Law, Municipal Ordinances issued under the powers which the National Constitution grants the Municipalities "have the character of local laws, and as such, it follows to apply to them the rule of the non-retroactivity of their provisions. As these Ordinances are the work of an administrative authority, invested with a part of the Public Power, these acts retain all their legal validity even in the case in which they suffer from defects which would make them anulable, until such time as their nullity is declared by the competent Court." See CFC-SPA 27-2-40 in *Memoria de la Corte Federal y de Casación*, 1941, p. 20.

(1480) See CSJ-SPA, 13-2-68, in *Gaceta Forense* nº 59, 1969, p. 85.

For this reason, once a law is declared null on the grounds of its being unconstitutional, if retroactive effects were granted to the decision, this would be equivalent to depriving all acts taken in compliance with the law of their effects, thus severely prejudicing juridical stability.

In the same year, 1968, the Supreme Court incidentally recognized that its decisions were constitutive and not declaratory, when it maintained that:

> The effects of the decisions passed by the Court when performing its function of judicial review of the constitutionality of laws, only extend for the duration of the validity of the constitutional rule on which... (the Court's decisions) are based. Consequently, it is possible that a legal provision which is annulled because it is unconstitutional- but which in fact has continued to form a part of some legal instrument which has not been so repealed recover legal force with the coming into effect of some other norm which repeals the constitutional rule on which the Court had founded its decision to declare the law null, or one which radically changes the previous legal system[1481]

If the situation described by the Court in its decision is possible, it is precisely because the effects produced by the law, before the decision to annul it, remain intact, as a result of its constitutive effect. Otherwise, the disturbance of the legal order would be unbearable, since if the decisions of the Court in which it exercises constitutional review of laws were retroactive, that is to say, merely declaratory, *ex tunc*, not only would those acts performed under the law declared null be rendered without effect, but if the unconstitutional law were non-existent, this would leave no room for the possible case in which it recovers its validity if the Constitution under which it was declared unconstitutional were modified, as pointed out by the Court. We thus insist that, in our opinion, the effects of decisions in which the Supreme Court declares laws null on the grounds of their being in breach of the Constitution are those proper to constitutive judgements, that is to say, they only produce effects towards the future.

This statement may also be inferred from other decisions of the Supreme Court of Justice itself in relation to petitions for the annulment of laws already repealed. In fact it can be said, as Professor Andueza indicated, "that the position adopted with respect to these petitions depends on the position taken with respect to the effects of the decision upon constitutionality."[1482] If retroactive effects are attributed to these clearly, laws, which have been repealed, may be annulled, thus putting an end to the effects, which the law may have produced during the time it was in force. If the decision is only binding *pro futuro*, however, it becomes then contradictory to annul a non-existent law, since by virtue of the principle of the presumption of constitutionality -which covers all acts of state- the effects produced while the law was in force cannot be destroyed.[1483]

On the basis of this alternative, we can say that ever since 1949, the Court has denied petitions for the annulment of laws, which have been repealed. In fact, although in 1940 the Supreme Court held that there was reason to demand the

(1481) See CSJ-SPA, 19-12-68, in *Gaceta Forense* nº 62, 1969, p. 112.
(1482) See J.G. ANDUEZA, *op. cit.*, pp. 56-57.
(1483) *Idem*.

annulment of a law which had been repealed, since "the annulment works retroactively and suppresses all the effects which had been produced by the application of the voided law"[(1484)] this opinion changed radically as of 1949, not only in relation to the dismissal of actions of unconstitutionality of laws which had already been repealed, but also in relation to the solely constitutive effects of decisions in which the Court declared laws null on the grounds of their being in breach of the Constitution.

In effect, the Court held in 1949 that "this High Court's constitutional powers to review the constitutionality of laws refer only to laws in force", thus when a petition is made for it to annul a law which has already been repealed, "the Court lacks any matter on which to decide."[(1485)] In 1966, the Politico Administrative Chamber of the Supreme Court of Justice upheld the same criterion when it specified that, among the decisive circumstances with respect to proceedings in actions of unconstitutionality, "the very existence of the act challenged as being in breach of the Constitution and which is to constitute precisely the matter or object of the process, is especially important", and that if the action applies to the annulment of an act whose validity has expired, it thus "lacks an object."[(1486)]

Now, according to this criterion, it is clear that in Venezuela, generally speaking, Supreme Court decisions declaring laws annulled on the grounds of unconstitutionality have general effects, *erga omnes*. However, these effects only extend towards the future in the sense that they annul a law that, while it produced effects up to the moment when the decision was published, it is legally suppressed as of that moment. The effects of the Court decision, in this respect, cannot be retroactive, which effects are reserved to merely declaratory decisions, but only *pro futuro* as is the case with constitutive judgements.[(1487)]

There is no doubt, in our opinion, that in Venezuela, the aims of the constitutional review powers exercised by the Supreme Court of Justice under paragraphs 3 and 4 of Article 215 of the Constitution, as a concentrated system of

---

(1484) See CFC-SPA, 13-1-41, in *Memoria de la Corte Federal y de Casación* 1941, p. 102.

(1485) See CFC-CP, 21-12-49, in *Gaceta Forense* n° 1, 1949, p. 15.

(1486) See CFC-CP, 20-01-66, in *Gaceta Forense* n° 51, 1968, pp. 13 and 14.

(1487) This, and none other, for example, was the opinion of the Court in the decision which declared the nullity of Article 20 of the law approving the Contract signed between the National Executive and the Banco de Venezuela, S.A., passed on 15 March, 1962 (See CSJ-CP in FC, in *Gaceta Oficial* n° 760 Extra, 22-03-62 and to realize this it is sufficient to take the opinion of the presiding judge in that verdict, SARMIENTO NUÑEZ, as expressed in his dissenting opinion from the Supreme Court of Justice decision which denied the petition for nullity by reason of unconstitutionality of paragraph 14 of Article II of the Law approving the Extradition Treaty signed between Venezuela and the United States of America on 29 April, 1965. In his dissenting opinion, the presiding Magistrate in the sentence declaring the nullity of Article 20 of the law approving the contract signed between the National Executive and the Banco de Venezuela, S.A., insisted on the distinction between diffuse and concentrated constitutional review systems of laws in Venezuela, and indicated that, in the former, as exercised by the Courts under Article 7 of the Civil Proceedings Code (now Art. 20), the decision is relative in nature, since it affects only the particular case in question, and does not bind future cases of this or other Courts." By contrast, decisions of the Supreme Court of Justice, (in concentrated review systems) are absolute in nature; the nullity of the law is proclaimed *erga omnes*, that is, with respect to all cases, and produces effects *ex nunc*, that is to say, as of the decision." See CSJ-SPA, 29-7-65, published by the *Imprenta Nacional*, 1965, p. 74).

judicial review, are to annul laws (the Constitution says "declare the nullity", and not "declare the unconstitutionality"). This annulment is performed with *erga omnes* effects that extend *ex nunc* (*pro futuro*), by means of a decision termed "constitutive", in contrast to "declaratory",[1488] unless dealing with cases of absolute nullity under express constitutional provisions, as we shall see.

(c) Contradicting Criterion of the Civil Cassation Chamber of the Supreme Court

However, this criterion that has been followed uncontested by the Supreme Court in *Pleno* Court and in its Politico-Administrative Chamber through which the Supreme Court exercises its competence to annul laws and other acts of state with general effects, has been contradicted by the Civil, Commercial and Labour Cassation Chamber of the same Supreme Court of Justice, in a decision passed on 10 August 1978, in which, while hearing a recourse of cassation, this Chamber broached the matter of deciding and determining the effects of *Pleno* Court decisions when declaring the annulment of laws.

In effect, the Cassation Chamber decision was adopted after a *Pleno* Court decision of 15 March 1962; it declared the nullity of an article of a Law approving a contract for the fulfilment of the National Treasury auxiliary service, signed between the Republic and a private bank.

The article in question exonerated the bank from paying municipal taxes, which was considered unconstitutional. Thus once annulled by the Supreme Court the Federal District Municipality brought a civil suit against the private bank for payment of taxes incurred during the ten years previous to the Court's decision - which is the expiry period for claims for municipal taxes-, interpreting the decision in which the annulment was declared, as producing *ex tunc* effects, that is, declaratory and retroactive. The bank alleged that these were constitutive in nature, and the Civil, Commercial and Labour Cassation Chamber of the Supreme Court, when it heard the case for the cassation of the decision made by a civil court which had ordered the bank to pay the taxes as required, applied what it called "its own doctrine" as follows:

> Laws are constitutional or unconstitutional. The former are so because they conform to the rules of the National Constitution. The latter are unconstitutional when they include violations or breaches, which would contradict the content of constitutional rules. Until such time as they are declared unconstitutional, they are rendered obligatory by a

---

(1488) In this respect, it must be pointed out that this general principle which is universal in comparative law and accepted by Venezuelan case law and doctrine, was followed by these who drafted the Law of Constitutional Jurisdiction, when they established, in Article 19 of the draft that: "The laws which are declared unconstitutional may not be applied nor shall have any effect whatsoever, from the day following the publication in the Official Gazette or, failing such publication, as of ten days after it is signed. When a definitive criminal decision has been pronounced on the basis of these, and is being executed, it shall cease, as shall all other penal effects." (See Draft Law of Constitutional Jurisdiction drawn up by Profs. MARTÍN-RETORTILLO, RUBIO LLORENTE and Allan R. BREWER-CARÍAS in Comisión de Administración Pública, *Informe sobre la reforma de la administración pública nacional*, CAP, Caracas 1972, Vol. II, p. 551).

> presumption of their legitimacy. If so declared however, -that presumption is removed by the declaration of nullity and everything they meant in the past is erased. That is to say that the decision declaring nullity is declaratory in nature, and its effects are, in principle, backwards to the past; retroactive, *ex tunc*. This conclusion follows freely from logical principles, since the declaration of nullity seeks to re-establish the legal order disturbed by an unconstitutional law. This Chamber does not hesitate to follow this doctrine, which is upheld by leading authorities, both national and foreign. Thus the decision which is being appealed against is correct in considering as declaratory the decision passed by the Supreme Court of Justice on 15 March, 1962, in which it annulled Article 23 of the Law approving the extension of the contract signed between the Federal Executive and the *Banco de Venezuela*, as being unconstitutional. As that Law was contested by means of a principal and direct action of unconstitutionality, the annulment pronounced by the Supreme Court is without question absolutely declaratory in nature, and thus its effects extend both backwards to the past (*ex tunc*) and towards the future (*ex nunc*). Leading authorities indicate that "that law which is declared unconstitutional should be regarded, to all intents and purposes, as if it had never possessed legal force." This doctrine stems from precise constitutional texts, which endow the Supreme Court with power to "declare the total or partial nullity of national laws", without indicating therein what the nature or character of such nullity is. Within this doctrine, however, one must accept the possible existence of limiting cases, such as when considerations of higher justice or overriding public interest make it advisable to temper the rigour of its effects. Among the cases in which this occurs is the immutability of the *res judicata* arising from firm, final verdicts, which should, in principle, be maintained. In the case in question, however, this exceptional situation does not arise, since the interest at issue is eminently private by nature. Thus, as the decision of 15 March 1962- in which the Supreme Court of Justice declared the nullity on the grounds of unconstitutionality of Article 20 of the above law approving the contract signed between the National Executive and the *Banco de Venezuela*, is declaratory in nature, its *ex tunc* effects are correct and normal to this type of decision. The appellate decision thus did not violate the legal provisions mentioned in the petition when it ordered the bank to pay the taxes which had been demanded.[(1489)]

In this way, as a result of decisions by its component Chambers, the Supreme Court of Justice itself has established contradictory criteria. In *Pleno* Court, and in the Politico-Administrative Chamber, it has maintained the constitutive nature, *pro futuro* and *ex nunc* effects of its decisions to annul on the grounds of unconstitutionality, laws and other state acts with general effect, which may be contested by means of popular action. By contrast, the Civil, Commercial and Labour Cassation Chamber - which incidentally has no competence for declaring laws null on the grounds of unconstitutionality, but rather has a reduced competence for hearing recourses of cassation, attributed to the *Pleno* Court and the Politico-Administrative Chamber decision different effects from those accepted by themselves by deciding that those decisions declaring nullity on the grounds of unconstitutionality were declaratory in nature (not constitutive) with *pro praeterito* (not *pro futuro*) and *ex tunc* (not *ex nunc*), effects.

This is, without doubt, an inadmissible contradiction, since not only is the Civil, Commercial and Labour Cassation Chamber of the Supreme Court not competent to declare the nullity of laws, but also, in attributing *ex tunc* effects to the

(1489) See CSJ-SCCMT, 10-8-78 in *Gaceta Forense* nº 101, 1978, pp. 591-592.

decisions of another Chamber and to those of the *Pleno* Court, contrary to their own criterion, it has done so erroneously. The Cassation Chamber has resorted to doctrinal criteria, which relate to the diffuse systems of judicial review, their application to the concentrated systems of judicial review, being absolutely inadmissible.

In any case, since 1976, Article 131 of the Organic Law of the Supreme Court of Justice has been central to both interpretations, because it endows both the *Pleno* Court and the Politico-Administrative Chamber with power to establish "the effects of their decisions with time." Thus, despite the fact that the effects of their decisions declaring the nullity of laws on the grounds of unconstitutionality should, in principle, continue to be constitutive, *pro futuro ex nunc*,[1490] the Court may correct the unfavourable effects that may be produced by the rigidity of this principle, particularly in matters of constitutional rights and guarantees, and give its decision retroactive *pro praeterito*, *ex tunc* effects.

In our opinion, even in cases relating to constitutional rights and guarantees, the problem of the rigidity of the principle of the *ex tunc*, *pro futuro* effects of decisions annulling laws, which could mean that a law that violates a constitutional guarantee, despite its having been declared null, could have produced effects up to the time of that declaration, is resolved, since the Constitution itself guarantees against this situation. It declares the absolute nullity of "acts by the Public Power" -including laws- which prejudice constitutional rights and guarantees."[1491]

Thus, it is the absolute nullity of certain acts, as provided for in the Constitution, which allows certain decisions in which the Court declares the nullity of a law to have retroactive effects, backwards to the past, and for them to be considered declaratory and *ex tunc* in nature.

(d) Objective Guarantee of the Constitution: Absolute or Relative Nullity

In fact, in relation to the effects, with time, of Supreme Court decisions declaring the annulment of laws on the grounds of their unconstitutionality, what must be clarified in the Venezuelan constitutional system is the objective guarantee of the Constitution established in the Fundamental text, particularly regarding the concentrated system of judicial review. In other words, when the Supreme Court of Justice declares the nullity of a law, which violates the Constitution, does the Court adopt its decision based on the annulability or relative nullity of the unconstitutional law, or, does it annul the law based on the grounds of absolute nullity, because the Constitution provides for cases of absolute nullity? To resolve this dilemma it is necessary to determine whether all

---

(1490) Fox example, in a decision of the Politico Administrative Chamber of the Court on 23-2-84, declaring the nullity by reason of unconstitutionality of an act installing the Legislative Assembly of a state of the Federation, the Court provided expressly that "this decision shall have no retroactive effects whatsoever in relation to procedures carried out in the Legislative Assembly." (Consulted in original).

(1491) Art. 46. 1961 Constitution.

unconstitutional laws are "annullable acts" or whether, on the contrary, the possibility exists of unconstitutional acts with defects such that they are considered by the legal order, as "null and void acts."(1492)

As we have said, the general rule in Venezuela is that Supreme Court decisions declaring the nullity of laws are constitutive. Thus the unconstitutional laws are, in principle, state acts liable to relative annulment, that is to say, annullable acts, setting aside only two possible cases, and here we have the exceptions to the rule.

In fact, despite the power legally attributed to the Supreme Court to determine the effects with time of its decisions, the Venezuelan Constitution only allows the interpreter to infer that Supreme Court decisions that declare the nullity of a law, have *per se* the character of a declaratory judgement, producing full effects backwards to the past, in such cases in which the Constitution itself declares a law or state act as "null and void" or without effects. This possibility is provided for only in Articles 46 and 119 of the Constitution. In effect, article 46 of the Constitution establishes the following:

> Art.46. All acts of the Public Power that violate or impair the rights guaranteed by this Constitution are null, and public officials and employees who order or execute them shall be held criminally, civilly and administratively liable, as the case may be, and orders from their superiors evidently contrary to the Constitution and the laws may not serve as an excuse.

According to this first express exception, a law, which, for example, establishes discrimination, based on "race, creed, sex or social status", expressly violates the right to equality guaranteed in Article 61 of the Constitution, and is "null" under the text of Article 46. The defect is such that the nullity is absolute, and the act can produce no legal effect and should not even be applied by any authority, the contrary originating responsibility. In such cases, the Court's decision declaring the nullity of the law on the grounds of its being unconstitutional can be no more than merely declaratory, by virtue of the express text of the Constitution. It is a question, in fact, of certifying a nullity already established in the Constitution, which extinguishes the law in the past and into the future, in the sense that, as the law is declared "null" by the Constitution itself, it is considered as never having been able to produce effects. In the possible cases in which rights guaranteed by the Constitution are at stake, and which are regulated by Article 46 of the Constitution, the Supreme Court decision declaring the nullity of the unconstitutional law cannot have constitutive effects, neither can it consequently leave the effects produced by an unconstitutional law which violates fundamental rights prior to its being declared null by the Court intact.

(1492) As pointed out by J.G. ANDUEZA, "the difference which exists between an act null and an anulable one should be seen in the nature of the judicial pronouncement. If the decision is solely declaratory, with retroactive effects, when the act is anulled *pro-praeterito*, we may affirm that we are in the presence of absolute nullity. By contrast, when the judge passes a constitutive judgement with effects *ex-nunc, pro futuro*, the defect produces only the anulability of the state act", *op.cit.*, pp. 92-93.

The second exception to the principle of the constitutive effect of the Supreme Court's decisions declaring the nullity of unconstitutional laws is expressly regulated by Article 119 of the Constitution, which establishes that:

All usurped authority is without effect, and its acts are null.

By usurpation of authority should be understood "the defects accompanying all acts decreed by a person totally lacking authority",[(1493)] that is to say, "the usurper is he who exercises authority and puts it into effect without any type of investiture, either regular or established. The concept of usurpation, in this case, arises when a person who has no *auctoritas* acts as an authority",[(1494)] in the sense in which the Constitution employs the term "authority." Thus, as the Constitution states, usurped authority is without effects and its acts are null. This second case in which the express text of the Constitution declares an act of state "null" and without effect, a defect such that the nullity is absolute, that the Supreme Court decision declaring the nullity for example, "of a law of a government organised by force",[(1495)] can only have the effect of declaring a nullity already expressly established in the Constitution itself.

We must emphasize, however, that apart from these two express provisions of the Constitution by which the text of the Constitution itself declares a law absolutely null, with the consequence that the Supreme Court of Justice's decisions declaring the nullity of an unconstitutional law have merely declaratory effects, when in other cases the Supreme Court of Justice declares the nullity of an unconstitutional law it is considered, as a general rule, to be defective in such a way as to entail its relative annulment, and the only cases that are admissible as exceptions to this general principle adopted in our constitutional system, are those cases in which the Supreme Court itself expressly establishes absolute annulment in its decisions,[(1496)] which may be based on Article 131 of the Organic Law of the Supreme Court of Justice, in certain cases, for example, of the usurpation of functions, which is an entirely different constitutional concept from that of the usurpation of authority.[(1497)]

If, however, the Supreme Court omits to characterize the law whose nullity is declared defective to the point of absolute nullity, extending the effects of its: annulment backwards to the past, the general principle of relative nullity is taken to apply, and neither the ordinary courts nor even the Cassation Chambers of the Supreme Court may substitute the powers of the *Pleno* Court or the Politico-Administrative Chamber, and judge for themselves the effects of the latter's decisions.

(1493) See Allan R. BREWER-CARÍAS, *Las instituciones fundamentales del derecho administrativo y la jurisprudencia venezolana*, Caracas 1964, p. 62.

(1494) *Idem*. p. 59.

(1495) Article 250, 1961 Constitution.

(1496) In certain isolated sentences in this respect, the Court has annulled a Municipal Ordenance as contrary to equality under tax, and indicated that the infractions invalidated all its provisions to the point of absolute nullity." See CFC-SPA, 28-3-41, in *Memoria de la Corte Federal y de Casación*, 1942, p. 158. *Cf.* J.G. ANDUEZA, *op. cit.*, p. 93.

(1497) See Allan R. BREWER-CARÍAS, *Las instituciones fundamentales... cit.*, p. 60

In accordance with what has been said, thus it can be concluded, as the general principle in the Venezuelan constitutional system that any Supreme Court decision passed in *Pleno* Court, or in its Politico-Administrative Chamber[(1498)] in which it declares the nullity of a law considered unconstitutional has *erga omnes* effects, the decision being in nature (*ex-nunc*) and producing relative annulment, unless the text of the decision itself declares the law absolutely null, with *ex tunc* effects or the Court bases its pronouncement on the provisions of Articles 46 and 119 of the Constitution, in which case it is declaratory by nature.

However, even in these cases the retroactive character of the decision is not absolute, but rather entails that all the concrete situations arising from the application of the law declared null are susceptible to objection,[(1499)] and thus that in many possible instances it could be held that legal situations would continue intact, if they were not challenged by the interested parties.

Lastly, it should be pointed out that whatever the effects with time of a law being declared null on the grounds of its being unconstitutional are, it is evident that the effects towards the future continue for as long as the Constitution that gave rise to the annulment is in force. Thus, as the annulment is declared on the basis of the violation of a particular constitutional rule, if that rule were to lapse as the result of constitutional reform, it would cause the decision declaring unconstitutionality to lose its *erga omnes* effects, and the law declared unconstitutional would regain its validity. The Supreme Court has expressly accepted this possibility.[(1500)]

(1498) Under article 215, paragraphs 3 and 4. 1961 Constitution.

(1499) This is the opinion, with which we agree, of the Office of the Attorney General of the Republic. We differ in that the Attorney General's Office considers that all sentences declaring the nullity of a law are declaratory in nature, and thus have effects towards the past. See the opinion in *Doctrina de la Procuraduría General de la República*, 1968, Caracas 1969, p. 20, in particular p. 25.

(1500) This has been expressly decided by the Supreme Court of Justice in a decision of 19 December, 1968, in the following terms: "It is as well to warn, moreover, that the effects of the decisions which the Court passes when exercising this power only extend for the time for which the constitutional precept on which they are based continues in force. In consequence, it is possible that a legal provision which is anulled because it is contrary to the Constitution -but which in fact has continued to form part of a legal instrument which has been revoked- recover its legal effect when a reform comes into effect repealing the Constitutional precept on which the Court rested in order to declare it null, or when the previously established regime changes radically.

Such was the situation created when -after the Federal and Cassation Court passed the verdict mentioned by the petitioner, on April, 1951- the constitutional order in force at that time was reformed by the Constitutions published respectively in 1953 and 1961. In 1951, the restrictions which provided the basis for the Federal and Cassation Court to declare null the rules which the plaintiff refers to in his petition still served as a basis for the federal and Cassation Court to deny municipal competence over the tax on industrial and trade permits, and subjected the power of local authorities to levy taxes. But when the Constitution was reformed in 1953, those restrictions were removed, and among the categories taxable by the Municipal Power it included those indicated in the current National Constitution, and in particular, the tax on industrial and trade permits. This being the case, the Municipal Council of the Federal District was not subject to the aforementioned constitutional limitations when, in the exercise of its autonomy and of the power granted to it in the Fundamental Charter, to levy taxes it sanctioned the current Ordinance on the Permit for Industry and Trade in 1958, and if the activity of that body could not be bound by provisions, which like those of the 1936 Constitution, had already been revoked, less could it be so bound by what was decided in a decision whose effects are limited to the duration in force of the legal provisions which served

4. Judicial Review and the Fundamental Right to Constitutional Protection (*Derecho de Amparo*)

As we have said, the Venezuelan system of judicial review has been developed as a mixed system, in which the diffuse and concentrated systems of judicial review perform in parallel. But in addition to the constitutional and legal provisions specifically related to judicial review of the constitutionality of legislation that we have previously analysed, as far as judicial review is concerned we must also consider the right to constitutional protection (*derecho de amparo*) as a fundamental right established in the Constitution, through which judicial review of legislation can also be obtained.

In effect, one of the most important democratic innovations in all Venezuelan constitutional history was the establishment of the right to protection (*Amparo*) in Article 49 of the 1961 Constitution. It not only extended the adjective system for the protection of fundamental rights and liberties set up in an incomplete form in previous constitutional texts[(1501)] that had culminated in the establishment in 1947 of the writ of *habeas corpus*[(1502)] as a protection for personal liberty, but led to the creation of a special institution. This right to protection (*amparo*) established in the 1961 Constitution as a legal protection, presents peculiarities that distinguish it from similar contemporary institutions for the protection of constitutional rights and guarantees established, both in Europe and in Latin America.[(1503)]

A. Constitutional Basis of the Right to Protection

In effect, article 49 of the Constitution declares the following:

> Article 49. According to the law, the Courts will protect all inhabitants of the Republic in the enjoyment and exercise of the rights and guarantees established in the Constitution.
>
> The procedure will be brief and summary, and the competent judge will be empowered to immediately re-establish the infringed legal situation.

Despite this being, as said, an innovation in our constitutional tradition, the document explaining the motives of the constitutional project in 1960 limited its comments on the matter by saying in Section III on "Rights, Duties and Guarantees", that the right to protection "was sanctioned" and subsequently adding that "with respect to protection, only the general principles were established, which the law must regulate; but so as not to suspend its effects until the respective law is passed, the right of *habeas corpus* was sanctioned in the

---

as its basis." See CSJ-SPA, 19-12-68, in *Gaceta Forense* nº 62, 1968, pp. 106 to 113. *Cf.* CSJ-SPA, 29-10-68, in *Gaceta Forense* nº 62, 1968, pp. 37-39.

(1501) See the historical analysis of these constitutional rules in E. AGUDO FREITES "Estado actual de la acción de *amparo* en Venezuela", *Estudios sobre la Constitución. Libro Homenaje a Rafael Caldera*, Universidad Central de Venezuela, Caracas 1979, Vol. II, pp. 659-773.

(1502) Art. 32, Constitución 1947

(1503) See in general H. FIX-ZAMUDIO, *La protección procesal de los derechos humanos ante las jurisdicciones nacionales*, Madrid 1982.

constitutional Temporary Provisions, thus regulating it provisionally." In this respect, the Fifth Temporary Provision of the Constitution established the rules of procedure for "the protection of personal liberty, until such time as the special law regulating it is passed, as stipulated in Article 49 of the Constitution."[(1504)]

Thus, according to these rules, the 1961 Venezuelan Constitution sanctioned the" right to protection as a fundamental right that can be exercised by recourse to a variety of legal means, aimed at protecting all constitutional rights and guarantees, including that of personal liberty, so as to ensure that they are enjoyed and exercised by all inhabitants of the Republic. The document explaining the motives of the Project of Constitution in 1960 thus described the "right of *habeas corpus*" as a specific means of the broader "right to protection."

According to the Constitution, the protection (*amparo*) has been consequently sanctioned *as a constitutional right* of the inhabitants of the country, to require of *all* the Courts within their own jurisdiction and according to the provisions of the law, that they protect and ensure the enjoyment and exercise of *all the rights and guarantees* established by the Constitution or inherent in the human person, against any distress, whether by public authorities or individuals, by means of proceedings that should be brief and summary, and that allow the judge to restore the infringed legal situation immediately.[(1505)]

Hence, the Constitution does not establish only "one" action or writ of protection as a particular means for legal protection, but rather a "right to protection" as a fundamental right which can, and in fact is exercised through a variety of legal actions and recourses, including a direct "action for protection" of a subsidiary nature.

Thus, article 49 of the Constitution does not establish a particular constitutional *adjective* "guarantee" of constitutional rank to protect constitutional rights, but moreover, what it has established is a true "constitutional right", the right of everyone to be protected by the courts in the enjoyment and exercise of their constitutional rights and guarantees. This character of the *amparo*, as a "constitutional right" is the basic element that identifies the Venezuelan institution[(1506)] and that leads to its consideration not as a single action or complaint, but as a right. This criterion was the one that in our opinion, led the Supreme Court in 1983, to change its criterion established in 1970, regarding the possibility of the exercise of the action for protection, even in the absence of the law regulating and developing the constitutional dispositions on the matter.[(1507)]

The question could be stated as follows: If the norm of article 49 were to establish an "action or recourse" for protection, then article 50 of the Constitution

(1504) See the "Exposition of Motives" of the Constitution, *Revista de la Facultad de Derecho*, Universidad Central de Venezuela, nº 21, pp. 371-420; particularly pp. 380-381.

(1505) The right of protection (Art. 49 Constitution) is thus different to the broader right to access to justice specifically regulated in Article 68 of the Constitution.

(1506) See Allan R. BREWER-CARÍAS, "El derecho de *amparo* y la acción de *amparo*", *Revista de derecho público,* nº 22, Caracas 1985, pp. 51-61.

(1507) See Supreme Court of Justice in Político-Administrative Chamber, 20-10-83, *Revista de derecho público,* nº 16, Caracas 1983, p. 169.

which lays down that the absence of laws regulating the exercise of "constitutional rights" would not impede their exercise, would not be applicable(1508) on the contrary, if article 49 of the Constitution was to establish a "fundamental right", as it is done, then article 50 of the Constitution would be applicable,(1509) and even without the law of the right of *amparo*, this right could be constitutionally exercised. The latter is the predominant criterion followed by the courts, and in our opinion is the most distinguishable feature of the *amparo* institution in Venezuela.

B. *Amparo* as a Right to Judicial Means for Protection

The consolidation of "constitutional protection" as a fundamental right to judicial means for protection, has as a direct consequence, namely that the *amparo* is neither exactly an "action" nor a "remedy", since the Constitution does not identify the right to protection with any specific legal means. Thus, as conceived in the Constitution, "protection" (*amparo*) may take the form of recourse in the strict sense of the review of judicial or administrative decisions, or it may take the form of an "autonomous action" which does not necessarily entail the review of a given state act. For this reason, the protection may consist equally of a "recourse" or of an "autonomous action." This depends on the legal regulations.

However, as conceived in article 49 of the Constitution, *amparo* is established not only as a right of the inhabitants of the Republic to be protected in the enjoyment and exercise of the rights and guarantees established by the Constitution, but it really also takes on the nature of "a duty" of the Courts to protect all inhabitants of the Republic in the enjoyment and exercise of such rights and guarantees. For this reason, article 49 begins by stating, "The Courts shall protect..." This is why we have indicated that *amparo*, as it appears in the text of the Constitution, is not conceived as a single judicial recourse or action, nor as a single autonomous action, necessarily independent of all other judicial remedies and actions contemplated for the defence of constitutional rights and guarantees. Rather, the Constitution is sufficiently broad and flexible to allow the legislator to organize a variety of legal means for the defence of civil rights and guarantees, whether these are by means of ordinary legal actions, or in cases where these do not allow adequate protection of rights, through the general and subsidiary means, "action for protection."

(1508) See the opinion stated by the Attorney's General Office in *Doctrina de la Procuraduría General de la República 1970*, Caracas 1971, p. 35.

(1509) See J.R. QUINTERO "Recurso de *amparo*. La cuestión central en dos sentencias y un Voto Salvado" in *Revista de la Facultad de Derecho*, nº 9, Universidad Católica Andrés Bello, Caracas 1969-1970, pp. 161-162-166. See the judicial decision and its dissident opinion in pp. 180-206. See the text also in O. MARÍN GÓMEZ, *Protección procesal de las garantías constitucionales de Venezuela. Amparo y Habeas Corpus*, Caracas 1983, pp. 229-250.

Thus, many legal means can, and indeed do exist that afford protection to individuals in the enjoyment and exercise of their constitutional rights, by means of brief and summary proceedings, in which the judge is empowered to immediately re-establish infringed legal situations. In all such cases, it is not that the ordinary means substitute the right of protection (or diminish it), but that they can serve as the judicial means for protection. For this purpose, in many cases they need to be perfected, which is the legislator's future task.

Despite the several means for the legal protection of constitutional rights and guarantees that ensure the "right to protection" contemplated in the Constitution, there is no doubt that, given the all inclusive nature of the protection which the Fundamental Text establishes "according to the Law", for the real effectiveness of that right to protection, it is evident that a subsidiary "action for protection" must be identified, and accepted, but only if those other ordinary legal means that can serve for the protection of constitutional rights and guarantees, formally established by law, are insufficient.

Thus, the "right to protection" can be ensured by a variety of existing legal means (actions and recourses), in which case, the "right to protection" is not identified with any specific legal action. But in the case of the "action for protection" -which, as it has been said, is of a subsidiary nature in that it is admissible only when there is no other means of protection or relief formally provided for in the legal system, this subsidiary "action for protection" does appear as differentiated from other means for the legal protection of rights and guarantees, and for the defence of the Constitution itself.

Indeed, this leads us to point out the substantial difference that exists between the Venezuelan "right to protection"- and even the subsidiary "action for protection" contemplated in the Constitution, and the Mexican "trial for *amparo*", which is really a mixture, under one name, as we have seen, of five legal actions which in the Venezuelan legal system are completely distinct. These actions that in Mexico are covered by the heading *juicio de amparo* are: firstly, the protection of personal liberty, which is basically the remedy of *habeas corpus*; secondly, what is known as the "*amparo* against laws", which substitutes the direct action of unconstitutionality of laws; thirdly, the "*amparo* cassation", which is really the same as the recourse of cassation; fourthly, what is known as "administrative protection", which leads to judicial review of administrative acts; and fifthly, the Mexican system of protection also includes what is known as "agrarian *amparo*" for the protection of the rights of peasants.[(1510)]

By contrast with the Mexican situation, the right to protection contemplated in article 49 of the Venezuelan Constitution, as we have pointed out, firstly ensures the possibility of protection when fundamental rights are infringed by state acts by means of the action of unconstitutionality of laws (popular action), or through the decision of any judge not to apply a law in the diffuse system of judicial

---

(1510) Héctor FIX-ZAMUDIO, "Algunos aspectos comparativos del derecho de *amparo* en México y Venezuela", *Libro Homenaje a la Memoria de Lorenzo Herrera Mendoza*, Universidad Central de Venezuela, Caracas 1970, Vol. II, pp. 344-356.

review of constitutionality; by means of the recourse of cassation with respect to judicial decisions; and by means of the administrative remedies against administrative actions. Additionally, it ensures the possibility of protection of fundamental rights against infringement by other individuals through ordinary judicial means. To ensure the effectiveness of all these ordinary judicial means to serve as means for protecting fundamental rights, the legislator must of course perfect them. For instance, in cases of popular action, when its grounds are the infringement of a constitutional right or guarantee, due to the absolute nullity implied, the Supreme Court might be empowered to suspend the effects of the impugned law while the case is being decided. In the procedure of the recourse of cassation, when the complaint against the impugned judicial decision is based on the violation of a fundamental right, the motives for the admissibility of the recourse could be widened, as well as the judicial decisions that could be impugned. In the proceeding of judicial review of administrative action, when the grounds of the actions are the violation of fundamental rights, the expiry delay for the actions to be exercised could be eliminated, due to the absolute nullity involved, and the judge must be allowed to use his powers more freely to declare the emergency situation of the process, shortening delays, and to suspend the effects of the challenged administrative act while the final decision of the case is produced.

C. "Action for Protection" as a Subsidiary Means

However, as we have said, additional to all the ordinary means, the right to protection allows adequate protection to be achieved for constitutional rights and guarantees, by means of an "action for protection", as a subsidiary judicial means. It, of course, appears in the legal system as completely different from the popular action of unconstitutionality of laws, the recourse of cassation, and from actions for judicial review of administrative actions.

In this case, the "action for protection" appears as a much broader subsidiary action for protecting absolutely all constitutional rights and guarantees including the enjoyment and exercise of personal liberty.

Now, one of the features of this autonomous subsidiary legal action, called the "action for protection", is that it does not presuppose that other previous legal means have to be exhausted before it can be exercised. This differentiates the institution of the "action for protection" in Venezuela from the "recourse of protection" (*recurso de amparo*) or the "constitutional complaint" which has recently developed in Europe, particularly in Germany and in Spain. In these countries, the protective remedy is really an authentic "recourse" that is brought, in principle, against judicial decisions. In Germany, for example, to bring a constitutional complaint for the protection of constitutional rights before the Federal Constitutional Tribunal, the available ordinary judicial means need to be previously exhausted, which definitively entails a recourse against a judicial decision, even though, in exceptional cases, a direct complaint for protection may be allowed in certain specific cases and with respect to a very limited number of constitutional rights.(1511) In Spain, all legal recourses need to be exhausted in order to bring a "*recurso de amparo*" of constitutional rights before the Constitutional Tribunal, and, particularly when dealing with protection against administrative activities, the ordinary means for judicial review of administrative decisions must be definitively exhausted. For this reason, the recourse for protection in Spain is eventually a means for judicial review of decisions taken by the Administrative Judicial review courts.(1512)

On the contrary, the subsidiary "action for protection" in Venezuela is not conditional upon the previous exhausting of other legal means, and thus it does not result as recourse against judicial decisions either.

It is, as it has been pointed out, a subsidiary legal action in that it is only admissible when no other legal action in the legal system exists to seek the protection of fundamental rights and their immediate reestablishment by means of brief, summary proceedings.

In this sense, in order to adequately understand the subsidiary character of the "action for protection", as an autonomous action, we must bear in mind what we have said about the protective character of other judicial means, among which are the actions for judicial review of administrative acts. It is not the case that the action for protection requires the previous exhausting of the actions for judicial review of administrative acts, when these violate fundamental rights, but that the action for judicial review can be itself considered in that case, as a means for protection of fundamental rights. Thus, only when no judicial means for protection exists, and in the case of administrative acts, when actions for their judicial review are not effective as a means for protection due to the particular circumstances of the case, the "action for protection" would be admissible.

On the other hand, it should be noted that according to the Constitution, the right to protection may be exercised according to the law, before "the Courts", and thus, as it has been said, the organization of the legal and procedural system does not provide for one single judicial action to guarantee the enjoyment and exercise of constitutional rights to be brought before one single Court.

The legal system may, and indeed does, regulate systems for the protection of constitutional rights and guarantees by means of ordinary actions, through brief and summary proceedings in which the judge has power to re-establish the infringed subjective legal situations immediately, which differentiates the system from those in Europe, particularly from the action for protection in Germany or in Spain which is one, single action, to be brought before one, single Court, and

(1511) K. SCHLAICH, "Procedures et techniques de protection des droits fondamentaux. Tribunal Constitutionnel Fédéral allemand", in L. FAVOREU (ed.), *Cours constitutionnelles européenes et droits fondamentaux*, Paris 1982, pp. 105-164.

(1512) See, J.L. GARCÍA RUÍZ, *Recurso de amparo en el derecho español*, Madrid 1980. F. CASTEDO ALVAREZ, "El recurso de *amparo* constitucional" en Instituto de Estudios Fiscales, *El Tribunal Constitucional*, Madrid 1981, Vol. I, pp. 179-208.

which serves as a mechanism for the protection of certain constitutional rights and guarantees.(1513)

On the contrary, the right to protection in Venezuela is expressed in several legal judicial means which may be brought before all the Courts, and which may serve as a protection by means of pre-existing actions and remedies, so long as provision is made for brief, summary proceedings with powers for the judge to restore the infringed subjective legal situations. For this reason, and given this all-inclusive characteristic, the "action for protection" as such is subsidiary in nature, which implies that it is not the only action or recourse admissible for protection but that, rather, it may also be obtained by other legal means regulated by the legal system.

D. Protection of all Constitutional Rights and Guarantees

However, whether by use of pre-established legal means or through subsidiary autonomous action, the right to protection as expressed in the Constitution is to protect all the rights and guarantees that the Constitution establishes. This protection constitutes a fundamental guarantee of human rights, which in turn entails certain implications. Above all, the objective of the right to protection, according to the Constitution, is to protect the enjoyment and exercise of constitutional rights and guarantees, and thus, it applies not only to individuals as holders of such rights, but also to cases in which these rights are exercised by companies or corporations. There can be no doubt that, given the scope with which article 49 of the Constitution declares the "right to protection", the expression "all the inhabitants" cannot be understood to refer solely to individuals, rather that it also refers to all entities or organizations, since the rights established in the Constitution are moreover not only rights of individuals, but many of them are also rights of collective entities.

At the same time, however, the protection of the enjoyment and exercise of constitutional rights and guarantees is embodied in the Constitution not only regarding public actions, which may disrupt the enjoyment and exercise of such rights, but also regarding disruptions, which may originate from other private individuals. The Constitution makes no distinction in this respect, and thus an action for protection is perfectly admissible against actions by individuals, the action for protection has doubtlessly been conceived as a traditional means of protection against actions by the state and its authorities. However, despite this tradition of conceiving the action for protection as a means of protecting rights and guarantees against public actions, we consider that, in Venezuela, the scope with which this is regulated by article 49 allows the action for protection to be brought against individual actions, that is to say, when the disruption of the enjoyment and exercise of rights originates from private individuals or organizations.

(1513) *Cf.* H. FIX-ZAMUDIO, "El derecho de *amparo* en México y en España. Su influencia recíproca", *Revista de estudios políticos*, n° 7, Madrid 1979, pp. 254-255.

This also differentiates the Venezuelan system from that which exists in other systems such as those in Mexico or Spain, in which the "action for protection" is solely conceived against public actions.[(1514)] For this reason, as we have said, in Spain the action for protection is expressed as a review of decisions by the administrative judicial court when reviewing administrative acts.[(1515)]

On the other hand, in the case of protection from disruption originating from public authorities, it should be affirmed, without doubt, that as regulated by article 49 of the Constitution, this protection is admissible against all public actions, that is to say, against all state acts as well as against any other action by public officials. The right to protection has, of course, been regulated, in many cases in this field, by judicial means already established in the legal system. For example, as far as unconstitutional laws, which affect constitutional rights and guarantees, are concerned, it is admissible to bring a popular action before the Supreme Court of Justice, which can be considered as a means for protection. Also, when a judge decides not to apply a law, under article 20 of the Civil Procedural Code, because he decides that it infringes a constitutional right, he also ensures protection of that right.[(1516)] The same occurs with actions brought before the administrative judicial Tribunals against administrative acts, which constitute a means for the protection of constitutional rights and guarantees when the basis for impugning the administrative act is the violation of the enjoyment and exercise of such rights and guarantees, and the judicial suspension of the effects of the impugned act may be obtained immediately, and is admissible against any type of administrative act, both express and implied.[(1517)]

Additionally, it must be said that the subsidiary action for protection is admissible against any action by the administration, even when this does not constitute a formal administrative act and is thus not open to actions before the administrative jurisdiction. That is to say, it would be admissible, for example, against material acts by the administration; its *de facto* methods; its failure to act or to fulfil an obligation; in short, against any action or omission by the administration, and even, of course, against specific acts which may not be contested before the administrative judicial courts.

Indeed, the subsidiary action for protection may also be admissible against actions by the legislative body against which there are no legal means for objection, and may even be brought against judicial decisions against which no legal means of appeal exist or have been contemplated, or the recourse of cassation could not be exercised.

(1514) *Idem*, pp. 254-255. On the contrary in Argentina is accepted the recourse of "*amparo*" against individual actions. *Kot* case of 5.9.1958. See G.R. CARRIO, *Algunos aspectos del recurso de amparo*, Buenos Aires 1959, p. 13.

(1515) *Cf.* J. GONZÁLEZ PÉREZ, *Derecho procesal constitucional*, Madrid 1980, p. 278.

(1516) See Allan R. BREWER-CARÍAS, *El control de la constitucionalidad de los actos estatales*, Caracas 1978.

(1517) Allan R. BREWER-CARÍAS, "Tipos de acciones y recursos contencioso-administrativos y el tema de la legitimación", in *Conferencia sobre la reforma de la justicia administrativa en Costa Rica*, Corte Suprema de Justicia, Marzo, 1986.

We have said, however, that the action for protection also constitutes a means for the protection of the enjoyment and exercise of *all* rights and guarantees established in the Constitution. To support this, it is sufficient to mention that article 49 is placed under Chapter I containing the "General Provisions" of Title III, which refers to "Constitutional duties, rights and guarantees", bearing in mind that the remaining five chapters separately regulate: duties; and individual, social, economic and political rights.

By virtue of its position in the Constitution, there is nothing to suggest that the right to protection in Venezuela constitutes a means for the protection of certain rights only but that rather, it relates, on the contrary, to all rights and guarantees established in the Constitution. This, of course, leads to the assertion that the right to protection and the subsidiary "action for protection" are means for protecting, not only those rights and guarantees listed in articles 43 to 116 of the Constitution, but also all the rights inherent in the human person, even when not specified in the Constitution, and in this respect, the full value of article 50 of the Constitution can be appreciated. This provides that:

> Article 50. The declaration of rights and guarantees contained in the Constitution is not to be taken to mean the negation of others, such which, as they are inherent in the human being, do not figure expressly therein. The lack of a law regulating these rights does not prejudice its exercise.

The action for protection also protects all those rights that are inherent in the human being, but which do not appear expressly in the Constitution, as it is not necessary to pass a law to guarantee their exercise. One result of the provisions of Article 50, is, of course, to give substantial importance to the series of human rights listed in the U.N. Universal Declaration of the Rights of Man, and in the International Conventions that regulate human rights, such as those of the American Human Rights Convention, or the International Pacts on Civil and Political, and Economic and Social Rights, which are, moreover, laws of the Republic, because they have been approved in Congress by special laws.[(1518)] But, though limiting our comments to the rights described in the Constitution, however, we must stress the fact that what is termed *amparo* is the right to a legal means for protecting the enjoyment and exercise of absolutely all those constitutional rights, which means that a difference is established with respect to other *amparo* institutions particular to Latin America.

In fact, if the situation in Latin America is analysed comparatively, the following criteria can, in general, be identified. In the first place, the system that identifies *amparo* with judicial protection from arbitrary detention (*habeas corpus*) always entails a writ requiring that the person detained be shown. This was the legal tradition, for example, in Chile. Secondly, there is the system, that identifies *amparo* as a means for the protection of all rights, except that of personal liberty, which is granted a special means of protection, such as the remedy of *habeas corpus*. This system, in fact, distinguishes between the two

(1518) See *Gaceta Oficial* nº 31256 de 14-6-77 and nº 2.146 Extra. de 28-1-78.

types of action, the action for protection and the writ of *habeas corpus*, and is the tradition in the Argentinean, and Brazilian systems.

Thirdly, *amparo* is also seen as a means for the protection of all rights and guarantees enshrined in the Constitution, and it has been the tradition in Central America, particularly in Guatemala, Honduras and Nicaragua, in contrast to the situation in Europe, for example, in which the remedy is established for the protection of certain rights only.[(1519)] This happens, for example, in Spain, where the recourse of protection is reserved for the protection of a limited group of constitutional rights only, equivalent to what the Venezuelan Constitution has characterised as "individual rights."[(1520)]

We have pointed out that *amparo* is conceived in Venezuela as the right to a legal means (action or remedy) for the protection of all constitutional rights and guarantees absolutely, not only, of course, of individual rights, but also of the social, political and economic rights expressed in the Constitution. Also, as *amparo* is intended for the protection of all the rights and guarantees expressed in the Constitution, this implies that what is known as the right of *habeas corpus* is really a part of the right to protection, or if preferred, one manifestation of *amparo*. This is made clear by the regulation in the Fifth Temporary Provision of the Constitution, which lays down that "until such time as the special law is passed, according to Article 49, protection of the right to personal liberty shall proceed according to..." a series of procedural rules laid down therein, aimed at protecting individuals against the loss of or restriction to their liberty, in violation of their constitutional rights. When this Temporary Provision speaks of "protection for personal liberty" and refers to Article 49, it is simply affirming that the right to protection expressed in Article 49 is also intended to protect personal liberty, and that a special temporary procedure is established in this provision, but without really setting up the right of *habeas corpus* in Venezuela, as distinct from the general right to protection regulated by Article 49 of the Constitution.

E. The Meaning of Violation of the Rights and Guarantees Protected by the Right to *Amparo*

From the terms of Article 49 of the Constitution, it can be said that the objective protected by the right to protection is the enjoyment and exercise of constitutional rights and guarantees, and of course, protection for the enjoyment and exercise of such rights and guarantees is admissible, not only when some *direct* violation of a constitutional rule occurs, but also of course, when there is a violation of the legal rules that regulate the enjoyment and exercise of such rights. We consider that, there is no foundation whatsoever in Venezuela for wishing to

---

(1519) Allan R. BREWER-CARÍAS, *Garantías constitucionales de los derechos del hombre*, Caracas 1976, p. 69.

(1520) Art. 53, ord. 2. Spanish Constitution 1978.

restrict the exercise of the subsidiary action for protection only to cases in which a "direct violation" of the Constitution occurs.[(1521)]

In effect, we must bear in mind that the regulation of constitutional rights and guarantees in Venezuela is not uniform, and that the manner in which they are embodied in the Constitution gives rise to differing effects of such rights and guarantees.[(1522)] In fact, we may identify , in the first place, the "absolute rights", among which are the right to life, the right not to be held incommunicado, not to be subjected to torture or other procedures that cause moral or physical suffering, which is the same thing as the right to the integrity of the person, and the right not to be condemned to prison for life, or to punishments that are defamatory or that restrict personal liberty for more than thirty years.[(1523)] These rights are expressed in the Constitution in such a way that it can be said that they are rights that can neither be limited nor regulated even by the legislator, and that are, moreover, the only rights which may not be restricted or suspended by executive decision based on the powers attributed to the President of the Republic in cases of emergency or disturbances that may disrupt the peace of the Republic, or in serious circumstances which affect its economic or social life. With the exception of these absolute rights, all other rights and guarantees, by contrast, are liable to limitation or regulation by the Legislator, and may be subject to measures for their restriction or suspension.[(1524)]

A second type of constitutional right comprises those whose exercise may be restricted or suspended by the President of the Republic, even though, in principle, the legislator may not limit them. This stems from the manner in which the Constitution expresses the rights, for example, to protection of honour, reputation and privacy; the right not to take an oath or to make self-incriminating statements; not to remain imprisoned once officially released from jail; not to be punished twice for the same crime; the right to equality and freedom from discrimination; the right to religious freedom and to freedom of thought; the right to petition and to receive timely response; the right to be judged by one's ordinary judges; the right to defence; the right of association; the right to health protection; the rights to education and to work; and the right to vote.[(1525)]

A third category of rights, stemming from the Constitution, is that composed of those rights which may be limited by the legislator, even though in a limited way. This category contains, for instance, the prisoner's right, before being sentenced, to be heard "as indicated by the law"; the right to inviolability of the home, except in cases of search "according to the law and the decision of the courts"; the right to

---

(1521) See the decision of the Supreme Court in Politico-Administrative Chamber of 28-10-83 in *Revista de derecho público*, nº 16, Caracas 1983, p. 169.

See the comments of René DE SOLA, "Vida y vicisitudes del recurso de *amparo* en Venezuela", *Revista del Instituto Venezolano de Derecho Social*, 47, Caracas 1985, p. 58, (also published in *Revista SIC*; 472, Caracas 1985, 74.

(1522) Allan R. BREWER-CARÍAS, *Instituciones políticas y constitucionales*, Caracas 1985, Vol. II, p. 491.

(1523) Art. 58; 60,3; 64,7.

(1524) Art. 241 Constitution.

(1525) Arts. 59; 60,4; 60,6; 60,8; 61; 65; 66; 67; 68; 69; 71; 76; 78; 84; 111.

inviolability of correspondence, except in cases of inspection or fiscal supervision of accounting documents "according to the law"; the right to take public office, with the only restrictions being conditions of aptitude "required by law."[(1526)]

The fourth category comprises a series of constitutional rights that can be regulated and limited by the legislator in a wider form. Among such rights would be the right not to be detained unless caught *in fraganti*; "in the cases and with the formalities established in the law"; the right not to be conscripted "but within the terms established by law"; the freedom of movement "with the condition established by law"; the right to follow a cult under the "supreme inspection of the National Executive according to the law"; the right to carry on economic activities with no other limitations than those established by law by reasons of security, health or other social interests; the right to property, submitted to the "contributions, restrictions and obligations established by law based on public or social interests"; the right to political association and to public demonstration "according to the formalities established by law."[(1527)] In all such cases, the exercise of rights is definitively subject to what the legislator stipulates, and within quite considerable margins.

The fifth and final category of constitutional rights and guarantees is formed by those established in such a manner that their exercise is definitively subject to legal regulation. Among such rights would be, for example, that of using the organs for the administration of justice "under the terms and conditions established by the law"; that of joining associations "according to the law"; the right to strike "under the conditions set by the law", and in the public services, "in those cases permitted by the law"[(1528)] all such cases, the manner in which the Constitution expresses the rights and guarantees requires that, they be regulated by the Law so as to be exercised at all. From this classification of rights and guarantees into five groups, according to the Constitution,[(1529)] it is evident that there is no sense in holding that the right to protection, and in particular, the subsidiary "action for protection", is admissible only when the Constitution is "directly violated", since many rights are not only embodied in the Constitution, but rather, by virtue of the Constitution itself, their exercise is subject to provisions and regulations established by the Legislator. The right to protection is thus also admissible against violations of laws, which regulate the enjoyment, and exercise of rights.

F. Object of the Right to Protection: The Enjoyment and Exercise of Constitutional Rights and Guarantees

We have pointed out that the right to protection, as regulated by the Constitution, has the definitive aim of ensuring the *enjoyment and exercise* of

(1526) Arts. 60,5; 62; 63; 112.
(1527) Arts. 60,1; 60,2; 60,9; 64; 65; 96; 99; 114; 115.
(1528) Arts. 68; 70; 92.
(1529) Allan R. BREWER-CARÍAS, *Instituciones políticas..., cit.*, Vol. II, pp. 492-490.

constitutional rights and guarantees. Precisely for this reason, the Constitution grants the power to immediately "re-establish the infringed juridical situation" to the competent judge, and precisely for this reason also provides that "the procedure should be brief and summary."

This aim of the remedy of ensuring the enjoyment and exercise of constitutional rights and guarantees entails that the judge, of course, has power to adopt preventive and cautionary measures, but bearing in mind that the legal means of protection, and even the subsidiary action for protection, are not necessarily exhausted thereby.

In other words, the protection for the enjoyment and exercise of constitutional rights and guarantees does not only entail, nor is it exhausted by the adoption of some immediate measure, by means of a brief and summary proceeding which re-establishes the infringed legal situation, but rather that the action or remedy for protection by means of legal proceedings -whether through subsidiary action for protection, or by means of the actions available under ordinary law- needs the judge in the case of *amparo* to decide on the substantive issue and give a verdict as to the legality and legitimacy of the "violation" of the right in question, without prejudice to the fact that, by means of brief and summary mechanisms, decisions may be adopted during the proceedings to immediately re-establish the infringed legal situation.

G. *Amparo* as a Right and not as a Single "Recourse" or "Action", and its Consequences

In our opinion, and after analysing the constitutional text, the following conclusions can be formed:

First, the Constitution consecrates a *right to protection*, and not any particular "action" or "remedy" before a particular Court. This right is established as a fundamental right of individuals and collective persons.

Second, the right to protection implies an *obligation* of all Courts to protect according to the law, against disturbances of the enjoyment and exercise of rights and guarantees. Thus, the development that the legislator may, and has done with this right to protection may take the form, as has happened, of pre-existing actions or remedies, or may consist of a subsidiary action for protection, which is admissible when actions and remedies for protection cannot be effective by means of a brief and summary procedure with powers for the judge to protect fundamental rights and immediately re-establish the infringed legal situation.

Third, the right to protection may thus be guaranteed by means of *actions and recourse* contemplated in the legal order, (the popular action of unconstitutionality; the power of all judges to decide not to apply a law considered unconstitutional; actions for judicial review of administrative actions; the provisional system of *habeas corpus*), or by means of the subsidiary and autonomous action for protection, whose development by the courts has recently begun[(1530)] and that can be brought before any court according to its subject of attributions.

Fourth, the right of protection is admissible to guarantee the enjoyment and exercise of *all* constitutional rights and guarantees. It may be put into effect with respect to disturbances of individual rights, as well as those of social, economic and political rights.

Fifth, the right to protection seeks to assure protection of constitutional rights and guarantees against *any disturbance* in their enjoyment and exercise, whether this is originated by *private* individuals or by *public* authorities. In the case of disturbance by public authorities, the right of protection is admissible against legislative, administrative and judicial acts, by means of the actions and recourses contemplated in the legal order (the action of unconstitutionality, the recourse of cassation, or actions for judicial review of administrative actions) when they allow a legal situation which has been infringed, to be re-established by means of a brief and summary procedure, or by means of the subsidiary autonomous action for protection. Moreover, this action for protection is admissible against material acts or courses of action of the administration, thus it is not then admissible against administrative acts only.

Sixth, by virtue of the different ways in the Constitution for regulating fundamental rights, the right to protection can be exercised to protect the enjoyment and exercise of constitutional rights and guarantees, *not only when there has been some direct violation of the Constitution*, but also when what has been violated are the legal developments which, by virtue of the Constitution, regulate, limit and even allow the exercise of such rights. Of course, protection must be exercised against an activity that directly violates a fundamental right established in the Constitution, whether it be regulated by law or not, and whether or not the violation is contrary to what the law developing the right establishes.

Seventh, the decision of the judge as a consequence of the exercise of this right to protection, whether this be by means of pre-existing actions or recourses means of the subsidiary and autonomous "action for protection", should not limit himself to precautionary or preventive measures, but should re-establish the infringed legal situation. To this end he should make a pronouncement on the substantive issue brought before him, namely the legality and legitimacy or otherwise of the disturbance of the constitutional right or guarantee that has been reported as infringed.

Eighth, as we have seen, the Venezuelan system of judicial review, being a mixed one, in which the diffuse system of judicial review has been fully developed, that is to say, it can be exercised by all Courts in whatever kind of judicial proceeding, it is obvious that judicial review of legislation is a power that can be exercised by the Courts as a consequence of any action or recourse for protection of fundamental rights and of course, when deciding an autonomous "action for protection" of fundamental rights, when for instance, their violation is infringed by

(1530) Allan R. Brewer-Carías, "La reciente evolución jurisprudencial en relación a la admisibilidad del recurso de *amparo*", *Revista de derecho público*, nº 19, Caracas 1984, pp. 207-218.

a public authority act based on a law deemed unconstitutional. In such cases, if the judge gives the protection requested through an order similar to the writs of mandamus or to the injunctions, he must previously declare the law based on which the challenged action was taken, inapplicable on the grounds of it being unconstitutional. Therefore, in such cases, judicial review of the constitutionality of legislation is also exercised when an action for protection of fundamental rights is exercised as a consequence of the diffuse system of judicial review.

IV. MIXED SYSTEM OF JUDICIAL REVIEW IN COLOMBIA

A mixed system of judicial review has also been established in Colombia since 1910. In it, the power attributed to all courts to declare the inapplicability of laws they deem contrary to the Constitution performs in parallel with a concentrated system of judicial review attributed to the Supreme Court, also through the exercise of a popular action.(1531) Although it has been qualified as non-systematic, disperse and incongruous,(1532) when this system is analysed in comparative law, it can be considered like the Venezuelan, as one of the most complete constitutionally established systems of judicial review in contemporary constitutionalism.

As we have said, the system as a mixed one, was originally established in the 1910 Constitutional Reform in which the principle of the supremacy of the Constitution was expressly adopted with the consequent jurisdictional control of the constitutionality of laws assigned to the Supreme Court of Justice.(1533) It was in the 1910 Constitution in which the role of "guardian of the integrity of the Constitution" that it is still today in the Fundamental text, was attributed to the Supreme Court of Justice for the first time(1534) and it was also in the same Constitution that the principle of the diffuse system of judicial review acquired constitutional rank, established today in article 215 of the Constitution, which states:

> Art 215. In all cases of incompatibility between the Constitution and a law, the Constitution rule must be applied in preference.

Nevertheless, even before the constitutional reform of 1910, we can say that the basis of the diffuse system of judicial review according to the North American and Latin American models, during the 19th century had already been established with a legislative rank in article 5 of Law N°57 of 1887. It prescribed in a very similar way to the present article 215 of the Constitution, that "when there was

(1531) Concerning the mixed character of the system see: J. VIDAL PERDOMO, *Derecho constitucional general*, Bogotá 1985, p. 42; D.R. SALAZAR, *Constitución Política de Colombia*, Bogotá 1982, p. 305; E. SARRIA, *Guarda de la Constitución*, Bogotá, p. 78.

(1532) See L.C. SACHICA, *El control de constitucionalidad y sus mecanismos*, Bogotá 1980, p. 59, 66; L.C. SACHICA *La Constitución y su defensa*, Congreso Internacional sobre la Constitución y su Defensa, UNAM, México 1982, (mimeo), p. 38.

(1533) *Cf.* L.C. SACHICA, *La Constitución* ... p. 38; L.C. SACHICA, *El control* ..., *cit.*, p. 73.

(1534) *Cf.* D.R. SALAZAR, *op. cit.*, p. 304.

incompatibility between a constitutional provision and a legal one, the former will be preferred."[1535]

Anyway, since 1910, the Colombian constitutional system has mixed both the diffuse and the concentrated systems of judicial review, but with two other mechanisms of control: a preventive one, as a consequence of the veto powers of legislation given to the President of the Republic, and an obligatory one, concerning executive acts adopted in a state of emergency.

1. Diffuse System of Judicial Review Through the "Exception of Unconstitutionality"

As we said, article 215 of the present Colombian Constitution provides the basis of the diffuse system of judicial review, according to which all judges have the power to decide not to apply a law in a concrete process, when they deem it contrary to the Constitution. The system, as it has been developed, functions entirely according to the North American model, particularly, because it has been conceived as an "exception of unconstitutionality."

In effect, the text of the Constitution does not exclude the possible *ex officio* powers of all judges to decide themselves and without party requirement, not to apply a particular law to the resolution of the case when they deem it to be unconstitutional, as happened in Venezuela. However, the unanimity of the Colombian commentators understands that what is established in article 215 of the Constitution, is an "exception of unconstitutionality", in the sense that in all cases, the constitutional question must be raised in a process by one of the parties through an exception regarding the applicability of a law;[1536] a party that must show a personal and direct interest in the non-application of the law in the concrete case.[1537]

Of course, in these cases of diffuse constitutional control, the judges cannot annul the law or declare its unconstitutionality, nor can the effects of their decision be extended or generalized. On the contrary, as happens in all other diffuse judicial review systems, the court must limit itself to deciding not to apply the unconstitutional law to the concrete case, of course only when it is pertinent to the resolution of the case. That decision only has effects concerning the parties to the case. Therefore, as with similar systems elsewhere, the law whose application has been denied in a concrete case, continues to be in force and other judges can moreover continue to apply it. Even the judge who chose not to apply it in a concrete case, can change his mind in a subsequent process.[1538]

(1535) See the text in J. VIDAL PERDOMO, *op. cit.*, p. 40; and in E. SARRIA, *op. cit.*, p. 77.

(1536) *Cf.* J. VIDAL PERDOMO, *op. cit.*, pp. 47-48; L.C. SACHICA, *El control ... cit.*, p. 64; E. SARRIA, *op. cit.*, p. 77; D.R. SALAZAR, *op.cit.*, p. 307; A. COPETE LIZARRALDE, *Lecciones de derecho constitucional*, Bogotá, pp. 243-245.

(1537) A. COPETE LIZARRALDE, *op. cit.*, p. 246.

(1538) *Cf.* L.C. SACHICA, *El control...cit.*, p. 65.

However, regarding the text of article 215 of the Constitution, in which the diffuse system of judicial review has its basis, we must mention the doubts that have arisen in Colombia concerning the scope of its regulations. In effect, some authors have considered that the power regulated in that norm, concerns not only judges but all public officials, an interpretation that has been rejected by others.(1539) We really think that this is an inadmissible discussion. In our opinion, it is logical and the only interpretation compatible with juridical certainty, the one that considers the text of such a norm, as conferring review powers only to the courts and judges. In a state submitted to the rule of law, only the judges can be judges of the constitutionality of legislation. On the contrary, the attribution of constitutional review powers to all public officials particularly of the executive power, with the task of applying the law, could lead to anarchy, and is inadmissible in a *Etat de droit.*

2. Direct Control of Constitutionality of Legislation through a Popular Action

In addition to the diffuse system of judicial review, the Colombian Constitution also provides for a concentrated system of judicial review attributed to the Supreme Court of Justice. In this respect, article 214 of the Constitution establishes under Title XX related to "Constitutional Jurisdiction", the following

> Art 214. The guarding of the integrity of the Constitution is assigned to the Supreme Court of Justice. Consequently, in addition to the attributions assigned to it in this Constitution and the laws, it shall have the following:...
>
> 2. To definitively decide the unconstitutionality (*inexequibilidad*) of all laws and Decrees enacted by the Government according to the attributions referred to in articles 76, paragraphs 11 and 12, and 80 of the Constitution (Decrees with the force of law), when denounced before it as unconstitutional by any citizen...(1540)

Thus, according to this article, a concentrated system of judicial review is attributed to the Supreme Court of Justice, which exercises it when required through an action that can be brought before it by any citizen. That is to say, through a popular action, that can be based on any grounds of unconstitutionality, whether substantive or formal.

(1539) *Cf.* the various opinions in A. COPETE LIZARRALDE, *op. cit.*, p. 244; E. SARRIA, *op. cit.*, p. 78; J. VIDAL PERDOMO, *op. cit.*, p. 48; L.C. SACHICA, *La Constitución ... cit.*, p. 44.

(1540) Through the Legislative Act n° 1 of 1979, this article was reformed, and it assigned the Supreme Court the rol not only to "guard the integrity of the Constitution", but its "supremacy." *Cf.* L.C. SACHICA, *El control... cit.*, p. 142. Nevertheless, that reform resulted ineffective 'because the Supreme Court in decision of 3-11-81 declared the unconstitutionality of that Legislative Act n°1 of 1979, based on defects of procedure. See the reference in J. VIDAL PERDOMO, *op. cit.*, p. 49. The power attributed to the supreme court as constitutional judge has been regulated by the Decree 432 of 1969. See the text in J. ORTEGA TORRES (ed.), *Constitución Política de Colombia*, Bogotá 1985, p. 148.

A. Objective Character of the Process

As a result of the "popular" character of the action of unconstitutionality, that is to say, that it can be exercised by any citizen without any particular requirement of standing, the subsequent process developed before the Supreme Court can be considered as an objective one. It is not the result of an action brought before the court against the state or any state organ, but against a law or a state act with the force of law, and that is why, in principle, any citizen can intervene in the procedure whether aiding the petitioner's position or as defender of the challenged law.[(1541)] Due to its popular character, in any case of action of unconstitutionality, the Attorney General of the Nation must also intervene as head of the Public Prosecutors Office.[(1542)]

The objective character of the process also results from the fact that the Supreme Court of Justice can consider any other defects of a constitutional nature to the one denounced by the petitioner or by the citizens, that have participated in the process, and can declare the unconstitutionality of the law submitted to control.[(1543)] Thus, the defects of unconstitutionality that were contained in the action do not limit the powers of the Court as guardian of the integrity of the Constitution, being authorised to examine *ex officio* the impugned act and to confront it with all the constitutional dispositions.[(1544)] On the other hand, also as a consequence of the role assigned to the Court, the withdrawal of the action by the petitioner has no effect, and the Court must continue its constitutional examination.[(1545)]

Finally, and also as a result of the "popular" character of the action, in principle there is no precise delay in which it must be exercised, thus, it is inextinguishable and that is why it has been considered a political right of the citizens.[(1546)] Nevertheless, the constitutional reform of 1979,later ineffective, sought to establish that when the grounds of the action were based on procedural or formal defects of the challenged law, the action could only be brought before the Court within a delay of one year after its enactment.[(1547)]

B. Object of the Concentrated Judicial Review System

As stated in article 215 of the Constitution, the object of the popular action as a means for judicial review of constitutionality, is "all the laws" and decrees with

(1541) This was expressly established in the constitucional reform sanctioned by the Legislative Act nº 1 of 1979. *Cf.* L Carlos SACHICA, *El control...* p. 150. The present Constitution only establishes the free intervention of any citizen when the state Act impugned is a Decree of Emergency. See Art. 215,2 and Arts. 121 and 122 Constitution; and Art. 14 Decree 432 of 1969.

(1542) Art. 215,2. Constitution.

(1543) Art. 29. Decree 432 of 1969.

(1544) L.C. SACHICA, *El control..., cit.*, p. 106.

(1545) A. COPETE LIZARRALDE, *op. cit.*, p. 246.

(1546) L.C. SACHICA, *La Constitución..., cit.*, p. 45

(1547) *Cf.* L.C. SACHICA, *El control..., cit.*, pp. 73, 151.

force of law, that is to say those issued by the executive as a consequence of the attribution of extraordinary powers or special legislative authorizations by Congress,[(1548)] and also those issued by the executive on matters concerning the economic, social and public works plans when Congress fails to sanction them within a particular delay.[(1549)]

Thus, the judicial review powers of the Supreme Court refer to legislative acts and decrees with the force of law, executive regulations also being submitted to judicial review of constitutionality, but by the Council of State.[(1550)]

Nevertheless, in spite of the very wide constitutional review powers assigned to the Supreme Court concerning "all the laws" of the Nation, which for instance, comprise legislative acts containing constitutional reforms by formal defects,[(1551)] the Court itself has restricted the scope of its review powers and has excluded certain laws from being examined on the grounds of unconstitutionality. This is particularly true regarding laws of approval of other state acts, such as administrative contracts and international treaties. In these cases, the Supreme Court by case law has limited its judicial review powers and has abstained from exercising constitutional control over those laws.[(1552)] In particular, concerning international treaties and contrary to the general trend, for instance in continental Europe, the Colombian Supreme Court has considered that controlling the constitutionality of a law of approval of an International Treaty would mean the breaking of the international obligations of the state, additional to the criterion traditionally followed in Colombia, regarding the superior hierarchy of international treaties regarding internal public law.[(1553)]

C. Compulsory Judicial Review of Executive Emergency Decrees

Within the state acts submitted to judicial review through the exercise of a popular action, we must also mention decrees issued by the President of the Republic when a state of siege is declared as a consequence of an external war or of internal commotion or when the economic and social order of the country is gravely altered.[(1554)] In such cases, the Colombian Constitution establishes a compulsory judicial review proceeding according to which the day following their enactment, the President of the Republic must submit them to the Supreme Court, which must then "definitively decide upon their constitutionality."[(1555)] As we mentioned, in the proceeding, any citizen is allowed to participate whether in defence of or in the attack on the constitutionality of such Decrees.[(1556)] Once the

---

(1548) Art. 76, paragraphs 11 and 12. Constitution.
(1549) Arts. 76 paragraph 4; 80 and 215, paragraph 2.
(1550) Art. 216 Constitution.
(1551) *Cf.* L.C.SACHICA, *El control... cit.*, p. 144; J. VIDAL PERDOMO, *op. cit.*, p. 49.
(1552) *Cf.* L.C. SACHICA, *El control... cit.*, pp. 79-84
(1553) *Cf.* L.C. SACHICA, *El Control... cit.*, p. 80
(1554) Arts. 121, 122 Constitution.
(1555) Arts. 121, 122 Constitution. Art. 13 Decree 432 of 1969.
(1556) Art. 215 Constitution. Art. 14 Decree 432 of 1969

Court has pronounced its decision, it has *erga omnes* effects and the value of *res judicata*, thus no further action of unconstitutionality can be exercised against those acts.[(1557)]

D. Role of the Constitutional Chamber of the Supreme Court

As we have said, the powers to control the constitutionality of state acts are assigned in the Constitution of Colombia, following the general trend of the Latin-American systems, to the Supreme Court of Justice, which exercises it in Plenary session.[(1558)] Nevertheless, in the 60's and influenced by the European model of judicial review, attempts were made to create a Constitutional Court to substitute the Supreme Court in its role of Supreme Guardian of the Constitution.[(1559)] The project was rejected, and in the 1968 constitutional reform, within the Supreme Court of Justice, a Constitutional Chamber or Division was created instead, composed of four members of the Court specialising in public law,[(1560)] with the special task of studying cases of unconstitutionality previous to the decision of the Plenary session, and proposing projects of resolutions to it.[(1561)] Thus, the Constitutional Chamber has merely an advisory character and no power of decision on constitutional questions. It must be mentioned that the constitutional reform adopted by the Legislative Act N° 1 of 1979, tended to give the Constitutional Chamber self decision powers in almost all matters of unconstitutionality, except those regarding the unconstitutionality of constitutional reforms due to formal defects and that of executive decrees issued in cases of state of Siege or economic emergency.[(1562)] Nevertheless, Legislative Act N° 1 of 1979 was itself declared unconstitutional by the Supreme Court in 1981[(1563)] and consequently, the 1979 constitutional reform ceased to be effective.

E. Effects of the Supreme Court Decision on Judicial Review

As happens in all concentrated systems of judicial review, the Supreme Court decisions, when declaring the unconstitutionality of a legislative act, have general and *erga omnes* effects.[(1564)] Additionally, the decision has *res judicata* value, and its contents are obligatory to everyone. In particular, the value of *res judicata* to

(1557) As was established in the constitutional reform sanctioned by the Legislative Act n° 1 of 1979, later annuled. See J.C. SACHICA, *El control... cit.*, pp. 148-149.

(1558) Art. 215 Constitution. Art. 1, Decree 432 of 1969

(1559) See the comments of H. FIX-ZAMUDIO, *Los tribunales constitucionales y los derechos humanos*, México, 1980, pp. 151-152.

(1560) Art. 1. Decree 432 of 1969.

(1561) Art. 3. Decree 432 of 1969.

(1562) *Cf.* L.C. SACHICA, *El control... cit.*, p. 59.

(1563) Décision of 1-11-81. See in *Revista Foro Colombiano,* n° 151-152, 1982. See the comments in J. VIDAL PERDOMO, *op. cit.*, p. 49.

(1564) *Cf.* A. COPETE LIZARRALDE, *op. cit.*, p. 245; L.C. SACHICA, *El control..., cit.*, p. 68.

the Supreme Courts decisions rejecting the action, and thus, declaring the constitutionality of the challenged law, has been recognized, in which cases, the courts through their diffuse control powers cannot declare the inapplicability of the law on the same grounds of unconstitutionality rejected by the Supreme Court.(1565)

On the other hand, regarding time, the endless discussions of the *ex tunc* or *ex nunc* effects of the Supreme Court decision on judicial review, has also taken place in Colombia, even though the majority of authors tends to assign them only *ex nunc*, *pro futuro* effects.(1566) Thus the laws declared unconstitutional by the Supreme Court due to their presumption of constitutionality, in principle are effective until their annulment is declared by the Court, the juridical situations originated by the law prior to its annulment being only submitted to review through ordinary judicial means.(1567)

Anyway, regarding legislative acts containing constitutional reforms, when declared unconstitutional, they become totally and definitively inapplicable after the declaration. However, the effects produced by the act declared unconstitutional are intangible. Consequently, in such cases, the decision has no retroactive effects; and the constitutional rules revoked or amended by the constitutional reform declared unconstitutional are revived,(1568) thereby returning to the constitutional system in force prior to the enactment of the annulled reform.

3. Preventive Judicial Review of Legislation

Finally, it must be mentioned that in addition to the *a posteriori* concentrated judicial review system, since 1886, the Colombian Constitution has established a preventive judicial review method of laws, as a consequence of the veto powers of legislation assigned to the President of the Republic.(1569)

When a law is vetoed based on substantive or procedural constitutional issues, if the legislative chambers insist on its promulgation, the President of the Republic must send the project of law to the Supreme Court, which must take its decision within a six day delay.

In the event of the Supreme Court declaring the bill unconstitutional, the project must be filed, but if the Supreme Court rejects the constitutional objections raised by the President, then he is obliged to promulgate it.(1570)

(1565) *Cf.* A. COPETE LIZARRALDE, *op. cit.*, p. 246; L.C. SACHICA, *El control... cit.*, p. 172
(1566) *Cf.* L.C. SACHICA, *El control... cit.*, p. 68; E. SARRIA, *op. cit.*, p. 83
(1567) E. SARRIA, *op. cit.*, p. 83
(1568) J. VIDAL PERDOMO, *op. cit.*, p. 46
(1569) Arts. 90 and 215,1. Constitution. Art. 11, Decree 432 of 1969.
(1570) Art. 90 Constitution.

V. MIXED SYSTEM OF JUDICIAL REVIEW IN GUATEMALA

Also following the North American model based on the principle of the supremacy of the Constitution[(1571)] the 1921 Guatemalan Constitution established the power of the Court to declare in their decisions the inapplicability of any law or disposition of the other state powers when contrary to the norms contained in the Constitution of the Republic.[(1572)]

This power of the Courts, which can be termed a diffuse power of judicial review, was maintained in all constitutional texts up to the present Constitution of 1965 in which a concentrated system of review attributed to a specially created Constitutional Court was established in addition to the diffuse system. Thus, the Guatemalan system of judicial review can also be considered a mixed one.

1. Diffuse system of Judicial Review

In effect, the 1965 Constitution expressly establishes the principle of the supremacy of the Constitution and the subsequent nullity of all state acts contrary to it, prescribing the duty of the judges to give preference to the Constitution in cases of laws being in conflict with the Constitution.

In particular, article 77 establishes the general norm by stating that

> The laws, government dispositions, and any other order which regulates the exercise of the rights guaranteed in the Constitution shall be *ipso jure* null if they diminish, restrict or distort them.[(1573)]

Additionally, article 246 establishes:

> The Courts of Justice will always observe the principle that the Constitution must prevail over any law or international Treaty.

Consequently, according to these norms, the judicial review power attributed to all courts of justice, is conceived in the Constitution as a duty of the judges, which they can therefore exercise *ex officio*,[(1574)] in deciding a concrete case, that is to say, without the requirement of a party to the case. Nevertheless, when a party to the case raises a constitutional question regarding a law or a part of it, the judges must decide upon the question.[(1575)] Anyway, due to the purely incidental character of the review, article 246 of the Constitution states:

(1571) See the comments regarding the constitutional process of Guatemala during the 19th Century in J.M. GARCÍA LA GUARDIA, *La defensa de la Constitución*, México 1983, pp. 52-53.

(1572) Article 93, c. Constitution 1921.

(1573) See also Article 172 Constitution 15-9-1965.

(1574) J.M. GARCÍA LA GUARDIA, *op. cit.*, pp. 56-57.

(1575) Art. 246 Constitution.

> If the unconstitutionality of a law is declared, the decision must limit itself to establishing that the legal disposition is inapplicable to the case and the question must be sent to Congress.([1576]

The party requirement regarding constitutional questions can be brought before the ordinary Court in the concrete case, either through the concrete claim or as an exception in the process. In any case, prior to the judge's decision of the case and thus, prior to the decision of the constitutional question, the judge must hear the parties and the Public Prosecutor.[(1577)]

As in all diffuse systems of judicial review, judge's decision when declaring the inapplicability of a law on the grounds of unconstitutionality, has declarative effects, in the sense that it establishes a pre-existent nullity with retroactive or *ex tunc* effects, but exclusively related to the parties to the case[(1578)] (*in casu et inter partes*).

2. Concentrated System of Judicial Review and the Constitutional Court

However, the 1965 Constitution, following the European model and additional to the diffuse system of judicial review, also established a concentrated system, by assigning the exclusive power to declare the unconstitutionality of laws, and thus, to annul them with *erga omnes* effects, to a Constitutional Court.[(1579)]

This Constitutional Court, although created in the Constitution,[(1580)] is not conceived as a permanent organ, but as a temporal one that only functions when required to exercise judicial review. It has 12 members, appointed as follows: four by the Supreme Court of Justice, and the rest designated by the Supreme Court of Justice, by a draw from within the members of the Court of Appeals and the Administrative Justice Tribunal. The President of the Constitutional Court is the President of the Supreme Court of Justice.[(1581)]

The judicial review powers of the Constitutional Court are exercised when requested through a "recourse of unconstitutionality" conceived as a direct action[(1582)] that can be exercised against "laws and governmental dispositions of general effects when considered to be totally or partially unconstitutional."[(1583)]

The standing to bring the action before the Constitutional Court is a specific one, thus differing from the popular action that can be brought before the

(1576) This norm has been developed in the legislative Decree n° 8, Articles 96-104. See J.M. GARCÍA LA GUARDIA, *op. cit.*, p. 58.

(1577) J.M. GARCÍA LA GUARDIA, *op. cit.*, p. 58.

(1578) *Idem*, p. 59.

(1579) See H. FIX-ZAMUDIO, *Los tribunales constitucionales y los derechos humanos*, México 1980, p. 136

(1580) Art. 262 Constitution. The Court and the recourse of unconstitutionality is regulated in the Law of *amparo*, *habeas corpus* and constitutionality of 3-5-1966. See the reference in H. FIX-ZAMUDIO, *op. cit.*, p. 137.

(1581) Art. 266 Constitution, Art. 105 Law

(1582) H. FIX-ZAMUDIO, *op. cit.*, p. 138.

(1583) Art. 263 Constitution. Art. 106 Law.

Supreme Courts of Venezuela and Colombia. In particular, this "recourse of unconstitutionality" can only be brought before the Court by the following: the Council of state, conceived in the Guatemalan constitutional system, as a consultative institution; the Public Prosecutor, when requested to do so by the President in a decision adopted in the Council of Ministers; and finally, by any individual or entity directly affected by the unconstitutionality of the law or the challenged governmental act, assisted by ten lawyers.(1584) Thus, the standing has been considered extremely limited.(1585)

In the proceeding of the recourse of unconstitutionality, if the Public Prosecutor does not bring the action before the Court, he must be notified and in principle, he must defend the constitutionality of the challenged act, even though he can express his conformity with the alleged unconstitutionality.(1586)

We must also mention, as an important feature of the proceeding before the Constitutional Court of Guatemala, that the Court can provisionally suspend the effects of the challenged law or executive act during the process, when the unconstitutionality is notorious and could produce irreparable damage.

This decision of suspension of the effects of the law or executive act of general contents has general effects and an *erga omnes* character and must be published in the official Journal.(1587)

The final decision of the Court if it is of declaring the unconstitutionality of the law, has also *erga omnes* effects, but as in all concentrated systems of judicial review, with *ex nunc* effects. Thus, the decision has a constitutive character, with *pro futuro* consequences, and without any effect back towards the past.(1588) Only when a temporal suspension of the effects of the law has been decided by the Court during the procedure the final decision declaring the unconstitutionality of the law can have *ex tunc* effects, but back to the date of the suspensive decision of the effects of the challenged law.(1589)

3. Judicial Review and the Constitutional Protection (*Amparo)*

Finally, it must also be mentioned that in Guatemala, a special judicial means for constitutional protection (*amparo*) of the fundamental rights established in the Constitution, following the Mexican model,(1590) has been established.

The main purpose of this *amparo* as all the institutions of this kind in Latin America is to seek "the maintenance of or the restitution to the aggrieved person of the enjoyment of the rights and guarantees established in the Constitution."(1591)

(1584) Art. 264 Constitution. Art. 107 Law.
(1585) H. FIX-ZAMUDIO, *op. cit.*, p. 64.
(1586) J.M. GARCÍA LA GUARDIA, *op. cit.*, p. 63
(1587) Art. 263 Constitution. Art. 106 Law.
(1588) Art. 108 Law.
(1589) J.M. GARCÍA LA GUARDIA, *op. cit.*, p. 67; H. FIX-ZAMUDIO, *op. cit.*, p. 140.
(1590) H. FIX-ZAMUDIO, *op. cit.*, p. 136
(1591) Art. 80,1 Constitution

Nevertheless, according to the Guatemalan Constitution the *amparo* is also admissible in order "to declare, in concrete cases that a law, an executive regulation or any other act of an authority is not obligatory for the petitioner, because it contravenes or it restricts any of the rights guaranteed in the Constitution."[(1592)] Thus, through the *amparo* action, the judge can exercise his powers of judicial review in an incidental way *incidenter tantum*, in accordance with the diffuse system, and declare a law deemed unconstitutional because of violation of fundamental rights inapplicable.

The concrete effect of the judge's decision granting *amparo* to the petitioner, is to suspend the application of the law or executive regulation regarding the petitioner, and restore when necessary, his juridical situation previously infringed.[(1593)]

VI. MIXED SYSTEM OF JUDICIAL REVIEW IN BRAZIL

The Brazilian system of judicial review, like the Argentinean, can be thought of as one of the Latin American systems that had followed the North American model more closely,[(1594)] although it can now be thought of as a mixed system, after the establishment in the 1934 Constitution, of a direct action of unconstitutionality that can be brought before the Supreme Court of Justice to impugned laws.

1. Historical Background

In effect, the Federal Constitution of 1891 clearly influenced by the North American constitutional system[(1595)] assigned the Supreme Federal Tribunal the power to review, through an extraordinary recourse, the decisions of the federal courts and of the courts of the Member States, in which the validity or the application of the treaties or Federal Laws was questioned, and the decisions were against; or in which the validity of laws or government acts of the states was questioned on the grounds of being contrary to the Constitution or to the federal laws, and the decisions considered the challenged laws or acts valid.[(1596)] As a consequence of this express constitutional attribution, the Federal Law 221 of 1894[(1597)] assigned the power to judge upon the validity of obviously

---

(1592) Art. 80,2 Constitution

(1593) J.M. GARCIA LA GUARDIA, *op. cit.*, p. 50; H. FIX-ZAMUDIO, *op. cit.*, p. 136

(1594) H. FIX-ZAMUDIO and J. CARPIZO, "Amerique latine" in L. FAVOREU and J.A. JOLOWICZ (ed.), *Le contrôle juridictionnel des lois*, Paris 1986, p. 121.

(1595) O.A. BANDEIRA DE MELLO, *A teoria das Constituiçoes rigidas*, Sao Paulo 1980, p. 157; J. Alfonso DA SILVA, *Sistema de defensa da Constituiçao brasileira*, Congreso sobre la Constitución y su Defensa, UNAM, México 1982, p. 29. (mimeo).

(1596) Art. 59, III, 1. 1981 Constitution.

(1597) Art. 13,10. Law 221 of 20 November 1984

unconstitutional laws and executive regulations, and to decide their inapplicability in concrete cases, to all federal judges. Thus, the diffuse system of judicial review of legislation was established in Brazil as from the end of the last century, and was perfected through the subsequent constitutional reforms of 1926, 1934, 1937, 1946 and 1967.[(1598)] Therefore, we can say that the main feature of the Brazilian system of judicial review is its diffuse character, with all its consequences according to the American model.

In addition to the diffuse system of judicial review, a concentrated system of review was established in the 1934 Constitution, by attributing power to the Supreme Federal Tribunal to declare the unconstitutionality of member state Constitution or laws (state laws) when required to do so by the Attorney General of the Republic.[(1599)] Thus, a direct action of unconstitutionality was established as from 1934, to defend federal constitutional principles, against Member state acts,[(1600)] later developed in subsequent Constitutions [(1601)] up to its extension after the 1965 Constitutional Amendment, to control all normative acts of state, whether federal or of the Member States.[(1602)]

Consequently, the Brazilian system can be considered a mixed one in which the diffuse system of judicial review operates in combination with a concentrated system.[(1603)]

2. Diffuse System of Judicial Review

In the American Model and in the Argentinean experience the powers of the courts to control the constitutionality of legislation were derived from the principle of constitutional supremacy as applied by the Supreme Court. Contrary to that, the diffuse system of judicial review arose in Brazil from express provisions in the 1891 Constitution, and[(1604)] it is still based on constitutional norms. In this respect, the present Constitution establishes the competence of the Supreme Federal Tribunal to judge through extraordinary recourses, cases decided in the last resort by other courts or judges, when the challenged judicial decisions: first, were against any disposition of the Constitution or denied the enforcement of a Treaty or federal law; second, when they declared the unconstitutionality of a Treaty or of a federal law; and third, when they deemed a

(1598) O.A. BANDEIRA DE MELLO, *op. cit.*, pp. 158-237

(1599) Art. 12,2. 1934 Constitution.

(1600) J. Alfonso DA SILVA, *doc. cit.* p. 29

(1601) Also in the Law nº 2271 of 22 July 1954.

(1602) *Cf.* J. Alfonso DA SILVA, *doc. cit.*, p. 31

(1603) A. BUZAID, "La accion directa de inconstitucionalidad en el derecho brasileño", *Revista de la Facultad de Derecho*, UCAB, nº 19-22, Caracas 1964, p. 55; O.A. BANDEIRA DE MELLO, *op. cit.*, p. 157.

(1604) *Cf.* J. Alfonso DA SILVA, *doc. cit.*, pp. 32, 34; J. Alfonso DA SILVA, *Curso de direito constitucional positivo*, Sao Paulo 1984, p. 17.

law or other local government act challenging the Constitution or a federal law valid.[(1605)]

According to this norm, not only is the diffuse system of judicial review established, but the power of the Supreme Tribunal to intervene in all processes in which constitutional questions have been resolved, is also established.

A. Incidental Character of the System and the Exception of Unconstitutionality

As we mentioned, the diffuse system of judicial review in Brazil follows the general trends of the American model also developed in Argentina. Therefore, all the courts of first instance have the power not to apply laws (federal, state or Municipal laws) they deem unconstitutional, when a party to the process has raised the question of constitutionality. Thus, the judges have no *ex officio* power to judge the constitutionality of the laws, and can only exercise it when the question of constitutionality has been raised by the interested party as an exception or defence in the process.[(1606)] The constitutional question, once raised, has a preliminary character regarding the final decision of the case, which the judge must decide beforehand.

Of course, the decision of the courts on constitutional matters has only *in casu et inter partes* effects, and the unapplied law is considered null and void *ab initio*. Thus, the decision has *ex tunc*, retroactive effects.[(1607)]

The constitutional question can also be considered in a second instance, through the normal appeals process, in which case, when the court of second instance is a collegiate court, the decision upon matters of unconstitutionality of legislation must be adopted by a majority vote decision of its members.[(1608)]

B. Extraordinary Recourse Before the Supreme Federal Tribunal

The Brazilian Constitution, ever since the establishment of the constitutional review judicial system in 1891, has always expressly regulated the power of the Supreme Court to review lower courts decisions on matters of constitutionality, through an extraordinary recourse that can be brought before the Tribunal, by the party to the process who has lost the case.[(1609)]

This extraordinary recourse of unconstitutionality, as we mentioned, proceeds only when the Superior Courts of Appeal have made decisions that are considered contrary to the Constitution or that deny the validity of a treaty or federal law;

(1605) Art. 119, III b,c, Constitution. J. Alfonso DA SILVA, *Sistema... doc. cit.*, p. 43; O.A. BANDEIRA DE MELLO, *op. cit.*, p. 215.

(1606) J. Alfonso DA SILVA, *Curso...* p. 18; J. Alfonso DA SILVA, *Sistema... doc. cit.*, pp. 33, 37, 58.

(1607) J. Alfonso DA SILVA, *Sistema... doc. cit.*, pp. 41,64; A. BUZAID, *loc. cit.*, p. 91.

(1608) This qualified vote was first established in the 1934 Constitution (Art. 179), and is always required. See O.A. BANDEIRA DE MELLO, *op. cit.*, p. 159.

(1609) J. Alfonso DA SILVA, *Sistema... doc. cit.*, p. 44

when the decisions declare the unconstitutionality of a treaty or of a Federal Law; and when they deem a local government law or act that has been challenged as unconstitutional or contrary to a federal law valid.[(1610)]

It must be mentioned that due to the constitutional questions that are the object of the proceeding before the Supreme Federal Tribunal, the Attorney General can always intervene; and can also intervene in any process pending decision, to raise constitutional questions, which must be decided by the Tribunal.[(1611)]

Finally it must be said that when deciding constitutional questions, the Supreme Federal Tribunal must adopt its decision with the vote of the majority of its members.[(1612)] The decision, as the first instance one, when declaring the unconstitutionality of a law, has *inter partes* and *ex tunc* effects.[(1613)] In such cases, the Tribunal in fact recognises the *ab initio* unconstitutionality of the law, in a decision which has declarative effects, but does not annul or repeal the law, which continues in force and to be applicable.

In the Brazilian system, an additional feature can be distinguished: once adopted by the Tribunal the decision must be sent to the Federal Senate which has the power, according to the Constitution, to "suspend the execution of all or part of a law or decree, declared unconstitutional by the Supreme Federal Tribunal through a definitive decision,[(1614)] in which case the effects of the Senate decisions have, of course, *erga omnes* and *ex nunc* effects.[(1615)]

Anyway, it must be said that in Brazil, like in the North American system, a presumption of constitutionality also exists regarding laws and other state acts. Consequently, only when the unconstitutionality of a law appears to be without doubt, the Tribunal can declare its unconstitutionality. Thus, in case of doubt, it must reject the question and consider the law constitutional, and applicable in the concrete case.[(1616)]

3. Concentrated System of Judicial Review

Additional to the diffuse system of judicial review, as we have said, the Brazilian Constitution has since 1934 also adopted a concentrated system of review attributed to the Supreme Federal Tribunal, through a direct action that can be brought before the Tribunal only by the Attorney General of the Republic. This direct action of unconstitutionality can be of two types: the intervention direct action and the generic direct action.

(1610) Art. 199. III, b,c. Constitution.
(1611) J. Alfonso DA SILVA, *Sistema... doc. cit.*, p. 44
(1612) D.A. BANDEIRA DE MELLO, *op. cit.*, p. 218
(1613) J. Alfonso DA SILVA, *Sistema... doc. cit.*, pp. 69, 71
(1614) Art. 42, VII Federal Constitution
(1615) J. Alfonso DA SILVA, *Sistema..., doc. cit.*, p. 73.
(1616) *Cf.* T.B. CAVALCANTI, *Do controle de constitutionalidade*, Rio do Janeiro, 1966, p. 69.

The so-called "intervention direct action" was originally established in the 1934 Constitution as a means for the protection of the federal constitutional principles regarding States legislation.(1617) The Constitution in effect established the possibility for the Federal Government to intervene in the Member States, to secure the observance of the following principles: republican form of government; independence and harmony of powers; temporal character of electoral functions; non re-election of governors for the next term; municipal autonomy; submission of administrative accounts; and guarantees of the Judicial Power.(1618).

Now, when any of these principles are violated by a member state, the federal power can intervene in it. But previous to that intervention, the Attorney General must submit the question of unconstitutionality of the member state acts when contrary to those principles, for examination by the Supreme Federal Tribunal, through a direct action.(1619) If the final decision of the Tribunal is to declare the unconstitutionality of the challenged Member state law or act, it must be published and sent to the President of the Republic for it to suspend, by Decree, the execution of the challenged act, and if necessary, to order federal intervention in the Member state.(1620) Thus in this case, the effects of the Tribunal decision are considered to be declarative(1621) and with *erga omnes* effects.(1622)

Only when the act is declared unconstitutional by the Tribunal, federal intervention can take place.(1623)

In the 1946 Constitution, in addition to the interventive direct action, what is called a generic direct action of unconstitutionality(1624) was established. This action differs from the one already mentioned by the fact that it is intended not to protect certain constitutional principles regarding member state laws and acts only, but any of the dispositions of the Constitution.

The Constitution, in effect, attributes competence to the Supreme Federal Tribunal at the request of the Attorney General of the Republic, to decide upon the unconstitutionality of any law or act of a normative character, either federal or of a Member state.(1625) In this case, if the Supreme Federal Tribunal declares the unconstitutionality of the federal or state law or normative act, a copy of the decision must be sent to the Federal Senate, which has the power to "suspend the

---

(1617) Art.7 Constitution 1934. O.A. BANDEIRA DE MELLO, *op. cit.*, p. 170; J. Alfonso DA SILVA, *Sistema... doc. cit.*, p. 31.

(1618) Art. 10 Constitution. O.A. BANDEIRA DE MELLO, *op. cit.*, . 221.

(1619) Art. 11,1 Constitution. Art. 1 Law N. 2271 of 22-7-1954 and Law No 4337 of 1-6-1964. A BUZAID, *loc. cit.*, pp. 76-78.

(1620) Art. 11,2 Constitution. Art. 9 Law nº 4337 of 1-6-1964. A. BUZAID, *loc. cit.*, p. 53

(1621) See O.A. BANDEIRA DE MELLO, *op. cit.*, p. 212; A. BUZAID, *loc. cit.*, p. 95. In contrary sense see J. Alfonso DA SILVA, *Sistema... doc. cit.*, p. 76.

(1622) J. Alfonso DA SILVA, Sistema..., *doc. cit.*, p. 76. In contrary sense see A. BUZAID, *loc. cit.*, p. 96.

(1623) A. BUZAID, *loc. cit.*, pp. 79, 97; O.A. BANDEIRA DE MELLO, *op. cit.*, p. 222.

(1624) J. Alfonso DA SILVA, *Sistema... doc. cit.*, p. 31; A. BUZAID considers this action as the only one in Brazil whose principal object is the declaration of the unconstitutionality of a law, *loc. cit.*, p. 84.

(1625) Art. 119, I, 1. Constitution; Law N. 4337 of 1-6-1964. J.A. Alfonso DA SILVA, *Curso... cit.*, p. 18.

execution of all or part of the law or decree declared unconstitutional by a definitive decision of the Supreme Federal Tribunal.(1626)

Discussions have taken place among Brazilian constitutional law authors regarding the effects of the Supreme Federal Tribunal decision declaring the unconstitutionality of a law, as a consequence of a generic direct action, particularly due to the fact that the Constitution assigns the aforementioned power to the Federal Senate. It has been considered, in effect, that the Supreme Federal Tribunal decisions in such cases of generic direct actions of unconstitutionality do not have, in themselves, *erga omnes* effects(1627) their contents being only to verify the existence or not of a defect of unconstitutionality in the challenged act.(1628) Thus, it has been thought to have declarative effects, thus, with *ex tunc* repercussions.(1629) Only the Senate decision of suspension of the execution of the law is considered to have *erga omnes* effects.(1630)

4. Indirect Means for Judicial Review of Legislation

Additional to the diffuse and concentrated systems of judicial review, an indirect means for judicial review, through the actions for protection of fundamental rights and liberties and through a popular action established to seek the protection of public assets, can also be identified in the Brazilian constitutional system.

A. *Mandado de Segurança* and *Habeas Corpus* Actions and Judicial Review

In effect, since 1934,(1631) the Constitution of Brazil has expressly established the *mandado de segurança* as a special means for the protection of fundamental rights, other than personal liberty, which is protected through the recourse for *habeas corpus*. Thus, in the Brazilian constitutional system there are two special actions for the constitutional protection of fundamental rights: the *mandado de segurança* and the *habeas corpus* actions.

In particular, the *mandado de segurança* is intended to protect actual individual rights not protected through *habeas corpus*, whoever the authority responsible for

---

(1626) Art. 42, VII, Constitution.

(1627) J. Alfonso DA SILVA, *Sistema... doc. cit.*, pp. 54,64,69; In contrary sense see O.A. BANDEIRA DE MELLO, *op. cit.*, pp. 201, 213.

(1628) J. Alfonso DA SILVA, *Sistema.., doc. cit.*, p. 74

(1629) O. BANDEIRA DE MELLO, *op. cit.*, p. 201; A. BUZAID, *loc. cit.*, p. 96.

(1630) J. Alfonso DA SILVA, *Sistema... doc. cit.*, pp. 54,64,69,73; In contrary sense see A. BUZAID, *loc. cit.*, p. 95.

(1631) Art. 113,33 Constitution 1934. A. RÍOS ESPINOZA, Presupuestos constitucionales del mandato de seguridad", *Boletín del Instituto de Derecho Comparado de México*, UNAM, 46, 1963, p. 71. (Also published in H. FIX-ZAMUDIO, A. RÍOS ESPINOSA and N. ALCALÁ ZAMORA, *Tres sstudios sobre el mandato de seguridad brasileño*, México 1963, pp. 71-96.

the illegality or abuse of powers may be.(1632) Nevertheless, it has been traditionally considered that the laws or any other normative act of state, cannot be the object of an action requesting either *habeas corpus* or a *mandado de segurança.*(1633)

In this respect, as happened with the Argentinean recourse for *amparo* until recent changes within the Supreme Court decisions, the abstract control of the constitutionality of laws is not possible through the exercise of the actions for a *mandado de segurança*, or *habeas corpus*. In other words, no direct action against laws can be exercised through the *mandado de segurança*, or *habeas corpus* actions, even if they are what the Mexican system calls auto-applicative or self executing laws.(1634) Nevertheless, such actions can serve as an indirect means of judicial review, according to the diffuse system, when they are exercised against an act of any authority when executed based on a law deemed unconstitutional. Thus, it is only the concrete situation that results from the execution or application of the law or normative act, the one that can be directly impugned by means of these actions for protection of fundamental rights, and only in an indirect way and in accordance with the diffuse method of review, that laws can be controlled by the courts on the grounds of their unconstitutionality.

B. Popular Action for the Protection of Public Assets and Judicial Review

Also, ever since the 1934 Constitution(1635) in the Brazilian constitutional system, a *popular action* as a special means devoted to invalidate illegal acts, which could affect the assets of public entities, has been instituted.(1636) In particular, it is an action open to any citizen and principally directed to impugn administrative acts, which, therefore, cannot be brought before the courts to impugn, in a direct way, laws or normative acts on the grounds of being unconstitutional. Nevertheless, in this case, the popular action can be an indirect means of judicial review of legislation, if the concrete administrative act which causes damage to the assets of any public entity, is based on a law deemed unconstitutional. Nonetheless, it has been considered a direct means of judicial review of legislation, in cases in which damage to the assets of public entities is directly caused by the law or decree.(1637) In such cases, the powers of review of legislation exercised by the judges, of course, follow the general pattern of the diffuse system of review.

(1632) 153,21 Constitution

(1633) *Cf.* A. Alfonso DA SILVA, "*Sistema... doc. cit.*, p. 47; H. FIX-ZAMUDIO, "Mandato de seguridad y juicio de *amparo*", *Boletín del Instituto de Derecho Comparado de México*, UNAM; 46, 1963, pp. 11, 17. Also published in H. FIX-ZAMUDIO, A. RÍOS ESPINOSA, N. ALCALÁ ZAMORA, *op. cit.*, pp. 3-69; A. RIOS ESPINOSA, *loc.cit.*, p. 88

(1634) H. FIX-ZAMUDIO, *loc. cit.*, p. 16; A. Alfonso DA SILVA, *Sistema... doc. cit.*, pp. 46,47.

(1635) O.A. BANDEIRA DE MELLO, *op. cit.*, p. 174

(1636) Art. 153, 31 Constitution.

(1637) J. Alfonso DA SILVA, *Açao popular constitucional. Doutrina a proceso*, Sao Paulo 1968, p. 129; J. Alfonso DA SILVA, *Sistema... doc. cit.*, p. 49.

VII. THE TRIBUNAL OF CONSTITUTIONAL GUARANTEES AND THE MIXED SYSTEM OF PERU

Finally, a mixed system of judicial review can also by the distinguished in Peru, where the 1979 Constitution established the basis for a diffuse system of judicial review and additionally created a Tribunal of Constitutional Guarantees, with concentrated powers of judicial review, following the Spanish model.(1638)

In effect, the Constitution of Peru of 12 July 1979, in force since the 28th July 1980,(1639) following a long tradition, has established in article 23 the diffuse system of judicial review as follows:

> Art. 236. In case of incompatibility between a constitutional norm and an ordinary legal one, the judge must prefer the former. In similar way, he must prefer the legal norm above any other inferior norm.

According to this constitutional disposition, all judges can exercise their power of judicial review of legislation, deciding not to apply a law, which they deem unconstitutional. This must by done in an incidental way when required by a party to the case, and with *inter partes* effects.(1640) This power of judicial review, without doubt, can be considered a diffuse one, even though not commonly exercised by the courts.(1641)

Additionally to the diffuse system of judicial review, a concentrated system of judicial review has also been established in Peru since 1980. In effect, another example of a specially created constitutional organ for judicial review of constitutionality of legislation in Latin America, is the Tribunal of Constitutional Guarantees created by the Peruvian Constitution of 1979 as a "control organ of the Constitution" made up of nine members appointed in a paritarian way (three each) by the Congress, the executive power and the Supreme Court of Justice.(1642) Its functioning has been regulated by the Organic Law of the Tribunal of Constitutional Guarantees of 19 May 1982.(1643)

This Tribunal of Constitutional Guarantees, with jurisdiction throughout the territory of the Republic, is competent in two basic aspects, relating to constitutional supremacy: first, it has jurisdictional power to control the constitutionality of legislation; and second, it is competent to decide, in the last resort, as a cassation court, recourses regarding lower courts decisions on *habeas corpus* and *amparo* recourses(1644)

(1638) See D. GARCÍA BELAUNDE, "La influencia española en la Constitución peruana (a propósito del Tribunal de Garantías Constitucionales)", *Revista de derecho político*, UNED, 16, Madrid 1982-1983, p. 201.

(1639) See D. GARCÍA BELAUNDE, "La nueva Constitución peruana", *Boletín mexicano de derecho comparado*, 40, 1981.

(1640) See D. GARCÍA BELAUNDE, "La influencia española...", *loc. cit.*, pp. 205-207.

(1641) *Idem*, p. 205

(1642) Art. 296. Constitution 28-7-80.

(1643) See the comments in H. FIX-ZAMUDIO, "Dos leyes orgánicas de Tribunales Constitucionales latinoamericanos: Chile y Perú", *Boletín mexicano de derecho comparado*, 51, México 1984, p. 943.

(1644) Art. 298 Constitution.

As a jurisdictional organ for judicial review, the Tribunal of Constitutional Guarantees is competent

> To declare, on the petition of a party, the partial or total unconstitutionality of laws, legislative decrees, regional norms of a general character, and municipal ordinances which contravene the Constitution as a matter of form or substance.(1645)

The "parties" that are authorised to interpose an action of unconstitutionality are the President of the Republic, the Supreme Court of Justice, the Public Prosecutor of the Republic, sixty members of Parliament, twenty Senators, or fifty thousand petitioning citizens whose signatures must be certified by the National Electoral Board.

The power of the Tribunal on judicial review is not bound by the will of the parties contained in the action requests, and can exceed them, by declaring the unconstitutionality of dispositions other than the challenged ones, when the ruling is a consequence or is in connection with the action contents and also by declaring the unconstitutionality of the statute or norm based on the violation of any other constitutional disposition, even not invoked in the proceeding.(1646)

In the case of statutes, the effects of the ruling upon its unconstitutionality are not immediate regarding their validity. In effect, similar to the Yugoslavian solution, once the decision is adopted it must be communicated to the President of the Congress, so that the latter may pass a law repealing the provision contrary to the Constitution. When 45 days have elapsed with out the new derogatory rule having been promulgated, the unconstitutional provision is understood to have been nullified and the Tribunal must publish the decision in the Official Gazette.(1647)

On the other hand, when the ruling of unconstitutionality relates to other normative state acts, different to formal laws, the Tribunal must order the publication of the ruling in the Official Gazette, and it becomes effective the day following publication(1648)

In both cases, the Tribunal decision declaring the unconstitutionality of a statute or other normative state acts, once published, has *erga omnes* effects, and in accordance with an express provision of the Constitution, they "do not have retroactive effects"(1649) thus they are only *ex nunc*, *pro praeterito*. Therefore, the Organic Law of the Tribunal establishes that decisions declaring the unconstitutionality of a normative state act, cannot serve as support to review judicial processes already concluded in which the unconstitutional norms were applied. Nevertheless, in accordance with the general exception principle of the possible retroactivity of statutes in penal, labour or taxation cases,(1650) the Organic Law allows the retroactive applicability of the Tribunal decision in

(1645) Art. 298,1 Constitution.
(1646) Art. 40 Organic Law.
(1647) Art. 301 Constitution.
(1648) Art. 302 Constitution.
(1649) Art. 300 Constitution.
1650 Art. 187 Constituion.

proceedings in which its effect could be favourable to the convicted person, the worker or the tax payer.[1651]

But additional to the concentrated means of judicial review that can be exercised before the Tribunal of Constitutional Guarantees, the 1980 Constitution also establishes the actions of *habeas corpus* and *amparo*, as special means for the protection of fundamental rights. The former directed to protect personal liberty and the latter, as a means for the protection of all other fundamental rights recognised in the Constitution.[1652] Through the exercise of these two actions the ordinary judge can also exercise judicial review powers when the alleged violation of the fundamental right is based on a norm incompatible with the Constitution. In such cases, the judge can declare the said norm inapplicable.[1653]

Thus, a limited principle of a diffuse system can also be distinguished in Peru, as a consequence of the exercise of the actions for protection of fundamental rights, and which performs in parallel with the concentrated system.

Anyway, the ordinary courts decisions on matters of constitutional protection (*habeas corpus* and *amparo*) are subject to ordinary appeals before the Superior Courts, and against the decisions of the latter, recourse based on reasons of nullity, which can be exercised before the Supreme Court. The decisions of the latter can additionally be the object of a recourse of cassation before the Tribunal of Constitutional Guarantees in order to examine whether or not the Supreme Court has violated or erroneously applied the law.[1654]

(1651) Art. 41 Organic Law.

(1652) Arts 295, 298,2 and 305. Constitution 1980.

(1653) See H. FIX-ZAMUDIO, "Ley peruana de *habeas corpus* y *amparo*", *Boletín mexicano de derecho comparado*, 50, 1984, p. 575.

(1654) *Idem*, p.579.

§ 12. LA JUSTICE CONSTITUTIONNELLE ET LE POUVOIR JUDICIAIRE

Rapport au *IVème Séminaire sur La justice constitutionnelle et le pouvoir judiciaire* du *IVème Cours international de justice constitutionnelle*, Groupe d'études et de recherches sur la justice constitutionnelle, Université de Droit, d'Economie et des Sciences d'Aix-Marseille, Aix-en-Provence, 14-19 septembre 1992

INTRODUCTION

Dans la plupart des Etats contemporains, la justice constitutionnelle, autrement dit le pouvoir de contrôler la constitutionnalité des lois et de protéger les droits fondamentaux, est constitutionnellement conférée aux organes qui exercent le pouvoir judiciaire. Dans ces pays, le juge constitutionnel est le pouvoir judiciaire.

Dans d'autres, pays notamment en Europe continentale, la justice constitutionnelle n'est pas totalement exercée par les autorités judiciaires, mais confiée à des organes différents et indépendants du pouvoir judiciaire spécialement créés pour ces tâches, notamment à des cours, des tribunaux ou des conseils constitutionnels. Dans ces pays, par conséquent, le juge constitutionnel n'est pas toujours une autorité judiciaire mais un organe qui ne relève pas du pouvoir judiciaire.

Bien sûr, dans les deux systèmes, le juge constitutionnel, au sein de l'Etat, exerce une fonction juridictionnelle en qualité d'organe indépendant des organes des pouvoirs législatif et exécutif. Dans les deux systèmes, la justice constitutionnelle est la manifestation la plus éloquente de la suprématie de la Constitution et de sa garantie juridictionnelle. La différence réside dans le fait que, dans le premier système, c'est à dire celui où le pouvoir judiciaire est juge constitutionnel, la garantie juridictionnelle de la suprématie de la Constitution est une garantie judiciaire, alors que, dans l'autre, il s'agit seulement d'une garantie juridictionnelle mais non judiciaire[1].

---

(1) *V.* en général, Allan R. BREWER-CARÍAS, *Judicial Review in Comparative Law*, Cambridge University Press, 1989, pp. 112 et ss.

1. La garantie de la Constitution

L'un des éléments fondamentaux qui caractérisent l'Etat de droit dans les régimes dotés d'une Constitution écrite et rigide, est le principe de la suprématie de la Constitution sur toute autre norme de l'ordonnancement juridique et sur tout acte émanant des organes de l'Etat. Par conséquent, la suprématie de la Constitution étant l'essence même de l'Etat et de l'ordonnancement juridique, les actes du parlement et des autres organes de l'Etat ne peuvent pas contrairer les normes de la Constitution.

Cette prééminence signifie non seulement la stricte observation des normes et procédures que fixe la Constitution, mais aussi le respect des droits fondamentaux des citoyens qui y sont énoncés. En effet, toutes les constitutions contemporaines contiennent à la fois une partie organique et une partie dogmatique; la première concerne l'organisation de l'Etat, la répartition et la séparation des pouvoirs et les mécanismes relatifs à leur fonctionnement; la seconde partie se rapporte aux droits fondamentaux et aux limites imposées aux organes de l'Etat à cet égard. Cela implique, par exemple, en ce qui concerne le parlement, l'obligation non seulement de se conformer aux normes constitutionnelles régissant la séparation des pouvoirs et d'éviter l'empiétement sur les activités de l'exécutif et du judiciaire, mais aussi celle d'agir en conformité avec les procédures d'élaboration des lois que prévoit la Constitution. Cela veut également dire que, dans l'élaboration des lois, le parlement ne peut, en aucun cas, porter atteinte aux droits fondamentaux que garantit la Constitution.

Dans cette optique et compte tenu de sa suprématie, on doit considérer la Constitution comme contenant des règles non seulement de caractère organique et de procédure mais aussi de fond ou de nature substantive. Ainsi donc, une loi peut être inconstitutionnelle non seulement en raison de vices de procédure entâchant son élaboration mais également de son contenu, lorsque celui-ci est contraire aux principes énoncés dans la Constitution en matière de droits fondamentaux. L'inconstitutionnalité peut alors être non seulement de forme mais aussi de fond[(2)].

En tout cas, cette suprématie de la Constitution serait en soi imparfaite et inopérante du point de vue juridique si l'on ne spécifiait pas les garanties destinées à sa défense contre des actes inconstitutionnels de l'Etat ou contre n'importe quelle rupture de l'ordre constitutionnel. La suprématie de la Constitution ne signifierait rien, si l'on ne fixait pas avec précision les moyens de protéger la Constitution, tant en ce qui concerne sa partie organique, les procédures constitutionnelles y compris, que sa partie dogmatique se rapportant aux droits fondamentaux.

---

(2) H. KELSEN, «La garantie juridictionnelle de la Constitution (La justice constitutionnelle)», *Revue du droit public et de la science politique en France et à l'étranger*, Paris 1928, p. 202.

2. Le contrôle juridictionnel de la constitutionnalité et la fin de l'absolutisme parlementaire

En général, et historiquement, deux sortes de garanties de la suprématie de la Constitution peuvent être distinguées: les politiques et les juridictionnelles. En ce qui concerne les garanties politiques, celles-ci sont en général attribuées aux organes politiques suprêmes de caractère représentatif. Cette garantie politique de la Constitution a existé en général dans les régimes politiques où s'imposent, soit une interprétation extrême du principe de la séparation des pouvoirs, soit le principe de la unité des pouvoirs de l'Etat. Dans le premier cas, telle était traditionnellement le situation de la France jusqu'à la création, du Conseil constitutionnel, où l'Assemblée nationale était le seul pouvoir de l'Etat habilité à veiller à la constitutionnalité des lois. Dans le second cas, c'est le système qui avait été adopté dans presque tous les pays socialistes, où seul l'organe suprême et politiquement représentatif pouvait exercer le contrôle de la constitutionnalité des lois.

Dans les systèmes où la garantie politique de la constitutionnalité ressortissait des organes politiques représentatifs, on tendait à assimiler les organes contrôlés et les organes de contrôle[3], ce qui avait attiré des critiques même dans le monde socialiste qui y voyait un système inadéquat, ou à tout le moins, «peu satisfaisant»[4]. En tout cas, l'argument en faveur de ce type de moyens de protection de la Constitution se fonde sur le principe de l'unité du pouvoir de l'Etat (et le rejet du principe de la séparation des pouvoirs) qui caractérisait le régime juridique de droit public des pays socialistes, impliquant ainsi la suprématie du pouvoir de l'organe de l'Etat politiquement représentatif. Conséquence logique de cette prééminence, on écartait toute possibilité de confier le pouvoir de contrôle de la constitutionnalité des lois à un autre organe et d'envisager comme illégitime tout autre contrôle susceptible d'être exercé par un organe de l'Etat autre que l'organe représentatif suprême, y compris l'autorité judiciaire[5].

Or, avant les changements constitutionnels dans le monde socialiste intervenus à partir de 1990, trois pays socialistes -la Yougoslavie, la Tchécoslovaquie et la Pologne- avaient toutefois institué une garantie juridictionnelle de la Constitution en confiant le pouvoir de contrôle de la constitutionnalité des lois à des cours constitutionnelles spéciales, s'inspirant des principes de la suprématie de la Constitution et de la séparation des pouvoir de l'Etat. C'est la tendance actuelle dans d'autres pays de l'Est.

---

(3) P. BISCARETTI DI RUFFIA, «Les constitutions européennes: notions introductives» in P. BISCARETTI DI RUFFIA et S. ROZMARYN, *La Constitution comme loi fondamentale dans les Etats socialistes*, Torino 1966, p. 70.

(4) P. NIKOHC, *Le contrôle juridictionnel des lois et sa légitimité. (Développements récents dans les pays socialistes)*, Rapport, Association Internationale des Sciences juridiques, Uppsala, 1984 (polycopié) p. 14. Publié aussi in L. FAVOREU et J.A. JOLOWICZ. (ed.) *Le contrôle juridictionnel des lois. Légitimité, effectivité et développements récents*, Paris 1986, pp. 71-115.

(5) *Idem*, p. 17.

D'autre part, dans les régimes astreints à une rigoureuse interprétation de la séparation des pouvoirs ou ayant adopté le principe de la suprématie du parlement, il ne pouvait y avoir, bien sûr, de système de contrôle judiciaire de la constitutionnalité des lois. Tel était le cas, dans tous les pays de l'Europe continentale après la Révolution française et c'est le cas au Royaume-Uni aujourd'hui. En effet, en Europe, la monarchie et le principe de la représentation fondé sur l'élection du corps législatif avaient abouti à l'adoption du principe de la suprématie du parlement sur les autres pouvoirs de l'Etat et, par conséquent, à celui de la primauté les lois ou des actes du parlement sur toutes autres normes légales.

Au XIXème siècle, en effet, il eût été inconcevable aux yeux du libéralisme régnant de supposer une quelconque entorse au principe de la suprématie de la loi, produit de la volonté générale. Ce principe mettait tout simplement au rang de l'impensable toute éventuelle inobservation de la Constitution par le parlement. Aux yeux du libéralisme en vogue au XIXème siècle, le véritable ennemi s'avérait être l'exécutif -le monarque- qui pouvait être tenté de faire prévaloir sa propre volonté sur celle du peuple, incarnée par le parlement. Or, il était inconcevable que le parlement eût pu se méprendre ou défaillir. Ce mythe de l'Assemblée expression absolue de la volonté populaire, source sûre et infaillible de l'esprit collectif, était indubitablement le fruit historique du jacobinisme français.

En effet, c'est bien du jacobinisme, fondé sur le principe absolu de la représentation de la volonté nationale, que devait naître le dogme de la souveraineté parlementaire en France, dogme en vertu duquel on proscrivait résolument tout pouvoir au-dessus de l'Assemblée et on faisait, naturellement, du pouvoir judiciaire un simple instrument d'exécution des lois votées par l'Assemblée, lui ôtant jusqu'à la faculté d'interpréter les lois. D'où le procédé bien connu du «référé législatif» imposant aux juges l'obligation de consulter l'Assemblée nationale en cas de doute dans l'interprétation des lois(6).

Cette contrainte découlait de la plus pure tradition des théories de Montesquieu, selon lesquelles les juges n'étaient rien de plus que «la bouche qui prononce les paroles de la loi; des êtres inanimés qui n'en peuvent modérer ni la force ni la rigueur»(7); et elle figurait en bonne place dans la loi du 1624 août 1790 sur l'organisation judiciaire, dont on vient de fêter le bicentenaire.

L'article 10 du titre II de la loi surmentionée posait le principe de la séparation des pouvoirs législatif et judiciaire en ces termes: «Les tribunaux ne pourront prendre directement ou indirectement aucune part à l'exercice du pouvoir législatif; ni empêcher ou suspendre l'exécution des décrets du corps législatif... » Et l'article 12 du même titre ajoutait: «Ils (les tribunaux) ne pourront point faire de règlements mais ils s'adresseront au corps législatif toutes les fois qu'ils croiront nécessaire soit d'interpréter une loi soit d'en faire une nouvelle»(8). Le

(6) E. GARCÍA DE ENTERRÍA, *La Constitución como norma y el Tribunal Constitucional*, Madrid 1981, p. 164.

(7) *Cit.* par Ch. H. MC ILWAIN, *The High Court of Parliament and its Supremacy*, Yale 1910, p. 323.

(8) *Cit.* par E. GARCÍA DE ENTERRÍA, *op. cit.*, p. 164, note 88.

«référé législatif» constituait alors l'instrument dont disposait le corps législatif pour interpréter les lois, interprétation à laquelle les juges ne pouvaient même pas procéder.

C'est cependant au nom de ce principe jacobin de l'Assemblée, résultant de la Révolution française, qu'on a refusé pendant longtemps de légitimer le pouvoir des autorités judiciaires d'annuler les décisions émanant de l'Assemblée. Au Royaume-Uni, c'est précisément le même principe de la souveraineté du parlement, fruit de la «Glorieuse Révolution» de 1688, qui empêche actuellement les instances judiciaires de veiller à la constitutionnalité des lois. Conformément à ce principe, les juges ont pour tâche d'appliquer les lois et bien entendu de les interpréter, mais ne sont pas investis du pouvoir d'en exercer le contrôle, les décisions du corps législatif traduisant la volonté souveraine du peuple.

Partant de cette conception traditionnelle de la séparation des pouvoirs, tout système de contrôle judiciaire de la constitutionnalité des lois était considéré attentatoire au principe de la souveraineté du parlement, fondée, elle, sur la prééminence du législatif sur les autres pouvoirs de l'Etat. Cette conception s'appuyait sur l'idée que le parlement était composé des représentants du peuple, lesquels, à ce titre, représentaient le souverain au sein d'un régime démocratique représentatif. Dans cette optique, toute intervention d'une instance constitutionnelle quelconque tendant à limiter l'autonomie de l'organe représentatif suprême de l'Etat ne pouvait être qu'inadmissible, et de ce fait, le contrôle des lois ne pouvait ressortir que de ce seul organe.

En tout cas, il est clair que ce principe de la souveraineté du peuple que posent les constitutions modernes, de nos jours comme dogme fondamental de tout *Etat de droit* démocratique, est un principe politique inhérent au pouvoir constituant de l'Etat, représenté par tous les corps constitués de l'Etat, et non par le pouvoir de l'un ou de l'autre des corps constitués exerçant le pouvoir public. Il est donc impossible d'entamer un débat sur la souveraineté relative des corps constitués de l'Etat, puisque tous émanent du souverain et en sont les représentants. Aussi, cela n'a-t-il pas de sens aujourd'hui d'exciper de la souveraineté du parlement pour repousser l'instauration d'un mécanisme capable de garantir la Constitution à laquelle le parlement est lui aussi subordonné.

Pour reprendre l'argument dans un autre sens, il ne faut pas oublier que dans les régimes démocratiques de type présidentiel ou parlementaire, le président de la République ou le chef du gouvernement sont élus par le peuple et émanent donc de la souveraineté populaire, tout comme les membres du parlement. Du moment où la Constitution accorde la souveraineté au peuple, il est tout à fait clair que cette qualité ne peut être conférée à un organe de l'Etat plutôt qu'à un autre. Or tous les pouvoirs de l'Etat et tous les organes qui l'exercent tirent leur légitimité du peuple. Par conséquent, aucun organisme constitutionnel n'est ni ne peut être vraiment souverain, pas même le parlement[9], et tous doivent être subordonnés à la Constitution.

D'ailleurs, il ne faut pas oublier que dans les démocraties contemporaines, le jeu des forces politiques et sociales tendent a relativiser davantage les fonctions constitutionnelles des organes de l'Etat en transformant le parlement dans une sorte de forum des partis politiques et, en forçant le gouvernement à négocier forcément avec eux, ainsi qu'avec les syndicats et les groupes de pression. Cette primauté des partis politiques a maintes fois ébréché le principe de la séparation des pouvoirs et conduit, à l'inverse, à leur concentration de fait dans les mains du gouvernement ou dans celles des partis eux-mêmes. Il ne fait aucun doute, par conséquent, que la nécessité s'est imposée de prendre les mesures propres à orienter les activités des organes de l'Etat et celles des partis eux-mêmes sur des voies constitutionnelles[10].

En tout cas, à l'exception du Royaume-Uni, le mythe tenace de la souveraineté du parlement s'est depuis dissipé en Europe. En effet, le contrôle juridictionnel de la constitutionnalité des lois a fait son apparition en Europe à la suite de la grande crise consécutive à la première guerre mondiale et aux tragédies successives imputables à des errances politiques. Ceci a conduit à la fois à la conversion de la Constitution en code normatif, directement applicable et imposable, et à la mise sur pied d'organismes constitutionnels ayant pour tâche de sauvegarder juridictionnellement l'ordre constitutionnel et de garantir la suprématie de la Constitution, non seulement sur le pouvoir exécutif -contrôlé, séparément, par un autre type d'instance judiciaire ou juridictionnelle- mais essentiellement sur le parlement, c'est à dire sur les actes législatifs et les lois, notamment. En conséquence, la souveraineté du parlement a cessé d'être au-dessus de la justice et, le contrôle juridictionnel de la constitutionnalité est devenu l'instrument permettant l'assujettissement du parlement à la Constitution, lorsque la formation de majorités éphémères déséquilibre les pouvoirs de l'Etat, ou lorsque l'irrationalité des relations politiques et sociales peut porter atteinte aux principes et aux valeurs supérieurs de la société. De fait, les terribles leçons tirées des abus des régimes nazi et fasciste en Europe ont, sans doute, défiguré les mythes et théories d'alors quant à l'infaillibilité de la loi. Aussi, comme l'a fait observer le Professeur Favoreu, le mythe rousseauiste de l'infaillibilité de la loi et, donc, du parlement par lequel s'exprime la volonté générale s'effondre «et 1a célèbre formule selon laquelle le législateur ne peut mal faire est à réviser»[11].

En effet, l'expérience européenne de l'entre-deux-guerres a fait naître un sentiment de prudence empreint de scepticisme eu égard des parlements et de la représentativité. Comme le Professeur Mauro Cappelletti l'a fait remarquer: «On

---

(9) P. Lucas MURILLO DE LA CUEVA, «El examen de la constitucionalidad de las leyes y la soberanía parlamentaria», *Revista de estudios políticos*, n° 7, Madrid 1979, p. 212.

(10) *Idem*, p. 212.

(11) L. FAVOREU, «Europe occidentale» in L. FAVOREU et J.A. JOLOWICZ. (ed.), *Le contrôle juridictionnel des lois. Légitimité, effectivité et développements récents*, Paris 1986, p. 43. Publié comme «Actualité et légitimité du contrôle juridictionnel des lois en Europe occidentale» in *Revue du droit public et de la science politique en France et à l'étranger*, Paris 1984, (5), pp. 1147 et 1201.

réalise que l'on s'était fait trop d'illusions sur la théorie démocratique libérale» vu que souvent «la réalité était éloignée du mythe de la suprématie de la volonté du peuple et que «les Parlements et leur législation pouvaient devenir les instruments de régimes despotiques, et que les majorités pouvaient être elle-même brutalement oppressives»[(12)]. En fait, les législateurs de la République de Weimar et de l'Italie mussolinienne ont échoué comme garants de la liberté. Ils sont au contraire devenus l'instrument de majorités circonstancielles au profit de la consolidation de régimes totalitaires.

Aussi peut on dire que ces deux pays ont appris la leçon et ont non seulement introduit dans leurs nouvelles constitutions d'après-guerre des valeurs fondamentales, solidement enracinées, des libertés et des droits hors d'atteinte du parlement, mais ont aussi adopté le principe du contrôle juridictionnel de la constitutionnalités des lois, à l'instar de l'Autriche, dans les années vingt.

Dans ce sens, on a pris conscience de la nécessité de protéger les libertés non seulement contre l'exécutif mais aussi contre le législatif, comme l'écrit le Professeur Jean Rivero:

> A la vieille idée, qui domine tout le XIXème siècle libéral, de la protection de la liberté *par la loi* tend à se substituer à l'idée expérimentale de la nécessité de la protection des libertés *contre la loi*. Et cette évolution rend possible ce phénomène extraordinaire qu'est l'acceptation d'une autorité supérieure au législateur lui-même, d'une autorité chargée d'imposer au législateur le respect de la Constitution[(13)].

Conséquemment, les pays de l'Europe continentale ont adopté un contrôle juridictionnel de la constitutionnalité des lois, empruntant des voies différentes de celles du système nord-américain et, ainsi ont adopté le principe du contrôle juridictionnel pour d'autres raisons. Selon le Professeur Favoreu, le phénomène européen s'est produit moins en raison d'un problème de logique juridique -à la lumière de l'affaire *Marbury* v. *Madison*, en vertu de quoi, une loi contraire à la Constitution ne peut être appliquée- que de logique politique. C'est plutôt «la crainte de l'oppression par une majorité parlementaire qui a été déterminante dans le changement de position des pays de l'Europe occidentale quant au contrôle juridictionnel de la constitutionnalité des lois»[(14)].

Il est également possible de trouver une explication à cette logique politique du contrôle juridictionnel de la constitutionnalité dans le fait que, dans bon nombre de pays, la représentativité de la volonté générale, exprimée par des élus, s'est démythifiée en raison notamment de ce que le corps législatif se trouvait être composé la plupart du temps d'individus choisis par les partis politiques et qui, bien qu'étant incontestablement une émanation de ces mêmes partis, ne représentent pas vraiment, en fait, la volonté populaire.

---

(12) M. CAPPELLETTI, «Rapport général» in L. FAVOREU et J.A. JOLOWICZ. (ed.), *Le contrôle juridictionnel des lois. Légitimité, effectivité et développements récents*, *op. cit.*, pp. 293-294.

(13) J. RIVERO, «Rapport de synthèse» in L. FAVOREU (ed.), *Cours constitutionnelles européennes et droits fondamentaux*, Aix-en-Provence 1982, p. 519.

(14) L. FAVOREU, «Europe occidentale», *loc. cit.*, p. 43.

De toute façon, l'idée d'introduire un certain nombre de valeurs hors de l'emprise d'une majorité circonstancielle ou passagère a contribué, d'une manière ou d'une autre, au transfert du caractère traditionnellement sacré de la loi à la Constitution. On a, en d'autres termes, désacralisé la loi au profit de la Constitution.

C'est, par conséquent, après la deuxième guerre mondiale qu'on peut dire que dans les pays de l'Europe continentale «Il y a une redécouverte de la Constitution comme texte à caractère juridique»[(15)] ou plutôt que ces pays ont découvert la véritable nature fondamentale de la Constitution en y voyant une loi supérieure et suprême, applicable à tous les organes de l'Etat et imposable par les tribunaux. Comme l'a souligné le Professeur Mauro Cappelletti, ce qui est tout à fait nouveau dans le constitutionnalisme européen moderne:

> C'est le sérieux effort pour concevoir la Constitution non comme un simple guide à caractère moral, politique ou philosophique, mais comme une loi véritable, elle-même *positive* et *obligatoire*, d'une nature supérieure, plus permanente que la législation ordinaire[(16)].

Et, bien sûr, cette loi positive et supérieure devait s'appliquer au législateur comme à tous les organes de l'Etat. C'est ce que déclarait de manière expresse le Conseil constitutionnel français dans sa décision sur les nationalisations du 16 janvier 1982, laquelle stipulait:

> Considérant que, si l'article 34 de la Constitution place dans le domaine de la loi 'les nationalisations d'entreprises et les transferts d'entreprises du secteur public au secteur privé, cette disposition, tout comme celle qui confie à la loi la détermination des principes fondamentaux du régime de la propriété, ne saurait dispenser le législateur, dans l'exercice de sa compétence, du respect des principes et des règles de valeur constitutionnelle qui s'imposent à tous les organes de l'Etat[(17)].

Se référant à cette décision du Conseil constitutionnel, le Professeur Louis Favoreu l'a qualifiée comme «l'affirmation fondamentale de la plénitude de la réalisation de l'*Etat de droit* en France» au regard de la situation antérieure, «dans la mesure où le législateur qui, jusqu'à une époque récente, échappait en fait sinon en droit, à la soumission à la règle supérieure»[(18)].

Aussi la suprématie de la Constitution sur le parlement a-t-elle marqué la fin de l'absolutisme parlementaire[(19)], modifié l'ancien concept de souveraineté parlementaire et ouvert la voie au contrôle constitutionnel en France avec la création du Conseil constitutionnel. Ce processus avait cependant déjà été engagé plus largement dans d'autres pays de l''Europe continentale comme l'Autriche, l'Allemagne et l'Italie.

---

(15) *Idem.*

(16) M. CAPPELLETTI, *loc. cit.*, p. 294.

(17) L. FAVOREU et L. PHILIP, *Les grandes décisions du Conseil constitutionnel*, Paris 1984, p. 527. L. FAVOREU, «Les décisions du Conseil constitutionnel dans l'affaire des nationalisations», *Revue du droit public et de la science politique en France et à l'étranger*, Paris 1982, p. 400.

(18) L. FAVOREU, «Les décisions du Conseil constitutionnel... », *loc. cit.*, p. 400.

(19) J. RIVERO, «Fin d'un absolutisme», *Pouvoirs*, 13, Paris 1980, pp. 5-15.

Un autre facteur qui a contribué à l'apparition de mécanismes de contrôle juridictionnel de la constitutionnalité des lois a été la transformation de la notion de «loi» comme acte du parlement. En fait, les lois, jadis considérées dans la tradition du XIXème siècle, comme le fruit de la tâche du législateur en tant qu'expression de la volonté générale, se sont converties, au fil de l'évolution des régimes parlementaires, en actes de la majorité parlementaire et du gouvernement par un système de «verres communicants», par le truchement des partis politiques. De sorte que les lois ne sont pas toujours nécessairement l'expression de la volonté de tous ni adoptées par une majorité solide et mythique; elles n'ont été, dans certains cas, comme le dit le Professeur Jean Rivero, que «l'expression de la volonté gouvernementale approuvée par une majorité solidaire»[(20)]. En outre, compte tenu de l'évolution des tâches de l'Etat, la loi a eu tendance à devenir un produit plus technique, dont la teneur échappe de ce fait et fréquemment même au contrôle effectif du parlement, puisque ce sont les technocrates qui au sein de l'Administration en conçoivent et en fixent le contenu, en dehors de toute participation effective de membres du parlement. Le contrôle juridictionnel constitue donc un instrument efficace permettant de veiller à la constitutionnalité de tels actes ou lois du parlement, lois qui, dans bien de cas, traduisent la volonté gouvernementale plutôt que la volonté générale.

Cela étant, la suprématie de la Constitution et son emprise sur le législatif a conduit à doter la Constitution de garanties juridictionnelles plutôt que politiques, ces dernières s'étant avérées inefficaces à la lumière de l'expérience, en France, du Sénat conservateur de 1799 et de la Constitution de 1852. En règle générale, les constitutions ont fixé la répartition des pouvoirs publics entre les différents organes de l'Etat et ont essentiellement accordé des pouvoirs fondamentaux au législatif, corps traditionnellement considéré infaillible puisque expression même de la volonté populaire. Cependant, politiquement parlant, l'autocontrôle du parlement s'est avéré illusoire. D'un autre coté, les constitutions ont progressivement déterminé les droits fondamentaux des individus et des minorités, même contre la volonté de la majorité. C'est ce qui fait dire au Professeur Cappelletti qu' «aucun système efficace de contrôle de ces droits ne peut être confié aux électeurs ou à des personnes et organes dépendant, et étroitement tributaires, de la volonté de la majorité»[(21)], en d'autres termes, au législatif proprement dit.

C'est pour cela que, contrairement aux systèmes politiques de contrôle de la constitutionnalité des lois, la tendance générale du constitutionnalisme contemporain, dans les régimes constitutionnels dotés d'une Constitution écrite, est de prévoir l'existence de moyens de protection juridictionnelle de la Constitution en accordant des pouvoirs effectifs de contrôle de la constitutionnalité des lois soit aux tribunaux ou aux autorités judiciaires ordinaires, soit à des cours constitutionnelles spéciales.

---

(20) J. RIVERO, «Rapport de synthèse», *loc. cit.*, p. 519.

(21) M. CAPPELLETTI, *loc. cit.*, p. 295.

3. La légitimité du contrôle juridictionnel de la constitutionnalité et les systèmes de partage du pouvoir public

En général, on peut dire que dans le constitutionnalisme moderne, le pouvoir judiciaire, prétendument le «moins dangereux»(22) de tous les pouvoirs de l'Etat et en fait politiquement le moins dangereux des organes de l'Etat, s'est vu confier la tâche de défendre la Constitution et de veiller à la constitutionnalité des lois. C'est le cas en Amérique.

Dans d'autres cas, comme en Europe, la fonction juridictionnelle du contrôle de la constitutionnalité a été attribuée à des organes ou à des cours spéciales indépendants du pouvoir judiciaire.

Dans un cas comme dans l'autre, cela a naturellement soulevé un débat interminable autour du «gigantesque problème du contrôle judiciaire» selon l'expression du Professeur Cappelletti, et la discussion a porté sur la légitimité ou l'illégitimité du pouvoir conféré à des entités publiques, qui ne sont pas responsables devant le peuple, de contrôler les actes de celles qui, en revanche, sont politiquement responsables(23) ou, sous un autre angle, le débat a été axé sur le caractère démocratique ou non démocratique du contrôle juridictionnel de constitutionalité(24).

Les positions, bien sûr, alternent soit pour justifier l'absence de contrôle juridictionnel ou judiciaire de la constitutionnalité dans les régimes où prévaut la souveraineté du parlement, soit pour critiquer ce contrôle au motif que des juges ont fait preuve d'un activisme débordant dans l'adaptation de la Constitution en établissant des normes constitutionnelles non écrites ou en attribuant un caractère constitutionnel à certaines règles. Dans ces conditions, on avait estimé que le contrôle juridictionnel était illégitime parce que, croyait-on, des organismes non élus ne devaient pas contrôler les corps élus de l'Etat et que les organismes publics non élus n'avaient pas faculté de déterminer quelle norme de l'Etat avait force de loi, c'est à dire de se prononcer sur sa constitutionnalité ou son inconstitutionnalité.

En tout cas, on peut considérer ce débat abstrait, byzantin et interminable, principalement parce qu'il est axé sur un prétendu problème de légitimité abstraite du contrôle juridictionnelde constitutionalité qui ne peut être résolu que de manière abstraite en assimilant démocratie et représentativité en un tout(25). Le problème du contrôle juridictionnel ou des pouvoirs dont sont investis les juges ou des organes constitutionnels de nature juridictionnelle pour veiller à la constitutionnalité des lois, ne peut être abordé ou discuté sous l'angle de la

---

(22) A. BICKEL, *The Least Dangerous Branch. The Supreme Court at the Bar of Politics*, Indianapolis 1962.

(23) M. CAPPELLETTI, «El formidable problema del control judicial y la contribución del análisis comparado», *Revista de estudios políticos*, n° 13, Madrid 1980, pp. 61-103, («The Mighty Problem of Judicial Review and the Contribution of Comparative Analysis», *Southern California Law Review*, 1980, p. 409).

(24) M. CAPPELLETTI, «Rapport général», *loc. cit.*, pp. 296 et ss.

(25) *Cf.* Allan R. BREWER-CARIAS, *op .cit.*, pp. 116 et ss.

légitimité ou de l'illégitimité en partant du principe que la démocratie repose sur la seule représentativité. La démocratie déborde le cadre de la représentativité parce qu'elle est plutôt un mode de vie où les libertés individuelles et les droits fondamentaux de l'homme doivent être respectés, au point de pouvoir dire que tout contrôle juridictionnel effectif de la constitutionnalité des lois n'est pas viable dans des régimes non démocratiques, notamment en raison du fait qu'il ne peut y avoir d'indépendance réelle des juges dans de tels régimes(26); et «il est clair qu'on ne peut pratiquer de contrôle judiciaire efficace là où l'indépendance du pouvoir judiciaire n'est pas garantie»(27).

C'est aussi la raison pour laquelle on a observé que c'est à la suite de périodes de dictature que la plupart des pays européens ont instauré un contrôle juridictionnel en matière de constitutionnalité; tel a été le cas en Allemagne, en Italie, en Espagne et au Portugal(28).

Par conséquent, dans tout régime représentatif et démocratique, le pouvoir accordé aux juges de veiller aux anomalies du législatif et aux contraventions par l'organe représentatif des droit fondamentaux doit être considéré absolument démocratique et légitime(29). Comme le fait observer le Professeur Jean Rivero dans son rapport final au Colloque international d'Aix-en-Provence de 1981 sur la protection des droits fondamentaux par les cours constitutionnelles en Europe:

> Le contrôle marque un progrès dans le sens de la démocratie, qui n'est pas seulement un mode d'attribution du pouvoir, mais aussi un mode d'exercice du pouvoir. Et je pense que tout ce qui renforce les libertés fondamentales des citoyens va dans le sens de la démocratie(30).

Dans cet ordre d'idées, le professeur Eduardo García de Enterría, se référant aux libertés constitutionnelles et aux droits fondamentaux comme limites imposées aux pouvoirs de l'Etat, devait noter:

> Si la Constitution les établit, il est évident qu'une majorité parlementaire circonstancielle qui les ignore ou les viole, loin de pouvoir légitimer son attitude en invoquant la force majoritaire, montre plutôt son abus de pouvoir et son intention de subjuguer ou exclure la minorité. La fonction de protection qu'exerce le tribunal constitutionnel contre cet abus, en annulant les actes législatifs qui portent atteinte à la liberté de quelques unes ou de tous les citoyens est le seul instrument efficace contre cette transgression, il n'y a pas d'autre moyen d'obtenir une garantie effective de la liberté qui aille au-delà de la simple rhétorique d'un texte constitutionnel(31).

---

(26) M. CAPPELLETTI, «Rapport général», *loc. cit.*, p. 290.

(27) J. CARPIZO et H. FIX-ZAMUDIO, *The Necessity for and the Legitimacy of the Judicial Review of the Constitutionality of the Laws in Latin America. Recent Developments.* International Association of Legal Sciences. Uppsala Colloquium 1984 (polycopié), p. 22. Publié aussi in L. FAVOREU et J. A. JOLOWICZ (ed.), *Le contrôle juridictionnel des lois..., op. cit.*, pp. 119-151.

(28) L. FAVOREU, «Europe occidentale», *loc. cit.*, p. 44. *Cf.* P. DE VEGA GARCÍA, «Jurisdicción constitucional y crisis de la Constitución», *Revista de estudios políticos*, n° 7, Madrid 1979, p. 108.

(29) E. V. ROSTOW, «The Democratic Character of Judicial Review», *Harvard Law Review*, 193, 1952.

(30) J. RIVERO, «Rapport de synthèse», *loc. cit.*, pp. 525-526. *Cf.* M. CAPPELLETTI «Rapport général», *loc. cit.*, p. 300.

(31) E. GARCÍA DE ENTERRÍA, *op. cit.*, p. 190.

C'est aussi le principal argument qu'avançait Hans Kelsen dans son article publié dans la *Revue du droit public et de la science politique en France et à l'étranger* en 1928, pour réfuter la thèse en question de la force de la majorité. Il écrivait:

> Si l'on voit l'essence de la démocratie, non dans la toute puissance de la majorité, mais dans le compromis constant entre les groupes représentés au parlement par la majorité et la minorité, et par suite dans la paix sociale, la justice constitutionnelle apparaît comme un moyen particulièrement propre à réaliser cette idée. La simple menace du recours au tribunal constitutionnel peut être entre les mains des minorités pour prévenir des atteintes contraires à la Constitution du côté de la majorité contre des intérêts juridiquement protégés, et, partant, permet de combattre la dictature de la majorité, laquelle n'est pas moins dangereuse pour la paix sociale que la minorité elle-même[32].

Or, le contrôle juridictionnel tire sa légitimité démocratique non seulement de la protection qu'il assure des droits fondamentaux, mais également de celle concernant les aspects organiques de la Constitution, c'est à dire de l'exercice d'un contrôle des systèmes de répartition des pouvoirs adoptés par la Constitution.

A ce propos, il convient de souligner que le problème de la légitimité du contrôle ne s'est jamais posé dans le cas de la répartition verticale des pouvoirs de l'Etat propre aux régimes politiquement décentralisés ou de type fédéral. Au contraire, on peut dire que le contrôle juridictionnel de la constitutionnalité est essentiellement et étroitement lié au fédéralisme[33].

C'est ce qui explique que la forme de l'Etat se moule sur les principes des plus importants qui ont contribué à l'instauration du contrôle juridictionnel de la constitutionnalité des lois et à en justifier l'introduction dans le constitutionnalisme contemporain.

En effet, le fédéralisme exige l'imposition d'un certain degré de suprématie des lois fédérales sur la législation locale, régionale ou des Etats membres. Ce n'est donc pas par hasard que les pays dotés d'une structure fédérale et politiquement décentralisée ont été les premiers à instaurer un contrôle judiciaire de la constitutionnalité des lois. Tel a été le cas, au XIXème siècle, des Etats-Unis d'Amérique et de tous les pays fédéraux d'Amérique latine qui ont instauré un contrôle judiciaire de la constitutionnalité des lois et des autres actes de l'Etat. De même en Europe, l'Allemagne, s'est dotée d'une structure fédérale, l'Italie d'un système régional décentralisé et; l'Espagne de communautés administrativement autonomes, ont mis en place un système de contrôle juridictionnel de la constitutionnalité des lois.

Dans tous ces cas, il est évident que la nécessité d'instaurer un contrôle judiciaire ou juridictionnel par un tribunal constitutionnel se justifiait en vue précisément du règlement de conflits de pouvoirs susceptibles d'apparaître entre les diverses instances nationales et régionales. L'une des tâches fondamentales des cours et tribunaux constitutionnels en Autriche, en Allemagne, en Italie et en Espagne et du contrôle judiciaire de la constitutionnalité qu'exercent les cours

---

(32). H. KELSEN, *loc. cit.*, p. 253.

(33) W.J. WAGNER, *The Federal States and their Judiciairy*, The Hague 1959, p. 85.

suprêmes en Amérique latine est justement de régler les différends entre les instances politique-administratives nationales et les Etats membres de la fédération, les régions politiques ou les communautés autonomes, selon les pays. C'est donc la décentralisation politique, dans le cas des Etats fédéraux comme des Etats dits régionalisés, qui a contribué à l'apparition et à la consolidation de cours ou de tribunaux constitutionnels chargés précisément de veiller à la constitutionnalité des lois afin de garantir l'équilibre constitutionnel entre l'Etat et les entités territoriales. Aussi, dans les Etats fédéraux ou administrativement et politiquement décentralisés, ne peut il y avoir de doute quant à la légitimité du contrôle juridictionnel de la constitutionnalité des lois ni de débat en la matière, sauf en ce qui concerne la justification de son existence et de sa nécessité.

Par conséquent, les problèmes de légitimité que soulève le contrôle juridictionnel de la constitutionnalité des lois comme une garantie de la Constitution, ne se pose pas face au fédéralisme ou à la décentralisation politique, non plus qu'à ce qui concerne les droits fondamentaux de l'individu. Elle constitue un frein au pouvoir législatif dans la mesure où ce contrôle juridictionnel s'exerce sans conteste sur lui[34].

On ne peut cependant pas en dire autant en ce qui concerne le partage horizontal ou la séparation des pouvoirs. Même si cela impose également des limites au pouvoir législatif, l'acceptation du contrôle judiciaire de la constitutionnalité des lois a soulevé des polémiques quant à sa légitimité, du fait notamment que ce contrôle se heurte au principe de la suprématie du parlement sur les autres pouvoirs de l'Etat. Mais, cela a fourni des arguments en faveur de ce contrôle judiciaire, comme contre-poids essentiel entre les différents pouvoirs de l'Etat pour garantir la Constitution.

En effet, la séparation des pouvoirs, conséquence, entre autres, de la répartition horizontale des pouvoirs de l'Etat entre ses organes, exige essentiellement un mécanisme indépendant pour garantir le contenu organique de la Constitution. Un tel système de contrôle est indispensable dès lors qu'il s'agit en particulier de la démarcation des pouvoirs entre le législatif et le exécutif. Dans ce cas là, il a été nécessaire d'y intercaler un système de contrepoids pour maintenir l'équilibre que pose la Constitution. Par conséquent, les pouvoirs accordés aux organes judiciaires aux fins de contrôle de la constitutionnalité et de la légalité des actes administratifs ont été acceptés sans discussion, comme étant essentiellement liés au concept de l'*Etat de droit*, tout autant qu'au contrôle de la constitutionnalité des lois.

Mais, les principes traditionnels de la suprématie du parlement, d'une part, et de la séparation des pouvoirs, d'autre part, ont été si importants en Europe qu'ils ont eu pour conséquence d'ôter toute possibilité aux autorités judiciaires d'exercer leur pouvoir de contrôle non seulement sur la légalité des actes administratifs,

---

(34) *Cf.* B.O. NWABUEZE, *Judicial Control of Legislative Action and its Legitimacy. Recent Developments,* African Regional Report, International Association of Legal Sciences. Uppsala Colloquium 1984, (polycopié) p. 23. Publié aussi in L. FAVOREU et J.A. JOLOWICZ (ed.), *Le contrôle juridictionnel des lois..., op. cit.*, pp. 193-222.

mais aussi sur la constitutionnalité des lois. C'est pour cela qu'ont été créées des juridictions contentieux administratif indépendantes du pouvoir judiciaire et qu'on a développé des systèmes de contrôle juridictionnel de la constitutionnalité en prenant soin de les confier à de nouveaux organes constitutionnels séparés du pouvoir judiciaire. Ainsi, la nécessité d'instaurer un contrôle juridictionnel de la constitutionnalité des lois à titre de garantie de la Constitution s'est accommodé au principe de la séparation des pouvoirs en vertu duquel on considérait traditionnellement toute tentative de contrôle judiciaire de la constitutionnalité des lois comme une ingérence inadmissible des autorités judiciaires dans le domaine du législatif.

C'est cette confrontation de la nécessité d'instituer un contrôle juridictionnel de la Constitution et du principe de la séparation des pouvoirs qui a poussé à la création, en Europe continentale, de cours constitutionnelles spéciales ayant pour attribution juridictionnelle particulière et spécifique de veiller à la constitutionnalité des lois, mais sans relever toutefois de l'ordre judiciaire traditionnel. Ainsi a-t-on mis fin à cette antinomie, avec la création de nouvelles cours constitutionnelles hiérarchiquement au-dessus des pouvoirs horizontalement séparés, au-dessus également du parlement, de l'exécutif et des autorités judiciaires, afin de veiller à la suprématie de la Constitution sur tous les organes de l'Etat.

Le «système autrichien» de contrôle juridictionnel ou le «modèle européen», comme on l'a aussi appelé,[35] se caractérise par le fait que la justice constitutionnelle a été confiée à un organe constitutionnel structurellement indépendant des autorités judiciaires ordinaires, c'est à dire, du pouvoir judiciaire et de son organisation. De plus, les membres des cours constitutionnelles n'appartiennent pas à la carrière judiciaire et sont plutôt nommés pour l'essentiel par les organes politiques et, en particulier, par le parlement et l'exécutif. Ce système a donné naissance à des organes constitutionnels spéciaux, qui, bien que n'appartenant pas au pouvoir judiciaire, n'en exercent pas moins une activité juridictionnelle proprement dite.

Ces cours, conseils ou tribunaux constitutionnels ont été considérés comme les «interprètes suprêmes de la Constitution», selon le qualificatif que leur attribue la Loi organique instituant le Tribunal constitutionnel en Espagne[36], ou encore comme les «gardiens de la Constitution»[37]. Le Professeur Eduardo García de Enterría, ancien juge à la Cour européenne des droits de l'homme, se référant au Tribunal constitutionnel espagnol, l'a qualifié de «Commissaire du pouvoir constituant, chargé de défendre la Constitution et de veiller à ce que tous les organes constitutionnels conservent leur stricte qualité de pouvoirs constitués»[38]; et l'ancien président de ce même Tribunal constitutionnel espagnol, le Professeur Manuel García Pelayo y a vu, lui, «un organe constitutionnel institué et directement structuré par la Constitution» et qui:

(35) L. FAVOREU, «Actualité et légitimité du contrôle juridictionnel des lois en Europe occidentale», *loc. cit.*, p. 1149.

(36) Art. 1. Ley Orgánica del Tribunal constitucional, Oct. 1979, *Boletín Oficial del Estado*, n° 239.

(37). G. LEIBHOLZ, *Problemas fundamentales de la democracia*, Madrid 1971, p. 148.

(38) E. GARCÍA DE ENTERRÍA, *op. cit.*, p. 198.

En tant que régulateur de la constitutionnalité des actes de l'Etat, est appelé à assurer la pleine application de l'Etat de droit et à veiller à la bonne répartition des pouvoirs établie par la Constitution, éléments essentiels tous deux, à notre époque, de tout véritable Etat constitutionnel[(39)].

En tout cas, compte tenu du fait qu'elles sont créées en qualité d'organes constitutionnels indépendants de ceux des pouvoirs législatif, exécutif et judiciaire, les Cours constitutionnelles européennes -à l'instar des autorités judiciaires agissant en qualité des juges constitutionnels dans d'autres systèmes- ont été érigées en garantes suprêmes des systèmes de partage vertical et horizontal du pouvoir[(40)], et même de la distinction entre pouvoir constituant et pouvoir constitué. En effet, la fonction du juge constitutionnel est aussi de garantir que les pouvoirs constitués agissent dans les limites que fixe le pouvoir constituant, comme le stipule la Constitution. L'objectif primordial du juge constitutionnel est donc bien d'être le gardien de la primauté du pouvoir constituant sur le pouvoir constitué. Et cela même dans le cas de contrôle préventif de la constitutionnalité, de conflit entre une loi et la Constitution, comme c'est le cas en France, où, dans une telle situation, la loi ne peut être votée, sauf si une révision de la Constitution intervient.

4. Le juge constitutionnel et la protection des droits fondamentaux

La défense de la Constitution n'est pas seulement une fonction essentielle de la justice constitutionnelle visant à garantir les différents modes de répartition du pouvoir entre les corps constitués de l'Etat et à assurer la stabilité et la continuité au plan politique, y compris dans le cas d'alternance politique de majorités[(41)]. La justice constitutionnelle a également pour rôle de garantir les droits et libertés individuels fondamentaux. C'est là, comme nous l'avons dit, un volet essentiel de l'Etat de droit et l'un des arguments de poids brandis dans la défense de la légitimité du contrôle juridictionnel de la constitutionnalité des actes de l'Etat.

En effet, la justice constitutionnelle et le contrôle juridictionnel de la constitutionnalité des lois sont étroitement liés à l'établissement constitutionnel et effectif des droits fondamentaux. La nécessité d'instaurer un système de contrôle juridictionnel de la constitutionnalité se fait sentir lorsqu'il existe des déclarations consacrant des droits et des libertés fondamentaux liés aux valeurs constitutionnelles d'une société déterminée.

Or, bien que l'idée de droits fondamentaux consacrés dans une Constitution ait des antécédents historiques, elle n'a fait son apparition en Europe qu'après la deuxième guerre mondiale. La question de créer un système de contrôle juridictionnel -exception faite des systèmes implantés en Autriche et en

---

(39) M. GARCÍA PELAYO, «El status del Tribunal Constitucional», *Revista española de derecho constitucional*, n° 1, Madrid 1981, p. 15.

(40) *Cf.* M. GARCÍA PELAYO, *loc. cit.*, p. 20.

(41) L. FAVOREU, «Le Conseil constitutionnel et l'alternance», *Revue française de science politique* (La Constitution de la Cinquième République), n° 34, (4-5), Paris 1984, pp. 1005-1114.

Tchécoslovaquie dans la anné 1920-, comme moyen de défendre les droits de l'homme, ne s'est posée que postérieurement à la deuxième guerre mondiale en raison précisément des très graves violations dont ils avaient été l'objet en Europe. Là encore, ce n'est pas par hasard si l'Italie et l'Allemagne ont consacré, pour la première fois dans leurs constitutions, les droits de l'homme, et admis la nécessité de mettre au point les mécanismes propres à en assurer la défense, mécanismes au nombre desquels figurait le contrôle de la constitutionnalité des lois.

A l'opposé, l'absence de déclaration constitutionnelle des droits individuels fondamentaux comme moyen de limiter l'action du législateur a été l'une des principales raisons expliquant l'inexistence de tout système de contrôle judiciaire ou juridictionnel de la constitutionnalité des lois, comme l'illustre le cas britannique. C'est ce qui fait dire au Professeur D.G.T. Williams que «le problème de fond quant à la consécration constitutionnelle des droits fondamentaux ou d'une structure fédérale au Royaume-Uni est le contrôle judiciaire», vu que «l'adoption d'une déclaration constitutionnelle des droits fondamentaux supposerait naturellement l'exercice de leur contrôle judiciaire par les tribunaux anglais», c'est à dire qu'il incomberait aux tribunaux ordinaires «de garantir ou de protéger certaines libertés fondamentales contre le Législateur proprement dit»(42).

De toute façon, ce qui est tout à fait clair dans les régimes dotés de constitutions écrites est que si la Constitution s'érige en loi suprême, ayant force obligatoire, le système constitutionnel doit en fixer expressément les moyens de la défendre et de la garantir. Dans le cas contraire, comme le faisait observer Hans Kelsen:

> Une Constitution à laquelle la garantie de l'annulabilité des actes inconstitutionnels fait défaut, n'est pas pleinement obligatoire, au sens technique... Une Constitution dans laquelle les actes inconstitutionnels et en particulier les lois inconstitutionnelles restent aussi valables -leur inconstitutionnalité ne permettant pas de les annuler- équivaut à peu près, du point de vue proprement juridique, à un vœu sans force obligatoire(43).

La garantie juridictionnelle de la Constitution, c'est à dire, le pouvoir conféré aux juges -aux autorités judiciaires ou aux instances constitutionnelles spéciales, selon le cas- de déclarer inconstitutionnels des actes des pouvoirs publics pris en violation de la Constitution ou d'annuler ceux de portée générale, constitue donc un volet essentiel de l'Etat de droit qui permet d'assurer l'assujettissement de tous les organes de l'Etat au droit, ainsi que le respect par eux des limites que leur impose la Constitution conformément aux systèmes de partage du pouvoir de l'Etat en vigueur(44), outre le respect par eux des droits et libertés fondamentaux que consacre la Constitution.

---

(42) D.G.T. WILLIAMS, «The Constitution of the United Kingdom», *Cambridge Law Journal*, n° 31, 1972, pp. 278-279.

(43) H. KELSEN, *loc. cit.*, p. 250.

(44) M. HIDÉN, «Constitutional Rights in the Legislative process: the Finnish System of Advance Control of Legislation», *Scandinavian in Law*, n° 17, Stockholm 1973, p. 97.

5. La justice constitutionnelle et le «pouvoir juridictionnel»

Dans le cas des Cours constitutionnelles européennes, il faut tenir compte du fait que si elles ont bien qualité d'organes constitutionnels indépendants et séparés des organes traditionnels de l'Etat (le législatif, l'exécutif et le judiciaire), elles connaissent cependant des conflits constitutionnels, toujours dans le cadre de l'exercice d'une fonction juridictionnelle. Or, les cours constitutionnelles, comme dans le cas des tribunaux ordinaires agissant en tant que juges constitutionnels, exercent toutes un pouvoir de contrôle constitutionnel. Cependant, on ne peut voir dans ces Cours constitutionnelles un «législateur négatif», comme le prétendait Hans Kelsen(45), mais plutôt des organes dotés d'une fonction juridictionnelle.

En effet, pour réfuter l'objection à la justice constitutionnelle mettant en avant le principe de la séparation des pouvoirs, Hans Kelsen alléguait que lorsque le tribunal constitutionnel annulait un acte du parlement, celui-ci exerçait une activité non pas juridictionnelle mais législative. Il soutenait que:

> Annuler une loi, c'est poser une norme générale: car l'annulation d'une loi a le même caractère de généralité que sa confection, n'étant pour ainsi dire que la confection avec un signe négatif, donc elle-même une fonction législative(46).

Mais en réalité, lorsqu'une cour ou un tribunal constitutionnel annule une loi, il ne le fait pas par caprice, et l'annulation qu'il peut être amené à prononcer ne s'inspire pas de pouvoirs discrétionnaires, mais se fonde sur des critères légaux, il y procède en appliquant une règle supérieure, la Constitution; de sorte qu'il n'exerce donc pas, dans ce sens, de fonction législative(47). Il exerce vraiment une fonction juridictionnelle, à l'instar de celle assignée aux autorités judiciaires mais se caractérisant par le fait qu'elle s'exerce à titre de garantie de la Constitution. Et s'il est vrai que les juges constitutionnels prennent souvent des décisions de caractère politique lorsqu'ils sont appelés à statuer sur la constitutionnalité d'actes législatifs, ils le font sur la base de méthodes et de critères légaux, dans le cadre d'un procès engagé par une partie ayant la légitimation nécessaire. Et même dans les cas où la justice constitutionnelle est appelée par suite d'une action populaire à statuer(48) sur l'inconstitutionnalité d'une loi, comme c'est le cas au Vénézuéla, le processus judiciaire suit un cours dans lequel la Cour suprême statue sur une affaire judiciaire, même s'il n'existe pas à proprement parler de parties au sens habituel d'une procédure. Néanmoins, le juge constitutionnel ne peut agir que sur les instances ou sur la requête formelle d'une personne dont les droits ou les intérêts sont censés être lésés par une loi déterminée, et ne peut procéder *ex officio*. Aussi est-il absolument impossible de voir dans le rôle du juge constitutionnel une fonction législative, celle-ci étant plutôt une fonction juridictionnelle.

En conclusion, le contrôle juridictionnel de la constitutionnalité est conçu, à la fois dans les modèles américain et européen, comme une garantie

---

(45) H. KELSEN, *loc. cit.*, p. 226.
(46) *Idem*, p. 224.
(47) A. PÉREZ GORDO, *El Tribunal Constitucional y sus Funciones*, Barcelona 1982, p. 41.
(48) *Cf.* en sens contraire B.O. NWABUEZE, *Judicial Control of legislative Action...*, *loc. cit.*, p. 3.

constitutionnelle de la répartition et de la limitation des pouvoirs de l'Etat que détermine la Constitution, de même qu'il est exercé par des organes indépendants, qu'il s'agisse de tribunaux ordinaires ou de cours constitutionnelles spéciales.

Dans les systèmes américain et latino-américain, le contrôle juridictionnel de la constitutionnalité entre dans les attributions du pouvoir judiciaire car l'exercice en incombe à la Cour suprême et à la justice ordinaire. Dans ces deux systèmes, on peut dire que le juge constitutionnel s'avère être le pouvoir judiciaire. Dans le système européen, en revanche, le contrôle juridictionnel de la constitutionnalité des lois est assigné à des cours ou à des tribunaux constitutionnels érigés en organes de rang constitutionnel et indépendants du pouvoir judiciaire. Ils exercent une fonction juridictionnelle à l'instar des organes relevant de la juridiction administrative, bien que séparément des autorités judiciaires.

En tout cas, de même que le Conseil constitutionnel de par la décision qu'il a rendue le 22 juillet 1980 à la suite de l'examen de conformité à la Constitution de la Loi du 25 juillet 1980 relative à la validation d'actes administratifs[(49)], a révélé l'existence aux côtés des pouvoirs législatif et exécutif d'un troisième pouvoir que l'on peut qualifier de «pouvoir juridictionnel» englobant des juridictions administratives et judiciaires, dans ce même «pouvoir juridictionnel» ou ce «pouvoir judiciaire» (au sens large), selon l'expression du Professeur Favoreu[(50)], il est possible de faire rentrer le Conseil constitutionnel. De sorte que le «pouvoir juridictionnel» peut, en France, être considéré comme intégrant les juridictions administrative, judiciaire et constitutionnelle, cette dernière étant confiée au Conseil constitutionnel.

Dans ce sens, on peut dire que le contrôle de la constitutionnalité des lois et du respect des droits fondamentaux est exercé, en France, par le «pouvoir juridictionnel», de la même manière que le «pouvoir judiciaire» l'exerce dans les pays d'Amérique.

Bien entendu, il n'y a pas de système de justice constitutionnelle unique en mesure de garantir et de défendre la Constitution, non plus qu'il ne peut y avoir un système idéal applicable à tous les pays[(51)].

Dans le droit constitutionnel contemporain, chaque Etat a mis au point son propre système, et c'est précisément à l'étude comparative des grandes tendances du rapport entre justice constitutionnelle et pouvoir judiciaire qu'on consacrera les deux parties ci-après, dans lesquelles on analysera séparément les systèmes de contrôle de la constitutionnalité exercé par les autorités judiciaires (le pouvoir judiciaire ayant qualité de juge constitutionnel) (*Première Partie*) et les systèmes de contrôle de la constitutionnalité exercé par des organes constitutionnels spéciaux et totalement indépendants du pouvoir judiciaire (le juge constitutionnel indépendant du pouvoir judiciaire) (*Deuxième Partie*).

(49) L. FAVOREU et L. PHILIP, *op. cit.*, pp. 472 et ss.
(50) L. FAVOREU, «Chronique», *Revue du droit public et de la science politique*, Paris 1980, p. 1661.
(51) *V.* en général, Allan R. BREWER-CARIAS, *op. cit.*, pp. 125 et ss.

PREMIÈRE PARTIE
LE POUVOIR JUDICIAIRE COMME JUGE CONSTITUTIONNEL

Conformément aux principes du constitutionnalisme moderne dégagés de la révolution américaine, le pouvoir judiciaire peut être considéré comme le pouvoir de l'Etat qui a, par excellence, la fonction d'être juge constitutionnel. C'est à dire c'est le pouvoir de l'Etat, conformément au principe de la séparation de pouvoirs, qui a pour tâche de veiller à la suprématie de la Constitution tant du point de vue organique que du point de vue dogmatique. En effet, le pouvoir judiciaire, comme juge constitutionnel, a l'attribution d'exercer le contrôle judiciaire de la constitutionnalité des lois et de protéger les droits fondamentaux établies dans la Constitution.

C'est le principe dans presque tous les pays du monde contemporain qui ont reçu l'influence du constitutionnalisme moderne sans les déviations en matière de séparation des pouvoirs produite par la Révolution française. Voilà pourquoi le principe général en matière de contrôle de la constitutionnalité des lois, exception faite des pays européens, c'est l'attribution au pouvoir judiciaire de la fonction d'être juge constitutionnel. En revanche, dans tous les pays du monde contemporain, c'est en général le pouvoir judiciaire, c'est à dire l'autorité judiciaire, qui a la tâche d'être gardienne des garanties et des droits constitutionnels des individus.

Pour étudier le rôle du pouvoir judiciaire comme juge constitutionnel en droit comparé, il faut distinguer le contrôle judiciaire de la constitutionnalité des lois (Chapitre I) de la fonction du pouvoir judiciaire comme juge constitutionnel des garanties et droits constitutionnels (Chapitre II).

CHAPITRE I
LE CONTRÔLE JUDICIAIRE DE LA CONSTITUTIONNALITÉ DES LOIS

Le contrôle juridictionnel de la constitutionnalité des lois, quand il est attribué au pouvoir judiciaire, peut être la tâche de tous les juges ou celle de certains. Dans le premier cas, le système du contrôle judiciaire de la constitutionnalité des lois est le système diffus, le plus répandu dans le monde (I); dans le deuxième cas, le système du contrôle judiciaire de la constitutionnalité des lois est le système concentré, parce que la tâche de contrôle est attribuée à un seul organe judiciaire, soit la Cour suprême du pays, soit à un tribunal constitutionnel appartenant au pouvoir judiciaire (II).

I. LE CONTRÔLE JUDICIAIRE DE LA CONSTITUTIONNALITE DES LOIS EXERCE PAR TOUS LES JUGES: LE SYSTÈME DIFFUS.

Le contrôle judiciaire de la constitutionnalité des lois, quand il est attribué à tous les juges, quel que soit leur rang et leur hiérarchie, donne lieu à ce que l'on appelle le contrôle diffus de la constitutionnalité des lois. Cette forme de contrôle a pour origine les principes du constitutionnalisme nord-américain et, s'est étendue particulièrement au XIXème siècle, à presque tous les pays latino-américains, à quelques pays européens comme la Grèce, la Suisse et le Portugal, aux pays du *common law*, et même au Japon[52].

Né sur le continent américain, le système est aussi appelé système ou modèle américain du contrôle de constitutionnalité des lois, particulièrement lorsqu'on l'oppose au système concentré de la constitutionnalité des lois que l'on trouve en Amérique latine depuis le XIXème siècle et qui, en vertu de son adoption en Autriche, dans les années vingt, et son extension en Europe, est appelé modèle européen.

En tout cas, le contrôle diffus de la constitutionnalité des lois est non seulement la caractéristique la plus distinctive du système constitutionnel des Etats-Unis, mais aussi l'une des principales contributions du constitutionnalisme américain à la théorie et à la pratique du droit constitutionnel.

Conformément au système diffus, le pouvoir de déclarer l'inconstitutionnalité des lois est attribué à tous les juges d'un pays donné.

En effet, s'il est vrai que la Constitution est la loi suprême de l'Etat et que le principe de sa suprématie est accepté, la Constitution s'impose à toute autre loi qui lui est incohérente, que ce principe soit expressément établi dans la Constitution ou qu'il soit implicite à cette suprématie. Par conséquent, les lois qui violent la Constitution ou qui, d'une façon ou d'une autre, sont contraires à ses normes, principes ou valeurs, sont nulles ou non avenues et ne peuvent être appliquées par les juges qui doivent préférer la Constitution.

Comme l'a affirmé le juge Marshall, tous les juges et tous les tribunaux doivent décider les cas concrets dont ils sont saisis «conformément à la Constitution, négligeant la loi inconstitutionnelle». C'est là «la vraie essence du devoir judiciaire»[53]. Cependant, ce rôle, dans ce système de contrôle de la constitutionnalité, revient à tous les tribunaux et non pas à l'un d'entre eux en particulier, et il ne doit pas être considéré comme un pouvoir mais bien comme un devoir attribué aux juges afin de décider de la conformité à la Constitution, négligeant les lois contraires aux normes de celle-là.

---

(52) *V.* Allan R. BREWER-CARÍAS, *Judicial Review in Comparative Law*, Cambridge University Press, 1989, pp. 125 et ss.

(53) *Marbury v. Madison*, 5 US (1 Cranch), 137, (1803).

1. La logique du système diffus de contrôle de la constitutionnalité des lois

Le système diffus de contrôle de la constitutionnalité des lois est la conséquence la plus marquée de l'effectivité du principe de la suprématie constitutionnelle qui assigne à tous les juges le pouvoir de juger la constitutionnalité des lois (A). Le système existe dans les pays qui appartiennent au système juridique du *common law* ainsi qu'à celui de droit civil. Il n'est par conséquent incompatible avec aucun système juridique (B). C'est pourquoi dans tous les systèmes, des correctifs tendant assurer une uniformité de l'application de la Constitution ont été développés, particulièrement en attribuant des pouvoirs de révision judiciaire à la Cour suprême ou à une autre haute juridiction (C).

A. La suprématie constitutionnelle

(a) L'origine dans le constitutionnalisme nord-américain

Selon les principes établis par la Révolution américaine à partir de 1776, dans la mesure où la Constitution est la loi suprême du pays, en cas de conflit entre la Constitution et la loi, c'est la première qui doit prévaloir. Tous les juges sont donc en devoir de décider quelle loi sera appliquée dans chaque cas particulier. Comme le juge William Patterson l'a établi aux Etats-Unis, dans le affaire *Vanhorne's Lesser vs. Dorrance* (1795), il y a près de deux cents ans:

> Si un acte législatif est contraire à un principe constitutionnel, le premier doit être laissé de côté et devra être rejeté comme preuve d'incompatibilité. Je soutiens la position ferme et claire que, dans pareil cas, il est du devoir du tribunal d'adhérer à la Constitution et de déclarer l'acte nul et non avenu[(54)].

S'il est vrai que le principe de la suprématie de la Constitution n'a pas été établi expressément dans le texte de la Constitution de 1789, il était néanmoins formulé et élaboré par les rédacteurs de la Constitution. En effet, on peut dire que cette idée de la suprématie constitutionnelle a été élaborée doctrinairement pour la première fois, en Amérique du Nord, en 1788, par Alexander Hamilton qui, dans son ouvrage *The Federalist,* faisant allusion au rôle des juges en tant qu'interprètes de la loi, signale:

> Une Constitution est, de fait, et c'est ainsi qu'elle doit être considérée par les juges, une loi fondamentale. Par conséquent, c'est à ceux-ci qu'il revient d'établir sa signification, de même que celle de tout acte provenant du corps législatif. En cas de situation irréconciliable entre deux actes, il est clair que prévaudra celui dont la validité est supérieure; en d'autres termes, la Constitution doit prévaloir sur toutes les lois, de la même manière que *l'intention du peuple doit prévaloir sur l'intention de ses agents*.

Par ailleurs, lorsque Hamilton traite du principe du pouvoir des juges de déclarer nul tout acte législatif contraire à la Constitution, il soutient que cela ne

(54) *Vanhorne's Lessee v. Dorrance*, 2 Dallas 304 (1795). *V.* in S.I. KUTLER (ed.), *The Supreme Court and the Constitution. Readings in American Consittucional History*, New York, 1984, p. 8.

veut aucunement dire qu'une supériorité est accordée au pouvoir judiciaire au détriment du Législateur. Selon ses propres termes:

> La seule chose que cela suppose, c'est que le pouvoir du peuple est supérieur à l'un comme à l'autre et que, dans les cas où la volonté du Législateur, déclarée dans les lois, se trouve en opposition à celle du peuple, déclarée dans la Constitution, les juges doivent se soumettre à la dernière plutôt qu'aux premières.

Dans sa conclusion, Hamilton signale:

> Aucun acte législatif contraire à la Constitution ne peut être valide. Le nier serait armer que l'inférieur est plus important que le principal, que le serviteur se place au-dessus de ses patrons, que les représentants du peuple sont supérieurs au peuple lui-même(55).

En tout cas, le principe de la suprématie de la Constitution et celui du pouvoir des juges à donner la préférence à la Constitution et à considérer nulles et non avenues les lois contraires à la Constitution ont été définitivement formulés par le Juge Marshall dans le affaire *Malbury vs. Madison* (1803):

> Ceux qui appliquent la règle à des cas particuliers doivent obligatoirement l'exposer et l'interpréter ... ainsi si une loi s'oppose à la Constitution ... le tribunal doit déterminer laquelle parmi les règles en conflit régit le cas: c'est là l'essence du devoir judiciaire. Dès lors, si les tribunaux décident de respecter la Constitution et si celle-ci est supérieure à la loi, ce sera la Constitution et non la loi qui régira le cas dont elles sont saisies(56).

La particularité du système américain réside dans le fait que le pouvoir de tous les tribunaux de «se prononcer sur la constitutionnalité des actes législatifs relevant de leur juridiction normale et de les appliquer et... de refuser d'appliquer, dans le cas où ils estiment qu'ils sont inconstitutionnels et, pourtant, non avenus»(57), n'était pas expressément prévu dans la Constitution. Il découlait de l'ensemble du système constitutionnel aux yeux de la Cour suprême, notamment de M. John Marshall, dans la célèbre affaire *Marbury vs. Madison* de 1803(58), s'appuyant sur deux arguments principaux, à savoir, en premier lieu, la suprématie de la Constitution, en qualité de loi fondamentale, à laquelle doivent se plier les autres lois; en second lieu, la faculté et l'obligation des tribunaux d'interpréter les lois et de ne pas appliquer celles contraires à la Constitution, à considérer nulles et non avenues(59).

Cette obligation fondamentale des tribunaux américains a été clairement résumée par la Cour suprême lors de l'affaire *Etats-Unis vs. Butler*, en 1936, en ces termes:

> La Constitution est la loi suprême du pays voulue et établie par le peuple. Toute législation doit se conformer aux principes qui y sont énoncés. Lorsqu'un acte du Congrès est adéquatement attaqué devant les tribunaux pour non conformité au mandat

---

(55) *The Federalist* (ed. B.F. Wright), Cambridge, March 1961, pp. 491-493.

(56) *Marbury v. Madison*, 5 US (1 Cranch), 137, (1803).

(57) E.S. CORWIN, «Judicial Review», *Encyclopedia of the Social Sciences*, Vols. VII-VIII, p. 457.

(58) «...la responsabilité d'introduire la pratique (du contrôle juridictionnel des actes législatifs) en tant que norme dans les tribunaux fédéraux incombe en premier lieu au Great Chief Justice». Ch. G. HAINES, *The American Doctrine of Judicial Supremacy*, Supremacy, Berkeley 1932, p. 122.

(59) E.S. CORWIN, «Marbury v. Madison and the Doctrine of Judicial Review», *Michigan Law Review*, n° 12, 1914, p. 538.

constitutionnel, l'instance judiciaire n'a qu'une chose à faire, confronter l'article de la Constitution qui est invoqué et la loi contestée et décider si cette dernière en cadre dans le premier. Tout ce qu'il a pour tâche ou peut faire est de rendre une décision mûrement pesée en la matière. Le seul pouvoir qu'il détient, est celui de juger. Ce tribunal n'approuve ni rejette les actes du législatif. Sa fonction, délicate et difficile, consiste à vérifier et à déclarer si la législation est conforme ou en contravention aux dispositions de la Constitution; une fois accomplie, celle-ci prend fin[60].

A la lumière de cette doctrine, les tribunaux, dans le système de contrôle diffus de la constitutionnalité aux Etats-Unis, ont qualité de gardiens spéciaux ou de gardiens de la lettre de la Constitution, et non seulement de la Constitution «nationale», mais également des constitutions des membres Etats.

Par ailleurs, dans le système américain, le pouvoir de contrôle juridictionnel découlait de la doctrine de la suprématie judiciaire, celle-ci étant susceptible de s'exercer sur tous les actes de l'Etat et pas seulement sur ceux du législatif. Pour cette raison, tous les actes du Congrès, les constitutions et lois des Etats, tous les actes du gouvernement et de l'administration, voire ceux du judiciaire, sont assujettis au contrôle judiciaire de la constitutionnalité des lois[61], et même si aucun traité n'a été frappé d'inconstitutionnalité par les tribunaux[62], dans l'affaire *Missouri vs. Holland* (1920) il était clairement établi que la validité constitutionnelle des traités et de toute législation s'y appuyant pouvait fort bien être sujette à enquête judiciaire[63].

Dans d'autres pays, il faut le dire, le pouvoir de contrôle diffus de la constitutionnalité par tous les juges a été expressément établi de façon générale comme une règle de droit positif.

Ainsi, au moins depuis 1910, la Constitution colombienne établit:

> La Constitution est la norme des normes. En cas d'incompatibilité entre la Constitution et la loi ou une autre norme juridique, on appliquera les dispositions constitutionnelles (Art.4. C. 1991).

Dans le même sens, l'article 20 du Code des procédures civiles vénézuélien établit, depuis 1897, que:

> Lorsque la loi en vigueur dont l'application est demandée est en contradiction avec l'une quelconque des dispositions constitutionnelles, les juges appliqueront cette dernière de préférence.

Au Guatemala également, la Constitution de 1965 a établi expressément le principe de la suprématie de la Constitution et, par conséquent, la nullité de tous

---

(60) 297 US (1936).

(61) *Cf.* A TUNC et S. TUNC, *Le système constitutionnel des Etats-Unis d'Amérique*, Paris 1954, Vol. II, p. 272.

(62) P.G. KAUPER, «Judicial Review of Constitutional Issues in the United States» in H. MOSLER (ed.), Max-Plank Institut für Ausländisches öffentliches Recht und Vôlkerrecht, *Verfassungsgerichtsbarkeit in der Gegenwant* (Constitutional Review in the World Today), (Internationales Kolloquium, Heidelberg, 1961), Köln-Berlin 1962, p. 628.

(63) *Missouri v. Holland*, 252 US 346 (1920) dans lequel la Cour a établi que le «traité contesté ne contrevient pas les mots prohibitoires que l'on peut trouver dans la Constitution» concluant que «nous sommes d'avis que le traité et la loi doivent être maintenus... ».

les actes de l'Etat qui la contrarient, tout en attribuant aux juges le devoir de donner la préférence à la Constitution dans les cas de lois en contradiction avec elle.

L'article 77, plus particulièrement, prévoit la norme générale lorsqu'il affirme:

> Les lois, les dispositions du gouvernement et tout autre ordre régissant l'exercice des droits garantis dans la Constitution doivent être déclarés nuls *ipso jure* s'ils diminuent, restreignent ou déforment ces droits.

L'article 246 ajoute:

> Les tribunaux de justice observeront toujours le principe selon lequel la Constitution prévaut sur toute loi ou traité international.

Selon ces normes, le contrôle judiciaire attribué à tous les tribunaux de justice a été conçu par la Constitution comme un devoir des juges susceptible d'être exercé *ex officio* en décidant un cas concret.

En outre, l'article 245 de la Constitution guatemaltéque, relatif au caractère purement incident du contrôle, stipule:

> Si l'inconstitutionnalité d'une loi est déclarée, la décision doit se borner à établir que la disposition légale est inapplicable au cas et que la question devra être envoyée au parlement.

(b) L'expansion vers l'Amérique latine

Vers la moitié du XIXème siècle, le système américain du contrôle de la constitutionnalité influençait la plupart des systèmes latino-américains qui l'ont adopté d'une façon ou d'une autre.

L'ouvrage d'Alexis de Tocqueville *La démocratie en Amérique*[(64)] a joué un rôle fondamental dans l'adoption du système par les pays d'Amérique latine dotés de la forme d'Etat fédéral, comme c'était le cas de l'Argentine (1860), du Mexique (1857), du Vénézuéla (1858) et du Brésil (1890). Ce système a également été adopté dans d'autres pays comme la Colombie (1850) qui avait vécu une brève expérience fédérale et en République Dominicaine (1844), qui ne possédait pas de forme fédérale d'Etat, où il est encore en vigueur[(65)].

La plupart des systèmes latino-américains de contrôle de la constitutionnalité se sont éloignés du système diffus original pour s'orienter vers un système mixte,

---

(64) La première édition en espagnol de l'ouvrage a été publiée en 1836, un an après les éditions anglaise et française. Sur l'influence de l'ouvrage de De Tocqueville en la matière, v. J. CARPIZO et H. FIX-ZAMUDIO, «La necesidad y la legitimidad de la revisión judicial en América latina. Desarrollo reciente» in *Boletín mexicano de derecho comparado*, 1985, p. 33; R.D. BAKER, *Judicial Review in Mexico. A Study of the Amparo Suit*, Austin 1971, pp. 15, 33.

(65) La Constitution de 1844, ainsi que celle de 1966 (art. 46), établissent que «sont nuls et non avenus tous les décrets, lois, résolutions, normes ou actes contraires à la Constitution». Par conséquent, tous les tribunaux peuvent déclarer un acte inconstitutionnel et inapplicable à un cas concret. *Cf.* M. BERGES CHUPANI, «Informe» in *Memoria de la Reunión de Cortes Superiores de Justicia de Iberoamérica, el Caribe, España y Portugal*, Caracas 1983, p. 380.

soit en y ajoutant des aspects concentrés du contrôle de la constitutionnalité, soit en adoptant le système mixte dès le début comme au du Vénézuéla, en Colombie, au Guatemala et au Pérou. En revanche, le système argentin demeure le plus semblable au modèle américain[(66)] tout en préservant des caractéristiques propres. Le système mexicain est resté lui aussi un système diffus mais avec la particularité du *juicio de amparo* qui est devenu une institution à part entière. Au Brésil, en Colombie et au Vénézuéla, le système diffus a été associé à un système concentré de contrôle de la constitutionnalité des lois, exercés par la Cour suprême.

a. Le système en Argentine: En ce qui concerne l'Argentine[(67)], en 1860, la Constitution de la République établissait, dans ses articles 31 et 100, et avec une terminologie très semblable à celle de la Constitution américaine, les principes de la suprématie constitutionnelle et le rôle du pouvoir judiciaire. En effet, d'une part, l'article 31, très proche de la «clause de suprématie» de la Constitution américaine, stipulait:

> La présente Constitution, les lois de la Nation dûment approuvées par le Congrès et les traités souscrits avec des pays étrangers constituent la loi suprême de la Nation, et les autorités de chacune des Provinces sont tenues de s'y soumettre, sans avoir à supporter de dispositions contraires éventuellement contenues dans les lois provinciales ou les constitutions.

D'autre part, l'article 100 faisait référence au pouvoir judiciaire en établissant que:

> La Cour suprême et les tribunaux inférieurs de la Nation sont compétents pour juger et décider tous les cas relatifs aux aspects régis par la Constitution, par les lois de la Nation et par les traités souscrits avec des pays étrangers.

C'est ainsi que la Constitution argentine de 1860, très semblable dans sa terminologie à la Constitution américaine, ne renferme aucune norme expresse conférant des pouvoirs de contrôle de la constitutionnalité à la Cour suprême ou à d'autres tribunaux. Or, comme cela s'est produit aux Etats-Unis, le contrôle constitutionnel en Argentine est une création de la Cour suprême, basée sur les principes de suprématie constitutionnelle et du devoir judiciaire en ce qui concerne l'application de la loi. Le premier cas d'application du contrôle en rapport avec une loi fédérale a été le affaire *Sojo*, (1887), concernant l'inconstitutionnalité d'une loi qui cherchait à étendre la juridiction issue de la Cour suprême[(68)], comme dans le affaire *Malbury vs Madison*.

---

(66) A.E. GHIGLIANI, *Del control jurisdiccional de constitucionalidad*, Buenos Aires 1952, qui parle de la «filiation nord américaine» du contrôle judiciaire de la constitutionnalité en Argentine, pp. 6, 55 115. *Cf.* R. BIELSA, *La protección constitucional y el recurso extraordinario. Jurisdicción de la Corte Suprema*, Buenos Aires 1958, p. 116; J.A.C. GRANT, «El control jurisdiccional de la constitucionalidad de las leyes: una contribución de las Américas a la Ciencia Política», *Revista de la Facultad de Derecho de México*, UNAM, Vol. XII, n° 45, 1962, p. 652; C.J. FRIEDRICH, *The Impact of American Contitutionalism abroad*, Boston 1967, p. 83.

(67) Allan R. BREWER-CARIAS, *op. cit.*, pp. 156-163.

(68) *Cf.* A.E. GHIGLIANI, *ob. cit.*, p. 58 R. BIELSA, *op. cit.*, pp. 41, 43, 179 qui parle de la «création prétorienne» du contrôle judiciaire par la Cour suprême, *op. cit.*, p. 179. *Cf.* J.R. VANOSSI et P.E.

Grâce à l'action des juges, le système argentin de contrôle de la constitutionnalité a évolué au XIXème siècle vers un système diffus(69) dans lequel tous les tribunaux et tous les juges avaient le pouvoir de déclarer l'inconstitutionnalité des actes législatifs, des traités, des actes exécutifs, des actes administratifs et des décisions judiciaires, que ce soit au niveau national ou provincial(70).

Ainsi, en Argentine, le pouvoir de contrôler la constitutionnalité des actes de l'Etat n'est pas réservé à un seul organe judiciaire ni à un groupe de ceux-ci. Il concerne tous les tribunaux, dans la limite de leur juridiction.

b. Le système au Brésil: Quant au système brésilien de contrôle de la constitutionnalité, à l'instar du système argentin, c'est l'un des systèmes latino-américains qui a suivi au plus près le modèle américain(71). Aujourd'hui, il peut être considéré comme un système mixte après l'établissement, dans la Constitution de 1934, d'une action directe d'inconstitutionnalité qui peut être portée devant le Tribunal suprême fédéral afin de contester une loi.

En effet, la Constitution fédérale de 1891 obéit à une nette influence nord-américaine(72), puisqu'elle conférait au Tribunal suprême fédéral le pouvoir de contrôler, par un recours extraordinaire, la décision des tribunaux fédéraux et de ceux des Etats membres lorsque la validité ou l'application des traités ou des lois fédérales avait été mise en question et les décisions s'étaient avérées contradictoires, ou encore lorsque la validité des lois ou des actes du gouvernement des Etats avait été mise en question, étant donné leur contradiction à l'égard de la Constitution ou des lois fédérales et les décisions avaient considéré valides les actes ou les lois saisis(73).

Comme conséquence de cette attribution constitutionnelle expresse, la loi fédérale n° 221 de 1894(74) conférait à tous les juges fédéraux le pouvoir de juger la validité des lois évidemment inconstitutionnelles et des règles exécutives et de décider leur inapplication dans des cas concrets. Le système diffus de contrôle de

---

UBERTONE, *Instituciones de defensa de la Constitución en la Argentina*, UNAM, Congreso Internacional sobre la Constitución y su defensa, México 1982, (polycopié), p. 4; H. QUIROGA LAVIE, *Derecho constitucional*, Buenos Aires 1978, p. 481. Avant, en 1863, les premières décisions de la Cour suprême étaient adoptées dans des affaires constitutionnelles mais référées à des actes provinciaux et exécutifs.

(69) N.P. SAGÜÉS, *Recurso extraordinario*, Buenos Aires 1984, Vol. I, p. 91; J.R. VANOSSI et P.F. UBERTONE, *loc. cit.*, pp. 2, 14. *V.* aussi J.R. VANOSSI, *Teoría constitutional*, Buenos Aires, Vol. II, *Supremacía y control de constitucionalidad*, Buenos Aires 1976, p. 155.

(70) En particulier concernant l'inconstitutionnalité des traités et la possibilité des tribunaux de les contrôler, A.G. GHIGLIANI, *op. cit.*, p. 62; J.R. VANOSSI, *Aspectos del recurso extraordinario de inconstitucionalidad*, Buenos Aires 1966, p. 91 et *Teoría constitucional*, *op. cit.*, Vol. II, p. 277. *Cf.* R. BIELSA, *op. cit.*, p. 120-148; J.R. VANOSSI et P.F. UBERTONE, *loc. cit.*, p. 6.

(71) Allan R. BREWER-CARIAS, *op. cit.*, pp. 315-317; H. FIX-ZAMUDIO et J. CARPIZO, «Amérique latine» in L. FAVOREU et J.A. JOLOWICZ (ed.), *Le contrôle juridictionnel des lois. Légitimité, effectivité et développements récents*, Paris 1986, p. 121.

(72) O.A. BANDEIRA DE MELLO, *A Teoria das constituiçoes rigidas*, Sao Paulo 1980, p. 157; J. Alfonso DA SILVA, *Sistema de defensa da Constituicao Brasileira*, Congreso sobre la Constitución y su Defensa, UNAM, México 1982, p. 29, (polycopié).

(73) Article 59, III, 1, Constitution 1981.

(74) Article 13, 10. Loi 221 du 20 novembre 1984.

la constitutionnalité de la législation a donc été établi au Brésil vers la fin du XIXème siècle et a été perfectionné par les réformes postérieures de 1926, 1934, 1937, 1946 et 1967[(75)]. On peut par conséquent déduire que le trait principal du système brésilien de contrôle de la constitutionnalité est son caractère diffus et ses liens avec le modèle américain.

Quoi qu'il en soit, contrairement aux modèles américain et argentin, où les pouvoirs des tribunaux de contrôler la constitutionnalité de la législation découlent du principe de suprématie de la Constitution appliqué par la Cour suprême, le système diffus de contrôle de la constitutionnalité apparaît au Brésil sur disposition expresse de la Constitution de 1891[(76)] et est toujours présent dans les normes constitutionnelles. A cet égard, la Constitution de 1988, en vigueur, établit la compétence du Tribunal fédéral suprême pour juger, par des recours extraordinaires, les cas décidés en dernier ressort par d'autres tribunaux ou d'autres juges, premièrement lorsque les décisions contestées sont en contradiction avec une disposition de la Constitution ou nient une loi fédérale ou un traité; deuxièmement, quand elles déclarent l'inconstitutionnalité d'un traité ou d'une loi fédérale, et troisièmement, lorsqu'ils estiment que la loi ou un autre acte du gouvernement local est contraire à la Constitution ou à une loi fédérale valide[(77)]. Cette norme détermine donc le système diffus de contrôle de la constitutionnalité ainsi que le pouvoir du Tribunal fédéral suprême d'intervenir dans toute procédure concernant la question de la constitutionnalité.

Comme il a déjà été mentionné plus haut, le système diffus de contrôle de la constitutionnalité au Brésil suit les traits généraux du modèle américain, mis en place également en Argentine. Par conséquent, tous les tribunaux de première instance ont le pouvoir de ne pas appliquer les lois (fédérales, municipales ou des Etats) qu'ils considèrent inconstitutionnelles, lorsque la question de leur constitutionnalité a été soulevée par l'une des parties de la procédure. Mais les juges n'ont pas de pouvoir *ex officio* pour juger la constitutionnalité des lois qui doit être soulevée en tant qu'exception ou défense par l'une des parties de la procédure.

(c) Le juicio de amparo *au Mexique et le contrôle de la constitutionnalité des lois*

Comme l'a décrit Alexis de Tocqueville, un système diffus de contrôle de la constitutionnalité fût adopté dans la Constitution mexicaine de 1847, lui aussi sous l'influence du système de contrôle de la constitutionnalité nord-américain[(78)]. Il attribue aux tribunaux fédéraux le devoir de «protéger» les droits et les libertés inscrits dans la Constitution contre toute atteinte des pouvoirs exécutif et législatif des Etats membres ou de la Fédération.

---

(75) O.A. BANDEIRA DE MELLO, *op. cit.*, pp. 158-237.

(76) *Cf.* J. Alfonso DA SILVA, *loc. cit.*, pp. 32,34; J. Alfonso DA SILVA, *Curso de direito constitucional positivo*, Sao Paulo 1984, p. 17.

(77) Article 102, III, Constitution. J. Alfonso DA SILVA, Sistema ... *loc. cit.*, p. 43; O.A. BANDEIRA DE MELLO, *op. cit.*, p. 215.

(78) Allan R. BREWER-CARÍAS, *op. cit.*, pp. 163-167.

L'article 25 des Actes des Réformes de 1847 stipulait:

> Les tribunaux de la Fédération protégeront (*ampararán*) les habitants de la République dans l'exercice et la conservation des droits qui leurs sont garantis dans la Constitution et dans les lois constitutionnelles contre toute atteinte de la part des pouvoirs législatif ou exécutif, soit de la Fédération, soit des Etats; les tribunaux mentionnés se limitant à octroyer leur protection dans les cas particuliers auxquels se réfère la procédure, sans faire aucune déclaration générale relative à la loi ou à l'acte en question[(79)].

Par la suite, un article semblable a été adopté de façon définitive par la Constitution de 1857 qui a créé, au moyen d'une procédure spéciale très importante, une institution juridictionnelle unique sous le nom de *juicio de amparo*, basée aujourd'hui sur des dispositions du texte constitutionnel publié en 1982, suivant les orientations déterminées par la Constitution de 1917.

Le *juicio de amparo*, même s'il constitue la seule voie judiciaire susceptible d'être employée pour le contrôle de la constitutionnalité de la législation, a d'autres fonctions puisque, en tant qu'institution complexe, il comprend au moins cinq actions et procédures judiciaires différentes.

La première de ces fonctions est l'*amparo de la libertad* dans laquelle la procédure d'*amparo* fonctionne comme un moyen judiciaire visant à la protection des droits fondamentaux établis dans la Constitution. A cet égard, le processus d'*amparo* pourrait correspondre au recours d'*habeas corpus* lorsqu'il vise la protection de la liberté individuelle. Mais il peut aussi servir de protection des autres droits fondamentaux établis aux articles 1 à 29 lorsque ceux-ci sont enfreints par acte d'une autorité[(80)].

Le deuxième aspect du processus d'*amparo* est qu'il peut être exercé contre des décisions judiciaires (art. 107, 111, V) lorsqu'on invoque que les dispositions légales ont été appliquées par le juge de façon incorrecte. Il s'agit alors de l'*amparo judicial* ou de l'*amparo* de cassation, très semblable au recours en cassation existant dans les lois de procédure civile et pénale des pays de droit civil, en vue de contrôler la légalité des décisions judiciaires.

La troisième fonction du procès d'*amparo* est l'*amparo* administratif, au moyen duquel il est possible de contester des actes administratifs qui violent la Constitution ou les lois[(81)]. C'est là un moyen de contrôle de la constitutionnalité et de la légalité de l'action administrative, équivalent au «contentieux administratif» français répandu dans presque tous les pays de droit civil.

La quatrième fonction est celle d'*amparo agrario* mis en place pour protéger les paysans contre actes des autorités agraires qui pourraient affecter leurs droits

---

(79) *V.* le texte in J. CARPIZO, *La Constitución mexicana de 1917*, México 1979, p. 271; R.D. BAKER, *op. cit.*, p. 23; et H. FIX-ZAMUDIO, «Algunos aspectos comparativos del derecho de amparo en México y Venezuela», *Libro Homenaie a la Memoria de Lorenzo Herrera Mendoza*, Caracas 1970, Vol. II, p. 336. *V.* aussi H. FIX-ZAMUDIO, «A Brief Introduction to the Mexican Writ of Amparo», *California Western International Law Journal*, San Diego 1977, p. 313.

(80) *Cf.* R.D. BAKER, *op. cit.*, p. 92.

(81) Article 107, IV.

consacrés par les dispositions de la réforme agraire, en particulier en ce qui concerne la propriété rurale collective[82].

En fin, l'*amparo contra leyes* (contre les lois) auquel on peut avoir recours pour contester les lois qui violent la Constitution. Dans ces cas, le *juicio de amparo* est un moyen de contrôle de la constitutionnalité de la législation, exercé de façon directe en l'absence de tout acte judiciaire d'application de la loi considérée inconstitutionnelle. Cet aspect est certainement le plus spécifique de la justice constitutionnelle[83].

Des cinq aspects du processus d'*amparo*, seul le dernier peut être employé comme un moyen de contrôle de la constitutionnalité des actes législatifs. Dans ce cas, il partage certains points communs avec le système diffus de contrôle de la constitutionnalité, tout en conservant des traits spécifiques.

En effet, la particularité de l'*amparo* «contre les lois» réside dans le fait qu'il s'agit ici d'une procédure entamée au moyen d'une action directe portée devant un tribunal fédéral de district[84] par un plaidant contre une loi particulière, la partie défendant étant l'organe suprême de l'Etat qui est intervenu dans la procédure de formation de la loi, c'est à dire le Congrès de l'Union ou les législatures d'Etat qui l'ont produite, le Président de la République ou les gouverneurs d'Etat qui l'ont promulguée et les secrétaires d'Etat qui l'ont contresignée et ont ordonné sa publication[85].

Dans ces cas, les décisions judiciaires des tribunaux fédéraux ou de district peuvent faire l'objet d'une révision par la Cour suprême de justice [86].

De cette façon, l'*amparo* contre les lois est une action directe contre une loi; l'existence d'un acte administratif concret ou d'une décision judiciaire pour statuer ou pour l'appliquer n'est pas nécessaire à son exercice. Cependant, la question constitutionnelle soulevée n'étant pas abstraite, seules les lois qui affectent directement le plaidant, sans qu'il soit besoin d'un autre acte de l'Etat immédiat ou suivant, peuvent faire l'objet de cette action. Ainsi donc, l'objet de cette action résident dans les lois auto-applicatives[87], c'est à dire celles qui, par leur promulgation, causent un préjudice direct et personnel au plaidant. C'est pourquoi, en principe, l'action visant l'*amparo* contre les lois doit être portée devant les tribunaux dans les 30 jours à compter de leur établissement[88].

---

(82) Article 107, II.

(83) H. FIX-ZAMUDIO, «Algunos problemas que plantea el amparo contra leyes», *Boletín del Instituto de Derecho Comparado de México*, UNAM, nº 37, 1960, pp. 15,20.

(84) Article 107, XII.

(85) H. FIX-ZAMUDIO, «Algunos problemas que plantea el amparo ... », *loc. cit.*, p. 21.

(86) Article 107, VIII, a.

(87) *Cf.* R.D. BAKER, *op. cit.*, pp. 164-167; H. FIX-ZAMUDIO, «Algunos problemas que plantea el amparo... », *loc. cit.*, p. 24.

(88) Article 21. Loi d'*amparo*. *Cf.* H. FIX-ZAMUDIO, «Algunos problemas que plantea el amparo... », *loc. cit.*, p. 32. *Cf.* R. D. BAKER, *op. cit.*, p. 171.

(d) Le contrôle diffus de la constitutionnalité des lois au Vénézuéla

Le contrôle diffus de la constitutionnalité des lois dans le système vénézuélien[(89)], établi en parallèle avec un système de contrôle concentré de la constitutionnalité attribué à la Cour suprême de justice, est de deux types: incident et principal. Le contrôle incident résulte du pouvoir que tous les juges ont d'apprécier la constitutionnalité d'une loi de façon incidente, dans un procès quelconque. Le contrôle principal est le pouvoir de tous les juges compétents en matière d'action d'*amparo* de décider l'inapplicabilité pour raison d'inconstitutionnalité d'une loi violant les droits et garanties constitutionnels du requérant, le résultat étant une action d'*amparo* contre les normes.

a. Le contrôle diffus incident: Comme nous l'avons mentionné, depuis 1897, le Code de procédure civile établit expressément dans les «Dispositions fondamentales» que, lorsque la loi en vigueur dont l'application est demandée est en contradiction avec une quelconque disposition constitutionnelle, les juges appliqueront cette dernière de préférence.

Selon cette norme, le système diffus de justice constitutionnelle au Vénézuéla autorise tous les juges, quel que soit le niveau judiciaire du plus bas de la hiérarchie jusqu'à la Cour suprême de justice elle-même, à décider de ne pas appliquer une loi considérée contraire à la Constitution quand l'application de celle-ci est nécessaire pour la décision d'un procès concret. Telle est sans doute la conséquence fondamentale du principe de la suprématie constitutionnelle, telle qu'elle a toujours été considérée au Vénézuéla depuis le début du XXème siècle par tous les commentateurs du Code de procédure civile[(90)].

La nullité des actes inconstitutionnels découle du principe de prééminence de la Constitution, qui est une conséquence de sa suprématie. En effet, la suprématie constitutionnelle implique l'obligation des juges de respecter la Constitution et leur pouvoir-devoir de l'appliquer. C'est pourquoi lorsqu'une loi est inconstitutionnelle les juges ne peuvent l'appliquer et doivent préférer le texte de la Constitution, car une loi inconstitutionnelle ne possède aucune valeur. On peut dire que ce principe a été établi au Vénézuéla depuis le début du régime constitutionnel, en particulier dès la Constitution de 1811, ce qui a conduit à considérer qu'un contrôle diffus de la constitutionnalité a été implicitement adopté[(91)], sous l'influence, bien sûr, du constitutionnalisme nord-américain.

---

(89) Allan R. BREWER-CARÍAS, *op. cit.*, pp. 277-279; Allan R. BREWER-CARÍAS, *Estado de derecho y control judicial*, Madrid 1987, pp. 25-32.

(90) *V.* R. FEO, *Estudios sobre el Código de procedimiento civil venezolano*, Caracas 1904, Vol. I, pp. 26-35; R. MARCANO RODRÍGUEZ, *Apuntaciones analíticas sobre las materias fundamentales y generales del Código de procedimiento civil venezolano*, Caracas, Vol. I, pp. 36-38; A. BORJAS, *Comentarios al Código de Procedimiento Civil*, Caracas, Vol. I, pp. 33-35.

(91) *V.* H.J. LA ROCHE, *El control jurisdiccional de la constitucionalidad en Venezuela y Estados Unidos*, Maracaibo, 1971, p. 24; T. POLANCO, «El Recurso de inconstitucionalidad en la Constitución Venezolana de 1811», in *El pensamiento Constitucional de Latinoamérica 1810-1830*, Congreso de Academias e Institutos Históricos. Actas y Ponencias, Caracas 1962, Vol. 3, p. 208.

En effet, l'article 227 de la Constitution de 1811 stipulait:

> Art. 227. La présente Constitution, les lois promulguées qui en découlent en vue de son exécution ainsi que tous les traités conclus sous l'autorité du gouvernement de l'Union constitueront la loi suprême de l'Etat sur tout le territoire de la Confédération, et les autorités et les habitants des provinces seront obligés de leur obéir et de les observer religieusement sans excuse ni prétexte; quant aux lois en contradiction avec la teneur de cette loi suprême qui auraient pu être adoptées n'auront de valeur qu'après avoir rempli les conditions requises pour la juste et légitime révision (de la Constitution) et leur sanction[(92)].

Selon cette norme, donc, et conformément au modèle de justice constitutionnelle défini quelques années auparavant, en 1803, par le juge Marshall dans l'affaire *Malbury vs Madison*, la Constitution était considérée comme la loi suprême de l'Etat, les lois inconstitutionnelles n'ayant aucune valeur, c'est à dire qu'elles étaient considérées nulles. La garantie de la suprématie et l'inviolabilité de la Constitution reposaient par conséquent sur la nullité des lois inconstitutionnelles (non pas leur annulabilité); ce qui explique pourquoi les juges n'étaient pas obligés de les appliquer. Au contraire, ils devaient appliquer de préférence la Constitution, car ils étaient tenus de lui «obéir et de l'observer religieusement». C'est ce qu'établissait expressément la Constitution de 1830:

> Art. 186. Aucun fonctionnaire public ne pourra promulguer ou exécuter des ordres ou leur obéir si ceux-ci sont contraires à la Constitution ou aux lois, ou violent les formalités prévues par celles-ci ou sont promulgués par des autorités manifestement incompétentes[(93)].

De son côté, la Constitution de 1893 inclut une déclaration expresse selon laquelle les lois qui pourraient réglementer l'exercice des droits reconnus et consacrés dans la Constitution ne devraient pas restreindre ces derniers ni leur porter atteinte; dans le cas contraire «elles seront tenues comme inconstitutionnelles et dépourvues d'efficacité» (art. 17). Ceci fait l'objet de l'article 46 de la Constitution de 1961.

On peut donc dire que, depuis 1811, existe au Vénézuéla un système de contrôle diffus de la constitutionnalité des lois, s'appuyant sur les principes de la suprématie de la Constitution, de la nullité et inefficacité des actes inconstitutionnels et de la responsabilité des fonctionnaires qui les édicteraient. Le contrôle a suivi implicitement les grandes lignes du modèle des Etats-Unis jusqu'en 1897, date à laquelle a été établi expressément, dans le Code de procédure civile, le pouvoir de tous les juges d'apprécier la constitutionnalité des lois.

b. Le contrôle diffus principal: Outre le contrôle diffus incident de la constitutionnalité des lois, qui suit la voie classique de l'archétype états-unien, le système vénézuélien possède un contrôle diffus principal lié à l'action de l'*amparo*, et qui permet l'exercice d'actions directes d'*amparo* contre des lois et

---

(92) *V.* Allan R. Brewer-Carías, *Las Constituciones de Venezuela, op. cit.*, Madrid 1985, p. 203.
(93) *V.* Allan R. Brewer-Carías, *Las Constituciones de Venezuela, op. cit.*, p. 353.

des normes violant les droits et garanties constitutionnels, en vertu desquels l'inapplicabilité de la loi peut être décidée à l'égard du demandeur[(94)].

Comme nous l'avons signalé, à l'intérieur du principe de la suprématie constitutionnelle existe celui de la prééminence des droits et garanties constitutionnels qui oblige tous les juges à faire respecter et appliquer ces derniers. Plus encore, la Constitution elle-même établit la garantie objective des droits lorsqu'elle déclare la nullité des actes violant ces mêmes droits. Ainsi, l'article 46 prévoit:

> Art. 46. Tout acte du pouvoir public qui viole ou restreint les droits garantis par la présente Constitution est nul, et les fonctionnaires et employés publics qui l'ordonnent ou l'exécutent encourent en responsabilité pénale, civile et administrative selon les cas, sans que puissent leur servir d'excuse des ordres supérieurs manifestement contraires à la Constitution et aux lois.

Ainsi, cette primauté des droits constitutionnels, conçue et garantie sous cette forme, impose à tous les juges le devoir d'appliquer de préférence la Constitution (et les droits y établis) par rapport aux lois et normes qui les violent au moyen du contrôle diffus incident déjà mentionné.

Par ailleurs, elle permet à tout individu se prétendant lésé dans ses garanties et droits constitutionnels par une loi ou une norme d'obtenir la protection judiciaire par le biais de l'*amparo* direct contre la norme, conformément à l'article 3 de la Loi organique d'*amparo*. Dans ces cas, la primauté des droits et garanties peut être assurée par ce système de contrôle de la constitutionnalité, lui aussi à caractère diffus, mais principal. En effet, dans le cas d'action d'*amparo* contre normes, il s'agit d'un système de contrôle de la constitutionnalité des lois et des normes à caractère principal, c'est à dire qu'il s'agit d'une action directe contre une loi ou une norme moyennant laquelle la décision aura pour but d'apprécier l'inapplicabilité de la loi à l'égard du plaignant.

Il s'agit par conséquent d'un contrôle principal de la constitutionnalité au moyen d'une action d'*amparo*, mais en même temps à caractère diffus puisqu'elle n'est pas intentée devant un seul organe judiciaire.

La compétence en matière d'*amparo* est attribuée à tous les juges de première instance compétents, en fonction de la nature du droit ou de la garantie constitutionnel violé ou menacé de violation (art. 7). Cependant, lorsque les faits, les actes ou les omissions qui sont à l'origine des violations ou de la menace de violation se produisent dans des lieux dépourvus de tribunal de première instance, l'action d'*amparo*, est interjetée devant n'importe quel juge du lieu (art. 9). De cette façon, le caractère diffus de la compétence judiciaire en matière d'*amparo* fait de l'*amparo* contre les lois et les normes un contrôle principal et diffus de la constitutionnalité.

Quoi qu'il en soit, s'agissant d'un contrôle principal par voie d'action, les pouvoirs du juge d'*amparo* en matière de contrôle de la constitutionnalité

---

(94) Allan R. BREWER-CARÍAS et Carlos AYALA CORAO, *Ley orgánica de amparo sobre derechos y garantías constitucionales*, Caracas 1988, p. 28.

demeurent circonscrits à la question posée par le plaignant en ce qui concerne la violation qu'il dénonce par rapport aux droits ou garanties qui pourraient être lésés par la loi ou la norme. Le juge d'*amparo* ne possède donc pas le pouvoir d'agir d'office, ni de considérer d'office d'autres vices ou violations des droits qui ne sont pas dénoncés par le requérant.

Tel que l'établit l'article 3 de la Loi organique de l'*amparo* sur les droits et garanties constitutionnels, le juge en cas d'*amparo* contre des lois ou normes «devra apprécier l'inapplicabilité de la norme», c'est à dire qu'il devra exercer un contrôle de la constitutionnalité semblable au contrôle diffus classique et décider de l'inconstitutionnalité de la loi ou de la norme.

(e) Le système diffus de contrôle de la constitutionnalité en Europe

Après son adoption aux Etats-Unis et son élargissement aux pays latino-américains, le contrôle diffus de la constitutionnalité des lois a été mis en place pour la première fois en Europe(95), au Portugal, dans la Constitution républicaine de 1911, sous l'influence des principes de la Constitution brésilienne de 1891, elle-même influencée, comme nous l'avons vu, par le système nord-américain. Le système diffus a été conservé au Portugal dans la Constitution de 1982 bien qu'associé à un système concentré de contrôle, attribué au Tribunal constitutionnel.

Le système diffus de contrôle de la constitutionnalité des lois a aussi été adopté en Grèce où est reconnu un système de contrôle de la constitutionnalité très semblable au système de contrôle de la constitutionnalité des lois des Etats-Unis(96).

a. Le système au Portugal: La Constitution de la République portugaise adoptée par l'Assemblée constituante en avril 1976 jetait les bases d'un système hybride de contrôle juridictionnel de la constitutionnalité des lois, dans lequel le Conseil de la Révolution, sa Commission constitutionnelle et les tribunaux ordinaires jouaient un rôle très important(97), donnant ainsi naissance au système le plus complet de contrôle de la constitutionnalité des lois de l'Europe, lequel reprenait l'essentiel du modèle européen et du système français parallèlement à des éléments propres au système de contrôle judiciaire diffus. Ce système hétérogène de contrôle judiciaire devait être maintenu à la suite de la première révision de la Constitution ratifiée par la Loi constitutionnelle no. 1/82 du 30

(95) *V.* Pierre BON et al., *La justice constitutionnelle au Portugal*, Paris 1989, p. 31.

(96) E. SPILIOTOPOULOS, «Judicial Review of Legislative Acts in Greece», *Temple Law Ouarterly*, n° 56 (2), Philadelphia 1983, p. 57.

(97) Allan R. BREWER-CARÍAS, *Judicial Review...*, *op. cit.*, pp. 265-266; J. CAMPINOS, «La Constitución portuguesa de 1976 y su defensa», *La Constitución y su defensa*, UNAM, México 1984, p. 527; M. GONSALO, «Portugal, el Consejo de la Revolución, su Comisión constitucional, los tribunales ordinarios como órganos de control de la constitucionalidad», *Boletín de jurisprudencia constitucional*, Cortes Generales, n° 8, Madrid 1981; Pierre BON *et al.*, *op. cit.*, pp. 26 et ss.

septembre 1982[98] qui le réglemente, comme nous l'avons dit, de manière telle qu'on peut encore le considérer de nos jours comme le plus complète des systèmes de contrôle de la constitutionnalité européens.

La Constitution de 1982 n'est pas seulement écrite et rigide[99], elle a aussi expressément rang de loi suprême du pays à laquelle sont dûment assujettis tous les autres actes de l'Etat. A ce propos, l'article 3 de la Constitution stipule:

> L'Etat sera subordonné à la Constitution et fondé sur la légalité démocratique.
>
> La validité des lois et autres actes publics des régions autonomes et des autorités locales dépendra de leur conformité à la Constitution.

La conséquence de cette clause de suprématie est expressément prévue dans le texte de la Constitution, dont l'article 227 stipule:

> Sont inconstitutionnelles les normes qui enfreignent les dispositions de la Constitution ou les principes qui y sont consacrés.

Par conséquent, la suprématie de la Constitution et des principes que posent les dispositions, signifie que les lois et les actes de l'Etat qui leur sont contraires s'avèrent inconstitutionnels et donc nuls. Cette assertion appelle, bien sûr, la mise en place d'un système complexe de contrôle judiciaire de la constitutionnalité des actes de l'Etat, au sein duquel existe un système diffus aux côtés d'un système concentré dont se trouve dotée une Cour constitutionnelle.

En effet, aux termes de l'article 207 de la Constitution portugaise,

> Dans les affaires dont ils sont saisis, les tribunaux ne pourront pas appliquer de normes contrevenant aux dispositions de la Constitution ou violant les principes qui y sont consacrés.

Cette disposition constitutionnelle autorise tous les tribunaux du pays à ne pas appliquer des dispositions inconstitutionnelles, ce qui englobe non seulement les lois mais aussi les décrets-lois, les règlements, les actes pris au niveau régional ou tous autres actes normatifs publics, y compris les traités internationaux. Par conséquent, la Constitution établit non seulement le pouvoir de tous les tribunaux de s'abstenir d'appliquer des normes qu'ils jugent inconstitutionnelles dans telle ou telle affaire, mais également l'obligation de le faire. C'est donc là une faculté susceptible d'être exercée *ex officio* par n'importe quel tribunal, encore que toute partie à une affaire précise ou le ministère public puisse soulever la question constitutionnelle.

Le contrôle de la constitutionnalité des lois est donc un contrôle diffus conféré à tous les tribunaux dans les cas concrets où est soulevée une question qu'ils doivent résoudre au moment de statuer en la matière. Ainsi, lorsqu'ils estiment qu'une norme est inconstitutionnelle, celle-ci est considérée sans effet au regard l'affaire en question, c'est à dire, nulle *inter partes*, avec des effets *ex tunc* et *pro praeterito*, de telle sorte que l'acte normatif est considéré comme n'ayant jamais été valable en relation avec l'affaire et des parties intéressées.

---

(98) *Diario de la República*, nº 227.

(99) Article 290.

b. Le système grec: Fondé aussi sur le principe de la suprématie de la Constitution et sur la rigidité des constitutions de 1844 et de 1864, le contrôle de la constitutionnalité était à l'origine conçu par la Cour suprême de Grèce[(100)], en 1847, dans une optique étroite, comme le pouvoir accordé à tous les tribunaux de vérifier dans tout litige concret entre parties si l'acte législatif «remplit toutes les conditions requises, en conformité de la Constitution, en vue de l'adoption d'une décision législative», et se limitait donc à la constitutionnalité formelle des lois. Dans la même décision, la Cour excluait du pouvoir de contrôle judiciaire des tribunaux l'examen de fond de la constitutionnalité des lois, dans le sens où leur juridiction n'incluait pas l'examen du «contenu de la décision législative parce qu'il est impossible que le pouvoir qui représente la souveraineté de l'Etat agisse illégalement»[(101)]. Plus tard, en 1871 et en 1879, la Cour suprême a renversé sa position quant à la conception étroite du contrôle judiciaire et a estimé que celui-ci pouvait s'appliquer à une loi lorsque cette dernière «entre nettement en contradiction avec une disposition supérieure de la Constitution», auquel cas, «le tribunal a le pouvoir de ne pas l'appliquer dans l'affaire dont il est saisi»[(102)].

La Constitution de 1927 a été la première à doter expressément de pouvoirs de contrôle juridictionnel tous les tribunaux; son article 5 a été modifié avec l'introduction d'une clause interprétative, qui, dans le système constitutionnel grec a force de loi au même titre que les dispositions constitutionnelles, et dans laquelle il était stipulé que «1e sens véritable» de la disposition qui déclare que le «pouvoir judiciaire est dévolu aux tribunaux indépendants seuls assujettis à la loi»[(103)] «est l'obligation des tribunaux de ne pas appliquer de lois dont le contenu est contraire à la Constitution»[(104)].

Cette norme constitutionnelle expresse concernant le contrôle judiciaire de la constitutionnalité des lois, bien qu'éliminée de la Constitution après 1935, et conformément au principe jurisprudentiel antérieur, a continué d'être appliquée par la Cour suprême et le Conseil d'Etat à titre de «pratique complémentaire» de la Constitution[(105)]. Comme le fait observer le Professeur Epaminondas Spiliotopoulos:

> Partant du droit jurisprudentiel et en l'absence des dispositions constitutionnelles expresses que contenait précédemment la Constitution de 1927, les spécialistes en droit public soutenaient la théorie que le pouvoir des tribunaux de contrôler la constitutionnalité des lois et de refuser d'appliquer les dispositions légales qu'ils estimaient inconstitutionnelles découlait d'une pratique complémentaire de la Constitution[(106)].

La Constitution du 29 septembre 1968, promulguée sous la dictature militaire, et bien que dénuée de tout caractère réellement coercitif en matière de contrôle juridictionnel, devait en rétablir les bases constitutionnelles en stipulant à l'article 118 que:

---

(100) Allan R. BREWER-CARIAS, *Judicial Review...*, *op. cit.*, pp. 168-172.
(101) Décision n° 198 (1847), *cit.*, in E. SPILIOTOPOULOS, *loc. cit.*, p. 471.
(102) Décision n° 18 (1871) et n° 23 (1897), *cit.*, in E. SPILIOTOPOULOS, *loc. cit.*, p. 472.
(103) Article 5.
(104) *V.* E. SPILIOTOPOULOS, *loc. cit.*, p. 472, note 43.
(105) *Cf. Idem*, p. 470, note 30 et p. 474.
(106) *Idem*, p. 475.

> Les tribunaux sont tenus de ne pas appliquer les dispositions légales, les décrets et règlements pris en violation de la Constitution ou contraires à sa lettre[107].

Ce principe devait être repris plus tard dans la Constitution de 1975, toujours en vigueur, où il était stipulé que «les tribunaux seront tenus de ne pas appliquer des lois dont le contenu est contraire à la Constitution[108]. Dans la même ligne de principes, l'article 87 de la Constitution stipule:

> Dans l'exercice de leurs fonctions, les juges ne seront assujettis qu'à la Constitution et aux lois; en aucun cas ils ne seront tenus de se conformer à des dispositions prises en contravention à la Constitution[109].

Le contrôle judiciaire de la constitutionnalité des lois dans le système constitutionnel grec, comporte donc une obligation et un pouvoir exprès pour tous les juges, qui s'exercent dans les mêmes conditions que dans tous les systèmes diffus de contrôle judiciaire, seulement dans les cas où les tribunaux statuent dans une affaire déterminée à laquelle s'applique la loi contestée.

B. La compatibilité du système diffus avec tous les systèmes juridiques

Bien que le système diffus de contrôle de la constitutionnalité des lois trouve son origine aux Etats-Unis, on peut affirmer qu'il n'est pas propre au *common law* et qu'il n'est pas incompatible avec la tradition des systèmes de droit civil. Bien au contraire, il existe depuis le XIXème siècle dans la plupart des pays latino-américains qui appartiennent tous au système juridique de droit civil. C'est le cas notamment du Mexique, de l'Argentine et du Brésil qui ont suivi le modèle américain ainsi que celui de la Colombie et du Vénézuéla qui possèdent un système mixte de contrôle judiciaire de la constitutionnalité.

Il est également présent en Europe, dans des pays à tradition de droit civil, comme le Portugal, la Suisse et la Grèce. En Suisse, le système diffus de contrôle de la constitutionnalité a été établi dans la Constitution d'une manière restreinte, dans la mesure où il autorise les tribunaux à décider en matière constitutionnelle de l'applicabilité des actes législatifs des Cantons mais non de celle des lois fédérales[110]. En Grèce, comme nous l'avons déjà vu, la Constitution (art. 93) confie aux tribunaux le pouvoir de ne pas appliquer les dispositions dont le contenu est considéré contraire à la Constitution.

C'est ainsi que le système judiciaire diffus de contrôle de la constitutionnalité a fonctionné tant dans des systèmes juridiques à tradition de *common law* que dans des systèmes à tradition de droit civil. Nous ne pouvons pas, par conséquent[111] partager l'opinion des professeurs Mauro Cappelletti et John Clarke Adams qui

---

(107) *V. Información Jurídica*, nº 300, Madrid 1969, p. 103.

(108) Article 93, 4.

(109) Article 87, 3.

(110) H. FIX-ZAMUDIO, *Los tribunales constitucionales y los derechos humanos*, México 1980, p. 17, 84; A. JIMÉNEZ BLANCO, «El Tribunal Federal suizo», *Boletín de jurisprudencia constitucional*, Cortes Generales, nº 6, Madrid 1981, p. 477.

(111) Allan R. BREWER-CARÍAS, *Judicial Review...*, *op, cit.*, pp. 128-131.

affirment qu'il existe une incompatibilité fondamentale entre le système diffus de contrôle de la constitutionnalité et les systèmes juridiques basés sur le droit romain(112). Le professeur Cappelletti a dit aussi que la seule expérience de l'Italie et de l'Allemagne de l'Ouest, préalable à la création du Tribunal constitutionnel dans ces pays, révèle l'impropriété de la méthode décentralisée dans les pays de droit civil(113).

Nous ne croyons pas que les arguments en faveur du système concentré du contrôle de la constitutionnalité puissent se trouver dans le domaine de l'impropriété ou de la propriété d'un système de contrôle de la constitutionnalité des lois par rapport à un système juridique. Tout système particulier de contrôle de la constitutionnalité doit être adopté conformément au principe de la suprématie de la Constitution. Or, si le principe de la suprématie constitutionnelle est adopté, les tribunaux, qui ont le pouvoir de décider quelle norme appliquer quand il existe une contradiction entre une loi particulière et la Constitution, seront obligés de donner la priorité à la Constitution, faisant de cela un devoir indépendamment du système particulier (*common law* ou droit romain) du pays en question.

Il existe un autre aspect relatif aux effets pratiques d'ordre légal de l'adoption du système diffus du contrôle de la constitutionnalité. En Europe, en l'absence de tout système judiciaire de contrôle de la constitutionnalité avant les années 1920, en présence du schéma traditionnel de séparation des pouvoirs, basé sur la souveraineté du législateur et de la loi, et de la méfiance à l'égard des tribunaux en ce qui concerne le contrôle de l'action législative, les critiques du système diffus du contrôle de la constitutionnalité sont aussi anciennes que l'existence même du modèle européen. Par exemple, Hans Kelsen, le créateur du modèle autrichien faisait référence aux problèmes soulevés par le système diffus, en justifiant le pouvoir centralisé afin d'examiner la régularité des normes générales, en soulignant l'absence d'unité dans les solutions et l'incertitude légale pouvait résulter de l'abstention d'un tribunal d'appliquer une norme ou une loi inconstitutionnelle, alors qu'un autre tribunal décide le contraire(114).

Dans ce même sens, les professeurs Mauro Cappelletti et John Clarks Adams ont souligné que le système diffus de contrôle de la constitutionnalité peut provoquer de graves incertitudes et des confusions lorsqu'un tribunal décide d'appliquer une loi qu'un autre tribunal ne considère pas valable(115).

Ces problèmes, néanmoins, existent dans les deux systèmes, celui du *common law* et celui du droit civil ou romain, quand ils suivent le système diffus de

---

(112) M. CAPPELLETTI et J.C. ADAMS, «Judicial Review of Legislation: European Antecedents and Adaptations», *Harvard Law Review*, n° 79, (6), 1966, p. 1215

(113) M. CAPPELLETTI, *Judicial Review in the Contemporary World*, Indianapolis 1971, p. 59. Dans le même sens, M. FROMONT considère qu'il est «difficile d'admettre» le système diffus de contrôle juridictionnel dans les pays à tradition de droit romain. *V.* «Préface» in J.C. BEGUIN, *Le contrôle de la constitutionnalité des lois en République fédérale d'Allemagne*, Paris 1982, p. V.

(114) H. KELSEN, «La garantie juridictionnelle de la Constitution (La justice constitutionnelle)», *Revue du droit public et de la science politique en France et à l'étranger*, 1928, p. 218.

(115) M. CAPPELLETTI et J.C. ADAMS, *loc. cit.*, p. 1215.

contrôle judiciaire de la constitutionnalité, et ne sont pas particuliers aux pays de droit romain, qui l'ont adopté, comme semblent le démontrer les professeurs Cappelletti et Adams, sur la base des effets correctifs de la doctrine *stare decisis*, caractéristique du système de *common law* et étrangère au système de droit romain.

Leur argument est le suivant:

> Selon la doctrine anglo-américaine de *stare decisis*, une décision adoptée par le plus haut tribunal d'une juridiction quelconque lie tous les autres tribunaux de la même juridiction. A partir du moment où le tribunal déclare une loi inconstitutionnelle, aucun autre tribunal ne peut appliquer celle-ci. Ce tribunal n'a pas besoin d'un octroi de pouvoir spécifique pour déclarer la non validité d'une loi et ne doit prendre de décision que concernant l'applicabilité de la loi dans le cas concret; la doctrine *stare decisis* fait le reste en demandant aux autres tribunaux de suivre le précédent dans les cas postérieurs. Par conséquent, si la loi inconstitutionnelle continue d'apparaître dans le journal officiel, elle restera lettre morte.

Ils terminent leur argumentation en disant:

> La *stare decisis* ne fait pas partie normalement du système de droit romain; dans de tels systèmes les tribunaux ne sont généralement pas limités, même pas par les décisions des tribunaux supérieurs[116].

L'argument a été développé postérieurement par le professeur Cappalletti dans son livre *Judicial Review in the Contemporarv World* où il a exprimé:

> A partir du moment où la *stare decisis* est étrangère aux juges de droit civil, un système qui autorise chaque juge de décider sur la constitutionnalité des lois risque de créer une situation dans laquelle un juge néglige une loi parce qu'il la considère inconstitutionnelle alors qu'un autre l'appliquera comme étant constitutionnelle.
>
> Allant plus loin, le même organe judiciaire qui aurait un jour négligé une loi donnée, un autre jour pourrait la soutenir, après changé d'avis quant à sa légitimité constitutionnelle. Cela peut entraîner des différences entre des autorités judiciaires différentes, par exemple, entre un tribunal ordinaire et des tribunaux administratifs, ou bien, entre les juges plus jeunes et radicaux appartenant aux tribunaux inférieurs et les juges plus anciens et traditionnels des tribunaux supérieurs... Les résultats, extrêmement dangereux, peuvent créer des conflits graves entre les organes judiciaires ainsi que de graves incertitudes concernant la loi[117].

Il faut insister sur le fait que ces problèmes issus du principe de suprématie de la Constitution existent tant dans les pays qui suivent le système de droit romain, que dans ceux de *common law*. S'il est vrai que la doctrine *stare decisis* corrige les problèmes, elle ne peut les résoudre tous. Par exemple, aux Etats-Unis, les cas portant sur une question constitutionnelle décidée par des tribunaux inférieurs ne peuvent pas tous être envoyés à la Cour suprême qui a le pouvoir discrétionnaire de décider le cas dont elle va se saisir[118].

---

(116) *Idem*, p. 1215.

(117) M. CAPPELLETTI, *op. cit.*, p. 58.

(118) 28 US Code, Section 1254, 1255, 1256, 1257. *V.* aussi Norme n° 17 de la Cour suprême.

D'autre part, même si la doctrine *stare decisis*, telle qu'elle est connue dans tous les pays du *common law*, ne s'applique pas aux pays de tradition romaine, qui ont adopté le système diffus de contrôle de la constitutionnalité, ces pays ont mis au point, de façon parallèle et naturelle, leurs propres corrections aux problèmes posés, en obtenant des effets similaires.

Par exemple, dans le système mexicain d'*amparo*, la Constitution établit le principe dit de la *jurisprudencia*, selon lequel les précédents ou décisions antérieures provenant des tribunaux fédéraux doivent obligatoirement être pris en compte[(119)]. Conformément à ce principe, la loi d'*amparo* établit que les décisions de la Cour suprême ainsi que les décisions d'autres corps collégiaux sont considérées comme des précédents obligatoires, après cinq décisions consécutives non interrompues par arrêté contraire. Les effets de la *jurisprudencia* ont été partiellement considérés comme équivalents à ceux qui résultent de la règle du *stare decisis.*

De plus, dans le système mexicain de l'*amparo*, le dit «*amparo* contre les lois» a aussi été envisagé comme une action extraordinaire d'inconstitutionnalité des lois auto-éxécutées pouvant porter directement atteinte aux droits individuels. Un tel cas peut être porté devant les tribunaux fédéraux qui sont autorisés à juger les inconstitutionnalités d'une loi sans qu'il y ait un rapport quelconque avec un procès particulier[(120)].

A cet égard, en Argentine et au Brésil, deux pays qui suivent de près le modèle américain dans la mesure où le pouvoir est garanti aux tribunaux de décider de l'inapplicabilité d'une loi basée sur des considérations constitutionnelles, une institution nommée «recours extraordinaire d'inconstitutionnalité» a été mise en place. Ce recours est introduit devant la Cour suprême contre les décisions judiciaires adoptées en dernière instance, quand une loi fédérale est considérée inconstitutionnelle et inapplicable par un tribunal[(121)]. Dans ces cas, bien que la décision adoptée par la Cour suprême a des effets *in casu et inter partes*, du fait de son adoption par la Cour suprême, elle acquiert, en fait, des effets obligatoires (précédents) sur le tribunal inférieur[(122)].

De même, dans quelques pays européens de droit romain qui ont adopté le système diffus du contrôle de la constitutionnalité, des mécanismes juridiques spéciaux ont été établis pour résoudre des problèmes issus de décisions contradictoires de différents tribunaux concernant des questions constitutionnelles. C'est le cas de la Grèce dont la Constitution de 1975 régit un Haut tribunal spécial qui a le pouvoir de décider de l'inconstitutionnalité des lois

---

(119) Article 107, Section XIII, paragraphe 1 de la Constitution (amendement de 1950-1951).

(120) R.D. BAKER, *op. cit.*, pp. 164, 250-251, 256, 259.

(121) H. FIX-ZAMUDIO, *Veinticinco Años de Evolución de la Justicia Constitucional 1940-1965*, México, 1968, pp. 26, 36; J. CARPIZO et H. FIX-ZAMUDIO, «La necesidad y la legitimidad de la revisión judicial en América latina. Desarrollo reciente», *loc. cit.*, p. 33. Publié aussi in L. FAVOREU et J.A. JOLOWICZ, *Le contrôle juridictionnel des loi Légitimité, effectivité et développements récents*, Paris 1986, pp. 119-151

(122) J.R. VANOSSI et P.E. UBERTONE, *Instituciones de defensa de la Constitución en la Argentina*, *loc. cit.*, p. 32.

quand des décisions contradictoires ont été adoptées en la matière par le Conseil d'Etat, la Cour de cassation ou la Cour des comptes. En pareil cas, les décisions du Haut tribunal spécial ont des effets absolus et généraux, vis-à-vis de la constitutionnalité des lois[(123)].

Finalement, les autres pays à tradition de droit romain qui ont adopté le système diffus de contrôle de la constitutionnalité ont corrigé les problèmes d'incertitude et de conflit en adoptant un modèle mixte de contrôle de la constitutionnalité, c'est à dire en utilisant parallèlement le système diffus et le système concentré. En Amérique latine, c'est le cas du Guatemala[(124)], de la Colombie et du Vénézuéla. Dans ces deux derniers pays, particulièrement, le système concentré du contrôle de la constitutionnalité existe parallèlement au système diffus légalement établi dans la loi positive, et la Cour suprême ou la Cour constitutionnelle est quand même autorisée à annuler une loi inconstitutionnelle avec des effets *erga omnes*, moyennant une action populaire qui peut être portée devant la Cour par un habitant quelconque du pays. Donc, parallèlement aux pouvoirs des tribunaux de décider de l'inapplicabilité d'une loi considérée inconstitutionnelle dans un cas concret, la Cour suprême ou la Cour constitutionnelle a le pouvoir d'annuler, avec des effets généraux, les lois contestées comme étant inconstitutionnelles[(125)].

Dans la même ligne de pensée, d'autres pays de l'Europe, traditionnellement de droit romain et ayant adopté le système diffus de contrôle de la constitutionnalité, ont aussi adopté parallèlement le modèle du système concentré, en donnant à la Cour suprême ou à un Tribunal constitutionnel le pouvoir d'annuler les lois inconstitutionnelles. C'est le cas de la Suisse où, même si aucun contrôle judiciaire constitutionnel n'est permis en ce qui concerne les lois fédérales, le Tribunal fédéral a le pouvoir de déclarer l' inconstitutionnalité d'une loi cantonale avec des effets *erga omnes* quand il est requis par un recours spécial de droit public en cas de violation des droits fondamentaux[(126)]. Au Portugal, c'est le Tribunal constitutionnel qui a le pouvoir d'annuler les lois inconstitutionnelles quand il est saisi par voie d'action directe.

Par conséquent, dans le même sens que la doctrine *stare decisis* dans les pays appartenant au *common law*, pour résoudre les problèmes d'incertitude et l'éventuel caractère conflictuel des décisions judiciaires prises par différents tribunaux concernant la constitutionnalité des lois que le système diffus du contrôle de la constitutionnalité peut produire, les pays de tradition romaniste ont mis au point une série de mécanismes légaux pour prévenir l'effet négatif qui découle de ces problèmes, soit en donnant un caractère obligatoire aux précédents, soit en garantissant à la Cour suprême ou à une Cour constitutionnelle les pouvoirs nécessaires pour déclarer l'inconstitutionnalité des lois ayant parfois

---

(123) E. SPILIOTOPOULOS, «Judicial Review of Legislative Acts in Greece», *loc. cit.*, pp. 496-500.

(124) J.H. GARCÍA LA GUARDIA, *La defensa de la Constitución*, México 1983.

(125) A.R. BREWER-CARÍAS, *El control de la constitucionalidad de los actos estatales*, Caracas 1977; L.C. SACHICA, *El control de la constitucionalidad y sus mecanismos*, Bogotá 1980.

(126) E. ZELLWEGER, «El Tribunal Federal Suizo en calidad de Tribunal Constitucional», *Revista de la Comisión Internacional de Juristas*, Vol. VII (1), 1966, p. 119; H. FIX-ZAMUDIO, *Los Tribunales constitucionales...*, *op. cit.*, p. 84.

des effets obligatoires et généraux. Par conséquent, les problèmes posés par le système diffus du contrôle de la constitutionnalité de la législation sont communs aux pays qui ont adopté soit le système romain, soit celui du *common law*, de façon que l'on ne peut considérer le système de contrôle de la constitutionnalité «incompatible» avec le système romain ou avec celui du *common law* d'un pays donné, par le seul fait que la règle *stare decisis* n'existe pas dans le système de droit romain.

Comme nous l'avons déjà dit, la compatibilité absolue en cette matière réside dans le principe de la suprématie constitutionnelle selon lequel les juges chargés de l'application de la loi peuvent décider de l'inapplicabilité de celle-ci lorsqu'elle contredit la Constitution et donner la préférence à cette dernière. Tel est le système original de contrôle de la constitutionnalité après le triomphe de la Constitution sur le législateur.

Néanmoins, dans les pays européens de droit romain, la méfiance séculaire à l'égard du pouvoir judiciaire a ouvert la voie à la mise en place du système concentré de contrôle juridictionnel de la constitutionnalité qui a permis de redécouvrir la suprématie constitutionnelle par un autre biais. Cela ne signifie pas pour autant que l'on puisse considérer le contrôle diffus de la constitutionnalité de la législation comme étant incompatible avec le système romain ou avec celui du *common law*.

C. Le rôle des Cours suprêmes

Comme nous l'avons vu plus haut, dans les systèmes diffus de contrôle judiciaire de la constitutionnalité des lois, le pouvoir de contrôle est attribué à tous les juges et non pas à un seul organe ou autorité judiciaire. Même la Cour suprême a le pouvoir de décider de ne pas appliquer une loi lorsqu'elle estime que celle-ci est contraire à la Constitution, et d'appliquer cette dernière de préférence.

Cependant, dans le processus judiciaire de contrôle de la constitutionnalité, les Cours suprêmes jouent un rôle de premier plan du fait de la doctrine qu'elles peuvent établir. En tout cas, les effets de cette doctrine varient selon les systèmes juridiques[127].

(a) La Cour Suprême des Etats-Unis, le writ of certiorari *et le principe de* stare decisis

Au sommet du système judiciaire fédéral des Etats-Unis se trouve la Cour suprême, à laquelle est confiée non seulement une juridiction d'appel mais également une juridiction originale qu'institue la Constitution à titre exclusif. Cette juridiction originale de la Cour suprême connaît des affaires dont la Cour peut être directement saisie, laquelle englobe celles auxquelles un Etat est partie

(127) Allan R. Brewer-Carías, *Judicial Review...*, *op. cit.*, pp. 140-144.

ainsi que celles dans lesquelles sont en cause des ambassadeurs. Les litiges entre deux Etats, nés généralement de conflits de droit en matière frontalière, d'eau ou minière, ne peuvent être portés que devant la Cour suprême, les cours de district pouvant connaître de leur côté d'autres affaires relevant de la juridiction originale non exclusive[(128)].

En conséquence, compte tenu du fait que la juridiction originale de la Cour suprême est de par nature limitée et de moindre importance, il est évident que le plus gros de son activité comme interprète de la Constitution est absorbé par sa juridiction d'appel, au sein de laquelle elle agit en qualité de tribunal de dernière instance.

A cet égard, notamment dans le domaine constitutionnel, la Cour suprême apparaît comme «le tribunal le plus important du système américain»[(129)], doté d'une très vaste juridiction d'appel réglementée par le Congrès, dans le but d'assurer une interprétation définitive, autorisée et uniforme de la Constitution, des lois et des traités des Etats-Unis.

Ainsi, la Cour suprême a la faculté de réviser toutes les décisions des cours d'appel [(130)] des Etats-Unis, qui ont, elles, le pouvoir de réviser les décisions de toutes les cours de district, de sorte que, en général, la juridiction d'appel de la Cour suprême peut s'étendre à toutes les affaires qui prennent source dans le système judiciaire fédéral.

En outre, la Cour suprême est compétente en appel pour réviser les décisions des Cours suprêmes des différents Etats dans toutes les affaires relevant de la législation fédérale, d'un traité, de la loi d'un Etat ou encore à la réclamation d'un droit au titre de la Constitution, de traités ou de lois des Etats-Unis [131]. Elle est enfin compétente pour réviser les décisions des cours fédérales spécialisée, comme la *Court of Claims*, la Cour chargée du contentieux en matière douanière et de brevets et la Cour chargée de l'examen des recours militaires[(132)].

Mais en dehors de la juridiction d'appel propre à la hiérarchie du système judiciaire, il se trouve aussi des cas où la Cour suprême a la faculté d'agir en juridiction d'appel de dernière instance lorsqu'elle est appelée à réviser des décisions des cours fédérale de district dont elle est saisie directement par voie de recours. A ce sujet, le *U.S. Code* établit un droit de recours devant la Cour suprême contre les décisions de toute cour fédérale, y compris les cours fédérale de district, quand elles «déclarent une loi du Congrès inconstitutionnelle à propos d'une action civile, d'un procès ou d'une instance dont sont partie les Etats-Unis, un de leurs organismes ou un de leurs fonctionnaires ou employés en tant que fonctionnaire ou employé». Les Etats-Unis peuvent faire appel directement devant la Cour suprême contre une décision d'une cour fédérale de district rejetant

(128) *Cf.* L. BAUM, *The Supreme Court*, Washington 1981, p. 11.

(129) B. SCHWARTZ, *American Constitutional Law*, Cambridge 1955, p. 129.

(130) 28, US Code 1254 qui se réfère aux méthodes par lesquelles les cas des cours d'appel peuvent être contrôlés par la Cour suprême.

(131) 28. US Code, 1257.

(132) 28. US Code, 1255, 1256.

une procédure criminelle ou établissant une culpabilité criminelle pour inconstitutionnalité de la loi fédérale criminelle[(133)]. Enfin, le *U.S. Code* autorise toute partie à faire directement appel «devant la Cour suprême contre tout ordre accordant ou refusant, après notification et audience, des injonctions interlocutoires ou permanentes à propos d'une action civile, d'un procès ou d'une instance intenté à propos d'une loi du Congrès devant une cour de district de trois juges»[(134)], quand la loi fédérale ou d'un Etat a été mise en cause du fait de son inconstitutionnalité.

Comme on peut le voir, la juridiction d'appel de la Cour suprême est énorme, au point qu'il a fallu restreindre l'exercice du droit de recours devant le plus haut tribunal, et c'est ainsi que la Cour suprême s'est progressivement transformée en juge pour statuer sur la recevabilité ou non de tout recours exercé devant elle, celle-ci ayant pouvoir de refuser de connaître d'une affaire lorsqu'elle a la conviction que la question qui y est soulevée ne revêt pas suffisamment d'importance.

La juridiction d'appel de la Cour suprême est par conséquent à la fois impérative et discrétionnaire, la juridiction discrétionnaire étant la plus importante vu le nombre d'affaires révisées.

Pour ce qui est du droit d'appel et de la juridiction impérative d'appel de la Cour suprême, ceux-ci sont prévus lorsque sont en jeu des questions constitutionnelles de poids et notamment dans le cas où une loi du Congrès est considérée inconstitutionnelle par une cour fédérale ou la Cour suprême d'un Etat, ou quand une loi d'un Etat a été déclarée inconstitutionnelle par une cour fédérale d'appel, ou quand sa constitutionnalité est contestée devant la Cour suprême d'un Etat.

Dans tous les autres cas concernant ou non la matière constitutionnelle, la Cour suprême des Etats-Unis a compétence pour réviser toutes les décisions des cours fédérales d'appel, des cours fédérales spécialisées et toutes les décisions des Cours suprêmes des Etats portant sur des questions touchant à la législation fédérale, mais de manière discrétionnaire quand elle effectue l'examen d'un *writ of certiorari*.

En effet, dans tous ces cas où il n'y a pas de droit d'appel ou dans lesquels il n'y a pas de juridiction d'appel impérative, il est possible de saisir la Cour suprême par voie de requête de *certiorari*, moyen qui permet à un plaideur ayant perdu un procès devant une cour inférieure de solliciter auprès de la Cour suprême la révision de l'affaire en exposant les motifs de sa pétition[(135)].

Selon les «Règles de la Cour suprême», pour contribuer à l'uniformité et à la cohésion de la législation fédérale, les facteurs qui pourraient inciter la Cour suprême à accorder le bénéfice du *certiorari*, sont: 1. questions importantes touchant à la législation fédérale sur lesquelles la Cour ne s'est pas prononcée antérieurement; 2. interprétations contradictoires de lois fédérales par des cours

---

(133) 28. US Code, 1252, 3731.
(134) 28. US Code 1253, 2281, 2282, 2284.
(135) L. BAUM, *op. cit.*, p. 81.

inférieures; 3. décisions de cours inférieures en conflit avec celles antérieurement rendues par la Cour suprême; 4. et séparation par des instances inférieures en ce qui concerne le cours normal des procédures judiciaires[136].

La Cour suprême peut, bien sûr, accéder à la révision en fonction d'autres motifs ou la refuser en dépit même de l'existence de l'une ou de plusieurs des raisons précitées. La discrétion de la Cour suprême n'a pas de limite, et c'est au vu de l'importance de la question ou en fonction de l'intérêt public qu'elle délivre le bénéfice de *certiorari* aux fins de révision de certaines affaires.

(b) La Cour Suprême en Argentine, le Tribunal Suprême fédéral du Brésil et le recours extraordinaire

En Argentine, la Cour suprême de justice est le seul organe judiciaire créé par la Constitution. Elle est considérée comme «l'interprète final de la Constitution» ou comme la «défenderesse de la Constitution»[137].

Elle couvre aussi deux types de juridiction: originale et d'appel. La juridiction originale est établie dans la Constitution et ne peut par conséquent être élargie par des lois. Elle concerne les matières relatives aux ambassadeurs, aux ministres et aux consuls étrangers; elle s'étend aux Provinces (art. 101).

En appel, la Cour suprême a juridiction sur deux types d'appel: ordinaire et extraordinaire. En ce qui concerne le premier, la Cour suprême a le pouvoir de contrôler les décisions de la Chambre nationale d'appel dans les cas suivants: 1. Les affaires dans lesquelles la Nation constitue l'une des parties selon un montant fixé périodiquement; 2. L'extradition de criminels par d'autres pays; et 3. La saisie de navires en temps de guerre et autres cas liés au droit maritime.

Dans ces cas de juridiction d'appel ordinaire, la Cour suprême de justice se comporte comme un tribunal de troisième instance et de dernier ressort en contrôlant l'intégrité du cas décidé par la Chambre nationale d'appel.

Mais, comme on l'a dit, la juridiction d'appel de la Cour suprême de justice peut aussi être exercée par ce qu'on a appelé un «recours extraordinaire» qui est, en fait, un appel extraordinaire, dans lequel celui qui fait partie d'un cas décidé par les Chambres nationales d'appel et par les Tribunaux supérieurs des provinces peut le porter devant la Cour suprême, particulièrement quand il s'agit de cas qui traitent de questions constitutionnelles et qui présentent des conditions spéciales.

C'est, sans doute, le moyen normalement employé par la Cour suprême pour décider sur l'interprétation finale de la Constitution lorsqu'elle contrôle la constitutionnalité des actes de l'Etat Conséquemment, c'est la voie la plus importante pour le contrôle de la constitutionnalité des lois[138].

---

(136) *Cf.* R.A. ROSSUM et G.A. TARR, *American Constitutional Law*, NY 1983, p. 28.
(137) R. BIELSA, *op. cit.*, p. 270; J.R. VANOSSI et P.F. UBERTONE, *loc. cit.*, p. 18.
(138) Allan R. BREWER-CARÍAS, *Judicial Review...*, *op. cit.*, pp. 156-163

Quoi qu'il en soit, le recours extraordinaire est différent du *writ of certiori* étant donné que la Cour suprême en Argentine n'a pas de pouvoirs discrétionnaires pour accepter ou non des recours extraordinaires. Par conséquent, dans le système argentin, toute la juridiction d'appel de la Cour suprême, soit ordinaire ou extraordinaire, est obligatoire et s'exerce comme conséquence d'un droit des parties de faire appel au recours extraordinaire(139).

Cependant, la différence entre l'appel ordinaire et le recours extraordinaire c'est que même s'il est connu en tant qu' «appel extraordinaire» ce n'est pas proprement un appel. Il s'agit plutôt d'un recours autonome. Lorsque ce recours est exercé, la Cour suprême ne se comporte pas comme une simple cour de troisième instance(140), particulièrement parce que la Cour ne contrôle pas les motifs de la décision judiciaire considérée vis-à-vis des faits; son pouvoir de contrôle se borne aux aspects de loi sur des questions constitutionnelles. C'est pourquoi la Cour suprême n'agit pas *pure litigatoris* mais *pure constitutionis*; elle ne juge pas *questio facti* mais *questio suris* en vertu du recours extraordinaire(141).

Cette différence fondamentale entre la fonction de la Cour suprême comme conséquence de l'exercice d'un appel ou d'un recours extraordinaire est suivi d'une autre différence formelle; contrairement à l'appel, le recours extraordinaire doit être motivé et fondé sur des raisons constitutionnelles(142).

Même si on l'appelle «extraordinaire», l'appel ordinaire étant réduit au contrôle de très peu de décisions de la Chambre nationale d'appel, en réalité, le recours extraordinaire est devenu la voie judiciaire par laquelle les parties peuvent avoir accès le plus facilement à la Cour suprême de justice afin d'obtenir le contrôle de la constitutionnalité des actes de l'Etat(143); notamment, parce que les décisions définitives de la Chambre nationale d'appel ne sont pas les seules à faire l'objet du recours, mais aussi les décisions définitives des Tribunaux des provinces où sont présentés la plupart des cas de droit commun.

En tout cas l'exercice de ce recours extraordinaire est soumis à des règles particulières que nous devons remarquer.

Premièrement, le recours extraordinaire ne peut s'exercer que par rapport à la matière constitutionnelle, d'où son importance en ce qui concerne le contrôle de la constitutionnalité. A cet égard, le recours extraordinaire peut s'exercer dans trois cas:

a. Lorsque a été soulevée la question de validité d'un traité, d'une loi du Congrès ou d'une autre autorité exercé au nom de la Nation et que la décision judiciaire a été contraire à la validité de l'acte particulier;

b. Lorsque la validité d'un acte ou d'un arrêté des autorités provinciales a été remise en question sur le terrain de l'incompatibilité de la Constitution, des traités ou des actes du Congrès, et que la décision judiciaire a été favorable à la validité de l'acte particulier;

---

(139) *Cf.* R. BIELSA, *op. cit.*, pp. 60-61; J.R. VANOSSI et P.F. UBERTONE, *loc. cit.*, p. 19.
(140) *Cf.* N.P. SAGUES, *op. cit.*, p. 270; R. BIELSA, *op. cit.*, pp. 185, 221, 228, 275.
(141) R. BIELSA, *op. cit.*, p. 222.
(142) *Cf.* R. BIELSA, *op. cit.*, pp. 245, 252.
(143) *Cf.* J.R. VANOSSI et P.F. UBERTONE, *loc. cit.*, p. 19.

c. Lorsque l'interprétation d'un article de la Constitution, d'un traité ou d'une loi du Congrès ou de tout autre acte de la Nation a été remise en question, et que la décision judiciaire a été contraire à la validité d'un droit, d'un privilège ou d'une immunité fondée sur l'article en question[144].

Mais il faut dire qu'en tant que création de la doctrine de la Cour suprême de justice, le recours extraordinaire a aussi été accepté contre «les décisions judiciaires arbitraires», c'est à dire là où le droit de se défendre dans une procédure a été violé. Le recours a également été accepté en cas de *grive institutionnel*, même dans des cas où il est normalement inadmissible. Il a finalement été accepté en cas de refus effectif de justice[145].

Deuxièmement, concernant l'admissibilité du recours extraordinaire, il faut signaler que la question constitutionnelle doit être discutée dans la procédure des tribunaux inférieurs, et elle doit être prise en compte dans leur décision avant qu'elle ne soit portée devant la Cour suprême par le biais du recours extraordinaire[146]. Par conséquent, la Cour suprême doit rejeter le recours lorsque la question constitutionnelle n'a pas été discutée par le tribunal inférieur et n'a pas été considérée dans la décision[147]. Plus encore, la question constitutionnelle doit se maintenir dans les instances judiciaires des tribunaux inférieurs et ne doit pas être abandonnée par la partie intéressée. Dans le cas contraire, la Cour suprême doit repousser le recours extraordinaire[148].

Finalement, tous les autres aspects du caractère incident du contrôle de la constitutionnalité visent évidemment l'admissibilité du recours extraordinaire et particulièrement son exercice par une partie directement intéressée en la matière, dans lequel les droits sont affectés par des décisions concernant l'invalidité de la loi, et dont la solution de la question constitutionnelle est inévitable et indispensable pour la décision du cas. Nous devons remarquer à cet égard que, dans le système argentin, il a été expressément accepté que l'organe public dont les actes ont été mis en cause sur le terrain de l'inconstitutionnalité ainsi que le Procureur général ont la qualité de partie relative à l'exercice du recours extraordinaire[149].

En ce qui concerne le Brésil[150], à partir de l'établissement du système de contrôle de la constitutionnalité en 1891, la Constitution a toujours réglementé expressément le pouvoir du Tribunal fédéral suprême pour contrôler les décisions des tribunaux inférieurs en matière de constitutionnalité, par un recours extraordinaire qui peut être porté par la partie intéressée devant le Tribunal[151].

---

(144) Loi 48, art. 14. *Cf.* J. R. VANOSSI et P. F. UBERTONE, *loc. cit.*, p. 20; R. BIELSA, *op. cit.*, pp. 210-211; N.P. SAGUES, *op. cit.*, p. 272.
(145) *Cf.* J.R. VANOSSI et P.F. UBERTONE, *loc. cit.*, p. 20.
(146) *Cf.* R. BIELSA, *op. cit.*, pp. 190, 202, 203, 205, 209.
(147) *Cf.* R. BIELSA, *op. cit.*, pp. 204.
(148) *Cf.* R. BIELSA, *op. cit.*, pp. 260.
(149) *Cf.* R. BIELSA, *op. cit.*, pp. 237, 238.
(150) Allan R. BREWER-CARÍAS, *Judicial Review...*, *op. cit.*, pp. 316-317.
(151) J. Alfonso DA SILVA, *Sistema...*, *loc. cit.*, p. 44.

Ce recours extraordinaire d'inconstitutionnalité ne procède que lorsque la Cour suprême d'appel a pris des décisions considérées contraires à la Constitution ou qui dénient la validité d'un traité ou d'une loi fédérale; lorsque les décisions déclarent l'inconstitutionnalité d'un traité ou d'une loi fédérale; et lorsqu'une loi ou un acte du gouvernement local sont considérés valides alors qu'ils auraient été négligés comme inconstitutionnels ou contraires à une loi fédérale (Art. 102, III, Constitution).

Il faut mentionner que dans les questions constitutionnelles qui font l'objet de la procédure devant le Tribunal fédéral suprême, le Procureur général peut toujours intervenir et peut aussi le faire dans toute procédure dans laquelle la décision est pendent, afin de soulever des questions constitutionnelles qui doivent être décidées par le Tribunal(152).

Finalement, nous devons ajouter qu'en ce qui concerne la décision des questions constitutionnelles, le Tribunal suprême fédéral doit l'adopter avec le vote de la majorité des membres. La décision, comme celle de la première instance a des effets *inter partes* et *ex tunc* lorsqu'elle déclare l'inconstitutionnalité d'une loi. Dans un tel cas, le Tribunal reconnaît l'inconstitutionnalité *ab inito* de la loi dans une décision ayant des effets déclaratifs, mais il n'annule pas la loi qui continuera d'être applicable et en vigueur(153).

Dans le système brésilien, un aspect supplémentaire peut être distingué: une fois la décision adoptée par le Tribunal suprême, elle doit être envoyée au Sénat fédéral qui a le pouvoir, selon la Constitution, de «suspendre l'exécution totale ou partielle d'une loi ou d'un décret déclaré inconstitutionnel par le Tribunal supérieur fédéral par une décision définitive. En ce cas, les résultats des décisions du Sénat ont, évidemment, des effets *erga omnes* et *ex nunc*(154).

(c) Le Tribunal constitutionnel portugais et le recours direct

Dans le système de contrôle diffus de la constitutionnalité des lois au Portugal, la caractéristique la plus intéressante est le recours direct qui peut être exercé devant le Tribunal constitutionnel contre des décisions judiciaires portant sur des questions d'ordre constitutionnel, dans le genre du recours extraordinaire d'inconstitutionnalité que prévoient les systèmes argentin et brésilien ou des appels directs devant la Cour suprême des Etats-Unis(155).

En effet, l'article 280, 1, a. et b. de la Constitution portugaise prévoit un recours devant le Tribunal constitutionnel contre les décisions judiciaires lorsque les tribunaux refusent d'appliquer une norme jugée inconstitutionnelle ou en appliquent une dont l'inconstitutionnalité a été invoquée en cours de procès.

---

(152) J. Alfonso DA SILVA, *Sistema..., loc. cit.*, p. 44.
(153) D.A. BANDEIRA DE MELLO, *op. cit.*, p. 218.
(154) J. Alfonso DA SILVA, *Sistema..., loc. cit.*, pp. 69, 71, 73.
(155) Allan R. BREWER-CARIAS, *Judicial Review..., op, cit.*, pp. 266-267.

Ce recours doit obligatoirement être exercé par le ministère public si la norme dont l'application a été rejetée figure dans une convention internationale, un acte législatif ou un décret réglementaire[156]. Dans les cas où les tribunaux refusent d'appliquer une norme pour inconstitutionnalité, à la demande d'une partie, le recours direct ne peut être introduit que par celle ayant soulevé la question de l'inconstitutionnalité[157].

Mais le Tribunal constitutionnel, au Portugal, peut être saisi de recours contre des décisions d'instances inférieures, non seulement en cas de contrôle constitutionnel mais aussi en cas de contrôle diffus de la légalité, et cela dans les cas suivants:

D'abord, lorsque les tribunaux refusent d'appliquer une décision émanée d'un instrument régional motif pris qu'elle est illégale puisque violant la loi des régions autonomes ou celle, générale, de la République; en second lieu, lorsque les tribunaux refusent d'appliquer une disposition d'un instrument légal émanant d'un organe de la République au motif qu'elle est illégale puisque violant les lois d'une région autonome; en troisième lieu, lorsque le tribunal applique une disposition dont l'illégalité a été soulevée en cours d'instance sous prétexte de violation d'autonomies régionales. Dans ce dernier cas, seule la partie intéressée qui a soulevé la question a droit d'user du recours[158].

Par ailleurs, le ministère public est tenu d'interjeter des recours contre des décisions judiciaires dans lesquelles une disposition légale préalablement jugée inconstitutionnelle ou illégale par le Tribunal constitutionnel est appliquée[159].

Dans chacun de ces cas, les recours intentés devant le Tribunal constitutionnel seront circonscrits aux aspects inconstitutionnels ou illégaux, selon l'espèce[160]. C'est la raison pour laquelle le Tribunal ne procède pas à une révision factuelle de l'affaire, ses pouvoirs de contrôle judiciaire se limitant aux questions constitutionnelles. Les décisions du Tribunal constitutionnel dans les cas de contrôle constitutionnel sur recours n'ont d'effets qu'à l'égard de l'affaire en question et donc *inter partes*, et c'est seulement lorsque le Tribunal constitutionnel a jugé une disposition légale inconstitutionnelle dans trois cas judiciaires, qu'il apprécie et déclare l'inconstitutionnalité de la norme avec force obligatoire[161].

(d) La Haute Cour spéciale en Grèce et les contradictions de la Jurisprudence

Le système diffus de contrôle judiciaire de la constitutionnalité en Grèce, bien que très voisin de celui pratiqué aux Etats-Unis d'Amérique, renferme un élément

(156) Article 282, 2.
(157) Article 280, 4.
(158) Article 280, 3, a, b, c.
(159) Article 280, 5.
(160) Article 280, 6.
(161) Article 281, 2.

qui l'en différencie pas mal et qui découle de l'organisation particulière de l'appareil judiciaire grec[(162)].

En effet, en Grèce, les organes judiciaire essentiels sont organisés en deux grandes branches séparées et présentant certaines similitudes avec le modèle français: la branche civile et criminelle, avec à leur tête la Cour suprême, et la branche administrative coiffée par un Conseil d'Etat[(163)]. Il existe donc deux organes judiciaires suprêmes dotés d'une juridiction d'appel définitif au niveau des juridictions civile et criminelle ordinaires ou à celui de la juridiction administrative. En outre, les articles 98 et 99 de la Constitution instituent une troisième branche indépendante du pouvoir judiciaire, relevant de la Cour des Comptes, compétente en matière de finances publiques et chargée de la vérification des comptes de la Nation. Tous les tribunaux des trois branches du pouvoir judiciaire ont le pouvoir de contrôler la constitutionnalité des lois et il peut par conséquent arriver que la Cour suprême, en matière civile ou criminelle, le Conseil d'Etat, en matière administrative ou la Cour des Comptes, en matière de finances publiques, rendent des décisions contradictoires ou conflictuelles en matière constitutionnelle, ce qui pourrait créer un état d'incertitude légale.

En vue de régler d'éventuels conflits découlant de décisions prises en matière constitutionnelle entre ces organisations judiciaires, la Constitution de 1968 a créé une Cour constitutionnelle[(164)], que la Constitution de 1975 a transformée en Haute Cour spéciale. La juridiction de cette Haute Cour spéciale a tendu à rapprocher le système grec de contrôle de constitutionnalité aux systèmes mixtes[(165)], mais en raison de son caractère particulier 94 inhérent à l'existence de trois organisations judiciaires indépendantes, ses fonctions consistent plutôt à corriger les inconvénients que le système diffus peut entraîner au niveau des trois branches de l'appareil judiciaire.

Cette Haute Cour spéciale, selon l'article 100, a compétence juridictionnelle non seulement en matière constitutionnelle mais également en matière électorale et de règlement de conflits touchant à la détermination des règles de droit international[(166)]. De plus, elle agit en qualité de juridiction en matière de conflit, à l'instar du Tribunal des conflits, en France[(167)]. En tout cas, la Haute Cour spéciale agit principalement en tant que tribunal de dernière instance dans le règlement des conflits d'ordre constitutionnel entre les Cours suprêmes du pouvoir judiciaire. A cet égard, la Constitution étend la compétence de cette Haute Cour spéciale au:

---

(162) Allan R. BREWER-CARIAS, *Judicial Review...*, *op. cit.*, pp. 168-172.

(163) Articles 93-97, Constitution 1975. *Cf.* E. SPILIOTOPOULOS, *loc. cit.*, pp. 475-477. Bien que créé à l'origine en 1835, le Conseil d'Etat n'a commencé à fonctionner qu'en 1929. *Cf.* E. SPILIOTOPOULOS, *loc. cit.*, pp. 472, note 45.

(164) Article 106. *V. Información Jurídica*, *op. cit.*, pp. 99-100. *Cf.* les commentaires concernant ce Tribunal in H. FIX-ZAMUDIO, *Los tribunales constitucionales y los derechos humanos*, UNAM, México 1980, pp. 160-161.

(165) *Cf.* H. FIX-ZAMUDIO, *op. cit.*, p. 162.

(166) Article 100, 1, a, b, c, f.

(167) Article 100, 1, a, d.

> Règlement de conflits relatifs à la détermination du caractère essentiellement constitutionnel ou non de la législation du parlement ou à l'interprétation de dispositions y afférentes lorsque des jugements conflictuels ont été rendus par le Conseil d'Etat, la Cour suprême de la Cour des Comptes[(168)].

Cette Haute Cour spéciale est composée du Président du Conseil d'Etat, du Président de la Cour suprême et du Président de la Cour des Comptes, de quatre conseillers d'Etat et de quatre membres de la Cour suprême. Lorsqu'elle statue en matière constitutionnelle, sa composition peut être élargie en s'attachant les services de deux professeurs de droit commun de Facultés de droit du pays,[(169)].

En vertu de la loi spéciale no. 345 de 1978, qui réglemente la procédure que doit suivre la Haute Cour spéciale en vue du réglemente conflits, «il y a conflit lorsque l'une des cours suprêmes chargée d'examiner la constitutionnalité d'une loi s'appliquant à l'affaire émet un avis contraire à l'opinion déjà exprimée par une autre cour suprême traitant la même loi»[(170)]. Dans ce cas, le conflit peut être élevé à la Haute Cour spéciale par deux voies, l'une incidente, l'autre principale. La première, celle de caractère incident permet à la Cour suprême dont l'avis est à l'origine du conflit de demander un jugement préliminaire sur la question de la constitutionnalité directement à la Haute Cour spéciale, la décision définitive en la matière étant alors ajournée. La seconde, à titre principal, peut être exercée lorsque la Cour suprême concernée n'ajourne pas sa décision définitive et la rend, auquel cas, l'affaire peut être portée devant la Haute Cour spéciale par voie de requête présentée par le Ministre de la justice, le Procureur près la Cour suprême, le Commissaire d'Etat auprès de la Cour des Comptes et le Commissaire d'Etat auprès de la juridiction administrative; et aussi par toute autre personne se prévalant d'un intérêt légalement protégé, y compris la partie perdante[(171)].

La Haute Cour spéciale n'examine que la question touchant à la constitutionnalité qui lui est déférée ou soumise, et la décision qu'elle rend en la matière a des effets *erga omnes*[(172)]. Aux termes de l'article 100 de la Constitution «les dispositions légales déclarées inconstitutionnelles seront nulles à compter de la date de publication du jugement ou de celle qu'aura fixée la décision». Par conséquent, la décision de la Haute Cour spéciale annule en principe tout acte inconstitutionnel, avec effets *ex nunc* dans l'avenir; mais cette même Cour peut assortir sa décision d'effets rétroactifs[(173)].

En conséquence, si à la suite de la décision de la Haute Cour spéciale, une cour inférieure rend une décision touchant à la constitutionnalité d'une loi contraire à l'avis de la Haute Cour spéciale, les plaideurs ont le droit d'intenter un appel, et si la décision en question est rendue par l'une des cours suprêmes, les parties ont la

(168) Article 100, 1, e.
(169) Article 100, 2.
(170) Article 48, 2 *cit.,* in E. SPILIOTOPOULOS, *loc. cit.*, p. 497.(
(171) *Cf.* E. SPILIOTOPOULOS, *loc. cit.*, p. 497.
(172) Article 51, Loi 345, *cit.,* in E. SPILIOTOPOULOS, *loc. cit.*, p. 497.
(173) E. SPILIOTOPOULOS, *loc. cit.*, p. 500.

possibilité d'introduire une requête aux fins d'obtention d'une nouvelle audience[(174)].

Cependant, dans le cas où la question constitutionnelle est soulevée, les effets immédiats de la décision de la Haute Cour spéciale sont différents selon le caractère incident ou principal de la procédure. Si la procédure est de caractère incident et la décision définitive ajournée au niveau de la Cour suprême, une fois rendu le jugement de la Haute Cour spéciale, la Cour suprême doit poursuivre la procédure en accord avec la décision de la Haute Cour spéciale:

> Mais si l'instance engagée devant la Haute Cour spéciale l'est à titre principal et si la Cour suprême concernée prononce un jugement définitif avant que la Haute Cour spéciale se soit prononcée, au lieu de l'ajourner, cette décision n'a pas automatiquement d'effet sur la décision définitive de la Cour suprême, et il s'ensuit que les plaideurs ont le droit, dans les quatre-vingt-dix jours à compter de la date à laquelle le jugement de la Haute Cour spéciale est rendu, d'introduire une requête spéciale et de solliciter une nouvelle audience de l'affaire devant la cour suprême, laquelle doit alors appliquer la décision de la Haute Cour spéciale[(175)].

(e) L'absence des moyens extraordinaire de révision judiciaire dans le système vénézuélien

Au Vénézuéla, conformément à l'article 20 du code de procédure civile, les effets d'une décision de ne pas appliquer la loi sont similaires à ceux du système des Etats-Unis, avec, cependant, une grande différence: aux Etats-Unis, les décisions des tribunaux sont effectivement considérées et appréciées comme précédents pour d'autres décisions, particulièrement celles de la Cour suprême selon la doctrine *stare decisis*. Dans le système juridique vénézuélien, la doctrine *stare decisis* n'a pas d'application car les juges, en conformité avec l'article 205 de la Constitution, sont soumis à celle-ci et aux lois, et pas à des précédents judiciaires. Par conséquent, les décisions judiciaires par lesquelles on a considéré l'inconstitutionnalité d'une loi conformément au système diffus de justice constitutionnelle ne sont pas obligatoires, ni pour le juge même qui l'a décidé ainsi, pouvant très bien modifier son critère, ni pour les autres juges, même lorsqu'il s'agit de juges inférieurs. En plus, en matière de contrôle diffus de la constitutionnalité des lois, il n'existe pas au Vénézuéla de mécanismes pour uniformiser la jurisprudence, chaque juge étant autonome dans l'exercice de ses pouvoirs d'appréciation de la constitutionnalité des lois[(*)].

En tout cas, la contradiction éventuelle qui pourrait apparaître entre les décisions des différents juges en matière d'inapplicabilité des lois jugées inconstitutionnelles, avec l'incertitude d'ordre juridique qui en résulte, peut être corrigée dans le système constitutionnel vénézuélien à partir de 1858, par

---

(174) Article 51. Loi 345, *cit.*, in E. SPILIOTOPOULOS, *loc. cit.*, p. 499.

(175) *Idem*.

(*) La situation à changé avec la Constitution de 1999. L'article 336,10 prévoit un recours extraordinaire qui s'exerce devant le Tribunal Supreme contre les décision des juges en matière constitutionnelle (contrôl diffus et décisions d'*amparo*)

l'établissement à partir de 1858, parallèlement au contrôle diffus de la constitutionnalité, d'un système de contrôle concentré attribué à la Cour suprême de justice qui peut être saisie par des *actions -populaires* susceptibles d'être exercées par toute personne contre les lois inconstitutionnelles et pouvant conduire à l'annulation de celles-ci.

2. La rationalité su système

Comme nous l'avons dit, l'essence du système diffus du contrôle judiciaire de la constitutionnalité des lois est la notion de la suprématie constitutionnelle: si la Constitution est la loi suprême du pays, qui prévaut sur toutes les autres lois, aucun acte de l'Etat contrariant la Constitution ne peut pas devenir une loi effective. Au contraire, cet acte est considéré comme nul et non avenu. Selon les termes du juge Marshall:

> Si la Constitution est la loi fondamentale et suprême de la Nation... un acte de la législature qui violerait la Constitution serait non avenu(176).

A cet égard, la garantie effective de la suprématie de la Constitution ressort du fait que les actes qui la/ répugnent sont en effet nuls et non avenus. Et ils seront considérées de la même façon par les cours qui sont les organes de l'Etat appelés à appliquer la loi(177).

A. La nullité des actes inconstitutionnels

Or, le premier aspect qui montre la rationalité du système diffus est le principe de nullité des actes de l'Etat et, particulièrement, de la législation contrariant la Constitution.

En principe, la nullité d'un acte de l'Etat signifie que s'il prétend être un acte juridique de l'Etat, objectivement il ne l'est pas; il est irrégulier dans le sens où il ne correspond pas aux conditions établies pour l'édicter par une norme du rang supérieur. C'est ce que Hans Kelsen appelait la «garantie objective» de la Constitution(178) dans le sens où un acte de l'Etat nul et non avenu ne peut produire aucun effet, et n'a pas besoin d'un autre acte de l'Etat pour retirer sa qualité usurpée d'acte de l'Etat. Mais, si en revanche, cet acte de l'Etat était nécessaire, la garantie ne serait pas la nullité de l'acte mais son annulabilité.

Par conséquent, suivant une logique stricte, la suprématie de la Constitution signifie que tous les actes de l'Etat qui la violent sont nuls et non avenus, alors que théoriquement, toutes les autorités publiques ainsi que les individus pourraient être autorisés à apprécier l'irrégularité et à déclarer son inexistence et considérer l'acte comme étant non valide et non obligatoire. Evidemment, cela

---

(176) *Marbury v. Madison*, 5 US (1 Cranch), 137. (1803). *V.* texte in S.I. KUTLER (ed.), *op. cit.*, p. 29.
(177) *V.* en général, Allan R. BREWER-CARÍAS, *Judicial Review...*, *op. cit.*, pp. 131-134.
(178) H. KELSEN, *loc. cit.*, p. 214.

pourrait nous conduire à une anarchie juridique, c'est donc pourquoi la loi établit couramment des limites à ce pouvoir d'examen de la régularité des actes de l'Etat, en le réservant aux juges. Il résulte ainsi qu'un acte de l'Etat qui viole la Constitution peut seulement être examiné par les juges ayant le pouvoir de le considérer nul et non avenu. Cependant, en dépit des limites imposées par la loi sur le pouvoir d'examen des actes de l'Etat, cela ne signifie pas que la garantie cessera d'être la nullité de l'acte et se transformera en annulabilité. Au contraire, la garantie de la nullité de l'acte inconstitutionnel persiste, même si les limitations dérivées de la réserve légale attribuent aux juges le pouvoir de déclarer en exclusivité sa nullité. Dans un tel cas, d'autres autorités publiques, particulièrement les administratives, et les individus doivent considérer l'acte irrégulier de l'Etat comme étant effectif et obligatoire. Mais une fois que le juge déclare son inconstitutionnalité concernant un procès en particulier, l'acte devient nul et non avenu dans cette procédure.

En conclusion, dans les systèmes diffus de contrôle de la constitutionnalité, le devoir de tous les tribunaux est d'examiner la constitutionnalité des lois et de déclarer, le cas échéant, l'inapplicabilité d'une loi à un procès particulier considéré par le tribunal parce qu'elle est inconstitutionnelle et doit donc être considérée nulle et non avenue.

Mais, en tout cas, en matière de contrôle de la constitutionnalité, il faut signaler, à titre de principe général, qu'il existe une présomption de validité et de constitutionnalité des lois, dans le sens où les tribunaux doivent déclarer inconstitutionnelle une loi seulement dans le cas où sa nullité est évidente et établie indéniablement, preuve à l'appui. Le principe a été établi par la Cour suprême des Etats-Unis, par le juge Marshall à l'occasion de l'affaire *Fletcher vs Peck* (1810) en ces termes:

> La question de savoir si une loi doit être annulée parce que contraire à la Constitution est toujours une affaire très délicate, qui devrait être rarement pour ne pas dire jamais tranchée par l'affirmative en cas de doute... Mais ce n'est pas sur simple incidence ni sur une vague supposition que l'on peut affirmer que le législatif a outrepassé ses pouvoirs et que ses actes doivent être considérés nuls. L'opposition entre la Constitution et la loi doit être telle que le juge ait la nette et profonde conviction de leur incompatibilité[(179)].

Pour cette raison, la décision des juges quant à l'inconstitutionnalité des lois doit s'appuyer sur des motifs clairs, évidents et concluants pour en prononcer la nullité.

En outre, une autre auto contrainte des pouvoirs de contrôle judiciaire de la constitutionnalité réside dans le fait que l'appréciation de la constitutionnalité ou inconstitutionnalité d'une loi ne doit être prononcée par le Tribunal que lorsque cette décision est «absolument nécessaire pour la décision du cas concret»[(180)]. Par conséquent, le Tribunal ne doit pas décider de la constitutionnalité ou non de la loi, si cela ne change pas forcément sa décision définitive eu égard aux droits des parties, par exemple, si la question est insuffisamment liée au conflit ou s'il

(179) *Fletcher v. Peck*, 6 Cranch 87 (1810).

(180) *Burton v. United States*, 196, US 283, 295 *cit.*, in *Ashwander v. Tennessee Valley Authoritv*, 297 US 288 (1936)

existe d'autres voies pour satisfaire la requête d'une partie sans avoir besoin d'évoquer la question constitutionnelle soulevée.

Le même juge Marshall aux Etats-Unis énonçait cette règle dans l'affaire *ex parte Randolph* (1833) lorsqu'il déclarait:

> Il ne peut y avoir de question plus délicate portée devant le juge que celle impliquant la constitutionnalité d'un acte législatif. Si elle est vraiment indispensable au règlement de l'affaire, la Cour doit se réunir et en décider; mais si l'affaire peut être arrêtée sur d'autres points, tout respect juste à l'égard du corps législatif impose que le caractère obligatoire de ses lois ne soit pas inutilement ni capricieusement harcelé[(181)].

A ce sujet, le juge Brandeis de la Cour suprême des EtatsUnis, dans l'avis émis à l'occasion de l'affaire *Ashwander vs Tennessee Valley Authority* (1936), insistait sur l'une des règles en vertu desquelles la Cour suprême a évité de se prononcer sur bonne part de la problématique de la constitutionnalité en posant:

> La Cour ne se prononcera pas sur une question constitutionnelle, même correctement étayée dans le dossier, s'il existe une autre base permettant de régler l'affaire... et donc, si une affaire peut être traitée en s'appuyant sur l'une des deux bases, l'une comportant un aspect constitutionnel, l'autre un point d'interprétation de la loi ou de droit commun, la Cour ne statuera que sur ce dernier[(182)].

Dans la même optique, aux Etats-Unis, dans l'affaire *Crowell vs Benson* (1932), il était précisé ce qui suit:

> Lorsque la validité d'un acte du Congrès est contestée et même si sa constitutionnalité est sérieusement mise en cause, il existe un principe primordial en vertu duquel la Cour devra d'abord vérifier s' il est possible de soutenir la loi de façon à éviter la question constitutionnelle[(183)].

Aussi, dans les systèmes diffus de contrôle judiciaire, la décision concernant l'inconstitutionnalité d'une loi doit être indispensable et inévitable dans le règlement d'une affaire. De sorte que s'il existe d'autres moyens de régler le conflit en contournant l'écueil constitutionnel, la Tribunal doit s'engager dans cette voie. Cela conduit à la thèse que soutient la Cour suprême des Etats-Unis en vertu de laquelle les lois doivent être interprétées, si possible, dans le but d'éviter des obstacles constitutionnels et d'obliger les tribunaux à se livrer à des interprétations permettant d'y tendre[(184)].

B. Le caractère incident du système

Le devoir des tribunaux de donner la préférence à la Constitution et par conséquent de ne pas appliquer, afin de résoudre les cas concrets, des lois

---

(181) *Ex parte Randolph*, 20 Fed. Cas. 242 (1833) *cit.*, par W.J. WAGNER, *The Federal States and their Judiciary*, The Hague 1959, p. 97.

(182) *Ashwander v. Tennessee Valley Authority*, 297 US 288 (1936).

(183) *Crowell v. Benson*, 285 US 22 (1932), *cit.*, in *Ashwander v. Tennessee Valley Authority*, 297 US 288 (1936).

(184) *United States v. Congress of Industrial Organization*, 335 US 106 (1948).

considérées inconstitutionnelles, nulles et non avenues, conduit à un autre aspect qui montre la rationalité du système diffus du contrôle de la constitutionnalité des lois, et c'est que le devoir des tribunaux s'accomplit seulement *incidenter tantum*, par une procédure particulière entamée devant eux, où l'inconstitutionnalité d'une loi particulière n'est ni la «question» ni le point principal(185).

Par conséquent, une procédure particulière doit être portée devant un tribunal, indépendamment de la matière ou du sujet, le système diffus de contrôle judiciaire de la constitutionnalité étant un système incident de contrôle. Dans cette procédure, la question de l'inconstitutionnalité de la loi et de son inapplicabilité est soulevée dans un cas concret, indépendamment de sa nature, où l'applicabilité ou non de la loi concrète sera considérée par le juge chargé de la décision du cas. Cependant, dans le système diffus du contrôle de la constitutionnalité le but principal de la procédure et des décisions des tribunaux n'est pas la déclaration abstraite de la constitutionnalité ou de l'inconstitutionnalité de la loi, mais l'applicabilité ou non dans la résolution du cas concret soit civil, pénal, administratif, commercial ou du travail.

La question de constitutionnalité est donc seulement un aspect incident de la procédure. Il devra être considéré par le juge afin de résoudre l'application ou non d'une loi dans la décision d'un cas concret, quand apparaissent des questions concernant sa constitutionnalité.

Aux Etats-Unis, ce caractère incident du contrôle juridictionnel marque une tendance très nette du système et a été utilisé par la Cour suprême moyennant l'interprétation des vocables «cas» ou «controverses» visés à l'article 3 de la section 2 de la Constitution.

De là qu'aucun contrôle juridictionnel abstrait de la validité des lois n'est autorisé aux Etats-Unis et que ce contrôle est circonscrit à des «cas» et à des «controverses» bien précis, sur la requête d'une partie. A cet égard, le juge Sutherland, dans l'affaire *Frothinaham vs Mallon* (1938) était tout à fait catégorique:

> Nous n'avons pas à proprement parler du pouvoir de contrôler et d'annuler des lois du Congrès parce qu'elles sont inconstitutionnelles. La question ne peut se poser que si la justification du fait ou de la menace d'un dommage direct, recevable, sert à s'appuyer sur une telle loi. C'est alors que l'exercice du pouvoir consiste à vérifier et à déterminer la loi applicable à la controverse(186).

Et toujours à ce propos, il était établi dans l'affaire *Muskrat vs Etats-Unis* (1911) que:

> Au travers des «cas» et des «controverses», les actions des plaideurs intentées devant les tribunaux visent à un règlement par le biais d'une instance régulière en conformité des lois et coutumes destinées à protéger ou à faire respecter des droits, ou encore à prévenir, corriger ou sanctionner des erreurs. Quand l'action d'une partie fondée sur la Constitution, des lois ou des traités des Etats-Unis demande l'intervention éventuelle du pouvoir

(185) Selon le président de la Cour suprême, Stone, la Cour a «considéré utile de ne pas trancher des questions abstraites, hypothétiques ou contingentes», *Alabama Federation of Labor v. Mc. Adory*, 325 US, 450 (1945), p. 461.

(186) *Frothinaham v. Mellon*, 262, US 447 (1923).

judiciaire, alors l'affaire prend le caractère d'un «cas». Le terme suppose l'existence de parties adverses réelles ou éventuelles, dont les prétentions sont soumises au tribunal pour jugement définitif[(187)].

Par conséquent, le contrôle diffus de la constitutionnalité n'a qu'un caractère incident aux Etats-Unis et se limite à une question portée devant le juge dans un cas concret. C'est ce qui faisait dire au juge Brandeis dans l'avis porté dans l'affaire *Ashwander vs Tennessee Valley Authority* (1936):

> La Cour ne se prononcera pas sur la constitutionnalité des lois dans des procédures amicales ou conciliatoires, et s'y refusera parce que trancher de telles questions n'est légitime qu'en dernière instance quand cela est nécessaire pour régler un conflit réel, sincère et vital entre individus.

En conséquence, les tribunaux doivent s'abstenir de se prononcer sur des questions d'ordre constitutionnel lorsqu'ils ont la conviction que les parties agissent de concert. «Il était impensable», ajoutait il dans l'avis précité sur ce point, que, «recourant à un arrangement à l'amiable, une partie perdante au niveau législatif s'en aille porter l'affaire devant les tribunaux aux fins de vérification de la constitutionnalité d'un acte législatif»[(188)].

Par exemple, le système argentin est lui aussi essentiellement incident dans la mesure où la question de la constitutionnalité n'est pas l'objet principal de la procédure, même si l'aspect constitutionnel peut être soulevé en tout moment et à tout stade de la procédure. Ce caractère incident conduit à considérer le système argentin de contrôle de la constitutionnalité comme un système indirect de contrôle, car l'aspect constitutionnel ne peut être soulevé que dans une controverse en cas d'une procédure judiciaire; cela se fait comme une exception, avant que la Cour n'ait adopté une décision et donc pas nécessairement pendant la *litis contestatio* de la procédure[(189)].

La condition principale pour soulever des questions constitutionnelles est de le faire dans un cas judiciaire ou dans un litige entre parties[(190)]; ainsi, elles ne peuvent être soulevées comme des questions abstraites devant un tribunal, et les tribunaux ne peuvent pas prendre de décisions déclaratives dans des matières constitutionnelles[(191)].

---

(187) *Muskrat v. United States*, 219 US, 346, (1911). Dans ce cas, en commentant *Marbury v. Madison*, le juge Day a affirmé: «Dans ce cas, le président de la Cour, Marshall, parlant au nom de la Cour, a prudemment signalé que le droit de déclarer inconstitutionnel un acte du Congrès ne pouvait être exercé que lorsqu'un cas précis opposant deux parties est soumis à la décision de la justice; qu'il n'existait pas de veto de la Cour contre la législation du Congrès; et que l'autorité de déclarer un acte inconstitutionnel découlait du fait que les tribunaux quand ils doivent administrer la loi, se prononcer entre deux parties d'un cas, et choisir parmi les dispositions de la loi fondamentale établie par le peuple et incarnée dans la Constitution et un acte des agents du peuple, doivent agir sous l'autorité de la Constitution, et l'appliquer comme la loi suprême».

(188) *Ashwander v Tennessy Valley Authority*, 297 US 288 (1936), p. 345.

(189) A.E. GHIGLIANI, *op. cit.*, pp. 75-76.

(190) Article 100 de la Constitution; *Cf.* R. BIELSA, *op. cit.*, pp. 213-214; A.E. GHIGLIANI, *op. cit.*, p. 75; J.R. VANOSSI et P.F. UBERTONE, *loc. cit.*, p. 23.

(191) *Cf.* R. BIELSA, *op. cit.*, pp. 213-214; A.E. GHIGLIANI, *op. cit.*, p. 75; S.M. LOZADA, *Derecho constitucional argentino*, Buenos Aires 1972, Vol. I, p. 342.

C. Le problème du pouvoir d'initiative des juges et l'intervention des parties

Si l'application de la Constitution est un devoir des juges dans une décision concrète, c'est aussi leur devoir de ne pas appliquer une loi considérée inconstitutionnelle pour la résolution d'un cas. Par conséquent, en principe, conformément à la rationalité du système diffus, les juges doivent être autorisés afin de considérer la question constitutionnelle de leur propre initiative, même si aucune des parties dans la procédure n'a soulevé la question de l'inconstitutionnalité de la loi devant le juge.

En fait, c'est la conséquence directe de la garantie de la Constitution établie comme une garantie objective, ce que signifie la nullité des lois contraires aux normes de la Constitution, et c'est la conséquence de la réserve qui appartient aux juges pour considérer la nullité et par conséquent, l'inapplicabilité d'une loi inconstitutionnelle dans un cas particulier.

Dans ce contexte, la question de l'inconstitutionnalité d'une loi concernant un procès particulier ne doit pas être uniquement reléguée à l'instance d'une des parties, mais, au contraire, même si aucune des parties ne soulève la question d'inconstitutionnalité devant le juge, celui-ci doit la considérer de sa propre initiative et la déclarer. Cet aspect de la rationalité du système diffus du contrôle de la constitutionnalité est suivi dans quelques pays comme le Vénézuéla et la Grèce.

En effet, le système vénézuélien[192] possède, selon les lignes générales du système diffus de justice constitutionnelle, un caractère incident, c'est à dire, qu'il est *incidenter tantum* dans le sens où le juge peut revoir la constitutionnalité des lois et décider de ne pas les appliquer s'il estime qu'elles sont inconstitutionnelles, lors d'une décision sur un cas concret, comme conséquence d'une action intentée par une partie contre une autre, où, bien entendu, la constitutionnalité de la loi n'est pas la question principale soumise à la décision du juge, mais seulement une question incidente rattachée à la loi que le juge doit appliquer pour la résolution en l'espèce et dont l'application est demandée par une des parties.

Par conséquent, le pouvoir de contrôle de la constitutionnalité des lois de la part des juges peut être exercé uniquement lors des litiges concrets liés aux lois dont l'application est demandée par les parties et lorsque la question de l'inconstitutionnalité de la loi est pertinente pour le cas concerné et doit être décidé dans la résolution de celui-ci. Mais, dans le système vénézuélien, et contrairement au modèle des Etats-Unis, la question de la constitutionnalité peut être posée par le juge, sans qu'il soit nécessaire pour autant de soulever l'inconstitutionnalité de la loi dans l'action intentée ou comme exception par les parties. Par conséquent, le contrôle diffus de la constitutionnalité au Vénézuéla, même s'il possède un caractère incident, n'est pas un contrôle qui ne peut être exercé que lors d'une «exception d'inconstitutionnalité»[193] soulevée par une des

(192) Allan R. BREWER-CARÍAS, *Estado de derecho...*, *op. cit.*, pp. 28-29.

(193) *V.* dans le sens contraire l'opinion de H.J. LA ROCHE, *op. cit.*, pp. 137, 140, 150, 162 et José Guillermo ANDUEZA, *Jurisdicción constitutional en el derecho venezolano*, Caracas 1955, pp. 37-38.

parties; au contraire, le juge peut exercer ce contrôle *motu propio* comme il était indiqué dans la Constitution de 1901[(194)].

A la différence de la règle générale en vigueur dans les pays de *common law*, où la matière constitutionnelle doit toujours faire l'objet, en cas de contestation, d'une instance engagée par une partie, dans le système grec, le contrôle juridictionnel s'impose vraiment et les tribunaux peuvent, *ex officio* et sans que soit nécessaire la demande d'une partie, se prononcer sur la constitutionnalité des lois. A cet égard, le système grec de contrôle juridictionnel s'en tient strictement à la logique du système diffus et non à la pratique généralement admise dans le monde[(195)]. En Grèce, par conséquent, les tribunaux ont la faculté d'exercer ce contrôle *ex officio*, à l'exclusion de toute requête particulière introduite par les plaideurs contestant la constitutionnalité d'une loi. Bien entendu, si une telle requête est introduite, laquelle ne peut l'être que par une partie personnellement concernée par la matière, le tribunal doit procéder à l'examen de l'espèce. Le Professeur Spiliotopoulos soutenait cependant:

> En l'absence de requête précise, le tribunal peut soulever de sa propre initiative la question dans le cas où surgirait un doute à propos de la constitutionnalité d'une telle loi ou disposition en cours d'instance[(196)].

Mais, indépendamment de ces systèmes, on doit admettre en général que dans la plupart des pays dotés d'un système de contrôle diffus, les règles de procédure interdisent aux tribunaux d'examiner toute question de leur propre initiative, dans le règlement d'affaires concrètes, même lorsqu'il s'agit de cas touchant à la constitutionnalité des lois[(197)].

En effet, aux Etats-Unis, même si le contrôle de la constitutionnalité doit se circonscrire à des «cas» ou à des «controverses», l'invalidité des lois doit être soulevée par une partie suffisamment avec la légitimation de procédure nécessaire, la résolution de la question constitutionnelle étant nécessaire au règlement de l'affaire. Sur ce point, la Cour suprême a mis au point un certain nombre de règles considérées comme «auto contrainte» dans l'exercice de ses pouvoirs de contrôle[(198)]. Dans ce sens, la Cour suprême, dans tout «cas» ou

---

(194) Article 106, 8. *V.* Allan R. BREWER-CARÍAS, *Las Constituciones de Venezuela*, *op. cit.*, p. 579.

(195) *Cf.* B.O. NWABUEZE, *Judicial Control of Legislative Action and its Legitimacy. Récent Developments*, IALS, Uppsala Colloquium, 1984, (polycopié), p. 3. Publié aussi in L. FAVOREU et J.A. JOLOWICZ, *Le contrôle juridictionnel des lois. Légitimité, effectivité et développements récents*, Paris 1986, pp. 193-222.

(196) E. SPILIOTOPOULOS, *loc. cit.*, p. 479.

(197) Comme l'a dit B.O. NWABUEZE: «Le fait que le devoir n'est et ne peut qu'être accompli à la demande d'une personne lésée par une violation de la Constitution par le gouvernement renforce la légitimité de la fonction. Cela signifie que, étant donné une violation justiciable de la Constitution par la législature, quelque soit la gravité, le tribunal ne peut intervenir de sa propre initiative. Il doit attendre d'être saisi par quelqu'un», *loc. cit.*, p. 3. *V.* la discussion sur cette question et l'opinion en sens contraire in J.R. VANOSSI et P. F. UBERTONE, *op, cit.*, p. 24; in G. BIDART CAMPOS, *El derecho constitucional del poder*, Vol. II, Chap. XXIX; et in J.R. VANOSSI, *Teoría Constitucional*, Vol. II, Buenos Aires 1976, pp. 318-319.

(198) *V.* H.J. ABRAHAM, *The Judicial Process*, NY 1980, p. 373. Cette auto-limitation a été résumée par le juge Rutledge comme suit: «... questions constitutionnelles en rapport avec la législation ne pourront

«controverse», a posé le principe selon lequel la question constitutionnelle doit être soulevée par une partie et notamment par une partie tenue de démontrer qu'elle est réellement la partie en cause. Ainsi, dans l'affaire *Fronthinaham vs Mellon* (1923), la Cour suprême a expressément établi que les questions d'ordre constitutionnel:

> Ne peuvent être posées que si la justification du fait ou de la menace d'un dommage direct, recevable, sert à s'appuyer sur une telle loi... (199).

Dans le même ordre d'idées, le juge Brandeis soutenait dans l'affaire *Ashwander vs Tennessee Valley Authority* que «la Cour ne se prononcera pas sur la validité d'une loi contestée par quelqu'un dans l'incapacité de démontrer que celle-ci le lèse»(200). Aussi, pour soulever une question touchant à la validité d'une loi, faut il avoir dûment qualité de se pourvoir et, pour ce faire, la partie invoquant l'invalidité d'une loi doit elle démontrer - dans les conditions visées dans l'arrêt *Frothinaham vs Mellon* (1923):

> Non seulement que la loi est nulle, mais qu'elle (la partie) a subi ou qu'elle est sur le point de subir directement un dommage du fait de l'application de celle-ci, et non simplement qu'elle en est vaguement victime, au même titre que la collectivité(201).

A ce sujet, et à propos de la légitimation des contribuables eu égard aux décisions du Congrès en matière budgétaire(202), le juge Burger, dans l'affaire *United States vs Richarson* (1974), rappelait le «principe essentiel», toujours en vigueur, selon lequel pour faire appel à la justice, le plaignant doit avoir un intérêt personnel dans le résultat"... ou alléguer «un dommage particulier concret».. «qu'il a subi»... directement un dommage»... en somme, quelque chose de plus que de «simples griefs»(203).

Aux Etats-Unis, par conséquent, pour qu'il y ait contrôle juridictionnel on exige non seulement un «cas» ou une «controverse», mais aussi que la question constitutionnelle soit invoquée par une partie nécessairement habilitée, c'est à dire s'appuyant sur «des droits et des intérêts légaux propres» que lèse l'acte dont la validité est contestée»(204). Et même dans les affaires où la Cour suprême permet que des personnes, des organisations ou des autorités publiques qui ne sont pas en cause devant elle, peuvent introduire une procédure à l'amiable, *amicus curae*, cela ne se produit que lorsque celles-ci ont un intérêt particulier en la matière,

---

être tranchées par des procédures amicales, non adverses; avant d'établir le besoin d'en décider; en des termes plus larges que les faits précis auxquels doit s'appliquer la norme; si le dossier présente d'autres bases sur lesquelles trancher ce cas; à la requête de quelqu'un incapable de prouver qu'il a fait l'objet d'une violation par l'action d'une loi, ou qui s'en soit bénéficié; ou si est raisonnablement possible une interprétation de la loi permettant d'éviter la question», *Rescue Army v. Municipal Court of Los Angeles*, 331 US 549, (1947), p. 569. *V.* Allan R. BREWER-CARÍAS, *Judicial Review...*, *op. cit.*, pp. 144.148.

(199) *Frothinaham v. Mellon*, 262 US 447 (1923).

(200) *Ashwander v. Tennessee Valley Authority*, 297 US 288 (1936), p. 346.

(201) *Frothinaham v. Mellon*, 262 US 447 (1923), p. 488.

(202) *V. Flast v. Cohen*, 392 US 83 (1968).

(203) *United States v. Richardson*, 418, US 966 (1974). *Cf. De Funis v. Odegaard*, 416, US 312 (1974).

(204) *Warth v. Seldin*, 422 US 490 (1975).

qu'elles l'ont démontré devant la Cour ou qu'elles ont agi avec le consentement des parties, leurs conclusions visant à étayer ou à complémenter les arguments des parties[205].

En tout cas, sans ces limites imposées aux parties quant à leur droit de soulever des questions constitutionnelles, comme le soutenait le juge Powell dans l'affaire *Wart vs Seldin* (1975):

> Les cours seraient placées dans la situation de trancher des questions abstraites et de portée tout à fait générale alors même que d'autres organismes gouvernementaux seraient plus compétents pour les instruire et que l'intervention de la justice ne serait pas nécessaire pour protéger des doits individuels... [206].

L'action en révision de la constitutionnalité des lois au sein des juges fédérales montre donc clairement qu'elle n'est pas l'*actio popularis* qui existe dans certains systèmes de contrôle judiciaire de type concentré et mixte. Au contraire, aux EtatsUnis, comme l'a souligné le Professeur B. Schwartz:

> Les citoyens n'ont pas la possibilité d'y recourir dans l'intérêt de l'ensemble de la collectivité, vu que la règle de la primauté du droit est respectée par les branches législative et exécutive. A moins de justifier d'un intérêt personnel direct, nul n'a la légitimation requise pour engager l'action[207].

Mais, l'exigence de la légitimation nécessaire pour soulever la question ne suffit pas pour que la cour l'examine; la partie qui allègue l'inconstitutionnalité de la loi est tenue d'en faire la démonstration. La Cour suprême a établi à cet égard qu'il existe une présomption de constitutionnalité et de validité des lois qu'adopte le Congrès, sauf preuve du contraire[208].

A l'instar du système américain, dans le système argentin, l'existence d'un cas ou d'une controverse dans laquelle la question constitutionnelle pourrait être soulevée n'est pas le seul fait nécessaire; il est de même indispensable que la question soit soulevée par une des parties de la procédure ayant un intérêt légitime en la matière, c'est à dire, qu'elle invoque un dommage particulier à son droit, causé par la loi considérée inconstitutionnelle[209].

D'autre part dans le système argentin, les questions constitutionnelles ne peuvent être soulevées par le tribunal même; donc, même lorsque le tribunal est convaincu de l'inconstitutionnalité d'une loi, si la partie n'a pas soulevé la question, le tribunal est obligé d'appliquer la loi à la décision du cas[210].

---

(205) *Cf.* L. BAUM, *loc. cit.*, pp. 74, 80, 91.

(206) *Warth v. Seldin*, 422 US 490 (1975).

(207) B. SCHWARTZ, *op. cit.*, p. 151.

(208) *Ogden v. Saunders*, 12 Wheaton, 213 (1827), le juge Washington affirmait: «Présumer de la validité de toute loi, approuvée par le corps législatif, n'est qu'une manifestation de respect à l'égard de la sagesse, de l'intégrité et du patriotisme dudit corps législatif. De même dans *Cooper v Telfair*, 4 Dallas (4.US) 14 (1800), le juge Washington a déclaré: «La présomption doit effectivement aller en faveur de la validité des lois, à moins que ne soit clairement démontré le contraire».

(209) A.E. GHIGLIANI, *op. cit.*, p. 82; J.R. VANOSSI et P.F. UBERTONE, *loc. cit.*, p. 23.

(210) R. BIELSA, *op. cit.*, pp. 198, 214; H. QUIROGA LAVIE, *op. cit.*, p. 479.

On remarque à cet égard que, même s'il s'agit de la doctrine appliquée invariablement par les tribunaux, quelques auteurs ont considéré que les questions constitutionnelles peuvent être décidées par les tribunaux sans avoir été soulevées par une des parties; dans ces cas, ils s'appuient sur le principe de la suprématie constitutionnelle et sur la notion «d'ordre public»(211).

Cependant, une exemption au besoin de l'intervention de la partie qui soulève la question constitutionnelle a été établie par la Cour suprême, autorisant la Cour à considérer des questions constitutionnelles par elle-même seulement en matière de juridiction des tribunaux et leur autonomie fonctionnelle. Conséquemment, la Cour suprême a décidé de l'inconstitutionnalité d'une loi qui élargissait la juridiction originale de la Cour suprême de justice établie dans la Constitution, même sans être soulevée par une partie(212).

D. Les effets *inter-partes* de la décision judiciaire

Un autre aspect de la rationalité du système diffus du contrôle judiciaire de la constitutionnalité est celui qui a trait aux effets de la décision adoptée par le tribunal concernant la constitutionnalité ou l'applicabilité de la loi dans la procédure concrète; et cet aspect des effets de la décision judiciaire pose deux questions. Premièrement, qui est touché par la décision? Deuxièmement, quand commencent les effets de la décision?

En ce qui concerne la première question, la rationalité du système diffus du contrôle de la constitutionnalité réside dans le fait que la décision adoptée par le juge n'a que des effets *in casu* et *inter partes*, c'est à dire, dans la procédure concrète, où la décision a été adoptée en ce qui concerne les parties. Autrement dit, dans le système diffus du contrôle de la constitutionnalité des lois, la décision judiciaire adoptée sur l'inconstitutionnalité et sur l'inapplicabilité de la loi dans le cas concret a seulement des effets *inter partes* concernant le cas concret et les parties qui participent à la procédure et, par conséquent, ne peuvent pas s'appliquer à d'autres individus.

C'est une conséquence directe de l'aspect mentionné ci-dessus concernant le caractère incident du système diffus du contrôle de la constitutionnalité soulevé dans la procédure concrète.

En effet, si la décision du tribunal concernant la constitutionnalité et l'applicabilité d'une loi sur le terrain de la constitutionnalité peut seulement être adoptée dans une procédure en particulier et par rapport aux parties, elle ne pourra donc ni bénéficier ni porter préjudice à aucun autre individu ou procédure.

En tout cas, si une loi est considérée inconstitutionnelle dans la décision d'un cas judiciaire, cela ne signifie pas que la loi soit nulle, inexécutable ou

---

(211) G. BIDART CAMPOS, *El derecho constitucional del poder*, Vol. II, Chap. XXIX; J.R. VANOSSI, *Teoría constitucional*, *op. cit.*, Vol. II, pp. 318-319.

(212) Cf. J.R. VANOSSI et P.F. UBERTONE, *loc. cit.*, p. 25; R. BIELSA, *op. cit.*, p. 255; H. QUIROGA LAVIE, *op. cit.*, p. 479.

inapplicable ailleurs. Autrement dit, c'est seulement concernant le procès particulier et les parties pour lesquels où l' inapplicabilité de la loi a été décidée par le tribunal, que la loi doit être considérée inconstitutionnelle, nulle et non avenue, n'ayant aucun effet sur d'autres cas, d'autres juges ou d'autres individus. En tout cas, comme nous l'avons déjà vu, afin d'éviter l'incertitude d'ordre légal et les contradictions concernant la valeur des lois, quelques corrections ont été faites à ces effets *inter partes* par le biais de la doctrine *stare decisis* ou par la loi positive, quand la décision est adoptée par la Cour suprême d'un pays donné.

En ce qui concerne les effets *inter partes* de la décision judiciaire, bien sûr, c'est le système en vigueur aux Etats-Unis[(213)]. En effet, toute décision d'une juge américaine se rapportant à une question constitutionnelle ne revêt en principe d'importance que pour les parties en présence. La décision n'a donc pas en soi d'effets généraux, et ces derniers ne s'étendent pas *erga omnes*. La loi déclarée inconstitutionnelle n'est ni annulée ni abrogée, le corps législatif qui l'a adoptée étant le seul investi du pouvoir d'y procéder. En conséquence, la loi déclarée nulle et non avenue par une cour continue de figurer au Journal officiel malgré la décision contraire emportant invalidité.

Cependant, lorsqu'une décision déclarant inconstitutionnelle une loi est prise par la Cour suprême, on fait jouer le principe *stare decisis et non quieta movere* à l'égard des tribunaux inférieurs, lesquels se trouvent liés par cette décision de la Cour suprême. Dans la pratique, on peut considérer que la loi perd sa force exécutoire puisque l'on peut supposer que postérieurement à la décision de la Cour suprême, si d'autres instances sont introduites au titre de cette même loi, celles-ci déboucheront aussi sur une fin de non-recevoir, car on peut prévoir que la Cour suprême, qui a déclaré nulle la loi en question dans une affaire, ne pourra que confirmer cet état dans la nouvelle affaire s'en prévalant.

Par ailleurs, il faut garder à l'esprit qu'aux Etats-Unis, la Cour suprême, quand elle statue sur la constitutionnalité d'une loi, interprète la Constitution en déclarant à la fois que cette dernière est la loi suprême du pays. Aussi cette déclaration à telle force obligatoire à l'égard de tous les organes de l'Etat, y compris, comme nous l'avons dit, vis-à-vis du judiciaire. Cela a été expressément établi par la Cour suprême dans l'affaire *Cooper vs Aaron* (1958), celle-ci confirmant la force exécutoire de sa décision antérieure dans l'affaire *Brown vs Board of Education of Topeka* (1954) concernant des pratiques ségrégationnistes dans le domaine de l'éducation, laquelle s'appliquait à tous les organes de l'Etat, qu'il s'agisse de l'exécutif, du législatif ou du judiciaire[(214)].

Dans l'affaire *Cooper vs Aaron*, la Cour déclarait:

> L'article 6 de la Constitution fait de celle-ci la loi suprême du pays. En 1803, le juge Marshall, parlant au nom de la Cour, disait à propos de la Constitution qu'elle était «la loi fondamentale et dominante», dans la célèbre affaire *Marbury vs Madison* ... et qu' «il incombe strictement au Département de la Justice de dire de quelle loi il est question». Cette décision posait le principe fondamental selon lequel la justice fédérale est suprême

---

(213) Allan R. BREWER-CARÍAS, *Judicial Review...*, *op. cit.*, pp. 148 et ss.

(214) 347 US 483 (1954).

dans l'exposition des lois de la Constitution et que cette règle avait toujours été observée depuis par cette Cour et par le pays à titre de caractéristique permanente et indispensable de notre système constitutionnel. Il en ressort que l'interprétation du quatorzième amendement donnée par cette Cour dans l'affaire Brown en fait la loi suprême du pays, et l'article 6 de la Constitution lui donne force obligatoire sur les Etats, même en vue des dispositions contraires de la Constitution ou des lois de tout Etat ... [(215)].

On peut donc dire que le principe *stare decisis*, aux Etats-Unis, s'étend à la force exécutoire des décisions de la Cour suprême sur les tribunaux inférieurs, contribuant de la sorte à l'interprétation uniforme de la Constitution et tendant à éviter des décisions contradictoires de la part des tribunaux sur des questions constitutionnelles.

Cependant, la règle du *stare decisis*, n'est pas absolue, et aux Etats-Unis elle est moins rigide que dans le système légal britannique[(216)], notamment aux yeux de la Cour suprême elle-même. Comme le disait le juge Brandeis dans l'affaire *Burnet vs Coronado Oil and Gas Co.* (1972), le *stare decisis:*

> Est habituellement une sage pratique car dans la plupart des cas, il est plus important d'établir une loi applicable que de l'établir correctement... Mais dans les cas mettant en jeu la Constitution fédérale, où les modifications par le législatif sont pratiquement impossibles, cette Cour a souvent cassé ses plus anciennes décisions. La Cour se plie aux leçons de l'expérience et, à force de mieux raisonner, elle reconnaît que l'empirisme (procéder par tâtonnements), si fructueux dans le domaine des sciences physiques, trouve aussi sa place dans la fonction judiciaire[(217)].

«Si la continuité était la seule vertu du judiciaire -aux dires du Professeur Bernard Schwartz- il serait en revanche bien difficile de prétendre que la Cour suprême a figuré depuis 1937 au nombre des tribunaux judiciaires modernes les moins vertueux»[(218)]. En effet, dans ces cinquante dernières années, l'une des particularités frappantes de la Cour suprême des Etats-Unis a été la fréquence avec laquelle elle a répudié son attitude d'antan à l'égard des questions de constitutionnalité, en ne se conformant pas aux décisions transmises par ses prédécesseurs et en cassant bon nombre de ses plus anciennes décisions, «dont certaines avaient appartenu à la jurisprudence américaine durant un siècle ou presque»[(219)]. Cette attitude de la Cour suprême a été expliquée par le juge Reed rapportant l'avis de la Cour dans l'affaire *Smith vs Allwright* (1944) dans laquelle une interprétation antérieure de la Constitution était rejetée en ces termes:

> En parvenant à cette conclusion, nous ne sommes pas indifférents à l'avantage que présente la continuité des décisions en matière constitutionnelle. Néanmoins, une fois consciente de l'erreur du passé, cette Cour ne s'est jamais sentie contrainte à une continuité. En matière constitutionnelle, où les correctifs dépendent d'amendements et non de l'intervention du législatif, cette Cour, tout au long de son histoire a librement exercé

---

(215) *Cooper v. Aaron*, 358 US 1 (1958).

(216) *Cf.* A. TUNC et S. TUNC, *Le droit des Etats-Unis d'Amérique, Sources et technique* , Paris 1955, p. 174; B. SCHWARTZ, *op. cit.*, p. 159.

(217) *Burnet v Cronado Oil and Gas Co.*, 285 US 393 (1932), p. 406.

(218) B. SCHWARTZ, *The Supreme Court. Constitutional Revolution in Retrospect*, NY 1957, p. 345.

(219) B. SCHWARTZ, *American Constitutional Law*, *op. cit.*, p. 159.

son pouvoir de réexamen du fondement de ses décisions constitutionnelles. Cette pratique a été admise pendant longtemps et cette pratique s'est perpétuée jusqu'à ce jour. Cela est particulièrement vrai lorsque la décision censée être erronée découle de l'application d'un principe constitutionnel plutôt que d'une interprétation de la Constitution destinée à en obtenir le principe lui-même[(220)].

Mais même dans son application aux tribunaux inférieurs, le principe du *stare decisis*, pour ce qui est des décisions de la Cour suprême, prend un tour différent en fonction de la teneur de la décision. Dans certains cas, par exemple, une loi peut être considérée inconstitutionnelle uniquement dans son application à l'affaire dont est saisie la Cour et conserver sa validité quant à la forme, et là, la loi en question peut continuer de s'appliquer valablement à d'autres cas[(221)]. La force obligatoire de toute décision de la Cour suprême dépendra donc de la nature de la mise en cause dont la loi fera l'objet, c'est-à-dire, si celle-ci porte sur sa validité ou simplement sur son application à la partie, sur la base de faits qui lui sont particuliers.

Dans le système argentin du contrôle de la constitutionnalité, considéré comme un système diffus, les décisions judiciaires adoptées en matière de constitutionnalité, même si elles sont adoptées par des tribunaux inférieurs ou par la Cour suprême, lorsqu'ils considèrent qu'une loi est inconstitutionnelle, simplement, ils ne l'appliquent pas en donnant préférence à la Constitution mais sans l'annuler[(222)].

En Argentine, les tribunaux n'ont plus le pouvoir d'annuler ou abroger une loi dont le pouvoir est réservé au législateur et tout ce qu'ils peuvent faire c'est refuser son application au cas concret lorsqu'ils le considèrent inconstitutionnel[(223)]. Une fois la loi déclarée inconstitutionnelle et non applicable par le juge, elle est considérée nulle et non avenue, et sans effets, seulement dans le cas particulier. Cependant, la loi reste valide et généralement applicable, et le même tribunal peut changer son critère sur l'inconstitutionnalité et l'appliquer dans l'avenir[(224)].

C'est pourquoi, dans le système argentin, la décision judiciaire en matière constitutionnelle a aussi strictement des effets *inter partes* comme conséquence du caractère diffus. Par conséquent, la décision considérant la nullité d'une loi n'a que des effets concernant le procès particulier dans lequel a été soulevée la question et entre les parties qui sont intervenues; elle n'a pas d'effets *erga omnes*[(225)].

D'autre part, dans le système argentin, la décision du contrôle de la constitutionnalité, même celle de la Cour suprême, n'est pas obligatoire pour les autres tribunaux[(226)]. Même si la réforme constitutionnelle de 1949 a établi expressément que l'interprétation adoptée par la Cour suprême de justice sur les

(220) *Smith v. Allwright*, 321 US 649 (1944).
(221) *Cf.* P.G. KAUPER, *loc. cit.*, pp. 611, 617.
(222) Allan R. BREWER-CARÍAS, *Judicial Review..., op. cit.*, pp. 158 et ss.
(223) R. BIELSA, *op. cit.*, pp. 197, 198, 345.
(224) A. E. GHIGLIANI, *op. cit.*, pp. 92, 95, 97; R. BIELSA, *op. cit.*, p. 196.
(225) H. QUIROGA LAVIÉ, *op. cit.*, p. 479.
(226) R. BIELSA, *op. cit.*, p. 196; A. E. GHIGLIANI, *op. cit.*, pp. 97-98.

articles de la Constitution serait considérée obligatoire par les tribunaux nationaux et provinciaux[227], cet article de la Constitution a été postérieurement éliminé et aujourd'hui tous les tribunaux ont le pouvoir absolu de rendre des jugements autonomes, en exprimant leur propre interprétation constitutionnelle. Cependant, la Cour suprême de justice étant le plus haut tribunal du pays, avec une juridiction d'appel vaste, particulièrement au moyen des recours extraordinaires, ses décisions ont une influence définitive sur tous les tribunaux inférieurs, notamment lorsqu'une doctrine a clairement été établie et à plusieurs reprises[(228)].

Dans le système mexicain, en ce qui concerne les effets de la décision judiciaire adoptée dans les procès d'*amparo*, la Constitution a expressément déterminé, que les tribunaux ne peuvent «faire aucune déclaration générale sur la loi ou l'acte qui a donné lieu à la plainte», le jugement ne touchera «que les individus» et se borne à protéger dans le cas spécial de la plainte[(229)]. Par conséquent, la décision dans le procès d'*amparo* où s'accomplit le contrôle de la constitutionnalité de la législation, ne peut qu'avoir des effets *inter partes* et ne peut pas être une décision générale avec des effets *erga omnes*[(230)].

Par conséquent, les tribunaux dans leurs décisions relatives à l'inconstitutionnalité d'une loi, ne l'annulent ni la rejettent, la loi demeure dans le Journal Officiel et peut être appliquée par les tribunaux; le seul effet de la déclaration de leur inconstitutionnalité s'adresse aux parties de la procédure concrète.

D'autre part, il faut souligner que les décisions des procès d'*amparo* concernant le contrôle de la constitutionnalité n'ont pas d'effets sur d'autres tribunaux, et ne sont obligatoires pour d'autres tribunaux que dans des cas de *jurisprudencia* établie, c'est à dire dans les cas où le précédent est obligatoire. La Constitution ne prévoit pas expressément quand il s'agit d'un précédent obligatoire et renvoie à la loi organique d'*amparo* pour spécifier «les termes et les cas dans lesquels la *jurisprudencia* des tribunaux appartenant au pouvoir judiciaire fédéral est obligatoire ainsi que les conditions pour la modifier» (art. 107, XIII, I). D'après cette loi organique, la *jurisprudencia* est établie par la Cour suprême de justice ou par la cour de circuit lorsque cinq décisions consécutives ayant le même effet ont été rendues de manière ininterrompue[(231)]. Mais, cela peut être modifié lorsque le tribunal respectif prononce un jugement contradictoire à la majorité qualifiée des voix de ses membres[(232)].

---

(227) Article 95 de la Constitution de 1949. *Cf.* C. A. AYARRAGARAY, *Efectos de la declaración de inconstitucionalidad*, Buenos Aires 1955, p. 11; R. BIELSA, *op. cit.*, p. 268.

(228) J.R. VANOSSI et P.E. UBERTONE, *op. cit.*, p. 32.

(229) Article 107, II. Le principe est appelé la «formule Otero» du fait de son inclusion dans la Constitution de 1857 sous l'influence de Mariano OTERO. *Cf.* H. FIX-ZAMUDIO, «Algunos aspectos comparativos del derecho de amparo... », *loc. cit.*, p. 360; et H. FIX-ZAMUDIO, «Algunos problemas que plantea el amparo... », *loc. cit.*, pp. 33, 37.

(230) Allan R. BREWER-CARÍAS, *Judicial Review...*, *op. cit.*, pp. 166-167.

(231) Articles 192,193. *V.* les citations in R.D. BAKER, *op. cit.*, pp. 256-257.

(232) Article 194. *V.* les citations in R.D. BAKER, *op. cit.*, p. 263.

Cependant, étant donné que la *jurisiprudencia* peut être établie par la cour fédérale de circuit et par la Cour suprême, des interprétations constitutionnelles contradictoires peuvent se dégager, dues aux effets obligatoires sur les tribunaux inférieurs. Pour résoudre ces conflits, la Constitution stipule le pouvoir de la Cour suprême ou des cours de circuit pour mettre fin au conflit, lorsque la contradiction est dénoncé par les Chambres de la Cour suprême, par une autre cour de circuit, par le Ministère public ou par une partie quelconque du cas dans lequel a été établi la *jurisprudencia*(233).

Par conséquent, la résolution de la contradiction entre les doctrines judiciaires a le seul but de déterminer une *jurisprudencia* unique en la matière, et n'affecte pas les situations judiciaires concrètes dérivées des décisions judiciaires contraires adoptées dans des procès respectifs(234).

Finalement, en ce qui concerne les effets pratiques du procès d'*amparo*, il faut souligner que la Constitution prévoit un remède préliminaire très particulier qui consiste en la possible suspension de l'application de l'acte de l'Etat contesté, semblable, pour certains aspects, à l'*injonction* dans le système nord-américain mais il se limite à une litispendance d'injonction(235).

E. Les effets déclaratifs de la décision des juges

Les effets *inter partes* qui dérivent de la décision judiciaire dans le système diffus du contrôle de la constitutionnalité sont liés à l'autre question concernant les effets de la décision dans le temps, c'est à dire, quand la déclaration d'inconstitutionnalité est-elle effective? La question est aussi en rapport avec l'aspect déjà mentionné de la nullité en tant que garantie de la Constitution(236).

En effet, nous avons dit que le premier et le plus important des aspects de la rationalité du système est celui de la suprématie de la Constitution sur tous les actes de l'Etat qui mènent à considérer toute loi contrariant la Constitution comme nulle et non avenue. C'est la garantie la plus importante de la Constitution. Par conséquent, quand un tribunal décide de la constitutionnalité d'une loi et que celle-ci résulte inconstitutionnelle et inapplicable dans un cas concret, elle est considérée nulle et non avenue comme si elle n'avait jamais existé.

Cette décision des juges dans le système diffus de justice constitutionnelle, de ne pas appliquer une loi qu'ils considèrent inconstitutionnelle, a des effets déclaratoires, c'est à dire que si le juge en l'espèce considère que la loi qu'on lui demande d'appliquer est inconstitutionnelle, il se limite à déclarer son inconstitutionnalité, considérant la loi inconstitutionnelle dès sa publication (*ab*

---

(233) Article 107, XIII. *V.* les commentaires in R.D. BAKER, *op. cit.*, p. 264.

(234) Article 107, XIII. *V.* les commentaires in J.A.C. GRANT, «El control jurisdiccional de la constitucionalidad de las leyes: una contribución de las Américas a la Ciencia Política», *Revista de la Facultad de Derecho de México*, UNAM, T. XII, 45, 1962, p. 662.

(235) Article 107, X. J.A.C. GRANT, *loc. cit.*, p. 652, note 33.

(236) Allan R. BREWER-CARÍAS, *Judicial Review..*, *op. cit.*, pp.133-134.

initio), autrement dit, il la considère comme si elle n'avait jamais été en vigueur et comme si elle avait toujours été nulle. Evidemment, la décision des juges dans les cas considérés a des effets *ex-tunc* et *pro praeterito* ou rétroactifs, ce qui empêche une loi considérée inconstitutionnelle et inopérante d'engendrer des effets.

Par conséquent, dans ces cas de contrôle diffus, la décision du juge n'est pas déclaratoire de la «nullité» de la loi qu'il a estimé inconstitutionnelle, mais déclaratoire de «l'inconstitutionnalité de la loi»; évidemment, quand le juge décide de ne pas l'appliquer en l'espèce, il considère que cette loi n'a jamais pu avoir produit d'effets en l'espèce considérée; en n'appliquant pas la loi, il estime qu'elle n'existe pas et qu'elle n'a jamais existé. Logiquement, c'est là où se trouve l'éventuel effet de sa décision et pas ailleurs; le juge qui connaît un cas concret prétendument réglé dans le passé par une loi dont l'application est exigée par une des parties du procès, lorsqu'il décide l'inapplicabilité de la loi au cas concret, «ignore» la loi inconstitutionnelle selon son critère et de ce fait estime que, dans le passé, elle n'a jamais eu d'effet sur le cas concret soumis à sa considération.

Les effets de la décision d'un juge qui déclare l'inapplicabilité d'une loi à cause de son inconstitutionnalité, conformément au système diffus de contrôle de la constitutionnalité, sont, si on veut, les mêmes que dans le cas d'une sentence déclarative: le juge déclare l'inconstitutionnalité de la loi et ne l'applique pas, il l'ignore, estimant qu'elle n'a jamais produit d'effets en la matière, ce qui équivaut à considérer que la loi n'a jamais existé, autrement dit, qu'elle est *ab initio* inexistante.

C'était le principe général appliqué dans le système américain au XIXème siècle, conformément auquel les décisions de la Cour en matière constitutionnelle avaient des effets *ex tunc* et rétroactifs. C'était la doctrine arrêtée par une Cour de district dans l'affaire *Vanhorne's Lessee vs Dorrance* (1795) en vertu de laquelle on considérait qu'un acte nul:

> N'avait jamais d'existence constitutionnelle; il est lettre morte, et n'a pas plus de vertu ni d'utilité que s'il n'avait jamais été pris...[237].

Cent ans plus tard, dans l'affaire *United States vs Realty Co.* (1895), la Cour suprême posait le même principe de manière plus décisive, en ces termes:

> Une loi du Congrès inconstitutionnelle revient au même que s'il n'y avait pas de loi[238].

Auparavant, la Cour, dans l'affaire *Norton vs Selby County* (1886) soutenait que

> Toute loi inconstitutionnelle n'est pas une loi; qu'elle ne confère pas de droits; qu'elle n'impose pas d'obligations; qu'elle n'accorde pas de protection; qu'elle ne crée pas de fonction; qu'elle est légalement aussi inopérante que si elle n'avait jamais été adoptée[239].

Par conséquent, le principe traditionnel de la nullité de toute loi inconstitutionnelle, et pourtant, les effets déclaratifs de la décision judiciaire qui la considère nulle et non avenue, comme si «elle n'eût jamais été adoptée» ou «jamais prise», s'appliquait aussi aux Etats-Unis. Les décisions judiciaires en

---

(237) *Venhorn's Lessee v. Dorrance*, 2 Dallas, 304 (1795).
(238) *United States v. Realty Co.*, 163 US 427 (1895), p. 439.
(239) *Norton v. Selby County*, 118 US 425 (1886), p. 442.

matière constitutionnelle étaient donc considérées comme ayant des effets *ex tunc* et donc rétroactifs.

Néanmoins, la rigidité de cette doctrine, en raison notamment des effets nuisibles et injustes susceptibles de découler d'éventuelles décisions de la Cour, par rapport à des effets déjà produits en pratique par une loi considérée nulle, et aussi en raison de la force obligatoire des décisions de la Cour suprême à l' égard des cours inférieures, a conduit à en modifier le champ d'application et à déterminer si les décisions afférentes à chaque cas en particulier devaient ou non comporter des effets rétroactifs[(240)]. Cela était expressément posé par le juge Clark à propos de l'affaire *Linkleter vs Walker* (1965), dans laquelle la Cour suprême devait appliquer de nouvelles règles constitutionnelles aux affaires définitivement arrêtées avant l'adoption d'autres règles en la matière. La Cour déclarait:

> Le demandeur prétend que notre méthode de régler les cas précédents démontre qu' un principe absolu de rétroactivité prévaut dans le domaine des décisions d'ordre constitutionnel. Nous croyons, toutefois, que la Constitution n'interdit ni n'exige d'effet rétroactif. Comme le disait le juge Cardozo, «Nous pensons que la Constitution fédérale n'a pas voix en ce qui concerne ce sujet.
>
> Admettant la prémisse selon laquelle il ne nous est ni prescrit ni interdit d'appliquer rétroactivement une décision, il nous faut alors peser le pour et le contre en vérifiant les antécédents du principe en question, son but et son incidence, et si son application rétroactive peut s'en trouver facilitée ou retardée[(241)].

Cependant, considérant que «le passé ne peut pas toujours être effacé par une nouvelle décision judiciaire», on a appliqué relativement des effets rétroactifs aux décisions de la Cour suprême en matière constitutionnelle. «Ces questions -faisait observer la Cour suprême dans l'affaire *Chicot Countv Drainage District vs Baxter State Bank* (1940)- sont parmi les plus épineuses de celles qui ont attiré l'attention des cours fédérales et des Etats, et il ressort nettement de nombreuses décisions que l'instauration générale d'un principe de nullité rétroactive absolue ne peut se justifier»[(242)].

A cet égard, le Professeur J.A.C. Grant soutenait, dans son étude classique sur «les effets juridiques d'une décision portant inconstitutionnalité d'une loi», contrairement à la position de la Cour suprême dans l'affaire *Norton vs Selby County* (1886), qu' «une loi inconstitutionnelle peut faire naître des droits. Elle peut imposer des obligations. Elle peut accorder protection. Elle peut même créer une fonction. En somme, elle peut ne pas être aussi inopérante que si elle n'avait jamais été adoptée»[(243)]. La Cour suprême a toutefois admis qu'elle avait compétence pour assortir ou refuser d'assortir d'effets rétroactifs ses décisions en matière constitutionnelle, et les Cours suprêmes des Etats en ont fait de même ces dernières décennies.

---

(240) Allan R. BREWER-CARÍAS, *Judicial Review.., op. cit.*, pp. 150-155.

(241) *Linkletter v. Walker*, 381 US 618 (1965).

(242) *Chicot County Drainage District v. Baxter State Bank*, 308 US 371 (1940), p. 374.

(243) J.A.C. GRANT, «The Legal Effect of a Ruling that a Statute is Unconstitutional», *Detroit College of Law Review*, 1978, (2), p. 207.

En matière criminelle, par exemple, la Cour a assorti d'effets pleinement rétroactifs ses décisions chaque fois qu'elles profitaient au justiciable. On a assorti, par exemple, d'effets rétroactifs des décisions touchant à la responsabilité criminelle, en octroyant aux détenus le bénéfice de l'*habeas cornus* aux fins de leur liberté, motif pris qu'ils tombent sous le coup d'une loi tenue pour inconstitutionnelle postérieurement à leur déclaration de culpabilité[(244)]. La Cour a également assorti d'effets rétroactifs ses décisions en matière constitutionnelle, comme le signale le Professeur J. A. C. Grant, lors de l'examen des règles essentielles destinées à mettre les personnes innocentes à l'abri de toute culpabilité, telle que l'obligation de pourvoir à l'assistance légale d'un défenseur au procès (*Gideon vs Wainwriaht*), 327 US, 335, 1963), lorsque l'accusé est appelé à plaider (*Arsenault vs Massachusetts,* 393 US 5, 1968), dans le cas où il est question de révoquer le sursis d'un condamné pour crime au vu de sa conduite ultérieure (*McConnell vs Rhav*, 393, US, 5.1968), ou encore dans le cas de la règle imposant l'administration indubitable de la preuve (*Ivan v City of New York*, 407 US, 203, 1972). Sa décision en matière de peine de mort a été également prise à titre pleinement rétroactif (*Withersipoon vs Illinois*, 393, US, 510, 1968)[(245)].

Mais, dans d'autres affaires criminelles, la Cour a adopté une position différente en n'accordant pas le caractère rétroactif à ses décisions en matière constitutionnelle susceptibles de favoriser le justiciable. Comme le Professeur Grant le fait remarquer, la Cour suprême a établi que tout changement dans l'interprétation de la Constitution, ayant pour effet de sanctionner des actes considérés inoffensifs à la lumière de l'interprétation précédente, ne peut s'appliquer rétroactivement puisque, comme il est établi dans l'affaire *Marks vs United States* (1977),

> Le principe selon lequel toute personne a le droit de savoir exactement à quelles peines elle s'expose est fondamental dans notre conception de la liberté constitutionnelle[(246)].

Par conséquent, les principes de la rétroactivité ou des effets *futurs* des décisions des cours en matière criminelle, n'est pas absolu, et il a été appliqué par la Cour en mesurant la portée dans chaque espèce. Aussi, lorsque la décision n'a pas entamé, par exemple, «l'impartialité du procès» mais a seulement lésé les droits à la vie privée d'une personne, la Cour a refusé d'assortir sa décision d'effets rétroactifs. Tel était le cas dans l'affaire *Linkletter vs Walker* (1965), où le juge Clarke, dans l'avis rendu par la Cour, déclarait:

> Dans les domaines où nous avons appliqué notre règle à titre rétroactif, le principe que nous appliquions touchait à l'impartialité du procès, à la grande probité de l'établissement des faits. Ici, l'impartialité du procès n'est pas remise en question. Tout ce que conteste le demandeur concerne la recevabilité de la preuve (obtenue illégalement), dont la solidité et la pertinence ne sont pas en cause et peuvent bien ne pas avoir eu de conséquence quant au résultat... [(247)].

---

(244) *Ex parte Siebold*, 100 US 371, (1880).
(245) J.A.C. GRANT, *loc. cit.*, p. 237.
(246) *Marks v. United States*, 430 US 188 (1977), p. 191; J.A.C. GRANT, *loc. cit.*, p. 238.
(247) *Linkletter v. Walker*, 381 US 618 (1965).

Par conséquent, comme le signale le Professeur Grant, quand il s'agit simplement de protéger la vie privée de l'individu ou d'améliorer les mesures policières, comme dans le cas des nouvelles normes régissant les recherches à l'aide d'appareillage de surveillance électronique (*Desist vs United States*, 394, Us, 244, 1969), ou en rapport avec une arrestation légale (*Hill vs California*, 401, US, 797, 1971), un interrogatoire de police aux fins d'aveux (*Mc Mann vs Richardson*, 397, US, 759, 1970), ou avec le recours à des pièces compromettantes consignées par l'accusé (*Mackey vs United States*, 401, US, 667, 1971), la doctrine de la non rétroactivité adoptée dans l' affaire *Stovall vs Denno*[248] a été appliquée[249].

Il convient aussi de rappeler que, même dans des cas de règles ayant trait au type de procès que requiert la protection de toute personne innocente contre une éventuelle condamnation, les règles fixées par la Cour suprême ont été conçues dans une optique totalement prospective lorsque l'attribution à celles-ci du caractère rétroactif est susceptible d'imposer des charges déraisonnables au gouvernement découlant, au moins en partie, de sa confiance dans les décisions antérieures de la Cour suprême.

C'est ce qui s'est produit dans l'affaire *De Stefano vs Woods*, où il a été établi que les procès criminels au niveau des Etats doivent prévoir un jury[250], et dans l'affaire *Adam vs Illinois* (1972) qui prévoit le droit à l'assistance d'un défenseur à l'audience préliminaire, et à propos de la rétroactivité de laquelle la Cour déclarait qu'elle perturberait sérieusement l'administration de notre droit criminel»[251].

Par ailleurs, en matière civile, on devait considérer que la nouvelle règle instituée par une décision de la cour en matière constitutionnelle ne pouvait porter atteinte aux droits de propriété ni aux contrats déjà conclus. A ce sujet, dans l'affaire *Gelpcke vs Dubuque* (1864), la Cour suprême estimait qu'une décision de la Cour suprême de l'Etat d'Iowa devait être assortie d'effets futurs uniquement, en déclarant:

> La règle valable et véritable est que, si le contrat, une fois établi, présentait toute validité aux yeux de la législation de l'Etat, comme il était expliqué et soumis aux juges compétentes, ni sa validité ni les engagements nés de lui ne peuvent être remis en cause par une quelconque action légale ultérieure non plus que par une décision des cours dont il relève modifiant l'interprétation de la loi[252].

Les Cours suprêmes des Etats cultivaient et appliquaient cette doctrine de la prospective touchant à la sujétion des actes des subordonnés. La Cour suprême de l'Etat d'Illinois, par exemple, considérait, en 1958, «injuste, inacceptable sous aucun prétexte et sans droit de cité dans une société moderne comme l'actuelle» la règle antérieurement établie par la même Cour (1898), en vertu de laquelle une école de district ne peut être tenue pour responsable des actes de négligence des

---

(248) *Stovall v. Denno*, 388 US 293 (1967).
(249) J.A.C. GRANT, *loc. cit.*, p. 237.
(250) *De Stefano v. Woods*, 392 US 631 (1968).
(251) Adams *v. Illinois*, 405 US 278 (1972).
(252) 68 US (1 Wall) 175 (1864).

conducteurs de ses autobus. En principe, le changement de la décision de 1898 aurait pu conduire à son application rétroactive; néanmoins, compte tenu de ce que sa pleine rétroactivité pouvait mettre à mal les finances de nombreuses petites écoles de district, la Cour devait déclarer:

> L'application rétroactive de notre décision risque de toucher durement les écoles de district qui avaient confiance dans les décisions antérieure en confirmant la doctrine de l'immunité délictuelle des écoles de district. Pour cette raison, nous estimons qu'il vaut mieux, en toute justice, décider que, hormis le demandeur, dans la présente affaire, la règle susvisée ne s'appliquera qu'aux cas susceptibles de se présenter dans l'avenir(253)

Enfin, on peut également établir qu'en matière administrative, la doctrine régissant le cas des fonctionnaires *de facto* a conduit à l'adoption de la règle de la prospective en matière des effets des décisions judiciaires de contrôle de la constitutionnalité. A cet égard, dans l'affaire *State vs Carroll* (1871), la Cour suprême de l'Etat de Connecticut posait qu'une loi «qui crée une fonction et prévoit un fonctionnaire pour en exécuter les obligations, doit avoir force de loi jusqu' à ce que les cours en déclarent l'inconstitutionnalité»(254). L'invalidité de l'emploi ne pouvait donc toucher les actes accomplis par le fonctionnaire *de facto.*

3. Aperçu général du système

Pour conclure, nous pouvons dire qu'en principe, la rationalité du système diffus du contrôle judiciaire de la constitutionnalité fonctionne de la manière suivante:

La Constitution a un caractère suprême sur l'ordre juridique entier. Or, les actes qui contrarient la Constitution ne peuvent avoir aucun effet et sont considérés nuls et non avenus.

Tous les tribunaux ont le pouvoir et le devoir d'appliquer la Constitution et les lois, par conséquent, ils ont aussi le pouvoir et le devoir de donner préférence à la Constitution sur les lois qui la violent et de les déclarer inconstitutionnelles et inapplicables dans la procédure concrète qui s'est développée devant ce tribunal.

Le pouvoir et le devoir des tribunaux pour considérer une loi inconstitutionnelle, donnant préférence à la Constitution, peuvent seulement être exercés dans une procédure particulière entamée par une des parties, où la question constitutionnelle est matière incidente et quand cette considération est nécessaire pour la résolution du cas. Le jugement du tribunal concernant l'inconstitutionnalité et l'inapplicabilité d'une loi dans une procédure particulière peut être prise par un juge de sa propre initiative, parce que son devoir est l'application et le respect de la suprématie de la Constitution.

La décision adoptée par le tribunal concernant l'inconstitutionnalité et l'inapplicabilité d'une loi a seulement des effets *inter partes* quant au cas concret

---

(253) *Molitor v. Kaneland Community Unit Dist.* n° 302, 18 Ill. 2d at 25, 162 N.E 2d at 96, *cit.* par J.A.C. GRANT, *loc. cit.*, p. 220.

(254) *State v. Canoll*, 38 Conn. 449, (1871), *cit.*, par J.A.C. GRANT, *loc. cit.*, p. 232.

dans lequel elle est prononcée; elle a un effet déclaratif dans le sens où elle se borne à déclarer la nullité *ab initio* de la loi. Mais, quand une loi est déclarée inconstitutionnelle et inapplicable, en fait, la décision a des effets *ex tunc* et *pro praeterito*, des effets rétroactifs au moment de la promulgation de la loi, considérant que la loi n'a produit aucun effet en ce qui concerne la procédure et les parties.

Comme on l'a vue, la logique du système diffus de contrôle judiciaire de la constitutionnalité n'est pas toujours absolue, et chaque système a créé des corrections aux éventuelles déviations issues de chacun des aspects de la rationalité du système, concernant la nullité ou l'annulabilité de l'acte inconstitutionnel, à savoir le pouvoir octroyé à tous les tribunaux ou à un nombre limité d'entre eux, afin de contrôler l'inconstitutionnalité, le caractère incident du système, l'initiative des juges ou l'exigence que ce soit l'une des parties qui pose la question d'inconstitutionnalité; et les effets *inter partes* et *erga omnes* de la décision et son caractère déclaratif ou constitutif.

II. LE CONTROLE JUDICIAIRE DE LA CONSTITUTIONNALITÉ DES LOIS EXERCE PAR LES COURS SUPREMES OU PAR DES TRIBUNAUX CONSTITUTIONNELS JUDICIAIRES: LE SYSTÈME CONCENTRÉ

Le contrôle judiciaire de la constitutionnalité des lois peut aussi être un contrôle de type concentré, attribué soit à la Cour suprême du pays soit à un tribunal constitutionnel spécial, appartenant au pouvoir judiciaire.

Nous pouvons dire que ce système de contrôle concentré de la constitutionnalité, quand il est exercé par les Cours suprêmes, est un système typiquement latino-américain qui a une tradition de plus d'un siècle.

En effet, d'une façon ou d'une autre, à l'exception du Mexique et de l'Argentine qui ont adopté le système diffus de contrôle judiciaire de la constitutionnalité comme la seule méthode de contrôle de la constitutionnalité des lois, presque tous les autres pays latino-américains ont adopté un système de contrôle judiciaire de la constitutionnalité, de type concentré, en général en attribuant à la Cour suprême du pays le pouvoir d'annuler les lois inconstitutionnelles ou de déclarer leur inconstitutionnalité. Ce n'est que récemment que quelques pays ont créé des cours ou des tribunaux constitutionnels intégrés dans le pouvoir judiciaire pour exercer le contrôle de la constitutionnalité des lois. Cela s'est sans soute produit sous l'influence du modèle européen plus récent, et particulièrement du Tribunal fédéral allemand qui, à l'instar du Tribunal constitutionnel portugais, est intégré, comme en Amérique latine, au pouvoir judiciaire.

En tout cas, le système concentré de contrôle de la constitutionnalité des lois exercé par les autorités judiciaires, a adopté en droit comparé trois modalités: en premier lieu, en attribuant à la Cour suprême de justice du pays le pouvoir d'exercer le contrôle de la constitutionnalité; en deuxième lieu, en attribuant tel pouvoir à des tribunaux ou des cours constitutionnelles spécialement créées au sein du pouvoir judiciaire dans ce but; et en troisième lieu, en attribuant le pouvoir de contrôle de la constitutionnalité des lois, à la fois à la Cour suprême et à un tribunal constitutionnel.

1. Le contrôle judiciaire de la constitutionnalité des lois exercé par la Cour suprême

Le premier système de contrôle de la constitutionnalité des lois qu'on peut identifier en droit comparé en tant que système concentré exercé par le pouvoir judiciaire, est le système selon lequel la Cour suprême de justice du pays est le tribunal compétent pour annuler les lois ou les déclarer inconstitutionnelles.

Ce pouvoir des Cours suprêmes, en général, est exercé en exclusivité, bien que, dans certains pays, le système concentré de contrôle de la constitutionnalité des lois soit établi comme partie d'un système mixte dans lequel existe parallèlement un système diffus de contrôle de la constitutionnalité des lois.

A. Le contrôle judiciaire de la constitutionnalité exercé par les Cours suprêmes en exclusivité

Le contrôle judiciaire de la constitutionnalité des lois, quand il est attribué exclusivement aux Cours suprêmes, peut être exercé par la Cour suprême de justice elle-même, soit par une Chambre constitutionnelle de la Cour suprême, spécialement créée à cette fin.

(a) La Cour suprême en tant que seul juge constitutionnel des lois: Uruguay, Panama et Paraguay

En Uruguay, au Panama et au Paraguay, il existe un système concentré de contrôle judiciaire de constitutionnalité qui confie â la Cour suprême de justice le pouvoir exclusif de contrôler la constitutionnalité de la législation, car c'est l'organe judiciaire situé au sommet de la juridiction(255).

A ce sujet, l'article 188, 1 de la Constitution de Panama octroie le pouvoir exclusif à la Cour suprême de justice de sauvegarder l'intégrité de la Constitution et de contrôler la constitutionnalité de la législation selon deux méthodes: par une action directe ou par un incidente introduite par un tribunal inférieur.

L'action directe est conçue comme une action populaire qui peut être portée devant la Cour suprême par toute personne, dénonçant l'inconstitutionnalité de la loi, des décrets, des décisions ou des actes, et qui peut être fondée sur des bases

(255) Allan R. Brewer-Carías, *Judicial Review in Comparative Law*, Cambridge University Press, 1989, pp. 243-244.

substantives comme sur des bases formelles. En ce cas, la décision doit être adoptée par le tribunal une fois entendu l'avis du Procureur général de la République[256].

La Constitution stipule néanmoins, que le juge qui, lors d'une procédure judiciaire ordinaire, *ex-officio* ou à la demande d'une partie, remarque l'inconstitutionnalité des normes légales ou exécutives applicables au cas, doit soumettre la question à la Cour suprême; cependant, il sera autorisé à continuer la procédure principale jusqu'au niveau de décision[257]. Dans les deux cas, la décision de la Cour suprême est obligatoire[258] et non assujettie au contrôle[259].

Dans le système d'Uruguay la Constitution[260] attribue à la Cour suprême de justice la juridiction exclusive et originale de déclarer l'inconstitutionnalité des lois et d'autres actes d'Etat ayant force de loi, fondée sur des raisons substantives ou formelles[261]. Conformément à la Constitution, la déclaration d'inconstitutionnalité d'une loi et l'inapplicabilité d'une disposition affectée en conséquence, peuvent être sollicitées devant la Cour suprême par tous ceux qui estiment qu'ont été lésés leurs intérêts personnels et légitimes[262]. Par conséquent, une condition générale de légitimation très semblable à celle concernant le contrôle contentieux administratif a été établie.

Quand la question constitutionnelle lui est soumise par un tribunal inférieur ou comme conséquence d'une exception soulevée par une partie quelconque, la Cour suprême peut aussi exercer son pouvoir de contrôle *ex-officio* [263]. En ce cas, le juge doit présenter un résumé de la question devant la Cour suprême et continuer la procédure jusqu'au niveau de décision. Une fois que la Cour suprême aura décidé, le tribunal inférieur devra prendre sa propre décision, conformément à la première[264].

En Uruguay, les décisions de la Cour suprême font exclusivement référence au cas concret ayant des effets seulement sur les procédures où elles ont été adoptées[265]. Evidemment, cette disposition est claire en ce qui concerne les voies incidentes de contrôle de la constitutionnalité, mais elle ne l'est pas dans le cas où la question constitutionnelle a été soulevée comme action directe. La loi n° 13747 de 1969[266], concernant la procédure de justice constitutionnelle, prévoit

(256) Article 188,1. Constitution.

(257) Article 188,2. Constitution.

(258) Article 188, in fine.

(259) Article 189.

(260) Le système fut originellement instauré en 1934, puis en 1951. *V.* H. GROSS ESPIELL, *La Constitución y su defensa*, Congrès «La Constitución y su Defensa», UNAM, 1982 (polycopié), pp. 7, 11. Le système fut maintenu dans la Constitution de 1966, dans l'Acte institutionnel n° 8 de 1977 et dans l'Acte institutionnel n° 12 de 1981. *Idem*, pp. 16, 20.

(261) Article 256.

(262) Article 258. *V.* H. GROSS ESPIELL, *loc. cit.*, pp. 28, 28; J.P. GATTO DE SOUZA, «Control de la constitucionalidad de los actos del poder público en Uruguay», *Memoria de la Reunión de Presidentes de Cortes Supremas de Justicia en Iberoamérica, El Caribe, España y Portugal*, Caracas 1982, pp. 661, 662.

(263) Article 258.

(264) Articles 258, 259.

(265) Article 259.

(266) *V.* H. GROSS ESPIELL, *loc. cit.*, p. 29.

que la décision peut empêcher l'application des normes déclarées inconstitutionnelles par rapport à celui qui a intenté l'action et qui a obtenu la décision, et autorise à l'employer comme exception dans toute procédure judiciaire, y compris le contrôle contentieux administratif[(267)].

Semblable au modèle uruguayen, il faut mentionner le système paraguayen, dans lequel la Constitution autorise la Cour suprême à décider des actions et des exceptions afin de déclarer l'inconstitutionnalité et l'inapplicabilité des dispositions qui vont à l'encontre du texte fondamental[(268)]. Comme nous l'avons déjà mentionné, la procédure peut être entamée par une action ou une exception. Ici, la procédure du cas concret doit continuer jusqu'au niveau de décision. En tout cas, la décision de la Cour suprême n'a d'effets que concernant le cas concret et le requérant[(269)].

(b) La Chambre constitutionnelle de la Cour suprême comme seul juge constitutionnel: Costa Rica

Au Costa Rica, après la réforme constitutionnelle de 1989, une Chambre constitutionnelle a été créée à la Cour suprême de justice, chargée exclusivement de déclarer l'inconstitutionnalité des normes, quelle que soit leur nature et des actes assujettis au droit public, exception faite des actes juridictionnels du pouvoir judiciaire[(270)].

Par conséquent, un système concentré de contrôle judiciaire de la constitutionnalité des lois a été établi au Costa Rica; la Chambre constitutionnelle de la Cour suprême de justice est l'organe judiciaire qui exerce ce pouvoir en exclusivité. Ses fonctions sont régies par la loi de la juridiction constitutionnelle de 1990[(271)], de même que les moyens de recours qui peuvent être portés devant la Chambre constitutionnelle pour qu'elle exerce le contrôle de la constitutionnalité.

La Chambre constitutionnelle peut exercer le contrôle de constitutionnalité par le biais de quatre moyens: l'action d'inconstitutionnalité, les consultations législatives, les consultations judiciaires et la voie préventive[(272)].

a. L'action d'inconstitutionnalité: Conformément à l'article 73 de la loi de juridiction constitutionnelle, l'action d'inconstitutionnalité peut être exercée contre les lois et autres dispositions générales: quand, dans l'élaboration des lois ou actes législatifs, il y a violation d'une condition ou démarche essentielle prévue

---

(267) *Idem*.

(268) Articles 200, 207.

(269) L.M. ARGAÑA, «Control de la constitucionalidad de las leyes en Paraguay», *Memoria de la Reunión de Presidentes de Cortes Supremas de Justicia en Iberoamérica, El Caribe, España y Portugal*, Caracas 1983, pp. 550, 551; 669, 671.

(270) Article 10, Constitution de 1989.

(271) «Ley de jurisdicción constitutional», in *Revista Jurisprudencia Constitucional*, Salle constitutionnelle de la Cour suprême de justice, n° 1, Costa Rica 1990, pp. 14 et ss.

(272) *V.* en général Rubén HERNANDEZ V., *El control de la constitucionalidad de las leyes*, San José 1990.

dans la Constitution; quand une réforme constitutionnelle est approuvée en violation des normes constitutionnelles de procédure; quand une loi ou disposition générale enfreint la Constitution du fait qu'elle s'oppose à un traité public ou accord international; ou quand, au moment de la signature, approbation ou ratification de conventions ou accords internationaux, ou dans leur contenu ou effets, une norme ou principe constitutionnel ait été enfreint.

a'. Les voies d'exercice de l'action: Cette action constitutionnelle peut être exercée selon deux voies de procédure: la voie incidente et la voie d'action, principale ou directe.

a". La voie incidente: La voie incidente visant à solliciter la décision de la Chambre constitutionnelle peut être employée par toute personne qui soit partie d'une affaire en voie de résolution dans les tribunaux, même dans les cas d'habeas corpus ou d'*amparo*, ou dans une procédure afin d'épuiser la voie administrative. Dans ce dernier cas, il faudra invoquer l'inconstitutionnalité de la loi en tant que moyen raisonnable de protéger les droits ou les intérêts considérés lésés[273].

Dans ces cas, l'action d'inconstitutionnalité est présentée directement devant la Chambre constitutionnelle. La nouveauté de cette voie réside dans le fait que l'action est possible non seulement lorsqu'il s'agit d'une question d'inconstitutionnalité formulée dans une procédure judiciaire, mais également dans une procédure administrative. De cette manière, pour des raisons d'économie de procédure, il n'est pas indispensable qu'une affaire en cours de procédure administrative soit portée devant les tribunaux pour que l'action d'inconstitutionnalité puisse être exercée[274].

b". La voie principale: La loi de juridiction constitutionnelle octroie une légitimation pour exercer l'action d'inconstitutionnalité comme voie principale au «Contrôleur» général de la République, au «Procureur» général de la République, au Ministère public et au Défenseur du peuple[275].

L'action peut aussi être exercée de façon directe, par la voie principale, lorsque, étant donné la nature de l'affaire, il n'existe aucune lésion individuelle ni directe ou quand il s'agit de la défense d'intérêts diffus ou d'intérêts de la collectivité dans son ensemble[276]. Dans ce cas, l'action s'exerce contre les normes ou lois auto applicatrices, qui ne requièrent pas d'actes de l'Etat interposés pour leur exécution, auquel cas il n'est pas nécessaire qu'existe une affaire préalable en cours de résolution pour que l'action puisse être intentée. Il n'est pas nécessaire non plus d'invoquer un intérêt individuel; il s'agit ici de la défense d'intérêts diffus ou collectifs. L'action d'inconstitutionnalité, dans ces cas, revêt par conséquent un certain caractère d'action populaire[277].

---

(273) Article 75, Loi de juridiction constitutionnelle.
(274) Article 82, Loi de juridiction constitutionnelle.
(275) Article 75, Loi de juridiction constitutionnelle.
(276) *Idem*.
(277) Rubén HERNÁNDEZ V., *op. cit*.

b'. Effets de la décision de la Chambre constitutionnelle: La décision de la Chambre constitutionnelle déclarant l'action recevable annule la loi et a des effets *erga omnes*.

Conformément à l'article 89 de la loi, la sentence déclarant l'inconstitutionnalité d'une loi doit également déclarer l'inconstitutionnalité des autres préceptes de celle-ci, dont l'annulation est par conséquent indispensable, ainsi que des actes d'application mis en cause.

Les effets de la déclaration d'inconstitutionnalité et d'annulation de la loi par la Chambre constitutionnelle sont *ex tunc*, par conséquent, déclaratifs et rétroactifs, sauf en ce qui concerne les droits acquis de bonne foi (art. 91) ou les situations consolidées par prescription, caducité ou en vertu d'une sentence judiciaire[(278)].

b. Les consultations législatives de constitutionnalité: Selon la Constitution et la loi de juridiction constitutionnelle[(279)], le second moyen par lequel la Chambre constitutionnelle exerce son pouvoir de contrôle judiciaire concentré de la constitutionnalité est celui des consultations qui peuvent lui être adressées par l'Assemblée législative au cours de la discussion des réformes constitutionnelles, de l'approbation d'accords ou de traités internationaux et des projets de réforme de la loi de juridiction constitutionnelle.

Pour ce qui est des projets de lois ordinaires en discussion par les Chambres, ils peuvent aussi faire l'objet d'un contrôle constitutionnel par la Chambre constitutionnelle à la demande de 10 députés au moins.

Dans tous ces cas, bien sûr, il s'agit d'un moyen de contrôle de la constitutionnalité de type préventif, puisque la décision de la Chambre constitutionnelle est de nature obligatoire.

c. Les consultations judiciaires de constitutionnalité Tous les juges de la République peuvent solliciter à la Chambre constitutionnelle une consultation de constitutionnalité, lorsqu'ils ont des doutes fondés à l'égard de la constitutionnalité d'une norme ou d'un acte qu'ils doivent appliquer, ou d'une attitude ou omission qu'ils doivent juger dans un cas qui leur est soumis (art. 102 LJC).

Dans ces cas, le juge qui formule la consultation doit élaborer une résolution indiquant les normes contestées et les raisons du doute du tribunal concernant sa validité ou interprétation constitutionnelles. Dans ces cas, la procédure judiciaire doit être suspendue jusqu'à ce que la Chambre constitutionnelle ait satisfait la consultation[(280)].

Il est clair que la décision interprétative de la Chambre constitutionnelle a un caractère obligatoire et des effets de chose jugée[(281)].

d. Le contrôle préventif de la constitutionnalité par le veto présidentiel et la promulgation des lois: Le dernier moyen de contrôle de la constitutionnalité

(278) Article 92, Loi de juridiction constitutionnelle.
(279) Article 96, Loi de juridiction constitutionnelle.
(280) Article 104, Loi de juridiction constitutionnelle.
(281) Article 117, Loi de juridiction constitutionnelle.

des lois se réfère au veto présidentiel appliqué à des lois sanctionnées mais non promulguées, pour des raisons d'inconstitutionnalité conformément à l'article 125 de la Constitution. Dans ces cas d'exercice du veto, si l'Assemblée n'accepte pas les objections constitutionnelles formulées par le Président, l'affaire doit être portée devant la Chambre constitutionnelle et la promulgation de la loi suspendue.

B. Le contrôle judiciaire de la constitutionnalité des lois exercé par la Cour suprême dans un système mixte de contrôle

Le deuxième type de contrôle judiciaire concentré de la constitutionnalité des lois attribué à la Cour suprême peut être trouvé dans les pays qui ont adopté un système mixte de contrôle de la constitutionnalité dans lequel fonctionnent parallèlement le contrôle diffus et le contrôle concentré. C'est le cas des systèmes du Vénézuéla et du Brésil.

(a) Le système du Vénézuéla

Au Vénézuéla, comme nous l'avons déjà vu, il existe un système mixte de contrôle de la constitutionnalité qui est à la fois diffus et concentré.

En ce qui concerne le contrôle concentré de la constitutionnalité des lois au Vénézuéla, comme le contrôle des lois au Brésil, est attribué au Tribunal suprême qui l'exerce parallèlement à un système diffus de contrôle[*].

La Constitution vénézuélienne établit de façon explicite, dans son article 215, la compétence de la *Cour suprême de justice* de déclarer la nullité, pour cause d'inconstitutionnalité, des lois et autres actes des Chambres législatives nationales, des Etats membres de la Fédération et des Municipalités (communes), ainsi que des règlements et des actes du gouvernement édictés par le pouvoir exécutif national. C'est-à-dire que la Constitution prévoit un contrôle judiciaire de la constitutionnalité de tous les actes de l'Etat à l'exclusion des actes judiciaires et des actes administratifs pour lesquels elle prévoit des moyens spécifiques de contrôle de la légalité et de la constitutionnalité (recours de cassation, d'appel et recours contentieux administratif). Il s'agit donc d'un contrôle concentré de la constitutionnalité des lois et autres actes des pouvoirs publics, attribué à la Cour suprême de justice.

Mais en outre, comme nous l'avons déjà signalé, l'article 20 du Code de procédure civile permet à tous les Tribunaux de la République compétents dans des cas concrets, de déclarer l'inapplicabilité des lois et des autres actes normatifs de l'Etat s'ils estiment que ceux-ci sont inconstitutionnels, en accordant une préférence aux normes constitutionnelles. Il s'agit là de la base légale du contrôle diffus de la constitutionnalité.

(*) La Constitution de 1999 a créé une Chambre constitutionnelle dans le Tribunal Suprême, chargé de l'exercice du contrôle concentré de la constitutionnalité des lois.

En outre, l'article 3 de la Loi organique d'*amparo* sur les droits et garanties constitutionnels stipule que «l'action d'*amparo* est pertinente quand la violation ou la menace de violation (des droits fondamentaux) dérive d'une norme en contradiction avec la Constitution», «auquel cas, 'l'autorité devra apprécier l'inapplicabilité de la norme contestée».

Par conséquent, nous pouvons dire que le système vénézuélien de contrôle de la constitutionnalité des lois et autres actes de l'Etat, est l'un des plus amples parmi les systèmes connus dans le monde actuel, car il combine les contrôles concentré et diffus de la constitutionnalité des lois[(282)].

En ce qui concerne le contrôle concentré de la constitutionnalité des lois exercé par la Cour suprême de justice, il s'agit d'un contrôle *a posteriori* de la constitutionnalité, exercé toujours après que la loi remise en cause soit entrée en vigueur et ait produit des effets. Ce contrôle, au moyen d'une action populaire, est le plus largement utilisé. Cependant, dans le système vénézuélien nous pouvons distinguer également un contrôle concentré de la constitutionnalité des lois à caractère préalable (*a priori*), exercé par la Cour suprême de justice sur requête du Président de la République avant la promulgation des lois approuvées par les chambres législatives. Par conséquent, le système concentré de justice constitutionnelle au Vénézuéla peut être préventif ou *a posteriori*.

a. Le système préventif de justice constitutionnelle: En effet, à partir de la réforme constitutionnelle de 1945, la Constitution a établi expressément la possibilité d'un contrôle préventif de la constitutionnalité des lois nationales, qui inclut, bien sûr, les lois ratifiant les traités internationaux et les contrats d'intérêt public, et est exercé par la Cour suprême de justice à la demande du Président de la République, en application de son pouvoir de veto vis-à-vis des lois adoptées par les Chambres législatives[(283)].

Aujourd'hui, la Constitution de 1961, dans la procédure «de la formation des lois» prévoit la possibilité du veto présidentiel à l'encontre des lois sanctionnées, de la façon suivante:

Le Président de la République doit promulguer les lois sanctionnées par les Chambres législatives dans un délai de 10 jours suivant celui de sa réception des mains du Président du Congrès. Cependant, durant ce temps, le Président peut, en accord avec le Conseil de ministres, demander au Congrès la *reconsidération* de la loi, au moyen d'un exposé circonstancié, afin d'obtenir la modification de certaines dispositions ou suspendre l'approbation totale ou partielle de la loi.

Quand la décision des Chambres a été adoptée par les deux tiers des membres présents, le Président de la République doit procéder à la promulgation de la loi

---

(282) *V.* nos travaux en général: Allan R. BREWER-CARÍAS, *El control de la constitucionalidad de los actos estatales*, Caracas 1977; «Algunas consideraciones sobre el control jurisdiccional de la constitucionalidad de los actos estatales en el Derecho venezolano», *Revista de Administración Pública* n° 76, Madrid 1975, pp. 419 à 446; *Estado de derecho y control judicial*, Madrid 1987, pp. 17 à 207; *Judicial Review..., op. cit.*, pp. 279 et ss.

(283) Article 91, Constitution de 1945; *v.* aussi Allan R. BREWER-CARIAS, *Las Constituciones de Venezuela*, Madrid 1985, p. 856; dans un sens similaire: Article 90, Constitution de 1953, *Idem*, p. 947.

dans les cinq jours de sa réception, sans pouvoir formuler de nouvelles observations. Cependant, en cas de décision prise à la majorité simple, le Président de la République peut choisir entre promulguer la loi ou la renvoyer au Congrès, dans le même délai de cinq jours, pour un nouvel et dernier examen.

La décision des Chambres en séance plénière est définitive, même si elle est prise à la majorité simple, et la loi doit être promulguée dans les cinq jours de sa réception.

En tous cas, si l'objection du Président de la République était fondée sur l'*inconstitutionnalité*, le Président peut, dans le délai signalé pour la promulgation de la loi (lesdits cinq jours), demander à la Cour suprême de justice de résoudre l'inconstitutionnalité alléguée.

Dans ces cas, la Cour doit décider dans un délai de dix jours à compter du jour de réception de la communication du Président de la République. Si la Cour refuse l'inconstitutionnalité invoquée, ou si elle ne prend pas sa décision dans le délai prévu, le Président de la République doit promulguer la loi dans les cinq jours suivant la décision de la Cour ou à l'échéance du délai(284).

Au contraire, si la Cour décide d'admettre l'inconstitutionnalité de la Loi, ceci empêche sa promulgation(285), et les Chambres devront modifier le texte sanctionné en application de la décision de la Cour, celle-ci ayant un caractère obligatoire.

b. Le contrôle de la constitutionnalité: l'action populaire: Le moyen le plus important pour l'exercice du contrôle concentré de la constitutionnalité des lois nationales, des Etats membres et des Municipalités ainsi que les actes subordonnés de façon immédiate à la Constitution, exercé au Vénézuéla par la Cour suprême de justice depuis 1858, est l'action populaire, qui peut être intentée par tout particulier.

a'. L'**actio popularis** ***et le caractère principal du procès:*** En effet, la caractéristique principale de la compétence de la Cour suprême de justice dans l'exercice de ses pouvoirs de contrôle concentré de la constitutionnalité est qu'elle est exercée comme conséquence d'une action populaire qui peut être intentée par toute personne naturelle ou juridique jouissant de ses pleins droits(286). Par conséquent, le système concentré de justice constitutionnelle au Vénézuéla est toujours conçu comme un procès de caractère principal qui se déroule devant la Cour suprême quand une action populaire est intentée devant celle-ci. Cette action populaire, telle que la Cour elle-même l'a signalé en 1971, est ouverte «à toute personne du peuple (d'où son nom), elle a pour but la défense d'un intérêt public qui est à la fois simple intérêt de celui qui intente une action, et qui, de ce fait, n'a pas besoin d'être investi d'un intérêt juridique différencié légitime». Par conséquent, l'action populaire au Vénézuéla est destinée «à contester la validité d'un acte du pouvoir public qui, dû à un caractère normatif et général agit *erga*

---

(284) Article 173, Constitution.

(285) L'article 175 de la Constitution est donc inapplicable.

(286) *V.* décision de la Cour fédérale du 22/2/60, *Gaceta Forense* n° 27, 1960, pp. 107 et 108; ainsi que la décision de la Cour suprême de justice en Chambre politico-administrative du 3/10/63, *Gaceta Forense* n° 42, 1963, pp. 19 et 20, celle du 6/2/64 *Gaceta Oficial* n° 27.373, 21/2/64, celle du 30/5/63, *Gaceta Forense* n° 52, 1968, p. 109, et celle du 25/9/73 *Gaceta Oficial* n° 1643 Spécial, 21/3/74, p. 15.

omnes, et de ce fait, son entrée en vigueur concerne et intéresse donc également tout le monde»[287].

En ce qui concerne l'action populaire, il faut signaler que sa «popularité», traditionnellement très large, en principe, a été, d'une certaine manière, restreinte depuis 1976 par la loi organique de la Cour suprême de justice, qui a demandé l'existence d'un intérêt simple «particularisé» pour pouvoir l'intenter. En ce sens, l'article 112 de ladite loi exige que l'acte contesté doit léser, d'une certaine manière, «les droits et les intérêts du requérant». La très grande popularité de l'action d'inconstitutionnalité pouvait donc subir légalement une sorte de restriction sans avoir pour autant perdu son caractère «d'action populaire».

En effet, une restriction de telle sorte pouvait être considérée raisonnable car en réalité elle affectait uniquement la légitimation requise dans des cas extrêmes. Par exemple, si une loi de l'Assemblée législative d'un des Etats de la Fédération est contestée, il faut au moins que le plaidant réside dans cet Etat, qu'il ait des biens dans ce territoire ou que ses droits et ses intérêts puissent être, d'une certaine façon, lésés par cette Loi[288].

En tout cas, les doutes au sujet de l'éventuelle restriction de la popularité de l'action[289] ont été levés par la Cour suprême de justice elle-même, qui a considéré que l'exigence de l'article 112 de la Loi organique dans le sens que la loi contestée doit porter atteinte aux droits et aux intérêts du plaidant, ne signifie pas que l'action populaire ait été éliminée, ni qu'ait été établie une exigence spéciale de légitimation active pour demander à la Cour suprême l'exercice du contrôle de la constitutionnalité. L'objet de l'action populaire, selon la Cour, est «la défense objective de la primauté et de la suprématie de la Constitution», et s'il est vrai que la Loi organique de la Cour suprême requiert que les droits et les intérêts du plaignant aient été touchés, cette expression doit être interprétée de façon «rigoureusement restrictive»[290]. Sur cette base, la Cour suprême est arrivée à la conclusion suivante:

> Quand une personne exerce le recours d'inconstitutionnalité en vertu des termes de l'article 112 de sa loi, *il faut présumer*, du moins de manière relative, que l'acte objet du recours porte atteinte, d'une certaine manière, aux droits ou aux intérêts du plaignant en sa condition de citoyen vénézuélien, sauf si le contexte du recours permet de déduire manifestement le contraire, ou que le recours soit déclaré irrecevable conformément à l'article 115 de la loi de la Cour[291].

(287) *V.* la décision de la Cour suprême de justice en Chambre politico-administrative du 18/1/71, *Gaceta Oficial* n° 1472 Spécial, 11/6/71, p. 6; *v.* aussi la Sentence de la Cour suprême de justice en Chambre politico-administrative du 6/2/64, *Gaceta Oficial* n° 27.373, 21/2/64.

(288) Allan R. BREWER-CARÍAS, *El control de la constitucionalidad…*, *op. cit.*, p. 122.

(289) *V.* L.H. FARIAS MATA, ¿Eliminada la acción popular del derecho positivo venezolano?, *Revista de derecho público* n° 11, Caracas 1982, pp. 5/18.

(290) Sentence de la Cour en plénière du 30/6/82, à voir in *Revista de derecho público* n° 11, Caracas 1982, p. 138.

(291) C'est ainsi que la Cour a réservé ce recours d'inconstitutionnalité aux actes ayant des effets *erga omnes* et qui intéressent n'importe qui. *V.* à ce sujet la décision de la Cour suprême de justice en Chambre politico-administrative du 14/3/60, *Gaceta Oficial* n° 26.222, 1/4/60. pp. 154/225.

b'. Les actes de l'Etat soumis au contrôle: D'après la Constitution de 1961, comme nous l'avons déjà mentionné, le contrôle de la constitutionnalité des actes de l'Etat par voie d'action populaire est réservé aux actes de caractère légal ou normatif, c'est à dire, les actes subordonnés de façon immédiate à la Constitution, et les règlements. Au niveau national, ces actes de l'Etat de caractère légal sont les lois, les actes du parlement sans forme de loi (*interna corporis*) et les actes du gouvernement; et au niveau des Etats membres et municipal, les lois des Assemblée législatives des Etats membres et les ordonnances municipales[(292)]. Au niveau national, donc, à la seule exception des règlements, peuvent faire l'objet d'une action d'inconstitutionnalité uniquement les actes promulgués par le Congrès ou ses Chambres législatives, et les actes promulgués par l'exécutif et subordonnés de manière immédiate à la Constitution[(293)].

Dans ce sens, conformément à la Constitution, pourraient faire l'objet d'un recours d'inconstitutionnalité les actes de l'Etat suivants: 1) les lois nationales; 2) les lois des Etats fédérés; 3) les ordonnances municipales; 4) les actes du Congrès ou des Chambres législatives nationales, des Assemblées législatives ou des Conseils municipaux promulgués en exercice de la fonction législative (c'est à dire qui ne seraient pas promulgués en exercice de la fonction administrative et qui constitueraient des actes administratifs[(294)]; 5) les actes de gouvernement promulgués par l'exécutif national, et 6) les règlements de l'exécutif national[(295)].

Mais, de tous les actes soumis au contrôle de la constitutionnalité, il est bien évident que les plus importants sont les lois, en vertu de leur portée générale. En ce sens, la Constitution formule expressément, la compétence de la Cour suprême de déclarer la nullité totale ou partielle des lois nationales, des lois des Etats et des ordonnances municipales contraires à la Constitution[(296)].

---

(292) Les ordonnances municipales ont caractère de lois locales. *V.* Allan R. BREWER-CARÍAS, *El régimen municipal en Venezuela*, Caracas 1984, p. 162.

(293) La Cour suprême de justice a clairement énoncé ce critère en ces termes: «L'examen d'une action d'inconstitutionnalité suppose la confrontation entre l'acte contesté et les normes de la Constitution supposées enfreintes par ledit acte. Si ces normes conditionnent l'acte -c'est à dire si elles déterminent, par exemple, sa finalité, l'autorité compétente pour l'effectuer, ou les conditions intrinsèques ou extrinsèques dont le non-respect peut en affecter la validité-, l'action ou recours destiné à annuler cet acte est une action ou un recours d'inconstitutionnalité, du fait qu'il contrevient à la Constitution», Sentence de la Cour suprême de justice en Chambre politico-administrative du 13/2/68, *Gaceta Forense* n° 59, 1968, p. 53.

(294) *V.* Allan R. BREWER-CARÍAS, *El control de la constitucionalidad de los actos estatales*, Caracas 1977.

(295) Article 215, alinéas 3, 4 et 6 de la Constitution. *V.* aussi le vote sauvé du Magistrat J.G. SARMIENTO NUÑEZ dans la décision de la Cour suprême de justice du 29-4-65 publiée par l'Imprimerie nationale, Caracas 1965, p. 25; J.G. SARMIENTO NUÑEZ, «El control de la constitucionalidad de las leyes y de los tratados», *Libro Homenaje al Doctor Eloy Lares Martinez*, Caracas 1984, Vol. II, pp. 705-707.

(296) Article 215, alinéas 3 et 4, et Article 42, alinéas 1 et 3 de la loi organique de la Cour suprême de justice.

*c'. **Le caractère objectif de la procédure:*** La conséquence directe du caractère populaire de l'action d'inconstitutionnalité dans le système vénézuélien est le caractère objectif du processus qui se déroule par devant la Cour suprême comme conséquence de l'action même.

En effet, au Vénézuéla, l'action d'inconstitutionnalité n'est absolument pas intentée contre un organe de l'Etat, par exemple, le Congrès ou le Président de la République qui aurait adopté ou promulgué la loi contestée pour inconstitutionnalité, mais en réalité cette action n'est dirigée que contre un acte de l'Etat, comme par exemple une loi. Par conséquent, dans le procès d'inconstitutionnalité, il n'y a pas de parties proprement dites, ni plaignant ni demandeur au sens strict du terme. Le procès d'inconstitutionnalité, en réalité, est un procès contentieux contre un acte, qui peut être entamé par n'importe quel particulier ou entité publique.

D'autre part, comme il n'y a pas de demandeur dans le procès d'inconstitutionnalité, il n'est pas nécessaire de citer qui que ce soit(297), et une fois l'action admise, la Cour doit en réalité uniquement «notifier par écrit au Président de l'entité ou au fonctionnaire qui a édicté l'acte, et solliciter l'avis du Ministère public, s'il n'a pas entamé le procès, et il pourra rendre son rapport avant que la sentence ne soit prononcée»(298).

En tout cas, la Cour doit ordonner la convocation publique des intéressés, quand elle l'estime nécessaire(299). Donc, de la même façon que n'importe quelle personne naturelle ou juridique lésée dans ses droits et ses intérêts peut exercer l'action populaire d'inconstitutionnalité des lois, toute personne, avec le même intérêt particularisé, a le droit de présenter des textes et des allégations pendant le procès, en défense de la loi ou de l'acte contesté(300).

Pour terminer, il faut souligner que le recours d'inconstitutionnalité commence par un écrit de recours dans lequel le plaignant doit identifier clairement l'acte contesté(301) et indiquer avec précision les inconstitutionnalités dénoncées, c'est à dire aussi bien les raisons du recours que les normes constitutionnelles supposées

---

(297) *V.* la décision de la Cour Fédérale Constitutionnelle en Chambre politico-administrative du 20/11/40, *Memoria 1941*, pp. 265 et 266.

(298) Article 116 de la loi organique de la Cour suprême de justice.

(299) *Idem.*

(300) Article 137 de la loi organique de la Cour suprême de justice. Il convient de signaler que la Cour suprême, en décidant le recours d'inconstitutionnalité de la séance d'installation des Chambres législatives du 5 mars 1968, face aux écrits présentés par deux particuliers contre les requêtes des requérants a décidé, contrairement aux dispositions du texte: «(la Cour) s'est limitée à ajouter lesdits écrits au dossier, les particuliers n'étant pas parties du présent jugement et n'étant pas intervenus dans les actes contestés par les requérants. En effet, l'exercice de l'action populaire ... est le droit de tout citoyen de se pourvoir requérant dans les cas permis par la loi, mais non pas de se constituer défendeur lorsque l'action n'a pas été intentée contre lui». *V.* la décision de la Cour suprême de justice en séance plénière du 12/6/68, publications du Sénat, pp. 190 et 191. Dans une autre décision, la Cour a indiqué que, pour qu'un avocat puisse assumer la défense de la constitutionnalité d'une loi, il devait avoir la représentation de l'Assemblée législative correspondante. C'est la raison pour laquelle elle a déclaré irrecevable la requête de cet avocat, celui-ci ne jouissant pas de ladite représentation. *V.* la décision de la Cour suprême de justice en Chambre politico-administrative du 27/5/70, *Gaceta Forense* n° 68, 1970, p. 111.

(301) Article 113 de la loi organique de la Cour suprême de justice. *V.* la décision de la Cour suprême de justice en Chambre politico-administrative du 23/1/69, *Gaceta Forense* n° 63, 1969, p. 95.

violées[302]. Néanmoins, et s'agissant d'une action populaire qui met en jeu la validité d'une loi et la suprématie constitutionnelle, nous estimons que la Cour peut apprécier l'inconstitutionnalité de l'acte contesté, *ex-officio*, pour des vices non invoqués par le requérant[303], sans devoir se limiter a connaître uniquement les dénonciations présentées à l'origine[304]. Par conséquent, s'il est vrai que l'action populaire doit être présentée devant la Cour suprême par un requérant[305], la Cour, dans le jugement d'inconstitutionnalité n'est pas totalement assujettie à la volonté du requérant. Par exemple, en dépit du fait que le requérant peut se désister du recours une fois que celui-ci a été intenté, la Cour a le pouvoir de continuer à connaître ledit cas[306].

d'. Motifs de l'action: En ce qui concerne les motifs de l'action populaire d'inconstitutionnalité, il faut signaler que ce recours peut être uniquement introduit pour invoquer des violations de la Constitution ou des contradictions à son égard, c'est à dire des motifs d'inconstitutionnalité[307]. D'où, la thèse soutenue par la Cour suprême de justice concernant la nécessité d'une violation directe de la Constitution pour que l'action populaire soit pertinente[308]. D'après la Cour, l'inconstitutionnalité ne peut pas «surgir de simples énoncés théoriques ou d'un éventuel conflit entre la norme contestée et une autre norme quelconque correspondant à la législation ordinaire»[309], mais elle doit être le résultat de la violation directe d'une norme constitutionnelle. La Cour suprême a exprimé lors du jugement qu'elle rendait en 1983 que cette doctrine:

> Possède maintenant un support légal. En effet, l'article 133 de la Loi organique de la Cour suprême de justice établit que la seule dénonciation de l'infraction à l'article 117 de la Constitution[310] ne peut pas être invoquée comme fondement de l'action et du recours auxquels se réfèrent les articles 112 et 121 *ejusdem*, mais que l'action requiert la dénonciation d'une autre disposition différente de celle qui «aurait été directement transgressée par l'acte dont la nullité est demandée». De ce fait, l'article 133 indique que la

---

(302) Article 113 de la loi organique de la Cour suprême de justice. *V.* décision de la Cour Fédérale Constitutionnelle en séance plénière du 14/12/51, *Gaceta Forense* n° 6, 1950, pp. 46 et 47; et décision de la Cour suprême de justice en Chambre politico-administrative du 11/8/64, *Gaceta Forense* n° 45, 1964, pp. 185 et 186.

(303) Dans ce sens, le bureau du Procureur a signalé que la constitutionnalité des actes législatifs constitue une matière éminemment publique. C'est pourquoi, dans les procès où se traitent de tels problèmes, les facultés du juge ne sont ni ne peuvent être limitées par ce qui est allégué et prouvé dans des actes. *V. Doctrine PGR 1963*, Caracas 1964, pp. 23 et 24.

(304) Tout comme la Cour suprême l'a soutenu dans la décision de la Cour suprême de justice en séance plénière du 15/3/62, *Gaceta Forense* n° 760 Spécial, 22/3/62. Dans ce sens, J.G. ANDUEZA soutient que la décision de la Cour ne peut contenir *ultra petita, La jurisdicción constitucional en el Derecho venezolano*, Caracas 1955, p. 37.

(305) Article 82 de la loi organique de la Cour suprême de justice.

(306) Article 87 de la loi organique de la Cour suprême de justice. *V.* J.G. ANDUEZA , *op. cit.*, p. 37.

(307) Dès lors, aucun motif d'illégalité ne peut être allégué. *V.* la décision de la Cour suprême de justice en Chambre politico-administrative du 13/12/68, *Gaceta Forense* n° 59, 1969, pp. 85 et 86.

(308) Allan R. BREWER-CARÍAS, *El control de la constitucionalidad...*, p. 131.

(309) *V.* la décision de la Cour en séance plénière du 26/2/85, *Revista de derecho público* n° 22, Caracas 1985, p. 164.

(310) Cet article 177 stipule ce qui suit: «La Constitution et les lois définissent les attributions du pouvoir public, dont l'exercice doit leur être soumis».

violation indirecte d'une norme constitutionnelle , ne pourra pas être considérée comme fondement du recours d'inconstitutionnalité... Affinant les concepts exposés... nous pourrions ajouter qu'il y a recours pour violation directe de la Charte fondamentale lorsqu'il est possible d'arriver à la solution positive ou négative du problème posé par l'application exclusive des normes constitutionnelles violées(311).

La Cour suprême a de même établie que toutes les normes constitutionnelles violées ne peuvent pas servir de fondement à l'action populaire, au contraire, la Cour exige qu'il s'agisse d'une norme directement opérationnelle, et refuse le recours quand les violations invoquées ont trait à des normes programme(312). Cependant, cette doctrine ne veut pas dire que le contrôle de la constitutionnalité des lois ne peut pas être réalisé sur la base des principes constitutionnels. Par exemple, l'article 50 de la Constitution établit expressément que «l'énumération des droits et garanties de cette Constitution ne doivent pas être compris comme étant la négation d'autres qui, inhérents à la personne humaine, ne figureraient pas expressément dans celle-ci». Par conséquent, la Cour suprême pourrait exercer ses fonctions de contrôle de la constitutionnalité sur la base des violations des droits inhérents à la personne humaine, non énumérés expressément dans le texte constitutionnel.

Finalement, il faut signaler que la dénonciation d'inconstitutionnalité doit, nécessairement, poser un rapport logique comme conséquence d'une motivation sérieuse et nécessaire, entre l'acte contesté et la norme dite trangressée par celui-ci(313). C'est pourquoi la Cour a considéré formellement insuffisantes les dénonciations des infractions aux normes constitutionnelles lorsque cette relation ne ressort pas des dénonciations. En tout cas, il est évident que la violation de la Constitution peut surgir lorsque l'acte objet du recours est en contradiction avec l'esprit et la lettre d'une norme constitutionnelle(314) et non seulement quand il y a contradiction littérale entre la norme et l'acte contesté.

e'. La possibilité de suspension temporaire en cas de violation de droits fondamentaux:Traditionnellement, la jurisprudence de la Cour suprême de justice a refusé systématiquement les demandes de suspension des effets des actes de l'Etat à effets généraux ayant été contestés pour inconstitutionnalité. Ainsi, dans un jugement du 28 juillet 1969, prononcé en raison de la contestation d'une

(311) *V.* la décision de la Cour suprême de justice en Chambre politico-administrative du 28/6/83, *Revista de derecho público* n° 15, Caracas 1983, pp. 155/156.

(312) *V.* les décisions de la Cour suprême de justice en séance plénière du 12/9/69, *Gaceta Forense* n° 65, 1969, p. 10, et en Chambre politico-administrative du 27/4/69, *Gaceta Forense* n° 64, 1969, p. 23, ainsi que celle de la Cour suprême de justice en Chambre politico-administrative du 13/2/68, *Gaceta Forense* n° 59, 1969, pp. 85-86.

(313) *V.* la décision de la Cour suprême de justice en Chambre politico-administrative du 21/12/67, *Gaceta Forense* n°58, 1968, p. 68.

(314) *V.* la décision de la Cour fédérale du 25-3-58, *Gaceta Forense* n° 19, 1958, p. 58. Au contraire, le bureau du Procureur général de la république a soutenu que l'infraction des mobiles de la Constitution ne peut constituer une cause d'annulation d'un texte légal. *V. Doctrina PGR 1964*, Caracas 1965, p. 158. Par ailleurs, le Procureur a néanmoins soutenu la thèse selon laquelle la Constitution est violée lorsque la loi prétend atteindre des buts différents que ceux fixés par la Constitution, et non seulement lorsqu'il existe une contradiction dans la lettre entre la norme constitutionnelle et la norme légale. *Doctrina PGR 1969*, Caracas 1970, p. 111. D'une manière générale, pour les différents types de motifs d'inconstitutionnalité des lois, *v. Doctrina PGR 1966*, Caracas 1967, pp. 170 à 174.

loi d'un Etat membre, la Cour a signalé que le fait de décréter la suspension des effets de cette loi:

> Conduirait à une situation anormale selon laquelle il suffirait de contester devant la Cour, pour inconstitutionnalité un acte législatif dûment promulgué, concrètement une loi, pour obtenir par voie de sentence préalable, la suspension de sa validité, au grave préjudice des facultés qui correspondent à l'organe législatif[315].

Cependant, cette doctrine a été modifiée par la récente Loi organique d'*amparo* des droits et garanties constitutionnels, qui prévoie expressément que lorsqu'il s'agit des lois ou des normes qui violent les droits ou les garanties constitutionnelles, et une requête d'*amparo* est en même temps formulée avec l'action populaire d'inconstitutionnalité des lois et d'autres actes normatifs de l'Etat membre, la Cour suprême de justice, si elle l'estime pertinent pour la protection constitutionnelle «pourra décréter la suspension de l'application de la norme à la situation juridique concrète dont la violation est invoquée, pendant la durée de la procédure de nullité» (art. 3).

Il s'agit donc de la possibilité de suspension d'effets de la norme contestée par voie d'action populaire quand une requête est formulée conjointement, uniquement pendant la durée de la procédure de nullité, et avec des effets stricts à l'égard de la situation juridique concrète du requérant dont l'acte de violation est invoqué.

f'. Contenu du jugement: Dans son jugement définitif, la Cour, conformément à ce qui est prévu dans l'article 119 de la loi organique, «déclarera si la nullité de l'acte ou des articles contestés est pertinente une fois examinés les motifs sur lesquels se fonde la demande».

De ce fait, la Cour est obligée d'examiner tous les motifs sur lesquels se fonde la demande, mais la loi ne limite pas son appréciation uniquement aux motifs invoqués par le requérant. Vu la question d'inconstitutionnalité à laquelle se réfèrent ces jugements, et en vertu du fait que conformément à l'article 2 de ladite loi organique de la Cour «la fonction primordiale» de la Cour est de contrôler «la constitutionnalité et la légalité des actes du pouvoir public», nous estimons que la Cour pourrait apprécier des motifs d'inconstitutionnalité non invoqués par le requérant comme conséquence du caractère inquisitoire de la procédure.

Mais en ce qui concerne le contenu de la décision, la Cour doit, en outre, se prononcer lors du jugement définitif sur «les exceptions ou défenses opposées au cours de ces jugements»[316].

Par conséquent, nous pouvons signaler que le jugement dans les procès d'inconstitutionnalité, en principe, doit se limiter à déclarer la pertinence de la nullité de la loi, de l'acte, ou des articles contestés, et en conséquence, à les déclarer nuls ou à déclarer le recours irrecevable. Comme la Cour suprême l'a signalé en 1966:

---

(315) *V.* les décisions de la Cour Suprême de Justice en Chambre politico-administrative des 28 et 29/7/69, *Gaceta Forense* n° 65, 1969, pp. 102-103 et 115-116. De même, *v.* les décisions de la Cour Suprême de Justice en Chambre politico-administrative du 25/2/70, *Gaceta Forense* n° 67, 1970; du 21/6/71, *Gaceta Oficial* n° 1478 Spécial, 16/7/71, p. 39; et du 31-1-74, *Gaceta Oficial* n° 30322, 5/2/74, p. 227.

(316) Article 130.

Il appartient à la Cour, dans l'exercice de son pouvoir de contrôle de la constitutionnalité des actes des corps législatifs, de déclarer la nullité de l'acte contesté si celui-ci était en quelque sorte contraire aux préceptes de la Constitution, et comme résultat de cette déclaration, de proclamer l'extinction juridique de cet acte, ou au contraire, de le maintenir pleinement en vigueur par le rejet des allégations exprimées(317).

g'. Les effets de la décision judiciaire: Le contenu du jugement, dans le recours d'inconstitutionnalité , tel que nous l'avons déjà montré, doit se limiter à déclarer la nullité totale ou partielle de l'acte contesté ou la non pertinence du recours. Dans ce dernier cas, le caractère de la décision est purement déclaratif avec des effets *erga omnes*, et, de ce fait, n'aboutit pas à des voies d'exécution coercitives.

Lorsque la décision de la Cour est une déclaration de nullité de l'acte contesté tout entier ou des articles dudit acte qui ont pu être contestés, elle entraîne la cessation des effets de l'acte, et la Cour, en outre, peut se prononcer sur la nullité de tous les actes qui ont été accomplis sur la base de cet acte déclaré nul(318).

La résolution de la Cour a une valeur générale, c'est à dire *erga omnes* et cela a été confirmé par la jurisprudence de la même Cour depuis plusieurs décennies. En effet, dans une sentence datée du 17 novembre 1938, l'ancienne Cour fédérale et de cassation avait soutenu:

> La Cour fédérale et de cassation se trouve au sommet de la hiérarchie judiciaire; la chose jugée établie par elle, même si elle est erronée en doctrine, constitue toujours le dernier mot du pouvoir judiciaire contre lequel aucun des deux autres pouvoirs ne peut rien. Le fait qu'elle soit une institution fédérale, dotée d'attributions exclusives pour annuler *erga omnes* les lois et les actes du pouvoir public qui violeraient la Constitution, la rend interprète souverain du texte constitutionnel et des lois ordinaires, et juge unique des actes des pouvoirs publics et des hauts fonctionnaires de l'Etat. Tout fonctionnaire, quelque soit son rang, ou tout autre pouvoir public qui prétendrait faire valoir sa propre interprétation de la loi, en ce qui concerne l'interprétation et l'application que cette même Cour a donnée au moment de résoudre ou de trancher une question de cette matière, excède ses attributions et viole la Constitution et les lois de la République(319).

L'ancienne Cour fédérale s'est prononcée dans le même sens, par jugement du 21 mars 1939, lorsqu'elle a qualifié ses décisions de «dispositions complémentaires de la Constitution et des lois de la République, avec des effets *erga omnes*»(320). De même, par sentence du 16 décembre 1940, lorsqu'elle a signalé que ses décisions «peuvent constituer une législation spéciale résultant du pouvoir constituant secondaire exercé sur de telles questions par ce Haut tribunal»(321).

---

(317) *V.* la décision de la Cour suprême de justice en Chambre politico-administrative du 20/1/66, *Gaceta Forense* n° 51, 1966, p. 13; les décisions de la Cour Fédérale Constitutionnelle en Chambre politico-administrative du 2/12/41, *Memoria*, 1942, pp. 335 à 338, et du 13/7/42, *Memoria*, 1943, pp. 174 à 175.

(318) *V.* décision de la Cour Suprême de Justice du 4/4/74, *Gaceta Oficial* n° 1657 Spécial, 7/6/74, pp. 2 et 3.

(319) *V.* décision de la Cour Fédérale et de Cassation en Chambre politico-administrative du 17/11/38, *Memoria*, 1939, pp. 330 à 334.

320) *V.* décision de la Cour Fédérale et de Cassation en Chambre politico-administrative du 21/3/398, *Memoria*, 1940, p. 176.

(321) *V.* décision de la Cour Fédérale et de Cassation en Chambre politico-administrative du 16/12340, *Memoria*, 1941, p. 311.

L'ancienne Cour fédérale a été cohérente avec ce critère et, par jugement du 19 juin 1953, elle a signalé que ses décisions «ont force de loi»[(322)] parce qu'elles ont des effets *erga omnes*. Plus récemment, la Cour suprême de justice, par le biais de la Chambre de cassation civile, commerciale et du travail, a expliqué sa position en la matière par la sentence du 12 décembre 1963, de la façon suivante:

> Le contrôle absolu de constitutionnalité est exercé en premier lieu par la Cour suprême de justice, en séance plénière, quand elle déclare la nullité totale ou partielle d'une loi nationale du fait de son inconstitutionnalité. Une telle décision laisse sans effet la loi ou la partie de celle-ci qui est annulée et a force de loi *erga omnes* en la matière traitée. Cette nullité est prononcée en vertu de ladite action populaire.
>
> Une attribution semblable, quoique limitée aux lois des Etats fédérés et aux ordonnances municipales, est exercée par action populaire par la Chambre politique-administrative de ce Tribunal suprême, et l'acte déclaratoire entraîne également une autorité *erga omnes* de chose jugée.
>
> Cela signifie que l'acte déclaratoire de constitutionnalité ou d'inconstitutionnalité d'une loi par action populaire est définitive et a des effets contre tous, puisque ladite loi perd sa qualité de loi à partir du moment où elle est déclarée inconstitutionnelle. Il en va de même pour les cas de lois d'Etats fédérés et les ordonnances municipales dont l'inconstitutionnalité serait prononcée[(323)].

En définitive, selon la doctrine établie par la Cour, la sentence déclaratoire d'inconstitutionnalité d'une loi qui par conséquent annule cette dernière a des effets *erga omnes* et donne un caractère de chose jugée.

Toutefois, en ce qui concerne les effets des sentences déclaratoires de nullité pour cause d'inconstitutionnalité, la question fondamentale est sans aucun doute celle du moment où commencent ces effets. En d'autres termes, l'acte déclaré nul est il considéré comme ayant eu des effets jusqu'à sa déclaration de nullité? Ou, au contraire, est considéré comme n'ayant jamais eu d'effets? D'un autre point de vue, la décision de la Cour commence t'elle à avoir des effets à partir de sa publication ou ses effets sont ils rétroactifs?

La loi organique de la Cour suprême de 1976 ne résout pas le problème posé, mais se borne à signaler que la Cour doit déterminer «les effets de la décision dans le temps»[(324)]. Or, il existe au Vénézuéla un système mixte de contrôle de la constitutionnalité qui implique le fonctionnement en parallèle des deux systèmes de justice constitutionnelle: d'une part le système diffus, exercé par tous les juges, et de l'autre le système concentré exercé par la Cour suprême. Dès lors, il convient de ne pas confondre les effets des décisions en matière de contrôle de la constitutionnalité.

---

(322) *V.* décision de la Cour Fédérale du 19/3/53, *Gaceta Forense* n° 1, 1953, pp. 77-78. Par ailleurs, la Cour dans la décision de la Cour Suprême de Justice en Chambre politico-administrative du 19/11/68, *Gaceta Forense* n° 62, 1968, pp. 106 à113, a soutenu que 'les effets des décisions dictées par la Cour Suprême dans l'exercice de ses attributions, sont uniquement valables tant que subsiste l'application du précepte constitutionnel sur lequel elles se sont basées».

(323) *V.* la décision de la Cour Suprême de Justice en SCCMT du 12/12/63, *Gaceta Forense* n° 42, 1963, pp. 667 à 672.

(324) Articles 119 et 131 de la loi organique de la Cour Suprême de Justice.

En effet, pour ce qui est des cas de contrôle diffus de la constitutionnalité, il est clair que la décision de ne pas appliquer une loi inconstitutionnelle, même si elle a seulement et exclusivement des effets *inter partes*, équivaut à une décision simplement déclarative aux effets rétroactifs *pro praeterito* ou *ex tunc*. Le juge n'annule pas la loi en exerçant le contrôle, mais il déclare ou constate uniquement une inconstitutionnalité préexistante; de la sorte, il ignore l'existence de la loi (c'est à dire qu'il la considère inexistante) et il ne l'applique pas au cas concret auquel correspond la connaissance juridictionnelle. Cependant, les effets du contrôle diffus de la constitutionnalité des lois sont complètement différents des effets produits par l'exercice du contrôle concentré de la constitutionnalité lorsque la Cour suprême déclare la nullité (annulation) d'une loi pour cause d'inconstitutionnalité . En effet, dans ces cas, lorsque, dans l'exercice de ses attributions prévues dans l'article 215, alinéas 3 et 4 de la Constitution, la Cour suprême «déclare la nullité» de la loi, c'est à dire qu'elle annule la loi, celle-ci reste valable et effective jusqu'à la publication de la sentence de la Cour et produit tous ses effets en dépit de son inconstitutionnalité, cela en vertu de la présomption de constitutionnalité des lois[(325)].

Puisque le contrôle de la constitutionnalité des lois attribué à la Cour suprême par la Constitution[(326)] est un contrôle semblable à celui dit concentré en droit comparé, il est clair que les effets de la déclaration de nullité d'une loi pour inconstitutionnalité, en l'absence d'une norme expresse constitutionnelle ou légale, ne peuvent être produits que *erga omnes* mais vers l'avenir, c'est à dire que les sentences sont, en principe, constitutives *pro futuro* et leurs effets (*ex nunc*) ne peuvent se référer au passé (ils ne peuvent pas être rétroactifs). On peut affirmer que c'est là le critère suivi non seulement par la doctrine vénézuélienne[(327)], mais aussi par la jurisprudence de la Cour suprême de justice, même si la Cour n'a pas toujours été cohérente[(328)].

Quoi qu'il en soit, à partir de 1976, l'article 131 de la loi organique de la Cour suprême de justice attribue à la Cour le pouvoir de déterminer «les effets de ses décisions dans le temps». Par conséquent, la Cour peut corriger les effets défavorables que la rigidité du principe pourrait engendrer, particulièrement dans le domaine des droits et des garanties constitutionnels, et elle peut attribuer à ses sentences des effets rétroactifs, *pro praeterito, ex tunc*.

---

(325) J.G. ANDUEZA, *La jurisdicción constitucional en el derecho venezolano*, *cit.*, p. 90.

(326) Article 215, alinéas 3 et 4.

(327) Dans son livre *La jurisdicción constitucional en el Derecho venezolano* (*op. cit.*). José Guillermo ANDUEZA a clairement et abondamment démontré que le jugement de nullité pour inconstitutionnalité possède un caractère constitutif. En effet, «la présomption de constitutionnalité dont bénéficient tous les actes des pouvoirs publics fait qu'ils produisent leurs effets tant que la Cour n'a pas prononcé leur nullité. Par conséquent, les décisions de la Cour devront nécessairement respecter les effets que l'acte de l'Etat a produits durant sa validité» (p. 93). De fait, cette décision «opère une modification dans les effets de l'acte de l'Etat. C'est à dire qu'elle rend inefficace un acte qui l'était auparavant» (p. 94). Aux dires d'ANDUEZA, et selon la doctrine la plus orthodoxe, «ce qui caractérise les décisions constitutives, c'est l'absence d'effets rétroactifs. Elles sont toujours *pro futuro, ex nunc*. C'est-à-dire que la décision produit ses effets à partir du jour de sa publication» (p. 94). Nous ne partageons pas, dès lors, le point de Humberto J. LA ROCHE, *El Control jurisdiccional en Venezuela y Estados Unidos*, Maracaibo 1972, p. 153.

(328) *V.* en général à ce sujet Allan R. BREWER-CARIAS, *Estado de derecho y control judicial*, *op. cit.*, pp. 185 et ss.

(b) Le système concentré de contrôle de la constitutionnalité au Brésil

En plus du système diffus de contrôle de la constitutionnalité de la loi existant au Brésil depuis le XIXème siècle, la Constitution brésilienne a aussi instauré, en 1934, un système de contrôle concentré de la constitutionnalité des lois incombant à la Cour suprême fédérale, qui a été définitivement perfectionné dans la Constitution de 1988[(329)].

Le contrôle de la constitutionnalité est exercé par la Cour suprême fédérale, laquelle peut être saisie par le biais d'une action en constitutionnalité. Une telle action peut être de trois types: l'action d'intervention, l'action générique, ou l'action pour omission des pouvoirs publics.

a. L'action d'intervention directe: L'action d'intervention directe a été initialement établie dans la Constitution de 1934 comme une protection des principes constitutionnels fédéraux contre la législation des Etats. En effet, la Constitution prévoit la possibilité pour le gouvernement fédéral d'intervenir dans les Etats membres pour assumer l'observance des principes suivants: le gouvernement républicain, l'indépendance et l'harmonie des pouvoirs, le caractère temporaire des fonctions électorales, l'impossibilité d'un second mandat successif pour les gouverneurs, l'autonomie municipale, la soumission des comptes administratifs et les garanties du pouvoir judiciaire[(330)].

Ainsi, lorsqu'un de ces principes se trouve violé par un des Etats membres, le pouvoir fédéral peut intervenir.

Cependant, préalablement à cette intervention, le Procureur général de la République doit soumettre la question d'inconstitutionnalité des actes des Etats membres qui vont à l'encontre de ces principes, à un examen par la Cour suprême fédérale par le biais d'une action directe[(331)]. Si la décision finale de la Cour suprême fédérale est celle de déclarer l'inconstitutionnalité de la loi ou de l'acte de l'Etat membre, elle devra être publiée et envoyée au Président de la République, afin qu'il suspende, par un décret, l'exécution de l'acte incriminé, ou le cas échéant, pour qu'il ordonne l'intervention fédérale des Etats membres[(332)]. Dans ce cas, les effets des décisions de la Cour sont considérés comme étant déclaratifs et *erga omnes*[(333)].

Ce n'est que lorsque l'acte est déclaré inconstitutionnel par la Cour que l'intervention fédérale pourra avoir lieu[(334)].

---

(329) Article 102, Constitution du 5 octobre 1988.

(330) Article 10, Constitution. O.A. BANDEIRA DE MELLO, *A teoria das constituciões rigidas*, Sao Paulo 1980, p. 221.

(331) Article 11,1, Constitution. Article 1, loi n° 2271 du 22/7/54 et loi n° 4337 du 1/6/64. A. BUZAID, «La acción directa de constitucionalidad en el derecho brasileño», *Revista de la Facultad de Derecho*, UCAB n° 19-22, Caracas 1964, pp. 76-78.

(332) Article 11,2, Constitution. Article 9 et loi n° 4337 du 1/6/64. A. BUZAID, *loc. cit.*, p. 53.

(333) *V.* O.A. BANDEIRA DE MELLO, *loc. cit.*, p. 212; A. BUZAID, *loc. cit.*, pp. 95-96; J. Alfonso DA SILVA, *Sistema de defensa de la «Constituçao Brasileira»*, Congreso sobre la Defensa de la Constitución, (polycopié) UNAM, México 1982, p. 76.

(334) A. BUZAID, *loc. cit.*, pp. 95-96; O.A. BANDEIRA DE MELLO, *loc. cit.*, p. 212

La Constitution de 1988 a élargi cette action d'intervention en inconstitutionnalité, en ce sens qu'elle peut être *fédérale*, lorsqu'il s'agit d'une intervention fédérale dans un des Etats membres. Dans ce cas, l'action doit être exclusivement introduite par le Procureur général de la République. Lorsqu'il s'agit de l'intervention d'un Etat membre dans une municipalité, l'action doit être proposée par le Procureur général de l'Etat membre en question[(335)].

b. L'action générique directe: En plus de l'action d'intervention directe, la Constitution de 1946 a prévu une action dite «générique» directe d'inconstitutionnalité[(336)]. Celle-ci se différencie de la précédente par le fait qu'elle suppose qu'il ne faille pas protéger certains principes constitutionnels relatifs aux lois et aux actes des Etats membres, mais toute disposition constitutionnelle. Cette action a donc pour objet de défendre le principe de la suprématie de la Constitution.

La Constitution de 1988 a élargi cette action générique directe, conformément à la structure fédérale de l'Etat au Brésil. Deux types d'action sont ainsi distingués: d'une part, celle qui s'intente devant la Cour suprême fédérale en vue du contrôle de la constitutionnalité des lois ou actes normatifs fédéraux[(337)]; d'autre part, l'action qui s'intente devant la Cour suprême de chaque Etat, dans le but d'obtenir une déclaration d'inconstitutionnalité de lois, actes normatifs des Etats ou des municipalités, mais en rapport aux constitutions des Etats membres[(338)].

Pour obtenir de la Cour suprême fédérale un contrôle de la constitutionnalité des lois et autres actes normatifs, l'action fédérale d'inconstitutionnalité générique peut s'intenter non seulement par le Procureur général de la République, comme c'était la règle avant 1988, mais également par le Président de la République, la Présidence du Sénat, celle de la Chambre des Députés ou celle des Assemblées législatives des Etats membres. Par ailleurs, une telle action peut aussi être introduite par le Gouverneur d'un Etat membre, par le Conseil fédéral de l'Ordre des avocats, par les partis politiques représentés au parlement, par une confédération syndicale ou par une organisation nationale de classe[(339)].

L'action d'inconstitutionnalité générique des Etats, pour sa part, s'exerce devant les Cours suprêmes des Etats, pour juger de la constitutionnalité des lois ou actes normatifs des Etats ou municipalité, par rapport à la Constitution des Etats membres. Elle peut être introduite par le Gouverneur de l'Etat, par l'Assemblée législative de l'Etat, par le Procureur général de l'Etat, par le Conseil des avocats de l'Etat, par les entités syndicales ou de classe au niveau de l'Etat ou de la municipalité, pour autant qu'elle ait un quelconque intérêt juridique dans le cas, ou par les partis politiques représentés à l'Assemblée législative de l'Etat ou, s'il s'agit d'un acte normatif émis par une municipalité, par la Chambre correspondante[(340)].

(335) Articles 34, III; 102, a; 36, IV; 129, IV; 125, 2.

(336) J. Alfonso DA SILVA, *loc. cit.*, p. 31; A. BUZAID considère cette action comme étant la seule au Brésil dont la déclaration d'inconstitutionnalité d'une loi est le principal objectif, *loc. cit.*, p. 84.

(337) Articles 102, 5; 103, 3.

(338) Article 125, 2.

(339) Article 103.

(340) Article 103.

Il convient de souligner que, dans la procédure de l'action d'inconstitutionnalité générique, l'amendement constitutionnel n° 7 à la Constitution de 1969 a introduit une innovation importante: la possibilité d'une mesure conservatoire de suspension de la loi ou de l'acte normatif incriminé.

Quoiqu'il en soit, il est à remarquer que, dans le cas d'une action d'inconstitutionnalité générique, si la Cour suprême fédérale déclare l'inconstitutionnalité de la loi fédérale ou de l'Etat, ou l'acte normatif, une copie de la décision doit être envoyée à l'organe législatif responsable de la production de la norme. La publication de cette décision dans le *Diario de Justiça da União* suspend les effets de la norme contestée, et dès lors, l'organe respectif a le devoir de révoquer ou de réformer l'acte[(341)].

c. L'action d'inconstitutionnalité pour omission: Le contrôle de la constitutionnalité peut également être exercé par la Cour suprême, par le biais de l'action d'inconstitutionnalité pour omission. Cette action a pour objet de vérifier les cas dans lesquels n'ont pas été émis les lois ou actes exécutifs requis pour rendre les normes constitutionnelles pleinement applicables.

Selon la Constitution, une fois déclarée l'inconstitutionnalité en raison de l'omission d'une mesure, pour que la norme constitutionnelle soit effective, la Cour suprême fédérale doit avertir l'organe compétent afin qu'il adopte les mesures nécessaires, et s'il s'agit d'un organe administratif, afin que celui-ci l'exécute dans les trente jours[(342)].

d. L'action populaire pour la protection des biens public: Déjà dans la Constitution brésilienne de 1934, une action populaire avait été prévue comme un moyen pour invalider des actes illégaux pouvant affecter les biens des entités publiques[(343)]. Plus particulièrement, il s'agit d'une action ouverte a tout citoyen et principalement destinée à contester un acte administratif. Elle ne peut donc être utilisée auprès des tribunaux pour contester, de manière directe, des lois ou des actes normatifs pour inconstitutionnalité. Néanmoins, cette action populaire peut constituer une voie de contrôle de la constitutionnalité de la législation si l'acte administratif incriminé causant un préjudice aux biens de toute entité publique, s'appuie sur une loi considérée inconstitutionnelle.

Cependant, cette action a été considérée comme une voie directe de contrôle de la constitutionnalité de la législation dans les cas où le dommage aux biens des entités publiques a été directement causé par une loi ou un décret[(344)].

---

(341) Nagib SLAIBI FILHO, *Anotações a Constituçao de 1988*, Rio de Janeiro 1989, p. 112.

(342) *Idem*, p. 115.

(343) Article 5, LXXIII.

(344) J. Alfonso DA SILVA, *Açao popular constitucional, Doutrina e proceso*, Sao Paulo 1968, p. 129; J. Alfonso DA SILVA, *Sistema..., loc. cit.*, p. 49.

2. Le contrôle judiciaire de la constitutionnalité des lois exercé par des Tribunaux constitutionnels

Le deuxième système de contrôle concentré de la constitutionnalité des lois, identifiable en droit comparé lorsque le contrôle est *exercé par le pouvoir judiciaire*, est le contrôle attribué à des Tribunaux constitutionnels, spécialement créés dans ce but par les constitutions et intégrés au pouvoir judiciaire.

Ce système a été adopté dans des pays européens comme l'Allemagne et le Portugal, ainsi que dans de nombreux pays d'Amérique latine sous l'influence européenne.

Cependant, le système de contrôle adopté par les divers pays varie de la même façon que dans les systèmes de contrôle concentré attribué aux Cours suprêmes analysé plus haut. Le Tribunal fédéral en Allemagne, par exemple, a le pouvoir exclusif d'exercer le contrôle de la constitutionnalité des lois; dans d'autres pays, le contrôle concentré de la constitutionnalité des lois est exercé par le Tribunal constitutionnel parallèlement au contrôle diffus de la constitutionnalité exercé par tous les juges et tous les tribunaux.

A. Le contrôle judiciaire de la constitutionnalité des lois exercé en exclusivité par un Tribunal constitutionnel: le cas du Tribunal constitutionnel fédéral en Allemagne

La Constitution de la République fédérale d'Allemagne du 23 mai 1949 instituait un Tribunal constitutionnel fédéral qui, bien que relevant du pouvoir judiciaire, au même titre que toutes les autres cours fédérales et des Lands (Etats) (art. 92), a qualité de «gardien suprême de la Constitution»[(345)] et a «le dernier mot dans l'interprétation de la Constitution fédérale»[(346)]. C'est par conséquent l'organe de l'Etat au sein duquel se sont concentrées toutes les questions juridictionnelles d'ordre constitutionnel[(347)].

Pour jouer ce rôle de juge constitutionnel, le Tribunal constitutionnel fédéral était conçu, dans la loi fédérale reprise dans la Constitution[(348)], comme un organe constitutionnel de la Fédération «autonome et indépendant de tous les autres organes constitutionnels»[(349)] et doté même de pouvoirs d'auto réglementation[(350)].

---

(345) F. SAINZ MORENO, «Tribunal Constitucional federal alemán», *Boletín de Jurisprudencia*, Cortes Generales 8, Madrid 1981, p. 606; G. MULLER, «El Tribunal Constitucional federal de la República Federal de Alemania», *Revista de la Comisión Internacional de Juristas*, Vol. VI, Genève 1965, p. 216.

(346) H.G. RUPP, «The Federal Constitutional Court and the Constitution in the Federal Republic of Germany», *Saint Louis University Law Journal*, Vol. XVI, 1971-1972, p. 359.

(347) *V.* Allan R. BREWER-CARIAS, *Judicial Review...*, pp. 203 et ss.

(348) Article 94, 2. La loi d'organisation et de procédure de la Cour Fédérale Constitutionnelle a été publiée le 12 mars 1951. Consulter le texte complet in F. RUBIO LLORENTE, «El Tribunal Constitucional Alemán», *Revista de la Facultad de Derecho*, n° 18 UCV, Caracas 1959, p. 125. La loi a subit des modifications à plusieurs reprises: en 1956, 1959, 1963 et 1970. Le texte actuel date de 1971, mais fut modifié en 1974 et 1976. *V.* à ce propos F. SAINZ MORENO, *loc. cit.*, p. 604.

(349) Article 1, 1 de la loi d'organisation et de procédure de la Cour Fédérale Constitutionnelle.

Tous les membres du Tribunal ont qualité de juges fédéraux, même si seule une partie d'entre eux seulement, doivent être choisis parmi des juges fédéraux en activité[351].

Le Tribunal constitutionnel fédéral exerce un système concentré de contrôle judiciaire, en particulier des lois fédérales et des *Lands*, instauré dans le but de «protéger le législateur contre le pouvoir judiciaire ordinaire»[352]. Cependant, sa création n'a pas éliminé totalement le système diffus de contrôle judiciaire en Allemagne fédérale, qui est exercé mesuré ment par toutes les cours en ce qui concerne la législation datant d'avant la Constitution et les réglementations administratives.

Il faut par ailleurs mettre l'accent aussi sur le fait qu'en raison du caractère fédéral du système, la Constitution fédérale n'a pas réservé le monopole absolu du système concentré de contrôle de la constitutionnalité au Tribunal constitutionnel fédéral et en général chaque *Land* possède sa propre cour constitutionnelle en mesure de contrôler les violations de sa Constitution et de régler les conflits d'ordre constitutionnel à ce niveau[353].

(a) Le Tribunal constitutionnel comme juridiction constitutionnelle

Au niveau fédéral, le Tribunal constitutionnel fédéral, en tant que gardien suprême de la Constitution, a le monopole de sa défense; monopole qui découle du large éventail de pouvoirs que lui accorde la Constitution, et la loi organique qui en règle le fonctionnement et l'organisation[354]. Ces pouvoirs, tous de nature juridictionnelle, peuvent être classés en six groupes d'attributions permettant au Tribunal de garantir le maintien de l'ordre politique-constitutionnel; le partage des pouvoirs de l'Etat; le caractère représentatif du système politique fondé sur l'élection; la protection des droits fondamentaux; l'interprétation de la Constitution ainsi que le contrôle de la constitutionnalité de tous les actes normatifs de l'Etat.

Sur ce dernier point, le caractère du Tribunal ne laisse aucun doute quant à la fonction d'organe constitutionnel chargé du contrôle juridictionnel de la législation que lui assigne la Constitution.

S'agissant de l'exercice de ces fonctions, les questions constitutionnelles afférentes aux actes normatifs de l'Etat peuvent être portées devant le Tribunal constitutionnel de trois manières: une requête ou un recours direct devant lui; une voie incidente portée devant le Tribunal par une cour inférieure; ou indirectement,

---

(350) Article 30, 2 de la loi d'organisation et de procédure de la Cour Fédérale Constitutionnelle. Le règlement interne de la Cour été publié en 1975 et modifié en 1978.

(351) La Cour est divisée en deux Chambres (Sénats), chacune se composant de huit juges dont trois sont élus parmi des juges fédéraux en activité. Articles 4 et 5 de la loi d'organisation et de procédure de la Cour Fédérale Constitutionnelle.

(352) J.C. BEGUIN, *Le contrôle de la constitutionnalité des loi en République fédérale d'Allemagne*, Paris 1982, p. 93.

(353) J.C. BEGUIN, pp. 27 et 43 à 46.

(354) Article 93, Constitution.

lorsque le Tribunal doit statuer sur l'inconstitutionnalité d'un acte de l'Etat en vue de la décision de l'un des moyens juridictionnels de contrôle constitutionnel, différentes du contrôle abstrait ou concret des actes normatifs de l'Etat.

(b) Le contrôle de la constitutionnalité des actes normatifs par voie de recours direct

La première méthode que prévoit la Constitution fédérale aux fins du contrôle juridictionnel des actes normatifs de l'Etat consiste en l'exercice d'un recours direct devant le Tribunal constitutionnel fédéral dans le but d'en obtenir une décision portant exclusivement sur l'inconstitutionnalité d'une loi ou de tout autre acte normatif de l'Etat.

Il est possible d'emprunter cette voie directe de contrôle de la constitutionnalité des lois, conformément à la Constitution, grâce à deux recours particuliers: d'abord, le recours introduit par des organes de l'Etat, dénommé contrôle abstrait des normes; en second lieu, un recours constitutionnel exercé par toute personne alléguant que l'un de ses droits fondamentaux a été violé par une loi ou acte déterminé, ou par une commune au motif que son autonomie a été violée par une loi fédérale.

a. Le recours aux fins de contrôle abstrait des normes: Le recours aux fins de contrôle abstrait de normes (*Die abstrakte Normenkontrolle*), c'est à dire l'exercice de pouvoirs de contrôle juridictionnel par le Tribunal constitutionnel en dehors de toute instance ou procès particulier, est institué par l'article 93, section 1, n° 2 de la Constitution, aux termes duquel le Tribunal constitutionnel doit statuer:

> En cas de divergence d'opinion ou de doute, sur la conformité quant au fond et à la forme de la loi fédérale ou d'un Land (Etat) à cette loi fondamentale, ou sur la conformité de la loi d'un Land à d'autres lois fédérales, sur requête du gouvernement fédéral, du gouvernement d'un Land ou d'un tiers des membres du Bundestag[355].

Ce pouvoir dont dispose le Tribunal constitutionnel a conduit à la pratique de ce que l'on peut appeler une procédure de contrôle juridictionnel «objectif», le but en étant d'assurer le maintien d'un système hiérarchisé de normes de manière abstraite[356].

Comme nous l'avons dit, la Constitution n'accorde le droit de recours qu'au gouvernement fédéral, au gouvernement d'un Land ainsi qu'au tiers des membres du Bundestag[357], permettant, dans ce dernier cas, aux minorités parlementaires d'avoir accès au Tribunal et de contester les lois adoptées par la majorité. Il est également stipulé que les représentants des organes constitutionnels concernés qui ont participé à la confection de l'acte normatif attaqué doivent être

(355) *V.* également les articles 76 à 88 de la loi d'organisation et de procédure de la Cour Fédérale Constitutionnelle.

(356) *Cf.* J.C. BEGUIN, p. 60; H.G. RUPP, «Judicial Review... », *loc. cit.*, p. 35; G. MULLER, *loc. cit.*, p. 231.

(357) Article 76 de la loi d'organisation et de procédure de la Cour Fédérale Constitutionnelle.

entendus[358]. Il faut dire, toutefois, qu'ils ne sont pas à proprement parler parties en cause[359].

Le recours est en fait exercé contre un acte de l'Etat et non contre un organe de l'Etat, et le Tribunal constitutionnel est tenu de trancher la question constitutionnelle de manière abstraite, sans compter qu'il a la faculté de soulever *ex officio* toute autre questions constitutionnelle liée à la loi en cause ou à l'un quelconque de ses articles[360].

Le caractère objectif de la procédure et les pouvoirs du Tribunal constitutionnel comme gardien de la Constitution sont confirmés par le fait que, même en cas de retrait d'un recours par un organe de l'Etat, le Tribunal peut poursuivre l'instance si l'intérêt général le justifie[361].

Par ailleurs, il faut dire que cette procédure de contrôle abstrait des normes vise tous les actes normatifs de l'Etat. Ce n'est donc pas une procédure aux seules fins de contrôle juridictionnel d'actes législatifs au sens formel; celle-ci s'applique à n'importe quel acte normatif de l'Etat, y compris la législation datant d'avant la Constitution, les dispositifs réglementaires et les traités internationaux, voire les amendements à la Constitution[362]. Toute les lois ratifiant des traités internationaux, notamment, peuvent être soumises à contrôle juridictionnel, et les actes de l'Etat en rapport avec la législation de la Communauté européenne, par exemple, n'y ont pas échappé[363]. Mais même si le principe général du contrôle juridictionnel des lois présente la particularité, en Allemagne fédérale, de s'appliquer *a posteriori*, en ce qui concerne les traités, il est prévu une exception en vertu de laquelle la décision du Tribunal constitutionnel sur la constitutionnalité de leur ratification doit intervenir postérieurement à l'adoption de la loi les ratifiant et avant l'entrée en vigueur des traités[364].

b. Le recours constitutionnel contre les lois: Mais le contrôle abstrait de normes, en plus du recours que peuvent exercer les organes politiques de l'Etat, peut aussi être exercé par le Tribunal constitutionnel fédéral à la suite d'un recours constitutionnel que toute personne a la possibilité d'introduire devant lui au motif qu'un acte normatif de l'Etat lèse directement ses droits essentiels ou fondamentaux. Ce «recours constitutionnel», constitutionnalisé seulement en 1969, était initialement prévu dans la loi fédérale portant création du Tribunal constitutionnel[365] et conçu comme une voie judiciaire spéciale de protection des droits et libertés fondamentaux contre toute action préjudiciable des organes de l'Etat. Aussi n'est ce pas un moyen d'action particulier destiné à la seule obtention

---

(358) Article 77 de la loi d'organisation et de procédure de la Cour Fédérale Constitutionnelle.

(359) *Cf.* J.C. BEGUIN, *op. cit.*, p. 61; G. MULLER, *loc. cit.*, p. 231.

(360) Article 77 de la loi d'organisation et de procédure de la Cour Fédérale Constitutionnelle; *Cf.* J.C. BEGUIN, p. 61; F. SAINZ MORENO, *loc. cit.*, p. 613.

(361) *Cf.* J.C. BEGUIN, *op. cit.*, p. 61; F. SAINZ MORENO, *loc. cit.*, p. 613.

(362) *Cf.* J.C. BEGUIN, *op. cit.*, p. 63.

(363) L. CONTASTINESCO, «L'introduction et le contrôle de la constitutionnalité des traités et en particulier des traités européens en droit allemand», *Revue belge de droit international*, 2, 1969, pp. 425 à 429.

(364) *Cf.* F. SAINZ MORENO, *loc. cit.*, p. 613.

(365) Article 90 de la loi d'organisation et de procédure de la Cour Fédérale Constitutionnelle.

du contrôle juridictionnel des lois, mais un instrument utilisable à cette fin lorsqu'il est exercé contre une loi.

A la suite de l'amendement constitutionnel de 1969, le recours constitutionnel est visé expressément dans l'article 93, section 1, n° 4a de la Constitution lorsqu'il attribue au Tribunal constitutionnel fédéral le pouvoir de statuer:

> Sur les recours en inconstitutionnalité qui peuvent être introduits par toute personne alléguant que l'un de ses droits fondamentaux ou l'un de ses droits a été violé par l'autorité publique en vertu du paragraphe 4 de l'article 20, des articles 33, 38, 101, 103, ou 104[(366)].

Le recours constitutionnel peut donc être exercé devant le Tribunal contre tout acte public, qu'il soit d'ordre législatif, exécutif ou judiciaire, mais, dans tous le cas, il ne peut l'être que lorsque sont épuisées toutes les voies judiciaires ordinaires appelées à protéger les droits fondamentaux violés[(367)]. Par conséquent, le recours constitutionnel est une voie subsidiaire de protection judiciaire des droits fondamentaux [(368)], et dans le cas où il existerait d'autres recours ou actions en mesure de protéger des droits fondamentaux, le recours constitutionnel ne serait pas recevable, sauf si le Tribunal constitutionnel estime que la matière est d'intérêt général ou que le requérant s'expose à un préjudice grave et irrémédiable s'il recourt aux moyens de protection de droit commun[(369)].

Comme nous l'avons déjà signalé, le recours constitutionnel peut être exercé directement contre une loi ou un acte normatif quelconque de l'Etat, motif pris qu'il porte directement atteinte aux droits fondamentaux du requérant, auquel cas, il aboutit en droite ligne à l'exercice par le Tribunal constitutionnel de sa fonction de contrôleur juridictionnel des actes normatif de l'Etat. Consécutivement à ce recours constitutionnel, toute loi inconstitutionnelle doit être déclarée nulle[(370)].

Pour qu'un recours constitutionnel contre une loi soit recevable, la loi ou l'acte normatif de l'Etat doit, bien entendu -c'est une condition essentielle- toucher directement et personnellement le requérant dans ses droits fondamentaux, sans qu'il soit besoin d'en attendre une application administrative. Si, au contraire, une application administrative en est requise, le requérant doit alors attendre l'exécution administrative de la loi pour l'attaquer. Le préjudice direct causé par l'acte normatif aux droits du requérant, condition essentielle mise à la recevabilité du recours, justifie le délai d'un an courant à compter de la publication pour l'introduction de l'action devant le Tribunal[(371]. C'est ce qui explique que le Tribunal constitutionnel a la faculté de prendre des mesures conservatoires en

---

(366) *V.* aussi les articles 90 à 96 de la loi d'organisation et de procédure de la Cour Fédérale Constitutionnelle.

(367) Article 90 de la loi d'organisation et de procédure de la Cour Fédérale Constitutionnelle.

(368) L'article 19, 4 de la Constitution établit en général que «si les droits d'une personne sont violés par une autorité publique, le recours aux tribunaux lui sera toujours disponible. Si la juridiction n'est pas spécifiée, ce recours se portera devant les tribunaux ordinaires».

(369) Article 90, 2 de la loi d'organisation et de procédure de la Cour Fédérale Constitutionnelle.

(370) Article 95, 3, B de la loi d'organisation et de procédure de la Cour Fédérale Constitutionnelle.

(371) Article 93, 1, B de la loi d'organisation et de procédure de la Cour Fédérale Constitutionnelle.

relation à la loi contestée, *pendent litis*, à savoir qu'il peut même théoriquement en suspendre l'application(372).

Enfin, toujours à propos du recours constitutionnel, l'article 93, section 1, n° 4b de la Constitution autorise également le Tribunal constitutionnel à connaître:

> De recours en inconstitutionnalité intentés par des communes ou des syndicats de communes invoquant la violation de leur autonomie, en vertu de l'article 28, par une loi autre que celle d'un Land sujette à recours devant la cour constitutionnelle respective.

Aussi le recours constitutionnel direct contre des lois n'est il pas seulement ouvert aux individus pour protéger leur droits fondamentaux, mais aussi aux collectivités locales pour défendre leur autonomie et le droit de s'administrer que garantit la Constitution contre leur éventuelle violation par des lois fédérales. Là, il s'avère être aussi un instrument de contrôle juridictionnel direct des lois.

(c) La méthode incidente et le contrôle de la constitutionnalité des lois

La deuxième méthode que prévoit la Constitution fédérale aux fins de contrôle juridictionnel des lois est celle de type accessoire connue sous le nom de contrôle concret des normes (*Konkrete Normenkontrolle*) et qu'établit son article 100 en ces termes:

> Si une cour considère inconstitutionnelle une loi dont la validité touche à sa décision, il faut procéder à la suspension de l'instance dans l'attente d'une décision de la cour d'un Land compétente en matière de conflit constitutionnel, dans le cas où l'on estime qu'il y a violation de la Constitution d'un Land, et de celle du Tribunal constitutionnel fédérale en cas de violation de cette Loi fondamentale. Il en est de même dans le cas où l'on estime qu'il y a violation de ladite Loi fondamentale par la loi d'un Land ou qu'une loi d'un Land n'est pas conforme à une loi fédérale(373).

Cette disposition constitutionnelle corrobore évidemment le caractère concentré du système de contrôle judiciaire de la constitutionnalité des lois dans le régime constitutionnel ouest-allemand, en raison principalement de l'interdiction implicite pour les cours de contrôler la constitutionnalité des lois, même si, comme nous l'avons vu, celles-ci conservent un droit de regard sur la constitutionnalité de la législation datant d'avant la Constitution et sur les actes normatifs administratifs de l'Etat, contrôle qu'elles exercent de manière diffuse. Par conséquent, à la différence du contrôle abstrait des normes, dans lequel le recours porte sur tout acte normatif de l'Etat, le contrôle concret des normes ne s'étend qu'à l'aspect formel des lois(374).

---

(372) Article 32 de la loi d'organisation et de procédure de la Cour Fédérale Constitutionnelle; *Cf.* J.C. BEGUIN, *op. cit.*, p. 158; F. SAINZ MORENO, *loc. cit.*, p. 626.

(373) *V.* également les articles 80-82 de la Loi d'organisation et de procédure de la Cour Fédérale Constitutionnelle.

(374) *Cf.* G. MULLER, *loc. cit.*, p. 233; F. SAINZ MORENO, *loc. cit.*, p. 614.

Dans cette méthode incidente de contrôle judiciaire, la question constitutionnelle que peut soulever une loi est toujours portée devant le Tribunal constitutionnel par voie de rémission par une cour quelconque[(375)] lorsque, dans une instance en cours devant elle, celle-ci considère inconstitutionnelle une loi dont la validité sous-tend sa décision dans l'affaire. La question constitutionnelle soulevée dans cette affaire revêt donc toujours un caractère incident lié au règlement d'une affaire concrète par la cour; de sorte qu'elle doit être liée à l'affaire et être déterminante dans sa décision.

Dans ce cas, s'il est vrai que les cours n'ont ni le pouvoir de déclarer nulles des lois, ni celui de décider *ex officio* de leur non application, elles ont, en revanche, le pouvoir d'examiner l'inconstitutionnalité des lois[(376)] en déférant la question d'ordre constitutionnel au Tribunal constitutionnel.

En outre, le juge doit être convaincu de l'inconstitutionnalité de la loi, raison pour laquelle il est tenu de fonder sa révision devant le Tribunal en expliquant dans quelle mesure sa décision dépend de la validité de la loi et en précisant à quelle disposition constitutionnelle elle n'est pas conforme[(377)].

Par ailleurs, la révision consistant à porter devant le Tribunal constitutionnel fédéral des questions touchant à la constitutionnalité des lois est une attribution des cours que celles-ci peuvent exercer *ex officio* et dont l'exercice n'est pas subordonné à la volonté des parties. Par conséquent, l'attribution que les cours ont de déférer la question constitutionnelle devant le Tribunal constitutionnel, est indépendante des parties concernant l'inconstitutionnalité d'une disposition légale[(378)], de sorte que la méthode incidente de contrôle judiciaire n'est pas nécessairement motivée par une exception invoquée par une partie.

En tout cas, et en dépit de leur caractère incident, les pouvoirs du Tribunal constitutionnel ne s'étendent qu'à l'examen de la question constitutionnelle soulevée par le Tribunal respectif. Le Tribunal constitutionnel ne procède donc pas à la révision au fond de l'affaire, et se borne à déterminer si la loi que la cour inférieure estime inconstitutionnelle est ou non conforme à la Constitution[(379)]. C'est la raison pour laquelle cette procédure de contrôle judiciaire concret des normes, comme dans celui de type abstrait, revêt également un caractère objectif[(380)]. De sorte que, une fois que le Tribunal constitutionnel a tranché la question à lui déférée par une cour inférieure, cette dernière est tenue de reprendre l'instance et de rendre son jugement conformément à la décision du Tribunal constitutionnel, laquelle revêt force obligatoire générale[(381)].

---

(375) *Cf.* G. MULLER, *loc. cit.*, p. 232; F. SAINZ MORENO, *loc. cit.*, p. 614; H.G. RUPP, «Judicial Review... », *loc. cit.*, p. 32.

(376) *Cf.* J.C. BEGUIN, *op. cit.*, p. 92.

(377) Article 80, 2 de la loi d'organisation et de procédure de la Cour Fédérale Constitutionnelle.

(378) Article 80, 3 de la loi d'organisation et de procédure de la Cour Fédérale Constitutionnelle.

(379) Article 81 de la loi d'organisation et de procédure de la Cour Fédérale Constitutionnelle.

(380) *Cf.* J.C. BEGUIN, *op. cit.*, p. 93.

(381) Article 31, 1 de la loi d'organisation et de procédure de la Cour Fédérale Constitutionnelle.

(d) Le contrôle indirect

Comme nous l'avons vu, les voies essentielles propres au système concentré de contrôle judiciaire de la constitutionnalité en République fédérale d'Allemagne sont les requêtes visant le contrôle abstrait des normes et les recours constitutionnels contre des lois, peuvent être exercés devant le Tribunal constitutionnel de manière directe, d'une part; et d'autre part, les cas envoyés par toute cour au dit Tribunal à l'aide de la méthode incidente de contrôle des lois. En sus de ces moyens de contrôle, on peut distinguer dans le système constitutionnel ouest-allemand, une troisième méthode de contrôle juridictionnel des lois susceptible d'être considérée de type indirect, du fait que les pouvoirs de contrôle du Tribunal constitutionnel ne sont pas exercés sur requête directe ou recours constitutionnel contre une loi, ou sur rémission incidente d'une cour inférieure, mais à la suite d'une question susceptible d'être soulevée au cours d'une instance devant le Tribunal constitutionnel agissant, ici, dans un autre but direct ou immédiat et non aux fins uniquement de contrôle constitutionnel d'une loi.

Cette méthode indirecte de contrôle juridictionnel de l'inconstitutionnalité des lois est applicable notamment dans le cas ci-après:

En premier lieu, à la suite d'un recours constitutionnel aux fins de protection d'un droit fondamental, lorsqu'il est exercé non pas directement contre une loi mais contre une décision judiciaire dont on estime qu'elle a violé les droits et libertés d'une personne au motif qu'elle a appliqué une loi prétendue inconstitutionnelle[(382)]. Dans ce cas, le Tribunal constitutionnel est tenu de se prononcer sur l'inconstitutionnalité de la loi indirectement contestée devant lui.

En second lieu, le Tribunal constitutionnel peut aussi exercer ses pouvoirs de contrôle juridictionnel des lois de manière indirecte lorsqu'il est appelé à régler des conflits entre des organes fédéraux[(383)], autrement dit, des différends portant sur l'ampleur des droits et fonctions des plus hautes instances fédérales que détermine la Constitution. Dans les cas de conflits opposant, par exemple, le Président et le *Bundestag*, l'instance revêt un caractère subjectif, de sorte qu'elle se déroule de manière contradictoire entre les parties et peut aboutir à un contrôle indirect de la constitutionnalité des lois en cause, uniquement dans le cas où l'acte portant atteinte aux droits et aux fonctions d'un organe de l'Etat se trouve être une loi. Dans ce cas, on estime, néanmoins, que le Tribunal ne dispose pas du pouvoir d'annulation eu égard à la loi en question, à moins que la méthode abstraite de contrôle des normes soit cumulative[(384)].

---

(382) Article 93, 1, 4 de la loi d'organisation et de procédure de la Cour Fédérale Constitutionnelle.
(383) Article 93, 1, 1 de la loi d'organisation et de procédure de la Cour Fédérale Constitutionnelle.
(384) *Cf.* J.C. BEGUIN, *op. cit.*, p. 93; F. SAINZ MORENO, *loc. cit.*, p. 612.

(e) Les effets des décisions du Tribunal constitutionnel fédéral et ses pouvoirs ex officio

A présent, en ce qui concerne les effets des décisions du Tribunal constitutionnel fédéral, dans l'exercice de ses attributions en matière de contrôle judiciaire de la constitutionnalité des actes normatifs de l'Etat, notamment des lois, la règle générale est que le Tribunal prononce la nullité de toute disposition inconstitutionnelle d'une loi ou d'un acte normatif. A ce propos, l'article 78 de la loi fédérale instituant le Tribunal constitutionnel stipulait:

> Si le Tribunal constitutionnel a la conviction que la loi fédérale n'est pas conforme à la Constitution ou que la loi d'un Land n'est pas conforme à la Constitution ou à toute autre norme de la loi fédérale, il en déclare la nullité dans sa décision[(385)].

Cette décision peut être conforme au contenu de la requête, du recours constitutionnel ou de la rémission de la cour, selon la méthode utilisée aux fins de contrôle. Mais en la rendant, le Tribunal constitutionnel n'est pas lié par le principe dispositif, dans le sens qu'il peut soulever *ex officio* toute autre question d'ordre constitutionnel et, partant, décider *ultra petita.* C'est pour cela que le même article 78 de la loi fédérale portant création du Tribunal constitutionnel fédéral stipulait:

> Si d'autres dispositions de la même loi ne sont pas conformes à la Constitution ou à toute autre norme de la loi fédérale, le Tribunal constitutionnel fédéral peut les déclarer nulles en même temps.

Les décisions du Tribunal constitutionnel ont toujours force obligatoire à l'égard de tous les organes constitutionnels de la Fédération et du *Lander*, tout autant qu'à l'égard de toutes les autorités, des cours et, naturellement, de tous les individus. De sorte que les décisions des Tribunaux constitutionnels, y compris celles rendues à l'issue d'une instance de contrôle judiciaire, ont des effets *erga omnes*[(386)]. Et en particulier dans les cas de contrôle abstrait ou concret des normes exercé par voie de requête par un organe de l'Etat, ou de rémission par une cour inférieure où le Tribunal constitutionnel prononce la nullité d'une loi, la décision revêt la même force qu'une loi[(387)], à savoir qu'elle est de caractère obligatoire *erga omnes*, Tribunal constitutionnel y compris[(388)].

Mais, contrairement à ce que soutenait Hans Kelsen à propos des effets de la décision du juge constitutionnel dans un système concentré de contrôle de la constitutionnalité, lorsqu'il prononce la nullité d'une loi[(389)], et au modèle autrichien, selon la tradition constitutionnelle allemande[(390)], dans le cas des

(385) *V.* aussi article 95, 2 de la loi d'organisation et de procédure de la Cour Fédérale Constitutionnelle.

(386) Article 31, 1 de la loi d'organisation et de procédure de la Cour Fédérale Constitutionnelle.

(387) *V.* Article 31, 2 de la loi d'organisation et de procédure de la Cour Fédérale Constitutionnelle.

(388) R. BOCANEGRA SIERRA, «Cosa Juzgada, vinculación, fuerza de ley en las decisiones del Tribunal Constitucional alemán», *Revista española de derecho constitucional* n° 1, 1981, p. 269.

(389) H. KELSEN, «La garantie juridictionnelle de la Constitution (La justice constitutionnelle)», *Revue de droit public et de la science politique en France et à l'étranger*, Paris 1928, p. 243.

(390) *Cf.* J.C. BEGUIN, *op. cit.*, pp. 209-228.

contrôles abstrait et concret des normes, et s'agissant d'une décision sur un recours constitutionnel contre une loi, d'une décision déclarant nulle une loi, il est entendu que la dite loi est déclarée nulle et non avenue *ab initio*, c'est à dire, que la décision du Tribunal a des effets rétroactifs[(391)]. Cette doctrine traditionnelle est corroborée par le fait que le Législateur, dans la loi fédérale portant création du tribunal constitutionnel en a limité expressément la portée en stipulant que lorsqu'une loi a été déclarée nulle pour inconstitutionnalité, seules peuvent être révisées les instances criminelles dans les cas où la décision judiciaire définitive se serait fondée sur la dite loi déclarée nulle[(392)]. Tous les autres jugements définitifs et non révisables, ainsi que les actes administratifs fondés sur la loi déclarée nulle, doivent demeurer inchangés, mais leur exécution, si ce n'est pas déjà fait, doit être considérée illégale[(393)].

Enfin, il faut insister sur le fait que dans le système de contrôle judiciaire ouest-allemand de la constitutionnalité des lois, la notion de présomption de constitutionnalité des lois[(394)] est aussi une question de principe, ce qui explique que le Tribunal a eu tendance à ne pas prononcer la nullité de lois pour inconstitutionnalité quand il était possible de les interpréter comme conformes à la Constitution.

A cet égard, dans bien des cas, le Tribunal constitutionnel s'en est tenu à la méthode de «l'interprétation à la lumière de la Constitution», évitant ainsi de prononcer la nullité d'une loi qui eût été inconstitutionnelle sous un autre angle, et en a néanmoins accepté la validité à la suite d'une autre interprétation de son cru, toujours «à la lumière de la Constitution»[(395)]. Dans d'autres cas, bien que le Tribunal constitutionnel ait considéré inconstitutionnelle une loi, dans le but d'éviter que la nullité d'un acte de l'Etat ne produise un vide dans l'ordre légal, il n'en a pas prononcé la nullité. Au lieu de cela, il a préféré parfois en déclarer seulement «la simple inconstitutionnalité» et, dans certains cas, il a renvoyé la matière au Législateur aux fins de rétablissement de la constitutionnalité de la disposition incriminée[(396)]. Enfin, dans d'autres cas, le Tribunal constitutionnel, bien que considérant une loi conforme à la Constitution, l'a cependant renvoyée au Législateur en lui enjoignant de la remanier de manière à la revêtir de la «constitutionnalité absolue», écartant du même coup toute possibilité d'avoir à la déclarer inconstitutionnelle dans l'avenir[(397)].

---

(391) *Cf.* F. SAINZ MORENO, *loc. cit.*, p. 624; H.G. RUPP, «Judicial Review... », *loc. cit.*, p. 37; R. BOCANEGRA SIERRA, *loc. cit.*, p. 268.

(392) Article 79, 1 de la loi d'organisation et de procédure de la Cour Fédérale Constitutionnelle.

(393) Article 79, 2 de la loi d'organisation et de procédure de la Cour Fédérale Constitutionnelle.

(394) *Cf.* H.G. RUPP, «Judicial Review», *loc. cit.*, p. 38; J.C. BEGUIN, *op. cit.*, p. 185.

(395) *Cf.* J.C. BEGUIN, *op. cit.*, pp. 184-207; F. SAINZ MORENO, *loc. cit.*, p. 625.

(396) Articles 32, 2 et 79 de la loi d'organisation et de procédure de la Cour Fédérale Constitutionnelle; *Cf.* J.C. BEGUIN, *op. cit.*, p. 232-266; F. SAINZ MORENO, *loc. cit.*, p. 624.

(397) *Cf.* J.C. BEGUIN, *op. cit.*, pp. 266-293; F. SAINZ MORENO, *loc. cit.*, p. 625-625.

B. Le contrôle de la constitutionnalité des lois par un tribunal constitutionnel dans les systèmes mixtes de contrôle juridictionnel de la constitutionnalité

Dans d'autres cas, bien que le tribunal constitutionnel ait le pouvoir exclusif d'annuler les lois inconstitutionnelles, ce contrôle de la constitutionnalité des lois opère dans un système où fonctionne en parallèle la méthode diffuse de contrôle de la constitutionnalité des lois. En Europe, c'est le cas du Portugal, en Amérique, celui de la Colombie, du Guatemala et du Pérou.

(a) Le contrôle de la constitutionnalité des lois par le Tribunal constitutionnel au Portugal

Au Portugal, le Tribunal constitutionnel, institué par la Constitution au sein du pouvoir judiciaire[(398)], est l'organe «compétent pour juger si les actes sont inconstitutionnels et illégaux» en conformité avec les dispositions de la Constitution[(399)], cette compétence étant étendue aux actes du Président de la République, dans l'exercice de ses fonctions, ainsi qu'aux questions électorales[(400)]. Le Tribunal constitutionnel est composé de treize juges, dont dix sont nommés par l'Assemblée de la République et trois cooptés[(401)].

Dans le système constitutionnel portugais, parallèlement au système diffus de contrôle judiciaire, la Constitution a également instauré un système concentré de contrôle de la constitutionnalité des lois assigné au Tribunal constitutionnel, qui l'exerce non seulement sur les actes de l'Etat après promulgation et, partant, *a posteriori* sur leur application, mais aussi à titre préventif, à l'instar du modèle français.

a. Le système de contrôle préventif: En effet, il est prévu un contrôle de la constitutionnalité concernant les traités et accords internationaux, les lois et décrets-lois officiels en cas de saisie du Tribunal constitutionnel par le Président de la République et par les Ministres de la République pour ce qui est des actes du législatif, ou des actes normatifs de l'exécutif, au niveau régional.

Dans le premier cas, l'article 278 de la Constitution stipule:

> Le Président de la République peut saisir le Tribunal constitutionnel aux fins de déterminer à titre préventif la constitutionnalité de toute disposition d'un traité qui lui a été soumis pour ratification et de lois à lui déférées aux fins de promulgation, ainsi que tout instrument, décret-loi, ou accord international remis à sa signature[(402)].

Mais, comme nous l'avons dit, les lois du législatif régional et les autres actes normatifs pris par l'exécutif peuvent aussi être soumis au Tribunal constitutionnel, à titre de contrôle constitutionnel préventif, par les Ministres de la République, et

---

(398) Article 212.
(399) Article 213, 1.
(400) Article 213, 2.
(401) Article 284
(402) Article 278, 1.

se rapportant à «toute disposition d'une loi émanée du législatif régional ou d'un décret d'application d'une loi générale de la République qui leur a été soumis pour signature»[403].

Dans ces cas de contrôle judiciaire préventif, si le Tribunal constitutionnel juge qu'une disposition d'un acte ou d'un accord international est inconstitutionnel, celui-ci doit se voir opposer le veto du Président de la République ou du ministre concerné, et être renvoyé à l'organe qui l'a approuvé[404]. En principe, l'acte ne doit être ni promulgué ni signé jusqu'à ce que l'organe qui l'a approuvé en ait expurgé la disposition jugée inconstitutionnelle[405], la possibilité de recourir à un autre contrôle préventif de la constitutionnalité de la loi remaniée restant expressément ouverte[406].

S'agissant de traités ou de lois, on peut dire que les décisions du Tribunal ne sont pas absolument impératives et qu'elles peuvent être rendues en dépit de leur vice d'inconstitutionnalité si l'Assemblée de la République décide de maintenir la disposition jugée inconstitutionnelle. En effet, dans les cas où l'Assemblée n'expurge pas la disposition inconstitutionnelle d'un traité international considéré inconstitutionnel par le Tribunal, ce dernier peut être ratifié si l'Assemblée l'approuve à la majorité des deux tiers des membres présents[407]; de même, dans les cas de lois, en dépit du fait qu'elles aient été déclarées inconstitutionnelles par le Tribunal agissant à titre de contrôle préventif, l'Assemblée peut les entériner à la majorité des deux tiers des membres présents[408]. Dans de tels cas, en dépit de leur caractère constitutionnellement contestable, les lois sont susceptibles d'application, la majorité requise pour les entériner ou les ratifier n'étant pas la même que celle imposée en matière de révision constitutionnelle[409].

b. Le contrôle abstrait de la constitutionnalité: La constitutionnalité des lois peut aussi être l'objet d'un «examen abstrait minutieux» de la part du Tribunal constitutionnel, sur recours ou voie d'action directs.

En effet, l'inconstitutionnalité d'une disposition légale peut faire l'objet d'une requête susceptible d'être introduite devant le Tribunal constitutionnel par le Président de la République, le Président de l'Assemblée de la République, le Premier Ministre, les Ombudsman, les Procureurs généraux, ou une dizaine de membres de l'Assemblée de la République[410]. En outre, les assemblées régionales ou les présidents des gouvernements régionaux ont également la possibilité d'exercer le recours direct d'inconstitutionnalité contre des lois susceptibles d'avoir porté atteinte aux droits dont jouissent les régions

(403) Article 278, 2.
(404) Article 279, 9.
(405) Article 279, 2.
(406) Article 279, 3.
(407) Article 279, 4.
(408) Article 279, 2.
(409) Article 288, 1.
(410) Article 281, 1, a.

autonomes[(411)]. La Constitution prévoit ce recours ou action en illégalité contre des lois régionales motif pris que la loi de la région ou la loi générale de la République a été violée, auquel cas, en sus des organes publics précités, le Ministre de la République attaché à la région autonome est habilité à l'exercer[(412)].

Les effets des décisions du Tribunal constitutionnel, dans ces cas de contrôle abstrait des normes, sont aussi expressément déterminés dans la Constitution. En effet, il est stipulé que ses décisions, dans les cas de recours direct d'inconstitutionnalité, ont force obligatoire et s'appliquent donc *erga omnes*, «à partir de l'entrée en vigueur de la disposition déclarée inconstitutionnelle ou illégale, et doivent déterminer le rétablissement avec des effets rétroactifs, des dispositions qu'il peut avoir annulés»[(413)]. Pour ce qui est de la législation antérieure à la Constitution, autrement dit si l'inconstitutionnalité d'une norme est imputable à la transgression d'une disposition constitutionnelle ultérieure, la décision du Tribunal doit emporter des effets seulement à partir de l'entrée en vigueur de la nouvelle disposition constitutionnelle[(414)].

Ces deux dispositions expresses de la Constitution donnent à penser que la règle générale en vigueur dans le système portugais de contrôle de la constitutionnalité des lois est que les décisions déclarant l'inconstitutionnalité d'un acte de l'Etat ont des effets *ex tunc*, *pro praeterito*, sauf dans les «affaires déjà jugées», qui, en principe, «doivent être garanties, à moins que la Cour constitutionnelle en décide autrement, comme dans le cas où la décision concerne des affaires pénales ou disciplinaires ou des actes illégaux en contravention à de simples convenances, et dans le cas où elle défavorise le prévenu ou l'accusé»[(415)].

En tout cas, les pouvoirs du Tribunal sont à cet égard très larges, et la Constitution stipule de manière expresse que «lorsque la sécurité juridique, des raisons d'équité ou un intérêt public d'une importance exceptionnelle, dûment justifiés, l'exigent, le Tribunal constitutionnel peut déterminer les effets d'inconstitutionnalité ou d'illégalité de manière plus restrictive»[(416)], permettant ainsi de corriger les effets contraignants que pourrait entraîner la rigidité des effets rétroactifs généraux des décisions.

c. L'inconstitutionnalité par omission: Enfin, dans le système constitutionnel portugais, outre les moyens préventifs et *a posteriori* de contrôle juridictionnel, la Constitution attribue au Tribunal constitutionnel le pouvoir d'utiliser d'autres moyens de contrôle de la constitutionnalité des actes de l'Etat au nombre desquels figure ce qu'il est convenu d'appeler 1'«inconstitutionnalité par omission», qui n'existe dans aucun autre pays de l'Europe occidentale et a été prévue au Brésil.

---

(411) Article 281, 1, a. L'Archipel des Açores et Madeira ont été organisés au sein de l'Etat en tant que Régions autonomes. Article 227.

(412) Article 281, 1, b. *V.* aussi article 281, 1, c.

(413) Article 282, 1.

(414) Article 282, 2.

(415) Article 282, 3.

(416) Article 282, 4.

La Constitution stipule, en effet, que:

> Sur la requête du Président de la République, de l'Ombudsman ou du Président des Assemblées régionales, dans le cas où les droits des régions autonomes ont été violés, le Tribunal constitutionnel doit examiner toute inobservation par omission de la Constitution produit par l'absence des lois du parlement que requiert l'application des mandats constitutionnels.
>
> Lorsque le Tribunal constitutionnel constate qu'il y a inconstitutionnalité par omission, il est tenu de le notifier à l'organe législatif compétent,

Ce pouvoir exceptionnel attribué au Tribunal constitutionnel figurait initialement dans la Constitution de 1976, à la suite des négociations menées par le Conseil de la Révolution, en 1975, au nom du Mouvement des Forces armées, et les partis politiques, dans le dessein de poser un certain nombre de principes que les groupes parlementaires respectifs à l'Assemblée constituante devaient observer et maintenir strictement[(417)].

(b) La Cour constitutionnelle en Colombie et le contrôle concentré

Dès 1910, la Colombie s'est doté d'un système diffus de contrôle judiciaire de la constitutionnalité des lois, dans lequel le pouvoir attribué aux juges pour déclarer l'inapplicabilité des lois qu'elles jugent contraires à la Constitution, s'exerce également parallèlement au système concentré de contrôle constitutionnel attribué à la Cour suprême jusqu'en 1991, et à partir de cette date, à une Cour constitutionnelle. A partir de la Constitution de 1910, le système diffus de contrôle de la constitutionnalité a acquis le rang constitutionnel; et aujourd'hui, il est établi dans l'article 4 de la Constitution de 1991. Possède également le rang constitutionnel le système de contrôle concentré que la Constitution de 1991 attribua à la Cour constitutionnelle créée à cette fin en tant que «gardienne de l'intégrité et de la suprématie de la Constitution»[(418)].

Selon l'article 241 de la Constitution, deux systèmes de contrôle concentré de la constitutionnalité des lois sont à distinguer: le contrôle *a posteriori*, par le biais d'une action populaire, et le contrôle *a priori*, sur requête du gouvernement.

a. L'action populaire d'inconstitutionnalité: En Colombie, tous les citoyens peuvent saisir la Cour constitutionnelle d'une action publique pour requérir l'annulation pour inconstitutionnalité des actes suivants: actes de réformes de la Constitution, pour vices de procédure; actes de convocation de référendums ou d'assemblées constituantes concernant une réforme de la Constitution, pour vices de procédure; des référendums concernant des lois, les consultations populaires et plébiscites nationaux (uniquement pour vices de procédure dans leur convocation et réalisation); lois, tant pour leur contenu matériel que pour vices de procédure dans leur formation; décrets ayant force de loi dictés par le gouvernement, pour leur contenu matériel ou pour vices de procédure dans leur formation; décrets

(417) J. CAMPINOS, *loc. cit.*, p. 35.
(418) Article 241.

législatifs gouvernementaux, traités internationaux et lois de ratification de traités[419].

a'. Le caractère objectif du procédé: Le caractère populaire de l'action d'inconstitutionnalité vient du fait qu'elle peut être exercée par tous les citoyens, même sans intérêt particulier; pour cela, la procédure dont est saisie la Cour constitutionnelle peut par conséquent être considérée comme objective. En effet, elle n'est pas le résultat d'une action portée contre l'Etat ou l'un de ses organes, mais bien contre la loi ou un acte de l'Etat ayant force de loi. C'est la raison pour laquelle, en principe, un citoyen quelconque peut intervenir dans la procédure, soit en adhérent à la pétition du requérant, soit en tant que partie défenderesse de la loi incriminée[420]. En raison également de ce caractère populaire, en accord avec l'article 242.2 de la Constitution, le Procureur de la République doit intervenir dans chaque cas d'action d'inconstitutionnalité.

Le caractère objectif de la procédure résulte aussi du fait que la Cour constitutionnelle, en tant que gardienne de la Constitution, peut considérer des défauts de nature constitutionnelle autres que ceux dénoncés par le requérant ou par les citoyens ayant participé à la procédure et dès lors déclarer l'inconstitutionnalité de la loi examinée[421].

C'est ainsi que les défauts d'inconstitutionnalité contenus dans l'action ne limitent point les pouvoirs de la Cour qui, en tant que gardienne de l'intégrité de la Constitution, est autorisée à examiner *ex officio* l'acte contesté et à le soumettre à toutes les conditions constitutionnelles[422]. Par ailleurs, le retrait de l'action de la part du requérant reste sans effet, étant donné le rôle attribué à la Cour, et celle-ci peut donc continuer son examen constitutionnel[423].

Finalement, et comme conséquence du caractère populaire de l'action, aucun délai, en principe, ne vient en limiter l'exercice; comme elle est inextinguible, elle peut être considérée comme un droit politique des citoyens[424]. Pourtant, la réforme constitutionnelle de 1991 a établi que lorsque l'action se base sur des vices formels ou de procédure de la loi contestée, l'action se voit accorder un délai d'un an, à compter de la date de sa publication, pour être portée devant la Cour[425].

b'. Le contrôle obligatoire de la constitutionnalité des décrets d'urgence: Dans les actes d'Etat soumis au contrôle de constitutionnalité par le biais de l'action populaire, il importe de mentionner également les décrets émanant du Président de la République comme conséquence d'un état de siège déclaré pour cause de guerre, de crise interne, ou lorsque l'ordre économique et social du pays est gravement altéré[426]. Dans ces cas, la Constitution colombienne établit une

(419) Article 241.

(420) Article 242, 2.

(421) Article 29. Décret 432 de 1969.

(422) L.C. SACHICA, *El control de la constitucionalidad y sus mecanismos*, Bogotá 1982, p. 106.

(423) A. COPETE LIZARRALDE, *Lecciones de derecho constitucional*, Bogotá, p. 246.

(424) A. COPETE LIZARRALDE, *La Constitución y su defensa*, Congreso Internacional sobre la Constitución y su Defensa, UNAM, México 1982, (polycopié), p. 45.

(425) Article 242, 3.

(426) Articles 213 et 214.

procédure obligatoire de contrôle de la constitutionnalité selon lequel, le jour qui suit leur promulgation, le Président de la République doit remettre ces décrets à la Cour constitutionnelle. Celle-ci devra alors décider «définitivement sur leur constitutionnalité»[(427)].

*c'. **Les effets des décisions de la Cour constitutionnelle:*** Comme dans le cas des systèmes de contrôle concentré de la constitutionnalité des lois, lorsque la Cour constitutionnelle déclare l'inconstitutionnalité d'un acte législatif, cette décision a des effets *erga omnes*. En outre, elle a également une valeur de *res judicata* constitutionnelle, son contenu étant obligatoire pour tous, de sorte qu'aucune action d'inconstitutionnalité ultérieure ne pourra être présentée contre ces actes[(428)]. Plus particulièrement, cette valeur de *res judicata* est valable par rapport aux décisions de la Cour constitutionnelle, autant si la Cour a rejeté l'action d'inconstitutionnalité, que si elle a prononcé l'inconstitutionnalité de l'acte contesté. Ainsi, étant donné leurs pouvoirs diffus de contrôle d'inconstitutionnalité, les juges ne peuvent déclarer la non application de la loi en raison de l'inconstitutionnalité rejetée par la Cour constitutionnelle[(429)].

D'autre part, le débat traditionnel des effets *ex tunc* ou *ex nunc* des décisions de contrôle de la constitutionnalité par la Cour, est également apparu en Colombie, même si la majorité des auteurs tendent à n'attribuer aux décisions que des effets *ex nunc, pro futuro*[(430)].

Ainsi, en raison de la présomption de constitutionnalité, les lois restent effectives jusqu'à ce que leur nullité soit prononcée par la Cour. Néanmoins, les situations juridiques créées par la loi précédemment à sa déclaration de nullité ne peuvent être soumises à révision que par les procédures judiciaires ordinaires.

b. Le contrôle préventif de la constitutionnalité des lois: Finalement, il convient de mentionner qu'en plus du système concentré de contrôle de la constitutionnalité *a posteriori*, la Constitution colombienne a prévu, dès 1886, une méthode de contrôle préventif de la constitutionnalité conséquemment au droit de veto à la législation accordé au Président de la République[(431)].

Lorsqu'une loi fait l'objet d'un veto pour des raisons d'inconstitutionnalité, le Président de la République doit envoyer le projet de loi à la Cour constitutionnelle si les Chambres législatives insistent sur leur promulgation. Ce sera donc la Cour constitutionnelle qui statuera dans un délai de six jours. Si la Cour déclare le projet de loi inconstitutionnel, celui-ci sera archivé. En revanche, si la Cour rejette les objections constitutionnelles soulevées par le Président de la République, celui-ci sera obligé de promulguer la loi[(432)].

---

(427) Article 121.

(428) Comme l'établissait la réforme constitutionnelle sanctionnée par l'acte législatif n° 1, annulé ensuite. *V.* L.C. SACHICA, El control..., *op. cit.*, pp. 148-149.

(429) *Cf.* A. COPETE LIZARRALDE, *op. cit.*, p. 246; L.C. SACHICA, El control..., *op. cit.*, p. 172.

(430) *Cf.* L.C. SACHICA, *El control..., op. cit.*, p. 68; E. SARRÍA, *Guarda de la Constitución*, Bogotá, p. 83.

(431) Articles 167 et 241, 8.

(432) Article 167.

c. La révision par la Cour constitutionnelle des décisions judiciaires en matière de tutelle des droits constitutionnels: La Constitution colombienne de 1991 établit que l'action de tutelle des droits constitutionnels peut être exercée devant les tribunaux ordinaires, selon les mêmes principes généraux des actions d'*amparo* latino-américaines.

En tout cas, la Cour constitutionnelle possède dans ses attributions le pouvoir de réviser les décisions judiciaires édictées pour résoudre les actions de tutelle des droits constitutionnels[(433)].

En vertu du décret-loi de 1992 qui réglemente l'action de tutelle, toutes les décisions judiciaires adoptées en matière de tutelle en première instance, si elles ne sont pas contestées en appel, et en deuxième instance, doivent être envoyées à la Cour constitutionnelle pour révision. Celle-ci possède le pouvoir discrétionnaire de décider quelles sont celles parmi ces décisions judiciaires qui feront l'objet d'une révision[(434)].

Quoiqu'il en soit, les décisions que la Cour constitutionnelle adopte en révisant des décisions judiciaires de tutelle, n'ont des effets que par rapport au cas concret[(435)].

(c) La Cour constitutionnelle au Guatemala

Tout comme le modèle nord-américain, basé sur le principe de la suprématie de la Constitution[(436)], la Constitution guatémaltèque de 1921 définit les pouvoir des juges pour déclarer l'inapplication de toute loi ou disposition des autres pouvoirs de l'Etat, lorsqu'elles contrarient les normes ou principes établis dans la Constitution de la République[(437)]. Le pouvoir des cours, qui est un contrôle diffus de la constitutionnalité, est présent dans tous les textes jusqu'à la Constitution de 1965 qui a instauré en parallèle un système concentré de contrôle judiciaire de la constitutionnalité des lois, attribué à une Cour constitutionnelle créée à cette fin. Dès lors, le système guatémaltèque de contrôle de la constitutionnalité peut être considéré comme mixte.

En effet, la Constitution de 1965, qui a formellement suivi le modèle européen, a établi un système concentré en attribuant à une Cour constitutionnelle le pouvoir exclusif de déclarer l'inconstitutionnalité des lois et ainsi les annuler avec des effets *erga omnes*[(438)].

---

(433) Article 241, 9.

(434) Articles 32 et 33.

(435) Article 129.

(436) *V.* les commentaires concernant le processus constitutionnel au Guatemala au le XIXème siècle, J.M. GARCIA LA GUARDIA, *La defensa de la Constitución*, México 1983, pp. 52-53; *v.* Allan R. BREWER-CARIAS, *Judicial Review...*, pp. 203 et ss.

(437) Article 93, c, Constitution.

(438) *V.* H. FIX-ZAMUDIO, *Los tribunales constitucionales y los derechos humanos*, México 1980, p. 136.

Cette Cour constitutionnelle créée par la Constitution n'a pas été initialement conçue comme un organe permanent, mais temporel, qui ne siégeait que lorsqu'il était nécessaire d'exécuter le contrôle de la constitutionnalité[(439)]. Elle était composée de douze membres nommés par la Cour suprême de justice, dont huit parmi les membres de la Cour d'appel et du Tribunal de justice administrative. Le Président de la Cour constitutionnelle était le Président de la Cour suprême de justice[(440)].

Les pouvoirs de contrôle de la constitutionnalité sont exercés par le biais d'un recours d'inconstitutionnalité, qui est conçu comme une action directe[(441)] pouvant être exercée contre «les lois et les dispositions gouvernementales à effets généraux lorsqu'elles sont considérées comme inconstitutionnelles, fût ce de manière totale ou partielle»[(442)].

Il existe une condition spécifique pour porter une action devant la Cour constitutionnelle, différente de celle de l'action populaire du Vénézuéla et de la Colombie. Ce «recours d'inconstitutionnalité» ne peut être porté devant la Cour que par les organes suivants: le Conseil d'Etat, conçu au Guatemala comme une institution consultative; le Procureur général, lorsqu'il en reçoit la demande du Président par une décision adoptée en Conseil des ministres; et enfin, toute entité individuelle ou directement affectée par l'inconstitutionnalité de la loi ou de l'acte gouvernemental, pour autant qu'il soit assisté de dix juristes[(443)].

En vertu de la procédure de recours d'inconstitutionnalité, si le Procureur général ne saisit pas la Cour, il doit être notifié, et en principe, il doit défendre de l'acte contesté, même s'il peut exprimer sa conformité avec l'inconstitutionnalité alléguée[(444)].

En outre, il importe de signaler un élément important de la procédure à suivre devant la Cour constitutionnelle au Guatemala, à savoir le fait que les effets de la loi ou de l'acte exécutif contesté peuvent être provisoirement suspendus par la Cour le temps de la procédure, lorsque l'inconstitutionnalité est notoire et pourrait provoquer un dommage irréparable. Cette décision de suspendre les effets de la loi ou de l'acte exécutif a des conséquences générales de caractère *erga omnes* et doit être publiée dans le *Journal officiel*[(445)].

La décision finale de la Cour, lorsqu'il s'agit de déclarer l'inconstitutionnalité de la loi, a des effets *erga omnes*, mais aussi, comme dans tous les systèmes concentrés de contrôle de la constitutionnalité, des effets *ex nunc*. Ainsi, la décision a un caractère constitutif avec des conséquences *pro futuro*, sans aucun

---

(439) Article 262, Constitution. La Cour et le recours d'inconstitutionnalité sont réglementés par la loi d'*amparo*, d'*habeas corpus* et d'inconstitutionnalité, du 3/5/66. *V.* les références in H. FIX-ZAMUDIO, *op. cit.*, p. 138.

(440) Article 266, Constitution. Article 105 de la loi.

(441) H. FIX-ZAMUDIO, *op. cit.*, p. 138.

(442) Article 263, Constitution. Article 106 de la loi.

(443) Article 264, Constitution. Article 107 de la loi.

(444) J.M. GARCÍA LA GUARDIA, *op. cit.*, p. 63.

(445) Article 263, Constitution. Article 106 de la loi.

effet rétroactif[(446)]. Ce n'est que lorsqu'une suspension temporaire des effets d'une loi a été décidée par la Cour durant la procédure que la décision finale aura des effets *ex tunc*, mais de manière rétroactive, jusque la date de la décision suspensive des effets de la loi contestée[(447)].

(d) Le Tribunal des garanties constitutionnelles au Pérou

Enfin, il convient de mentionner le système mixte de contrôle de la constitutionnalité au Pérou, où la Constitution de 1979 a établi non seulement les bases d'un système diffus de contrôle de la constitutionnalité mais et a créé, de plus, le Tribunal des garanties constitutionnelles, possédant des pouvoirs concentrés de contrôle de la constitutionnalité suivant le modèle espagnol[(448)].

En effet, la Constitution péruvienne du 12 juillet 1979, en vigueur dès le 28 juillet 1980[(449)] (195), prévoit dans son article 236 le système diffus de contrôle de la constitutionnalité de la façon suivante:

> Article 236: En cas d'incompatibilité entre une norme constitutionnelle et une norme légale ordinaire, le juge devra donner préférence à la première. De même, il devra préférer la norme légale à toute autre norme inférieure.

Selon cette disposition constitutionnelle, tous les juges peuvent exercer leur pouvoir de contrôle de la constitutionnalité de la législation en décidant la non application d'une loi qu'ils considèrent inconstitutionnelle.

Mais en plus du système diffus de contrôle de la constitutionnalité, un système concentré a aussi été établi au Pérou dès 1980, par l'établissement d'un organe spécialement créé pour le contrôle de la constitutionnalité de la législation. Il s'agit du Tribunal des garanties constitutionnelles, créé par la Constitution péruvienne de 1979 comme une «organe de contrôle de la Constitution» composé de neuf membres élus de manière paritaire (trois chacun) par le parlement, le pouvoir exécutif et la Cour suprême de justice[(450)]. Son fonctionnement est réglementé par la loi organique du Tribunal des garanties constitutionnelles[(451)].

Ce Tribunal des garanties constitutionnelles, qui a juridiction sur tout le territoire de la République, est compétent pour deux aspects relatifs à la suprématie constitutionnelle: premièrement, il a un pouvoir juridictionnel pour contrôler la constitutionnalité de la législation, et deuxièmement, il est compétent pour décider, en dernier recours, comme une cour de cassation, les recours relatifs

(446) Article 108 de la loi.

(447) J.M. GARCÍA LA GUARDIA, *op. cit.*, p. 67; H. FIX-ZAMUDIO, *op. cit.*, p. 140.

(448) D. GARCÍA BELAUNDE, «La influencia española en la Constitution peruana (a propósito del Tribunal de Garantías Constitucionales»), *Revista de derecho político,* n° 16, Madrid 1982-83, p. 201; *v.* Allan R. BREWER-CARÍAS, *Judicial Review..., op. cit.*, pp. 324 à 327.

(449) D. GARCÍA BELAUNDE, «La nueva Constitución peruana», *Boletín mexicano de derecho comparado,* n° 40, 1981.

(450) Article 296 de la Constitution du 28 juin 1980.

(451) *V.* commentaires in H. FIX-ZAMUDIO, «Dos leyes orgánicas de tribunales constitucionales iberoamericanos: Chile y Perú», *Boletín mexicano de derecho comparado*, n° 31, 1984.

aux décisions des cours inférieures quant aux *habeas corpus* ou aux recours d'*amparo*(452).

En matière de control de la législation le Tribunal des garanties constitutionnelles est compétent pour déclarer, sur requête d'une partie, l'inconstitutionnalité totale ou partielle des lois, des décrets législatifs, des normes régionales de caractère général et des ordonnances municipales qui contreviennent à la Constitution dans la forme ou en substance(453).

Les parties autorisées à entreprendre une action d'inconstitutionnalité sont les suivantes: le Président de la République, la Cour suprême de justice, le Procureur général, soixante membres du parlement, vingt sénateurs, ou cinquante mille citoyens dans une pétition, dont les signatures seront certifiées par le Conseil suprême électoral.

Le pouvoir du Tribunal en matière de contrôle de la constitutionnalité n'est pas lié par la volonté des parties sollicitant l'action, si bien la déclaration d'inconstitutionnalité, ne peut comprendre des dispositions autres que celles contestées, le Tribunal peut déclarer l'inconstitutionnalité de la loi ou de la norme, en se basant sur la violation de toute autre disposition constitutionnelle, même si elle n'est pas invoquée dans la procédure(454).

Dans les cas des lois, les effets de la décision sur leur inconstitutionnalité ne sont pas immédiats en relation avec leur validité. En effet, une fois adoptée la décision du Tribunal, elle doit être communiquée au Président du parlement, afin que cet organe passe une loi dérogatoire de la disposition contraire à la Constitution. Lorsque 45 jours se sont écoulés sans qu'une règle dérogatoire riait été promulguée, la disposition inconstitutionnelle est tenue pour annulée, et le Tribunal doit publier la décision dans le Journal officiel(455).

Par ailleurs, lorsque la décision d'inconstitutionnalité est relative à des actes normatifs de l'Etat autres que la loi formelle, le Tribunal doit ordonner la publication de la décision dans le Journal officiel; la dite décision devient alors officielle le jour suivant sa publication(456).

Dans les deux cas, une fois publiée, la décision du Tribunal déclarant l'inconstitutionnalité d'une loi ou autre acte normatif de l'Etat, a des effets *erga omnes* et, en accord avec une disposition expresse de la Constitution, «ils n'ont pas d'effets rétroactifs»(457). Ils sont donc uniquement *ex nunc*, *pro praeterito*. Par conséquent, la loi organique du Tribunal établit que la décision déclarant l'inconstitutionnalité d'un acte normatif de l'Etat ne peut servir de base pour réviser une procédure judiciaire déjà conclue, dans laquelle les normes constitutionnelles ont été appliquées. Cependant, conformément au principe général d'exception de la possibilité d'application rétroactive des lois en matière

(452) Article 298, Constitution.
(453) Article 298, 1, Constitution.
(454) Article 40 de la loi organique.
(455) Article 302, Constitution.
(456) Article 202, Constitution.
(457) Article 300, Constitution.

pénale, fiscale et du travail(458), la loi organique permet l'application rétroactive de la décision du Tribunal dans des procédures dont les effets pourraient être favorables à la personne condamnée, le travailleur ou le contribuable(459).

Néanmoins, en plus des voies diffuses et concentrées du contrôle de la constitutionnalité pouvant être exercées par les cours ou devant le Tribunal des garanties constitutionnelles, la Constitution de 1980 prévoit également l'action d'*habeas corpus* ou d'*amparo* comme des moyens spéciaux visant à protéger les droits fondamentaux. La première vise la protection de la liberté personnelle et la seconde est un moyen de protéger tous les autres droits fondamentaux reconnus dans la Constitution(460).

Les décisions des juges ordinaires en matière de protection constitutionnelle (l'*habeas corpus* et l'*amparo*) sont soumises aux appels ordinaires devant les cours supérieures et contre ses décisions, des recours basés sur des raisons de nullité pouvant être exercés devant le Tribunal des garanties constitutionnelles afin d'examiner si la Cour suprême a violé un loi ou l'a appliquée par erreur(461).

3. Le système parallèle concentré de contrôle de la constitutionnalité des lois conféré à la Cour suprême et à la Cour constitutionnelle

Parmi les pays d'Amérique latine, il convient de citer les cas du Chili et de l'Equateur, dont les systèmes concentrés de contrôle de la constitutionnalité est conféré à deux organes judiciaires séparés: la Cour suprême de justice, à travers une voie incidente, et la Cour constitutionnelle, par le biais d'une action directe.

A. L'expérience chilienne et la Cour constitutionnelle

(a) La Cour suprême de justice et la méthode incidente de contrôle de la constitutionnalité

En effet, dès la réforme constitutionnelle chilienne de 1925, la Constitution autorise la Cour suprême de justice à déclarer l'inapplication d'une loi en vigueur pour cause d'inconstitutionnalité. Cette réforme modifiait substantiellement la situation existant auparavant, où l'opinion unanime était que les cours ne pouvaient pas déclarer l'inapplication des lois inconstitutionnelles car aucune disposition constitutionnelle ne leur conférait ce pouvoir. En conséquence, la réforme de 1925 a représenté un pas important vers le contrôle de la constitutionnalité des lois(462).

---

(458) Article 187, Constitution.

(459) Article 41 de la loi organique.

(460) Articles 295; 298, 2; 305. Constitution de 1980.

(461) H. FIX-ZAMUDIO, «La Ley de habeas corpus y amparo», *Boletín mexicano de derecho comparado*, n° 50, 1984, p. 579.

(462) *Cf.* O. TOVAR TAMAYO, *La jurisdicción constitucional*, Caracas 1983, p. 103.

Cette norme constitutionnelle, encore en vigueur aujourd'hui, (art, 80), affirmait que:

> La Cour suprême, dans les cas concrets ou dans des cas dont elle est saisie par le biais de recours provenant de procédures entamées devant d'autres cours, peut déclarer inapplicable au cas en question toute disposition légale contraire à la Constitution

Par conséquent, la Constitution instaure un système concentré de contrôle de la constitutionnalité de caractère incident pour la Cour suprême de justice, au moyen d'une institution appelée «recours d'inapplication des statuts»[463].

Pourtant, ce système de contrôle de la constitutionnalité n'apportait pas de solution aux conflits constitutionnels entre les organes de l'Etat, provenant souvent de questions d'inconstitutionnalité des lois et d'autres normes de force équivalente. Ces conflits soulevés entre ces organes, propres à la vie politique chilienne, constituent un des facteurs principaux ayant contribué à l'établissement d'une Cour constitutionnelle autre que la Cour suprême, pour y apporter une solution[464]. Ainsi, la réforme constitutionnelle du 21 janvier 1970 créa une Cour constitutionnelle possédant une série de fonctions quant au contrôle de la constitutionnalité et à la solution de conflits d'attribution entre les organes de l'Etat. Cette Cour a été dissolue en 1973, à la suite du Coup d'Etat, lequel a également dissolu le parlement. Etant donné que la fonction principale de la Cour constitutionnelle était de trancher dans les conflits entre l'exécutif et le législatif, et vu que celui-ci ne pouvait comparaître devant la Cour, le parlement ayant été dissolu, l'existence de cette Cour ne se justifiait plus. C'est ainsi que la Cour cessa de fonctionner[465].

Plus tard, la Cour constitutionnelle fut rétablie par les articles 81 et 83 de la Constitution politique approuvée par référendum le 11 septembre 1980, et prolongée par la Junte militaire en exercice de ses pouvoirs constituants. Quelques attributions similaires à celles établies par la Charte fondamentale de 1970 on été conférées à la Cour, et son fonctionnement est réglementé par la loi constitutionnelle organique du 12 mai 1981 passée par la Junte du gouvernement[466].

(b) La Cour constitutionnelle et ses pouvoirs

Selon les nouvelles réglementations, les attributions de la Cour constitutionnelle sont les suivantes[467]:

Premièrement, la Cour est compétente pour juger de la constitutionnalité des lois organiques ou de celles qui interprètent des préceptes particuliers à la Constitution, préalablement à leur promulgation. Il lui est également autorisé, sur

(463) *V.* le texte de H. FIX-ZAMUDIO, *Los tribunales constitucionales y los derechos humanos*, México 1980, p. 143, note 251; *v.* Allan R. BREWER-CARÍAS, *Judicial Review...*, *op. cit.*, pp. 244 à 248.

(464) E. SILVA CIMMA, *El tribunal Constitucional de Chile (1917-1973)*, Caracas 1977, pp. 12-20.

(465) E. SILVA CIMMA, *op. cit.*, p. 219; H. FIX-ZAMUDIO, p. 150.

(466) H. FIX-ZAMUDIO, «Dos leyes orgánicas de tribunales constitucionales iberoamericanos: Chile y Perú», *Boletín mexicano de derecho comparado* n° 251, 1984, p. 943.

(467) Article 82, Constitution de 1980.

requête, d'exercer le contrôle préventif sur toute question soulevée durant la discussion des projets de loi ordinaire, de réforme de la Constitution et pour les Traités internationaux soumis à l'approbation du parlement.

La Cour est aussi compétente pour résoudre les questions de constitutionnalité des décrets de l'exécutif ayant force de-loi; pour les réclamations formulées contre le Président de la République lorsqu'il ne promulgue pas une loi qu'il aurait dû promulguer, lorsqu'il promulgue un texte différent ou qu'il publie des décrets constitutionnels. La réglementation est donc celle de sujets réservés à la loi formelle.

La Cour statue aussi sur les conflits portant sur des décrets ou des résolutions émises par le Président de la République, lorsque leur enregistrement a été nié par le Contrôleur général pour inconstitutionnalité.

Deuxièmement, la Cour est compétente pour trancher sur des questions autres que de contrôle de la constitutionnalité, notamment quant à la constitutionnalité des plébiscites, et sur des questions relatives à l'éligibilité individuelle constitutionnelle ou légale des individus nommés Ministres d'Etat.

Ces pouvoirs de la Cour constitutionnelle ont été établis originellement en 1970. De plus, la Constitution de 1980 conférait à la Cour constitutionnelle des attributions dont elle ne disposait pas auparavant, et particulièrement la compétence pour juger de l'inconstitutionnalité des organisations, des mouvements ou partis politiques, ainsi que pour déterminer les personnes transgressant ou ayant transgressé l'ordre constitutionnel de la République[(468)]. Ces pouvoirs étaient en consonance avec le régime militaire.

En tout cas, sur le terrain du contrôle de la constitutionnalité, la Cour constitutionnelle chilienne a été autorisée à contrôler la constitutionnalité de la législation par le biais de deux voies spécifiques: le contrôle préventif et le contrôle limité *a posteriori.*

a. Le contrôle préventif de la constitutionnalité de la législation: Premièrement, la Constitution établit le pouvoir de la Cour pour résoudre des questions constitutionnelles pouvant être soulevées au cours des débats sur les lois organiques constitutionnelles, sur des statuts qui interprètent une disposition constitutionnelle, sur tout projet d'amendement constitutionnel et sur les traités internationaux soumis à l'approbation du parlement[(469)].

Dans tous ces cas, suivant le modèle français, le contrôle exercé par la Cour constitutionnelle est préventif, mais il peut être obligatoire ou exercé sur requête. Dans les cas des lois organiques constitutionnelles et des statuts interprétant une disposition constitutionnelle, le contrôle préventif de la Cour est obligatoire, en ce sens que les textes doivent lui être envoyés par le Président de la Chambre dans les cinq jours suivant leur entrée en vigueur. Ce contrôle préventif n'est pas seulement obligatoire. Ainsi, la Cour peut l'exercer *ex officio*; c'est la raison pour

(468) H. FIX-ZAMUDIO, «Dos leyes orgánicas ... », *loc. cit.*, p. 947.

(469) Article 82, Constitution de 1980; articles 26-37 de la loi organique de 1981; *v.* commentaires in H. FIX-ZAMUDIO, «Dos leyes orgánicas ... », *loc. cit.*, p. 948.

laquelle la procédure n'est pas contentieuse. Si dans sa décision, la Cour considère inconstitutionnelle une ou plusieurs dispositions du texte, il doit renvoyer le texte à la Chambre correspondante dont le Président, à son tour, l'enverra au Président de la République aux effets de sa promulgation, exception faite des dispositions considérées inconstitutionnelles.

Dans le cas de projets d'amendement constitutionnel ou des traités internationaux, l'exercice du contrôle préventif par la Cour constitutionnelle n'est possible que si une requête est formulée avant la promulgation d'un texte et pendant la discussion du projet, par le Président de la République ou par l'une des Chambres du parlement ou par un quart de ses membres. C'est pourquoi la requête n'a pas d'effets suspensifs sur la procédure législative et que l'action portée à la Cour est contentieuse. La Cour doit donc notifier les organes constitutionnels intéressés et entendra leurs arguments. La décision de la Cour considérant inconstitutionnelles les dispositions d'un projet de statut ou d'un traité prévient leur promulgation[(470)].

b. L'exercice par voie directe des pouvoirs de contrôle: En plus du contrôle préventif de la législation, la Cour constitutionnelle possède également un pouvoir de contrôle de la constitutionnalité ayant un caractère *a posteriori*, mais uniquement pour les décrets ayant force de loi, c'est à dire, les décrets émis par le Président de la République en raison des pouvoirs délégués par le parlement, ainsi que pour les pouvoirs présidentiels au moment de promulguer les statuts. Ainsi, le contrôle constitutionnel substantif de la législation exercé par la Cour constitutionnelle ne procède pas contre les lois une fois celles-ci en vigueur, mais contre les décrets de l'exécutif ayant force de loi.

Dans le premier cas, par rapport à l'inconstitutionnalité des décrets lois, les pouvoirs de la Cour en matière d'inconstitutionnalité sont exercés sur requête après qu'une décision ait été adoptée par le Bureau du Contrôleur général à propos de l'enregistrement ou non du décret en question. En effet, au Chili, l'une des fonctions traditionnelles du Bureau du Contrôleur général est de contrôler les décrets de l'exécutif, qui résulte de leur enregistrement ou de leur rejet. Par conséquent, des controverses apparaissent généralement quant à la légalité ou à la constitutionnalité des décrets de l'exécutif lorsque le Bureau du Contrôleur général soulève des objections concernant leur incompatibilité avec la Constitution.

Avant l'existence de la Cour, ces controverses étaient tranchées par l'une des parties, c'est à dire par l'exécutif, qui pouvait insister sur l'enregistrement du décret considéré comme inconstitutionnel par le Contrôleur, avec le renforcement des signatures de tous les ministres[(471)].

Cette situation a changé avec la réforme constitutionnelle de 1970, laquelle prévoyait que, si un décret loi était rejeté par le Bureau du Contrôleur général, le Président ne pouvait plus continuer d'insister sur l'enregistrement dudit décret. Cependant, dans un délai de trente jours après le jugement, le Président peut

(470) *Idem*, p. 949.
(471) H. FIX-ZAMUDIO, *op. cit.*, pp. 148-149; TOVAR TAMAYO, *op. cit.*, pp. 132-133.

soulever la question devant la Cour constitutionnelle, laquelle aura le dernier mot en matière d'inconstitutionnalité. Ainsi, si au contraire, le Contrôleur général enregistre le décret loi, l'une ou l'autre chambre du parlement, ou plus d'un tiers des membres actifs de celui-ci, pourra soulever la question d'inconstitutionnalité, dans un délai de trente jours également après la date de la publication dudit décret loi.

Dans ces cas, la procédure est de caractère contentieux, et la Cour peut déclarer l'inconstitutionnalité du décret loi avec des effets obligatoires; dans ce cas, il ne peut être exécuté. En revanche, si la Cour déclare que la disposition du décret loi est constitutionnelle, la décision aura aussi des effets obligatoires, et particulièrement la Cour suprême de justice ne pourra pas la déclarer inapplicable en exerçant ses pouvoirs de contrôle de la constitutionnalité(472).

Deuxièmement, le contrôle de la constitutionnalité a posteriori peut être exercé sur des lois, mais uniquement pour les formalités de leur promulgation par le Président de la République. En effet, la Constitution attribue la compétence à la Cour pour résoudre des requêtes ne pouvant être exercées que par les Chambres du parlement, dans des cas où le Président de la République ne promulgue pas une loi alors qu'il en est obligé, ou lorsqu'il promulgue un texte autre que celui procédé constitutionnellement(473).

Dans pareil cas, le contrôle de la constitutionnalité ne fait pas référence aux aspects substantifs des lois, mais uniquement à la façon dont le Président de la République exerce son pouvoir au moment de promulguer les lois, la décision de la Cour visant la correction de la promulgation.

B. L'expérience de l'Equateur et le Tribunal des garanties constitutionnelles

Le cas de l'Equateur est à citer parmi les pays d'Amérique latine qui ont adopté un double système concentré de contrôle de la constitutionnalité attribué à deux organes constitutionnels judiciaires différents. La Cour suprême de justice possède un pouvoir exclusif pour juger de la constitutionnalité de la législation par le biais des incidents d'inconstitutionnalité soulevés par des cours inférieures; et le Tribunal des garanties constitutionnelles a le pouvoir d'exercer le contrôle de la constitutionnalité de la législation de manière concentrée. Les deux systèmes de contrôle de la constitutionnalité se basent sur le principe de la suprématie de la Constitution établi expressément de la façon suivante:

> La Constitution est la loi suprême de l'Etat. Les normes secondaires et toute autre norme de hiérarchie inférieure doivent soutenir leur concordance avec les dispositions constitutionnelles. Les lois, les décrets, les ordonnances, les dispositions, les traités internationaux ou les accords qui, d'une certaine manière, entreraient en contradiction avec la Constitution ou qui altéreraient ses dispositions, n'ont aucune valeur(474).

(472) H. Fix-Zamudio, «Dos leyesoOrgánicas», *loc. cit.*, p. 949; O. Tovar Tamayo, *op. cit.*, p. 137.
(473) Article 82; *v.* H. Fix-Zamudio, «Dos leyes orgánicas», *loc. cit.*, p. 949.
(474) Article 137, Constitution du 15 janvier 1978.

Conformément à cette suprématie constitutionnelle proclamée, la Constitution de 1979, réformée en 1983, confère le pouvoir du contrôle de la constitutionnalité de manière semi diffuse aux Chambres de la Cour suprême de justice, au Tribunal des impôts et au Tribunal de la justice administrative, en leur attribuant des compétences pour déclarer, dans des cas concrets repris des cours inférieures, l'inapplication de toute norme légale contraire à la Constitution[(475)].

Cette décision, conformément à la disposition expresse de la Constitution, «n'a force obligatoire que dans les cas concrets où elle est prononcée»; ses effets sont donc *inter partes*.

Pourtant, la même Constitution de 1978 a instauré une institution appelée Tribunal des garanties constitutionnelles, avec une large composition de membres chargés de veiller sur l'exécution de la Constitution, à la requête des autorités et des fonctionnaires publics[(476)]. Au départ, le Tribunal était autorisé à formuler des observations concernant des décrets, des accords, des règlements ou des résolutions dictés en violation de la Constitution ou des lois, une fois écoutées les autorités qui les ont émis. Si ces observations n'étaient pas suivies, le Tribunal était autorisé à les publier dans les journaux et à notifier la Chambre nationale des Représentants afin qu'elle prenne une résolution[(477)].

Le Tribunal des garanties constitutionnelles a aussi été autorisé à connaître des plaintes déposées devant lui par tout citoyen en cas de violation de la Constitution. Le Tribunal peut donc préparer l'accusation contre le fonctionnaire impliqué et l'envoyer à la Chambre nationale des Représentants pour sa mise en jugement[(478)].

Cependant, suite à la réforme constitutionnelle approuvée en 1983 et en vigueur dès 1984[(479)], le Tribunal des garanties constitutionnelles s'est vu conférer le pouvoir exclusif de suspendre les effets des actes législatifs inconstitutionnels, dans le cadre de ce qui peut être considéré comme une système concentré de contrôle constitutionnel. Ce pouvoir, avant la réforme de 1983, avait été attribué à la Cour Suprême.

En effet, dès 1984, le Tribunal des garanties constitutionnelles a le pouvoir exclusif de suspendre, de manière totale ou partielle, en tout moment, *ex officio* ou sur requête des parties, les effets de lois, ordonnances ou décrets jugés inconstitutionnels soit en substance, soit dans la forme[(480)]. Cette suspension de la

---

(475) Article 138, Constitution

(476) Article 141, 1, Constitution. La Cour se compose de trois membres élus par la Chambre nationale des Représentants; le Président de la Cour suprême de justice; le Procureur général; le Président de la Cour suprême électorale; un représentant du Président de la République; un représentant des travailleurs; un représentant de l'association des employeurs; et deux représentants du peuple, élus par les corps électoraux des maires des Cantons et par les autorités provinciales. Article 140 de la Constitution.

(477) Article 141, 2, Constitution.

(478) Article 141, 3, Constitution.

(479) G. Zambrano Palacios, «Control de la constitucionalidad de los actos del poder público», *Memoria de la Reunión de Presidentes de Cortes Supremas de Justicia en Iberoamérica. El Caribe, España y Portugal*, Caracas 1983, pp. 677, 678.

(480) Article 138, Constitution.

législation est indubitablement un moyen important de contrôle de la constitutionnalité, même si le Tribunal doit soumettre sa décision afin d'obtenir la résolution de la Chambre nationale des Représentants. Selon la Constitution, ni la décision du Tribunal, ni la résolution de la Chambre nationale des Représentants, n'a d'effets rétroactifs[(481)], même s'ils ont des effets *erga omnes*. Ceci peut se déduire, et particulièrement en ce qui concerne la décision «suspensive» du Tribunal, de ce que la Constitution établit à propos de l'inapplication de la législation par les Chambres de la Cour suprême de justice, le Tribunal des impôts et le Tribunal de la justice administrative, avec des effets *inter partes* dans les procédures suivies devant ces instances.

Dans ces derniers cas, il est à remarquer que ces instances doivent notifier de leur décision la Cour suprême en session plénière. Si leur critère est accepté, le Tribunal des garanties constitutionnelles doit en être informé, ce qui lui permettra d'exercer ses compétences et de suspendre les effets de l'acte contesté[(482)].

CHAPITRE II

LE POUVOIR JUDICIAIRE COMME JUGE CONSTITUTIONNEL DES DROITS ET GARANTIES CONSTITUTIONNELLES

Le principe selon lequel le pouvoir Juridique, c'est à dire l'ensemble des juges ou des autorités judiciaires, est celui qui est chargé de protéger les droits et garanties constitutionnelles, est fondamental dans le constitutionnalisme moderne et trouve son fondement dans le même principe de la suprématie de la Constitution.

En effet, du principe de la suprématie de la Constitution dérivent non seulement le principe du pouvoir des juges de considérer nulles et non avenues des lois contraires à la Constitution, mais également le principe selon lequel le principal droit constitutionnel que les citoyens peuvent exercer est le droit à cette suprématie, c'est à dire au respect de leur propre volonté exprimée dans la Constitution. Rien ne servirait de signaler que la Constitution, en tant que manifestation de la volonté du peuple, doit prévaloir sur celle des organes de l'Etat et sur les actions des individus, si le droit d'exiger le respect de cette Constitution n'existait pas pour les membres du peuple. Comme le précisait l'article 16 de la Déclaration des Droits de l'homme et des citoyens de 1789: «Toute société dans laquelle la garantie des droits n'est pas assurée ... n'a point de constitution».

Dès lors, on peut dire que le constitutionnalisme moderne est construit non seulement sur le principe de la suprématie de la Constitution, mais aussi sur l'idée, comme effet du principe antérieur, de l'existence *d'un droit du citoyen à*

(481) Article 138, Constitution.
(482) Article 138, Constitution.

cette suprématie, qui se concrétise, conformément au principe de la séparation des pouvoirs, en un droit fondamental à la *tutelle judiciaire* de la suprématie constitutionnelle, concernant les droits et libertés constitutionnels.

Par conséquent, le principe général dans le constitutionnalisme moderne est qu'il incombe au pouvoir judiciaire d'être le gardien des droits et libertés constitutionnels; et que tous les citoyens ont le droit d'obtenir la protection de leurs droits et libertés de la part du pouvoir judiciaire, ce qui est également un droit constitutionnel.

La conséquence de ce droit fondamental implique sans aucun doute l'existence du pouvoir devoir attribué aux juges d'assurer la suprématie constitutionnelle, en rétablissant les droits et libertés constitutionnels violés par des actions illégitimes provenant d'organes de l'Etat autant que de particuliers.

Le droit d'assurer la suprématie constitutionnelle au moyen de la tutelle judiciaire de celle-ci étant un droit fondamental des personnes, il est évident que seule la Constitution peut le limiter. Dès lors, toute limitation légale à la suprématie serait incompatible avec l'idée du droit fondamental que nous postulons, si elle se manifeste en des droits constitutionnels dont la violation n'est pas défendable de façon immédiate. La suprématie constitutionnelle est une notion absolue qui n'admet pas d'exception; en conséquence de quoi le droit constitutionnel qui en assure la sauvegarde ne peut pas non plus admettre d'exception, sauf, bien entendu, celles que pourrait établir la Constitution elle-même.

Dès lors, le pouvoir judiciaire est considéré, dans le constitutionnalisme contemporain, comme le défenseur par excellence des droits et libertés constitutionnels des individus. Ce principe a été formulé traditionnellement en France à propos des autorités judiciaires, considérées comme les «gardiennes des droits individuels fondamentaux», et bien sûr, en raison de la trilogie des juridictions qui y existe, peut être étendu à la juridiction constitutionnelle. Cependant, dans la majorité des pays du monde où l'autorité judiciaire continue d'être un «troisième pouvoir», le pouvoir judiciaire est le défenseur par excellence des droits et garanties constitutionnelles.

Mais dans cette étude comparée des pouvoirs des juges pour la protection des droits constitutionnels, il nous paraît intéressant de faire une référence particulière, non pas à l'activité judiciaire ordinaire des juges en tant que gardiens des droits constitutionnels, mais plutôt aux moyens et aux pouvoirs judiciaires permettant aux juges de protéger *immédiatement* les droits constitutionnels. Dans cette perspective, on peut distinguer des moyens judiciaires ordinaires (I) et des moyens judiciaires spécifiquement mis en place (II) pour la protection immédiate des droits et libertés constitutionnels.

I. LA PROTECTION JUDICIAIRE IMMEDIATE DES DROITS CONSTITUTIONNELS PAR DES MOYENS ORDINAIRES.

Dans tous les systèmes constitutionnels contemporains, un des droits constitutionnels les plus classiques est le droit d'accès à la justice, c'est à dire le droit d'obtenir la tutelle judiciaire des droits et intérêts des personnes. C'est dans ce but que s'organisent fondamentalement les systèmes judiciaires et les tribunaux.

On rencontre même la formulation de ce droit de manière expresse, comme c'est le cas dans la Constitution du Vénézuéla de 1961, qui stipule:

> Art. 68.- Quiconque peut utiliser les organes de l'administration de la justice pour la défense de ses droits et intérêts, dans les termes et conditions établis par la loi, laquelle comprendra des normes en vue d'assurer l'exercice de ce droit à ceux qui ne disposent pas de moyens suffisants.

De manière encore plus précise, la Constitution espagnole de 1978 déclare:

> Art. 24.1.- Toute personne a droit à la tutelle effective des juges et des tribunaux dans l'exercice de ses droits et intérêts légitimes sans qu'il puisse y avoir privation de défense pour quelque motif que ce soit.

Or, même sans être expressément consacré dans les textes constitutionnels, ce droit d'accès à la justice pour la protection des droits et intérêts des personnes -y compris ceux de rang constitutionnel-, est essentiel à tous les systèmes constitutionnels contemporains[(483)], et c'est celui qui garantit le droit de sauvegarde immédiate des droits et libertés constitutionnels tant dans la juridiction judiciaire ordinaire que dans la juridiction administrative.

1. La protection immédiate des droits constitutionnels dans les juridictions judiciaires ordinaires

Dans les juridictions judiciaires ordinaires des pays qui ont ou qui n'ont pas mis en place des moyens spéciaux de protection immédiate des droits constitutionnels (comme par exemple, le recours d'*amparo*), il existe toujours des moyens judiciaires ordinaires permettant aux individus d'obtenir la protection judiciaire *immédiate* des droits constitutionnels violés. C'est le cas par exemple, des *writs* anglo-américains, des référés en droit français, et des mesures conservatrices dans presque tous les systèmes de la procédure civile.

A. Les *writs* anglo-américains

En anglais, si le mot *writ* vient de *written* (écrit), et si, dans la procédure le *writ* est l'acte d'introduction de l'instance[(484)], dans la pratique, il signifie l'ordre ou le mandement émis par une autorité judiciaire en exercice de ses fonctions

(483) T. RENOUX, *Le Conseil constitutionnel et l'autorité judiciaire. L'élaboration d'un droit constitutionnel juridictionnel*, Paris 1984, pp. 483 et ss.

484) J.A. JOLOWICZ et d'autres, *Droit anglais*, Paris 1986, p. 145.

publiques, adressé à qui est obligé d'accomplir la loi, soit à une autorité, soit à une personne naturelle ou juridique. Ainsi, dans le droit anglais, depuis la *Carta Magna*, les *writs* jouent un rôle essentiel dans la protection des droits fondamentaux des personnes, en tant que mécanismes judiciaires ordinaires utilisés à cette fin.

Parmi les plus importants en usage dans le droit anglo-américain figurent, bien entendu, le *writ* d'*habeas corpus*, pour la protection de la liberté et sécurité personnelles; le *mandamus*, *writ* du *Common Law*, constitué par le mandement ou ordre adressé à une autorité afin qu'elle réalise un certain acte auquel la loi l'oblige; le *writ of prohibition*, utilisé comme instrument de rectification d'actes judiciaires pour éviter que des organes judiciaires inférieurs agissent hors de leur compétence et aussi en matière d'incompétence des autorités administratives; le *writ quo warrante*, sorte d'action populaire introduite au nom de l'intérêt collectif pour la protection publique contre les abus ou illégalités commis pendant l'exercice de fonctions publiques; le *writ of error*, du droit nord-américain, cherchant la révision de tout acte de l'autorité judiciaire pour motifs d'inconstitutionnalité; et le *writ of injunction*, dont le but est d'empêcher ou d'assurer qu'un certain acte soit accompli ou exécuté au profit d'un titulaire de droit subjectif, de manière à éviter qu'un tort irréparable ne soit causé(485).

C'est au moyen de tous ces mécanismes judiciaires ordinaires que le droit anglo-américain garantit et protège effectivement les droits et libertés constitutionnels, sans qu'il ait été nécessaire pour cela d'établir des mécanismes spécifiques de procédure, ou des tribunaux spécialisés en vue de la protection de tels droits, et bien sûr, sans qu'il ait été nécessaire de «déclarer» ces droits dans une Constitution.

B. Les «référés» français

Dans le droit français, où il n'existe pas de mécanismes judiciaires particuliers pour la protection des droits et garanties constitutionnels, ce sont les juridictions ordinaires judiciaires et administratives qui sont chargées de protéger et de sauvegarder ces droits à l'aide des moyens ordinaires.

Parmi ces moyens ordinaires de protection judiciaires des droits et libertés constitutionnels, outre des droits de toute autre nature, figure l'institution appelée «référé», consacrée dans le Code de procédure civile, qui permet au Président des Tribunaux de grande instance de prendre des décisions (ordres ou prohibitions) en cas d'urgence, en vue de la protection de ces droits.

Conformément à la classification adoptée par Estoup(486), on peut distinguer les référés suivants: le *référé général d'urgence* établi dans l'article 808 du Code et autorisant le juge à prendre des mesures nécessaires s'il n'y a pas de contestation sérieuse; le *référé de remise en état* prévu dans l'article 809.1 du Code et

(485) Diomar ACKEL FILHO, *Writs constitucionais*, Sao Paulo, 1988, pp. 8-10.
(486) P. ESTOUP, *La pratique des procédures rapides. Référé, ordonnances sur requête, procédures d'injonction*, Paris 1990, pp 52 et ss.

autorisant le juge, même en présence d'une contestation sérieuse, à prescrire en *référé* les mesures conservatoires et de remise en état requises soit pour prévenir un dommage imminent, soit pour faire cesser un trouble manifestement illicite; le *référé préventif*, appelé également *référé expertise* ou *probatoire*, ou encore *référé aux fins de mesures d'instructions à futur*, stipulé dans l'article 145 du Code et permettant au juge d'ordonner les mesures d'instruction admises par la loi, quand il existe un motif légitime pour, avant le procès, conserver ou établir la preuve des faits, dont peut dépendre la solution d'un litige; le *référé provision*, prévu dans l'article 802.2 du Code et permettant au juge, dans les cas d'existence d'une obligation pas contestable sérieusement, d'accorder une provision au créancier; et le *référé injonction*, visé à l'article 809.2 du Code, avec une nouvelle rédaction fournie dans le décret 85-1330 du 17 décembre 1985, qui autorise le juge à ordonner l'exécution d'une obligation, même s'il s'agit d'une obligation de faire .

Ainsi en possession de la faculté d'adopter des référés, le juge judiciaire détient non seulement les pouvoirs de prévision, mais également les possibilités de résoudre un litige en cas d'urgence, avec des pouvoirs de remise en état pour prévenir un dommage imminent (mesures conservatoires) ou en cas de trouble manifestement illicite. Fondée sur cette faculté judiciaire, une très vastes jurisprudence a mis en évidence l'utilisation de ce moyen de procédure pour la protection des droits et libertés constitutionnels en des matières telles que la protection de l'honneur et de sa propre image[(487)]. Ce qui caractérise la décision judiciaire, dans tous les cas, c'est son caractère provisoire, en ce qu'elle n'a pas, pour le principal, autorité de chose jugée, qu'elle n'affecte donc pas la faculté des juges de la mise en état de décider avec autorité de chose jugée sur la question.

De plus, il convient d'ajouter que, même à propos des activités des autorités administratives, s'il s'agit d'une voie de fait, l'autorité judiciaire est compétente pour protéger les droits constitutionnels violés par celle-ci[(488)]. Dans ces cas, le juge est compétent pour déclarer nul et non avenu l'acte irrégulier, et s'il s'agit d'une menace précise d'exécution d'une opération, le juge judiciaire, en tant que juge de référé, peut suivre la procédure dite de référé de défense. S'il s'agit d'une demande tendant à mettre fin à la voie de fait, le juge dispose à cet égard des pouvoirs exceptionnels vis-à-vis de l'administration, pouvant lui adresser des injonctions en vue de faire casser la situation irrégulière[(489)]. Le juge peut donc dans ces cas, ordonner à l'administration d'exécuter un acte ou de s'en abstenir.

C. La procédure spéciale d'urgence du système italien

Dans le système italien, où malgré l'existence de la Cour constitutionnelle, aucun recours d'*amparo* comparable à celui des systèmes allemand ou espagnol

(487) R. LINDON, «Le juge des référés et la presse», *Dalloz 1985*, Chroniques, 61. *V.* également les commentaires de Enrique Paillas, *El recurso de protección ante el derecho comparado*, Santiago de Chile, 1990, pp 19-26.

(488) J.M. AUBY et R. DRAGO. *Traité de contentieux administratif*, Paris 1984, Vol. 1, pp. 672 et ss.

(489) *Idem*, pp. 691 et 692.

n'est établi, on peut cependant identifier, dans le Code de procédure civile, une procédure ordinaire d'urgence qui, à l'instar des *writs* des systèmes anglo-américains et du *référé* français, pourrait servir de moyen effectif de protection des droits et libertés constitutionnels. Il s'agit de la procédure que stipule l'article 700 du Code de procédure civile italien, de la manière suivante:

> Hors des cas réglementés dans les sections précédentes de ce chapitre, quiconque a un motif fondé de craindre que, pendant le temps nécessaire pour faire valoir son droit par la voie ordinaire, celui-ci se trouve menacé d'un dommage imminent et irréparable, peut demander par écrit au juge d'ordonner les mesures d'urgence qui, selon les circonstances, semblent les plus adéquates pour assurer provisoirement les effets de la décision sur le principal.

Bien que d'usage peu fréquent et sporadique, cette procédure en matière de droits constitutionnels, a été utilisée, entre autre pour la protection du droit au nom et à l'image[(490)].

D. Les mesures conservatoires dans la procédure civile

Quelle que soit la procédure, les juges ont très souvent un pouvoir général de caractère conservatoire leur permettant d'adopter des mesures pour la protection immédiate des droits constitutionnels.

Un exemple d'expression de ce pouvoir des juges est ce qui a été établi dans la réforme du Code de procédure civile au Vénézuéla, en ajoutant aux mesures conservatoires traditionnelles ce que l'on a appelé des mesures conservatoires *(cautelares)* innominés. Ces mesures peuvent être adoptées lorsqu'une crainte fondée existe de ce que l'une des parties peut causer un dommage grave ou irréparable à l'autre. Pour éviter un dommage, le juge peut autoriser ou interdire l'exécution des actes ou adopter des mesures visant à faire cesser la continuité de la lésion[(491)].

2. La protection immédiate des droits constitutionnels dans les juridictions administratives

Dans la juridiction administrative, on peut dire que le sursis à exécution est la mesure juridictionnelle traditionnellement utilisée pour la protection immédiate des droits et intérêts (y compris des droits constitutionnels) lésés par l'activité administrative.

En effet, si le principe en matière de contentieux administratif est celui des caractères non suspensifs des recours devant les juridictions administratives, des pouvoirs ont été attribués aux juges pour adopter le sursis à exécution, et par cette voie, empêcher l'exécution de l'acte remis en cause et protéger les droits lésés.

---

(490) SATTA, *Diritto processale civile*, Padova 1957, p. 584.
(491) Art. 588, paragraphe premier.

De plus, en France, la réforme du contentieux administratif adoptée par le décret n° 88-907 du 2 septembre 1998[492], a introduit dans la procédure du contentieux administratif trois mesures conservatoires d'urgence possible, permettant au juge administratif de protéger immédiatement et de manière plus effective, les droits du requérant. Ces mesures sont: *le référé expertise* (permettant au juge de prendre des mesures utiles pour l'estimation des faits), *le référé provision* en faveur du créancier (dans le cas d'obligations qui ne peuvent pas être discutées sérieusement), et *le référé innominé* qui permet au juge, en cas d'urgence, d'ordonner toute mesure pouvant se révéler utile sans porter préjudice à la question principale et sans gêner l'exécution des décisions administratives. Toutes ces mesures d'urgence peuvent indubitablement constituer des moyens effectifs pour la protection immédiate des droits constitutionnels qui peuvent être lésés par l'administration.

Il convient de signaler également l'importante innovation qui s'est introduite en Espagne en matière de contentieux administratif, par la loi de protection juridictionnelle des droits fondamentaux de la personne, n°-62/1978 du 26 décembre 1978, selon laquelle le principe du caractère non suspensif du recours contentieux administratif a été inversé lorsqu'un droit constitutionnel est invoqué sérieusement comme ayant été violé par l'autorité administrative. Dans un tel cas, la règle est le caractère suspensif du recours, vu le caractère fondamental des droits constitutionnels[493].

II. LA PROTECTION JUDICIAIRE IMMEDIATE DES DROITS CONSTITUTIONNELS PAR DES MOYENS JUDICIAIRES SPECIAUX: L'ACTION D'*AMPARO*

En plus des moyens judiciaires ordinaires, des moyens spécifiques à caractère ordinaire ont été mis en place, particulièrement dans les pays latino-américains et dans quelques pays européens, pour la protection immédiate des droits constitutionnels, soit contre leurs violations, soit contre des tentatives de violations de ceux-ci.

En étudiant ces moyens judiciaires spécifiques de protection des droits constitutionnels en droit comparé, il convient de distinguer quatre aspects: premièrement la nature de l'action de protection ou action d'*amparo*; deuxièmement, la portée de la protection judiciaire; troisièmement, les personnes protégées; et quatrièmement, les motifs de la protection constitutionnelle.

---

(492) Y. GAUDEMET, «Les procédures d'urgence dans les contentieux administratifs», *Revue française du droit administratif*, n° 3, 1988, pp. 420 et ss.

(493) Antonio CANO MATA, *Comentarios a la ley 62/1978 de 26 de diciembre sobre protección jurisdiccional de los derechos fundamentales de la persona (Doctrinas del Tribunal Constitucional)*, Madrid 1985.

1. La nature de l'action de protection ou action d'*amparo*

Tout d'abord, il convient de signaler que la grande classification des systèmes de protection des droits et garanties constitutionnels que montre le droit comparé, conduit à la distinction entre les systèmes judiciaires d'*amparo*, selon que la protection des droits et des garanties constitutionnels est conçue *comme un droit constitutionnel en soi*, garanti à son tour sous de multiples formes, ou *comme une garantie constitutionnelle spécifique*, qui se concrétise en une ou plusieurs actions ou recours d'*amparo* particularisés.

A. L'*amparo* en tant que droit constitutionnel

En premier lieu, la sauvegarde des droits et libertés constitutionnels peut être conçue dans les systèmes constitutionnels comme un droit constitutionnel des citoyens dérivé du droit à la suprématie de la Constitution pour obtenir la protection judiciaire immédiate desdits droits et libertés par tous les tribunaux. Cette protection judiciaire peut s'effectuer par de multiples moyens judiciaires spécifiques de protection ou par des recours d'*amparo* en tant que garantie juridictionnelle particulière des droits constitutionnels.

*(a) L'*amparo *en tant que prétention constitutionnelle à travers de multiples moyens judiciaires ordinaires et spécifiques de protection des droits et libertés*

Dans nombre de systèmes juridiques d'Amérique latine, l'*amparo* a été instauré comme un droit constitutionnel, donnant lieu non seulement à une garantie (action ou recours) d'*amparo*, mais également à de multiples voies judiciaires ordinaires et spécifiques de protection des droits et libertés constitutionnels, qui dépassent la protection pouvant être obtenue par les voies ordinaires. C'est le cas du Mexique et du Vénézuéla; c'est aussi, à notre avis, le système adopté par la Constitution colombienne de 1991.

a. Le procès d'*amparo* mexicain: Comme nous l'avons déjà mentionné, l'Acte de Réformes constitutionnelles mexicain de 1847 introduit dans son article 25 *le droit de tous les habitants de la République à être protégés par les tribunaux* de la Fédération, dans les droits que leur accorde la Constitution pour se défendre de toute attaque provenant du pouvoir exécutif ou législatif, auquel cas il a été établi que les tribunaux fédéraux donneraient protection seulement dans le cas concret, sans émettre de déclaration générale sur la matière en question.

C'est ainsi qu'est inaugurée la figure de l'*amparo* constitutionnel en tant que droit constitutionnel de tous à la protection des droits et libertés constitutionnels, dont le développement postérieur a modelé le dit *juicio de amparo*[494]. Entre les

(494) *Cf.* en général H. FIX-ZAMUDIO, *El juicio de amparo*, México 1964.

cinq moyens de protection judiciaire des droits constitutionnels que comporte l'institution mexicaine, il faut se référer à celui qui agit directement comme un moyen de protection des libertés: il s'agit de l'*amparo* à la liberté, dans lequel le procès d'*amparo* se présente comme un moyen judiciaire de protection des droits constitutionnels. Vu sous cet angle, le procès d'*amparo* est comparable au mandement d'*habeas corpus* lorsqu'il vise la protection de la liberté personnelle. Néanmoins, il peut également servir de moyen de protection pour d'autres droits constitutionnels visés dans les articles 1 à 29 de la Constitution, lorsque ceux-ci sont violés par l'effet d'un acte des autorités.

En tout cas, si l'on considère les cinq moyens d'*amparo* au Mexique, on peut dire que ce moyen judiciaire de protection ne se limite pas à une seule garantie judiciaire (action ou recours) pour la protection des droits constitutionnels, mais qu'elle offre une gamme diversifiée de processus judiciaires qui font de lui un droit fondamental plutôt qu'une garantie spécifique.

b. Le droit d'*amparo* au Vénézuéla: Ainsi que le signalait Héctor Fix Zamudio en 1970, la Constitution vénézuélienne de 1961, en incorporant l'article 49 qui institue le «droit de l'*amparo*», a consacré définitivement le dit droit en tant qu'instrument de procédure visant à protéger tous les droits et libertés consacrés constitutionnellement en ce qu'il qualifiait comme «une des réussites d'avant-garde les plus remarquables de la Charte fondamentale de 1961»[(495)].

En effet, la contribution la plus importante du texte constitutionnel vénézuélien en matière de protection des droits fondamentaux est d'avoir consacré l'*amparo* comme *un droit fondamental de plus*, et pas uniquement comme une garantie du reste des droits constitutionnels. C'est à dire que la Constitution du Vénézuéla ne s'est pas contentée de consacrer une «action de l'*amparo*» afin de protéger les droits constitutionnels, ce qu'elle a prévu, mais elle a également consacré «un droit constitutionnel à l'*amparo*» avec l'obligation conséquente pour tous les tribunaux de sauvegarder, à l'intention de tous les habitants de la République, la jouissance et l'exercice des droits et garanties consacrés dans la Constitution ou, sans être énumérés dans le texte, ceux qui sont inhérents à la personne humaine[(496)].

La loi organique de l'*amparo* sur les droits et garanties constitutionnels, en vigueur à partir du 2 janvier 1988[(497)], du fait qu'elle régit et consacre l'action d'*amparo* de tous les droits et libertés constitutionnels, y compris la protection de la liberté et sécurité personnelles (art. 38), a reconnu expressément que l'exercice du droit d'*amparo* ne s'épuise ni ne se réduit à ce seul moyen de procédure; il peut s'exercer également à travers d'autres actions ou un recours figurant dans le système judiciaire. C'est ainsi que l'article 3 prévoit la possibilité de formuler la pétition d'*amparo* contre des lois en même temps que l'action populaire

(495) Héctor FIX-ZAMUDIO, «Algunos aspectos comparativos del derecho de amparo en México y Venezuela», *Libro homenaje a la Memoria de Lorenzo Herrera*, UCV, Caracas 1970, Vol. II, pp. 333-390.

(496) *V.* Allan R. BREWER-CARÍAS. «El Derecho de amparo y la acción de amparo», *Revista de derecho público* n° 22, Caracas 1985, pp.51 et ss.

(497) *V. Gaceta Oficial* n° 33.891 du 22 janvier 1988. *Cf.* Allan R. BREWER-CARÍAS et Carlos AYALA CORAO, *Ley orgánica de amparo sobre derechos y garantías constitucionales*, Caracas 1988.

d'inconstitutionnalité des lois auprès de la Cour suprême du justice; l'article 5 prévoit expressément que la pétition d'*amparo* contre des actes administratifs ou contre les omissions de la part de l'administration, peut être formulée conjointement avec les recours contentieux administratif; et l'article 6, a1.5, en fixant les causes de non recevabilité de l'action d'*amparo,* reconnaît implicitement que l'on peut formuler la demande d'*amparo* par d'autres «voies juridiques ordinaires» ou «moyens judiciaires préexistants», dans laquelle peut être «alléguée la violation ou la menace de violation d'un droit ou d'une garantie constitutionnelle».

Il est évident que, pour que ces voies judiciaires servent de moyen d'*amparo* constitutionnel, le législateur a perfectionné ses mécanismes de protection. Par exemple, dans l'action populaire d'inconstitutionnalité des lois, quand celle-ci est fondée sur la violation d'un droit ou garantie constitutionnels, en vertu de la nullité absolue que cela implique, la loi organique a conféré à la Cour suprême de justice le pouvoir de suspendre les effets de la loi contestée pour la situation concrète jusqu'à ce que la décision sur le recours soit prise (art.3). Dans le recours en cassation, lorsque la dénonciation contre le jugement allègue la violation par ce dernier d'un droit ou garantie constitutionnels, la Chambre de cassation de la Cour suprême doit s'en tenir à la procédure et aux délais prévus dans la loi organique de l'*amparo* (art. 6, al 5), le recours ayant, dans tous les cas, des effets suspensifs en ce qui concerne le jugement. Dans le recours contentieux administratif, quand le motif d'ouverture du recours est la violation d'un droit constitutionnel par l'acte contesté, l'exigence d'extinction de la voie administrative et du délai de caducité a été éliminée, en vue de la nullité absolue invoquée, et l'on a permis au juge de se servir de manière plus expéditive des procédures d'urgence et d'abréviation des délais, ainsi que de la suspension des effets (sursis d'exécution) de l'acte contesté (art. 5 et 6, al 5).

Le droit d'*amparo*, en tant que protection judiciaire apparaissant dans la Constitution de 1961, offre donc quelques particularités qui le rendent différent de la plupart des institutions semblables de protection des droits et garanties constitutionnels en vigueur dans le monde contemporain, en Europe aussi bien qu'en Amérique latine. Ainsi, l'article 49 de la Constitution statue comme suit:

> *Article 49*: Les tribunaux protégeront tout habitant de la République, dans la jouissance et l'exercice des droits et garanties constitutionnels que la Constitution établit, en conformité avec la loi.
>
> La procédure sera brève et sommaire, et le juge compétent aura le pouvoir de rétablir immédiatement la situation juridique enfreinte.

En accord avec cette norme constitutionnelle, on est donc en mesure d'affirmer qu'au Vénézuéla, l'*amparo* est considéré comme un droit pour les habitants du pays d'exiger de tous les tribunaux, conformément à leur compétence et à ce qui est prévu dans la loi, la protection et la sauvegarde de la jouissance et de l'exercice de tous les droits inhérents à la personne humaine, face à un trouble quelconque provenant de personnes publiques ou privées, au moyen d'une procédure devant être brève et sommaire et permettant au juge de rétablir immédiatement la situation juridique enfreinte.

En conséquence, la Constitution n'établit pas seulement une «action ou recours d'*amparo*» comme un moyen particulier de protection judiciaire, mais un «droit d'*amparo*» ou «droit à être protégé» comme un droit fondamental, à travers diverses actions et recours judiciaires, et même à travers une «action autonome d'*amparo*» qui, en principe, peut s'exercer devant n'importe quel tribunal de première instance dont la compétence est analogue à celle du droit constitutionnel violé mais qui, au cas où un tel tribunal n'existerait pas dans la localité respective, peut s'exercer devant tout autre tribunal, quelle que soit son niveau hiérarchique(498).

Pour cette raison, l'article 1 de la loi organique d'*amparo* sur les droits et garanties constitutionnels, établit ce qui suit:

> Tout personne naturelle habitant sur le territoire de la République, ou personne juridique qui y es domiciliée, pourra demander auprès des tribunaux compétents l'*amparo* prévu dans l'article 49 de la Constitution, pour la jouissance et l'exercice des droits et garanties constitutionnels, y compris ceux des droits fondamentaux qui ne figurent pas expressément dans la Constitution, afin que la situation juridique enfreinte soit remise en état ou rétablie dans la mesure du possible.
>
> La garantie de la liberté personnelle qu'établit l'*habeas corpus* constitutionnel sera régie par la présente loi.

De notre point de vue, en consacrant de cette manière le droit du citoyen à être protégé, le système vénézuélien recueille le sens prévu dans l'article 25 de la Convention américaine sur les droits de l'homme qui stipule qu'en matière de protection judiciaire:

> Toute personne a droit à un recours simple et rapide ou à un autre recours effectif devant les tribunaux compétents, qui la protège contre des actes qui violent ses droits fondamentaux reconnus par la Constitution, la loi ou la présente Convention, même lorsqu'une telle violation est commise par des personnes agissant dans l'exercice de leurs fonctions.

c. Le droit de tutelle en Colombie: De notre point de vue, on peut dire que la Constitution de Colombie de 1991 suit l'orientation des systèmes mexicain et vénézuélien d'*amparo* quand non seulement elle établit une «action de tutelle» spécifique pour la protection des droits constitutionnels fondamentaux, mais quand en outre, elle prévoit un droit à la tutelle judiciaire de ces droits, qui s'exerce ou peut s'exercer par d'autres moyens de procédure de protection des droits et des libertés.

En effet, le chapitre 4 du titrę II de la Constitution («Des Droits, des Garanties et des Devoirs») se rapporte à la «protection et application des droits», et «l'action de tutelle» y est consacrée (article 86).

Néanmoins, cette action de tutelle n'est pas conçue dans la Constitution comme l'unique voie judiciaire possible pour la protection des droits constitutionnels car,

---

(498) Article 7 de la Loi organique d'*amparo*.

premièrement, celle-ci n'est recevable que «lorsque l'affecté ne dispose pas d'autre moyen judiciaire» (article 86), c'est à dire «par une procédure privilégiée et sommaire», ce qui implique que le législateur peut instituer plusieurs voies de tutelle judiciaire des droits constitutionnels.

Cependant, deuxièmement, la Constitution signale expressément:

> Art.86.- Outre ceux qui sont consacrés dans les articles antérieurs, la loi établira les autres recours, les actions et les procédures nécessaires qui pourront défendre l'intégrité de l'ordre juridique et assurer la protection judiciaire de ses droits individuels, de groupe ou collectifs, face à l'action ou l'omission des autorités publiques.

Troisièmement, spécifiquement pour ce qui est des droits et intérêts collectifs, l'article 88 de la Constitution dispose:

> Art.88.- La loi réglementera les actions populaires destinées à la protection des droits et intérêts collectifs, liés au patrimoine, à l'espace, à la sécurité et à la salubrité publiques, à la morale administrative, à l'environnement, à la libre concurrence économique et aux autres droits de semblable nature qui y sont définis.

En conséquence, selon nous, la Constitution colombienne de 1991 établit l'*amparo* des droits constitutionnels en tant que *droit à la tutelle judiciaire* de ces droits, qui s'exerce au moyen de l'introduction de plusieurs actions ou recours que le législateur peut établir.

*(b) L'*amparo *en tant que garantie juridictionnelle spécifique (action ou recours) pour la protection des droits et libertés constitutionnels*

Dans la plupart des systèmes occidentaux, l'*amparo* a été institué constitutionnellement, en particulier, en tant que garantie juridictionnelle spécifique pour la protection des droits et libertés constitutionnels, en établissant une action ou recours destiné à une telle fin. Dans certaines circonstances, il s'agit d'un moyen spécifique de protection judiciaire qui s'exerce devant un seul tribunal. Dans d'autres cas, il s'agit d'une ou plusieurs actions ou recours que l'on intente devant la juridiction ordinaire.

En tout cas, il est évident que, même de la sorte, il ne s'agit pas de l'unique voie de protection des droits constitutionnels, étant donné que les juges ordinaires ont souvent et essentiellement pareille fonction par les voies ordinaires d'action ou de recours.

a. L'*amparo* comme action ou recours s'exerçant auprès d'un seul tribunal: Sans doute la figure la plus généralisée de lampa or en tant que moyen spécifique de protection juridictionnelle des droits et garanties constitutionnels consiste t elle en l'établissement dans l'ordre constitutionnel d'une seule action ou recours nue l'on intente devant un seul tribunal -soit un tribunal spécialisé en matière de justice constitutionnelle, soit devant la Cour suprême de justice respective.

a'. *L'amparo devant un tribunal constitutionnel:* le recours constitutionnel (*verfassungsbeschwerde*) allemand: Tout d'abord, il faut distinguer le système allemand de protection des droits et libertés constitutionnels sous forme de garantie juridictionnelle spécifique que l'on intente devant le Tribunal constitutionnel intégré au système judiciaire. En effet, dans la Loi fondamentale de Bonn, à l'occasion de la réforme constitutionnelle de 1969, le recours d'*amparo* a été définitivement constitutionnalisé en tant qu'instrument de tutelle des droits et libertés constitutionnels que la loi du tribunal constitutionnel de 1951 avait perdu légalement[(499)].

Il s'agit d'un recours constitutionnel pour la protection de certains droits et libertés constitutionnels (les nommés *droits fondamentaux*), en cas de lésions causées par les organes du pouvoir public, que l'on introduit directement devant le Tribunal constitutionnel fédéral, une fois épuisés les recours ordinaires adéquats. Il s'agit par conséquent d'un recours à caractère subsidiaire car si la lésion du droit fondamental peut être réparée au moyen de quelque procédure judiciaire ordinaire, le recours constitutionnel n'est recevable qu'après avoir épuisé tout autre voie. C'est uniquement en cas d'intérêt général et quand un dommage grave et irréparable a été causé à l'intéressé que le recours perd son caractère subsidiaire et que le Tribunal constitutionnel fédéral peut passer à connaître de celui-ci directement.

b'. L'**amparo** ***devant l'organe suprême de la voie judiciaire*****:** Dans d'autres systèmes constitutionnels, l'*amparo* s'établit en tant que recours ou action à exercer devant un seul tribunal, l'organe judiciaire suprême. C'est le cas de la Suisse et du Costa Rica.

***a''. Le recours de droit public suisse (staatrechtliche Beschwerde)*:** La Constitution suisse de 1874 a consacré expressément le recours de droit public que l'on introduit directement devant le Tribunal fédéral pour la protection des droits et libertés constitutionnels contre des actes administratifs, législatifs et judiciaires émanant des autorités cantonales uniquement, lorsque ceux-ci violent ou portent atteinte à certains de ces droits. Ce recours s'avère donc inadmissible contre les actes des autorités fédérales[(500)].

Dans ce cas également, pour l'introduction du recours de droit public devant le Tribunal fédéral, il est nécessaire auparavant d'épuiser les moyens ordinaires permettant d'attaquer les actes préjudiciables, ce qui lui donne un caractère subsidiaire.

b''. Le recours d'**amparo** ***au Costa Rica:*** La réforme constitutionnelle de 1989 au Costa Rica a établi expressément le droit de toute personne tant au recours d'*habeas corpus* pour garantir sa liberté et son intégrité personnelles, qu'au recours d'*amparo* pour maintenir ou rétablir la jouissance des autres droits consacrés dans le Texte fondamental, ainsi que ceux à caractère fondamental,

(499) I.V. MUNDS, «El recurso de amparo constitucional como instrumento jurídico y político en la República Federal de Alemania», *Revista de estudios políticos*, n° 7, Madrid 1979, pp. 269-289; K. SCLAICH, «Procédures et techniques de protection des droits fondamentaux», in L. FAVOREU *et al.*, *Cours constitutionnelles européennes et droits fondamentaux*, Paris 1982, pp. 105 et ss.

(500) E. ZELLWEGER, «El Tribunal Federal suizo en calidad de Tribunal Constitucional», *Revista de la Comisión Internacional de Juristas*, n° 7, 1966, pp. 114 et ss.

établis dans les Conventions internationales sur les droits de l'homme, applicables à la République.

Il s'agit d'un recours exercé devant la Chambre constitutionnelle de la Cour suprême de justice et qui est régie par la Loi de la juridiction constitutionnelle de 1989.

Le recours d'*amparo*, en particulier, peut s'exercer contre toute disposition, accord ou résolution et, en général, contre toute omission ou simple procédure matérielle non fondée, sur un acte administratif efficace provenant de fonctionnaires et organes publics, qui auraient violé, violent ou risquent de violer n'importe lequel de ces droits constitutionnels[(501)]. La loi exclut l'*amparo*, néanmoins, contre les lois ou autres dispositions normatives, sauf si elles sont contestées conjointement avec des actes d'application individuelle de celles-ci; ou lorsqu'il s'agit de normes d'application automatique dont les préceptes sont dès lors obligatoires immédiatement par le seul fait de leur promulgation; contre les actes réalisés par les autorités administratives quand elles exécutent des décisions judiciaires; et contre des actes ou dispositions du haut tribunal des élections, en matière électorale[(502)].

En outre, la loi de Costa Rica établit l'action d'*amparo* contre les actions ou omissions de sujets de droit privé, mais uniquement lorsque ceux-ci agissent ou doivent agir en exercice de fonctions ou pouvoirs publics, ou se trouvent, de droit ou de fait, dans une position de pouvoir devant laquelle les remèdes juridictionnels connus s'avèrent nettement insuffisants et tardifs pour garantir les droits ou libertés fondamentaux consacrés dans la Constitution, et les droits de l'homme reconnus par le droit international en vigueur au Costa Rica[(503)]. De plus, la même Loi de la juridiction constitutionnelle établit spécifiquement le recours d'*amparo* pour garantir le droit de rectification ou de réponse à toute personne affectée par des informations inexactes ou offensantes émises à son préjudice, par des moyens de diffusion qui s'adressent au public en général, pour que, conséquemment, la rectification ou réponse s'effectue à travers le même organe de diffusion. La loi prévoit, à cet effet, une procédure spécifique[(504)].

Le recours d'*amparo* au Costa Rica se présente donc sous la forme d'un moyen judiciaire de protection constitutionnelle contre les actions de l'administration publique, contre les actions des particuliers, si tant est qu'ils agissent dans l'exercice du pouvoir public, et contre les lois ou actes normatifs d'auto application, et s'exerce directement auprès de la Chambre constitutionnelle de la Cour suprême du justice, contre le fonctionnaire ou le titulaire de l'organe ou représentant de l'entité, qui apparaisse comme l'auteur présumé de l'offense, sans qu'il soit nécessaire d'introduire auparavant un recours administratif pour pouvoir l'intenter.

---

(501) Article 29 de la Loi de la juridiction constitutionnelle, 1990.

(502) Article 30.

(503) Article 59.

(504) Articles 66 et ss.

b. L'*amparo* comme action ou recours exercé devant la totalité des tribunaux: Dans la plupart des systèmes latino-américains dont les constitutions consacrent l'*amparo* comme une garantie judiciaire spécifique pour la protection des droits et libertés constitutionnels, ce n'est pas à un seul tribunal qu'il incombe de connaître de ces actions, mais bien à l'ensemble des tribunaux qu'en sont attribuées la connaissance et la décision. C'est le cas de l'Argentine, du Pérou, de l'Uruguay, du Chili et du Brésil. Il en va de même pour «l'action d'*amparo* autonome» au Vénézuéla ou l'action de tutelle en Colombie.

a'. Le recours d'*amparo *en Argentine: Le recours d'*habeas corpus* ne figurait pas dans la Constitution en Argentine; il n'a été intégré dans le Texte fondamental qu'à l'occasion de la réforme de 1949, bien que celle-ci soit restée sans effet en 1955. Cependant, par la loi 48, le parlement, au moment d'interpréter l'article 18 de la Constitution qui établit la garantie de ne pouvoir être arrêté si ce n'est sur ordre écrit de l'autorité compétente, a mis en vigueur l'habeas corpus en ce qui concerne la protection de la liberté physique ou corporelle face aux détentions illégales ou arbitraires.

Quant aux autres droits constitutionnels, en l'absence de prévision légale, la jurisprudence de la Cour suprême de la Nation avait refusé l'application de l'*habeas corpus* pour en obtenir la protection. Cependant, à partir de la solution des affaire *Angel Siri* et *Samuel Kot* en 1957 et 1958, la jurisprudence de la Cour suprême de la Nation a donné vie juridique à l'*amparo* des droits constitutionnels et en a établi les critères de base selon lesquels l'*amparo* avait pour objet la tutelle des droits constitutionnels, exceptée la liberté physique que protégeait l'*habeas corpus*. Le manque de réglementation de procédure ne pouvait faire obstacle à son application en se servant, dans la mesure du possible, du processus de l'*habeas corpus* pour y suppléer. L'*amparo* protégeait non seulement contre les actes des organes du pouvoir public, mais aussi contre ceux des particuliers, et il était recevable malgré l'existence d'une voie ordinaire de procédure, si le processus de cette dernière pouvait provoquer un dommage grave et irréparable(505).

L'œuvre jurisprudentielle a été achevée avec la promulgation de la loi 16986 sur l'action d'*amparo* de 1966 qui établit l'action d'*amparo* uniquement contre les actes de l'Etat, les particuliers entre eux n'ayant accès à l'*amparo* que par le biais du Code civil et commercial de la Nation(506).

De cette manière, et en accord avec l'article 1 de la loi 16986:

> L'action d'*amparo* sera admissible contre tout acte ou omission de l'autorité publique qui, en forme actuelle ou imminente, lèse, restreint, altère ou menace, de façon manifestement arbitraire ou illégale, les droits ou garanties, explicitement ou implicitement reconnus par la Constitution nationales, à l'exception de la liberté individuelle protégée par l'*habeas corpus*.

(505) José Luis LAZZARINI, *El juicio de amparo*, Buenos Aires 1987.
(506) Article 32,1, incise 2 et 498; *Idem*, p. 289.

Il s'agit par conséquent d'une action qui peut être présentée devant tout juge de première instance ayant juridiction dans le lieu où l'acte s'est produit et a eu, ou pourrait avoir, des effets pour la protection de tous les droits et libertés constitutionnels (y compris ceux que la Constitution reconnaît implicitement), contre les actes ou omissions des autorités publiques, exceptées les décisions ou actes émanant du pouvoir judiciaire, et les lois.

Pour intenter l'action d'*amparo*, il est nécessaire d'avoir épuisé tous les recours ou remèdes judiciaires ou administratifs permettant d'obtenir la protection du droit ou garantie constitutionnelle dont il est question, car si ceux-ci existent, l'*amparo* est inadmissible, sauf au cas où ils ne seraient pas aptes à réparer le dommage et où le processus qu'ils requièrent pourrait causer un préjudice grave et irréparable. Il en résulte que l'*amparo* est considéré comme une voie exceptionnelle.

b'. Le recours d'*amparo *au Pérou: La Constitution péruvienne de 1979 a établi, dans son article 295, les «garanties constitutionnelles» suivantes:

> Article 295.- L'action ou omission provenant d'une autorité, un fonctionnaire ou une personne quelconque, qui porte atteinte à la liberté individuelle ou la menace, donne lieu à l'action d'*habeas corpus*.
>
> L'action d'*amparo* sauvegarde les autres droits reconnus par la Constitution, qui seraient atteints ou menacés par une autorité, un fonctionnaire ou une personne quelconque.

On a consacré ainsi l'action d'*amparo* comme une garantie constitutionnelle destinée à la protection de tous les droits et libertés reconnus par la Constitution, excepté la liberté individuelle (dont le moyen judiciaire de protection est l'action d'*habeas corpus*), quand ils sont lésés par des actes émanant d'autorités publiques ou de particuliers[(507)].

En accord avec la loi n°-23506 d'*habeas corpus* et d'*amparo* de 1982, l'action d'*amparo* s'intente devant les juges de première instance en matière civile, de la localité où le droit a été enfreint ou du lieu où l'affecté, ou l'auteur de l'infraction, a son domicile (art. 29), elle n'est exclue que contre les décisions judiciaires «provenant d'une procédure régulière»[(508)].

Conformément à cette loi, l'*amparo* n'est recevable que si les voies préexistantes ont été épuisées[(509)], de sorte que, lorsqu'il s'agit d'une activité administrative lésant le droit constitutionnel, il faut tout d'abord épuiser les procédures administratives correspondantes. Cependant, si le fait d'épuiser la voie préexistante risque de rendre l'agression irréparable, ou si elle ne se résout pas dans les délais fixés légalement, cette condition d'épuisement des voies préexistantes n'est pas exigible[(510)].

---

(507) Alberto BOREA ODRIA, *El amparo y el habeas corpus en el Perú de Hoy*, Lima 1985.
(508) Article 6,2.
(509) Article 27.
(510) Article 28.

c'. L'action d'*amparo *en Uruguay: L'action d'*amparo* en Uruguay, malgré les déclarations générales contenues dans les articles 7, 72 et 332 de la Constitution de 1966, s'est établie de façon expresse dans la loi n°-16011 de 1988, laquelle stipule:

> Article 1.- Toute personne physique ou juridique, publique ou privée, pourra alléguer l'action d'*amparo* pour se défendre de tout acte, omission ou fait des autorités de l'Etat ou collatérales à celui-ci, ainsi que de particuliers, qui, en forme actuelle et imminente, à son critère, lèse, restreint, altère ou menace, avec illégitimité manifeste, l'un quelconque de ses droits et libertés reconnus explicitement ou implicitement par la Constitution (art.72), à l'exception des cas où est admise l'interjection du «recours d'*habeas corpus*.

On a donc ainsi établi l'action d'*amparo* pour la protection de tous les droits et libertés constitutionnels, que l'on peut exercer devant tous les juges de première instance en la matière correspondant à l'acte, fait ou omission contestés, et du lieu où se sont produits ses effets, non seulement contre des actes préjudiciables des organes du pouvoir public, mais aussi contre les actes des particuliers[(511)].

La loi n°-16001 a néanmoins exclu de l'action d'*amparo* les actes juridictionnels, quels que soient la nature et l'organe dont ils émanent; les actes de toute nature du tribunal électoral; et les lois et les décrets des gouvernements départementaux qui ont force de loi dans leur juridiction[(512)].

Cette action d'*amparo* du système uruguayen est admissible uniquement lorsqu'il n'existe pas d'autre moyen judiciaire ou administratif permettant d'atteindre le même résultat de protection ou d'*amparo*, ou lorsque, s'il en existe, il s'avère nettement inefficace dans les circonstances données pour la protection du droit enfreint.

d'. Le recours de protection au Chili: La Constitution chilienne de 1980, avec ses antécédents dans l'Acte constitutionnel n°-3 (décret-loi n°-1552) de 1976, a établi le recours de protection de certains droits et libertés constitutionnels qui peut s'intenter devant les cours d'appel, lesquelles sont légalement autorisées pour adopter immédiatement les mesures qu'elles jugent nécessaires pour rétablir le droit et assurer la protection due à l'affecté, sans préjudice des autres lois que celui-ci puisse faire valoir devant l'autorité ou les tribunaux correspondants (art.20)[(513)].

Ce recours de protection est recevable contre les actes ou omissions arbitraires ou illégales qui suppriment, perturbent ou menacent l'exercice légitime de quelques uns des droits et libertés établis dans la Constitution, en réservant néanmoins l'action d'*amparo* pour les cas où l'individu se trouve arrêté, détenu ou emprisonné sans tenir compte de la disposition correspondante dans la Constitution ou dans les lois[(514)].

---

(511) Article 3; Miguel Angel SEMINO, «Comentarios sobre la acción de amparo en el derecho uruguayo», *Boletín de la Comisión Andina de Justicia*, n° 27, Lima 1986, pp. 16-24.

(512) Article 1.

(513) Article 20; Enrique PAILLAS, *El recurso de protección ante el derecho comparado*, Santiago du Chili 1990.

(514) Article 21.

*e'. **Les actions de protection constitutionnelle au Brésil:*** Dans la Constitution du Brésil, depuis 1934, le *mandado de segurança* a été expressément établi comme une action spécifique de protection des droits et libertés constitutionnels à l'exception de la liberté personnelle, qui est protégée par le recours d'*habeas corpus*.

Dans la nouvelle Constitution brésilienne de 1988, l'éventail des garanties constitutionnelles s'est élargi de manière considérable car, outre le *mandado de segurança*, et le recours d'*habeas corpus*, de nouvelles actions de protection des droits et libertés constitutionnels ont été établies: le *mandado de injunçao* et celui d'*habeas data*[515].

En effet, en premier lieu, l'*habeas corpus* s'établit dans l'article 5, LXVIII de la Constitution, en stipulant que celui-ci est recevable chaque fois que quelqu'un est ou se sent menacé d'être victime de violence ou de coercition dans sa liberté de mouvement, par illégalité ou abus de pouvoir.

La liberté de mouvement déclarée dans l'article 5, XV de la Constitution, est le droit de toute personne d'entrer, de séjourner et de sortir avec ses biens du territoire national. En définitive, il s'agit du *ius ambulandi*, essence de la liberté personnelle, raison pour laquelle l'*habeas corpus* est recevable contre les détentions arbitraires ou illégales. L'action s'introduit, en principe, devant les tribunaux de première instance en matière criminelle, mais cette action peut aussi être connue par des cours d'appel, et même par le tribunal suprême fédéral lorsqu'elle est intentée contre une décision du tribunal de première instance ou de la cour d'appel respectivement.

La deuxième action de protection prévue dans la Constitution du Brésil est le *mandado de segurança*, individuel ou collectif. Le *mandado de segurança* est concédé selon l'article 5, LXIX pour protéger des droits constitutionnels non visés par l'*habeas data*, lorsque le responsable de l'illégalité ou de l'abus de pouvoir se trouve être une autorité publique ou l'agent d'une personne juridique dans l'exercice d'attributions du pouvoir public. Ce recours, qui peut être intenté devant tous les tribunaux selon leur compétence, n'est cependant pas admissible conformément à la loi, lorsqu'il existe des recours administratifs pouvant être exercés contre l'acte en question, ou s'il s'agit de décisions judiciaires, lorsqu'il existe des recours prévus dans les lois de procédure, au moyen desquelles l'acte peut être corrigé. Le *mandado de segurança* n'est pas admis non plus contre les lois, même celles à caractère auto-applicatif.

La Constitution de 1998 introduisit une nouveauté en *établissant* le *mandado de segurança collectif*, qui peut être exercé par les partis politiques ayant une représentation au parlement national, ou par les organisations syndicales, entités de classe ou associations légalement constituées et fonctionnant depuis au moins un an, en défense des intérêts de leurs membres ou associés (art. 5, LXX). Il s'agit d'un instrument de procédure de protection des intérêts collectifs (non diffus), exercé par leurs entités représentatives devant tous les tribunaux selon leur compétence, dans un sens similaire à celui du *mandado de segurança* individuel.

---

(515) Drimar ACKEL FILHO, *Writs constitutionais*, Sao Paulo 1988; Nagib SLAIBI FILHO, *Anotaçoes a constituçao de 1988*, Rio de Janeiro 1989.

En troisième lieu, la Constitution du Brésil de 1988 a établi un nouveau moyen de procédure de protection des droits et libertés constitutionnels, appelé *mandado de injunçao*, qui est octroyé conformément à l'art. 5, LXXI, à condition que par absence de norme réglementaire, se soit avéré non viable l'exercice des droits et libertés constitutionnels et des prérogatives inhérentes à la nationalité, à la souveraineté du pays et à la citoyenneté. Cette action a pour objet d'obtenir, à la suite d'une omission législative ou réglementaire, l'ordre du juge par lequel celui-ci impose une obligation de faire ou d'accomplir un certain acte, dont la transgression constitue une atteinte à un droit.

Si l'omission normative est attribuable aux plus hautes autorités de la République, le tribunal compétent est le haut Tribunal fédéral. Dans d'autres cas, ce sont les tribunaux supérieurs de justice qui sont compétents. Quoiqu'il en soit, au moyen du *mandado de injunçao*, le juge respectif ne légifère pas mais ordonne et commande seulement que l'on concède le droit établi dans la Constitution, dont l'exercice est devenu non viable par faute de réglementation.

Finalement, et en quatrième lieu, la Constitution de 1988 établit une autre nouvelle action de protection des droits constitutionnels, nommée *habeas data*, que l'article 5, LXXI concède, tout d'abord pour assurer la connaissance d'informations concernant la personne qui recourt, desquelles donnent foi les registres ou banques d'information d'entités gouvernementales, et ensuite, pour rectification des informations quand celles-ci ne peuvent être obtenues par des processus judiciaires ou administratifs. L'*habeas data* apparaît donc comme une action constitutionnelle destinée à garantir trois aspects: le droit d'accès aux registres officiels; le droit de rectification de ceux-ci; le droit de correction des dits registres, informatisés ou non, qui s'introduit auprès de tous les tribunaux, suivant leur compétence, y compris auprès du haut Tribunal fédéral.

***f'. L'action d'*amparo *au Vénézuéla en tant au voie judiciaire autonome*:** Nous avons indiqué qu'au Vénézuéla, le droit d'*amparo* prévoit dans la Constitution, en accord avec la loi organique de 1988, permet d'obtenir la protection adéquate des droits et garanties constitutionnels, outre le moyen d'autres voies judiciaires, à travers une «action d'*amparo*» autonome qui, bien entendu, apparaît dans le texte légal comme bien différenciée de l'action populaire d'inconstitutionnalité des lois, du recours en cassation ou des actions contentieux administratifs. Ici, l'action d'*amparo* se présente comme une action beaucoup plus large, dont la protection recouvre absolument tous les droits et garanties constitutionnels, y compris, tel que nous l'avons signalé, la jouissance et l'exercice de la liberté personnelle, que l'Exposé des motifs de la Constitution qualifie de «droit d'*habeas corpus*», établi provisoirement dans la cinquième Disposition transitoire de la Constitution, et maintenant prévu en détail dans la loi organique[(516)].

Cependant, une des caractéristiques de cette action judiciaire autonome est qu'*elle ne présuppose pas que toutes les voies judiciaires préexistantes aient été*

(516) Allan R. BREWER-CARÍAS et Carlos AYALA CORAO, *Ley orgánica de amparo sobre derechos y garantías constitucionales*, Caracas 1988.

épuisées pour pouvoir l'intenter, ce qui fait que l'action d'*amparo* du Vénézuéla se différencie du recours d'*amparo* qui s'est développé en Europe, et en particulier en Allemagne et en Espagne. Dans ces pays, en vérité, le recours d'*amparo* est en fait un «recours» authentique, qui normalement s'intente contre des décisions judiciaires. En Allemagne, le recours d'*amparo* constitutionnel, qui s'intente devant le Tribunal constitutionnel fédéral, exige l'épuisement préalable de la voie judiciaire normale. C'est pourquoi en définitive, il se présente comme un recours contre des décisions judiciaires, même si, exceptionnellement, un recours constitutionnel direct est admis dans certains cas spécifiques et au sujet d'un nombre très limité de droits constitutionnels. En Espagne, le recours d'*amparo*, qui s'intente devant le Tribunal constitutionnel, exige lui aussi l'épuisement préalable des voies judiciaires et, en particulier, s'il s'agit d'un concernant les autorités administratives, celui-ci demande toujours d'avoir auparavant épuisé la voie judiciaire du contentieux administratif. Pour cette raison, en Espagne, le recours d'*amparo* se présente comme un pourvoi en révision des jugements des tribunaux contentieux administratifs.

Dans le cas vénézuélien, en revanche, l'action autonome d'*amparo n'exige pas d'avoir auparavant épuisé les voies judiciaires*. Elle ne se présente donc pas non plus comme un recours extraordinaire contre les décisions judiciaires. Il s'agit d'une action judiciaire autonome qui est recevable uniquement lorsqu'on n'opte pas pour d'autres actions judiciaires qui permettent, au moyen de procédures brèves et sommaires, d'obtenir la sauvegarde et la protection des droits et le rétablissement immédiat de ceux-ci (art.6, a1.5), ou en matière de protection contre des actes administratifs ou conduites d'omission de l'administration, quand la voie du contentieux administratif ne s'avère pas être un moyen effectif de protection constitutionnelle. En ces cas, ce n'est pas que l'action d'*amparo* requière l'épuisement préalable du recours contentieux administratif d'annulation lorsque la violation du droit constitutionnelle est attribuable à un acte administratif, mais plutôt que le recours contentieux administratif peut être en soi le moyen de protection. C'est pourquoi dans le cas d'actes administratifs, quand le recours contentieux administratif ne sert pas effectivement comme moyen de protection, en raison des circonstances particulières du cas concret, l'action d'*amparo* est alors recevable (art.5).

D'autre part, il faut signaler que le droit d'*amparo*, en accord avec la Constitution et la loi organique, peut s'exercer devant les «tribunaux» conformément à la loi, donc en accord avec la loi organique de l'*amparo*. La compétence pour connaître l'action autonome d'*amparo* est attribuée aux tribunaux de première instance.

En effet, conformément à l'article 7 de la loi organique:

> Sont compétents pour connaître de l'action d'*amparo* les tribunaux de première instance dans la matière qui soit en affinité avec la nature du droit ou des garanties constitutionnelles violées ou menacées de violation, dans la juridiction du lieu du fait, acte ou omission à l'origine de la demande d'*amparo* ...
>
> De la protection de la liberté et de la sécurité personnelles connaîtront les tribunaux de première instance correctionnelle conformément à la procédure établie dans cette loi.

Dans son article 9, la loi ajoute:

> Lorsque les faits, actes ou omissions constituent la violation ou menace de violation du droit ou de la garantie constitutionnelle se produisent dans une localité où ne fonctionne pas de tribunal de première instance, on interjettera l'action d' *amparo* devant un juge quelconque qui décidera en conformité avec les dispositions de cette loi. Dans les 24 heures qui suivent la décision du jugement, le juge l'enverra en consultation devant le tribunal de première instance compétent.

Dans certains cas, néanmoins, l'action autonome d'*amparo* ne peut être intentée que devant la Cour suprême de justice qui connaît en instance unique dans les cas où la violation ou la menace de violation du droit constitutionnel surgit d'un fait, acte ou omission émanant du Président de la République, des ministres, du directeur du ministère public, du Procureur général de la République, ou du *Contralor* général de la République (art.8).

g'. «L'action de tutelle» en Colombie en tant que voie judiciaire autonome: Nous avons signalé auparavant que, de notre point de vue, le système adopté par la Constitution de Colombie en 1991 pour la protection constitutionnelle des droits fondamentaux, était la consécration d'un droit constitutionnel à tutelle judiciaire de ces droits, par le biais de voies judiciaires multiples, et également au moyen de l'exercice d'une «action de tutelle» spécifique que prévoit l'article 86 de la Constitution en ces termes:

> Art.86.- Toute personne disposera de l'action de tutelle afin de réclamer devant le juge, à tout moment et en tout lieu, au moyen d'une procédure privilégiée et sommaire, par elle-même ou par qui intervient en son nom, la protection immédiate de ses droits constitutionnels et fondamentaux, dans toute circonstance où ceux-ci seraient lésés ou menacés par l'action ou par l'omission d'une autorité publique quelconque...

Il importe de souligner d'abord que cette action de tutelle autonome peut être exercée devant l'ensemble des tribunaux et non devant un tribunal unique.

Ainsi, des termes de l'article 86 de la Constitution, il ressort que, par le fait d'avoir consacré le droit de toute personne à exercer l'action de tutelle pour la protection des droits constitutionnels fondamentaux «devant les juges», la possibilité est suggérée que sur le plan législatif, s'établisse la possibilité d'exercice de l'action de tutelle devant tous les juges. L'article 6 vient même corroborer cette idée en exigeant que la décision émise à l'occasion de l'exercice de l'action de tutelle «puisse être contestée devant le juge compétent et, de toute manière, celui-ci la remettra à la Cour constitutionnelle pour son éventuelle révision».

Voici donc consacré le principe de la «bi instance» du procès judiciaire de l'action de tutelle, avec la possibilité d'une révision «éventuelle» de la part de la Cour constitutionnelle, dans les cas et selon les exigences qu'établit la loi régissant l'action.

Par ailleurs, remarquons que, dans le cas de l'action de tutelle des droits constitutionnels fondamentaux en Colombie, la Constitution n'exige pas d'avoir épuisé préalablement les actions ou les recours judiciaires, même si elle prévoit expressément qu'elle n'est recevable que «lorsque la victime ne dispose pas d'un autre moyen de défense judiciaire»; et même dans ce cas, l'action de tutelle est admissible «comme un mécanisme transitoire pour éviter un préjudice irréparable» (art.86).

2. Etendue de la protection: droits et libertés protégés

La protection constitutionnelle des droits et libertés publics au moyen d'action et de recours d'*amparo* se réfère, dans certains cas, à tous les droits et libertés constitutionnels, et dans d'autres cas, seulement concerne que quelques uns. Ainsi, le droit comparé présente une gamme de systèmes de protection ou *amparo* constitutionnel qui vont d'un extrême, où tous les droits et libertés constitutionnels sont protégés, à un autre, où seulement quelques uns des dits droits, appelés «droits fondamentaux», sont protégés.

A. L'*amparo* de tous les droits et garanties constitutionnels

On distingue tout d'abord les systèmes de protection judiciaires de tous les droits et garanties constitutionnels, au moyen de l'*amparo*, ou ceux où l'on distingue l'*amparo* de l'*habeas corpus*.

*(a) L'*amparo *de tous les droits et garanties constitutionnels, y compris la liberté et la sécurité personnelles: le cas du Vénézuéla*

Quelques systèmes constitutionnels ont conçu l'*amparo* comme un mécanisme de protection de tous les droits et garantie constitutionnels, y compris la sécurité et la liberté personnelles.

Tel est le cas du Vénézuéla, où l'*amparo* se présente comme un moyen de protection de la jouissance et de l'exercice d'absolument tous les droits et garanties que la Constitution consacre. Pour corroborer cette affirmation, il suffit de rappeler que l'article 49, qui institue le droit d'*amparo*, est placé dans le chapitre I contenant les «Dispositions générales» du Titre III, lequel se réfère aux «Devoirs, Droits et Garanties constitutionnels», en considérant que, postérieurement, dans les cinq chapitres restants, on ordonne séparément les devoirs, les droits individuels, les droits sociaux, les droits économiques et les droits politiques.

En vue de la situation de la norme dans les Dispositions générales mentionnées, la loi organique a signalé explicitement que le droit d'*amparo* est efficace lorsqu'il concerne:

> La jouissance et l'exercice des droits et garanties constitutionnels, et même les droits fondamentaux de la personne humaine qui ne figurent pas dans la Constitution (art. 1).

C'est pourquoi il n'est pas possible de soutenir qu'au Vénézuéla, le droit d'*amparo* peut être considéré comme un moyen de protection de quelques droits seulement. Au contraire, il concerne tous les droits et garanties repris dans la Constitution, y compris la sécurité et la liberté personnelles. L'action d'*habeas corpus* au Vénézuéla est donc une action d'*amparo* protégeant la sécurité et la liberté personnelles fixée par la loi organique d'*amparo* elle-même. Le Législateur a ainsi été amené à considérer qu'au moyen du droit d'*amparo*, on ne protégeait pas seulement tous les droits et garanties énumérés dans la Constitution dans les articles 43 à 116, mais aussi, bien entendu, ceux qui s'établissent indirectement dans d'autres normes constitutionnelles. Par exemple, le droit à ce que les entités publiques n'exigent pas des personnes naturelles et juridiques le paiement d'impôts et de contributions qui ne soient pas fixés dans une loi formelle, conformément à l'article 224 de la Constitution, et le droit à ce que l'Etat n'établisse ni n'exige le paiement d'impôts sous forme de service personnel, consacré dans l'article 225 de la Constitution.

En outre, le droit d'*amparo* prévu dans l'article 49 de la Constitution se rapporte aussi à ces droits fondamentaux qui ne sont pas expressément énoncés en normes constitutionnelles, mais qui sont des droits inhérents à la personne humaine. En ce sens, le texte de l'article 50 de la Constitution acquiert toute sa valeur:

> *Article 50.*- L'énonciation des droits et garanties contenus dans la Constitution ne doit pas se considérer comme une négation d'autres droits qui, pour être inhérents à la personne humaine, n'y figurent pas expressément. L'absence de loi régissant ces droits n'en altère pas l'exercice.

L'action d'*amparo* protège donc aussi tous ces droits inhérents à la personne humaine qui ne figurent pas expressément dans le texte, étant bien entendu qu'il n'est pas nécessaire qu'une loi réglemente ces droits pour que leur exercice en soit garanti. Evidemment, en raison de l'énoncé de cet article 50, acquièrent une grande importance l'ensemble des droits apparaissant dans la Déclaration universelle des droits de l'homme et dans les Conventions internationales qui réglementent ces droits, telles que la Convention américaine des droits de l'homme, ou les Pactes internationaux des droits civils et politiques, économiques et sociaux, qui, en outre, ont force de loi dans la République, étant donné leur approbation par des lois spéciales du parlement.

*(b) L'*amparo *de tous les droits et garanties constitutionnels, au moyen d'*amparo *et d'*habeas corpus*: le cas du Costa Rica, de l'Argentine, de l'Uruguay. du Pérou, du Guatemala*

Dans d'autres systèmes constitutionnels, bien qu'on garantisse la protection de tous les droits et garanties constitutionnels, sans exception, celle-ci s'obtient par le biais de deux procédures différentes: l'action ou le recours d'*amparo* et recours d'*habeas corpus*. C'est le cas de l'Argentine, du Costa Rica, de l'Uruguay et du Pérou.

Au *Costa Rica*, l'article 48 de la Constitution est absolument clair dans sa disposition:

> Article 48.- Toute personne a droit au recours d'*habeas corpus* pour garantir sa liberté ou intégrité personnelle, et au recours d'*amparo* pour maintenir ou rétablir la jouissance des autres droits consacrés dans cette Constitution, ainsi que ceux de caractère fondamental établis dans les instruments internationaux sur les droits de l'homme, applicables à la République...

Cette norme s'est développée dans la loi de juridiction constitutionnelle de 1989, où il lui correspond de «garantir, au moyen des recours d'*habeas corpus* et d'*amparo*, les droits et garanties consacrés par la Constitution politique et les droits de l'homme reconnus par le droit international en vigueur au Costa Rica» (art.2,a).

En Argentine, la protection des droits et libertés constitutionnels est garantie grâce à la procédure d'*habeas corpus* et l'action d'*amparo*, régis par la loi. Quant à la procédure d'*amparo*, la loi 23098 de 1984 stipule qu'elle est recevable lorsqu'on dénonce un acte ou une omission d'une autorité publique qui entraîne:

1. La limitation ou menace réelle de la liberté de mouvement sans ordre écrit de l'autorité compétente;

2. L'aggravation illégitime de la manière et des conditions dans lesquelles s'accomplit la privation de la liberté sans préjudice des facultés propres au juge du procès s'il y a lieu (art.3).

Quant à l'action d'*amparo*, en accord avec l'article 1 de la loi n° 16986 de 1966, elle

> Sera admissible contre tout acte ou omission de l'autorité publique qui, en forme réelle ou imminente lèse, restreint, altère ou menace, avec un caractère arbitraire ou manifestement illégal, les droits ou garanties explicitement ou implicitement reconnus par la Constitution national, à l'exception de la liberté individuelle protégée par l'*habeas corpus*.

Pareillement, la loi 16011 de 1988 de l'*Uruguay* établit:

> Article 1.- Toute personne physique ou juridique, publique ou privée, pourra introduire l'action d'*amparo* contre tout acte, omission ou fait des autorités de l'Etat ou collatérales, ainsi que de particuliers qui, en forme actuelle ou imminente, à son avis, lèse, restreint ou menace avec illégitimité manifeste, l'un quelconque de ses droits reconnus de manière expresse ou implicite par la Constitution (art. 72), à l'exception des cas où l'interposition du recours d'*habeas corpus*.

Le système constitutionnel du Pérou offre une situation comparable de protection de tous les droits et libertés constitutionnels au moyen de deux instruments de procédure: l'action d'*habeas corpus* et l'action d' *amparo*.

En effet, la loi n° 23506 établit dans son article 12:

> Article 12.- On considère que la liberté individuelle est violée ou menacée et, en conséquence, il y a lieu d'admettre l'action d'*amparo* pour les droits énoncés ci-après:
>
> 1. De se réserver ses convictions politiques, religieuses, philosophiques ou de tout autre ordre.
> 2. De la liberté de conscience et de croyance.
> 3. De ne pas être contraint par la force à donner des déclarations.
> 4. De ne pas être obligé de prêter serment, ni d'être contraint de déclarer contre soi-même ou de reconnaître sa culpabilité en cause pénale, ni contre son conjoint, ses parents au quatrième degré de consanguinité ou au deuxième d'affinité.

5. De ne pas être condamné à l'exil ou banni ou confiné si ce n'est par un jugement définitif.

6. De ne pas être expatrié ni éloigné du lieu de résidence, si ce n'est par mandement judiciaire ou par application de la loi sur les étrangers.

7. De ne pas être séquestré.

8. De l'étranger qui a bénéficié d'asile politique de ne pas être refoulé vers le pays dont le gouvernement le poursuit, ou en aucun cas si sa liberté ou sa sécurité était en danger du fait de l'expulsion.

9. Des nationaux ou étrangers résidents d'entrer, de se déplacer ou de sortir du territoire national, sauf en cas de mandement judiciaire ou d'application de la loi sur les étrangers ou de la santé.

10. De ne pas être détenu si ce n'est par mandat écrit du juge ou par les autorités judiciaires en cas de flagrant délit; ou pour le détenu de ne pas être mis dans les 24 heures ou dans le terme de la distance, à la disposition du tribunal qui correspond, en vertu du paragraphe g. de l'alinéa 20) de l'article 2 de la Constitution, ainsi que des exceptions qui s'y trouvent consignées.

11. De ne pas être emprisonné pour dettes, sauf en cas de pension alimentaire.

12. De ne pas être privé de passeport, à l'intérieur ou en dehors de la République.

13. De ne pas être coupé de toute communication, si ce n'est en cas indispensable pour l'éclaircissement d'un délit et selon la forme et le délai prévus par la loi, conformément au paragraphe i. de l'alinéa 20) de l'article 2 de la Constitution.

14. D'être assisté d'un avocat défenseur de son choix depuis le moment de l'assignation ou de la détention par l'autorité.

15. De faire retirer les gardes postés au domicile ou cesser la poursuite policière lorsque il y a atteinte à la liberté individuelle.

16. De mise en liberté, dans le cas d'un détenu ou accusé qui aurait été amnistié, gracié, déclaré sursitaire, acquitté ou dont l'action pénale ou l'exécution de la peine ait été déclarée prescrite.

18. De donner une éducation dans les principes constitutionnels.

19. A des exonérations tributaires en faveur des universités, centres éducatifs et culturels.

20. De la liberté de chaire.

21. D'accès aux médias selon les termes de l'article 70 de la Constitution.

22. Aux autres droits fondamentaux qu'établit la Constitution.

La Constitution du *Guatemala* de 1985 prévoit également le double système de protection des droits constitutionnels au moyen d'une action d'*habeas corpus* et d'une action d'*amparo*.

En effet, l'article 79 de la Constitution établit ce qui suit au sujet de l'*habeas corpus*:

> Quiconque est, de manière illégale, emprisonné, détenu ou réprimé de quelque façon que ce soit, dans la jouissance de sa liberté individuelle, menacé de la perdre, ou s'il subit des vexations, même dans le cas où son emprisonnement ou détention aurait un fondement légal, a le droit de demander son immédiate présentation devant les tribunaux de justice, soit dans le but de recouvrer la liberté, de mettre fin aux vexations ou de faire cesser la contrainte à laquelle il est soumis. Si le tribunal décrétait la liberté de la personne illégalement recluse, celle-ci serait mise en liberté sans délai. Quand il en est ainsi demandé et que le juge ou le tribunal l'estime pertinent, la présentation réclamée se pratiquera dans le lieu et place du détenu, sans avis préalable ni signification aux parties.

La présentation personnelle du détenu en faveur duquel sera introduit le recours d'*habeas cornus* est indispensable. Les autorités qui ordonnent l'occultation du détenu ou refusent de le présenter au tribunal respectif, ou qui enfreignent cette garantie de quelque autre manière, de même que les agents exécutants, commettront le délit de séquestration et seront punis, conformément à la loi.

En outre, dans la Loi d'*amparo,* d'*habeas corpus* et de constitutionnalité, *l'habeas corpus* a été établi de manière à protéger la sécurité et la liberté des personnes, la compétence en étant assignée à des tribunaux de juridiction privative (soumis à des normes spéciales avec des attributions spécifiques).

Quant au recours d'*amparo*, il est établi de la même manière dans la Constitution, et développé dans la Loi d'*amparo,* d'*habeas corpus* et de constitutionnalité.

Dans la Constitution, la finalité de l'*amparo* consiste à octroyer protection aux particuliers contre la violation des droits qui y sont consacrés, suscitée par des actes provenant d'organismes de l'Etat et, dans certains cas, de particuliers, et en conformité avec ces textes. Selon le commentaire de Jorge Mario García La Guardia sur les dispositions de la Constitution de 1966, l'*amparo* est admissible dans les cas suivants:

a) Pour que l'offensé soit maintenu ou rétabli dans la jouissance des droits et garanties qu'établit la Constitution (principe général recueilli dans l'article 80, alinéa 1).

b) Pour qu'il soit déclaré dans des cas concrets qu'une loi, un règlement ou une résolution ou acte d'autorité ne contraint pas le requérant, l'un quelconque des droits garantis par la Constitution ayant été transgressé ou restreint (article 80, alinéa 2).

c) Pour qu'il soit déclaré dans des cas concrets qu'une disposition ou résolution de nature non purement législative émanant du parlement de la République n'est pas applicable au requérant, un droit constitutionnel ayant été violé (article 80, alinéa 3).

d) Les cas restants établis expressément par la Constitution font l'objet du même article 80, dans son alinéa 4. Ces cas réunis, et d'autres, sont les suivants:

1. Contre les résolutions du Registre et Conseil électoral, devra être interjeté, après avoir présenté celui de révision, devant les chambres de la Cour d'appel ayant siège dans la capitale (article 40);

2. Les pétitions en matière politique adressées aux autorités administratives doivent être résolues par celles-ci dans un délai n'excédant pas les trente jours, une fois achevé le procès administratif correspondant. S'il rien advient pas ainsi, le pétitionnaire pourra faire usage du recours d'*amparo* afin que soit fixé à l'autorité un délai défini pour rendre sa décision (article 62, alinéa 30.).

3. Contre l'infraction à la procédure commise par la haute Cour de justice, au sujet des questions soumises à sa connaissance (article 80, alinéa 10., deuxième partie).

e) En matière administrative, lorsque illégalement, ou avec abus de pouvoir, l'autorité dicte un règlement, accord, résolution ou mesure, qui cause un dommage ou donne lieu à la juste crainte d'en être victime ou qu'on requière du pétitionnaire des conditions non raisonnables, pourvu qu'il n'existe pas de recours administratif à effet suspensif contre le règlement ou acte contesté ou que le préjudice ne soit réparable par un autre moyen légal de défense (article 80, paragraphe final, non identifié comme alinéa)[517].

*(c) L'*amparo *de tous les droits et garanties constitutionnels. au moyen de plusieurs actions de protection constitutionnelle: le cas du Brésil*

Comme nous l'avons déjà signalé, au Brésil, tous les droits et libertés constitutionnels garantis par la Constitution peuvent faire l'objet de protection ou d'*amparo*, par le biais de quatre actions spécifiques: l'*habeas corpus*, le *mandado de segurança*, l'*habeas data*, et le *mandado de injunçao*.

Ces quatre moyens judiciaires de protection figurent de manière expresse dans la nouvelle Constitution de 1988 sous la forme suivante:

Concernant l'*habeas corpus*, l'article 5, LXVIII dispose que:

> L'*habeas cornus* est concédé chaque fois que quelqu'un subit ou est menacé de subir une violence ou contrainte dans sa liberté de déplacement, du fait d'une illégitimité ou abus de pouvoir.

L'article 5, LXIX, prévoit le *mandado de segurança individuel* dans ces termes:

> Le *mandado de segurança* est concédé pour sauvegarder un droit liquide et certain, non protégé par l'*habeas corpus* ou l'*habeas data*, lorsque le responsable de l'illégalité ou abus de pouvoir est une autorité publique ou un agent de personne juridique dans l'exercice de fonctions du pouvoir public.

Quant au *mandado de segurança* collectif, l'article 5, LXX de la Constitution établit:

> Le *mandado de segurança* collectif peut être intenté par:
>
> a. Un parti politique ayant représentation au parlement national,
>
> b. Une organisation syndicale, entité de classe ou association légalement constituée, fonctionnant depuis au moins un an, en défense de l'intérêt de ses membres ou associés.

En ce qui concerne le *mandado de injunçao*, l'article 5, LXXI de la Constitution dispose ce qui suit:

> Le *mandado de injunçao* est concédé chaque fois que, par manque de norme réglementaire, l'exercice des droits et libertés constitutionnels et des prérogatives inhérentes à la nationalité, à la souveraineté et à la citoyenneté, s'avère non viable.

Finalement, l'article 5, LXXII de la Constitution prévoit l'*habeas data* de la manière suivante:

---

(517) Jorge Mario GARCÍA LA GUARDIA, «La Constitución y su defensa en Guatemala», in UNAM, *La Constitución y su defensa*, México 1984, pp. 717-719.

L'*habeas data* est concédé:

a. Pour assurer la connaissance d'informations concernant la personne requérante, consignées dans des registres ou banques d'information d'entités gouvernementales ou de caractère public;

b. Pour rectifier des informations, lorsque l'on juge préférable de ne pas le faire par le biais de processus brefs, judiciaires ou administratifs.

B. L'*amparo* de certains droits et libertés constitutionnels

Dans d'autres systèmes juridiques, les moyens de protection constitutionnelle des droits et libertés ne sont établis que sur le plan constitutionnel et concernent certains droits et garanties, considérés comme «fondamentaux». Telle est, en général, la situation du recours d'*amparo* en Allemagne, et dans un des systèmes latino-américaines, comme celui du Chili et de la Colombie.

*(a) Le recours d'*amparo *limité aux «droits fondamentaux» en Allemagne*

Le recours d'*amparo* prévu dans la Constitution de Bonn, qui s'intente devant le Tribunal constitutionnel fédéral, n'est destiné qu'à protéger certains droits et libertés constitutionnels appelés «droits fondamentaux» (*Grundrechte*), énumérés dans le chapitre premier, articles 1 à 19 de la Loi fondamentale, et une série de droits assimilés à eux dont traitent les articles 204, 33, 38, 101, 103 et 104 de la dite Loi. Quant à ceux qui sont énumérés dans le chapitre premier, les droits suivants sont reconnus et font l'objet d'*amparo*: dignité de l'homme (art. l); libre développement de la personnalité (art.2-1); droit à la vie et à l'intégrité physique (art.2-2); égalité (art.3); liberté idéologique et religieuse (art.4-1); liberté de cultes (art.4-2); droit d'objection de conscience (art.4-3 et 12.a.2); liberté d'expression et d'information (art.51); liberté d'enseignement et de recherche (art.5-2); droit au mariage, protection de la famille et non-discrimination pour raison de naissance hors du mariage (art.6); droit à l'éducation (art.7); liberté de réunion (art.8); liberté d'association (art.9); inviolabilité du secret des communications (art.10); liberté de domicile et de mouvement (art. 11); droit de choisir librement la profession et le lieu de travail (art. 12); inviolabilité du domicile (art.13); droit à la propriété privée et à l'héritage (art.14); droit à la nationalité allemande (art.16-1); droit à l'asile politique des étrangers (art. 16-2); droit de pétition (art.17).

A ces droits fondamentaux, il importe d'ajouter, comme nous l'avons indiqué, les droits qui y sont assimilés: le droit de résister contre quiconque agirait contre l'ordre constitutionnel (art.204); l'obligation de droits et obligations des allemands dans tous les Etats de la Fédération (art.331); droit d'égal accès aux places et emplois publics (art.33-2); droit électoral actif et passif (art. 103-1); droit à être entendu en justice (103-1); *non bis in idem* (art.103-3); garanties juridiques pour les cas de privation de liberté (art.104).

(b) Le recours de protection au Chili restreint à certains droits et libertés constitutionnels

Dans la Constitution du Chili, le système de protection des droits et libertés constitutionnels est composé de deux actions: tout d'abord, l'action d'*habeas corpus* destinée à protéger tout individu qui seraient arrêté, détenu ou emprisonné avec infraction à la Constitution; et en second lieu, le *recours de protection* destiné à protéger uniquement certains droits constitutionnels.

Quant à l'action d'*habeas corpus,* l'article 21 de la Constitution dispose en ces termes:

> Art.21.- Tout individu qui serait en état d'arrestation, détention ou emprisonnement avec infraction d'une disposition de la Constitution ou des lois, pourra concourir personnellement ou par ses représentants, à la magistrature signalée par la loi, afin que celle-ci ordonne de respecter les formalités légales et adopter immédiatement les mesures jugées nécessaires pour le rétablissement de l'empire du droit et assurer la due protection de l'affecté.
>
> Cette magistrature pourra ordonner que l'individu soit amené en sa présence et son décret sera rigoureusement suivi par tous les responsables des prisons et des lieux de détention. Une fois instruite des antécédents, elle décrètera la liberté ou fera en sorte que soient réparés les défauts légaux ou mettra l'individu à la disposition du juge compétent, procédant en tout de manière brève et sommaire, et corrigeant, de par elle-même, les dits défauts ou, se référant à qui il incombe, pour leur correction.
>
> Le même recours, et de la même manière, pourra être présenté en faveur de toute personne qui, illégalement, aura subi quelque autre privation, perturbation ou menace dans son droit à la sécurité et la liberté personnelles. La magistrature respective dictera dans ce cas les mesures indiquées dans les alinéas précédentes qu'elle estime adéquates pour le rétablissement de l'empire du droit et pour assurer la légitime protection de l'affecté.

Quant au recours de protection, celui-ci est consacré dans l'article 20 de la Constitution, lequel stipule ce qui suit:

> Art.20.- Celui qui, en raison d'actes ou omissions arbitraires ou illégaux, subit privation, perturbation ou menace dans le légitime exercice des droits et garanties établis dans l'article 19, numéros 1, 2, 3, alinéa quatre, 4, 5, 6, 9, alinéa finale, 11, 12, 13, 15, 16 concernant la liberté du travail et le droit à son libre choix et libre engagement, et à la disposition contenue dans l'alinéa quatre, 19, 21, 22, 23, 24, et 25, pourra concourir personnellement ou par ses représentants, à la Cour d'appel respective, laquelle adoptera immédiatement les dispositions qu'elle jugera nécessaires pour rétablir l'empire du droit et assurer la légitime protection de l'affecté, sans préjudice pour tout autre droit qu'il pourrait faire valoir devant l'autorité ou les tribunaux correspondants.
>
> Le recours de protection sera recevable également dans le cas du n°-8 de l'article 19, quand le droit de vivre dans un milieu libre de pollution est affecté par un acte arbitraire et illégal, imputable à une autorité ou personne déterminée.

Conformément à cette énumération, seuls les droits et libertés constitutionnels suivants sont protégés: moyennant le recours de protection: le droit à la vie et à l'intégrité physique et psychique (19.1); l'égalité devant la loi (19.2); le droit à être jugé par des juges naturels (19.3); le droit au respect de la vie privée et publique et à l'honneur de sa personne et de sa famille (19.4); l'inviolabilité du foyer et de toute forme de communication privée (19.5); la liberté de conscience et de cultes (19.6); le droit de choisir le système de santé (art. 19.9, in fine); la liberté d'enseignement (19.11); la liberté d'émettre des opinions et d'informer (19.12); le droit de réunion (19.13); le droit d'association (19.15); la liberté de travail et le droit aux libres choix et engagement (19.16); le droit de se syndiquer (19.19); la liberté économique (19.21); le droit à la non-discrimination (19.22); la liberté d'acquisition de la propriété (19.23); le droit de propriété (19.24); le droit d'auteur (19.25); le droit de vivre dans un milieu libre de pollution (20).

En dehors de ces droits et libertés constitutionnels, les autres droits consacrés dans la Constitution n'ont pas de moyens spécifiques de protection, mais leur sauvegarde incombe aux tribunaux ordinaires par les voies judiciaires ordinaires.

(c) Le système colombien: la tutelle de certains droits constitutionnels au moyen de l'habeas corpus et de l'action de tutelle

Le système de la Constitution de la Colombie établit tout d'abord deux moyens de protection générale des droits constitutionnels fondamentaux: l'*habeas corpus* et l'action de tutelle.

En ce qui concerne l'*habeas corpus* en tant que moyen de protection constitutionnelle de la liberté, l'article 30 du Texte fondamental prévoit ce qui suit:

> Art.30.- Quiconque se trouverait privé de sa liberté, ou croirait l'être illégalement, a le droit de saisir une autorité judiciaire quelconque, à tout moment, personnellement ou par personne interposée, de l'*habeas corpus*, qui doit se résoudre au terme des trente six heures.

De son côté, l'action de tutelle, conçue dans l'article 86 de la Constitution, vise la protection immédiate des «droits constitutionnels fondamentaux», raison pour laquelle dans le contexte du chapitre II de la Constitution, il est nécessaire de déterminer si tous les droits y établis sont des «droits fondamentaux» susceptibles d'être protégés au moyen de l'action d'*amparo*. La réponse, en principe, est négative. En effet, le titre II de la Constitution, en faisant référence aux «droits», «garanties» et «devoirs», les prévoit dans différents chapitres de la manière suivante: «Chapitre 1.- Des Droits fondamentaux; Chapitre 2.- Des Droits sociaux, économiques et culturels; Chapitre 3.- Des Droits collectifs et de l'environnement.» De cette énumération, il ressortirait qu'en principe, seuls les droits prévus dans le Chapitre I (art.11 à 41), seraient des «droits fondamentaux». Donc, théoriquement, seuls ces droits constitutionnels fondamentaux seraient valables pour l'action de tutelle, laissant hors de ce moyen de protection les autres droits constitutionnels.

D'autre part, l'article 85 de la Constitution établit avec précision ceux parmi les «droits fondamentaux» qui sont «d'application immédiate». En principe, ceci impliquerait que ce n'est que par rapport aux dits droits que l'exercice de l'action de tutelle serait recevable. Ces droits «d'application immédiate», et donc susceptibles de protection constitutionnelle par le biais de l'action de tutelle, sont les suivants: le droit à la vie (art. 11); le droit à ne pas être déclaré disparu, ni à être soumis à la torture ou à des traitements inhumains ou dégradants (art. 12); le droit à l'égalité (art. 13); le droit à la personnalité (art. 14); le droit à l'intimité (art.15); le droit au libre développement de la personnalité (art. 16); prohibition de l'esclavage, de la servitude et de la traite d'êtres humains (art. 17); la liberté de conscience (art. 18); la liberté de cultes (art. 19); la liberté d'expression (art.20); le droit à l'honneur (art.21); le droit à la pétition (art.22); la liberté de circulation (art.24); le droit à l'exercice des professions (art.26); la liberté d'enseignement (art.27); la liberté personnelle (art.28); le droit au procès légitime et à la défense (art.29); le droit à l'*habeas corpus* (art.30); le droit de révision des décisions judiciaires (art.31); le droit à ne pas déclarer contre soi-même (art.33); prohibition des peines de bannissement, à perpétuité et de confiscation (art.34); le droit de réunion (art.37); le droit de participation politique et au suffrage universel (art.40).

En dehors de ces droits et libertés constitutionnels, les autres droits constitutionnels ne trouveront pas de protection constitutionnelle par «l'action de tutelle», c'est pourquoi le Législateur devrait établir les autres moyens de protection constitutionnelle, en vue du caractère du droit à la tutelle qui prévaut dans la Constitution de la Colombie.

3. Personnes protégées

A. Personnes naturelles et morales

Il est à remarquer qu'en général, toutes les personnes naturelles ou juridiques peuvent se servir des recours ou actions d'*amparo* établis dans les ordres constitutionnels pour la protection des droits et libertés.

Bien entendu, certains de ces droits et libertés, en tant que droits de l'homme, ne se réfèrent qu'aux personnes naturelles, nationales ou étrangères (le droit à la vie, à la sécurité et la liberté personnelles, par exemple), et dont la protection ne pourra être demandée que par la victime ou en son nom.

Cependant, il est évident qu'en ce qui concerne les droits constitutionnels qui peuvent correspondre à des personnes juridiques (la liberté économique ou la propriété, par exemple), celles-ci possèdent la légitimité active nécessaire pour demander la protection.

Dans le cas du Vénézuéla, l'*amparo* correspond à tous, pour protéger la jouissance et l'exercice des droits et garanties constitutionnels. Par conséquent, il protège leurs titulaires non seulement lorsqu'il s'agit de personnes naturelles, mais aussi lorsqu'il s'agit de personnes morales. Etant donné l'ampleur accordée au droit d'*amparo* dans l'article 49 de la Constitution, l'expression «tout habitant» n'a pas été interprétée par la jurisprudence ni par le Législateur comme se référant uniquement à des personnes naturelles, mais concerne aussi, bien entendu, toutes les personnes morales. En outre, les droits que la Constitution consacre ne sont pas uniquement des droits de personnes naturelles; nombre d'entre eux sont garantis également à des personnes morales. La seule exigence de la loi organique pour l'obtention de la protection dans ces cas, est que les personnes morales soient domiciliées dans le pays (art.2).

Dans le cas de la Constitution de Colombie, en ce qui concerne l'action de tutelle, puisque son usage est réservé à la protection des droits fondamentaux d'application immédiate, en principe, les personnes protégées par cette action sont les personnes naturelles. Les personnes juridiques pourraient néanmoins exercer l'action de tutelle pour la protection de droits tels que celui de pétition (art.22), le droit au procès légitime et à la défense (art.29), à la révision des décisions judiciaires (art.31) et à la prohibition des peines perpétuelles et de confiscation (art.34).

B. Les personnes de droit public

Quoiqu'il en soit, le principal thème d'intérêt comparatif à ce sujet est de déterminer si les personnes de droit public peuvent être titulaires de droits constitutionnels susceptibles de protection par voie de l'action d'*amparo.*

En Allemagne par exemple, il est admis que le recours d'*amparo* constitutionnel puisse être intenté devant le Tribunal constitutionnel fédéral par les Communes ou groupes municipaux alléguant que leurs droits à l'autonomie institutionnel reconnu dans la loi fondamentale (art.28-2), s'est trouvé violé par une disposition législative. Au cas où les violations seraient causées par les lois des *Lander*, le recours doit être interjeté devant le tribunal constitutionnel du *Lander* respectif. En tout cas, il ne s'agirait pas d'un *amparo* des droits fondamentaux, mais de la garantie spécifique de l'autonomie des entités locales.

En Argentine, où l'*amparo* est recevable contre des particuliers, on considère, selon la doctrine, que les personnes juridiques de droit public peuvent intenter l'action d'*amparo* pour la protection de leurs droits constitutionnels[(518)]. En revanche, dans les systèmes semblables à celui du Brésil, où le *mandado de segurança* opère uniquement contre l'Etat et non contre des particuliers, il est soutenu que celui-ci pourrait être exercé par des personnes de droit public[(519)].

Dans le cas du Mexique également, du point de vue de la doctrine, on considère que la Fédération et les Etats membres sont titulaires du droit à l'action d'*amparo* les cas d'invasion de souveraineté, c'est à dire pour maintenir chaque autorité dans sa sphère de compétence. Il ne s'agirait pas ici de protection de droits fondamentaux, mais plutôt du principe constitutionnelle de la distribution verticale du pouvoir et de compétence et d'autonomie territoriale des entités publiques[(520)].

Au Vénézuéla, nous avons soutenu que les entités territoriales ont un droit constitutionnel à l'autonomie que leur reconnaît et garantit la Constitution et que, par conséquent, les violations de celui-ci pourraient donner lieu à l'exercice d'*amparo*.

---

(518) José Luis LAZZARINI, *op. cit.*,. pp. 266-267.
(519) *Idem*, p. 268.
(520) German BIDART CAMPOS, *Derecho de amparo*, Buenos Aires 1961.

En effet, en instituant le système de distribution de pouvoir public propre à la forme fédérale, la Constitution établit de ce fait une série de droits constitutionnels favorisant les entités territoriales. Sur le plan municipal, sans aucun doute, les communes ont un droit constitutionnel à leur autonomie, si bien que les violations de celle-ci par une action d'inconstitutionnalité, pourraient motiver la protection constitutionnelle par voie d'*amparo*.

Dans le cas des Etats membres, leur autonomie et leur égalité sont garantis par la Constitution (art.16), et à cet effet, le texte fondamental consacre différents droits constitutionnels de ces entités territoriales. En ce sens, deux des droits pourraient être relevés: le droit d'avoir une représentation au Sénat et à la Chambre des Députés, par le biais des représentants élus dans le cas de cette dernière, sur une base de population légalement définie; et le droit à participer au budget constitutionnel, c'est à dire le droit à une partie du budget national destiné à être alloué aux Etats (en tant que recettes) dont la distribution tient compte de la population de l'Etat.

On pourrait envisager que ces droits constitutionnels sont violés ou menacés de violation par exemple, si la population qui leur a été attribuée était illégalement modifiée par les autorités chargées du Recensement. En ce cas, devant le comportement illégitime du recenseur, un Etat pourrait recourir à la protection constitutionnelle afin que soit rétablie la situation juridique-constitutionnelle lésée.

Dans le cas de la Colombie, en ce qui concerne l'action de tutelle, étant donné sa réduction aux droits fondamentaux d'application immédiate, les entités publiques pourraient l'exercer dans des cas exceptionnels, comme par exemple la violation du droit à la défense et au procès légitime (art.29).

4. Motifs de la protection

La protection constitutionnelle à laquelle on peut prétendre au moyen de l'*amparo* judiciaire a toujours comme motif une action ou omission, qui lèse les droits constitutionnels. D'où l'intérêt d'étudier comparativement, au sujet de ces motifs de l'*amparo*, la cause immédiate de la lésion au droit, laquelle peut provenir aussi bien des autorités publiques que des particuliers.

En effet, la cause de la lésion des droits et libertés constitutionnels défendables constitutionnellement en général et historiquement, s'est située dans des actions ou omission provenant d'autorités publiques. C'est à dire l'*amparo* constitutionnel, en tant que moyen judiciaire de protection des droits et garanties constitutionnels, avait été conçu, en général, comme une garantie face à l'Etat, et contre les actes illégitimes et arbitraires des autorités et fonctionnaires publics. Néanmoins, progressivement, et en particulier depuis le célèbre jugement rendu r par la Cour suprême de la Nation argentine, dans le cas de *Samuel Kot* en 1958, l'*amparo* a été admis contre des actes de particuliers.

Cependant, tous les systèmes constitutionnels n'admettent pas ce présupposé, et en général, on peut estimer que l' *amparo* judiciaire demeure une garantie face aux actes ou omissions des autorités publiques.

A. L'*amparo* face à des particuliers

(a) Systèmes qui l'admettent en général

Dans le affaire mentionné ci-dessus de *Samuel Kot*, la Cour suprême de la Nation argentine admit l'*amparo* contre des actes de particuliers, en alléguant, comme le signale Lazzarini,

> Qu'il n'y a rien, ni dans l'esprit ni dans la lettre de la Constitution qui permette de soutenir que la protection des droits constitutionnels reste circonscrite aux attaques provenant de l'Etat uniquement» puisque, a déclaré la Cour suprême, «ce qui est principalement visé est moins à l'origine de la lésion des droits constitutionnels que les droits eux-mêmes car on s'intéresse plutôt aux droits agressés qu'aux agresseurs[(521)].

Quoiqu'il en soit, à partir de ce cas, la Cour suprême de la Nation et en général les tribunaux argentins ont admis de manière réitérée et uniforme la viabilité de l'*amparo* contre des actes de particuliers.

Cependant, la loi n° 16986 de 1986 de l'Argentine ne prévoit l'*amparo* que contre des actes de l'Etat, c'est à dire «contre tout acte ou omission de l'autorité publique» (art. l), de sorte que l'*amparo* contre des actes de particuliers s'obtient en vertu des dispositions des articles 321, alinéa 2, et 498 du Code de procédure civile et commerciale de la Nation.

Dans d'autres pays, l'action d'*amparo* contre des actes de particuliers, outre celle contre les actions ou omissions des autorités publiques, est prévue de manière expresse dans les lois respectives. C'est le cas du Vénézuéla, où la loi organique d'*amparo* sur les droits et garanties constitutionnels de 1988 établit qu'elle:

> Est recevable contre un fait, acte ou omission quelconque des organes du pouvoir public de la Nation, de l'Etat ou de la Commune. Elle est de même recevable contre le fait, acte ou omission provenant de *citoyens, personnes juridiques, groupes ou organisations privées* qui auraient violé, violeraient ou menaceraient de violation, l'un quelconque des droits ou garanties protégés par cette loi (art.2).

De la même manière, la loi n° 16011 d'*amparo* de 1988, en Uruguay, admet généralement l'action d'*amparo*

> Contre tout acte, omission ou fait des autorités de l'Etat ou para étatiques, *ainsi que de particuliers* qui, en forme actuelle ou imminente, à son jugement, lèse, restreint, altère ou menace, avec illégitimité manifeste, l'un quelconque des droits et libertés reconnus expressément ou implicitement par la Constitution (art. l).

Ainsi, au Vénézuéla et en Uruguay, la protection que peut octroyer le juge de l'*amparo* à la jouissance et à l'exercice des droits et libertés constitutionnels, ne se considère pas uniquement face à des actions publiques qui peuvent perturber la jouissance et à l'exercice des droits, mais aussi face à des troubles pouvant provenir d'autres particuliers, soit d'individus, soit de personnes morales. En cette

(521) *Cf.* J.L. LAZZARINI, *op. cit.*, p. 228.

matière, la Constitution ne fait pas de distinction. La loi admet donc l'action d'*amparo* face à des actions provenant de particuliers.

L'action de protection au Chili est prévue dans la Constitution pour protéger certains droits et libertés constitutionnels contre des actes ou omissions arbitraires ou illégaux qui soient causes de troubles ou menaces dans l'exercice légitime de ceux-ci (art.20), sans qu'aucune différence ne soit faite au sujet de l'origine des sanctions. C'est la raison pour laquelle il est admis que le recours de protection peut s'interjeter indistinctement contre des actes ou omissions de l'autorité ou de fonctionnaires publics ou d'un quelconque particulier.

Dans le cas du Pérou, l'action d'*amparo* est également admise contre des actes de particuliers, du fait qu'il est prévu dans la Constitution que «l'action d'*amparo* sauvegarde les autres droits reconnus par la Constitution (à l'exception de la liberté individuelle, protégé au moyen de l'action d'*habeas cornus*) qui soient violés ou menacés par une autorité, un fonctionnaire ou une *personne* quelconque» (art.295). C'est pourquoi la loi n° 23506 d'*habeas corpus* et d'*amparo* de 1982 se borne à signaler que les actions de garantie:

> Sont recevables dans le cas où sont violés ou menacés les droits constitutionnels par l'action ou par l'omission, d'actes à accomplir obligatoirement (art.2).

(b) Systèmes qui l'admettent de manière restreinte

Dans d'autres systèmes constitutionnels, l'*amparo* est admis contre des actes de particuliers, mais uniquement lorsque ceux-ci accomplissent des actes d'autorité. Tel est le cas du Costa Rica où, s'il est vrai que la Constitution ne fait pas de distinction (art.48), la loi de la juridiction constitutionnelle, en revanche, restreint l'*amparo* contre les sujets de droit privé, de la manière suivante:

> Art. 57.- Le recours d'*amparo* sera aussi recevable contre des actions ou omissions de la part de sujets de droit privé, lorsque ces derniers agissent ou doivent agir dans l'exercice de fonctions ou de pouvoirs publics, ou se trouvent, en droit ou en fait, dans une position de pouvoir face à laquelle les remèdes juridictionnels communs s'avèrent nettement insuffisants ou tardifs pour garantir les droits et libertés dont il est fait référence dans l'article 2, alinéa a) de cette loi (c'est à dire les droits et libertés consacrés par la Constitution politique et les droits de l'homme reconnus par le Droit international en vigueur au Costa Rica).

Au Guatemala également, le recours d'*amparo* est recevable contre des actes de particuliers, mais uniquement dans des cas déterminés, tel que la loi l'établit. Ainsi, l'article 9 de celle-ci prévoit que l'*amparo* pourra être intenté contre des actes ou résolutions d'entités décentralisées, autonomes et semi autonomes, d'entreprises et entités maintenues par les fonds de l'Etat ou créées par une loi ou concession; ou celles agissant par délégation des organes de l'Etat en vertu de contrats, concessions ou conformément à un autre *statut* similaire».

L'article 9 de la loi ajoute, de plus, que:

> Le recours d'*amparo* pourra être intenté contre des actes et résolutions dont on doit faire partie par disposition légale, et contre les actes et résolutions d'entités reconnues par la loi tels les partis politiques, associations, sociétés, syndicats, coopératives et autres de même nature, lorsqu'ils causeraient au requérant un préjudice patrimonial ou d'un autre genre».

C'est dans une même optique que se range la Constitution de Colombie, qui prévoit l'action de tutelle, fondamentalement, comme un moyen de protection contre «l'action ou l'omission de toute autorité publique». Toutefois, l'article 86 de la Constitution, dans sa partie finale, renvoie à la loi en matière d'exercice de l'action de tutelle contre des particuliers, dans les termes suivants:

> La loi établira les cas à propos desquels l'action de tutelle est recevable contre des particuliers chargés de la prestation d'un service public ou dont la conduite affecte gravement et directement l'intérêt collectif ou vis-à-vis desquels le demandeur est en état de subordination ou se trouve sans défense.

*(c) Systèmes qui excluent l'*amparo *contre des actes de particuliers*

En Allemagne, conformément à l'article 93, 1, 4, a, de la Loi fondamentale de Bonn et à l'article 90,1 de la loi du Tribunal constitutionnel fédéral, le recours constitutionnel n'étant recevable que contre les lésions causées par «un pouvoir public» dans ses trois niveaux classiques (fédéral, Lander, communes), la possibilité de l'exercice de recours contre des actes de particuliers est exclue.

Le fait de restreindre l'exercice de l'action d'*amparo* aux seuls actes des pouvoirs publics se rencontre aussi dans quelques systèmes latino-américains. C'est le cas du Mexique, où le procès d'*amparo* n'est admis en aucun cas contre des violations causées par des actes de particuliers puisque, dans ce pays également, la protection constitutionnelle par le biais du procès d'*amparo* est réservée exclusivement aux actes émanant des pouvoirs publics.

Il en va de même pour la Constitution du Brésil, qui établit le *mandado de segurança* en précisant qu'il n'est recevable pour protéger les droits et libertés constitutionnels «lorsque le responsable de l'illégalité ou de l'abus de pouvoir est une autorité publique ou un agent d'une personne juridique en exercice d'attributions du pouvoir public», ce qui exclut ce recours de protection face aux actions de particuliers.

B. L'*amparo* contre des actions ou omissions de l'Etat

S'il est exact que l'*amparo* contre des actes de particuliers n'est pas toujours admis dans le droit comparé, il n'en va pas de même pour la protection des droits et libertés constitutionnel contre des actes et omissions provenant d'autorités ou de fonctionnaires publics, en vue de laquelle des moyens judiciaires spéciaux ont été prévus et accordés.

Cependant, il n'y a pas d'uniformité en ce qui concerne l'admission de l'*amparo* contre tous les actes de l'Etat. En effet, dans certains cas, ce recours est exclu contre les lois ou contre les actes judiciaires, sa recevabilité se limitant aux actes administratifs et aux voies de fait des autorités administratives, comme c'est le cas de l'Autriche.

Pour le Mexique et le Vénézuéla, par exemple, l'*amparo* est recevable contre tous les actes de l'Etat, sans distinction ni limitation. Ainsi, dans le système vénézuélien de droit d'*amparo* établi dans la Constitution de 1961 et dans la loi organique d'*amparo*, dans le cas de protection face à des troubles provenant d'autorités publiques, celui-ci est admis contre tout acte public, c'est à dire, contre tous les actes de l'Etat et les actes matériels, omissions et voies de fait des autorités publiques (art.5).

Donc, l'action d'*amparo* est recevable contre toute action de l'administration, même lorsqu'il ne s'agit pas d'un acte administratif proprement dit et qu'il n'ouvre pas la voie du contentieux administratif. C'est à dire qu'il est recevable contre les actes matériels de l'administration; contre ses voies de fait; contre l'abstention d'agir ou d'accomplir son obligation; contre les omissions; en bref, contre toute manière d'agir de l'administration, y compris, bien entendu, contre certains actes comme ceux de formalités, lorsqu'ils ne peuvent être attaqués par la voie du contentieux administratif. Mais de plus, il est recevable contre les actes législatifs, gouvernementaux et judiciaires.

Selon nous, c'est dans cette même orientation que s'inscrit la Constitution de Colombie, qui prévoit l'action de tutelle pour la protection des droits fondamentaux qui seraient violés ou menacés de violation par l'action ou l'omission d'une *autorité publique quelconque*, sans préciser s'il s'agit de l'autorité législative, judiciaire ou administrative.

C. L'*amparo* contre les lois et autres actes normatifs

(a) Systèmes qui l'admettent

L'*amparo* contre les lois est admis au Vénézuéla, Mexique, Pérou, Guatemala, Costa Rica.

a. L'action d'amparo contre normes au Vénézuéla: En conformité avec l'article 3 de la loi organique d'amparo sur les droits et garanties constitutionnels:

> L'action d'*amparo* est recevable également lorsque la violation ou menace de violation dérive d'une norme en collision avec la Constitution. Dans ce cas, la décision judiciaire qui résoudra l'action interjetée devra apprécier l'inapplication de la norme contestée et le juge informera la Cour suprême de la décision respective.

Une des institutions les plus nouvelles que crée la loi organique est peut-être cet «*amparo* contre les normes» qui vient perfectionner et compléter le système de contrôle de la constitutionnalité des lois qui, comme nous l'avons vu, est un système mixte, à la fois concentré et diffus.

A ce système mixte, la loi organique de l'*amparo* vient ajouter un troisième système de contrôle. Sous certains aspects, celui-ci peut être rapproché au système mexicain, appelé «*amparo* contre les lois», qui permet l'exercice du contrôle de la constitutionnalité des lois par les juges d'*amparo* saisis par une action d'*amparo* contre la loi ou acte normatif qui, en forme directe ou immédiate, viole ou menace de violer un droit constitutionnel, et qui, par conséquent, va à l'encontre de la Constitution. Dans ces cas, la décision du juge, dans l'action d'*amparo*, doit apprécier l'inapplication de la norme au sujet de laquelle l'*amparo* est demandé. D'autre part, il convient de souligner que la loi s'exprime improprement dans le terme «norme contestée». En réalité, si la norme était «contestée», la décision judiciaire devrait aboutir à son annulation, ce qui n'incombe pas au juge d'*amparo,* ceci étant réservé à la Cour suprême de justice et aux tribunaux de la juridiction du contentieux administratif. Par le biais de l'action d'*amparo* prévue à l'article 3, on ne «conteste» donc pas la loi ou l'acte normatif, mais on demande l'*amparo* au sujet des effets de cette norme lorsqu'elle viole ou menace de violer un droit constitutionnel.

La décision du juge d'*amparo*, dans ces cas, n'est pas une décision d'annulation de la loi ou de l'acte normatif, mais se limite à une décision de protection, avec des effets *inter partes*, c'est à dire, en relation avec le requérant, en ce sens qu'elle ne fait que déclarer la norme inapplicable au requérant. Conformément à l'article 22, lorsqu'un juge est autorisé à résoudre immédiatement «la remise en état de la situation juridique enfreinte», cela équivaut, dans ce cas, à la suspension des effets de la loi pour le requérant, c'est à dire, à sa non applicabilité audit requérant.

Il convient cependant d'ajouter, au sujet du contrôle de la constitutionnalité des lois, que la loi organique, outre la disposition de l'*amparo* contre les lois, permet d'exercer la prétention d'*amparo* conjointement à l'action populaire d'inconstitutionnalité des lois devant la Cour suprême de justice.

Effectivement, ce même article 3 de la loi organique établit:

> L'action d'*amparo* pourra aussi s'exercer conjointement à l'action populaire d'inconstitutionnalité des lois et autres actes normatifs de l'Etat, auquel cas la Cour suprême de justice, si elle le considère pertinent pour la protection constitutionnelle, pourra suspendre l'application de la norme à propos de la situation juridique concrète dont la violation est alléguée, tant que dure le procès de nullité.

Comme on peut le noter, la loi organique a, dans ce sens, établi une innovation fondamentale qui consiste à permettre à la Cour, contrairement à ce qu'avait été la tradition jurisprudentielle jusque là, de suspendre les effets de la loi ou de l'acte normatif contesté quant à son applicabilité au requérant, lorsque ce haut tribunal le juge nécessaire pour la protection constitutionnelle, tant que dure le procès de nullité. Avant l'entrée en vigueur de la loi, dans les procès d'annulation d'actes de l'Etat, la Cour suprême avait jusque là refusé systématiquement la possibilité de suspendre les effets des actes normatifs, ayant limité son pouvoir de suspension des effets dans un procès, aux actes administratifs d'effets particuliers, pouvoir qui figure dans sa loi organique (art. 136).

b. L'action d'amparo contre les lois au Mexique: Au Mexique, la demande d'amparo est admise contre les lois et actes normatifs contraires à la Constitution, moyen judiciaire donnant lieu à un contrôle de la constitutionnalité des lois contre lesquelles il peut s'exercer, sans la nécessité d'un acte administratif ou judiciaire quelconque d'exécution ou d'application de la loi. Il est introduit devant les cours de Districts, le demandé étant, dans ces cas, les organes suprêmes de l'Etat qui sont intervenus dans le processus de formation de la loi, c'est à dire le Congrès de l'Union ou les législateurs des Etats qui ont sanctionné la loi; le Président de la République ou les Gouverneurs des Etats qui l'ont mise à exécution, et les Secrétaires exécutifs qui l'ont contresignées et qui ont ordonné sa promulgation. Dans ce cas, les décisions des Cours fédérales de Districts sont révisables par la Cour suprême du justice.

De cette manière, l'*amparo* contre les lois au Mexique, comme nous l'avons signalé, est un moyen direct de contrôle de constitutionnalité, tout en n'étant pas posé sous forme abstraite puisque le requérant doit d'abord avoir été lésé directement par la norme, sans la nécessité d'aucun autre acte d'exécution de l'Etat de ladite loi. C'est pourquoi «l'*amparo* contre les lois» a pour objet les lois auto applicatrices, c'est à dire, celles qui, du seul fait de leur mise en vigueur, peuvent causer un préjudice direct et personnel au requérant. Ainsi, en théorie, l'action doit s'intenter dans les trente jours qui suivent sa mise en vigueur ou dans les quinze jours qui suivent l'émission du premier acte d'exécution de la loi.

Dans la décision judiciaire correspondante, le juge ne peut formuler que des déclarations générales concernant la loi car celle-ci, destinée à protéger les particuliers, ne peut avoir que des effets *inter partes*. De plus, au Mexique, les décisions d'*amparo* contre les lois n'ont pas de force obligatoire vis-à-vis d'autres tribunaux, sauf si elles acquièrent le caractère de *jurisprudencia* en conséquence de l'adoption par la Cour suprême de justice ou des Cours de circuit, de cinq décisions uniformes.

Quoiqu'il en soit, le juge d'*amparo* a le pouvoir de suspendre les effets de l'acte normatif concernant le requérant.

c. L'action d'amparo contre les lois au Pérou: Conformément à l'article 3 de la loi n° 23506 du Pérou,

> Les actions de garanties sont recevables même dans le cas où la violation ou menace est fondée sur une norme qui soit incompatible avec la Constitution.
>
> Dans cette hypothèse, l'inapplication de la norme s'estimerait dans la même procédure.

De cette manière, un moyen de contrôle de la constitutionnalité des lois est établi par la voie du recours d'*amparo*, parallèlement au contrôle de l'inconstitutionnalité des lois qu'exerce le Tribunal des garanties constitutionnelles (art.298 et suiv. de la Constitution) et au contrôle diffus de la constitutionnalité établi dans l'article 236 de la Constitution.

Quoiqu'il en soit, s'il s'agit d'un *amparo* contre les lois, la décision judiciaire respective n'annule pas la loi, laquelle reste en vigueur pour les autres et se limite à déclarer la loi non applicable pour le requérant.

d. L'action d'amparo contre les lois au Guatemala: Au Guatemala, l'amparo est recevable afin qu'il soit déclaré, dans des cas concrets, qu'une loi, un règlement ou résolution, ou un acte d'autorité n'oblige pas le requérant, du fait de transgresser ou de restreindre l'un quelconque des droits garantis par la Constitution (art.80, a1.30).

Dans ces cas, la décision judiciaire d'*amparo* suspend, pour le requérant, la loi, le règlement, la résolution ou l'acte d'autorité contesté, et, le cas échéant, ordonne la remise en état de la situation juridique affectée, ou la cessation de la mesure dictée (art.82,1).

e. L'action d'amparo contre les lois au Costa Rica: Dans le cas du Costa Rica, l'article 30 de la loi de juridiction constitutionnelle stipule que l'amparo n'est pas recevable:

> Contre les lois ou autres dispositions normatives, sauf lorsqu'on les conteste conjointement avec des actes d'application individuelle qui en découlent ou lorsqu'il s'agit de normes d'action automatique, dont les préceptes sont obligatoires immédiatement, du seul fait de leur promulgation, sans nécessité d'autres normes ou actes qui les développent ou les rendent applicables au requérant.

Dès lors, au Costa Rica, l'*amparo* contre les lois ou actes normatifs auto applicatrices est admissible, ainsi qu'en a déjà décidé la Chambre constitutionnelle.

Dans le cas du Costa Rica, il importe de noter que, s'il est vrai que l'interjection d'*amparo* ne suspend pas les effets des lois ou normes contestées, en revanche, elle en suspend l'application pour le requérant, ainsi que pour les actes concrets contestés (art.41).

Quoiqu'il en soit, une fois contestée en *amparo*, une loi ou norme, conformément à la loi de juridiction constitutionnelle, le Président de la Chambre constitutionnelle doit suspendre le recours, sans autre formalité, et octroyer au requérant un délai de quinze jours ouvrables pour qu'il forme l'action d'inconstitutionnalité contre la norme.

f. Autres systèmes qui admettent l'amparo contre les lois auto applicatrices: En Allemagne, le recours d'amparo constitutionnel est admis contre les lois auto applicatrices, c'est à dire, les normes qui portent préjudice au requérant à l'occasion de leur entrée en vigueur, sans que des actes concrets d'application ne soient nécessaires.

(b) L'exclusion des lois de la sphère de l'amparo

Dans d'autres systèmes, les actions d'*amparo* contre les lois sont expressément exclues.

C'est le cas de l'Argentine, où l'action d'*amparo* n'est pas admise contre les lois, puisque par rapport à celles-ci, l'exercice du contrôle diffus de leur constitutionnalité est inadmissible dans le cas concret où se pose la question d'inconstitutionnalité. Bien entendu, dans une décision d'*amparo* contre des actes concrets, le juge respectif peut apprécier l'inconstitutionnalité d'une norme, mais dans ce cas, il ne s'agit pas véritablement d'un *amparo* contre des normes.

Au Brésil également, l'exercice du *mandado de segurança* contre les lois est exclus, l'*amparo* n'étant pas admis si la disposition légale n'a pas été appliquée par le biais d'un acte administratif, mais en tout cas, c'est contre cet acte que peut s'exercer l'action de protection.

En Uruguay, la loi n° 16011 de 1988 établit que l'action d'*amparo* ne sera en aucun cas admise «contre les lois et décrets des Gouvernements départementaux qui ont force de loi dans leur juridiction» (art. 1, c).

D. L'*amparo* contre les actes et faits administratifs et contre les omissions de l'administration

D'une manière générale, tous les systèmes constitutionnels qui établissent l'institution de l'*amparo* admettent l'action d'*amparo* contre des actes et faits administratifs et contre les omissions de l'administration.

Certaines lois, cependant, précisent ce thème avec davantage de détails, comme c'est le cas du Vénézuéla. En effet, conformément à l'article 5 de la loi organique:

> L'action d'*amparo* est recevable contre tout acte administratif, action matérielle, voie de fait, abstention ou omission qui viole ou menace de violer un droit ou garantie constitutionnel, lorsqu'il n'existe pas de moyen de procédure bref, sommaire et efficace, en accord avec la protection constitutionnelle.

Par conséquent, l'action d'*amparo* est recevable aussi contre les actes administratifs ou contre les omissions de l'administration qui violent ou menacent de violer un droit ou garantie constitutionnel, si toutefois il n'existe pas «un moyen de procédure bref, sommaire et efficace, en accord avec la protection constitutionnelle». Ainsi, si un tel moyen existe, l'action d'*amparo* peut être admise; et c'est la loi organique elle-même qui se charge de prévoir comme un «moyen de procédure bref, sommaire et efficace, en accord avec la protection constitutionnelle», le recours contentieux administratif d'annulation, à condition que dans la localité, existe un tribunal compétent en matière de contentieux administratif, et que celui-ci soit un moyen effectif et réel de protection.

Dans ce cas, la loi prévoit que l'action d'*amparo* peut s'exercer contre des actes administratifs à effets particuliers ou contre des abstentions ou refus de l'administration, devant le juge du contentieux administratif compétent, s'il existe dans la localité, «conjointement au recours en contentieux administratif d'annulation des actes administratifs ou contre les omissions, respectivement, qui soit exercé». Dans ce cas, ajoute l'article 5 de la loi organique, le juge, «en forme brève, sommaire, effective et conformément à la disposition de l'article 22, s'il le considère pertinent pour la protection constitutionnelle, suspendra les effets de l'acte contesté en tant que garantie du droit constitutionnel violé, tant que dure le procès».

Finalement, afin de garantir que ce recours contentieux administratif d'annulation et d'*amparo*, soit un moyen de procédure bref, sommaire et effectif, en accord avec la protection constitutionnelle, le paragraphe unique de l'article 5 de la loi organique précise que:

> Quand l'action d'*amparo* est exercée contre des actes administratifs conjointement avec recours contentieux administratif qui se fonde sur la violation d'un droit constitutionnel, l'exercice du recours sera recevable en tout temps, même après que les délais de caducité prévus dans la loi se soient écoulés; et il ne sera pas nécessaire d'épuiser la voie administrative au préalable.

Par conséquent, un acte administratif enfreignant un droit ou une garantie constitutionnelle, peut être contesté en tout temps par le biais du contentieux administratif, si toutefois à ce recours d'annulation se joint une prétention d'*amparo*.

E. L'*amparo* contre des jugements et autres actes judiciaires

Contrairement à l'admission généralisée de l'*amparo* en matière d'actes de l'administration, la situation est loin d'être uniforme pour les jugements et autres actes judiciaires, étant donné que dans certains pays, la possibilité de l'action d'*amparo* contre des jugements est expressément exclue.

*(a) L'admissibilité de l'action d'*amparo *contre des actes judiciaires*

L'action d'*amparo* contre des jugements est largement admise en divers pays. En effet, en accord avec l'article 4 de la loi organique d'*amparo* du Vénézuéla:

> De même est recevable l'action d'*amparo* lorsqu'un tribunal de la République, agissant hors de sa compétence, dicte une résolution ou décision, ou ordonne un acte qui lèse un droit constitutionnel.

A première vue, de cette norme découle l'interprétation selon laquelle si la décision judiciaire enfreignant un droit constitutionnel est dictée par un juge agissant *à l'intérieur* de sa compétence (par la matière ou par le territoire), l'action autonome d'*amparo* ne pourrait pas être recevable; en revanche, la prétention d'*amparo* devrait s'exercer conjointement avec l'appel ou le recours en cassation correspondant. C'est ce qui se déduit de l'interprétation la plus directe de la norme, dans le but de sauvegarder les moyens ordinaires et extraordinaires de révision des décisions judiciaires, qui dans ces cas, auraient des effets suspensifs et, par conséquent, de protection constitutionnelle immédiate.

Cependant, le problème d'interprétation a été résolu par la jurisprudence, laquelle a adopté la doctrine la plus accordée à la protection constitutionnelle que consacre la loi organique, en considérant qu'en général, aucun tribunal n'est compétent pour léser illégitimement des droits ou garanties constitutionnelles, et en donnant accès à l'action d'*amparo* contre des jugements en cas de violation de droits et libertés constitutionnels.

Quoiqu'il en soit, selon l'article 4 de la loi et, dans le but de sauvegarder les hiérarchies judiciaires de révision, il est prévu expressément que:

> L'action d'*amparo* doit être interjetée devant un tribunal supérieur à celui qui a prononcé le jugement contesté, et qui statuera de manière brève, sommaire et effective.

Enfin, il convient de mentionner que la loi exclut de manière expresse l'exercice de l'action d'*amparo* «lorsqu'il s'agit de décisions émanant de la Cour suprême de justice» (art. 6,6), ce qui trouve son explication dans la garantie constitutionnelle que prévoit l'article 211 de la Constitution en signalant que la Cour suprême étant «le plus haut tribunal de la République, il ne sera entendu ni admis aucun recours contre ses décisions».

Au Pérou, la loi n° 23506 établit expressément que:

> Les actions de garantie sont aussi pertinentes si une autorité judiciaire, hors d'une procédure qui soit de sa compétence, émet une résolution ou une disposition quelconque qui lèse un droit constitutionnel (art.5)

Cette norme du Pérou a également suscité des problèmes d'interprétation, au sujet du terme «compétence» car on pouvait déduire que, si le juge agissait dans ses compétences, l'*amparo* ne serait pas admis, même si un droit constitutionnel se trouvait lésé. La jurisprudence, en tout cas, fidèle à ce que le projet de loi avait établi à l'origine (dans lequel le terme «compétence» n'était pas employé), a opté pour la recevabilité de l'*amparo*, lorsqu'un juge agit hors d'une procédure, quelle qu'elle soit, indépendamment du fait que la compétence lui incombe ou non du fait de la matière, du territoire ou de l'attribution, etc. Lorsque l'acte arbitraire a lieu à l'intérieur d'une procédure, l'action d'*amparo* ne serait néanmoins pas recevable, sauf si la procédure suivie ne s'est pas avérée régulière. C'est pourquoi l'article 6 de la loi prévoit que l'action d'*amparo* n'est pas recevable «contre une résolution judiciaire provenant d'une procédure régulière» (al. 1).

Au Mexique, le procès d'*amparo* trouve sa plus grande application lorsqu'il s'exerce contre des jugements et autres décisions judiciaires. Dans ce cas, il donne lieu à «l'*amparo* cassation». Cependant, le procès d'*amparo* n'est admissible que contre des jugements définitifs qu'aucun pouvoir ordinaire ne pourrait modifier ou réformer, auquel cas l'*amparo* est interjeté devant la Cour suprême de justice ou devant le tribunal collégial de circuit correspondant.

Au Brésil, le *mandado de segurança* n'est en principe pas recevable contre des actes judiciaires au sujet desquels la possibilité existe d'exercer un recours aux effets suspensifs ou coercitifs. C'est pourquoi l'*amparo* peut être octroyé contre de tels actes s'il ne se trouve aucun recours à leur encontre et qu'il est impossible de les corriger.

*(b) L'exclusion des jugements judiciaires de la sphère de l'*amparo

Dans d'autres pays, les décisions judiciaires demeurent hors de la portée de l'action d'*amparo*. Tel est le cas de l'Argentine, dont la loi n°-16986 de 1966 signale expressément que l'*amparo* ne serait pas recevable lorsque «l'acte contesté proviendrait d'un organe du pouvoir judiciaire» (art.2, b).

De la même manière, la loi n° 16011 de 1988 d'Uruguay stipule que l'action d'*amparo* ne sera recevable en aucun cas contre «les actes juridictionnels, quels que soient leur nature et l'organe dont ils émanent». L'article 2, A de la loi explique qu'en «ce qui concerne les actes émanant des organes du pouvoir judiciaire, sont compris comme actes juridictionnels, outre les jugements, tous les actes dictés par les juges au cours de procès litigieux». En particulier, en Uruguay, sont exclus spécialement de l'*amparo* «les actes de la Cour électorale, quelle que soit leur nature» (art. 1,B).

Au Costa Rica, la loi de la juridiction constitutionnelle ordonne de manière expresse que l'*amparo* ne sera pas recevable «contre les résolutions et actes juridictionnels du pouvoir judiciaire» (art. 30,b) et en particulier, qu'il ne sera pas recevable non plus «contre les actes et dispositions du haut Tribunal des élections en matière électorale» (art. 30,d).

Il importe d'indiquer qu'au Guatemala, la loi prévoit la non recevabilité de l'action d'*amparo* «dans des questions d'ordre judiciaire concernant les parties et personnes qui y sont intervenues» (art. 81,1), la voie n'étant donc pas exclue pour les tiers.

DEUXIÈME PARTIE
LE JUGE CONSTITUTIONNEL INDEPENDANT DU POUVOIR JUDICIAIRE

Dans les pays européens, étant donné les particularités de l'évolution du principe de la séparation des pouvoirs et la crainte traditionnelle d'octroyer aux autorités judiciaires le contrôle de la constitutionnalité des lois et même des actes administratifs, un contrôle juridictionnel de la constitutionnalité des lois a été mis en place en dehors du pouvoir judiciaire de la même façon que, sous l'influence française, un contrôle juridictionnel de la légalité des actes administratifs a été établi dans de nombreux pays en dehors du pouvoir judiciaire. C'est ainsi que la justice constitutionnelle en ce qui concerne le pouvoir d'annuler les lois inconstitutionnelles a été attribuée, en Europe, dès les années 20, à des cours constitutionnelles créés comme organes de niveau constitutionnel n'appartenant pas au pouvoir judiciaire. Ce contrôle de la constitutionnalité des lois a été conçu comme un contrôle concentré dans la mesure où des cours constitutionnelles en relèvent en exclusivité.

D'autre part, en instituant ces cours constitutionnelles, certains pays européens, après avoir constitutionnalisé les droits et garanties constitutionnels, ont créé un recours constitutionnel ou action d'*amparo*, afin de protéger ces droits de façon directe et expresse et en tant que contrôle juridictionnel spécifique. Cela sans éliminer, bien sûr, le rôle traditionnel des autorités judiciaires, garantes des libertés et des droits constitutionnels.

Or, si l'on veut étudier, en droit comparé, les systèmes de justice constitutionnelle créés en dehors du pouvoir judiciaire, il faut distinguer le contrôle juridictionnel concentré de la constitutionnalité des lois exercé par des Cours constitutionnelles (Chapitre I) de la fonction juridictionnelle spécifique des Cours constitutionnelles en ce qui concerne la protection des libertés et des droits constitutionnels au moyen des recours constitutionnels (Chapitre II).

CHAPITRE I
LE CONTRÔLE JURIDICTIONNEL CONCENTRÉ DE LA CONSTITUTIONNALITÉ DES LOIS EXERCÉ PAR LES COURS CONSTITUTIONNELLES, CRÉES COMME DES ORGANES SEPARÉS DU POUVOIR JUDICIAIRE

Le système de contrôle juridictionnel concentré de la constitutionnalité des lois, fondé sur l'attribution du pouvoir exclusif d'annuler et, en général, d'exercer ce contrôle à un seul organe constitutionnel, spécialement créé en dehors de l'organisation du pouvoir judiciaire, est essentiellement une institution européenne. Il est né en Europe où il s'est développé particulièrement après la deuxième guerre mondiale et s'est cantonné en Europe(522) donnant lieu au «modèle européen» de contrôle juridictionnel(523), aussi appelé «système autrichien»(524).

Mais l'essence du système concentré de contrôle juridictionnel, n'est pas l'existence d'une Cour constitutionnelle séparée du pouvoir judiciaire, mais la concentration de pouvoirs d'annulation des lois en un seul organe, qui peut parfaitement être la Cour suprême d'un pays située au sommet de l'organisation du pouvoir judiciaire(525). C'est pourquoi le système concentré de contrôle juridictionnel n'est pas synonyme du «modèle européen» mais plutôt l'une de ses expressions, la plus remarquable sans aucun doute.

---

(522) Exceptionnellement, et indubitablement, sous l'influence européenne, certains pays latino-américains ont institué des Tribunaux constitutionnels. C'est le cas du Chili, du Guatemala, de l'Equateur et du Pérou, avec des pouvoirs de contrôle variés et différents, à l'exception du Guatemala (J.M. GARCIA LA GUARDIA, *La defensa de la Constitución*, UNAM, México 1983, p. 52). Ceci nous conduit à conclure que les similitudes avec le modèle européen concernent davantage les noms et les dénominations que de pouvoirs de contrôle. Ceci d'autant plus que, contrairement à ce qui est la norme en Europe, ces tribunaux en Amérique latine font partie intégrante du pouvoir judiciaire. *V.* en général H. FIX-ZAMUDIO, *Los tribunales constitucionales y los derechos humanos*, UNAM, México 1980; H. FIX-ZAMUDIO, *Veinticinco años de evolución de la Justicia Constitucional 1945-1960*, UNAM México 1968.

(523) L. FAVOREU, «Actualité et légitimité en contrôle juridictionnel des lois en Europe occidentale», *Revue de droit public et de la science politique en France et à l'étranger*, Paris 1984 (5), p. 1149. Egalement publié in L. FAVOREU et J.A. JOLOWICZ (ed.), *Le contrôle juridictionnel des lois. Légitimité, effectivité et développements récents*. Paris 1986, pp. 17-68.

(524) M. CAPPELLETTI, *Judicial Review in the Contemporary World*, Indianapolis 1975, p. 46.

(525) Dans les systèmes en vigueur, par exemple, en Uruguay, au Panama ou au Paraguay, et dans les pays latino-américains qui possèdent un système mixte (le Vénézuéla et la Colombie, par exemple).

Le «modèle européen» trouve son origine après la première guerre mondiale, sous l'impulsion des idées et des travaux de Hans Kelsen, en particulier en ce qui concerne le concept de suprématie de la Constitution et le besoin d'une garantie juridictionnelle de celle-ci(526). C'est aussi le résultat de l'absence d'un système diffus de contrôle juridictionnel de la constitutionnalité des lois, expressément ou indirectement exclu de la Constitution. A ce sujet, la Constitution autrichienne a toujours interdit aux juges ordinaires d'«examiner la validité des lois, décrets ou traités internationaux dûment promulgués»(527). La Constitution tchécoslovaque de 1920 avait adopté le même principe lorsqu'elle restreignait les pouvoirs des juges ordinaires concernant les lois à la seule «vérification de leur correcte publication»(528).

C'est ainsi que, le système diffus de contrôle de la constitutionnalité étant interdit et la réticence à l'égard du pouvoir de contrôle des juges sur les lois demeurant l'un des principaux piliers de la doctrine de séparation des pouvoirs, le seul moyen de garantir la suprématie de la Constitution consistait à mettre sur pied un organe constitutionnel, séparé du pouvoir judiciaire et, à l'origine, sans aucun pouvoir juridictionnel, chargé du contrôle de la constitutionnalité des lois mais en tant que législateur négatif(529).

Conformément à ces idées fondamentales, les premiers Tribunaux constitutionnels ont vu le jour en Tchécoslovaquie et en Autriche, dans les constitutions respectives des 29 février et 1 octobre 1920. Le Tribunal tchécoslovaque, au cours de son existence, n'a jamais exercé un contrôle effectif de la constitutionnalité; il disparut en 1938(530) et ne fut restauré que sous le régime socialiste en 1968(531). Néanmoins, ses traits originaux peuvent être considérés comme étant les premiers signes du «modèle européen» de contrôle concentré de la constitutionnalité des lois.

Afin de mieux cerner le modèle européen de contrôle concentré de la constitutionnalité des lois, il nous faut d'abord analyser les Cours constitutionnelles européennes (I); ensuite, étudier la logique générale du système concentré de la constitutionnalité des lois (II), et finalement souligner les diverses méthodes de contrôle de la constitutionnalité des lois, du type concentré, exercé par les Cours constitutionnelles (III).

---

(526) H. KELSEN, «La garantie juridictionnelle de la Constitution (la justice constitutionnelle)», *Revue de droit public et de la science politique en France et à l'étranger*, Paris 1928, pp. 197-257.

(527) Article 89, 1. *V.* E. Alonso GARCÍA, «El Tribunal Constitucional austríaco», *El Tribunal Constitucional*, Instituto de Estudios Fiscales, Madrid 1981, Vo1.I, p. 414; M. CAPPELLETTI, *op .cit.*, p. 72.

(528) Article 102. *V.* P. CRUZ VILLALÓN, «Dos modos de regulación del control de la constitucionalidad: Checoslovaquia (1920-1980) y España (1931-1936)», *Revista española de derecho constitucional*, 5, 1982, p. 135.

(529) H. KELSEN, *loc. cit.*, pp. 223, 224, 226.

(530) P. CRUZ VILLALÓN, *loc. cit.*, pp. 129, 139.

(531) P. NOKOLIC, *Le contrôle juridicitonnel des lois et sa légitimité*, IALS, Uppsala, Colloquium 1984 (polycopié), p. 46. Publié également in L. FAVOREU et J.A. JOLOWICZ (ed.), *Le contrôle juridictionnel des lois..., cit.*, pp. 72-112.

I. LES COURS CONSTITUTIONNELLES EUROPEENNES

Comme nous l'avons signalé plus haut, le premier Tribunal constitutionnel créé en Europe en tant qu'organe constitutionnel séparé du pouvoir judiciaire pour exercer le contrôle de la constitutionnalité des lois de façon concentrée a été le Tribunal constitutionnel de Tchécoslovaquie, institué par la Constitution du 29 février 1920. Plus tard, sont apparus le Tribunal constitutionnel d'Autriche, la Cour constitutionnelle italienne, le Conseil constitutionnel français et le Tribunal constitutionnel espagnol, tous séparés du pouvoir judiciaire. En revanche, le Tribunal constitutionnel fédéral d'Allemagne et le Tribunal constitutionnel au Portugal font partie du pouvoir judiciaire de ces deux pays, bien qu'ils aient pratiquement les mêmes fonctions que les autres en matière de contrôle concentré de la constitutionnalité des lois.

Les lignes de force du système Tchécoslovaque mis en place en 1920 étaient les suivantes:

La Constitution stipulait expressément le principe de sa suprématie, considérant nulles et non avenues les lois contraires à ses dispositions et aux lois constitutionnelles[(532)] et, comme nous l'avons déjà dit, limitant le rôle des tribunaux à l'égard des lois à la «vérification de leur correcte publication»[(533)]. Donc, le monopole de l'appréciation de l'inconstitutionnalité des lois, soit du parlement soit des entités territoriales autonomes, était attribué à un Tribunal constitutionnel créé par la Constitution[(534)] et régi par une lois spéciale promulguée immédiatement après la Constitution[(535)]. Cet organe constitutionnel n'avait d'autre attribution que des pouvoirs de justice constitutionnelle[(536)].

La question de l'inconstitutionnalité ou nullité des lois ne pouvait être portée que devant le Tribunal constitutionnel d'une manière abstraite par le biais d'un «recours d'inconstitutionnalité des lois»[(537)], sans aucun rapport avec un cas particulier. La méthode du contrôle de la constitutionnalité était donc une méthode directe au moyen d'une action directe qui ne pouvait être exercée que par certains organes législatifs et judiciaires de l'Etat: les Chambres de l'Assemblée nationale, la Cour suprême, le Tribunal administratif suprême et le Tribunal électoral[(538)].

Le Tribunal constitutionnel n'avait aucun pouvoir *ex officio* sur les questions constitutionnelles[(539)] et l'action ne pouvait être portée devant le Tribunal que pendant les 3 ans suivant la publication de la loi[(540)].

Finalement, les effets des décisions du Tribunal constitutionnel étaient *erga omnes* et *ex nunc*, *pro futuro* à partir du jour de la publication de la décision[(541)].

(532) Article I, 1.
(533) Article 102.
(534) Article III, 2 de la loi d'introduction de la Constitution.
(535) Loi du Tribunal constitutionnel du 9 mars 1920.
(536) *Cf.* P. Cruz Villalón, «Dos modos de regulación del control de la constitucionalidad: Checoslovaquia (1920-1980) y España (1931-1936)», *Revista española de derecho constitucional*, 5, 1982.
(537) Article 121, a, de la Constitution.
(538) Article 9 de la loi du Tribunal constitutionnel.
(539) P. Cruz Villalón, *loc. cit.*, pp. 138.
(540) Article 12 de la loi du Tribunal constitutionnel.

1. Le Tribunal constitutionnel autrichien

L'institution du système européen concentré de contrôle de la constitutionnalité qui a joué le rôle le plus déterminant dans l'évolution de ce dernier est le Tribunal constitutionnel autrichien, créé par la Constitution de 1920 et restauré en 1945. Les aspects généraux de cette institution, très semblables à celles du Tribunal tchécoslovaque, ont été formulés par Hans Kelsen, membre du Tribunal constitutionnel jusqu'en 1929. Ces caractéristiques générales ont fait l'objet d'amendements constitutionnels en 1925 et 1929, ces derniers très importants puisqu'ils ont donné au Tribunal son caractère actuel, promulgué dans la loi constitutionnelle de 1945, elle-même amendée à plusieurs reprises[(542)].

Le Tribunal constitutionnel autrichien est régi par la Constitution de 1945 comme un organe constitutionnel séparé du pouvoir judiciaire[(543)]. Ses dispositions principales sont comprises dans la loi fédérale spéciale du Tribunal constitutionnel de 1953, modifiée à plusieurs reprises[(544)], et dans le règlement interne du Tribunal promulgué par ce dernier[(545)] conformément à ses pouvoirs d'auto réglementation, ce qui confirme son indépendance à l'égard des autres organes politiques.

Il est conçu comme un organe constitutionnel indépendant des autres organes de l'Etat, bien que ses membres soient nommés par le pouvoir exécutif conjointement au pouvoir législatif[(546)]. Conformément à l'article 147 de la Constitution, le Tribunal est composé d'un président, un vice-président, douze membres et six suppléants. Le président, le vice-président, six membres et trois suppléants sont nommés par le Président de la République sur proposition du gouvernement fédéral; ils doivent être choisis parmi les magistrats, les fonctionnaires publics et les professeurs de droit. Les six autres membres et trois suppléants sont nommés par le Président de la République sur proposition du Conseil national et du Conseil fédéral qui sont les organes législatifs.

Par conséquent, la nomination des membres du Tribunal est fidèle aux normes politiques en usage dans le pays et à l'influence normale des partis politiques[(547)], clairement prise en compte par Kelsen en 1928, lorsqu'il se référait au danger de l'influence politique sur les activités du Tribunal:

---

(541) Article 20 de la loi du Tribunal constitutionnel.

(542) *Cf.* Allan R. BREWER-CARÍAS, *Judicial Review in Comparative Law*, Cambridge University Press, 1989, pp. 196 et ss.; E. Alonso GARCÍA, «El Tribunal Constitucional austríaco», *El Tribunal Constitucional*, Instituto de Estudios Fiscales, Madrid 1981, Vol. I, p. 413; M. CAPPELLETTI, *Judicial Review in the Contemporaa World*, Indianapolis 1975, p. 71; F. EMARCORA, «Procédures et techniques de protection des droits fondamentaux. Cour constitutionnelle autrichienne», L. FAVOREU (ed.), *Cours constitutionnelles européennes et droits fondamentaux*, 1982, p. 189.

(543) Articles 137 et 138 de la Constitution du ler mai 1945. *V.* la version espagnole de la Constitution in I. MÉNDEZ DE VIGO, «El Verfassungsgerichthof (Tribunal Constitucional austríaco)», *Boletín de jurisprudencia constitucional*, Cortes Generales, 7, Madrid 1981, p. 555-560.

(544) Loi n° 85, 1953. *V.* T. OHLINGER, *Legge sulla Corte costutizionale austriaca*, Florence 1982.

(545) Article 148 de la Constitution. Le règlement interne du Tribunal de 1946 peut être consulté in T. OHLINGER, *op. cit.*, p. 137.

(546) *V.* les considérations générales à ce sujet in H. KELSEN, *loc. cit.*, pp. 226-227.

(547) F. ERMACORA, *loc. cit.*, pp. 190-191.

Si ce danger est particulièrement grand, il est préférable d' accepter plutôt qu'une influence occulte et par suite incontrôlable des partis politiques, leur participation légitime à la formation du Tribunal...[(548)].

La Constitution a cependant prévu plusieurs restrictions afin de garantir l'impartialité des membres du Tribunal, notamment en insistant sur la participation de juristes[(549)] et en interdisant au membres du gouvernement et des organes législatifs, et aux principaux dirigeants de partis politiques de devenir membre du Tribunal constitutionnel. En particulier, le président et le vice-président du Tribunal constitutionnel doivent être éloignés de toute position politique depuis au moins quatre ans au moment de leur nomination[(550)].

Contrairement au cas tchécoslovaque dans lequel le Tribunal constitutionnel était conçu exclusivement comme juge constitutionnel, le Tribunal constitutionnel autrichien combine ses fonctions de contrôle de la constitutionnalité des lois avec d'autres pouvoirs liés à des questions politiques et organiques. Ces autres attributions sont les suivantes:

En premier lieu, une série de pouvoirs juridictionnels destinés à résoudre des controverses impliquant les organes politiques de l'Etat fédéral. Certaines de ces controverses découlent du système fédéral et de la répartition verticale du pouvoir de l'Etat, soit: Tout d'abord, le Tribunal constitutionnel a juridiction en ce qui concerne les actions de patrimoine contre la Fédération, les états *(Lander)*, les districts, les municipalités ou associations de municipalités, lorsqu'elles ne peuvent être résolues par une procédure judiciaire ordinaire ou par résolution administrative[(551)]. Ces actions sont donc exceptionnelles et supplétoires, et se réfèrent aux rapports de patrimoine régis par le droit public[(552)].

Ensuite, le Tribunal constitutionnel peut résoudre tout conflit entre des organes constitutionnels et, en particulier, les conflits de juridiction entre les autorités administratives et judiciaires; les conflits de juridiction entre tribunaux et, en particulier, les conflits liés à la répartition verticale des pouvoirs de l'Etat entre la Fédération et les *Lander*, ou entre les *Lander*[(553)]. Il faut encore ajouter que, en ce qui a trait aux conflits entre la Fédération et les états, l'article 138, paragraphe 2, de la Constitution confère au Tribunal constitutionnel des pouvoirs spécifiques concernant l'interprétation de la Constitution afin de déterminer, sur demande du gouvernement fédéral ou des états avant que ne survienne un conflit concret, si les lois régissant une question spécifique relèvent constitutionnellement du législateur fédéral ou des législatures des états. Dans ce cas, la décision évite tout conflit concernant les pouvoirs conférés par la répartition verticale des pouvoirs de l'Etat car elle est adoptée avant que toute loi ne soit publiée; en outre, le fait de

(548) H. KELSEN, «La garantie juridictionnelle de la Constitution (la justice constitutionnelle)», *Revue de droit public et de la science politique en France et à l'étranger*, Paris 1928, p. 227.

(549) Article 147, 3. *Cf.* H. KELSEN, *loc. cit.*, p. 227.

(550) Article 147,4

(551) Article 137

(552) *Cf.* E. Alonso GARCIA, *loc. cit.*, pp. 412-422

(553) Article 138

l'adopter donne au Tribunal constitutionnel le pouvoir d'interpréter la Constitution au sujet de ces questions(554).

Finalement, pour ce qui est des conflits fédéraux de pouvoirs, la troisième attribution du Tribunal constitutionnel est d'interpréter les accords intervenus entre les différents niveaux de l'Etat fédéral, particulièrement entre la Fédération et les *Lander*; tout cela résultant du système fédéraliste coopératif adopté en Autriche(555).

En deuxième lieu, le Tribunal constitutionnel jouit d'une autre série de pouvoirs juridictionnels liés aux élections et aux référendums. D'abord le Tribunal a pleins pouvoirs de décider des actions dont il serait saisi contre l'élection du Président de la Fédération, des représentants des Assemblées, des représentants des organes des associations professionnelles et contre les élections des membres du gouvernement des *Lander* et au niveau municipal. Ensuite, il est autorisé à résoudre la perte du mandat respectif des représentants élus(556). D'autre part, le Tribunal constitutionnel est habilité à trancher les plaintes portant sur le résultat d'un référendum destiné à approuver certaines lois(557).

En troisième lieu, le Tribunal constitutionnel a aussi pleins pouvoirs de trancher les accusations contre les organes suprêmes de la Fédération ou des *Lander*, basées sur la responsabilité constitutionnelle découlant d'illégalités(558). Sa décision peut entraîner la perte du poste et même la perte temporaire de droits politiques(559).

Finalement, en quatrième lieu, le Tribunal constitutionnel est autorisé à agir comme juge constitutionnel chargé du contrôle de la constitutionnalité des lois, des actes exécutifs et des traités, et de la protection constitutionnelle contre les violations de droits fondamentaux. Ces dernières fonctions sont directement liées au contrôle de la constitutionnalité.

En effet, parmi les différents pouvoirs juridictionnels du Tribunal constitutionnel dans le système autrichien, la Constitution lui confère celui de juge constitutionnel chargé du contrôle de la constitutionnalité des lois, traités et actes exécutifs, d'une façon concentrée et selon deux méthodes: principale et incidente.

La première chose à remarquer dans le système autrichien est que le pouvoir exclusif, conféré au Tribunal constitutionnel, de contrôler la constitutionnalité des actes d'Etats n'inclut pas seulement les actes législatifs mais aussi les traités et les actes exécutifs.

---

(554) F. ERMACORA, *loc. cit.*, p. 191. Dans ce cas la on consider que le Tribunal constitutionnel exerce un «analyse judiciel preventif de la loi». *Cf.* WK. GECK, «Judicial Review of Statutes: a Comprative Survey of Present Institutions and Practices», *Cornell Lae Quarterly*, 51, 1966, p. 266.

(555) Articles 138,a et 15,a

(556) Article 141

(557) Article 141,3

(558) Article 142

(559) Article 142,4

En ce qui concerne les actes législatifs, le contrôle de la constitutionnalité porte sur les lois fédérales et des *Lander* (560). Pour ce qui est des traités internationaux, le Tribunal constitutionnel n'a pleins pouvoirs de décider leur «illégalité» ou inconstitutionnalité que depuis 1964 (561). Dans les deux cas, les actes d'Etat faisant l'objet du contrôle juridictionnel peuvent être considérés des actes subordonnés de façon immédiate à la Constitution; dès lors, le contrôle de la constitutionnalité apparaît comme la conséquence de l'expression hiérarchique de l'ordonnancement légal(562). Sur cette base, le contrôle de la constitutionnalité des actes exécutifs, normalement soumis aux lois, est généralement attribué, en Europe, à la juridiction administrative et non pas aux Cours constitutionnelles.

Néanmoins, en dépit de ces lignes de force selon la pensée de H. Kelsen en la matière, en Autriche, le contrôle juridictionnel des actes exécutifs est aussi attribué au Tribunal constitutionnel. A cet égard, Kelsen signalai:

> Sans doute ces règlements ne sont pas ... des actes immédiatement subordonnés à la Constitution; leur irrégularité consiste immédiatement en leur illégalité et de façon seulement médiate en leur inconstitutionnalité. Si, malgré cela, nous proposons d'y étendre également la compétence de la juridiction constitutionnelle, ce n'est pas tant en considération de la relativité ... de l'opposition entre constitutionnalité directe et constitutionnalité indirecte, qu'eu égard à la frontière naturelle entre actes juridiques généraux et actes juridiques particuliers(563).

Par conséquent, selon Kelsen, seuls les actes d'Etat à effets particuliers (administratifs ou judiciaires) doivent être exclus de la juridiction constitutionnelle(564); ce qui implique que les normes exécutives ou les actes administratifs à effet général étaient également soumis à la juridiction du Tribunal constitutionnel. Cela en Autriche, où la Constitution confère au Tribunal constitutionnel, le pouvoir de décider de «l'illégalité» des décrets des autorités fédérales ou des *Lander*, et même des ordonnances au niveau local et les normes générales des associations professionnelles(565).

2. La Cour constitutionnelle en Italie

A. L'engagement constitutionnel et la Cour constitutionnelle en tant que garant

Immédiatement après la seconde guerre mondiale et avant la création du Tribunal constitutionnel fédéral en République fédérale d'Allemagne, la Constitution italienne du 1er janvier 1948 crée une Cour constitutionnelle chargée du contrôle de la constitutionnalité des lois et autres actes d'Etat, en tant que fondement d'un système concentré de contrôle juridictionnel de la constitutionnalité.

---

(560) Article 140, 1.
(561) Article 140 a. *V.* H KELSEN, *loc. cit.*, p. 232.
(562) *Cf.* H. KELSEN, *loc. cit.*, pp. 228-231
(563) *Idem*, p. 230.
(564) *Idem*, p. 232.
(565) Article 139, 1. *Cf.* E. ALONSO GARCÍA, *loc .cit*, p. 434.

Le système n'est devenu opérationnel qu'en 1956 lorsque la Cour constitutionnelle a entamé ses activités. Jusqu'à cette date, le système constitutionnel de contrôle juridictionnel d'avant 1948 a été maintenu. Il s'agissait d'un système diffus de contrôle juridictionnel selon lequel tous les tribunaux ordinaires avaient le pouvoir de ne pas appliquer les lois qu'ils considéraient inconstitutionnelles lorsqu'ils résolvaient des cas concrets auxquels les dites lois s'appliquaient[(566)].

La modification radicale du système peut être attribuée à plusieurs facteurs. Le premier et le plus important est le caractère davantage rigide imprimé à la Constitution de 1948 par rapport au caractère souple de la Constitution monarchique (*Statuti Albertini*) de 1848[(567)]. Le besoin de protéger la Constitution du pouvoir législatif, particulièrement après l'expérience totalitaire du fascisme ainsi que le besoin de protéger et de défendre les libertés et les droits fondamentaux face aux pouvoirs de l'Etat[(568)] ont donné lieu au système concentré du contrôle juridictionnel. La Cour constitutionnelle, par conséquent, a été conçue comme un organe chargé de garantir «l'engagement constitutionnel» que renferme la Constitution de jeter les bases d'un régime démocratique dans lequel les pouvoirs de l'Etat seraient limités[(569)]. Selon le professeur Giovanni Cassandro, ancien membre de la Cour constitutionnelle:

> La Cour est l'organe constitutionnel qui garantit l'équilibre entre les divers pouvoirs de l'Etat, empêchant que l'un quelconque d'entre eux ne dépasse les limites imposées par la Constitution, et, de cette manière, assure un développement ordonné de la vie publique et du respect des droits constitutionnels des citoyens[(570)].

La Cour constitutionnelle en Italie, en tant que garante de la Constitution[(571)], a ainsi été créée comme un «organe constitutionnel»[(572)], indépendant de tous les autres organes de l'Etat, bien que ce caractère n'ait pas été expressément formulé en termes de droit positif comme ce fut le cas du Tribunal constitutionnel fédéral

---

(566) M. CAPPELLETTI, «La justicia constitucional en Italia». *Boletín del Instituto de Derecho Comparado de México*, 30, 1960, p. 42; M. CAPPELLETTI, *Judicial Review in the Contemporary World*, Indianapolis 1971, p. 50; Allan R. BREWER-CARÍAS, *op. cit.*, pp. 215 et ss.

(567) *Cf.* A. PIZZORUSSO, «Procédures et techniques de protection des droits fondamentaux. Cour constitutionnelle italienne», L. FAVOREU (ed.), *Cours constitutionnelles européennes et droit fondamentaux*, Paris 1982, p. 165; J. RODRIGUEZ-ZAPATA y PEREZ, «La Corte Constitucional italiana: ¿Modelo o advertencia?", *El Tribunal Constitucional*, Instituto de Estudios Fiscales, Madrid 1981, Vol. III, p. 2416.

(568) *Cf.* G. CASSANDRO, «The Constitutional Court of Italy», *American Journal of Comparative Law*, 8, 1959, p. 3.

(569) *Cf.* F. RUBIO LLORENTE, *La Corte Constitucional italiana*, Caracas 1965, pp. 2-4.

(570) G. CASSANDRO, *loc. cit.*, p. 12; *Cf.* J. RODRÍGUEZ-ZAPATA y PÉREZ, *loc. cit.*, p. 2417.

(571) Dans sa décision n° 13 de 1960, la Cour constitutionnelle a défini ses fonctions comme essentiellement «l'exercice d'une fonction de contrôle constitutionnel, de la garantie suprême de l'observance de la Constitution ... par les organies constitutionnels de l'Etat et des Régions» (*cit.* par F. RUBIO LLORENTE, *loc. cit.*, p. 10, note 27); et dans sa décision n° 15 de 1969, elle s'est définie comme la gardienne de l'ordre républicain, à qui incombre exclusivement la tâche d'assurer la suprématie de la Constitution sur tout les autres agents constitutionnels». (*cit.* par J. RODRÍGUEZ-ZAPATA y PÉREZ, *loc. cit.*, p. 2420).

(572) A. SANDULLI, «Sulla Posizione della Corte Costituzionale nel Sistema degli Organi supremi dello Stato», *Rivista trimestrale di diritto pubblico*, 1960, p. 1705.

en Allemagne fédérale[573] ou du Tribunal constitutionnel en Espagne[574]. Néanmoins, la nature d'organe constitutionnel paritaire et indépendant de la Cour constitutionnelle a été reconnue sans discussion et est reflétée dans plusieurs aspects concernant le statut de ses membres, son autonomie administrative et budgétaire, l'absence de contrôle externe pouvant être exercé sur elle[575] ainsi que ses pouvoirs d'auto réglementation[576].

En outre, l'indépendance de la Cour constitutionnelle à l'égard des organes traditionnels de l'Etat, garantie par la loi constitutionnelle n° 1 de février 1948, découle également du mode paritaire de nomination de ses membres qui appartient non seulement aux organes politique-représentatifs de l'Etat comme en Allemagne fédérale, mais bien aux trois pouvoirs traditionnels de l'Etat: le Président de la République, le parlement et le pouvoir judiciaire. En effet, conformément à la Constitution[577] et à la loi n° 87 (1953) relative à la Cour[578], la Cour constitutionnelle italienne est composée de quinze membres nommés de la façon suivante: trois par la Cour de cassation, un par le Conseil d'état et un par la Cour des comptes, parmi les membres du pouvoir judiciaire, y compris des membres retraités. Cinq autres membres sont nommés par les deux chambres du parlement en séance conjointe à la majorité des trois cinquièmes, parmi les juges, les professeurs universitaires ordinaires de droit ou les juristes dotés d'une expérience d'au moins vingt ans au sein des organes judiciaires suprêmes de la République. Les cinq derniers membres sont nommés par le Président de la République.

Comme nous l'avons dit, la Cour constitutionnelle est conçue dans le système constitutionnel italien comme un organe constitutionnel, indépendant des autres organes de l'Etat, chargé de garantir l'équilibre entre les divers pouvoirs. C'est la raison pour laquelle elle a été créée en dehors des pouvoirs traditionnels de l'Etat et en particulier du pouvoir judiciaire à l'égard duquel la Cour constitutionnelle a établi ses propres différences[579].

Mais bien que n'étant pas un organe judiciaire, des discussions ont surgi lors de la mise en marche de la Cour constitutionnelle concernant la nature des pouvoirs qu'elle était autorisée à exercer. A ce propos, son caractère judiciaire a été rejeté et, sous l'influence de Hans Kelsen, l'idée de «législateur négatif» a été acceptée[580]. Aujourd'hui, c'est finalement le caractère juridictionnel qui

---

(573) Article 1, 1 de la Loi fédérale du Tribunal constitutionnel fédéral (1951).

(574) Article 1, 1 de la Loi organique du Tribunal constitutionnel (1978).

(575) A. SANDULLI, *loc. cit.*, p. 718; J. RODRÍGUEZ-ZAPATA y PÉREZ, *loc. cit.*, p. 2428; G. CASSANDRO, *loc. cit.*, pp. 13-14.

(576) Article 14, Loi n° 87 du 11 mars 1953, Normes de la Constitution et du fonctionnement de la Cour constitutionnelle. *V.* le texte in F. RUBIO LLORENTE, *loc. cit.*, pp. 48-55.

(577) Article 135.

(578) Loi n° 87 (1953), Articles 1-4.

(579) Décision n° 13, 23 mars 1960, *cit.* par F. RUBIO LLORENTE, *loc. cit.*, p. 10.

(580) P. CALAMANDREI, *La illegittimitá costituzionale delle leggi nel processo civile*, Padova 1950, p. 57; H. FIX-ZAMUDIO, «La aportación de Piero Calamandrei al derecho procesal constitucional», *Revista de la Facultad de Derecho de México*, 24, 1956, p. 191.

l'emporte grâce surtout aux travaux du professeur Mauro Cappelletti[(581)]. Donc, tout comme les autres. Cours constitutionnelles européennes, en particulier les Tribunaux autrichien et espagnol, la Cour constitutionnelle italienne est conçue comme un organe constitutionnel indépendant, séparé du pouvoir judiciaire, qui exerce des fonctions juridictionnelles lorsqu'elle est saisie d'un conflit relatif à la constitutionnalité des lois et à la subordination de toutes les activités des organes de l'Etat à la Constitution. C'est pourquoi, comme c'est le cas en Autriche et en Allemagne, la Cour constitutionnelle en Italie a non seulement le pouvoir de contrôle juridictionnel des lois mais aussi de résoudre d'autres controverses constitutionnelles découlant des systèmes de répartition verticale et horizontale des pouvoirs de l'Etat adopté dans la Constitution.

B. La juridiction de la Cour constitutionnelle

Conformément à la Constitution, quatre grands groupes de compétences de la Cour constitutionnelle peuvent être identifiés. Le premier groupe se réfère à la résolution de «conflits d'attributions» qui peuvent surgir entre les pouvoirs de l'Etat. Ces conflits d'attributions ou de compétences peuvent découler de la répartition verticale des pouvoirs de l'Etat, particulièrement en ce qui concerne les régions, et la répartition horizontale entre les organes constitutionnels.

En effet, constitutionnellement, la République italienne a été organisée comme un «Etat régional», soit une décentralisation politique très proche du fédéralisme, mais avec ses caractéristiques propres. Quoi qu'il en soit, les deux formes de décentralisation politique ont en commun une répartition des pouvoirs de l'Etat dans le sens vertical, vers des entités territoriales autonomes appelées «régions». C'est ce qui explique que, comme dans le cas du Tribunal constitutionnel fédéral d'Allemagne fédérale qui doit résoudre les controverses entre la Fédération et les *Lander*, en Italie la Cour constitutionnelle a pleins pouvoirs de résoudre les conflits d'attributions pouvant surgir entre l'Etat et les régions, lorsque l'Etat pénètre dans la sphère de compétence régionale ou qu'une région va au-delà de sa compétence[(582)] et pénètre celle des pouvoirs de l'Etat ou encore entre les régions lorsque celles-ci interfèrent dans leurs compétences respectives. Dans ces cas, le conflit trouve son origine dans des actes administratifs et, lorsqu'elle s'en saisit, la Cour constitutionnelle non seulement décide à quel niveau des pouvoirs de l'Etat appartient l'attribution contestée, mais elle a pleins pouvoirs d'annuler l'acte administratif qui a provoqué le conflit[(583)] ainsi que de suspendre *pendente litis* ses effets, lorsque la gravité de la situation l'impose[(584)].

---

(581) M. CAPPELLETTI, *La giurisdizione costituzionale dele libertá* (primo studio sul ricorso costituzionale con particulare riguardo agli ordinamenti tedesco, suizzero e austriaco), Milan 1955, p. 112; M. CAPPELLETTI, «La justicia constitucional...», *loc. cit.*, p. 52; F. RUBIO LLORENTE, *loc. cit.*, pp. 10-13.

(582) Article 134 de la Constitution; article 39, Loi n° 87.

(583) Article 38, Loi n° 87.

(584) Article 40, Loi n° 87.

Il convient de préciser que ce sont là les seuls cas où la Cour constitutionnelle italienne peut déclarer la nullité d'un acte administratif, n'ayant pas le pouvoir de juger de l'inconstitutionnalité des actes administratifs[(585)].

Les conflits d'attributions entre l'Etat et les régions peut aussi avoir son origine dans des actes législatifs de l'Etat, auquel cas leur résolution par la Cour constitutionnelle se fait au moyen direct du contrôle juridictionnel des lois exercées par les régions.

Mais comme nous l'avons déjà dit, dans le système constitutionnel italien, le conflit d'attributions peut surgir non seulement entre des pouvoirs de l'Etat répartis verticalement, mais aussi entre les pouvoirs constitutionnellement conférés aux divers organes constitutionnels nationaux. A ce sujet, la Cour constitutionnelle a aussi pleins pouvoirs de résoudre les conflits «de délimitation du domaine de compétences octroyé aux divers pouvoirs par les normes constitutionnelles»[(586)], par exemple, entre la Chambre des députés et le Sénat ou entre le Président de la République et la parlement. Il est cependant clair que, dans le système constitutionnel italien, le conflit d'attributions entre les pouvoirs de l'Etat répartis horizontalement est susceptible de surgir non seulement entre les trois pouvoirs traditionnels de l'Etat, mais aussi entre d'autres organes de l'Etat qui ne sont pas subordonnés aux trois pouvoirs, comme par exemple le Conseil supérieur de la magistrature, la Cour des comptes et le Conseil économique national. A ce sujet, le professeur Aldo Sandulli, ancien juge de la Cour constitutionnelle, estime qu'il faut donner à l'expression «pouvoirs de l'Etat» le sens de «tous les organes de l'organisation de l'Etat dont les activités, conformément à l'ordre constitutionnel, ne sont assujetties à aucun autre type de contrôle externe par aucun autre organe de l'Etat (même des organes constitutionnels)»[(587)]. Quoi qu'il en soit, dans tous les cas de conflits d'attributions entre les organes constitutionnels de l'Etat, la Cour constitutionnelle doit déterminer le domaine de compétences conféré aux différents pouvoirs de l'Etat par les normes constitutionnelles [(588)], doit décider à quel organe appartient le pouvoir contesté, et, lorsqu'un acte s'est vu frappé d'incompétence, doit l'annuler[(589)].

Le second groupe de compétences de la Cour constitutionnelle, à l'instar des systèmes autrichien et ouest-allemand, se réfère aux cas d'accusations ou d'empêchement du Président de la République pour des crimes contre la Constitution ou de haute trahison ainsi que du Président du Conseil des ministres et des ministres pour des crimes commis par ceux-ci dans l'exercice de leurs

---

(585) F. RUBIO LLORENTE, *loc. cit.*, p. 16.

(586) Article 37, Loi n° 87.

(587) A. SANDULLI, «Die Verfassungsgerichtsbarkeit in Italia», in E. MOSLER (Ed.), *Verfassungsgerichtsbarkeit in der Gegenwart* (Constitutional Review in the World Today), Max-Plank-Institut Internationales Kolloquium, Heidelberg 1961, Cologne-Berlin 1962, p. 310; *cit.* par F. RUBIO LLORENTE, *loc. cit.*, p. 36.

(588) Article 37, Loi n° 87.

(589) Article 38, Loi n° 87.

fonctions[590]. Dans ces cas, l'accusation ne peut être portée devant la Cour que par le parlement qui doit l'adopter en séance conjointe des deux chambres.

Le troisième grand pouvoir juridictionnel de la Cour constitutionnelle porte sur les référendums. La Constitution donne pleins pouvoirs à la Cour de décider l'admissibilité de référendums dérogatoires en vue de l'abrogation de lois ordinaires, exception faite des lois budgétaires et fiscales, des lois accordant l'amnistie et le pardon, et des lois autorisant la ratification de traités internationaux[591].

Finalement, il existe un quatrième groupe de pouvoirs juridictionnels de la Cour constitutionnelle italienne qui sont liés au contrôle juridictionnel de la constitutionnalité des lois et autres actes de l'Etat de même force.

La Cour constitutionnelle italienne n'a donc pas de pouvoir sur les questions électorales ni sur les partis politiques[592], comme le Tribunal constitutionnel fédéral allemand, et, plus important, la Cour constitutionnelle italienne n'a de pouvoir pour agir en tant que garant direct des libertés et des droits fondamentaux, étant donné qu'elle ne jouit d'aucune attribution lui permettant de décider des recours constitutionnels de protection constitutionnelle comme dans les systèmes de justice constitutionnelle en Allemagne, en Autriche et en Espagne, en particulier lorsqu'ils sont exercés contre des lois. Néanmoins, le besoin d'une action directe devant la Cour constitutionnelle a suscité de nombreux débats au cours de la rédaction de la Constitution[593], et l'un des premiers textes proposés prévoyait la principale forme de contrôle juridictionnel de la constitutionnalité des lois par le biais d'un recours d'inconstitutionnalité qui pouvait être porté devant la Cour constitutionnelle, en tant que *actio popularis* accessible à tous les citoyens sans qu'il y ait dommage à leurs droits subjectifs; une action qui devait être exercée dans le délai d'un an après la publication de la loi[594]. Cette proposition d'action populaire d'inconstitutionnalité a été rejetée plus tard, surtout pour des raisons politiques[595] et le contrôle juridictionnel des lois s'est vu restreint essentiellement à un système incident de contrôle constitutionnel concentré dans la Cour constitutionnelle, en combinaison avec un moyen de contrôle principal limité et un système préventif portant uniquement sur certains actes de l'Etat.

---

(590) Articles 90, 134 de la Constitution. Loi n° 20 du 25 janvier 1962. *V.* le texte in F. RUBIO LLORENTE, *loc. cit.*, pp. 55-61.

(591) Articles 74, 75 de la Constitution; Loi constitutionnel n° 1 du 11 mars 1953, *V.* le texte in F. RUBIO LLORENTE, *loc. cit.*, pp. 46-47

(592) A propos des partis politiques, le Pr. RUBIO LLORENTE soutient que la Cour constitutionnelle ne peut que décider de leur constitutionnalité ou inconstitutionnalité, et uniquement par des voies directes, lorsqu'une question de constitutionnalité lui est portée au sujet d'un loi sanctionné sur base des articles 18 (prohibition du secret pour des groupes paramilitaires), 49 (liberté d'association dans des partis politiques), ou sur base de la Disposition transitoire XII (interdiction de toute forme de réorganisation du parti fasciste). Une organisation ou un parti politique peut, de cette manière, être dissout. F. RUBIO LLORENTE, *loc. cit.*, p. 16.

(593) *Cf.* A. PIZZARUSSO, *loc. cit.*, p. 168.

(594) F. RUBIO LLORENTE, *op. cit.*, pp. 4-5.

(595) *Idem*, pp. 5-6.

C. La portée du contrôle constitutionnel

Le système italien de contrôle juridictionnel de la constitutionnalité des lois est donc un système concentré selon lequel la Cour constitutionnelle est le seul organe de l'Etat à avoir des pouvoirs exclusifs de déterminer la conformité des lois à la Constitution, entendant par «lois», conformément à la Constitution, les lois et les autres actes d'Etat ayant force de loi(596) qu'il s'agisse de l'Etat national ou des régions. Pour cette raison, les lois formelles sont assujetties au contrôle constitutionnel ainsi que les décrets-lois promulgués par le pouvoir exécutif en vertu d'une délégation parlementaire(597) ou, dans les cas d'urgence(598), ceux considérés comme étant des «actes ayant force de loi». D'autre part, les *interna corporis* du parlement, émis en exécution directe de la Constitution, sont aussi sujets au contrôle constitutionnel par la Cour constitutionnelle(599), tenant compte de leur caractère semblable aux lois dans la hiérarchie de l'ordre juridique.

D'autres aspects portant sur ces actes «législatifs» assujettis au contrôle constitutionnel méritent d'être soulignés. Le premier est l'admissibilité du contrôle de la constitutionnalité de lois contraires à la Constitution mais qui ont été promulguées avant celle-ci et qui, en principe, pourraient être considérées comme ayant été implicitement abrogées par cette dernière. La Cour constitutionnelle a accepté d'exercer un contrôle sur ces lois pré constitutionnelles par la méthode incidente, lorsque la question de la constitutionnalité est portée devant un juge ordinaire dans un cas concret et que celui-ci renvoie la question à la Cour constitutionnelle (600).

Le second aspect se réfère à la possibilité de soulever la question de la constitutionnalité de lois abrogées, ayant déjà perdu leur vigueur. La Cour constitutionnelle italienne a déclaré à plusieurs reprises sa compétence dans l'examen de controverses relatives à la constitutionnalité de ces lois abrogées, c'est à dire n'étant plus en vigueur mais qui, dû à la création par elle de situations juridiques qui persistent après l'abrogation de la loi, le contrôle constitutionnel est justifié(601).

Le troisième aspect est lié à l'objectif de ce contrôle, qui constitue non seulement un contrôle substantif au sens où il détermine si la loi est conforme à la Constitution dans son contenu normatif, mais aussi un contrôle formel des actes soumis au contrôle constitutionnel en ce qui concerne les procédures suivies(602).

D'autre part, les pouvoirs juridictionnels de la Cour constitutionnelle de contrôler la constitutionnalité des lois portent non seulement sur la confrontation

(596) Article 1, Loi constitutionnel n° 1, 9 février 1948.

(597) Article 75 de la Constitution.

(598) Article 77 de la Constitution. Trois décrets-lois émis dans des situations urgentes doivent être soumises au parlement le jour suivant sa promulgation, et uniquement s'ils sont validés par le parlement, ils pourront être remis en question pour raisons d'inconstitutionnalité.

(599) F. RUBIO LLORENTE, *op. cit.*, p. 23.

(600) Décision n° 1, 1956, *cit.* par F. RUBIO LLORENTE, p. 35; *Cf.* G. CASSANDRO, *loc. cit.*, P. 5.

(601) Décision n° 4, 1959, *cit.* par F. RUBIO LLORENTE, p. 22.

(602) *Cf.* G. CASSANDRO, *loc. cit.*, p. 4.

d'actes législatifs avec la Constitution elle-même, mais également sur des «lois constitutionnelles» qui peuvent être promulguées conformément à l'article 138 de la Constitution pour amender celle-ci. Par conséquent, le «bloc de la constitutionnalité» comprend, outre les principes qui peuvent découler du texte constitutionnel, la Constitution et les «lois constitutionnelles» auxquelles toutes les autres normes doivent être conformes. Cependant, les «lois constitutionnelles», régies, en ce qui est de leur promulgation, par la Constitution qui détermine leur portée et leur contenu, peuvent aussi être soumises à un contrôle constitutionnel par la Cour constitutionnelle(603).

Finalement, en ce qui concerne la portée du contrôle juridictionnel exercé par la Cour constitutionnelle, il faut souligner les discussions surgies comme conséquence des termes employés à l'article 134 de la Constitution italienne. En effet, il y est stipulé que la Cour constitutionnelle a pleins pouvoirs de résoudre les conflits relatifs à la «légitimité constitutionnelle» des lois et des actes de l'Etat qui ont force de loi(604), ce qui peut mener à la conclusion que, comme cela s'est d'ailleurs produit au sujet du contrôle des actes administratifs dans le domaine du droit administratif, la Cour constitutionnelle peut contrôler le bien fondé des activités législatives.

En principe, ce pouvoir attribué à la Cour constitutionnelle ne se réfère qu'aux questions d'incompatibilité abstraite des actes de l'Etat avec la Constitution dans le sens où la Cour doit vérifier la subordination du législateur à la Constitution et les limites des activités de celui ci établies par cette dernière, la Cour constitutionnelle n'étant pas autorisée à juger les motivations ni le bien fondé d'une loi promulguée par le législateur. A cet égard, la loi n°- 87 (1953) de la Cour constitutionnelle stipule expressément:

> Art. 28. Le contrôle exercé par la Cour constitutionnelle sur la légitimité des lois ou des actes ayant force de loi exclut tout jugement de valeur de nature politique ainsi que tout jugement concernant l'utilisation que donne le parlement à son pouvoir discrétionnaire.

En dépit de la clarté de ce texte, la Cour constitutionnelle, toujours dans le cadre de cette norme, a contrôlé depuis 1960 le caractère «arbitraire» ou «non arbitraire» du législateur en ce qui concerne les lois promulguées au sujet du principe d'égalité et de non discrimination, ainsi que le caractère «rationnel» des distinctions établies dans les lois(605).

---

(603) G. CASSANDRO, *loc. cit.*, pp. 3-4. *Cf.* F. RUBIO LLORENTE, *op. cit.*, p. 20.

(604) Le terme est également utilisé dans l'article 1, Loi constitutionnel n° 1, 9 février 1948, et dans les articles 23-36, Loi n° 87, 1953.

(605) *Cf.* les décisions de la Cour et la doctrine opposée in F. RUBIO LLORENTE, *op. cit.*, pp. 17-19: et G. ZAGREBELSKI, «Objet et portée de la protection des droits fondamentaux. Cour constitutionnelle italienne», in L. FAVOREU (ed.), *Cours constitutionnelles européennes et droits fondamentaux*, Paris 1982, p. 330.

3. Le Tribunal constitutionnel en Espagne

A. La Deuxième République espagnole et le Tribunal des garanties constitutionnelles

La troisième expérience européenne de système concentré de contrôle constitutionnel, après les systèmes de justice constitutionnelle de Tchécoslovaquie et d'Autriche en 1920, s'est développée durant la Deuxième République espagnole, conformément à la Constitution du 9 décembre 1931, qui a créé un Tribunal de garanties constitutionnelles. Le système mis en place était un système concentré de contrôle constitutionnel dans lequel on peut retrouver l'influence directe de l'expérience autrichienne et des idées de Hans Kelsen[(606)], bien qu'ayant des caractéristiques propres et un contexte historique spécifique dont l'origine peut être située dans les projets de la Première République en 1873[(607)].

Le système de contrôle constitutionnel de 1931 était conçu comme un système concentré dans lequel le Tribunal de garanties constitutionnelles avait le pouvoir exclusif de vérifier la constitutionnalité des lois par la méthode incidente ou principale. En outre, la Constitution prévoyait un recours de protection constitutionnelle *(recurso de amparo)* qui devait être introduit au Tribunal de garanties constitutionnelles en vue de la protection des droits fondamentaux.

La méthode incidente de contrôle a été établie dans l'article 100 de la Constitution:

> Lorsqu'un tribunal doit appliquer une loi qu'il juge contraire à la Constitution, il doit suspendre la procédure et envoyer une requête de consultation au Tribunal de garanties constitutionnelles.

La Constitution conférait en outre au Tribunal de garanties constitutionnelles la compétence d'être saisi au moyen du «recours d'inconstitutionnalité des lois» [608], conçu comme une action autonome qui pouvait être portée devant le Tribunal par le Ministère public, le gouvernement de la République, les régions et par «tout individu ou toute personne collective, même si celui-ci n'est pas directement touché» [609], ce qui, dans les faits, la transformait en une action populaire.

Néanmoins, ce vaste système concentré de contrôle constitutionnel mis en place par la Constitution de 1931 a été restreint par la loi organique du Tribunal promulguée en 1933 et selon laquelle le «recours d'inconstitutionnalité des lois» n'était prévu que comme un moyen incident de contrôle constitutionnel, exercé *ex*

---

(606) J.L. MELIÁN GIL, *El Tribunal de Garantías Constitucionales de la Segunda República Española*, Madrid 1971, pp. 16-17, 53; P. CRUZ VILLALÓN, «Dos modos de regulación del control de la constitucionalidad: Checoslovaquia (1920-1980) y España (1931-1936)», *loc. cit*, p. 118.

(607) J.L. MELIÁN GIL, *op. cit.*, p. 9; N. GONZÁLEZ-DELIETO DOMINGO, *Tribunales Constitucionales, Organización y funcionamiento*, Madrid 1980, p. 21.

(608) Article 121. *V.* le texte de J.L. MELIÁN GIL, *op. cit.*, p. 111; N. GONZÁLEZ-DELIETO DOMINGO, *loc. cit*, p. 22.

(609) Article 123. *Idem.*

officio par un tribunal ou comme une conséquence d'une exception soulevée dans une procédure concrète par la partie dont les droits pourraient être affectés par l'application de la loi contestée, ou par le Ministère public de la République[(610)]. C'est ainsi que le système espagnol, devenu exclusivement incident, s'est éloigné du modèle autrichien et a suivi les grandes lignes du système diffus de contrôle constitutionnel en ce qui a trait aux effets des décisions du Tribunal concernant l'inconstitutionnalité des actes de l'Etat, dans la mesure où elles n'étaient pas *erga omnes* mais bien restreintes uniquement aux «cas concrets du recours ou de la consultation»[(611)]. Par conséquent, les lois n'étaient pas annulées par le Tribunal de garanties constitutionnelles mais seulement considérées inapplicables au cas concret[(612)]. La loi organique du Tribunal de garanties constitutionnelles a été largement critiquée à cause de cette restriction aux dispositions constitutionnelles et a été la première à faire l'objet d'un recours d'inconstitutionnalité[(613)]. Quoi qu'il en soit, moins de cinq ans après la promulgation de la Constitution, elle a été abrogée, en 1936, et, avec elle, tout le système de contrôle juridictionnel de la constitutionnalité éliminé. Ce n'est qu'avec la publication de la nouvelle Constitution démocratique du 27 décembre 1978 qu'un nouveau système de contrôle juridictionnel a été mis en place en Espagne, grâce à la création du Tribunal constitutionnel, régi plus tard par la «Loi organique du Tribunal constitutionnel» du 3 octobre 1979[(614)].

B. Le Tribunal constitutionnel comme modèle européen

Le fait que le système de contrôle constitutionnel espagnol ait été mis en place après la consolidation des principales expériences européennes en la matière a conduit celui-ci à adopter les caractéristiques les plus importantes du modèle européen, sous l'influence des normes allemandes, italiennes et françaises en particulier. Jusqu'à la création du Tribunal constitutionnel en Espagne, l'on disait que le Tribunal constitutionnel fédéral d'Allemagne fédérale possédait la juridiction la plus vaste du monde en matière constitutionnelle[615]. Après 1978, c'est le Tribunal constitutionnel espagnol qui était devenu, selon l'opinion générale, l'organe constitutionnel européen doté de la juridiction la plus complète en matière constitutionnelle[(616)]. Aujourd'hui, du moins en matière de justice constitutionnelle, c'est le Tribunal constitutionnel du Portugal, créé par la révision constitutionnelle de

(610) Articles 30-33, loi organique de 1933. *V.* in J.L. MELIÁN GIL, pp.14, 29.

(611) Article 42, *idem*, p. 30.

(612) J.L. MELIÁN GIL, *op. cit.*, p. 30.

(613) *Idem*, p. 45; N. GONZÁLEZ-DELIETO DOMINGO, *loc. cit*, p. 23.

(614) Loi organique 2/1979. *V.* le texte in *Boletín Oficial del Estado* n° 239, 5 octobre 1979.

(615) G. MULLER, «El Tribunal Constitucional Federal de la República Federal de Alemania», *Revista de la Comisión Internacional de Juristas* Vol. VI (2), 1965, p. 221.

(616) *Cf.*, E. GARCIA DE ENTERRIA, *La Constitución como norma y el Tribunal Constitucional*, Madrid 1981, p. 137; P. BON, F. MODERNE et Y. RODRIGUEZ, *La justice constitutionnelle en Espagne*, Paris 1982, p. 41; L. FAVOREU, «Actualité et légitimité en contrôle juridictionnel des lois en Europe occidentale», *Revue de droit public et de la science politique en France et à l'étranger*, Paris 1984 (5), p. 1154; Allan R. BREWER-CARIAS, *op. cit.*, pp. 226 et ss.

1982 où a été établi un système mixte de contrôle juridictionnel de la constitutionnalité des lois, qui peut prétendre revendiquer ce titre.

Il n'empêche que le système espagnol constitue un exemple éloquent du modèle européen concentré de contrôle juridictionnel de la constitutionnalité[(617)] qui a fait ses preuves au cours des dernières années.

Bien sûr, tous les actes normatifs de l'Etat ne sont pas sujets au contrôle constitutionnel exclusif du Tribunal et, à l'instar d'autres pays européens, il est admis que les lois pré constitutionnelles, bien que sujettes au contrôle du Tribunal, peuvent faire l'objet d'un contrôle diffus par tout autre tribunal[(618)].

Conformément à la Constitution, le Tribunal constitutionnel est conçu comme un organe constitutionnel, indépendant et séparé du pouvoir judiciaire, mais doté de fonctions juridictionnelles qui font de lui le garant de la constitutionnalité de l'action de l'Etat[(619)]. A cet égard, l'article 1 de la loi organique n° 2 de 1979 relative au Tribunal prévoit expressément:

> Le Tribunal constitutionnel, en tant qu'interprète suprême de la Constitution, est indépendant des autres organes constitutionnels et n'est subordonné qu'à la Constitution et à sa loi organique.

Selon l'article 159 de la Constitution, le Tribunal est composé de 12 membres nommés parmi les magistrats et procureurs, les professeurs universitaires, les fonctionnaires publics et juristes qualifiés de plus de 15 ans d'expérience. Les membres du Tribunal sont nommés par le Roi de la façon suivante: quatre sur proposition d'une majorité des trois cinquièmes des représentants du Congrès des députés; quatre sur proposition de la même majorité du Sénat; deux sur proposition du gouvernement et deux sur proposition du Conseil général de la magistrature. Donc, comme dans le système italien, les trois pouvoirs traditionnels de l'Etat interviennent dans la nomination des membres du Tribunal. Comme c'est le cas également dans d'autres systèmes européens, de manière à éviter la politisation du Tribunal, la Constitution détermine explicitement les incompatibilités frappant ses membres. Elle stipule notamment que la qualité de membre du Tribunal constitutionnel est incompatible avec un mandat de représentation, avec les postes politiques et administratifs, avec des fonctions de direction au sein d'un parti politique ou d'une organisation syndicale, ou le fait d'être employé par eux, avec la carrière de procureur judiciaire ou public et avec toute autre activité professionnelle ou commerciale. Il est aussi stipulé que les membres du Tribunal constitutionnel sont soumis aux mêmes incompatibilités que les membres de la magistrature.

---

(617) P. BON, F. MODERNE et Y. RODRIGUEZ, *op. cit.*, p. 47.

(618) J. SALAS, «El Tribunal Constitucional español y su competencia desde la perspectiva de la formación de un gobierno: sus relaciones con los poderes legislativo, ejecutivo y judicial», *Revista española de derecho constitucional*, n° 6, 1982, p. 165.

(619) M. GARCÍA PELAYO, «El Status del Tribunal Constitucional», *Revista española de derecho constitucional*, 1, 1981, pp. 11-34; F. RUBIO LLORENTE, «Sobre la Relación entre Tribunal Constitucional y poder judicial en el ejercicio de la jurisdicción constitucional», *Revista española de derecho constitucional* n° 4, 1982, pp. 35-67, en tant qu'organe indépendant, il possède aussi de pouvoir d'auto-réglementation: articles 2,2 d la loi organique 2/1979.

On peut classer les compétences du Tribunal en trois groupes principaux: la résolution de conflits constitutionnels entre les pouvoirs de l'Etat; la décision concernant les recours d'*amparo* des droits fondamentaux et le contrôle de la constitutionnalité des lois.

Le premier groupe de pouvoirs conférés au Tribunal constitutionnel se réfère à la résolution des conflits constitutionnels entre les organes de l'Etat, selon les systèmes vertical et horizontal de répartition des pouvoirs de l'Etat adoptés par la Constitution. En Espagne, la Constitution a organisé l'Etat en un «Etat de communautés autonomes» semblable à l'Etat régional créé par la Constitution italienne. Il s'agit donc d'un système particulier de décentralisation politique dans lequel les communautés autonomes constituent les piliers essentiels de l'organisation territoriale de l'Etat[(620)]. Le Tribunal constitutionnel est ainsi autorisé à résoudre «les conflits d'attributions entre l'Etat et les communautés autonomes ainsi que les conflits entre ces dernières»[(621)].

Dans ce même cadre juridictionnel, le Tribunal constitutionnel est autorisé par la loi organique qui le régit à résoudre les conflits de compétences ou d'attributions entre les organes constitutionnels de l'Etat national, c'est à dire, les conflits qui opposent «le gouvernement au Congrès des députés, au Sénat ou au Conseil général de la magistrature, ou ces organes constitutionnels entre eux»[(622)].

La justification de la compétence du Tribunal constitutionnel dans les conflits entre les organes constitutionnels semble évidente comme d'ailleurs celle de tous les autres systèmes de justice constitutionnelle en Europe. Tout conflit entre entités politiques est en soi un conflit constitutionnel qui remet en cause le système organique établi par la Constitution elle même. Par conséquent, le Tribunal constitutionnel est le seul organe habilité pour résoudre de tels conflits qui touchent l'essence même de la Constitution, la répartition des pouvoirs qu'elle détermine et les compétences qu'elle confère.

Les sentences prononcées dans la résolution de conflits de compétences ont des effets *inter partes* étant donné que leur contenu est essentiellement une déclaration concernant la compétence des organes constitutionnels, par exemple, la Chambre, le Sénat ou le Conseil général de la magistrature[(623)].

Cependant lorsque la décision implique la déclaration de nullité[(624)] de la disposition normative prise par l'organe reconnu incompétent, la sentence doit être publiée pour qu'elle ait des effets *erga omnes*[(625)].

Le deuxième groupe d'attributions du Tribunal constitutionnel se réfère à la décision du *recurso de amparo* (recours de protection constitutionnelle) qui peut être introduit directement par les individus devant le Tribunal constitutionnel lorsqu'ils estiment que leurs libertés ou droits constitutionnels ont été violés par

(620) Articles 2, 137 et 143 de la Constitution.
(621) Article 161, 1, C de la Constitution; articles 60-72 de la loi organique 2/1979.
(622) Article 59, 3; 73-5 de la loi organique 2/1979.
(623) Article 75, 2 de la loi organique 2/1979.
(624) *Idem.*
(625) Article 164, 1 de la Constitution.

des dispositions, des actes juridiques ou de simples voies de fait de la part des pouvoirs publics de l'Etat, des communautés autonomes et des autres entités territoriales publiques ou leurs représentants(626). Ce recours de protection des droits fondamentaux ne peut être exercé directement contre des lois qui violent des droits fondamentaux de manière directe(627), comme dans le système allemand; c'est pourquoi il ne peut être exercé que contre des actes administratifs ou judiciaires et des actes sans force de loi émanant des autorités législatives(628) et uniquement lorsque les moyens judiciaires ordinaires de protection des droits fondamentaux ont été épuisés(629). Par conséquent, le recours d'*amparo* résulte en général d'une action directe contre des actes judiciaires(630) et ne peut conduire qu'indirectement à un contrôle juridictionnel des lois lorsque l'acte de l'Etat contesté est basé sur une loi considérée inconstitutionnelle(631).

Finalement, le troisième groupe de compétences du Tribunal constitutionnel se réfère au contrôle juridictionnel des lois qui peut être exercé par un recours direct ou principal, ou par la méthode incidente. Le pouvoir de contrôle juridictionnel peut encore être exercé par le Tribunal constitutionnel d'une façon indirecte et concernant certains actes de l'Etat d'une manière préventive. Le système espagnol comprend donc quatre formes différentes de contrôle juridictionnel des lois.

4. Le Conseil constitutionnel en France

L'interprétation extrême du principe de la séparation des pouvoirs, de la suprématie de la Constitution et du rôle du pouvoir judiciaire a exercé, jusqu'au début du XXème siècle, une influence considérable sur l'élaboration du droit constitutionnel en Europe. Ce n'est qu'au cours des dernières décennies qu'un changement est intervenu, en particulier grâce à l'adoption de systèmes de contrôle juridictionnel de la constitutionnalité des lois, non pas par les juges ordinaires ni par la Cour suprême des différents pays mais par un Tribunal constitutionnel spécialement conçu comme un organe constitutionnel doté de pouvoirs juridictionnels.

C'est ainsi qu'est apparu en France le Conseil constitutionnel, quoique doté d'un caractère peut-être davantage politique que juridictionnel, du moins à ses débuts, dont on peut trouver l'origine dans l'histoire constitutionnelle française.

En effet, la tradition française avant la création du Conseil constitutionnel en 1958 voulait que le rôle de garant de la Constitution était attribué à un organe politique spécifique. Ce fut le cas du Sénat conservateur de la Constitution de l'an VIII du 22 frimaire et des attributions du Sénat dans la Charte constitutionnelle de

---

(626) Article 161, 1, b de la Constitution; Article 41, 2 de la loi organique 2/1979.
(627) *Cf.* E, GARCÍA DE ENTERRÍA, *op. cit.*, p. 151.
(628) Article 42 de la loi organique 2/1979.
(629) Article 43,1 de la loi organique 2/1979.
(630) *Cf.*, FAVOREU, *loc. cit*, pp. 1155-1156.
(631) Article 55, 2 de la loi organique 2/1979.

1852[(632)]. Le système était aussi établi dans la Constitution de 1946, qui attribuait l'exercice du contrôle préventif de la constitutionnalité des lois adoptées par l'Assemblée nationale à un organe politique appelé *Comité constitutionnel* pour déterminer si leur promulgation requérait un amendement préalable de la partie organique de la Constitution. Il s'agissait d'un système très limité de contrôle constitutionnel car si le Comité jugeait que la loi n'était pas conforme à la Constitution, elle était renvoyée à l'Assemblée pour un réexamen, et si l'Assemblée confirmait sa première décision, il devenait nécessaire de procéder à une réforme de la Constitution comme s'il s'était agi d'une révision explicitement demandée. La loi ne pouvait néanmoins pas être promulguée tant que la réforme n'avait pas pris fin[(633)].

En se fondant sur cette tradition et sur le Comité constitutionnel de 1946, la Constitution de 1958 a créé le Conseil constitutionnel[(634)] qui, selon la pensée de Maurice Duverger, était une sorte de «juridiction politique suprême» dotée du pouvoir de contrôler la constitutionnalité des lois et le bon déroulement des élections présidentielles et parlementaires. Le terme «juridiction politique» employé par Duverger pour décrire cet organe exprime bien la nature atypique[(635)] et ambiguë[(636)] de l'institution: elle s'est vu attribué le rôle de juge mais elle doit exercer ce rôle sur la scène politique et, plus important encore, avec des motivations politiques. Ses membres jouissent de l'indépendance de tous les magistrats et juges, mais ils sont recrutés et nommés sur des critères politiques. Ce qui explique les nombreuses discussions intervenues en France quant au caractère juridictionnel du Conseil constitutionnel[(637)]. Aujourd'hui la polémique a complètement disparu et l'on distingue le «pouvoir judiciaire» du «pouvoir juridictionnel» plus large, ce dernier étant conçu pour comprendre en plus des fonctions judiciaires et administratives ordinaires, les attributions du Conseil constitutionnel dans le domaine de la justice constitutionnelle[(638)].

Conformément à la Constitution, la composition du Conseil constitutionnel, outre les membres *ex officio* que sont les anciens Présidents de la République, est de neuf membres nommés sur un mode paritaire: trois par le Président de la

---

(632) C. FRANCK, *Les fonctions juridictionnelles du Conseil constitutionnel et du Conseil d'Etat dans l'ordre constitutionnel*, Paris 1974, pp. 44-46; F. LUCHAIRE, *Le Conseil constitutionnel*, Paris 1980, pp. 10-11; Allan R. BREWER-CARIAS, *op. cit.*, pp. 251 et ss.

(633) C. FRANCK, *op. cit.*, p. 13.

(634) Le Conseil constitutionnel est réglementé par le Titre VII, articles 53 à 63 de la Constitution de 1958 *(Journal officiel* du 5 octobre 1958) et par la loi organique n° 58-1067 du 7 novembre 1958 *(Journal officiel* du 9 novembre 1958). L'article 61, 2 de la Constitution a été modifié le 21 octobre 1074 par une réforme constitutionnelle; et la loi organique du Tribunal a été modifiée par la loi organique n°59-223 du 4 février 1959 *(Journal officiel* du 7 février 1959) et par la loi organique du 26 décembre 1974 qui suivait l'amendement constitutionnel.

(635) W.K. GECK, «Judicial Review of Statutes: a Comparative Survey of Present Institutions and Practices», *Cornell Law Quarterly*, 51, 1966, pp. 256, 259.

(636) A. HAURIOU, *Institutions politiques et droit constitutionnel*. Paris 1966.

(637) F. LUCHAIRE, «Le Conseil constitutionnel. Est-il une juridiction», *Revue du droit public et de la science politique en France et à l'étranger*, 1979; F. LUCHAIRE, *op. cit.*, pp. 33-56.

(638) T. RENOUX, *Le Conseil constitutionnel et l'autorité judiciaire. L'élaboration d'un droit constitutionnel juridictionnel*, Paris 1984, p. 19.

République, trois par le Président de l'Assemblée nationale et trois par le Président du Sénat[639].

Les fonctions des membres du Conseil sont incompatibles avec celles de membre du gouvernement, du parlement et du Conseil économique et social[640]. Les membres du Conseil ne peuvent pas être nommés à la fonction publique[641] durant leur mandat, ni sont autorisés à assumer de position politique sur des questions qui ont fait ou sont susceptibles de faire l'objet d'une décision du Conseil[642]. Ils ne sont pas non plus autorisés à accepter des postes administratifs ou de responsabilité dans aucun parti ou groupe politique, ni peuvent faire mention de leur poste dans aucun document, susceptible d'être publié, portant sur une quelconque activité publique ou privée[643].

Outre ses compétences consultatives, le Conseil constitutionnel est aussi, dans le domaine du contrôle juridictionnel, le juge de la constitutionnalité des lois et des conflits relatifs aux élections et aux référendums. C'est pourquoi l'on distingue trois groupes de compétences de ce Conseil: agir en tant qu'organe consultatif, exercer une juridiction électorale et contrôler la constitutionnalité des lois.

Le premier groupe de compétences porte sur l'exercice d'une série de fonctions de nature consultative et, de fait, de portée politique. Ces fonctions consultatives consistent à déterminer quand le Président de la République est incapable d'exercer ses fonctions[644] et à donner son opinion concernant des situations et des mesures à prendre dans des circonstances extraordinaires[645].

Dans le premier cas, les fonctions consultatives du Conseil visent à empêcher le Président de la République d'exercer ses fonctions -ce qui constitue en soi un considérable pouvoir de décision- lorsque le gouvernement lui en fait la demande parce qu'il juge le Président empêché d'accomplir ses fonctions.

Il convient de souligner que la Constitution ne définit pas la notion «d'empêchement» dans la mesure où elle ne précise pas s'il s'agit d'inaptitude physique ou d'incapacité découlant d'une maladie ou d'un accident. Le pouvoir d'appréciation du Conseil constitutionnel est donc pratiquement illimité. Si le Conseil constitutionnel déclare que l'inaptitude ou l'incapacité du Président est de nature définitive, il doit convoquer des élections dans les vingt à cinquante jours suivant sa décision. Néanmoins le Conseil peut invoquer une «force majeure» pour ne pas convoquer une élection, auquel cas, comme dans celui d'une incapacité temporaire, le Président de la République serait remplacé par le Président du Sénat qui est autorisé à exercer toutes les attributions du premier exception faite du droit à dissoudre l'Assemblée ou à convoquer un référendum[646].

---

(639) Article 56 de la Constitution; Article 1 de la loi organique 58-1067.
(640) Article 57 de la Constitution; Article 4 de la loi organique 58-1067.
(641) Article 5 de la loi organique 58-1067.
(642) Article 7 de la loi organique 58-1067.
(643) Article 2, Décret 13.1.1959. *V.* F. LUCHAIRE, p. 71.
(644) Article 7 de la Constitution.
(645) Article 16 de la Constitution.
(646) Articles 7, 11, 12 de la Constitution; Article 31 de la loi organique 58-1067.

La deuxième fonction consultative du Conseil constitutionnel concerne l'opinion qu'il doit donner au Président de la République sur la situation et les mesures à prendre lorsqu'il existe une menace grave et immédiate contre les institutions de la République, l'indépendance de la Nation, l'intégrité de son territoire ou l'exécution d'accords internationaux, ou quand la bonne marche des pouvoirs publics constitutionnels est interrompue. En vue d'adopter les mesures nécessaires aux circonstances, le Président, tout comme le Premier ministre et le Président du parlement, doit consulter le Conseil constitutionnel qui se reportera aux conditions établies dans la Constitution pour l'exercice de pouvoirs extraordinaires; dans ce cas, son opinion devra être publiée[(647)]. En outre, le Conseil constitutionnel doit être consulté sur toutes les mesures que le Président entend prendre conformément à l'article 16 de la Constitution, auquel cas l'opinion du Conseil constitutionnel ne sera pas publiée[(648)].

Le deuxième groupe de compétences du Conseil constitutionnel se référer à son rôle de Tribunal électoral suprême, non seulement dans les élections parlementaires mais aussi dans les élections présidentielles et les référendums[(649)]. En ce qui concerne les élections parlementaires, le Conseil constitutionnel a pleins pouvoirs constitutionnels de décider la bonne marche des élections des députés et sénateurs[(650)], et, par conséquent, le Conseil peut annuler toute élection ou amender les résultats annoncés et même déclarer élu un autre candidat[(651)]. A cette fin, toute élection parlementaire peut faire l'objet d'une contestation auprès du Conseil, dans les dix jours, par tout électeur de la circonscription électorale respective, en suivant pour ce faire une procédure contradictoire au cours de laquelle l'assemblée parlementaire contestée et le candidat dont l'élection est mise en cause sont autorisés à faire des observations[(652)].

Pour ce qui est du contrôle des élections présidentielles, les pouvoirs du Conseil constitutionnel ne sont pas restreints à la résolution de conflits, c'est à dire qu'ils ne sont pas limités au contrôle de la régularité d'une élection, mais le Conseil doit veiller à la bonne marche des élections[(653)]. A cet effet, le Conseil constitutionnel, dans le cas d'une élection présidentielle contestée, est chargé de déterminer et de proclamer les résultats finals du processus électoral[(654)]. De plus, le Conseil constitutionnel *ex officio*, lorsqu'il possède des preuves d'irrégularités graves qui pourraient affecter la bonne foi de l'élection et altérer ses résultats, peut prononcer la nullité de l'élection, auquel cas le gouvernement doit fixer une nouvelle date pour une nouvelle élection[(655)].

---

(647) Article 16 de la Constitution; Articles 52, 53 de la loi organique 58-1067.

(648) Article 54 de la loi organique 58-1067.

(649) Articles 58-60 de la Constitution.

(650) Article 59 de la Constitution.

(651) Article 41 de la loi organique 58-1067.

(652) Articles 39-40 *Idem*.

(653) Article 30 *Idem*.

(654) Article 27 de la loi organique 58-1064 du 7 novembre 1958 à propos de l'élection du Président de la République. *Journal officiel* du 9 novembre 1958.

(655) Article 22 de la loi organique 58-1064.

D'autre part, le Conseil constitutionnel participe au processus électoral lorsque le gouvernement juge nécessaire de remplacer la procédure de dépouillement du scrutin, accomplie au niveau des chefs-lieux de départements et de territoires, par un décompte des votes centralisé à Paris. Conformément à la loi organique sur l'élection présidentielle, le décret établissant cette mesure doit avoir l'opinion favorable du Conseil constitutionnel(656), octroyant ainsi à cet organe le véritable pouvoir de décision en cette matière.

Dans tous les cas, pour ce qui est des conflits relatifs aux élections présidentielles, seuls les Préfets sont autorisés à introduire un recours auprès du Conseil constitutionnel dans les 48 heures suivant la clôture du dépouillement des votes(657), les électeurs n'ayant pas droit à ce recours. Néanmoins cette restriction d'importance est compensée par les pouvoirs *ex officio* déjà mentionnés du Conseil d'annuler une élection.

La troisième compétence relative aux conflits électoraux porte sur les référendums. A cet égard, le Conseil constitutionnel doit premièrement être consulté en ce qui concerne l'organisation pratique d'un référendum(658), c'est à dire sa mise en oeuvre technique. Deuxièmement, il doit surveiller la mise en oeuvre et le dépouillement final des votes, et ensuite proclamer les résultats(659). Troisièmement, en cas de conflits, le Conseil examine les plaintes dont il est saisi et se prononce(660). La loi organique du Conseil constitutionnel ne détermine pas clairement qui est autorisé à introduire de telles plaintes, mais, vu la nature d'un référendum, à savoir une consultation populaire par vote direct, on peut considérer que tout électeur a le droit de saisir le Conseil constitutionnel (661). En tout cas, si le Conseil confirme une irrégularité, il doit décider souverainement de poursuivre le déroulement du référendum ou de le modifier, et d'émettre un communiqué concernant l'annulation partielle(662).

Le troisième groupe d'attributions du Conseil constitutionnel se réfère au contrôle de la constitutionnalité des lois, de nature préventive, conçu par la Constitution essentiellement comme un moyen d'éviter le chevauchement de compétences entre les organes constitutionnels de l'Etat, et en particulier de maintenir le parlement dans les limites de ses compétences constitutionnelles. Le Conseil constitutionnel a donc été créé, à l'origine, comme le gardien de la partie organique de la Constitution, mais depuis 1971, il est aussi considéré, quoique de façon indirecte, comme le garant des droits fondamentaux du citoyen contre les lois(663).

En France, le contrôle de la constitutionnalité des lois est préventif ou a *priori*, dans le sens où il s'exerce sur des actes non encore en vigueur parce non encore promulgués. En ce qui concerne les lois, le contrôle ne porte que sur celles

---

(656) Article 23 *Idem.*
(657) Article 19 *idem.*
(658) Article 46 de la loi organique 58-1067.
(659) Article 60 de la Constitution; Article 51 de la loi organique 58-1067.
(660) Article 50 de la loi organique 58-1067.
(661) *Cf.* F. LUCHAIRE, *op. cit.*, p. 277.
(662) Article 50 de la loi organique 58-1067.
(663) J. RIVERO, *Le Conseil constitutionnel et les libertés*, Paris-Aix-en-Provence 1984, pp. 13-14.

sanctionnées par les Assemblées, mais non promulguées par le Président de la République; c'est précisément cet aspect qui pose toute la différence entre le système français de contrôle constitutionnel et les autres systèmes européens dans lesquels le contrôle principal de la constitutionnalité est exercé juridictionnelle ment contre des actes promulgués et en vigueur.

II. LA LOGIQUE DU SYSTÈME CONCENTRÉ DE CONTRÔLE DE LA CONSTITUTIONNALITÉ DES LOIS

Tous les systèmes de contrôle juridictionnel de la constitutionnalité des lois exercé par des cours constitutionnelles créées comme des organes séparés du pouvoir judiciaire peuvent être considérés comme des systèmes de contrôle concentré de la constitutionnalité, même s'ils ne sont pas les seuls que l'on trouve en droit comparé.

En effet, le système concentré de contrôle juridictionnel de la constitutionnalité des lois, contrairement au système diffus, est caractérisé par le fait que le système constitutionnel confie le pouvoir d'agir en tant que juge constitutionnel à un seul organe de l'Etat, c'est à dire, que ce système existe quand un seul organe de l'Etat est habilité à décider juridictionnelle ment la constitutionnalité des actes législatifs et autres actes de l'Etat de *status* et valeurs semblables.

L'organe de l'Etat qui a le privilège d'être le seul juge constitutionnel peut être soit la Cour suprême de justice, placé au niveau le plus élevé de la hiérarchie judiciaire d'un pays, soit une Cour, un Conseil ou un Tribunal constitutionnel spécialement créé par la Constitution, en dehors de la hiérarchie judiciaire ordinaire, pour agir en tant que seul juge constitutionnel. Dans les deux cas, le point commun de ces organes est l'exercice d'une activité juridictionnelle en tant que juges constitutionnels.

Or, le système concentré de contrôle juridictionnel de la constitutionnalité des lois, même s'il est généralement liée au «modèle européen» des cours constitutionnelles spéciales[(664)], n'implique pas nécessairement l'existence d'une Cour constitutionnelle spéciale, conçue constitutionnellement en dehors du pouvoir judiciaire ordinaire. Le système implique seulement l'attribution, à un organe particulier de l'Etat exerçant une activité juridictionnelle, du pouvoir et du devoir d'agir en tant que juge constitutionnel. C'est l'essence même du système concentré par rapport au système diffus, soit que l'organe ayant le pouvoir d'agir comme juge constitutionnel soit le tribunal le plus haut du pouvoir judiciaire, soit qu'il s'agisse d'un organe constitutionnel spécial, créé en dehors de l'organisation judiciaire ordinaire, quoique ce dernier aspect ne soit pas essentiel pour la distinction.

---

(664) M. CAPPELLETTI, *Judicial Review in the Contemporary World*, Indianapolis 1971, pp. 46,50,53; Allan R. BREWER-CARÍAS, *Judicial Review in Comparative Law*, Cambridge University Press, 1989, pp. 185 et ss.

C'est pour cela que la logique du système concentré s'applique tant au modèle européen (Cour ou Tribunal Constitutionnel placé au dehors du pouvoir judiciaire) comme au cas ou le juge constitutionnel est un Tribunal constitutionnel ou une Cour suprême placés dans le pouvoir judiciaire.

1. La suprématie de la Constitution et le caractère exprès du système concentré

D'un point de vue logique et rationnel, on peut dire que le pouvoir confié à un organe de l'Etat exerçant une activité juridictionnelle pour qu'il agisse en tant que juge constitutionnel est une conséquence du principe de la suprématie de la Constitution. Dans ces systèmes de justice constitutionnelle concentrée, la Constitution étant la loi suprême du pays, il est évident qu'en cas de conflit entre un acte de l'Etat et la Constitution c'est cette dernière qui prévaut. Mais la Constitution n'attribue pas toujours des pouvoirs à tous les tribunaux pour qu'ils agissent en tant que juges constitutionnels. Au contraire, elle réserve ce pouvoir à la Cour suprême de justice ou à une Cour constitutionnelle spéciale, surtout en ce qui concerne certains actes de l'Etat qui ne peuvent être annulés que lorsqu'ils contredisent la Constitution.

D'une manière générale, on peut dire que la logique du système réside dans le principe de la suprématie de la Constitution et le devoir des tribunaux de décider la loi applicable à chaque cas particulier(665), mais avec une limite précise: le pouvoir de juger l'inconstitutionnalité des actes législatifs et autres actes de l'Etat de valeur semblable est réservé à la Cour suprême de justice ou à une Cour, un Conseil ou un Tribunal constitutionnel. Par conséquent, dans le système concentré de contrôle de la constitutionnalité des lois, tous les tribunaux ont pleins pouvoirs de décider la constitutionnalité des normes applicables à chaque cas concret, exception faite des lois ou des actes subordonnés de façon immédiate à la Constitution(666).

Le système concentré de contrôle de la constitutionnalité des lois, basé sur le principe de la suprématie de la Constitution, ne peut donc pas se développer par déduction des décisions judiciaires, comme c'était le cas du système diffus de contrôle de la constitutionnalité, par exemple aux Etats-Unis, en Argentine et dans certains pays du *Commonwealth*. Au contraire, il doit être expressément établi. Donc, les fonctions de justice constitutionnelle relative à certains actes de l'Etat réservées à la Cour suprême ou à une Cour constitutionnelle spéciale requièrent des textes exprès.

---

(665) *Cf.* W.K. GECK, «Judicial Review of Statutes: A Comparative Survey of Present Institutions and Practices», *Cornell Law Quarterly*, 51, 1966, p. 278.

(666) *Cf.* M. GARCÍA PELAYO, «El 'Status' del Tribunal Constitucional», *Revista española de derecho constitucional*, n° 1, Madrid 1981, p. 19; E. GARCÍA DE ENTERRÍA, *La Constitución como norma y el Tribunal Constitucional*, Madrid 1981, p. 65. En particulier dans les systèmes concentrés de contrôle de la constitutionnalité, les tribunaux ou les cours dotées de fonctions de justice administrative ont toujours le pouvoir d'agir en tant que juge constitutionnel dans les actes administratifs. *V.* C. FRANK, *Les fonctions juridictionnelles du Conseil d'Etat dans l'ordre constitutionnel*, Paris 1974.

Par conséquent, étant donné les limites imposées au devoir et au pouvoir de tous les juges de déterminer, dans chaque cas, la loi applicable, il n'est possible de mettre en place un système concentré de contrôle juridictionnel de la constitutionnalité que si des normes constitutionnelles le prévoient *expressis verbis*. Or, la Constitution, en tant que loi suprême du pays, est le seul texte à pouvoir limiter les pouvoirs et les devoirs généraux des tribunaux de décider la loi applicable dans chaque cas; c'est le seul habilité à attribuer ces pouvoirs et devoirs, en ce qui concerne certains actes de l'Etat, à certains organes constitutionnels, que ce soit la Cour suprême ou une Cour, un Conseil ou un Tribunal constitutionnel.

Par conséquent, le système concentré de contrôle de la constitutionnalité ne peut qu'être un système de contrôle juridictionnel, établi et régi expressément par la Constitution. Les organes de l'Etat auxquels la Constitution réserve le pouvoir d'agir comme juges constitutionnels pour certains actes de l'Etat, conservent alors leur caractère d'organes constitutionnels, c'est à dire, des organes d'Etat créés et régis expressément par la Constitution, qu'il s'agisse de la Cour suprême de justice déjà existante ou d'une Cour, un Conseil ou un Tribunal constitutionnel spécialement créé.

2. La compatibilité du système concentré avec tous les systèmes juridiques

Le système concentré de contrôle de la constitutionnalité des lois n'est pas non plus, d'autre part, incompatible avec certains systèmes juridiques, c'est à dire qu'il n'est pas propre aux systèmes de droit civil ni incompatible avec la tradition du *common law*. En fait, c'est un système qui doit être établi dans une Constitution écrite, peu importe que le système juridique du pays soit de droit civil ou de *common law*, même si on le rencontre plus fréquemment dans les pays de droit civil.

Par exemple, en Papoua Nouvelle Guinée, territoire qui a gagné son indépendance de l'Australie en 1975 et qui possède une tradition de *common law*, la Constitution octroie à la Cour suprême une juridiction exclusive sur les questions d'interprétation et d'application de la Constitution. Ainsi, lorsqu'une de ces questions est soulevée dans un tribunal quelconque, elle doit être référée à la Cour suprême[(667)]. Dans le même sens, la Constitution de 1966 de l'Ouganda a confié une juridiction exclusive à la Haute cour en matière constitutionnelle. A cet égard, l'article 95 stipule:

> Lorsqu'une question d'interprétation de la présente Constitution est soulevée dans une procédure et par devant un tribunal différent de la Cour martiale, et que le tribunal, sur demande de l'une des parties, considère que la question met en cause un aspect fondamental de loi, le tribunal devra référer ladite question à la Haute cour, composée d'au moins trois juges.

---

(667) Articles 18 et 19 de la Constitution. *V.* in J.D. WHYTE, *Judicial Review of Legislation and its Legitimacy: Developments in the Common Law World*, IAS, Uppsala Colloquium 1984, (polycopié), p. 25.

Le même article poursuit:

> Lorsqu'une question est référée à la Haute cour en vertu du présent article, celle-ci émettra sa décision concernant la question et le tribunal où la question a été soulevée résoudra le cas conformément à la dite décision(668).

On pourrait aussi faire référence au système du Ghana, où les constitutions de 1960, 1969 et 1979 attribuent à la Cour suprême de justice une juridiction originale et exclusive concernant l'exercice d'un contrôle judiciaire de la constitutionnalité. En effet, l'article 42 de la Constitution de 1960 et l'article 106 de la Constitution de 1969 prévoient:

> La Cour suprême a une juridiction originale pour toutes les matières où une question est soulevée concernant la promulgation d'une loi qui excède les pouvoirs conférés au parlement par la Constitution; si la question est soulevée à la Haute cour ou dans un tribunal inférieur, l'audience sera différée et la question référée à la Cour suprême pour que celle-ci décide(669).

En outre, l'article 2 de la Constitution de 1969 prévoit une action directe qui peut être portée devant la Cour suprême pour exercer le contrôle de la constitutionnalité:

> La personne invoquant qu'une loi ou une partie de son contenu, ou tout acte adopté en exécution de cette loi, est contraire à une disposition de la Constitution ou en contradiction avec elle, doit introduire une action auprès de la Cour suprême afin d'obtenir la décision correspondante(670).

En vue de l'adoption de cette décision, la Cour suprême peut émettre des ordres et donner des orientations qu'elle estime appropriés pour assurer les effets de la décision à adopter(671).

Ces dispositions relatives au contrôle de la constitutionnalité ont également été adoptées par la Constitution de 1979(672), mais dès 1971 elles étaient interprétées par la Cour suprême de façon à limiter la remise de cas à la Cour suprême et à éviter que ne lui soient envoyées des requêtes futiles(673).

Quoi qu'il en soit, même s'il est vrai que le système de contrôle de la constitutionnalité n'a pas toujours fonctionné dans les pays du Commonwealth, à cause de l'instabilité de la démocratie(674), il est indéniable que le système concentré de contrôle de la constitutionnalité existe et fonctionne dans des systèmes juridiques à tradition de *common law*. Ainsi, l'expression du professeur Edward Mc. Whinney: «la pratique du *common law* a toujours été incompatible

---

(668) *V.* in T.M. FRANCK, *Comparative Constitutional Process. Cases and Materials*, London 1968, pp. 75-76.
(669) *V.* in S.O. GYANDOH Jr., «Interaction of the Judicial and Legislative Processes in Ghana since Independence», *Temple Law Quarterly*, n° 56, 2, Philadelphia 1983, pp. 365-366,370.
(670) *Idem*, p. 370.
(671) Article 2, *Idem*, p. 370.
(672) *Idem*, p. 384.
(673) *Republic vs Maikankan* (1971) 2 G.L.R., 473 *cit.* par S.O. GYANDOH Jr., *loc. cit.*, p. 386.
(674) *V.* en ce qui concerne le Ghana, les commentaires de S.O. GYANDOH Jr., *loc. cit.*, p. 395.

avec la notion de tribunal spécial selon le modèle continental»[675] en matière de contrôle de la constitutionnalité doit se comprendre comme une référence au modèle européen de Cour, Conseil ou Tribunal constitutionnel spécial et non pas, comme il l'indique, à un système «où la juridiction est déterminée et limitée à certaines questions»[676]. Le système concentré de contrôle de la constitutionnalité ne peut pas être réduit aux systèmes constitutionnels dans lesquels il existe une Cour, un Conseil ou un Tribunal constitutionnel. C'est pour cette raison que l'on peut considérer comme une approche erronée pour l'étude du système, l'identification fausse entre celui-ci et le «modèle européen» des Cours, Conseils ou Tribunaux constitutionnels spéciaux»[677].

En effet, bien que le système concentré de contrôle de la constitutionnalité des lois est aussi connu sous le nom de système «autrichien» ou «modèle européen»[678], du fait de l'existence d'une Cour, un Conseil ou un Tribunal constitutionnel spécial chargé par la Constitution d'agir en tant que juge constitutionnel en dehors du pouvoir judiciaire ordinaire, on doit insister sur le fait que la caractéristique essentielle du système n'est pas l'existence de la Cour, du Conseil ou du Tribunal constitutionnel spécial, mais plutôt l'attribution exclusive à un seul organe constitutionnel de l'Etat du pouvoir d'agir comme juge constitutionnel en ce qui concerne certains actes de l'Etat, qu'il s'agisse de la Cour suprême de justice existante dans le pays ou d'une Cour, un Conseil ou un Tribunal constitutionnel spécialement créé.

L'adoption du système est un choix constitutionnel, une décision prise en fonction des circonstances concrètes de chaque pays, mais elle n'implique pas nécessairement la création de Cours constitutionnelles spéciales pour assurer la justice constitutionnelle, ni l'organisation de ces Cours en dehors du pouvoir judiciaire.

En Europe, par exemple, la multiplication des Cours constitutionnelles destinées à exercer le système concentré de contrôle de la constitutionnalité des lois doit être vue comme une conséquence pratique d'une tradition constitutionnelle particulière liée au principe de la suprématie de la loi, à la séparation des pouvoirs et à la méfiance à l'égard des juges en ce qui concerne le contrôle des actes législatifs [679]. Mais cela ne peut en tout mener à considérer que le «modèle» du système concentré de contrôle de la constitutionnalité des lois

---

(675) E. MC WHINNEY, «Constitutional Review in the Commonwealth», in E. MOSLER (ed.), Max-Plamk-Institut für Ausländisches tiffentliches recht und vtilkerrecht, *Verfassungs, gerichtsbarkeit in der Gegenwart*, Internationales Kolloquium, Heidelberg, 1961, Köln-Berlin, 1962, p. 80.

(676) *Idem*, p. 80.

(677) Allan R. BREWER-CARÍAS, *op. cit.*, pp. 187-188.

(678) M. CAPPELLETTI, *op. cit.*, p. 50; J. CARPIZO et H. FIX-ZAMUDIO, «La necesidad y la legitimidad de la revisión judicial en América latina. Desarrollo reciente», *Boletín mexicano de derecho comparado*, 52, 1985, p. 36; L. FAVOREU, «Actualité et légitimité du contrôle juridictionnel des lois en Europe occidentale», *Revue du droit public et de la science politique en France et à l'étranger*, Paris 1985 (5), p. 1149. Publié aussi in L. FAVOREU et J.A. JOLOWICZ (ed.), *Le contrôle juridictionnel des lois. Légitimité, effectivité et développements récents*, Paris 1986, pp. 17-68.

(679) *Cf.* M. CAPPELLETTI, *op. cit.*, p. 54; M. CAPPELLETTI et J.C. ADAMS, «Judicial Review of Legislation: European Antecedents and Adaptation», *Harvard Law Review*, Vol. 79, (6), 1966, p. 1211.

se limite à la création d'un organe constitutionnel en dehors du pouvoir judiciaire, destiné à agir comme juge constitutionnel. Avant la «découverte» européenne de la justice constitutionnelle par le biais de la création de Cours ou de Tribunaux constitutionnels spéciaux après la Première Guerre mondiale, d'autres pays à tradition de droit civil avaient mis au point, dès la moitié du XIXème siècle, des systèmes concentrés de contrôle de la constitutionnalité en attribuant à leurs Cours suprêmes une juridiction exclusive et originale afin d'annuler des lois et d'autres actes de l'Etat ayant des effets semblables lorsque ceux-ci étaient en contradiction avec la Constitution. C'est le cas des systèmes constitutionnels latino-américains, même s'ils ont fréquemment mélangé le système concentré et le système diffus de contrôle de la constitutionnalité.

De ce qui précède, on peut tirer trois conclusions concernant le système concentré de contrôle de la constitutionnalité des lois.

Premièrement, le système concentré de contrôle de la constitutionnalité ne peut exister que quand il est établi *expresis verbis* dans la Constitution; il ne peut donc pas naître de l'interprétation du principe de la suprématie de la Constitution. Deuxièmement, le système concentré de contrôle de la constitutionnalité, en attribuant à un seul organe constitutionnel les fonctions de la justice constitutionnelle, n'est pas incompatible avec aucun systèmes juridiques, qu'ils appartiennent au *common law* ou au droit civil, bien qu'il se soit largement développé dans les pays de droit civil. Troisièmement, le système concentré de contrôle de la constitutionnalité n'implique pas nécessairement l'attribution des fonctions de justice constitutionnelle à une Cour ou à un Tribunal constitutionnel spécial, créé séparément de l'organisation judiciaire ordinaire mais peut également exister lorsque les fonctions de justice constitutionnelle sont attribuées à la Cour suprême de justice existante dans le pays, même si dans de nombreux pays, dans ce dernier cas, le système a tendance à se mélanger avec certains éléments du système diffus de contrôle de la constitutionnalité.

3. La rationalité du système

Comme nous l'avons déjà signalé, l'essence du système concentré de contrôle de la constitutionnalité des lois est la notion de suprématie de la Constitution. En effet, si la Constitution est la loi suprême d'un pays qui prévaut sur toutes les autres lois, un acte de l'Etat contraire à la Constitution ne peut constituer une norme effective; au contraire, il doit être considéré nul et non avenu. Or, l'élément principal qui met en lumière la différence existant entre les deux systèmes de contrôle de la constitutionnalité (diffus et concentré) n'est pas une éventuelle conception différente de la Constitution et de sa suprématie, mais bien le type de garantie adoptée dans le système constitutionnel pour conserver ladite suprématie. Comme l'a fait remarquer Hans Kelsen en 1928, ces «garanties objectives» sont la nullité ou l'annulabilité de l'acte inconstitutionnel.

Nullité veut dire, comme Kelsen l'a expliqué, que l'acte inconstitutionnel de l'Etat ne peut pas être considéré objectivement comme un acte juridique; par conséquent, en principe, il n'y a nul besoin d'un autre acte juridique pour enlever au premier la qualité d'acte juridique usurpée. Dans ce cas, théoriquement, tout organe, toute autorité publique ou tout individu aurait le droit d'examiner la régularité des actes considérés nuls et non avenus afin de décider leur irrégularité et de les juger non conformes et non obligatoires. En revanche, si un autre acte juridique était nécessaire pour établir la nullité de l'acte inconstitutionnel, la garantie de la Constitution ne serait pas la nullité mais l'annulabilité[(680)].

Comme nous l'avons vu, la nullité des actes inconstitutionnels de l'Etat est la garantie de la Constitution qui nous amène au système diffus de contrôle de la constitutionnalité, même si la loi positive restreint le pouvoir qu'aurait toute personne de juger les actes irréguliers nuls et non avenus[(681)] et a tendance à attribuer ce pouvoir exclusivement aux tribunaux, comme on peut l'observer de manière généralisée aujourd'hui, étant donné le besoin de fiabilité et de sécurité juridiques.

D'autre part, c'est précisément l'autre garantie de la Constitution, à savoir l'annulabilité des actes inconstitutionnels de l'Etat, qui nous conduit au système concentré de contrôle de la constitutionnalité des lois.

A. L'annulabilité de certains actes inconstitutionnels de l'Etat

Le premier aspect qui démontre la rationalité du système concentré de contrôle de la constitutionnalité des lois est le principe de l'annulabilité de certains actes de l'Etat, particulièrement des lois et d'autres actes émis en exécution directe de la Constitution lorsqu'ils sont contraires à celle-ci.

Contrairement à la nullité des actes de l'Etat, l'annulabilité de ces actes, vue comme une garantie objective de la Constitution, signifie que l'acte de l'Etat, même irrégulier ou inconstitutionnel, une fois émis par un corps public doit être considéré comme un acte de l'Etat et, comme tel, valable et effectif jusqu'à ce que l'organe qui l'a produit l'abroge ou jusqu'à son annulation par un autre organe de l'Etat ayant les pouvoirs constitutionnels pour le faire. C'est précisément le cas des systèmes concentrés de contrôle de la constitutionnalité dans lesquels la Constitution confère le pouvoir d'annuler certains actes de l'Etat, quand ils sont jugés inconstitutionnels, à un seul organe constitutionnel, que ce soit la Cour suprême existante ou un organe créé spécialement et séparément du pouvoir judiciaire avec des fonctions juridictionnelles lui permettant d'agir comme juge constitutionnel.

En fait, il convient de tenir compte du fait que, dans les systèmes concentrés de contrôle de la constitutionnalité, l'annulabilité des actes de l'Etat n'est pas la seule garantie de la Constitution puisqu'elle s'accompagne toujours de la nullité. D'une certaine manière, elle consiste en une restriction à la règle de la nullité qui résulte de la violation de la Constitution. On a, en effet, signalé que, en ce qui concerne

(680) H. KELSEN, «La garantie juridictionnelle de la Constitution. La Justice constitutionnelle», *Revue du droit public et de la science on politique en France et à l'étranger*, Paris 1928, p. 214.

(681) *Idem*, p. 215.

la nullité des actes inconstitutionnels de l'Etat dans le système diffus de contrôle de la constitutionnalité, la loi positive, afin d'éviter l'anarchie juridique, limite le pouvoir théorique général qu'ont les autorités publiques et les individus de considérer inexistant et non valable un acte inconstitutionnel de l'Etat en réservant ce pouvoir aux juges. Cela signifie que, en fait, l'acte inconstitutionnel de l'Etat ne peut être examiné que par les tribunaux qui seuls ont le pouvoir de le considérer nul et non avenu, et cela veut dire que jusqu'à ce moment l'acte irrégulier doit être considéré effectif et obligatoire par les autorités publiques et les particuliers. Dans le système diffus de contrôle de la constitutionnalité, une fois qu'un tribunal a déclaré la non conformité de l'acte inconstitutionnel par rapport à un procès particulier, l'acte devient nul et non avenu par rapport audit procès.

En fait, cette même situation se présente également dans les systèmes constitutionnels dotés d'un système concentré de contrôle de la constitutionnalité, par rapport à tous les actes de l'Etat différents de ceux ne pouvant être annulés que par la Cour constitutionnelle ou par la Cour suprême. En effet, comme nous l'avons dit, pour ce qui est des actes de l'Etat de niveau inférieur dans la hiérarchie des normes, par exemple les actes administratifs normatifs, tous les juges, dans un système concentré de contrôle de la constitutionnalité, ont normalement le pouvoir de les considérer nuls et non avenus lorsqu'ils sont inconstitutionnels, cela par rapport au procès particulier dans lequel ils ont été remis en question. Dans ces cas, la garantie de la Constitution est la nullité de l'acte inconstitutionnel de l'Etat bien que seuls les tribunaux soient habilités à l'examiner.

Par conséquence, ce qui est particulier au système concentré de contrôle de la constitutionnalité c'est que la loi positive établit une limite supplémentaire aux effets de l'inconstitutionnalité des actes, à savoir que pour certains d'entre eux le pouvoir de déclarer leur inconstitutionnalité et leur invalidité, et donc les considérer sans effet, a été exclusivement réservé à un seul organe constitutionnel: la Cour suprême existante ou une Cour, un Conseil ou un Tribunal constitutionnel spécial. Dans ces cas et par rapport à de tels cas, s'agissant normalement d'actes législatifs et d'autres actes de l'Etat d'un rang ou d'effets semblables dans le sens où ils sont immédiatement subordonnés à la Constitution, la garantie de la Constitution a été réduite à l'annulabilité de l'acte de l'Etat considéré inconstitutionnel. En conclusion, dans les systèmes constitutionnels possédant un système concentré de contrôle de la constitutionnalité, le devoir de tous les juges et tous les tribunaux est d'examiner la constitutionnalité des actes de l'Etat. Cependant, quand l'acte contesté est une loi ou un autre acte immédiatement subordonné à la Constitution, les tribunaux ordinaires ne peuvent pas juger son inconstitutionnalité, ce pouvoir étant réservé à une Cour constitutionnelle spéciale ou à la Cour suprême d'un pays donné qui peut annuler l'acte. Ici, la garantie de la Constitution est l'annulabilité et, dans ce cas, l'acte est annulé avec des effets généraux puisqu'il est considéré ou déclaré nul et non avenu non seulement dans les cas particuliers mais en général.

Sauf cette exception juridictionnelle particulière -qui est propre au système concentré de contrôle de la constitutionnalité- tous les autres tribunaux ou juges, pour ce qui est des actes normatifs de l'Etat non couverts par la dite exception, peuvent décider leur inapplicabilité à un procès concret en le déclarant nul et non avenu du fait de son inconstitutionnalité. Dans ces cas, la garantie de la Constitution est sans aucun doute la nullité.

B. Le pouvoir d'un organe constitutionnel spécial d'annuler certains actes inconstitutionnels de l'Etat

Le deuxième aspect de la rationalité du système concentré de contrôle de la constitutionnalité est que le pouvoir de déclarer la nullité des lois est confié à un organe constitutionnel ayant des fonctions juridictionnelles, soit la Cour suprême existante dans un pays donné, soit une Cour, un Conseil ou un Tribunal constitutionnel spécialement créé. Par conséquent, le système concentré a une double particularité: premièrement, le pouvoir d'annuler des actes inconstitutionnels est conféré à un seul organe constitutionnel ayant des fonctions juridictionnelles, et deuxièmement, selon l'exception mentionnée, le pouvoir de ces organes constitutionnels de juger l'inconstitutionnalité et de déclarer la nullité des actes de l'Etat ne concerne pas tous les actes de l'Etat, mais un nombre limité d'entre eux, normalement des lois et d'autres actes du parlement ou du gouvernement, immédiatement subordonnés à la Constitution et soumis à sa seule réglementation.

Nous avons signalé que le système concentré de contrôle de la constitutionnalité n'implique pas nécessairement l'attribution du pouvoir d'annuler les lois à une Cour, un Conseil ou un Tribunal constitutionnel spécialement créé, à la façon européenne, mais que ce pouvoir pouvait être confié à la Cour suprême existante dans le pays, comme c'était le cas bien avant que l'Europe continentale ne mette en place le modèle des cours constitutionnelles après 1920.

En effet, dès la moitié du XIXème siècle de nombreux pays d'Amérique latine avaient adopté un système concentré de contrôle de la constitutionnalité en attribuant à la Cour suprême du pays le pouvoir de déclarer la nullité des lois. Nous avons vu le cas de la Colombie et du Vénézuéla qui possèdent un authentique système concentré de contrôle de la constitutionnalité depuis 1850 dans lequel la Cour suprême a le monopole d'annulation des lois. En Colombie, ce pouvoir a été transféré à une Cour constitutionnelle en 1991.

Il faut remarquer que, en règle générale, les systèmes de contrôle de la constitutionnalité qui se sont développés en Amérique latine au cours des 140 dernières années se sont déplacés progressivement vers des systèmes mixtes de contrôle de la constitutionnalité où coexistent le système diffus et le système concentré. C'est le système existent au Vénézuéla, en Colombie et au Guatemala, comme nous l'avons vu. Certains systèmes d'Amérique latine sont cependant restés concentrés comme dans le cas de l'Uruguay et du Paraguay où la Cour suprême de justice a une juridiction exclusive et originale pour déclarer l'inconstitutionnalité des lois[682].

---

(682) H. GROS ESPIELL, *La Constitución y su defensa. Uruguay*, UNAM, Congreso Internacional sobre la Constitución y su defensa, México 1982, (mimeo), p. 7; J.P. GATTO DE SOUZA, «El control

Il est clair que la modalité du système concentré de contrôle de la constitutionnalité consistant à établir un organe constitutionnel spécial, une Cour, un Conseil ou un Tribunal, pour agir en tant que juge constitutionnel doté du pouvoir original et exclusif d'annuler les lois et d'autres actes de rang et effets semblables a marqué, par sa nouveauté, l'évolution de la justice constitutionnelle au cours des dernières décennies, à partir de l'établissement des premières Cours constitutionnelles en Autriche et en Tchécoslovaquie dans la Constitution du 29 février 1920[(683)]. Le système, comme nous l'avons vu, a été adopté plus tard par l'Allemagne et par l'Italie après la Seconde Guerre mondiale, et plus récemment par l'Espagne et le Portugal. Il avait été adopté aussi dans quelques pays socialistes (Yougoslavie, Tchécoslovaquie et Pologne) et s'est développé sous une forme particulière en France. Sous l'influence du modèle européen et d'une façon incomplète, le système a aussi été mis en place au Chili vers le début des années 70 avec la création d'un Tribunal constitutionnel, et plus récemment il est apparu en Equateur et au Pérou où des Tribunaux des garanties constitutionnelles ont été créés. En 1991, la nouvelle Constitution colombienne a créé une Cour constitutionnelle.

Comme nous l'avons souligné, en dépit du développement du constitutionnalisme depuis le début du XIXème siècle, principalement grâce aux expériences nord-américaines, il faut reconnaître que l'Europe continentale était restée en arrière des conceptions américaines et que le système de justice constitutionnelle n'a été adopté en Europe qu'après la Première Guerre mondiale. Cette adoption s'est faite en deux temps. Le premier s'est terminé avec la Constitution de Weimar (1919) par laquelle l'Allemagne a institué un Tribunal doté d'une juridiction pour trancher les conflits entre les pouvoirs constitutionnels de l'Etat et plus particulièrement, entre les différents pouvoirs territoriaux, répartis verticalement comme conséquence de l'organisation fédérale de l'Etat. Le deuxième a été le système autrichien, création personnelle du professeur Hans Kelsen qui a conçu en système d'abord traduit dans la Constitution autrichienne de 1920 et ensuite perfectionné dans la réforme constitutionnelle de 1929.

Quoi qu'il en soit, on peut considérer que l'introduction d'un système de justice constitutionnelle en Europe a été le fait de l'influence de la théorie pure du droit de Hans Kelsen qui a conçu la norme constitutionnelle comme la source de validité de toutes les normes de l'ordonnancement juridique avec un corollaire fondamental: le besoin d'un organe de l'Etat chargé de garantir la Constitution, c'est à dire de résoudre les conflits entre les normes légales et celles qui de hiérarchie supérieure sur lesquelles se basent les premières, et en dernier ressort avec la Constitution[(684)].

---

constitucional de los actos del poder público», *Memoria de la Reunión de Presidentes de Cortes Supremas de Justicia de Iberoamérica, el Caribe, España y Portugal*, Caracas 1983, p. 661; L.M. ANGANA, «Ponencia» (Paraguay), in *idem*, p. 551.

(683) Article I.1. *V.* in P. CRUZ VILLALÓN, «Dos modos de regulación del control de constitucionalidad: Checoslovaquia (1920-1938) y España (1931-1936)», *Revista española de derecho constitucional*, n° 5, Madrid 1982, p. 119.

(684) H. KELSEN, *loc. cit.*, pp. 201, 223.

Kelsen a clairement établi que la justice constitutionnelle était elle-même un aspect particulier d'un concept plus général concernant la garantie de la conformité d'une norme inférieure à une norme supérieure de laquelle la première tire son origine et sur la base de laquelle son contenu a été déterminé. Finalement, la justice constitutionnelle est une garantie de la Constitution issue de la «pyramide juridique» de l'ordonnancement légal où sont déterminées l'unité et la hiérarchie des différentes normes.

En dehors de l'Autriche et aussi sous l'influence de Kelsen, comme on l'a dit, la Tchécoslovaquie a été le premier pays européen à adopter le système de contrôle de la constitutionnalité dans sa Constitution du 29 février 1920. Les fondements de la mise en place du système doivent être trouvés dans une norme constitutionnelle qui déterminait de façon explicite la suprématie de la Constitution sur le reste de l'ordonnancement légal en statuant que «Toutes les lois contraires à la Constitution ou à l'une de ses parties ainsi qu'aux lois qui la modifient et la complètent sont considérées nulles et non avenues»[(685)] et en interdisant expressément aux tribunaux d'exercer le contrôle diffus de la constitutionalité des lois[(686)]. De plus, la Constitution établit l'obligation pour tous les tribunaux de consulter le Tribunal constitutionnel dans les cas de promulgation d'une loi considérée violatrice de la Constitution. Tous ces éléments ont conduit à la concentration de la juridiction constitutionnelle afin de juger la constitutionalité des lois dans un organe spécial, le Tribunal constitutionnel qui a existé jusqu'en 1938[(687)].

La conception de Kelsen sur le système concentré de contrôle de la constitutionnalité, postule donc l'attribution à un organe spécial du pouvoir exclusif de déclarer l'inconstitutionnalité d'une loi ou de l'annuler. Cet organe est le Tribunal constitutionnel auquel doivent se référer tous les tribunaux lorsqu'ils doivent appliquer une loi de constitutionalité douteuse. Dans ce système, donc, les tribunaux ordinaires n'ont pas le pouvoir de s'abstenir d'appliquer des lois inconstitutionnelles.

Dans sa conception théorique originale, ce système concentré de contrôle de la constitutionnalité des lois n'avait pas été conçu par Kelsen comme l'exercice d'une fonction juridictionnelle, mais plutôt comme un «système de législation négative»[(688)]. En fait, on considérait que la Cour constitutionnelle ne décidait pas spécifiquement de la constitutionalité des lois; cela était réservé au tribunal *a quo* ayant soulevé la question de la constitutionalité par devant la Cour

---

(685) Article I.1.

(686) Article 102 établit que «Les tribunaux peuvent vérifier la validité des règlements exécutifs, lorsqu'ils examinent une question légale spécifique; en ce qui concerne les lois, ils ne peuvent vérifier que si elles ont été correctement publiées», *v.* in P. CRUZ VILLALON, *loc. cit.*, p. 135.

(687) Il faut aussi remarquer que le régime constitutionnel roumain a mis au point un système de contrôle de la constitutionnalité des lois, dans l'Article 103 de la Charte fondamentale du 29 mars 1923. Cependant, ce contrôle n'était confié qu'à la Cour de cassation et a été éliminé par la République populaire, sous l'influence soviétique, dans la Loi fondamentale de 1948.

(688) H. KELSEN, *loc. cit.*, pp. 224-226. *V.* les commentaires de E. GARCIA DE ENTERRIA, *op. cit.*, pp. 57, 132.

constitutionnelle. La compétence de cette dernière était normalement limitée à la question purement abstraite de la compatibilité logique qui doit exister entre la loi et la Constitution. De ce point de vue purement théorique, puisqu'il n'y avait aucune application concrète de la loi dans un cas spécifique, on considérait qu'il n'y avait pas exercice d'une activité juridictionnelle impliquant une décision concrète.

Cela conduisit Kelsen à soutenir que quand le Tribunal constitutionnel déclarait l'inconstitutionnalité d'une loi, la décision ayant des effets *erga omnes* était une «action législative», la décision du Tribunal constitutionnel ayant «force de loi». C'est aussi pourquoi la loi doit être considérée valide jusqu'à l'adoption de la décision de l'annuler et pourquoi les juges sont obligés de l'appliquer(689).

Cette conception a été développée par Kelsen en réponse aux objections éventuelles que le contrôle juridictionnel de l'action législative pouvait faire, étant donné la conception de la suprématie du parlement, bien enracinée dans le droit constitutionnel européen. Ainsi, en interdisant aux juges ordinaires de s'abstenir d'appliquer les lois et en octroyant à une Cour constitutionnelle le pouvoir de déclarer l'inconstitutionnalité d'une loi avec des effets *erga omnes*, le pouvoir judiciaire était soumis aux lois adoptées par le parlement et, en même temps, la primauté de la Constitution sur le parlement était maintenue. La Cour constitutionnelle, plutôt que concurrente du parlement, était devenue son complément logique. Ses fonctions se bornaient à juger la validité d'une loi en employant la simple logique rationnelle, en marge du besoin de trancher des conflits dans des cas spécifiques, et à agir comme un «législateur négatif», même s'il n'agit pas spontanément mais plutôt sur demande des parties intéressées. Selon Kelsen, le pouvoir législatif a donc été divisé en deux parties: la première, le parlement qui détenait l'initiative politique, le législateur positif; et la seconde, le Tribunal constitutionnel, législateur négatif, revêtu du pouvoir d'annuler les lois qui violent la Constitution(690).

Selon cette conception, il était nécessaire que la Cour constitutionnelle soit un organe séparé des pouvoirs traditionnels de l'Etat et qu'elle ne fasse pas partie des autorités judiciaires »(691).

Aujourd'hui, si l'on a accepté le caractère juridictionnel (non législatif) de l'activité de ces Cours constitutionnelles spéciales en rejetant leur soi-disant caractère de législateur négatif(692), l'idée d'attribuer des fonctions juridictionnelles à un organe constitutionnel spécialement créé (Cour, Conseil ou Tribunal constitutionnel), généralement placé en dehors de l'organisation judiciaire, a prévalu en Europe continentale et a ouvert la voie au «modèle européen» de contrôle de la constitutionnalité. Celui-ci, d'une certaine façon s'est développé comme conséquence d'un compromis entre le besoin d'un système de

(689) H. KELSEN, *loc. cit.*, pp. 224-225.

(690) *V.* les commentaires concernant la pensée de KELSEN in E. GARCIA DE ENTERRIA, *op. cit.*, pp. 57, 58, 59, 131, 132, 133.

(691) H. KELSEN, *loc. cit.*, p. 223.

(692) M. CAPPELLETTI et J.C. ADAMS, *loc. cit.*, pp. 1218, 1219.

justice constitutionnelle dérivé de la notion de suprématie constitutionnelle et la conception traditionnelle européenne de la séparation des pouvoirs qui nie le pouvoir aux juges de juger l'invalidité des lois inconstitutionnelles[(693)].

Il n'est cependant pas correct d'identifier le système concentré de contrôle de la constitutionnalité des lois au «modèle européen», car un système dans lequel la juridiction exclusive et originale d'annuler les lois et d'autres actes de l'Etat est conférée à la Cour suprême de justice existante dans un pays donné et placée au sommet de l'organisation judiciaire, doit aussi être considéré comme un système concentré de contrôle de la constitutionnalité. C'est pourquoi le deuxième aspect de la rationalité du système concentré de contrôle de la constitutionnalité des lois est l'attribution à un organe constitutionnel spécial, que ce soit la Cour suprême ou une Cour, un Conseil ou un Tribunal constitutionnel spécialement créé, du rôle de juge constitutionnel afin d'annuler des lois avec des effets *erga omnes*.

C. Le caractère incident et principal du système

Contrairement au système diffus de contrôle de la constitutionnalité qui a toujours un caractère incident, le système concentré peut avoir soit un caractère principal, soit un caractère incident, dans la mesure où les questions constitutionnelles relatives aux lois atteignent la Cour suprême ou la Cour constitutionnelle en vertu d'une action directe portée devant la Cour ou en vertu de la saisie de la Cour par un tribunal inférieur où la question constitutionnelle a été soulevée *ex officio* ou à l'initiative de l'une des parties à l'occasion d'une procédure.

Par conséquent, le troisième aspect de la rationalité du système concentré de contrôle de la constitutionnalité des lois, dans lequel le pouvoir d'annulation est attribué à une Cour spéciale, est que la question constitutionnelle peut atteindre la Cour suprême ou la Cour constitutionnelle d'une façon directe ou principale pour l'exercice d'une action contre la loi, ou de façon incidente lorsque la question constitutionnelle est soulevé lors d'un procès particulier dans un tribunal inférieur. Dans ce cas, le juge doit référer sa décision à la Cour suprême ou à la Cour constitutionnelle a fin qu'il puisse adopter la résolution finale du cas en accord avec la décision prise par la Cour. Dans les deux cas, le contrôle de la constitutionnalité des lois est de type concentré car un seul organe est autorisé à juger la constitutionalité de la loi. Néanmoins, ce caractère essentiel du contrôle concentré n'implique pas toujours que la question constitutionnelle doive être soulevée d'une façon principale ou d'une façon incidente. Il peut s'agir de n'importe laquelle des deux, mais aussi des deux parallèlement, selon les normes de la loi positive. Ainsi, à notre avis, en droit comparé il n'existe aucune raison d'identifier le système concentré de contrôle de la constitutionnalité au caractère principal ou abstrait de la méthode de révision de la question constitutionnelle, auquel cas elle est complètement dissociée du cas concret. Si cela a été vrai dans

(693) M. Cappelletti, *op. cit.*, p. 67.

le système original autrichien établi en 1920, cela ne l'est plus dans le droit constitutionnel contemporain(694) où le système concentré de contrôle de la constitutionnalité peut résulter des deux méthodes, principale ou incidente. Dans le système principal, la question constitutionnelle relative à une loi est la question principale et unique du procès intenté par une action directe pouvant être portée devant la Cour suprême ou la Cour constitutionnelle, soit par des particuliers au moyen d'une *actio popularis* ou d'une action soumise à des règles de légitimation particulières, soit par des fonctionnaires ou des autorités publiques spécifiques. Dans la méthode incidente, la question constitutionnelle peut être soulevée devant un tribunal ordinaire comme une question incidente dans le procès ou *ex officio* par le tribunal. Ce tribunal est alors le seul à pouvoir référer la question constitutionnelle à la Cour suprême ou à la Cour constitutionnelle, puisqu'il est nécessaire de suspendre la décision du cas concret jusqu'à ce que l'aspect constitutionnel ait été résolu par la Cour suprême ou la Cour constitutionnelle.

D. Le pouvoir d'initiative du contrôle de la constitutionnalité

La question de la constitutionalité relative à la validité d'une loi est normalement soulevée devant la Cour suprême ou la Cour constitutionnelle par une action ou par référence d'un tribunal inférieur. Dans les deux cas, le juge constitutionnel doit décider en droit sans considérer les faits.

Dans les deux cas, comme nous l'avons dit, la question constitutionnelle doit être soulevée devant la Cour suprême ou la Cour constitutionnelle et celle-ci n'a pas d'initiative propre pour agir en tant que juge constitutionnel(695). Le principe *nemo judex sine actore* est ainsi appliqué, mais, une fois que la question constitutionnelle a atteint la Cour comme conséquence d'une action ou d'une référence d'un tribunal inférieur, le principe *in judex judicet ultra petitum partis* n'est plus opérant. Cela signifie que la Cour suprême ou la Cour constitutionnelle en tant que juge constitutionnel, une fois saisie par l'une des parties ou par un moyen incident, a des pouvoirs *ex officio* pour considérer des questions de constitutionalité autres que celles soulevées.

Cependant, il faut signaler qu'en Autriche, à part les deux méthodes de contrôle de la constitutionnalité, l'incidente et la principale, la Constitution attribue au Tribunal constitutionnel le pouvoir de soulever, de sa propre initiative, toute question constitutionnelle relative aux lois et aux normes exécutives, dans des cas soumis au Tribunal dans lesquels une loi ou une norme exécutive doit être appliquée(696). On pourrait y voir une quatrième méthode de contrôle

(694) *Cf.* M. CAPPELLETTI, *op. cit.*, pp. 69, 72.

(695) D'une manière exceptionnelle, le Tribunal constitutionnel fédéral de Yougoslavie possède des pouvoirs *ex officio* d'entamer une procédure de contrôle de la constitutionnalité des lois. *V.* Article 4 de la loi de la Cour constitutionnelle de Yougoslavie, 31-12-1963, in B.T. BLAGOJEVIC (ed.), *Constitutional Judicature*, Beograd 1965, p. 16.

(696) Article 139, 1 et Article 140, 1,3.

juridictionnel du système autrichien, d'ailleurs envisagée par Hans Kelsen[(697)] bien qu'elle ne soit pas illimitée. La Constitution établit que, bien que le Tribunal puisse avoir la conviction qu'une loi est inconstitutionnelle du fait de sa promulgation de manière inconstitutionnelle, si l'annulation complète de la loi peut signifier un préjudice manifeste des intérêts juridiques du requérant dans une action directe ou du plaignant dans une procédure dans laquelle une question incidente a été soulevée devant le Tribunal, celui-ci ne doit pas annuler la loi[(698)].

D'autre part, s'il est vrai que la Cour suprême ou la Cour constitutionnelle n'a pas d'initiative propre pour entamer la procédure de justice constitutionnelle relative aux lois, il faut se rappeler que, dans la méthode incidente de contrôle concentré de la constitutionalité, les tribunaux inférieurs qui doivent référer la décision sur la question constitutionnelle au juge constitutionnel, peuvent avoir l'initiative de soulever la question par référence à la Cour suprême ou à la Cour constitutionnelle. C'est à dire que les tribunaux ordinaires, lorsqu'ils soulèvent des questions constitutionnelles dans la méthode incidente, ne sont pas toujours liés à ce qu'invoquent les parties ni le Procureur, et lorsqu'ils considèrent le cas particulier, ils peuvent soulever la question constitutionnelle *ex officio* et la transmettre à la Cour suprême ou à la Cour constitutionnelle afin que celle-ci décide.

C'est là une conséquence du principe de la suprématie de la Constitution et du devoir des juges d'appliquer la loi. Bien que, dans le système concentré de contrôle de la constitutionnalité, la Constitution interdit aux tribunaux ordinaires d'agir en tant que juges constitutionnels en ce qui concerne les lois, cela ne veut pas dire que si ceux-ci considèrent une loi applicable à la décision d'un cas concret est inconstitutionnel, ils n'ont pas le pouvoir de soulever la question constitutionnelle et ne peuvent pas la transmettre au juge constitutionnel. Le contraire signifierait la rupture avec le principe de la suprématie de la Constitution et avec le rôle des juges dans l'application de la loi.

E. Les effets *erga omnes* des décisions de la Cour

Le cinquième aspect de la rationalité du système concentré de contrôle de la constitutionnalité concerne les effets des décisions adoptées par la Cour suprême ou par la Cour constitutionnelle relatives à l'inconstitutionnalité de la loi, soit que la question constitutionnelle ait été soulevée par le biais d'une action ou par référence d'un tribunal inférieur. Cet aspect des effets de la décision judiciaire comporte deux volets: premièrement, qui est touché par la décision? et deuxièmement, quand commencent les effets de la décision?[(699)].

En ce qui concerne la première question, la rationalité du système concentré de contrôle de la constitutionnalité implique que la décision adoptée par la Cour

(697) H. KELSEN, *loc. cit.*, p. 247.
(698) Article 140,3.
(699) Allan R. BREWER-CARIAS, *op. cit.*, pp. 193 et ss.

suprême ou par la Cour constitutionnelle agissant comme juge constitutionnel a des effets généraux *erga omnes*. Cela est vrai lorsque le contrôle de la constitutionnalité est exercé au moyen d'une action directe portée devant la Cour constitutionnelle ou la Cour suprême, où il n'y a pas de cas concret contentieux. Lorsqu'une action directe est portée devant un juge constitutionnel, la relation de procédure ne s'établit pas entre un plaignant et un défendeur mais bien, essentiellement entre un requérant et une loi dont la constitutionalité est contestée. Dans ce cas, le procès est considéré objectif. Par conséquent, l'objet de la décision sur la constitutionalité d'une loi est son annulation et les effets de la décision sont nécessairement *erga omnes,* ne pouvant pas être *inter partes*, particulièrement du fait de l'absence des parties proprement dites.

Dans le système concentré de contrôle de la constitutionnalité, même entamé par une méthode incidente, quand une question constitutionnelle relative à une loi est soulevée dans une procédure concrète et le tribunal inférieur la transmet à la Cour suprême ou à la Cour constitutionnelle afin qu'elle fasse l'objet d'une décision, cette décision doit être adoptée sur la base des aspects de droit et non par rapport aux faits. Mais elle aura des effets *erga omnes*, c'est à dire non limités au procès concret ni aux parties de celui-ci où a été soulevée la question constitutionnelle.

En effet, dans les deux cas du système concentré de contrôle de la constitutionnalité, à savoir la méthode principale et incidente, la Cour suprême ou la Cour constitutionnelle doit trancher la question de la constitutionalité de la loi de façon abstraite, sans aucune référence aux faits ni au procès concret dans lequel la question constitutionnelle a été soulevée. Par conséquent, le juge constitutionnel dans le système concentré ne tranche pas une question constitutionnelle en vue de résoudre un cas concret entre des parties; le juge constitutionnel, comme nous l'avons vu, ne prend pas de décision concernant un cas concret, mais uniquement concernant une question de constitutionalité d'une loi. La logique du système est donc que la décision doit être appliquée en général, à tous et à tout organe de l'Etat du fait des effets *erga omnes*.

Néanmoins, si une loi est considérée inconstitutionnelle par la Cour constitutionnelle ou par la Cour suprême agissant en tant que juge constitutionnel, cela veut dire que la loi en question est annulée et ne peut être exécutée ni appliquée ni à la résolution du cas concret ni nulle part ailleurs.

F. Les effets constitutifs de la décision de la Cour

Ces effets *erga omnes* de la décision juridictionnelle dans le système concentré de contrôle de la constitutionnalité des lois sont étroitement liés à la question concernant les effets de la décision dans le temps, notamment quand la décision Est-elle effective, ainsi qu'à l'aspect déjà mentionné de l'annulabilité de certains actes de l'Etat comme garantie de la Constitution.

En effet, nous avons dit que le premier et le plus important des aspects de la rationalité du système concentré de contrôle de la constitutionnalité est que la suprématie de la Constitution par rapport à tous les autres actes de l'Etat conduit à considérer qu'une loi contraire à la Constitution doit être nulle et non avenue. Nous avons affirmé aussi que, même si la garantie de la Constitution dans les système de contrôle de la constitutionnalité est, en principe, la nullité des actes inconstitutionnels de l'Etat, la Constitution a restreint sa propre garantie, en ce qui concerne certains actes de l'Etat comme les lois, en réservant l'examen et la déclaration de la nullité des lois à un seul organe constitutionnel: la Cour suprême ou une Cour, Conseil ou Tribunal constitutionnel spécialement créé, auquel a été conféré le pouvoir exclusif de déclarer la nullité desdits actes.

En conséquence, lorsqu'un juge constitutionnel décide à propos de la constitutionalité d'une loi et l'établit, la décision juridictionnelle a des effets constitutifs: elle déclare la nullité d'une loi du fait de son inconstitutionnalité, mais la loi a produit des effets jusqu'au moment où sa nullité a été établie. Ainsi, la loi dont la nullité a été déclarée et établie est considérée, en principe, par la Cour comme ayant été valide jusque là.

C'est pourquoi l'on dit que, étant constitutive, la décision de la Cour a des effets prospectifs *ex nunc* ou *pro futuro*, à savoir qui ne remontent pas à la promulgation de la loi considérée inconstitutionnelle. Donc, les effets de la loi produits jusqu'au moment de son annulation sont considérés valides. Par conséquent, la loi déclarée inconstitutionnelle par un juge constitutionnel dans le système concentré de contrôle de la constitutionnalité des lois doit être considérée comme un acte valide et ayant produit des effets complets jusqu'à annulation par la Cour.

Cet aspect de la logique du système concentré de contrôle de la constitutionnalité est nuancé par le système constitutionnel lui-même, lorsqu'il établit une distinction entre les vices d'inconstitutionnalité qui peuvent frapper les lois soit de nullité absolue, soit de nullité relative. Dans le cas des vices constitutionnels susceptibles de frapper une loi de nullité absolue, l'annulation de la loi décidée par un juge constitutionnel produit évidemment des effets *ex tunc* car une loi considérée nulle et non avenue de façon absolue n'est capable de produire aucun effet. Or, dans ces cas, l'annulation de la loi a des effets *pro praeterito* ou des effets rétroactifs, du fait qu'elle est considérée nulle et non avenue *ab initio*. En revanche, si le vice constitutionnel de la loi qui a conduit à son annulation par le juge constitutionnel n'est pas grave au point de produire sa nullité absolue mais une nullité relative, les effets de l'annulation de la loi sont uniquement *ex nunc, pro futuro*.

4. Aperçu général du système

Pour conclure, nous pouvons dire que, en principe, la rationalité du système concentré de contrôle de la constitutionnalité fonctionne de la manière suivante.

La Constitution exerce sa suprématie sur l'ordonnancement juridique tout entier; par conséquent, les actes qui lui sont contraires ne peuvent avoir aucun effet et sont considérés nuls et non avenus.

En principe, en ce qui concerne les actes de l'Etat subordonnés à la loi, tous les tribunaux ont le pouvoir et le devoir d'appliquer la Constitution et les lois, et, par conséquent, de donner la préférence à la Constitution et aux lois par rapport aux actes de l'Etat qui les violent, et de les déclarer inconstitutionnels et inapplicables au procès concret intenté devant les tribunaux. Cependant, en ce qui concerne certains actes de l'Etat comme les lois et d'autres actes immédiatement subordonnés à la Constitution, cette dernière réserve expressément le pouvoir d'examiner et de déclarer l'inconstitutionnalité de tels actes ainsi que le pouvoir de les annuler à un seul organe constitutionnel, soit la Cour suprême d'un pays donné, soit une Cour, un Conseil ou un Tribunal constitutionnel spécialement créé.

Ce pouvoir du juge constitutionnel de déclarer l'inconstitutionnalité de certains actes de l'Etat ne peut être exercé que lorsqu'il est demandé soit par action directe portée devant lui contre la loi inconstitutionnelle afin qu'il l'examine d'une façon abstraite, soit lorsqu'un tribunal réfère au juge constitutionnel une question constitutionnelle soulevée dans un procès concret. Dans ce dernier cas, le caractère incident de la question entraîne des effets suspensifs, c'est à dire que le cas concret ne sera résolu qu'après la décision du juge constitutionnel concernant la constitutionalité de la loi, décision qui doit être prise de façon abstraite et sans référence aux faits du procès concret.

La décision de la Cour constitutionnelle peut donc être prise par une méthode principale ou incidente par rapport à la constitutionalité de la loi, sans que le juge constitutionnel puisse soulever la question *motu propio* ou *ex officio*. Cependant, lorsque la question constitutionnelle est portée devant le juge constitutionnel, celui-ci a le pouvoir *ex officio* de considérer d'autres questions constitutionnelles. Dans le cas de la méthode incidente, le tribunal inférieur qui a soulevé la question a le pouvoir *ex officio* de la soulever puisqu'elle n'est pas limitée à l'initiative des parties.

La décision adoptée par le juge constitutionnel relative à l'inconstitutionnalité d'une loi a des effets *erga omnes* à l'égard de tous les organes de l'Etat et de tous les individus. Elle a aussi des effets constitutifs dans la mesure où elle prononce la nullité d'une loi. Lorsque la nullité d'une loi est déclarée, la décision a des effets *ex nunc* et *pro futuro* dans le sens où ils ne sont pas rétroactifs. Dans ce cas, l'acte annulé doit être considéré comme ayant produit des effets valides jusqu'au moment de son annulation, à moins qu'il ne soit frappé d'une nullité absolue.

Evidemment, dans le système concentré de contrôle de la constitutionnalité, cette logique n'est pas toujours absolue et chaque système juridique a mis au point des corrections aux éventuelles déviations pouvant se produire dans chacun des aspects de la rationalité du système par rapport à l'annulabilité ou la nullité de l'acte inconstitutionnel, l'initiative de la Cour, les effets *inter partes* ou *erga omnes* de la décision et de son caractère déclaratif ou constitutif.

III. LES METHODES DE CONTRÔLE JURIDICTIONNEL CONCENTRÉ DE LA CONSTITUTIONNALITÉ DES LOIS SELON LE MODÈLE EUROPÉEN

Le «modèle européen» de contrôle juridictionnel concentré de la constitutionnalité des lois est caractérisé par le fait que le pouvoir nécessaire à l'exercice du dit contrôle est confié à une Cour, un Tribunal ou un Conseil constitutionnel, créé comme un organe constitutionnel *en dehors du pouvoir judiciaire*. Un tel système de contrôle fonctionne en Autriche, en Italie, en Espagne et en France où ont été créés constitutionnellement des Cours, Tribunaux ou Conseils constitutionnels chargés d'exercer le contrôle juridictionnel de la constitutionnalité des lois.

Ces Cours constitutionnelles exercent leur pouvoir juridictionnel de contrôle soit avant que la loi n'entre en vigueur, c'est à dire avant sa promulgation, soit une fois en vigueur. On parle aussi de contrôle *a priori* ou *a posteriori* de la constitutionnalité des lois. Cependant, d'une manière générale, on peut dire que les systèmes concentrés de contrôle juridictionnel fidèles au modèle européen sont caractérisés par la mise en place de divers moyens de contrôle juridictionnel de la constitutionnalité des lois une fois en vigueur, c'est à dire une fois promulguée et après qu'aient commencé leurs effets normatifs juridiques. Ce n'est que de manière exceptionnelle que certains systèmes concentrés européens prévoient un moyen de contrôle préventif sur certains actes de l'Etat, comme c'est le cas en France et en Italie au sujet des lois régionales et en Espagne au sujet des lois organiques et des traités internationaux.

En tout cas, le fondement de l'existence d'un système de contrôle juridictionnel *a posteriori* réside dans le dépassement du dogme de la souveraineté du parlement et de la loi, ainsi que dans l'assouplissement du principe de séparation des pouvoirs. Comme nous l'avons vu, le contrôle juridictionnel implique l'existence d'une Constitution écrite et rigide, dotée d'un caractère normatif directement applicable aux individus; ses limites s'imposent à tous les organes constitutionnels, y compris le législateur, dont les activités devront être conformes à son texte et partant susceptibles d'un contrôle juridictionnel.

Ces principes, dépassés par les pays européens qui ont adopté un système concentré de contrôle juridictionnel, ont revêtu une importance particulière dans l'évolution du système constitutionnel français. S'il est vrai que les tendances du constitutionnalisme contemporain ont également influencé la base traditionnelle du système français, l'influence n'a été sensible que dans l'établissement d'un système préventif de contrôle juridictionnel qui, sans aucun doute, est un système incomplet de contrôle juridictionnel des lois jugées inconstitutionnelles.

Evidemment, l'adoption d'un système préventif de contrôle juridictionnel en France ainsi que les activités accomplies par le Conseil constitutionnel ont été considérées révolutionnaires[700], parce qu'elles signifient l'acceptation du principe de constitutionnalité et la subordination du législateur aux contraintes

(700) J. RIVERO, *Le Conseil constitutionnel et les libertés*, Paris, Aix-en-Provence 1984, pp. 13 et 14.

constitutionnelles(701). Cependant, comparé aux autres systèmes de contrôle juridictionnel adoptés ailleurs en Europe, le système français apparaît limité(702) puisque une fois en vigueur les lois ne peuvent plus faire l'objet d'un contrôle constitutionnel.

1. Le contrôle préventif de la constitutionnalité des lois

On distingue plusieurs méthodes de contrôle préventif de la constitutionnalité des lois: la française pour laquelle le contrôle préventif est la seule méthode de contrôle, et l'italienne et l'espagnole où coexistent la méthode préventive et la méthode *a posteriori*.

A. Le contrôle préventif de la constitutionnalité des lois comme seule méthode de contrôle concentré: le cas de la France

Le système préventif français de contrôle juridictionnel de la constitutionnalité des lois a été définitivement mis en place par la Constitution du 5 octobre 1958 qui créait le Conseil constitutionnel(703) en tant qu'organe constitutionnel chargé d'établir la conformité des lois à la Constitution «avant leur promulgation»(704). Comme nous l'avons dit, cette innovation institutionnelle est le résultat d'une réaction contre au moins deux des fondements du système constitutionnel français traditionnel, à savoir l'absolutisme de la loi et le rejet de toute interférence judiciaire concernant les autres pouvoirs de l'Etat, en particulier le parlement.

En effet, l'un des principaux dogmes politiques issus de la Révolution française était la profonde méfiance du législateur révolutionnaire à l'égard des juges, leur refusant toute possibilité de contrôler les autres pouvoirs de l'Etat, surtout le législatif et l'exécutif. Cette position anti-judiciaire trouve sa raison d'être politique dans le rôle joué par les *Parlements* pré révolutionnaires, en tant que Hautes Cours, lorsqu'ils examinaient les lois et les décrets dont ils étaient saisis afin de garantir qu'ils ne contenaient rien de contraire «aux lois fondamentales du royaume», ce qui concédait à ces Parlements un pouvoir politique conservateur considérable(705).

Cette méfiance à l'égard du pouvoir judiciaire a conduit à une interprétation révolutionnaire extrême du principe de séparation des pouvoirs: tous les juges se sont vu refuser non seulement le droit contrôler les actes législatifs et

(701) L. FAVOREU, «Le principe de constitutionnalité. Essai de définition d'après la jurisprudence du Conseil constitutionnel», *Recueil d'Etudes en Hommage à Charles Eisenmann*, Paris 1977, pp. 33-48.

(702) *V.* les commentaires concernant la légitimité des systèmes français *a priori* de contrôle dans une perspective comparative in L. FAVOREU «Actualité et légitimité du contrôle juridictionnel des lois en Europe occidentale», *Revue du droit public et de la science politique en France et à l'étranger*, Paris 1984 (5), pp. 1183-1187.

(703) Articles 56-63 de la Constitution de 1958.

(704) Article 61.

(705) M. CAPPELLETTI, *Judicial Review in the Contemporary World*, Indianapolis 1971, pp. 33-35; F. LUCHAIRE, *Le Conseil constitutionnel*, Paris 1980, pp. 5-6.

administratifs, ce qui explique pourquoi, à l'origine, la Cour de cassation était un organe législatif et pourquoi le Conseil d'Etat était un organe exécutif, mais aussi celui d'interpréter les lois, réservé au législateur qui l'exerçait par décret promulgué sur demande des juges au moyen du *référé législatif* en cas de doute concernant le texte d'une loi[(706)]. Les juges étaient donc, comme disait Montesquieu «la bouche de la loi», c'est à dire la bouche prononçant les mots de la loi, des êtres purement passifs, incapables d'en apprécier la force ou la rigueur[(707)].

Quoi qu'il en soit, comme nous l'avons signalé, la Constitution de 1958[(708)], en créant le Conseil constitutionnel et sans rejeter le dogme de la suprématie de la loi ni l'interdiction pour les tribunaux et les juges de contrôler la constitutionnalité des lois, permet l'exercice d'un contrôle préventif des lois avant leur promulgation (art. 61).

Ainsi, en France, le Conseil constitutionnel exerce deux types de contrôle préventif de la constitutionnalité: celui des lois non promulguées et celui de la répartition des compétences normatives de l'Etat entre la loi et les règlements. Dans les deux cas, le Conseil constitutionnel français, bien qu'il n'avait pas le pouvoir de contrôler la constitutionnalité des lois en vigueur, a joué un rôle très significatif en ce qui concerne le principe de constitutionnalité[(709)].

(a) Le contrôle préventif de la constitutionnalité des lois non promulguées

Le contrôle préventif de la constitutionnalité des lois non promulguées est exercé en France par le Conseil constitutionnel de deux manières: obligatoire, pour les règlements parlementaires et les lois organiques, et facultative, pour les lois ordinaires et les traités internationaux.

a. Le contrôle obligatoire de la constitutionnalité des lois organiques et des règlements parlementaires: Conformément à l'article 61 de la Constitution, les lois organiques et les règlements internes du parlement doivent être soumises, avant leur promulgation, au Conseil constitutionnel en vue de déterminer leur conformité à la Constitution.

Dans le cas des lois organiques, elles doivent être soumises au Conseil constitutionnel par le Premier ministre qui doit préciser opportunément l'urgence de la décision. Dans le cas des règlements parlementaires ou modifications de ceux-ci adoptées par l'une des assemblées, elles doivent être soumises au Conseil constitutionnel par le Président de l'assemblée[(710)].

---

(706) *Idem.*

(707) MONTESQUIEU, *De l'esprit des lois*, Book XI, Ch. VI, *cit.* par Ch. H. MC ILWAIN, *The High Court of Parliament and its Supremacy*, Yale 1910, p. 323.

(708) Articles 56-63 de la Constitution de 1958.

(709) Allan R. BREWER-CARIAS, *op. cit.*, pp. 255 et ss.

(710) Article 61 de la Constitution. Article 17 de la loi organique 58-1067.

b. Le contrôle facultatif de la constitutionnalité des lois ordinaires et des traités internationaux: Outre les lois organiques et les règlements parlementaires, les lois ordinaires peuvent également être soumises, avant leur promulgation, au Conseil constitutionnel, par le Président de la République, par le Premier ministre ou le Président de l'une des assemblées. A cela, la reforme constitutionnelle de 1974 a ajouté que 60 députés ou sénateurs peuvent saisir le Conseil constitutionnel de la question de la constitutionnalité des lois ordinaires(711), donnant ainsi aux minorités la possibilité de mettre en cause des décisions de la majorité.

Ce contrôle facultatif de la constitutionnalité s'applique aussi aux traités internationaux sur demande du Président de la République, du Premier ministre ou du Président de l'une des assemblées. Dans ce cas, le Conseil constitutionnel doit décider si un traité international contient des clauses contraires à la Constitution, et l'autorisation nécessaire à sa signature ou approbation ne pourra être accordée qu'après une réforme constitutionnelle(712).

La procédure suivie dans ces cas est contradictoire et l'autorité qui saisit le Conseil constitutionnel concernant le contrôle constitutionnel d'un traité international doit immédiatement notifier son action aux autres autorités habilitées à saisir le Conseil constitutionnel(713).

c. Les effets suspensifs des recours et de la décision du Conseil: Dans tous les cas où le Conseil constitutionnel est saisi du contrôle de la constitutionnalité de lois organiques, de règlements parlementaires, de lois ordinaires ou de traités internationaux, avant leur promulgation, les effets suspensifs commencent au moment où le Conseil reçoit la requête et la promulgation du texte normatif contesté est suspendue(714). Le Conseil dispose généralement d'un mois pour prendre une décision bien que, dans un cas urgent, le gouvernement peut demander à ce que le délai soit réduit à huit jours(715).

La décision du Conseil, qui doit être justifiée et publiée dans le Journal Officiel(716), peut consister en la déclaration selon laquelle la loi contestée n'est pas contraire à la Constitution, auquel cas le délai de suspension de la promulgation prend fin(717). En revanche, la décision peut être que le texte normatif est déclaré inconstitutionnel, auquel cas le texte non promulgué ne peut ni être promulgué ni mis en vigueur(718).

En ce qui concerne les traités internationaux, comme nous l'avons dit, si le Conseil constitutionnel décide qu'un traité contient une clause non conforme à la

(711) Article 61 de la Constitution.
(712) Article 54 de la Constitution.
(713) Articles 54, 61 de la Constitution. Article 18 de la loi organique 58-1067.
(714) Article 61 de la Constitution.
(715) Article 61 de la Constitution.
(716) Article 20 de la loi organique.
(717) Article 21 de la loi organique 58-1067.
(718) Article 62 de la Constitution.

Constitution, l'autorisation de ratification ou d'approbation doit être retardée jusqu'à l'amendement de la Constitution[(719)].

La déclaration d'inconstitutionnalité par le Conseil constitutionnel adopte toujours deux formes au regard du texte de l'acte contesté: si le Conseil constitutionnel juge qu'une disposition inconstitutionnelle d'une loi est inséparable du reste du texte, l'intégralité du texte ne peut par conséquent être promulguée[(720)]. Mais, à l'inverse, si le Conseil estime que les dispositions inconstitutionnelles peuvent être séparées du texte, le Président de la République est autorisé à promulguer le texte incomplet ou solliciter une seconde discussion aux Chambres[(721)].

Dans tous les cas, on ne reviendra sur la décision du Conseil et celle-ci aura des effets obligatoires sur tous les pouvoirs publics et les autorités administratives et juridictionnelles[(722)].

(b) Le contrôle préventif de la répartition des compétences normatives

En ce qui concerne le contrôle juridictionnel préventif, une autre compétence essentielle du Conseil constitutionnel vise à protéger la répartition des compétences normatives entre la loi et les règlements exécutifs. En effet, la Constitution française de 1958, s'éloignant de la tradition parlementaire des états modernes et comme conséquence d'une réaction anti-parlementaire évidente, met en place un système de répartition des compétences entre le parlement et le gouvernement, fondé sur l'attribution au parlement d'un pouvoir exclusif sur les questions expressément énumérées dans la Constitution, ce qui revient à une restriction extrême des pouvoirs du parlement.

De fait, l'article 34 de la Constitution énumère une liste de sujets dont le parlement peut se saisir, y compris les lois qu'il est autorisé à dicter, et l'article 37 stipule que le pouvoir de régir toutes les autres questions, en dehors de celles qui constituent le domaine de la loi, est confié à l'exécutif, réduisant ainsi le pouvoir du parlement à une série de questions clairement énumérées et abandonnant le reste des compétences normatives au pouvoir exécutif.

Un tel système de répartition des pouvoirs normatifs de l'Etat engendre bien sûr de nombreux conflits entre la loi et les règlements exécutifs, soit entre le parlement et le pouvoir exécutif, qu'il incombe au Conseil constitutionnel de résoudre. C'est pourquoi, dans la résolution des conflits, le Conseil intervient pour garantir le respect des dispositions constitutionnelles, mais n'examine pas le texte normatif définitif. En réalité le Conseil constitutionnel n'intervient que durant la phase de rédaction des textes respectifs a fin d'autoriser ou d'interdire la poursuite des travaux jusqu'à aboutir à la version finale du texte. Il est clair que cette

(719) Article 54 de la Constitution.
(720) Article 22 de la loi organique 58-1067.
(721) Article 23, *idem*.
(722) Article 62 de la Constitution.

compétence du Conseil a des implications différentes selon qu'il s'agit de lois ou de l'exercice de pouvoirs normatifs par l'exécutif

a. Le contrôle préventif des lois: L'intervention du Conseil concerne ici la procédure de rédaction des lois et de leurs amendements. En effet, le gouvernement peut s'opposer à la poursuite de la discussion d'une loi à l'Assemblée, lorsqu'il estime qu'elle comprend des questions ne faisant pas partie du domaine réservé à la loi dans l'article 34 de la Constitution, ni dans les lois organiques adoptées pour leur mise en vigueur, ou lorsqu'il la juge contraire aux pouvoirs de nature normative attribués au gouvernement[723].

Dans un tel cas, le Président de l'Assemblée concernée peut arriver à un compromis avec le gouvernement, selon lequel les deux parties renoncent à discuter tant la proposition que sa réforme. S'il n'y pas d'accord entre les parties, l'une quelconque d'entre elles peut saisir le Conseil constitutionnel afin qu'il résolve le conflit et prenne une décision dans les huit jours. Dans ce cas, la discussion de la loi ou de son amendement législatif contesté par le gouvernement est immédiatement suspendue[724]. En outre, l'autorité qui requiert l'intervention du Conseil constitutionnel dans le conflit doit en notifier toutes les autres autorités habilitées à saisir le Conseil constitutionnel[725].

b. Le contrôle constitutionnel des lois concernant les règlements de l'exécutif: Le second type d'intervention du Conseil constitutionnel dans la répartition des compétences entre la loi et les règlements exécutifs se réfère à l'exercice du pouvoir normatif par le gouvernement lorsque celui cherche à modifier des lois, ce qui peut se produire dans deux cas: d'abord quand la loi en question a été adoptée avant la délimitation du domaine législatif par la Constitution de 1958 et les questions qu'elle recouvre relèvent des pouvoirs normatifs de l'exécutif; ou, deuxièmement, quand les lois ont été adoptées après la délimitation de 1958, interfèrent avec les pouvoirs normatifs de l'exécutif et n'ont pas fait l'objet d'un contrôle par le Conseil constitutionnel avant leur promulgation.

Dans la première hypothèse, le gouvernement est libre de modifier les lois pré constitutionnelles existantes lorsqu'elle portent sur des questions appartenant au domaine lui réservé par la Constitution. Dans de tels cas, le gouvernement est obligé d'adopter le décret correspondant, après avoir sollicité et obtenu l'opinion du Conseil d'Etat[726].

La seconde hypothèse porte sur l'exercice du pouvoir normatif de l'exécutif de modifier des lois adoptées par le parlement après la Constitution de 1958, sur des questions relevant du domaine normatif de l'exécutif. Dans ces cas, le gouvernement est autorisé à approuver le décret normatif correspondant après que le Conseil constitutionnel ait déclaré la nature normative exécutive de la question[727]. De cette manière, si un gouvernement, par négligence ou volonté

(723) Article 41 de la Constitution.
(724) Article 27 de la loi organique 58-1067.
(725) *Idem.*
(726) Article 37 de la Constitution.
(727) Article 37 de la Constitution.

politique délibérée, ne soumet pas au Conseil constitutionnel une loi non promulguée ne relevant pas du domaine réservé au pouvoir législatif avant sa promulgation, les gouvernements suivants ne seront pas obligés par cette décision et pourront soumettre la dite loi au Conseil constitutionnel; si celui-ci déclare la nature normative exécutive de la question, le gouvernement pourra alors la modifier sur simple décret(728). Par conséquent, dans le domaine de la délimitation des compétences normatives du pouvoir réglementaire et de la loi, le contrôle du Conseil constitutionnel ne s'applique pas véritablement aux normes exécutives elle-même, mais seulement aux lois. Les normes exécutives et le chevauchement éventuel qu'elles peuvent provoquer avec le domaine réservé au législateur par l'article 34 de la Constitution sont sujets au contrôle du Conseil d'Etat, et des divergences de critères peuvent apparaître entre ce dernier et le Conseil constitutionnel(729).

(c) Le contrôle de la constitutionnalité des lois et le principe de la constitutionnalité

Comme nous l'avons signalé plus haut, le rôle fondamental confié au Conseil constitutionnel en France, conformément à la Constitution de 1958, consiste à contrôler, de manière préventive, la conformité des lois à la Constitution. Cependant, la Constitution de 1958 étant essentiellement une Constitution organique, c'est à dire, ayant pour but principal la répartition des pouvoirs entre les différents organes de l'Etat, le Conseil constitutionnel, au cours de ses premières années d'existence, avait agi en défenseur de cette répartition, particulièrement en ce qui concerne les rapports entre le parlement et le gouvernement, autrement dit les rapports entre la loi et les règlements exécutifs.

La Constitution française ne comporte pas de déclaration ou énumération expresse des droits fondamentaux; d'où l'interprétation selon laquelle elle ne serait pas un texte directement applicable aux individus, la seule déclaration de la Constitution relative aux droits fondamentaux des individus étant son Préambule qui affirme:

> Le peuple français proclame solennellement son attachement aux Droits de l'homme et aux principes de la souveraineté nationale tels qu'ils sont définis par la Déclaration de 1789, confirmée et complétée par le préambule de la Constitution de 1946.

Un préambule semblable était inclus dans la Constitution de 1946 et le Comité constitutionnel de l'époque l'a considéré comme ne pouvant pas être mis directement en vigueur(730). Cependant, aucune disposition spéciale n'avait été prise à cet égard dans la Constitution de 1958.

---

(728) *V.* aussi Articles 24-26 de la loi organique 58-1067.

(729) C. FRANCK, *Les fonctions juridictionnelles du Conseil constitutionnel et du Conseil d'Etat dans l'ordre constitutionnel*, Paris 1974, p. 4.

(730) Article 34 de la Constitution de 1946. *Cf.* J. RIVERO, *op. cit.*, p. 11; L. FAVOREU, «Le principe ... », *loc. cit.*, p. 34.

C'est cette réalité normative qui a poussé le Conseil constitutionnel à élargir ses propres pouvoirs de contrôle juridictionnel par ce qui a été considéré sa décision *Malburv vs Madison*[(731)], prise le 16 juillet 1971 concernant la liberté d'association[(732)]. A cette occasion, pour déclarer inconstitutionnelle une loi sanctionnée par le parlement, le Conseil s'est fondé sur le préambule et partant sur les «principes fondamentaux reconnus par les lois de la République et la Déclaration des droits de l'homme et du citoyen de 1789». C'est dans le cadre de ces principes et de ces droits que le Conseil a attribué un rang constitutionnel à la liberté d'association et a déclaré l'inconstitutionnalité d'une loi qu'il lui considérait contraire, donc à la Constitution[(733)]. Par conséquent, non seulement le Conseil constitutionnel a élargi le concept de «constitutionnalité», qui, depuis lors, a intégré, outre le texte formel de la Constitution, les principes fondamentaux reconnus par les lois de la République et la Déclaration des droits de l'homme et du citoyen de 1789[(734)], mais il est aussi devenu le gardien des libertés[(735)]. C'est pourquoi le Conseil constitutionnel a revendiqué pour lui même le pouvoir et le devoir de contrôler la conformité des lois non promulguées, non seulement conformément aux articles 34 et 37 de la Constitution qui régissent la répartition des compétences entre le parlement et les pouvoirs réglementaires de l'exécutif, mais aussi conformément à la Constitution tout entière qui comprend les principes généraux de nature constitutionnelle découlant de la Déclaration universelle et du Préambule, ainsi que les droits fondamentaux des individus. Dans la recherche de ces objectifs, le recours qui a ouvert la voie aux minorités parlementaires pour exiger le contrôle juridictionnel au moyen de l'amendement constitutionnel de 1974 a revêtu une importance particulière, comme l'a démontré l'une des décisions fondamentales du Conseil adoptée les 16 janvier et Il février 1982 dans le cas de nationalisation[(736)]. Dans ce cas, le concept de constitutionnalité a encore été élargi pour inclure les «principes et règles de valeur constitutionnelle»[(737)] auxquels est également soumis le législateur.

Finalement, il faut reconnaître que, en plus de ces transformations obtenues sous la pression des décisions du Conseil constitutionnel visant à soumettre tous les organes de l'Etat, y compris le législateur, à la Constitution et à ses principes,

---

(731) J. RIVERO, *op. cit.*, p. 140.

(732) *V.* in L. FAVOREU et L. PHILIP, *Les grandes décisions du Conseil constitutionnel*, Paris 1984, pp. 222-237.

(733) *Cf.* autre commentaire sur la décision in B. NICHOLAS, «Fundamental Rights and Judicial Review in France», *Public Law*, 1978, pp. 82-92; J.E. BEARDSLEY, «The Constitutional Council and Constitutional Liberties in France», *The American Journal of Comparative Law*, n° 20, 1972, pp. 431-452; C. FRANCK, *op. cit*, p. 208.

(734) *Cf.* F. LUCHAIRE, «Procédures et techniques de protection des droits fondamentaux. Conseil constitutionnel français», in L. FAVOREU (ed.), *Cours constitutionnelles européennes et droits fondamentaux*, Paris 1982, pp. 64-73.

(735) M. CAPPELLETTI, «El formidable problema del control judicial y la contribución del análisis comparado», *Revista de estudios políticos*, n° 13, Madrid 1980, p. 71.

(736) *V.* in L. FAVOREU et J. PHILIP, *op. cit.*, pp. 524-562. *V.* les commentaires in L. FAVOREU (ed.), *Nationalisations et Constitution* , Aix-en-Provence 1982; J. RIVERO, *op. cit.*, pp.109-125.

(737) L. FAVOREU, «Les décisions du Conseil constitutionnel dans l'affaire des nationalisations», *Revue du droit public et de la science politique en France et à l'étranger*, 1982, p. 401.

le contrôle de la constitutionnalité des lois a aussi été élargi grâce au travail d'autres organes juridictionnels essentiels, à savoir le Conseil d'Etat et la Cour de cassation.

Le Conseil d'Etat, en particulier, depuis sa décision concernant le *Syndicat général des ingénieurs-conseils* du 26 juin 1959[(738)], a exercé un contrôle constitutionnel des décrets lois adoptés conformément aux pouvoirs confiés à l'exécutif dans l'article 37 de la Constitution, non pas en tenant compte de la soumission éventuelle des normes exécutives aux lois sanctionnées par le parlement en vertu des pouvoirs équitablement répartis entre les deux organes constitutionnels, mais bien en prenant en considération la Constitution et, de plus, «les principes généraux de loi qui découlent fondamentalement du Préambule de la Constitution», lesquels s'imposent à l'autorité exécutive, même en l'absence d'une disposition législative[(739)].

D'autre part, la Cour de cassation, lors d'une décision très importante du 24 mai 1975, *Administration des douanes vs Société Cafés Jacques Varbre S.A.*[(740)], a ouvert la voie à l'exercice d'un système diffus de contrôle juridictionnel en France, en déterminant le pouvoir des tribunaux de refuser d'appliquer des lois promulguées après les Traités de la Communauté économique européenne, contraires à ces traités qui, dans le système constitutionnel français (comme d'ailleurs tous les traités internationaux) jouissent d'une «autorité supérieure à celle des lois»[(741)]. Cette possibilité de système diffus de contrôle juridictionnel peut conduire à son admissibilité générale, en particulier en ce qui concerne les lois contraires aux droits fondamentaux des individus, non seulement parce que la Convention européenne des droits de l'homme ratifiée par la France fait partie de la législation française[(742)], mais aussi en raison de l'acceptation expresse par le Conseil constitutionnel de la valeur et de la nature constitutionnelles des droits fondamentaux renfermés dans la Déclaration de 1789. Pour y arriver, il s'agira évidemment de surmonter la réticence traditionnelle en France des tribunaux à contrôler la constitutionnalité des lois. C'est là une tâche essentielle dont la voie a été tracée par les trois principaux organes juridictionnels de l'Etat.

B. Le contrôle préventif de la constitutionnalité des lois comme partie intégrante d'un système de contrôle concentré: l'Italie et l'Espagne

En Italie et en Espagne, la Cour constitutionnelle et le Tribunal constitutionnel exercent aussi un contrôle préventif de la constitutionnalité des lois, mais dans le

(738) *V.* in *Recueil Sirey Jurisprudence*, (note DRAGO), 1959, p. 392.

(739) *V.* in C. FRANCK, *op. cit.*, p. 200.

(740) *V.* in *Dalloz* (Jurisprudence), 1975, p. 497. *V.* les commentaires in M. CAPPELLETTI et W. COHEN, *Comparative Constitutional Law*, Indianapolis 1979, pp. 156-168; M. CAPPELLETTI, «El formidable problema ... », *loc. cit.*, p. 72.

(741) Article 55 de la Constitution.

(742) *Cf.* A.Z. DRZEMCZEWSKI, *European Human Rights Convention in Domestic Law, A Comparative Studv*, Oxford, p. 71.

cadre d'un système de contrôle concentré qui comprend plusieurs méthodes de contrôle[743].

En Italie, la méthode de contrôle préventif a été limitée à la constitutionnalité de la législation régionale. A cet égard, la Constitution italienne attribue à la Cour constitutionnelle le pouvoir de contrôler la constitutionnalité des lois adoptées par les Conseils régionaux (art. 123 Constitution). Pour ce faire, le Conseil des ministres est autorisé à intenter une action directe ou un recours devant la Cour constitutionnelle contre les lois régionales, avant leur promulgation. Cette action doit être introduite dans les quinze jours suivant l'information donnée par le Président du Conseil régional selon laquelle une loi régionale a été approuvée en second vote par le Conseil régional[744].

Lorsque la Cour constitutionnelle est saisie d'une demande de contrôle juridictionnel préventif, la promulgation de la loi régionale contestée doit être suspendue jusqu'à l'adoption d'une décision[745]; si l'inconstitutionnalité est reconnue, la promulgation est impossible.

L'Espagne possède les méthodes de contrôle direct et incident de la constitutionnalité des lois et des méthodes indirectes de contrôle juridictionnel qui peuvent porter sur des lois et d'autres actes ayant force de loi, y compris les traités internationaux, les lois organiques et les lois d'autonomie des communautés autonomes. Mais en outre, ces actes d'Etat peuvent faire l'objet d'un système préventif de contrôle juridictionnel qui constitue une innovation significative par rapport aux modèles allemand et italien, et se rapproche davantage du système français[746].

La Constitution espagnole prévoit expressément que la signature d'un traité international qui contient des dispositions non conformes à la Constitution implique qu'il doit être soumis à un contrôle constitutionnel préalable. Ainsi, le gouvernement ou l'une des deux Chambres du parlement peut saisir le Tribunal constitutionnel afin que celui-ci décide s'il y a ou non contradiction entre un traité international à signer et la Constitution[747]. Dans ce cas, il est clair que le système de contrôle juridictionnel adopté est un système préventif qui, en ce qui concerne les traités internationaux, coexiste avec les méthodes directe, incidente et indirecte de contrôle juridictionnel de la constitutionnalité. Toutes ces méthodes peuvent être employées indifféremment ou successivement[748]. Mais quand un contrôle préventif est sollicité, (le Tribunal constitutionnel doit entendre les représentants des organes d'Etat concernés[749].

(743) Allan R. BREWER-CARIAS, *op. cit.*, pp. 222 et 232.

(744) Article 31 de la loi 87 de 1953.

(745) Article 128 de la Constitution.

(746) E. GARCÍA DE ENTERRÍA, *La Constitución como norma y el Tribunal constitucional*, Madrid 1981, p. 156.

(747) Article 95 de la Constitution.

(748) M. ARAGÓN, «El control de la constitucionalidad en la Constitución españoola de 1978», *Revista de estudios políticos*, 7, Madrid 1979, p. 183.

(749) Article 78, 2 de la loi organique 2/1979.

Bien que le système préventif de contrôle avait été établi dans la Constitution qu'en regard des traités internationaux et étant donné que la Constitution autorise le législateur à confier toute autre compétence au Tribunal constitutionnel[(750)], la Loi organique 2/1979 a élargi le contrôle préventif de la constitutionnalité aux lois d'autonomie et aux lois organiques. Concernant ces dernières, par conséquent, un «recours d'inconstitutionnalité de nature préventive» peut être introduit par les mêmes organes politiques qui exercent le recours direct d'inconstitutionnalité contre ces mêmes lois[(751)]. Ce moyen préventif de contrôle est particulièrement important pour les lois d'autonomie des communautés autonomes qui doivent être approuvées par référendum[(752)]. Même si un recours direct peut être intenté contre elles, il est clair qu'un contrôle préventif, tel que l'établit la loi organique, permet d'éviter des difficultés politiques découlant de l'annulation éventuelle d'une loi après son adoption par référendum.

Il faut encore ajouter que, pour les lois organiques, lorsqu'il s'agit d'une loi organique destinée à l'approbation d'un traité international[(753)], le contrôle constitutionnel préventif de celle-ci introduit, en plus, un autre moyen de contrôler la constitutionnalité des traités internationaux, un moyen de contrôle «indirect préventif» cette fois, étant donné les liens étroits existant entre la loi destinée à l'approbation et le traité[(754)].

Dans ces cas de contrôle préventif de la constitutionnalité, les effets varient selon l'acte sujet au contrôle. S'il s'agit d'un traité international non encore définitivement approuvé par l'Etat que le Tribunal constitutionnel juge contraire à la Constitution, sa promulgation définitive ne sera possible qu'après une réforme de la Constitution[(755)]. En ce qui concerne les lois d'autonomie ou les lois organiques, la déclaration d'inconstitutionnalité de leurs dispositions a des effets obligatoires et, par conséquent, implique que la procédure d'adoption définitive ne peut se poursuivre à moins que les dispositions contestées ne soient supprimées par l'organe d'Etat respectif[(756)]. Dans ce dernier cas, la décision du Tribunal de rejeter ou de déclarer l'inconstitutionnalité des dispositions d'une loi d'autonomie ou d'une loi organique ne préjuge en aucune manière de la décision future qui pourrait être prise si un recours direct d'inconstitutionnalité était exercé contre ces lois après leur promulgation (art. 79, 5).

2. Le contrôle de la constitutionnalité des lois promulguées

La caractéristique des systèmes européens de contrôle concentré de la constitutionnalité des lois réside dans l'attribution à des Cours constitutionnelles de pouvoirs de contrôle de la constitutionnalité des lois en vigueur, c'est à dire,

---

(750) Article 161, 1, d de la Constitution.
(751) Article 79 de la loi organique.
(752) Article 152, 2 de la Constitution.
(753) Article 93 de la Constitution.
(754) P. Bon, F. Moderne et Y. Rodriguez, *La justice constitutionnelle en Espagne*, Paris 1982, p. 260.
(755) Article 95, 1 de la Constitution.
(756) Article 79, 4, b de la loi organique 2/1979.

promulguées. C'est le cas des pouvoirs attribués au Tribunal constitutionnel autrichien, à la Cour constitutionnelle italienne et au Tribunal constitutionnel espagnol[(757)].

Dans ces pays, on peut distinguer deux méthodes de contrôle *a posteriori* de la constitutionnalité: la méthode directe et la méthode incidente. Conformément au système direct, la Cour constitutionnelle doit se prononcer sur la constitutionnalité des lois de façon abstraite par le biais d'une action; dans le système incident, la question de la constitutionnalité doit être soulevée par les tribunaux ordinaires et introduite auprès de la Cour constitutionnelle pour y être résolue.

A. La méthode de contrôle direct et abstrait de la constitutionnalité des lois

L'Autriche, l'Italie et l'Espagne ont adopté une méthode de contrôle direct de la constitutionnalité des lois en tant que contrôle abstrait.

(a) Le système autrichien

Selon la Constitution de l'Autriche, il existe deux façons essentielles de saisir le Tribunal constitutionnel: au moyen d'une action ou requête directe et d'une façon incidente, bien que, dans sa version originale de 1920, la seule méthode reconnue était la méthode principale exercée au moyen d'une requête réservée à certains organes politiques de l'Etat[(758)]. Les réformes constitutionnelles de 1929 et 1975 ont élargi les conditions en permettant la requête directe et, en 1929 déjà, la méthode incidente de contrôle juridictionnel. En outre, le Tribunal constitutionnel a été autorisé par la Constitution à se saisir de questions constitutionnelles *ex officio*. On peut encore mentionner une autre méthode de contrôle juridictionnel, à savoir la méthode indirecte, comme conséquence de l'exercice des recours constitutionnels de protection des droits fondamentaux.

a. La requête directe d'inconstitutionnalité: La première méthode est la requête directe d'inconstitutionnalité des lois qui peut être introduite devant le Tribunal constitutionnel de la manière suivante: pour les lois fédérales, à la demande du gouvernement des *Lander* ou d'un tiers des membres du parlement; pour les lois des *Lander*, à la demande du gouvernement fédéral et d'un tiers des membres des législatures des *Lander*, la Constitution de ceux-ci étant autorisée par la Constitution fédérale à donner le droit de requête à celles-là[(759)]. Il faut remarquer qu'en attribuant le droit de requête directe à un tiers des représentants de l'organe législatif, la réforme de la Constitution de 1975 a donné à l'opposition

(757) Allan R. BREWER-CARÍAS, *op. cit.*, pp. 198, 219, 229.
(758) *Cf.* M. CAPPELLETTI, *Judicial Review in Comparative World*, Indianapolis 1975, pp. 72-73.
(759) Article 140, 1.

un moyen de contrôler les lois adoptées par la majorité[760], suivant en cela les tendances apparues dans les autres pays européens.

En ce qui concerne les règlements exécutifs, la requête directe d'illégalité peut être portée devant le Tribunal constitutionnel par les gouvernements des *Lander* si l'objet du contrôle juridictionnel est un décret fédéral. S'il s'agit d'un décret des autorités exécutives des *Lander*, par le gouvernement fédéral ainsi que par les municipalités pour les actes exécutifs relatifs au contrôle du gouvernement local[761].

Pour ce qui est des traités internationaux, la Constitution prévoit l'application analogue des règles ci-dessus mentionnées, en faisant une différence entre les traités approuvés par le parlement et ceux promulgués par des voies exécutives[762].

b. L'action directe d'inconstitutionnalité: Dans le système autrichien, la requête directe d'inconstitutionnalité n'est pas uniquement réservée aux organes politiques. Depuis la réforme constitutionnelle de 1975, un recours ou action directe a aussi été attribuée aux individus qui peuvent l'introduire directement devant le Tribunal constitutionnel, mais seulement lorsqu'ils estiment que leurs droits ont été directement violés par une loi ou un acte exécutif, pourvu que la norme en question leur soit directement applicable, sans aucune autre décision judiciaire ou acte administratif individuel[763]. Dans ce cas, le plaignant doit exprimer dans son action comment la loi peut effectivement et directement violer ses droits, sans aucune autre décision judiciaire ou acte administratif individuel. Cette plainte ou action constitutionnelle n'est donc pas une *actio popularis*, qui n'avait d'ailleurs pas été conseillée par Kelsen pour le contrôle de constitutionnalité[764]; bien au contraire, il s'agit d'une action subordonnée à des conditions de légitimation spécifiques.

D'autre part, l'action contre une loi ne peut pas être portée directement devant le Tribunal constitutionnel si, en application de la dite loi, des décisions judiciaires ou des actes administratifs ont été promulgués. Par conséquent, s'il existe une possibilité raisonnable qu'une décision judiciaire ou administrative intervienne, un recours doit d'abord être introduit contre ces décisions devant la Cour administrative ou un autre tribunal ou même le Tribunal constitutionnel, et, dans ce cas, la question constitutionnelle peut être soulevée de manière incidente ou *ex officio* par le Tribunal constitutionnel[765].

---

(760) Article 139, 1.

(761) *Cf.* L. FAVOREU, «Actualité et légitimité du contrôle juridictionnel des lois en Europe occidentale», *Revue du droitpPublic et de la science politique en France et à l'étranger*, Paris 1985 (5), p. 1152.

(762) Article 140, a

(763) Article 140, 1.

(764) H. KELSEN, «La garantie juridictionnelle de la Constitution (La justice constitutionnelle) », *Revue du droit public et de la science politique en France et à l'étranger*, Paris 1928, p. 245.

(765) *Cf.* L. FAVOREU, *loc. cit.*, p. 1153.

(b) La méthode directe de contrôle juridictionnel et sa portée régionale en Italie

En dépit de son caractère éminemment incident concentré, le système italien de contrôle juridictionnel prévoit aussi une méthode directe de contrôle juridictionnel, quoique limité, et d'une certaine manière étroitement lié aux pouvoirs de la Cour de résoudre les conflits de compétences entre l'Etat et les régions. En effet, l'article 2 de la loi constitutionnelle n° 1 du 9 février 1948 confie la résolution des questions de conformité constitutionnelle à la Cour constitutionnelle dont elle est saisie par une action directe qui ne peut être entreprise que par une région contre la législation nationale ou des lois d'autres régions. L'article stipule ce qui suit:

> Lorsqu'une région juge qu'une loi ou un acte ayant force de loi de la République viole le domaine de compétences lui attribuées par la Constitution, elle peut porter devant la Cour constitutionnelle, après délibération du Conseil régional, la question de la conformité constitutionnelle dans les trente jours suivant la publication de la loi ou de l'acte ayant force de loi[(766)].

Par conséquent, le premier recours ou première action directe d'inconstitutionnalité reconnue par le système constitutionnel italien est celle portée par les régions devant la Cour constitutionnelle contre des actes législatifs de la République. Cette action pose en fait un conflit de compétences entre les niveaux national et régional[(767)], non pas à propos d'un acte administratif mais bien d'une loi nationale ou d'un acte ayant force de loi, en particulier les décrets-lois. Néanmoins, ce recours ou action ne peut être porté devant la Cour constitutionnelle dans le sens inverse, c'est à dire par la République contre les lois régionales, auxquels cas la question devra être traitée comme un conflit de compétences.[(768)].

D'autre part, le recours ou action directe d'inconstitutionnalité, conformément à la loi constitutionnelle n° 1 de 1948, peut aussi être introduite par devant la Cour constitutionnelle par une région contre une loi ou un autre acte ayant force de loi d'une autre région et considérée constitutionnellement illégitime lorsque la dite région estime que la dite loi a violé ses compétences[(769)].

Dans ces cas d'action directe, la procédure est jugée contradictoire, car contrairement à la méthode incidente, dans la méthode principale, la volonté des parties est décisive dans la mesure où «l'abandon de l'action, quand il est accepté par toutes les parties, met fin à la procédure»[(770)].

---

(766) *V.* aussi Article 32 de la loi n° 87, 1953.

(767) *Cf.* F. RUBIO LLORENTE, *La Corte constitucional italiana*, Caracas 1966, p. 25.

(768) Article 39 de la loi n° 87, 1953.

(769) Article 2; *V.* aussi Article 33 de la loi n° 87, 1953.

(770) Article 25, normes complémentaires de la Cour. *Cf.* G. CASSANDRO, «The Constitutional Court of Italy», in *American Journal of Comparative Law*, n° 8, 1959, p. 3.

(c) Le contrôle direct de la constitutionnalité des lois en Espagne

En Espagne, le premier des moyens par lesquels les pouvoirs de contrôle juridictionnel peuvent être exercés par le Tribunal constitutionnel et dont ce dernier dispose pour prendre ses décisions, est le «recours d'inconstitutionnalité contre les lois et les actes normatifs ayant force de loi»[(771)]. Par ce recours, «le Tribunal constitutionnel garantit la primauté de la Constitution et juge la conformité ou in conformité» des lois et des actes normatifs ayant force de loi à la Constitution[(772)].

D'une manière assez semblable à la formule italienne, les actes d'Etat pouvant faire l'objet de ce recours direct d'inconstitutionnalité sont les lois et les autres actes de l'Etat ayant force de loi, y compris les «lois d'autonomie» approuvées par le parlement au profit des communautés autonomes, ainsi que les lois organiques et les lois ordinaires adoptées par le parlement[(773)], les traités internationaux[(774)], les règlements *interna corporis* des chambres du parlement[(775)], les autres actes normatifs de l'Etat national ayant force de loi, y compris les décrets-lois promulgués par le gouvernement[(776)] que ce soit par le biais d'une législation déléguée[(777)] ou dans des cas extraordinaires ou urgents[(778)], et finalement les règlements internes des Assemblées législatives des communautés autonomes[(779)].

Il faut remarquer que les lois pré constitutionnelles peuvent aussi faire l'objet d'un contrôle de leur constitutionnalité par le Tribunal constitutionnel même si elles peuvent être déclarées inapplicables par n'importe quel juge lorsqu'elles sont considérées inconstitutionnelles[(780)], particulièrement du fait que la Constitution stipule expressément dans sa Disposition dérogatoire n° 3 que «toutes les dispositions contraires à celles de la Constitution seront nulles».

Le recours d'inconstitutionnalité peut être introduit par devant le Tribunal constitutionnel par le Président du gouvernement, par le «Défenseur du peuple», par cinquante députés ou sénateurs[(781)] ainsi que par l'organe exécutif collégial et les assemblées législatives des communautés autonomes, lorsque les actes contestés sont des lois ou d'autres actes de l'Etat ayant la même force de loi qui affectent leur autonomie respective[(782)]. Dans tous ces cas, le recours doit être

(771) Article 161, 1, a de la Constitution.
(772) Article 27, 1 de la loi organique 2/1979.
(773) Article 27, 2, a, b *Idem.*
(774) Article 27, 2, c *Idem.*
(775) Article 27, 2, d *Idem.*
(776) Article 27, 2, b *Idem.*
(777) Article 82 de la Constitution.
(778) Article 86 de la Constitution.
(779) Article 27, 2, f de la Constitution.
(780) Cela a été expressément admis par le Tribunal constitutionnel. *Cf.* J. SALAS, «El Tribunal constitucional español y su competencia desde la perspectiva de la forma de gobierno: sus relaciones con los poderes legislativo, ejecutivo y judicial» in *Revista española de derecho constitucional*, n° 6, 1982, pp. 165-166.
(781) Article 162, 1, a de la Constitution; Article 32, 1 de la loi organique 2/1979.
(782) Article 162, 1, a de la Constitution; Article 32,2 de la loi organique 2/1979.

introduit par devant le Tribunal constitutionnel dans un délai de trois mois suivant la publication de l'acte contesté[783].

La différence fondamentale entre l'action directe ou recours d'inconstitutionnalité mis en place en Espagne et le modèle italien réside dans le fait que, en Italie, le gouvernement n'est autorisé à contester que les lois régionales; en revanche, dans le système espagnol, les pouvoirs attribués aux différents organes politiques, y compris le Président du gouvernement, comprennent leur droit à mettre en cause la constitutionnalité de toute loi ou acte de l'Etat ayant force de loi[784].

En ce qui concerne les dispositions et les décisions des organes des communautés autonomes qui peuvent être mises en cause par le gouvernement, la Constitution établit le caractère suspensif du recours à l'égard des actes contestés[785].

Tout comme dans le système ouest-allemand, le but de cette action directe d'inconstitutionnalité est d'exercer un contrôle abstrait sur les actes normatifs de l'Etat, sans référence à un conflit particulier pour lequel il serait nécessaire d'élucider la question constitutionnelle; il s'agit donc, dans ces cas, d'une divergence abstraite d'interprétation de la Constitution à l'égard d'une loi en particulier[786]. D'autre part, et bien que les organes de l'Etat dont les actes normatifs doivent être écoutés[787], la procédure de prise de décision concernant ce recours d'inconstitutionnalité peut être considérée une procédure objective dans laquelle ni les organes politiques qui l'ont entamée ni les représentants[788] des organes de l'Etat dont les lois ou les actes sont mis en cause, n'occupent une position de partie en termes stricts de procédure[789], l'abandon du recours n'étant pas concevable[790].

B. La méthode incidente de contrôle de la constitutionnalité des lois

(a) Le système en Autriche

En Autriche la question constitutionnelle concernant les actes de l'Etat peut être soulevée au Tribunal constitutionnel par des moyens différents de la requête ou action directe. Depuis la réforme constitutionnelle de 1929, une méthode incidente de contrôle juridictionnel a été adoptée en Autriche, puis élargie en 1975.

---

(783) Article 33 de la loi organique 2/1979.

(784) S. GALEOTTI et B. ROSSI, «El Tribunal constitucional en la nueva Constitución española: Medios de impugnación y legitimados para actuar», *Revista de estudios políticos*, n° 7, Madrid 1979, p. 125.

(785) Article 30 de la loi organique.

(786) E. GARCÍA DE ENTERRÍA, *op. cit.*, p. 140.

(787) Article 34 de la loi organique 2/1979.

(788) Article 82, 1 *Idem*.

(789) J. GONZÁLEZ PÉREZ, *Derecho procesal constitucional*, Madrid 1980, p. 101.

(790) *Idem*, p. 197.

Selon la Constitution, la question de la constitutionnalité des lois peut être soulevée au Tribunal constitutionnel au moyen d'un référé de la Cour administrative, de la Cour suprême ou de n'importe quelle cour d'appel lorsqu'elle doivent appliquer la loi dans une procédure concrète(791). En ce qui concerne les règlements exécutifs, n'importe quel tribunal peut saisir le Tribunal constitutionnel de la question constitutionnelle en vue de son annulation par la voie incidente(792).

Dans ce cas, le référé incident introduit par devant le Tribunal constitutionnel a des effets suspensifs à l'égard de la procédure concrète dans laquelle la question constitutionnelle a été soulevée et la dite procédure ne peut être poursuivie qu'après le jugement du Tribunal constitutionnel(793).

Bien que la Cour suprême et les cours d'appel n'ait aucun pouvoir de contrôle juridictionnel des lois dans le système autrichien concentré, la voie incidente de contrôle juridictionnel leur confie, d'une certaine manière, comme l'a signalé le professeur Cappelletti, non seulement le pouvoir mais aussi le devoir de «ne pas appliquer les lois dont la constitutionnalité est mise en cause, sans avoir entendu au préalable le jugement obligatoire de la Cour constitutionnelle»(794), ce qui signifie que ces cours ont le pouvoir de juger l'inconstitutionnalité des lois mais non pas de les annuler.

(b) La méthode incidente de contrôle juridictionnel en Italie

En Italie, le principal moyen de soulever la question de la constitutionnalité des lois par devant la Cour constitutionnelle et, sans aucun doute, le meilleur moyen de maintenir les lois et les actes législatifs dans le cadre de la Constitution est la méthode incidente, expressément formulée dans la loi constitutionnelle n° 1 de 1948, qui contient les normes relatives aux jugements d'illégitimité constitutionnelle et aux garanties d'indépendance de la Cour constitutionnelle.

L'article 1 de cette loi constitutionnelle est le suivant:

> La question de l'illégitimité d'une loi ou d'un acte de la République ayant force de loi, soulevée *ex officio* ou invoquée par l'une des parties au cours d'un jugement et non considérée sans fondement par le juge, doit être référée à la Cour constitutionnelle.

Les normes fondamentales de cette méthode incidente de contrôle juridictionnel ont été établies par la loi n° 87 de 1953 qui renforce le caractère concentré incident du système italien de contrôle juridictionnel(795).

Conformément à la loi n° 87 de 1953, durant un procès intenté par devant un tribunal, l'une des parties ou le Ministère public peut soulever la question de la légitimité constitutionnelle sous forme d'une requête, en indiquant d'abord les

---

(791) Article 140, 1.
(792) Article 139, 1
(793) Article 57 de la Loi du Tribunal constitutionnel.
(794) M. CAPPELLETTI, *op. cit.*, p. 74.
(795) M. CAPPELLETTI, «La justicia constitucional... », *loc. cit.*, pp. 44, 45.

dispositions de la loi ou de l'acte ayant force de loi, de l'Etat ou de la région, qui contiennent des défauts de «légitimité constitutionnelle», et ensuite, les dispositions de la Constitution ou des «lois constitutionnelles» qui ont été prétendument violées.

Une fois soulevée la question de la constitutionnalité par devant le juge ordinaire, celui-ci doit prendre la décision de référer la question à la Cour constitutionnelle lorsqu'il s'agit d'une question «préjudicielle», c'est à dire si le cas ne permet pas au juge de prendre une décision en évitant la question de la «légitimité constitutionnelle», et également quand le juge estime que la question soulevée par devant lui n'est pas sans fondement[(796)]. Autrement dit, si le juge considère que la question de la constitutionnalité est suffisamment fondée et sa résolution est essentielle pour la décision du procès, il doit prendre une décision relative à l'existence de ces deux conditions et pourtant référer la question à la Cour constitutionnelle en accompagnant le référé de la déclaration des parties ou du Ministère public ainsi que du dossier complet du cas dont la procédure doit être suspendue.

La question constitutionnelle invoquée par les parties ou le Procureur peut être rejetée par le juge, dans une décision motivée, lorsqu'il estime que le cas n'est pas pertinent ou qu'il n'est pas fondé. Cependant ce rejet n'empêchent pas les parties de soulever la question plus tard, à n'importe quel stade de la procédure[(797)].

Comme le prévoient la loi constitutionnelle n° 1 de 1948 et la loi constitutionnelle n° 87 de 1953, la question de la légitimité constitutionnelle peut encore être soulevée *ex officio* par le juge de la cause, auquel cas il doit également prendre une décision dans laquelle il doit indiquer précisément les dispositions de la loi ou des actes ayant force de loi considérées inconstitutionnelles, ainsi que les normes de la Constitution ou des lois constitutionnelles jugées comme ayant violé la loi contestée. Le juge doit aussi justifier dans sa décision le caractère «préjudiciel» de la question et les raisons de l'inconstitutionnalité de la loi.

Lorsque est soulevée la question constitutionnelle de l'illégitimité constitutionnelle d'une loi ou d'un acte de l'Etat ayant force de loi, le juge n'est pas lié par la volonté des parties: il peut rejeter leurs allégations relatives à des questions constitutionnelles et soulever celles-ci *ex officio*. Dans tous ces cas, c'est au juge de décider l'inconstitutionnalité des lois, bien qu'il n'ait pas le pouvoir de les annuler, ses pouvoirs étant limités à référer la question à la Cour constitutionnelle.

De plus, la Cour constitutionnelle, lorsqu'elle est saisie d'une question constitutionnelle, n'est pas non plus liée par les parties du procès original dans lequel la question constitutionnelle a été soulevée. Par conséquent, même si les parties du procès *a quo* doivent être convoquées et entendues, de même que l'autorité exécutive concernée (Président du Conseil des ministres ou du Conseil régional)[(798)], la procédure entamée par devant la Cour n'est pas une procédure

(796) Article 23 de la Loi n° 87, 1953.

(797) Article 24 de la Loi n° 87, 1953.

(798) Article 25 de la Loi n° 87, 1953. Les parties ni le fonctionnaire public ne peuvent faire appel devant la Cour, Article 26. I m.

contentieuse entre les parties mais plutôt une procédure de nature non contentieuse et objective, indépendante de la volonté des parties et cela, même dans les cas d'abandon de l'action ou quand intervient un désistement du cas[(799)].

Comme nous l'avons dit, dans le système italien de contrôle juridictionnel, cette méthode incidente est le meilleur moyen d'obtenir un contrôle constitutionnel des lois; il a été considéré de portée limitée, en particulier en ce qui concerne les lois qui pourraient toucher directement les droits individuels. A ce propos, le professeur Cappelletti a signalé:

> L'inconvénient de ce système réside dans le fait que certaines lois, en particulier les lois dites auto applicables (auto exécutives ou auto effectives) par la doctrine mexicaine, pourraient enfreindre le domaine juridique de certains individus, sans qu'elles ne soient «concrétisées» par un acte exécutif ou d'application. Par conséquent, pour ce qui est ces lois, le seul contrôle incident de la légitimité constitutionnelle pourrait apparaître insuffisant[(800)].

(c) La méthode incidente de contrôle juridictionnel des lois en Espagne

La méthode de contrôle juridictionnel de la constitutionnalité des lois à caractère incident est établi en Espagne dans l'article 163 de la Constitution:

> Lorsque, dans un procès, un organe judiciaire estime qu'une norme ayant force de loi, applicable au cas, et dont la validité subordonne sa décision pourrait être contraire à la Constitution, il doit référer la dite question au Tribunal constitutionnel de la manière prévue par la loi et avec les effets, établis par celle-ci, qui, dans tous les cas, auront un caractère suspensif[(801)].

Le premier aspect à considérer de cette méthode incidente de contrôle juridictionnel est que, dans le système espagnol, les juges sont les seuls organes autorisés à soulever la question constitutionnelle, bien qu'ils puissent agir *ex officio* ou à la requête d'une partie[(802)]. Les parties ont la possibilité de soulever la question constitutionnelle à n'importe quel stade du procès concret, mais c'est le juge qui doit prendre une décision non appelable[(803)]. Ce n'est que quand il juge la norme en question contraire à la Constitution qu'il doit référer la question au Tribunal constitutionnel.

Conformément à la loi organique qui régit le Tribunal, cette question constitutionnelle ne peut être soulevée par le juge qu'une fois conclue la procédure du cas concret et dans les délais nécessaires à la décision du cas. C'est

---

(799) Article 22, normes complémentaires de la Cour. *Cf.* F. RUBIO LLORENTE, *op. cit.*, p. 24; G. CASSANDRO, *loc. cit.*, p. 6.

(800) M. CAPPELLETTI, «Judicial Review... », *loc. cit.*, p. 45.

(801) *V.* aussi Article 35, 1 de la Loi organique 2/1979. 103.

(802) Article 35, 2 *Idem.*

(803) *Idem.*

pour cette raison que la question n'entraîne pas d'effets suspensifs, dans le sens où la procédure doit continuer jusqu'à l'adoption de la décision finale[(804)].

Le référé doit indiquer la loi ou la norme ayant force de loi dont la constitutionnalité est mise en cause et la norme constitutionnelle prétendument enfreinte. Le juge doit en outre spécifier et justifier jusqu'à quel point la décision de la procédure concrète est subordonnée à la validité de la norme en question, c'est à dire qu'il doit justifier le caractère préjudiciel de la constitutionnalité de la loi ou de l'acte normatif en ce qui a trait au procès concret.

De toute façon, avant de prendre sa décision en la matière, le juge est tenu d'entendre le Ministère public et les parties sur la question constitutionnelle[(805)]. Mais une fois la question de l'inconstitutionnalité soulevée auprès du Tribunal constitutionnel, les parties de la procédure *a quo* n'ont plus le droit d'intervenir dans le procès constitutionnel, le Tribunal constitutionnel étant le seul à devoir notifier la question aux représentants des organes dont les actes ont été contestés, afin de leur permettre de faire leurs déclarations en la matière au Tribunal[(806)].

Dans ce domaine de la méthode incidente de contrôle juridictionnel, il faut souligner les différents régimes existant dans le système espagnol et dans le modèle allemand. Dans ce dernier, la question constitutionnelle incidente ne peut être soulevée par un Tribunal auprès du Tribunal constitutionnel que quand le juge est convaincu de l'inconstitutionnalité de la loi, alors que, dans le système espagnol, il suffit au juge de considérer que la norme applicable «pourrait être contraire à la Constitution», ce qui se rapproche davantage du système italien dans lequel le juge peut soulever la question constitutionnelle lorsqu'il estime qu'elle n'est pas sans fondement[(807)].

3. Les effets de la décision juridictionnelle de contrôle de la constitutionnalité des lois

On peut dire que l'ensemble des systèmes de contrôle juridictionnel concentré de la constitutionnalité des lois exercé par des Cours constitutionnelles séparées du pouvoir judiciaire octroyant des effets généraux aux décisions des Cours constitutionnelles qui déclarent la nullité d'une loi pour inconstitutionnalité et l'efficacité *ex nunc* de celle-ci, c'est à dire uniquement pour l'avenir. On peut ainsi signaler qu'aucun système concentré de contrôle juridictionnel de la constitutionnalité des lois n'attribue d'effets généraux pour le passé, c'est à dire *ex tunc*, *pro praeterito*, aux décisions d'annulation pour inconstitutionnalité, lesquelles ne sont pas purement déclaratives et n'entraînent pas d'effets rétroactifs mais sont uniquement constitutives. Lorsque des effets sont attribués pour le

(804) *V.* J.M. RODRÍGUEZ OLIVER, «Sobre los efectos no suspensivos de la cuestión de inconstitucionalidad y la Ley orgánica 2/79 del 3 de octubre» in *Civitas, Revista española de derecho administrativo*, n° 25, 1980, pp. 207-222.

(805) Article 35, 2 de la loi organique 2/1979.

(806) Article 37, 2 *Idem*.

(807) *Cf.* S. GALEOTTI et B. ROSSI, *loc. cit.*, p. 134.

passé, comme dans le système italien, ceux-ci sont limités essentiellement au domaine criminel. D'autre part, tout cela est logique. En effet, il serait monstrueux, à cause des répercussions sur la sécurité juridique, de prétendre que les décisions d'annulation d'une loi pour inconstitutionnalité ont des effets purement déclaratifs et que, pour cette raison, les actes réalisés avant la déclaration de nullité de la loi doivent être considérés comme n'ayant jamais été dictés ni accomplis; de même, il serait injuste que, dans les affaires criminelles, les décisions adoptées conformément à une loi postérieurement déclarée inconstitutionnelle et donc nulle ne soient pas frappées, elles aussi, de nullité. C'est là la raison d'être de l'exception relative aux affaires criminelles adoptée par la législation italienne contre la règle selon lequel les effets des décisions d'annulation d'une loi pour inconstitutionnalité ne sont tournés que vers l'avenir.

C'est aussi cette même situation de conflit pouvant se présenter entre la sécurité juridique et les décisions en matière criminelle qui a amené la jurisprudence de la Cour suprême des Etats-Unis à formuler des exceptions au principe contraire. Nous avons vu en effet qu'aux Etats-Unis le contrôle judiciaire de la constitutionnalité a un caractère diffus; d'où le caractère rétroactif des effets des décisions déclaratoires d'inconstitutionnalité qui sont purement déclaratives. Nous avons signalé plus haut qu'en principe le champ d'application des dites décisions est *inter partes*, mais qu'en vertu de la technique des précédents et de la règle *stare decisis*, lesdites décisions acquièrent un caractère général obligatoire. Toutefois, malgré cela, la jurisprudence a réduit le caractère rétroactif aux questions criminelles en respectant en revanche les effets produits en matière civile et administrative par une loi déclarée inconstitutionnelle.

Nous analyserons ci-dessous les effets des décisions des Cours et Tribunaux constitutionnels en Autriche, en Italie et en Espagne[(808)].

A. Les effets des décisions du Tribunal constitutionnel en Autriche

En Autriche, la décision du Tribunal constitutionnel en matière de contrôle juridictionnel de la constitutionnalité des lois, des décrets et autres actes de l'Etat, quand elle annule une loi, a des effets *erga omnes*, c'est à dire qu'elle est obligatoire pour tous les tribunaux et toutes les autorités administratives (art. 139, 6; 140, 7). Une telle décision a aussi des effets *constitutifs* dans la mesure où elle annule la loi ou le décret, *pro futuro*, *ex nunc*.

Néanmoins le Tribunal constitutionnel a pleins pouvoirs d'annuler des lois ou des décrets déjà abrogés, soit sans validité formelle[(809)], ce qui, en principe, suppose les effets rétroactifs du contrôle juridictionnel, une exception aux effets *ex nunc*.

Selon la règle générale des effets *ex nunc*, proposée par Hans Kelsen comme une question de principe[(810)], les situations de fait ou les situations vérifiées avant

(808) *V.* Allan R. BREWER-CARIAS, *op. cit.*, pp. 201, 223, 233.
(809) Articles 139, 4; 140, 4; *Cf.*, H. KELSEN, *loc. cit.*, p. 234.

l'annulation de la loi ou décret continueront d'être soumises à celle-ci ou celui-ci, sauf dans le cas considéré dans la décision, à moins que le Tribunal rien décide autrement[(811)]. Par conséquent, les conséquences négatives éventuelles de la règle *ex nunc* peuvent être compensées par la décision du Tribunal.

En général, cependant, les effets de la décision du Tribunal ne commencent que le jour de la publication de l'abrogation de l'acte annulé, par l'autorité exécutive concernée, à moins que le Tribunal ne détermine un délai pour l'expiration des effets de l'acte annulé[(812)], n'excédant pas une année. Dans ce cas et sur une base purement discrétionnaire, le début des effets *ex nunc* découlant de l'annulation de la loi peut être retardé par le Tribunal.

D'autre part, pour ce qui est des lois, leur annulation pourrait entraîner une situation dans laquelle d'autres lois abrogées auparavant par la loi annulée récupéreraient leur validité à partir du jour de la mise en vigueur de l'annulation, à moins que le Tribunal rien décide autrement[(813)], ce qui confirme les effets *ex nunc*.

Finalement, concernant les traités, le Tribunal constitutionnel n'a pas le pouvoir de les annuler directement lorsqu'ils sont inconstitutionnels, mais doit se limiter à déclarer leur inconstitutionnalité, ce qui implique, premièrement, que le traité ne pourrait pas être appliqué à partir du jour de publication de la décision par l'organe de l'Etat susceptible de l'exécuter, à moins que le Tribunal ne fixe un délai au cours duquel le traité pourrait continuer d'être applicable[(814)]; et deuxièmement, que si le traité doit être appliqué au moyen de lois ou décrets, celles-ci ou ceux-ci cesseront d'avoir des effets[(815)].

B. Les effets des décisions de la Cour constitutionnelle en Italie

En Italie, dans tous les cas de contrôle juridictionnel de la constitutionnalité des lois, la Cour constitutionnelle doit décider, «dans les limites» de l'action ou du référé[(816)], qui sont les normes considérées «illégitimes», c'est à dire inconstitutionnelles. Par conséquent, conformément aux termes de la loi n° 87, il a été considéré que la Cour constitutionnelle n'a pas de pouvoirs *ex officio* pour considérer des questions constitutionnelles différentes de celles dont elle a été

---

(810) H. KELSEN, *loc. cit.*, p. 242. Par exemple, en ce qui concerne le système autrichien, L. ADAMOUCH déclarait en 1954: «On ne peut attribuer une simple valeur déclarative à la décision du Tribunal constitutionnel qui déclare l'inconstitutionnalité d'une loi; elle n'établit pas qu'une loi a été nulle depuis son origine et dont les effets doivent être nuls *ex tune,* c'est-à-dire, comme s'il s'agissait d'un acte sans aucune valeur juridique depuis son origine. Au contraire, la décision du Tribunal constitutionnel n'annule que l'acte inconstitutionnel, c'est-à-dire détruit *ex nunc* son existence juridique, exactement comme s'il avait été aboli par un acte législatif postérieur et comme si l'existence juridique de cet acte avait pris fin», in «Esperienza della Corte Constituzionale della Republica Austriacâ», *Revista italiana per la scienze giuridiche*, Milan, 1954.

(811) Articles 139, 6; 140, 7.

(812) Articles 139, 5; 140, 5.

(813) Article 140, 6.

(814) Article 140 a, 1.

(815) Article 140 a, 2.

(816) Article 27 de la loi n° 87, 1953.

saisie par le référé dans la méthode incidente ou par l'action ou le recours dans la méthode directe ou principale de contrôle juridictionnel. A ce propos, la Cour n'a le pouvoir que de déclarer «quelles sont les autres dispositions législatives dont l'illégitimité est une conséquence de la décision adoptée»(817), mais ne peut déclarer l'inconstitutionnalité de dispositions législatives différentes de celles indiquées dans le référé par le juge ordinaire ou dans l'action directe.

D'autre part, la décision de la Cour constitutionnelle de déclarer l'inconstitutionnalité d'une loi a des effets *erga omnes* et, pourtant l'acte «ne peut plus être appliqué à partir du jour suivant la publication de la décision»(818). Il faut donc remarquer que la décision possède un caractère constitutif(819) dans la mesure où elle annule la loi inconstitutionnelle, ses effets étant *ex nunc, pro futuro*. Cette règle a fait l'objet de nombreuses discussions(820) et la Cour constitutionnelle a interprété la norme constitutionnelle (article 136), qui stipule que l'acte inconstitutionnel annulé ne peut plus être appliqué à partir du jour suivant la publication de la décision de la Cour, de la manière suivante:

> La décision relative à l'inconstitutionnalité, s'il est vrai qu'elle exclut tous les effets irrévocablement produits par la norme déclarée inconstitutionnelle, produit, en revanche, des effets sur les situations juridiques n'ayant pas encore pris fin et susceptibles d'être régies d'une manière différente comme conséquence de la décision. La déclaration d'inconstitutionnalité d'une loi produit son inapplicabilité à toutes les relations juridiquement contestées dans la mesure où celles-ci n'ont pas encore fait l'objet d'une décision avec force *res judicata*. La conséquence en est qu'à tous les stades du procès, le juge doit prendre en compte, même *ex officio*, la dite décision d'illégitimité constitutionnelle lorsqu'il décide la relation juridique concrète d'un cas, de la même manière et dans la même mesure que s'il s'agissait de *ius superveniens*(821).

En fait, ce critère de la Cour constitutionnelle confirme le caractère constitutif des effets des décisions déclarant l'inconstitutionnalité des lois, dont les exceptions sont déterminées dans la loi n° 87 de 1953, dans laquelle les effets rétroactifs de la décision ne sont applicables que dans les cas criminels, lorsqu'une condamnation judiciaire a été prononcée sur la base d'une loi reconnue inconstitutionnelle. Dans ce cas, son exécution et ses effets criminels doivent cesser(822). Une autre exception indirecte des effets *ex nunc* de la décision découle de la possibilité d'annulation de lois déjà révoquées(823).

Un autre aspect qu'il faut signaler au sujet des effets de la décision de la Cour constitutionnelle sur des questions d'illégitimité constitutionnelle est celui des effets de la décision qui rejette la question d'inconstitutionnalité par manque de fondements. Le professeur Calamandrei a soutenu que ces décisions devaient être considérées comme d'authentiques interprétations de la Constitution, qui

---

(817) Article 27, *Idem*.
(818) Article 136 de la Constitution; Article 27 de la loi n° 87, 1953.
(819) *Cf.* G. CASSANDRO, *loc. cit.*, p. 6.
(820) *Cf.* F. RUBIO LLORENTE, *op. cit.*, pp. 12 et 29-33.
(821) Décision n°- 3491, 1957. *cit.*, in F. RUBIO LLORENTE, *op, cit.*, p. 30.
(822) Article 30 de la Loi n° 87, 1953.
(823) *Idem.*

devraient éviter de futures remises en cause et pourtant avoir des effets *erga omnes*[824]. Cette question a suscité de nombreuses discussions et, aujourd'hui, on peut affirmer que la Cour constitutionnelle elle-même a limité les effets de ses décisions, en déclarant le manque de fondements de la question de l'inconstitutionnalité, au procès principal dans lequel la question a été soulevée pour la première fois. Une telle décision a alors une efficacité obligatoire sur le cas concret, avec toute l'autorité de *res iudicata*[825]. Pour arriver à cette conclusion, il a été considéré que, étant donné que la norme générale du système légal italien consiste à limiter les effets des décisions judiciaires au cas en question, la norme de l'article 136 de la Constitution, qui attribue des effets *erga omnes* aux déclarations d'inconstitutionnalité, possède un caractère exceptionnel qui ne peut faire l'objet d'une interprétation large. Le résultat en est que ce caractère *erga omnes* ne peut être appliqué à des décisions qui nient ou rejettent des questions d'inconstitutionnalité[826].

Un autre critère est celui de l'effet forclusif de la décision de la Cour, dans le sens où la question incidente de constitutionnalité ne peut pas être soulevée deux fois dans un même procès sous sa forme originale. Néanmoins cela n'exclut pas la possibilité qu'elle soit soulevée dans un autre procès ou même que les parties soulèvent de nouvelles questions de constitutionnalité jugées négativement par la Cour auparavant[827].

C. Les effets des décisions du Tribunal constitutionnel espagnol

En ce qui concerne les effets des décisions du Tribunal constitutionnel espagnol en matière de contrôle juridictionnel de la constitutionnalité des lois, le système légal et constitutionnel espagnol prévoit un certain nombre de dispositions qui régissent les différentes situations pouvant se présenter.

Le premier aspect est celui du pouvoir du Tribunal constitutionnel en tant que juge constitutionnel et interprète suprême de la Constitution, dans le sens où, s'il est vrai qu'une question d'inconstitutionnalité d'une loi ne peut être soulevée *ex officio* par le Tribunal, une fois le Tribunal saisi de la question, celui-ci a des pouvoirs *ex officio* pour soulever d'autres questions d'inconstitutionnalité concernant la norme contestée, c'est à dire qu'il peut «fonder la déclaration d'inconstitutionnalité sur la violation de toute disposition constitutionnelle, qu'elle ait été ou non invoquée au cours du procès»[828]. Le Tribunal peut aussi élargir la déclaration d'inconstitutionnalité à d'autres dispositions de la loi lorsque est intervenue une remise en cause partielle, dans des cas connexes ou comme conséquence de la déclaration des dispositions contestées[829].

---

(824) P. CALAMANDREI, *La illegitimitâ constitutionale delle leggi nel processo civile*, 1950, p. 71.
(825) *Cf.* F. RUBIO LLORENTE, *op. cit.*, pp. 32-33.
(826) M. CAPPELLETTI, «La justicia constitucional... », *loc. cit.*, pp. 56-57.
(827) *Idem*, p. 57.
(828) Article 39, 2 de la loi organique 2/1979.
(829) Article 39, 1 *Idem*.

Le second aspect pris en compte dans la Constitution porte sur la force reconnue aux décisions de la Cour constitutionnelle en tant qu'interprète suprême de la Constitution, dans le sens où elles «ont la valeur de *res judicata* à partir du jour suivant sa publication», et bien sûr, comme pour toutes les Cours constitutionnelles européennes, il n'est possible d'exercer aucun recours contre de telles décisions[(830)]. Par conséquent, les décisions adoptées par la Cour constitutionnelle dans toute procédure de contrôle juridictionnel sont «obligatoires pour tous les pouvoirs publics et ont des effets généraux à partir de la date de leur publication dans le Journal Officiel de l'Etat»[(831)].

Le troisième aspect expressément régi par la Constitution et la loi organique du Tribunal concerne les effets de la décision, en particulier à qui ils s'appliquent et le moment où ils commencent; une distinction significative est établie entre la décision d'annulation pour inconstitutionnalité d'une norme et les décisions qui rejettent l'inconstitutionnalité invoquée.

En ce qui concerne les décisions d'annulation d'une loi ou d'autres normes ayant force de loi par n'importe quel moyen de contrôle juridictionnel, que ce soit lorsque la Cour constitutionnelle décide un recours d'inconstitutionnalité, ou quand elle décide à propos d'une question de constitutionnalité soulevée de manière incidente, ou encore lorsqu'elle déclare l'inconstitutionnalité d'une loi d'une manière indirecte; dans tous les cas, la Constitution détermine les effets *erga omnes* des décisions, dans le sens où elles «ont plein effet pour quiconque»[(832)]. De plus, dans des cas de méthode incidente de contrôle juridictionnel, la Cour constitutionnelle doit immédiatement informer le tribunal respectif qui doit décider le procès, lequel doit à son tour en notifier les parties. Dans ce cas, la loi organique du Tribunal prévoit que «le juge ou le tribunal sera sujet à la décision à partir du moment où il l'apprend, et les parties à partir du moment où elles en sont notifiées»[(833)].

D'autre part, conformément aux dispositions de la Constitution, la «déclaration d'inconstitutionnalité" ou "déclaration de nullité»[(834)] d'une loi signifie l'annulation de celle-ci, la garantie de la Constitution étant l'annulabilité des actes de l'Etat inconstitutionnels plutôt que leur nullité. Par conséquent, la loi déclarée inconstitutionnelle est annulée, la déclaration ayant des effets *ex nunc*, *pro futuro*. C'est la raison pour laquelle la Constitution stipule expressément que «les décisions déjà adoptées dans des procédures judiciaires ne perdent pas leur valeur *res judicata*»[(835)] et la loi organique du Tribunal constitutionnel prévoit ce qui suit:

> Les décisions qui déclarent l'inconstitutionnalité des lois, dispositions ou actes ayant force de loi ne permettent pas la révision des procédures judiciaires ayant abouti à des

(830) Article 164, 1 de la Constitution.

(831) Article 38, 1; et Article 87, 1 de la loi organique 2/1979.

(832) Articles 164, 1 de la Constitution; 38, 1 de la loi organique 2/1979.

(833) Article 38, 3 de la loi organique 2/1979.

(834) *Cf.* J. AROSEMENA, «El recurso de inconstitucionalidad», in *El Tribunal Constitucional*, Instituto de Estudios Fiscales, Madrid 1981, Vol. I, p. 171.

(835) Article 161, 1, a de la Constitution.

décisions dotées de force *res judicata*, et dans lesquelles l'acte inconstitutionnel aurait été appliqué[(836)].

Comme c'est le cas dans la plupart des systèmes concentrés de contrôle juridictionnel en Europe, l'exception aux effets *ex nunc* est établie pour les cas criminels permettant des effets rétroactifs limités, ce qui a été élargi aux décisions des tribunaux contentieux administratifs dans le cas de sanctions administratives. L'article 40,2 de la loi organique du Tribunal constitutionnel prévoit à cet égard la possibilité de revoir les procès judiciaires, dans les cas suivants:

> Procès de justice pénale ou contentieux administratif concernant des procédures de sanction dans lesquelles, comme conséquence de la nullité de la norme appliquée, une réduction de la peine ou de la sanction est possible ainsi qu'une exclusion, exemption ou limitation des responsabilités.

Le contrôle constitutionnel des lois par le Tribunal constitutionnel peut être exercé, outre par le biais du recours direct ou de moyens incidents, comme conséquence d'une question indirecte pouvant être soulevée au cours de la procédure d'un recours d'*amparo* des droits fondamentaux, ou dans les cas de conflit de compétences entre des organes constitutionnels ou entre l'Etat et les communautés autonomes. Dans le premier cas, la déclaration d'inconstitutionnalité d'une loi appliquée à un acte particulier qui viole les droits fondamentaux de l'individu, est possible, et ses effets sont les mêmes que ceux déjà mentionnés[(837)]. En cas de conflit de compétences, la loi organique du Tribunal constitutionnel autorise celui-ci à annuler les actes qui engendrent le conflit ou qui ont été adoptés en violation des compétences d'autres organes, et à décider la solution pertinente aux situations créées à la suite de l'annulation de l'acte[(838)].

D'autre part, la loi organique du Tribunal constitutionnel régit expressément les effets des décisions dans les cas de rejet de la question dont le Tribunal est saisi et, selon la nature du rejet, deux solutions ont été données. En effet, s'il s'agit d'un rejet basé sur l'aspect substantif de la question constitutionnelle, dans le sens où le Tribunal considère non recevable l'inconstitutionnalité invoquée, la décision de rejet empêche que soit invoquée ultérieurement la question constitutionnelle «par les mêmes moyens» et basée sur la violation de la même norme constitutionnelle[(839)]. Donc, si la question constitutionnelle a été soulevée par le biais d'un recours ou d'une action directe d'inconstitutionnalité, le rejet de l'action n'empêche pas la possibilité de soulever la question par des moyens incidents.

Dans le cas de recours d'inconstitutionnalité contre des lois, dispositions ou actes ayant force de loi, si le rejet était fondé sur des raisons formelles, la décision n'empêche pas la même loi, disposition ou acte de faire l'objet, dans d'autres procès, d'une question constitutionnelle déjà soulevée[(840)], et, bien sûr, de faire l'objet d'un autre recours quand les questions formelles ont été corrigées.

---

(836) Article 40, 1 de la Loi organique 2/1979.
(837) Article 55, 2 *Idem.*
(838) Articles 66; 75, 1 *Idem.*
(839) Article 38, 2 *Idem.*
(840) Article 29, 2 *Idem.*

CHAPITRE II

LES COURS CONSTITUTIONNELLES COMME IUGES CONSTITUTIONNELS DES DROITS ET GARANTIES CONSTITUTIONNELS

Dans certains pays européens où ont été créés des Cours ou des Tribunaux constitutionnels séparés du pouvoir judiciaire, bien que les autorités judiciaires aient le caractère traditionnel de gardiennes des droits et garanties constitutionnels, on a en plus attribué à la Cour constitutionnelle le caractère de juge constitutionnel direct des droits fondamentaux, quand un recours constitutionnel ou recours d'*amparo* est porté devant elle. C'est le système adopté en Autriche et en Espagne. Nous avons déjà fait référence au recours constitutionnel qui peut être porté devant le Tribunal constitutionnel fédéral d'Allemagne; il diffère du recours autrichien et espagnol en ce que le Tribunal allemand fait partie du pouvoir judiciaire.

I. LE RECOURS CONSTITUTIONNEL AUTRICHIEN

Dans la Constitution autrichienne de 1920, le recours constitutionnel a été établi en tant qu'instrument de procédure de protection des droits constitutionnels, exercé devant le Tribunal constitutionnel et décrit en détail par la loi régissant ce dernier[(841)].

La Constitution autrichienne cependant ne renferme pas de partie dogmatique complète et, de ce fait, il existe une certaine difficulté à identifier les droits constitutionnels garantis qui consistent en certains droits consacrés directement par la Constitution, et d'autres qui sont reconnus dans les lois constitutionnelles auxquelles renvoie le Texte fondamental[(842)].

Le recours constitutionnel n'est recevable que contre les actes administratifs locaux et fédéraux qui violent les droits constitutionnels (mais ne l'est pas contre les actes législatifs ni contre les actes judiciaires); pour ce faire, il est indispensable d'avoir épuisé au préalable les recours administratifs recevables contre l'acte contesté.

D'autre part, le recours doit être porté devant le Tribunal constitutionnel par l'individu ou la personne morale dont les droits constitutionnels ont été violés par l'acte ou la mesure administrative contestée.

---

(841) *V.* en général, F. ERMACORA, «Procédures et techniques de protection des droits fondamentaux. Cour constitutionnelle autrichienne» in L. FAVOREU (ed.), *Cours constitutionnelles européennes et droits fondamentaux*, Paris, Aix-en-Provence 1982, pp. 192 et ss.

(842) *V.* T. OHLINGER, «Objet et portée de la protection des droits fondamentaux. Cour constitutionnelle autrichienne» in L. FAVOREU (ed.), *op. cit.*, p. 346.

La décision du Tribunal, saisi de la requête fondée, peut consister soit en l'annulation de la décision administrative ou en la constatation qu'une mesure administrative est anticonstitutionnelle.

II. LE RECOURS D'*AMPARO* ESPAGNOL

La Constitution espagnole de 1978, inspirée de la Constitution républicaine de 1931 (recours d'*amparo* de garanties individuelles), a consacré le recours d'*amparo* pour la protection de certains droits et libertés constitutionnels (appelés *droits fondamentaux*). Ce recours d'*amparo*, régi en détail par la loi organique du Tribunal constitutionnel, vise la protection des droits fondamentaux contre des actes issus d'organes du pouvoir public et, en particulier, contre les décisions et les actes sans valeur de loi du pouvoir législatif; contre les dispositions, les actes juridiques ou les voies de fait des autorités administratives; contre les décisions ou les omissions judiciaires, et, finalement, contre les résolutions qui lèsent le droit à l'objection de conscience.

Il s'agit, en principe, d'une action plus que d'un recours. Mais, du fait que dans la plupart des cas (sauf lorsqu'il est introduit contre des actes législatifs) il est indispensable d'épuiser les voies préalables de la juridiction ordinaire (du contentieux administratif y compris), il se présente, en définitive et dans la pratique, comme un recours de révision de décisions judiciaires de caractère subsidiaire.

La Constitution de 1978, avec une orientation semblable à celle de la loi fondamentale de Bonn, a consacré le recours d'*amparo* en tant que moyen spécifique de protection constitutionnelle des droits et libertés constitutionnels reconnus par l'article 14, section première du chapitre second (art. 15 à 20) et deuxième alinéa de l'article 30 du Texte fondamental. Ces droits et libertés constitutionnels susceptibles d'*amparo* sont les suivants: égalité devant la loi (art. 14); droit à la vie et à l'intégrité physique et morale (art. 15); liberté idéologique, religieuse et de culte (art. 16); droit à la liberté et sécurité personnelles (art. 17); droit à l'honneur, à l'intimité personnelle et familiale et à la réputation (art. 18,1 et 18,4); inviolabilité du domicile (art. 18,2); secret des communications (art. 18,3); droit de choisir librement la résidence, à se déplacer sur le territoire national et à entrer et sortir librement d'Espagne (art. 19); droit à liberté d'expression et à la libre diffusion de la pensée (art. 20,1,a); droit à la production et à la création littéraires, artistiques, scientifiques et techniques (art. 20,1,b); liberté de chaire (art. 20,1,c); droit à communiquer ou recevoir librement une information véridique par tout moyen de diffusion (art. 20,1,d); droit de réunion et de manifestation (art. 21); droit d'association (art. 22); droit d'égalité d'accès aux fonctions et emplois publics (art. 23,2); droit d'obtenir la protection effective des juges et des tribunaux (art. 24,1); droit à un juge ordinaire désigné d'office par la loi, à la défense et à l'assistance d'un avocat, à être informé de l'accusation portée, à un procès public sans délais indus et muni de toutes les garanties, à utiliser les moyens de preuve pertinents pour sa défense, à ne pas déclarer contre soi-même, à ne pas se déclarer coupable et à la présomption d'innocence (art. 24,2); principe de la légalité pénale (art. 25,1); droit des détenus à un travail rémunéré et aux bénéfices correspondants de la Sécurité sociale, à l'accès à la culture et à le développement de sa personnalité (art. 25,2); droit à l'éducation et à la liberté d'enseignement (art. 27,1); liberté de création de centres éducatifs dans le respect des principes constitutionnels (art. 27,6); droit d'adhérer librement à un syndicat (art. 28,1); droit de grève (art. 28,2); droit de pétition individuelle et collective (art. 29); droit à l'objection de conscience (art. 30,2).

Le recours d'*amparo* peut être exercé par toute personne individuelle ou morale dont les droits fondamentaux ont été violés par les actes ou omissions des autorités publiques.

En outre, la recevabilité du recours d'*amparo* exercé par des personnes juridiques de droit public est doctrinairement reconnue lorsqu'il s'agit de violations des droits fondamentaux qui jouissent aussi de garantie, comme par exemple le droit à l'égalité devant la loi ou le droit à obtenir une tutelle judiciaire effective[(843)].

Bien que la Constitution de 1978 ne fasse pas de distinction (art. 53,1. 2), la loi organique du Tribunal constitutionnel a limité la portée du recours d'*amparo* face à des violations «causées par des dispositions, actes juridiques ou simple voies de fait *des pouvoirs publics* de l'Etat, des communautés autonomes et *autres entités publiques* de caractère territorial, corporatif, institutionnel ainsi que de leurs fonctionnaires ou agents» (art. 42, al. 2). En vertu de cette norme donc, l'interprétation qui a prévalu a été la non recevabilité de l'*amparo* constitutionnel contre les actes issus de particuliers qui lèsent les droits fondamentaux. Cependant, la jurisprudence du Tribunal constitutionnel, à l'occasion de jugements en matière de conflits de travail entre particuliers, a accordé l'*amparo* , non pas directement contre les préjudices causés par des actions privées, mais contre le jugement respectif du Tribunal du travail qui a résolu le litige entre les particuliers, et, ce faisant, a ouvert *indirectement* la voie de l'*amparo* contre les actions des particuliers[(844)].

Il convient de signaler que, dans le cas de l'Espagne, la loi du Tribunal constitutionnel exclut implicitement le recours d'*amparo* contre les lois étant donné que, dans l'article 42, il est stipulé que ce recours n'est recevable que contre «les décisions ou actes sans valeur de loi». Ce recours n'est donc même pas recevable dans le cas de lois qui lèsent directement un droit fondamental défendable.

En ce qui concerne l'*amparo* contre les décisions judiciaires, en Espagne le recours d'*amparo* est possible dans les cas de violation de droits fondamentaux causée immédiatement et directement par un acte ou une omission d'un organe

---

(843) *V.* en général, Joan Oliver ARAUJO, *El recurso de amparo*, Palma de Mallorca 1986, pp. 40 et ss et 291.

(844) *Idem*, p. 263.

judiciaire[845]. Néanmoins, parmi les conditions de recevabilité de l'*amparo* on trouve notamment l'obligation d'avoir épuisé au préalable tous les recours disponibles de la voie judiciaire et le fait que la violation d'un droit fondamental soit imputable immédiatement et directement à un organe judiciaire, indépendamment de faits ayant donné lieu au procès dans lequel est présentée la violation, et, de plus, que dans le procès ordinaire ait été formellement invoquée la violation du droit constitutionnel (art. 44).

(845) Art. 44 de la loi du Tribunal constitutionnel.

TABLE DE MATIÈRES

II. DROIT CONSTITUTIONNEL COMPARÉ

III. DROIT CONSTITUTIONNEL DE L'INTÉGRATION

§ 8. LES PROBLÈMES CONSTITUTIONNELS DE L'INTÉGRATION LATINO-AMÉRICAINE, 397

§ 9. LE DROIT COMMUNAUTAIRE EUROPÉEN: UNE EXPÉRIENCE POUR L'INTÉGRATION ANDINE, 431